Grobshäuser/Radeisen/Barzen/Hellmer/Hammes/
Böhm/Hendricks/Dauber/Michel

Die mündliche Steuerberaterprüfung 2023/2024

16. Auflage

2023
HDS-Verlag
Weil im Schönbuch

Bibliografische Information der Deutschen Nationalbibliothek
Die Deutsche Nationalbibliothek verzeichnet diese Publikation
in der Deutschen Nationalbibliografie; detaillierte bibliografische Daten
sind im Internet über http://dnb.de abrufbar.

Gedruckt auf säure- und chlorfreiem, alterungsbeständigem Papier

ISBN: 978-3-95554-870-4

© 2023 HDS-Verlag
www.hds-verlag.de
info@hds-verlag.de

Einbandgestaltung: Peter Marwitz – etherial.de
Layout: HDS-Verlag
Druck und Bindung: Mazowieckie Centrum Poligrafii

Printed in Poland
2023

HDS-Verlag Weil im Schönbuch

Die Autoren

Arno Barzen, Diplom-Finanzwirt, Leitender Regierungsdirektor beim Rechnungsprüfungsamt für Steuern Nordrhein-Westfalen. Absolvent der Steuerberaterprüfung; seit Jahren in der Steuerberaterausbildung tätig.

Sabrina Böhm, Syndikusanwältin im Bereich Corporate/M&A in der Schwarz Gruppe und zuvor mehrere Jahre als Rechtsanwältin in Mosbach schwerpunktmäßig im Handels-, Gesellschafts- und Steuerrecht tätig.

Harald Dauber, Diplom-Betriebswirt (FH), Inhaber der Unternehmen HDS-Verlag (Erstellung von Fachliteratur im Bereich Steuern, Wirtschaft und Recht), HDS-Buchhandelsversand (Spezialist für die Lieferung von Fachliteratur im Bereich Steuern, Wirtschaft und Recht), HDS-Unternehmensberatung sowie Fachautor für Steuern, Wirtschaft und Recht.

Prof. Dr. **Uwe Grobshäuser**, ehemals Professor für Steuerrecht an der Fachhochschule Ludwigsburg, Hochschule für öffentliche Verwaltung und Finanzen sowie Dozent an der DHBW im Fach internationales Steuerrecht (Masterstudiengang). Er ist Autor verschiedener Fach- und Lehrbücher zum Steuerrecht und seit Jahren in der Steuerberaterfortbildung tätig.

Felix Hammes, Diplom-Betriebswirt, Rechtsanwalt, Steuerberater. Partner der Kanzlei Schuka Hammes & Partner, Düsseldorf. Er ist schwerpunktmäßig tätig im Bereich Steuerstreit, Steuergestaltung und Zivilrecht und Dozent im Rahmen der Steuerberaterausbildung und der Mitarbeiterfortbildung. Dort sind die fachlichen Schwerpunktthemen: Zivilrecht, BWL, VWL und Umsatzsteuer.

Philipp Hammes, Diplom-Finanzwirt, Rechtsanwalt, Steuerberater, Fachanwalt für Steuerrecht. Partner der Kanzlei Schuka Hammes & Partner, Düsseldorf, spezialisiert auf Steuerstreit, Steuergestaltung und Steuerstrafrecht. Er ist Dozent im Rahmen der Steuerberaterfort- und Steuerberaterausbildung. In der Steuerberaterausbildung sind die fachlichen Schwerpunktthemen: Verfahrensrecht, Erbschaftsteuer, Umsatzsteuer sowie Grunderwerbsteuer.

PhDr. **Jörg W. Hellmer**, Steuerberater, Diplom-Kaufmann und Diplom-Finanzwirt. War Leiter des Fachbereichs Steuern an einer Finanzhochschule. Er ist Dozent im Rahmen der Steuerberater-, Wirtschaftsprüfer- und Fachanwaltsausbildung mit den fachlichen Schwerpunkten: Bilanzsteuerrecht, Körperschaftsteuer, Einkommensteuer und Umwandungssteuerrecht sowie fachlicher Leiter der Steuerfachschule Hemmer-Econect in Frankfurt. Mitinhaber der Steuerkanzlei Deist und Hellmer in Frankfurt am Main und Rotenburg an der Fulda. Weiterhin ist er Lehrbeauftragter an der Leuphana Universität in Lüneburg für die Bereiche Körperschaftsteuer und Besteuerung der Personengesellschaften. Er ist Mitinhaber der Steuerkanzlei Deist und Hellmer in Bebra und Rotenburg an der Fulda. Er war viele Jahre Mitglied im Prüfungsausschuss zur Abnahme der Wirtschaftsprüferprüfung.

Lukas Hendricks, Steuerberater, Diplom-Finanzwirt, MBA (International Taxation), Fachberater für Umstrukturierungen (IFU/ISM gGmbH), Fachberater für den Heilberufebereich, ist nach mehrjähriger praktischer Berufserfahrung in der Finanzverwaltung und in der Steuerabteilung eines DAX-Konzerns seit 2010 Steuerberater in eigener Praxis in Bonn und seit 2001 in der Erwachsenenbildung für zahlreiche Bildungseinrichtungen (u.a. Akademie Steuern und Wirtschaft GmbH, Schermbeck, IFU Institut für Unternehmensführung, Bonn, Sommerhoff AG Managementinstitut, Essen, Wrenger & Partner Studiengesellschaft, Nordkirchen, Dr. Bannas, Dr. Stitz, diverse Steuerberaterverbände und -kammern) mit Schwerpunkt in der Prüfungsvorbereitung für angehende Steuerberater, Steuerfachwirte und Bilanzbuchhalter tätig. Er war Vorsitzender eines Prüfungsausschusses für Wirtschaftsfachwirte (IHK) und Mitglied des Prüfungsausschusses für Bilanzbuchhalter (IHK) bei der IHK Bonn. Er ist Autor und Mitautor mehrerer Fachbücher zu den Themen Buchführung, Bilanzierung, Steuerrecht und Jahresabschluss.

Christian Michel, Diplom-Verwaltungswirt, Rechtsanwalt, ist Leiter des Referats Recht und Berufsrecht beim Deutschen Steuerberaterverband e.V. in Berlin. Spezialisiert auf das Recht der steuerberatenden Berufe ist er auch als Dozent im Rahmen der Steuerberaterausbildung tätig.

Prof. **Rolf-Rüdiger Radeisen**, Diplom-Kaufmann, Steuerberater in Berlin. Er ist Herausgeber und Autor bei verschiedenen Umsatzsteuerkommentaren und Fachbüchern, Honorarprofessor an der HTW – Hochschule für Technik und Wirtschaft in Berlin und seit Jahren bundesweit in der Aus- und Fortbildung von Steuerberatern im Bereich Umsatzsteuer und Erbschaftsteuer tätig.

Bearbeiterübersicht

Themenbereich	Verfasser
Vorwort	Uwe Grobshäuser
Kurzvortrag/Prüfungsgespräch	Uwe Grobshäuser
Einkommensteuer	Uwe Grobshäuser
Körperschaftsteuer/Gewerbesteuer	Uwe Grobshäuser
Umwandlung	Uwe Grobshäuser
Umsatzsteuer	Rolf-Rüdiger Radeisen
Steuerliches Verfahrensrecht und Steuerstrafrecht	Harald Dauber
Bilanzsteuerrecht	Arno Barzen
Erbschaftsteuer	Rolf-Rüdiger Radeisen
Betriebswirtschaftslehre	Harald Dauber
Volkswirtschaftslehre	Jörg W. Hellmer
Berufsrecht	Christian Michel
Bürgerliches Recht	Harald Dauber
Handelsrecht	Sabrina Böhm
Gesellschaftsrecht	Sabrina Böhm
Europarecht	Felix Hammes/Philipp Hammes
Insolvenzrecht	Lukas Hendricks

Vorwort zur 16. Auflage

Mit der 16. Auflage wurde das Buch „**Die Mündliche Steuerberaterprüfung**" für das Examen 2023/2024 aktualisiert. Viele Anregungen von Examenskandidaten konnten eingearbeitet und berücksichtigt werden. Aus der Reaktion der Leser sehen wir, dass das Buch auch verstärkt für die Vorbereitung auf die mündlichen Bachelor- oder Masterprüfungen verwendet wird.

In die **Neuauflage** wurden wieder zahlreiche neue Gesetze (z.B. das Gesetz zur Änderung des Personengesellschaftsrechts) und Verwaltungserlasse sowie die prüfungsrelevanten aktuellen Urteile des BFH und der Finanzgerichte eingearbeitet. Die sich daraus ergebenden Neuerungen müssen bekannt sein. Aktuelles Wissen ist bei der mündlichen Prüfung eine unabdingbare Voraussetzung für den Erfolg.

Wie schon in den Vorauflagen, empfehlen wir den Kandidatinnen und Kandidaten, den Prüfungsstoff auf die Zeit bis zur mündlichen Prüfung aufzuteilen und jeden Tag Teilbereiche abzuarbeiten. Ein optimaler Lernerfolg stellt sich ein, wenn zuerst versucht wird, die Fragen selbst zu beantworten und wenn es erst danach an die Musterantworten geht. Hierbei entdeckte Lücken sollten schwerpunktmäßig nachgearbeitet werden.

Wir wünschen den Nutzern dieses Buches für das bevorstehende Examen viel Erfolg, starke Nerven, angenehme Prüfer und die richtigen Prüfungsthemen.

August 2023   **Die Autoren**

Inhaltsverzeichnis

Themenbereich Kurzvortrag

1. Phase bis zum Prüfungstag

Wir werden immer wieder gefragt, ob man sich auf den Kurzvortrag vorbereiten kann. Dies kann man auf jeden Fall und man sollte die letzten Tage bis zum Examenstermin unbedingt dafür nutzen.

Zum einen gibt es typische Kurzvortragsthemen. Es lohnt sich daher, Absolventen früherer Prüfungen anzusprechen oder Prüfungsprotokolle früherer Prüfungen durchzuarbeiten. Viele Anbieter von Steuerberaterkursen stellen diese für ihre Teilnehmer zur Verfügung. Sicher wird man im Ernstfall nicht dieselben Themen präsentiert bekommen. Es ist aber wichtig, ein gewisses Gefühl für die Themen zu entwickeln.

Häufig haben die **Kurzvortragsthemen auch aktuelle Probleme** zum Gegenstand. Sie sollten sich daher über die aktuelle Rechtsprechung (empfehlenswert: www.bundesfinanzhof.de) und die neuesten Verwaltungserlasse und Gesetzesvorhaben (Pflichtlektüre: www.bundesfinanzministerium.de) auf dem Laufenden halten. Aktuelle Gesetzesfassungen finden Sie unter www.juris.de und www.gesetze-im-internet.de.

Gesetzgebungsvorhaben und neu verabschiedete Gesetze sind häufig der Einstieg in die verschiedenen Prüfungsfragen.

Neben der fachlichen Vorbereitung ist die **persönliche Vorbereitung** ein wichtiger Baustein. Wer die Möglichkeit hat, einen Rhetorikkurs zu besuchen, sollte dies tun. Auf jeden Fall sollten Sie testen, wie die eigene Rede bei anderen Personen ankommt. Wichtig sind hier insbesondere folgende Punkte:

- Rede ich zu schnell? Können die Zuhörer meinem Tempo folgen? Bedenken Sie, dass Sie ein fachlich schwieriges Thema vortragen und der Zuhörer Zeit zum Überlegen benötigt;
- Rede ich zu leise? Nicht jeder Prüfer verfügt über ein gutes Gehör. Ein zu leiser Vortrag strengt unerhört an und führt häufig dazu, dass die Zuhörer „abschalten";
- Ist mein Vortrag interessant? Kann ich die Zuhörer fesseln? Auch ein langweiliges Thema kann mithilfe von Beispielen, Sprachmodulation, rhetorischen Fragen etc. für die Zuhörer zum Genuss werden;
- Ist ein roter Faden erkennbar? Der Zuhörer sollte den Aufbau des Vortrags erkennen und nachvollziehen können.

Sie können die rhetorischen Übungen mittels jeden Themas und gegenüber jeder Zuhörergruppe durchführen. Als **hervorragende Übung** bietet es sich an, ein Thema aus einer Tageszeitung zu entnehmen (oder noch besser: sich von den Zuhörern geben zu lassen). Jedes Thema ist hier geeignet (egal ob Sport, Wirtschaft oder der Bericht aus dem Gemeinderat). Man sollte dann – ohne Vorbereitung – spontan zehn Minuten über dieses Thema reden. Als Zuhörer eignen sich Kolleginnen und Kollegen ebenso wie Partner, Verwandte oder Freunde. Lassen Sie sich am Ende Ihres Vortrags ehrlich (!) beurteilen. Mit dieser Übung erlangen Sie die rhetorische Routine, um mit einem schwierigen Prüfungsvortrag fertig zu werden.

Ein wesentlicher Punkt der persönlichen Vorbereitung ist die mentale und körperliche Vorbereitung. Sie sollten den Prüfungstermin wie ein sportliches Ereignis angehen. Wer kurz vor der Prüfung noch bis in die Nacht hinein arbeitet, braucht sich nicht zu wundern, wenn er zum richtigen Zeitpunkt nicht fit ist. Treiben Sie vor der Prüfung mäßig Sport, gehen Sie spazieren oder schwimmen. Sorgen Sie für eine optimale Ernährung. Vermeiden Sie eine Erkältung, diese hat schon manchen Prüfling aus der Bahn geworfen.

Bereiten Sie sich auch psychisch optimal vor. Übernehmen Sie die Methoden erfolgreicher Spitzensportler. Diese gehen in Gedanken ihren Abfahrtslauf, ihren Boxkampf, ihr Fußballspiel immer wieder durch. Sie stellen sich jede einzelne Phase ihrer sportlichen Prüfung vor. Sie sehen sich, wie sie die letzten Reserven mobilisieren und als Sieger durchs Ziel gehen. Wer nicht an sich selbst glaubt, kann nicht erfolgreich sein. Übertragen Sie diese Technik auf Ihre Prüfung. Stellen Sie sich vor, wie Sie vor dem Prüfungsteam stehen, wie Sie souverän Ihren Vortrag meistern, wie der Vorsitzende Sie lobt, wie Ihnen die gewünschte Prüfungsnote mitgeteilt wird.

2. Der Prüfungstag

Klären Sie schon lange vor Ihrer Prüfung ab, welche **Hilfsmittel** Sie benutzen dürfen. Lassen Sie nicht zugelassene Hilfsmittel zu Hause oder im Auto. Es gab schon Fälle, in denen Prüflingen ein Betrugsversuch unterstellt wurde, weil sich in der Tasche im Prüfungsvorbereitungsraum ein abgeschaltetes Handy befand.

Schalten Sie alle planbaren Fehlerquellen aus. Wir haben schon erlebt, dass ein Prüfling zu spät kam, weil er den falschen Zug zum Prüfungsort genommen hatte. Hätte der Prüfling am Prüfungsort im Hotel übernachtet, wäre ihm das nicht passiert.

Machen Sie sich (spätestens am Tag vor der Prüfung) kundig, an welchem Ort genau die Prüfung stattfindet. Herumirrende Prüflinge in unübersichtlichen Behördengebäuden sind keine Seltenheit. Die Prüfungsräume sind mitunter nicht leicht zu finden.

Soweit möglich, sollten Sie Ihre Mitprüflinge kennenlernen. Es vermittelt eine gewisse Sicherheit, wenn man weiß, mit wem man sein Schicksal in diesen Stunden teilt.

Nehmen Sie auf keinen Fall Medikamente, um Ihre Nerven zu beruhigen. Sie sind dann garantiert nicht mehr fähig, schnell und schlagkräftig der Prüfung zu folgen. Stehen Sie zu Ihrer Nervosität. Atmen Sie tief durch und machen Sie sich klar, dass Ihre Kolleginnen und Kollegen auch in höchstem Maße angespannt sein werden.

3. Die Prüfungsthemen

Generationen von Prüfungskandidaten erzählen, dass Sie Pech mit den Themen hatten. Die Themen der Kandidaten vor ihnen hätten Sie problemlos bearbeiten können. Die eigenen Themen seien „abwegig", „seltsam", „unklar formuliert" oder „ungeeignet" gewesen (so Originalton von Prüflingen). Auch bei Ihnen wird dies der Fall sein. Sie müssen aber eines der drei angebotenen Themen bearbeiten. Dazu gibt es keine Alternative. Im Folgenden werden einige Ratschläge zur Themenwahl gegeben:

* Gehen Sie unbefangen an alle drei Vorschläge heran;
* Prüfen Sie, ob Sie aufgrund Ihrer Vorbildung eine besondere Präferenz für ein Thema haben (ein Jurist wird vielleicht eher ein gesellschaftsrechtliches Thema wählen, die Betriebswirtin neigt vielleicht eher zu einem Thema aus der Kostenrechnung);
* Haben Sie ein derartiges Thema vielleicht in der Praxis schon bearbeitet oder eine Fortbildung zu diesem Thema besucht, so können Sie Ihre Erfahrungen nutzen;
* Haben Sie keine Angst vor schwierigen oder exotischen Themen. Die Messlatte für einen guten Kurzvortrag ist umso niedriger, je problematischer das Thema ist (beim Thema Organschaft über die Grenze wird man Ihnen z.B. eher einen Fehler verzeihen als beim Thema Abschreibung von Gebäuden);
* Wenn Sie sich nicht eindeutig entscheiden können, schreiben Sie zu jedem Thema fünf Stichpunkte auf. Sie werden schnell merken, bei welchem Thema dies am leichtesten gelingt.

Wenn Sie sich für ein Thema entschieden haben, sollten Sie das Thema auf keinen Fall mehr wechseln. Wer das Thema nach zehn Minuten Vorbereitungszeit wechselt, hat das erste Thema nicht fertig und wird das zweite Thema in der restlichen Zeit nicht mehr erfolgreich abschließen können. Machen Sie sich Folgendes klar: Wer das schriftliche Examen geschafft hat, hat auf jeden Fall das Wissen und die Fähigkeit, um mit jedem Kurzvortragsthema Erfolg zu haben.

4. Die Vorbereitung

Nutzen Sie Ihre **30-minütige Vorbereitungszeit** optimal. Erstellen Sie zuerst eine Sammlung von ca. zehn Problemkomplexen zu Ihrem Thema („brainstorming"). Sie müssen angesichts der kurzen Vortragszeit klare Schwerpunkte setzen. Zeigen Sie Ihr Wissen. Für allgemeine Aussagen bekommen Sie keine Punkte. Haben Sie z.B. das Thema „Rücklage nach § 6b EStG", so werden es die Prüfer kaum honorieren, wenn Sie Ihre Zeit damit füllen, darzustellen, dass stille Reserven bei der Veräußerung von Wirtschaftsgütern des Betriebsvermögens versteuert werden müssen (so im Original ein Prüfling). Suchen Sie interessante Punkte: Was geschieht mit der 6b-Rücklage bei einer Betriebsveräußerung, bei einer Umwandlung mit Zwischenwertansatz etc.

Formulieren Sie Ihren Vortrag nicht aus. Zum einen reicht Ihnen dafür die Vorbereitungszeit nicht; zum anderen werden Sie garantiert nicht mehr frei sprechen, wenn Sie ausformulierte Sätze vorbereitet haben.

Bewährt hat sich folgendes Verfahren: Halbieren Sie Ihr Manuskript; auf der linken Hälfte notieren Sie groß und deutlich lesbar Stichworte. Auf der rechten Seite können Sie die Stichworte durch Paragrafenangaben, Zahlenbeispiele u.ä. erläutern. Im Vortrag schauen Sie dann primär auf das Stichwort und erläutern dieses in freier Rede.

Nummerieren Sie Ihr Manuskript. Wir haben schon Kandidaten erlebt, die ihre eigenen Unterlagen nicht mehr in der richtigen Reihenfolge zur Hand hatten.

Bilden Sie Beispiele. Mit einem kleinen Beispiel können Sie häufig schwierige Komplexe einfach darstellen. Die Beispiele sollten aber stets kurz, prägnant und einfach sein.

> **Beispiel:** Die X-GmbH mit Sitz in Deutschland unterhält eine Betriebsstätte in Frankreich, die Verluste erzielt; fraglich ist, ob die Verluste in Deutschland berücksichtigt werden können.

Bedenken Sie, dass Ihre Prüfer die Beispiele nicht mitschreiben.

Gliedern Sie Ihren Kurzvortrag grob in „Einleitung", „Hauptteil" und „Schluss" sowie in eine Feingliederung. Die Feingliederung sollte nicht mehr als eine Ebene haben. Welche Gliederungsart Sie wählen, bleibt Ihnen überlassen (A, B, C ... oder I, II, III ... oder 1, 2, 3 ...).

Die Einleitung sollte nicht mehr als 10 % des Vortrags ausmachen. Bringen Sie hier eine Übersicht über das Thema.

> **Beispiel:** „... Ich werde im Folgenden über das Thema die Gründung von Personengesellschaften reden ..."

Gehen Sie das Thema nicht zu schnell an; bedenken Sie, dass die ersten Sätze des Vortrags die schwierigsten sind und Ihre Nervosität am größten ist. Es bietet sich daher eine allgemeine Einführung an.

> **Beispiel:** „... In Deutschland werden die meisten Gesellschaften als Personengesellschaft gegründet ..."

Der Hauptteil sollte ca. 80 % des Vortrags umfassen. Bauen Sie eine Spannung auf (vom einfachen zum komplizierten Problem). Fassen Sie den jeweiligen Problemkomplex zusammen.

> **Beispiel:** „... Wie ich dargestellt habe, ist bei der Übertragung von Wirtschaftsgütern des Privatvermögens auf eine Gesamthand § 23 EStG zu beachten ..."

Der Prüfer bekommt dann noch einmal plakativ Ihre Leistung dargestellt.

Dem **Schlussteil** bleiben maximal ca. 10 % vorbehalten. Lassen Sie Ihren Kurzvortrag ausklingen. Zeigen Sie den Prüfern, dass Sie sich dem Ende nähern.

> **Beispiel:** „… Zum Ende meines Vortrags möchte ich noch auf das Problem ausländischer Gesellschafter bei der Gründung eingehen …"

Fassen Sie die Kernaussage Ihres Vortrags noch einmal zusammen.

> **Beispiel:** „… Möchte ich feststellen, dass bei der Gründung einer Personengesellschaft zahlreiche Probleme des Gesellschafts-, Steuer- und Bilanzrechts zu bewältigen sind …"

5. Der Vortrag

Vieles wurde bereits gesagt. Hier nennen wir noch einmal einige **wichtige Leitlinien**:

* Bleiben Sie ruhig (soweit das geht); fangen Sie Ihren Vortrag nicht überhastet an; der Prüfungsvorsitzende wird Sie in der Regel auffordern („Frau … beginnen Sie bitte mit Ihrem Vortrag …").
* Nutzen Sie die Vortragszeit von zehn Minuten voll aus. Viele Prüfer sehen es als negativ an, wenn Sie bereits nach fünf oder sechs Minuten (wie in der Prüfungspraxis häufig anzutreffen) fertig sind; legen Sie sich eine Uhr zurecht, um die Zeit zu überprüfen; üben Sie, die Vortragszeit abzuschätzen (Faustregel: eine Seite Manuskript = zwei bis drei Minuten Vortrag);
* Halten Sie sich Themen in Reserve. Sollten Sie merken, dass Sie zu früh fertig sind, können Sie diese in Ihren Vortrag einbauen. Beispielsweise könnte man bei einem Vortrag über die Gründung von Personengesellschaften auf die Folgen einer fehlerhaften Gründung oder die Zukunft der Personengesellschaft in Europa eingehen; reicht die Zeit dafür nicht mehr aus, kann auf das Thema verwiesen werden (Beispiel: „… angesichts der fortgeschritten Zeit kann ich auf das Thema der fehlerhaften Gründung leider nicht mehr eingehen …") oder man lässt es ersatzlos weg;
* Beachten Sie die rhetorischen Ratschläge (siehe oben);
* Lassen Sie sich nicht stören, wenn einzelne Prüfer miteinander reden (auch das hat es schon gegeben), mit dem Kopf schütteln oder Notizen machen;
* Suchen Sie sich einen Prüfer, der Sie wohlwollend anblickt (auch das gibt es);
* Halten Sie unbedingt Blickkontakt zum Prüferteam;
* Reden Sie frei; lösen Sie sich vom Manuskript so weit wie möglich. Sie können das garantiert. Stellen Sie sich vor, Sie seien in einer Besprechung mit Mandanten. Auch hier werden Sie sicherlich nicht von einem Manuskript ablesen;
* Geben Sie den Prüfern die Chance, Ihre Ausführungen zu „verdauen"; bauen Sie Pausen ein;
* Beenden Sie Ihren Vortrag mit einer freundlichen Schlussformel („Bedanke ich mich für Ihre Aufmerksamkeit …");
* Machen Sie Ihren eigenen Vortrag nicht nachträglich durch Negativbemerkungen schlecht („… Ich weiß, dass ich das Thema nicht richtig getroffen habe, aber …").

> **Tipp!**
> Zur Vorbereitung auf den Kurzvortrag siehe Fränznick/Grobshäuser/Radeisen/Hellmer/Pientka/Hendricks/Holzner/Dauber/Michel, Der Kurzvortrag in der mündlichen Steuerberaterprüfung 2023/2024, 15. Auflage, HDS-Verlag.
> Zur Vorbereitung auf die Mündliche Prüfung ergänzend siehe Voos, Betriebswirtschaft und Recht in der mündlichen Steuerberaterprüfung 2023/2024, 3. Auflage, HDS-Verlag und siehe Dauber/Hendricks/Herzberg/Holzner/Kaponig/Kollmar/Michel/Mirbach/Neufang/Schäfer/Voos, Vorbereitung auf die mündliche Steuerberaterprüfung/Kurzvortrag 2023/2024 mit Fragen und Fällen aus Prüfungsprotokollen, 11. Auflage, HDS-Verlag.

Themenbereich Prüfungsgespräch

Haben Sie einen guten Kurzvortrag gehalten, konnten Sie bereits einen Teilerfolg verbuchen. Aber selbst dann, wenn der Kurzvortrag nach Ihrer Ansicht nicht optimal gelaufen ist, bleibt das Rennen noch offen. Die folgende Aufzählung enthält einige Punkte, auf die die **Prüfer immer wieder großen Wert legen**:

- Zeigen Sie, dass Sie um Ihren Erfolg kämpfen. Bringen Sie sich ein; zeigen Sie, dass Sie inhaltlich etwas beizutragen zu haben. Wer sich aufgibt, hat bereits verloren;
- Schreiben Sie Sachverhalte auf, auch wenn ein anderer Prüfling gefragt wurde; häufig geben die Prüfer die Frage weiter; Sie sollten jederzeit bereit sein, die Aufgabe weiterzuführen;
- Fragen Sie, wenn Sie den Sachverhalt nicht verstanden haben („… handelt es sich um eine GmbH & Co. KG oder um eine GmbH …");
- Nutzen Sie Ihre Chance, wenn der Prüfer Ihnen einen Ball zuspielt; reden Sie, bis der Prüfer Sie unterbricht. Suchen Sie selbst Probleme und bringen Sie sie ins Gespräch ein („man könnte hier auch noch prüfen, ob Gesellschafter A überhaupt in Deutschland steuerpflichtig ist …");
- Halten Sie das Prüfungsgespräch auf einem hohen Niveau; als Warnzeichen gilt es, wenn der Prüfer Definitionen abfragt („… was ist eine Personengesellschaft …"). Versuchen Sie hier das Prüfungsgespräch in andere Bahnen zu lenken;
- Achten Sie auf den Prüfer. Verzieht dieser z.B. schmerzerfüllt das Gesicht, können Sie Ihre Antwort immer noch ändern („… natürlich könnte man auch der Meinung sein, Gesellschafter A sei kein Mitunternehmer … dann müsste man …");
- Nutzen Sie Gesprächspausen; bringen Sie sich durch diskrete Zeichen (z.B. Anheben der Hand; Anblicken des Prüfers) ins Gespräch;
- Blättern Sie nicht zu lange in den Gesetzen; das kostet viel Zeit und bringt keine Punkte; versuchen Sie die Lösung auswendig darzustellen;
- Unterbrechen Sie die anderen Kandidatinnen und Kandidaten nicht; unkollegiales Verhalten wird äußerst negativ gewertet;
- Werden Sie nicht nervös, wenn Sie besonders intensiv gefragt werden. Der Prüfer will Sie dann sehr häufig auf eine bessere Note bringen. Nutzen Sie diese Chance;
- Werden Sie nicht nervös, wenn Sie wenig gefragt wurden. Vielleicht waren Ihre bisherigen Antworten schon so gut, dass die Prüfer von Ihrer Leistung überzeugt sind.

Themenbereich Einkommensteuer

Problembereich 1: Verluste

> **Frage:** Ein Steuerpflichtiger mit ausschließlichem Wohnsitz in Deutschland ist Eigentümer einer Immobilie in den USA. Er erzielt aus der Vermietung einen Verlust in Höhe von 12.000 €. Liebhaberei ist nicht gegeben. Kann er den Verlust in Deutschland geltend machen?

Antwort: Der Steuerpflichtige ist nach **§ 1 Abs. 1 EStG i.V.m. § 8 AO** in Deutschland unbeschränkt steuerpflichtig. Damit ist grundsätzlich sein Welteinkommen zu erfassen. Es ist aber zu prüfen, ob ein **Doppelbesteuerungsabkommen** das Besteuerungsrecht regelt. Nach Art. 6 Abs. 1 DBA-USA sind Immobilieneinkünfte im Belegenheitsstaat zu versteuern. Nach Art. 23 Abs. 3 Buchstabe a) DBA USA sind die Einkünfte von der Besteuerung in Deutschland freizustellen. Damit wäre das deutsche Besteuerungsrecht ausgeschlossen.

> **Frage:** Könnte sich dennoch eine Auswirkung auf die Besteuerung in Deutschland ergeben?

Antwort: Einkünfte, die nach einem DBA in Deutschland steuerfrei sind, unterliegen nach **§ 32b Abs. 1 Nr. 3 EStG** dem Progressionsvorbehalt und beeinflussen damit den Steuersatz in Deutschland.

> **Frage:** Gilt das auch für Verluste?

Antwort: Grundsätzlich ja. § 32b Abs. 1 Nr. 3 EStG findet auch in Form eines negativen Progressionsvorbehalts Anwendung (vgl. H 32b EStH „Ausländische Verluste"). In diesem Fall ist aber zu prüfen, ob § 2a EStG der Anwendung des negativen Progressionsvorbehalts entgegensteht. Die USA sind ein Drittstaat gem. § 2a Abs. 2a EStG. Nach **§ 2a Abs. 1 Nr. 6 Buchstabe a) EStG** können Verluste aus ausländischen Immobilien nur mit künftigen Gewinnen aus ausländischen Immobilien desselben Staates verrechnet werden. Dies schließt damit auch den negativen Progressionsvorbehalt aus.

> **Frage:** Was geschieht mit den Verlusten, die im Rahmen des negativen Progressionsvorbehalts nicht berücksichtigt werden können?

Antwort: Die Verluste werden nach § 2a Abs. 1 Satz 5 EStG gesondert festgestellt und können in den folgenden VZ verwertet werden.

> **Frage:** Nehmen wir einmal an, der Eigentümer (E) einer vermieteten Immobilie in der Schweiz erzielt im VZ 01 aufgrund von Sanierungsmaßnahmen einen Verlust in Höhe von 50 T€. Im VZ 02 stirbt er im August. Bis zum Todestag erzielt er positive Einkünfte in Höhe von 5 T€. Alleiniger Erbe wird sein Kind K. Dieses erzielt bis zum 31.12.02 Überschüsse der Einnahmen über die WK i.H.v. 3 T€.

Antwort: Der Verlustvortrag aus dem Jahre 01 ist mit den positiven Einkünften des Jahres 02 zu verrechnen, sodass für E ein Progressionsvorbehalt nach § 32d Abs. 1 Nr. 3 EStG in Höhe von 0 € festzustellen ist.

Da auch die Einkünfte des Erben (§§ 1922 BGB, 21 EStG) dem Progressionsvorbehalt unterliegen, stellt sich das Problem, ob aufgrund der Gesamtrechtsnachfolge der Verlustvortrag des Erblassers nach § 2a Abs. 1 Satz 5 EStG auf den Erben übergeht. Analog der Rechtsprechung des Großen Senats, wonach Verlustvorträge nach § 10d EStG höchstpersönlicher Natur sind und nicht auf die Erben übergehen, hat die Verwaltung schon bisher den Übergang der Verluste nach § 2a Abs. 1 Satz 5 EStG abgelehnt (R 10d Abs. 9 Satz 9 EStR).

Auch der BFH (Urteil vom 23.10.2019, I R 23/17, BStBl II 2021, 138) lehnt nun den Übergang der Verlustvorträge nach § 2a Abs. 1 Satz 5 EStG auf den Erben ab. Damit sind die positiven Einkünfte des Erben im Rahmen des Progressionsvorbehalts mit 3 T€ anzusetzen.

> **Frage:** Variieren wir den Fall dahingehend, dass die Immobilie in Holland liegt.

Antwort: Auch in diesem Fall gilt das Belegenheitsprinzip, wonach die Einkünfte aus der Immobilie im Belegenheitsstaat zu versteuern sind. Dies hat grundsätzlich zur Folge, dass die Einkünfte nach § 32b Abs. 1 Nr. 3 EStG dem Progressionsvorbehalt unterliegen. Hier greift aber die Ausnahmeregelung des **§ 32b Abs. 1 Satz 2 Nr. 3 EStG.** Danach ist der Progressionsvorbehalt ausgeschlossen, wenn die Immobilie „in einem anderen Staat als in einem Drittstaat" belegen ist. Die Definition des Drittstaats findet sich in § 2a Abs. 2a EStG. Danach sind Drittstaaten die Staaten, die nicht Mitgliedstaaten der Europäischen Union sind. Da Holland ein Mitgliedstaat der Europäischen Union ist, greift sonach die Ausnahmeregelung.

> **Frage:** Bleiben wir bei § 2a EStG. Ein Einzelunternehmer in Deutschland unterhält einen Produktionsbetrieb in der Türkei, in dem Kabelstränge für die Autoindustrie hergestellt werden. Er erzielt aus dem Betrieb (keine Personen- oder Kapitalgesellschaft) einen Verlust. Kann er den Verlust in Deutschland geltend machen?

Antwort: Auch hier ist wieder zu prüfen, welcher Staat das Besteuerungsrecht hat. Da der deutsche Unternehmer in der Türkei eine feste Einrichtung unterhält, die nicht lediglich untergeordneten Tätigkeiten dient, ist eine **Betriebsstätte** gegeben. Gewinne aus Betriebsstätten werden stets in dem Staat besteuert, in dem die Betriebsstätte liegt (vgl. Art. 7 Abs. 1 DBA-Türkei).

Zu prüfen ist wieder, ob der Progressionsvorbehalt greift. Dies ist nach § 32b Abs. 1 Nr. 3 EStG zu bejahen. Die Ausnahmeregelung des § 32b Abs. 1 **Satz 2 Nr. 2** EStG greift nicht, da die Türkei ein Drittstaat ist. Wenn der Progressionsvorbehalt greift, ist im nächsten Schritt zu prüfen, ob nicht § 2a EStG den negativen Progressionsvorbehalt ausschließt. Nach § 2a Abs. 1 Nr. 2 EStG dürfen die Verluste in Deutschland grundsätzlich nicht berücksichtigt werden (also auch nicht im Wege eines negativen Progressionsvorbehalts). Es könnte hier die Ausnahmeregelung des **§ 2a Abs. 2 Satz 1 EStG** greifen. Laut Sachverhalt stellt die Betriebsstätte ausschließlich Waren her, sodass eine volkswirtschaftlich erwünschte Produktionsleistung erbracht wird. Damit greift § 2a EStG nicht und der Verlust aus der türkischen Betriebsstätte unterliegt in Deutschland dem negativen Progressionsvorbehalt. Dies ist regelmäßig steuerlich günstig, da ein negativer Progressionsvorbehalt die Steuerbelastung senkt.

> **Frage:** Wechseln wir das Thema. Ein Erblasser hinterlässt einen Handwerksbetrieb. Die Erben stellen fest, dass bis zum Todeszeitpunkt ein Verlust in Höhe von 75.000 € entstanden ist. Was geschieht mit dem Verlust?

Antwort: Die Erben sind nach § 1922 BGB Gesamtrechtsnachfolger geworden. Dies bedeutet, dass alle Rechte und Verpflichtungen auf sie übergegangen sind. Die Erben müssen daher **für den Erblasser** eine Einkommensteuererklärung abgegeben. Die Verluste aus Gewerbebetrieb sind nach § 2 EStG mit anderen Einkünften des Erblassers auszugleichen. Entsteht ein negativer Gesamtbetrag der Einkünfte, wird dieser automatisch nach **§ 10d Abs. 1 EStG** in den unmittelbar vorangegangenen Veranlagungszeitraum zurückgetragen. Durch das Vierte Corona-Hilfe-Gesetz wurde der Rücktrag auf zwei Veranlagungszeiträume ausgedehnt. Die Erben könnten auf den Rücktrag gemäß § 10d Abs. 1 Satz 5 EStG verzichten. Dies dürfte aber nicht sinnvoll sein, da ein Verlustvortrag beim Erblasser aufgrund des Todes nicht mehr möglich ist.

Frage: Was geschieht mit dem Verlust, wenn er im Rahmen des § 10d EStG beim Erblasser nicht verwertet werden kann?

Antwort: Der Große Senat hat entschieden, dass nicht ausgenutzte Verluste des Erblassers nicht auf die Erben übergehen (BFH GrS vom 17.12.2007, BStBl II 2008, 608). Die Verwaltung wendet diese Rechtsprechung an (BMF vom 24.07.2008, BStBl I 2008, 809; H 10d EStH „Verlustabzug im Erbfall"). Damit geht im vorliegenden Fall der Verlust des Erblassers verloren.

Frage: Nehmen Sie einmal an, der Erblasser sei als Kommanditist an einer GmbH und Co. KG beteiligt. Sein Kapitalkonto steht am Todestag auf ./. 100.000 €. Der verrechenbare Verlust des Erblassers nach § 15a Abs. 2 EStG beträgt 70.000 €. Der Erbe erbt den Kommanditanteil. Gehen die verrechenbaren Verluste über?

Antwort: Die Entscheidung des Großen Senats bezieht sich lediglich auf vortragsfähige Verluste nach § 10d EStG. Verwaltung und Rechtsprechung haben diese Grundsätze auf die vergleichbaren Regelungen (z.B. §§ 2a, 20 Abs. 6, 22 Nr. 3 Satz 4 EStG) übertragen, da hier eine vergleichbare steuerliche Situation vorliegt. Im Rahmen des § 15a EStG ist dies aber anders. Das negative Kapitalkonto des Erblassers geht nach § 1922 BGB auf den Erben über. Dieser muss das negative Kapitalkonto mit Gewinnen wieder auffüllen (vgl. § 169 HGB). Würde der verrechenbare Verlust auf den Erben nicht übergehen, so hätte sich der Verlust beim Erblasser wegen § 15a Abs. 1 Satz 1 EStG steuerlich nicht ausgewirkt und der Erbe müsste einen Gewinn versteuern, den er aber nach § 169 HGB wirtschaftlich nicht nutzen kann. Aus diesem Grund sieht die Verwaltung vor, dass die verrechenbaren Verluste im Erbfall auf den Erben übergehen (vgl. R 10d Abs. 9 Satz 12 EStR).

Frage: Bleiben wir bei der Kommanditgesellschaft und vertiefen das Thema der Verluste nach § 15a EStG. Welche zwei Arten von Verlusten kennt diese Vorschrift?

Antwort: Verluste nach **§ 15a Abs. 1 und 2 EStG** können ausgleichsfähig oder lediglich verrechenbar sein. (Anmerkung: vgl. R 15a EStR und H 15a EStH mit Beispielen und weiteren Nachweisen)

Frage: Wann sind Verluste lediglich verrechenbar?

Antwort: Verluste sind nach § 15a Abs. 1 Satz 1 i.V.m. Abs. 2 EStG verrechenbar, soweit ein negatives Kapitalkonto des Kommanditisten entsteht oder sich erhöht. Als Kapitalkonto im Sinne von § 15a EStG gilt dabei das Gesamthandskonto einschließlich etwaiger Ergänzungsbilanzen, nicht aber das Sonderbilanzkonto (vgl. R 15a Abs.2 EStR und H 15a EStH „Kapitalkonto").

Verrechenbare Verluste werden nach § 15a Abs. 2 EStG festgestellt und mit künftigen Gewinnen aus derselben Beteiligung verrechnet.

Frage: Können Einlagen die Höhe der ausgleichsfähigen Verluste beeinflussen?

Antwort: Je höher das positive Kapitalkonto ist, umso höher sind die ausgleichsfähigen Verluste. Eine Einlage schafft damit zusätzliches Potenzial an ausgleichsfähigen Verlusten.

Frage: Ein Kommanditist hat am 01.01.2021 ein Kapitalkonto in Höhe von ./. 100 T€. Er legt in 2022 30 T€ ein. Sein Verlustanteil beträgt in 2022 150 T€. Wie ist der Verlust zu beurteilen?

Antwort: Nach § 15a Abs. 1 Satz 1 EStG ist ein Verlust verrechenbar, soweit ein Kapitalkonto entsteht oder sich erhöht. Unter Berücksichtigung der Einlage entwickelt sich das Kapitalkonto von ./. 100 T€ auf ./. 220 T€. Damit sind 120 T€ des Verlustes verrechenbar (= Betrag, um den sich das negative Kapitalkonto erhöht hat) und 30 T€ ausgleichsfähig. Die Einlage hat somit im Jahr der Einlage ein Potenzial an ausgleichsfähigen Verlusten geschaffen.

> **Frage:** Wandeln wir den Fall ab. In 2022 entsteht ein Gewinn von 0 €. Der Verlustanteil in Höhe von 150 T€ entsteht nun in 2023. Welche Auswirkungen hat nun die Einlage?

Antwort: Die Einlage bleibt hier ohne Auswirkung. Das Kapitalkonto steht am 01.01.2023 auf ./. 70 T€. Durch den Verlust erhöht sich das negative Kapitalkonto um 150 T€. Damit ist der gesamte Verlust lediglich verrechenbar.

Die Einlage des Vorjahres wirkt sich nach **§ 15a Abs. 1a EStG** steuerlich nicht aus. Damit entfaltet eine Einlage in ein negatives Kapitalkonto nur Wirkung in dem Jahr, in dem sie getätigt wird.

> **Frage:** Welche Folgen haben Entnahmen im Rahmen des § 15a EStG?

Antwort: Eine Entnahme ist nach § 15a Abs. 3 Satz 1 EStG dem Kommanditisten als Gewinn hinzuzurechnen, soweit durch die Entnahme ein negatives Kapitalkonto entsteht oder sich erhöht. Dies gilt aber nur, soweit im Wirtschaftsjahr der Entnahme und in den zehn vorangegangenen Jahren Verluste ausgleichsfähig waren.

> **Frage:** Gehen Sie von folgendem Sachverhalt aus: Das Kapitalkonto eines Kommanditisten steht am 01.01.2022 aufgrund von Verlusten (nicht Entnahmen) auf + 20 T€. Er entnimmt 80 T€. Die Hafteinlage beträgt 100 T€ und wurde in vollem Umfang einbezahlt. Wie hoch ist die Gewinnhinzurechnung nach § 15a Abs. 3 EStG?

Antwort: Durch die Entnahme entsteht ein negatives Kapitalkonto in Höhe von ./. 60 T€. Da das Kapitalkonto aufgrund von Verlusten auf + 20 T€ gesunken ist, müssen mindestens 80 T€ ausgleichsfähige Verluste in den Vorjahren entstanden sein (Hafteinlage 100.000 € abzüglich ausgleichsfähige Verluste i.H.v. 80.000 € = + 20.000 €). Allerdings ist nach § 15a Abs. 3 Satz 1 EStG keine Gewinnhinzurechnung vorzunehmen, soweit aufgrund der Entnahme eine Haftung des Kommanditisten entsteht oder wieder auflebt. Nach **§ 171 HGB** haftet ein Kommanditist insoweit, als er seine Einlage durch Entnahmen wieder abzieht. Bei einem Stand des Kapitalkontos von 20 T€ führt jede Entnahme zu einer Haftung nach § 171 HGB, da der Kommanditist im vorliegenden Fall nur bei einem Kapitalkonto von über 100 T€ haftungsfreie Entnahmen tätigen dürfte. Die Entnahme führt daher **nicht** zu einer Gewinnhinzurechnung nach § 15a Abs. 1 Satz 1 EStG, obwohl durch Entnahmen ein negatives Kapitalkonto entstand.

> **Frage:** Welche Folgen hat es, wenn der Kommanditist in obigem Fall 200 T€ entnimmt?

Antwort: In diesem Fall entstünde ein negatives Kapitalkonto in Höhe von ./. 180 T€ (+ 20.000 € ./. 200.000 €). In Höhe von 100.000 € würde die Haftung nach § 171 HGB wieder aufleben. Insoweit entstünde keine Gewinnhinzurechnung nach § 15a Abs. 3 Satz 1 EStG. In Höhe von 80 T€ würde die Haftung nach § 171 HGB nicht (!) wieder aufleben, da ein Kommanditist maximal für die Hafteinlage geradestehen muss; dies sind hier 100 T€. Damit wäre dem Kommanditisten ein Gewinn in Höhe von 80 T€ zuzurechnen. Gleichzeitig wäre nach § 15a Abs. 3 Satz 4 EStG ein verrechenbarer Verlust in dieser Höhe festzustellen.

> **Tipp!** Sie sollten sich bei einer derartigen Frage unbedingt die Entwicklung des Kapitalkontos aufzeichnen, sonst verlieren Sie schnell den Überblick.

> **Frage:** Kann ein Kommanditist unbegrenzt Einlagen tätigen, um verrechenbare Verluste zu vermeiden?

Antwort: Steuerlich sieht § 15a EStG keine Begrenzung vor. Gesellschaftsrechtlich kann aber die Höhe der Einlage (z.B. im Gesellschaftsvertrag) begrenzt sein, um zu vermeiden, dass einzelne Gesellschafter die Gewinnverteilung zu ihren Gunsten beeinflussen. Der BFH (Urteil vom 10.11.2022, IV R 8/19,

DStR 2023, 80) berücksichtigt daher im Rahmen des § 15a EStG nur **gesellschafsrechtlich zulässige** Einlagen.

> **Frage:** Was passiert mit einem verrechenbaren Verlust, wenn der Mitunternehmeranteil verschenkt wird?

Antwort: Bei einer unentgeltlichen Übertragung gehen die Buchwerte – also auch das negative Kapitalkonto – auf den Beschenkten über. Da sonach der Beschenkte handelsrechtlich das negative Kapitalkonto mit künftigen Gewinnanteilen wieder auffüllen muss, muss folgerichtig auch der verrechenbare Verlust auf den Beschenkten übergehen.

> **Frage:** Stellt die Übernahme eines negativen Kapitalkontos nicht ein Entgelt dar?

Antwort: Nein; der Fall ist nicht mit der Übernahme eines privaten Darlehens zu vergleichen. Das negative Kapitalkonto ist Bestandteil des aus Aktiva und Passiva bestehenden Kommanditanteils. Die Übernahme stellt daher kein Entgelt dar (vgl. BMF vom 13.01.1993, BStBl I 1993, 80 Rz. 30).

> **Frage:** Gehen Sie von folgendem Fall aus: Das Kapitalkonto des Kommanditisten K steht auf ./. 50.000 €. Die KG wird zahlungsunfähig und ein Insolvenzverfahren wird eingeleitet. Im nächsten Wirtschaftsjahr entfällt auf den Kommanditisten ein Verlustanteil in Höhe von 20.000 €.

Antwort: § 15a EStG liegt der Gedanke zugrunde, dass verrechenbare Verluste dem Kommanditisten zugewiesen werden, weil er sie mit künftigen Gewinnanteilen verrechnen kann. Besteht keine Chance mehr, künftig Gewinne zu erwirtschaften, muss das durch Verluste negativ gewordene Kapitalkonto aufgelöst werden (vgl. BFH vom 10.11.1980, BFH GrS 1/79, BStBl II 1981, 164 sowie H 15a EStH „Auflösung des negativen Kapitalkontos"). Die Auflösung des negativen Kapitalkontos führt aber zu einer Erhöhung des Betriebsvermögens (§ 4 Abs. 1 EStG) und damit zu einem Gewinn. Dieser kann aber mit vorhandenen verrechenbaren Verlusten neutralisiert werden. Derartige verrechenbare Verluste müssen ja vorhanden sein, wenn das Kapitalkonto durch Verluste negativ wurde.

> **Frage:** Was geschieht nun mit dem laufenden Verlust?

Antwort: Dieser kann nach den gerade dargestellten Grundsätzen dem Kommanditisten (steuerlich, nicht handelsrechtlich!) nicht mehr zugerechnet werden. Der Verlust wird daher dem Komplementär zugewiesen, da für diesen ja der § 15a EStG nicht anwendbar ist.

> **Frage:** Gesellschafter A der ABC-GbR hat ein negatives Kapitalkonto in Höhe von 100 T €. Im März 2023 wird die GbR in eine GmbH&Co.KG umgewandelt. Dabei wird der Anteil des A nach § 24 UmwStG zum Buchwert eingebracht. Im mit dem Kalenderjahr identischen Wirtschaftsjahr 2023 wird dem A (jetzt Kommanditist) ein Verlustanteil in Höhe von 40 T € zugewiesen. Wie ist der Verlust steuerlich zu behandeln?

Antwort: Ich gehe bei meiner Antwort nicht näher auf die Problematik des § 24 UmwStG ein.

Prüfer: Das ist so in Ordnung. Mich interessiert der § 15a EStG.

Weiterführung der Antwort: Entscheidend sind die steuerlichen Verhältnisse am Bilanzstichtag. Da A am Bilanzstichtag nicht mehr unbegrenzt haftet (frühere GbR) und nunmehr Kommanditist ist, unterliegt der Verlustanteil den Beschränkungen des § 15a Abs.2 EStG, ist also nur verrechenbar und auf die folgenden Wirtschaftsjahre vorzutragen.

> **Frage:** Kommanditist K der X-KG ist in einem DBA-Staat ansässig und verfügt in Deutschland über keinen Wohnsitz. Unterliegt er auch den Beschränkungen des § 15a EStG?

Antwort: Der Mitunternehmeranteil wird in Deutschland nach Art. 7 OECD-Musterabkommen wie eine Betriebsstätte des Mitunternehmers behandelt. Damit unterliegt der Gewinnanteil der deutschen Besteuerung. K ist in Deutschland nach § 49 Abs. 1 Nr. 2 EStG beschränkt steuerpflichtig. Im Rahmen der beschränkten Steuerpflicht ist nach dem Rechtsgedanken des § 50 EStG auch §15a EStG anzuwenden.

Frage: Drehen wir den Fall um. K ist nun in Deutschland ansässig. Er ist an einer Personengesellschaft in einem DBA-Staat beteiligt.

Antwort: Hier ist zunächst zu prüfen, ob die ausländische Personengesellschaft einer deutschen KG vergleichbar ist.

Prüfer: Gehen Sie bitte davon aus.

Antwort: In diesem Fall ist der Gewinnanteil nach Art. 7 OECD-Musterabkommen in dem ausländischen Staat zu versteuern und nach Art. 23 OECD-Musterabkommen von der deutschen Besteuerung freizustellen. In Deutschland unterliegt der Gewinnanteil aber **§ 32b Abs. 1 Nr. 3 EStG** dem Progressionsvorbehalt, soweit nicht der Ausnahmetatbestand des § 32b Abs. 1 Satz 2 Nr. 2 EStG greift. Da im Rahmen des § 32b Abs. 1 Nr. 3 EStG die „Einkünfte" zu berücksichtigen sind, muss eine Berechnung der dem Progressionsvornehalt unterliegenden Einkünfte nach deutschem Steuerrecht erfolgen. Dabei ist auf den ausländischen Verlust § 15a EStG anzuwenden.

Prüfer: § 15a Abs. 1 Satz 1 EStG spricht aber doch ausdrücklich nur von „Kommanditisten". Dies sind Gesellschafter, die im deutschen Handelsregister als beschränkt Haftende eingetragen sind.

Antwort: **§ 15a Abs. 5 Nr. 3 EStG** erweitert aber den Anwendungsbereich auf ausländische Personengesellschaften.

Frage: Kommanditist der M-KG ist die natürliche Person K mit Wohnsitz in Deutschland. Die M-KG ist ihrerseits Kommanditistin der T-KG. Die T-KG weist der M-KG einen Verlustanteil in Höhe von 200 T € zu. § 15a EStG anzuwenden? Wenn ja auf welcher Ebene?

Antwort: Nach **§ 124 HGB** kann die M-KG Gesellschafterin der T-KG sein. Die Struktur ist als doppelstöckige Personengesellschaft im Sinne des **§ 15 Abs. 1 Nr. 2 Satz 2 EStG** zu charakterisieren. Nach dem Grundsatz der transparenten Besteuerung ist § 15a EStG auf der Ebene der M-KG anzuwenden. Der von der M-KG an K weitergereichte Verlustanteil ist auf der Ebene des K als verrechenbarer Verlust festzustellen. Dies gilt selbst dann, wenn die M-KG aus anderen Quellen Gewinne erzielt. Denn der Verlust aus der Beteiligung an der T-KG darf nach § 15a Abs. 2 EStG nur mit Gewinnen aus der T-KG saldiert werden (vgl. BFH vom 18.12.2003, IV B 201/03, BStBl II 2004, 231).

Frage: Variieren wir den Fall dahingehend, dass K keine natürliche Person, sondern eine GmbH mit Sitz in Deutschland ist.

Antwort: § 8 KStG erklärt auch die Vorschrift des § 15a EStG für anwendbar (vgl. R 8.1 KStR). Die GmbH weist daher in ihrer Handelsbilanz (und aufgrund der Maßgeblichkeit auch in der Steuerbilanz) nach § 266 HGB einen Jahresüberschuss/Jahresfehlbetrag aus. Dieser ist außerbilanziell nach den Grundsätzen des § 15a EStG zu korrigieren.

Frage: Welche besondere Vorschrift ist für Verluste im Rahmen der Gewerbesteuer zu beachten?

Antwort: Für solche Verluste ist **§ 10a GewStG** zu beachten. Aus haushaltstechnischen Gründen begrenzt § 10a GewStG – wie auch § 10d EStG – den Verlustvortrag auf 1 Mio. €. Der übersteigende Betrag ist im jeweiligen Jahr nur zu 60 % zu berücksichtigen. Der Verlust geht aber nicht verloren, sondern wird solange vorgetragen, bis er aufgebraucht ist. Einen Verlustrücktrag sieht § 10a GewStG – im Gegensatz zu § 10d EStG – nicht vor.

> **Frage:** Ein gewerbesteuerpflichtiges Einzelunternehmen erzielt einen steuerlichen Verlust i.H.v. 500.000 €. Im Betriebsvermögen befindet sich eine 20 %ige Beteiligung an einer GmbH. Die GmbH schüttete an den Einzelunternehmer eine Dividende i.H.v. 300.000 € aus. Die Dividende ist in obigem Verlust enthalten. Wie hoch ist der gewerbesteuerliche Verlustvortrag?

Antwort: Die Dividende ist nach **§ 3 Nr. 40 Buchstabe d) EStG** im Wege der außerbilanziellen Korrektur um steuerfreie 40 % (Teileinkünfteverfahren) zu kürzen. Nach § 7 GewStG richtet sich der gewerbesteuerliche Ertrag nach dem Gewinn, der nach den Vorschriften des EStG bzw. KStG ermittelt wird.

Damit ist die Dividende in dem Verlust von 500.000 € lediglich i.H.v. (300.000 € × 60 % =) 180.000 € enthalten (= Gewinnermittlung nach Einkommensteuerrecht). Da § 10a GewStG auf den gewerbesteuerlichen Ertrag abstellt (vgl. R 10a. 1 GewStR), ist bezüglich der Dividende die Vorschrift des **§ 9 Nr. 2a GewStG** zu berücksichtigen. Danach ist bei einer Beteiligungsquote von mindestens 15 % der gewerbesteuerliche Ertrag um die im Gewinn nach dem Teileinkünfteverfahren erfasste Dividende zu kürzen (sog. Schachtelprivileg).

§ 9 Nr. 2a GewStG führt somit dazu, dass die Dividende im Falle einer Beteiligung von mindestens 15 % gewerbesteuerlich überhaupt nicht angesetzt wird. Dies führt im vorliegenden Fall zu einer Erhöhung des Verlustes um (300.000 € × 60 % =) 180.000 €, sodass im Rahmen des § 10a GewStG ein Verlustvortrag von 680.000 € festzustellen ist.

> **Frage:** Der Einzelunternehmer veräußert im nächsten Jahr sein Einzelunternehmen. Was geschieht mit dem gewerbesteuerlichen Verlustvortrag?

Antwort: Nach R 10a.1 Abs. 3 Satz 3 GewStR erfordert die Ausnutzung des gewerbesteuerlichen Verlustvortrags die **Unternehmensidentität** und die **Unternehmeridentität**. Letztere ist nach einer Veräußerung des Unternehmens nicht mehr gegeben. Daher kann weder der Erwerber noch der Veräußerer den Verlustvortrag nach § 10a GewStG ausnutzen.

> **Frage:** I ist Inhaber eines Imbissbetriebs. Er stellt diesen zum 01.08.2022 ein. Ab 01.11.2022 pachtet P den Imbissbetrieb und renoviert diesen umfassend. Er bestellt außerdem eine neue Küche und eine neue Inneneinrichtung. Für 2022 entsteht daher ein Verlust in Höhe von 150 T €. Im Januar 2023 eröffnet P den neuen Imbissbetrieb. Wie ist der Verlust des Jahres 2022 zu beurteilen?

Antwort: Einkommensteuerlich kann ein Gewerbetreibender auch schon vor der Eröffnung des Betriebs sog. vorweggenommene Betriebsausgaben geltend machen, die wirtschaftlich im Zusammenhang mit dem später eröffneten Betrieb stehen. Dass die Aufwendungen für die Renovierung darunter fallen, dürfte unstreitig sein.

Gewerbesteuerrechtlich gelten aber andere Grundsätze (vgl. BFH vom 30.08.2022, X R 17/21 www.bundesfinanzhof.de). Die Annahme eines Gewerbebetriebs erfordert für Zwecke der Gewerbesteuer das Vorliegen sämtlicher Tatbestandsmerkmale des § 15 Abs.2 EStG. In 2022 hat sich P aber nicht allgemeinen wirtschaftlichen Verkehr beteiligt. Die bloße Beauftragung von Handwerkern etc. fällt nach BFH nicht darunter. Da P sonach in 2022 keinen werbenden Betrieb unterhielt, gehen die Verluste gewerbesteuerlich unter und § 10a GewStG ist nicht anwendbar. Entscheidend war hier, dass der Betrieb nach der Schließung durch I nicht nahtlos von P weitergeführt wurde.

Frage: Neulich habe ich in der Wirtschaftspresse folgenden Fall gelesen: Ein privater Anleger gibt einer Aktiengesellschaft eine Unternehmensanleihe über 1 Mio. € zu einem (angemessenen) Zinssatz von 3 %. Die AG wird zahlungsunfähig. Im Rahmen des Insolvenzverfahrens erhält der Anleger eine Quote für das Kapital von 3 % (= 30.000 €). Zinsen werden keine mehr bezahlt.
Wie ist der Fall steuerlich zu würdigen?

Antwort: Zinsen aus einer Unternehmensanleihe sind nach **§ 20 Abs. 1 Nr. 7 EStG** zu versteuern. Veräußert der Anleger die Ansprüche aus der Unternehmensanleihe, so ist der Veräußerungsgewinn nach **§ 20 Abs. 2 Nr. 7 EStG** zu versteuern. Hier liegt aber keine Veräußerung vor. Die Behandlung der Fälle des bloßen Vermögensverlustes war bisher streitig (vgl. BFH Urteil vom 24.10.2017, VIII R 13/15, BFH/NV 2018, 280). § 20 Abs. 6 Satz 6 EStG sieht nun (ab VZ 2020) die Berücksichtigung derartiger reiner Vermögensverluste vor. Allerdings dürfen derartige Verluste nach § 20 Abs. 6 Satz 6 EStG nur mit Einkünften aus Kapitalvermögen und nur bis zur Höhe von aktuell 20.000 € verrechnet werden. Nicht verrechnete Verluste werden auf die Folgejahre vorgetragen und können je Veranlagungszeitraum bis zur Höhe von aktuell 20.000 € mit Einkünften aus Kapitalvermögen verrechnet werden.

Frage: Bleiben wir beim Thema der Unternehmensanleihe. Ein Privatanleger hat einem Unternehmer U eine Anleihe in Höhe von 100 T € im Jahr 2016 gewährt. Die Rückzahlung soll in 2023 erfolgen. In 2018 wird U zahlungsunfähig und teilt dies auch dem Anleger mit. Im Dezember 2018 erfährt der Anleger, dass ein Insolvenzantrag gestellt wurde. Im März 2021 wird das Insolvenzverfahren mangels Masse eingestellt. In welchem Jahr muss der Anleger den Verlust geltend machen?

Antwort: Auch für Darlehensverluste nach § 20 Abs. 6 Satz 6 EStG gelten die Grundsätze des § 11 Abs.2 EStG. Damit stellt sich im Falle der Zahlungsunfähigkeit die Frage, in welchem VZ der Verlust geltend zu machen ist. Nach dem Urteil des BFH vom 01.07.2021, VIII R 28/18, BStBl II 2021, 911 ist von einem endgültigen Ausfall der privaten Darlehensforderung spätestens auszugehen, wenn über das Vermögen des Schuldners das Insolvenzverfahren eröffnet wurde und der Insolvenzverwalter gegenüber dem Insolvenzgericht die Masseunzulänglichkeit gem. § 208 Abs. 1 InsO angezeigt hat. Dies wäre hier das Jahr 2021.

Der Zeitpunkt kann aber auch früher liegen, wenn zu dem früheren Zeitpunkt feststeht, dass keine Chance mehr auf Rückzahlung der Anleihe besteht. In diesem Fall müsste der Steuerpflichtige den Darlehensverlust bereits in seiner Veranlagung des Jahres 2018 geltend machen. Macht er den Verlust in diesem Jahr nicht geltend und wird die Veranlagung bestandskräftig, so ist ihm die Geltendmachung des Verlustes in einem späteren VZ verwehrt (BFH a.a.O.).

Frage: Ein Anleger erzielt im VZ 2021 aus der Veräußerung von Aktien einen Verlust i.H.v. 100.000 €. Im VZ 2022 entscheidet er sich, sein Kapital nur noch in Investmentfonds anzulegen. Zu seiner großen Freude entwickelt sich der Investmentfonds positiv und bei der Veräußerung der Fondsanteile entsteht ein Gewinn in Höhe von 120.000 €. Wie hoch sind die Einnahmen aus Kapitalvermögen in 2022? Welche Besonderheit besteht bei der Besteuerung von Investmentfonds?

Antwort: Erträge und Veräußerungsgewinne aus Investmentfonds fielen bisher unter § 20 Abs. 1 Nr. 1 bzw. Abs. 2 Nr. 1 EStG. Mit Wirkung ab dem VZ 2018 wurde die Besteuerung der Investmentfonds grundlegend geändert. Nach § 16 InvStG gelten als Erträge eines Investmentfonds sowohl Ausschüttungen als auch Veräußerungsgewinne. Nach § 20 InvStG sind die Erträge aus den Investmentfonds teilweise steuerfrei (z.B. bei Aktienfonds 30 %). Damit soll ausgeglichen werden, dass die Gewinne auf der Ebene der Investmentfonds – entgegen der früheren Rechtslage – nun der Körperschaftsteuer unterliegen.

Die Besteuerung der Erträge und Veräußerungsgewinne erfolgt nach **§ 20 Abs. 1 Nr. 3 EStG**.

Nach § 20 Abs. 6 Satz 1 EStG dürfen Verluste aus Kapitalvermögen grundsätzlich nur mit Einkünften aus Kapitalvermögen ausgeglichen werden. Die Verluste aus der Veräußerung der Aktien (§ 20 Abs. 2 Nr. 1 EStG) können daher lediglich nach § 20 Abs. 6 Satz 2 EStG vorgetragen werden, da laut der Aufgabenstellung in diesem Jahr keine positiven Einkünfte erzielt werden. Zu Verlusten aus der Veräußerung von Aktien sieht aber § 20 Abs. 6 Satz 4 EStG eine besondere Regelung vor, wonach Aktienverluste nur mit Gewinnen aus der **Veräußerung von Aktien** verrechnet werden können. Anteile an Investmentfonds gelten nicht als „Aktien" im Sinne dieser Vorschrift. Diese Einschränkung der Verrechnungsmöglichkeit verstößt nach Ansicht des BFH gegen Art. 3 GG, weil Aktionäre insoweit schlechter behandelt werden als vergleichbare andere Kapitalanleger. Der BFH (Beschluss vom 04.06.2021, VIII R 11/18, www.bundesfinanzhof.de) hat daher die Rechtsfrage dem BVerfG vorgelegt.

Frage: Muss ein Gericht eine Rechtsfrage dem BVerfG vorlegen, wenn es verfassungsrechtliche Zweifel hat?

Antwort: Diese Frage regelt **Art. 100 GG**. Hält ein Gericht ein Gesetz, auf dessen Gültigkeit es bei der Entscheidung ankommt, für verfassungswidrig, so ist das Verfahren auszusetzen und die Entscheidung des Bundesverfassungsgerichts einzuholen. Dementsprechend war der erkennende Senat verpflichtet, das Verfahren auszusetzen und dem BVerfG vorzulegen.

Frage: Dem BFH (Urteil vom 20.11.2018, VIII R 17/16, DStR 2019, 972) lag folgender Fall zur Entscheidung vor: Der Kläger erzielte als nebenberuflicher Übungsleiter Einnahmen in Höhe von 100 €. Dem standen Ausgaben (Reisekosten) in Höhe von 600 € gegenüber. Wie hoch sind seine Einkünfte?

Antwort: Nach **§ 3 Nr. 26 EStG** sind Einnahmen aus nebenberuflicher Tätigkeit als Übungsleiter bis zu einem Betrag in Höhe von (seit 01.01.2021): 3.400 € (vorher: 2.400 €) im Jahr steuerfrei. Die Einnahmen überschreiten diesen Betrag nicht. Betriebsausgaben oder Werbungskosten dürfen nach Satz 2 aber nur abgezogen werden, soweit sie den Betrag der steuerfreien Einnahmen übersteigen, hier also in Höhe von 500 €. Damit erzielt der Kläger einen Verlust in Höhe von 500 €.

Frage: Sehen Sie in diesem Fall noch ein weiteres Problem?

Antwort: Wenn die Betriebsausgaben/Werbungskosten des Klägers dauerhaft die Einnahmen übersteigen, kann der Verlust wegen der sog. Liebhaberei nicht berücksichtigt werden.

Tipp! So sieht dies auch der BFH und hat den Rechtsstreit zur weiteren Sachverhaltsermittlung zurückverwiesen.

Frage: Ein in Deutschland ansässiger Gewerbetreibender beteiligt sich als (unstreitig) typisch stiller Gesellschafter an einer Kapitalgesellschaft mit Sitz in Kasachstan. Die ausländische Kapitalgesellschaft wird zahlungsunfähig und liquidiert. Kann der Gewerbetreibende, der seine stille Beteiligung im Betriebsvermögen aktivierte, den Verlust der stillen Einlage im Wege einer Teilwertabschreibung geltend machen?

Antwort: Zunächst ist zu prüfen, in welchem Staat die Erträge aus der stillen Beteiligung zu versteuern sind. Die Erträge aus einer typisch stillen Beteiligung unterliegen nach deutschem Recht der Besteuerung nach **§ 20 Abs. 1 Nr. 4 EStG**, werden also wie Zinsen behandelt. Im internationalen Steuerrecht werden Zinsen stets in dem Staat besteuert, in dem der Anleger ansässig ist (vgl. Art. 11 OECD-Musterabkommen). Ich gehe hier davon aus, dass dies auch im Falle von Kasachstan gilt.

Anmerkung des Prüfers: Dies ist richtig. Art. 11 des DBA Kasachstan entspricht Art. 11 OECD-Musterabkommen. Wir wollen diese Frage hier nicht näher vertiefen.

Fortführung der Antwort: Da die Beteiligung in einem deutschen Betriebsvermögen aktiviert ist, gelten § 20 Abs. 9 i.V.m. §§ 15, 4 Abs. 1 EStG. Ich gehe davon aus, dass es sich im vorliegenden Fall um einen bilanzierenden Gewerbetreibenden handelt, da im Rahmen einer Gewinnermittlung nach § 4 Abs. 3 EStG eine Teilwertabschreibung nicht möglich ist.

Aufgrund des Totalverlustes durch die Löschung der Kapitalgesellschaft kann davon ausgegangen werden, dass die Voraussetzungen des **§ 6 Abs. 1 Nr. 2 EStG** erfüllt sind, also insbesondere eine voraussichtlich dauernde Wertminderung vorliegt.

Zu prüfen ist nun, ob die Teilwertabschreibung unter **§ 2a Abs. 1 Nr. 5 EStG** fällt. Dass Kasachstan ein Drittstaat im Sinne dieser Vorschrift ist, braucht nicht näher erörtert zu werden. Problematisch ist, ob unter die Nr. 5 lediglich laufende Verluste sind oder auch der Totalverlust der Einlage darunter fällt. Vergleicht man die Nr. 5 mit der Nr. 6 Buchstabe c) EStG, so fällt auf, dass im Rahmen der Nr. 6 die Teilwertabschreibung ausdrücklich aufgeführt wird. Der BFH (Urteil vom 9. 6. 2021, I R 35/18, BFH/ NV 2021, 864) schließt aus der Nichterwähnung der Teilwertabschreibung in der Nr. 5, dass im Falle eines Totalverlustes § 2a Abs. 1 Nr. 5 EStG nicht anwendbar ist. Damit kann der Verlust in Deutschland geltend gemacht werden.

> **Frage:** Gehen wir zum Schluss von dem obigen Fall weg. Welche neue Entwicklungen haben sich im Rahmen des § 10d EStG aktuell ergeben?

Antwort: Da viele Betriebe durch den sog. Lock-down erhebliche Verluste erzielten, wurde durch das 2. und das 3. Corona-Steuerhilfegesetz der Verlustrücktrag für die Jahre 2020 und 2021 auf 10.000.000 € /20.000.000 € erhöht. Diese Regelung sollte ursprünglich in 2022 auslaufen. Durch das Vierte Corona-Steuerhilfegesetz wurde diese Regelung auf die Jahre 2022 und 2023 ausgedehnt. Erst ab 2024 sollen dann wieder die bisherigen Werte von 1.000.000 €/2.000.000 € gelten.

Außerdem wurde mit Wirkung ab dem Verlustjahr 2022 der Verlustrücktrag dauerhaft auf 2 Jahre ausgeweitet und erfolgt in die unmittelbar vorangegangenen beiden Jahre.

Problembereich 2: Mitunternehmerschaft/Gründung

> **Frage:** Welche handelsrechtlichen Formvorschriften sind bei der Gründung einer Personengesellschaft zu beachten?

Antwort: Die Gründung einer Gesellschaft bürgerlichen Rechts ist nach §§ 705 ff. BGB formfrei möglich, also auch durch mündliche Vereinbarung. Grundsätzlich gilt dies nach §§ 105 ff. HGB auch für die Handelsgesellschaften. Die OHG ist zwar zum Handelsregister anzumelden, die Anmeldung ist aber nur deklaratorischer, nicht konstitutiver Natur. Lediglich die KG benötigt zum Wirksamwerden der Haftungsbeschränkung nach § 162 HGB eine Anmeldung zum Handelsregister.

> **Frage:** Mit welchem Betrag haftet der Kommanditist im Falle einer Insolvenz?

Antwort: Bei der Gründung einer KG ist zwischen der Hafteinlage und der Pflichteinlage zu unterscheiden. Die Hafteinlage ist die im Handelsregister eingetragene maximale Haftsumme (§ 171 HGB). Die Pflichteinlage ist die im Gesellschaftsvertrag vereinbarte Kapitalzuführung. Sie kann höher oder niedriger sein als die Hafteinlage. Ist die Pflichteinlage niedriger als die Hafteinlage, so haftet der Kommanditist nach außen für die Differenz (§ 171 Abs. 1 HGB).

> **Frage:** Muss ein Gesellschafter seinen Beitrag in Geld erbringen oder sind auch andere Formen denkbar?

Antwort: Nach § 705 BGB muss der Gesellschafter nur den Gesellschaftszweck fördern. Dies kann durch Geldleistungen, Übertragung oder Überlassung von Wirtschaftsgütern oder durch persönliche Dienstleistungen erfolgen.

> **Frage:** Befassen wir uns einmal näher mit der Übertragung von Wirtschaftsgütern. Gehen Sie davon aus, dass ein Gesellschafter im Privatvermögen ein Gebäude hält, das er vor fünf Jahren für 500 T€ erworben und seitdem mit 2 % p.a. abgeschrieben hat. Der Wert des Gebäudes soll 600 T€ betragen. Der Gesellschafter überträgt in Erfüllung der Verpflichtung aus dem Gründungsvertrag das Gebäude auf die neu gegründete GmbH & Co. KG. Wie ist der Vorgang zu verbuchen? Welche Möglichkeiten gibt es dabei? Wie sind die Folgen im Privatvermögen? Das Grundstück soll außer Acht gelassen werden.

Antwort: Nach Ansicht des BFH und der Verwaltung (BMF vom 29.03.2000, BStBl I 2000, 462, Beck'sche Erlasse § 4/13; BMF vom 11.07.2011, BStBl I 2011, 713, Beck'sche Erlasse § 4/15 mit weiteren Hinweisen auf die Rechtsprechung) liegt ein tauschähnlicher Vorgang vor, wenn ein Wirtschaftsgut des Privatvermögens gegen Gewährung von Gesellschaftsrechten in das Gesamthandsvermögen überführt wird. Eine Gewährung von Gesellschaftsrechten liegt vor, wenn gegen Gesellschafter-Kapital gebucht wird (Buchungssatz: Gebäude 600 T€ an Kapital Gesellschafter 600 T€; vgl. BMF vom 11.07.2011 a.a.O., Tz. II 2. Buchstabe a)). In diesem Fall ist § 6 Abs. 1 Nr. 5 EStG nicht anzuwenden (vgl. BMF vom 29.03.2000 a.a.O., Tz. II 1. Buchstabe a)).

Da der Gesellschafter das Gebäude tauscht und damit veräußert, entsteht nach § 23 Abs. 1 Nr. 1 EStG ein privater Veräußerungsgewinn. Dieser errechnet sich aus der Differenz zwischen gemeinem Wert (= Kapital 600 T€) und den Anschaffungskosten abzüglich Abschreibung (= 450 T€), somit 150 T€.

> **Zwischenfrage:** Kann der Gesellschafter die Entstehung eines privaten Veräußerungsgewinnes vermeiden?

Antwort: Ja. Er kann alternativ die Einbuchung über eine Kapitalrücklage vornehmen (Buchungssatz: Gebäude 600 T€ an Kapitalrücklage 600 T€). Da die Kapitalrücklage allen Gesellschaftern gesamthänderisch zusteht, stellt sie keine Gegenleistung für den einzelnen Gesellschafter dar. In diesem Fall liegt eine echte Einlage im Sinne des § 6 Abs. 1 Nr. 5 EStG vor (BMF vom 11.07.2011, a.a.O. Tz. II 2 Buchstabe b). Beim Gesellschafter entsteht dann kein Veräußerungsgewinn nach § 23 Abs. 1 Nr. 1 EStG. Zu beachten ist aber § 23 Abs. 1 S. 5 EStG.

> **Zwischenfrage:** Was muss die Gesellschaft in diesem Fall bei der Abschreibung beachten?

Antwort: Da der Gesellschafter das Wirtschaftsgut vor der Einlage zur Erzielung von Einnahmen verwendete (sonst hätte er es ja nicht abschreiben können), erfolgt die Abschreibung nach **§ 7 Abs. 1 Satz 5 EStG**.

> **Frage:** Aus welcher Bemessungsgrundlage ist in diesem Fall abzuschreiben?

Antwort: Nach § 7 Abs. 1 Satz 5 EStG mindert sich der Einlagewert (= Teilwert gemäß § 6 Abs. 1 Nr. 5 EStG) um die bisher in Anspruch genommene AfA. Da die bisher in Anspruch genommene AfA (500.000 € × 2 % × 5 Jahre) 50.000 € beträgt und das Gebäude zum Teilwert i.H.v. 600.000 € eingelegt wurde, beträgt die künftige Bemessungsgrundlage (600.000 € ./. 50.000 € =) 550.000 €. Die Untergrenze stellen nach § 7 Abs. 1 Satz 5 EStG die fortgeführten Anschaffungskosten dar. Diese betragen im vorliegenden Fall (500.000 € ./. 50.000 € =) 450.000 €. Da die 550.000 € über den fortgeführten Anschaffungskosten liegen, stellen diese die maßgebliche Bemessungsgrundlage dar.

Zwischenfrage: Kann auch bei einer verdeckten Einlage (= Buchung über Kapitalrücklage) ein Veräußerungsgewinn nach § 23 EStG entstehen?

Antwort: Ja. Nach **§ 23 Abs. 1 Satz 5 EStG** gilt die Einlage eines Wirtschaftsguts als Veräußerung. Dies führt aber nur dann zur Entstehung eines Spekulationsgewinns, wenn die Veräußerung innerhalb eines Zeitraums von zehn Jahren seit Anschaffung durch den Einbringenden erfolgt.

Frage: Wie ist obiger Fall zu beurteilen, wenn die KG folgende Buchung vornimmt:
Gebäude 600 T€ an Kapital 100 T€ und Kapitalrücklage 500 T€?

Antwort: Die Verwaltung ging in diesem Fall bisher davon aus, dass die Übertragung in einen tauschähnlichen Vorgang und eine Einlage aufzuteilen sei (BMF vom 29.03.2000, a.a.O. Tz. II 1c – inzwischen kursiv –). Der BFH (Urteil vom 10.07.2008, BStBl II 2009, 464) entschied demgegenüber, dass insgesamt ein Veräußerungsgeschäft vorliege, wenn auch nur ein Teil der Einlage auf das Kapitalkonto gebucht werde. Die Verwaltung folgt dieser Auffassung (BMF vom 11.07.2011 a.a.O. Tz. II 2 Buchstabe a) am Ende).

Frage: Gehen Sie nun davon aus, dass die KG bucht: Gebäude an Kapitalkonto II.

Antwort: Viele Personengesellschaften splitten die Kapitalkonten auf. Kapitalkonto I enthält dann das Festkapital, das die Grundlage für die Gewinnverteilung bildet. In das Kapitalkonto II werden die Gewinne/Verluste sowie die Einlagen/Entnahmen gebucht. Damit stellt sich die Frage, ob das Kapitalkonto II Gesellschaftsrechte gewährt. Wenn ja, läge eine offene Einlage und damit ein Tausch vor. Wenn nein, wäre eine verdeckte Einlage gegeben mit der Folge des § 6 Abs. 1 Nr. 5 EStG. Die Verwaltung ging bisher davon aus, dass im Falle der Buchung in das Kapitalkonto II eine offene Einlage vorliegt (vgl. BMF vom 11.07.2011, BStBl I 2011, 713 Tz. 2). Nach Ansicht des BFH (Urteil vom 29.07.2015, IV R 15/14, BFH/NV 2016, 258) gewährt nur das Kapitalkonto I Gesellschaftsrechte. Daher wäre nach dieser Ansicht eine verdeckte Einlage gegeben. Dem folgt nun auch die Verwaltung (BMF vom 26.07.2016, BStBl I 2016, 684).

Frage: Variieren wir den Fall. Der Gesellschafter hat das Gebäude in seinem Einzelunternehmen erworben und bilanziert; der Buchwert beträgt also 450 T€ (Anschaffungskosten 500.000 € abzüglich AfA i.H.v. 50.000 €). Kann er dann das Gebäude überhaupt wie oben dargestellt mit 2 % abschreiben?

Antwort: Nach § 7 Abs. 4 Nr. 1 EStG sind Gebäude im Betriebsvermögen grundsätzlich mit 3 % p.a. abzuschreiben. Sollte aber zum Beispiel der Bauantrag vor dem 31.03.1985 gestellt worden sein, wäre diese Vorschrift nicht anwendbar. Dann müsste die Abschreibung nach § 7 Abs. 4 Nr. 2 Buchstabe a) EStG mit 2 % p.a. erfolgen.

Fortführung der Frage: Welche Buchungen wären dann vorzunehmen, um das Gebäude auf die KG zu übertragen?

Antwort: In diesem Fall wäre § 6 Abs. 5 Satz 3 Nr. 1 EStG anwendbar (Details: s. BMF vom 08.12.2011, BStBl I 2011, 1279, Beck'sche Erlasse § 6/15). Danach müsste die Übertragung in das Gesamthandsvermögen zwingend zum Buchwert erfolgen. Im Einzelunternehmen müsste das Gebäude zum Buchwert ausgebucht werden (Buchungssatz: Kapital 450 T€ an Gebäude 450 T€). In der KG würde das Gebäude zum Buchwert eingebucht werden (Buchungssatz: Gebäude 450 T€ an Kapital Gesellschafter 450 T€).

Frage: Spielt es eine Rolle, ob die KG gegen Kapital oder Kapitalrücklage bucht?

Antwort: Gesellschaftsrechtlich ja; denn der Gesellschafter erhält nur insoweit Gesellschaftsanteile, als gegen Kapital gebucht wird. Steuerlich spielt dies aber keine Rolle, da § 6 Abs. 5 Satz 3 Nr. 1 EStG ausdrücklich davon spricht, dass die Übertragung „unentgeltlich" oder „gegen Gewährung oder Minderung von Gesellschaftsrechten" erfolgt. Insoweit ist der Vorgang anders zu beurteilen als bei der Übertragung aus dem Privatvermögen, bei der ja zwischen einer offenen und einer verdeckten Einlage zu differenzieren ist.

Frage: Wäre hier § 24 UmwStG anzuwenden?

Antwort: Nein. § 24 UmwStG erfordert die Übertragung eines Betriebs, d.h. die Überführung des betrieblichen Organismus mit allen wesentlichen Betriebsgrundlagen (BMF vom 11.11.2011, BStBl I 2011, 1314 – Umwandlungssteuererlass – Beck'sche Erlasse 130, Rz. 24.03 und 20.06). Hier wird aber nur ein einzelnes Wirtschaftsgut übertragen.

Frage: Variieren wir den Fall dahingehend, dass das Gebäude im Einzelunternehmen mit einem Buchwert von 450.000 € aktiviert ist, auf der Passivseite aber ein Darlehen i.H.v. 150.000 € passiviert ist, das der Einzelunternehmer zur Finanzierung des Kaufpreises aufgenommen hat. Dieses Darlehen soll von der KG – zusammen mit dem Gebäude – übertragen werden.

Antwort: Wird ein einzelnes Wirtschaftsgut nach § 6 Abs. 5 Satz 3 EStG übertragen und wird im Gegenzug eine Verbindlichkeit übernommen, so stellt dies ein Entgelt dar (BMF vom 08.12.2011 a.a.O., Beck'sche Erlasse § 6/15 Rz. 15). Die Übertragung ist in einen voll entgeltlichen (150.000 € im Verhältnis zum aktuellen Wert 600.000 €) und in einen unentgeltlichen Teil (450.000 €/600.000 €) aufzusplitten (BMF a.a.O.; sog. Trennungstheorie). Damit gehen Buchwerte nach § 6 Abs. 5 Satz 3 Nr. 1 EStG i.H.v. (450.000 € × 450/600 =) 337.500 € über. Im Übrigen liegen Anschaffungskosten i.H.v. 150.000 € vor. Somit bilanziert die KG das Gebäude mit (337.500 € + 150.000 € =) 487.500 €. In Höhe von (487.500 € ./. 450.000 € =) 37.500 € entsteht im Einzelunternehmen ein laufender Gewinn.

Frage: Wir variieren den Fall dahingehend, dass der Gesellschafter ein Patent im Betriebsvermögen seines Einzelunternehmens hält, bevor er es auf die KG überträgt. Die KG hat aber ihren Sitz in Österreich.

Antwort: Wird das Wirtschaftsgut ins Ausland verbracht und verliert Deutschland das Besteuerungsrecht für die stillen Reserven, so sind nach § 6 Abs. 5 Sätze 1 und 3 i.V.m. **§ 4 Abs. 1 Satz 3 EStG** die stillen Reserven aufzudecken.

Zwischenfrage: Verliert Deutschland in unserem Fall das Besteuerungsrecht?

Antwort: Das richtet sich nach den Bestimmungen des Österreichischen DBA. Nach Art. 7 dieses DBA dürfen Gewinne eines Unternehmens (hier also die österreichische KG) nur in dem Staat besteuert werden, in dem das Unternehmen seinen Sitz hat. Nach Art. 23 DBA Österreich verzichtet Deutschland im Gegenzug auf eine Besteuerung. Damit würde Deutschland sein Besteuerungsrecht für das Patent verlieren.

Frage: Greift § 4 Abs. 1 Satz 3 EStG auch, wenn die Übertragung auf eine Personengesellschaft mit Sitz in einem Mitgliedstaat der EU erfolgt?

Antwort: Ja. § 4 Abs. 1 Satz 4 EStG sieht nur für die Societas Europaea (SE) eine Ausnahme vor. Allerdings sieht § 4g EStG die Möglichkeit vor, den Gewinn durch Buchung eines steuerlichen Ausgleichspostens zu neutralisieren, wenn die Übertragung in eine Betriebsstätte in einem ein Mitgliedsland der EU erfolgt. Der Ausgleichsposten ist nach § 4g Abs. 2 EStG über fünf Jahre linear aufzulösen.

Problembereich 3: Mitunternehmerschaft/Laufende Gewinnermittlung

Frage: Welche Besonderheiten gelten für den Steuertarif ab dem Veranlagungszeitraum 2008?

Antwort: Nach **§ 34a EStG** kann der gesamte oder ein Teil des Gewinns bei bilanzierenden Betrieben auf Antrag mit einem besonderen Steuersatz in Höhe von **28,25 %** besteuert werden, soweit der Gewinn thesauriert wird (vgl. BMF vom 11.08.2008, BStBl I 2008, 838, Beck'sche Erlasse § 34a/1). Dies gilt auch für Mitunternehmer. Jeder Mitunternehmer, der zu mehr als 10 % beteiligt ist oder dessen Gewinnanteil 10.000 € übersteigt, kann den Antrag für seinen Anteil und für jeden Veranlagungszeitraum individuell stellen.

Frage: Gilt dies auch für den Gewinn aus Sonderbetriebsvermögen?

Antwort: Ja. §§ 15 Abs. 1 Nr. 2, 34a EStG unterscheiden für Zwecke der Einkommensteuer nicht zwischen Gesamtvermögen und Sonderbetriebsvermögen.

Frage: Kann auch ein im Ausland ansässiger Mitunternehmer den Antrag auf die besondere Versteuerung stellen?

Antwort: Da der Gewinn einer Gesellschaft nach den DBA (vgl. Art. 7 des OECD-Musterabkommens) grundsätzlich in dem Staat besteuert wird, in dem die Gesellschaft ihren Sitz hat, muss ein im Ausland ansässiger Gesellschafter den Gewinn nach § 15 Abs. 1 Nr. 2 EStG in Deutschland versteuern. Nach § 49 Abs. 1 Nr. 2 Buchst. a) EStG ist der Gesellschafter in Deutschland beschränkt steuerpflichtig, da die Personengesellschaft eine Betriebsstätte in Deutschland hat. Da § 50 EStG die Anwendung des § 34a EStG nicht ausschließt, ist die sog. Thesaurierungsbesteuerung auch für im Ausland ansässige Gesellschafter anwendbar.

Frage: Kann auch ein Freiberufler mit Einkünften nach § 18 EStG einen Antrag nach § 34a EStG stellen?

Antwort: Grundsätzlich ja. Er muss aber seinen Gewinn nach § 4 Abs. 1 Satz 1 EStG ermitteln.

Frage: Ein bilanzierender Einzelunternehmer mit Einkünften nach § 15 EStG erzielt im Wirtschaftsjahr 2021 einen vorläufigen Gewinn von 100 T€. Noch nicht berücksichtigt ist die Gewerbesteuer. Wie hoch ist die Gewerbesteuerrückstellung? Nehmen Sie einen Hebesatz von 400 % an.

Antwort: Nach § 7 GewStG ist Gewerbeertrag der nach den Vorschriften des EStG ermittelte Gewinn aus dem Gewerbebetrieb vermehrt und vermindert um die in den §§ 8 und 9 GewStG bezeichneten Beträge. Unterstellt, dass keine Kürzungen oder Hinzurechnungen vorzunehmen sind, beträgt der Gewerbeertrag 100 T€. Nach § 11 Abs. 1 Satz 3 GewStG ist der Gewerbeertrag auf volle 100 € nach unten abzurunden. Dies ist hier nicht erforderlich. Nach Abzug eines Freibetrags von 24.500 € beträgt der Gewerbeertrag 75.500 €. Ab dem Erhebungszeitraum 2008 beträgt die Steuermesszahl 3,5 %. Die Staffelung für Gewerbebetriebe von natürlichen Personen oder Personengesellschaften wurde abgeschafft. In unserem Beispiel ist der Steuermessbetrag mit 2.643 € anzusetzen. Bei einem Hebesatz von 400 % sind dies 10.572 €. Da die Gewerbesteuer nach **§ 4 Abs. 5b EStG** nicht mehr als Betriebsausgabe abgezogen werden kann, ist die Rückstellung mit der Gewerbesteuerschuld identisch.

Der endgültige Gewinn im Sinne des § 4 Abs. 1 EStG beträgt nach Buchung der Gewerbesteuerrückstellung im Beispielsfall 89.428 €. Der zu versteuernde Gewinn nach § 15 EStG ist allerdings mit 100 T€ anzusetzen, da die Gewerbesteuerrückstellung außerbilanziell wegen § 4 Abs. 5b EStG wieder zu neutralisieren ist.

Frage: Muss für die Gewerbesteuer in der Steuerbilanz eine Rückstellung gebildet werden, wenn sie doch steuerlich keine Betriebsausgabe darstellt?

Antwort: Nach **§ 249 HGB** muss für die Gewerbesteuer in der Handelsbilanz eine Rückstellung gebildet werden. Aufgrund des Maßgeblichkeitsgrundsatzes (§ 5 Abs. 1 EStG) muss diese Rückstellung auch in der Steuerbilanz gebildet werden.

Frage: Wurde der Maßgeblichkeitsgrundsatz nicht durch das BilMoG abgeschafft?

Antwort: Der Maßgeblichkeitsgrundsatz ist weiterhin in § 5 Abs. 1 EStG normiert; abgeschafft wurde im Zuge des BilMoG lediglich der sogenannte umgekehrte Maßgeblichkeitsgrundsatz (vgl. BMF vom 12.03.2010, BStBl I 2010, 239, Beck'sche Erlasse § 5/14).

Frage: Was verstehen Sie unter dem Grundsatz der umgekehrten Maßgeblichkeit?

Antwort: Nach dem früheren § 5 Abs. 1 Satz 2 EStG durfte ein steuerliches Wahlrecht (z.B. die Bildung einer Rücklage nach § 6b EStG) in der Steuerbilanz nur ausgeübt werden, wenn der entsprechende Bilanzposten auch in der Handelsbilanz gebildet wurde (z.B. der durch das BilMoG abgeschaffte Sonderposten mit Rücklagenanteil).

Frage: Gehen wir also davon aus, dass die nach § 15 EStG zu versteuernden Einkünfte 100 T€ betragen. Unterstellen Sie, dass in 2021 weder Einlagen noch Entnahmen getätigt werden. Wie hoch wäre dann die mögliche Thesaurierungssteuer nach § 34a EStG?

Antwort: Da § 34a Abs. 2 EStG an den Gewinn im Sinne des § 4 Abs. 1 Satz 1 EStG anknüpft, können in unserem Beispiel lediglich 89.428 € der Thesaurierungsbesteuerung unterliegen. Die Gewerbesteuer muss zwingend mit dem allgemeinen Tarif versteuert werden.

Frage: Was geschieht, wenn der Gewerbetreibende den Gewinn 2021 in den nächsten Jahren entnimmt?

Antwort: Für das Wirtschaftsjahr 2021 wird nach § 34a Abs. 3 EStG ein nachversteuerungspflichtiger Betrag festgestellt. Dieser errechnet sich aus dem Gewinn im Sinne des § 34a Abs. 2 EStG abzüglich der Einkommensteuer in Höhe von 28,25 % und des SolZ in Höhe von 5,5 %.

Wird dieser Betrag in den folgenden Wirtschaftsjahren entnommen, so muss er nach § 34a Abs. 4 EStG mit einem Steuersatz von 25 % zuzüglich 5,5 % nachversteuert werden.

Frage: Führen wir unseren Fall fiktiv weiter. Der Gewerbetreibende erzielt in 2022 einen Gewinn nach § 4 Abs. 1 EStG in Höhe von 80 T€. Welche Möglichkeiten hat er für die Besteuerung dieses Gewinns?

Antwort: Er kann für jeden Veranlagungszeitraum neu wählen, ob er den Gewinn regulär oder nach § 34a EStG besteuern will.

Frage: Der Gewerbetreibende wählt die reguläre Versteuerung. In diesem Jahr entnimmt er 30 T€. Löst dies die Nachversteuerung aus?

Antwort: Eine Nachversteuerung wird nach § 34a Abs. 4 EStG erst ausgelöst, wenn eine Überentnahme vorliegt. Eine Überentnahme ist aber erst gegeben, wenn die Entnahmen größer sind als der Gewinn und die Einlagen des laufenden Jahres. Dies ist hier nicht der Fall. Daher kommt es zu keiner Nachversteuerung.

> **Frage:** Gehen wir davon aus, dass unser Gewerbetreibender im Jahr 2021 einen Gesamtbetrag der Einkünfte in Höhe von ./. 60 T€ erzielt. Welche Möglichkeiten hat er, um diesen negativen Gesamtbetrag zu verwerten?

Antwort: In diesem Fall kommt ein Verlustrücktrag nach § 10d Abs. 1 EStG in Frage. Allerdings erfasst dieser nach § 34a Abs. 8 EStG nicht den nach § 34a EStG besteuerten Gewinn. Regulär zu besteuernde Einkommensteile dürfen nicht mit begünstigt besteuerten Gewinnanteilen verrechnet werden.

> **Frage:** Kann eine Personengesellschaft auch wie eine Kapitalgesellschaft besteuert werden?

Antwort: In zahlreichen Staaten besteht für bestimmte Personengesellschaft ein Wahlrecht, ob sie wie eine Personengesellschaft oder wie eine Kapitalgesellschaft besteuert werden sollen (z.B. USA, Frankreich). In Deutschland wurde die Problematik bereits im Jahre 2000 im Rahmen der großen Körperschaftsteuerreform erörtert. Damals lehnte der Gesetzgeber aber ein derartiges Wahlrecht als zu kompliziert und praxisuntauglich ab.

Mit Wirkung ab dem VZ 2021 wurde mit der Einführung des **§ 1a KStG** ein derartiges Wahlrecht geschaffen. Danach kann eine Personengesellschaft einen unwiderruflichen Antrag stellen, wie eine Kapitalgesellschaft besteuert zu werden. Die Gesellschafter versteuern ihren Gewinnanteil dann nicht mehr nach § 15 Abs. 1 Nr. 2 EStG, sondern nach § 20 Abs. 1 Nr. 1 EStG wie Dividenden. Da eine Personengesellschaft keine Ausschüttung von Dividenden beschließen kann, wird die Entnahme der Gewinnanteile durch den Gesellschafter als Zufluss i.S.v. §§ 11 Abs. 1 Satz 1, Abs. 1 Nr. 1 EStG behandelt.

> **Frage:** Wechseln wir das Thema. Gehen Sie von folgendem Fall aus: An einer KG sind die drei Kommanditisten A, B und C beteiligt. Komplementärin ist die D-GmbH. Wer ist nach dem HGB Geschäftsführer der KG?

Antwort: Nach **§ 164 HGB** sind die Kommanditisten von der Geschäftsführung grundsätzlich ausgeschlossen. Geborene Geschäftsführerin ist daher die D-GmbH. Von dieser Vorschrift kann durch vertragliche Vereinbarung abgewichen werden (sog. gekorene Geschäftsführer). In der Praxis geschieht dies häufig, indem ein Kommanditist zum Geschäftsführer bestellt wird.

> **Frage:** Sind die Kommanditisten dann überhaupt Mitunternehmer im Sinne des § 15 Abs. 1 Nr. 2 EStG?

Antwort: Grundsätzlich ja. Mitunternehmerschaft erfordert das Vorliegen von Mitunternehmerrisiko und die Möglichkeit, Mitunternehmerinitiative auszuüben (H 15.8 Abs. 1 EStH „Allgemeines"). Als Mitunternehmerinitiative reicht aber bereits die Möglichkeit aus, die Einsichts- und Kontrollrechte nach § 166 HGB auszuüben.

> **Frage:** Nehmen Sie an, die KG betreibt als einzigen Geschäftszweck die Vermietung eines Gebäudes. Welche Einkunftsart erzielt die KG?

Antwort: Da die KG ausschließlich vermögensverwaltend tätig ist, sind die Voraussetzungen des § 15 Abs. 2 EStG nicht gegeben (R 15.7 Abs. 1 EStR). Zu prüfen ist aber, ob die KG gewerblich geprägt im Sinne des § 15 Abs. 3 Nr. 2 EStG ist. Die Voraussetzungen der gewerblichen Prägung liegen vor, wenn der Komplementär ausschließlich eine Kapitalgesellschaft ist und nur die Komplementärin oder fremde Dritte zur Geschäftsführung berufen sind. Dies ist in dem vorliegenden Fall gegeben.

Frage: Ein Steuerpflichtiger hat vor zwei Jahren ein Geschäftsgebäude erworben und es vermietet (Privatvermögen; Einkünfte nach § 21 EStG). Die Abschreibung erfolgte mit 2 % p.a. Der Steuerpflichtige erzielte in den beiden Jahren erhebliche Verluste aus Vermietung und Verpachtung. In 2021 veräußert der Steuerpflichtige das Gebäude an eine GmbH & Co. KG, an der er zu 25 % als Kommanditist beteiligt ist. Die GmbH & Co. KG erzielt gewerbliche Einkünfte. Welche Probleme entstehen aus der Veräußerung?

Antwort: Grundsätzlich können zwischen einer Personengesellschaft und ihren Gesellschaftern zivilrechtlich wirksame Verträge geschlossen werden (vgl. § 124 HGB). Diese Verträge sind auch steuerlich wirksam, wie die Vorschrift des § 15 Abs. 1 Nr. 2 EStG zeigt. Problematisch könnte hier sein, dass der Steuerpflichtige innerhalb von weniger als 5 Jahren die Immobilie bereits wieder veräußerte. Die Verwaltung (BMF vom 08.10.2004, BStBl I 2004, 933, Beck'sche Erlasse § 21/5) geht davon aus, dass der Eigentümer einer vermieteten Immobilie einen Totalüberschuss während eines durchschnittlichen Zeitraums von 30 Jahren anstreben muss. Veräußert der Steuerpflichtige seine Immobilie innerhalb eines Zeitraums von bis zu 5 Jahren, so geht die Verwaltung (BMF a.a.O. Rz. 7) typisierend davon aus, dass eine Einkünfteerzielungsabsicht von Anfang an nicht gegeben war (= Liebhaberei). Die Verluste des Steuerpflichtigen sind daher nicht anzuerkennen (Anmerkung: So auch BFH vom 09.03.2011, IX R 50/10, www.bundesfinanzhof.de).

Frage: In der Praxis wird die gewerbliche geprägte Personengesellschaft zur vorbeugenden Gestaltung eingesetzt. Können Sie sich Fälle denken, in denen dies sinnvoll ist?

Antwort: Ja. Zum Beispiel im Falle einer Betriebsaufspaltung. Hier besteht die Gefahr, dass die Betriebsaufspaltung dadurch endet, dass die personelle Verflechtung z.B. durch Erbschaft oder Schenkung wegfällt oder die sachliche Verflechtung z.B. durch Kündigung des Mietvertrages endet. Dies hätte zur Folge, dass die Besitzgesellschaft nicht mehr gewerblich tätig wird und die stillen Reserven nach § 16 Abs. 3 EStG aufgedeckt werden müssten. Dies kann dadurch verhindert werden, dass die Gewerblichkeit nach § 15 Abs. 3 Nr. 2 EStG konserviert wird.

Frage: Welche gewerbesteuerlichen Vorteile bietet eine ausschließlich vermögensverwaltende Personengesellschaft? Gehen Sie bitte davon aus, dass die Personengesellschaft gewerbliche Einkünfte erzielt (z.B. durch gewerbliche Prägung).

Antwort: Nach § 9 Nr. 1 Satz 1 GewStG wird der Gewinn um 1,2 % des Einheitswerts von Immobilien gekürzt. Diese Kürzung soll die Belastung des Grundbesitzes mit Grundsteuer mildern. Nach § 9 Nr. 1 Satz 2 GewStG werden bei ausschließlich vermögensverwaltenden Gewerbebetrieben die Gewinne um die Erträge aus Immobilien gekürzt (sog. erweiterte Kürzung). Voraussetzung dafür ist allerdings, dass der Gewerbebetrieb ausschließlich vermögensverwaltend tätig ist (BFH Urteil vom 16.9.2021, IV R 7/18, DStR 2022, 189).

Frage: Greift die Kürzungsvorschrift des § 9 Nr. 1 Satz 2 GewStG auch für das Besitzunternehmen im Rahmen einer Betriebsaufspaltung, da ja das Besitzunternehmen in der Regel ausschließlich vermögensverwaltend tätig ist (Überlassung von mindestens einer wesentlichen Betriebsgrundlage; vgl. H 15.7 Abs. 4 EStH „Allgemeines")?

Antwort: Die Rechtsprechung (BFH vom 16.09.2021, a.a.O.) wendet die Vorschrift des § 9 Nr. 1 Satz 2 GewStG auf das Besitzunternehmen nicht an, da dieses aufgrund der Gewerblichkeit der Betriebsaufspaltung nicht ausschließlich vermögensverwaltend tätig ist (so auch: H 9.2 Abs. 2 GewStH „Betriebsaufspaltung").

> **Frage:** Wenden wir uns kurz dem internationalen Steuerrecht zu. Gesellschafter einer KG mit Sitz in Deutschland ist der in einem ausländischen DBA-Staat ansässige G. Dieser hat der KG ein Darlehen über 3 Mio. € gewährt. Das DBA enthält keine Regelungen der Mitunternehmerschaft.

Antwort: Aus Sicht des ausländischen Staates liegen Zinsen vor. Diese sind nach Art. 11 des OECD-Musterabkommens im Ansässigkeitsstaat des Empfängers zu versteuern (= ausländischer Staat). Nach deutschem Recht stellen die Zinsen Sonderbetriebseinnahmen dar und sind nach Art. 7 des OECD-Musterabkommens in Deutschland zu versteuern.

Diesen Konflikt löst nun die treaty-override-Regelung des **§ 50d Abs. 10 EStG**. Danach sind die Zinsen für Zwecke der deutschen Besteuerung als Sonderbetriebseinnahmen zu erfassen und sonach in Deutschland zu versteuern.

> **Frage:** Gilt dies auch für den umgekehrten Fall (Gesellschafter in Deutschland, KG im Ausland)?

Antwort: Nach dem Wortlaut der Vorschrift ist diese auch auf sog. Outbound-Fälle anzuwenden.

> **Frage:** Wie würden Sie folgenden Fall entscheiden? G ist in Deutschland ansässig und Kommanditist der X-K mit Sitz in Deutschland. Die X-KG hält eine Beteiligung an der Y-Personengesellschaft mit Sitz in einem ausländischen DBA-Staat. G gewährt der Y-Personengesellschaft ein Darlehen. In welchem Staat sind die Zinsen zu versteuern?

Antwort: Aus deutscher Sicht ist der Fall zunächst nach deutschem Steuerrecht zu lösen. Nach **§ 15 Abs. 1 Nr. 2 S. 2 EStG** liegt hier eine doppelstöckige Personengesellschaft vor. Da G Mitunternehmer der X-KG und diese Mitunternehmerin der Y-Personengesellschaft ist, gilt G auch als Mitunternehmer der ausländischen Y-Personengesellschaft. Damit stellt das Darlehen Sonderbetriebsvermögen des G in der Y-Gesellschaft dar. Nach Art. 7 des OECD-Musterabkommens hat G daher die Zinsen als Sonderbetriebseinnahmen in dem ausländischen Staat zu versteuern (so auch für einen ähnlichen Fall BFH vom 12.10.2016, I R 92/16, BFH/NV 2017, 685).

> **Frage:** Die M-Corp. mit Sitz in den USA ist Gesellschafterin der in Deutschland an sässigen T-GmbH & Co. KG. Die M-Corp. gewährte der T-GmbH & Co. KG ein Darlehen i.H.v. 10 Mio. € zu einem angemessenen Zinssatz von 4 % p.a.
> Die M-Corp. refinanzierte das Darlehen mittels eines Kredits, den ihr eine Bank in den USA gewährte (Zinssatz: 3 %). Die M-Corp. verbuchte die Zinsen in den USA zulässigerweise als Betriebsausgabe (Finanzierungsaufwand). Wie sind die Zinsen in Deutschland steuerlich zu behandeln?

Antwort: Gewährt ein Mitunternehmer einer Personengesellschaft ein Darlehen, so ist die Darlehensforderung in der Sonderbilanz des Mitunternehmers zu aktivieren (sog. korrespondierende Bilanzierung). Die Zinszahlungen sind auf der Ebene der Gesamthand als Betriebsausgaben, und auf der Ebene des Mitunternehmers als Sonderbetriebseinnahmen zu behandeln. Nach Art. 7 des DBA USA gilt die Personengesellschaft als Betriebsstätte der amerikanischen Gesellschafterin. Damit sind die Zinseinnahmen grundsätzlich in Deutschland zu erfassen. Sollten die USA die Zinseinnahmen nach Art. 11 des DBA USA beurteilen, könnte eine Doppelbesteuerung entstehen. Insoweit greift aber aus deutscher Sicht § 50d Abs. 10 EStG (Vorrang der Beurteilung als Sonderbetriebseinnahmen).

Refinanziert der Mitunternehmer seine Darlehensgewährung, so stellen die gezahlten Finanzierungszinsen Sonderbetriebsausgaben dar. Diese Sonderbetriebsausgaben mindern den Gewinn aus der Mitunternehmerschaft in Deutschland (§ 15 Abs. 1 Nr. 2 EStG). Hat der Mitunternehmer die Zinsaufwendungen in seinem Ansässigkeitsstaat aber nach dessen Steuerrecht als Betriebsausgaben behandelt, würden die Zinszahlungen doppelt berücksichtigt. Hier greift (zur Vermeidung von Steuergestaltungen) ab dem VZ 2017 **§ 4i Satz 1 EStG**. Danach ist ein Abzug als Sonderbetriebsausgaben in

Deutschland insoweit ausgeschlossen, als die Zinsen im Ausland bereits die Steuerbemessungsgrundlage gemindert haben.

Da die Zinserträge der M-Corp. jedoch sowohl in den USA als Zinsen, als auch in Deutschland als Sonderbetriebseinnahmen versteuert werden, greift § 4i **Satz 2** EStG. Danach können die Sonderbetriebsausgaben in einer Vergleichsrechnung von den doppelt erfassten Erträgen abgezogen werden. Da im vorliegenden Fall die doppelt erfassten Erträge (10 Mio. € × 4 % = 400.000 €) die doppelt berücksichtigten Sonderbetriebsausgaben (300.000 €) übersteigen, greift damit das Abzugsverbot nach Satz 1 nicht.

> **Frage:** Führen wir den Fall fort; In den USA entfallen auf die Zinseinkünfte eine Einkommensteuer i.H.v. 50.000 €. Kann diese Einkommensteuer in Deutschland berücksichtigt werden?

Antwort: Nach dem Grundfall sind in Deutschland nach § 50d Abs. 10 i.V.m. § 4i S. 2 EStG Sonderbetriebseinnahmen i.H.v. 400.000 € und Sonderbetriebsausgaben i.H.v. 300.000 € zu erfassen. Nach § 50d Abs. 10 Satz 5 EStG kann die amerikanische Steuer auf die deutsche Einkommensteuer angerechnet werden. Voraussetzung ist aber, dass der Steuerpflichtige nachweist, dass der andere Staat (hier: Die USA) die Einkünfte besteuert, ohne die darauf entfallende deutsche Steuer anzurechnen. Anrechenbar ist dann die in diesem Staat nachweislich auf diese Einkünfte festgesetzte und gezahlte und um einen entstandenen Ermäßigungsanspruch gekürzte, der deutschen Einkommensteuer entsprechende, anteilige ausländische Steuer bis zur Höhe der anteilig auf diese Einkünfte entfallenden deutschen Einkommensteuer.

> **Frage:** Wie ist das Verhältnis zwischen § 50d Abs. 10 Satz 5 EStG und § 34c EStG?

Antwort: § 50d Abs. 10 Satz 5 EStG ist lex specialis zu § 34c EStG.

> **Frage:** Wir haben uns gerade über den § 4i EStG unterhalten. Bleiben wir doch in der Problematik des internationalen Steuerrechts und schauen uns folgenden Fall an: Einziger Kommanditist der D-GmbH & Co. KG ist der in Deutschland ansässige K. Dieser ist auch zu 100 % Gesellschafter der D-Komplementär-GmbH. K ist auch der einzige Gesellschafter der im Ausland ansässigen A-Kapitalgesellschaft. Die A-Kapitalgesellschaft ist Inhaberin eines Patents, das sie zu angemessenen Bedingungen an die D-KG vermietet. Wie ist der Fall zu beurteilen?

Antwort: Zunächst ist zu prüfen, in welchem Staat die Lizenzgebühren zu versteuern sind.

> **Ergänzung des Prüfers:** Ich erwarte von Ihnen nicht, dass sie das OECD-Musterabkommen in allen seinen Einzelheiten auswendig kennen. Nach Art. 12 des OECD-Musterabkommens werden Lizenzgebühren in dem Staat besteuert, in dem der Lizenzgeber ansässig ist, hier also in dem ausländischen Staat. Gehen Sie davon aus, dass die Einnahmen aus den Lizenzen in diesem Staat einer Besteuerung i.H.v. 10 % unterliegen. Bitte fahren Sie mit Ihrer Lösung fort.

Antwort: Zunächst ist zu prüfen, ob eine Einkünftekorrektur nach **§ 1 AStG** infrage kommt. Die deutsche KG und die ausländische Kapitalgesellschaft sind nahestehende Personen i.S.v. § 1 Abs. 2 Nr. Nr. 3 Buchstabe a) AStG, da K an beiden Gesellschaften wesentlich, d.h. mindestens zu einem Viertel beteiligt ist. Da aber das Patent laut Aufgabenstellung zu angemessenen Konditionen überlassen wird, verstößt die Überlassung nicht gegen den sog. Fremdvergleichsgrundsatz. Daher erfolgt keine Einkünftekorrektur.

Allerdings ist nun **§ 4j EStG** zu prüfen. Eine Überlassung von Rechten i.S.v. § 4j Abs. 1 Satz 1 EStG liegt vor, da ein Patent ein gewerbliches Schutzrecht ist. Schuldner der Lizenzgebühr ist die deutsche KG. Wie oben dargestellt, ist sie eine der Gläubigerin nahestehende Person. Nach § 4j Abs. 2 i.V.m. Abs. 3

EStG liegt eine niedrige Besteuerung vor, da der Steuersatz weniger als 25 % beträgt. Damit sind die Betriebsausgaben nach der Formel (25 % – 10 %/25 % =) also i.H.v. $^{15}/_{25}$ nicht abzugsfähig.

Frage: Können Sie mit dem Begriff „Nexus-Ansatz" etwas anfangen?

Antwort: Die Korrektur der Betriebsausgaben unterbleibt, soweit sich die niedrige Besteuerung daraus ergibt, dass die Einnahmen des Gläubigers der Lizenzgebühr einer Präferenzregelung unterliegt, die von der OECD als unschädlich erachtet wurde (§ 4j Abs. 1 Satz 4 EStG).

Ergänzung des Prüfers: Genau hierzu sind mittlerweile zwei BMF-Schreiben ergangen (BMF vom 05.01.2022, BStBl I 2022, 100 und BMF vom 06.01.2022, BStBl I 2022, 103).

Problembereich 4: Sonderformen der Mitunternehmerschaft

Frage: Gesellschafter G ist Geschäftsführer und an der X-GmbH zu 60 % beteiligt. Die Anschaffungskosten der Anteile betrugen 50 T€. Der aktuelle Wert steht bei 200 T€. G beteiligt sich atypisch still mit einer Einlage in Höhe von 500 T€ an der GmbH. Zeigen Sie bitte die handels- und steuerrechtlichen Folgen auf.

Antwort: Handelsrechtlich wird gemäß **§ 230 HGB** nicht zwischen einer **atypischen** und einer **typisch stillen Beteiligung** unterschieden. Die Einlage geht nach § 230 HGB in das Vermögen des Inhabers des Handelsgeschäfts über. Die Gewinnanteile des Stillen sind handelsrechtlich als Betriebsausgabe zu verbuchen. Dies gilt nach dem Maßgeblichkeitsgrundsatz auch für die Steuerbilanz. Im Falle einer atypisch stillen Beteiligung wird der Gewinnanteil des Stillen nach § 15 Abs. 1 Nr. 2 EStG im Rahmen der einheitlichen und gesonderten Gewinnfeststellung (§ 179 AO) erfasst.

Auch der Gesellschafter einer Kapitalgesellschaft kann sich an seiner Gesellschaft atypisch still beteiligen. Wir sprechen dann z.B. von der GmbH & atypisch Still. Für die Beteiligung an der GmbH hat dies zur Folge, dass die Anteile an der Gesellschaft in das Sonderbetriebsvermögen II der atypisch stillen Gesellschaft einzulegen sind (vgl. H 4.2 Abs. 2 EStH „Anteile an Kapitalgesellschaften-Einzelfälle"). Die Einlage hat nach § 6 Abs. 1 Nr. 5 EStG grundsätzlich zum Teilwert zu erfolgen. Wird aber eine Beteiligung i.S.v. § 17 Abs. 1 S. 1 EStG eingelegt, dann sind nach § 6 Abs. 1 Nr. 5 Buchstabe b) EStG im Betriebsvermögen die Anschaffungskosten der Beteiligung anzusetzen (hier: 50 T€), da sonst stille Reserven, die im Privatvermögen entstanden sind, unversteuert verloren gingen.

Frage: Welche Folgen hat die GmbH & atypisch Still für die Besteuerung der Dividenden und des Geschäftsführergehalts?

Antwort: Das Geschäftsführergehalt wäre grundsätzlich nach § 19 EStG zu versteuern, die Dividenden nach § 20 Abs. 1 Nr. 1 EStG. Dadurch, dass die Beteiligung im Sonderbetriebsvermögen aktiviert ist, werden die Einnahmen aber zu Sonderbetriebseinnahmen i.S.v. § 15 Abs. 1 Nr. 2 EStG. Damit werden die Einkünfte z.B. gewerbesteuerpflichtig und unterliegen nicht der Abgeltungsteuer (vgl. § 20 Abs. 8 und § 32d Abs. 1 EStG). Allerdings ist in diesem Fall das Teileinkünfteverfahren anzuwenden (§ 3 Nr. 40 Buchstabe d) EStG).

Frage: Bitte beurteilen Sie folgenden Fall: Gesellschafter G ist als Kommanditist an der M-KG beteiligt. Diese ist ihrerseits Kommanditistin der T-KG. G ist bei der T-KG als Geschäftsführer angestellt und bezieht ein entsprechendes Gehalt. Wie ist das Gehalt zu versteuern?

Antwort: Grundsätzlich ist das Gehalt nach § 19 EStG zu versteuern. Eine Ausnahme gilt, wenn G das Gehalt als Mitunternehmer gemäß § 15 Abs. 1 Nr. 2 EStG bezieht. G ist direkt Mitunternehmer der M-KG.

Mit dieser Gesellschaft hat aber G keinen Arbeitsvertrag. G ist eigentlich nicht Mitunternehmer der T-KG. Hier sieht aber § 15 Abs. 1 Nr. 2 Satz 2 EStG vor, dass die mittelbare Beteiligung der unmittelbaren gleichgestellt ist, wenn alle vermittelten Beteiligungen eine Mitunternehmerschaft i.S.v. § 15 Abs. 1 Nr. 2 EStG darstellen. Damit erzielt G im Rahmen der doppelstöckigen Personengesellschaft Sonderbetriebseinnahmen in der T-KG, obwohl er nicht deren Gesellschafter ist.

> **Frage:** Angenommen, die T-KG gewährt dem G eine Pensionszusage. Die jährliche Zuführung beträgt 10 T€ (aus Vereinfachungsgründen sowohl in der Handels- als auch in der Steuerbilanz). Welche bilanzsteuerlichen Folgen hat dies?

Antwort: Auf Ebene der Gesamthand muss die T-KG in der Handelsbilanz nach § 249 HGB eine Pensionsrückstellung bilden. Nach dem Maßgeblichkeitsgrundsatz, der aber durch § 6a EStG modifiziert wird, ist die Pensionsrückstellung auch in der Steuerbilanz zu passivieren.

Handelsrechtlich gibt es kein Sonderbetriebsvermögen. In der Steuerbilanz muss aber für G eine Sonderbilanz erstellt werden. In dieser ist korrespondierend zur Pensionsrückstellung eine Forderung auf die Pension zu aktivieren. Damit wird erreicht, dass die Pensionszusage entsprechend § 15 Abs. 1 Nr. 2 EStG den Gewinn nicht mindert.

> **Frage:** Nehmen wir an, die Pensionsrückstellung ist in der Steuerbilanz der T-KG mit 100 T€ passiviert. Im Zuge einer Betriebsprüfung stellt sich heraus, dass sich der Versicherungsmathematiker verrechnet hat und der richtige Ansatz nur 80 T€ beträgt. Kann die Rückstellung geändert werden?

Antwort: Ein falscher Bilanzansatz ist zwingend nach **§ 4 Abs. 2 Satz 1 EStG** in der ersten offenen Bilanz zu ändern; damit sind 80 T€ anzusetzen. Der Gewinn ist um 20 T€ zu erhöhen.

> **Frage:** Variieren wir den Fall dahingehend, dass der richtige Ansatz 120 T€ wäre.

Antwort: Grundsätzlich gilt auch hier der Zwang, einen falschen Bilanzansatz zu korrigieren. Dem könnte aber **§ 6a Abs. 4 Satz 1 EStG** entgegenstehen. Nach dieser Vorschrift kann eine Pensionsrückstellung nur um den jährlichen Teilwertzuwachs erhöht werden. Diese Vorschrift ist aber auf den vorliegenden Fall nicht anwendbar, da sie davon ausgeht, dass eine Pensionsrückstellung wahlweise gebildet werden kann. § 6a Abs. 4 EStG wollte die missbräuchliche Anwendung des Wahlrechtes ausschließen. Da nach dem heutigen HGB die Bildung einer Pensionsrückstellung nach § 249 HGB zwingend ist, ist eigentlich kein Raum mehr für § 6a Abs. 4 EStG. Der BFH wendet diese Passivierungssperre aber dennoch an (s. Urteil des BFH vom 13.02.2008, BFH/NV 2008, 1232).

> **Frage:** Wir wenden uns einem neuen Thema zu. In der Wirtschaftspresse stand neulich, dass ein großer deutscher Konzern in der Rechtsform einer Stiftung & Co. KG betrieben wird. Was ist das für eine Gesellschaftskonstruktion?

Antwort: Es handelt sich hier im Grundsatz um eine Personengesellschaft (KG). Deren Komplementär kann auch eine Körperschaft sein. Die bekannteste Form ist sicher die GmbH & Co. KG. Die Stiftung hat nicht nur erbschaftsteuerliche Vorteile. Sie ermöglicht es auch, die Gewinne für bestimmte Verwendungen (z.B. gemeinnütziger Art) zu sichern. Außerdem wird das Unternehmen durch Erbgänge nicht zersplittert.

> **Frage:** Muss die Stiftung & Co. KG ihre Bilanzen veröffentlichen?

Antwort: Nach **§ 264a HGB** muss auch eine KG ihre Bilanzen veröffentlichen, wenn nicht mindestens ein persönlich haftender Gesellschafter eine natürliche Person ist. Da die Bilanzen im Internet öffentlich einsehbar sind, hat dies für die Unternehmen eine erhebliche Bedeutung erlangt.

Frage: Kann die KG Organträger im Rahmen eines Konzerns sein?

Antwort: Nach **§ 14 KStG** muss die Organgesellschaft eine Kapitalgesellschaft sein. Organträger kann aber jedes gewerbliche Unternehmen sein, somit auch eine Personengesellschaft.

Problembereich 5: Betriebsveräußerung/Betriebsaufgabe (§ 16 EStG)

Frage: Einzelunternehmer U möchte seinen Betrieb veräußern. Das Kapitalkonto steht auf 100 T€, der Wert des Betriebs liegt bei 250 T€. U ist 60 Jahre alt. Wie ist der Veräußerungsgewinn zu behandeln?

Antwort: Wenn U seinen Betrieb mit allen wesentlichen Betriebsgrundlagen veräußert, erfüllt das den Tatbestand des § 16 Abs. 1 Nr. 1 EStG (vgl. R 16 Abs. 1 EStR i.V.m. H 16 Abs. 8 EStH „Begriff der wesentlichen Betriebsgrundlage"). Der Gewinn beträgt vorläufig 150 T€. Da U das 55. Lebensjahr vollendet hat, kann er einmal im Leben einen Freibetrag nach § 16 Abs. 4 EStG in Anspruch nehmen. Es wird unterstellt, dass er den Freibetrag bisher noch nicht in Anspruch genommen hat. Der Freibetrag beträgt 45 T€. Er vermindert sich um den Betrag, um den der Gewinn (hier: 150 T€) den Grenzbetrag von 136 T€ überschreitet (hier: 14 T€). Damit beträgt der Freibetrag (45 T€ ./. 14 T€ =) 31 T€ und der steuerpflichtige Gewinn (150 T€ ./. 31 T€ =) 119 T€. Für diesen Gewinn kann U auf Antrag den Tarifvorteil des § 34 Abs. 3 EStG in Anspruch nehmen. Die Voraussetzungen dieser Vorschrift sind identisch mit denen des § 16 Abs. 4 EStG.

Frage: U hat im Jahr vor der Betriebsveräußerung ein Grundstück veräußert und den Gewinn in eine Rücklage nach § 6b EStG eingestellt. Muss U die Rücklage nach § 6b EStG bei der Betriebsveräußerung auflösen und wie ist der Gewinn aus der Auflösung gegebenenfalls zu behandeln?

Antwort: Da die Rücklage nach § 6b EStG personenbezogen ist, kann die Rücklage nicht auf den Erwerber übergehen. Dies ist schon deshalb nicht möglich, weil eine Rücklage nach § 6b EStG letztlich „unversteuerte stille Reserven" darstellt und die stillen Reserven i.R.d. § 16 EStG aufgedeckt werden müssen. Der Gewinn aus der Auflösung der Rücklage rechnet nach R 6b.2 Abs. 10 Satz 5 EStR zum begünstigten Veräußerungsgewinn. Der Veräußerer kann allerdings nach R 6b. 2 Abs. 10 Satz 1 EStR die Rücklage außerhalb des veräußerten Betriebs als sog. „Restbetriebsvermögen" bis zum Ablauf der Reinvestitionsfrist weiterführen. Er kann dann allerdings für den Veräußerungsgewinn den Freibetrag nach § 16 Abs. 4 EStG und eine Tarifermäßigung nach § 34 EStG nur in Anspruch nehmen, wenn die Rücklage keine stillen Reserven enthält, die bei der Veräußerung einer wesentlichen Betriebsgrundlage aufgedeckt worden sind (R 6b.2 Abs. 10 Satz 3 EStR).

Frage: Im Betriebsvermögen befindet sich ein Geschäftshaus mit Lager, Büro und Sozialräumen. Von dem Veräußerungsgewinn sollen 130 T€ auf die stillen Reserven dieses Gebäudes entfallen. Kann U für den Veräußerungsgewinn eine Rücklage nach § 6b EStG bilden und wie sind die Folgen?

Antwort: Die Veräußerung eines Betriebs ist steuerlich wie die Veräußerung einzelner Wirtschaftsgüter zu behandeln (vgl. **§ 6 Abs. 1 Nr. 7 EStG**). Veräußert ein Unternehmer ein Gebäude, so kann er nach § 6b Abs. 1 und 3 EStG den Gewinn in eine 6b-Rücklage einstellen (s. R 6b.2 Abs. 10 EStR). Insoweit führt er auch nach der Betriebsveräußerung ein Restbetriebsvermögen weiter. In diesem Fall kann er aber nach § 34 Abs. 1 Satz 4, 3 Satz 6 EStG keine Tarifvergünstigung erhalten. Der Freibetrag nach § 16 Abs. 4 EStG ist aber zu gewähren, da lediglich § 34 EStG eine Regelung für die 6b-Rücklage vorsieht und § 16 EStG insoweit nicht ausgeschlossen wird.

Frage: Nehmen wir den Grundfall an (U bildet keine 6b-Rücklage). Wie gestaltet sich der Fall, wenn U in Österreich ansässig ist?

Antwort: In diesem Fall ist zu prüfen, ob U den Veräußerungsgewinn in Deutschland oder in Österreich versteuern muss. Nach Art. 7 i.V.m. Art. 13 Abs. 3 des DBA Österreich wird der Gewinn eines Unternehmens in dem Land besteuert, in dem das Unternehmen (bzw. die Betriebsstätte) seinen Sitz hat.

Anmerkung: Der Prüfer wird Ihnen in der Regel ein DBA vorlegen. Die wichtigsten Grundsätze des OECD-Musterabkommens sollten Sie aber auswendig kennen (also z.B. in welchem Land der Gewinn eines Unternehmens besteuert wird).

Da der Gewinn des Unternehmens bei Personengesellschaften dem Mitunternehmer zuzurechnen ist (§ 15 Abs. 1 Nr. 2 EStG) muss U den Gewinn in Deutschland versteuern. Desweiteren ist zu prüfen, ob U mit dem Veräußerungsgewinn unter die beschränkte Steuerpflicht fällt. Nach § 49 Abs. 1 Nr. 2 Buchst. a) EStG fällt die Betriebsveräußerung in den Katalog der beschränkt steuerpflichtigen Einkünfte. Nach § 50 EStG ist § 34 EStG ohne Einschränkung anwendbar. Nach **§ 50 Abs. 1 Satz 2 EStG** gilt für beschränkt Steuerpflichtige die Grundtabelle (§ 32a Abs. 1 EStG) mit der Besonderheit, dass das zu versteuernde Einkommen um den Grundfreibetrag erhöht wird.

Frage: Warum wird beschränkt Steuerpflichtigen der Grundfreibetrag verwehrt?

Antwort: Der Grundfreibetrag des § 32a Abs. 1 Nr. 1 EStG soll das soziale Existenzminimum steuerfrei stellen. Personen, die im Ausland leben, benötigen in Deutschland keine Grundsicherung im Sinne des sozialen Existenzminimums. Dies ist Aufgabe ihres Ansässigkeitsstaats. Aus diesem Grund wird bei beschränkt Steuerpflichtigen (= also Personen, die im Ausland leben und lediglich Einkünfte in Deutschland erzielen) der Grundfreibetrag wieder dem zu versteuernden Einkommen hinzugerechnet.

Frage: Ist § 16 EStG auch anwendbar, wenn ein Freiberufler mit Einkünften nach § 18 EStG seine Praxis veräußert?

Antwort: Nach § 18 Abs. 3 EStG sind die Grundsätze des § 16 EStG auch für Freiberufler anzuwenden. Ermittelt der Freiberufler seinen Gewinn nach § 4 Abs. 3 EStG, so muss er zur Bilanzierung übergehen, da nur so der Wert des Betriebsvermögens errechnet werden kann (vgl. Wortlaut des § 16 Abs. 2 EStG: „... Wert des Betriebsvermögens ..."). Der Übergang zur Bilanzierung löst in der Regel durch die Aktivierung von Forderungen (z.B. Rechnungen an Kunden, Mandanten oder Patienten) einen Gewinn aus (vgl. H 4.6 EStH „Gewinnberichtigungen beim Wechsel der Gewinnermittlungsart"). Ein eventuell entstehender Übergangsgewinn kann nicht auf 3 Jahre verteilt werden (vgl. H 4.6 EStH „keine Verteilung des Übergangsgewinns").

Frage: Welche besonderen Voraussetzungen müssen nach Ansicht der Rechtsprechung und der Verwaltung erfüllt sein, damit ein Freiberufler die §§ 18 Abs. 3, 16 EStG in Anspruch nehmen kann? Sie können gerne in H 18.3 EStH nachschlagen.

Tipp! Sie sollten während der Prüfung nur in Einzelfällen in Gesetzen und Richtlinien nachschlagen; versuchen Sie stets die Lösung selbst zu entwickeln. Das Nachschlagen wird Ihnen häufig als Schwäche ausgelegt.

Antwort: Da der Wert der Freiberuflerpraxis sehr stark von der Person des Inhabers abhängt, muss der Freiberufler seine Praxis im örtlichen Wirkungskreis für eine gewisse Zeit (ca. drei Jahre) einstellen. Wie weit der örtliche Wirkungskreis geht, ist individuell zu bestimmen. Er wird bei einem Anwalt, der sich bundesweit auf Kartellrecht spezialisiert hat sicher weiter gehen als bei einem Zahnarzt mit überwiegendem Patientenstamm aus der Gegend.

> **Frage:** Nehmen wir folgenden Fall an. Ein Arzt ist freiberuflich für ein Pharmaunternehmen in der Forschung und als Gutachter tätig. Daneben unterhält er noch eine Praxis, in der Patienten behandelt werden. Diese Praxis möchte er gerne veräußern. Welches Problem entsteht?

Antwort: Es ist zu prüfen, ob die Praxis – neben der Gutachtertätigkeit – einen Teilbetrieb darstellt. Der Begriff des Teilbetriebs ist in § 16 Abs. 1 Nr. 1 EStG ausdrücklich erwähnt. Man versteht darunter einen organisatorisch abgeschlossenen und für sich lebensfähigen Teil eines Betriebs (vgl. R 16 Abs. 3 EStR mit weiteren Nachweisen). Dies wäre bei der Praxis durchaus gegeben, da diese auch ohne die Gutachtertätigkeit betrieben werden kann.

Bei Freiberuflern stellt die Rechtsprechung aber aufgrund des persönlichen Einsatzes erhöhte Anforderungen (vgl. H 18.3 EStH „Veräußerung ... Teilbetrieb"). Ein Freiberufler kann nach dem Tierarzturteil des BFH (Anmerkung: s. BFH vom 29.10.1992, BStBl II 1993, 182) nur dann einen Teilbetrieb haben, wenn die beiden Tätigkeiten örtlich und fachlich getrennt sind und der Teilbetrieb organisatorisch selbstständig geführt wird. Die Tätigkeiten „Gutachter" und „Inhaber einer Praxis" könnte man in diesem Sinne als Teilbetriebe beurteilen. Damit wäre der Gewinn aus der Veräußerung der Praxis nach §§ 18 Abs. 3, 16 Abs. 1 Nr. 1 EStG begünstigt.

> **Frage:** Kommen wir zu einem neuen Fall. An der X-GmbH sind die Gesellschafter A, B und C zu je $\frac{1}{3}$ beteiligt. Alle drei Gesellschafter halten die Beteiligung im Betriebsvermögen. Wie ist der Gewinn aus der Veräußerung der GmbH zu beurteilen, wenn alle Gesellschafter ihre Beteiligung veräußern?

Antwort: Die Veräußerung der Anteile an einer GmbH fällt grundsätzlich unter § 17 EStG. § 17 EStG ist aber nur anzuwenden, wenn die Anteile im Privatvermögen gehalten werden. Daher liegen grundsätzlich Einnahmen i.S.v. § 15 EStG vor. Da sich aber im vorliegenden Fall alle Anteile im Betriebsvermögen befinden und diese in engem zeitlichen Zusammenhang veräußert werden, ist § 16 Abs. 1 Nr. 1 EStG anzuwenden, wonach die GmbH-Beteiligungen als Teilbetrieb gelten.

> **Frage:** Unter welchen Voraussetzungen ist die Veräußerung eines Mitunternehmeranteils nach § 16 EStG begünstigt?

Antwort: Der Mitunternehmer muss nach § 16 Abs. 1 Nr. 2 EStG den gesamten Mitunternehmeranteil veräußern. Hierzu gehört auch das **funktional wesentliche Sonderbetriebsvermögen**. Bei der Berechnung des Veräußerungsgewinns ist auch das Kapital der Ergänzungsbilanz zu berücksichtigen.

> **Frage:** Gehen wir von folgendem Fall aus. A ist als Kommanditist zu 80 % an der K-KG beteiligt. Auf der Aktivseite ist nur ein Gebäude mit 100 T€ bilanziert, das mit 4 % p.a. abgeschrieben wird. Die Teilwerte betragen für das Gebäude 300 T€ und für den Firmenwert 500 T€. Schulden etc. sind nicht vorhanden. K verkauft seinen Anteil für 640 T€. Sind für den Verkauf Formvorschriften zu beachten?

Antwort: Die Veräußerung einer Beteiligung an einer KG ist grundsätzlich formlos möglich. Da die Immobilie nach §§ 124, 161 HGB im Eigentum der KG steht, ändert sich an den Eigentumsverhältnissen nichts. Eine Beurkundung nach § 311b EStG ist daher nicht erforderlich. Für die Eintragung des Gesellschafterwechsels ins Handelsregister wird ein schriftlicher Nachweis verlangt.

> **Frage:** Wie hoch ist in obigem Fall der Veräußerungsgewinn?

Antwort: Da auf der Aktivseite lediglich das Gebäude aktiviert ist, beträgt das Kapital des A 100 T€ × 80 %, also 80 T€. Der Gewinn errechnet sich damit mit (640 T€ ./. 80 T€ =) 560 T€.

Frage: In welcher Weise aktiviert der Erwerber seine Anschaffungskosten?

Antwort: Die Anschaffungskosten sind handelsrechtlich nach **§ 253 HGB** und steuerrechtlich nach **§ 6 Abs. 1 Nr. 7 EStG** zu aktivieren. Da die bisherigen Mitunternehmer von der Veräußerung nicht betroffen sind, haben sie kein Interesse, die Werte der Gesamthandsbilanz zu ändern. Der Erwerber wird daher regelmäßig eine Ergänzungsbilanz erstellen müssen. Gesamthandsbilanz und Ergänzungsbilanz bilden steuerlich eine Einheit. In der Ergänzungsbilanz aktiviert der Erwerber 80 % der stillen Reserven des Gebäudes; dies sind hier 160 T€. Der Rest der stillen Reserven entfällt auf den Firmenwert; hier: (500.000 € × 80 % =) 400.000 €.

Frage: Muss der Firmenwert aktiviert werden?

Antwort: Handelsrechtlich bestand vor Verabschiedung des BilMoG ein Wahlrecht bezüglich der Aktivierung eines entgeltlich erworbenen Firmenwerts. Mit dem BilMoG wurde dieses Wahlrecht aufgegeben. Nach § 248 Abs. 2 HGB besteht ein Aktivierungswahlrecht nur bezüglich selbstgeschaffener immaterieller Vermögensgegenstände. Nach § 5 Abs. 2 EStG war ein entgeltlich erworbener Firmenwert in der Steuerbilanz schon immer aktivierungspflichtig.

Frage: Wie ist das Gebäude künftig abzuschreiben?

Antwort: Da der Erwerber eines Mitunternehmeranteils steuerlich betrachtet Anteile an den einzelnen Wirtschaftsgütern erwirbt, muss er seine individuellen Anschaffungskosten abschreiben. Für das Gebäude hat der Erwerber (300.000 € × 80 % =) 240.000 € bezahlt (Teilwert = Kaufpreis). Da § 7 Abs. 4 Nr. 1 EStG in der aktuellen Fassung nur noch eine Abschreibung in Höhe von 3 % zulässt, beträgt die AfA für den Erwerber (240 T€ × 3 % =) 7.200 €. Damit entsteht das Problem, dass der Erwerber auch an den Abschreibungen in der Gesamthand teilnimmt. Er schreibt daher in der Ergänzungsbilanz die Mehr- oder Minder-AfA ab, die sich aus der Differenz zwischen der Gesamthands-AfA und der AfA aus seinen Anschaffungskosten ergibt.

Frage: Welches Problem entsteht, wenn Anteile an einer GmbH & Co. KG inklusive der Anteile an der Komplementär-GmbH veräußert werden?

Antwort: Bei einer GmbH & Co. KG befinden sich die Anteile an der Komplementär-GmbH im Sonderbetriebsvermögen II der KG (vgl. H 4.2 Abs. 2 EStH „Anteile an Kapitalgesellschaften – 2. Spiegelstrich"). Damit gehört der Gewinn, der auf die Veräußerung der GmbH-Anteile entfällt, wirtschaftlich zum Veräußerungsgewinn nach § 16 Abs. 1 Nr. 2 EStG. Dabei ist aber nach § 3 Nr. 40 Buchstabe b) EStG das Teileinkünfteverfahren zu beachten. Nach der Rechtsprechung ist der Freibetrag vorrangig mit dem Veräußerungsgewinn zu verrechnen, auf den das Teileinkünfteverfahren anzuwenden ist (vgl. BFH vom 14.07.2010, BStBl II 2010, 1011). Die Verwaltung wendet die Rechtsprechung an (H 16 Abs. 13 „Teileinkünfteverfahren EStH").

Frage: Stellen die Anteile an der Komplementär-GmbH immer Sonderbetriebsvermögen dar?

Antwort: Es ist zunächst zwischen **Sonderbetriebsvermögen** und **wesentlicher Betriebsgrundlage** zu differenzieren. Nicht jedes Sonderbetriebsvermögen ist gleichzeitig wesentliche Betriebsgrundlage. Die Frage, ob die Anteile an der Komplementär-GmbH eine wesentliche Betriebsgrundlage darstellen, ist streitig. Mit Urteil vom 16.4.2015, IV R 1/12 hat der BFH entschieden, dass zumindest eine Minderheitsbeteiligung des Kommanditisten von weniger als 10 % an der Komplementär-GmbH regelmäßig kein notwendiges Sonderbetriebsvermögen II darstellt. Somit ist die Beteiligung des Kommanditisten in diesem Fall nicht in der Sonderbilanz zu aktivieren. Sie stellt sonach Privatvermögen dar. Wenn die Beteiligung an der Komplementär-GmbH aber dem Privatvermögen zuzuordnen ist, kann die Beteiligung auch keine wesentliche Betriebsgrundlage des Gesellschafters darstellen. Damit greift § 16 Abs. 1 Nr. 2 EStG auch in dem Fall, in dem der Kommanditist seine Beteiligung an der Komplementär-GmbH von weniger als 10 % nicht mit veräußert. Dieser Fall wird in der Praxis sicher nicht allzu häufig vorkommen, da der Käufer eines Kommanditanteils regelmäßig den Einfluss auf die Verwaltung der KG über eine Beteiligung an der Komplementär-GmbH sichern will.

Die Beteiligung an der Komplementär-GmbH ist auch dann nicht als Sonderbetriebsvermögen II zu aktivieren, wenn die GmbH neben ihrer Funktion als Komplementärin noch eine weitere Geschäftstätigkeit entwickelt (lesenswert: BFH vom 21.12.2021, IV R 15/19, DStR 2022, 717). In dem vom BFH entschiedenen Fall war die Komplementär-GmbH – neben weiteren natürlichen Personen – an einer GbR beteiligt, deren einziger Geschäftszweck die Errichtung und Vermietung von Immobilien in erheblichem Umfang war.

> **Frage:** Sie erwähnen gerade eine GbR, deren einziger Geschäftszweck die Errichtung und Vermietung von Immobilien ist. Eine derartige GbR ist doch vermögensverwaltend tätig. Damit erzielen die Gesellschafter Einkünfte nach § 21 EStG.

Antwort: Dies ist ohne Zweifel so. Eine GmbH kann aber nur gewerbliche Einkünfte erzielen. Damit liegt hier eine typische sog. **Zebragesellschaft** vor. Auf der Ebene der GbR werden die Einkünfte nach den Grundsätzen des § 21 EStG ermittelt. Auf der Ebene der GmbH werden die Einkünfte in gewerbliche Einkünfte umgewandelt. Dies hat z.B. Auswirkungen auf den Zufluss von Einnahmen und den Abfluss von Ausgaben (§ 11 EStG).

> **Frage:** Unter welchen Voraussetzungen fällt der Gewinn aus der Veräußerung eines Anteils an einer KGaA unter § 16 EStG. Was ist das für eine Gesellschaftsform?

Antwort: Die KGaA ist eine äußerst seltene Gesellschaftsform. Nach §§ 278 ff. AktG ist die KGaA eine Gesellschaft mit eigener Rechtspersönlichkeit, bei der mindestens ein Gesellschafter den Gesellschaftsgläubigern unbeschränkt haftet (persönlich haftender Gesellschafter) und die Übrigen an dem in Aktien zerlegten Grundkapital beteiligt sind, ohne persönlich für die Verbindlichkeiten der Gesellschaft zu haften (Kommanditaktionäre). Die KGaA ist eine Zwischenform zwischen einer Personen- und einer Kapitalgesellschaft. Die Rechte und Pflichten des persönlich haftenden Gesellschafters bestimmen sich nach den Vorschriften des HGB über die Kommanditgesellschaft. Die Rechte und Pflichten der Kommanditaktionäre entsprechen denen der Gesellschafter einer Kapitalgesellschaft.

Veräußert der persönlich haftende Gesellschafter seine Anteile an der KGaA, so ist § 16 Abs. 1 Nr. 3 EStG anzuwenden. Die Kommanditaktionäre fallen unter § 17 EStG.

> **Frage:** Welche Voraussetzungen sind zu erfüllen, damit eine Betriebsaufgabe unter §§ 16, 34 EStG fällt?

Antwort: Die stillen Reserven sind innerhalb kurzer Zeit entweder durch Verkauf der Wirtschaftsgüter oder durch Entnahme des Betriebsvermögens aufzudecken. Für die Aufgabe lässt die Rechtsprechung einen Zeitraum von maximal 36 Monaten zu (R 16 Abs. 2 EStR). Wird dieser überschritten, so liegt eine allmähliche Abwicklung vor, die nach § 15 EStG zu besteuern ist. Nach der Betriebsaufgabe darf der Betrieb als wirtschaftlicher Organismus nicht mehr existieren.

Frage: Gehen Sie bitte von folgendem Fall aus: Gesellschafter der ABC-OHG sind die natürlichen Personen A, B und C zu jeweils gleichen Teilen. In der Bilanz sind 3 Wirtschaftsgüter aktiviert: Wirtschaftsgut 1 (Buchwert 100.000 €, Teilwert 300.000 €), Wirtschaftsgut 2 (Buchwert 1 €, Teilwert 300.000 €) sowie Wirtschaftsgut 3 (Buchwert 300.000 €, Teilwert 300.000 €). Die Gesellschafter beschließen die Auflösung der OHG. Jeder der Gesellschafter soll ein Wirtschaftsgut erhalten. Jeder der 3 Gesellschafter nutzt dieses Wirtschaftsgut künftig in einem Einzelunternehmen. Müssen die stillen Reserven aufgedeckt werden?

Antwort: Da die OHG aufgelöst wird, liegt der Tatbestand des § 16 Abs. 3 EStG vor. Die WG müssten ins Privatvermögen überführt werden, insoweit entstünde ein Aufgabegewinn bei jedem Mitunternehmer. Hier greift aber die Sondervorschrift des **§ 16 Abs. 3 Satz 2 EStG**. Da die Wirtschaftsgüter („Realien") an die Mitunternehmer verteilt werden und diese die Wirtschaftsgüter in ihren jeweiligen Einzelunternehmen aktivieren, liegt der Tatbestand einer sog. Realteilung vor. Die stillen Reserven müssen nicht aufgedeckt werden. Die jeweiligen Mitunternehmer übernehmen das jeweilige Wirtschaftsgut zum Buchwert in ihr Einzelunternehmen.

Frage: Diese Lösung ergab sich zwingend aus § 16 Abs. 3 Satz 2 EStG. Variieren wir nun den Fall dahingehend, dass lediglich Mitunternehmer C aus der OHG ausscheiden möchte. Als Bezahlung erhält er das Wirtschaftsgut 1, das er künftig in seinem Einzelunternehmen verwendet. Die Gesellschafter A und B führen die OHG künftig paritätisch weiter. Wie ist der Fall nun zu entscheiden?

Antwort: Man könnte hier an die Vorschrift des § 6 Abs. 5 Satz 3 Nr. 1 EStG denken. Danach ist bei der Übertragung eines Wirtschaftsguts aus dem Gesamthandsvermögen in das Betriebsvermögen eines Einzelunternehmers „unentgeltlich oder gegen Gewährung oder Minderung von Gesellschaftsrechten" zwingend der Buchwert anzusetzen. Im vorliegenden Fall mindern sich die Gesellschaftsrechte des C als Folge des Ausscheidens aus der Gesellschaft. Damit wäre das Wirtschaftsgut zum Buchwert aus der Gesamthand auszubuchen und zum Buchwert in das Einzelunternehmen einzubuchen.

Frage: So wurde der Fall bisher gelöst. Hat sich hier eine neue Entwicklung ergeben?

Antwort: Der BFH sieht diesen Fall nunmehr auch als einen Unterfall der Realteilung nach § 16 Abs. 3 Satz 2 EStG (vgl. BFH vom 17.09.2015, III R 49/13, BStBl II 2017, 37). Nach Ansicht des BFH erfordert die Anwendung des § 16 Abs. 3 Satz 2 EStG nicht zwingend, dass die Personengesellschaft aufgelöst wird. Ausreichend ist es auch, wenn nur ein Mitunternehmer ausscheidet und dieser ein Wirtschaftsgut der Gesamthand als Ausgleich erhält. Dem folgt nunmehr auch die Verwaltung (BMF vom 19.12.2018, BStBl I 2019, 6). Man spricht in einem derartigen Fall von einer sog. **unechten Realteilung**. Damit ergibt sich das gleiche Ergebnis wie bei der Anwendung des § 6 Abs. 5 Satz 3 Nr. 1 EStG. Die Übertragung des Wirtschaftsguts auf C erfolgt ohne Aufdeckung der stillen Reserven.

Frage: Worin besteht dann der Unterschied zwischen der alten Ansicht und der neuen Lösung?

Antwort: Werden z.B. im Rahmen einer Realteilung auch Schulden mit übernommen, so hat dies nach § 16 Abs. 3 Satz 2 EStG keine negativen Auswirkungen, da die Übernahme von Schulden im Rahmen einer Realteilung keine Gegenleistung darstellt. Anders ist dies bei § 6 Abs. 5 Satz 3 Nr. 1 EStG. Hier stellen die übernommenen Schulden eine Gegenleistung dar, sodass nach der Trennungstheorie der Vorgang in einen entgeltlichen und einen unentgeltlichen Teil aufzuspalten ist. Lediglich in Höhe des unentgeltlichen Teils erfolgt eine Buchwertfortführung (vgl. BMF vom 08.12.2011, BStBl I 2011, 1279, Rz. 15).

> **Frage:** Gehen wir von folgendem Fall aus (vgl. BFH vom 23.11.2021, VIII R 14/19, DStR 2022, 599): A und B waren zu gleichen Teilen an einer Arztpraxis in der Rechtsform einer GbR beteiligt. Im Wege einer echten Realteilung beendeten sie in 2020 die Praxis. Sie übernahmen die im Rahmen der Realteilung zugeteilten Wirtschaftsgüter jeweils zu Buchwerten in ihre freiberuflichen Einzelpraxen, in denen sie ihre ärztliche Tätigkeit nach Auflösung der GbR fortsetzten. In 2022 zeigte B dem Finanzamt an, dass sie ihre im Wege der Realteilung entstandene Arztpraxis zum 30.09.2021 entgeltlich veräußert habe. Welches Problem entsteht hier?

Antwort: Nach § 16 Abs. 3 Satz 3 EStG ist rückwirkend im Jahr der Realteilung der gemeine Wert anzusetzen, soweit bei einer Realteilung, bei der einzelne Wirtschaftsgüter übertragen worden sind, diese Wirtschaftsgüter innerhalb einer Sperrfrist veräußert oder entnommen werden. Die Sperrfrist endet 3 Jahre nach Abgabe der Steuererklärung für den VZ der Realteilung. Damit kann die Sperrfrist frühestens im VZ 2021 beginnen. Die Veräußerung der Praxis in 2021 liegt damit auf jeden Fall innerhalb der Sperrfrist. Damit sind rückwirkend die Wirtschaftsgüter, die die B erhielt, mit dem gemeinen Wert anzusetzen. Dadurch entsteht im Jahr der Realteilung ein Gewinn in Höhe der Differenz zwischen dem Buchwert und dem gemeinen Wert.

Problematisch war in dem Fall, wem dieser Gewinn zuzurechnen sei. Der BFH (a.a.O.) rechnet den Gewinn nach dem Rechtsgedanken des § 16 Abs. 3 Satz 8 EStG ausschließlich dem Realteiler zu, der seinen Betrieb veräußert hat. Der BFH ging nicht näher darauf ein, ob insoweit bereits im VZ 2020 eine Betriebsveräußerung/Betriebsaufgabe vorliegt. Dies wird aber zu bejahen sein, da der BFH ja auf § 16 Abs. 3 Satz 8 EStG verwies.

> **Frage:** Können Sie mir die Vorschrift des § 16 Abs. 3a EStG erläutern?

Antwort: Die Vorschrift des § 16 Abs. 3a EStG ist durch Gesetz vom 8.12.2010 eingefügt worden und nach § 52 Abs. 34 Satz 5 EStG in allen offenen Fällen anzuwenden. § 16 Abs. 3a EStG beinhaltet den gleichen Rechtsgedanken wie § 4 Abs. 1 Satz 4 EStG. Stille Reserven müssen versteuert werden, wenn sie durch eine Verlagerung ins Ausland der deutschen Besteuerung entzogen werden. Dabei ist zu berücksichtigen, dass nach Art. 7 des OECD-Musterabkommens Gewinne eines Unternehmens stets in dem Land besteuert werden, in dem das Unternehmen seinen Sitz bzw. eine Betriebsstätte hat. Überträgt daher ein Unternehmen mit Sitz in Deutschland ein Wirtschaftsgut auf eine ausländische Betriebsstätte, so werden die stillen Reserven der deutschen Besteuerung entzogen, da ja ein Veräußerungsgewinn im Betriebsstättenstaat besteuert wird. In diesem Fall greift die Vorschrift des § 4 Abs. 1 Satz 4 EStG. Verlagert ein Unternehmen i.S.v. § 16 EStG seinen Sitz ins Ausland, so hat dies die gleichen Rechtsfolgen. Ein Veräußerungsgewinn i.S.v. § 16 EStG stünde dem ausländischen Sitzstaat zu. Aus diesem Grund fingiert § 16 Abs. 3a EStG die Aufgabe des Betriebs.

> **Frage:** Kommen wir zum Abschluss dieses Problemkomplexes zu folgender aktueller Frage: Ein Einzelunternehmer hält in seinem Betriebsvermögen unter anderem ein Gebäude, das eine wesentliche Betriebsgrundlage darstellt. Er möchte das Einzelunternehmen – mit Ausnahme des Gebäudes – veräußern. Da § 16 Abs. 1 Nr. 1 EStG nur greift, wenn sämtliche wesentlichen Betriebsgrundlagen auf den Erwerber übergehen, wählt der Einzelunternehmer folgende Gestaltungen: Am 15.01.2021 gründete er eine GmbH & Co. KG und überführt auf diese das Gebäude. Am 28.01.2021 veräußert er dann sein Einzelunternehmen (jetzt ohne das Gebäude). Wie ist dieser Fall zu beurteilen?

Antwort: Ich gehe davon aus, dass einziger Zweck der GmbH & Co. KG das Halten des Gebäudes ist. Aufgrund von § 15 Abs. 3 Nr. 2 EStG ist die KG gewerblich geprägt, da die GmbH als Komplementärin nach § 164 HGB grundsätzlich alleinige Geschäftsführerin ist. Die Übertragung des Gebäudes erfolgt zwingend zum Buchwert nach § 6 Abs. 5 Satz 3 Nr. 1 EStG.

Da im Zeitpunkt der Veräußerung des Einzelunternehmens alle wesentlichen Betriebsgrundlagen auf den Erwerber übergehen, müsste man davon ausgehen, dass die Vorschrift des § 16 Abs. 1 Nr. 1 EStG erfüllt ist. Die Verwaltung und die (bisherige) Rechtsprechung wendeten allerdings in diesem Fall die sog. Gesamtplanrechtsprechung an. Danach war § 16 EStG nicht anzuwenden, wenn im Rahmen eines Gesamtplans eine wesentliche Betriebsgrundlage zum Buchwert ausgelagert wurde, um anschließend die Voraussetzungen des § 16 Abs. 1 Nr. 1 EStG zu schaffen. Dies würde im vorliegenden Fall bedeuten, dass zwar das Gebäude zum Buchwert auf die neu gegründete GmbH & Co. KG übertragen werden kann, die anschließende Veräußerung dann aber nach § 15 EStG (laufender Gewinn) zu versteuern ist.

Mit Urteil vom 02.08.2012, IV R 41/11, BStBl II 2019, 715 hat die Rechtsprechung die Gesamtplanrechtsprechung zumindest für den Fall aufgegeben, dass zuerst ein Wirtschaftsgut nach **§ 6 Abs. 5 EStG** aus dem Betrieb herausgelöst wird und anschließend der Betrieb nach **§ 6 Abs. 3 EStG** übertragen werden soll. Die Verwaltung hat für den Fall des § 6 Abs. 3 EStG die Gesamtplanrechtsprechung nun ebenfalls aufgegeben (BMF vom 20.11.2019, BStBl I 2019, 1291). Im Bereich des § 16 EStG geht die Verwaltung aber weiterhin davon aus, dass eine zeitgleiche oder zeitnahe Auslagerung von wesentlichen Betriebsgrundlagen ohne Aufdeckung der stillen Reserven schädlich ist (vgl. z.B. H 16 Abs. 4 EStH „Sonderbetriebsvermögen").

> **Frage:** Wechseln wir noch einmal das Thema. Gehen Sie bitte von folgendem Fall aus (vgl. BFH vom 18.12.2014, IV R 40/10, BFH/NV 2015, 827). Der Steuerpflichtige betrieb ein Omnibusunternehmen mit mehreren angestellten Fahrern. Auf seinem Betriebsgelände befand sich eine Halle, in der die Omnibusse abgestellt, gereinigt und repariert wurden. Darüber hinaus befanden sich auf dem Gelände ein Bürogebäude sowie eine betriebliche Tankstelle. In 2019 veräußerte der Unternehmer die Omnibusse und entließ alle Mitarbeiter. Die Halle vermietete er an die X-GmbH, das Verwaltungsgebäude vermietete er an die Y-AG; die Tankstelle wurde stillgelegt. Beim Gewerbeamt meldete der Unternehmer sein Gewerbe als Omnibusunternehmen ab. Gegenüber dem Finanzamt erklärte er keine Betriebsaufgabe und versteuerte die Mieteinnahmen in der Folgezeit als Einnahmen nach § 15 EStG.

Antwort: Es ist zu prüfen, ob der Steuerpflichtige sein Einzelunternehmen nach § 16 Abs. 3 EStG aufgab. Eine Betriebsaufgabe erfordert eine Willensentscheidung oder eine Handlung des Steuerpflichtigen, die darauf gerichtet ist, den Betrieb als selbständigen Organismus nicht mehr in seiner bisherigen Form bestehen zu lassen. Eine ausdrückliche Aufgabeerklärung ist daher nicht erforderlich (vgl. R 16 Abs. 2 EStR). Die Abmeldung des Gewerbes allein hat auf die steuerliche Beurteilung keinen Einfluss. Sie kann nur ein Indiz für eine erfolgte Betriebsaufgabe sein. Hier könnte eine Betriebsverpachtung vorliegen (vgl. § 16 Abs. 3b EStG). Eine Betriebsverpachtung erfordert aber die Vermietung aller wesentlichen Betriebsgrundlagen an einen Pächter mit der Möglichkeit, dass der verpachtete Betrieb vom Verpächter objektiv wieder aufgenommen werden kann. Im vorliegenden Fall könnte nach Kündigung des Pachtverhältnisses jederzeit der Omnibusbetrieb wieder aufgenommen werden. Der notwendige Erwerb neuer Omnibusse spielt insoweit keine Rolle, da diese jederzeit und einfach wiederbeschafft werden können und somit keine wesentlichen Betriebsgrundlagen darstellen (vgl. BFH vom 18.8.2009, X R 20/06, BStBl II 2010, 222). Die Voraussetzungen einer Betriebsverpachtung liegen hier aber nicht vor, da die Wirtschaftsgüter an verschiedene Pächter vermietet werden. Vorliegend könnte aber eine Betriebsunterbrechung (vgl. H 16 Abs. 2 EStH „Betriebsunterbrechung") vorliegen. Eine Betriebsunterbrechung erfordert, dass zwar die werbende Tätigkeit eingestellt wird, der Betrieb aber in gleichartiger oder ähnlicher Weise jederzeit wieder aufgenommen werden kann. In diesem Fall müssen die stillen Reserven nicht aufgedeckt werden. Der Gewerbetreibende erzielt weiterhin Einnahmen nach § 15 EStG. Eine Betriebsunterbrechung ist auch in der Weise möglich, dass die wesentlichen Betriebsgrundlagen (hier: Halle und Verwaltungsgebäude) an verschiedene Gewerbetreibende verpachtet werden.

Entscheidend ist lediglich, dass objektiv die Wiederaufnahme des Betriebs möglich ist. Wie oben dargestellt, kann das Omnibusunternehmen jederzeit wieder reaktiviert werden. Ob dies der Gewerbetreibende subjektiv vorhat oder nicht, spielt insoweit keine Rolle.

> **Frage:** Führen wir den Fall weiter. Im Jahre 2021 kündigt der Mieter der Halle. Der Steuerpflichtige kann das Gelände an einen Konzern vermieten, der das Recht erhält, die Halle abzubrechen und einen Baumarkt zu errichten. Der Abbruch erfolgt noch im Jahre 2021. In der Steuererklärung für den VZ 2021 macht der Steuerpflichtige die Abbruchkosten als Betriebsausgaben geltend.

Antwort: Mit dem Abbruch der Halle endet die Möglichkeit der objektiven Wiederaufnahme des Omnibusunternehmens, da nunmehr eine wesentliche Betriebsgrundlage nicht mehr zur Verfügung steht (vgl. H 16 Abs. 5 EStH „Umgestaltung wesentlicher Betriebsgrundlagen"). Damit liegt grundsätzlich eine Betriebsaufgabe i.S.v. § 16 Abs. 3 EStG vor.

Das Ende der Betriebsunterbrechung führt aber nach § 16 Abs. 3b EStG nicht automatisch zu einer Betriebsaufgabe (= Aufdeckung aller stiller Reserven). Erforderlich ist, dass der Steuerpflichtige die Betriebsaufgabe ausdrücklich erklärt. Ich unterstelle, dass dies bisher nicht geschehen ist. Alternativ sieht § 16 Abs. 3b EStG vor, dass die Wirkungen einer Betriebsaufgabe dann eintreten, wenn das Finanzamt von den Tatsachen der Betriebsaufgabe Kenntnis erhält. Eine Tatsache, die zu einer Betriebsaufgabe führt, ist hier der Abbruch der Halle. Spätestens mit Abgabe der Steuererklärung für 2021 in 2022 erhält das Finanzamt Kenntnis vom Abbruch (Geltendmachung als Betriebsausgabe). Damit treten die Wirkungen des § 16 Abs. 3 EStG spätestens ab dem Veranlagungszeitraum 2022 ein.

> **Frage:** Ein Einzelunternehmen soll veräußert werden. In der Handelsbilanz ist zum Veräußerungszeitpunkt eine Drohverlustrückstellung in Höhe von 500 T€ passiviert. Der Erwerber übernimmt den Auftrag, für den die Drohverlustrückstellung gebildet wurde. Im Rahmen der Ermittlung des Kaufpreises für das Einzelunternehmen zahlt der Veräußerer 500 T€ an den Erwerber für die Übernahme des Auftragsrisikos. Diese Zahlung wird mit dem Kaufpreis für die übrigen Wirtschaftsgüter verrechnet. Welche Folgen hat dies für den Verkäufer und den Käufer?

Antwort: Es geht hier um das Problem der Hebung stiller Lasten. In der Steuerbilanz des Verkäufers darf die Drohverlustrückstellung nicht gebildet werden. Damit führt die Zahlung der 500 T€ zu einem entsprechenden Aufwand. Allerdings darf dieser Aufwand grundsätzlich nach **§ 4f EStG** nur über 15 Jahre verteilt geltend gemacht werden. Eine Ausnahme gilt aber nach § 4f Abs. 1 S. 3 EStG. Danach darf im Falle einer Betriebsveräußerung der Aufwand sofort und in voller Höhe geltend gemacht werden.

Für den Erwerber stellt sich die Frage, ob er die Drohverlustrückstellung in seiner Steuerbilanz passivieren darf. Dies würde ja gegen § 5 Abs. 4a EStG verstoßen. Hier greift aber die lex specialis des **§ 5 Abs. 7 EStG**. Danach muss der Erwerber die Drohverlustrückstellung zunächst in der Buchführung passivieren, da er sie ja für 500 T€ angeschafft hat (§ 253 HGB). In der ersten Bilanz ist die Drohverlustrückstellung aber aufzulösen, wodurch ein Gewinn in Höhe von 500 T€ entsteht. Dieser Gewinn darf dann auf das Jahr des Erwerbs und die folgenden 15 Wirtschaftsjahre gleichmäßig verteilt werden.

Problembereich 6: Dividenden/Veräußerung von Beteiligungen

> **Frage:** Gesellschafter G ist zu 75 % an einer GmbH beteiligt. Er hat die Anschaffungskosten der Beteiligung in Höhe von 100 T€ über ein Darlehen finanziert (Zinssatz 3 % p.a.). In 2022 erhält er 20 T€ Dividende. Wie sind die steuerlichen Folgen?

Antwort: Im Veranlagungszeitraum 2022 werden die Dividenden nach **§ 20 Abs. 1 Nr. 1 EStG** besteuert. Nach § 32d Abs. 1 EStG gilt aber ein besonderer Steuersatz in Höhe von 25 % (= Abgeltungsteuer). Dieser gilt mit Einbehaltung und Abführung der Kapitalertragsteuer nach §§ 43 Abs. 1 Nr. 1, Abs. 5, 43a Abs. 1 Nr. 1 EStG als abgegolten.

Nach **§ 20 Abs. 9 EStG** können die Finanzierungskosten nicht als Werbungskosten abgezogen werden, da § 20 Abs. 9 EStG lex specialis zu § 9 Abs. 1 Nr. 1 EStG ist. Abziehbar ist lediglich ein Sparerpauschbetrag in Höhe von 801 € (ab VZ 2023: 1.000 €).

Allerdings kann der Gesellschafter nach **§ 32d Abs. 2 Nr. 3 EStG** einen Antrag auf Anwendung des regulären Steuertarifs stellen. Die Grenze von mindestens 25 % ist im vorliegenden Fall überschritten. Der Antrag würde sich für den Gesellschafter lohnen, da zwar seit dem Veranlagungszeitraum 2009 im Rahmen des § 3 Nr. 40 Buchstabe d) EStG 60 % der Dividende zum regulären Tarif zu versteuern sind. Im Gegenzug können aber die Werbungskosten nach § 3c Abs. 2 EStG in Höhe von 60 % geltend gemacht werden.

> **Frage:** Angenommen die Dividende wird im August 2022 für den Gewinn des laufenden Jahres ausgeschüttet (sog. Vorabausschüttung). Im Februar 2023 stellt sich heraus, dass der Gewinn 2022 geringer als erwartet ausfällt. Die Gesellschafter zahlen die Dividende wieder zurück. Welche Folgen hat dies?

Antwort: Eine vollzogene Dividende kann nicht rückgängig gemacht werden (vgl. H 20.2 EStH „Rückgängigmachung einer Gewinnausschüttung"). Die Rückzahlung stellt eine **verdeckte Einlage** dar (vgl. R 8.9 KStR). Der Gesellschafter muss die Dividende – wie oben beschrieben – versteuern. Die Rückzahlung ist bei der GmbH in der Handels- und Steuerbilanz entweder als Ertrag oder als Kapitalrücklage (vgl. § 272 Abs. 2 Nr. 4 HGB) zu buchen. Erfolgt die Buchung über Ertrag, muss das Einkommen nach **§ 8 Abs. 3 Satz 3 KStG** außerbilanziell wieder gekürzt werden. Auf jeden Fall stellt die Rückzahlung gemäß **§ 27 KStG** einen Zugang im steuerlichen Einlagekonto dar. Im Übrigen erhöhen sich die Anschaffungskosten der Beteiligung. Dies beeinflusst einen künftigen Veräußerungsgewinn gemäß § 17 Abs. 2 EStG.

> **Frage:** Wie ist die Ausschüttung aus dem Einlagekonto beim Gesellschafter zu besteuern? Wann liegt eine Ausschüttung aus dem Einlagekonto vor?

Antwort: Eine Ausschüttung aus dem Einlagekonto ist nach **§ 27 KStG** gegeben, wenn die Ausschüttung den ausschüttbaren Gewinn übersteigt. Ausschüttbarer Gewinn ist das Eigenkapital im Sinne des § 266 HGB abzüglich Stammkapital, abzüglich Einlagekonto.

Die Ausschüttung aus dem Einlagekonto fällt kraft ausdrücklicher Regelung nicht unter § 20 Abs. 1 Nr. 1 EStG, sondern unter **§ 17 Abs. 4 EStG**. Im Regelfall entsteht hier kein Gewinn, da verdeckte Einlagen, die das Einlagekonto erhöhen, zu nachträglichen Anschaffungskosten im Sinne des § 17 EStG führen.

> **Frage:** Was sind die Voraussetzungen einer Veräußerung nach § 17 Abs. 1 Satz 1 EStG?

Antwort: Der Gesellschafter muss die Beteiligung im Privatvermögen halten und an dieser innerhalb der letzten fünf Jahre mindestens zu 1 % beteiligt gewesen sein.

> **Frage:** Gilt § 17 Abs. 1 EStG auch, wenn die Beteiligung an einer englischen Limited mit Sitz in Deutschland veräußert wird?

Antwort: § 17 Abs. 1 EStG spricht nur von „Kapitalgesellschaft". Es ist daher zu prüfen, ob die Limited in ihrer Grundstruktur einer deutschen Kapitalgesellschaft entspricht. Dies ist zu bejahen, da die Limited eine juristische Person ist, ein vergleichbares Stammkapital hat, kein Gesellschafter persönlich haftet und der Gewinn in Form von Dividenden ausgeschüttet wird (Anmerkung: Eine Übersicht ausländischer

Rechtsformen finden Sie in Tabelle 1 als Anhang zum sog. Betriebsstättenerlass, Beck'sche Erlasse 800 § 12/1). Der Veräußerungsgewinn ist auch in Deutschland zu erfassen, da Art. 13 Abs. 5 des Doppelbesteuerungsabkommens zwischen Deutschland und Großbritannien Veräußerungsgewinne aus der Veräußerung von Beteiligungen ausdrücklich dem Staat zuweist, in dem der Gesellschafter ansässig ist.

> **Frage:** Nehmen wir einmal an, der Gesellschafter habe die Anteile an der englischen Limited in 2019 für 100.000 £ erworben; der Kurs betrug zu diesem Zeitpunkt 1 € = 0,6 £. In 2022 veräußert der Gesellschafter die Anteile für 120.000 £; der Kurs beträgt zu diesem Zeitpunkt 1 € = 0,8 £. Wie hoch ist der Veräußerungsgewinn?

Antwort: Die Anschaffungskosten sind in 2018 nach dem damaligen Kurs zu berechnen (vgl. § 256a HGB); sie betragen somit (100.000 £/0,6 =) 166.667 €. Der Veräußerungserlös ist ebenfalls im Veräußerungszeitpunkt umzurechnen und beträgt somit (120.000 £/0,8 =) 150.000 € (so ausdrücklich: BFH vom 24.01.2012, IX R 62/10). Somit beträgt der Veräußerungsverlust nach §§ 17 Abs. 1 Satz 1, 3 Nr. 40 Buchstabe c), 3c Abs. 2 EStG (150.000 € ./. 166.667 €) × 60 %, somit ./. 10.000 €.

> **Frage:** Ein Gesellschafter der zu 70 % an der A-GmbH beteiligt ist, überführt die Beteiligung auf die B-GmbH, an der er ebenfalls beteiligt ist. Im Gegenzug erhält er neue Anteile an der B-GmbH. Muss er die stillen Reserven, die in seinem Gesellschaftsanteil stecken aufdecken?

Antwort: Es liegt eine Einlage einer Beteiligung in eine Kapitalgesellschaft vor. Dabei ist zwischen einer **offenen** und einer **verdeckten Einlage** zu differenzieren.

Eine offene Einlage liegt vor, wenn dem Einbringenden im Gegenzug für die Einlage Gesellschaftsanteile (= Stammkapital) gewährt werden. Dies ist nur bei der Gründung oder bei einer Kapitalerhöhung möglich. Die offene Einlage stellt grundsätzlich einen Tausch und damit einen entgeltlichen Vorgang dar (vgl. BFH vom 24.04.2007, I R 35/05, BStBl II 2008, 253). Damit greift grundsätzlich § 17 Abs. 1 Satz 1 EStG. Erlös ist der gemeine Wert der neuen Anteile (§ 6 Abs. 6 EStG).

Ausnahmsweise kann nach **§ 21 UmwStG** bei einer offenen Einlage die Aufdeckung der stillen Reserven vermieden werden, wenn der Einbringende als Gegenleistung neue Anteile an der übernehmenden Gesellschaft erhält (Anteilstausch) und die übernehmende Gesellschaft nach der Einbringung aufgrund ihrer Beteiligung einschließlich der eingebrachten Anteile nachweisbar unmittelbar die Mehrheit der Stimmrechte an der erworbenen Gesellschaft hat. Dies ist hier der Fall, da die B-GmbH nach der Einbringung über 70 % der Anteile verfügt. Damit kann die B-GmbH wählen, ob sie die Beteiligung mit dem gemeinen oder einem niedrigeren Wert ansetzt. Setzt sie den Buchwert an, entsteht für den Gesellschafter kein Einbringungsgewinn. Setzt sie einen höheren Wert an, so entsteht ein Einbringungsgewinn, der unter § 17 EStG fällt (vgl. § 21 Abs. 2 und 3 UmwStG).

Erfolgt die Überführung der Anteile an der A-GmbH im Wege einer **verdeckten Einlage** (siehe hierzu R 8.9 KStR), so führt dies nach **§ 17 Abs. 1 Satz 2 EStG** zwingend zur Aufdeckung der stillen Reserven. § 21 UmwStG ist in diesem Fall grundsätzlich nicht anwendbar, da die Übertragung nach § 21 UmwStG „gegen Gewährung neuer Anteile" erfolgen muss. Dies ist aber im Fall einer (ausschließlich) verdeckten Einlage aber gerade nicht der Fall.

> **Frage:** Wie sind die Rechtsfolgen zu beurteilen, wenn die aufnehmende Kapitalgesellschaft ihren Sitz in Frankreich hat und eine offene Einlage erfolgt?

Antwort: Da die offene Einlage in eine deutsche Kapitalgesellschaft zur Aufdeckung der stillen Reserven führt, kann für die Einlage eine ausländische Kapitalgesellschaft nichts anderes gelten. Im Falle der Anwendung des § 21 UmwStG kann die Aufdeckung der stillen Reserven unterbleiben, wenn der Gesellschafter in Deutschland ansässig bleibt und damit Deutschland weiterhin das Recht auf die Besteuerung der stillen Reserven verbleibt und die aufnehmende Gesellschaft ihren Sitz in der EU hat (§ 21 Abs. 2 Satz 3 UmwStG i.V.m. Art. 13 OECD-Musterabkommen).

Frage: Wie beurteilen Sie den folgenden vom BFH entschiedenen Fall (BFH vom 13.12.2022, IX R 5/22 www.bundesfinanzhof.de)? Der Kläger war Gesellschafter der M-GmbH und der T-GmbH. Am 18.04.2006 machte der Kläger der M-GmbH das notariell beurkundete Angebot, die Anteile an der T-GmbH zu erwerben. Als Kaufpreis wurde ein Betrag i.H.v. 25.000 € festgelegt, der dem Stammkapital der T-GmbH und ihrem aktuellen gemeinen Wert entsprach. Die T-GmbH war zu diesem Zeitpunkt finanziell angeschlagen und sollte saniert werden. Das Kaufangebot konnte frühestens nach Ablauf des Sanierungsverfahrens (31.12.2014) angenommen werden.

Nachdem die Sanierung am 29.01.2015 beendet war, nahm die M-GmbH das Kaufangebot am 13.03.2015 an. Der gemeine Wert der Anteile an der T-GmbH belief sich zu diesem Zeitpunkt unstreitig auf 3 Mio. €.

Antwort: Soweit die Veräußerung entgeltlich war (25.000 €) lag eine Veräußerung nach § 17 Abs. 1 Satz 1 EStG vor. Soweit für die Übertragung der Anteile keine Gegenleistung gewährt wurde (2.975.000 €), lag eine verdeckte Einlage vor, da sich das Betriebsvermögen der M-GmbH um diesen Betrag erhöhte und die Überführung der Anteile gesellschaftsrechtlich veranlasst war. Ein fremder Dritter hätte die Anteile nicht für 25.000 € veräußert.

Fraglich ist in diesem Fall, zu welchem Zeitpunkt die verdeckte Einlage stattfand. Geht man von dem Jahr 2006 aus, in dem das Kaufangebot abgegeben wurde, so wäre ein Gewinn des Klägers nicht entstanden, da ja die Beteiligung zu diesem Zeitpunkt unstreitig 25.000 € wert war. Nach Ansicht des BFH sind aber die Verhältnisse in dem Zeitpunkt maßgebend, in dem der Gewinn verwirklicht wird. Ein Kaufvertrag kam erst mit Annahme des verbindlichen Angebots in 2016 zustande. Zu diesem Zeitpunkt war aber die Beteiligung 3 Mio. € wert. Diese Beurteilung des BFH steht im Widerspruch zu R 8.9 Abs. 5 Satz 1 KStR.

Der Kläger hat sonach den Tatbestand des § 17 Abs. 1 Satz 2 EStG verwirklicht und muss einen Gewinn in Höhe von 2.975.000 € im Teileinkünfteverfahren versteuern.

Frage: Schauen wir uns einen weiteren BFH-Fall an (vgl. BFH vom 14.09.2022, I R 47/19 www.bundesfinanzhof.de): Gesellschafter der in Deutschland ansässigen GmbH 1 waren jeweils zu 50 % A und B. Die Gesellschafter beschlossen, das Stammkapital der GmbH 1 um 20 Mio. € zu erhöhen. Zur Übernahme der neuen Stammeinlage wurde unter Ausschluss der Gesellschafter A und B ausschließlich die neu gegründete GmbH 2 zugelassen. Deren Gesellschafter waren ebenfalls A und B zu jeweils 50 %. Die GmbH 2 übernahm vereinbarungsgemäß die neuen Anteile. Bis der Fall zu beurteilen?

Antwort: Beschließen die Gesellschafter einer GmbH eine Kapitalerhöhung, so stehen die neuen Geschäftsanteile nach § 57 j GmbHG den Gesellschaftern im Verhältnis ihrer bisherigen Geschäftsanteile zu. Es ist allerdings möglich, dass die Gesellschafter ihr Anwartschaftsrecht auf die neuen Anteile an Dritte oder an andere Gesellschafter veräußern. In diesem Fall werden die Gesellschafter regelmäßig einen Betrag verlangen, der über dem nominalen Erhöhungsbetrag liegt und ausgleicht, dass die stillen Reserven aller Anteile anteilig auf die neuen Anteile übergehen. Der dabei entstehende Gewinn ist nach **§ 17 Abs. 1 Satz 3 EStG** steuerbar, da hier „Anwartschaften auf solche Beteiligungen" veräußert werden.

Im vorliegenden Fall ist aber problematisch, dass die Altgesellschafter A und B von der Übernahme der neuen Anteile ausgeschlossen waren. Eine derartige Vereinbarung ist grundsätzlich gesellschaftsrechtlich möglich. Damit erwarben aber die Altgesellschafter keine Anwartschaftsrechte i.S.v. § 17

Abs. 1 Satz 3 EStG. Die Gestaltung fällt aber nach Ansicht des BFH ebenfalls unter § 17 Abs. 1 Satz 3 EStG, da sonst die Verwirklichung des Tatbestandes dieser Vorschrift leicht umgangen werden könnte.

Sonach ist der vorliegende Tatbestand wie die verdeckte Einlage von Anwartschaftsrechten auf die Kapitalerhöhung in die GmbH 2 zu behandeln. Verdeckte Einlagen sind mit dem gemeinen Wert anzusetzen. Damit entsteht hier ein Gewinn in Höhe der Differenz zwischen dem gemeinen Wert und den nach **§ 3 Kapitalerhöhungssteuergesetz** auf die neuen Anteile übergegangenen anteiligen Anschaffungskosten der beiden Altgesellschafter.

> **Wechseln wir das Thema; Frage:** Gesellschafter G erwarb in 2013 80 % der Anteile an der X-GmbH für 100.000 €. Er gewährte der GmbH in 2019 ein Darlehen über 500.000 €. Zu diesem Zeitpunkt war die GmbH unstreitig uneingeschränkt zahlungsfähig. Besondere Vereinbarungen für den Fall einer möglichen finanziellen Krise wurden nicht getroffen. Im Mai 2023 musste die GmbH die Insolvenz anmelden. Gesellschafter G kündigt das Darlehen nicht. Die Eröffnung eines Insolvenzverfahrens wurde im Juni 2023 mangels Masse abgelehnt. Es bestehen keinerlei Chancen, dass G Gelder von der GmbH erhalten wird. Prüfen Sie bitte den Fall anhand des § 17 Abs. 4 EStG.

Antwort: Unabhängig davon, wann die Löschung der GmbH im Handelsregister erfolgt, muss der Tatbestand des § 17 Abs. 4 EStG in dem VZ steuerlich geltend gemacht werden, in dem der Verlust aus der Auflösung der GmbH und mögliche nachträgliche Anschaffungskosten mit an Sicherheit grenzender Wahrscheinlichkeit feststehen (vgl. H 17 Abs. 7 EStH „Auflösung und Kapitalherabsetzung"). Diese Voraussetzungen liegen im Juni 2022 vor, da die Mittel der GmbH noch nicht einmal ausreichen, ein Insolvenzverfahren durchzuführen.

Damit erzielt G zunächst einen Verlust in Höhe von 100.000 € (Stammkapital), der nach **§ 3 Nr. 40 Buchstabe c)** i.V.m. **§ 3c Abs. 2 EStG** i.H.v. 60 % anzusetzen ist. Fraglich ist, ob G auch nachträgliche Anschaffungskosten durch den Verlust der Darlehensansprüche geltend machen kann.

Der jahrelange Streit um die Frage der nachträglichen Anschaffungskosten bei einem Ausfall von Gesellschafterdarlehen ist mittlerweile durch die Einführung des **§ 17 Abs. 2a EStG** beseitigt. Nach § 17 Abs. 2a Satz 3 Nr. 2 EStG führen **Darlehensverluste** zu nachträglichen Anschaffungskosten, soweit die Gewährung des Darlehens oder das Stehenlassen des Darlehens in der Krise der Gesellschaft gesellschaftsrechtlich veranlasst war. Bei der Hingabe des Darlehens in 2019 war die Gesellschaft noch zahlungsfähig. Zu diesem Zeitpunkt wäre es durchaus denkbar gewesen, dass ein fremder Dritter ebenfalls ein vergleichbares Darlehen gegeben hätte. Mit Eintritt der finanziellen Krise in 2023 hätte der Gesellschafter nach allgemeinen zivilrechtlichen Grundsätzen ein Sonderkündigungsrecht wegen Vermögensverlust des Schuldners gehabt. Dieses Sonderkündigungsrecht hat er aber nicht ausgeübt. Damit ist das Darlehen als sog. stehen gelassenes Darlehen zu beurteilen. In dem Zeitpunkt in dem der Gesellschafter sein Sonderkündigungsrecht nicht ausübte, war der Darlehensanspruch aber bereits wertlos. Damit sind die Anschaffungskosten des Darlehens i.S.v. § 17 Abs. 2a EStG mit 0 € anzusetzen (BMF vom 7.6.2022, BStBl I 2022, 897 Rz. 16). Damit bleibt es im Rahmen des § 17 EStG bei einem Verlust i.H.v. 100.000 € × 60 %.

Allerdings fällt der Verlust des im Zeitpunkt des Eintritts der Krise nicht mehr werthaltigen Teils des stehen gelassenen Darlehens unter **§ 20 Abs. 6 Satz 6 EStG** (BMF a.a.O.) und kann unter den dort genannten weiteren Voraussetzungen steuerlich geltend gemacht werden.

> **Frage:** Nehmen wir an, anstelle des Darlehens gibt der Gesellschafter im Dezember 2022 eine Bürgschaftserklärung ab. Im Rahmen des Insolvenzverfahrens wird G als Bürge in Anspruch genommen, ohne dass er eine werthaltige Rückgriffsforderung erlangt.

Antwort: Der BFH a.a.O. lehnt die Berücksichtigung von Bürgschaftsverlusten ab. Nach **§ 17 Abs. 2a EStG** führen nun auch Bürgschaftsverluste zu nachträglichen Anschaffungskosten, wenn die Rückgriffsforderung (§ 774 BGB) wertlos ist. Dies ist hier aufgrund des Insolvenzverfahrens der Fall.

> **Frage:** Ein Steuerpflichtiger erwarb 1995 20 % der Anteile an einer GmbH. Zu diesem Zeitpunkt lag die Grenze für die Anwendung des § 17 Abs. 1 Satz 1 EStG bei mehr als 25 %. In 2021 veräußert der Gesellschafter seine Anteile. Ich gebe Ihnen noch den Hinweis, dass mit Wirkung ab 31.03.1999 die Grenze für den § 17 EStG auf nunmehr mindestens 10 % herabgesetzt wurde.

Antwort: Der Steuerpflichtige konnte bei seinem Erwerb davon ausgehen, dass er die Beteiligung ohne Entstehung eines steuerlichen Veräußerungsgewinns veräußern könnte. Dieses Vertrauen in die Rechtslage vor 31.03.1999 wurde erst erschüttert, als die Grenze auf nunmehr 10 % herabgesetzt wurde. Nunmehr wusste der Steuerpflichtige, dass er einen Veräußerungsgewinn versteuern müsse. Das BVerfG gewährte dem Steuerpflichtigen aber einen Vertrauensschutz und erklärte § 17 EStG insoweit als verfassungswidrig, als in einem Veräußerungsgewinn Gewinne enthalten sind, die vor 31.03.1999 entstanden. Die Verwaltung (BMF vom 20.12.2010, BStBl I 2011, 16) splittet nunmehr den Veräußerungsgewinn auf. In einem 1. Schritt ist die gesamte Besitzzeit monatsgenau zu ermitteln. In einem 2. Schritt sind die Monate zwischen dem 31.03. 1999 und dem Verkauf der Beteiligung zu ermitteln (= Zeitraum für den kein Schutzbedürfnis besteht). Steuerpflichtig ist dann nur der Gewinn, der sich verhältnismäßig für die Zeit nach dem 31.03.1999 ergibt.

> **Frage:** Welche Voraussetzungen müssen für die Anerkennung eines Verlustes im Rahmen des § 17 EStG gegeben sein?

Antwort: Nach **§ 17 Abs. 2 Satz 6 EStG** ist ein Veräußerungsverlust nur anzuerkennen, wenn eine Beteiligung von mindestens 1 % fünf Jahre lang gehalten wurde.

> **Frage:** Kommen wir zu einem neuen Fall. Ein Gesellschafter ist seit dem VZ 2002 an einer GmbH zu 75 % beteiligt. Die Anschaffungskosten betrugen 50 T€. Der Gesellschafter verlegt in 2023 seinen Wohnsitz nach Spanien. Zu diesem Zeitpunkt ist die Beteiligung 200 T€ wert. Hat dies steuerliche Folgen?

Antwort: Nach § 6 Abs. 1 Nr. 1 AStG führt die Beendigung der unbeschränkten Steuerpflicht infolge der Aufgabe des Wohnsitzes oder des gewöhnlichen Aufenthalts zu einem (fiktiven) Gewinn i.S.v. § 17 Abs. 1 Satz 1 EStG. Da ja die Anteile tatsächlich nicht veräußert werden, legt § 6 Abs. 1 AStG bei der Berechnung des Veräußerungsgewinns den gemeinen Wert der Anteile zu Grunde. Sonach entsteht im vorliegenden Fall ein Gewinn in Höhe von 150.000 €, der im Teileinkünfteverfahren zu versteuern ist.

> **Frage:** Wie ermitteln Sie den gemeinen Wert der Anteile?

Antwort: Grundsätzlich nach dem vereinfachten Ertragswertverfahren gemäß §§ 199 ff. BewG.

> **Prüfer:** Wir wollen dies an dieser Stelle nicht näher vertiefen. Welche steuerliche Vergünstigung kann der Gesellschafter in Anspruch nehmen?

Antwort: Nach § 6 Abs. 4 AStG kann die festgesetzte Einkommensteuer auf Antrag des Steuerpflichtigen in sieben gleichen Jahresraten entrichtet werden. Die frühere Möglichkeit der Stundung der Steuer wurde durch das am 21.05.2021 beschlossene ATAD-Umsetzungsgesetz mit Wirkung ab 2022 abgeschafft.

Frage: Drehen wir den Spieß um. Der Gesellschafter ist weiterhin in Deutschland unbeschränkt steuerpflichtig. Die Gesellschaft, eine GmbH deutschen Rechts verlegt aber ihren Sitz nach Spanien. Welche Folgen hat dies?

Antwort: Nach **§ 4a GmbHG** muss der statutarische Sitz einer GmbH im Inland liegen. Damit führt die Sitzverlegung gesellschaftsrechtlich zur Auflösung der GmbH. Dies hat nach § 11 KStG und § 17 Abs. 4 EStG die Liquidation zur Folge.

Frage: Wie verträgt sich Ihre Lösung mit § 12 Abs. 3 KStG?

Antwort: Nach § 12 Abs. 3 KStG führt die Verlegung des Sitzes oder der Geschäftsleitung grundsätzlich zu einer Liquidation im Sinne des § 11 KStG, wenn dadurch die unbeschränkte Steuerpflicht der Kapitalgesellschaft in Deutschland endet. Dies gilt aber nicht, wenn die Verlegung des Sitzes oder der Geschäftsleitung in einen Mitgliedstaat der EU erfolgt. § 12 Abs. 3 KStG ist aber nur dann anzuwenden, wenn die Körperschaft nach der Sitzverlegung gesellschaftsrechtlich weiter existiert. Dies ist derzeit nur bei der europäischen Aktiengesellschaft (societas europaea oder SE) der Fall.

Frage: Wann ist dann § 17 Abs. 5 EStG anwendbar, wonach die Sitzverlegung in ein außereuropäisches Land als Veräußerung der Anteile zum gemeinen Wert gilt?

Antwort: Die Vorschrift hat derzeit nur einen geringen Anwendungsbereich. Wie oben dargestellt, führt die Sitzverlegung der GmbH – auch innerhalb der EU – stets zur Auflösung nach §§ 11 KStG, 17 Abs. 4 EStG. Die Sitzverlegung einer SE in ein Land außerhalb der EU führt auch bereits gesellschaftsrechtlich zur Auflösung und damit zu den Folgen des § 11 KStG.

Bei einer Sitzverlegung innerhalb der EU ist weitere Voraussetzung der Entstehung eines fiktiven Veräußerungsgewinnes, dass das Besteuerungsrecht Deutschlands aufgrund der Sitzverlegung verloren gehen muss.

Wird z.B. der Sitz einer SE nach Spanien verlegt, so geht das Besteuerungsrecht Deutschlands nicht verloren, da sowohl Dividenden als auch Veräußerungsgewinne nach den DBA (hier: Art. 10 DBA-Spanien) stets im Ansässigkeitsstaat des Gesellschafters – also in Deutschland – versteuert werden.

Ist allerdings ein Gesellschafter nur beschränkt steuerpflichtig, so ist der Gewinn aus der Veräußerung der Beteiligung nach § 49 Abs. 1 Nr. 2 Buchstabe e) EStG nur dann in Deutschland zu versteuern, wenn die Gesellschaft Sitz oder Geschäftsleitung im Inland hat. § 17 Abs. 5 EStG könnte damit z.B. greifen, wenn ein beschränkt steuerpflichtiger Gesellschafter an einer SE beteiligt ist und diese ihren Sitz in ein anderes Land der EU verlegt.

Frage: Kehren wir noch einmal zu einer Ausschüttung aus dem Einlagekonto zurück. Der Gesellschafter einer deutschen GmbH hatte dieser ein Darlehen gewährt. Er verzichtet auf das Darlehen. Welche Folgen hat dies für die GmbH und den Gesellschafter?

Antwort: Auf der Ebene der GmbH ist die Darlehensverbindlichkeit auszubuchen (Buchungssatz: Darlehensverbindlichkeit an Erträge). Außerbilanziell ist nach **§ 8 Abs. 3 Satz 3 KStG** der Gewinn wieder um den Teilwert der verdeckten Einlage zu mindern. Auf der Ebene des Gesellschafters führt der Verzicht auf das Darlehen zu einer Erhöhung der Anschaffungskosten der Beteiligung (vgl. **§ 17 Abs. 2a EStG**).

Frage: Nehmen wir an, die GmbH schüttet eine Dividende aus dem Einlagekonto i.S.v. § 27 KStG aus.

Antwort: Die Ausschüttung aus dem Einlagekonto i.S.v. § 27 KStG fällt nicht unter § 20 Abs. 1 Nr. 1 Satz 1 EStG, sondern nach Satz 3 unter § 17 Abs. 4 EStG. Der Unterschied ist insoweit relevant, als im Rahmen des § 17 EStG die Anschaffungskosten (siehe oben § 17 Abs. 2a EStG) gegengerechnet werden können. Daher entsteht in der Regel bei der Ausschüttung aus dem Einlagekonto zumindest dann kein Gewinn, wenn der Gesellschafter die verdeckte Einlage geleistet hat.

> **Frage:** Variieren wir den Fall dahingehend, dass es sich bei der ausschüttenden Gesellschaft um eine österreichische Kapitalgesellschaft handelt. Das österreichische Steuerrecht sieht eine dem § 27 KStG vergleichbare Regelung vor.

Antwort: In diesem Fall muss die ausschüttende österreichische Kapitalgesellschaft in Deutschland einen Antrag nach **§ 27 Abs. 8 Satz 3 KStG** stellen. Dann wird die Ausschüttung in Deutschland einer Ausschüttung aus dem Einlagekonto i.S.v. § 27 KStG gleichgestellt.

> **Frage:** Angenommen, die österreichische Kapitalgesellschaft schüttet in 2021 aus. In 2023 gibt der deutsche Gesellschafter seine Einkommensteuererklärung ab. Die österreichische Gesellschaft hat bisher keinen Antrag nach § 27 Abs. 8 KStG gestellt.

Antwort: Der Antrag ist bis zum Ende des Kalenderjahrs zu stellen, das auf das Kalenderjahr folgt, in dem die Leistung erfolgt ist (§ 27 Abs. 8 Satz 4 KStG). In 2023 kann daher der Antrag wegen Verfristung nicht mehr gestellt werden. Ein Nachweis des deutschen Gesellschafters, dass eine Ausschüttung im Sinne des § 27 Abs. 8 KStG erfolgt sei, ist aufgrund des eindeutigen Wortlauts des § 27 Abs. 8 KStG nicht möglich (BFH vom 4. 5. 2021, VIII R 17/18, BFH/NV2021, 1579).

> **Frage:** Nehmen wir an, die ausschüttende Kapitalgesellschaft habe ihren Sitz in den USA. Unterstellen Sie bitte, dass es auch in diesem Fall eine dem § 27 KStG vergleichbare Regelung gibt.

Antwort: Da im vorliegenden Fall die Dividende in 2021 ausgeschüttet wurde, ist § 27 Abs. 8 KStG a.F. nicht anwendbar, da die Vorschrift in der damaligen Fassung nicht für sog. Drittstaaten-Kapitalgesellschaften anwendbar war. Dies hatte für den Gesellschafter den Vorteil zur Folge, dass er nicht auf einen Antrag der ausschüttenden Gesellschaft angewiesen war und die Voraussetzungen einer Ausschüttung aus dem vergleichbaren ausländischen Einlagekonto selbst nachweisen konnte.

Die Neufassung des § 27 Abs. 8 KStG ist nun auf alle ausländischen Kapitalgesellschaften anwendbar, also auch auf Ausschüttungen einer sog. Drittstaaten-Kapitalgesellschaft. § 27 Abs. 8 KStG ist erstmalig anzuwenden auf Leistungen und Rückzahlungen des Nennkapitals, die nach dem 31.12.2022 erbracht werden (**§ 34 Abs. 10 KStG**).

Problembereich 7: Betriebsaufspaltung

> **Frage:** Was sind die Voraussetzungen und die Folgen einer Betriebsaufspaltung?

Antwort: Eine Betriebsaufspaltung liegt vor, wenn ein Besitzunternehmen mit einem Betriebsunternehmen personell und sachlich verflochten ist. Eine personelle Verflechtung ist gegeben, wenn eine Person oder eine Personengruppe beide Unternehmen beherrscht. Eine sachliche Verflechtung liegt vor, wenn das Besitzunternehmen mindestens eine wesentliche Betriebsgrundlage an das Betriebsunternehmen überlässt. Durch die Betriebsaufspaltung erzielt das Besitzunternehmen Einkünfte aus Gewerbebetrieb (vgl. H 15.7 Abs. 4 EStH „Allgemeines").

> **Tipp!** Allgemeine Grundlagen – wie hier die Voraussetzungen einer Betriebsaufspaltung – sollten nur kurz angerissen werden. Punkte bekommen Sie nur für die Lösung von Problemen.

Frage: Nehmen Sie an, dass am Betriebsunternehmen – einer GmbH – zwei Gesellschafter A und B je hälftig beteiligt sind. Am Besitzunternehmen – einer GbR – sind A, B und C je zu einem Drittel beteiligt. Die Beschlüsse der GbR erfolgen mit der Mehrheit der Stimmen. Das Besitzunternehmen vermietet ein Geschäftsgebäude an die GmbH. Welche Folgen hat dies für C?

Antwort: Da hier eine klassische Betriebsaufspaltung vorliegt, erzielt die GbR Einkünfte nach § 15 EStG, obwohl sie eigentlich vermögensverwaltend tätig ist (vgl. R 15.7 Abs. 1 EStR). Obwohl C nicht am Betriebsunternehmen beteiligt ist, wirkt sich die Betriebsaufspaltung auch auf ihn aus, da die Gesellschafter der GbR nur eine Einkunftsart erzielen können (§ 15 Abs. 3 Nr. 1 EStG).

Frage: Angenommen, die Gesellschafter der GbR wollen eine Betriebsaufspaltung vermeiden. Welche Konstruktion würden Sie empfehlen?

Antwort: Hier sehe ich zwei Möglichkeiten. Zum einen könnte man für alle Geschäfte des laufenden Betriebs Einstimmigkeitsbeschlüsse vereinbaren. Dann würden A und B die GbR nicht mehr beherrschen, da sie gegen C ihren Willen nicht mehr durchsetzen könnten. Zum anderen könnte man den C zum Geschäftsführer der GbR bestellen. Nach der Rechtsprechung entscheidet der Geschäftsführer über die laufenden Geschäfte. Insoweit ist eine Beherrschung der Besitzgesellschaft durch die Gesellschafter nicht mehr gegeben (s. BFH vom 01.07.2003, BStBl II 2003, 757).

Frage: Gehen Sie bitte in obigem Fall von einer Betriebsaufspaltung aus. Die ortsübliche Miete für die Halle soll bei 100 T€ im Jahr liegen. Die Betriebsausgaben belaufen sich auf 150 T€. Die A, B und C-GbR vereinbart mit dem Betriebsunternehmen eine Miete in Höhe von 60 T€ im Jahr. Welche Folgen hat dies?

Antwort: Grundsätzlich können Betriebsausgaben nur insoweit geltend gemacht werden, als sie durch den Betrieb verursacht sind. Soweit ein Wirtschaftsgut im Rahmen einer Betriebsaufspaltung unentgeltlich überlassen wird, können daher grundsätzlich keine Betriebsausgaben angesetzt werden. § 21 Abs. 2 EStG ist nicht anwendbar, da diese Vorschrift nur für Privatvermögen und nur für die Überlassung von Wohnraum gilt. Soweit die Miete unter dem ortsüblichen Niveau liegt, sind die Betriebsausgaben beim Besitzunternehmen nur so weit zu gewähren, als Einnahmen erzielt werden (hier also nur i.H.v. 60/100).

Damit hat die GbR Einnahmen in Höhe von 60 T€ und Betriebsausgaben in Höhe von (150 T€ × 60 % =) 90 T€. Allerdings profitieren A und B von der geringeren Miete, da dadurch das Betriebsunternehmen einen höheren Jahresüberschuss und damit eine höhere Dividendenausschüttung erzielen kann. A und B verzichten damit letztlich auf einen Teil der Miete, um (später) eine höhere Dividende aus der Betriebskapitalgesellschaft zu erzielen. Daher können A und B die fehlenden 40 % anteilig als Aufwendungen auf ihre Beteiligung geltend machen. Da sich die GmbH-Anteile aufgrund der Betriebsaufspaltung im Sonderbetriebsvermögen der GbR befinden, sind die 40 % als Sonderbetriebsausgabe zu behandeln. Dabei ist aber das Teileinkünfteverfahren nach § 3c Abs. 2 EStG zu beachten. Damit können A und B je (150 T€ × 40 % × $\frac{1}{3}$ × 60 % =) 12 T€ geltend machen. Da Gesellschafter C an der GmbH nicht beteiligt ist, gehen bei ihm die Betriebsausgaben bezüglich der unentgeltlichen Überlassung verloren.

Mit Urteil vom 28.02.2013, IV R 49/11, BStBl II 2013, 802 bestätigte der BFH grundsätzlich diese Lösung. Allerdings will er für Aufwendungen, die die Substanz des verpachteten Wirtschaftsguts betreffen (AfA, Erhaltungsaufwendungen) das Teileinkünfteverfahren nicht anwenden. Die Verwaltung folgte dieser Lösung (BMF vom 23.10.2013, BStBl I 2013, 1269).

Mit Wirkung ab dem Veranlagungszeitraum 2015 wurde **§ 3c Abs. 2 Satz 6 EStG** dahingehend geändert, dass im Falle einer unentgeltlichen oder teilentgeltlichen Überlassung für die Betriebsausgaben stets das Teilabzugsverbot anzuwenden ist. Dies gilt aber nur dann, wenn der Gesellschafter an der Betriebs-Kapitalgesellschaft zu mehr als einem Viertel unmittelbar oder mittelbar beteiligt ist.

> **Frage:** Nehmen Sie einmal an, dass vom Besitzunternehmen (oder dessen Gesellschafter) dem Betriebsunternehmen ein Darlehen gewährt wird und dieses Darlehen aufgrund von Zahlungsschwierigkeiten der Betriebs-Kapitalgesellschaft abgeschrieben werden muss. Ist auch in diesem Fall das Teilabzugsverbot anzuwenden?

Antwort: Die Verwaltung ging zunächst auch in diesem Fall davon aus, dass der Abschreibungsaufwand im Besitzunternehmen dem Teilabzugsverbot unterliege. Dem widersprach der BFH mit Urteilen vom 18.04.2012, X R 5/10, BStBl II 2013, 705 und X R 7/10, BStBl II 2013, 791. Nach seiner Ansicht stellt die Darlehensforderung ein eigenständiges Wirtschaftsgut dar, das mit der Beteiligung an der Betriebs-Kapitalgesellschaft wirtschaftlich nichts zu tun hat. Die Verwaltung folgte dem mit Schreiben vom 23.10.2013, BStBl I 2013, 1269.

Mit Wirkung ab dem Veranlagungszeitraum 2015 wurde **§ 3c Abs. 2 EStG** dahingehend geändert, dass der Abschreibungsaufwand dem Teilabzugsverbot unterliegt, wenn der Gesellschafter zu mehr als einem Viertel an der Gesellschaft beteiligt ist und das Darlehen einem Fremdvergleich nicht standhält.

> **Frage:** Nehmen wir einmal an, die GbR überlässt in obigem Betriebsaufspaltungsfall dem Betriebsunternehmen auch eine Maschine (Anschaffung im Januar 2023; Anschaffungskosten = Wiederbeschaffungskosten 100.000 €; betriebsgewöhnliche Nutzungsdauer 10 Jahre) Die GmbH ist verpflichtet, nach Ablauf der zehn Jahre die Betriebsvorrichtung gegen eine neue auszutauschen. Welche bilanziellen Folgen ergeben sich für das Betriebsunternehmen?

Antwort: Zwischen Besitz- und Betriebsunternehmen wurde eine sog. **Substanzerhaltungsverpflichtung** vereinbart. Daher muss das Betriebsunternehmen über die zehn Jahre Nutzungsdauer ratierlich eine Rückstellung für Ersatzbeschaffung aufbauen. Handelsrechtlich ergibt sich dies aus **§ 249 HGB.** Steuerlich gilt insoweit der Maßgeblichkeitsgrundsatz (§ 5 Abs. 1 EStG).

Nach § 253 Abs. 2 HGB ist die Rückstellung in der Handelsbilanz entsprechend dem **durchschnittlichen Marktzinssatz** der vergangenen sieben Geschäftsjahre abzuzinsen. In der Steuerbilanz erfolgt die Abzinsung nach § 6 Abs. 1 Nr. 3 Buchstabe e) EStG nach Bewertungsrecht mit 5,5 % p.a.

> **Zwischenfrage des Prüfers:** Wurde die Abzinsungspflicht nicht durch das Vierte Corona-Steuerhilfegesetz abgeschafft?

Antwort: Nein, die Verpflichtung zur steuerlichen Abzinsung wurde nur für unverzinsliche Verbindlichkeiten, nicht aber für Rückstellungen abgeschafft.

> **Frage:** Wie hoch ist die Rückstellung in der Steuerbilanz zum 31.12.2023?

Antwort: Wenn man davon ausgeht, dass die Wiederbeschaffungskosten 100 T€ betragen, ergibt sich nach Tabelle 1 zu § 12 Abs. 3 BewG unter Berücksichtigung einer Restlaufzeit von neun Jahren ein Rückstellungsbetrag in Höhe von (10 T€ × 0,618 =) 6.180 €.

> **Frage:** Wie muss das Besitzunternehmen den Vorgang bilanzieren?

Antwort: Bisher ging die herrschende Meinung davon aus, dass das Besitzunternehmen ratierlich eine Forderung auf Ersatz der Maschine aktivieren müsse. Streitig war lediglich, ob diese Forderung abzuzinsen sei. Da die Frage der Abzinsung in § 6 Abs. 1 EStG geregelt ist und diese Vorschrift den Maßgeblichkeitsgrundsatz als lex spezialis außer Kraft setzt, ist eine derartige Forderung nicht abzuzinsen, da die Abzinsung von Forderungen in § 6 Abs. 1 EStG – im Gegensatz zu Rückstellungen – ausdrücklich nicht geregelt ist. Das bewertungsrechtliche Abzinsungsgebot gilt insoweit nicht, da § 1 Abs. 2 BewG ausdrücklich einen Vorbehalt enthält, wenn in anderen Steuergesetzen besondere Bewertungsvorschriften (hier: § 6 Abs. 1 EStG) enthalten sind.

Mit Urteil vom 12.02.2015, IV R 29/12, BFH/NV 2015, 895 entschied der BFH aber, dass eine derartige Forderung des Besitzunternehmens nicht aktiviert werden dürfe, da das Besitzunternehmen insoweit keine Anschaffungskosten habe (§ 253 HGB i.V.m. § 5 Abs. 1 EStG).

Frage: Was verstehen Sie im Zusammenhang mit Mitunternehmerschaften unter dem Begriff des Korrespondenzprinzips?

Antwort: Gewährt zum Beispiel eine Personengesellschaft ihrem Gesellschafter eine Pensionszusage, so muss sie nach §§ 249 HGB, 5 Abs. 1, 6a EStG eine Pensionsrückstellung in der Gesamthandsbilanz bilden. Spiegelbildlich muss der Gesellschafter nach § 15 Abs. 1 Nr. 2 EStG in seiner Sonderbilanz eine Forderung auf Altersversorgung aktivieren.

Frage: Angenommen, B würde in unserem obigen Fall seinen Anteil an der Betriebs-GmbH an einen Dritten (D) veräußern. Was wäre die Folge?

Antwort: Da nun keine personelle Verflechtung mehr besteht, endet die Betriebsaufspaltung. Die GbR erzielt Einkünfte nach § 21 EStG, da sie lediglich ihr eigenes Vermögen verwaltet (vgl. R 15.7 Abs. 1 EStR). Dies hat eine Betriebsaufgabe der GbR nach § 16 Abs. 1 Nr. 2, Abs. 3 EStG für alle Gesellschafter zur Folge (vgl. H 16 Abs. 2 EStH „Beendigung einer Betriebsaufspaltung"). Für B rechnet der Gewinn aus der Veräußerung der GmbH-Anteile nach § 16 Abs. 3 Satz 6 EStG zum begünstigten Gewinn, wobei nach § 3 Nr. 40 Buchstabe b) EStG das Teileinkünfteverfahren gilt.

Frage: Kann auch ein Freiberufler eine Betriebsaufspaltung begründen?
Hierzu folgender Fall (vgl. BFH vom 21.11.2017, VIII R 17/15, DStR 2018, 667):
A war im Streitjahr 2021 als Wirtschaftsprüfer und Steuerberater tätig. Zudem war er als alleiniger Gesellschafter an der A-GmbH beteiligt. Ende 2016 brachte A das Anlagevermögen, die Forderungen aus Lieferungen und Leistungen sowie die Passiva seine Einzelpraxis in die A-GmbH ein. In seiner Einzelkanzlei wollte A nur noch höchstpersönliche Tätigkeiten ausüben (z.B. Gutachten, Testamentsvollstreckungen etc.).
Nicht übertragen wurde jedoch der Mandantenstamm der Einzelkanzlei. Diesen verpachtete A ab dem 01.01.2017 entgeltlich an die A-GmbH. Wie ist dieser Fall steuerlich zu würdigen?

Antwort: Grundsätzlich erzielt ein Wirtschaftsprüfer bzw. Steuerberater Einkünfte nach § 18 EStG. Durch die Verpachtung des Mandantenstamms an die GmbH könnte eine Betriebsaufspaltung entstanden sein. Die personelle Verflechtung ist gegeben, da A zu 100 % am Besitzunternehmen (Einzelkanzlei) und zu ebenfalls 100 % an der A-GmbH beteiligt ist. Der Mandantenstamm ist ein immaterielles Wirtschaftsgut, das eine wesentliche Betriebsgrundlage für die Tätigkeit der GmbH darstellt. Somit liegt auch eine sachliche Verflechtung vor. Die Betriebsaufspaltung führt dazu, dass die Vermietungseinkünfte gewerblich werden (§ 15 EStG). Damit unterliegt der Gewinn der Einzelkanzlei nicht mehr der Besteuerung nach § 18 EStG (vgl. H 15.6 EStH „gemischte Tätigkeit" 3. Spiegelstrich „einheitliche Behandlung").

Die Beteiligung an der GmbH stellt notwendiges Betriebsvermögen der Einzelkanzlei dar (vgl. H 4.2 Abs. 2 EStH).

Frage: Führen wir den Fall fort. Ende 2023 veräußert A den Mandantenstamm an die B-GmbH, an der A zu 50 % beteiligt war. Welche steuerlichen Folgen hat die Veräußerung?

Antwort: Da nun an die A-GmbH keine wesentliche Betriebsgrundlage mehr verpachtet wird, liegen die Voraussetzungen einer Betriebsaufspaltung nicht mehr vor. Ist A weiterhin mit seiner Einzelkanzlei freiberuflich tätig, so kann die Beteiligung an der A-GmbH als gewillkürtes Betriebsvermögen weitergeführt werden, soweit sie nicht sowieso notwendiges Betriebsvermögen darstellt (Unterstützung der freiberuflichen Tätigkeit). Damit hat die Beendigung der Betriebsaufspaltung keine weiteren negativen Folgen.

> **Frage:** Noch ein weiterer interessanter Fall aus der Rechtsprechung (vgl. BFH vom 29.11.2017, I R 7/16, BStBl II 2019, 738). S hatte zunächst als Einzelunternehmer ein Maschinenbauunternehmen betrieben. Im Folgenden gründete S als Alleingesellschafter die S-GmbH und vermietete ab dem Jahr 2009 diverse Gebäude (Hallen) sowie den Kundenstamm an diese GmbH.

Antwort: Hier liegt unbestreitbar eine Betriebsaufspaltung vor. Die personelle Verflechtung zwischen dem Einzelunternehmen und der zu 100 % beherrschten GmbH liegt vor. Produktionshallen und Kundenstamm stellen wesentliche Betriebsgrundlagen dar, die an das Betriebsunternehmen überlassen werden.

> **Frage:** Führen wir den Fall weiter. Zusammen mit seiner Ehefrau E erwarb S im Jahr 2012 das bebaute Grundstück X zu je 50 % Miteigentumsanteil und vermietete es ab dem 01.01.2013 an die S-GmbH, die dorthin ihren Betriebssitz verlegte.

Antwort: Es stellt sich die Frage, ob das Grundstück X Betriebsvermögen des S darstellt. In die Betriebsaufspaltung wird das Grundstück grundsätzlich nicht einbezogen, da es nicht durch das Besitzunternehmen, sondern von der Eigentümergemeinschaft X und E vermietet wird. Eine neue Betriebsaufspaltung zwischen der Eigentümergemeinschaft und der GmbH liegt ebenfalls nicht vor, da S mit seinem 50 %igen Anteil das Besitzunternehmen nicht beherrscht (keine personelle Verflechtung). Allerdings wird man davon ausgehen müssen, dass das Grundstück Betriebsvermögen des S darstellt, da die Überlassung des Grundstücks seine Stellung als Gesellschafter in der GmbH stärkt (vgl. H 4.2 Abs. 2 EStH; so auch der BFH). Damit ist die Grundstückshälfte als Betriebsvermögen im Besitzunternehmen des S zu aktivieren. Die Grundstückshälfte der Ehefrau ist als Privatvermögen zu behandeln.

> **Frage:** Der Fall geht noch weiter. Zum 01.01.2021 übertrug S sein Besitzunternehmen auf die S-GmbH gegen Gewährung von neuen Gesellschaftsanteilen. Der 50 %ige Miteigentumsanteil am Grundstück X wurde von der Übertragung ausgenommen.

Antwort: Die Übertragung des Einzelunternehmens könnte unter **§ 20 UmwStG** fallen und damit zum Buchwert erfolgen. Die Gewährung von neuen Gesellschaftsanteilen liegt offensichtlich vor (z.B. durch eine Kapitalerhöhung). Allerdings müsste der gesamte Betrieb mit **allen seinen wesentlichen Betriebsgrundlagen** in die GmbH eingebracht werden. Dies ist hier offensichtlich nicht geschehen. Das Grundstück stellte auf jeden Fall eine wesentliche Betriebsgrundlage dar, da die GmbH in dem Gebäude ihren Firmensitz hatte. Damit wurden nicht alle wesentlichen Betriebsgrundlagen des Einzelunternehmens in die GmbH eingebracht. Die stillen Reserven des Einzelunternehmens sind mangels Anwendung des § 20 UmwStG aufzudecken (§ 16 Abs. 3 EStG).

> **Frage:** Gehen Sie bitte von folgendem Sachverhalt aus: Ein in Deutschland ansässiger Steuerpflichtiger ist Alleingesellschafter einer niederländischen Kapitalgesellschaft mit Sitz in den Niederlanden. Er ist Eigentümer eines Bürogebäudes in den Niederlanden, das er an die Kapitalgesellschaft vermietet, die in diesen Räumen ihren Sitz hat. Wie sind die Mieteinnahmen steuerlich zu beurteilen?

Antwort: Grundsätzlich liegen hier – aus deutscher Sicht – Einkünfte aus Vermietung und Verpachtung im Sinne von § 21 EStG vor. Nach dem **Belegenheitsprinzip**, dem auch das niederländische

Doppelbesteuerungsabkommen folgt, sind diese Einnahmen in den Niederlanden zu versteuern und in Deutschland unter Progressionsvorbehalt steuerfrei. Der Progressionsvorbehalt ist allerdings nach § 32b Abs. 1 Satz 2 Nr. 3 EStG ausgeschlossen, da die Immobilie in der EU belegen ist.

Es stellt sich nun die Frage, ob eine Betriebsaufspaltung vorliegt. Diese Frage war bisher für die „Betriebsaufspaltung über die Grenze" streitig. Der BFH (Urteil vom 17. 11. 2020, I R 72/16, DStR 2021, 1149) bejaht nunmehr das Vorliegen einer Betriebsaufspaltung nach deutschem Recht. Eine Betriebsstätte des in Deutschland ansässigen Steuerpflichtigen liegt nicht vor, da eine Betriebsstätte eine **aktive** gewerbliche Tätigkeit voraussetzt. Damit hat das Besitzunternehmen seinen Sitz in Deutschland. Die Vermietungseinkünfte sind aber auch im Falle von Betriebsvermögen im Belegenheitsstaat zu versteuern.

Schüttet die niederländische Kapitalgesellschaft Dividenden aus, so werden diese nach Art. 10 OECD-Musterabkommen (entsprechend DBA Niederlande) sowohl im Falle von Privatvermögen als auch im Falle von Betriebsvermögen im Ansässigkeitsstaat des Dividendenempfängers, also in Deutschland versteuert. Die Dividenden unterliegen aber aufgrund der Betriebsaufspaltung nach §§ 20 Abs. 8, 32d Abs. 1, 3 Nr. 40 Buchstabe d), 3c Abs. 2 EStG dem Teileinkünfteverfahren. Der in Deutschland ansässige Steuerpflichtige kann Betriebsausgaben, die ihm durch die niederländische Beteiligung entstehen, steuerlich geltend machen, da die Beschränkungen des § 20 Abs. 9 EStG nicht gelten. Die Entscheidung des BFH dürfte daher für den Steuerpflichtigen eher Vorteile bringen.

Frage: Bitte skizzieren Sie sich den folgenden Sachverhalt auf: Die Klägerin war eine GmbH & Co. KG (K-KG). Einziger Zweck war die Vermietung von gewerblichen Gebäuden. Kommanditisten waren B(50 %), C (25 %) und D (25 %). Die Kommanditisten waren mit den gleichen Beteiligungsverhältnissen auch an der Komplementär-GmbH beteiligt.

B, C und D waren darüber hinaus mit denselben Beteiligungsverhältnissen an der H-GmbH beteiligt. Die H-GmbH war die einzige Kommanditistin der M-GmbH & Co. KG, die auf dem Gebiet des Maschinenbaus tätig war. Die H-GmbH war auch zu 100 % an der Komplementärin der M-KG beteiligt.

Die K-KG vermietete als einzigen Gesellschaftszweck ein Gewerbegrundstück mit aufstehender Produktionshalle an die M-KG. Streitig war, ob der M-KG die erweiterte Kürzung nach § 9 Nr. 1 Satz 2 GewStG zusteht (vgl. BFH vom 16. 9. 2021, IV R 7/18, DStR 2022, 189).

Antwort: Die erweiterte Kürzung nach § 9 Nr. 1 Satz 2 GewStG würde der K-KG nicht zustehen, wenn eine Betriebsaufspaltung zwischen der M-KG und der K-KG bestünde (sog. mitunternehmerische Betriebsaufspaltung). Die Frage der sachlichen Verflechtung erscheint unproblematisch, da eine Produktionshalle stets als wesentliche Grundlage behandelt wird. Problematisch ist hier die Frage der personellen Verflechtung, da Gesellschafterin der M-KG nur die H-GmbH war. Die bisherige Rechtsprechung ging davon aus, dass im Falle einer **mittelbaren Beteiligung** über eine **Kapitalgesellschaft** keine Beherrschung der Betriebsgesellschaft vorläge (Abschirmwirkung).

Mit dem Urteil vom 16. 9. a.a.O. gibt der BFH diese Rechtsprechung auf. Die Gesellschaftergruppe B, C und D konnte über die H-GmbH, die ja auch Alleingesellschaferin der Komplementärin war, entscheidenden Einfluss auf die M-KG nehmen. Damit lag eine personelle Verflechtung und damit eine Betriebsaufspaltung vor. Dies hatte zur Folge, dass die erweiterte Kürzung nach § 9 Nr. 1 Satz 2 GewStG ausgeschlossen war.

Anmerkung: Es kommt in der mündlichen Prüfung durchaus vor, dass ein komplizierter Sachverhalt vorgetragen wird. Häufig sind dies Fälle, die der Prüfer in seiner Praxis bearbeitet hat. Sie sollten sich hier unbedingt einen Überblick über den Fall verschaffen. Niemand wird Ihnen einen Vorwurf machen, wenn Sie noch einmal nachfragen. Hilfreich kann es hier auch sein, wenn sie zu Beginn ihrer Lösung die Sachverhaltsgestaltung noch einmal kurz wiederholen („… Die Gesellschafter der K-KG sind unmittelbar an der M-KG nicht beteiligt … Problematisch ist…").

Problembereich 8: Einkünfte aus Kapitalvermögen

> **Frage:** Ein Steuerpflichtiger erwirbt in 2008 diverse Sparbriefe im Nominalwert von 100 €. Die Sparbriefe werden mit jährlich 4 % verzinst. Wie sind die Zinsen im VZ 2023 zu versteuern? Gehen Sie bitte auch auf die Kapitalertragsteuer ein.

Antwort: Bei den Zinsen handelt es sich um Einnahmen i.S.v. **§ 20 Abs. 1 Nr. 7 EStG.** Die Bank hat nach **§ 43 Abs. 1 Nr. 7 EStG** i.V.m. **§ 43a Abs. 1 Nr. 1 EStG** Kapitalertragsteuer in Höhe von 25 % zuzüglich 5,5 % Solidaritätszuschlag und eventuell Kirchensteuer einzubehalten. Die Einnahmen unterliegen bei dem Anleger nach § 32d Abs. 1 EStG der Abgeltungsteuer, die nach § 52 Abs. 28 EStG erstmals für Kapitalerträge anzuwenden ist, die nach dem 31.12.2008 zufließen. Im Gegensatz zur Versteuerung von Veräußerungsgewinnen (vgl. § 52 Abs. 28 EStG) kommt es bei der Versteuerung von Zinserträgen und Ähnlichem auf den Erwerb der Wertpapiere nicht an. Die Geltendmachung von Werbungskosten ist seit dem Veranlagungszeitraum 2009 nicht mehr möglich (§ 20 Abs. 9 EStG). Es ist nur noch ein Sparerpauschbetrag i.H.v. 1.000 € abzuziehen. Soweit für Kapitalerträge i.S.d. § 20 EStG Kapitalertragsteuer abgeführt wurde, gilt die Einkommensteuer mit dem Steuerabzug als abgegolten (§ 43 Abs. 5 EStG). Sollte der individuelle Steuersatz des Steuerpflichtigen geringer als die Abgeltungsteuer sein, so steht es ihm frei, nach § 32d Abs. 6 EStG eine Veranlagung zu beantragen.

> **Frage:** Angenommen der Steuerpflichtige veräußert die o.g. Sparbriefe in 2023 für jeweils 109 € (= aktueller Kurswert). Muss er den Veräußerungsgewinn versteuern?

Antwort: Veräußerungsgewinne sind nach § 20 Abs. 2 EStG grundsätzlich ohne zeitliche Beschränkung steuerpflichtig. Eine Ausnahme gilt nach § 52 Abs. 28 S. 15 f. EStG, wenn das Wertpapier vor dem 01.01.2009 erworben wurde. In diesem Fall gilt der alte § 23 Abs. 1 Nr. 2 EStG weiter. Da im vorliegenden Fall die Sparbriefe in 2008 erworben wurden und die einjährige Spekulationsfrist abgelaufen ist, ist die Veräußerung nicht steuerbar (Anmerkung: § 23 Abs. 1 Nr. 2 EStG a.F. stimmt im Wesentlichen mit § 23 Abs. 1 Nr. 2 Satz 1 EStG in der heutigen Fassung überein).

> **Frage:** Ein Anleger zeichnet eine Unternehmensanleihe, die das Unternehmen selbst ausgibt. In 2023 werden Zinsen in Höhe von 20.000 € ausbezahlt. Muss das Unternehmen Kapitalertragsteuer abführen? Wie muss der Anleger die Zinsen versteuern?

Antwort: Bei Unternehmensanleihen ist zu differenzieren: Werden die Anleihen als „**Teilschuldverschreibungen**" begeben, so muss das Unternehmen nach § 43 Abs. 1 Nr. 7 Buchstabe a) EStG die Kapitalertragsteuer einbehalten und abführen. Eine Teilschuldverschreibung ist eine besondere Form von Schuldverschreibungen. Hierbei wird der Gesamtbetrag (benötigter Kredit) des Unternehmens (Emittent) nicht als eine Anleihe, sondern gestückelt in Teilbeträgen (z.B. 100 €, 500 €, 1.000 € etc.) ausgegeben. Wird die Unternehmensanleihe in einem Betrag begeben und können sich die Anleger an dieser Anleihe mit beliebigen Beträgen beteiligen, so fällt keine Kapitalertragsteuer an, da nach § 43 Abs. 1 Nr. 7 Buchstabe b) EStG nur Kreditinstitute oder inländische Finanzdienstleistungsinstitute zur Abführung von Kapitalertragsteuer verpflichtet sind.

> **Frage:** Gehen Sie von folgendem Fall aus. Die Eltern schenken ihrem minderjährigen Kind 100.000 €. Anschließend vereinbaren sie, dass das Kind den Geldbetrag den Eltern als Darlehen zum Erwerb einer vermieteten Eigentumswohnung zur Verfügung stellt.

Antwort: Die Schenkung des Geldbetrags ist zivilrechtlich und steuerlich nicht besonders problematisch, da das Kind durch die Schenkung lediglich Vorteile erlangt. Daher ist für die Schenkung die Einschaltung eines Ergänzungspflegers nicht erforderlich. Bei der Darlehensgewährung ist zu beachten, dass das Darlehen einem Drittvergleich standhalten muss (Zinssatz, Sicherheiten etc.). Da das Darlehen dem minderjährigen Kind nicht lediglich rechtliche Vorteile bringt (z.B. Gefahr des Vermögensverlustes), muss für den Abschluss des Darlehensvertrags ein **Ergänzungspfleger** bestellt werden, da die Eltern nicht mit sich selbst als Vertreter des Kindes Verträge abschließen können (vgl. § 181 BGB; weitere Details siehe BMF vom 23.12.2010, BStBl I 2011, 37, Beck'sche Erlasse § 4/3).

Das minderjährige Kind muss die erhaltenen Zinsen nach **§ 20 Abs. 1 Nr. 7 EStG** versteuern. Grundsätzlich ist nach § 32d Abs. 1 EStG die Abgeltungsteuer-Regelung anzuwenden. **§ 32d Abs. 2 Nr. 1 Buchstabe a) EStG** sieht aber den Ausschluss der Abgeltungsteuer vor, wenn Darlehensgeber und Darlehensnehmer einander nahestehende Personen sind und die Zinsen beim Darlehensnehmer Betriebsausgaben oder Werbungskosten (hier: vermietete Wohnung) sind.

Der Begriff der „nahestehenden Person" war lange Zeit streitig. Rechtsprechung (BFH vom 29.04.2014, VIII R 9/13, BStBl II 2014, 986) und Verwaltung (BMF vom 09.12.2014, BStBl I 2014, 1608) gehen jetzt davon aus, dass ein Nahestehen bei Angehörigen nur vorliegt, wen eine **wirtschaftliche Abhängigkeit** gegeben ist. Dies ist im Einzelfall zu prüfen, bei einem minderjährigen Kind aber stets zu bejahen, da die Eltern gegenüber Minderjährigen selbst dann unterhaltspflichtig sind, wenn das Kind über eigene Einkünfte und Vermögen verfügt.

> **Frage:** Ist § 32d Abs. 2 Nr. 1 Buchstabe a) EStG nur auf Darlehen zwischen natürlichen Personen anwendbar?

Antwort: Nein; dies ergibt sich bereits daraus, dass der Gesetzeswortlaut auch den Begriff „Betriebsausgaben" enthält.

> **Frage:** Schauen wir uns folgenden Fall an. Ich erwarte nicht, dass sie den Fall wie der BFH lösen (vgl. hierzu: BFH vom 28.09.2021, VIII R 12/19, DStR 2022, 355). Es kommt mir entscheidend darauf an, dass sie das Problem des Falles erkennen. Die Kläger (Ehemann M und Ehefrau F) waren früher Kommanditisten einer GmbH & Co. KG. Vor einigen Jahren übertrugen sie ihre Anteile (inklusive der Anteile an der Komplementär-GmbH) auf eine Familienstiftung, deren Zweck darin bestand, dem Wohle der Familie der Stifter zu dienen. Alleiniges Stiftungsorgan war der aus 3 Personen bestehende Vorstand. Neben M und F war eine dritte unabhängige Person im Vorstand.
> M und F gewährten (unstreitig als Privatvermögen zu beurteilende) Darlehen an die KG. Wie sind die Zinsen zu besteuern?

Antwort: Sonderbetriebseinnahmen i.S.v. § 15 Abs. 1 Nr. 2 EStG liegen nicht vor, da M und F keine Mitunternehmer der KG sind. Eine mittelbare Mitunternehmerschaft i.S.v. § 15 Abs. 1 Nr. 2 Satz 2 EStG liegt auch nicht vor, da die Stiftung eine Körperschaft i.S.v. § 1 KStG ist. Die Zinsen sind daher grundsätzlich nach § 20 Abs. 1 Nr. 7 EStG zu versteuern. Fraglich ist ob die Abgeltungsteuer nach § 32d Abs. 1 EStG greift. § 20 Abs. 8 EStG liegt laut Aufgabenstellung nicht vor, da das Darlehen zum Privatvermögen gehört. Die Abgeltungsteuer könnte nach § 32d Abs. 2 Nr. 1 Buchstabe a) EStG ausgeschlossen sein. Bei dem Begriff der nahestehenden Personen i.S.d. § 32d Abs. 2 Nr. 1 Buchstabe a) EStG handelt es sich um einen unbestimmten Rechtsbegriff. Nach ständiger Rechtsprechung des BFH fallen hierunter alle natürlichen und juristischen Personen, die zu einander in enger Beziehung stehen. Hierzu ist erforderlich, dass der Gläubiger der Zinsen auf den Schuldner der Zinsen einen beherrschenden Einfluss ausüben kann. Dies war im vorliegenden Fall ausgeschlossen, da weder M noch F im Stiftungsvorstand allein über eine Mehrheit verfügte. Dabei dürfen die Anteile der Eheleute wegen Art. 6 GG nicht zusammengerechnet werden. Die Eheleute sind wie fremde Dritte zu beurteilen. Damit war die Abgeltungsteuer anwendbar.

> **Ergänzung des Prüfers:** So hat auch der BFH entschieden.

Frage: Ein Steuerpflichtiger ist an einer GmbH zu 75 % beteiligt. Er hat die Anschaffungskosten in Höhe von 500 T€ zu 7 % fremdfinanziert. Die jährliche Dividende beläuft sich auf 50 T€. Wie ist der Fall zu beurteilen?

Antwort: Seit dem Veranlagungszeitraum 2009 gilt für Dividenden die Abgeltungssteuer (§ 32d Abs. 1 i.V.m. § 20 Abs. 1 Nr. 1 EStG). § 3 Nr. 40 d) EStG ist in diesem Fall nicht (mehr) anzuwenden, da nach § 3 Nr. 40 Satz 2 EStG das Teileinkünfteverfahren nur noch für Dividenden gilt, die nach § 15 EStG versteuert werden (Hinweis auf § 20 Abs. 8 EStG). Die Kapitalertragsteuer beträgt nach §§ 43 Abs. 1 Nr. 1, 43a Abs. 1 Nr. 1 EStG 25 % zuzüglich 5,5 % SolZ. Werbungskosten können nach **§ 20 Abs. 9 EStG** grundsätzlich nicht mehr geltend gemacht werden.

Nach **§ 32d Abs. 2 Nr. 3 EStG** gibt es aber eine Sonderregelung, wenn der Gesellschafter entweder zu mindestens **25 %** an der Kapitalgesellschaft beteiligt ist oder zu mindestens **1 %** beteiligt und durch eine berufliche Tätigkeit für diese maßgeblichen unternehmerischen Einfluss auf deren wirtschaftliche Tätigkeit nehmen kann. In diesem Fall kann ein **Antrag** auf Besteuerung im Teileinkünfteverfahren gestellt werden. Der Gesellschafter wird dann so gestellt, als wäre seine Beteiligung Betriebsvermögen. In diesem Fall sind die Dividenden in Höhe von 60 % = 30 T€ zu versteuern. Die Finanzierungskosten können nach § 3c Abs. 2 EStG zu 60 % abgezogen werden. Der Antrag wirkt grundsätzlich für fünf Jahre. Er kann mit der Steuererklärung für den jeweiligen VZ widerrufen werden. Im Falle eines Widerrufs kann ein Antrag nach § 32d Nr. 3 EStG nie mehr gestellt werden.

Der Antrag muss nach § 32d Abs. 2 Satz 4 EStG spätestens mit der Einkommensteuererklärung für den jeweiligen Veranlagungszeitraum gestellt werden. Er gilt, solange er nicht widerrufen wird, auch für die folgenden vier Veranlagungszeiträume, ohne dass die Antragsvoraussetzungen erneut zu belegen sind. Die Widerrufserklärung muss dem Finanzamt spätestens mit der Steuererklärung für den Veranlagungszeitraum zugehen, für den die Sonderregelung des § 32d Abs. 2 Nr. 3 EStG nicht mehr angewandt werden soll. Nach einem Widerruf ist ein erneuter Antrag des Steuerpflichtigen für diese Beteiligung an der nämlichen Kapitalgesellschaft nicht mehr zulässig.

Frage: Variante des Falls; der Steuerpflichtige ist lediglich zu 0,75 % beteiligt.

Antwort: In diesem Fall ist ein Antrag nach § 32d Abs. 2 Nr. 3 EStG nicht möglich.

Frage: Wie werden die Erträge aus Lebensversicherungen besteuert? Welche Besonderheiten gelten seit dem Alterseinkünftegesetz?

Antwort: Der steuerpflichtige Ertrag aus einer Kapitallebensversicherung errechnet sich aus der Differenz zwischen dem Auszahlungsbetrag und den eingezahlten Beiträgen. Die Erträge aus Lebensversicherungen, die vor dem 01.01.2005 abgeschlossen wurden, sind grundsätzlich nach § 20 Abs. 1 Nr. 6 EStG a.F. bei Auszahlung steuerpflichtig. Allerdings sind die Erträge aus sog. Altverträgen steuerfrei, wenn die Beiträge als Sonderausgaben abgezogen werden können. Die Beiträge zu Altverträgen können nach § 10 Abs. 1 Nr. 3a EStG ohne zeitliche Begrenzung weiterhin abgezogen werden.

Die Erträge aus Neuverträgen sind nach **§ 20 Abs. 1 Nr. 6 EStG** stets steuerpflichtig. Erfolgt die Auszahlung nach Vollendung des 60. Lebensjahres und nach Ablauf von mindestens zwölf Jahren seit Vertragsabschluss, so sind die Erträge nur zur Hälfte zu besteuern. Die Abgeltungssteuer ist in diesem Fall nach § 32d Abs. 2 Nr. 2 EStG nicht anzuwenden.

Frage: Wie sieht die Versteuerung aus, wenn die Auszahlung der Kapitallebensversicherung in Form von Rentenzahlungen erfolgt?

Antwort: In diesem Fall spielt die Unterscheidung zwischen Alt- und Neuverträgen keine Rolle. Die Renten sind nach **§ 22 Nr. 1 Satz 3 Buchstaben a) bb) EStG** stets mit dem Ertragsanteil zu versteuern.

> **Frage:** Fallen auch verdeckte Gewinnausschüttungen in den Anwendungsbereich der Abgeltungsteuer?

Antwort: Verdeckte Gewinnausschüttungen werden grundsätzlich wie Dividenden besteuert (§ 20 Abs. 1 Nr. 1 Satz 2 EStG). Da § 32d Abs. 1 für alle Einkünfte aus Kapitalvermögen anwendbar ist, die nicht unter § 20 Abs. 8 EStG (Betriebsvermögen) fallen, unterliegen auch verdeckte Gewinnausschüttungen der Abgeltungsteuer. Mit Wirkung ab dem Veranlagungszeitraum 2011 wurde allerdings eine Nr. 4 in die Vorschrift des § 32d Abs. 2 EStG aufgenommen. Danach unterliegen verdeckte Gewinnausschüttungen nicht der Abgeltungsteuer, soweit sie das Einkommen der leistenden Körperschaft gemindert haben. Da verdeckte Gewinnausschüttungen nach § 8 Abs. 3 Satz 2 KStG außerbilanziell dem Einkommen der Körperschaft wieder hinzugerechnet werden, mindern verdeckte Gewinnausschüttungen normalerweise das Einkommen der Körperschaft nicht. Die Nr. 4 des § 32d Abs. 2 EStG ist z.B. dann anzuwenden, wenn die Veranlagung der Kapitalgesellschaft bestandskräftig, eine außerbilanzielle Korrektur nach § 8 Abs. 3 Satz 2 KStG somit nicht möglich, die Veranlagung des Gesellschafters aber noch offen ist.

> **Frage:** Ein Steuerpflichtiger beteiligt sich an einer GmbH als stiller Gesellschafter mit einer Einlage von 1 Mio. €. Er soll im Gegenzug 5 % des Gewinns vor Steuern erhalten. Für das Wirtschaftsjahr 2023 ermittelt die GmbH einen vorläufigen Jahresüberschuss vor Steuern und vor Berücksichtigung der stillen Beteiligung i.H.v. 8 Mio. €. Beurteilen Sie bitte die Beteiligung sowohl bezüglich der GmbH als auch bezüglich des Steuerpflichtigen.

Antwort: Die stille Beteiligung ist gesellschaftsrechtlich in **§ 230 HGB** geregelt. Das HGB unterscheidet dabei nicht zwischen einer **typisch stillen Beteiligung** (§ 20 Abs. 1 Nr. 4 EStG) und einer **atypisch stillen Beteiligung** (§ 15 Abs. 1 Nr. 2 EStG). Da der Sachverhalt nichts darüber aussagt, dass der Steuerpflichtige an den stillen Reserven der GmbH beteiligt sein soll, gehe ich im Folgenden von einer typisch stillen Beteiligung aus.

Auf der Ebene der GmbH ist die stille Beteiligung als Fremdkapital zu passivieren. Die Zahlung des Beteiligungsertrags an den Stillen führt zu Betriebsausgaben und mindert den Jahresüberschuss. Daher vermindert sich der Jahresüberschuss um (8 Mio. € × 5 % =) 400.000 €.

Die 400.000 € stellen beim Stillen Einnahmen aus Kapitalvermögen nach § 20 Abs. 1 Nr. 4 EStG dar und unterliegen der Abgeltungsteuer. Dabei ist aber die Ausnahmeregelung in § 32d Abs. 2 Nr. 1 Buchstabe b) EStG zu beachten. Sollte der Stille an der GmbH zu mindestens 10 % beteiligt sein, schließt dies die Anwendung des § 32d EStG aus.

> **Frage:** Wie ist der Fall zu beurteilen, wenn eine atypisch stille Beteiligung vereinbart wurde?

Antwort: Auf die Handelsbilanz hat dies keine Auswirkung, da – wie schon erwähnt – § 230 HGB nicht zwischen der typisch stillen und der atypisch stillen Beteiligung unterscheidet. Aufgrund des Maßgeblichkeitsgrundsatzes bleibt es auch in der Steuerbilanz bei einem vorläufigen Jahresüberschuss i.H.v. (8 Mio. €./. 400.000 € =) 7,6 Mio. €. Von diesem Betrag ist noch die Steuerrückstellung abzuziehen.

> **Zwischenbemerkung des Prüfers:** Gehen Sie von 2 Mio. € aus.

Antwort: Dann beläuft sich der endgültige Jahresüberschuss auf 5,6 Mio. €.

Da die atypisch stille Personengesellschaft eine Mitunternehmerschaft darstellt, muss nach **§§ 179 ff. AO** eine einheitliche und gesonderte Feststellung des Gewinns der Mitunternehmerschaft erstellt werden. Bei der Ermittlung des Gesamtgewinns der Mitunternehmerschaft ist zu berücksichtigen, dass die KSt und die GewSt keine Betriebsausgaben im steuerlichen Sinne darstellen. Außerdem ist zu berücksichtigen, dass der Gewinnanteil des Stillen nach § 15 Abs. 1 Nr. 2 EStG zu erfassen ist. Daher sind die

400.000 € dem Jahresüberschuss hinzuzurechnen. Damit entfällt auf die GmbH ein Gewinnanteil i.H.v. (8 Mio. € × 95 % =) 7,6 Mio. € und auf den Stillen ein Gewinnanteil i.H.v. (8 Mio. € × 5 % =) 400.000 €. Die GmbH versteuert ihren Gewinnanteil im Rahmen ihres körperschaftsteuerlichen Einkommens (§ 8 KStG), der atypisch Stille im Rahmen seiner Einkommensteuererklärung (§ 15 Abs. 1 Nr. 2 EStG).

> **Frage:** Gehen Sie davon aus, dass der Stille an der GmbH als Gesellschafter beteiligt ist. Welche steuerlichen Auswirkungen hat dies?

Antwort: Auf die stille Beteiligung hat dies zunächst keinen Einfluss. Da der Gesellschafter aber im Rahmen einer Mitunternehmerschaft (= atypisch stille Beteiligung) an der GmbH beteiligt ist, muss er die Anteile an der GmbH in das **Sonderbetriebsvermögen II** der atypisch stillen Beteiligung einlegen (vgl. H 4.2 Abs. 2 EStH „Anteile an Kapitalgesellschaften"). Die Einlage hat nach **§ 6 Abs. 1 Nr. 5 Buchstabe b) EStG** mit den Anschaffungskosten zu erfolgen. Erhält der Gesellschafter von der GmbH und atypisch Still eine Dividende, so muss diese im Rahmen des § 15 Abs. 1 Nr. 2 EStG i.V.m. § 3 Nr. 40 Buchstabe d) EStG versteuert werden. Die Abgeltungsteuer greift nicht (Verweis in § 32d Abs. 1 EStG auf § 20 Abs. 8 EStG).

> **Frage:** Ändert sich etwas, wenn der Gesellschafter im Ausland ansässig ist?

Antwort: Dividenden sind nach Art. 10 des OECD-Musterabkommens stets in dem Staat zu versteuern, in dem der Gesellschafter ansässig ist. Dies ist regelmäßig der Staat, in dem der Gesellschafter seinen Wohnsitz hat. Aufgrund der atypisch stillen Beteiligung werden die Dividenden aber als Erträge einer Personengesellschaft erfasst (§ 15 Abs. 1 Nr. 2 EStG). Der Gewinn einer Personengesellschaft wird nach Art. 7 des OECD-Musterabkommens aber in dem Land besteuert, in dem diese eine Betriebsstätte unterhält. Betriebsstätte ist hier aber der Sitz der GmbH (Verwaltung etc.). Damit wird die Dividende in Deutschland versteuert.

Damit entsteht im internationalen Steuerrecht aber unter Umständen das Problem eines Kompetenzkonfliktes. Deutschland greift auf die Dividende nach Art. 7 OECD-Musterabkommen zu, der ausländische Staat nach Art. 10 OECD-Musterabkommen. Hier greifen zum Teil zwischenstaatliche Vereinbarungen (z.B. mit der USA).

> **Frage:** Nehmen wir an, eine solche Vereinbarung besteht nicht und der ausländische Staat anerkennt die atypisch Still nicht als Personengesellschaft?

Antwort: In diesem Fall greift ein sog. **treaty override**, das in **§ 50d Abs. 10 EStG** geregelt ist. Danach gelten die Dividenden in Deutschland als Einnahmen nach § 15 Abs. 1 Nr. 2 EStG.

> **Frage:** Ein in Deutschland ansässiger Steuerpflichtiger hat im Ausland Geld angelegt (Staatsanleihen). Nach dem Recht des ausländischen Staats werden für die Zinsen eine Kapitalertragsteuer i.H.v. 30 % fällig. Diese Kapitalertragsteuer wird von der ausländischen Bank einbehalten. Nach Art. 11 des entsprechenden Doppelbesteuerungsabkommens ist eine Quellensteuer i.H.v. 10 % vorgesehen. Muss der Steuerpflichtige die Zinsen in Deutschland der Veranlagung unterwerfen? Kann er die ausländische Quellensteuer auf seine mögliche deutsche Abgeltungsteuer anrechnen lassen?

Antwort: Nach Art. 11 des OECD-Musterabkommens, dem die meisten Doppelbesteuerungsabkommen folgen, sind Zinsen in dem Staat zu besteuern, in dem der Empfänger ansässig ist. Damit sind die Zinsen im vorliegenden Fall in Deutschland zu versteuern. Nach § 32d Abs. 3 EStG müssen die Zinsen in die deutsche Veranlagung mit einbezogen werden, da bisher keine deutsche Kapitalertragsteuer abgeführt wurde.

Nach § 32d Abs. 5 EStG kann die ausländische Quellensteuer bis maximal 25 % auf die deutsche Abgeltungsteuer angerechnet werden, soweit die ausländische Quellensteuer keinem Ermäßigungsanspruch unterliegt. Da die Regeln des Doppelbesteuerungsabkommens über dem nationalen Steuerrecht stehen, hat der deutsche Kapitalanleger einen Anspruch gegen den ausländischen Staat auf Reduzierung der Quellensteuer von 30 % auf 10 %. Ob er diesen Anspruch tatsächlich im Ausland gelten macht hat für die weitere Lösung keine Relevanz. In Deutschland fallen 25 % Abgeltungsteuer an. Angerechnet werden aber nur die im Doppelbesteuerungsabkommen vorgesehenen 10 %.

> **Frage:** Gesellschafter G hielt in seinem Privatvermögen 90 % der Anteile an der G-GmbH. Die restlichen 10 Gesellschafter waren zu jeweils 1 % beteiligt. In 2023 wurde bezüglich des Gewinns des Wirtschaftsjahrs 2022 folgende Gewinnverwendung beschlossen: Die dem G zustehende Dividende sollte nicht ausgeschüttet und einem personenbezogenen Rücklagenkonto gutgeschrieben werden. Die übrigen Gesellschafter erhielten ihre Dividende ausbezahlt. Fraglich war, ob eine derartige Handhabung zu einem Zufluss der Dividende bei G führte (vgl. BFH vom 28. 9. 2021, VIII R 25/19, BFH/NV 2022, 267).

Antwort: Fraglich ist, ob ein Zufluss der Dividende nach § 20 Abs. 1 Nr. 1 EStG vorliegt. Grundsätzlich fließt einem beherrschenden Gesellschafter die Dividende auch dann zu, wenn die Ausschüttung beschlossen ist, die Auszahlung aber erst in einem späteren VZ erfolgt. Ein derartiger Fall liegt hier aber gerade nicht vor, da die Dividende eben gerade nicht an G ausgeschüttet werden sollte.

Letztlich ist der Fall hier wie eine **inkongruente** bzw. disquotale Ausschüttung zu behandeln. Nach den Grundsätzen des § 29 Abs. 3 GmbHG sind derartige disquotale Ausschüttungen gesellschaftsrechtlich zulässig. Die Finanzverwaltung anerkennt dieses Rechtsinstitut mittlerweile ebenfalls (BMF vom 17.12.2013, BStBl I 2014, 63).

Sonach fließt die Dividende dem G nicht zu.

> **Frage:** Gibt es im internationalen Steuerrecht nur für Zinsen und Dividenden eine Quellensteuer?

Antwort: Einzelne Doppelbesteuerungsabkommen sehen z.B. auch für Lizenzzahlungen eine entsprechende Quellensteuer vor.

> **Frage:** Mit einem derartigen Sachverhalt hatte sich der BFH in seiner Entscheidung vom 17.08.2022, I R 14/19 www.bundesfinanzhof.de zu befassen. Die Klägerin war eine GmbH, die auf dem Gebiet des Maschinenbaus tätig war. Sie hielt neben weiteren Beteiligungen 100 % der Anteile an der X-Kapitalgesellschaft mit Sitz in der Volksrepublik China. Die Entwicklungsaktivitäten wurden schwerpunktmäßig am Stammsitz in Deutschland durchgeführt. Für die Produktion im Ausland überließ die Klägerin die jeweiligen Entwicklungsergebnisse entgeltlich an die jeweilige Auslandstochter zur Nutzung. Die Auslandstochter hatte in diesem Fall eine Lizenzgebühr an die deutsche Mutter zu bezahlen.
> Welche Regelung ist für die Festsetzung der Lizenzgebühr zu beachten?

Antwort: Nach § 1 AStG muss die Lizenzgebühr angemessen sein, um eine Gewinnverlagerung ins Ausland zu vermeiden.

> **Zwischenbemerkung des Prüfers:** Dies ist richtig. Unterstellen Sie bitte, dass die Lizenzgebühr angemessen war. Die Lizenzgebühr unterlag in China einer Quellensteuer i.H.v. 10 %. Kann die deutsche Muttergesellschaft die Quellensteuer in Deutschland anrechnen lassen?

Antwort: Grundsätzlich sehen die jeweiligen Doppelbesteuerungsabkommen vor, ob eine entsprechende Quellensteuer in Deutschland angerechnet werden kann. Ich unterstelle, dass dies im DBA China der Fall ist. In diesem Fall kann die Quellensteuer nach § 34c Abs. 1 EStG i.V.m. § 26 KStG auf die deutsche Körperschaftsteuer angerechnet werden.

> **Frage:** Sind die in Deutschland anfallenden Entwicklungskosten bei der Berechnung der anzurechnenden Quellensteuer zu berücksichtigen?

Antwort: Nach § 34c Abs. 1 EStG ist die festgesetzte und gezahlte und um einen entstandenen Ermäßigungsanspruch gekürzte ausländische Steuer (Quellensteuer) auf die deutsche Einkommensteuer bzw. deutsche Körperschaftsteuer anzurechnen, die auf die **Einkünfte** aus diesem Staat entfällt. Da § 34c Abs. 1 EStG den Begriff „Einkünfte" verwendet, sind die im Zusammenhang mit der Erzielung der ausländischen Lizenzeinnahmen entstandenen deutschen Betriebsausgaben abzuziehen. Dies ist grundsätzlich für den Steuerpflichtigen nachteilig, da damit die Basis für die Berechnung der maximalen Anrechnung geringer wird.

Frage: Gibt es auch eine Anrechnung nicht gezahlter sog. fiktiver Quellensteuern?

Antwort: Einzelne Doppelbesteuerungsabkommen sehen die Anrechnung einer Quellensteuer auch dann vor, wenn die Quellensteuer im Ausland tatsächlich nicht erhoben wird. In diesem Fall muss die Anrechnungsmöglichkeit aber im Doppelbesteuerungsabkommen geregelt sein, da § 34c Abs. 1 EStG ausdrücklich nur eine „gezahlte" ausländische Steuer berücksichtigt.

Zwischenbemerkung des Prüfers: Dies ist richtig. Das DBA China sieht tatsächlich die Anrechnung einer zusätzlichen fiktiven Quellensteuer i.H.v. 5 % vor.

Problembereich 9: Renten

Frage: M ist seit 20 Jahren Eigentümerin einer Eigentumswohnung. Die monatliche Miete beträgt 800 €, die monatlichen Kosten (inkl. Abschreibung) sind mit 300 € anzusetzen. Sie überträgt die Wohnung auf ihre volljährige Tochter gegen eine monatliche Rente in Höhe von 600 €. Die Tochter vermietet die Wohnung anschließend. Wie sind die steuerlichen Folgen?

Antwort: Da sog. Versorgungsleistungen nach dem Wortlaut des **§ 10 Abs. 1a Nr. 2 EStG** im Zusammenhang mit der Übertragung einer Immobilie nicht vereinbart werden können, kann es sich im vorliegenden Fall nur um eine Veräußerungsrente handeln (Details siehe BMF vom 06.05.2016, BStBl I 2016, 476 i.V.m. BMF vom 11.03.2010, BStBl I 2010, 227, sog. „Rentenerlass"). Damit liegen Anschaffungskosten in Höhe des Barwerts der Rente vor. Die Tochter kann die Anschaffungskosten (zzgl. eventueller Anschaffungsnebenkosten) nach § 7 Abs. 4 Nr. 2 EStG abschreiben. Den nach § 22 Nr. 1 S. 3 a) bb) EStG zu ermittelnden Ertragsanteil kann die Tochter nach § 9 Abs. 1 Nr. 1 EStG als Werbungskosten geltend machen. Die Mutter muss die Rente nach § 22 Nr. 1 S. 3 a) bb) EStG versteuern.

Frage: M ist Inhaberin eines Einzelunternehmens. Das Unternehmen hat in den letzten Jahren durchweg Verluste erzielt, da M aus gesundheitlichen Gründen nur eingeschränkt arbeiten konnte. In 2023 überträgt sie das Unternehmen auf ihre Tochter gegen eine lebenslange monatliche Versorgung in Höhe von 300 €. Kann die Tochter diese Rente als Versorgungsleistung abziehen?

Antwort: Da die Mutter einen Betrieb i.S.d. § 10 Abs. 1a Nr. 2 EStG überträgt, ist vorrangig das Vorliegen eines **Übergabevertrags** zu prüfen (Vermutung der Unentgeltlichkeit bei Übertragung auf Abkömmlinge; vgl. BMF vom 13.01.1993, BStBl I 1993, 80, Beck'sche Erlasse § 7/3 Rz. 5). Nach BMF vom 11.03.2010 a.a.O. Rz. 26 ff. muss die übertragene Wirtschaftseinheit grundsätzlich geeignet sein, genügend Erträge zu erwirtschaften, um die Versorgung zu finanzieren. Hiervon macht die Verwaltung aber nach Rz. 29 eine Ausnahme, wenn der Übernehmer des Betriebs diesen selbst fortführt. In diesem Fall ist zu unterstellen, dass die Gewinne in den folgenden Jahren entsprechend gesteigert werden können. Daher kann im vorliegenden Fall von einer Versorgungsleistung ausgegangen werden. Die Tochter kann die Zahlungen in Höhe von 3.600 € im Jahr nach § 10 Abs. 1a Nr. 2 EStG als Sonderausgaben geltend machen. Die Mutter muss die Versorgungsleistungen nach § 22 Nr. 1a EStG in Höhe von 3.600 € im Jahr als sonstige Einkünfte versteuern. Sie kann nach § 9a Nr. 3 EStG einen Werbungskosten-Pauschbetrag i.H.v. 102 € geltend machen.

> **Frage:** Angenommen die Tochter veräußert in einigen Jahren den Betrieb, zahlt aber weiterhin die Versorgungsleistungen.

Antwort: Grundsätzlich endet mit der Veräußerung des Betriebs der Zusammenhang zwischen der Übertragung und der Gewährung der Versorgungsleistung. Ab diesem Zeitpunkt sind die Zahlungen der Tochter nur noch als Unterhaltsrente abzuziehen (BMF vom 11.03.2010 a.a.O. Rz. 37). Erwirbt die Tochter mit dem Erlös allerdings wieder eine Wirtschaftseinheit i.S.d. § 10 Abs. 1a Nr. 2 EStG, so kann sie die Versorgungsleistungen weiterhin als Sonderausgabe abziehen (vgl. BMF vom 11.3.2010 a.a.O. Rz. 41 sowie BFH vom 08.12.2010, X R 35/10, BFH/NV 2011, 782).

> **Frage zu einem anderen Thema:** Ein Betrieb möchte seinen Mitarbeitern eine betriebliche Altersversorgung gewähren. Welche Möglichkeiten gibt es? Welches sind die Vor- und Nachteile für den Arbeitnehmer? Berücksichtigen Sie bitte auch die Sozialversicherung.

Antwort: Hier kommen im Wesentlichen zwei Modelle infrage. Zum einen könnte der Betrieb seinen Mitarbeitern eine **Direktzusage** gewähren. In diesem Fall müsste der Betrieb für die Verpflichtung aus der Altersversorgung nach §§ 249 HGB, 5 Abs. 1, 6a EStG eine **Pensionsrückstellung** bilden. Der Mitarbeiter muss die Altersversorgung erst mit Auszahlung nach § 19 EStG versteuern. Die Auszahlung ist als Teil des Gehalts auch sozialversicherungspflichtig.

Der Betrieb könnte für die Pensionsverpflichtung eine **Rückdeckungsversicherung** abschließen. Das ist eine Kapitallebensversicherung auf das Leben des Arbeitnehmers. Der Arbeitgeber muss die angesammelten Sparanteile aktivieren und kann die monatlichen Beiträge als Lohnaufwand geltend machen.

Der Betrieb könnte seine Altersversorgungszusage aber auch über eine **Unterstützungskasse** laufen lassen. In diesem Fall würde sich für den Arbeitnehmer nichts ändern. Der Betrieb würde allerdings keine Rückstellung bilden, sondern müsste monatliche Zahlungen an die Unterstützungskasse leisten, die dann als Lohnaufwand zu verbuchen wären (siehe § 4d Abs. 1 EStG).

> **Zwischenfrage:** Angenommen der Betrieb soll verkauft werden und die Pensionsverpflichtung soll extern ausgelagert werden. Welche Probleme entstehen dabei?

Antwort: Grundsätzlich fließt dem Arbeitnehmer nach § 11 Abs. 1 Satz 1 EStG die gesamte Altersversorgung zu, wenn der Schuldner der Altersversorgung wechselt. Der Fall wird so behandelt, als ob die Altersversorgung ausbezahlt und bei dem externen Träger neu angelegt wird (vgl. § 19 Abs. 1 Nr. 3 EStG). Für den Arbeitnehmer kann die Versteuerung nach **§ 3 Nr. 66 EStG** vermieden werden, wenn der Arbeitgeber den Aufwand aus der Auslagerung nach § 4e Abs. 3 EStG auf zehn Jahre verteilt.

> **Frage:** Welche Möglichkeiten bestehen neben der Direktzusage noch?

Antwort: Der Arbeitnehmer kann nach **§ 3 Nr. 63 EStG** Teile seines Arbeitslohns aus dem ersten Dienstverhältnis in einen Pensionsfonds, eine Pensionskasse oder eine Direktversicherung zum Aufbau einer kapitalgedeckten betrieblichen Altersversorgung einbezahlen. In diesem Fall sind bis zu **8 %** der Beitragsbemessungsgrenze in der allgemeinen Rentenversicherung steuerfrei. Aus Anlass der Beendigung des Dienstverhältnisses kann er bis zu **4 %** der Beitragsbemessungsgrenze pro Jahr der Betriebszugehörigkeit – maximal 10 Kalenderjahre – einbezahlen.

Während also die Gehaltsumwandlung im aktiven Erwerbsleben nicht besteuert wird, erfolgt nach **§ 22 Nr. 5 EStG** eine nachgelagerte Besteuerung der späteren Renten.

Frage: Was geschieht mit den Ansprüchen nach § 3 Nr. 63 EStG bei einem Arbeitgeberwechsel?

Antwort: Hier sieht **§ 3 Nr. 55 EStG** die steuerfreie Übertragung vor, wenn die betriebliche Altersversorgung sowohl beim alten als auch beim neuen Arbeitgeber über einen Pensionsfonds, eine Pensionskasse oder eine Direktversicherung durchgeführt wird.

Frage: Ein Arbeitgeber vereinbart mit seinem Arbeitnehmer, dass monatlich 200 € in einen Pensionsfonds i.S.v. § 3 Nr. 63 EStG einbezahlt werden. 150 € übernimmt der Arbeitgeber als freiwillige Leistung zusätzlich zum ohnehin geschuldeten Arbeitslohn. 50 € muss der Arbeitnehmer aus seinem Arbeitslohn beisteuern. Greift hier die Regelung des § 3 Nr. 63 EStG? Gehen Sie bitte davon aus, dass die Grenze von 8 % der Beitragsbemessungsgrenze nicht überschritten wird.

Antwort: Dies könnte problematisch sein, da § 3 Nr. 63 EStG von „Beiträgen des Arbeitgebers aus dem ersten Dienstverhältnis" spricht. Hier erfolgt aber i.H.v. 50 € eine Zahlung zu Lasten des Arbeitnehmers. § 3 Nr. 63 EStG verlangt aber nicht, dass die Einzahlungen in den Pensionsfonds, die Pensionskasse oder eine Direktversicherung zusätzlich zum ohnehin geschuldeten Arbeitslohn erfolgen müssen (wie z.B. § 3 Nr. 33 EStG). Erforderlich ist lediglich, dass die Beiträge technisch vom Arbeitgeber überwiesen werden (so auch BFH vom 09.12.2010, VI R 57/08, BStBl II 2011, 978). In obigem Fall können daher 200 € monatlich lohnsteuerfrei und sozialversicherungsfrei in den Pensionsfonds eingezahlt werden.

Frage: Was versteht man in diesem Zusammenhang unter einer sog. Rürup-Rente?

Antwort: Eine sog. Rürup-Rente ist eine besondere Form der privaten kapitalgedeckten Rentenversicherung. Die Beiträge können unter den näheren Voraussetzungen des § 10 Abs. 1 Nr. 2 Buchstabe b) EStG wie Beiträge zur gesetzlichen Rentenversicherung geltend gemacht werden. Die Versteuerung erfolgt allerdings im Alter wie bei der gesetzlichen Rentenversicherung nach **§ 22 Nr. 1 Satz 3 a) aa) EStG**.

Frage: Nehmen wir einmal den Fall an, dass ein Arbeitnehmer im Alter eine Rente von der deutschen Rentenversicherung und eine betriebliche Altersversorgung aus einer Direktzusage erhält. Da es ihm in Deutschland zu kalt ist, verlegt er seinen Wohnsitz nach Italien. In welchem Land muss er die Rente versteuern?

Antwort: Da der Rentner in Deutschland keinen Wohnsitz oder gewöhnlichen Aufenthalt mehr hat, ist er nach § 1 Abs. 1 EStG nicht mehr unbeschränkt steuerpflichtig. Für die Prüfung einer möglichen beschränkten Steuerpflicht ist auf das DBA-Italien abzustellen. Die meisten Staaten folgen bei den Sozialversicherungsrenten dem sog. **Kassenstaatsprinzip**, wonach der Staat, der die Leistungen aus seinen Kassen erbringt, auch das Recht der Besteuerung haben soll. In Italien regelt dies Art. 19 Abs. 4 des DBA ausdrücklich. Danach steht Deutschland das Besteuerungsrecht zu, wenn der Rentner deutscher Staatsbürger ist (siehe hierzu auch BFH vom 17.08.2022, I R 17/19 www.bundesfinanzhof.de). Der Rentner ist nach § 49 Abs. 1 Nr. 7 EStG in Deutschland beschränkt steuerpflichtig.

   Betriebliche Renten (Direktzusagen) werden im internationalen Steuerrecht wie Arbeitslöhne behandelt. Arbeitslöhne werden grundsätzlich im Ansässigkeitsstaat besteuert. Dies sieht auch Art. 18 des DBA-Italien so vor.

Frage: Der Vater (V) ist Eigentümer eines Mehrfamilienhauses. Er überträgt das Gebäude auf seine Tochter (T). Nach § 4 des Grundstücksübertragungsvertrages erfolgte die Übertragung „unentgeltlich im Wege der Schenkung". Zugunsten des V sollte die T jedoch eine lebenslange, wiederkehrende, nicht wertgesicherte Leistung von monatlich 2.000 € erbringen. Kann die T die monatlichen Zahlungen steuerlich geltend machen? Wenn ja, in welcher Höhe?

Antwort: Man könnte hier an einen Übergabevertrag i.S.v. § 10 Abs. 1a Nr. 2 EStG denken. Ein derartiger Übergabevertrag ist aber nur für die im Gesetz ausdrücklich aufgeführten Tatbestände möglich. Die Übertragung privater Immobilien fällt nicht unter die Nr. 2. Damit ist ein Abzug der 2.000 € monatlich als Sonderausgaben ausgeschlossen.

Auch wenn die Parteien ausdrücklich von einem unentgeltlichen Geschäft ausgingen, beurteilen sowohl der BFH (Urteil vom 29. 9. 2021, IX R 11/19, DStR 2022, 28) als auch die Verwaltung (BMF Schreiben vom 11. 3. 2010, BStBl I 2010, 227 Tz 57, 65) die monatliche Zahlung als Veräußerungsrente. Dies führt bei V zu einem Veräußerungserlös. Dies hat aber für ihn nur eine Bedeutung, wenn die Veräußerung innerhalb der 10-jährigen Spekulationsfrist des § 23 Abs. 1 Nr. 1 EStG erfolgt.

Die T kann die monatlichen Zahlungen nach § 9 Abs. 1 Nr. 1 EStG nur in Höhe des Ertragsanteils (§ 22 Nr. 1 Satz 3 Buchstabe a) Doppelbuchstabe bb) EStG) als Werbungskosten abziehen.

Problembereich 10: Einkünfte aus Vermietung und Verpachtung/ Private Veräußerungsgewinne

> **Frage:** Gehen Sie von folgendem Fall aus: Ein Steuerpflichtiger erwirbt ein Dreifamilienhaus für 600.000 €. Das Erdgeschoss nutzt er für eigene betriebliche Zwecke. Das 1. Obergeschoss vermietet er zu Wohnzwecken. Das Dachgeschoss nutzt er für sich als eigene Wohnung. Unmittelbar nach dem Erwerb renoviert er die Wohnung im 1. Obergeschoss für 50.000 € (inklusive Umsatzsteuer). Es werden das Badezimmer erneuert, Böden ausgetauscht, Malerarbeiten durchgeführt sowie Elektroleitungen erneuert. Kann der Steuerpflichtige die Kosten als Werbungskosten geltend machen? Aus Vereinfachungsgründen ist davon auszugehen, dass die Anschaffungskosten für jede Wohnung gleich hoch sind.

Antwort: Grundsätzlich handelt es sich hier um Erhaltungsaufwand, der nach § 9 EStG als Werbungskosten abgesetzt werden kann. Hier könnte aber sog. anschaffungsnaher Herstellungsaufwand gemäß § 6 Abs. 1a EStG vorliegen. Dies wäre der Fall, wenn die Reparaturmaßnahmen innerhalb von 3 Jahren nach Anschaffung die Grenze von 15 % der Anschaffungskosten übersteigen. Maßgeblich ist dabei der Nettowert. Die 50.000 € entsprechen ohne Umsatzsteuer rund 42.000 €. Bezogen auf die 600.000 € wäre die Grenze des **§ 6 Abs. 1a EStG** nicht überschritten.

Obwohl § 6 Abs. 1 Nr. 1a EStG ausdrücklich von „Anschaffungskosten des Gebäudes" spricht, geht der BFH davon aus, dass die Instandsetzungsmaßnahmen auf das einzelne Wirtschaftsgut bezogen werden müssen (BFH vom 14.06.2016, IX R 25/14, BStBl II 2016, 992). Im vorliegenden Fall liegen drei Wirtschaftsgüter vor (eigene betriebliche Zwecke, fremde Wohnzwecke, eigene Wohnzwecke). Bezogen auf das Wirtschaftsgut „fremde Wohnzwecke" stellen die Erhaltungsaufwendungen (42.000 €/200.000 € =) 21 % der Anschaffungskosten dar. Damit ist die Grenze von 15 % überschritten und die Sanierungsaufwendungen sind als nachträgliche Anschaffungskosten zu behandeln. Gemäß § 9b EStG sind die Aufwendungen brutto anzusetzen, da bei einer Vermietung zu Wohnzwecken eine Umsatzsteueroption nicht möglich ist.

> **Frage:** Variieren wir den Fall dahingehend, dass im Zeitpunkt des Erwerbs das Badezimmer nicht mehr nutzbar war, weil der Vorbesitzer bereits mit der Renovierung begonnen hatte (Abschlagen der Fliesen, Ausbau von Waschbecken und Badewanne etc.). Auf die Renovierung des Badezimmers entfallen 20.000 € der insgesamt 42.000 €. Worin besteht die Problematik dieses Falles?

Antwort: Die Wohnung war im Zeitpunkt des Erwerbs objektiv nicht funktionstüchtig. Aufwendungen zur Herstellung der Funktionstüchtigkeit gehören aber nach dem Rechtsgedanken des § 255 HGB zu den Anschaffungskosten (vgl. BMF vom 18.07.2003, BStBl I 2003, 386 Rz. 5 ff.). Damit stellt sich die Frage, ob diese Aufwendungen zur Herstellung der Funktionstüchtigkeit in die 15 %-Grenze einzubeziehen sind. Der BFH bejaht dies unter Hinweis darauf, dass § 6 Abs. 1a EStG von „Instandsetzungs- und Modernisierungsmaßnahmen" spricht. Dies sei ein anderer Begriff als „Erhaltungsaufwendungen" im Sinne des § 9 EStG. Unter Instandsetzungsmaßnahmen seien sonach alle Reparaturmaßnahmen nach Erwerb der Wohnung zu verstehen. Damit liegen auch in dieser Variante wieder Aufwendungen i.H.v. 42.000 € netto vor. Die 15 %-Grenze ist überschritten.

Frage: Nehmen wir einmal an, der Erwerber des obigen Gebäudes hätte seinen Wohnsitz in einem ausländischen DBA Staat. Muss er die Einnahmen aus der Vermietung in Deutschland versteuern?

Antwort: Nach **Art. 6 des OECD-Musterabkommens** werden Einkünfte aus der Überlassung von Immobilien grundsätzlich in dem Staat versteuert, in dem die Immobilie belegen ist. Der ausländische Eigentümer der Immobilie ist nach **§§ 1 Abs. 4, 49 Abs. 1 Nr. 6 EStG** in Deutschland beschränkt steuerpflichtig. Er kann allerdings nach § 50 EStG die Werbungskosten geltend machen.

Frage: Ein Steuerpflichtiger vermietet eine Wohnung an seine Mutter. Die Kaltmiete beträgt 300 €. Der Abschlag für Nebenkosten beträgt monatlich 150 € (entspricht den tatsächlichen Nebenkosten). Die ortsübliche Kaltmiete hätte 400 € betragen. Nach der BetriebskostenVO wären maximal Nebenkosten i.H.v. 190 € umlagefähig gewesen. Kann der Steuerpflichtige die Werbungskosten in voller Höhe geltend machen?

Antwort: Beträgt das Entgelt für die Überlassung einer Wohnung zu Wohnzwecken weniger als 50 % (vorher: 66 %) der ortsüblichen Marktmiete, so sind die Werbungskosten nach § 21 Abs. 2 EStG anteilig zu kürzen. Nach ständiger Rechtsprechung ist dabei von der ortsüblichen Kaltmiete zuzüglich der nach BetriebskostenVO möglichen Nebenkostenabschläge auszugehen (vgl. H 21.3 EStH „ortsüblichen Marktmiete"). Die ortsübliche Warmmiete hätte (400 € + 190 € =) 590 € betragen. Tatsächlich wurden (300 € + 150 € =) 450 € verlangt. Die tatsächlich verlangte Warmmiete liegt sonach bei 76,27 % der ortsüblichen Vergleichsmiete und damit über der Grenze von 66 % (bzw. 50 %). Die Werbungskosten sind daher in voller Höhe anzusetzen.

Frage: Ein Anleger beteiligt sich an dem Immobilienfonds „Schlosshotel Waldbach GmbH & Co. KG" mit einer Einlage von 100.000 € als Kommanditist. Der Immobilienfonds erwarb ausschließlich das Schlosshotel in einem heruntergekommenen Zustand, renovierte es und vermietet es für die nächsten 15 Jahre an einen Hotel Betreiber. Einzige Geschäftsführerin der KG ist die Kommandititsin K. Im 1. Jahr werden dem Anleger Verluste in Höhe von 30.000 € zugewiesen. Wie sind diese steuerlich zu beurteilen? Gehen Sie bitte zuerst auf die Unterscheidung zwischen einem offenen und einem geschlossenen Immobilienfonds ein.

Antwort: Ein offener Immobilienfonds wird regelmäßig in der Rechtsform einer Kapitalgesellschaft geführt. Er erwirbt eine Vielzahl von Immobilien. Der Kreis der Gesellschafter ist nicht fix und kann z.B. durch Kapitalerhöhungen erweitert werden. Die Gesellschafter erzielen Einkünfte aus Kapitalvermögen nach § 20 Abs. 1 Nr. 1 EStG (Dividenden).

Demgegenüber hat ein geschlossener Fonds nur eine von vornherein festgelegte Anzahl von Gesellschaftern. Der Fonds wird regelmäßig als Personengesellschaft aufgelegt. Er erwirbt in aller Regel nur ein Objekt und vermietet dies über einen längeren Zeitraum. Die Anleger erzielen Einkünfte nach § 21 EStG. Dies hat den Vorteil, dass sie nach Ablauf der 10-jährigen Spekulationsfrist (§ 23 Abs. 1 Nr. 1 EStG) ihre Anteile steuerfrei veräußern können.

Da der hier genannte Immobilienfonds in der Rechtsform einer Personengesellschaft geführt wird und nur ein Objekt erwarb und renovierte, handelt es sich um einen geschlossenen Immobilienfonds. Problematisch ist, ob der Fonds nach § 15 Abs. 3 Nr. 2 EStG gewerblich geprägt ist. Dies ist hier aber nicht der Fall, da die Geschäftsführung in den Händen einer Kommanditistin liegt. Damit sind die Voraussetzungen des § 15 Abs. 3 Nr. 2 EStG nicht erfüllt (Geschäftsführung ausschließlich durch einen Komplementär oder fremde Dritte).

Somit erzielen die Kommanditisten Einkünfte nach § 21 EStG. Fraglich ist nun, wie die Verluste zu behandeln sind. Im Rahmen des § 21 EStG gibt es grundsätzlich keine Begrenzung der Verluste. Im vorliegenden Fall ist davon auszugehen, dass keine Liebhaberei vorliegt und die Vermietung über den 15-jährigen Zeitraum mit einem Totalgewinn abschließt.

Allerdings sieht § 21 Abs. 1 Satz 2 EStG die sinngemäße Anwendung des **§ 15a EStG** vor. Da aber die Einlage i.H.v. 100.000 € geleistet wurde, führt der Verlust i.H.v. 30.000 € nicht zu einem negativen Kapitalkonto und ist damit in voller Höhe ausgleichsfähig. Der Anleger erzielt damit Einkünfte aus Vermietung und Verpachtung in Höhe von ./. 30.000 €.

> **Frage:** Nehmen wir einmal an, an der „Schlosshotel Waldbach GmbH & Co. KG" sei als weiterer Kommanditist der Gewerbetreibende G beteiligt. Zur Stärkung seines Betriebsvermögens hat er seinen Kommanditanteil in das Betriebsvermögen seines Einzelunternehmens (Bau und Vertrieb von Immobilien) eingelegt. Wie ist dieser Fall zu beurteilen?

Antwort: Der Kommanditanteil kann als gewillkürtes Betriebsvermögen behandelt werden, da von einer gewissen Werthaltigkeit auszugehen ist und für das Unternehmen kein Risiko mit der Beteiligung verbunden ist. Damit sind die Einkünfte aus dem Fonds auf der Ebene des G nach § 15 EStG zu versteuern. Auf der Ebene des Fonds werden die Anteile der Kommanditisten im Rahmen der einheitlichen und gesonderten Gewinnfeststellung als Einkünfte nach § 21 EStG behandelt. Auf der Ebene des Kommanditisten werden die Einkünfte in gewerbliche umgewandelt. Dabei kann es unter Umständen Zu- oder Abschläge geben. Man bezeichnet eine derartige Konstellation auch als „Zebragesellschaft".

> **Frage:** Ein Investor erwirbt eine frisch sanierte Eigentumswohnung. Die Eigentumswohnung befindet sich unstreitig in einem öffentlich anerkannten Baudenkmal (entsprechende Bescheide liegen vor). Ein Bauträger hat die Wohnungen schlüsselfertig saniert und anschließend an diverse Investoren veräußert. Den Kaufpreis schlüsselte er wie folgt auf: 100.000 € Altbausubstanz und 300.000 € Sanierungskosten. Kann der Investor die Wohnung nach **§ 7i EStG** abschreiben?

Antwort: Bei einem im Inland belegenen Gebäude, das nach den jeweiligen landesrechtlichen Vorschriften ein Baudenkmal ist, kann der Steuerpflichtige abweichend von § 7 Abs. 4 und 5 im Jahr der Herstellung und in den folgenden 7 Jahren jeweils bis zu 9 % und in den folgenden 4 Jahren jeweils bis zu 7 % der Herstellungskosten für Baumaßnahmen, die nach Art und Umfang zur Erhaltung des Gebäudes als Baudenkmal oder zu seiner sinnvollen Nutzung erforderlich sind, absetzen. Das Gesetz spricht ausdrücklich von „Herstellungskosten". Hersteller kann nur sein, wer in eigener Person das Baugeschehen beherrscht. Erwirbt jemand eine fertig sanierte Wohnung in einem Baudenkmal, so ist er „Käufer" und nicht „Hersteller". Daher kann der Investor § 7i EStG nicht in Anspruch nehmen.

> **Frage:** Der Investor hat sich überzeugen lassen und schreibt das Gebäude in der Folgezeit lediglich linear aus den Anschaffungskosten ab. Das Gebäude wurde 1930 errichtet. 5 Jahre lang macht der Steuerpflichtige eine AfA nach § 7 Abs. 4 Nr. 2 Buchstabe b) EStG geltend. Die Veranlagungen dieser Jahre sind bestandskräftig. Eine Sachbearbeiterin des Finanzamts entdeckt im 6. Jahr den Fehler. Wie erfolgt die weitere Abschreibung?

Antwort: Die AfA war falsch, da das Gebäude nicht vor dem 01.01.2025 hergestellt wurde. Eine falsche AfA kann grundsätzlich nicht korrigiert werden (es sei denn die Jahre sind noch nicht bestandskräftig). Die AfA muss lediglich künftig mit dem richtigen Satz fortgeführt werden. Dadurch verkürzt sich letztlich die Abschreibungsdauer (vgl. H 7.4 EStH „Unterlassene oder überhöhte AfA").

> **Frage:** Ein Steuerpflichtiger ist Eigentümer eines Zweifamilienhauses, das er zu Wohnzwecken vermietet. Die Anschaffungskosten sind bis auf 80.000 € abgeschrieben. Das Gebäude brennt vollständig ab. Die Abbruchkosten belaufen sich auf 30.000 € in 2021. Sie werden vollständig in 2022 von der Gebäudeversicherung ersetzt. Außerdem leistet die Gebäudeversicherung in 2022 eine Zahlung für das abgebrannte Gebäude (Zeitwert) in Höhe von 500.000 €. Bitte würdigen Sie diesen Fall.

Antwort: Wird ein Gebäude durch einen Brand vollständig zerstört, so kann der Eigentümer die restliche AfA nach § 7 Abs. 1 Satz 7 i.V.m. Abs. 4 Satz 3 EStG im Jahr der Zerstörung geltend machen (AfaA). Dies sind hier 80.000 €. Außerdem kann der Steuerpflichtige die Abbruchkosten als (nachträgliche) Werbungskosten im Jahr der Bezahlung (§ 11 Abs. 2 EStG) geltend machen. Fraglich ist, wie die Versicherungsleistungen zu behandeln sind. Ersetzt eine Versicherung Kosten, die Werbungskosten sind oder waren, so ist die Versicherungsleistung als Einnahme zu erfassen. Daher ist der Ersatz der Abbruchkosten in 2022 in Höhe von 30.000 € als Einnahmen nach § 21 EStG zu versteuern.

Die 500.000 € ersetzen i.H.v. 80.000 € ebenfalls Werbungskosten (AfaA). Hätte der Steuerpflichtige das Gebäude veräußert, so hätte er die restliche, bisher nicht in Anspruch genommene AfA auch nicht geltend machen können. Sonach liegen weitere Einnahmen i.H.v. 80.000 € vor. Die übrigen 420.000 € sind keine steuerbare Einnahme, da hier ein Ersatz für nicht steuerbares privates Vermögen vorliegt.

> **Frage:** Wechseln wir das Thema. Eine Steuerpflichtige erwirbt in 2020 eine Eigentumswohnung für 400.000 € (Anteil Grund und Boden: 40.000 €). Die Gesamtfläche der Wohnung beträgt 100 m². Die Steuerpflichtige ist angestellte Rechtsanwältin. In der Kanzlei verfügt sie über ein eigenes Büro. Da sie öfter abends noch arbeitet, hat sie sich ein Arbeitszimmer mit 10 m² eingerichtet (Schreibtisch, Bücherregal etc.). In 2023 veräußert die Steuerpflichtige die Eigentumswohnung für 500.000 €. Prüfen Sie bitte in einem 1. Schritt, ob die Steuerpflichtige die anteiligen Kosten für das Arbeitszimmer steuerlich geltend machen kann.

Antwort: Grundsätzlich stellen die Aufwendungen für das Arbeitszimmer Werbungskosten dar, da die Steuerpflichtige in diesem Raum Arbeiten erledigt, die ihrem Beruf dienen. Allerdings sieht § 9 Abs. 5 i.V.m. **§ 4 Abs. 5 Nr. 6b EStG** vor, dass die Kosten für ein häusliches Arbeitszimmer nur unter bestimmten Voraussetzungen abgezogen werden können. Das häusliche Arbeitszimmer bildet sicher nicht den Mittelpunkt der gesamten betrieblichen und beruflichen Betätigung, da laut Sachverhalt die Arbeitnehmerin in der Kanzlei über ein eigenes Büro verfügt. Damit wäre der Abzug der Kosten nach § 4 Abs. 5 Nr. 6b EStG nur möglich, wenn der Arbeitnehmerin für ihre berufliche Tätigkeit kein anderer Arbeitsplatz zur Verfügung steht. Wie bereits erwähnt, ist dies nicht der Fall. Damit sind die Kosten des Arbeitszimmers zwar Werbungskosten, können aber steuerlich nicht geltend gemacht werden.

> **Frage:** Kann auch für Einkünfte aus Vermietung und Verpachtung ein Arbeitszimmer geltend gemacht werden?

Antwort: §§ 9 Abs. 5, 4 Abs. 5 Nr. 6b EStG sind nicht auf eine bestimmte Einkunftsart beschränkt. Daher ist es grundsätzlich auch möglich, die Kosten eines Arbeitszimmers als Werbungskosten im Rahmen der Einkünfte nach § 21 EStG geltend zu machen. Entscheidend ist, dass das Arbeitszimmer ausschließlich zur Erzielung derartiger Einkünfte genutzt wird.

> **Frage:** Nehmen wir einmal an, dass der Steuerpflichtige nur wenige Stunden im Monat das Arbeitszimmer zur Verwaltung der Immobilien nutzt. Ist dies schädlich und der Werbungskostenabzug dadurch ausgeschlossen?

Antwort: Für die Beurteilung von Aufwendungen als Werbungskosten ist nur entscheidend, dass die Aufwendungen zur Erzielung von Einkünften getätigt werden. Es gibt keinen Grundsatz für den Umfang der Nutzung zur Erzielung von Einkünften. Auch ein Lehrbuch, das ungeöffnet bleibt, kann als Werbungskosten z.B. im Rahmen der Einkünfte nach § 19 EStG geltend gemacht werden, soweit die Absicht bestand, es für die Fortbildung zu nutzen. Aus diesem Grund hat der BFH den Abzug der Aufwendungen für ein Arbeitszimmer auch im Falle einer Flugbegleiterin gewährt, die das Arbeitszimmer nur gelegentlich (aber ausschließlich) dazu nutzte, sich auf ihre Flüge vorzubereiten (BFH vom 03.04.2019, VI R 46/17, DStR 2022, 609).

> **Frage:** Kehren wir noch einmal zu unserer Rechtsanwältin zurück. Welche steuerlichen Auswirkungen hat die Veräußerung der Eigentumswohnung in 2023?

Antwort: Da die Wohnung und das Arbeitszimmer Privatvermögen darstellen, kommt allenfalls eine Versteuerung nach § 23 Abs. 1 Nr. 1 EStG infrage. Die 10-jährige Spekulationsfrist ist unstreitig noch nicht abgelaufen. Allerdings sieht § 23 Abs. 1 Nr. 1 Satz 3 EStG eine Ausnahme von der Versteuerung vor, wenn die Wohnung ausschließlich zu eigenen Wohnzwecken genutzt wurde. Es ist derzeit streitig, wie der Begriff „eigene Wohnzwecke" zu interpretieren ist. Die Verwaltung (BMF Schreiben vom 05.10.2000, BStBl I 2000, 1383 Tz. 21) geht davon aus, dass ein Arbeitszimmer nicht unter den Begriff der eigenen Wohnzwecke zu subsumieren ist. Damit unterlägen 10 % des Veräußerungsgewinns der Besteuerung nach § 23 Abs. 1 Nr. 1 EStG.

Dem widerspricht nun der BFH in seinem Urteil vom 01.03.2021, IX R 27/19, BStBl II 2021, 680. Nach seiner Ansicht ist der gesamte Veräußerungsgewinn nicht steuerbar, da das Arbeitszimmer den Wohnzwecken zuzurechnen ist. Diese Rechtsprechung gilt aber nur, wenn das Arbeitszimmer Privatvermögen darstellt, also z.B. nicht für das im Betriebsvermögen aktivierte Arbeitszimmer eines Gewerbetreibenden oder Freiberuflers.

> **Frage:** Folgen wir der bisherigen Verwaltungsmeinung. Muss die AfA für das Arbeitszimmer bei der Berechnung des privaten Veräußerungsgewinns abgezogen werden?

Antwort: Grundsätzlich geht **§ 23 Abs. 3 Satz 4 EStG** von den fortgeführten Anschaffungskosten aus. Nach dem Wortlaut der Vorschrift sind Absetzungen für Abnutzung aber nur von den Anschaffungskosten abzuziehen, **soweit** sie bei der Ermittlung der Einkünfte abgezogen worden sind. Da im vorliegenden Fall die Steuerpflichtige die Kosten für das Arbeitszimmer nach § 4 Abs. 5 Nr. 6b EStG nicht geltend machen konnte, erfolgt sonach kein Abzug der AfA.

> **Frage:** Ein Anleger erwirbt in 2020 Kommanditanteile an einem geschlossenen Immobilienfonds für 100.000 €. In 2023 gelingt es ihm, die Anteile für 140.000 € zu veräußern. Ist ein privater Veräußerungsgewinn zu versteuern oder fällt der Gewinn unter § 16 Abs. 1 Nr. 2 EStG?

Antwort: Eine Besteuerung nach § 16 Abs. 1 Nr. 2 EStG kann ausgeschlossen werden, da – wie oben bereits dargestellt – die bloße Vermögensverwaltung keine gewerbliche Tätigkeit darstellt (vgl. R 15.7 Abs. 1 EStR). Damit erzielt der Anleger mit seiner Beteiligung Einkünfte nach § 21 EStG. Fraglich ist aber, ob er einen privaten Veräußerungsgewinn versteuern muss. Er veräußert ja nicht die Immobilie im Sinne des **§ 23 Abs. 1 Nr. 1 EStG**, sondern lediglich Anteile an einer Personengesellschaft. Dieser Fall wird aber nach § 23 Abs. 1 Satz 4 EStG der Veräußerung einer Immobilie gleichgestellt. Der Anleger muss daher einen privaten Veräußerungsgewinn versteuern.

> **Frage:** Sie haben die Problematik von Werbungskosten im Zusammenhang mit der Nutzung eines häuslichen Arbeitszimmers dargestellt. Dem möchte ein Arbeitnehmer dadurch entgehen, dass er ein Zimmer in seinem Einfamilienhaus an seinen Arbeitgeber zu einem ortsüblichen Preis vermietet. Der Arbeitgeber stellt ihm dann den Raum als Büroraum zur Verfügung. Wie sind die Einnahmen zu versteuern? Besteht die Beschränkung des § 4 Abs. 5 Nr. 6b EStG?

Antwort: Auf diese Idee kommen immer mehr Arbeitnehmer. Rechtsprechung (BFH vom 17.04.2018, BStBl II 2019, 219) und Verwaltung (BMF vom 18.04.2019, BStBl I 2019, 461) gehen übereinstimmend davon aus, dass nur dann Einkünfte nach § 21 EStG vorliegen, wenn die Vermietung im Interesse des Arbeitgebers erfolgt. Ein derartiges Interesse des Arbeitgebers könnte z.B. darin liegen, dass in den Räumen Muster oder Warenproben für Außendienstler oder Ersatzteile für Montagemitarbeiter vorgehalten werden. Ein Interesse des Arbeitgebers wird man wohl auch dann bejahen können, wenn die Mitarbeiter aufgrund der Corona-Beschränkungen zur Arbeit im Home-Office gezwungen sind. Im Falle des § 21 EStG greifen die Beschränkungen des § 4 Abs. 5 Nr. 6b EStG nicht. Kann das Interesse des Arbeitgebers an der Vermietung nicht nachgewiesen werden, so sind die Einkünfte aus der Vermietung als Arbeitslohn nach § 19 EStG zu erfassen. In diesem Fall können die Aufwendungen nur im Rahmen des § 4 Abs. 5 Nr. 6b EStG geltend gemacht werden.

> **Frage:** Nehmen wir einmal an, ein Arbeitnehmer renoviert das an den Arbeitgeber vermietete Zimmer umfassend für (flächenmäßig anteilige 30.000 €). Die monatlichen Mieteinnahmen belaufen sich auf 200 €. Der Arbeitnehmer ist 60 Jahre alt und das Mietverhältnis läuft nur bis zum Eintritt in die Rente. Welche Probleme entstehen hier?

Antwort: § 21 Abs. 2 EStG sieht zwar ab dem VZ 2021 eine Liebhabereiprüfung vor, wenn die vereinbarte Miete zwischen 50 % und 66 % der ortsüblichen Miete liegt. Außerhalb dieser Werte, ist davon auszugehen, dass Überschusserzielungsabsicht vorliegt. Diese gesetzliche Regelung gilt aber nur für Wohnungen und nicht für Büroräume. Vermietet der Arbeitnehmer Büroräume an seinen Arbeitgeber und können die Einnahmen bis zum voraussichtlichen Ende der Vermietung die Werbungskosten nicht mehr übersteigen, so ist von einer fehlenden Überschusserzielungsabsicht auszugehen. Die Werbungskosten können daher nicht geltend gemacht werden (vgl. BMF a.a.O.). Im Gegenzug müssen dann aber auch die Einnahmen nicht versteuert werden.

> **Frage:** Ist ein privater Veräußerungsgewinn aus der Veräußerung von sog. Kryptowährungen zu versteuern?

Antwort: Die Beantwortung der Frage war lange Zeit umstritten. Der BFH behandelt Kryptowährungen wie Wirtschaftsgüter i.S.v. § 23 Abs. 1 Nr. 2 EStG. Sie unterliegen daher der einjährigen Spekulationsfrist (BFH vom 14.2.2023, IX R 3/22 www.bundesfinanzhof.de.

Problembereich 11: Vorweggenommene Erbfolge

> **Frage:** G ist zu 50 % an der X-GmbH beteiligt (Anschaffungskosten in 1999: 100 T€; Wert 500 T€). Er überträgt den Gesellschaftsanteil auf seine minderjährige Tochter. Diese verpflichtet sich, an die Schwester 200 T€ zu bezahlen. Gehen Sie auf die zivil- und steuerrechtlichen Aspekte der Übertragung ein.

Antwort: Soweit eine Schenkung vorliegt, muss das Schenkungsversprechen nach § 518 Abs. 2 BGB notariell beurkundet werden. Der Formmangel wird allerdings durch die Bewirkung der versprochenen Leistung – hier die Eintragung des Gesellschafterwechsels im Handelsregister – geheilt. Nach § 15 Abs. 3 GmbHG bedarf die Übertragung der Gesellschaftsanteile – unabhängig davon ob entgeltlich oder unentgeltlich – eines in notarieller Form geschlossenen Vertrages.

Der Vertrag zwischen Vater und Tochter muss aber auch den strengen Vorschriften über Verträge mit Minderjährigen genügen. Danach kann der Vater den Vertrag nicht als Vertreter der Tochter mit sich selbst abschließen. Insoweit steht das Verbot von In-Sich-Geschäften nach § 181 BGB entgegen. Eine Ausnahme würde nur gelten, wenn die Übertragung der GmbH-Anteile dem Minderjährigen ausschließlich rechtliche Vorteile bringen würde. Dies ist hier sicherlich nicht der Fall. Mit der Gesellschafterstellung sind z.B. gewisse Haftungsgefahren verbunden. Damit müsste der Vater einen Ergänzungspfleger ausschließlich für den Vertragsabschluss nach **§ 1909 BGB** bestellen lassen.

Im Übrigen bedarf die Übertragung einer Genehmigung nach **§§ 1643, 1822 BGB**. Die Genehmigung kann erst erteilt werden, wenn der Übertragungsvertrag abgeschlossen wurde. Sie wirkt aber zivilrechtlich und steuerrechtlich auf den Abschlusszeitpunkt zurück.

Sind diese zivilrechtlichen Hürden genommen, stellt sich die Frage nach den steuerlichen Folgen. Ausgleichszahlungen an Geschwister werden nach dem Erlass zur vorweggenommenen Erbfolge (BMF vom 13.01.1993, BStBl I 1993, 80 Rz. 7, Beck'sche Erlasse § 7/3) als Entgelt behandelt. Wird ein Wirtschaftsgut des Privatvermögens teilentgeltlich übertragen, ist der Vorgang in einen voll entgeltlichen und einen voll unentgeltlichen Teil aufzuspalten (sog. **Trennungstheorie**; BMF, a.a.O., Rz. 14).

Damit erfolgt die Übertragung zu 200/500 voll entgeltlich. Dies hat für den Vater zur Folge, dass er insoweit einen Veräußerungsgewinn nach **§§ 17 Abs. 1 Satz 1, 3 Nr. 40 Buchstabe c), 3c Abs. 2 EStG** realisiert. Der Gewinn beträgt (200 T€ × 60 %) abzüglich (100 T€ × 60 % × $^{200}/_{500}$) somit 96 T€.

> **Frage:** Ergibt sich möglicherweise eine andere Lösung nach der neuen Rechtsprechung des BFH?

Antwort: Mit Urteil vom 19.09.2012, IV R 11/12, DStR 2012, 2051, hat der BFH für den (vergleichbaren) Fall des **§ 6 Abs. 5 EStG** die sog. Trennungstheorie aufgegeben.

Die Verwaltung wendet das Urteil vom 19.9.2012 a.a.O. derzeit noch nicht an und hat daher ihren Erlass vom 08.12.2011, BStBl I 2011, 1279, Beck'sche Erlasse § 6/15 Rz. 15 noch nicht geändert. Inwieweit die neue Rechtsprechung auf die Übertragung von Privatvermögen anwendbar ist, ist derzeit noch nicht absehbar.

> **Frage:** Der Vater betreibt eine Bauunternehmung, das Kind ein Immobilienbüro. Im Betriebsvermögen des Vaters befindet sich ein Pkw (Buchwert: 1 €; Teilwert: 30 T€). Der Vater schenkt den Pkw seinem Kind, welches das Fahrzeug künftig im Betriebsvermögen des Immobilienbüros hält. Was sind die steuerlichen Folgen?

Antwort: Die Übertragung **einzelner Wirtschaftsgüter** zum Buchwert wird in **§ 6 Abs. 5 EStG** geregelt. In dieser Vorschrift ist die Übertragung von einem Betriebsvermögen in das Betriebsvermögen einer anderen Person aber nicht enthalten. Somit muss der Vater den Pkw unter Aufdeckung der stillen Reserven entnehmen. Die Schenkung erfolgt anschließend im Privatvermögen. Das Kind muss den Pkw nach **§ 6 Abs. 1 Nr. 5 EStG** zum Teilwert einlegen.

> **Frage:** Variieren wir den Fall. Vater und Kind sind beide Gesellschafter der Baubetreuungs-GbR. Der Vater hat das Fahrzeug bisher im Sonderbetriebsvermögen bilanziert. Das Kind will nach der Schenkung das Fahrzeug ausschließlich für Zwecke der GbR nutzen.

Antwort: In diesem Fall greift **§ 6 Abs. 5 Satz 3 Nr. 3 EStG**. Danach ist bei einer Übertragung zwischen den Sonderbetriebsvermögen verschiedener Mitunternehmer derselben Mitunternehmerschaft der Buchwert anzusetzen.

> **Frage:** Das Kind veräußert zwei Jahre nach der Übertragung den Pkw. Welche Folgen hat dies?

Antwort: Nach **§ 6 Abs. 5 Satz 4 EStG** ist rückwirkend der Teilwert anzusetzen, wenn das verschenkte Wirtschaftsgut innerhalb einer dreijährigen Sperrfrist entnommen oder veräußert wird. Der Vater hat damit rückwirkend die stillen Reserven aufzudecken.

Frage: Die Mutter ist an einer KG zu 60 % beteiligt (Kapital der Mutter: 100 T€; Teilwert: 600 T€). Sie überträgt die Hälfte ihres Anteils unentgeltlich auf ihren Sohn. Wie sieht das Kapitalkonto des Sohnes nach der Übertragung aus?

Antwort: Nach **§ 6 Abs. 3 EStG** sind bei der unentgeltlichen Übertragung eines Betriebs, Teilbetriebs oder Mitunternehmeranteils zwingend die Buchwerte anzusetzen (Details siehe BMF vom 20.11.2019, BStBl I 2019, 1291). Problematisch ist hier, dass nur ein Teil eines Mitunternehmeranteils übertragen wird. Hier sieht aber § 6 Abs. 3, 2. HS EStG vor, dass auch in diesem Fall die Buchwerte anzusetzen sind. Auf den Sohn geht daher ein Kapital in Höhe von 50 T€ über.

Frage: Nehmen Sie an, der Sohn wohnt in Italien. Ändert sich etwas an der o.g. Lösung?

Antwort: § 6 Abs. 3 EStG enthält keine ausdrückliche Regelung für den Fall, dass der Beschenkte seinen Wohnsitz im Ausland hat. Dies ist auch nicht nötig, da die DBA (vgl. Art. 7 des OECD-Musterabkommens) vorsehen, dass der Gewinn eines Unternehmens in dem Land versteuert wird, in dem das Unternehmen seinen Sitz hat. Dies wäre hier Deutschland. Der Wohnsitz bzw. die Ansässigkeit des Gesellschafters spielt insoweit keine Rolle. Der Gesellschafter ist mit dem Gewinn aus der Mitunternehmerschaft nach §§ 15 Abs. 1 Nr. 2, 49 Abs. 1 Nr. 2a EStG in Deutschland beschränkt steuerpflichtig, wenn er seinen ausschließlichen Wohnsitz im Ausland hat.

Frage: Die Mutter ist in obigem Fall Eigentümerin eines Bürogebäudes (Buchwert: 200 T€; Teilwert: 500 T€), das sie an die KG vermietet. Das Gebäude soll nicht an den Sohn übertragen und weiterhin an die KG vermietet werden.

Antwort: Grundsätzlich erfordert die Übertragung eines Mitunternehmeranteils auch die Übertragung des Sonderbetriebsvermögens, wenn dieses eine **wesentliche Betriebsgrundlage** darstellt (BMF vom 20.11.2019 a.a.O. Rz. 8). Das Bürogebäude stellt nach der Rechtsprechung eine wesentliche Betriebsgrundlage dar, da die KG auf die Immobilie angewiesen ist. § 6 Abs. 3 Satz 2 EStG erlaubt es aber, dass der Schenker das Sonderbetriebsvermögen (noch) nicht überträgt, wenn das zurückbehaltene Wirtschaftsgut weiterhin Sonderbetriebsvermögen derselben Mitunternehmerschaft bleibt (sog. unterquotale Übertragung). Dies ist hier der Fall, da die Mutter ja nur einen Teil ihres Mitunternehmeranteils übertragen hat.

Frage: Wie wäre der Fall zu beurteilen, wenn die Mutter das gesamte Gebäude an ihren Sohn übertragen würde?

Antwort: Hier nahm die Verwaltung bisher eine Aufteilung vor. Soweit die Übertragung quotal erfolgte (hier: 50 %), ging das Gebäude nach § 6 Abs. 3 EStG zum Buchwert über. Soweit eine überquotale Übertragung vorlag, war § 6 Abs. 5 EStG anzuwenden.

Der BFH lehnt die Aufteilung in § 6 Abs. 3 EStG (soweit quotale Übertragung) und § 6 Abs. 5 EStG (soweit überquotale Übertragung) ab (BFH vom 02.08.2012, IV R 41/11, BStBl II 2019, 715). Nach seiner Ansicht ist der Fall insgesamt nach § 6 Abs. 3 EStG zu beurteilen. Die Verwaltung folgt nun dieser Rechtsprechung (BMF vom 20.11.2019 a.a.O. Rz. 32 ff.).

Damit gehen sowohl das Gebäude (weiterhin SBV) als auch der MU-Anteil zum BW auf das Kind über.

Frage: Der Vater ist Inhaber einer Anwaltskanzlei (Buchwert: 100 T€; Teilwert: 300 T€). Er überträgt die Kanzlei auf seine Tochter, die ebenfalls Anwältin ist. Die Tochter soll als Gegenleistung eine Hypothek übernehmen, die auf dem Privathaus des Vaters lastet und mit 30 T€ valutiert ist. Müssen stille Reserven aufgedeckt werden?

Antwort: Die Übertragung einer Freiberuflerpraxis fällt unter **§ 6 Abs. 3 EStG**, auch wenn § 18 Abs. 3 EStG lediglich auf § 16 EStG verweist. Die Übernahme einer privaten Verbindlichkeit stellt im Rahmen der vorweggenommenen Erbfolge eine Gegenleistung dar. Im Gegensatz zur Übertragung einzelner Wirtschaftsgüter gilt bei der Übertragung einer ganzen Praxis aber die sog. **Einheitstheorie** (s. BMF vom 13.01.1993, a.a.O., Rz. 35). Die Übertragung wird daher nicht in einen voll entgeltlichen und einen voll unentgeltlichen Teil aufgespalten. Liegt die Gegenleistung unter dem Wert des Kapitalkontos, so liegt nach Verwaltungsansicht insgesamt eine unentgeltliche Übertragung vor. Damit geht das Kapital der Kanzlei zum Buchwert auf die Tochter über.

> **Frage:** Angenommen die Hypothek beläuft sich auf 120 T€. Wie sieht die Lösung dann aus?

Antwort: In diesem Fall subsumiert die Verwaltung den Tatbestand unter die Vorschrift des § 16 Abs. 1 Nr. 1 EStG. Dem Erlös in Höhe von 120 T€ stehen Buchwerte in Höhe von 100 T€ gegenüber. Der Vater kann für den Gewinn in Höhe von 20 T€ den Freibetrag nach § 16 Abs. 4 EStG in Anspruch nehmen, wenn er das 55. Lebensjahr vollendet hat oder dauernd berufsunfähig ist. Erfüllt er diese Voraussetzung, so kann er den besonderen Steuersatz nach § 34 Abs. 3 EStG in Anspruch nehmen; wenn nicht, bleibt die $1/_5$-Regelung des § 34 Abs. 1 EStG.

> **Frage:** Wie behandelt die Tochter den Vorgang?

Antwort: Der Fall ist vergleichbar mit einer Einbringung nach § 24 UmwStG, bei der ein Zwischenwert gewählt wird. Daher müssen die aufgedeckten stillen Reserven (hier: 20 T€) verhältnismäßig zu den gesamten stillen Reserven (hier: 20 T€/200 T€) aktiviert werden (vgl. BMF vom 13.01.1993 a.a.O. Rz. 35). Aus Vereinfachungsgründen können aber die aufgedeckten stillen Reserven wie nachträgliche Anschaffungskosten behandelt werden (BMF vom 13.01.1993 a.a.O. Rz. 37).

Problembereich 12: Erbauseinandersetzung

> **Frage:** Erben der E sind die Kinder K1 und K2 zu je $1/_2$. Im Nachlass befinden sich ein Betrieb (Buchwert: 100 T€; Teilwert: 800 T€) und ein Mehrfamilienhaus (MFH, Wert: 300 T€). Die Erben einigen sich dahingehend, dass K1 den Betrieb und K2 das MFH erhält. K1 zahlt an K2 einen Ausgleich in Höhe von 250 T€. Stellen Sie bitte die zivilrechtlichen und steuerlichen Folgen für K1 und K2 dar.

Antwort: Mit dem Erbfall sind K1 und K2 nach **§ 1922 BGB** Gesamtrechtsnachfolger der E geworden. K1 und K2 bilden eine Erbengemeinschaft gemäß § 2032 BGB. Bezüglich des Betriebs bedeutet dies, dass K1 und K2 Mitunternehmer im Sinne des § 15 Abs. 1 Nr. 2 EStG wurden – unabhängig davon, wer den Betrieb später übernimmt (BMF vom 14.03.2006, BStBl I 2006, 253 Rz. 3, Beck'sche Erlasse § 7/2). Die Erbengemeinschaft ist nach § 2042 BGB auf Auseinandersetzung angelegt. Die Auseinandersetzung erfolgt im Wege der Realteilung. Hier werden die Eigentumsverhältnisse an den Wirtschaftsgütern neu geordnet. Soweit ein Erbe wertmäßig mehr an Wirtschaftsgütern erhält, als ihm nach seiner Erbquote zusteht, kann eine Ausgleichszahlung vereinbart werden. Dies sind hier 250 T€. Soweit eine Ausgleichszahlung geleistet wird, liegt ein Anschaffungs- bzw. Veräußerungsgeschäft vor (BMF vom 14.03.2006, a.a.O. Rz. 14 ff.).

Für Erbe K1 bedeutet dies, dass er den Betrieb zu $^{250}/_{800}$ entgeltlich und zu $^{550}/_{800}$ unentgeltlich im Wege der Gesamtrechtsnachfolge erhält. Soweit er den Betrieb erbt, sind aufgrund der Gesamtrechtsnachfolge die Buchwerte anzusetzen. Soweit er den Betrieb entgeltlich erwirbt, sind die Anschaffungskosten nach §§ 253 HGB, 6 Abs. 1 Nr. 7 EStG zu aktivieren.

Auf den gekauften Teil entfällt ein Kapital von (100 T€ × $^{250}/_{800}$ =) 31.250 €. Für diesen Teil des Betriebs wurden 250 T€ gezahlt, sodass stille Reserven in Höhe von (250.000 € ./. 31.250 € =) 218.750 € aktiviert werden müssen.

K2 hat sein Kapital von 50 % (= 50 T€) auf $^{250}/_{800}$ (= 31.250 €) steuerneutral zugunsten von K1 umzubuchen. Da er diesen Mitunternehmeranteil an K1 veräußert, erzielt er insoweit einen Veräußerungsgewinn in Höhe von (250.000 € ./. 31.250 € =) 218.750 €.

Das MFH geht zu 100 % unentgeltlich auf K2 über, da K2 keine Ausgleichszahlung leistet. Dies hat zur Folge, dass K2 die AfA der Erblasserin nach § 11d EStDV i.V.m. § 1922 BGB fortführt.

> **Frage:** Variieren wir den Fall dahingehend, dass K1 und K2 den Betrieb nicht weiterführen wollen. Im Betriebsvermögen befinden sich zwei Wirtschaftsgüter: Wirtschaftsgut 1 (Buchwert: 10 T€; Teilwert: 550 T€) und Wirtschaftsgut 2 (Buchwert: 90 T€; Teilwert: 250 T€). K1 erhält Wirtschaftsgut 1, K2 Wirtschaftsgut 2 und das MFH. Ausgleichszahlungen werden keine geleistet. Wirtschaftsgut 1 und 2 werden künftig privat genutzt.

Antwort: Es liegt hier eine **Realteilung** ohne Ausgleichszahlung vor. Bezüglich des Betriebs liegt eine Betriebsaufgabe im Sinne des § 16 Abs. 3 EStG vor (vgl. BMF vom 14.03.2006, a.a.O. Rz. 11). Der Aufgabebegewinn beträgt 700 T€ und ist den beiden Erben zu je ½ zuzurechnen, da sie zu jeweils 50 % Mitunternehmer der Personengesellschaft wurden (= Betrieb des Erblassers).

> **Frage:** Wie wäre der Fall zu entscheiden, wenn K1 und K2 künftig die Wirtschaftsgüter im Rahmen eines Betriebsvermögens nutzen?

Antwort: Dann liegt eine Realteilung des Betriebs nach **§ 16 Abs. 3 Satz 2 EStG** vor. K1 und K2 müssen zwingend die Buchwerte fortführen.

> **Frage:** Wie erfolgt die Übertragung der Wirtschaftsgüter bilanztechnisch?

Antwort: K1 und K2 müssen zuerst ihre Kapitalkonten steuerneutral anpassen. K1 müsste ein Kapital von 10 T€, K2 eines von 90 T€ bekommen. Die Wirtschaftsgüter sind dann gegen das Kapital auszubuchen (Buchungssatz: Kapital K1 10 T€ an Wirtschaftsgut 1 10 T€). Im nächsten Schritt muss K1 das Wirtschaftsgut in sein Einzelunternehmen einbuchen (Buchungssatz: Wirtschaftsgut 1 10 T€ an Kapital 10 T€). In gleicher Weise hat K2 zu verfahren.

> **Frage:** Der Erblasser (E) ist Gesellschafter einer GbR. Im Gesellschaftsvertrag ist für den Fall des Todes eines Gesellschafters keine Regelung getroffen. Erben werden die Kinder K1 und K2 zu je ½. Was geschieht mit dem Mitunternehmeranteil des E?

Antwort: Auch wenn die Erben nach § 1922 BGB Gesamtrechtsnachfolger werden, müssen sie sich an gesellschaftsrechtliche Abreden halten. Es ist daher zuerst zivilrechtlich zu prüfen, welche Folgen der Tod eines GbR-Gesellschafters hat. Nach **§ 727 BGB** wird die Gesellschaft durch den Tod eines Gesellschafters aufgelöst, sofern sich nicht aus dem Gesellschaftsvertrag etwas anderes ergibt. Hier könnte z.B. geregelt werden, dass die GbR unter den übrigen Gesellschaftern fortgesetzt wird (Fortsetzungsklausel) oder alle Erben (Nachfolgeklausel) oder nur einzelne von mehreren Erben (qualifizierte Nachfolgeklausel) Gesellschafter werden. Mangels einer entsprechenden Regelung gilt die Gesellschaft als aufgelöst. Da die Auflösung in der Sekunde des Todes geschieht, wurden die Erben nie Mitunternehmer. Daher muss der Auflösungsgewinn nach § 16 Abs. 3 EStG vom Erblasser versteuert werden (BMF, a.a.O. Rz. 69 ff.).

> **Frage:** Wie wäre der Fall zu lösen, wenn der Erblasser an einer OHG beteiligt gewesen wäre?

Antwort: Bei einer OHG sieht das Gesetz in **§ 131 Abs. 3 Nr. 1 HGB** eine andere Lösung vor. Hier besteht die Gesellschaft mangels einer anderweitigen Regelung mit den übrigen Gesellschaftern fort. Für die Erben ändert sich insoweit aber nichts. Auch hier realisiert der Erblasser einen Aufgabegewinn. Die Abfindung, die an die Erben gezahlt wird, ist bei diesen als nicht steuerbarer privater Vermögenszufluss zu behandeln.

> **Frage:** Nach dem Tod des Vaters wird der Sohn Alleinerbe. In der Erbmasse befindet sich ein Mehrfamilienhaus. Das Testament enthält eine Klausel, wonach einem Freund des Erblassers ein Vermächtnis in Höhe von 200.000 € zu gewähren sei. Zur Finanzierung dieser Summe nimmt der Erbe ein Darlehen auf. Kann er die Zinsen als Werbungskosten bei den Einkünften aus Vermietung und Verpachtung geltend machen?

Antwort: Ein Vermächtnis ist ein schuldrechtlicher Anspruch des Vermächtnisnehmers gegen den Erben. Die Erfüllung eines Vermächtnisses führt nicht zu Anschaffungskosten (vgl. BMF, a.a.O. Rz. 60). Die Zahlung des Vermächtnisses ist ein Vorgang auf der nicht steuerbaren privaten Vermögensebene. Daher können Zinsen zur Finanzierung des Vermächtnisses auch dann nicht als Werbungskosten abgezogen werden, wenn der Erbe eine Immobilie erhält.

> **Frage:** Der Erblasser war Rechtsanwalt und ermittelte seinen Gewinn nach § 4 Abs. 3 EStG. Kurz vor seinem Tod schrieb er einem Mandanten eine Rechnung über 20.000 €. Der Mandant überwies den Betrag nach dem Tod des Rechtsanwalts an dessen Erben. Müssen die Erben das Honorar versteuern? Welche Folgen hat die Rechnung bei der Erbschaftsteuer?

Antwort: Da die Rechnung eine Forderung darstellt, unterliegt sie grundsätzlich der Erbschaftsteuer. Die Erben müssen die Honorareinnahmen nach **§ 24 Nr. 2 i.V.m. § 18 EStG** mit **Zufluss** (§ 11 Abs. 1 EStG) versteuern. Damit werden die 20.000 € letztlich doppelt besteuert (zum einen unterliegen sie der Erbschaftsteuer, zum anderen der Einkommensteuer). Hier sieht **§ 35b EStG** die Möglichkeit vor, die Erbschaftsteuer, die auf das Honorar entfällt, bei der Einkommensteuer der Erben anzurechnen.

> **Frage:** In einem Testament findet sich die Anordnung des Erblassers, dass sein gesamtes Vermögen in eine gemeinnützige Stiftung einzubringen ist. Nach dem Tode des Erblassers gründet der Testamentsvollstrecker, der das Erbe treuhänderisch verwaltet, entsprechend dem Wunsch des Erblassers eine gemeinnützige Stiftung. In diese Stiftung bringt er das gesamte Vermögen ein. Kann die Stiftung bei der Veranlagung des Erblassers im Todesjahr steuerlich berücksichtigt werden?

Antwort: Grundsätzlich können Spenden in den Vermögensstock einer gemeinnützigen Stiftung nach § 10b Abs. 1a EStG als Sonderausgaben abgezogen werden. Für Sonderausgaben gilt aber das Abflussprinzip des § 11 Abs. 2 Satz 1 EStG. Danach müsste der Erblasser noch zu Lebzeiten die Zahlungen geleistet haben. Dies kann aber schon deshalb nicht der Fall sein, weil die Stiftung erst nach dem Tod des Erblassers errichtet wurde (so auch BFH vom 16.02.2011, X R 46/09, BStBl II 2011, 685).

> **Frage:** Der BFH hatte in 2020 folgenden Fall zu entscheiden (BFH vom 10. 11. 2020, IX R 31/19, BStBl II 2021, 474). Der Steuerpflichtige war Eigentümer eines Mehrfamilienhauses. Im Jahr 2018 tätigte er Erhaltungsaufwendungen i.H.v. 50.000 € und beantragte die Verteilung auf 5 Jahre (2018-2022). In 2020 starb der Steuerpflichtige. Erbe wird sein Kind K. Wie sind die noch nicht berücksichtigten Werbungskosten zu behandeln? Gehen Sie dabei bitte sowohl auf den Erblasser als auch auf den Erben ein.

Antwort: Grundsätzlich sind Werbungskosten nach § 11 Abs. 2 Satz 1 EStG in dem Veranlagungszeitraum abzuziehen, in dem sie geleistet wurden. Nach § 82b Abs. 1 Satz 1 EStDV kann der Steuerpflichtige größere Aufwendungen für die Erhaltung von Gebäuden, die im Zeitpunkt der Leistung des Erhaltungsaufwands nicht zu einem Betriebsvermögen gehören und überwiegend Wohnzwecken dienen, abweichend von § 11 Abs. 2 EStG auf 2-5 Jahre gleichmäßig verteilen. Dieses Wahlrecht hat der Erblasser im Rahmen seiner Veranlagung 2018 ausgeübt.

Wird das Gebäude während des Verteilungszeitraums veräußert, ist der noch nicht berücksichtigte Teil des Erhaltungsaufwands im Jahr der Veräußerung als Werbungskosten abzusetzen (§ 82b Abs. 2 Satz 1 EStDV). Die Werbungskosten gehen sonach nicht verloren. Das Gleiche gilt, wenn ein Gebäude in ein Betriebsvermögen eingebracht oder nicht mehr zu Einkunftserzielung genutzt wird (§ 82b Abs. 2 Satz 2 EStDV).

In der als Personensteuer ausgestalteten Einkommensteuer ist nur der Steuerpflichtige, der die Aufwendungen getragen hat, nach § 2 Abs. 1 EStG Zurechnungssubjekt der von ihm erzielten Einkünfte. Stirbt der Steuerpflichtige während des Verteilungszeitraums können die noch nicht ausgenutzten Werbungskosten nach dem Rechtsgedanken des § 82b Abs.2 EStDV nicht auf die Erben übergehen, obwohl sie ja nach § 1922 BGB Gesamtrechtsnachfolger sind.

Die noch nicht ausgeschöpften Werbungskosten gehen also nicht verloren, sondern sind in der Veranlagung des Erblassers im Todesjahr vollständig zu berücksichtigen.

Frage: Greift hier nicht § 11d EStDV?

Antwort: Die Regelung in **R 21.1 Abs. 6 Satz 2 EStR**, wonach im Fall der unentgeltlichen Übertragung des Gebäudeeigentums der Rechtsnachfolger den beim Rechtsvorgänger noch nicht berücksichtigten Teil der Erhaltungsaufwendungen in dem vom Rechtsvorgänger gewählten restlichen Verteilungszeitraum nach § 82b Abs. 1 Satz 1 EStDV geltend machen kann, regelt nur die Übertragung unter Lebenden. Nach Ansicht des erkennenden Senats stellen die Richtlinien als norminterpretierende Verwaltungsvorschriften keine Rechtsgrundlage dar und binden die Gerichte nicht. Der erkennende Senat hält daher die oben genannte Richtlinienstelle selbst für Fälle der Schenkung als nicht maßgebend. Im Falle der Erbschaft ist die Verwaltungsanweisung schon ihrem Wortlaut nach nicht anwendbar.

Themenbereich Körperschaftsteuer/Gewerbesteuer

Problembereich 1: Unterschiede zwischen Personengesellschaften und Kapitalgesellschaften

Frage: Bevor wir in die Besteuerung der Körperschaften einsteigen, schauen wir uns folgenden Fall an: An einer OHG sind 3 natürliche Personen (A, B und C) jeweils paritätisch beteiligt. Der Gewinn des Wirtschaftsjahrs = Kalenderjahrs 2022 soll 300.000 € betragen. Wie versteuern die Gesellschafter, die alle Voraussetzungen eines Mitunternehmers erfüllen diesen Gewinn?

Antwort: Nach **§ 15 Abs. 1 Nr. 2 EStG** versteuert jeder Mitunternehmer seinen Gewinnanteil individuell. Hierzu wird zunächst auf der Ebene der Gesamthand der Gewinn einheitlich und gesondert festgestellt und den einzelnen Mitunternehmern zugewiesen (**§§ 179 ff. AO**). Die Mitunternehmer versteuern dann ihren Gewinnanteil mit ihrem individuellen Steuersatz im Rahmen ihrer individuellen Einkommensteuererklärung.

Frage: Stellt es nicht eine verfassungswidrige Ungleichbehandlung i.S.v. Art. 3 GG dar, wenn ein Mitunternehmer seinen Gewinnanteil mit einem Spitzensteuersatz von 42 % bzw. 45 % versteuern muss, wohingegen ein Gesellschafter einer Kapitalgesellschaft seine Dividende ja nur mit 25 % im Rahmen der Abgeltungsteuer bzw. nur zu 60 % im Rahmen des Teileinkünfteverfahrens versteuern muss?

Antwort: Bei der Besteuerung der Dividende muss berücksichtigt werden, dass das Einkommen der Kapitalgesellschaft bereits einer Körperschaftsteuer von 15 % zuzüglich 5,5 % SolZ (der ja für die Körperschaftsteuer nicht abgeschafft wurde) und ca. 15 % Gewerbesteuer (je nach kommunalen Hebesatz) unterliegt. Bei einem Gewinn von 100.000 € kann die Kapitalgesellschaft sonach lediglich ca. 70.000 € an ihre Gesellschafter ausschütten.

Die Gesellschafter müssen nun die 70.000 € mit 25 % (im Fall der Abgeltungsteuer) zuzüglich 5,5 % SolZ (der ja auch für Dividenden weiterhin anfällt) versteuern. Eine eventuelle Kirchensteuer auf die Dividende lasse ich aus Vereinfachungsgründen außer Acht. Damit beträgt die Steuerbelastung insgesamt (Kapitalgesellschaft plus Gesellschafter) ca. 50 % und liegt daher sogar geringfügig über der Belastung der Gesellschafter einer Personengesellschaft. Das gleiche Ergebnis entsteht in etwa im Falle der Anwendung des Teileinkünfteverfahrens.

Frage: Können die Gesellschafter der oben genannten OHG ihre Gewinnanteile auch anders versteuern?

Antwort: Seit der großen Reform des Körperschaftsteuerrechts in 2000 wurde immer wieder diskutiert, ob man nicht den Gesellschaftern einer Personengesellschaft eine Option geben solle, wie Gesellschafter einer Kapitalgesellschaft besteuert zu werden. Zahlreiche Staaten bieten dieses Modell an (z.B. Frankreich, USA). Bei der Reform des Körperschaftsteuerrechts konnte sich dieses Modell nicht durchsetzen, da es als zu kompliziert angesehen wurde.

Mit der Einführung des **§ 34a EStG** wurde ein Mittelweg beschritten. Jeder Gesellschafter einer Personengesellschaft kann – unabhängig von den anderen Gesellschaftern – für jedes Wirtschaftsjahr gesondert wählen, ob er seinen Gewinnanteil nach § 34a EStG behandelt haben möchte. In diesem Fall wird zwischen der Thesaurierung und der Entnahme des Gewinns unterschieden. Bleibt der Gewinn in der Personengesellschaft, so versteuert der Gesellschafter diesen lediglich mit 28,25 % (unabhängig von seinem individuellen Steuersatz). Die 28,25 % entsprechen in etwa der Steuerbelastung, die auf der Ebene einer Kapitalgesellschaft entsteht (siehe oben). Erst wenn dieser thesaurierte Teil des Gewinns entnommen wird, wird er nachträglich mit 25 % Einkommensteuer belastet (also vergleichbar der Abgeltungsteuer).

> **Kommentar des Prüfers:** Da wir uns im Folgenden ja vorrangig mit der Besteuerung von Kapitalgesellschaften befassen wollen, lassen wir die weiteren Probleme des unstreitig komplizierten § 34a EStG erst einmal beiseite.

> **Frage:** Gibt es auch eine dritte Möglichkeit der Besteuerung von Gewinnen einer Mitunternehmerschaft?

Antwort: Mit dem Gesetz zur Modernisierung des Körperschaftsteuerrechts (KöMoG) wurde die Option zur Körperschaftsteuer nach **§ 1a KStG** eingeführt. Diese ermöglicht es in- und ausländischen Personenhandels- und Partnerschaftsgesellschaften ertragsteuerlich wie eine Kapitalgesellschaft behandelt zu werden. Ausgeübt werden kann die Option erstmals für Wirtschaftsjahre, die nach dem 31.12.2021 beginnen. Im Fall eines kalenderjahrgleichen Wirtschaftsjahres ist der Antrag somit grundsätzlich spätestens am 30. November des vorangehenden Jahres zu stellen, sofern sich nicht aus § 108 Abs. 3 AO etwas anderes ergibt. Die Antragsfrist ist nicht verlängerbar. Damit wurde das bereits im Jahr 2000 diskutierte Optionsmodell nunmehr im deutschen Steuerrecht umgesetzt. Es bleibt abzuwarten, ob die Personengesellschaften diese neue Form der Besteuerung annehmen werden.

Der entscheidende Unterschied zu § 34a EStG besteht darin, dass § 34a EStG eine Wahlmöglichkeit des Gesellschafters (Mitunternehmers) darstellt, während die Option des § 1a KStG von der Gesellschaft selbst ausgeübt werden muss. Ein weiterer entscheidender Unterschied besteht darin, dass § 34a EStG für jedes Wirtschaftsjahr neu ausgeübt werden kann, also jederzeit ein späterer Wechsel zur normalen Besteuerung möglich ist. Übt die Personengesellschaft die Option des § 1a KStG aus, so ist sie grundsätzlich an diese Option auch in den folgenden Wirtschaftsjahren gebunden. Eine Rückkehr zur Versteuerung nach § 15 Abs. 1 Nr. 2 EStG (sog. Rückoption nach § 1a Abs. 4 KStG) ist nur unter erschwerten Bedingungen möglich.

> **Frage:** Erläutern Sie bitte das Grundprinzip des § 1a KStG.

Antwort: Optiert eine Personengesellschaft zur Körperschaftsbesteuerung, so versteuert die Personengesellschaft das Einkommen gemäß § 8 KStG mit 15 % Körperschaftsteuer zuzüglich 5,5 % SolZ und je nach örtlichem Hebesatz ca. 15 % Gewerbesteuer. Im Gegensatz zur Besteuerung nach § 15 Abs. 1 Nr. 2 EStG kann die Gewerbesteuer nicht bei der Veranlagung der Gesellschafter angerechnet werden (vgl. § 35 EStG).

Werden die thesaurierten Gewinne entnommen, so wird diese Entnahme fiktiv wie eine Dividende behandelt (§ 1a Abs. 3 Nr. 1 KStG). Eine Dividende im gesellschaftsrechtlichen Sinne kann es bei einer Personengesellschaft nicht geben. Die steuerliche Option ändert ja nichts daran, dass die Gesellschaft weiterhin eine Personengesellschaft i.S.d. §§ 105 ff. HGB darstellt. Damit versteuern die Gesellschafter ihre entnommenen Gewinnanteile wie eine Dividende nach §§ 20 Abs. 1 Nr. 1, 32d Abs. 1 EStG.

> **Frage:** Was geschieht mit den bisherigen Kapitalkonten? In der Bilanz einer Kapitalgesellschaft gibt es ja keine Kapitalkonten der Gesellschafter.

Antwort: Der Übergang zur Körperschaftsbesteuerung gilt als Formwechsel i.S.d. § 1 Abs. 3 Nr. 3 UmwStG. Die §§ 1 und 25 UmwStG sind entsprechend anzuwenden. Das im Einbringungszeitpunkt in der Steuerbilanz auszuweisende Eigenkapital wird auf dem steuerlichen Einlagekonto (vgl. § 27 KStG) der optierenden Gesellschaft erfasst. Im Falle einer späteren Ausschüttung wird die Ausschüttung aus dem Einlagekonto nach § 17 Abs. 4 EStG und nicht nach § 20 Abs. 1 Nr. 1 Satz 1 EStG besteuert. Der

Grund dafür liegt darin, dass die Kapitalkonten der Gesellschafter ja bereits nach § 15 Abs. 1 Nr. 2 EStG besteuert wurden und eine spätere Ausschüttung (respektive Entnahme) nicht noch einmal besteuert werden soll.

Frage: Führt die fiktive Umwandlung einer Personengesellschaft in eine Kapitalgesellschaft nicht zu einer Aufdeckung der stillen Reserven?

Antwort: **§ 25 UmwStG** verweist auf die §§ 20-23 UmwStG und erklärt diese entsprechend für anwendbar. Nach § 20 Abs. 2 Satz 2 UmwStG können die Wirtschaftsgüter mit den Buchwerten angesetzt werden, wenn die dort genannten Voraussetzungen erfüllt sind.

Frage: Gehen wir einmal davon aus, dass ein Gesellschafter einer Personengesellschaft, der seinen Gewinnanteil bisher nach § 15 Abs. 1 Nr. 2 EStG versteuert hat, für die Gesellschaft als Arbeitnehmer tätig ist. Wie versteuert er dann sein Gehalt?

Antwort: Das Gehalt wird nach § 15 Abs. 1 Nr. 2 EStG als sog. Sonderbetriebseinnahmen versteuert. Eventuelle Aufwendungen im Zusammenhang mit dem Arbeitsverhältnis werden als Sonderbetriebsausgaben abgezogen. Sonderbetriebseinnahmen/Sonderbetriebsausgaben sind in die einheitliche und gesonderte Gewinnfeststellung aufzunehmen.

Frage: Wie versteuert der Gesellschafter seinen Gehalt, nachdem die Gesellschaft zur Körperschaftsteuer optiert hat?

Antwort: Wenn die Personengesellschaft wie eine Körperschaft besteuert wird, kann es keine Sonderbetriebseinnahmen/Sonderbetriebsausgaben mehr geben. Daher sieht § 1a Abs. 3 Nr. 2 KStG vor, dass der Gesellschafter künftig sein Gehalt nach **§ 19 EStG** versteuert.

Frage: Nehmen wir an, dass der Gesellschafter der Personengesellschaft bisher eine Pensionszusage erhalten hat. Wie ist diese Pensionszusage bilanzsteuerlich zu behandeln?

Antwort: Auf der Ebene der Gesamthand wurde die Pensionszusage handelsrechtlich als Personalaufwand gebucht (Buchungssatz: Personalaufwand an Rückstellung). Diese Buchung gilt nach dem Maßgeblichkeitsgrundsatz auch für die Steuerbilanz. Steuerrechtlich wurde die Pensionszusage aber nach § 15 Abs. 1 Nr. 2 EStG als Sonderbetriebseinnahme erfasst. Sonach wurde in der Sonderbilanz gewinnwirksam eine Forderung auf Pension eingebucht (Buchungssatz: Pensionsforderung an Erträge aus Sonderbetriebsvermögen). Im Falle einer späteren Auszahlung der Pension wurde der Zahlungsaufwand mit der Auflösung der Rückstellung saldiert und in der Sonderbilanz der Zahlungseingang mit der Pensionsforderung.

Frage: Wie sieht dies nun aus, wenn die Personengesellschaft zur Körperschaftsteuer optiert?

Antwort: Da die Option steuerlich wie eine Umwandlung behandelt wird, gelten die gleichen Grundsätze wie im Falle einer Einbringung eines Mitunternehmeranteils in eine Kapitalgesellschaft. Dabei bleibt der bisherige Pensionsanspruch des Mitunternehmers erhalten. Die künftigen Zusagen werden dann aber nicht mehr im Sonderbetriebsvermögen erfasst und vom Gesellschafter zunächst mangels Zuflusses nach §§ 19, 11 EStG nicht versteuert. Im Falle der späteren Zahlung der Pension ist die Zahlung aufzuteilen in nachträgliche Sonderbetriebseinnahmen (§§ 15 Abs. 1 Nr. 2, 24 EStG) und Rentenzahlungen nach § 19 EStG.

Frage: Der folgende Fall wird erst in einigen Jahren relevant werden. Der Gesellschafter einer Personengesellschaft, die zur Körperschaftsteuer optiert hat, veräußert seinen Anteil an der Personengesellschaft. Wie versteuert er den Veräußerungsgewinn?

Antwort: Eine Versteuerung nach **§ 16 Abs. 1 Nr. 2 EStG** scheitert schon daran, dass ja kein Kapital-konto des veräußernden Gesellschafters mehr vorhanden ist. Da – wie oben dargestellt – die Option wie eine Umwandlung nach UmwStG behandelt wird, wird der Veräußerungsgewinn nach **§ 17 EStG** erfasst. Der Wert, mit dem die Gesellschaft nach der Option das eingebrachte Betriebsvermögen ansetzt, gilt nach § 20 Abs. 3 für den einbringenden Gesellschafter als Anschaffungskosten der Gesellschaftsanteile. Dies sind regelmäßig die Buchwerte des Kapitalkontos vor Option der Gesellschaft.

> **Frage:** Sehen Sie bei der Ausübung der Option ein Problem, wenn ausländische Gesellschafter beteiligt sind?

Antwort: Nach § 1 Abs. 4 UmwStG kann der Ansatz der Buchwerte nach § 20 UmwStG ausgeschlossen sein, wenn an der Gesellschaft natürliche Personen beteiligt sind, die weder ihren Wohnsitz noch ihre Ansässigkeit in der EU haben.

Veräußert der Gesellschafter einer Personengesellschaft seinen Mitunternehmeranteil, so fällt der Veräußerungsgewinn unter Art. 7 OECD-Musterabkommen und wird in dem Staat besteuert, in dem die Personengesellschaft ihren Sitz hat. Der Mitunternehmeranteil wird dabei fiktiv als Betriebsstätte am Sitz des Unternehmens behandelt.

Veräußert der Gesellschafter einer Kapitalgesellschaft seinen Anteil an der Kapitalgesellschaft, so wird der Gewinn nach Art. 13 Abs. 4 OECD-Musterabkommen in dem Staat besteuert, in dem der Gesellschafter ansässig ist. Die Option zur Körperschaftsteuer kann daher zu einer Verlagerung der Steuerhoheit führen.

> **Kommentar des Prüfers:** Wir haben jetzt einige Probleme des § 1a KStG angesprochen. Eine Vertiefung finden Sie in dem BMF-Schreiben vom 10.11.2021, BStBl I 2021, 1314. Das Problem des § 1a KStG wird uns und die Rechtsprechung sicherlich noch viele Jahre beschäftigen. Kommen wir nun zum nächsten Problemkomplex.

Problembereich 2: Ermittlung des Einkommens

> **Frage:** Eine englische Limited mit statutarischem Sitz in London hat ihren Verwaltungssitz in Frankfurt. Ist die Gesellschaft in Deutschland steuerpflichtig?

Antwort: § 1 Abs. 1 KStG statuiert die unbeschränkte Steuerpflicht, wenn eine Körperschaft ihren Sitz oder die Geschäftsleitung in Deutschland hat. Für die Limited ist aber in einem ersten Schritt zu prüfen, ob sie überhaupt unter die Vorschrift des § 1 KStG fällt. § 1 Abs. 1 Nr. 1 KStG ist auszuschließen, da dieser die Kapitalgesellschaften (GmbH etc.) explizit aufführt. Hier ist die Limited nicht enthalten. Man könnte sie aber unter die Nummer 4 subsumieren, wenn sie eine sonstige juristische Person des privaten Rechts ist. Dies hat man früher anhand des deutschen Rechts geprüft (sog. Sitztheorie) und bei der Limited bejaht, da sie eine körperschaftliche Struktur hat, vom Gesellschafterbestand unabhängig ist und ihren Gewinn in Form einer Dividende ausschüttet. Der EuGH hat aber in mehreren Entscheidungen festgestellt, dass es nur auf das Recht des Staates ankommt, in dem die Gesellschaft gegründet wurde (sog. Gründungstheorie). Ist die Gesellschaft nach dem Recht des (europäischen) Gründungsstaates eine Kapitalgesellschaft, muss sie in jedem Staat der Europäischen Union entsprechend anerkannt werden.

Da somit die Limited eine Kapitalgesellschaft ist und ihre Geschäftsleitung (also ihr Verwaltungssitz) sich in Deutschland befindet, gilt sie als unbeschränkt steuerpflichtig (eine Übersicht über die europäischen Gesellschaftsformen finden Sie in BMF vom 24.12.1999, BStBl I 1999, 1076 – Betriebsstättenerlass – Tabelle 1 im Anhang).

Frage: Gehen wir einmal davon aus, die Limited betreibt in Deutschland ein Immobilienbüro. Sitz und Geschäftsleitung der Gesellschaft befinden sich in London. Unterliegt die Limited dann der deutschen Körperschaftsteuer?

Antwort: In diesem Fall ist zu prüfen, ob die Limited in Deutschland beschränkt steuerpflichtig im Sinne des **§ 2 KStG** ist. Dies ist der Fall, wenn die Limited Einkünfte in Deutschland erzielt. Da sie in Deutschland ein Immobilienbüro (= Betriebsstätte i.S.v. **Art. 7 Abs. 1 DBA Großbritannien = Art.7 OECD-Musterabkommen**) betreibt, ist dies zu bejahen. Der Unterschied zwischen der unbeschränkten und der beschränkten Steuerpflicht besteht im Körperschaftsteuerrecht lediglich darin, dass bei der unbeschränkten Steuerpflicht das Welteinkommen, bei der beschränkten Steuerpflicht nur die in Deutschland erzielten Einkünfte erfasst werden. Der Steuersatz beträgt in beiden Fällen 15 %. Insoweit besteht ein wesentlicher Unterschied zu den §§ 49, 50 EStG.

Frage: Muss die Betriebsstätte der Limited in Deutschland eine Handels- und Steuerbilanz erstellen?

Antwort: Die Pflicht zur Buchführung ergibt sich aus **§§ 238, 1 ff. HGB**. Da die Betriebsstätte in Deutschland ein Handelsgewerbe betreibt, ist sie Kaufmann im Sinne des § 1 Abs. 1 HGB. Die Rechtsform spielt insoweit keine Rolle. Als Kaufmann ist die Betriebsstätte aber nach § 238 HGB buchführungspflichtig.

Die Pflicht zur Aufstellung einer Steuerbilanz ergibt sich aus **§ 140 AO**, da die Betriebsstätte nach anderen Vorschriften – nämlich denen des HGB – zur Buchführung verpflichtet ist.

Völlig unabhängig von der Frage der deutschen Buchführungspflicht besteht in Großbritannien eine Buchführungspflicht für die Limited nach englischem Recht. Das Problem der Buchführungspflicht in zwei Staaten besteht für Betriebsstätten regelmäßig.

Frage: Eine Kapitalgesellschaft mit statutarischem Sitz im Ausland ist Eigentümerin eines Mehrfamilienhauses in Deutschland. Die Verwaltung des Mehrfamilienhauses erfolgt über ein deutsches Immobilienbüro. Die ausländische Kapitalgesellschaft hat in Deutschland kein Büro und keine Mitarbeiter. Die Kapitalgesellschaft wird vom Finanzamt aufgefordert, eine Steuerbilanz einzureichen. Ist diese Aufforderung rechtens (siehe BFH vom 14.11.2018, I R 81/16, BStBl II 2019, 390).

Antwort: Da die ausländische Kapitalgesellschaft in Deutschland keine Betriebsstätte hat, kommt eine Buchführungspflicht nach § 238 HGB, § 140 AO nicht infrage. Allerdings statuiert § 140 AO eine Buchführungspflicht in Deutschland, wenn sich eine Buchführungspflicht „nach anderen Vorschriften" ergibt. Als solche kommen auch ausländische Bilanzierungsvorschriften in Betracht. Da davon auszugehen ist, dass die Kapitalgesellschaft im Ausland nach dem Recht dieses Staates buchführungspflichtig ist, schlägt diese Buchführungspflicht auch auf das deutsche Recht durch. Die ausländische Kapitalgesellschaft muss daher eine Steuerbilanz vorlegen (so BFH a.a.O.).

Frage: Könnte die Limited eine Organgesellschaft sein?

Antwort: Nach **§ 14 Abs. 1 KStG** muss die Geschäftsleitung im Inland sein, der Sitz aber in einem Mitgliedstaat der Europäischen Union oder in einem Vertragsstaat des EWR-Abkommens (Organgesellschaft) sein. Damit liegen die Voraussetzungen einer unbeschränkten Steuerpflicht nach § 1 KStG vor, da nach dieser Vorschrift die Kapitalgesellschaft ihre Geschäftsleitung **oder** (!) ihren Sitz im Inland haben muss.

Frage: Eine GmbH hat Geschäftsleitung und statutarischen Sitz in Deutschland. Seit einigen Jahren unterhält sie in Belgien eine Betriebsstätte. Da die Betriebsstätte über mehrere Jahre ausschließlich Verluste produzierte, schließt die GmbH die Betriebsstätte in Belgien. Kann die GmbH die Verluste der Betriebsstätte in Deutschland steuerlich verwerten?

Antwort: Die Definition einer Betriebsstätte findet sich in Art. 5 des DBA Belgien (**Anmerkung:** Sie können davon ausgehen, dass der Prüfer Ihnen ein einschlägiges DBA zur Verfügung stellt – niemand erwartet von Ihnen, dass Sie die Doppelbesteuerungsabkommen auswendig kennen). Nach Art. 7 Abs. 1 i.V.m. Art. 23 des DBA Belgien (entspricht weitgehend dem OECD-Musterabkommen) werden die Gewinne einer Betriebsstätte ausschließlich in dem Staat besteuert, in dem die Betriebsstätte liegt. Der andere Staat (hier: Deutschland) verzichtet insoweit auf die Besteuerung. Damit werden die Verluste der belgischen Betriebsstätte ausschließlich in Belgien versteuert und können grundsätzlich in Deutschland nicht verwertet werden. Verluste die in der laufenden Besteuerung nicht verwertet werden können, werden nach belgischem Steuerrecht – wie auch in Deutschland – auf die folgenden Veranlagungszeiträume vorgetragen (vergleichbar § 10d EStG).

Die Frage eines Progressionsvorbehalts (§ 32b EStG) braucht hier nicht geprüft zu werden, da § 32b EStG im Körperschaftsteuerrecht nicht anwendbar ist (vgl. R 8.1 KStR).

Wird die Betriebsstätte geschlossen, so ist eine Verwertung des Verlustvortrags in dem entsprechenden Staat nicht mehr möglich. Bereits in dem Urteil „Lidl Belgium" (EuGH vom 15.05.2008, BStBl II 2009, 692) hat der EuGH entschieden, dass die Verluste dann in dem anderen Staat berücksichtigt werden müssen, wenn im Sitzstaat der Betriebsstätte die Verluste endgültig (z.B. aufgrund einer Betriebsaufgabe) nicht mehr verwertet werden können. Dies bedeutet, dass die deutsche GmbH die Verluste der belgischen Betriebsstätte – entgegen der Regelung in Art. 7 des DBA – in Deutschland verwerten kann (bestätigt durch BFH vom 05.02.2014, I R 48/11, BFH/NV 2014, 963).

> **Frage:** § 14 KStG spricht nur von der Europäischen Gesellschaft, der Aktiengesellschaft oder der Kommanditgesellschaft auf Aktien. Fällt daher die Limited überhaupt unter diese Vorschrift?

Antwort: § 14 KStG wird durch § 17 KStG ergänzt. Danach kann eine Organgesellschaft auch eine andere Kapitalgesellschaft (z.B. eine GmbH oder eben eine Limited sein).

> **Frage:** Sie haben gerade dargelegt, dass Verluste aus dem Ausland nicht nach Deutschland transferiert werden können. Wir haben nun gesehen, dass die Organgesellschaft in Deutschland unbeschränkt steuerpflichtig sein muss. Wäre es möglich, deutsche Gewinne mittels einer Organschaft auf einen im Ausland ansässigen **Organträger** zu übertragen?

Antwort: § 14 Abs. 1 KStG regelt nur die Frage, ob die Organgesellschaft ihren Sitz oder ihre Geschäftsleitung im Inland hat. In § 14 Abs. 1 Nr. 2 Satz 6 KStG ist eine Regelung enthalten, wonach das Einkommen der Organgesellschaft einer inländischen Betriebsstätte des Organträgers zugerechnet werden muss. Es ist daher grundsätzlich möglich, dass der Organträger seinen Sitz im Ausland hat. Er muss aber über eine Betriebsstätte (vgl. § 12 AO sowie die entsprechenden Regelungen in den Doppelbesteuerungsabkommen) in Deutschland verfügen und daher der deutschen Besteuerung unterliegen (vgl. Art. 7 OECD-Musterabkommen).

> **Frage:** Bleiben wir noch bei der Organschaft, die ja die Rechtsprechung immer wieder beschäftigt. Folgender Fall lag dem BFH vor (BFH vom 02.11.2022, I R 37/19, www.bundesfinanzhof.de): Die M-GmbH hielt 100 % der Anteile an der T-GmbH. Die T-GmbH verpflichtete sich, ihren gesamten Gewinn an die M-GmbH abzuführen. Im Gegenzug verpflichtete sich die M-GmbH, jeden während der Vertragsdauer entstehenden Jahresfehlbetrag der T-GmbH entsprechend § 302 AktG auszugleichen. Stellen Sie bitte zunächst einmal die bilanzielle Problematik einer Organschaft dar.

Antwort: Im vorliegenden Fall liegt eine Organschaft nach §§ 14 ff. KStG vor, da die M-GmbH die Mehrheit der Anteile an der T-GmbH hält und sich verpflichtet hat, ihren gesamten Gewinn an die Muttergesellschaft abzuführen. Die M-GmbH aktiviert die Beteiligung an der T-GmbH in ihrer Bilanz mit den Anschaffungskosten. Die M-GmbH hat den Anspruch auf den Jahresüberschuss der T-GmbH als Forderung in ihrer Bilanz auszuweisen. Erzielt die T-GmbH einen Verlust, so hat die M-GmbH eine entsprechende Verbindlichkeit zu passivieren. Die T-GmbH hat im Falle eines Gewinnes eine Abführungsverbindlichkeit in Höhe des Gewinns zu passivieren. Dadurch beträgt der Jahresüberschuss der Organgesellschaft regelmäßig 0 €. Weist die Organgesellschaft einen Verlust aus, so hat sie in Höhe des Verlustes eine Forderung einzubuchen, so dass auch in diesem Fall der Jahresüberschuss 0 € beträgt. Unabhängig von der Buchung in den beiden Bilanzen der Organgesellschaft und der Organträgerin versteuert die Organträgerin das Einkommen der Organgesellschaft (§ 14 KStG). Im Falle eines Verlustes der Organgesellschaft geht dieser Verlust auch steuerlich auf die Organträgerin über.

> **Hinweis des Prüfers:** Der Fall enthielt nun folgende Besonderheit: Für das Wirtschaftsjahr 2013 ergab sich für die T-GmbH ein Verlust in Höhe von 3 Mio. €. Die Bilanz der T-GmbH zum 31.12.2013 (Kalenderjahr Gleichwirtschaftsjahr) wurde am 10.11.2014 erstellt. Die Bilanz der T-GmbH wies keine Forderung auf Verlustübernahme durch die M-GmbH aus. Warum hat wohl die Betriebsprüferin diesen Fall aufgenommen?

Antwort: § 14 KStG setzt zwingend voraus, dass der Ergebnisabführungsvertrag tatsächlich durchgeführt wird. Dies bedeutet, dass die M-GmbH die Verluste tatsächlich durch Zahlung oder Verrechnung übernehmen muss. Schon vor dem Zeitpunkt der tatsächlichen Zahlung/Verrechnung muss objektiv erkennbar sein, dass sowohl der Organträger als auch die Organgesellschaft ihre zivilrechtlichen Vertragspflichten aus dem Ergebnisabführungsvertrag erfüllen werden. Daraus folgt, dass die entsprechenden Forderungen /Verbindlichkeiten auch in den Jahresabschlüssen gebucht werden müssen. Aus dem Unterlassen der Einbuchung einer entsprechenden Forderung im Jahresabschluss zum 31.12.2013 folgerte der erkennende Senat, dass der Ergebnisabführungsvertrag tatsächlich nicht durchgeführt wurde und die Organschaft daher nicht anzuerkennen war.

> **Zwischenfrage des Prüfers:** Wäre eine Heilung nach § 14 Abs. 1 Satz 1 Nr. 3 Satz 4 KStG möglich?

Antwort: Nach dieser Regelung gilt der Gewinnabführungsvertrag unter bestimmten, dort aufgeführten Voraussetzungen auch dann als durchgeführt, wenn der abgeführte Gewinn oder ausgeglichene Verlust auf einem Jahresabschluss beruht, der fehlerhafte Bilanzansätze enthält. Der Anwendungsbereich ist nach diesem Wortlaut aber auf fehlerhafte Bilanzansätze mit einer Wirkung auf den abgeführten Gewinn oder ausgeglichenen Verlust beschränkt und bezieht sich auf die Höhe des abzuführenden Gewinns oder auszugleichenden Verlusts. Nicht erfasst ist dagegen der fehlerhafte Ausweis eines in der Organgesellschaft verbleibenden Gewinns oder Verlusts durch den unterlassenen Ausweis einer Forderung (Anspruch auf Verlustausgleich) oder einer Verbindlichkeit (Gewinnabführungsverpflichtung) der Organgesellschaft auf der Grundlage des Ergebnisabführungsvertrags.

Die Nichtdurchführung des Ergebnisabführungsvertrags für das Jahr 2013 führte daher zu einer rückwirkenden Nichtanerkennung der Organschaft.

> **Frage:** Die Rechtsprechung hatte einen weiteren interessanten Fall zu Organschaft zu lösen (BFH vom 02.11.2022, I R 29/19 www.bundesfinanzhof.de). Zwischen der A-GmbH (Muttergesellschaft) und der B-GmbH bestand unstreitig eine Organschaft i.S.v. §§ 14 ff. KStG. Der Gewinnabführungsvertrag sollte erstmals für das am 1.1.2006 beginnende Geschäftsjahr Anwendung finden und war auf die Dauer von 5 Jahren vereinbart. Im März 2009 beantragte die B-GmbH die Eröffnung eines Insolvenzverfahrens. Die Eröffnung des Insolvenzverfahrens durch das Amtsgericht erfolgte am 01.06.2009. Worin könnte das Problem dieses Falles liegen?

Antwort: Mit Eröffnung des Insolvenzverfahrens können nach **§ 38 InsO** keine Zahlungen mehr von der B-GmbH geleistet werden, da die Organträgerin nur einfache Insolvenzgläubigerin ohne Vorzugsrecht ist. Damit kann die Gewinnabführung tatsächlich nicht mehr durchgeführt werden. Im Rahmen des § 14

KStG kommt es nicht auf den Willen der Organgesellschaft, sondern auf die tatsächliche Durchführung der Gewinnabführung an. Sonach wurde der Gewinnabführungsvertrag tatsächlich nicht durchgeführt und die Organschaft rückwirkend nicht anerkannt.

Frage: Gehen wir im Folgenden von einer in Deutschland ansässigen GmbH aus. Bitte erklären Sie den Unterschied zwischen Jahresüberschuss und Einkommen.

Antwort: Der Begriff des Jahresüberschusses ergibt sich aus § 266 Abs. 3 A. V. HGB. Der Jahresüberschuss ist das Betriebsergebnis der GmbH, das nach handelsrechtlichen Vorschriften ermittelt wird. Der Jahresüberschuss ist aufgrund der Maßgeblichkeit des § 5 Abs. 1 EStG auch in der Steuerbilanz auszuweisen.

Aus dem Jahresüberschuss ist außerbilanziell das steuerliche Einkommen (§ 8 Abs. 1 KStG) zu berechnen. Hierbei müssen Korrekturen vorgenommen werden, die sich aufgrund der steuerlichen Vorschriften ergeben.

Zwischenfrage: Können Sie mir dafür Beispiele nennen?

Antwort: Ein typisches Beispiel ist die Vorschrift des **§ 8b Abs. 1 KStG**. In der Handelsbilanz sind Dividenden, die eine Kapitalgesellschaft aus der Beteiligung an einer anderen Kapitalgesellschaft erzielt, in voller Höhe zu erfassen (Buchungssatz: Geld an Beteiligungsertrag). Dementsprechend umfasst der Jahresüberschuss den vollen Beteiligungsertrag. Damit wird auch in der Steuerbilanz im Jahresüberschuss dieser volle Beteiligungsertrag ausgewiesen. Erst auf der Ebene der Einkommensermittlung wird nun der Beteiligungsertrag außerbilanziell in voller Höhe abgezogen (§ 8b Abs. 1 KStG) und 5 % als nicht abziehbare Betriebsausgabe wieder dem Einkommen hinzugerechnet (§ 8b Abs. 5 KStG).

Ein weiteres Beispiel wäre z.B. eine Parteispende durch eine Kapitalgesellschaft. In der handelsrechtlichen Buchführung muss die Parteispende als Aufwand verbucht werden (Buchungssatz: Spendenaufwand an Bank). Die Spende mindert damit den Jahresüberschuss sowohl in der Handels- als auch in der Steuerbilanz. Bei der Ermittlung des Einkommens muss dann die Parteispende nach § 9 Abs. 1 Nr. 2 KStG i.V.m. § 4 Abs. 6 EStG wieder hinzugerechnet werden, da sie unter den abziehbaren Spenden nicht aufgeführt ist.

Frage: Welche Bedeutung hat in diesem Zusammenhang der Begriff des Bilanzgewinnes?

Antwort: Der Jahresüberschuss kann nach **§ 268 Abs. 1 HGB** auch unter Verwendung des Jahresergebnisses ausgewiesen werden. In diesem Fall ist ein Posten „Bilanzgewinn" zu erstellen, der den Jahresüberschuss und Gewinnvorträge aus den Vorjahren umfasst.

Für die Ermittlung des Einkommens im Sinne des § 8 Abs. 1 KStG ist dieser Ausweis aber ohne Bedeutung. Grundlage der Ermittlung des Einkommens ist und bleibt der Jahresüberschuss.

Frage: Sie haben vorher richtigerweise erwähnt, dass der in der Handelsbilanz ausgewiesene Jahresüberschuss aufgrund der Maßgeblichkeit mit dem Jahresüberschuss in der Steuerbilanz identisch sein muss. Nehmen wir einmal an, eine GmbH bildet für das Wirtschaftsjahr 2022 eine Drohverlustrückstellung i.H.v. 500.000 €. Wie erfolgt die Bilanzierung nach Handels- und Steuerrecht?

Antwort: Nach **§ 249 Abs. 1 HGB** ist für drohende Verluste aus schwebenden Geschäften eine entsprechende Rückstellung in der Handelsbilanz zu bilden. Insoweit vermindert sich in unserem Fall der Jahresüberschuss um 500.000 €. Nach **§ 5 Abs. 4a EStG** darf in der Steuerbilanz eine Rückstellung für drohende Verluste aus schwebenden Geschäften nicht gebildet werden. Insoweit ist der Maßgeblichkeitsgrundsatz durch eine Spezialregelung außer Kraft gesetzt. Damit ergibt sich das Problem, dass der Jahresüberschuss um die Rückstellung gemindert wurde und dessen Höhe in der Steuerbilanz nicht geändert werden darf. Da jedoch in der Steuerbilanz auf der Passivseite ein Betrag i.H.v. 500.000 €

fehlt, muss ein sog. **passiver steuerlicher Ausgleichsposten** i.H.v. 500.000 € gebildet werden. Bei der Ermittlung des steuerlichen Einkommens der GmbH muss dann der Jahresüberschuss durch Hinzurechnung von 500.000 € korrigiert werden. Damit wirkt sich die Drohverlustrückstellung auf die Berechnung der Körperschaftsteuer nicht aus.

> **Frage:** Gehen wir doch einmal von folgendem ähnlichen Problem aus: Eine GmbH erhält von ihrem Gesellschafter in 2021 ein Darlehen über 500.000 € zu einem angemessenen Zinssatz. In 2023 tritt der Gesellschafter – auf Druck der Bank – im Rang hinter alle Gläubiger zurück und vereinbart mit der GmbH, dass die Verbindlichkeit ausschließlich aus künftigen Gewinnen zu erfüllen sei. Welche bilanzsteuerlichen Folgen hat der Rangrücktritt?

Antwort: In der Handelsbilanz ist in 2021 eine Verbindlichkeit i.H.v. 500.000 € auszuweisen. Aufgrund der Maßgeblichkeit gilt dies auch für die Steuerbilanz. Eine Abzinsung der Verbindlichkeit unterbleibt, da eine Verzinsung vereinbart ist. Die Vereinbarung des **Rangrücktritts** hat als reine Sicherheitsvereinbarungen keine Auswirkungen auf die Bilanzierung in der Handelsbilanz. Die Verbindlichkeit bleibt weiter mit dem Nominalbetrag passiviert. In der Steuerbilanz ist allerdings die Vorschrift des **§ 5 Abs. 2a EStG** zu beachten. Danach darf für Verpflichtungen, die nur zu erfüllen sind, soweit künftig Einnahmen oder Gewinne anfallen, eine Verbindlichkeit nicht ausgewiesen werden. Damit ist die Darlehensverbindlichkeit in der Bilanz zum 31.12.2022 gewinnerhöhend auszubuchen. Da der handelsrechtliche Jahresüberschuss aufgrund der Maßgeblichkeit nicht verändert werden darf, muss auch hier wieder ein passiver steuerlicher Ausgleichsposten gebucht werden. Der (steuerliche) Gewinn aus der Ausbuchung ist dem Jahresüberschuss bei der Ermittlung des (steuerlichen) Einkommens hinzuzurechnen.

Antwort des Prüfers: Diese Lösung entspricht auch der Rechtsprechung des BFH (vgl. BFH vom 30.11.2011, I R 100/10, BStBl II 2012, 332).

> **Frage:** Kommen wir zu den Steuerrückstellungen. Muss ein Unternehmen Rückstellungen für Steuern überhaupt bilden, obwohl diese ja erst im Rahmen der Veranlagung anfallen?

Antwort: Bei Erstellung der Bilanz liegt zwar noch keine Steuerverbindlichkeit vor, da die Körperschaftsteuer, der Solidaritätszuschlag und die Gewerbesteuer erst auf der Grundlage der Bilanz veranlagt werden können. Gleichwohl verpflichtet § 249 HGB das Unternehmen, für künftige Steuern, deren Entstehung bei der Bilanzaufstellung der Höhe nach absehbar sind, eine Rückstellung zu bilden, da der Steueraufwand wirtschaftlich zu dem Jahr gehört, das veranlagt wird.

> **Frage:** Eine Kapitalgesellschaft bildet in ihrer Handelsbilanz eine Gewerbesteuerrückstellung. Welche Auswirkungen hat dies auf den Jahresüberschuss und das steuerliche Einkommen?

Antwort: Die Bildung der Rückstellung vermindert den handelsrechtlichen Jahresüberschuss. Nach **§ 4 Abs. 5b EStG** ist die Gewerbesteuer aber keine Betriebsausgabe. Da die Steuerrückstellung aufgrund des Maßgeblichkeitsgrundsatzes auch in der Steuerbilanz gebildet werden muss, muss der Betrag der Rückstellung bei der Berechnung des Einkommens außerbilanziell wieder hinzugerechnet werden.

> **Frage:** Im Zusammenhang mit Steuerrückstellungen fällt immer wieder der Begriff „Latente Steuern"; können Sie das bitte etwas näher erläutern?

Antwort: Der Begriff „Latente Steuern" ist in **§ 274 HGB** geregelt. Bestehen zwischen den handelsrechtlichen Wertansätzen und ihren steuerlichen Wertansätzen Differenzen, die sich in späteren Geschäftsjahren voraussichtlich abbauen, so ist eine sich daraus insgesamt ergebende Steuerbelastung in der Handelsbilanz als passive latente Steuern auszuweisen. Eine sich daraus insgesamt ergebende Steuerentlastung kann als aktive latente Steuern in der Handelsbilanz angesetzt werden (Wahlrecht).

Ein typisches Beispiel hierfür wäre die Bildung einer Drohverlustrückstellung in der Handelsbilanz. Als Beispiel möchte ich von der Handelsbilanz einer GmbH ausgehen, die eine Drohverlustrückstellung i.H.v. 200.000 € und einen Jahresüberschuss i.H.v. 500.000 € ausweist. Für die Berechnung der Steuerrückstellung ist von einem Einkommen (§ 8 KStG) i.H.v. 500.000 € zuzüglich der Hinzurechnung der Drohverlustrückstellung (steuerliches Passivierungsverbot nach § 5 Abs. 4a EStG), also von 700.000 € auszugehen. Unter Zugrundelegung einer durchschnittlichen Steuerbelastung einer Kapitalgesellschaft von 30 % ergibt dies eine Steuerrückstellung i.H.v. 210.000 €. Bezogen auf den handelsrechtlichen Jahresüberschuss ist dieser Wert zu hoch (500.000 € × 30 % = 150.000 €). Daher kann die GmbH in ihrer Handelsbilanz aktive latente Steuern i.H.v. (200.000 € × 30 % =) 60.000 € ausweisen, da sich die Drohverlustrückstellung mit Realisierung des Verlustes auch steuerlich auswirkt.

> **Frage:** Sie erwähnen eine Vorschrift des Einkommensteuergesetzes, nämlich § 5 Abs. 4a EStG. Ist diese Vorschrift für Kapitalgesellschaften überhaupt anwendbar?

Antwort: Nach **§ 8 Abs. 1 KStG** bestimmt sich die Ermittlung des Einkommens nach den Vorschriften des Einkommen- und des Körperschaftsteuerrechts (vgl. R 8.1 KStR). Die Vorschriften des Einkommensteuergesetzes sind aber nicht uneingeschränkt auf eine Kapitalgesellschaft anwendbar. Es ist jeweils zu prüfen, ob die Einkommensteuer-Vorschrift ihrem Wesen nach überhaupt auf eine Kapitalgesellschaft anwendbar ist. So sind z.B. die Vorschriften über Sonderausgaben, Kinderfreibeträge oder außergewöhnliche Belastungen auf Kapitalgesellschaften nicht anwendbar. Die Vorschrift des § 5 Abs. 4a EStG, die die steuerliche Gewinnermittlung zum Gegenstand hat, ist demgegenüber über § 8 Abs. 1 KStG uneingeschränkt im Körperschaftsteuerrecht zu berücksichtigen.

Problembereich 3: Verdeckte Gewinnausschüttungen

> **Frage:** Was versteht man unter einer verdeckten Gewinnausschüttung und welche Folgen hat sie für die Gesellschaft und den Gesellschafter?

Antwort: Da die Kapitalgesellschaft mit ihren Gesellschaftern Verträge schließen kann, könnte sie ihren Jahresüberschuss dadurch verringern, dass sie überhöhte Entgelte an den Gesellschafter zahlt. Der Gesellschafter muss zwar die erhöhten Entgelte unter Umständen auch versteuern (z.B. im Falle von Mietzahlungen). Seine Einkünfte unterliegen aber in der Regel nicht der Gewerbesteuer. Daher werden die überhöhten Entgeltanteile so behandelt, als seien sie Gewinnausschüttungen. Da Gewinnausschüttungen das Einkommen der Gesellschaft nicht mindern, wirkt sich der unangemessene Teil auf der Ebene der Kapitalgesellschaft ertragsmäßig nicht aus. Wurde das überhöhte Entgelt bereits gewinnwirksam verbucht (z.B. als Mietaufwand), so bleibt der Jahresüberschuss unverändert, da es handelsrechtlich das Institut der verdeckten Gewinnausschüttung nicht gibt. Steuerlich wird bei der Ermittlung des Einkommens der unangemessene Teil außerbilanziell nach § 8 Abs. 3 Satz 2 KStG hinzugerechnet.

Auf der Ebene des Gesellschafters ändern sich die Einkünfte. Während dieser z.B. die überhöhte Miete als Einnahme nach § 21 EStG erfasste, muss er nun die Miete – soweit sie unangemessen ist – als verdeckte Gewinnausschüttung und somit nach § 20 Abs. 1 Nr. 1 S. 2 EStG versteuern. Bis zum Veranlagungszeitraum 2010 unterlagen verdeckte Gewinnausschüttungen uneingeschränkt der Abgeltungsteuer nach § 32d Abs. 1 EStG. Mit Wirkung ab dem Veranlagungszeitraum 2011 wurde **§ 32d Abs. 2 Nr. 4 EStG** neu in das Gesetz eingefügt. Danach unterliegt eine verdeckte Gewinnausschüttung nicht der Abgeltungsteuer, sondern wird mit dem regulären Tarif versteuert (§ 3 Nr. 40 Buchst. d) EStG), soweit die verdeckte Gewinnausschüttung das Einkommen der leistenden Körperschaft gemindert hat. Dieser Fall wird in der Praxis regelmäßig nicht vorkommen, da ja die außerbilanzielle Hinzurechnung nach

§ 8 Abs. 3 Satz 2 KStG gerade dazu führt, dass die verdeckte Gewinnausschüttung das Einkommen der Körperschaft nicht mindert.

Der Tatbestand des § 32d Abs. 2 Nr. 4 EStG greift z.B. dann, wenn ein in Deutschland ansässiger Gesellschafter an einer ausländischen Kapitalgesellschaft beteiligt ist. In diesem Fall sind Dividenden (und verdeckte Gewinnausschüttungen) nach Art. 10 OECD-Musterabkommen in Deutschland zu versteuern. Zahlt nun z.B. die ausländische Kapitalgesellschaft ein überhöhtes Gehalt an den in Deutschland ansässigen Gesellschafter, mindert dieses Gehalt das Einkommen der ausländischen Kapitalgesellschaft. Die deutsche Finanzverwaltung kann aber nur den deutschen Sachverhalt beurteilen und korrigieren, also z.B. beim Gesellschafter die vGA feststellen. Da also zwar auf Ebene des Gesellschafters eine vGA vorliegt, das Einkommen der ausländischen Gesellschaft aber durch die Gehaltszahlung vermindert wurde, muss der Gesellschafter sein (überhöhtes) Gehalt nach § 19 EStG versteuern, obwohl nach deutschem Verständnis eine vGA und somit Einkünfte nach § 20 Abs. 1 Nr. 1 EStG vorlägen. Das Beispiel zeigt deutlich, dass eine vGA immer zwei Seiten hat – die Ebene der Gesellschaft und die Ebene des Gesellschafters.

Eine Ausnahme gilt nach § 32d Abs. 2 Nr. 4 EStG, wenn die verdeckte Gewinnausschüttung zwar das Einkommen der Körperschaft gemindert hat, gleichzeitig aber das Einkommen einer dem Gesellschafter nahestehenden Person erhöht hat. Dies kann z.B. der Fall sein, wenn die oben erwähnte ausländische Kapitalgesellschaft dem Kind des Gesellschafters ein überhöhtes Gehalt bezahlt. Grundsätzlich muss in diesem Fall der Gesellschafter i.H.d. unangemessenen Gehaltes eine verdeckte Gewinnausschüttung nach § 20 Abs. 1 Nr. 1 Satz 2 EStG in Deutschland versteuern; auf der Ebene des Kindes wird das Gehalt (§ 19 EStG) um den unangemessenen Teil vermindert (**Fiktionstheorie**). Kann aber z.B. das Gehalt des Kindes nicht korrigiert werden, weil das Kind im Ausland lebt und dort sein Gehalt versteuert, so unterliegt die vGA beim Vater der Abgeltungsteuer.

Frage: Wie ist die verdeckte Gewinnausschüttung auf der Ebene des Gesellschafters zu behandeln, wenn sich die Beteiligung an einer Kapitalgesellschaft im Betriebsvermögen befindet? Können Sie mir ein Beispiel dafür nennen, in dem der Gesellschafter die Beteiligung zwingend als Betriebsvermögen behandeln muss?

Antwort: Eine Beteiligung an einer Kapitalgesellschaft muss zum Beispiel im Betriebsvermögen aktiviert werden, wenn die Voraussetzungen einer Betriebsaufspaltung vorliegen. Ein weiteres Beispiel ist die Komplementär-GmbH im Rahmen einer GmbH & Co. KG. Hier müssen die Kommanditisten die Beteiligung an der Komplementär-GmbH als Sonderbetriebsvermögen II aktivieren, da die Komplementär-GmbH der Verwaltung der KG dient (vgl. H 4.2 Abs. 2 EStH „Anteile an Kapitalgesellschaften – Einzelfälle"). Eine zwingende Behandlung als Betriebsvermögen kann des Weiteren vorliegen, wenn die Beteiligung an einer Kapitalgesellschaft unmittelbar betrieblichen Zwecken dient. Dies kann zum Beispiel bei einem Architekten der Fall sein, der an einer Baugesellschaft GmbH beherrschend beteiligt ist und über diese Gesellschaft zahlreiche Aufträge erhält. Im Übrigen können Anteile an einer Kapitalgesellschaft grundsätzlich auch als gewillkürtes Betriebsvermögen behandelt werden.

Befinden sich die Anteile an einer Kapitalgesellschaft im Betriebsvermögen, so unterliegt eine verdeckte Gewinnausschüttung nach §§ 20 Abs. 1 Nr. 1, Abs. 8, 32d Abs. 1 EStG nicht der Abgeltungsteuer. In diesem Fall ist nach § 3 Nr. 40 Buchstabe d) EStG das Teileinkünfteverfahren anzuwenden. Im Übrigen unterliegt die verdeckte Gewinnausschüttung – vorbehaltlich der §§ 8 Nr. 5, 9 Nr. 2a GewStG – grundsätzlich der Gewerbesteuer.

Frage: Sie haben gerade einige wichtige Fälle genannt, in denen eine Beteiligung an einer Kapitalgesellschaft notwendiges Betriebsvermögen darstellt. Wie beurteilen Sie den folgenden Fall, der dem BFH vor kurzem vorlag: Der Kläger erzielte mit einem Immobilienunternehmen (Hausverwaltung, Hausmeisterdienste etc.) als Einzelunternehmer Einkünfte aus Gewerbebetrieb. Er erwarb 50 % der Anteile an einer Bauträger-GmbH. In der Folgezeit erhielt das Einzelunternehmen einen Großteil seiner Aufträge von der GmbH.

Antwort: Eine Beteiligung stellt dann notwendiges Betriebsvermögen dar, wenn die Beteiligung dazu bestimmt ist, die gewerbliche Betätigung des Steuerpflichtigen entscheidend zu fördern oder wenn sie dazu dient, den Absatz von Produkten des Steuerpflichtigen zu gewährleisten (vgl. H 4.2 Abs. 2 EStH sowie BFH vom 15.01.2019, X R 34/17, BFH/NV 2019, 530). Da im vorliegenden Fall ein wesentlicher Teil der Umsätze aus Aufträgen mit der GmbH generiert wurde, ist davon auszugehen, dass die Beteiligung notwendiges Betriebsvermögen darstellt.

Frage: Gehen Sie in obigem Fall davon aus, der Einzelunternehmer habe der GmbH ein Darlehen über 200 T € gewährt. Im Streitjahr stellt sich heraus, dass die GmbH zahlungsunfähig ist.

Antwort: Man müsste zuerst prüfen, ob der Darlehensanspruch Betriebsvermögen oder lediglich eine private Geldanlage darstellt. Ich würde hier eine Vermutung postulieren, nach der ein Gesellschafter, der die Beteiligung im Betriebsvermögen hält, auch das Darlehen aus betrieblichen Gründen hingibt und es daher Betriebsvermögen ist.

Zwischenfrage: So sieht es auch der BFH. Welche steuerlichen Folgen hat nun die Vermögenslosigkeit der GmbH?

Antwort: In Frage kommt eine Teilwertabschreibung in der Steuerbilanz nach **§ 6 Abs. 1 Nr. 2 EStG**. Dann müsste die Wertminderung aber voraussichtlich von Dauer sein. Dies ist eine Einzelfallentscheidung anhand der Zukunftsprognose der GmbH.

Kommentar des Prüfers: Unterstellen Sie eine dauernde Wertminderung.

Antwort: Dann müsste im nächsten Schritt geprüft werden, welche Auswirkungen die Abschreibung auf den Gewinn des Einzelunternehmens hat. Hier denke ich an **§ 3c Abs. 2 Satz 2 EStG**. Da der EU zu mehr als 25 % an der GmbH beteiligt ist, muss er den Abschreibungsaufwand außerbilanziell um 40 % vermindern.

Frage: Welche Folge hat die Abschreibung auf die Bilanz der GmbH?

Antwort: Die bloße Vermögenslosigkeit führt zu keiner Verringerung der Passivposten.

Frage: Nehmen Sie einmal an, der Gesellschafter würde auf Druck der Banken auf seine Darlehensforderung verzichten.

Antwort: Dann ist die Verbindlichkeit gewinnerhöhend auszubuchen. Gleichzeitig liegt aber eine **verdeckte Einlage** vor, die aber mit einem Teilwert von 1 € anzusetzen ist.

Frage: Gehen Sie einmal davon aus, der Verzicht erfolge, um die GmbH zu sanieren.

Antwort: Dann käme eine Steuerfreiheit des Gewinns nach **§ 3a EStG** infrage.

Frage: Ein Steuerpflichtiger erwarb in 2016 70 % der Anteile an einer GmbH für 500.000 € und hielt die Anteile zulässigerweise in der Folgezeit im Privatvermögen. In 2022 gründet der Steuerpflichtige ein Einzelunternehmen und legt die Anteile zulässigerweise in das Betriebsvermögen seines Einzelunternehmens ein. Zu diesem Zeitpunkt beträgt der Teilwert der Anteile lediglich noch 100.000 €.

Antwort: Die Einlage der Anteile an der AG hat nach **§ 6 Abs. 1 Nr. 5 Buchstabe b) EStG** grundsätzlich mit den Anschaffungskosten zu erfolgen, da eine Beteiligung i.S.v. § 17 Abs. 1 Satz 1 EStG vorliegt. Liegt der Teilwert unter den Anschaffungskosten, so müsste nach § 6 Abs. 1 Nr. 5 Satz 1 EStG die Beteiligung mit dem niedrigeren Teilwert aktiviert werden. In diesem Fall ginge dem Gesellschafter die Möglichkeit verloren, die Verluste nach § 17 Abs. 1 oder 4 EStG steuerlich geltend zu machen. Aus diesem Grund sehen die Rechtsprechung und die Verwaltung (vgl. H 17 Abs. 8 EStH „Einlage einer wertgeminderten Beteiligung") vor, dass – entgegen dem Wortlaut des § 6 Abs. 1 Nr. 5 EStG – die Beteiligung mit den (höheren) Anschaffungskosten aktiviert wird.

Frage: Können Sie einige typische Problemfelder der verdeckten Gewinnausschüttung nennen?

Antwort: Es gibt eine kaum mehr überschaubare Rechtsprechung zu verdeckten Gewinnausschüttungen. Sehr häufig finden Betriebsprüfer verdeckte Gewinnausschüttungen bei Geschäftsführergehältern, Pensionszusagen, Miet- und Kreditverträgen sowie bei Kaufverträgen.

Frage: Gehen Sie einmal von folgendem Fall aus: Eine GmbH bekommt eine Betriebsprüfung für die Jahre 2018 bis 2020. Die persönliche Einkommensteuerveranlagung des Gesellschafter-Geschäftsführers ist bestandskräftig. Die Betriebsprüfung stellt fest, dass die Tantieme, die der Gesellschafter-Geschäftsführer für 2018 erhielt, in Höhe von 50 T€ überhöht war und daher als verdeckte Gewinnausschüttung zu behandeln ist. Kann auch die Veranlagung des Gesellschafters geändert werden?

Antwort: Grundsätzlich sind der Körperschaftsteuerbescheid der Kapitalgesellschaft und der Einkommensteuerbescheid des Gesellschafters völlig unabhängig voneinander zu beurteilen. In der Vergangenheit trat daher immer wieder das Problem auf, dass bei der Kapitalgesellschaft die negativen Folgen einer verdeckten Gewinnausschüttung vollzogen wurden, beim Gesellschafter aber die positiven Folgen (Teileinkünfteverfahren bzw. Anwendung von § 32d Abs. 1 EStG) wegen der Bestandskraft seines Einkommensteuerbescheides nicht eintreten konnten.

Hier hat die Einführung des **§ 32a KStG** Abhilfe geschaffen. Die Vorschrift ist nach § 34 Abs. 13c KStG für alle Steuerbescheide anwendbar, die nach dem 18.12.2006 geändert werden. Es kommt daher nicht auf das Jahr an, in dem die verdeckte Gewinnausschüttung entstand.

Im vorliegenden Fall bedeutet dies, dass die Einkommensteuerveranlagung 2018 zugunsten des Gesellschafters geändert werden kann. Aus Einkünften nach § 19 EStG werden Einkünfte nach § 20 Abs. 1 Nr. 1 EStG, die grundsätzlich der Abgeltungsteuer unterliegen (siehe oben). Auf der Ebene der Gesellschaft bleibt der Jahresüberschuss unverändert; d.h. es bleibt bei der Buchung der 50 T€ als Lohnaufwand. Außerbilanziell wird das Einkommen aber um 50 T€ erhöht. Auf diese 50 T€ fallen Körperschaftsteuer, SolZ und Gewerbesteuer an.

Frage: Drehen wir den obigen Fall um. Die Bescheide der GmbH für die Jahre 2018 bis 2020 sind bestandskräftig geworden, ohne dass eine verdeckte Gewinnausschüttung erkannt wurde. Die Betriebsprüfung findet beim Gesellschafter statt. Die Tantieme wird als verdeckte Gewinnausschüttung beurteilt. Welche Folgen hat dies?

Antwort: Beim Gesellschafter werden die Einkünfte nach § 19 EStG in Höhe der verdeckten Gewinnausschüttung in Einkünfte nach § 20 Abs. 1 Nr. 1 EStG umgewandelt. Fraglich ist, ob für die Veranlagung der GmbH auch die Vorschrift des § 32a KStG anwendbar ist. § 32a Abs. 1 KStG geht ausdrücklich nur davon aus, dass der Einkommensteuerbescheid des Gesellschafters in Folge einer Änderung des Körperschaftsteuerbescheides geändert werden kann. Der umgekehrte Fall ist in Abs. 1 nicht geregelt.

Die Änderung des Körperschaftsteuerbescheides in Folge einer Änderung des Einkommensteuerbescheides ist zwar in § 32a Abs. 2 KStG geregelt. Dies soll aber ausdrücklich nur für den Fall einer verdeckten Einlage gelten. Damit kann im Ergebnis der Körperschaftsteuerbescheid der GmbH aufgrund der Betriebsprüfung beim Gesellschafter nicht geändert werden.

> **Frage:** Eine GmbH gewährt ihrem Gesellschafter-Geschäftsführer eine Pensionszusage. Im Wirtschaftsjahr 2020 erhöht sie die Pensionsrückstellung von bisher 150 T€ um 50 T€ auf nun 200 T€. Die Betriebsprüfung stellt in 2021 fest, dass die Pensionszusage teilweise überhöht war und die Zuführung (nur des Jahres 2020) in Höhe von 20 T€ als verdeckte Gewinnausschüttung zu beurteilen ist. Stellen Sie bitte die Folgen für die GmbH dar. Gehen Sie bitte davon aus, dass die Rückstellung sowohl nach Handelsrecht als auch nach Steuerrecht mit 200 T€ anzusetzen ist.

Antwort: Im Handelsrecht gibt es das Rechtsinstitut der verdeckten Gewinnausschüttung nicht. Die GmbH muss für die Pensionszusage – unabhängig davon, wie hoch diese ist – nach § 249 HGB eine Rückstellung bilden. Die Höhe ist nach handelsrechtlichen Grundsätzen zu berechnen. Diese Rückstellung ist nach § 5 Abs. 1 EStG aufgrund des Maßgeblichkeitsgrundsatzes auch in die Steuerbilanz zu übernehmen. Dem könnte lediglich § 6a EStG als lex specialis zu § 5 Abs. 1 EStG entgegenstehen. § 6a EStG enthält aber keine Aussagen zur Angemessenheit.

Außerbilanziell ist nach § 8 Abs. 3 Satz 2 KStG das Einkommen der GmbH um 20 T€ zu erhöhen. Damit wird steuerlich der überhöhte Pensionsaufwand korrigiert (vgl. BMF vom 28.05.2002, BStBl I 2002, 603, Beck'sche Erlasse 100 § 8/13).

> **Frage:** Wie sind die Folgen beim Gesellschafter?

Antwort: Beim Gesellschafter muss geprüft werden, ob die verdeckte Gewinnausschüttung zu Einnahmen nach § 20 Abs. 1 Nr. 1 EStG geführt hat. Nicht jede verdeckte Gewinnausschüttung auf Ebene der Kapitalgesellschaft führt automatisch zu Einnahmen des Gesellschafters. Auf der Ebene des Gesellschafters liegen steuerpflichtige Einnahmen nur vor, wenn sie ihm zugeflossen sind. Ein Zufluss ist aber nach § 11 Abs. 1 Satz 1 EStG erst anzunehmen, wenn der Gesellschafter über die Pensionsansprüche wirtschaftlich verfügen kann. Über seine Pensionsansprüche kann der Gesellschafter aber erst ab Beginn der Auszahlungsphase und nur in Höhe seines monatlichen Anspruchs wirtschaftlich verfügen. Daher muss der Gesellschafter seine Pension in der aktiven Berufsphase auch nicht nach § 19 EStG versteuern. Genauso verhält es sich, wenn die Zusage ganz oder teilweise als verdeckte Gewinnausschüttung zu beurteilen ist.

> **Frage:** Muss der Gesellschafter die verdeckte Gewinnausschüttung dann nie versteuern?

Antwort: Doch. Aber erst mit Eintritt ins Pensionsalter. Enthalten seine Pensionsansprüche verdeckte Gewinnausschüttungen, so muss er später die Pensionszahlungen anteilsmäßig in Einkünfte nach § 19 EStG und in solche nach § 20 Abs. 1 Nr. 1 EStG aufteilen. Dies kann zu erheblichen Schwierigkeiten führen, wenn die verdeckte Gewinnausschüttung vielleicht viele Jahre oder Jahrzehnte zurückliegt.

> **Frage:** Gehen wir einmal davon aus, die 20 T€ waren bezüglich der Pensionsrückstellung die einzige verdeckte Gewinnausschüttung. Die GmbH verhält sich in den Folgejahren steuerlich absolut korrekt. In 2021 steht die Rückstellung bei 240 T€. Der Gesellschafter verzichtet auf die Pensionsansprüche gegenüber der GmbH. Die Pensionsansprüche sind zu diesem Zeitpunkt aufgrund finanzieller Schwierigkeiten der GmbH völlig wertlos. Welche bilanziellen und steuerlichen Folgen hat dies für die GmbH?

Antwort: Die GmbH muss die Pensionsrückstellung sowohl in der Handels- als auch in der Steuerbilanz gewinnwirksam ausbuchen (vgl. H 8.9 KStH „Verzicht auf Pensionsanwartschaftsrechte"; Buchungssatz: Pensionsrückstellung 240 T€ an Ertrag 240 T€). Dieser Ertrag könnte durch eine verdeckte Einlage außerbilanziell kompensiert werden (§ 8 Abs. 3 Satz 3 KStG). Die Bewertung verdeckter Einlagen hat grundsätzlich mit dem Teilwert zu erfolgen (R 8.9 Abs. 4 KStR). Da dieser hier bei 0 € liegt, bleibt es bei einem Ertrag in Höhe von 240 T€.

> **Frage:** Damit würde ja die GmbH die verdeckte Gewinnausschüttung zweimal versteuern. Einmal als verdeckte Gewinnausschüttung (Anmerkung: siehe oben Wirtschaftsjahr 2020) und zum anderen bei der Ausbuchung der Pensionsrückstellung.

Antwort: Grundsätzlich ergibt sich tatsächlich eine doppelte Besteuerung. Das Problem liegt darin, dass die verdeckte Gewinnausschüttung die Bilanzposition nicht verändert. Man muss daher den Ertrag aus der Ausbuchung für Zwecke der Ermittlung des steuerlichen Einkommens um die bereits versteuerte verdeckte Gewinnausschüttung außerbilanziell wieder ändern, sodass lediglich 220 T€ als Ertrag übrig bleiben. Dieses Problem taucht übrigens in der gleichen Weise auf, wenn die Pensionszahlungen später geleistet werden. Hier wird die Rückstellung ebenfalls ertragswirksam aufgelöst und gegen den Pensionsaufwand verrechnet. Die – eventuell Jahrzehnte zurückliegende verdeckte Gewinnausschüttung – muss dann anteilig berücksichtigt werden (vgl. BMF vom 28.05.2002 a.a.O., Rz. 7 ff.).

> **Frage:** Gelten die Grundsätze der verdeckten Gewinnausschüttung auch für Gesellschafter, die im Ausland ansässig sind?

Antwort: Bei der Hinzurechnung auf der Ebene der GmbH geht es nur um die Ermittlung des Einkommens der GmbH. Ob die Gesellschafter in Deutschland oder im Ausland ansässig sind, spielt insoweit keine Rolle.

Auf der Ebene der im Ausland ansässigen Gesellschafter liegen – genauso wie bei den in Deutschland ansässigen Gesellschaftern – Einkünfte aus Kapitalvermögen nach § 20 Abs. 1 Nr. 1 EStG vor. Diese unterliegen nach § 49 Abs. 1 Nr. 5 EStG der beschränkten Steuerpflicht. Nach § 43 Abs. 1 Nr. 1 EStG muss die Kapitalgesellschaft auch für die im Ausland ansässigen Gesellschafter Kapitalertragsteuer auf die Ausschüttung einbehalten. Ob die ausländischen Gesellschafter die verdeckte Gewinnausschüttung dann tatsächlich in Deutschland versteuern müssen, richtet sich nach den Regelungen der entsprechenden Doppelbesteuerungsabkommen. Danach sind Dividenden ausschließlich in dem Staat zu versteuern, in dem der Dividendenempfänger ansässig ist (vgl. Art. 10 OECD-Musterabkommen). Der Quellenstaat kann eine Quellensteuer einbehalten, muss die Einkünfte aber im Übrigen von der Besteuerung freistellen (vgl. Art. 23 OECD-Musterabkommen).

> **Frage:** Kann auch im Verhältnis zwischen einer Muttergesellschaft (AG) und einer Tochtergesellschaft (GmbH) eine verdeckte Gewinnausschüttung vorliegen?

Antwort: Ja. Die Prinzipien der §§ 8 KStG und 20 Abs. 1 Nr. 1 EStG gelten auch hier ohne Einschränkung. Bei der Muttergesellschaft unterliegt die verdeckte Gewinnausschüttung aber der Sonderregelung des § 8b Abs. 1 KStG. Die Dividende ist handelsrechtlich als Ertrag zu erfassen und außerbilanziell bei der Ermittlung des Einkommens wieder zu kürzen. 5 % der Dividende sind dann als nicht abziehbare Betriebsausgabe nach § 8b Abs. 5 KStG wieder dem Einkommen hinzuzurechnen.

> **Frage:** Können auch im Rahmen einer Organschaft verdeckte Gewinnausschüttungen vorkommen?

Antwort: Bei einer Organschaft verpflichtet sich eine Organgesellschaft ihren gesamten Gewinn an einen Organträger abzuführen (vgl. §§ 14 ff. KStG). Die Organgesellschaft muss zwingend eine Kapitalgesellschaft sein. Der Organträger kann grundsätzlich jede Rechtsform haben. § 14 Abs. 1 Nr. 1 KStG verlangt außerdem, dass der Organträger an der Organgesellschaft beherrschend beteiligt sein muss (finanzielle Eingliederung). Somit muss der Organträger Gesellschafter der Organgesellschaft sein. Folglich ist auch im Verhältnis zwischen Organgesellschaft und Organträger eine verdeckte Gewinnausschüttung möglich (vgl. BFH vom 07.11.2001, I R 57/00, BStBl II 2002, 369).

Frage: Gehen wir von folgendem Fall aus (vgl. BFH vom 24.10.2018, I R 78/16, BStBl II 2019, 570): Zwischen der M-AG (Organträger) und der T-GmbH (Organgesellschaft) bestand eine steuerlich anerkannte Organschaft. Aufgrund von Zahlungsschwierigkeiten konnte die M-AG ihre Körperschaftsteuer nicht bezahlen. Das Finanzamt drohte, die T-GmbH hierfür in Haftung zu nehmen. Worauf gründet sich diese Haftung?

Antwort: Eine derartige Haftung kann sich aus **§ 73 AO** ergeben. Danach haftet eine Organgesellschaft für Steuern des Organträgers, für welche die Organschaft zwischen ihnen steuerlich von Bedeutung ist.

Frage: Das Finanzamt drohte bisher nur mit der Haftung. Welche Auswirkungen hat dies auf die Bilanz der Organgesellschaft?

Antwort: Nach § 249 HGB i.V.m. § 5 Abs. 1 EStG (Maßgeblichkeitsgrundsatz) muss die Organgesellschaft eine Rückstellung für die drohende Inanspruchnahme bilden.

Frage: Das Finanzamt nahm eine außerbilanzielle Korrektur der Rückstellung nach § 10 Nr. 2 KStG an. Zu Recht?

Antwort: Die Zahlung der Körperschaftsteuer darf das Einkommen der Körperschaft nicht mindern. Daher wird der handelsrechtliche Ansatz als Betriebsausgabe (Steuerrückstellung) durch eine außerbilanzielle Hinzurechnung nach § 10 Nr. 2 KStG korrigiert. Die Vorschrift des § 10 Nr. 2 KStG ist aber vorliegend nicht anzuwenden, da die Rückstellung nicht für eine Körperschaftsteuerzahlung, sondern für eine drohende Haftungsinanspruchnahme gebildet wurde. § 10 Nr. 2 KStG ist ausdrücklich nur auf „Steuern" anzuwenden (so ausdrücklich der BFH vom 07.11.2001, a.a.O.).

Frage: Die in Deutschland ansässige M-GmbH ist zu 100 % an der ebenfalls in Deutschland ansässigen T-GmbH beteiligt. Die M-GmbH ist außerdem Alleingesellschafterin der in Tschechien ansässigen S-Kapitalgesellschaft. Auf Weisung der A-GmbH gewährte die T-GmbH der tschechischen Kapitalgesellschaft ein ungesichertes zinsloses Darlehen. Der angemessene Zinssatz hätte 3 % p.a. betragen. Wie beurteilen Sie diesen Fall (vgl. BFH vom 27. 11. 2019, I R 40/19, BFH/NV 2020, 1307)?

Antwort: Nach ständiger Rechtsprechung stellt die zinslose Gewährung eines Darlehens, das eine Schwestergesellschaft auf Veranlassung der Muttergesellschaft der anderen Schwestergesellschaft gewährt, eine verdeckte Gewinnausschüttung an die Muttergesellschaft dar (vgl. H 8.5 KStH „Nahestehende Person", „Schwestergesellschaften").

Gleichzeitig erfüllt die zinslose Gewährung eines Darlehens an eine nahestehende Person den Tatbestand des **§ 1 AStG**. Die tschechische Schwestergesellschaft ist der deutschen T-GmbH nahestehend i.S.v. § 1 Abs. 2 Nr. 2 AStG, da die M-GmbH sowohl an der T-GmbH als auch an der S-Kapitalgesellschaft mindestens zu einem Viertel (und somit wesentlich) beteiligt ist.

Ein fremder Dritter hätte unter den gegebenen Bedingungen das Darlehen nicht zinslos gewährt. Daher sind die Einkünfte der T-GmbH um die erzielbaren Zinsen zu erhöhen (§ 1 Abs. 1 AStG).

Streitig war bisher das Verhältnis zwischen § 1 AStG und § 8 Abs. 3 Satz 2 KStG. Im vorliegenden Fall wäre eine Einkünftekorrektur nach beiden Vorschriften möglich. In der oben erwähnten Entscheidung gewährt der BFH nunmehr ein Wahlrecht des Steuerpflichtigen.

Frage: Bestehen denn Unterschiede zwischen den beiden Vorschriften bezüglich der Einkünftekorrektur?

Antwort: Grundsätzlich nicht, da beide Vorschriften eine außerbilanzielle Korrektur der Einkünfte vorsehen. Allerdings kann sich der Steuerpflichtige im Falle des § 1 AStG auf die Grundsätze des EuGH (Urteil vom 31.5.2018, C-382/16 „Hornbach") berufen. Danach ist die Gewährung eines zinslosen Darlehens unschädlich, wenn der Zinsverzicht der Sanierung der Darlehensnehmerin dient. Eine derartige Möglichkeit bietet § 8 Abs. 3 Satz 2 KStG nicht. Aus diesem Grunde hat sich die Finanzverwaltung bisher noch nicht entscheiden können, das oben erwähnte BFH-Urteil allgemein anzuwenden.

> **Frage:** Zum Abschluss noch folgender Fall (vgl. BFH vom 14.02.2022, VIII R 29/18 www.bundes-finanzhof.de): Gesellschafter G war sowohl zu 100 % an der A-GmbH als auch zu 100 % an der B-GmbH beteiligt. Die B-GmbH war ihrerseits wieder zu 100 % an der C-GmbH beteiligt. G bestellte der A-GmbH einen Nießbrauch an den Erträgen der C-GmbH. Die C-GmbH schüttete eine Dividende i.H.v. 100.000 € aus und überwies diese in Ansehung des Nießbrauchs an die A-GmbH. Ist ein derartiger Nießbrauch überhaupt möglich?

Antwort: Die Bestellung eines Nießbrauchs an einem GmbH-Anteil ist zivilrechtlich formlos möglich (§§ 1030 ff. BGB). Die Formvorschriften für die Übertragung eines Gesellschaftsanteils sind auf die Bestellung eines Nießbrauchs nicht anzuwenden. Der Nießbrauch berechtigt den Nießbraucher zivilrechtlich, die Früchte einer Sache zu ziehen. Im Falle des Nießbrauchs an einem GmbH-Anteil stehen dem Nießbraucher daher die Dividenden zu.

> **Frage:** Dann wäre ja in diesem Fall alles richtig gewesen und die A-GmbH würde die Dividenden nach § 8b KStG versteuern.

Antwort: Der Fall birgt noch ein weiteres Problem. Sowohl die Rechtsprechung als auch die Verwaltung differenzieren zwischen einem Vorbehaltsnießbrauch und einem Zuwendungsnießbrauch. Im Falle des Vorbehaltsnießbrauchs wird die „Sache" (z.B. Immobilie oder Gesellschaftsanteil) übertragen und der Übertragende behält sich die Ziehung der Früchte vor. Der Vorbehaltsnießbrauch erfordert also einen nach außen erkennbaren Übertragungsakt (bei einem Gesellschaftsanteil an der GmbH sonach eine notarielle Beglaubigung). Demgegenüber bleibt die „Sache" im Falle der Bestellung eines Zuwendungs-nießbrauchs beim bisherigen Eigentümer, Gesellschafter etc. und es werden nur die Erträge dem Nieß-braucher zugewendet. Da die Bestellung eines Zuwendungsnießbrauchs nach außen erst mit Vollzug des Nießbrauchs erkennbar wird, anerkennen Rechtsprechung und Verwaltung den reinen Zuwen-dungsnießbrauch steuerlich nicht an.

> **Frage:** Wie ist das mit § 20 Abs. 5 Satz 3 EStG zu vereinbaren?

Antwort: § 20 Abs. 5 Satz 3 EStG differenziert nicht zwischen dem Vorbehaltsnießbrauch und dem Zuwendungsnießbrauch. Allerdings gilt die Fiktion, dass der Nießbraucher als Anteilseigner gilt nur, wenn ihm „die Einnahmen im Sinne des Abs. 1 Nr. 1 oder 2 zuzurechnen sind". Da die Rechtsprechung eben davon ausgeht, dass im Falle eines Zuwendungsnießbrauchs die Einnahmen dem Nießbraucher nicht zuzurechnen sind, greift die Fiktion des § 20 Abs. 5 Satz 3 EStG für den Zuwendungsnießbrauch aber nicht (wörtliche Auslegung). Sonach wäre im vorliegenden Fall der Zuwendungsnießbrauch steu-erlich nicht anzuerkennen.

> **Frage:** Die Dividende wurde ja laut Tatbestand tatsächlich der A-GmbH überwiesen. Welche steuer-lichen Folgen hat dies?

Antwort: In der Duldung, dass die Dividende nicht an die Gesellschafterin B-GmbH, sondern aufgrund des Nießbrauchs an die A-GmbH ausbezahlt wurde, liegt bei der B-GmbH eine verhinderte Vermö-gensmehrung i.s.v. § 8 Abs. 3 Satz 2 KStG vor (verdeckte Gewinnausschüttung). Diese verhinderte Ver-mögensmehrung hat ihre Ursache auch im Gesellschaftsverhältnis, da ein fremder Dritter nicht einer anderen Gesellschaft einen Nießbrauch bestellen würde. Damit ist das Einkommen der B-GmbH außerbilanziell um die vGA zu erhöhen. Allerdings greift hier § 8b KStG. Auf der Ebene des Gesellschafters G führt die vGA zu Einkünften nach § 20 Abs. 1 Nr. 1 Satz 2 EStG. Da sich das Betriebsvermögen der A-GmbH tatsächlich erhöht hat, liegt insoweit eine verdeckte Einlage des G i.S.v. § 8 Abs. 3 Satz 3 KStG vor. Letztlich ist der Fall steuerlich so zu behandeln, als habe die B-GmbH die Dividende erhalten und an ihren Gesellschafter ausgeschüttet, der seinerseits den Betrag der Dividende wieder an die A-GmbH weiterleitete.

Problembereich 4: Einlagen

Frage: Was versteht man bei Kapitalgesellschaften unter Einlagen und welche Arten unterscheidet man?

Antwort: Unter Einlagen versteht man die Zuführung eines bilanzierungsfähigen Vorteils, der seine Ursache im Gesellschaftsverhältnis hat (vgl. R 8.9 KStR). Man differenziert zwischen offenen und verdeckten Einlagen. Eine offene Einlage liegt dann vor, wenn der Gesellschafter als Gegenleistung Gesellschaftsrechte erhält. Dies ist nur möglich, wenn die Einlage in das Stammkapital gebucht wird, somit nur bei Gründung und Kapitalerhöhung. Im Übrigen liegen verdeckte Einlagen vor.

Frage: Bei der Gründung einer GmbH beträgt das Stammkapital 100 T€. Gesellschafter A ist zu 50 % beteiligt. Er soll seine Einlage dergestalt erbringen, dass er ein Grundstück übereignet, das er vor fünf Jahren im Privatvermögen für 80 T€ erwarb und das aktuell einen Wert von 140 T€ hat. Die GmbH bucht: Grundstück 140 T€ an Stammkapital 50 T€ und Darlehensverbindlichkeit 90 T€.

Antwort: Es handelt sich um eine Sachgründung. Der Gegenstand der offenen Sacheinlage muss in der Satzung genau bestimmt werden (§ 5 Abs. 4 GmbHG). Da der Gesellschafter seine Sacheinlageverpflichtung erfüllen muss, werden 50 T€ auf das Stammkapital gebucht. Beim Gesellschafter ist die offene Einlage des Grundstücks als Tausch (§ 6 Abs. 6 EStG) zu behandeln. Dies löst bei ihm einen privaten Veräußerungsgewinn nach § 23 Abs. 1 Nr. 1 EStG aus. Erhält der Gesellschafter Darlehensansprüche, so liegt insoweit eine Veräußerung vor. Der Gesellschafter versteuert somit einen privaten Veräußerungsgewinn i.H.v. (140 T€ ./. 80 T€ =) 60 T€. Die Anschaffungskosten der Beteiligung betragen 50 T€, da der Gesellschafter neben seinen Gesellschaftsrechten weitere Wirtschaftsgüter (Darlehen) erhalten hat.

Frage: Wie würde der Fall aussehen, wenn der Gesellschafter vor der Übertragung das Grundstück im Betriebsvermögen seines Einzelunternehmens hält (Buchwert: 80 T€/Teilwert 140 T€)?

Antwort: Eine Buchwertübertragung nach § 6 Abs. 5 EStG kommt schon deswegen nicht infrage, weil nach § 6 Abs. 5 Satz 5 EStG zwingend der Teilwert anzusetzen ist, soweit ein Wirtschaftsgut auf eine Kapitalgesellschaft übertragen wird. Daher ist das Wirtschaftsgut vor der Einlage in die GmbH aus dem Betriebsvermögen zu entnehmen; der Gewinn beträgt (140 T€ ./. 80 T€ =) 60 T€. Der Ansatz bei der GmbH ist dann wie im obigen Fall (Privatvermögen) vorzunehmen.

Frage: Angenommen der Gesellschafter überträgt nicht ein Grundstück, sondern einen Betrieb (Kapital: 80 T€/Teilwert: 140 T€). Wie sind dann die Folgen?

Antwort: Hier greift **§ 20 UmwStG**. Danach hat die Gesellschaft ein Wahlrecht, ob sie die Wirtschaftsgüter des Betriebs mit dem Buchwert, einem Zwischenwert oder dem gemeinen Wert ansetzt. Setzt die GmbH die Wirtschaftsgüter mit dem Buchwert an, entsteht beim Gesellschafter kein Einbringungsgewinn. Setzt die Gesellschaft einen Zwischenwert an (z.B. 100 T€), müssen die stillen Reserven, die in den einzelnen Wirtschaftsgütern stecken, gleichmäßig anteilig aufgestockt werden. Im Betrieb des einbringenden Gesellschafters entsteht ein laufender Gewinn (z.B. bei Ansatz von 100 T€ in Höhe von 20 T€). Setzt die GmbH den gemeinen Wert an, entsteht im Betrieb des einbringenden Gesellschafters ein Gewinn i.H.v. 60 T€. Dieser ist dann aber nach §§ 16, 34 EStG begünstigt.

Die Anschaffungskosten des Gesellschafters richten sich nach § 20 Abs. 3 UmwStG. Als Anschaffungskosten gelten die Werte, mit denen die GmbH die übernommenen Wirtschaftsgüter ansetzt; bei Buchwertansatz also hier 80 T€. Bekommt der Gesellschafter neben seinen Gesellschaftsanteilen weitere Wirtschaftsgüter (z.B. einen Darlehensanspruch für den über das Stammkapital hinausgehenden Teil), so mindert dies die Anschaffungskosten. Bei einem Buchwertansatz von 80 T€ und der Buchung von 50 T€ Stammkapital/30 T€ Darlehen würden die Anschaffungskosten somit (80 T€ ./. 30 T€ =) 50 T€ betragen.

Frage: Es soll eine GmbH (Unternehmergesellschaft) mit einem Stammkapital von 5.000 € gegründet werden. Der Alleingesellschafter möchte das Stammkapital durch Übertragung eines Pkw erbringen, der unstreitig mindestens einen Wert von 5.000 € hat. Ist dies möglich?

Antwort: Eine Unternehmergesellschaft kann nach **§ 5a GmbHG** mit einem Stammkapital von weniger als 25.000 € gegründet werden. Die Leistung einer Sacheinlage ist in diesem Fall allerdings nach § 5a Abs. 2 Satz 2 GmbHG ausgeschlossen. Der Gesellschafter muss daher die 5.000 € in bar aufbringen.

Frage: Ein Gesellschafter verpflichtet sich, seiner GmbH ein Verwaltungsgebäude unentgeltlich zu überlassen. Die angemessene monatliche Miete beträgt 10 T€. Wie ist der Vorgang bei der GmbH zu verbuchen?

Antwort: Die **bloße Nutzung eines Wirtschaftsguts** stellt keinen bilanzierungsfähigen Vorteil für die GmbH dar (vgl. H 8.9 KStH „Nutzungsvorteile"). Der Vorgang hat damit für die GmbH keine bilanzielle Auswirkung. Es liegt keine verdeckte Einlage vor.

Frage: Angenommen der Gesellschafter hat für das Verwaltungsgebäude, das er im Privatvermögen hält, monatliche Aufwendungen in Höhe von 4.000 €. Wie behandelt er diese Aufwendungen?

Antwort: Würde er Mieteinnahmen erzielen, lägen Einnahmen nach § 21 EStG vor. Die Aufwendungen könnten als Werbungskosten im Rahmen des § 9 EStG aber nur insoweit geltend gemacht werden, als Einkunftserzielungsabsicht vorliegt. Eine solche ist hier aufgrund der unentgeltlichen Überlassung aber nicht gegeben. Die Rechtsprechung geht aber davon aus, dass der Gesellschafter mit der unentgeltlichen Überlassung des Gebäudes einen höheren Jahresüberschuss der GmbH und damit eine höhere Dividende erzielen will. Der Aufwand für das Gebäude stellt damit Aufwand auf die Beteiligung dar. Hält der Gesellschafter die Beteiligung im Privatvermögen, kann er nach § 20 Abs. 9 EStG keine Werbungskosten geltend machen. Somit kann er auch den Aufwand für das Gebäude steuerlich grundsätzlich nicht berücksichtigen. Eine Ausnahme gilt aber dann, wenn der Gesellschafter einen Antrag nach § 32d Abs. 2 Nr. 3 EStG stellt. In diesem Fall ist die Anwendung des § 20 Abs. 9 EStG ausdrücklich ausgeschlossen (vgl.: „Insoweit finden … 20 Abs. 6 und 9 keine Anwendung…"). Damit stellt sich dann aber die Frage, ob für die Aufwendungen das Teilabzugsverbot nach § 3c Abs. 2 EStG anwendbar ist. In der Vergangenheit haben Rechtsprechung und Verwaltung derartige Aufwendungen grundsätzlich nur zu 60 % anerkannt. Mit Urteil des BFH vom 18.04.2012, X R 5/10, BStBl II 2013, 785 und X R 7/10, BStBl II 2013, 791 hat dieser entschieden, dass das Teilabzugsverbot des § 3c Abs. 2 EStG nicht für laufende Aufwendungen gilt, die sich auf die Substanz der überlassenen Wirtschaftsgüter beziehen (insbesondere AfA und Erhaltungsaufwendungen). Die Verwaltung folgt dieser Rechtsprechung mit BMF-Schreiben vom 23.10.2013, BStBl I 2013, 1269. Mit Wirkung ab dem **Veranlagungszeitraum 2015** wurde **§ 3c**

Abs. 2 EStG geändert. Im Falle einer unentgeltlichen oder teilentgeltlichen Überlassung unterliegen die Werbungskosten/Betriebsausgaben stets dem Teilabzugsverbot.

Frage: G ist beherrschender Gesellschafter-Geschäftsführer der X-GmbH. Seit einigen Monaten wurde sein Gehalt nicht ausbezahlt. Zum Bilanzstichtag 31.12.2021 passiviert die GmbH zu Recht eine Gehaltsverbindlichkeit in Höhe von 80 T€. Die GmbH erfüllt ihre Zahlungsverpflichtungen zu 100 %. G verzichtet im Januar 2022 auf das ausstehende Gehalt. Stellen Sie bitte die Folgen für die GmbH dar.

Antwort: Die GmbH muss aufgrund des Verzichts in 2022 die Verbindlichkeit ausbuchen. Insoweit entsteht bei ihr ein Ertrag in Höhe von 80 T€ (Buchungssatz: Verbindlichkeit 80 T€ an Ertrag 80 T€). Dieser Ertrag erhöht den Jahresüberschuss, wirkt sich also sowohl auf die Handels- als auch die Steuerbilanz aus. Da davon auszugehen ist, dass ein fremder Geschäftsführer nicht auf sein Gehalt verzichtet hätte, hat der Verzicht seine Ursache im Gesellschaftsverhältnis. Da G der GmbH auch einen bilanzierungsfähigen Vorteil zugewendet hat (Verminderung der Passiva) ist der Verzicht als verdeckte Einlage zu beurteilen. Eine verdeckte Einlage darf nach **§ 8 Abs. 3 Satz 3 KStG** das Einkommen der GmbH nicht erhöhen. Daher muss der Ertrag aus der Ausbuchung **außerbilanziell** wieder um 80 T€ vermindert werden. Gleichzeitig muss die GmbH einen Zugang im **steuerlichen Einlagekonto** gemäß § 27 KStG verbuchen.

Frage: Hätte die GmbH die Ausbuchung der Verbindlichkeit auch anders buchen können?

Antwort: Die GmbH hätte die Ausbuchung auch über eine Kapitalrücklage buchen können; Buchungssatz: Verbindlichkeit 80 T€ an Kapitalrücklage 80 T€. Dies erlaubt § 272 Abs. 2 Nr. 4 HGB. In diesem Fall wäre die Ausbuchung gewinnneutral. Die außerbilanzielle Minderung nach § 8 Abs. 3 Satz 3 KStG wäre dann nicht vorzunehmen.

Durch den Verzicht des Gesellschafter-Geschäftsführers hat sich das Eigenkapital der Gesellschaft um 80 T€ erhöht. Diese 80 T€ können als Dividende ausgeschüttet werden. Dabei spielt es keine Rolle, ob die Ausbuchung der Verbindlichkeit über Ertrag oder Kapitalrücklage gebucht wurde. Dividenden sind aber grundsätzlich nach § 20 Abs. 1 Nr. 1 EStG beim Empfänger steuerpflichtig. G müsste damit den Betrag, den er der GmbH selbst in Form des Verzichtes zugeführt hat, noch einmal versteuern. Daher sieht § 20 Abs. 1 Nr. 1 Satz 3 EStG vor, dass Ausschüttungen aus dem Einlagekonto nicht als Dividende versteuert werden müssen. Es ist allerdings zu prüfen, ob sich ein Gewinn nach § 17 Abs. 4 EStG ergibt. Dies ist aber regelmäßig nicht der Fall, da die verdeckte Einlage beim Gesellschafter zu einer nachträglichen Erhöhung seiner Anschaffungskosten geführt hat (vgl. H 8.9 KStH „Behandlung beim Gesellschafter"). Eine Ausschüttung aus dem Einlagekonto kann aber nach § 27 KStG erst erfolgen, wenn das übrige freie Eigenkapital – der sogenannte ausschüttbare Gewinn – vollständig ausgeschüttet ist.

Frage: Wie sind die Folgen des Verzichts für den Gesellschafter?

Antwort: Die Rechtsprechung geht davon aus, dass der Verzicht eines beherrschenden Gesellschafter-Geschäftsführers auf eine Gehaltsforderung wie eine wirtschaftliche Verfügung über das Gehalt zu beurteilen ist (z.B. BFH vom 14.06.1985, BStBl II 1986, 62). Wenn der Gesellschafter aber über sein Gehalt wirtschaftlich verfügt, liegt darin ein Zufluss im Sinne des § 11 Abs. 1 Satz 1 EStG (vgl. H 8.9 KStH „Forderungsverzicht"). G muss daher in 2022 80 T€ Geschäftsführergehalt versteuern, da der Gehaltsanspruch voll werthaltig war. Allerdings erhöhen sich durch den Verzicht die Anschaffungskosten des G für seine Beteiligung an der GmbH. Dies hat Auswirkungen im Rahmen des § 17 EStG bei einem Verkauf oder einer Ausschüttung aus dem Einlagekonto (siehe oben).

> **Frage:** Gehen Sie bitte von folgendem Fall aus: Der beherrschende Gesellschafter-Geschäftsführer einer GmbH erhält (zulässigerweise) ein Weihnachtsgeld in Höhe eines (angemessenen) Monatslohns. Das Weihnachtsgeld ist am 31.12.2022 fällig. In der Bilanz zum 31.12.2022 unterlässt es die GmbH, eine Verbindlichkeit i.H.d. Weihnachtsgeldes zu passivieren. Im Februar 2023 verzichtet der Gesellschafter auf die Auszahlung des Weihnachtsgeldes. Liegt beim Gesellschafter der Zufluss von Arbeitslohn vor bzw. ist der Verzicht als verdeckte Einlage zu werten?

Antwort: Nach meiner Ansicht müsste die Bilanz der GmbH berichtigt und in Höhe des ausstehenden Weihnachtsgeldes eine Verbindlichkeit passiviert werden. Verzichtet der Gesellschafter bevor das Weihnachtsgeld ausbezahlt wurde, so muss auf Ebene der GmbH die Verbindlichkeit gewinnwirksam ausgebucht werden. Ist die GmbH finanziell voll leistungsfähig, so ist außerbilanziell nach § 8 Abs. 3 Satz 3 KStG in Höhe des Weihnachtsgeldes das Einkommen wieder zu mindern, da der Verzicht eine verdeckte Einlage darstellt. Auf der Ebene des Gesellschafters führt der Verzicht nach der Rechtsprechung des Großen Senats zu einem Zufluss von Arbeitslohn in 2023. Der Verzicht des Gesellschafters ändert an der Besteuerung des Gehalts (§ 19 EStG) nichts. Allerdings erhöhen sich die Anschaffungskosten der Beteiligung um die verdeckte Einlage.

> **Kommentar des Prüfers:** Ich würde Ihrer Lösung zustimmen; anders allerdings der BFH in seinem Urteil vom 03.02.2011, VI R 4/10, BStBl II 2014, 493.

> **Frage:** Variieren wir unseren Fall; der Gesellschafter soll für das Jahresergebnis 2022 eine Tantieme erhalten, die als solche angemessen und üblich ist. Im Februar 2023 verzichtet der Gesellschafter auf die Tantieme. Im April 2023 genehmigt die Gesellschafterversammlung die Bilanz und den Jahresabschluss der GmbH zum 31.12.2022.

Antwort: Problematisch ist in diesem Fall die Frage, wann die Tantieme fällig wird. Da die Höhe der Tantieme erst berechnet werden kann, wenn das Wirtschaftsjahr abgelaufen und die Bilanz erstellt ist, kann sie auf keinen Fall zum 31.12.2022 fällig gewesen sein. Da der Jahresabschluss der GmbH von den Gesellschaftern nach § 42a Abs. 2 GmbHG festgestellt werden muss, kann die Tantieme eigentlich erst mit der Feststellung des Jahresabschlusses fällig sein, da vorher theoretisch Änderungen am Jahresabschluss vorgenommen werden müssen. Da sonach der Gesellschafter-Geschäftsführer noch vor Fälligkeit der Tantieme auf diese verzichtete, liegt kein Zufluss von Arbeitslohn vor. Die Gesellschaft musste zum 31.12.2022 keine Verbindlichkeit passivieren (= werterhellende Tatsache). Somit entfällt auch eine Ausbuchung der Verbindlichkeit mit der Folge einer verdeckten Einlage.

> **Kommentar des Prüfers:** In diesem Sinne entschied auch der Bundesfinanzhof in seinem Urteil vom 03.02.2011, VI R 66/09, BStBl II 2014, 491.

> **Frage:** Können Sie mir ein Beispiel für **§ 8 Abs. 3 Satz 4 KStG** nennen, wonach das Einkommen der GmbH sich erhöht, soweit eine verdeckte Einlage das Einkommen eines Gesellschafters gemindert hat?

Antwort: Hält z.B. ein Gesellschafter die Beteiligung an der GmbH im Betriebsvermögen und verfügt er z.B. über eine Forderung aus Lieferung oder Leistung gegenüber der GmbH, so würde ein Verzicht auf diese Forderung beim Gesellschafter das Einkommen mindern (Buchungssatz: Wertberichtigung auf Forderung an Forderung). In diesem Fall entstünde bei der GmbH ein Ertrag aus der Ausbuchung der Verbindlichkeit. Dieser Ertrag dürfte dann außerbilanziell aber nicht mehr korrigiert werden, sonst würde sich der Verzicht zweimal steuerlich auswirken.

> **Frage:** Der in Deutschland ansässige G ist Gesellschafter einer in einem Drittstaat ansässigen Kapitalgesellschaft. Zwischen Deutschland und dem Drittstaat besteht ein Doppelbesteuerungsabkommen, das den Grundsätzen des OECD-Musterabkommens entspricht. Die Kapitalgesellschaft schüttet eine Dividende aus, die unstreitig nach deutschem Recht eine Ausschüttung aus dem Einlagekonto darstellen würde. Wie ist die Dividende in Deutschland zu versteuern? Lassen Sie bitte die ausländische Quellensteuer aus Vereinfachungsgründen außer Betracht.

Antwort: Nach Art. 10 OECD-Musterabkommen ist die Dividende in Deutschland zu versteuern. Nach **§ 20 Abs. 1 Nr. 1 Satz 3 EStG** gehören die Bezüge (= die Dividende) nicht zu den Einnahmen i.S.v. § 20 Abs. 1 Nr. 1 EStG, soweit sie aus Ausschüttungen einer Körperschaft stammen, für die Beträge aus dem steuerlichen Einlagekonto i.S.d. § 27 KStG als verwendet gelten. In diesem Fall ist die Dividende nach § 17 Abs. 4 EStG zu versteuern, wobei ich hier eventuelle Anschaffungskosten gegengerechnet werden können.

Die ausländische Kapitalgesellschaft kann kein steuerliches Einlagekonto i.S.d. § 27 KStG in Deutschland führen. Dennoch kann der Gesellschafter den Nachweis führen, dass die Ausschüttung einer Ausschüttung aus dem steuerlichen Einlagekonto vergleichbar ist. Gelingt ihm dieser Nachweis, so erfolgt die Besteuerung nicht nach § 20 Abs. 1 Nr. 1 EStG (so ausdrücklich: BFH vom 27.10.2020, VIII R 18/17, BFH/NV 2021, 502).

> **Frage:** Variieren wir den Fall dahingehend, dass die Kapitalgesellschaft ihren Sitz in einem EU-Staat hat.

Antwort: In diesem Fall greift die Vorschrift des **§ 27 Abs. 8 KStG**. Danach kann auf Antrag der ausländischen Kapitalgesellschaft die Verwendung des (vergleichbaren) Einlagekontos gesondert festgestellt werden. Der Antrag ist nach amtlich vorgeschriebenem Vordruck bis zum Ende des Kalenderjahrs zu stellen, das auf das Kalenderjahr folgt, in dem die Leistung erfolgt ist.

> **Frage:** Nehmen wir einmal an, die Kapitalgesellschaft in dem EU-Staat hat die Frist versäumt.

Antwort: Nach § 27 Abs. 8 Satz 9 KStG gilt dann die Ausschüttung als steuerpflichtige Dividende i.S.d. § 20 Abs. 1 Nr. 1 EStG. Den Antrag kann nur die ausschüttende EU-Kapitalgesellschaft stellen. Dem Gesellschafter ist der Nachweis eine Ausschüttung aus einem vergleichbaren Einlagekonto nicht möglich.

Damit steht der Gesellschafter einer EU-Kapitalgesellschaft schlechter als der Gesellschafter einer Drittstaaten-Kapitalgesellschaft. Letzterer kann selbst den Nachweis führen, dass eine vergleichbare Verwendung des Einlagekontos vorliegt. Der Gesellschafter ist in diesem Fall nicht an bestimmte Fristen gebunden. Der BFH a.a.O. sieht darin keinen Verstoß gegen Art. 3 GG, da es sachliche Gründe gäbe, EU-Kapitalgesellschaften aufgrund der Kapitalverkehrsfreiheit anders zu behandeln als Drittstaaten-Kapitalgesellschaften.

Problembereich 5: Zinsschranke

> **Frage:** Was war für den Gesetzgeber das Motiv, die Vorschrift des **§ 4h EStG** einzuführen?

Antwort: Insbesondere große Kapitalgesellschaften mit Sitz in Deutschland ließen sich von ihren Muttergesellschaften mit Sitz in einem Niedrigsteuerland Kredite gewähren. Die Zinsen minderten in Deutschland den hoch besteuerten Gewinn der Tochtergesellschaft. Die Zinsen wurden von der Muttergesellschaft entweder überhaupt nicht (z.B. in Kuwait) oder aber nur zu einem sehr niedrigen Steuersatz (z.B. in Zypern oder Irland) versteuert. Mit der Vorschrift des § 8a KStG a.F. stand der Finanzverwaltung zumindest für Kapitalgesellschaften eine Gegenmaßnahme zur Verfügung. Die in Deutschland gezahlten Zinsen wurden als verdeckte Gewinnausschüttung behandelt und erhöhten somit das Einkommen der in Deutschland ansässigen Tochtergesellschaft. Die Vorschrift des § 8a KStG war aber nicht sehr effektiv und im Übrigen europarechtlich höchst bedenklich. Aus diesem Grund wurde mit dem Unternehmensteuerreformgesetz 2008 § 4h EStG eingeführt. Die Regelung gilt rechtsformunabhängig für alle Unternehmen. Die Vorschrift gilt auch im Körperschaftsteuerrecht (vgl. R 8.1 KStR) (Anmerkung: vgl. umfassend BMF vom 04.07.2008, BStBl I 2008, 718).

Frage: Ein Unternehmen hat im Wirtschaftsjahr 2022 Zinsaufwendungen i.H.v. 7,5 Mio. €. Das EBITDA beträgt 6 Mio. €. Bitte stellen Sie die Auswirkung auf das Jahr 2022 und die folgenden Wirtschaftsjahre dar.

Antwort: Nach § 4h Abs. 1 EStG sind Zinsaufwendungen eines Betriebs maximal bis zu **30 % des EBITDA** abziehbar. In unserem Fall wären dies maximal 1,8 Mio. €. Die darüberhinausgehenden Zinsaufwendungen i.H.v. 5,7 Mio. € sind nach § 4h Abs. 1 S. 4 EStG in die folgenden Wirtschaftsjahre vorzutragen.

Frage: Variieren wir den obigen Fall dahingehend, dass das EBITDA 30 Mio. € beträgt.

Antwort: In diesem Fall können die Zinsaufwendungen in 2022 in vollem Umfang abgezogen werden, da sie weniger als 30 % des EBITDA betragen.

Frage: Was geschieht mit dem nicht ausgenutzten EBITDA?

Antwort: 30 % des EBITDA sind 9 Mio. €. Davon wurden in 2022 7,5 Mio. € an Zinsen „verbraucht". Somit sind 1,5 Mio. € an EBITDA übrig. Diese können in die folgenden fünf Wirtschaftsjahre vorgetragen werden (sog. verrechenbares EBITDA).

Frage: In welchen Fällen ist die sog. Zinsschranke nicht anwendbar?

Antwort: **§ 4h Abs. 2 EStG** enthält mehrere **Ausnahmetatbestände**. So ist die Abzugssperre zum einen nicht anwendbar, wenn der Zinsaufwand im Wirtschaftsjahr weniger als 3 Mio. € beträgt (Freigrenze). Überschreiten die Zinsaufwendungen die Grenze von 3 Mio. €, so fallen sie komplett unter die 30 %-Grenze.

Zum anderen gilt die Zinsschranke nach § 4h Abs. 2 Buchstabe b) EStG nur für Betriebe, die ganz oder anteilsmäßig zu einem Konzern gehören („Stand-alone-Klausel"). Dies erklärt sich daraus, dass die internationalen Zinsverlagerungen regelmäßig nur in Konzernen vorkamen.

Für konzernabhängige Unternehmen sieht § 4h Abs. 2 Buchstabe c) EStG eine weitere Ausnahme vor. Die Abzugsbeschränkung greift nicht, wenn bei einem zu einem Konzern gehörenden Betrieb ein Eigenkapitalvergleich ergibt, dass seine Eigenkapitalquote um nicht mehr als zwei Prozentpunkte unter der des Konzerns liegt („Escape-Klausel").

Frage: Gilt die Vorschrift des § 4h EStG auch für Kapitalgesellschaften?

Antwort: Grundsätzlich ja (siehe oben); allerdings modifiziert **§ 8a KStG** § 4h EStG dahingehend, dass an die Stelle des maßgeblichen Gewinns (§ 4 Abs. 1 EStG) das maßgebliche Einkommen (§ 8 KStG) tritt.

Außerdem ist nach § 8a Abs. 2 KStG die „Stand-alone-Klausel" (§ 4h Abs. 2 Buchstabe b) EStG) nur anwendbar, wenn die Zinsen, die an einen zu mehr als 25 % beteiligten Gesellschafter gezahlt werden, nicht mehr als 10 % der Nettozinsaufwendungen ausmachen.

Eine weitere Modifizierung enthält **§ 8a Abs. 3 KStG**. Danach ist auch die Escape-Klausel (§ 4h Abs. 2 Buchstabe c) EStG) nur anzuwenden, wenn die Zinsen, die an einen zu mehr als 25 % beteiligten Gesellschafter gezahlt werden, nicht mehr als 10 % der Nettozinsaufwendungen ausmachen (Details siehe BMF vom 04.07.2008, BStBl I 2008, 718).

> **Frage:** Eine GmbH hat von ihrer Hausbank ein Darlehen i.H.v. 50 Mio. € bekommen. Für das Darlehen bürgt der Gesellschafter G, der zu 60 % beteiligt ist. Die weiteren Gesellschafter sind die natürlichen Personen A und B zu je 20 %. Im Wirtschaftsjahr 2022 betragen die Zinsaufwendungen 4 Mio. €. Greift die Zinsschranke?

Antwort: Die GmbH gehört keinem Konzern an; danach wäre nach § 4h Abs. 2 Buchstabe b) EStG die Zinsschranke nicht anzuwenden. Nach § 8a KStG greift die Befreiungsvorschrift des § 4h Abs. 2 Buchstabe b) EStG für Kapitalgesellschaften nicht, wenn die Vergütungen für Fremdkapital an einen Dritten (hier: Hausbank) gezahlt werden und dieser Dritte auf einen Gesellschafter zurückgreifen kann, der zu mehr als einem Viertel am Stammkapital beteiligt ist (hier: Gesellschafter G). Die Möglichkeit des Rückgriffs ergibt sich hier aus der Bürgschaft des Gesellschafters.

> **Frage:** Welche besonderen Regelungen gibt es bei der Gewerbesteuer für Finanzierungsaufwendungen?

Antwort: Nach **§ 8 Nr. 1 GewStG** werden ein Viertel der Summe aus Zinsaufwendungen und anderen Aufwendungen (z.B. Miete) dem gewerbesteuerlichen Ertrag wieder hinzugerechnet. Im Gegensatz zur bisherigen Regelung werden nun alle Zinsaufwendungen erfasst; es wird z.B. nicht mehr zwischen Dauerschulden und sonstigen Finanzierungen unterschieden. § 8 Nr. 1 GewStG enthält eine Mittelstandskomponente, wonach eine Summe von bis zu 200 T€ von der Hinzurechnung ausgenommen ist.

Problembereich 6: Beteiligung an anderen Körperschaften und Personenvereinigungen (§ 8b KStG)

> **Frage:** Warum wurde mit der Abschaffung des Anrechnungsverfahrens für Dividenden die Vorschrift des § 8b Abs. 1 KStG eingeführt?

Antwort: Unter der Geltung des Anrechnungsverfahrens wurde das Einkommen zuletzt mit 40 % Körperschaftsteuer belastet (sog. EK 40). Im Falle einer Ausschüttung wurde die Steuerbelastung auf 30 % reduziert. Damit konnten von 100 € Gewinn 70 € ausgeschüttet werden. Der Empfänger der Dividende konnte sich bei der Besteuerung der Dividende die von der ausschüttenden Kapitalgesellschaft bezahlte Körperschaftsteuer anrechnen lassen. War Gesellschafter der ausschüttenden Gesellschaft wiederum eine Kapitalgesellschaft, musste diese die Dividende zwar als Gewinn versteuern, konnte aber die Körperschaftsteuer der ausschüttenden Gesellschaft anrechnen lassen. Damit war es ohne Bedeutung, über wie viele Stufen die Dividende letztlich ausgeschüttet wurde (z.B. von der Enkelgesellschaft an die Tochtergesellschaft und von dieser an die Muttergesellschaft etc.). Erst wenn die Dividende an eine natürliche Person ausgeschüttet wurde, unterlag sie endgültig der individuellen Einkommensteuer des Gesellschafters.

Mit dem Wechsel zur Definitivbesteuerung fiel die Anrechnung der Körperschaftsteuer weg. Die ausschüttende Gesellschaft muss nun den Gewinn mit 15 % besteuern. Danach können von 100 € Gewinn 85 € ausgeschüttet werden (SolZ außer Acht gelassen). Wäre nun Gesellschafterin eine Kapitalgesellschaft, müsste diese die 85 € wieder mit 15 % KSt belasten. Der Ausschüttungsbetrag würde damit immer weniger werden, je mehr Kapitalgesellschaften hintereinandergeschaltet wären (sog. Kaskadeneffekt). Um dies zu verhindern, wurde die Dividende nach § 8b Abs. 1 KStG steuerfrei gestellt.

Ursprünglich war mit der Steuerfreiheit ein Abzugsverbot für Betriebsausgaben verbunden, die wirtschaftlich mit der Beteiligung zusammenhingen (Gedanke des § 3c Abs. 1 EStG). Mit Wirkung ab Veranlagungszeitraum 2004 wurde die Steuerfreiheit zwar beibehalten, der Betriebsausgabenabzug aber ausdrücklich zugelassen (§ 8b Abs. 5 Satz 2 KStG). Dafür werden seither aber 5 % der Einnahmen pauschal als nicht abziehbare Betriebsausgaben behandelt (§ 8b Abs. 5 Satz 1 KStG). Faktisch sind daher 95 % der Dividende steuerfrei (weitere Details siehe BMF vom 28.04.2003, BStBl I 2003, 292, Beck'sche Erlasse 100 § 8b/3).

> **Frage:** Warum führt § 8b Abs. 1 und 5 KStG zu einer außerbilanziellen Korrektur?

Antwort: Nach **§ 266 HGB** muss der Jahresüberschuss ermittelt werden. Eine Kapitalgesellschaft muss die eingehende Dividende handelsrechtlich in vollem Umfang verbuchen (Buchungssatz: Geld an Beteiligungserträge), sonst würde das Geldkonto nicht mit der GuV bzw. Bilanz übereinstimmen. Nach dem Grundsatz der Maßgeblichkeit muss der Jahresüberschuss unverändert in die Steuerbilanz übernommen werden. Damit enthält die Steuerbilanz stets die gesamte Dividende. Rein technisch gibt es daher nur die Möglichkeit, die Steuerfreiheit außerbilanziell herzustellen. Daher wird nach § 8b Abs. 1 KStG der Jahresüberschuss um die enthaltenen Dividenden gekürzt und 5 % als nicht abziehbare Betriebsausgabe hinzugerechnet.

> **Frage:** Werden die 5 % auch dann hinzugerechnet, wenn die Kapitalgesellschaft nachweislich gar keine Aufwendungen auf die Beteiligung in ihrer GuV enthalten hat?

Antwort: Ja. Es handelt sich hier um eine pauschale Regelung. Der Gesetzgeber hat es aus Gründen der Verwaltungsökonomie hingenommen, dass es im Einzelfall eventuell zu einer unberechtigten Hinzurechnung kommt.

> **Frage:** Gilt § 8b Abs. 1 KStG auch, wenn eine in Deutschland ansässige Kapitalgesellschaft von einer ausländischen Kapitalgesellschaft eine Dividende erhält?

Antwort: Ja. Da Dividenden nach den Doppelbesteuerungsabkommen stets im Sitzstaat des Empfängers versteuert werden (vgl. Art. 10 des OECD-Musterabkommens), ist für die deutsche Kapitalgesellschaft das deutsche Körperschaftsteuerrecht maßgeblich.

> **Frage:** Art. 10 des von Ihnen erwähnten Musterabkommens sieht die Möglichkeit vor, dass der Staat, in dem die ausschüttende Gesellschaft ihren Sitz hat, eine Quellensteuer erheben darf. Wie wird diese Quellensteuer in Deutschland behandelt?

Antwort: **§ 26 Abs. 1 KStG** in Verbindung mit § 34c EStG sieht grundsätzlich die Anrechnung ausländischer Steuern bei der deutschen Körperschaftsteuer vor. Die Anrechnung darf aber nicht höher sein als die Körperschaftsteuer, die auf diese ausländischen Einkommensteile entfällt. Da nach § 8b Abs. 1 KStG die ausländische Dividende in Deutschland steuerfrei ist, kann auch keine deutsche Körperschaftsteuer auf diese Einkommensteile entfallen. Damit ist eine Anrechnung ausländischer Quellensteuer regelmäßig nicht möglich. Dies führt zu einer wirtschaftlichen Doppelbelastung. Hier hat die **Europäische Mutter-Tochter-Richtlinie** eine gewisse Erleichterung geschaffen. Danach wird nach Art. 5 keine Quellensteuer erhoben, wenn eine Muttergesellschaft eines Mitgliedstaates an einer Tochtergesellschaft eines Mitgliedstaates zu **mindestens 10 %** beteiligt ist. Die Mutter-Tochter-Richtlinie wurde in § 43b EStG umgesetzt.

> **Frage:** An einer deutschen Aktiengesellschaft ist eine in Frankreich ansässige Kapitalgesellschaft zu 8 % beteiligt. Die deutsche Aktiengesellschaft belastet die Dividende mit der deutschen Kapitalertragsteuer nach § 43 Abs. 1 Nr. 1 EStG, da die Mindestbeteiligung der europäischen Mutter-Tochter-Richtlinie nicht erreicht wird. Gehen Sie bitte davon aus, dass Frankreich die Dividende – vergleichbar dem deutschen § 8b Abs. 1 KStG – steuerfrei stellt. Welches europarechtliche Problem ergibt sich?

Antwort: Gehen wir davon aus, dass Frankreich ausländische Steuern – vergleichbar dem deutschen § 34c EStG – anrechnet. Dann könnte grundsätzlich die französische Kapitalgesellschaft die in Deutschland gezahlte Kapitalertragsteuer (Quellensteuer) anrechnen. Eine Anrechnung ist aber nur möglich, soweit auf die im Ausland erzielten Einkünfte eine französische Ertragsteuer anfällt. Dies ist aber gerade nicht der Fall, da Frankreich – ebenso wie Deutschland – die Dividende, die eine Kapitalgesellschaft an eine andere Kapitalgesellschaft ausschüttet, steuerfrei stellt. Damit kann die französische Gesellschafterin die in Deutschland gezahlte Kapitalertragsteuer nicht anrechnen. Damit steht sie aber schlechter da als eine deutsche Gesellschafterin. Eine deutsche Gesellschafterin in der Rechtsform einer Kapitalgesellschaft müsste zwar auch die Dividende nicht versteuern (abgesehen von den 5 % nicht abzugsfähige Betriebsausgabe), könnte sich aber die Kapitalertragsteuer im Rahmen ihrer deutschen Körperschaftsteuerveranlagung anrechnen lassen. Damit würde sich die Kapitalertragsteuer für die deutsche Gesellschafterin nicht belastend auswirken, wohingegen die französische Gesellschafterin wirtschaftlich voll belastet wäre. In dieser Ungleichbehandlung sah der europäische Gerichtshof eine Diskriminierung ausländischer Gesellschafter und forderte Deutschland auf, diese Diskriminierung zu beenden. Deutschland reagierte auf dieses Urteil, indem es für Gesellschafter, die zu weniger als 10 % beteiligt sind (für die also die europäische Mutter-Tochter-Richtlinie nicht greift) die volle Steuerpflicht der Dividenden einführte. Diese Regelung ist für Bezüge anwendbar, die nach dem 28.02.2013 zu fließen (**§ 8b Abs. 4 KStG** i.V.m. § 34 Abs. 7a Satz 2 KStG).

Damit werden nun Gesellschafter, die die Rechtsform einer Kapitalgesellschaft haben, schlechter gestellt als Gesellschafter, die die Rechtsform einer Personengesellschaft haben. Für Erstere ist die Dividende zu 100 % steuerpflichtig, für Letztere gilt das Teileinkünfteverfahren. Darüber hinaus stellt sich nun die Frage der nationalen Diskriminierung (Verstoß gegen Art. 3 GG), wenn ein Gesellschafter nur deshalb die Dividende voll versteuern muss, weil er eine Mindestbeteiligung nicht überschreitet. Auch bei einem zu weniger als 10 % beteiligten Gesellschafter hat die ausschüttende Kapitalgesellschaft den Gewinn mit ca. 30 % versteuert, sodass von 100 € Gewinn lediglich ca. 70 € als Dividende zur Verfügung stehen. Diese 70 € muss der Gesellschafter nun nach § 8b Abs. 4 KStG wiederum mit ca. 30 % versteuern, sodass der Gewinn letztlich nur zu ca. 50 % beim Gesellschafter ankommt (sog. Kaskadeneffekt).

> **Frage:** Gehen Sie bitte von folgender Konstellation aus. Die Muttergesellschaft (A-AG) ist zu 100 % an den Töchtern X-GmbH und Y-GmbH beteiligt. Auf Geheiß der A-AG gewährt die X-GmbH der Y-GmbH ein zinsloses Darlehen über 20 Mio. €. Der angemessene Zinssatz wäre 7 % gewesen.

Antwort: Hier muss man differenzieren. Aus der Sicht der X-GmbH handelt es sich um eine verdeckte Gewinnausschüttung an ihre Muttergesellschaft, da sie auf die Erzielung von Zinseinnahmen verzichtet und dieser Verzicht seine Ursache im Gesellschaftsverhältnis zur Muttergesellschaft hat. Damit sind die Einnahmen der X-GmbH nach § 8 Abs. 3 Satz 2 KStG außerbilanziell um (7 % × 20 Mio. € =) 1,4 Mio. € zu erhöhen.

Aus Sicht der Muttergesellschaft handelt es sich ebenfalls um eine verdeckte Gewinnausschüttung im Sinne des §§ 20 Abs. 1 Nr. 1 EStG, 8b Abs. 1 und 3 KStG (Anmerkung: siehe BFH vom 26.10.1987, BStBl II 1988, 348). Im Jahresüberschuss sind die 1,4 Mio. € nicht erhalten. Grundsätzlich müsste die verdeckte Gewinnausschüttung zu einer außerbilanziellen Hinzurechnung führen. Da die verdeckte Gewinnausschüttung aber – wie eine Dividende – bei der Muttergesellschaft steuerfrei ist, unterbleibt insoweit eine außerbilanzielle Korrektur. Allerdings werden (5 % × 1,4 Mio. € =) 70 T€ als nicht abziehbare Betriebsausgabe außerbilanziell bei der Berechnung des Einkommens der A-AG hinzugerechnet.

Die Y-GmbH hätte die Zinszahlungen als Betriebsausgabe abziehen können. Da aufgrund der verdeckten Gewinnausschüttung bei der X-GmbH fiktiv Einnahmen angesetzt werden, geht man davon aus, dass auch der Y-GmbH fiktiv Betriebsausgaben zugebilligt werden müssen (sog. Fiktionstheorie). Die beiden Töchter müssen so gestellt werden, wie sie stünden, wenn ein Zins von 7 % wirksam vereinbart worden wäre. Allerdings unterliegen die fiktiv hinzugerechneten Zinsausgaben der Zinsschranke nach §§ 4h EStG, 8a KStG und der Hinzurechnung nach § 8 Nr. 1 GewStG.

> **Frage:** Eine Muttergesellschaft (M-GmbH) ist zu 75 % an der Tochtergesellschaft (T-GmbH) beteiligt. Sie erhält im Wirtschaftsjahr 2023 eine Dividende in Höhe von 2 Mio. €. Unterliegt die Dividende der Gewerbesteuer? Wenn ja in welcher Höhe (der Gewerbesteuerhebesatz ist mit 400 % zu unterstellen)?

Antwort: Ertragsteuerlich ist die Dividende nach § 8b Abs. 1 und 5 KStG steuerfrei bzw. in Höhe von 5 % als nicht abziehbare Betriebsausgabe anzusetzen. Gewerbesteuerlich gilt nach **§ 7 GewStG** grundsätzlich der nach dem KStG ermittelte Gewinn als Gewerbeertrag, soweit dem keine besonderen Vorschriften des Gewerbesteuergesetzes entgegenstehen.

In diesem Zusammenhang ist die Vorschrift des **§ 9 Nr. 2a GewStG** zu beachten. Damit ist der Gewinn eines Gewerbetreibenden (hier: M-GmbH) um Gewinne aus Anteilen an einer inländischen Kapitalgesellschaft (hier: T-GmbH) zu kürzen, wenn die Beteiligung mindestens 15 % beträgt (hier: 75 %) und die Gewinnanteile bei der Ermittlung des Gewinns (§ 7 GewStG) angesetzt worden sind. Da aufgrund der Vorschriften der §§ 7 GewStG, 8 und 8b Abs. 1 KStG die Dividende außerbilanziell zu 100 % bei der Ermittlung des Einkommens abgezogen wurden, verbleibt es bei dem Einkommen (die Dividende wird also im Gewerbeertrag mit 0 € erfasst). Allerdings wurde das Einkommen der M-GmbH nach § 8b Abs. 5 KStG um 5 % der Dividende erhöht. Diese 5 % bleiben aber nach § 9 Nr. 2a Satz 4 GewStG im Gewerbeertrag ungekürzt.

> **Frage:** Nehmen wir einmal an, die T-GmbH betreibt ein Altenheim. Was würde sich dann ändern?

Antwort: Die Kürzungsvorschrift des § 9 Nr. 2a GewStG greift nur für Gewinne aus Anteilen an einer nicht steuerbefreiten inländischen Kapitalgesellschaft. Da der Betrieb eines Altenheims nach § 3 Nr. 20 GewStG von der GewSt befreit ist, fällt die Dividende nicht unter die Vorschrift des § 9 Nr. 2a GewStG und unterliegt damit der Hinzurechnungsvorschrift des § 8 Nr. 5 GewStG (vgl. BFH Beschluss vom 24.01.2012, I B 34/11, BFH/NV 2012, 1175).

> **Frage:** Wie ist dann die Dividende bei der M-GmbH gewerbesteuerlich zu erfassen?

Antwort: Nach **§ 8 Nr. 5 GewStG** sind dem Gewinn aus Gewerbebetrieb (§ 7 GewStG) die nach § 8b Abs. 1 KStG außer Ansatz bleibenden Gewinnanteile (Dividenden) wieder hinzuzurechnen, soweit sie nicht die Voraussetzungen des § 9 Nr. 2a GewStG erfüllen. Da die Dividenden nach § 8b Abs. 1 und 5 KStG im Einkommen i.H.v. 5 % enthalten sind, sind 95 % der Dividende bei der Ermittlung des Gewerbeertrags hinzuzurechnen. Damit unterliegt die Dividende i.H.v. 2 Mio. € der Gewerbesteuer.

Nach § 11 Abs. 1 Satz 2 GewStG ist dieser Gewerbeertrag auf volle hundert Euro abzurunden. Dies entfällt bei einem Betrag von 2 Mio. €. Der Freibetrag nach § 11 Satz 2 Nr. 1 GewStG in Höhe von 24.500 € wird nur Personengesellschaften und natürlichen Personen gewährt, ist hier somit also nicht anzusetzen. Nach § 11 Abs. 2 GewStG beträgt die Steuermesszahl 3,5 %, somit hier 70 T€. Bei einem Hebesatz von 400 % ergibt sich für die Dividende eine Gewerbesteuer von 280 T€, die nach §§ 8 KStG, 4 Abs. 5b EStG ab dem Wirtschaftsjahr 2008 nicht mehr als Betriebsausgabe angesetzt werden kann.

> **Frage:** Die A-AG mit Sitz in Deutschland hält 30 % der Anteile an einer S.A. mit Sitz in Frankreich. Sie hat die Anteile in 1990 für 10 Mio. € erworben. In 2023 veräußert sie die Anteile für 12 Mio. € an einen privaten Investor.

Antwort: Handelsrechtlich ist ein Ertrag in Höhe von 2 Mio. € zu buchen (Buchungssatz: Geld 12 Mio. € an Beteiligung 10 Mio. € und Ertrag 2 Mio. €). Dieser Ertrag ist nach dem Maßgeblichkeitsgrundsatz auch im Jahresüberschuss der Steuerbilanz auszuweisen. Steuerlich ist nun zu prüfen, ob der Veräußerungsgewinn nach **§ 8b Abs. 2 KStG** steuerfrei ist. Dann müsste es sich bei der Pierre Pernod S.A. um eine Kapitalgesellschaft handeln. Nach der Rechtsformübersicht in Tabelle 1 zum Betriebsstättenerlass (BMF vom 24.12.1999, BStBl I 1999, 1076) entspricht die französische societé anonyme der deutschen AG. Damit ist im nächsten Schritt zu prüfen, ob der Veräußerungsgewinn in Deutschland zu versteuern ist. Gewinne aus der Veräußerung von Anteilen an Kapitalgesellschaften werden nach Art. 19 Abs. 5 DBA Frankreich ausschließlich in dem Staat versteuert, in dem der Veräußerer ansässig ist. Damit hat Deutschland das Besteuerungsrecht, da die veräußernde A-AG in Deutschland ansässig ist.

Der Veräußerungsgewinn ist nach § 8b Abs. 2 KStG steuerfrei. Nach § 8b Abs. 3 KStG sind auch hier wieder 5 % des Veräußerungsgewinnes, also 100 T€ als nicht abzugsfähige Betriebsausgaben zu behandeln.

> **Frage:** Nehmen wir an, die A-AG hat die Beteiligung an der S.A. zwar für 10 Mio. € erworben, diese aber in 1995 auf 1 Mio. € abgeschrieben (von einer dauernden Wertminderung war damals auszugehen). In 2023 wird überraschenderweise ein Erlös in Höhe von 12 Mio. € erzielt. Beurteilen Sie bitte zuerst die Abschreibung in 1995 (Hinweis: In diesem Jahr gab es weder § 8b KStG noch eine vergleichbare Vorschrift).

Antwort: Da die Beteiligung an der S.A. nach § 266 Abs. 2 A III Nr. 3 HGB Anlagevermögen darstellt, ist eine Teilwertberichtigung nach § 253 Abs. 2 HGB handelsrechtlich zwingend vorzunehmen, wenn die Wertminderung von Dauer ist (so die Aufgabenstellung). Dies ist hier geschehen. Steuerlich besteht nach **§ 6 Abs. 1 Nr. 2 Satz 2 EStG** ein **Wahlrecht**; insoweit ist der Maßgeblichkeitsgrundsatz durchbrochen. Ich gehe davon aus, dass die Abschreibung auch in der Steuerbilanz vorgenommen wurde. Somit ist die Beteiligung auch in der Steuerbilanz mit 1 Mio. € anzusetzen. Der Abschreibungsaufwand in Höhe von 9 Mio. € war nach damaligem Recht in voller Höhe gewinnwirksam, da in 1995 die Vorschrift des § 8b Abs. 3 Satz 3 KStG noch nicht existierte. Nach heutigem Recht dürfen Teilwertberichtigungen von Beteiligungen den Gewinn nicht mindern.

Allerdings ist noch die Vorschrift des **§ 2a Abs. 1 Nr. 3 Buchstabe a) EStG** zu beachten, die über § 8 Abs. 1 KStG auch im Körperschaftsteuerrecht gilt. § 2a EStG war europarechtlich höchst umstritten und wurde mit Wirkung ab dem Veranlagungszeitraum 2008 dahingehend geändert, dass er nur noch für Drittstaaten (also nicht EU-Staaten) anwendbar ist. Für das hier maßgebliche Jahr 1995 war § 2a EStG a.F. somit grundsätzlich noch anzuwenden.

Nach § 2a Abs. 1 Nr. 3 Buchstabe a) EStG a.F. durften Gewinnminderungen, die aus einer Teilwertberichtigung einer ausländischen Beteiligung resultierten, den Gewinn des deutschen Unternehmens nicht mindern. Somit musste die A-AG zwar die Beteiligung handelsrechtlich abschreiben, musste den Jahresüberschuss aber außerbilanziell bei der Ermittlung des steuerlichen Einkommens wieder um 9 Mio. € erhöhen.

Allerdings waren diese 9 Mio. € nach § 2a Abs. 1 Satz 3 EStG mit späteren Gewinnen aus der Beteiligung an der S.A. zu verrechnen.

> **Frage:** Wie ist nun die Veräußerung in 2023 zu beurteilen?

Antwort: Handelsrechtlich entsteht ein Gewinn in Höhe von (12 Mio. € ./. 1 Mio. € =) 11 Mio. €. Steuerrechtlich ist dieser Gewinn grundsätzlich nach §§ 8b Abs. 2 und 3 KStG wieder in Höhe von 95 % zu korrigieren. Dabei ist aber nun zu berücksichtigen, dass die Abschreibung in 1995 nach damaligem Recht gewinnwirksam erfolgte. Nach § 8b Abs. 2 Satz 4 KStG ist ein Veräußerungsgewinn insoweit **nicht steuerfrei,** als er auf einer gewinnwirksam vorgenommenen früheren Teilwertberichtigung beruht.

Allerdings greift nun der Verlustvortrag des § 2a Abs. 1 Satz 3 EStG. Der steuerlich nicht wirksame Abschreibungsverlust aus 1995 (9 Mio. €) ist mit dem Veräußerungsgewinn des Jahres 2023 (= 9 Mio. €) zu verrechnen und wird folglich neutralisiert.

> **Frage:** Neuer Fall: Die M-GmbH ist an der T-GmbH zu 75 % beteiligt. Die M-GmbH gewährte der T-GmbH in 2009 ein Darlehen über 5 Mio. € ohne Sicherheiten und zu einem Zinssatz von 1,5 %. Im Geschäftsjahr 2023 befindet sich die T-GmbH in ernsthaften finanziellen Schwierigkeiten. Die M-GmbH muss das Darlehen auf 1 € abschreiben. Wie ist die Abschreibung zu beurteilen?

Antwort: Darlehensansprüche gehören zum Umlaufvermögen und sind daher nach § 253 Abs. 3 HGB – unabhängig von der Frage einer dauernden Wertminderung – zwingend auf den Wert am Bilanzstichtag abzuschreiben (**strenges Niederstwertprinzip**). Steuerrechtlich ist grundsätzlich § 6 Abs. 1 Nr. 2 Satz 2 EStG zu beachten. Danach ist eine Teilwertberichtigung in der Steuerbilanz nur zulässig, wenn eine dauernde Wertminderung vorliegt. Die Verwaltung geht allerdings bei Umlaufvermögen davon aus, dass bei einer Wertminderung, die bis zum Zeitpunkt der Aufstellung der Bilanz vorhanden ist, grundsätzlich von einer dauernden Wertminderung auszugehen ist (BMF vom 16.07.2014, BStBl I 2014, 1162 Rz. 22).

Der steuerlichen Anerkennung des Abschreibungsaufwands könnte nun aber die Vorschrift des **§ 8b Abs. 3 Sätze 4 ff. KStG** entgegenstehen. Danach kann grundsätzlich der Aufwand aus der Abschreibung der Beteiligung steuerlich nicht geltend gemacht werden. Umstritten war bisher, ob dies auch für eigenkapitalersetzende Darlehen gelten soll. Ein eigenkapitalersetzendes Darlehen liegt hier unstreitig vor, da kein fremder Dritter ein Darlehen ohne Sicherheiten und zu einem Zinssatz von 1,5 % gewährt hätte. Mit Wirkung ab dem Veranlagungszeitraum 2008 wurde § 8b KStG dahingehend geändert, dass die **Abschreibung eigenkapitalersetzender Darlehen** unter das Abzugsverbot fällt, wenn der Gesellschafter, der das Darlehen gewährte, mindestens zu 25 % beteiligt ist. Die M-GmbH muss daher das Darlehen zwar in der Steuerbilanz mit 1 € ansetzen. Der Abschreibungsaufwand ist aber außerbilanziell wieder zu neutralisieren.

> **Frage:** Angenommen, die M-GmbH ist in späteren Jahren wieder zahlungskräftig und das Darlehen wieder voll werthaltig. Wie sind dann die bilanziellen und steuerlichen Folgen?

Antwort: Eine Zuschreibung nach einer vorhergehenden Teilwertberichtigung ist handelsrechtlich nach § 253 Abs. 5 HGB nicht zwingend. Die M-GmbH könnte daher den Wertansatz von 1 € beibehalten. Unabhängig von dem handelsrechtlichen Wahlrecht ist der Nominalbetrag der Forderung nach **§ 6 Abs. 1 Nr. 2 Satz 3, Nr. 1 Satz 4 EStG** nach Wegfall der Voraussetzungen für die Teilwertberichtigung anzusetzen (**zwingende** Wertaufholung). Der daraus resultierende Zuschreibungsgewinn ist allerdings nach § 8b Abs. 3 Satz 9 KStG steuerfrei, da die Abschreibung steuerlich nicht berücksichtigt wurde.

> **Frage:** Wechseln wir das Thema. Ein in Deutschland ansässiger Steuerpflichtiger ist Alleingesellschafter einer niederländischen Kapitalgesellschaft mit Sitz in den Niederlanden. Der Steuerpflichtige ist außerdem zu 100 % Eigentümer eines in den Niederlanden belegenen Bürogebäudes, das er an die niederländische Kapitalgesellschaft vermietet. Die niederländische Kapitalgesellschaft schüttet nun eine Dividende an den in Deutschland ansässigen Gesellschafter aus.

Antwort: Die Dividende ist nach Art. 10 OECD-Musterabkommen in Deutschland zu versteuern, da der Dividendenempfänger in Deutschland ansässig ist. Grundsätzlich unterliegt die Dividende nach §§ 20 Abs. 1 Nr. 1, 32d Abs. 1 EStG der Abgeltungsteuer. Da für die Dividende keine deutsche Kapitalertragsteuer gezahlt wurde (vgl. § 43 Abs. 1 Nr. 1 EStG), muss der Gesellschafter die Dividende in seiner Steuererklärung angeben (§ 32d Abs. 3 EStG).

Hier könnte aber eine **Betriebsaufspaltung** vorliegen. Die Frage, ob eine Betriebsaufspaltung „über die Grenze" möglich ist, war bisher streitig und höchstrichterlich nicht geklärt. BFH hat nunmehr mit Urteil vom 17.11.2020, I R 72/16, BStBl II 2021, 484 in dem vorliegenden Fall eine Betriebsaufspaltung angenommen. Für die Versteuerung der Mieteinkünfte hat dies grundsätzlich keine Folgen, da hier das Belegenheitsprinzip des Art. 6 OECD-Musterabkommens gilt. Damit sind die Mieteinnahmen in den Niederlanden zu versteuern.

Allerdings ist nun die Beteiligung an der niederländischen Kapitalgesellschaft in Deutschland im Besitzunternehmen zu aktivieren (vgl. H 4.2 Abs. 2 EStH). Damit sind die Dividenden als Betriebseinnahmen in Deutschland zu erfassen, da Art. 10 OECD-Musterabkommen auch für Dividenden im Betriebsvermögen gilt. Sonach sind die Dividenden nach §§ 20 Abs. 1 Nr. 1, 3 Nr. 40 Buchstabe d), 3c Abs. 2 EStG im Teileinkünfteverfahren zu erfassen. Außerdem können eventuelle Betriebsausgaben abgezogen werden, da die Einschränkungen des § 20 Abs. 9 EStG im Betriebsvermögen nicht gelten.

Problembereich 7: Verlustabzug bei Körperschaften

> **Frage:** Gesellschafter der X-GmbH sind die natürlichen Personen A (70 %) und B (30 %). Die GmbH verfügt über einen steuerlichen Verlustvortrag in Höhe von 10 Mio. €. Gesellschafter A veräußert seine Anteile an N. Welche Folgen hat dies für den steuerlichen Verlustvortrag?

Antwort: Werden innerhalb von 5 Jahren mittelbar oder unmittelbar mehr als 50 % des gezeichneten Kapitals an einen Erwerber übertragen, so sind die bis zum schädlichen Beteiligungserwerb nicht genutzten Verluste nach **§ 8c Abs. 1 Satz 1 KStG** nicht mehr abziehbar. Im vorliegenden Fall gehen daher die Verlustvorträge vollständig unter.

> **Frage:** Was wäre, wenn A jeweils 10 % der Anteile an die Erwerber N1 bis N7 veräußert?

Antwort: Als ein Erwerber im Sinne des § 8c Abs. 1 Satz 1 KStG gilt auch eine Gruppe von Erwerbern mit gleichgerichteten Interessen. Dies könnte z.B. der Fall sein, wenn sich die Erwerber N1 bis N7 zusammengetan hätten, um gemeinsam die Beteiligung zu erwerben. Auch in diesem Falle würden daher die Verlustvorträge vollständig untergehen.

> **Frage:** Könnte in unserem Ausgangsfall ein Untergang des Verlustvortrags verhindert werden?

Antwort: § 8c Abs. 1 KStG wurde durch die Einfügung von **§ 8d KStG** wesentlich entschärft. § 8d KStG wurde unter Anderem eingeführt, da an der verfassungsrechtlichen Zulässigkeit des § 8c KStG erhebliche Zweifel bestanden. Danach geht der Verlustvortrag nicht unter, wenn der Geschäftsbetrieb der Kapitalgesellschaft in seinem wesentlichen Kern weitergeführt wird (vgl. § 8d Abs. 2 KStG; siehe auch BMF vom 18.03.2021, BStBl I 2021, 363).

> **Frage:** Gibt es auch noch eine weitere Möglichkeit, dass der Verlustvortrag nicht untergeht?

Antwort: Ja; § 8c Abs. 1 Satz 5 KStG sieht vor, dass der Verlustvortrag nicht untergeht, soweit er die gesamten zum Zeitpunkt des schädlichen Beteiligungserwerbs vorhandenen im Inland steuerpflichtigen **stillen Reserven** des Betriebsvermögens der Körperschaft nicht übersteigt.

Eine weitere Möglichkeit ist nach § 8c Abs. 1a KStG gegeben, wenn der Beteiligungserwerb zum Zweck der Sanierung erfolgt. Diese Vorschrift war lange Zeit europarechtlich umstritten (unzulässige Subvention). Mittlerweile hat aber die europäische Kommission ihre diesbezüglichen Bedenken eingestellt.

Frage: Wie wäre der Fall zu entscheiden, wenn lediglich Gesellschafter B seine 30 % veräußern würde?

Antwort: § 8c Abs. 1 KStG enthielt früher die Formulierung, wonach bei einer Veräußerung von mehr als 25 % bis zu 50 % der Anteile der Verlustvortrag anteilig untergeht. Wurden also z.B. 40 % veräußert, so gingen nach der bisherigen Formulierung des § 8c Abs. 1 KStG 40 % der Verlustvorträge unter. Diese Regelung wurde vom BVerfG in seiner Entscheidung vom 29.03.2017 (2 BvL 6/11, BStBl II 2017, 1082) für verfassungswidrig erklärt. Maßgebliche Erwägung war, dass der Verlustvortrag der Körperschaft und damit einer juristischen Person zusteht und kein Zusammenhang mit der Veräußerung von Anteilen durch einen Gesellschafter besteht. Diese Verfassungswidrigkeit umfasst rückwirkend alle Veräußerungen bis zum 01.01.2008. Mit Wirkung ab dem VZ 2019 wurde der anteilige Verlustuntergang gestrichen.

Frage: Eine in Deutschland ansässige GmbH erzielt aus einer Betriebsstätte in der Türkei einen Verlust i.H.v. 500 T €. Wie wirkt sich der Verlust bei der Besteuerung in Deutschland aus? Lösen Sie bitte den Fall anhand des OECD-Musterabkommens.

Antwort: Zuerst einmal ist zu prüfen, in welchem Land der Gewinn der Betriebsstätte zu versteuern ist. Nach den Grundsätzen des Art. 7 OECD-Musterabkommens ist der Gewinn in dem Staat zu versteuern, in dem die Betriebsstätte liegt, hier also in der Türkei. Art. 7 regelt auch die Berücksichtigung von Verlusten. Nach Art. 23A OECD-Musterabkommen sind die Gewinne in Deutschland steuerfrei. Damit wirkt sich der Verlust in Deutschland steuerlich nicht aus.

Frage: Wie ordnen Sie in diesem Kontext § 2a Abs. 1 Nr. 2 EStG ein?

Antwort: Nach § 2a Abs. 1 Nr. 2 EStG dürfen Verluste aus Betriebsstätten in einem Drittstaat (§ 2a Abs. 2a EStG) den Gewinn in Deutschland nicht mindern. Da aber bereits nach dem DBA der Verlust in Deutschland nicht berücksichtigt wird, geht § 2a EStG hier ins Leere. Würde es sich bei der deutschen Gesellschaft um eine Personengesellschaft oder ein Einzelunternehmen handeln, so würde § 2a Abs. 1 Nr. 2 EStG den negativen Progressionsvorbehalt ausschließen (vgl. § 32b Abs. 1 Nr. 3 EStG).

Frage: Eine in Deutschland ansässige GmbH erzielt im Wirtschaftsjahr = Kalenderjahr 2021 einen Verlust i.H.v. 16 Mio. €. Kann sie diesen Verlust in das Jahr 2020 zurücktragen?

Antwort: § 10d EStG ist über die Verweisungsnorm des § 8 KStG auch im Körperschaftsteuerrecht anwendbar (vgl. die Übersicht in R 8.1 KStR). § 10d Abs. 1 EStG sieht einen Verlustrücktrag lediglich i.H.v. 1 Mio. € vor. Durch das 2. Corona-Steuerhilfegesetz wurde der Rücktrag für die Jahre 2020 und 2021 auf bis zu 10 Mio. € erweitert (siehe hierzu § 110 EStG). Ab dem Veranlagungszeitraum 2022 sollten ursprünglich wieder die alten Werte (1 Mio. € Rücktrag) gelten. Durch das 4. Corona-StÄndG wurde nun der Zeitraum auf die Jahre 2022 und 2023 ausgedehnt. Der Verlustrücktrag wird darüber hinaus ab 2022 dauerhaft auf zwei Jahre ausgeweitet. Außerdem kann für Verlustjahre ab 2022 auf den Rücktrag nicht mehr **teilweise** verzichtet werden. Ein **vollständiger** Verzicht ist aber weiterhin möglich.

Da in dem vorliegenden Fall der Verlust in 2021 entstand, ist ein Rücktrag bis zu 10 Mio. € möglich. Damit bleibt für den Vortrag in die Jahre 2022 ff. ein Rest i.H.v. 6 Mio. €.

Frage: Wie gestaltet sich nun der Verlustvortrag?

Antwort: Der Verlustvortrag ist bis zu einem Betrag von 1 Mio. € unbeschränkt und darüber hinaus bis zu 60 % des 1 Mio. € übersteigenden Gesamtbetrags der Einkünfte abzuziehen.

Frage: Gehen Sie bitte davon aus, dass der Jahresüberschuss der GmbH in 2022 identisch mit dem Einkommen ist und 5 Mio. € betragen soll.

Antwort: § 10d EStG bezieht sich auf den „Gesamtbetrag der Einkünfte". In der Regel ist der Gesamtbetrag der Einkünfte bei einer Kapitalgesellschaft identisch mit den Einkünften i.S.v. § 8 Abs. 1 KStG (Ausnahme z.B. in § 8 Abs. 9 Satz 2 KStG). Damit sind im vorliegenden Fall lediglich maximal 60 % von 5 Mio. €, also 3 Mio. € vortragsfähig. Zusammen mit den unbeschränkt vortragsfähigen 1 Mio. € ergibt sich damit ein maximaler Verlustvortrag i.H.v. 4 Mio. € in das Jahr 2022. Die verbleibenden 2 Mio. € sind in die Jahre 2023 ff. vorzutragen, bis sie endgültig verbraucht sind.

Frage: Ist die Beschränkung des Vortrags in § 10d EStG nicht verfassungswidrig? Im vorliegenden Fall muss die GmbH ja ein Einkommen i.H.v. 1 Mio. € versteuern, obwohl ihr ein noch nicht ausgeschöpfter Verlustvortrag zusteht.

Antwort: Der Verlustvortrag wird ja durch die 60 %-Regelung lediglich zeitlich gestreckt und geht nicht unter. Aus diesem Grund hält der BFH die Regelung der sog. Mindestbesteuerung nicht für verfassungswidrig (vgl. BFH vom 11.07.2018, XI R 33/16, BStBl II 2019, 258).

Frage: Gibt es auch für die Gewerbesteuer einen Verlustrücktrag?

Antwort: § 10a GewStG sieht zwar einen Verlustvortrag vor (vergleichbar § 10d EStG). Einen Verlustrücktrag gibt es aber im Gewerbesteuerrecht nicht. Die Kommunen sollen nicht für abgeschlossene Haushaltsjahre mit Rückerstattungen von Gewerbesteuer belastet werden.

Problembereich 8: Liquidation

Frage: Gehen Sie bitte von folgendem Fall aus: Die G-GmbH, die 1990 gegründet wurde, soll liquidiert werden. Wie läuft der Vorgang gesellschaftsrechtlich ab?

Antwort: Nach **§ 60 GmbH** gibt es verschiedene Auflösungsgründe. In der Regel erfolgt die Auflösung mittels eines Gesellschafterbeschlusses, der einer Mehrheit von drei Vierteln der abgegebenen Stimmen bedarf.

Frage: Ist der Antrag im vorliegenden Fall möglich?

Antwort: § 60 Abs. 1 Nr. 2 GmbH verwendet die Formulierung: „... soweit nicht ein anderes bestimmt ist ..."; daraus schließe ich, dass auch andere Vereinbarungen möglich sind, die z.B. höhere Anforderungen an die Mehrheiten stellen. Dies müsste dann im Gesellschaftsvertrag (der Satzung) geregelt sein. § 3 GmbHG regelt die zwingenden Gegenstände der Satzung. Darüber hinaus können alle Fragen, die die Gesellschaft betreffen geregelt werden (dispositives Recht).

Frage: Gehen wir im Folgenden davon aus, dass ein wirksamer Gesellschafterbeschluss vorliegt. Bedeutet dies dann automatisch das Ende der Gesellschaft?

Antwort: Nein. Mit dem Auflösungsbeschluss geht die GmbH in eine Liquidationsphase; sie trägt nun nach außen die Bezeichnung GmbH i.L. Erst wenn alle Schulden getilgt, Verträge erfüllt und das Aktivvermögen verwertet ist, kann die Löschung im Handelsregister beantragt werden (§ 65 HGB). Nach der Löschung existiert die GmbH nicht mehr.

Frage: Welche steuerlichen Folgen hat es, wenn die GmbH in die Liquidationsphase tritt?

Antwort: Nach **§ 11 KStG** unterliegt die Besteuerung in der Liquidationsphase besonderen Regeln. Zu Beginn der Liquidationsphase ist eine Liquidationsanfangsbilanz zu erstellen. Der Besteuerungszeitraum ist ab diesem Zeitpunkt nicht mehr das Wirtschaftsjahr (§ 4a EStG), sondern ein in der Regel dreijähriger Zeitraum. An diesen dreijährigen Zeitraum können sich weitere Liquidationszeiträume anschließen, die in der Regel dann ein Jahr umfassen. Zum Ende der Liquidationsphase ist eine Liquidationsschlussbilanz zu erstellen. Die Differenz zwischen Liquidationsanfangsbilanz und Liquidationsendbilanz ist der Liquidationsgewinn (§ 11 Abs. 6 KStG i.V.m. § 4 Abs. 1 EStG). Dieser unterliegt dem normalen Körperschaftsteuersatz (§ 23 KStG).

> **Frage:** Nehmen Sie einmal an, die GmbH hat ihrem Gesellschafter-Geschäftsführer eine Pension zugesagt; in der Liquidationsanfangsbilanz ist dafür eine Rückstellung in Höhe von 150.000 € passiviert. Kann die GmbH die Pensionsverpflichtung auf eine andere Gesellschaft auslagern und welche steuerlichen Folgen hat dies?

Antwort: Zivilrechtlich ist die Übertragung auf einen anderen Rechtsträger grundsätzlich möglich; dabei sind die Grundsätze des Gesetzes über die betriebliche Altersversorgung zu beachten. Das Ausbuchen der Rückstellung führt bei der GmbH zu einem Ertrag in Höhe von 150.000 €. Der Rechtsträger, der die Pensionsverpflichtung übernimmt, wird dies nicht unentgeltlich tun. Der Betrag, den die GmbH dem neuen Rechtsträger bezahlt, stellt Personalaufwand dar. Nach **§ 4e Abs. 3 EStG** kann der Betrag, der sich aus dem Saldo von Ausbuchung und Zahlung an den Übernehmer ergibt, auf Antrag zehn Jahre verteilt werden, wenn die Auslagerung auf einen Pensionsfonds erfolgt.

> **Frage:** Gehen Sie davon aus, dass der Teilwert des Pensionsanspruchs 170.000 € beträgt. Stellen Sie bitte die Folgen für den Gesellschafter-Geschäftsführer dar.

Antwort: Grundsätzlich wird die Übertragung steuerlich so behandelt, als habe die GmbH dem Gesellschafter seine komplette Altersversorgung ausbezahlt und dieser eine neue Altersversorgung beim Pensionsfonds begründet. Dies bedeutet aber, dass die Altersversorgung in Höhe des Teilwerts dem Gesellschafter auf einen Schlag zufließt (§ 11 Abs. 1 Satz 1 EStG). Ausnahmsweise ist der Arbeitslohn aber nach § 3 Nr. 66 EStG steuerfrei, wenn die GmbH den Antrag nach § 4e Abs. 3 EStG stellt.

> **Frage:** Ist der Antrag im vorliegenden Fall möglich?

Antwort: Nein, da die GmbH liquidiert werden soll, und daher der Aufwand nicht auf zehn Jahre verteilt werden kann. Für den Gesellschafter ist damit die Versteuerung unvermeidlich. Er kann allenfalls den besonderen Steuersatz des § 34 Abs. 2 Nr. 4 EStG in Anspruch nehmen.

> **Frage:** Die Liquidationsschlussbilanz soll nun vorliegen; die Bilanz weist neben einem Stammkapital in Höhe von 50.000 € eine Kapitalrücklage in Höhe von 100.000 € und Gewinnrücklagen von 70.000 € aus. Die Beträge sollen an den Gesellschafter ausgezahlt werden.

Antwort: Die Rückzahlung des Stammkapitals fällt unter **§ 17 Abs. 4 EStG**. Nach § 17 Abs. 2 EStG in Verbindung mit § 3 Nr. 40 Buchstabe c) EStG ist der Erlös in Höhe von 60 % anzusetzen, somit mit 30.000 €. Abzuziehen sind die Anschaffungskosten. Diese betragen im Normalfall ebenfalls 50.000 €, da der Betrag bei der Gründung erbracht werden musste. Nach § 3c Abs. 2 EStG sind auch die Anschaffungskosten in Höhe von 60 % zu berücksichtigen, sodass insoweit der Gewinn 0 € beträgt.

> **Frage:** Welche Vorschrift sollten Sie neben § 17 Abs. 4 EStG noch ins Auge fassen?

Antwort: Nach § 17 Abs. 4 Satz 3 EStG gilt § 17 Abs. 4 EStG nicht, wenn die Bezüge nach § 20 Abs. 1 Nr. 2 EStG zu den Einnahmen aus Kapitalvermögen gehören. Hierzu müsste ich aber den Stand des steuerlichen Einlagekontos kennen.

Frage: Gehen Sie von 40.000 € aus.

Antwort: Nach § 27 KStG gilt das Eigenkapital (hier: 220.000 €) abzüglich des Stammkapitals (hier: 50.000 €) abzüglich des steuerlichen Einlagekontos (hier: 40.000 €) als ausschüttbarer Gewinn. Soweit die Rückzahlung des Kapitals als ausschüttbarer Gewinn gilt (hier: 130.000 €), ist die Rückzahlung als Dividende nach § 20 Abs. 1 Nr. 2 EStG zu versteuern. Die Dividende ist zu 100 % anzusetzen und unterliegt nach § 32d EStG der Abgeltungsteuer. Soweit die Rückzahlung den ausschüttbaren Gewinn übersteigt, fällt sie unter § 17 Abs. 4 EStG.

Frage: Wie hoch ist dann der Gewinn?

Antwort: Da dem Einlagekonto verdeckte Einlagen des Gesellschafters zugeführt werden und verdeckte Einlagen die Anschaffungskosten im Sinne des § 17 Abs. 2 EStG erhöhen, ist davon auszugehen, dass den restlichen 40.000 € auch entsprechende Anschaffungskosten gegenüberstehen, sodass der Gewinn wieder 0 € betragen wird.

Frage: Eine GmbH soll liquidiert werden. Das Stammkapital beträgt 100.000 €. In 2023 erfolgt eine Kapitalerhöhung um 75.000 €. Welche Möglichkeiten der Kapitalerhöhung gibt es nach dem GmbHG?

Antwort: Die Kapitalerhöhung kann zum einen dadurch erfolgen, dass die Gesellschafter das neue Stammkapital einzahlen (Kapitalerhöhung aus **Gesellschaftermitteln**; § 55 GmbHG). Die Einzahlung kann in Form von Geld oder als Sacheinlage (§ 56 GmbHG) erfolgen. Es ist aber auch möglich, die Kapitalerhöhung nach § 57c GmbHG aus **Gesellschaftsmitteln** durchzuführen. Bei diesem Verfahren werden Rücklagen in Stammkapital umgewandelt.

Frage: Welche steuerlichen Folgen kann eine Kapitalerhöhung aus Gesellschaftsmitteln haben? Gehen Sie bitte in unserem Fall davon aus, dass die Kapitalerhöhung in 2023 durch Umwandlung einer Gewinnrücklage erfolgt.

Antwort: Wäre die Gewinnrücklage aufgelöst und ausgeschüttet worden, hätte dies eine steuerpflichtige Dividende nach § 20 Abs. 1 Nr. 1 EStG zur Folge gehabt. Die Rückzahlung des Stammkapitals unterliegt dagegen der Besteuerung nach § 17 Abs. 4 EStG. In der Regel entsteht hier kein Gewinn, da die Einzahlung des Stammkapitals (auch im Wege einer Kapitalerhöhung) die Anschaffungskosten der Beteiligung erhöht hat. Um die Versteuerung der Dividenden sicherzustellen, sieht § 28 Abs. 1 KStG vor, dass im Falle einer Kapitalerhöhung durch Umwandlung von Gewinnrücklagen ein sog. Sonderausweis gebildet wird. Wird dieser Sonderausweis ausgeschüttet, so liegen nach §§ 28 Abs. 2 KStG, 20 Abs. 1 Nr. 2 EStG steuerpflichtige Dividenden vor. Im vorliegenden Fall erfolgt damit i.H.v. 25.000 € die Rückzahlung des Stammkapitals nach § 17 Abs. 4 EStG. Im Übrigen muss die Rückzahlung nach § 20 Abs. 1 Nr. 2 EStG versteuert werden.

Problembereich 9: Organschaft

Frage: Was sind in der Praxis die Motive, eine Organschaft i.S.d. §§ 14 ff. KStG zwischen zwei Unternehmen zu vereinbaren?

Antwort: Eine Organschaft kann begründet werden, um Verluste oder Gewinne einer Organgesellschaft mit Verlusten oder Gewinnen eines Organträgers verrechnen zu können. Diese Konstruktion ist insbesondere dann interessant, wenn ein Unternehmen auf längere Sicht Verluste erzielen wird, die nach § 10d EStG nicht ausgenutzt werden können. Man findet diese Gestaltung zum Beispiel bei öffentlichen Betrieben, wenn die Gewinne der Stadtwerke mit den Verlusten eines kommunalen Freibades verrechnet werden können.

> **Frage:** Die A-KG ist Organträger, die B-GmbH Organgesellschaft. Die B-GmbH ist an der C-AG beteiligt und bezieht eine Dividende in Höhe von 2 Mio. €. Wie ist die Dividende im Organkreis zu versteuern?

Antwort: Grundsätzlich führt die Organschaft nach §§ 14, 17 KStG dazu, dass das Einkommen der Organgesellschaft vom Organträger zu versteuern ist. Da die Dividende auf Ebene der B-GmbH nach § 8b KStG steuerfrei ist, würde die Organschaft bewirken, dass eine Personengesellschaft (die A-KG) von § 8b KStG profitiert. Um dies zu verhindern, sieht § 15 Nr. 2 KStG vor, dass § 8b KStG auf der Ebene der Organgesellschaft nicht anzuwenden ist. Damit wird die Dividende auf Ebene der B-GmbH zu 100 % erfasst. Auf Ebene der A-KG sind dann aber die §§ 3 Nr. 40 Buchstabe d), 3c Abs. 2 EStG anzuwenden, wenn die Mitunternehmer der KG (Organträger) natürliche Personen sind. Damit wird die Dividende zu 60 % (= 600 T€) besteuert. Sind die Mitunternehmer der KG ihrerseits Kapitalgesellschaften, so ist auf Ebene des Organträgers § 8b Abs. 1 KStG anzuwenden.

> **Frage:** Könnte in dem obigen Fall die B-GmbH auch eine B-GmbH & Co. KG sein?

Antwort: Nein. Eine GmbH & Co. KG ist eine Personengesellschaft. Organgesellschaft muss nach § 14 KStG aber stets eine Kapitalgesellschaft sein.

> **Frage:** Wie stellt die Organgesellschaft die Gewinnabführungsverpflichtung in ihrer Bilanz dar? Nehmen wir einmal an, die oben erwähnte B-GmbH habe – vor Berücksichtigung der Organschaft – einen vorläufigen Jahresüberschuss in Höhe von 8 Mio. €.

Antwort: Unter der Voraussetzung, dass die B-GmbH keine Gewinnrücklage im Sinne des § 14 Abs. 1 Nr. 4 KStG bildet, müsste sie 8 Mio. € abführen. Dies ergibt sich daraus, dass Basis der Gewinnabführung der Gewinn nach Handelsrecht ist. Die Gewinnabführungsverpflichtung ist sowohl in der Handels- als auch in der Steuerbilanz als Verbindlichkeit auszuweisen. Damit beträgt der endgültige Jahresüberschuss 0 €.

Der Organträger muss korrespondierend sowohl in der Handels- auch in der Steuerbilanz eine Forderung auf Gewinnabführung in Höhe von 8 Mio. € aktivieren.

> **Frage:** Wie kann dem Organträger (der A-KG) ein Einkommen zugewiesen werden, wenn aufgrund der Gewinnabführungsverpflichtung der Jahresüberschuss der B-GmbH 0 € beträgt?

Antwort: Hier sieht man wieder deutlich den Unterschied zwischen Jahresüberschuss und Einkommen. Bei der Ermittlung des Einkommens der Organgesellschaft muss außerbilanziell die Gewinnabführungsverbindlichkeit wieder herausgerechnet werden, sodass das zuzurechnende Einkommen 8 Mio. € beträgt. Dies steht zwar nicht explizit in den §§ 14 ff. KStG, muss aber nach Sinn und Zweck in die Organschaftsvorschriften hineininterpretiert werden.

Umgekehrt muss beim Organträger die Gewinnabführungsforderung neutralisiert werden. Diese ist bereits im Jahresüberschuss enthalten (Forderung auf Gewinnabführung). Würde man zusätzlich das Einkommen der Organgesellschaft hinzurechnen, würden die 8 Mio. € doppelt erfasst werden.

> **Frage:** Nehmen wir einmal an, Gesellschafter der B-GmbH seien zu 95 % die A-KG und zu 5 % eine natürliche Person P. Kann der Gewinnabführungsvertrag eine Abführung von lediglich 95 % des Gewinns vorsehen?

Antwort: Nein. Die Gewinnabführung muss immer den ganzen Gewinn erfassen, so ausdrücklich § 14 Abs. 1 KStG.

Frage: Wird dann P gesellschaftsrechtlich nicht beteiligt. Aufgrund des Gewinnabführungsvertrages wird P nie eine Dividende erhalten können?

Antwort: Hier sieht das Gesellschaftsrecht nach Treu und Glauben vor, dass P eine sog. **Ausgleichszahlung** erhalten muss, die seinen entgangenen Dividendenanspruch ausgleichen soll. Bei der Organgesellschaft mindert die Ausgleichszahlung den Jahresüberschuss, da sie als Verbindlichkeit ausgewiesen werden muss.

Frage: Wie versteuert der Gesellschafter die Ausgleichszahlung?

Antwort: Die Ausgleichszahlung ist den besonderen Bezügen i.S.v. § 20 Abs. 1 Nr. 1 EStG zuzurechnen, wird also vom Gesellschafter P wie eine Dividende versteuert.

Frage: Dann wird die B-GmbH bei Bezahlung einer Ausgleichszahlung bessergestellt als bei Bezahlung einer Dividende. Die Dividendenzahlung kann nicht als Betriebsausgabe gebucht werden. Der Organträger versteuert die Ausgleichszahlung ebenfalls nicht, da beim zuzurechnenden Einkommen die Ausgleichszahlung bereits abgezogen ist.

Antwort: Hier sieht **§ 16 KStG** zum Ausgleich vor, dass die Organgesellschaft ein fiktives Einkommen in Höhe von $^{20}/_{17}$ der Ausgleichszahlung selbst versteuern muss. Damit wird die Leistung einer Ausgleichszahlung letztlich der Leistung einer Dividende gleichgestellt.

Frage: Sie haben oben erwähnt, dass die Gewinnabführung im Rahmen der Organschaft nach Handelsrecht zu ermitteln ist. Wie bilanziert die A-KG, wenn die B-GmbH handelsrechtlich einen Jahresüberschuss in Höhe von 8 Mio. € erzielt, ihr steuerliches Einkommen aber z.B. lediglich 6 Mio. € beträgt?

Antwort: Eine solche Differenz kann sich z.B. ergeben, wenn in der Handelsbilanz eine Rückstellung für drohende Verluste i.H.v. 2 Mio. € gebildet wurde. Diese ist nach § 5 Abs. 4a EStG steuerlich nicht anzuerkennen, somit auch in der Steuerbilanz nicht zu bilden. Insoweit ist der Maßgeblichkeitsgrundsatz durchbrochen. Im Rahmen der Organschaft wird sonach mehr Gewinn abgeführt, als steuerlich an Einkommen zugerechnet wird. Es handelt sich hier um das Problem der sog. Mehr- oder Minderabführungen. Die A-KG erhält einen Gewinnabführungsanspruch in Höhe von 8 Mio. €, während das zuzurechnende Einkommen lediglich 6 Mio. € beträgt. Diese Differenz wird dadurch ausgeglichen, dass auf der Passivseite der Bilanz ein Ausgleichsposten in Höhe von 2 Mio. € gebucht wird.

Umgekehrt ist im Falle einer Minderabführung ein aktiver Ausgleichsposten zu bilden. Die aktiven und passiven Ausgleichsposten sind spätestens im Falle der Veräußerung der Organbeteiligung aufzulösen (Details siehe BMF vom 26.08.2003, BStBl I 2003, 437, Beck'sche Erlasse 100 § 14/5 Rz. 40 ff.).

Frage: Was geschieht, wenn der Jahresabschluss der Organgesellschaft fehlerhafte Bilanzansätze enthält?

Antwort: In diesem Fall kann die Organschaft gefährdet sein, da der Gewinnabführungsvertrag unter Umständen nicht als vollständig durchgeführt gilt. Aus diesem Grund hat der Gesetzgeber **§ 14 Abs. 1 Nr. 3 Satz 4 KStG** rückwirkend für alle noch nicht bestandskräftig veranlagten Fälle dahingehend geändert, dass der Gewinnabführungsvertrag auch dann als durchgeführt gilt, wenn der abgeführte Gewinn auf einem Jahresabschluss beruht, der fehlerhafte Bilanzansätze enthält. Dies gilt aber nur, sofern (a) der Jahresabschluss wirksam festgestellt ist, (b) die Fehlerhaftigkeit bei Erstellung des Jahresabschlusses unter Anwendung der Sorgfalt eines ordentlichen Kaufmanns nicht hätte erkannt werden müssen und (c) der Fehler spätestens im nächsten Jahresabschluss korrigiert wird.

Frage: Gehen wir davon aus, dass der Sitz der Organgesellschaft in München ist, der Sitz des Organträgers in Berlin. Die Organgesellschaft wird im Rahmen einer Betriebsprüfung geprüft und es werden diverse Änderungen des Einkommens vorgenommen. Welche Problematik entsteht?

Antwort: Unter Umständen ist die Veranlagung des Organträgers bereits bestandskräftig. Sie muss dann geändert werden (neue Tatsachen). Um diese Änderungen und andere mögliche Streitfragen im Verhältnis zwischen Organgesellschaft und Organträger zu regeln, sieht § 14 Abs. 5 KStG mit Wirkung ab VZ 2014 die gesonderte und einheitliche Feststellung des dem Organträger zuzurechnenden Einkommens der Organgesellschaft vor. Damit können derartige Probleme nicht mehr entstehen, da die Feststellung die Wirkung eines Grundlagenbescheids hat.

Frage: Alleingesellschafterin der T-GmbH war in 2022 die M-GmbH. Zwischen der M-GmbH und der T-GmbH bestand in 2022 eine Organschaft. In 2022 wurde die T-GmbH auf 3 GmbHs aufgespalten (GmbH 1–3). Die Übertragung erfolgte zulässigerweise rückwirkend auf den 31. 12. 2021. Unstreitig war, dass es sich bei den aufgespalteten Teilen der T-GmbH jeweils um Teilbetriebe i.S.d. § 15 UmwStG handelte. In 2023 wurden die neu entstandenen GmbHs 1–3 veräußert. Worin besteht die Problematik des Falles?

Antwort: Zunächst ist die Aufspaltung zu betrachten. Grundsätzlich sind nach § 15 Abs. 1 UmwStG im Falle einer Aufspaltung die §§ 11–13 UmwStG anzuwenden, wenn ein Teilbetrieb übertragen wird. Letztere Voraussetzung soll laut Aufgabenstellung gegeben sein. Damit könnten die Wirtschaftsgüter der Teilbetriebe nach § 11 Abs. 2 UmwStG zum Buchwert von der T-GmbH auf die GmbHs 1–3 übertragen werden.

Allerdings sieht **§ 15 Abs. 2 Satz 3 UmwStG** vor, dass § 11 Abs. 2 UmwStG nicht anwendbar ist, wenn durch die Spaltung die Voraussetzungen für eine Veräußerung geschaffen werden. Davon ist nach Satz 4 auszugehen, wenn innerhalb von 5 Jahren nach dem steuerlichen Übertragungsstichtag Anteile an einer an der Spaltung beteiligten Körperschaft, die mehr als 20 % der vor Wirksamwerden der Spaltung an der Körperschaft bestehenden Anteile ausmachen, veräußert werden.

Durch die vollständige Aufspaltung der T-GmbH stellten die GmbHs 1–3 jeweils mehr als 20 % des ursprünglichen Betriebsvermögens dar, nämlich jeweils $^1/_3$. Dadurch war eine Buchwertübertragung der Wirtschaftsgüter von der T-GmbH auf die GmbHs 1–3 nicht möglich. Folglich waren die stillen Reserven der Wirtschaftsgüter aufzudecken (Entstehung eines Übertragungsgewinns in 2021).

Fraglich ist nun, wem dieser Übertragungsgewinn zuzurechnen ist. Die Aufspaltung selbst erfolgte in 2022. Allerdings lag der steuerliche Übertragungsstichtag laut Aufgabenstellung zulässigerweise in 2021 (vgl. § 20 Abs. 6 UmwStG).

Mit der Aufspaltung endete die Organschaft handelsrechtlich mit der Eintragung der Umwandlung in das Handelsregister. Zum 31.12.2021 bestand der Ergebnisabführungsvertrag aber noch. Daher ist der Übertragungsgewinn in 2021 noch der Organträgerin gemäß § 14 KStG zuzurechnen (BFH vom 11.08.2021, I R 27/18, BFH/NV 2022, 195).

Themenbereich Umwandlung

Problembereich 1: Einführung/Umwandlungsgesetz

> **Frage:** In welchem Verhältnis stehen das Umwandlungsgesetz und das Umwandlungssteuergesetz zueinander?

Antwort: Das Umwandlungsgesetz regelt die zivilrechtlichen Fragen einer Umwandlung. Hier geht es insbesondere um die Frage, ob durch die Umwandlung die Rechtspersönlichkeit des Umwandlungssubjektes verloren geht oder ob diese im neuen Rechtssubjekt weiterlebt. Geregelt sind hier auch die gesellschaftsrechtlichen Fragen (z.B. Zustimmungserfordernisse der Gesellschafterversammlung u.ä.), formale Fragen (z.B. Handelsregistereintragung) sowie technische Fragen (z.B. Erstellung eines Verschmelzungsberichts, Bestellung von Verschmelzungsprüfern etc.).

Das Umwandlungssteuergesetz stellt eine eigenständige Rechtsmaterie dar. Insbesondere baut das UmwStG nur teilweise auf dem UmwG auf. Es gibt Umwandlungen, die nicht unter das UmwG, aber unter das UmwStG fallen.

> **Frage:** Können Sie dafür ein Beispiel nennen?

Antwort: Eine Anwaltssozietät in der Rechtsform einer GbR soll in 2023 in eine GmbH umgewandelt werden. Zivilrechtlich kommen hier nach **§ 1 UmwG** die Verschmelzung, die Spaltung oder der Formwechsel infrage. Im Regelfall wird man zuerst die GmbH gründen. Dann stellt sich die Frage, ob die GbR auf die GmbH verschmolzen werden kann. Dies hätte zivilrechtlich den Vorteil, dass die GmbH Gesamtrechtsnachfolgerin der GbR wäre. Ein Mietvertrag würde dann z.B. ohne Weiteres für die GmbH weiter gelten.

Als übertragendes Unternehmen einer Verschmelzung kommen aber nach **§ 3 UmwG** derzeit nur **Personenhandelsgesellschaften** infrage. Damit kann die GbR derzeit nicht auf eine GmbH verschmolzen werden.

Auch der Formwechsel scheidet aus, da die GbR im Katalog formwechselnder Rechtsträger (§ 191 UmwG) ebenfalls nicht enthalten ist.

> **Zwischenfrage:** Wie sieht die Situation aus, wenn die Gesellschafter der Anwaltssozietät diese in der Rechtsform einer Partnerschaftsgesellschaft führen?

Antwort: Die **Partnerschaftsgesellschaft** ist eine besondere Form der GbR. Sie muss in ein Partnerschaftsregister eingetragen werden. Aufgrund der öffentlichen Wirkung des Partnerschaftsregisters wird die Partnerschaftsgesellschaft den Personenhandelsgesellschaften gleichgestellt und kann daher nach § 3 Abs.1 Nr.1 UmwG ein verschmelzungsfähiger Rechtsträger sein.

> **Zwischenfrage:** Sie haben gesagt, die Verschmelzung einer GbR auf eine GmbH sei „derzeit" nicht möglich. Ändert sich hier etwas in der Zukunft?

Antwort: Durch das Gesetz zur Modernisierung des Personengesellschaftsrechts werden die §§ 705 ff. BGB dahingehend geändert, dass künftig die GbR in ein Gesellschaftsregister (nicht: Handelsregister) eingetragen werden kann (nicht zwingend; siehe § 707 BGB n.F.). Mit der Eintragung in das Gesellschaftsregister wird die GbR den Personenhandelsgesellschaften angenähert. Es besteht daher kein Grund mehr, die eingetragene GbR von der Verschmelzung nach § 3 UmwG auszunehmen. Die nicht eingetragene GbR – die es ja weiterhin geben wird – bleibt allerdings von der Möglichkeit der Verschmelzung ausgenommen.

Zwischenfrage: Ab wann gilt diese Regelung? In meinem Text des § 3 UmwG ist die eingetragene GbR nicht enthalten.

Antwort: Das Gesetz zur Änderung des Personengesellschaftsrechts gilt – mit einigen Ausnahmen – erst ab 01.01.2024.

Bemerkung des Prüfers: Wie sieht nun die steuerliche Seite aus?

Anders als die derzeitige Regelung des Umwandlungsgesetzes sieht **§ 20 UmwStG** für steuerliche Zwecke die Einbringung von Mitunternehmeranteilen – auch solche einer GbR – in eine GmbH vor.

Zwischenfrage: Was geschieht in Ihrem Beispielsfall mit den Arbeitsverhältnissen der Kanzleimitarbeiter, da ja keine Gesamtrechtsnachfolge gegeben ist? Gehen wir im Weiteren von der Rechtslage 2023 aus.

Antwort: Hier greift die Sondervorschrift des **§ 613a BGB**. Da die Kanzlei als gesamter Organismus von der GmbH weitergeführt wird, gilt das als Betriebsübergang. Die Arbeitsverhältnisse gehen damit auf die neue GmbH über.

Frage: Die GmbH kann ja in Ihrem Beispiel die Wirtschaftsgüter mangels Gesamtrechtsnachfolge zivilrechtlich nicht zum Buchwert übernehmen, sondern muss nach § 253 HGB die Wirtschaftsgüter mit den Anschaffungskosten bzw. nach § 5 Abs. 4 GmbHG mit dem Sacheinlagewert (= Marktwert) in der Handelsbilanz aktivieren. Demgegenüber bietet § 20 UmwStG für die Steuerbilanz ein Bilanzierungswahlrecht. Läuft dieses Wahlrecht aufgrund der Maßgeblichkeit der Handelsbilanz für die Steuerbilanz (§ 5 Abs. 1 EStG) ins Leere?

Antwort: Die Frage, ob der Maßgeblichkeitsgrundsatz bei Umwandlungen gilt, war lange Jahre umstritten. Mit der Neufassung des UmwStG durch das SEStEG (Gesetz über steuerliche Begleitmaßnahmen zur Einführung der Europäischen Gesellschaft und zur Änderung weiterer steuerrechtlicher Vorschriften) hat sich der Gesetzgeber dazu entschieden, den Maßgeblichkeitsgrundsatz nicht (mehr) anzuwenden. Daher besteht das Bilanzierungswahlrecht des § 20 UmwStG **unabhängig vom Bilanzansatz** der Wirtschaftsgüter in der **Handelsbilanz**.

Frage: Woraus können Sie dies im UmwStG ablesen. Es findet sich ja keine ausdrückliche Fundstelle, die Ihre – richtige – Aussage belegt?

Antwort: Man kann dies aus der Formulierung in § 20 Abs. 2 UmwStG herauslesen. Danach ist bei Einbringung eines Betriebs, Teilbetriebs oder Mitunternehmeranteils grundsätzlich der gemeine Wert anzusetzen. Im Anwendungsbereich des UmwG sind aber in Folge der Gesamtrechtsnachfolge grundsätzlich die Buchwerte zu übernehmen. Damit besteht eine Diskrepanz zwischen UmwG und UmwStG; § 20 UmwStG ist – ebenso wie § 24 UmwStG – eine lex specialis zu § 5 Abs. 1 EStG.

Problembereich 2: Umwandlung einer Kapitalgesellschaft in eine Personengesellschaft

Frage: Aus welchen Gründen wird man in der Praxis eine Kapitalgesellschaft in eine Personengesellschaft umwandeln?

Antwort: Dies kann z.B. gewerbesteuerliche Gründe haben. Auch wenn nach **§ 11 Abs. 2 GewStG** die Staffelbeträge für die Steuermesszahl seit dem Erhebungszeitraum 2008 abgeschafft wurden, wird der Personengesellschaft gem. § 11 GewStG weiterhin ein Freibetrag in Höhe von 24.500 € gewährt. Darüber hinaus haben die Gesellschafter die Möglichkeit, die von der Personengesellschaft gezahlte Gewerbesteuer nach **§ 35 EStG** auf die individuelle Einkommensteuer anrechnen zu lassen. Damit ist die Gewerbesteuerbelastung bei der Personengesellschaft weitgehend kompensiert.

Zum anderen kann die Umwandlung im Hinblick auf einen geplanten Verkauf interessant sein. Hier steht insbesondere der Aspekt im Vordergrund, dass der Erwerber eines Mitunternehmeranteils den erworbenen Firmen- oder Geschäftswert abschreiben kann. Dadurch kann – insbesondere beim Verkauf von Freiberuflerpraxen – häufig ein höherer Kaufpreis erlöst werden. Beim Erwerb eines Anteils an einer Kapitalgesellschaft muss der Erwerber den in der Kapitalgesellschaft steckenden Firmenwert wirtschaftlich bezahlen, kann ihn aber nicht abschreiben.

Ein weiterer Grund für eine Umwandlung kann die Publizitätspflicht sein, die durch das Gesetz zur Einführung des elektronischen Handelsregisters (EHUG) erheblich verschärft wurde. So muss z.B. eine Anwalts-GmbH ihre Jahresabschlüsse elektronisch – und damit für jeden einsehbar – veröffentlichen (§ 325 HGB). Eine Anwalts-GbR unterliegt diesem Zwang nicht.

Auch das internationale Steuerrecht kann Motiv für eine derartige Umwandlung sein. Während die Dividenden grundsätzlich im Sitzstaat des Dividendenempfängers versteuert werden (**Art. 10 des OECD-Musterabkommens**), werden die Gewinnanteile eines Mitunternehmers am Sitz des Unternehmens versteuert (**Art. 7 Abs. 1 des OECD-Musterabkommens**). Je nach Interessenlage kann daher für einen ausländischen Gesellschafter die Beteiligung an einer Kapitalgesellschaft oder an einer Personengesellschaft steuerlich günstiger sein.

Auch die Möglichkeit, über **§ 15 Abs. 1 Nr. 2 EStG** Verluste in die Sphäre des Gesellschafters übertragen zu können, kann ein Anreiz für eine Umwandlung sein.

Tipp! Zur Einführung wird man Sie häufig nach wirtschaftlichen Hintergründen eines Gesetzes fragen. Nutzen Sie diese Chance und antworten Sie nicht zu „einsilbig". Hier können Sie das Prüfungsgespräch steuern. Bringen Sie – ohne Aufforderung durch die Prüfer – Ihr Wissen ins Spiel.

Frage: Die X-GmbH mit den Gesellschaftern A und B (je 50 %) soll in eine KG umgewandelt werden, an der A und B wieder zu je 50 % beteiligt sind. Welche zivilrechtlichen Möglichkeiten gibt es?

Antwort: Infrage kommen die Gründung einer neuen KG und die Verschmelzung der GmbH auf die KG nach den §§ 2 ff. UmwG oder der Formwechsel nach §§ 190 ff. UmwG. Dabei sind handelsrechtlich die Buchwerte fortzuführen.

Frage: Die X-GmbH bilanziert auf der Aktivseite Wirtschaftsgüter mit 500 T€. Auf der Passivseite weist sie ein Stammkapital von 100 T€ und Gewinnrücklagen von 400 T€ aus. Wie kann die KG die Wirtschaftsgüter in der Steuerbilanz bilanzieren?

Antwort: Nach **§ 3 Abs. 1 UmwStG** sind grundsätzlich in der Schlussbilanz der GmbH die Wirtschaftsgüter mit dem **gemeinen Wert** anzusetzen. Auf Antrag können nach § 3 Abs. 2 UmwStG aber auch der **Buchwert** oder ein **Zwischenwert** gewählt werden. Die KG hat dann die von der GmbH angesetzten Werte nach § 4 UmwStG zu übernehmen.

Frage: Wir gehen vom Buchwertansatz aus. Wie sieht dann die Bilanz der KG nach der Umwandlung aus?

Antwort: Auf der Aktivseite stehen die Wirtschaftsgüter mit dem Buchwert von 500 T€. Auf der Passivseite stehen die Kapitalkonten der beiden Gesellschafter A und B mit je 250 T€.

Frage: Hätte die GmbH die Gewinnrücklage ausgeschüttet, so hätten die Gesellschafter insoweit steuerpflichtige Dividenden erhalten. Wird das Kapital entnommen, so führt dies bei den Mitunternehmern zu keinen steuerpflichtigen Einnahmen. Ist die Umwandlung demnach für die Gesellschafter ein „Steuersparmodell"?

Antwort: Nein. **§ 7 UmwStG** fingiert bei der GmbH eine Vollausschüttung. Die Gewinnrücklagen gelten als ausgeschüttet, ohne dass die 400 T€ ausbezahlt werden müssten.

Da allerdings die Anteile nach **§ 5 Abs. 2 UmwStG** als Betriebsvermögen fingiert werden, erfolgt die Besteuerung der offenen Rücklagen nach §§ 15, 3 Nr. 40 Buchstabe d), 3c Abs. 2 EStG im Teileinkünfteverfahren.

Frage: Wie schreibt die KG im Falle der Buchwertfortführung die Wirtschaftsgüter weiter ab?

Antwort: Nach **§ 4 Abs. 3 UmwStG** werden die Wirtschaftsgüter nach der bisherigen Bemessungsgrundlage und der bisherigen Abschreibungsmethode weiter abgeschrieben (sog. Fußstapfentheorie).

Frage: Die X-GmbH soll die Wirtschaftsgüter in ihrer Schlussbilanz mit ihrem gemeinen Wert in Höhe von 900 T€ ansetzen. Welche Folgen hat dies für die GmbH?

Antwort: Die GmbH erzielt durch die Höherbewertung einen steuerpflichtigen Gewinn in Höhe von 400 T€. Auf der Passivseite sind daher **vor** der Verschmelzung 100 T€ Stammkapital und ein Jahresüberschuss in Höhe von 800 T€ auszuweisen.

Frage: Welche Folgen hat die Aufdeckung der stillen Reserven für die Gesellschafter?

Antwort: Die Gesellschafter A und B erzielen nun fiktive Dividendeneinnahmen nach **§ 7 UmwStG** in Höhe von 800 T€, die – wie oben dargestellt – im Teileinkünfteverfahren zu versteuern sind.

Frage: Nehmen wir an, die Gesellschafter A und B hätten ihre Anteile an der GmbH für 1 € erworben und seitdem im Privatvermögen gehalten. Wie hoch wäre dann der Veräußerungsgewinn gewesen, wenn es nicht zu einer Verschmelzung gekommen wäre?

Antwort: Nach §§ 17, 3 Nr. 40 Buchstabe c), 3c Abs. 2 EStG hätte der Verkaufspreis jeweils 450 T€ (= gemeiner Wert der Wirtschaftsgüter) betragen; abzüglich der Anschaffungskosten von jeweils 1 € hätte sich nach dem Teileinkünfteverfahren ein steuerpflichtiger Gewinn von (gerundet) 269.999 € ergeben.

Frage: Wie hoch wäre der Veräußerungsgewinn nach § 16 EStG, wenn die Gesellschafter ihre Anteile an der KG für jeweils 450 T€ veräußern würden?

Antwort: Nach § 16 EStG ergibt sich der steuerpflichtige Gewinn aus der Differenz zwischen Kaufpreis (je 450 T€) und Kapital (je 450 T€); es würde daher kein Gewinn anfallen.

Frage: Wie lösen Sie diesen Widerspruch?

Antwort: **§ 4 Abs. 4 UmwStG** sieht eine fiktive Veräußerung der GmbH-Anteile vor. § 4 Abs. 4 UmwStG geht dabei davon aus, dass sich die Anteile an der umzuwandelnden GmbH in einem Betriebsvermögen befinden. Sind sie Privatvermögen, so gelten sie nach **§ 5 Abs. 2 UmwStG** fiktiv mit den **Anschaffungskosten** als eingelegt.

Da A und B die Anteile im Privatvermögen für je 1 € erwarben und ihre Anteile die Voraussetzungen des § 17 Abs. 1 EStG erfüllen (mindestens 1 % Anteil am Stammkapital), gelten ihre Anteile nach § 5 Abs. 2 UmwStG als mit 1 € (= AK) in ein fiktives Betriebsvermögen eingelegt. Da die KG die Wirtschaftsgüter mit 900 T€ ansetzt, ergibt sich nach § 4 Abs. 4 UmwStG ein Übernahmegewinn in Höhe von (900 T€ abzüglich 2 € =) 899.998 €, der zu je ¹/₂ auf A und B entfällt.

> **Frage:** Müssen A und B diesen Übernahmegewinn in voller Höhe versteuern? Im Falle der Veräußerung der GmbH-Anteile hätten A und B nach § 3 Nr. 40 EStG das Teileinkünfteverfahren anwenden können.

Antwort: Um insoweit eine Benachteiligung der Gesellschafter zu vermeiden, sieht **§ 4 Abs. 7 Satz 2 UmwStG** die Anwendung des Teileinkünfteverfahrens auf den Übernahmegewinn vor.

> **Frage:** Liegt hier nicht eine Doppelbesteuerung vor? Nach § 7 UmwStG müssen doch die Gesellschafter die offenen Rücklagen wie eine Dividende besteuern.

Antwort: Die Doppelbesteuerung wird dadurch vermieden, dass nach **§ 4 Abs. 5 UmwStG** der Übernahmegewinn um die nach § 7 UmwStG zu besteuernden fiktiven Dividenden gekürzt wird. Im vorliegenden Fall betragen die offenen Rücklagen nach Aufdeckung der gesamten stillen Reserven 800 T€ (siehe oben). Damit vermindert sich der Übernahmegewinn auf (899.998 € abzüglich 800.000 € =) 99.998 €, der je zur Hälfte A und B zuzurechnen ist. A und B versteuern damit als Übernahmegewinn letztlich nur die Differenz zwischen dem Stammkapital und ihrem niedrigeren Kaufpreis.

> **Frage:** Kann eine in Deutschland ansässige GmbH auf eine im Ausland ansässige KG verschmolzen werden. Gehen Sie bitte nur auf die steuerlichen Probleme ein.

Antwort: Werden die Wirtschaftsgüter der GmbH in der Schlussbilanz mit den gemeinen Werten angesetzt, so werden in Deutschland sämtliche stillen Reserven aufgelöst und versteuert. Wird dagegen der Buchwert oder ein Zwischenwert gewählt, so verlangt **§ 3 Abs. 2 Nr. 2 UmwStG**, dass das Recht der Bundesrepublik Deutschland hinsichtlich der Besteuerung des Gewinns aus der Veräußerung der übertragenen Wirtschaftsgüter bei den Gesellschaftern der übernehmenden Personengesellschaft nicht ausgeschlossen oder beschränkt wird.

Da die Gewinne der ausländischen KG bzw. die Gewinnanteile der Mitunternehmer nach **Art. 7 OECD-Musterabkommen** im Sitzstaat der KG versteuert werden, würde Deutschland das Besteuerungsrecht entzogen.

Somit wäre der Ansatz der Buchwerte bzw. Zwischenwerte steuerlich nicht zulässig. Auf die handelsrechtlichen Probleme des UmwG war ja nach der Fragestellung nicht einzugehen (Anmerkung: vgl. die Europäische Verschmelzungsrichtlinie).

Problembereich 3: Einbringung eines Betriebs, Teilbetriebs oder Mitunternehmeranteils in eine Kapitalgesellschaft

> **Frage:** Ein Einzelunternehmen soll in eine GmbH umgewandelt werden. Welche zivilrechtlichen und steuerlichen Möglichkeiten gibt es?

Antwort: Eine Verschmelzung ist nicht möglich, da ein Einzelunternehmen im Katalog des **§ 3 UmwG** nicht als verschmelzungsfähiger Rechtsträger aufgeführt ist.

Auch im Katalog des **§ 191 UmwG** ist das Einzelunternehmen nicht aufgeführt. Daher ist ein Formwechsel ebenfalls nicht möglich.

Lediglich **§ 124 UmwG** führt als spaltungsfähige Rechtsträger Einzelkaufleute auf.

Anmerkung des Prüfers: Lassen Sie die Möglichkeit einer Abspaltung außer Betracht.

Zivilrechtlich kann dann der Einzelunternehmer nur die einzelnen Wirtschaftsgüter im Wege der Sachgründung auf die GmbH übertragen. Dabei müssen die einzelnen Wirtschaftsgüter an die neu gegründete GmbH veräußert oder offen oder verdeckt eingelegt werden. In allen diesen Fällen sind die stillen Reserven handelsrechtlich aufzudecken. Im Gegensatz z.B. zur Verschmelzung liegt **keine Gesamtrechtsnachfolge**, sondern jeweils eine **Einzelrechtsnachfolge** vor. Dies hat z.B. Bedeutung für die Abschreibung (vgl. § 23 UmwStG).

Steuerlich ist dagegen eine Einbringung nach **§ 20 UmwStG** möglich, wenn der ganze Betrieb des Einzelunternehmens in die GmbH eingebracht wird (ausführlich: BMF vom 11.11.2011, BStBl I 2011, 1314 – Umwandlungssteuererlass – Rz. 20.01 ff.).

> **Frage:** Was sind die Voraussetzungen einer derartigen Betriebsübertragung nach § 20 UmwStG?

Antwort: Der Betrieb muss mit allen seinen **wesentlichen Betriebsgrundlagen** auf die GmbH übergehen. Außerdem muss der Einbringende neue Anteile an der Gesellschaft erhalten.

> **Frage:** Was sind die Rechtsfolgen des § 20 UmwStG?

Antwort: Wie schon bei § 3 UmwStG gibt es auch in diesem Fall ein Wahlrecht. Die Wirtschaftsgüter des einzubringenden Betriebs sind nach § 20 Abs. 2 UmwStG grundsätzlich in der Eröffnungsbilanz der Kapitalgesellschaft mit den gemeinen Werten anzusetzen. Da nach § 20 Abs. 3 UmwStG der Wert mit dem die übernehmende Kapitalgesellschaft die Wirtschaftsgüter ansetzt, für den Einbringenden als Veräußerungspreis gilt, entsteht beim übertragenden Unternehmen ein Gewinn, auf den aber nach § 20 Abs. 4 UmwStG § 16 EStG anzuwenden ist.

Nach § 20 Abs. 2 Satz 2 UmwStG kann die Kapitalgesellschaft die Wirtschaftsgüter auch mit dem **Buchwert** oder einem **Zwischenwert** ansetzen. Der beim Zwischenwertansatz entstehende Gewinn ist allerdings als laufender Gewinn zu behandeln, da nicht alle stille Reserven aufgedeckt werden.

> **Frage:** Angenommen, im Einzelunternehmen ist eine Rücklage nach § 6b EStG bilanziert. Was geschieht mit der Rücklage bei der Einbringung?

Antwort: Da eine Rücklage nach § 6b EStG nichts anderes ist als noch nicht aufgedeckte stille Reserven, geht sie im Falle des Buchwertansatzes unverändert auf die Kapitalgesellschaft über. Im Falle des Zwischenwertansatzes ist die Rücklage verhältnismäßig, bei Ansatz der gemeinen Werte vollständig gewinnerhöhend aufzulösen (vgl. § 23 Abs. 1 UmwStG unter Hinweis auf § 12 Abs. 3, 1. HS UmwStG).

> **Frage:** Das Einzelunternehmen hat im Wirtschaftsjahr 2003 ein Grundstück für 100 T€ erworben. Das Einzelunternehmen wird in 2022 nach § 20 UmwStG zum Buchwert in eine GmbH eingebracht. Die GmbH veräußert ein Jahr später das Grundstück für 300 T€. Kann die GmbH eine Rücklage nach § 6b EStG bilden?

Antwort: Nach § 6b Abs. 4 Nr. 2 EStG ist die Bildung einer Rücklage nur möglich, wenn das veräußerte Wirtschaftsgut mindestens sechs Jahre ununterbrochen zum Anlagevermögen der GmbH gehört hat. Dies ist aber hier nicht der Fall, da die Wirtschaftsgüter des Einzelunternehmens erst in 2022 eingebracht wurden. Hier greift aber **§ 23 Abs. 1 i.V.m. § 4 Abs. 2 Satz 3 UmwStG**. Danach wird die Besitzzeit des Einzelunternehmens der GmbH zugerechnet, sodass die Bildung einer Rücklage möglich ist.

> **Frage:** Auf den 01.01.2022 wird ein Einzelunternehmen in eine neu gegründete GmbH zum Buchwert eingebracht. Bei der Aufstellung der Bilanz des Einzelunternehmens zum 31.12.2021 bildet das Einzelunternehmen einen Investitionsabzugsbetrag gem. § 7g EStG für die geplante Anschaffung eines Wirtschaftsguts. Das Wirtschaftsgut wird in 2022 von der GmbH dann auch tatsächlich angeschafft.

Antwort: Ein Investitionsabzugsbetrag kann grundsätzlich nur dann gebildet werden, wenn im konkreten Betrieb die Anschaffung noch tatsächlich möglich ist (vgl. BMF vom 20.11.2013, BStBl I 2013, 1493, Rz.22). Ist die im Zeitpunkt der Bildung des Investitionsabzugsbetrags der Betrieb bereits veräußert oder ist eine Veräußerung konkret geplant, so ist die Bildung eines Investitionsabzugsbetrags ausgeschlossen. Da hier die Aufstellung der Bilanz für das Wj 2021 frühestens in 2022 erfolgen kann, ist das Einzelunternehmen zu diesem Zeitpunkt bereits in die GmbH eingebracht. Man müsste nun meinen, dass dies wegen §§ 23 Abs. 1, 12 Abs. 3 UmwStG unschädlich ist, da ja die GmbH in die Rechtsstellung des Einzelunternehmens eintritt. Dies sieht aber der BFH anders (vgl. BFH vom 27.01.2016, X R 21/09, BFH/NV 2016, 751). Nach seiner Ansicht ist die Einbringung nach § 20 UmwStG einer Veräußerung gleichzustellen. Er begründet dies insbesondere damit, dass § 20 Abs. 3 UmwStG von „Veräußerungspreis" und „Anschaffungskosten" spricht. Da sonach bei Aufstellung der Bilanz für das Wirtschaftsjahr 2021 bereits feststeht, dass das EU die Anschaffung nicht mehr vornehmen kann, kann ein Investitionsabzugsbetrag nicht gebildet werden.

> **Frage:** Das einzubringende Einzelunternehmen hat ein Kapital von 10 T€ und einen gemeinen Wert von 100 T€. Im Wege der Sachgründung soll das Einzelunternehmen in die X-GmbH eingebracht werden. Die Aufdeckung stiller Reserven soll nach Möglichkeit vermieden werden. Welche Probleme entstehen hier? Einziger Gesellschafter soll der einbringende Einzelunternehmer U werden.

Antwort: Wählt die GmbH nach § 20 UmwStG den Buchwertansatz, so stehen in der Steuerbilanz auf der Aktivseite der GmbH lediglich Wirtschaftsgüter mit einem Buchwert von 10 T€ (= Kapital des Einzelunternehmens). Gründet U eine klassische GmbH (also keine Unternehmergesellschaft), so muss er in der Eröffnungsbilanz (Handelsbilanz) der GmbH nach § 5 Abs. 1 GmbHG ein **Stammkapital** von mindestens **25 T€** ausweisen. In der Steuerbilanz muss aufgrund des **Maßgeblichkeitsgrundsatzes** ebenfalls ein Stammkapital von mindestens 25 T€ bilanziert werden.

Dies erfordert aber nicht, dass auf die Buchwertfortführung verzichtet wird. Es ist möglich, in der Steuerbilanz der GmbH die Wirtschaftsgüter mit 10 T€ zu aktivieren und einen **aktiven Ausgleichsposten** in Höhe von 15 T€ zu bilden. Auf der Passivseite der Steuerbilanz kann dann das Stammkapital mit 25 T€ ausgewiesen werden.

Die Gründung einer UG ist demgegenüber nicht möglich, da nach **§ 5a Abs. 2 Satz 2 GmbHG** das Stammkapital nicht als Sacheinlage erbracht werden kann.

> **Frage:** Variieren wir den Fall dahingehend, dass das Einzelunternehmen ein negatives Kapital in Höhe von 10 T€ hat. Die gemeinen Werte sollen wieder 100 T€ betragen.

> **Tipp!** Viele Prüfer variieren einen Grundfall, um so verschiedene Szenarien durchzuspielen. Häufig wird für die Variante der Fall dann an einen anderen Kandidaten weitergegeben. Es ist daher unerlässlich, dass Sie stets darauf gefasst sind, den Fall weiter zu bearbeiten. Es wird äußerst negativ gewertet, wenn Sie hier den Faden nicht sofort aufnehmen können.

Antwort: Ein negatives Kapital des Einzelunternehmens i.H.v. 10.000 € könnte z.B. dadurch entstehen, dass auf der Aktivseite – wie im Grundfall – Wirtschaftsgüter mit einem Buchwert von 10.000 € ausgewiesen sind und auf der Passivseite eine Darlehensverbindlichkeit i.H.v. 20.000 € passiviert ist. Um nun auf ein Kapital von mindestens 0 € in der Steuerbilanz zu gelangen, müssten 10.000 € der stillen Reserven der Wirtschaftsgüter auf der Aktivseite aktiviert werden. Durch die Aufdeckung der stillen Reserven entstünde im Einzelunternehmen ein laufender Gewinn i.H.v. 10.000 €. Zusätzlich müsste dann auf der Aktivseite der GmbH ein aktiver steuerlicher Ausgleichsposten i.H.v. 25.000 € gebildet werden, damit in der Bilanz der GmbH ein Stammkapital von mindestens 25.000 € ausgewiesen werden kann (siehe oben).

> **Frage:** Wäre ein derartiger Zwischenwertansatz auch möglich, wenn der einbringende Einzelunternehmer seinen ausschließlichen Wohnsitz in der Schweiz hat, das Einzelunternehmen aber eine Betriebsstätte in Deutschland unterhält?

Antwort: Wenn das Einzelunternehmen eine Betriebsstätte in Deutschland unterhält, unterliegt diese Betriebsstätte nach Art. 7 Abs. 1 DBA Schweiz der deutschen Buchführungs- und Steuerpflicht. Das Wahlrecht des § 20 Abs. 2 UmwStG ist nur dann gegeben, wenn sichergestellt ist, dass die stillen Reserven der eingebrachten Wirtschaftsgüter nach der Umwandlung der deutschen Körperschaftsteuer unterliegen. Da im vorliegenden Fall die GmbH ihren Sitz in Deutschland hat, ist sie nach § 1 KStG unbeschränkt steuerpflichtig. Es spielt insoweit keine Rolle, ob der Gesellschafter im Ausland ansässig ist.

> **Frage:** Gehen wir von folgendem Fall aus: Einzelunternehmer U (Kapital 100.000 €/Teilwert des Einzelunternehmens 500.000 €) möchte sein Einzelunternehmen in eine GmbH umwandeln. Welche gesellschaftsrechtlichen Probleme entstehen, wenn er seinen Betrieb als Sacheinlage einbringt?

Antwort: In diesem Fall handelt es sich um eine sog. **Sachgründung**. Die Sacheinlagen müssen nach **§ 5 Abs. 4 GmbHG** in der Gründungssatzung exakt benannt werden. Außerdem haben die Gesellschafter in einem Sachgründungsbericht die für die Angemessenheit der Leistungen für Sacheinlagen wesentlichen Umstände darzulegen. Erreicht der Wert einer Sacheinlage im Zeitpunkt der Anmeldung der Gesellschaft zur Eintragung in das Handelsregister nicht den Nennbetrag des dafür übernommenen Geschäftsanteils, haftet der Gesellschafter nach § 9 Abs. 1 GmbHG auf die Differenz. Nach § 9c Abs. 1 GmbHG prüft das Registergericht regelmäßig die Bewertung der Sacheinlagen. Dies zeigt, dass es verfahrensmäßig wesentlich einfacher ist, eine Bargründung durchzuführen.

> **Frage:** Stellen wir uns vor, dass der Einzelunternehmer nach dieser Beratung sich dazu entschließt, eine GmbH im Wege der Bargründung mit einem Stammkapital von 25.000 € zu gründen. Damit stellt sich nun das Problem, ob er für die Einbringung des Einzelunternehmens die Buchwertfortführung nach § 20 UmwStG wählen kann.

Antwort: § 20 UmwStG verlangt für die Buchwertfortführung, dass im Gegenzug für die Übertragung des Betriebs, Teilbetriebs oder Mitunternehmeranteils zumindest auch **neue Anteile** an der Gesellschaft gewährt werden (vgl. BMF a.a.O., Rz. E 20.09). Dies ist im vorliegenden Fall wegen der Bargründung grundsätzlich nicht möglich, da ja die Gesellschaftsanteile im Gegenzug für die Einzahlung des Stammkapitals gewährt werden (Buchungssatz: Geld 25.000 € an Stammkapital 25.000 €). Allerdings ist es nach **§ 272 Abs. 4 Nr. 1 HGB** möglich, ein (Sach-)Agio auf die Einlageverpflichtung zu vereinbaren. Der Einzelunternehmer könnte daher in der Gründungssatzung regeln, dass der Betrieb als Agio übertragen wird. Die Rechtsprechung hat diese Möglichkeit ausdrücklich gebilligt (BFH vom 01.12.2011, I B 127/11, BFH/NV 2012, 1015). Dem folgt auch die Verwaltung (BMF vom 11.11.2011, BStBl I 2011, 1314 – Umwandlungssteuererlass – Rz. E 20.09).

Damit könnte die GmbH wie folgt buchen: Geld 25.000 € und Wirtschaftsgüter Einzelunternehmen 100.000 € an Stammkapital 25.000 € (= offene Einlage) und Kapitalrücklage 100.000 € (= verdeckte Einlage).

Frage: Sie haben soeben darauf hingewiesen, dass es im Rahmen des § 20 UmwStG ausreicht, wenn zumindest i.H.v. 1 € ein neuer Gesellschaftsanteil gewährt wird. Gehen wir doch einmal von folgendem Fall aus: Eine GmbH soll im Wege der Sachgründung (Einbringung eines Betriebs; Kapitalkonto 100.000 €/Teilwert 500.000 €) mit einem Stammkapital von 25.000 € errichtet werden. In der Satzung ist vereinbart, dass Einlagen des Gesellschafters, die über das Stammkapital hinausgehen, als Darlehen gewährt werden sollen. Steht dies einer Buchwertfortführung nach § 20 UmwStG entgegen?

Antwort: Da in diesem Fall neue Gesellschaftsanteile gewährt werden (= Stammkapital i.H.v. 25.000 €) sind die Voraussetzungen des § 20 UmwStG grundsätzlich gegeben.

Bis zum Veranlagungszeitraum 2014 konnte auch bei Gewährung einer Gegenleistung (hier: Darlehensanspruch) der Buchwert dann fortgeführt werden, wenn die Gegenleistung nicht höher war als der Buchwert des eingebrachten Betriebsvermögens. Mit Wirkung **ab dem Veranlagungszeitraum 2015** wurde § 20 UmwStG dahingehend **geändert**, dass der gemeine Wert der Gegenleistung, die neben den neuen Gesellschaftsanteilen gewährt werden, 25 % des Buchwerts des eingebrachten Betriebsvermögens oder 500.000 €, höchstens jedoch den Buchwert des eingebrachten Betriebsvermögens nicht übersteigen darf.

Da im vorliegenden Fall der Wert des Betriebsvermögens den Betrag von 500.000 € nicht übersteigt, ist trotz der Gewährung des Darlehens die Buchwertfortführung möglich. Die 25 %-Grenze hat daher in unserem Fall keine Bedeutung.

Frage: Wie hoch sind die Anschaffungskosten des Gesellschafters im vorliegenden Fall?

Antwort: Nach **§ 20 Abs. 3 UmwStG** gilt der Wert, mit dem die übernehmende Gesellschaft (hier: die neu gegründete GmbH) das eingebrachte Betriebsvermögen ansetzt, als Anschaffungskosten der Gesellschaftsanteile. Demnach würden sich Anschaffungskosten i.H.v. 100.000 € ergeben. Nach § 20 Abs. 3 Satz 3 UmwStG sind die dem Gesellschafter im Rahmen der Einbringung gewährten anderen Wirtschaftsgüter (hier: Darlehensanspruch) bei der Bemessung der Anschaffungskosten abzuziehen. Damit betragen im vorliegenden Fall die Anschaffungskosten (100.000 € ./. 75.000 € =) 25.000 €.

Frage: Ein Einzelunternehmer bringt am 01.01.2021 seinen Betrieb (Buchwert 100.000 €/Teilwert 800.000 €) nach § 20 UmwStG in eine neu gegründete GmbH ein. Die GmbH bucht (zulässigerweise): Wirtschaftsgüter Einzelunternehmen 100.000 € an Stammkapital 100.000 €. Am 31.12.2022 veräußert der Gesellschafter seine Anteile an der GmbH für 900.000 €. Wie ist der Veräußerungsgewinn zu versteuern?

Antwort: Durch die Einbringung des Betriebs zum Buchwert entstanden sog. **sperrfristverhaftete Anteile** nach **§ 22 UmwStG**. Im Falle der Veräußerung dieser Anteile innerhalb von 7 Jahren ist nach § 22 Abs. 1 Satz 1 UmwStG rückwirkend im Wirtschaftsjahr der Veräußerung ein Gewinn i.S.v. § 16 Abs. 1 EStG anzusetzen (= Einbringungsgewinn I). Damit soll die missbräuchliche Inanspruchnahme des Teileinkünfteverfahrens durch Umwandlung eines Einzelunternehmens in eine Kapitalgesellschaft vermieden werden. Allerdings ist nach § 22 Abs. 1 Satz 3 UmwStG der Einbringungsgewinn I für jedes seit dem Einbringungszeitpunkt abgelaufene Zeitjahr um $\frac{1}{7}$ zu verringern. Somit ergibt sich für den Veranlagungszeitraum 2021 rückwirkend ein Gewinn nach § 16 Abs. 2 EStG i.H.v. (800.000 € ./. 100.000 € =) 700.000 €, der für die Jahre 2021 und 2022 um $\frac{2}{7}$ zu ermäßigen ist, sodass der endgültige Gewinn 500.000 € beträgt.

Frage: Der Gesellschafter hat aber doch einen Veräußerungserlös i.H.v. 900.000 € erzielt.

Antwort: Soweit der Gewinn nicht nach § 16 EStG rückwirkend im Jahr der Einbringung besteuert wird, liegt eine Veräußerung nach **§ 17 Abs. 1 Satz 1 EStG i.V.m. § 3 Nr. 40 Buchstabe c) EStG** vor. Zur

Vermeidung einer Doppelbesteuerung ist der Einbringungsgewinn I nach § 22 Abs. 1 Satz 4 UmwStG als nachträgliche Anschaffungskosten der erhaltenen Anteile zu behandeln. Somit ergeben sich Anschaffungskosten i.H.v. (100.000 € = Stammkapital zuzüglich 500.000 € =) 600.000 €. Im Rahmen des § 17 Abs. 1 Satz 1 EStG ergibt sich sonach im Teileinkünfteverfahren ein Gewinn i.H.v. (900.000 € × 60 % = 540.000 €) abzüglich (600.000 € × 60 % = 360.000 €), somit 180.000 €.

> **Frage:** Die X-KG soll auf die Y-GmbH verschmolzen werden. Der Verschmelzungsvertrag wird am 30.06. geschlossen, die Anmeldung zum Handelsregister erfolgt am 12.07., die Eintragung ins Handelsregister am 15.10. Die Gesellschafter wollen die Verschmelzung auf den 01.01. rückbeziehen, um keine unterjährige Bilanz erstellen zu müssen. Ist dies möglich?

Antwort: § 20 Abs. 6 UmwStG sieht eine Rückbeziehung des Übertragungsstichtags (Einbringungszeitpunkt) für **maximal 8 Monate** vor der Anmeldung der Verschmelzung zur Eintragung in das Handelsregister vor. Diese Voraussetzungen sind im vorliegenden Fall erfüllt. Danach kann die Übertragung der WG auf den 01.01. erfolgen.

> **Frage:** A ist zu 51 % Gesellschafter der A-GmbH. Seine Anschaffungskosten betragen 100 T€; der gemeine Wert der Anteile beläuft sich auf 800 T€. Im Zuge der Neugründung der B-GmbH überträgt A seine Anteile an der A-GmbH gegen Gewährung neuer Anteile auf die B-GmbH. Mit welchem Wert hat die B-GmbH die Anteile in ihrer Steuerbilanz zu aktivieren?

Antwort: Es handelt sich um einen sog. Anteilstausch, der in **§ 21 UmwStG** geregelt ist. Danach hat die B-GmbH die Anteile grundsätzlich mit dem gemeinen Wert zu aktivieren (hier: 800 T€). Da A und nach der Übertragung die B-GmbH aber über 51 % der Stimmrechte verfügen, kann die B-GmbH die Anteile auch mit dem Buchwert oder einem Zwischenwert ansetzen (sog. **qualifizierter Anteilstausch**). Dem Buchwert entsprechen im vorliegenden Fall die Anschaffungskosten (§ 21 Abs. 2 Satz 5 UmwStG). Setzt die B-GmbH die Beteiligung mit dem Buchwert an, gehen die stillen Reserven unversteuert von der natürlichen Person A auf die Kapitalgesellschaft B über.

> **Frage:** Wie versteuert die B-GmbH im Falle des Buchwertansatzes den Veräußerungsgewinn aus der Veräußerung der Anteile an der A-GmbH? Welches Problem entsteht hier?

Antwort: Veräußert die B-GmbH die Anteile an der A-GmbH, so fällt der Veräußerungsgewinn unter **§ 8b Abs. 2 und 3 KStG**. Er ist damit zu 95 % steuerfrei. Hätte A die Beteiligung veräußert, hätte er die stillen Reserven nach § 17 EStG im Teileinkünfteverfahren versteuern müssen.

Der Gesetzgeber hat dies aber hingenommen, da der Veräußerungsgewinn der B-GmbH von A entweder in Form einer Dividendenausschüttung nach § 20 Abs. 1 Nr. 1 EStG oder in Form eines Veräußerungsgewinnes nach § 17 Abs. 1 EStG versteuert werden muss. Gesellschafter A wird damit letztlich nicht aus der Steuerpflicht entlassen.

> **Frage:** Gehen Sie bitte von folgendem Fall aus: G ist Kommanditist der Maschinenbau-KG mit Sitz in Deutschland. G lebt seit seiner Geburt in Deutschland. In 2023 entschließt sich G, den Wohnsitz in Deutschland aufzugeben und in die Schweiz zu ziehen. Hat dies steuerliche Konsequenzen?

Antwort: Der Gewinnanteil eines Mitunternehmers ist nach Art. 7 des DBA Schweiz in dem Staat zu versteuern, in dem die Personengesellschaft ihren Sitz hat. Dies ist hier Deutschland. Der Wohnsitz des Gesellschafters einer Personengesellschaft spielt insoweit für die Besteuerung des Gewinns (einschließlich eines etwaigen Veräußerungsgewinns) keine Rolle. G würde bei einer späteren Veräußerung der Mitunternehmeranteile in Deutschland beschränkt steuerpflichtig sein (vgl. § 49 Abs. 1 Nr. 2 Buchstabe a) EStG).

> **Frage:** Variieren wir den Fall: Es handelt sich nun nicht um eine KG, sondern um eine GmbH.

Antwort: In diesem Fall verliert Deutschland das Besteuerungsrecht an den stillen Reserven der GmbH, da der Veräußerungsgewinn, der bei der Veräußerung einer Kapitalgesellschaft entsteht, nach Art. 13 des DBA Schweiz im Ansässigkeitsstaat des Gesellschafters versteuert wird. Aus diesem Grund fingiert **§ 6 Abs. 1 Satz 1 Nr. 1 AStG** die Veräußerung der Beteiligung nach § 17 EStG.

> **Frage:** Gesellschafter G gestaltet den Fall nun wie folgt: Das Maschinenbauunternehmen hat die Rechtsform einer KG. G zieht als Mitunternehmer der KG in die Schweiz. Nach einer gewissen „Schamfrist" wandelt er die KG in eine GmbH um. § 42 AO soll außer Betracht bleiben.

Antwort: § 6 Abs. 1 Satz 1 Nr. 1 AStG ist nicht anzuwenden, da G im Zeitpunkt des Wegzugs nicht Gesellschafter einer Kapitalgesellschaft ist. Deutschland verliert aber durch die Umwandlung das Besteuerungsrecht für die stillen Reserven. § 20 Abs. 2 Nr. 1 UmwStG hilft hier nicht weiter, da diese Vorschrift nur auf die Versteuerung der Wirtschaftsgüter abstellt. Die GmbH hat aber ihren Sitz in Deutschland und würde bei einer Veräußerung von Wirtschaftsgütern die Gewinne in Deutschland versteuern müssen.

In diesem Fall greift aber **§ 4 Abs. 1 Satz 3 EStG.** Vor der Umwandlung unterlag der Gewinn aus der Versteuerung der Wirtschaftsgüter der KG der Besteuerung in Deutschland (§ 15 Abs. 1 Nr. 2 EStG i.V.m. Art. 7 DBA Schweiz). Durch die Umwandlung geht das Steuerrecht bezüglich der stillen Reserven der Beteiligung in Deutschland verloren. Damit gelten die Wirtschaftsgüter der KG als entnommen. G wird daher so behandelt, als habe er seinen Mitunternehmeranteil aufgegeben. Letztlich gilt der Grundsatz, dass es nicht möglich ist, unversteuerte stille Reserven aus Deutschland in andere Staaten zu transferieren.

> **Frage:** Machen wir einen kleinen Ausflug ins Gewerbesteuerrecht. Die Klägerin ist eine in 2005 zunächst in der Rechtsform einer GmbH & Co. KG gegründete Objektgesellschaft mit Einkünften nach § 15 EStG. Gesellschaftszweck war der Erwerb, die Errichtung und die Vermietung von Immobilien. Im Jahr der Gründung erwarb die KG ein Grundstück im Inland und errichtete darauf ein Gebäude, das die KG an einen Einzelhandel vermietete. In 2022 wurde Klägerin in eine GmbH umgewandelt, wobei die Wirtschaftsgüter zum Buchwert übergingen. In 2023 veräußerte die GmbH die vermietete Immobilie (vgl. BFH vom 27.10.2021, I R 39/19, DStR 2022, 544). Sehen Sie ein gewerbesteuerliches Problem?

Antwort: Die KG war im Sinne des **§ 9 Nr. 1 Satz 2 GewStG** ausschließlich vermögensverwaltend tätig und konnte daher grundsätzlich die erweiterte Kürzung in Anspruch nehmen. Im Rahmen der Umwandlung ging das Grundstück nach §§ 25, 20 Abs. 2 UmwStG zum Buchwert auf die GmbH über. § 9 Nr. 1 Satz 5 GewStG sieht vor, dass die Sätze 2 und 3 (erweiterte Kürzung) nicht gelten, soweit (Nr. 2) der Gewerbeertrag Gewinne aus der Aufdeckung stiller Reserven aus dem Grundbesitz enthält, der innerhalb von drei Jahren vor der Aufdeckung der stillen Reserven zu einem unter dem Teilwert liegenden Wert in das Betriebsvermögen des aufzudeckenden Gewerbebetriebs überführt oder übertragen worden ist. Dem Wortlaut nach sind diese Voraussetzungen hier erfüllt. Die GmbH veräußerte das Grundstück und deckte damit die stillen Reserven auf. Das Grundstück war auch innerhalb von drei Jahren vor der Veräußerung zum Buchwert (= unter dem Teilwert liegender Wert) in das Betriebsvermögen der GmbH überführt worden.

Allerdings wendet der BFH a.a.O. den Rechtsgedanken der §§ 23 Abs. 1, 4 Abs. 2 Satz 3 UmwStG auf das Gewerbesteuerrecht an. Damit war die Besitzzeit der KG (Erwerb des Grundstücks erfolgte durch diese in 2005) der GmbH zuzurechnen, sodass die Veräußerung nicht innerhalb von drei Jahren seit der Übertragung erfolgte. Es erfolgte daher eine Kürzung des Gewerbesteuerertrags der GmbH um den Veräußerungsgewinn.

Problembereich 4: Einbringung eines Betriebs, Teilbetriebs oder Mitunternehmeranteils in eine Personengesellschaft

Frage: Einzelunternehmer U (Kapital 100 T€/gemeiner Wert 500 T€) möchte seinen bisherigen Mitarbeiter M an seinem Unternehmen beteiligen. M soll 500 T€ in bar in das künftige Unternehmen einbringen und paritätisch beteiligt sein. Kann U die Aufdeckung der stillen Reserven seines Einzelunternehmens vermeiden?

Antwort: Würde U die Hälfte seines Einzelunternehmens an M veräußern, müsste er die Hälfte seiner stillen Reserven aufdecken. Auf den Gewinn wäre § 16 EStG nicht anwendbar, da U nicht seinen ganzen Betrieb veräußert.

Im vorliegenden Fall veräußert U aber nicht die Hälfte seines Unternehmens. Dies zeigt sich schon daran, dass M eine Einlage in das neue Unternehmen und nicht einen Kaufpreis an U erbringt; dieser würde ja auch nicht 500 T€, sondern nur 250 T€ betragen.

Der Fall ist so zu beurteilen, als ob U und M eine Personengesellschaft (GbR oder OHG) neu gründen und U seinen Betrieb nach § 24 UmwStG einbringt (vgl. BMF vom 11.11.2011 – Umwandlungssteuererlass – a.a.O., Rz. 24.01 i.V.m. 01.47 ff.). Nach **§ 24 UmwStG** kann die aufnehmende Personengesellschaft die Wirtschaftsgüter des eingebrachten Betriebs mit dem Buchwert, einem Zwischenwert oder maximal mit dem gemeinen Wert ansetzen. Setzt die Personengesellschaft die Wirtschaftsgüter des Betriebs zum Buchwert an, entsteht für U kein Einbringungsgewinn.

Frage: Welche steuerlichen Folgen hätte es für den einbringenden Einzelunternehmer U, wenn die aufnehmende Personengesellschaft die Wirtschaftsgüter mit einem Zwischenwert ansetzt?

Antwort: In diesem Fall muss der Einzelunternehmer diese Werte in seiner Bilanz aufstocken. Der insoweit entstehende Gewinn unterliegt nach **§ 24 Abs. 3 UmwStG** der laufenden Besteuerung.

Frage: Und welche Folgen hat es, wenn die Personengesellschaft die Wirtschaftsgüter mit dem gemeinen Werten aktiviert?

Antwort: In diesem Fall kann der Einbringende den Einbringungsgewinn gem. § 24 Abs. 3 UmwStG nach § 16 EStG versteuern.

Frage: Angenommen die Personengesellschaft setzt die Buchwerte an. Wie würden dann die Kapitalkonten von U und M aussehen? Welches gesellschaftsrechtliche Problem tritt dann auf?

Antwort: Auf der Aktivseite der neuen Personengesellschaft würden die Wirtschaftsgüter des ehemaligen Betriebs mit 100 T€ und das eingebrachte Geld des M mit 500 T€ bilanziert. Für die Darstellung der Kapitalkonten gibt es nun mehrere Möglichkeiten. Man könnte das Kapital des M mit 500 T€ und das des U mit 100 T€ ansetzen. Trotzdem könnte die Gewinnverteilung paritätisch vereinbart werden. U wäre damit aber optisch in einer Minderheitsposition. Will er das nicht hinnehmen, so wäre es auch möglich, beide Kapitalkonten mit 300 T€ anzusetzen. Damit wäre das Kapital des M aber geringer als seine finanzielle Beteiligung. Daher hat sich in der Praxis die Handhabung durchgesetzt, dass in der Gesamthandsbilanz die eingebrachten Wirtschaftsgüter mit dem gemeinen Wert bilanziert werden (hier: 500 T€). Die Kapitalkonten würden dann für M und U je 500 T€ ausweisen. Damit wäre nach außen hin die Parität dokumentiert.

Da aber im Rahmen des § 24 UmwStG die Aufdeckung stiller Reserven vermieden werden soll, müssen die Bilanzansätze der Gesamthandsbilanz korrigiert werden. Dies geschieht in der Form, dass für den Gesellschafter M eine **negative Ergänzungsbilanz** erstellt wird, in der die eingebrachten Wirtschaftsgüter auf der Passivseite mit 400 T€ angesetzt werden. Auf der Aktivseite weist die Ergänzungsbilanz ein Minderkapital von 400 T€ aus.

Da die Ergänzungsbilanz eine individuelle Korrektur der Bilanzansätze der Gesamthandsbilanz darstellt, weist das steuerliche Kapitalkonto des M im Endeffekt (500 T€ abzüglich 400 T€ =) 100 T€ aus. Die Buchwertfortführung des § 24 UmwStG ist gewährleistet.

> **Tipp!** Skizzieren Sie in der Prüfung die Bilanzen kurz auf. Kein Prüfer nimmt Ihnen dies übel. Die Erfahrung zeigt, dass viele Kandidaten Probleme mit Ergänzungsbilanzen haben. Sie können den Prüfern jeden einzelnen Schritt erläutern, sollten dabei aber zügig vorgehen, sonst wird der Fall unter Umständen an Ihre Kollegen bzw. Kolleginnen weiter gereicht.

> **Frage:** In dem oben erwähnten Einzelunternehmen des U befindet sich ein Geschäftshaus (Buchwert 60 T€, gemeiner Wert 400 T€, Anschaffungskosten 300 T€, Abschreibung mit 3 % linear). Die Personengesellschaft setzt in der Gesamthandsbilanz alle Wirtschaftsgüter mit dem gemeinen Wert an. Eine Ergänzungsbilanz wird nicht erstellt. Welche Folgen hat dies für U? Wie ist das Gebäude nach der Einbringung abzuschreiben?

Antwort: Da der Wert, mit dem das eingebrachte Betriebsvermögen angesetzt wird, nach § 24 Abs. 3 UmwStG für den Einbringenden als Veräußerungspreis gilt, muss U die stillen Reserven seines Einzelunternehmens aufdecken. Da durch den Ansatz der gemeinen Werte sämtliche stillen Reserven realisiert werden, kann U §§ 16, 34 EStG in Anspruch nehmen.

Die weitere Abschreibung des Gebäudes richtet sich nach §§ 24 Abs. 4, 23 Abs. 4 UmwStG. Danach ist zu differenzieren, ob es sich bei der Einbringung um einen Fall der Einzel- oder der Gesamtrechtsnachfolge handelt. Eine Gesamtrechtsnachfolge liegt vor, wenn die Einbringung nach dem UmwG erfolgt. Da eine Verschmelzung eines Einzelunternehmens auf eine Personengesellschaft nach § 3 UmwG nicht möglich ist, kann zivilrechtlich die Einbringung nur im Wege der Einzelrechtsnachfolge, nämlich durch Übertragung jedes einzelnen Wirtschaftsgutes erfolgen.

Damit gilt das Gebäude als von der Personengesellschaft angeschafft. Die Anschaffungskosten im Sinne des § 253 HGB, § 7 Abs. 4 Nr. 1 EStG entsprechen dem gemeinen Wert, somit 400 T€. Die AfA ist mit 12.000 € jährlich anzusetzen.

> **Frage:** Wie würde das Gebäude abgeschrieben werden, wenn die Personengesellschaft einen Zwischenwert ansetzt und dementsprechend 75 % der stillen Reserven aufgedeckt werden?

Antwort: In diesem Fall würde die Personengesellschaft das Gebäude mit 60 T€ zuzüglich (75 % × 340 T€ =) 255 T€, also insgesamt mit 315 T€ aktivieren.

Die Abschreibung richtet sich dann nach §§ 24 Abs. 4, 23 Abs. 3 Nr. 1 UmwStG. Die neue Bemessungsgrundlage errechnet sich aus den Anschaffungskosten (= 300 T€) zuzüglich der aufgedeckten stillen Reserven (= 255 T€) und beträgt 555 T€. Der bisherige AfA-Satz ist beizubehalten, sodass die AfA (3 % × 555 T€ =) 16.650 € p.a. beträgt. Letztlich werden damit die aufgedeckten stillen Reserven wie nachträgliche Anschaffungskosten behandelt.

> **Tipp!** Müssen Sie – wie in dem obigen Fall – Berechnungen anstellen, sollten Sie unbedingt die einzelnen Schritte deutlich machen, also „laut rechnen". Jeder Rechenschritt muss für die Prüfer nachvollziehbar sein. Sie können sich für die Berechnungen jederzeit Notizen machen bzw. einen Taschenrechner benutzen.

Frage: Gehen wir von folgendem Fall aus: A und B sind die Gesellschafter einer OHG. Die OHG bilanziert ein Grundstück mit 200.000 € (Gemeiner Wert 600.000 €). Der selbst geschaffene Firmenwert hat einen gemeinen Wert von 500.000 €. Auf der Passivseite befindet sich eine Rücklage nach § 6b EStG in Höhe von 100.000 €. Die Kapitalkonten von A und B betragen jeweils 50.000 €. A und B entschließen sich, den bisherigen Mitarbeiter C in die OHG aufzunehmen, da dieser über ausgezeichnete Fachkenntnisse verfügt. C soll aus diesem Grund kein Geld, sondern nur seine Arbeitskraft einbringen. Die Kapitalkonten sollen nach der Aufnahme des C paritätisch sein. A und B wollen 20 % der stillen Reserven im Zuge der Einbringung aufdecken.

Antwort: Die Aufnahme eines weiteren Gesellschafters in eine Personengesellschaft ist steuerlich wie die Gründung einer neuen Personengesellschaft zu behandeln (BMF a.a.O., Rz. 24.03). Dabei ist es nicht erforderlich, dass der neue Gesellschafter eine Einlage in Geld leistet, da nach § 705 BGB der Gesellschaftszweck auch durch eine Arbeitsleistung gefördert werden kann. Damit bringen die bisherigen Mitunternehmer A und B ihre Mitunternehmeranteile nach § 24 UmwStG in die neue OHG ein.

Nach § 24 UmwStG ist der Ansatz eines Zwischenwertes möglich. Bei Ansatz eines Zwischenwerts sind die in den Wirtschaftsgütern enthaltenen stillen Reserven gleichmäßig aufzudecken. Nach dem alten Umwandlungssteuererlass durften die stillen Reserven, die in einem selbst geschaffenen Firmenwert stecken, erst aufgedeckt werden, nachdem sämtliche stillen Reserven der übrigen Wirtschaftsgüter aufgedeckt wurden. Diese Regelung verstieß gegen § 5 Abs. 2 und § 6 Abs. 1 Nr. 7 EStG, da ein entgeltlich erworbener Firmenwert aktiviert werden muss. § 24 Abs. 3 UmwStG geht ausdrücklich davon aus, dass beim Einbringenden ein Veräußerungsvorgang vorliegt. Da die Rücklage nach § 6b EStG bisher unversteuerte stille Reserven enthält, muss die Rücklage ebenfalls anteilig aufgelöst werden. Damit ist das Grundstück mit (200.000 € zuzüglich 20 % von 400.000 € =) 280.000 € zu aktivieren. Der Firmenwert ist zwingend mit (500.000 € × 20 % =) 100.000 € anzusetzen. Die Rücklage nach § 6b EStG ist um 20 % auf 80.000 € zu reduzieren. Für die beiden bisherigen Gesellschafter ergibt sich ein Veräußerungsgewinn von (80.000 € + 100.000 € + 20.000 € =) 200.000 €, der auf jeden der Gesellschafter zur Hälfte entfällt.

Frage: Können die Gesellschafter für die Aufdeckung der stillen Reserven des Grundstücks eine Rücklage nach § 6b EStG bilden?

Antwort: Da die Aufdeckung der stillen Reserven nach § 24 Abs. 3 UmwStG wie eine Veräußerung zu behandeln ist, können die Gesellschafter unter den weiteren Voraussetzungen des § 6b EStG für die aufgedeckten stillen Reserven des Grundstücks (80.000 €) eine Rücklage nach § 6b EStG bilden (vgl. R 6b. 2 Abs. 10 EStR analog). Da die Rücklage nur die beiden Gesellschafter A und B betrifft, empfiehlt es sich, die Rücklage in einer Ergänzungsbilanz des jeweiligen Gesellschafters zu bilden.

Frage: Ein Einzelunternehmer möchte seinen Betrieb (Buchwert 100.000 €/Gemeiner Wert 500.000 €) in eine neu gegründete GmbH & Co. KG einbringen. Die GmbH & Co. KG bucht wie folgt: Wirtschaftsgüter Einzelunternehmen 100.000 € an Kapitalkonto Gesellschafter 50.000 € und Darlehensverbindlichkeit 50.000 €. Was halten Sie von dieser Buchung?

Antwort: Im Gegensatz zu § 20 UmwStG (siehe Besprechung oben) ist im Rahmen des § 24 UmwStG die Gewährung von Wirtschaftsgütern wie eine Veräußerung zu behandeln (vgl. BMF a.a.O., Rz. 24.07). Damit ist der Einzelunternehmer so zu behandeln, als habe er die Hälfte seines Betriebs entgeltlich veräußert. Für ihn entsteht somit ein Veräußerungsgewinn i.H.v. (500.000 € × ½ =) 250.000 €. Dieser ist nach § 24 Abs. 3 UmwStG nach § 15 EStG zu versteuern. Allerdings kann der Einzelunternehmer wieder eine Rücklage nach § 6b EStG bilden, soweit in dem Betriebsvermögen Wirtschaftsgüter i.S.v. § 6b EStG enthalten sind.

> **Frage:** Wie sehen Sie folgendes Problem, das der BFH aufgeworfen hat (BFH vom 27.10.2015, VIII R 47/12, BStBl II 2016, 600). Rechtsanwalt A betreibt eine Einzelkanzlei. Er möchte die Kollegin N zur Hälfte als Partnerin aufnehmen, da die N sich schon seit Jahren als Angestellte bewährt hat. Da aber N über kein Kapital verfügt und A an einem Kaufpreis (schon aus steuerlichen Gründen) kein Interesse hat, vereinbaren A und N, dass N ohne eine Einlage in die Kanzlei aufgenommen wird, dafür aber im Gegenzug 5 Jahre lang nicht 50 %, sondern lediglich 30 % Gewinnanteil erhält.

Antwort: Bisher war diese Gestaltung als sog. **Gewinnvorabmodell** weit verbreitet. Da in einer Personengesellschaft die Gewinnverteilung frei vereinbar ist, sah man hier bisher kein Problem. A brachte seine Kanzlei zum Buchwert nach § 24 UmwStG in die neue Sozietät ein. N brachte ihre Arbeitsleistung, aber – was zulässig ist – kein Kapital ein.

Dies sieht nun der BFH anders. Der Gewinnverzicht der N (20 %) sei ein Kaufpreis, der in Raten gezahlt werde. A erziele damit einen Veräußerungsgewinn. Da A aber nur die Hälfte der Kanzlei verkauft und damit auch nur die Hälfte der stillen Reserven aufdeckt, kommt die Anwendung der §§ 24 Abs. 3 UmwStG, 16, 34 EStG nicht infrage.

> **Frage:** Die Mutter M ist selbstständige Architektin. Sie betreibt ihr Büro alleine. Nachdem ihre Tochter das Architektur-Studium erfolgreich beendet hat, soll diese in das Büro der Mutter unentgeltlich aufgenommen werden. Kann die M die stillen Reserven (Praxiswert) des Büros aufdecken?

Antwort: Die unentgeltliche Aufnahme einer Person in ein bestehendes Einzelunternehmen (Praxis) erfolgt nach § 6 Abs. 3 Satz 1 2. Halbsatz EStG zwingend zum Buchwert. Der Tatbestand erfüllt aber gleichzeitig die Voraussetzungen des **§ 24 UmwStG**, wonach die M bei der Gründung der MT-GbR ihr bisheriges Einzelunternehmen (Praxis) zum BW, Zwischenwert oder zum gemeinen Wert einbringen kann. § 24 UmwStG erfordert nicht, dass der oder die anderen Mitunternehmen Geld oder Sachwerte in die neue Gesellschaft einbringen. Damit könnte die M die stillen Reserven ganz oder teilweise aufdecken.

Das Verhältnis zwischen § 6 Abs.3 EStG und § 24 UmwStG ist streitig. Der BFH (Urteil vom 18.09.2013, X R 42/10, BStBl II 2016, 639) will bei der vorliegenden Konstellation der M das Wahlrecht des § 24 UmwStG gewähren.

> **Frage:** Zum Schluss noch ein komplizierter Fall aus der Rechtsprechung (vgl. BFH vom 11.08.2021, I R 39/18, BFH/NV 2022, 297). An der GmbH 1 sind die natürlichen Personen A und B je hälftig beteiligt. In einem ersten Schritt gründete die GmbH eine GmbH & Co. KG, deren einzige Kommanditistin sie war. Sie übertrug diverse Wirtschaftsgüter aus ihrem Betriebsvermögen in das Gesamthandsvermögen der KG. Bitte beurteilen Sie diesen Sachverhalt.

Antwort: Die Übertragung der Wirtschaftsgüter erfolgte nach **§ 6 Abs. 5 Satz 3 Nr. 1 EStG** zwingend zum Buchwert, da die GmbH 1 Mitunternehmerin der KG war. Eine Aufdeckung stiller Reserven nach § 6 Abs. 5 Satz 5 EStG erfolgte nicht, da die GmbH 1 vor der Übertragung der Wirtschaftsgüter bereits zu 100 % an diesen beteiligt war.

> **Frage:** Führen wir den Fall weiter. In einem nächsten Schritt gründete die GmbH 1 als einzige Gesellschafterin die GmbH 2 und legte die Anteile an der KG gegen Gewährung von Anteilen in die GmbH 2 ein. Welche steuerlichen Folgen hat die Einlage der Mitunternehmeranteile?

Antwort: § 6 Abs. 5 EStG greift in diesem Fall nicht, da die Einlage nicht in ein Gesamthandsvermögen erfolgte. Es könnte hier aber eine Abspaltung im Sinne von **§ 15 Abs. 1 Satz 1 UmwStG** vorliegen. Hierzu ist nach Satz 2 erforderlich, dass auf die Übernehmerin (GmbH 2) ein Teilbetrieb übergeht. Nach Satz 3 gilt ein Mitunternehmeranteil als Teilbetrieb, sodass diese Voraussetzung erfüllt war. Außerdem muss der übertragenden Kapitalgesellschaft (GmbH 1) ein Teilbetrieb verbleiben. Dies wird hier unterstellt. Somit konnte die Übertragung nach § 11 Abs. 2 UmwStG zum Buchwert erfolgen.

> **Frage:** Der Fall ging noch weiter. Drei Jahre später wurde die Komplementär-GmbH der KG auf die GmbH 2 verschmolzen. Folgen?

Antwort: Die Verschmelzung der Komplementär-GmbH konnte nach **§ 11 Abs. 2 UmwStG** ebenfalls zum Buchwert erfolgen. Durch die Verschmelzung erlosch die Komplementär-GmbH und damit auch die KG mangels weiterer Gesellschafter. Aus der KG wurde ein Einzelunternehmen, dessen Vermögen der GmbH 2 anwuchs. Letzteres ist kein Vorgang des Umwandlungssteuerrechts, sondern eine notwendige Folge des Gesellschaftsrechts, wonach eine KG mindestens zwei Gesellschafter haben muss.

> **Frage:** In einem dritten Schritt gründeten A und B die GmbH 3, die somit eine Schwestergesellschaft der GmbH 1 wurde. Die GmbH 1 spaltete anschließend ihre 100 %ige Beteiligung an der GmbH 2 auf die neue gegründete GmbH 3 ab. Steuerliche Folge?

Antwort: Die Anteile an der GmbH 2 umfassten das gesamte Nennkapital dieser Gesellschaft und stellten damit nach **§ 15 Abs. 1 Satz 3 UmwStG** einen **Teilbetrieb** dar. Die Abspaltung konnte daher zum Buchwert erfolgen.

> **Frage:** Nun kommt der letzte Akt dieser umfassenden Gestaltung. Die Anteile an der GmbH 3 wurden im unmittelbaren Anschluss an die Abspaltung an einen fremden Dritten veräußert. Steuerliche Folge?

Antwort: Das Problem der Veräußerung könnte darin liegen, dass nach § 15 Abs. 2 Satz 2 UmwStG die Buchwertfortführung (§ 11 Abs. 2 UmwStG) nicht anzuwenden ist, wenn durch die Spaltung die Veräußerung an außenstehende Personen vollzogen wird. Das Gleiche gilt nach Satz 3, wenn durch die Spaltung die **Voraussetzungen für eine Veräußerung geschaffen werden**. Davon ist auszugehen, wenn **innerhalb von 5 Jahren** nach dem steuerlichen Übertragungsstichtag Anteile an einer an der Spaltung beteiligten Körperschaft (hier: GmbH 3) veräußert werden. Diese Voraussetzung ist hier erfüllt, da die Veräußerung unmittelbar nach der Abspaltung erfolgte. Ich unterstelle, dass die Veräußerung innerhalb der Fünfjahresfrist lag. Damit wäre grundsätzlich bei der Abspaltung der Buchwertansatz ausgeschlossen.

Allerdings enthält § 15 Abs. 2 **Satz 4** UmwStG eine weitere Voraussetzung. Die Veräußerung ist nur dann schädlich, wenn die Anteile an der abgespaltenen Körperschaft (GmbH 2) **mehr als 20 % des Betriebsvermögens** der abspaltenden Körperschaft (GmbH 1) ausmachten. Maßgeblich für die 20 %-Grenze ist der gemeine Wert der Anteile.

> **Frage:** Wie ist der gemeine Wert der Anteile zu ermitteln?

Antwort: Auch im Bereich des UmwStG gelten nach § 1 BewG die Grundsätze des Bewertungsrechts. Die Ermittlung des gemeinen Werts erfolgt daher nach **§§ 199 ff. BewG** grundsätzlich im vereinfachten Ertragswertverfahrens.

> **Hinweis des Prüfers:** Gehen Sie davon aus, dass die Anteile an der GmbH 2 weniger als 20 % des Gesamtwerts der GmbH 1 darstellten.

Antwort: In diesem Fall war die Veräußerung der Anteile unschädlich für die zuvor erfolgte Abspaltung nach § 15 Abs. 2 UmwStG (so der BFH a.a.O.).

Themenbereich Umsatzsteuer

Problembereich 1: Der Unternehmer und sein Unternehmen

Frage: Geben Sie bitte kurz an, nach welchen Kriterien sich die Unternehmereigenschaft bestimmt.

Antwort: Die Unternehmereigenschaft ist in § 2 Abs. 1 UStG definiert. Danach ist jede gewerbliche oder berufliche Tätigkeit, die selbstständig ausgeübt wird, eine unternehmerische Tätigkeit. Dabei ist die gewerbliche oder berufliche Tätigkeit umsatzsteuerrechtlich eigenständig zu interpretieren und ist jede Tätigkeit, die nachhaltig und mit Einnahmeerzielungsabsicht ausgeübt wird. Nach einer gesetzlichen Klarstellung zum 01.01.2023 ist es auch unerheblich für die Unternehmereigenschaft, ob nach anderen Rechtsvorschriften Rechtsfähigkeit besteht.

Frage: Wer kann denn alles Unternehmereigenschaft haben? Und warum hat der Gesetzgeber eine solche Klarstellung vorgenommen?

Antwort: Unternehmer kann jede natürliche Person (ab Geburt), jede juristische Person sowie jeder Personenzusammenschluss sein. Der BFH (Urteil vom 22.11.2018, V R 65/17, BFH/NV 2019, 359, bestätigt durch BFH, Urteil vom 07.05.2020, V R 1/18, BFH/NV 2020, 1211) hatte allerdings aufgrund mangelnder Rechtsfähigkeit Bruchteilsgemeinschaften in der Umsatzsteuer die Unternehmerfähigkeit abgesprochen. Danach wäre Voraussetzung, dass ein Personenzusammenschluss als solcher rechtsfähig ist. Die Finanzverwaltung hatte zu diesem Urteil nicht Stellung genommen (in einem BMF-Schreiben vom 27.10.2021, BStBl I 2021, 2137, hat die Finanzverwaltung zu den nichtunternehmerischen Bruchteilsgemeinschaften Stellung genommen – daraus konnte abgeleitet werden, dass die Finanzverwaltung von der Unternehmereigenschaft von Bruchteilsgemeinschaften ausgeht). Wären diese Grundsätze auf vergleichbare Fälle übertragen worden, hätten sich – so z.B. bei der ungeteilten Erbengemeinschaft – erhebliche Probleme in der Praxis ergeben. Aus diesem Grund hat der Gesetzgeber klargestellt, dass es für die umsatzsteuerrechtliche Beurteilung nicht auf die (zivilrechtliche) Rechtsfähigkeit ankommt. Damit sind die wirtschaftlich tätigen Bruchteilsgemeinschaften genauso wie auch die ungeteilten Erbengemeinschaften unter den weiteren Voraussetzungen unternehmerisch tätig. Ebenso sind auch die Personenhandelsgesellschaften oder auch die Gesellschaften bürgerlichen Rechts eigenständige Unternehmen. Aber auch juristische Personen des privaten und des öffentlichen Rechts können Unternehmereigenschaft haben. Allerdings sind bei juristischen Personen des öffentlichen Rechts noch weitere Einschränkungen nach § 2b UStG bzw. sind bis Ende 2024 übergangsweise auch noch die früheren Regelungen nach § 2 Abs. 3 UStG zu beachten.

Frage: Lassen Sie mich hier einmal unterbrechen, zu den juristischen Personen des öffentlichen Rechts kommen wir später noch einmal zurück. Lassen Sie uns vorerst über die grundlegenden Fragestellungen zur Unternehmereigenschaft reden. Ab wann beginnt denn die Unternehmereigenschaft und warum ist diese Frage für die Umsatzsteuer so wichtig?

Tipp! Soweit Sie Gesetze in der Prüfung verwenden dürfen, sollten die Teilnehmerinnen/Teilnehmer der mündlichen Prüfung, die gerade nicht gefragt sind, schon einmal den § 2b und den § 2 Abs. 3 UStG zur juristischen Person des öffentlichen Rechts aufblättern und noch einen kurzen Blick hineinwerfen – folgen Sie aber dennoch dem Prüfungsgespräch!

Antwort: Die Unternehmereigenschaft beginnt grundsätzlich mit dem ersten, nach außen erkennbaren in Erscheinung treten. Dabei begründen auch schon Vorbereitungshandlungen die Unternehmereigenschaft. Vorbereitungshandlungen liegen vor, wenn ein Unternehmer in die konkrete Planung eintritt, unternehmerisch tätig werden zu wollen. Von Bedeutung ist das deshalb, da ab der Begründung der Unternehmereigenschaft im Regelfall vom Unternehmer bereits Leistungen in Anspruch genommen werden, bevor dieser selbst seine Leistungen gegenüber Dritten erbringen kann. Da für die Vorsteuerabzugsberechtigung nach § 15 UStG die Unternehmereigenschaft wesentliche Voraussetzung ist, muss die Unternehmereigenschaft schon zum Zeitpunkt des Leistungsbezugs vorliegen.

> **Tipp!** Hier könnte je nach Prüfungsverlauf auch noch mit einfließen, dass nach der Rechtsprechung des EuGH (EuGH, Urteil vom 29.02.1996, C-110/94 – INZO, UR 1996, 116; vgl. auch Abschn. 2.6 Abs. 1 UStAE) die Unternehmereigenschaft nicht davon abhängig ist, dass auch tatsächlich später entgeltliche Ausgangsleistungen ausgeführt werden. Die ernsthafte Umsatzerzielungsabsicht ist ausreichend.

> **Frage:** Nach welchen Kriterien kann die private Vermögensverwaltung von der unternehmerischen Betätigung abgegrenzt werden – oder anders gefragt: Ab wann kann jemand auch bei dem Verkauf privater Gegenstände Unternehmereigenschaft erlangen?

Antwort: Grundsätzlich führt die private Vermögensverwaltung nicht zu einer unternehmerischen Betätigung. So hatte der BFH schon früh entschieden, dass ein Briefmarkensammler oder Münzsammler nicht unternehmerisch tätig ist, selbst wenn er Stücke wegtauscht, die Sammlung umschichtet oder ganz oder teilweise veräußert (BFH, Urteil vom 29.06.1987, X R 23/82, BStBl II 1987, 744 und vom 16.07.1987, X R 48/82, BStBl II 1987, 752 sowie Abschn. 2.3 Abs. 6 Satz 2 UStAE). Allerdings kann die Grenze zur Unternehmereigenschaft bei einer intensiven privaten Vermögensverwaltung auch überschritten werden. Der BFH (Urteil vom 26.04.2012, V R 2/11, BStBl II 2012, 634, Urteil vom 12.08.2015, XI R 43/13, BStBl II 2015, 919 sowie Urteil vom 12.05.2022, V R 19/20, BFH/NV 2023, 101) hat für einen eBay-Verkäufer entschieden, dass der Verkauf einer Vielzahl von Gegenständen (in einem Fall 1.200 Umsätze in drei Jahren, in einem anderen Fall 140 Pelzmäntel) eine der Umsatzsteuer unterliegende nachhaltige unternehmerische Tätigkeit sein kann. Dabei ist es für die Beurteilung der Nachhaltigkeit nicht von Bedeutung, ob schon beim Einkauf der Gegenstände eine Wiederverkaufsabsicht bestand. Die Abgrenzung muss deshalb immer unter Würdigung aller individuellen Voraussetzungen im Einzelfall erfolgen.

> **Tipp!** Der BFH hat in dem Fall insbesondere darauf abgestellt, dass der Verkäufer aktive Schritte zum Vertrieb von Gegenständen unternommen hatte, indem er sich ähnlicher Mittel bediente, wie ein gewerblicher Händler. Damit kann bei der laufenden Veräußerung von Gegenständen in erheblichem Umfang nicht mehr von einer privaten Vermögensverwaltung ausgegangen werden. Grundsätzlich ergibt sich kein Unterschied, ob der Verkauf über eine Internet-Auktionsplattform erfolgt oder auf einem Trödelmarkt – lediglich die Erfassung und damit die Nachweisbarkeit sind bei Internet-Auktionen deutlich einfacher. Gerade bei dem Handel über Internetplattformen haben sich zum 01.07.2021 erhebliche Veränderungen ergeben, wie z.B. bei den fiktiven Reihengeschäften nach § 3 Abs. 3a UStG oder bei den veränderten Nachweispflichten für die Betreiber solcher elektronischen Schnittstellen (elektronische Marktplätze).

> **Frage:** Bleiben wir noch bei der Abgrenzung zwischen privater Tätigkeit und unternehmerischer Betätigung. Kann nach Ihrer Auffassung ein professioneller Pokerspieler Unternehmer im umsatzsteuerrechtlichen Sinne sein?

Antwort: Die Frage der Unternehmereigenschaft bei professionellen Pokerspielern war in der Tat umstritten. Glücksspiel ist regelmäßig keine unternehmerische Betätigung, da es in diesem Fall an einer erwartbaren Gegenleistung fehlt. Gewinne sind gerade nicht Gegenleistung für eine ausgeführte Leistung, sondern eher zufällig. Der BFH (Urteil vom 25.10.2017, XI R 37/14, BStBl II 2019, 336) hat dazu entschieden, dass ein Berufspokerspieler keine Leistung im Rahmen eines Leistungsaustausches gegen Entgelt erbringt, wenn er an Spielen fremder Veranstalter teilnimmt und ausschließlich im Falle der erfolgreichen Teilnahme Preisgelder oder Spielgewinne erhält. Zwischen der Teilnahme am Pokerspiel und dem im Erfolgsfall erhaltenen Preisgeld oder Gewinn fehlt der für einen Leistungsaustausch erforderliche unmittelbare Zusammenhang. Allerdings ist zu beachten, dass die Teilnahme an einem Pokerspiel aber eine im Rahmen eines Leistungsaustauschs gegen Entgelt erbrachte Dienstleistung darstellt, wenn der Veranstalter für sie eine von der Platzierung unabhängige Vergütung zahlt. In einem solchen Fall ist die vom Veranstalter geleistete Zahlung die tatsächliche Gegenleistung für die vom Spieler erbrachte Dienstleistung, an dem Pokerspiel teilzunehmen.

> **Tipp!** Der BFH (Urteil vom 02.08.2018, V R 21/16, BStBl II 2019, 339) hat diese Rechtsprechung fortgesetzt und entschieden, dass die Teilnahme an einem Wettbewerb (Pferderennen) nicht steuerbar ist, wenn dem Eigentümer der Pferde als Gegenleistung lediglich ein platzierungsabhängiges Preisgeld gezahlt wird. Die Finanzverwaltung (BMF, Schreiben vom 27.05.2019, BStBl I 2019, 512) hat diese Vorgaben umgesetzt. Wenn unsicher ist, ob überhaupt eine Zahlung erfolgt (platzierungsabhängiger Gewinn), liegt keine steuerbare Leistung vor. Ist lediglich die Höhe der Zahlung von der Platzierung abhängig, liegt ein Leistungsaustausch vor.

> **Frage:** Können Sie sich Fälle vorstellen, in denen dem Unternehmer der Vorsteuerabzug vom Finanzamt rückwirkend wieder aberkannt werden kann, weil eine Unternehmereigenschaft tatsächlich nicht begründet wurde?

Antwort: Grundsätzlich ist sofort beim Leistungsbezug darüber zu entscheiden, ob eine Leistung dem Unternehmen zugeordnet werden kann. Damit muss zu diesem Zeitpunkt auch feststehen, dass die Unternehmereigenschaft schon besteht. Eine nachträgliche Aberkennung der Unternehmereigenschaft und damit auch die Versagung der Vorsteuerabzugsberechtigung kann nur in wenigen Ausnahmefällen möglich sein. Dies kann laut EuGH dann vorkommen, wenn ein Fall des Betrugs oder des Missbrauchs vorliegt und die Unternehmereigenschaft nur böswillig vorgetäuscht worden ist.

> **Frage:** Unter welchen Voraussetzungen kann eine natürliche Person gegenüber einer Personengesellschaft, an der sie beteiligt ist, als Unternehmer Leistungen ausführen?

Antwort: Damit ein Gesellschafter einer Personengesellschaft dieser gegenüber als Unternehmer eine Lieferung oder eine sonstige Leistung ausführen kann, muss der Gesellschafter diese Leistung mit Einnahmeerzielungsabsicht ausführen. Das bedeutet, dass der Gesellschafter im Zusammenhang mit der Leistung eine konkrete Gegenleistung (eine individuelle Bezahlung) erhalten möchte. Wird er nur im Rahmen seiner gesellschaftsrechtlichen Verpflichtung gegenüber der Gesellschaft tätig, handelt es sich um einen sog. echten Gesellschafterbeitrag, der nicht steuerbar ausgeführt wird.

> **Frage:** Können Sie uns dafür ein konkretes Beispiel angeben?

Antwort: Gerne, ein konkretes Beispiel kann die Überlassung eines Fahrzeugs, das einem Gesellschafter der Personengesellschaft gehört, gegenüber der Personengesellschaft sein. Überlässt er das Fahrzeug nur gegen seinen allgemeinen Gewinnanteil, liegt ein nicht steuerbarer Gesellschafterbeitrag vor, erhält er aber von der Gesellschaft ein konkretes Entgelt für die Überlassung des Fahrzeugs, vollzieht sich diese Überlassung im Rahmen eines steuerbaren und steuerpflichtigen Leistungsaustauschs. Der Gesellschafter ist dann als Unternehmer zum Vorsteuerabzug aus dem Kauf des Fahrzeugs berechtigt.

Ein weiteres Beispiel ist die entgeltliche Geschäftsführungsleistung bei einer Personengesellschaft. Erhält der Gesellschafter für die Führung der Geschäfte der Personengesellschaft ein gesondert berechnetes Entgelt – also keinen vom Gewinn der Gesellschaft abhängigen Betrag –, ist dies als steuerbare und steuerpflichtige Leistung gegenüber der Gesellschaft anzusehen.

> **Tipp!** Schauen Sie sich in der Vorbereitung auf die mündliche Prüfung Abschn. 1.6 UStAE an. Hier hat die Finanzverwaltung kompakt die Grundsätze der Leistungsaustauschprozesse bei Gesellschaftsverhältnissen dargestellt. Neben der Einnahmeerzielungsabsicht ist aber auch zu prüfen, ob der Gesellschafter selbstständig tätig ist oder weisungsgebunden eingegliedert ist. Auch ein Komplementär einer KG kann – im Innenverhältnis – weisungsgebunden eingegliedert sein, sodass er nicht selbstständig tätig ist.
> Der EuGH hat indirekt diese Rechtsauffassung bestätigt, dass nur die entgeltliche (wirtschaftliche) Tätigkeit die Unternehmereigenschaft eines Gesellschafters begründet (EuGH, Urteil vom 13.03.2014, C-204/13 – Heinz Malburg, BFH/NV 2014, 813).

> **Frage:** Kommen wir zu einem kleinen Fall: Drei natürliche Personen wollen zusammen eine GmbH gründen. Bevor sie aber zu einem Notar gehen und den Gesellschaftsvertrag abschließen, mieten sie schon Büroräume an, stellen Personal ein und schaffen die für die Ausführung ihrer Umsätze notwendige Hard- und Software an. Am Tag, bevor sie erstmals entgeltliche Leistungen ausführen, gehen sie zum Notar und schließen den notariellen Gesellschaftsvertrag ab. Können sich hier Probleme für die Beteiligten ergeben?

Antwort: Fraglich ist, wer hier einen Vorsteuerabzug aus den gesamten Ingangsetzungskosten des Unternehmens hat. Die GmbH ist (nach Abschluss des notariellen Gesellschaftsvertrags als Gründungsgesellschaft) Unternehmer nach § 2 Abs. 1 UStG geworden, da sie entgeltlich Umsätze ausführen will und dies auch tut. Die Vorgründungsgesellschaft (bis zum notariellen Gesellschaftsvertrag) ist als Personengesellschaft nicht mit der später entstehenden GmbH identisch. Da die Vorgründungsgesellschaft aber selbst keine eigene Umsatzerzielungsabsicht hatte, könnte es hier an der Unternehmereigenschaft der Vorgründungsgesellschaft scheitern. In diesem Falle wäre weder die GmbH (mangels Leistungsbezug) noch die Personengesellschaft (mangels Unternehmereigenschaft) zum Vorsteuerabzug berechtigt. Der EuGH hatte hier aber entschieden (EuGH, Urteil vom 29.04.2004, C-137/02 – Faxworld GbR, BFH/NV Beilage 2004, 225), dass in diesem Fall eine Geschäftsveräußerung nach § 1 Abs. 1a UStG (nicht steuerbar) vorliegt, die die Unternehmereigenschaft der Vorgründungsgesellschaft begründet. Dieser Übertragungsvorgang ist ausreichend, um die Vorsteuerabzugsberechtigung der Vorgründungsgesellschaft in den Fällen zu ermöglichen, in denen die dann später entstehende GmbH keine vorsteuerabzugsschädlichen Ausgangsumsätze ausführt.

> **Tipp!** Problematischer ist es, wenn aus der Vorgründungsgesellschaft einzelne, dort bezogene Leistungen, auf die Gründungsgesellschaft übertragen werden sollen. Dies wird sich nur im Rahmen eines entgeltlichen Vorgangs vollziehen lassen. Die nicht steuerbare Geschäftsveräußerung nach § 1 Abs. 1a UStG ist hingegen nicht von einem entgeltlichen Vorgang abhängig.
> Zu den Gründungskosten bei einer Personengesellschaft ist ein Urteil des EuGH (Urteil vom 01.03.2010, C-280/10 – Polski Travertyn, BFH/NV 2012, 908) lesenswert. Danach sind auch Gründungskosten, die von den Gesellschaftern der Personengesellschaft getragen wurden und die ihnen direkt berechnet wurden, als Vorsteuerbeträge abzuziehen.

Weiterhin hat der BFH entschieden (Urteil vom 11.11.2015, V R 8/15, BFH/NV 2016, 863), dass der Gesellschafter einer noch zu gründenden GmbH im Hinblick auf eine beabsichtigte Unternehmenstätigkeit der GmbH nur dann zum Vorsteuerabzug berechtigt sein kann, wenn der Leistungsbezug durch den Gesellschafter bei der GmbH zu einem Investitionsumsatz führen soll. Die Finanzverwaltung hat grundsätzlich zu dieser Entscheidung Stellung genommen (BMF, Schreiben vom 12.04.2022, BStBl I 2022, 650) und einen neuen Abschn. 15.2b Abs. 4 UStAE eingeführt.

Frage: Kommen wir jetzt einmal zu den juristischen Personen. Welche Voraussetzungen müssen erfüllt sein, damit eine juristische Person des privaten Rechts die Unternehmereigenschaft hat?

Antwort: Eine juristische Person des privaten Rechts (GmbH oder AG) muss ebenfalls – wie jeder andere Unternehmer auch – selbstständig, nachhaltig und mit Einnahmeerzielungsabsicht tätig werden. Besonderheiten bestehen hier bei der Voraussetzung der Selbstständigkeit. Die Selbstständigkeit ist dabei nach § 2 Abs. 2 Nr. 2 UStG negativ abgegrenzt. Die juristische Person ist dann nicht selbstständig tätig, wenn sie finanziell, wirtschaftlich und organisatorisch in ein anderes Unternehmen eingegliedert ist. In diesem Fall liegt eine sog. Organschaft vor, bei der die juristische Person unselbstständiger Unternehmensteil des Organträgers wird. Unternehmer und damit auch Steuerschuldner ist dann der Organträger. Zwischen einem Organträger und den Organgesellschaften liegen nach bisheriger nationaler Auffassung nicht steuerbare Innenumsätze vor, allerdings ist die Wirkung der Organschaft auf die Leistungen im Inland beschränkt, grenzüberschreitend entfaltet die Organschaft keine Wirkungen. Ob die Innenumsätze aber tatsächlich nicht steuerbar sind, ist nach einer Entscheidung des EuGH (Urteil vom 01.12.2022, C-269/20 – S, UR 2023, 36) fraglich, da der EuGH in dieser Entscheidung einen solchen Umsatz als „entgeltlichen Umsatz" bezeichnet hat. Da der BFH danach erhebliche Zweifel an der bisherigen nationalen Umsetzung hatte, hat er den EuGH erneut angerufen (BFH, Beschluss vom 26.01.2023, V R 20/22, BFH/NV 2023, 679). Damit muss derzeit auf die Entscheidung des EuGH gewartet werden.

Tipp! Der EuGH (Urteil vom 16.07.2015, C-108/14 und C-109/14 – Larentia + Minerva und Marenave, BFH/NV 2015, 1549) hatte entschieden, dass unter bestimmten Voraussetzungen auch eine Personengesellschaft in einen Organkreis eingebunden sein kann. Nachdem der BFH (Urteil vom 02.12.2015, V R 25/13, BStBl II 2017, 547 sowie Urteil vom 19.01.2016, XI R 38/12, BStBl II 2017, 567) diese Vorgaben – allerdings mit unterschiedlichen Voraussetzungen – übernommen hatte, hat die Finanzverwaltung (BMF, Schreiben vom 26.05.2017, BStBl I 2017, 790) festgelegt, dass eine Personengesellschaft dann in einen Organkreis eingebunden sein kann, wenn sich alle Anteile an der Gesellschaft in der Hand des Organträgers oder anderer Organgesellschaften befinden. Diese sehr einschränkende Umsetzung hatte dann auch wieder zu einer Vorlage an den EuGH geführt, zu der der EuGH (Urteil vom 15.04.2021, C-868/19 – M-GmbH, BFH/NV 2021, 925) festgestellte hatte, dass eine Personengesellschaft auch dann eingegliedert sein kann, wenn sich nicht alle Stimmrechte in der Hand des Organkreises befinden. In einem beim BFH parallel anhängigen Verfahren (V R 45/19) wird sich der BFH zu dieser Entscheidung äußern müssen. Sie müssen hier die aktuelle Entwicklung bis zu Ihrer Prüfung beachten.

Frage: Welche Voraussetzungen müssen erfüllt sein, damit eine finanzielle Eingliederung vorliegt?

Antwort: Eine finanzielle Eingliederung einer juristischen Person ist dann gegeben, wenn der Organträger die Mehrheit der Stimmen in der Gesellschafterversammlung hat, da bei Kapitalgesellschaften grundsätzlich das Mehrstimmigkeitsprinzip gilt. Der Organträger muss jederzeit in der Lage sein, seinen Willen in der Gesellschafterversammlung durchsetzen zu können. Regelmäßig wird dies mit der

Kapitalmehrheit verbunden sein. Aber in Sonderfällen kann auch abweichend von der Kapitalmehrheit die finanzielle Eingliederung gegeben sein oder nicht vorliegen. Bestehen zum Beispiel Stimmrechtsbeschränkungen, ist die Mehrheit der Stimmen in der Gesellschafterversammlung trotz Kapitalmehrheit vielleicht nicht gegeben. Andererseits kann die Mehrheit der Stimmen in der Gesellschafterversammlung vorliegen, obwohl der Gesellschafter nicht die Kapitalmehrheit hält, wenn die Gesellschaft eigene Anteile hält (diese scheiden in der Gesellschafterversammlung aus dem Stimmrecht aus). Da der EuGH (Urteil vom 01.12.2022, C-141/20 – Norddeutsche Gesellschaft für Diakonie, BFH/NV 2023, 253) in einer Entscheidung aber dem entgegen nur auf die Kapitalmehrheit und nicht auf die Stimmenmehrheit abgestellt hatte, kann sich unter bestimmten Bedingungen auch die finanzielle Eingliederung ohne eine Stimmenmehrheit ergeben. So hat der BFH in seiner Folgeentscheidung festgestellt, dass in diesem speziellen Fall durch eine besonders ausgeprägte organisatorische Eingliederung (der Organträger hatte das alleinige Recht der Berufung des Geschäftsführers) auch ein Mangel in der finanziellen Eingliederung kompensiert werden kann (BFH, Urteil vom 18.01.2023, XI R 29/22, BFH/NV 2023, 675).

Zu beachten ist, dass eine finanzielle Eingliederung nicht über das Sonderbetriebsvermögen von Gesellschaftern einer Personengesellschaft herzustellen ist (BFH, Urteil vom 22.04.2010, V R 9/09, BStBl II 2011, 597 sowie Urteil vom 01.12.2010, XI R 43/08, BStBl II 2011, 600). Nur wenn die Kapitalmehrheit an der Kapitalgesellschaft sich im Gesamthandsvermögen einer Personengesellschaft befindet, kann die Kapitalgesellschaft als Organgesellschaft in das Unternehmen der Personengesellschaft eingegliedert sein.

> **Tipp!** Grundsätzlich hatte der EuGH (Urteil vom 01.12.2022, C-141/20 – Norddeutsche Gesellschaft für Diakonie, BFH/NV 2023, 253 und C-269/20 – S, UR 2023, 36) die Grundkonzeption der nationalen Organschaft, dass der Organträger als „einziger Ansprechpartner" der Finanzverwaltung der Träger aller unternehmerischen Rechte und Pflichten ist, als mit dem Unionsrecht vereinbar angesehen.

> **Frage:** Liegt schon eine Organschaft vor, wenn die finanzielle Eingliederung gegeben ist, oder müssen noch weitere Voraussetzungen erfüllt sein?

Antwort: Nein, die finanzielle Eingliederung allein reicht nicht aus. Es müssen auch noch die wirtschaftliche und die organisatorische Eingliederung vorliegen. Wirtschaftliche Eingliederung bedeutet, dass die Organteile sich untereinander wirtschaftlich fördern und ergänzen. Dies liegt regelmäßig dann vor, wenn mehr als nur unwesentliche wirtschaftliche Beziehungen – entgeltlich – untereinander unterhalten werden. Nach der neueren Rechtsprechung des BFH (Urteil vom 01.02.2022, BStBl II 2023, 148) reicht dazu die Vermietung von ohne weiteres austauschbaren Büroräumen nicht aus. Interessanter ist aber die Frage der organisatorischen Eingliederung. Nachdem der BFH sich mehrfach (BFH, Urteil vom 03.04.2008, V R 76/05, BStBl II 2008, 905 und Urteil vom 14.02.2008, V R 12/06, BFH/NV 2008, 1365) mit der organisatorischen Eingliederung beschäftigt hatte, stand fest, dass dieses Eingliederungskriterium typischerweise durch eine personelle Verflechtung der Geschäftsleitungen von Organträger und Organgesellschaft hergestellt wird. Sind in der Geschäftsleitung der Organgesellschaft mehrere Geschäftsführer tätig, die nicht alle vom Organträger gestellt werden, muss geprüft werden, ob sichergestellt ist, dass in der Organgesellschaft keine, den Willen des Organträgers widersprechende Entscheidungen gefällt werden können. Sind in der Geschäftsleitung der Organgesellschaft auch noch Fremdgeschäftsführer tätig, kommt es auf die Art der Geschäftsführungsbefugnis an, welche weiteren Maßnahmen ergriffen werden müssen, um eine organisatorische Eingliederung annehmen zu können. Dabei kann die organisatorische Eingliederung über Mitarbeiter des Organträgers hergestellt werden, die die Geschäftsführung der Organgesellschaft darstellen.

Tipp! Die Finanzverwaltung hat mit Schreiben vom 26.05.2017 (BStBl I 2017, 790) sich zur Frage der organisatorischen Eingliederung geäußert und den UStAE entsprechend angepasst. Es kommt darauf an, dass der Organträger die Organgesellschaft durch die Art und Weise der Geschäftsführung beherrscht und seinen Willen in der Organgesellschaft durchsetzen kann. Nicht ausreichend ist, dass eine vom Organträger abweichende Willensbildung in der Organgesellschaft ausgeschlossen ist.

Frage: Kommen wir abschließend noch auf die juristischen Personen des öffentlichen Rechts (jPöR) zu sprechen. Welche Voraussetzungen müssen hier erfüllt sein, damit eine unternehmerische Tätigkeit gegeben sein kann?

Antwort: Damit eine jPöR die Unternehmereigenschaft erlangen kann, müssen neben den Voraussetzungen des § 2 Abs. 1 UStG noch weitere Voraussetzungen erfüllt sein. Hier hat sich eine wesentliche Veränderung ergeben. Die frühere Regelung des § 2 Abs. 3 UStG ist zwar formal zum 01.01.2016 aufgehoben worden, galt aber für alle Umsätze bis zum 31.12.2016 zwingend weiter. Darüber hinaus hatten die juristischen Personen des öffentlichen Rechts nach § 27 Abs. 22 UStG die Wahlmöglichkeit, für alle bis zum 31.12.2020 ausgeführten Umsätze ebenfalls noch die alte Regelung des § 2 Abs. 3 UStG anzuwenden; diese Übergangsregelung war aufgrund der Corona-Pandemie noch zweimal um jeweils zwei Jahre bis zum 31.12.2024 verlängert worden, § 27 Abs. 22a UStG. Danach ist eine jPöR nur dann unternehmerisch tätig, wenn sie einen Betrieb gewerblicher Art nach § 4 Abs. 1 KStG unterhält oder eine land- oder forstwirtschaftliche Tätigkeit ausführt. Neben den in § 4 Abs. 1 KStG aufgeführten Kriterien ist immer darauf zu achten, dass eine jPöR nie mit ihrer hoheitlichen Tätigkeit unternehmerisch tätig sein kann (§ 4 Abs. 5 KStG).

Unabhängig von der Übergangsregelung ist seit dem 01.01.2017 die Unternehmereigenschaft der jPöR neu in § 2b UStG geregelt worden; dies gilt aber zwingend erst ab dem 01.01.2025 und wird in diversen Fällen zu Anpassungen und Umstellungen führen. In Anlehnung an Art. 13 MwStSystRL sind die jPöR dann nicht unternehmerisch tätig, wenn sie ihnen vorbehaltene Tätigkeiten ausüben. Wenn ihre Tätigkeit aber zu einer größeren Wettbewerbsverzerrung führt, wird auch eine ihnen vorbehaltene Tätigkeit zu einer unternehmerischen Betätigung. Der Gesetzgeber hat dabei in § 2b Abs. 2 und Abs. 3 UStG typisierend geregelt, wann keine solche größere Wettbewerbsverzerrung vorliegt.

Frage: War die früher vorgenommene Anknüpfung an einen Betrieb gewerblicher Art nach § 4 Abs. 1 KStG eine sinnvolle Voraussetzung für eine unternehmerische Betätigung?

Antwort: Nein, mit der Verknüpfung der Unternehmereigenschaft mit einem Betrieb gewerblicher Art wurden umsatzsteuerrechtliche und ertragsteuerrechtliche Kriterien miteinander verbunden. Dies führte vor dem Hintergrund der Harmonisierung des Umsatzsteuerrechts in der Europäischen Union zu Problemen. So war früher national z.B. nur eine Tätigkeit im Rahmen eines wirtschaftlichen Geschäftsbetriebs nach § 14 AO als Betrieb gewerblicher Art anzusehen, damit schied die Vermögensverwaltung – also z.B. die Vermietung von Grundstücken – aus der unternehmerischen Betätigung einer jPöR aus. Dies konnte keine sinnvolle, unionsrechtlich haltbare Definition für die unternehmerische Tätigkeit der öffentlichen Hand sein. Deshalb war schon der BFH (Urteil vom 20.08.2009, V R 70/05, BStBl II 2017, 825) auch bei der Vermögensverwaltung einer juristischen Person öffentlichen Rechts von einer unternehmerischen Tätigkeit ausgegangen. Darüber hinaus hatte der BFH (Urteil vom 15.04.2010, V R 10/09, BStBl II 2017, 863) folgerichtig festgestellt, dass „Vermögensverwaltung" kein geeignetes Kriterium für die Abgrenzung der Unternehmereigenschaft in der Umsatzsteuer ist.

Tipp! Die Finanzverwaltung hat in einem BMF-Schreiben ausführlich zu der Frage der Umsetzung der Voraussetzung des § 2b UStG Stellung genommen (BMF, Schreiben vom 16.12.2016, BStBl I 2016, 1451). Im Vorfeld der mündlichen Steuerberaterprüfung sollte dieses Schreiben angesehen werden, da dort einige Auslegungsfragen zu § 2b UStG behandelt werden. Darüber hinaus sind im Jahr 2023/2024 die Probleme für die jPöR aufgrund der spätestens zum 01.01.2025 anzuwendenden Regelungen in der Praxis angekommen. Sie sollten sich deshalb im Vorfeld Ihrer mündlichen Prüfung auch mit diesem Thema befassen.

Problembereich 2: Lieferungen im Umsatzsteuerrecht

Frage: Geben Sie uns bitte zuerst eine Definition der Lieferung im Umsatzsteuerrecht. Nennen Sie dabei die wesentlichen Voraussetzungen.

Antwort: Die Lieferung ist in § 3 Abs. 1 UStG definiert. Danach liegt eine Lieferung vor, wenn der Unternehmer einem Anderen die Verfügungsmacht über einen Gegenstand verschafft. Als Gegenstände werden dabei alle Sachen und Tiere angesehen (§ 90 und § 90a BGB), aber auch Wirtschaftsgüter, die im Geschäftsverkehr wie Gegenstände gehandelt werden – z.B. Strom- oder Wärmelieferung. Nach der Rechtsprechung des BFH wird die Verfügungsmacht an einem Gegenstand verschafft, wenn Wert, Substanz und Ertrag an einem Gegenstand auf den Erwerber übergehen, der Käufer muss also über den Gegenstand wirtschaftlich verfügen können.

Tipp! Abstrakte Begriffe, wie die „Verschaffung der Verfügungsmacht" sollten in einer mündlichen Prüfung nicht nur verwendet, sie sollten auch erläutert oder umschrieben werden. Beachten Sie, dass nach der Rechtsprechung des EuGH (Urteil vom 22.10.2009, C-242/08 – Swiss Re, BFH/NV 2009, 2108) bei der Übertragung von Vertragsbündeln (hier Versicherungsverträgen) keine Lieferung vorliegt. Deshalb werden auch „Firmenwert, Praxiswert und Kundenstamm" im Rahmen einer sonstigen Leistung übertragen.

Frage: Worauf stellt das Umsatzsteuerrecht mit seinem Lieferbegriff ab, wird hier auf das zivilrechtliche Eigentum oder auf das wirtschaftliche Eigentum Bezug genommen?

Antwort: Im Umsatzsteuerrecht wird auf das wirtschaftliche Eigentum abgestellt. Der Erwerber muss über den Gegenstand tatsächlich verfügen können. Das zivilrechtliche Eigentum ist dafür nicht entscheidend. Ein praktisches Beispiel ist der steuerbare und steuerpflichtige Verkauf eines Grundstücks. Zivilrechtlich wird der Käufer erst Eigentümer, wenn die Umschreibung im Grundbuch erfolgt ist, wirtschaftliches Eigentum erlangt er aber schon mit dem Nutzen- und Lastenwechsel. Damit ist zu diesem Zeitpunkt auch schon die Lieferung ausgeführt worden. Anders ist es bei einem Verkauf unter Eigentumsvorbehalt, hier wird die Verfügungsmacht an dem Gegenstand dem Kunden schon übertragen, obwohl sich der Verkäufer noch das zivilrechtliche Eigentum vorbehalten hat.

Frage: Richtig, sehen Sie hier auch Auswirkungen dieser Grundüberlegung bei dem sog. „sale and lease back"?

Antwort: Ja, beim „sale and lease back" greifen diese Grundsätze genauso, allerdings kommt es hier gerade nicht zu einer Übertragung des wirtschaftlichen Eigentums. Lassen Sie mich erst einmal kurz auf den wirtschaftlichen Hintergrund dieses Vorgangs eingehen: Beim „sale and lease back" überträgt der Eigentümer eines oder mehrerer Gegenstände einem Leasinggeber das zivilrechtliche Eigentum daran und least den oder die übertragenen Gegenstände dann in der Regel langfristig wieder zurück. Zumindest in den Fällen, in denen die Wirtschaftsgüter dann ertragsteuerrechtlich weiter beim Leasingnehmer bilanziert werden, liegt keine Übertragung des wirtschaftlichen Eigentums vor, sodass keine Lieferung nach § 3 Abs. 1 UStG gegeben ist. Der BFH hat dazu festgestellt, dass in diesem Fall der Übertragung eine reine Sicherungsfunktion zukommt.

> **Tipp!** Nachdem der BFH (Urteil vom 06.04.2016, V R 12/15, BStBl II 2017, 188) entschieden hatte, dass sale-and-lease-back-Geschäfte als Mitwirkung des Käufers und Leasinggebers an einer bilanziellen Gestaltung des Verkäufers und Leasingnehmers zu steuerpflichtigen sonstigen Leistungen führen können, hat die Finanzverwaltung den UStAE (Abschn. 3.5 Abs. 7 UStAE) um diesen Hinweis ergänzt. Eine solche Mitwirkung liegt vor, wenn die Anschaffung des Leasinggegenstands überwiegend durch ein Darlehen des Verkäufers und Darlehensgebers finanziert wird.
> Der EuGH (Urteil vom 27.03.2019, C-201/18 – Mydibel SA) hat dies im Wesentlichen bestätigt und hat das „sale-and-lease-back" als nicht steuerbar eingeordnet.

> **Frage:** Da wir gerade den Themenbereich des Leasing angesprochen haben: Wie grenzen Sie bei Leasingverträgen ab, ob es sich um eine Lieferung oder eine sonstige Leistung des Leasinggebers handelt.

Antwort: Früher wurde die Zuordnung bei Leasingverträgen entsprechend der ertragsteuerrechtlichen Beurteilung vorgenommen. Nach der Rechtsprechung des EuGH (Urteil vom 04.10.2017, C-164/16 – Mercedes-Benz Financial Services UK Ltd., BFH/NV 2017, 1695) war an dieser Lösung nicht mehr festzuhalten, sodass die Finanzverwaltung (BMF, Schreiben vom 18.03.2020, BStBl I 2020, 286; Abschn. 3.5 Abs. 5 ff. UStAE) eigenständige Regelungen zur umsatzsteuerrechtlichen Behandlung von Leasingverträgen erlassen hat. Damit bei einem Leasingvertrag oder einem auf Übertragung des Eigentums gerichteten Mietvertrag von einer Lieferung ausgegangen werden kann, müssen kumulativ zwei Voraussetzungen vorliegen:

1. Der Vertrag muss ausdrücklich eine Klausel zum Übergang des Eigentums an dem Gegenstand des Miet- oder Leasingvertrags vom Leasinggeber auf den Leasingnehmer enthalten und
2. aus den Vertragsbedingungen muss deutlich hervorgehen, dass das Eigentum am Gegenstand automatisch auf den Leasingnehmer übergehen soll, wenn der Vertrag bis zum Vertragsablauf planmäßig ausgeführt wird. Dabei ist auf den Zeitpunkt des Vertragsabschlusses abzustellen und die Voraussetzungen aus objektiver Sicht zu beurteilen.

Die Finanzverwaltung geht davon aus, dass eine Klausel zum Eigentumsübergang auch dann vorliegt, wenn in dem Vertrag lediglich eine Kaufoption für den Gegenstand enthalten ist. Zur Prüfung, ob auch die zweite Bedingung erfüllt ist, übernimmt die Finanzverwaltung die Formulierungen aus dem EuGH-Urteil. Auch bei einer im Vertrag enthaltenen unverbindlichen Kaufoption soll die Bedingung erfüllt sein, wenn angesichts der finanziellen Vertragsbedingungen die Optionsausübung am Vertragsende in Wirklichkeit als einzig wirtschaftlich rationale Möglichkeit für den Leasingnehmer erscheint. Dabei darf der Vertrag dem Leasingnehmer keine echte wirtschaftliche Alternative bieten, dass er zum Optionszeitpunkt, je nach Interessenlage den Gegenstand erwerben, zurückgeben oder weiter mieten kann. Die Frage der Abgrenzung von „Vermietung" (bzw. Leasing) und „Lieferung" ist gerade zu Beginn 2023 interessant gewesen, da die Lieferung von bestimmten Photovoltaikanlagen an den Betreiber der Anlage unter den neuen Nullsteuersatz nach § 12 Abs. 3 UStG fällt, während die Vermietung weiterhin zur Entstehung einer Umsatzsteuer von 19 % führt. Auch die Anbieter von „Vermietungsleistungen" haben mehrheitlich in der Praxis die Konditionen so angepasst, dass umsatzsteuerrechtlich von einer Lieferung auszugehen ist.

Frage: Wie gehen Sie bei der Prüfung einer Leistung vor, wenn eine einheitliche Leistung sowohl Elemente der Lieferung als auch Elemente einer sonstigen Leistung aufweist?

Antwort: Zuerst ist immer zu prüfen, ob es sich tatsächlich um eine einheitliche Leistung handelt, die Leistung also nicht in mehrere Einzelleistungen unterteilt werden kann. Wenn eine einheitliche Leistung vorliegt, muss geprüft werden, ob es sich um eine Werklieferung oder um eine Werkleistung handelt. Die gesetzliche Abgrenzung erfolgt dabei über § 3 Abs. 4 UStG, der die Werklieferung positiv definiert. Eine Werklieferung liegt vor, wenn der Unternehmer bei der von ihm ausgeführten Leistung nicht nur Nebensachen oder Zutaten verwendet. Allerdings muss hier auch die Rechtsprechung (hier insbesondere BFH, Urteil vom 09.06.2005, V R 50/02, BStBl II 2006, 98) mit beachtet werden. So sind unter Zutaten oder sonstigen Nebensachen Lieferungen zu verstehen, die bei einer Gesamtbetrachtung aus der Sicht des Durchschnittsbetrachters nicht das Wesen des Umsatzes bestimmen, die also bei einer qualitativen Abgrenzung von untergeordneter Bedeutung sind. Eine Werklieferung setzt aber immer voraus, dass der leistende Unternehmer einen Gegenstand des Auftraggebers mit verwendet (z.B. Bebauung eines Grundstücks, Einbau eines Ersatzteils in eine vorhandene Maschine).

Tipp! Grundsätzlich kann die Abgrenzung zwischen Werklieferung und Werkleistung nicht nach quantitativen Kriterien erfolgen, sondern muss nach qualitativen Kriterien vorgenommen werden. Aus Vereinfachungsgründen beanstandet es die Finanzverwaltung aber nicht, wenn bei der Reparatur an beweglichen körperlichen Gegenständen von einer Werklieferung ausgegangen wird, wenn mehr als die Hälfte des Gesamtentgelts auf das verwendete Material entfällt, Abschn. 3.8 Abs. 6 UStAE.

Frage: Kommen wir zu einem kleinen Fall: Ein Unternehmer schenkt seinem Kind ein Fahrzeug, das er vor vier Jahren unter Vorsteuerabzug erworben und seinem Unternehmen zugeordnet hatte. Welche Konsequenzen ergeben sich für den Unternehmer?

Antwort: Der Unternehmer hatte beim Kauf des Fahrzeugs den Vorsteuerabzug nach § 15 Abs. 1 Satz 1 Nr. 1 UStG, ein Ausschlussgrund – insbesondere nach § 15 Abs. 1a UStG wegen nicht abzugsfähiger Betriebsausgaben – ergibt sich nicht. Die Schenkung des Fahrzeugs an das Kind gilt als Lieferung gegen Entgelt nach § 3 Abs. 1b Satz 1 Nr. 1 UStG, da das Fahrzeug für unternehmensfremde Zwecke aus dem Unternehmen entnommen wurde. Da der Unternehmer beim Kauf des Fahrzeugs auch zum Vorsteuerabzug berechtigt gewesen war, steht § 3 Abs. 1b Satz 2 UStG der Besteuerung nicht entgegen. Der Ort der Lieferung ist analog § 3 Abs. 7 Satz 1 UStG dort, wo der Gegenstand sich im Zeitpunkt der Entnahme befindet (gegebenenfalls kann auch von einer Beförderungslieferung i.S.d. § 3 Abs. 6 UStG ausgegangen werden, dabei ist jedoch zu beachten, dass die Entnahme nicht mit der Übergabe an das Kind bewirkt wird, sondern mit der – gedanklichen – Entnahmehandlung bewirkt wird). Damit ist die Leistung steuerbar nach § 1 Abs. 1 Nr. 1 UStG und auch nicht nach § 4 UStG steuerbefreit. Bemessungsgrundlage ist nach § 10 Abs. 4 Satz 1 Nr. 1 UStG das, was der Unternehmer für einen solchen Gegenstand zu diesem Zeitpunkt aufwenden müsste – dazu ist der Wiederbeschaffungswert eines solchen Fahrzeugs in diesem Zustand zu ermitteln. Auf diesen Betrag muss die Umsatzsteuer mit dem Regelsteuersatz (derzeit 19 %) heraufgerechnet werden.

Tipp! Es ist in einer mündlichen Prüfung sicher nicht immer notwendig, alle hier angegebenen Rechtsvorschriften anzugeben. Sie sollten aber – soweit Sie diese sicher beherrschen – die grundlegenden Rechtsvorschriften mit angeben, dies macht einfach einen professionelleren Eindruck; raten Sie aber nicht bei den Rechtsvorschriften, „ich glaube, das steht in § 3 Abs. 1b UStG" ist eine denkbar schlechte Aussage.

Frage: Würde sich an Ihrer Lösung etwas ändern, wenn der Unternehmer das Fahrzeug vor vier Jahren von privat erworben hätte?

Antwort: Ja, die Lösung wäre anders. Wenn der Unternehmer das Fahrzeug von einem Nichtunternehmer gekauft hätte, wäre er nicht zum Vorsteuerabzug berechtigt gewesen. Wenn kein Vorsteuerabzug beim Erwerb des Fahrzeugs möglich war, kann sich grundsätzlich auch keine steuerbare Entnahme ergeben, da § 3 Abs. 1b Satz 2 UStG für eine steuerbare Entnahme ausdrücklich den Vorsteuerabzug voraussetzt. Allerdings muss dann noch geprüft werden, ob der Unternehmer aus Bestandteilen, die in der Zeit der Zugehörigkeit des Fahrzeugs zum Unternehmen in das Fahrzeug eingegangen waren, zum Vorsteuerabzug berechtigt gewesen war. Soweit er aus solchen Teilen zum Vorsteuerabzug berechtigt gewesen war und diese Teile zum Zeitpunkt der Entnahme noch nicht vollständig verbraucht sind, würde sich eine steuerbare Entnahme für diese Teile (bzw. den Restwert) ergeben.

Tipp! Beachten Sie hier die Vereinfachungsregelungen der Finanzverwaltung in Abschn. 3.3 Abs. 2 ff. UStAE. Zumindest die Grundzüge dieser Vereinfachungsregelungen sollten in einer mündlichen Prüfung bekannt sein, damit bei eventuellen Nachfragen entsprechende Antworten gegeben werden können.

Frage: Welche Besonderheiten ergeben sich, wenn ein Unternehmer Gegenstände einkauft, die er unmittelbar für eine unentgeltliche Wertabgabe verwenden möchte? Verdeutlichen Sie dies bitte an einem von Ihnen gewählten Beispiel.

Antwort: Wenn ein Unternehmer einen Gegenstand bezieht, um ihn ausschließlich und unmittelbar für eine unentgeltliche Wertabgabe zu verwenden, ist der Unternehmer nach der derzeit vorliegenden nationalen Rechtsauffassung grundsätzlich nicht zum Vorsteuerabzug berechtigt. Während früher noch in bestimmten Fällen eine Zuordnung der Eingangsleistung zum Unternehmen möglich war, sich dann der Vorsteuerabzug ergab und der Unternehmer anschließend eine unentgeltliche Wertabgabe der Besteuerung unterwerfen musste, hatte der BFH (Urteil vom 09.12.2010, V R 17/10, BStBl 2012, 53) entschieden, dass der Unternehmer den Vorsteuerabzug nicht hat und dann auch keine Ausgangsleistung der Besteuerung unterwerfen muss. Die Finanzverwaltung (BMF, Schreiben vom 02.01.2012, BStBl I 2012, 60 und dazu ergänzend BMF, Schreiben vom 02.01.2014, BStBl I 2014, 119, vgl. auch Abschn. 15.15 UStAE) wendet diese Grundsätze seit dem 01.01.2013 an. Bei unentgeltlichen Wertabgaben kann dies z.B. Jubiläumszuwendungen betreffen („Präsent zum 25jährigen Dienstjubiläum"), die gegenüber dem Personal ausgeführt werden. Früher hatte der Unternehmer in diesen Fällen den Vorsteuerabzug aus den Eingangsleistungen und musste die Leistung gegenüber dem Personal der Umsatzbesteuerung unterwerfen. Jetzt ergibt sich keine Vorsteuerabzugsberechtigung, der Unternehmer muss aber auch keine Ausgangsleistung der Besteuerung unterwerfen. Ein weiterer typischer Fall ist die Veranstaltung von Preisausschreiben, bei denen der Unternehmer die ausgelobten Gegenstände extra für das Preisausschreiben erwirbt.

Tipp! Abschn. 15.2c und Abschn. 15.15 UStAE sollten unbedingt vor der mündlichen Steuerberaterprüfung gelesen werden. Es geht zurück auf die vom EuGH vertretene „3-Sphären-Theorie" (EuGH, Urteil vom 12.02.2009, C-515/07 – VNLTO, BFH/NV 2009, 682). Diese Grundaussagen sind aber nicht unumstritten, sodass sich aus der Rechtsprechung des EuGH zukünftig auch andere Lösungsansätze ergeben könnten.

Frage: Welche Probleme können sich nach Ihrer Auffassung bei Sachspenden durch einen Unternehmer an eine karitative Einrichtung ergeben?

Antwort: Sachspenden an karitative Einrichtungen stellen in der Praxis ein erhebliches Problem dar. Die Finanzverwaltung hat sich dazu in zwei Schreiben (jeweils BMF, Schreiben vom 18.03.2021, BStBl I 2021, 381 und 628) geäußert. Grundsätzlich hat die Finanzverwaltung festgestellt, dass die Sachspende von Gegenständen, die nicht ausdrücklich für die Sachspende erworben wurde, steuerbare unentgeltliche Leistungen nach § 3 Abs. 1b Satz 1 Nr. 3 UStG darstellen, die in aller Regel auch steuerpflichtig sind. Fraglich ist hier die Bemessungsgrundlage nach § 10 Abs. 4 Satz 1 Nr. 1 UStG (Wiederbeschaffungskosten, Selbstkosten). Zu prüfen ist, ob die Gegenstände bei Abgabe nur noch stark eingeschränkt oder gar nicht mehr verkehrsfähig sind. Davon ist bei Lebensmitteln auszugehen, wenn diese kurz vor Ablauf des Mindesthaltbarkeitsdatums abgegeben werden oder die Verkaufsfähigkeit als Frischware (Backwaren, Obst und Gemüse) wegen Mängeln nicht mehr gegeben ist. Dies gilt analog für Non-Food-Artikel. Ein Ansatz von 0 € soll aber nur bei wertloser Ware möglich sein (z.B. „Frischware, deren Verkaufsfähigkeit nicht mehr gegeben ist") – wann dies aber genau vorliegen wird, ist immer im Einzelfall zu ermitteln und wird auch nicht immer im Vorfeld einer Prüfung sicher sein. Damit ist Streit über die Höhe der Bemessungsgrundlage in Prüfungen vorprogrammiert. Der Ansatz sollte deshalb in der Praxis ausreichend dokumentiert werden.

Eine Sonderregelung hatte die Finanzverwaltung für Sachspenden aufgrund coronabedingter Absatzschwierigkeiten von Unternehmern aufgenommen. Bei Einzelhändlern, die aufgrund der Corona-Pandemie ihre Waren nicht oder nur schwer absetzen können, wurde es nicht beanstandet, wenn die Abgabe an karitative Einrichtungen bis 31.12.2021 nicht nach § 3 Abs. 1b Satz 1 Nr. 3 UStG besteuert wird, ebenso gab es aufgrund der Flutkatastrophe im Sommer/Herbst 2021 eine vergleichbare Billigkeitsregelung der Finanzverwaltung (BMF, Schreiben vom 23.07.2021, BStBl I 2021, 1024). Zur Unterstützung der vom Krieg in der Ukraine Geschädigten hatte die Finanzverwaltung ebenfalls Sonderregelungen festgelegt, nach der – entgegen den ansonsten anzuwendenden Regelungen – unentgeltliche Wertabgaben nicht einer Umsatzbesteuerung zu unterwerfen sind (BMF, Schreiben vom 17.03.2022, BStBl I 2022, 330).

Frage: Führen tatsächlich alle unentgeltlichen Lieferungen zu einer Besteuerung, oder können Sie sich auch Fälle vorstellen, bei denen es nicht zu einer solchen Wertabgabenbesteuerung kommt?

Antwort: Grundsätzlich müssen alle unentgeltlichen Wertabgaben über Gegenstände einer Besteuerung unterworfen werden. So bestimmt § 3 Abs. 1b Satz 1 Nr. 3 UStG ausdrücklich, dass auch alle anderen – also auch unternehmerisch veranlasste Lieferungen – zur Umsatzsteuer führen müssen. Allerdings hatte der EuGH (EuGH, Urteil vom 16.09.2020, C-528/19 – Mitteldeutsche Hartstein-Industrie AG, UR 2020, 840) in einem Fall, bei dem ein Unternehmer zur Erlangung einer Abbruchgenehmigung für einen Steinbruch für die Gemeinde unentgeltlich eine Straße errichten musste und diese dann der Gemeinde übereignet hatte, entschieden, dass trotz dieser unentgeltlich Wertabgabe der Unternehmer einen Vorsteuerabzug geltend machen kann und die Wertabgabe nicht der Umsatzsteuer unterworfen wird. Dies wurde damit begründet, dass die Aufwendungen im Zusammenhang mit der Errichtung der Straße Kostenelement für die Ausgangsleistungen aus dem Steinbruch sind. Der BFH (BFH, Urteil vom 16.12.2020, XI R 26/20, BFH/NV 2021, 896) hat in der Folge dieses Urteils festgestellt, dass eine Besteuerung einer Wertabgabe aus unternehmerischen Gründen deshalb nur dann in Frage kommen kann, wenn ansonsten ein unbesteuerter Endverbrauch vorliegen könnte. In diesem Zusammenhang werden sich in der Zukunft sicher noch weitere Erkenntnisse aus der Rechtsprechung ergeben.

Tipp! Auch zu der Frage der unentgeltlichen Abgabe von Wärme aus einer Biogasanlage waren und sind verschiedene Verfahren beim BFH anhängig. In einer ersten Entscheidung (BFH, Urteil vom 25.11.2021, V R 45/20, BFH/NV 2022, 696) hat der BFH eine Besteuerung dieser unentgeltlichen Abgabe bejaht. Der BFH hat aber den EuGH (BFH, Beschluss vom 22.11.2022, XI R 17/20, BFH/NV 2023, 686) zur Frage der Besteuerung der unentgeltlichen Abgabe von Wärme aus einer Biogasanlage an einen Spargelbauern zur Beheizung der Spargelfelder angerufen. Auch in diesem Fall sollten Sie die weitere Entwicklung bis zu Ihrer mündlichen Prüfung beachten.

Frage: Gehen Sie bitte jetzt von folgendem Sachverhalt aus: Ein Unternehmer aus Deutschland versendet an einen Abnehmer in der Schweiz einen Gegenstand auf Probe. Erst nach der Probephase entscheidet sich der Abnehmer, ob er den Gegenstand tatsächlich erwerben will. Wie beurteilen Sie den Sachverhalt, wenn der Abnehmer den Gegenstand tatsächlich erwirbt?

Antwort: Der Lieferer führt eine Lieferung nach § 3 Abs. 1 UStG als Unternehmer im Rahmen seines Unternehmens aus. Fraglich ist hier der Ort der Lieferung. Da der Gegenstand körperlich von Deutschland in die Schweiz transportiert wird, könnte eine Beförderungs- oder Versendungslieferung nach § 3 Abs. 6 UStG vorliegen, die dort ausgeführt wäre, wo die Beförderung beginnt. Der BFH (Urteil vom 06.12.2007, V R 24/05, BStBl II 2009, 490) hat aber zu dem Verkauf auf Probe festgestellt, dass die Verfügungsmacht an dem Gegenstand erst nach „der Probe" auf den Erwerber übergeht und damit eine unbewegte Lieferung i.S.d. § 3 Abs. 7 Satz 1 UStG vorliegt. Damit ist die Lieferung erst in der Schweiz ausgeführt und in Deutschland nicht steuerbar.

Frage: Sehen Sie darin eine Möglichkeit für den Unternehmer, nachhaltig in Deutschland Umsatzsteuer zu sparen?

Antwort: Nein, auch wenn es sich um eine Beförderungslieferung handeln würde, die in Deutschland ausgeführt und damit nach § 1 Abs. 1 Nr. 1 UStG in Deutschland steuerbar wäre, würde sich im Regelfall eine Steuerbefreiung nach § 4 Nr. 1 Buchst. a i.V.m. § 6 Abs. 1 Satz 1 Nr. 1 UStG ergeben, wenn der Unternehmer den Gegenstand in das Drittlandsgebiet befördert oder versendet. Lediglich die Anforderungen an die Nachweispflichten sind bei einem im Inland nicht steuerbaren Umsatz geringer, als bei einer steuerbefreiten Ausfuhrlieferung.

Frage: Stellen Sie bitte noch die Probleme dar, die sich für einen Unternehmer ergeben, wenn er Waren über ein sog. Konsignationslager liefert.

Antwort: Lassen Sie mich erst einmal das Konsignationslager definieren: Unter einem Konsignationslager versteht man eine Art Außenlager bzw. ein Auslieferungslager, das bei einem Dritten unterhalten wird. Transportiert z.B. ein Unternehmer aus einem anderen Mitgliedstaat einen Gegenstand nach Deutschland und lagert diesen Gegenstand in einem solchen Konsignationslager ein und wird der Gegenstand dann erst später an den Kunden herausgegeben (geliefert), stellt sich die Frage, ob der liefernde Unternehmer eine in Deutschland steuerbare und steuerpflichtige Lieferung ausführt (in diesem Fall würde sich vorher für ihn ein innergemeinschaftliches Verbringen ergeben) oder ob der liefernde Unternehmer die Lieferung in seinem Heimatstaat (als steuerbare aber steuerfreie innergemeinschaftliche Lieferung) ausführt und der deutsche Käufer – wenn er Unternehmer ist und den Gegenstand für Zwecke seines Unternehmens erwirbt – einen innergemeinschaftlichen Erwerb der Besteuerung unterwerfen muss. Seit dem 01.01.2020 sind dazu unionseinheitliche Regelungen in Kraft getreten, die in Deutschland in § 6b UStG umgesetzt worden sind. Dies ist mit umfangreichen Aufzeichnungsvorschriften in § 22 Abs. 4f und Abs. 4g UStG verbunden. Grundsätzlich gilt danach, dass das Verbringen in ein Konsignationslager in einen anderen Mitgliedstaat dann kein innergemeinschaftliches

Verbringen darstellt, wenn der Gegenstand zu einem bekannten und in den Aufzeichnungen festgehaltenen Unternehmer (mit gültiger USt-IdNr.) transportiert wird und dann innerhalb von zwölf Monaten abgenommen wird. In diesem Fall liegt in dem Moment der Lieferung für den liefernden Unternehmer eine in seinem Heimatstaat steuerbare und steuerfreie innergemeinschaftliche Lieferung und für den Käufer im Bestimmungsmitgliedstaat ein innergemeinschaftlicher Erwerb vor. Nur in den Fällen, in denen der Gegenstand nicht an den vorbestimmten Abnehmer binnen der zwölf Monate verkauft wird, muss in dem Zeitpunkt, in dem die Voraussetzungen entfallen, ein innergemeinschaftliches Verbringen zur eigenen Verwendung in beiden betroffenen Mitgliedstaaten angemeldet und besteuert werden.

> **Tipp!** Zu der ab dem 01.01.2020 geltenden Neuregelung hat die Finanzverwaltung umfassend in einem neuen Abschn. 6b.1 UStAE Stellung genommen. Beachten Sie auch die diversen Sonderregelungen (Austausch des Leistungsempfängers; Möglichkeit des nicht steuerbaren Rücktransports; Ausnahmeregelungen bei Untergang, Diebstahl o.ä. Verlust der Ware). Allerdings ist derzeit im Gespräch, diese Regelungen zu den Konsignationslagerfällen zum 01.01.2025 wieder aufzuheben und durch ein besonderes One-Stop-Shop-Verfahren zu ersetzen.

> **Frage:** Zum Abschluss dieser Prüfungsrunde noch folgender Fall: Ein Unternehmer aus der Schweiz bestellt beim Unternehmer B in Berlin Ware, die dieser nicht vorrätig hat. B bestellt diese Ware bei seinem Zulieferer A aus Aachen, der die Ware unmittelbar zu dem Kunden in die Schweiz transportiert. A hat sich verpflichtet, den Gegenstand in die Schweiz zu transportieren. Prüfen Sie bitte die umsatzsteuerrechtlichen Auswirkungen für A und B.

Antwort: In diesem Fall liegt ein Reihengeschäft nach § 3 Abs. 6a Satz 1 UStG vor, da mehrere Unternehmer über denselben Gegenstand Liefergeschäfte abschließen und der Gegenstand der Lieferung dabei unmittelbar von dem ersten Unternehmer in der Reihe zu dem letzten Unternehmer gelangt. Dabei liegt sowohl zwischen A und B als auch zwischen B und dem Kunden in der Schweiz jeweils eine Lieferung nach § 3 Abs. 1 UStG vor. Die Besonderheit des Reihengeschäfts besteht in der Bestimmung des Orts der Lieferung, da immer nur eine der Lieferungen eine Beförderungs- oder Versendungslieferung nach § 3 Abs. 6 UStG sein kann. Da sich hier der erste Unternehmer verpflichtet hatte, den Gegenstand zu befördern oder zu versenden, ist die Beförderung der ersten Lieferung zuzuordnen (seit dem 01.01.2020 gesetzlich geregelt in § 3 Abs. 6a Satz 2 UStG). Damit liefert A mit einem Ort der Lieferung in Aachen, da dort die Beförderung beginnt (§ 3 Abs. 6 Satz 1 UStG). Die steuerbare Lieferung ist aber als Ausfuhrlieferung nach § 4 Nr. 1 Buchst. a und § 6 Abs. 1 Satz 1 Nr. 1 UStG steuerfrei, da A den Gegenstand in die Schweiz befördert oder versendet.

> **Tipp!** Zum 01.01.2020 sind die Reihengeschäfte in Deutschland – zum Teil aufgrund unionsrechtlicher Vorgaben – neu geregelt worden. In § 3 Abs. 6a Satz 1 UStG ist die allgemeine Definition aufgenommen worden. Darüber hinaus wurden die bisher nur auf Verwaltungsebene festgelegten Vermutungen der Zuordnung der Beförderungs- oder Versendungslieferung zu einer der Lieferungen in § 3 Abs. 6a Satz 2 ff. UStG geregelt. Die Finanzverwaltung hat mittlerweile auch die Grundsätze in Abschn. 3.14 UStAE aufgenommen.

Die Lieferung des B an den Kunden in der Schweiz ist nach § 3 Abs. 7 Satz 2 Nr. 2 UStG eine ruhende Lieferung, die dort ausgeführt ist, wo sich der Gegenstand der Lieferung am Ende der Beförderung oder Versendung befindet. Die Lieferung ist damit aus deutscher Sicht in der Schweiz ausgeführt und in Deutschland nicht steuerbar.

> **Frage:** Zwei kleine Nachfragen noch: Ist die Steuerbefreiung an den B nicht noch von weiteren Voraussetzungen abhängig?

Antwort: Nein, wenn der liefernde Unternehmer den Gegenstand der Lieferung selbst in das Drittlandsgebiet befördert oder versendet, sind keine weiteren Tatbestandsvoraussetzungen nach § 6 Abs. 1 Satz 1 Nr. 1 UStG zu erfüllen. Insbesondere kommt es nicht darauf an, ob der Abnehmer ein Unternehmer oder kein Unternehmer ist und ob er ein ausländischer Abnehmer ist – die letzte Voraussetzung wäre nur zu erfüllen, wenn der Abnehmer den Gegenstand selbst in das Drittlandsgebiet befördern oder versenden würde. Selbstverständlich muss nachgewiesen werden, dass der Gegenstand tatsächlich „physisch" in die Schweiz gelangt ist.

> **Tipp!** Lassen Sie sich durch solche Nachfragen nicht verwirren. Die Frage, ob „es weitere Voraussetzungen gibt", muss nicht zwingend bedeuten, dass tatsächlich solche weiteren Voraussetzungen notwendig sind. Der Prüfer kann auch nur eine Konkretisierung der vorhergehenden Antwort provozieren.

> **Frage:** Wie erfolgt die Besteuerung der Lieferung des B?

Antwort: Die Lieferung des B ist in Deutschland nicht steuerbar, da der Ort der Lieferung sich nicht im Inland befindet. Dies bestimmt sich aber nur aus deutscher Sicht so, ob die Lieferung auch nach Schweizer Recht in der Schweiz ausgeführt ist, kann sich nur nach dem Mehrwertsteuergesetz der Schweiz bestimmen. Im Regelfall wird eine Umsatzsteuer aber bei drittlandsgrenzüberschreitenden Lieferungen im Bestimmungsland durch die Einfuhrumsatzsteuer erhoben.

Problembereich 3: Sonstige Leistungen im Umsatzsteuerrecht

> **Frage:** Grenzen Sie bitte die sonstige Leistung von der Lieferung ab.

Antwort: Eine sonstige Leistung ist nach § 3 Abs. 9 Satz 1 UStG dann gegeben, wenn eine Leistung ausgeführt wird, die keine Lieferung ist. Somit gibt es im Umsatzsteuerrecht keine positive Definition der sonstigen Leistung, sondern nur eine „Umkehrdefinition". Damit ist gewährleistet, dass alle Leistungen im wirtschaftlichen Sinn unter das Umsatzsteuergesetz fallen.

> **Frage:** Grenzen Sie bitte auch noch die Möglichkeiten ab, die sich bei der Ausführung unentgeltlicher sonstiger Leistungen ergeben.

Antwort: Unentgeltlich ausgeführte sonstige Leistungen sind in § 3 Abs. 9a UStG geregelt. Dabei ist zu unterscheiden, ob es sich um die Nutzung von Gegenständen (§ 3 Abs. 9a Nr. 1 UStG) oder um andere unentgeltlich ausgeführte sonstige Leistungen handelt (§ 3 Abs. 9a Nr. 2 UStG). Beide müssen für Zwecke, die außerhalb des Unternehmens liegen, oder für den privaten Bedarf des Personals ausgeführt werden. Unterschieden wird dies deshalb, weil die Steuerbarkeit der Verwendung von Gegenständen für unternehmensfremde Zwecke einen Vorsteuerabzug – ganz oder teilweise – voraussetzt. Bei den anderen unentgeltlich ausgeführten Leistungen – also z.B. bei Personaldienstleistungen – kommt es für die Besteuerung dieser sonstigen Leistungen nicht darauf an, dass vorher ein Vorsteuerabzug vorhanden gewesen sein muss.

Tipp! Auch hier könnte dies in der mündlichen Prüfung noch anhand praktischer Beispiele verdeutlicht werden (so könnte § 3 Abs. 9a Nr. 1 UStG am Beispiel der Privatnutzung eines Fahrzeugs dargestellt werden; § 3 Abs. 9a Nr. 2 UStG anhand von Reinigungsleistungen im Privathaushalt des Unternehmers, die von Mitarbeitern des Unternehmens ausgeführt werden). Dies sollte in der Prüfung aber von der jeweiligen Prüfungssituation abhängig gemacht werden. Bei Prüfern, die eher kurze Antworten bevorzugen, besteht die Gefahr, dass die Prüfungsrunde vorzeitig abgebrochen wird bzw. die Frage an einen anderen Kandidaten weitergegeben wird, bevor Sie selbst zum „Höhepunkt" ihrer Aussage gekommen sind.

Lesen Sie in der Vorbereitung auch die ausführlichen Regelungen zur Privatnutzung von Fahrzeugen in Abschn. 15.23 UStAE. In Abschn. 15.24 UStAE hat die Finanzverwaltung zur Überlassung/Nutzung von Elektrofahrzeugen und Fahrrädern Stellung genommen. Ertragsteuerrechtliche Besonderheiten sind nicht im Bereich der Umsatzsteuer zu übernehmen.

Frage: Welche Folgen ergeben sich für einen Unternehmer für Betriebsveranstaltungen, die er gegenüber seinem Personal ausführt? Welche grundsätzlichen Überlegungen müssen in diesem Zusammenhang angestellt werden?

Antwort: Bei den Betriebsveranstaltungen muss grundsätzlich unterschieden werden, ob diese im überwiegenden privaten Interesse des Personals oder im überwiegenden unternehmerischen Interesse ausgeführt werden. Handelt es sich um eine Betriebsveranstaltung, die im überwiegenden unternehmerischen Interesse des Arbeitgebers (Unternehmers) ausgeführt wird, hat der Unternehmer aus allen damit im Zusammenhang stehenden Eingangsleistungen den Vorsteuerabzug, soweit er nicht vorsteuerabzugsschädliche Ausgangsleistungen in seinem Unternehmen ausführt. Eine Ausgangsleistung gegenüber seinem Personal hat der Unternehmer nicht zu besteuern. Wenn eine Betriebsveranstaltung im überwiegenden Interesse des Personals ausgeführt wird, ist der Unternehmer für die damit im Zusammenhang stehenden Eingangsleistungen nicht zum Vorsteuerabzug berechtigt, muss aber auch keine Ausgangsleistung gegenüber seinem Personal der Besteuerung unterwerfen. Im Ergebnis kann dies für den Unternehmer sogar vorteilhaft sein, wenn die Eingangsleistung steuerfrei (z.B. Museumsbesuch) oder ermäßigt besteuert (z.B. Hotelübernachtung) ist, der Unternehmer die Leistung seinem Personal gegenüber aber mit dem Regelsteuersatz besteuern müsste. Interessant ist die Frage, wie die Abgrenzung zwischen der im überwiegenden unternehmerischen Interesse und der im überwiegenden privaten Interesse für das Personal ausgeführten Betriebsveranstaltung erfolgt. Hier wird die auch im Ertragsteuerrecht bekannte 110 €-Regelung angewendet. Übersteigen die Aufwendungen pro Arbeitnehmer diese Grenze, wird von einer für den privaten Bedarf des Personals ausgeführten Betriebsveranstaltung ausgegangen. Allerdings wird – anders als im Ertragsteuerrecht – der Betrag von 110 € in der Umsatzsteuer als Freigrenze angesehen, sodass alle Aufwendungen vom Vorsteuerabzug ausgeschlossen sind, wenn diese Grenze überschritten wird.

Tipp! Bei den Betriebsveranstaltungen ist zu beachten, dass die ertragsteuerrechtliche Änderung zum 01.01.2015 (Aufnahme als Freibetragsregelung in § 19 Abs. 1 Nr. 1a EStG) keine Auswirkungen für die Umsatzsteuer gebracht hatte. Obwohl die 110 €-Grenze ertragsteuerrechtlich als Freibetrag ausgestaltet ist, hat die Finanzverwaltung in einem Schreiben vom 14.10.2015 (BStBl I 2015, 832) dazu festgestellt, dass sich umsatzsteuerrechtlich aus der ertragsteuerrechtlichen Regelung keine Änderung ergeben soll, es wird somit für die Umsatzsteuer an einer Freigrenzenregelung festgehalten.

Frage: Welche Konsequenzen ergeben sich für einen Unternehmer, der für ein unternehmerisch ausgeführtes Preisausschreiben Eintrittskarten für ein Fußballspiel der in seiner Stadt ansässigen Fußballmannschaft erwirbt und diese Eintrittskarten im Rahmen des Preisausschreibens auslobt?

Antwort: Grundsätzlich gilt seit einigen Jahren nach der nationalen Rechtsprechung, dass Leistungen, die der Unternehmer zwar für unternehmerische Zwecke, aber unmittelbar und ausschließlich für eine der Besteuerung unterliegende unentgeltliche Wertabgabe verwenden möchte, keinen Vorsteuerabzug mehr vornehmen darf und dann auch keine Ausgangsleistung mehr besteuern muss. So ist beim Erwerb von Gegenständen, die für ein Preisausschreiben erworben werden der Vorsteuerabzug nicht möglich. Anders ist es aber bei dem Bezug von sonstigen Leistungen. Bei den Eintrittsberechtigungen für ein Fußballspiel handelt es sich um sonstige Leistungen, die der Unternehmer für das Preisausschreiben – einem unternehmerischen Zweck – erworben hat. Da die unternehmerische unentgeltliche Wertabgabe aber nicht zu einem besteuerten Umsatz nach § 3 Abs. 9a UStG führt – hier sind nur unternehmensfremde Motive aufgeführt – ist auch der Vorsteuerabzug nach § 15 Abs. 1 UStG nicht ausgeschlossen. Im Ergebnis ist festzustellen, dass der Unternehmer – soweit er im Rahmen seiner unternehmerischen Tätigkeit grundsätzlich zum Vorsteuerabzug berechtigt ist – die Vorsteuer aus dem Kauf der Eintrittsberechtigungen geltend machen kann, mangels Anspruchsgrundlage aber keine Ausgangsleistung besteuern muss.

Tipp! Lesen Sie dazu Abschn. 15.15 UStAE.

Frage: Kommen wir aber jetzt zu einem Gestaltungsfall: Sie haben einen Mandanten, der an der Ostseeküste ein Ferienhaus besitzt, das er an ständig wechselnde Feriengäste vermieten möchte. Stellen Sie bitte aus umsatzsteuerrechtlicher Sicht dar, wie eine solche Vermietung abgewickelt werden könnte, wenn er sich dabei eines eingeschalteten Unternehmers bedienen würde. Welche umsatzsteuerlichen Probleme können sich dabei für den eingeschalteten Unternehmer ergeben?

Antwort: Die Vermietung ist grundsätzlich eine steuerbare sonstige Leistung, die als kurzfristige Vermietung zu Beherbergungszwecken auch nicht steuerbefreit ist (Ausschluss der Steuerbefreiung nach § 4 Nr. 12 Satz 2 UStG) und nach § 12 Abs. 2 Nr. 11 UStG dem ermäßigten Steuersatz unterliegt. Wenn der Mandant einen anderen Unternehmer in die Ausführung der Vermietungsumsätze einbindet, muss geprüft werden, ob der eingeschaltete Unternehmer in eigenem Namen, aber für Rechnung des Auftraggebers tätig ist, oder ob der eingeschaltete Unternehmer in fremden Namen und für fremde Rechnung tätig wird. Im ersten Fall liegt eine sog. Leistungskommission nach § 3 Abs. 11 UStG vor, bei der im Rahmen einer Leistungskette die steuerbare und steuerpflichtige Vermietung von dem Eigentümer an den eingeschalteten Unternehmer und von diesem – ebenfalls steuerbar und steuerpflichtig – an den Feriengast ausgeführt wird. Allerdings hatte sich hier vor einigen Jahren eine Änderung in der umsatzsteuerlichen Würdigung durch die Finanzverwaltung ergeben. Da der eingeschaltete Unternehmer eine Leistung gegenüber einem Nichtunternehmer ausführen wird, sieht die Finanzverwaltung diese Leistung als eine Reiseleistung nach § 25 UStG an, da der eingeschaltete Unternehmer eine Reisevorleistung in Anspruch nimmt, die unmittelbar dem Reisenden zugutekommt, dies ist auch vom EuGH (EuGH, Urteil vom 19.12.2018, C-552/17 – Alpenchalets Resorts, MwStR 2019, 154 sowie nachfolgend BFH, Urteil vom 27.03.2019, V R 60/16, BStBl I 2021, 497) so bestätigt worden. Daraus ergibt sich, dass die Leistung des eingeschalteten Unternehmers nach § 3a Abs. 1 UStG dort ausgeführt ist, wo er sein Unternehmen betreibt und dass sich die Umsatzsteuer mit dem Regelsteuersatz (derzeit 19 %) aus der Differenz (Marge) zwischen dem erhaltenen Entgelt und dem an den Eigentümer weitergeleiteten Betrag ergibt. Ein Vorsteuerabzug für die erhaltene Reisevorleistung ist für den eingeschalteten Unternehmer nicht möglich. Tritt der eingeschaltete Unternehmer aber in fremdem Namen und für fremde Rechnung auf, erfolgt die steuerbare und steuerpflichtige Vermietung direkt von dem Eigentümer an den Feriengast. Der eingeschaltete Unternehmer führt dann nur eine Vermittlungsleistung aus, die ebenfalls steuerbar und steuerpflichtig ist und nicht dem ermäßigten Steuersatz unterliegt. Je nach Vertragsgestaltung kann diese Vermittlungsleistung an den Feriengast oder den Eigentümer des Ferienhauses erbracht werden.

> **Tipp!** Die Finanzverwaltung (Abschn. 3a.7 Abs. 1 UStAE) sieht die Vermittlung der kurzfristigen Vermietung von Zimmern in Hotels, Pensionen oder Ferienwohnungen nicht als Leistung i.Z.m. Grundstücken an. Der Ort bestimmt sich vielmehr nach den allgemeinen Regelungen zur Bestimmung des Orts einer sonstigen Leistung, sodass im Regelfall der Vermittlung gegenüber dem Vermieter eine Leistung unabhängig des Grundstücksort nach § 3a Abs. 2 UStG an dessen Sitz als ausgeführt gilt. Eine interessante Frage im Zusammenhang mit den Leistungskommissionen ist die Fiktion nach § 3 Abs. 11a UStG bei der Ausführung von Telekommunikationsdienstleistungen. Der EuGH (Urteil vom 28.02.2023, C-695/20 – Fenix International Ltd.) hat in diesem Zusammenhang die unionsrechtliche Regelung bestätigt und damit die Leistung eines Influencers gegenüber einem Plattformbetreiber über die Leistungskommission gelöst.

> **Frage:** Ergibt sich an Ihrer Lösung bei der Leistungskommission eine Änderung, wenn der Eigentümer des Ferienhauses Kleinunternehmer ist?

Antwort: Ja, eine Änderung ergibt sich in der Rechtsbeziehung zwischen dem Eigentümer und dem eingeschalteten Unternehmer. Da der Ferienhausbesitzer jetzt Kleinunternehmer nach § 19 UStG ist, wird die Umsatzsteuer für seinen Umsatz nicht erhoben. Die Vermietung des eingeschalteten Unternehmers an den Feriengast bleibt davon aber unberührt. Die Eigenschaft „Kleinunternehmer" kann nicht im Rahmen einer Leistungskommission in der Leistungskette weitergegeben werden.

> **Tipp!** Bitte achten Sie darauf, dass bei einem Kleinunternehmer die Umsatzsteuer nicht erhoben wird. Aussagen wie „der Umsatz ist nicht steuerbar" oder „der Umsatz ist steuerfrei" zeugen von erheblichen systematischen Defiziten. Kleinunternehmereigenschaft liegt nach § 19 UStG vor, wenn der Gesamtumsatz des Unternehmers im vorangegangenen Jahr nicht mehr als 22.000 € betragen hat und voraussichtlich im laufenden Kalenderjahr nicht mehr als 50.000 € betragen wird – diese Umsatzgrenzen sollten in der mündlichen Prüfung auch ohne Nachblättern im Gesetz gewusst werden.

> **Frage:** Nach welchen Grundregelungen bestimmt sich der Ort einer sonstigen Leistung?

Antwort: In § 3a Abs. 1 UStG ist einer der beiden allgemeinen Grundsätze für die Bestimmung des Orts einer sonstigen Leistung geregelt. Wird die sonstige Leistung an einen Nichtunternehmer oder an einen Unternehmer für dessen nichtunternehmerischen Bereich ausgeführt, ist der Ort der sonstigen Leistung dort, wo der leistende Unternehmer sein Unternehmen betreibt. Lediglich dann, wenn die Leistung von einer Betriebsstätte des leistenden Unternehmers ausgeführt wird, ist der Ort der Betriebsstätte maßgeblich. Der zweite Grundsatz ist in § 3a Abs. 2 UStG geregelt: Wird die sonstige Leistung an einen Unternehmer für dessen Unternehmen ausgeführt, ist der Ort der sonstigen Leistung dort, wo der Leistungsempfänger sein Unternehmen betreibt oder eine die Leistung empfangende Betriebsstätte unterhält. Darüber hinaus ergeben sich aber nach § 3a Abs. 3 ff., § 3b und § 3e UStG Sonderfälle, bei denen der Ort der sonstigen Leistung nach anderen Grundsätzen bestimmt wird.

Tipp! Die „B2B"-Grundregelung des § 3a Abs. 2 UStG gilt nicht nur dann, wenn die Leistung an einen Unternehmer für dessen Unternehmen ausgeführt wird, sondern auch bei Leistungen an eine juristische Person, die entweder insgesamt nicht unternehmerisch tätig ist, der aber eine USt-IdNr. erteilt worden ist oder die einen unternehmerischen und einen nichtunternehmerischen Bereich unterhält (z.B. juristische Person des öffentlichen Rechts, die eine unternehmerische Betätigung unterhält und auch hoheitlich tätig ist). Im zweiten Fall ist es nicht erforderlich, dass der juristischen Person eine USt-IdNr. erteilt worden ist.

Beachten Sie auch die Rechtsfolgen für Leistungen, die von einer Betriebsstätte aus erbracht werden (bei § 3a Abs. 1 UStG) bzw. die an eine Betriebsstätte erbracht werden (bei § 3a Abs. 2 UStG). Dabei ist zu beachten, dass eine „Betriebsstätte" nicht national (in Deutschland nach der AO) zu definieren ist, sondern nach einheitlichen unionsrechtlichen Grundsätzen. Dabei ist das Urteil des EuGH (Urteil vom 03.06.2021, C-931/19 – Titanium, BFH/NV 2021, 1054) zu beachten, in dem der EuGH klar festgestellt hat, dass für eine „feste Einrichtung" sowohl ausreichende Sachmittel als auch eigenes Personal notwendig sind. Ein vermietetes Grundstück stellt damit keine „feste Einrichtung" i.S.d. Unionsrechts dar. Darüber hinaus hat der EuGH (EuGH, Urteil vom 07.04.2022, C-333/20 – Berlin-Chemie A. Menarini SRL, BFH/NV 2022, 701) festgestellt, dass zwar grundsätzlich auch über eine im Ausland unterhaltene (selbstständige) Tochtergesellschaft diese Voraussetzungen hergestellt werden können, dann aber z.B. die Muttergesellschaft über das Personal der Tochtergesellschaft wie über eigenes Personal verfügen muss – dies ist dann immer im Einzelfall zu prüfen.

Frage: Wie muss der Unternehmer nachweisen, dass er eine Leistung an einen Unternehmer und für dessen Unternehmen ausführt?

Antwort: Grundsätzlich muss unterschieden werden, wo der Leistungsempfänger ansässig ist. Wenn ein deutscher Unternehmer eine unter § 3a Abs. 2 UStG fallende Leistung gegenüber einem deutschen Unternehmer ausführt, ergeben sich keine besonderen Nachweispflichten. Bei grenzüberschreitend in der Europäischen Union ausgeführten Leistungen wird der Nachweis regelmäßig über die USt-IdNr. des Leistungsempfängers geführt. Ein Vertrauensschutz, dass der Leistungsempfänger ein Unternehmer ist und auch als Unternehmer handelt, sieht die Finanzverwaltung dabei nur dann vor, wenn die USt-IdNr. des Leistungsempfängers vom Bundeszentralamt für Steuern (BZSt) qualifiziert bestätigt worden ist. Außerdem muss beachtet werden, dass nach der Auffassung der Finanzverwaltung in den Fällen, in denen die ausgeführte Leistung typischerweise für nichtunternehmerische (private) Zwecke verwendet wird, allein die USt-IdNr. des Leistungsempfängers nicht ausreichend ist. In diesen Fällen soll durch weitere Nachweise (z.B. eine schriftliche Bestätigung des Leistungsempfängers) nachgewiesen werden, dass die Leistung für das Unternehmen des Leistungsempfängers bezogen wird, Abschn. 3a.2 Abs. 11a UStAE. Bei Leistungen gegenüber einem im Drittlandsgebiet ansässigen Unternehmer muss der Nachweis durch andere Unterlagen geführt werden. Dies kann z.B. eine Bescheinigung einer ausländischen Steuerbehörde sein. Allerdings kommt dem Nachweis nur dann eine besondere Bedeutung zu, wenn die Leistung, soweit sie an einen Nichtunternehmer ausgeführt wird, nicht auch im Ausland ausgeführt wird. Insbesondere bei den sog. Katalogleistungen (Leistungen, die abschließend in § 3a Abs. 4 UStG aufgeführt sind) ergibt sich auch bei Leistungen gegenüber einem Nichtunternehmer mit Sitz oder Wohnsitz im Drittlandsgebiet ein Ort am Sitz oder Wohnsitz des Leistungsempfängers, sodass dann keine besonderen Nachweise zu führen sind. So ist es z.B. bei der Ausführung einer Rechtsberatungsleistung gegenüber einem Drittlandskunden unerheblich, ob der Ort der sonstigen Leistung nach § 3a Abs. 2 UStG am Sitzort des Leistungsempfängers ist (wenn er als Unternehmer für sein Unternehmen handelt) oder ob der Leistungsort nach § 3a Abs. 4 Satz 2 Nr. 3 i.V.m. Satz 1 UStG am Wohnsitz des Leistungsempfängers ist (wenn er die Leistung für nichtunternehmerische Zwecke bezieht).

Frage: Welche Vorschriften sind Ihnen bekannt, die den Ort einer sonstigen Leistung regeln, die im Zusammenhang mit Messen und Ausstellungen ausgeführt wird?

Antwort: Wird eine Leistung im Zusammenhang mit künstlerischen, kulturellen, wissenschaftlichen Leistungen, wie auch Leistungen im Zusammenhang mit Messen und Ausstellungen an einen Nichtunternehmer ausgeführt, ist der Ort der sonstigen Leistung am Veranstaltungsort, § 3a Abs. 3 Nr. 3 Buchst. a UStG. Bei Ausführung einer Leistung an einen Unternehmer für dessen Unternehmen, ist der Ort der sonstigen Leistung grundsätzlich dort, wo der Leistungsempfänger sein Unternehmen betreibt oder eine die Leistung empfangende Betriebsstätte unterhält, § 3a Abs. 2 UStG. Ein besonderes Problem ergibt sich durch die Regelungen insbesondere bei der Feststellung des Orts der sonstigen Leistung im Zusammenhang mit Messen und Ausstellungen. Wenn es sich nur um die Überlassung eines Messestandplatzes handelt, ist dies eine Leistung i.Z.m. einem Grundstück und dort ausgeführt, wo das Grundstück liegt – dies ist dann immer der jeweilige Messeort. Handelt es sich hingegen um eine sog. komplexe Veranstaltungsleistung, die aus einem Leistungsbündel besteht, ist der Ort der Leistung nach der B2B-Grundregelung des § 3a Abs. 2 UStG zu bestimmen. Damit ist der Ort der sonstigen Leistung dann dort, wo der Leistungsempfänger sein Unternehmen betreibt. Da gerade an Messen und Ausstellungen häufig auch ausländische Unternehmer teilnehmen, kann sich somit für einen deutschen Messedienstleister der Ort der Leistung in das Ausland verlagern. Wird aber eine Veranstaltungsleistung an einen Unternehmer für dessen Unternehmen mit Sitz in Deutschland ausschließlich im Drittlandsgebiet ausgeführt, wird die Leistung abweichend von § 3a Abs. 2 UStG als im Drittlandsgebiet ausgeführt angesehen, § 3a Abs. 8 Satz 1 UStG. Außerdem hat der EuGH (Urteil vom 27.10.2011, C-530/09 – Inter Mark Group, BStBl II 2012, 160) festgestellt, dass Leistungen, die der Planung, Gestaltung, Auf- oder Abbau eines Messestands dienen und die an einen Unternehmer für dessen Unternehmen ausgeführt werden, B2B-Grundleistungen darstellen, deren Ort dort ist, wo der Leistungsempfänger sein Unternehmen betreibt. Werden solche Leistungen an einen Nichtunternehmer ausgeführt, bestimmt sich der Ort der sonstigen Leistung nach dem wirtschaftlichen Gehalt der ausgeführten Leistung.

Tipp! Beachten Sie in der Prüfung insbesondere die Vereinfachungsregelung des BMF in Abschn. 3a.4 Abs. 2 UStAE. Danach ist von einer komplexen Veranstaltungsleistung auszugehen, wenn der leistende Unternehmer neben der Standplatzüberlassung noch mindestens drei der in der Verwaltungsvorschrift aufgenommenen typischen Messedienstleistungen ausgeführt hat.
Besonders zu beachten ist auch, dass die Finanzverwaltung (BMF, Schreiben vom 09.06.2021, III C 2 – S 7110/19/10001 :002) einen neuen Abschnitt 3a.7a UStAE eingeführt hat, in dem die Regelungen zur Gewährung von Eintrittsberechtigungen gegenüber Unternehmern für kulturelle, künstlerische o.ä. Zwecke zusammengefasst werden. Anlass für diese Anpassung war ein EuGH-Urteil (EuGH, Urteil vom 13.03.2019, C-647/17 – Srf konsulterna AB, UR 2019, 344), nachdem die Vorschrift des § 3a Abs. 3 Nr. 5 UStG nicht voraussetzt, dass die Veranstaltungen allgemein der Öffentlichkeit offenstehen. In dem Abschn. 3a.7a UStAE stellt die Finanzverwaltung klar, dass für „Eintrittsberechtigungen" notwendig ist, dass der Leistungsempfänger physisch anwesend sein muss, sodass für Online-Veranstaltungen dies nicht angewendet werden kann.

Frage: Wie erfolgt die Besteuerung von elektronischen Dienstleistungen innerhalb der Europäischen Union?

Antwort: Bei elektronischen Dienstleistungen hatten sich zum 01.01.2015 erhebliche Veränderungen ergeben, die zum 01.01.2019 modifiziert wurden und die mittelbar durch das Digitalpaket der Europäischen Union zum 01.07.2021 eine inhaltliche Veränderung erfahren haben. Elektronische Dienstleistungen (also z.B. der Download von Dateien etc.) gegenüber einem Unternehmer sind immer dort ausgeführt, wo der Leistungsempfänger sein Unternehmen betreibt, § 3a Abs. 2 UStG. Auch bei Leistungen an Nichtunternehmer gilt und galt grundsätzlich das „Bestimmungslandprinzip"; der Ort der Leistung ist dort, wo der Leistungsempfänger ansässig ist, § 3a Abs. 5 UStG. Der leistende Unternehmer führt Leistungen am jeweiligen Wohnsitz des nichtunternehmerischen Leistungsempfängers aus und muss – zumindest in den Fällen, in denen der Leistungsempfänger in der Europäischen Union ansässig ist – mit der Umsatzsteuer des jeweiligen Ziellands kalkulieren, § 3a Abs. 5 UStG. Allerdings wurde zum 01.01.2015 für diese Leistungen – wie auch für die Rundfunk- und Fernsehdienstleistungen und die Telekommunikationsdienstleistungen – die Möglichkeit der Erfassung dieser Leistungen über eine „Kleine Einzige Anlaufstelle" (KEA) eingeführt, die zum 01.07.2021 in die One-Stop-Shop-Regelung des § 18j UStG übergegangen ist. Der deutsche Unternehmer kann diese in den anderen Mitgliedstaaten ausgeführten Leistungen zentral in Rahmen einer besonderen Steuererklärung quartalsweise über das Bundeszentralamt für Steuern anmelden und über das Bundeszentralamt für Steuern auch die Zahlung dieser Steuern ausführen. Seit dem 01.07.2021 können über dieses besondere Besteuerungsverfahren nicht nur die in § 3a Abs. 5 UStG aufgeführten sonstigen Leistungen erfasst werden, sondern insbesondere auch die innergemeinschaftlichen Fernverkäufe nach § 3c Abs. 1 UStG. Mit Wirkung zum 01.01.2019 war bei den sonstigen Leistungen nach § 3a Abs. 5 UStG – insbesondere also bei den hier vorliegenden auf elektronischem Weg erbrachten sonstigen Leistungen – eine Bagatellregelung aufgenommen worden. Danach verlagert sich der Ort der elektronischen Dienstleistung bei Leistungen an Nichtunternehmer in einem anderen Mitgliedstaat nicht in den Bestimmungsstaat, wenn der leistende Unternehmer (in der Summe) an alle nichtunternehmerischen Leistungsempfänger in anderen Mitgliedstaaten im vorangegangenen Kalenderjahr und im laufenden Kalenderjahr Leistungen für nicht mehr als 10.000 € ausgeführt hat. Unterschreitet der leistende Unternehmer diese Bagatellgrenze, verbleibt das Besteuerungsrecht in dem Ansässigkeitsstaat des leistenden Unternehmers (Ergänzung in § 3a Abs. 5 UStG). Allerdings kann der leistende Unternehmer auf die Anwendung dieser Vereinfachungsregelung verzichten, dies bindet ihn dann mindestens zwei Jahre. Zum 01.07.2021 sind in die Berechnung der Bagatellregelung (sog. „Umsatzschwelle") auch die innergemeinschaftlichen Fernverkäufe nach § 3c Abs. 1 UStG mit einbezogen worden.

> **Tipp!** Die Veranlagung des Unternehmers in den Fällen der Besteuerung in einem anderen Mitgliedstaat über die „Kleine einzige Anlaufstelle" wurde bis 30.06.2021 als „Mini-One-Stop-Shop-Regelung" (MOSS) bezeichnet, zum 01.07.2021 ist diese Regelung in dem erweiterten „One-Stop-Shop (EU)" nach § 18j UStG überführt worden. Danach sind quartalsweise elektronische Steuererklärungen bis zum Ablauf eines Monats nach Ablauf eines Quartals beim BZSt abzugeben. Bis zu diesem Stichtag hat auch die Zahlung der Steuer zu erfolgen.

> **Frage:** Nach welchen Regelungen bestimmt sich der Ort von Beförderungsleistungen?

Antwort: Bei der Ausführung von Beförderungsleistungen muss unterschieden werden, welche Art von Beförderungsleistung ausgeführt wird und wem gegenüber diese Beförderungsleistung erbracht wird.

Wird eine Personenbeförderung ausgeführt, ist diese Leistung immer dort erbracht, wo tatsächlich gefahren wird (§ 3b Abs. 1 UStG); damit ist jeder im Inland gefahrene Kilometer steuerbar und jeder nicht im Inland gefahrene Kilometer nicht steuerbar. Bei einer Beförderung von Gegenständen ist zu unterscheiden, ob die Leistung an einen anderen Unternehmer für dessen Unternehmen ausgeführt wird oder nicht. Wird die Leistung an einen Unternehmer ausgeführt, ist der Ort der Leistung immer dort, wo der Leistungsempfänger sein Unternehmen betreibt oder eine die Leistung empfangende Betriebsstätte unterhält (§ 3a Abs. 2 UStG). Die Leistung ist damit nicht zwingend an die Beförderungsstrecke gebunden. Nur bei einer Beförderung von Gegenständen gegenüber einem Nichtunternehmer wird der Ort der Leistung nach den Regelungen des § 3b UStG bestimmt. Danach ist der Ort der Beförderungsleistung im Regelfall dort, wo die Beförderung bewirkt wird, nur bei einer innergemeinschaftlichen Beförderung eines Gegenstands gegenüber einem Nichtunternehmer ist der Ort immer dort, wo die Beförderung beginnt, § 3b Abs. 3 UStG.

> **Tipp!** Wenn Sie hier noch Zeit haben und der Prüfer nicht ungeduldig wirkt, können Sie dies auch noch mit dem einen oder anderen kleinen Beispiel illustrieren.

> **Frage:** Sehen Sie bei der Bestimmung des Orts der Güterbeförderung gegenüber einem Unternehmer besondere Probleme in der Praxis und wie ergibt sich hier eine Lösung?

Antwort: Bei der Beförderung von Gegenständen gegenüber einem Unternehmer ist nach § 3a Abs. 2 UStG der Ort der Leistung dort, wo der Leistungsempfänger sein Unternehmen oder die die Leistung empfangende Betriebsstätte unterhält. Da mit dieser Regelung eine Abkoppelung von der tatsächlichen Beförderungsstrecke erfolgt, könnte sich insbesondere in Fällen, in denen Drittlandsgebiet berührt wird, die Gefahr einer Doppelbesteuerung oder einer Nichtbesteuerung ergeben. Beauftragt zum Beispiel ein deutscher Unternehmer einen Frachtführer aus der Schweiz, einen Gegenstand innerhalb der Schweiz zu transportieren, wäre der Ort der Leistung nach § 3a Abs. 2 UStG in Deutschland – dabei ist noch zu beachten, dass der Auftraggeber zum Steuerschuldner nach § 13b UStG würde, da die Leistung in Deutschland steuerbar und steuerpflichtig von einem ausländischen Unternehmer ausgeführt wäre. Allerdings wird die Schweiz nicht auf sein Besteuerungsrecht für diesen Umsatz verzichten, da es sich aus Schweizer Sicht um einen rein inländischen Umsatz handelt, damit würde für die Leistung zweimal Umsatzsteuer entstehen. Um in solchen Fällen eine Doppelbesteuerung zu vermeiden, wird über § 3a Abs. 8 Satz 1 UStG eine Beförderungsleistung, die ausschließlich im Drittlandsgebiet ausgeführt wurde, abweichend von § 3a Abs. 2 UStG als im Drittlandsgebiet ausgeführt behandelt, also genauso, wie es sich auch bei den schon besprochenen Veranstaltungsleistungen bei Messen und Ausstellungen ergibt. § 3a Abs. 8 UStG gilt aber nur bei Beförderungsleistungen, die ausschließlich im Drittlandsgebiet ausgeführt werden, bei einer drittlandsgrenzüberschreitenden Güterbeförderung bestimmt sich der Ort der Leistung nach § 3a Abs. 2 UStG. Allerdings ist in diesen Fällen – wenn der Ort der sonstigen Leistung im Inland ist – die Beförderungsleistung nach § 4 Nr. 3 Buchst. a UStG steuerfrei; dies gilt ab dem 01.01.2022 aber in den Exportfällen nur noch dann, wenn die Beförderung durch einen sog. Hauptfrachtführer ausgeführt wird, Unterfrachtführer sind – zumindest dann, wenn es sich um einen Transport aus dem Gemeinschaftsgebiet in das Drittlandsgebiet handelt – von der Steuerbefreiung ausgeschlossen.

> **Tipp!** § 3a Abs. 8 UStG gilt nicht nur für Güterbeförderungsleistungen und mit Güterbeförderungsleistungen verbundene Umsätze, sondern neben den Veranstaltungsleistungen bei Messen und Ausstellungen z.B. auch für Arbeiten an beweglichen körperlichen Gegenständen gegenüber einem Unternehmer für dessen Unternehmen, wenn diese Leistungen ausschließlich im Drittlandsgebiet genutzt oder ausgewertet werden.

> **Frage:** Kommen wir noch zu einer abschließenden Frage: Ein Mandant von Ihnen betreibt einen Hotelservice, und besorgt für Hotelgäste in Dresden in eigenem Namen Eintrittskarten für die Semper-Oper. Welche umsatzsteuerrechtlichen Konsequenzen ergeben sich daraus für den Unternehmer, der den Hotelservice betreibt?

Antwort: Hier muss geprüft werden, welche Leistung zum einen die Semper-Oper, zum anderen der Hotelservice betreibt. Beide sind zweifelsfrei Unternehmer und führen im Rahmen ihres Unternehmens sonstige Leistungen aus. Die Leistung der Semper-Oper ist eine kulturelle (künstlerische) Leistung, die –

da Eintrittsberechtigungen abgegeben werden – auch im B2B-Fall am Aufführungsort ausgeführt ist, § 3a Abs. 3 Nr. 5 UStG. Die Leistung ist steuerbar, wird aber als kulturelle (künstlerische) Leistung steuerfrei nach § 4 Nr. 20 Buchst. a UStG sein. Fraglich war, wie die Leistung des Hotelservice einzuordnen ist. Der BFH (Urteil vom 25.04.2018, XI R 16/16, BStBl II 2021, 457) hatte in einem solchen Fall entschieden, dass in dem Fall, in dem der einen Hotelservice anbietende Unternehmer im eigenen Namen, jedoch für Rechnung des ihn jeweils beauftragenden Hotelgastes Eintrittskarten besorgt, die zum Besuch einer Oper berechtigen, eine Besorgungsleistung i.S.d. § 3 Abs. 11 UStG vorliegt, die steuerfrei ist, wenn die Umsätze der Oper der Steuerbefreiungsvorschrift des § 4 Nr. 20 Buchst. a Satz 1 UStG unterliegen. Insoweit führt auch der Hotelservice gegenüber dem Hotelgast eine steuerbare, aber steuerfreie sonstige Leistung aus.

> **Tipp!** Bei einer Dienstleistungskommission tritt der eingeschaltete Unternehmer dem Dritten gegenüber in eigenem Namen aber für fremde Rechnung auf. In diesem Fall gilt die Leistung als an den eingeschalteten Unternehmer ausgeführt und von diesem gegenüber dem Dritten als ausgeführt. Die Finanzverwaltung hat das Urteil des BFH 2021 in Abschn. 3.15 Abs. 3 UStAE mit aufgenommen.

Problembereich 4: Umsatzsteuer im Drittlandsverkehr

> **Frage:** Gehen Sie bitte von folgendem Grundfall aus: Ein Unternehmer aus Deutschland verkauft einen Gegenstand an einen Kunden aus der Schweiz. Welche grundsätzlichen Möglichkeiten ergeben sich bei der Beurteilung der Lieferung?

Antwort: Der Unternehmer führt im Rahmen seines Unternehmens eine Lieferung aus. Da der Gegenstand offensichtlich befördert oder versendet wird, ist der Ort der Lieferung nach § 3 Abs. 6 UStG im Inland. Die Lieferung ist damit in Deutschland nach § 1 Abs. 1 Nr. 1 UStG steuerbar. Die Lieferung ist aber nach § 4 Nr. 1 Buchst. a UStG steuerfrei, wenn es sich um eine Ausfuhrlieferung nach § 6 Abs. 1 UStG handelt. Dazu ist es erforderlich, dass der Gegenstand tatsächlich in das Drittlandsgebiet – hier die Schweiz – gelangt. Weiterhin kommt es entscheidend darauf an, wer den Gegenstand der Lieferung in das Drittlandsgebiet transportiert.

> **Tipp!** Selbst wenn die Frage offensichtlich auf die Steuerbefreiung abzielt, muss trotzdem kurz die Steuerbarkeit der Lieferung angesprochen werden, damit der systematische Zusammenhang dargestellt werden kann.

> **Frage:** Gehen Sie bitte erst einmal davon aus, dass der liefernde Unternehmer den Gegenstand einem von ihm beauftragten Frachtführer übergibt, der den Gegenstand in die Schweiz transportiert. Welche Voraussetzungen müssen in diesem Fall erfüllt sein, damit es sich um eine Ausfuhrlieferung handeln kann?

Antwort: Nach § 6 Abs. 1 Satz 1 Nr. 1 UStG ist in den Fällen, in denen der liefernde Unternehmer den Gegenstand in das Drittlandsgebiet befördert oder versendet, keine weitere Voraussetzung zu erfüllen. Bei der Schweiz handelt es sich auch nicht um ein Gebiet i.S.d. § 1 Abs. 3 UStG; hier wären Sonderregelungen nach § 6 Abs. 1 Satz 1 Nr. 3 UStG zu berücksichtigen. Insbesondere kommt es bei § 6 Abs. 1 Satz 1 Nr. 1 UStG nicht auf die Person des Leistungsempfängers an, der liefernde Unternehmer muss nur nachweisen, dass der Gegenstand der Lieferung tatsächlich in das Drittlandsgebiet gelangt ist.

> **Frage:** Wie kann oder muss denn der liefernde Unternehmer diesen Nachweis erbringen?

Antwort: Grundsätzlich muss der Nachweis über eine amtliche Ausfuhrbescheinigung geführt werden. Ausnahmen können sich nur in besonderen Fällen ergeben, wenn die Ware z.B. per Post oder per Päckchen in das Drittlandsgebiet versandt wird. Dabei muss beachtet werden, dass seit dem 01.07.2009 die Ausfuhrnachweise im kommerziellen Warenverkehr regelmäßig – bis auf Sonderfälle – nur noch elektronisch erteilt werden (ATLAS-Verfahren der Finanzverwaltung) und durch den elektronischen Ausgangsvermerk dokumentiert werden. Der buch- und belegmäßige Nachweis ist mit Wirkung zum 01.01.2012 in der UStDV an das elektronische Ausfuhrverfahren angepasst worden.

> **Frage:** Würde sich an den von Ihnen geschilderten Voraussetzungen für die Ausfuhrlieferung etwas ändern, wenn der Gegenstand von dem Leistungsempfänger selbst in das Drittlandsgebiet befördert worden ist?

Antwort: Ja, in diesem Fall kann es sich nicht mehr um eine Ausfuhrlieferung nach § 6 Abs. 1 Satz 1 Nr. 1 UStG handeln, da dies nur infrage kommt, wenn der liefernde Unternehmer den Gegenstand befördert oder versendet. Allerdings kann sich hier eine Ausfuhrlieferung nach § 6 Abs. 1 Satz 1 Nr. 2 UStG ergeben, wenn der Abnehmer den Gegenstand der Lieferung in das Drittlandsgebiet befördert oder versendet. In diesem Fall muss der Abnehmer aber ein ausländischer Abnehmer sein; ob er als Unternehmer anzusehen ist oder nicht, ist dagegen nicht von Bedeutung. Sollten die Gegenstände im persönlichen Reisegepäck für private Zwecke ausgeführt werden, würden nach § 6 Abs. 3a UStG noch weitere Voraussetzungen hinzutreten, so müsste z.B. seit dem 01.01.2020 eine Bagatellgrenze von 50 € überschritten werden.

> **Frage:** Welches sind denn die Voraussetzungen, die ein Abnehmer erfüllen muss, um als ausländischer Abnehmer zu gelten?

Antwort: Nach § 6 Abs. 2 Satz 1 Nr. 1 UStG ist ein ausländischer Abnehmer ein Abnehmer, der seinen Wohnort oder Sitz im Ausland hat. Darüber hinaus kann auch eine Zweigniederlassung eines inländischen Unternehmers ausländischer Abnehmer sein, wenn die Zweigniederlassung das Umsatzgeschäft in eigenem Namen abgeschlossen hat. Es ist dabei ausreichend, wenn der Abnehmer aus dem Ausland kommt, er muss nicht unbedingt aus dem Drittlandsgebiet kommen, anders ist es lediglich im nichtkommerziellen Reiseverkehr.

> **Frage:** Definieren Sie bitte einmal den von Ihnen verwendeten Begriff des Wohnorts.

Antwort: Wohnort i.S.d. Regelung ist der zentrale Mittelpunkt der Lebensinteressen des Abnehmers. Der Begriff des Wohnorts darf nicht mit dem in § 8 AO verwendeten Begriff des Wohnsitzes verwechselt werden – ein Abnehmer kann mehrere Wohnsitze aber nur einen Wohnort i.S.d. § 6 Abs. 2 UStG haben.

> **Frage:** Aber sehen wir uns dies bitte einmal praktisch an, wie kann denn der liefernde Unternehmer sicher sein, dass sein Kunde seinen Lebensmittelpunkt im Ausland hat? Dies kann ja insbesondere bei den „Verkäufen über die Theke" schwierig sein!

Antwort: Dies ist in der Tat in der Praxis ein erhebliches Problem. Der liefernde Unternehmer muss grundsätzlich Aufzeichnungen über seinen Abnehmer anfertigen und auch Belege über das tatsächliche Gelangen des Gegenstands in das Drittlandsgebiet vorweisen können. Dabei kann die Eigenschaft des ausländischen Abnehmers auf dem Ausfuhrnachweis von der zuständigen Zolldienststelle bestätigt werden. Wenn der liefernde Unternehmer die Nachweise durch Kopien der Reisepapiere des Abnehmers führt, kann davon ausgegangen werden, dass der in dem Reisedokument (z.B. Reisepass) eingetragene Ort der Wohnort ist. Außerdem darf es sich bei dem gelieferten Gegenstand nicht um einen

Ausrüstungs- oder Versorgungsgegenstand für ein Beförderungsmittel handeln, da ansonsten noch weitere Voraussetzungen nach § 6 Abs. 3 UStG für die Ausfuhrlieferung erfüllt werden müssten.

> **Tipp!** Die Einzelregelungen dazu finden Sie in Abschn. 6.11 UStAE. In einer mündlichen Prüfung ist es sicher nicht notwendig, eine solche Quelle genau angeben zu können. Beachten Sie aber, dass in mündlichen Prüfungen gerne auf solche „Praxisprobleme" Bezug genommen wird. Und wenn Sie weitere Besonderheiten ansprechen – wie hier z.B. die Sonderregelung für die Gegenstände zur Ausrüstung eines Beförderungsmittels – muss damit gerechnet werden, dass die Kommission darauf eingeht und hier noch Nachfragen stellt.

> **Frage:** Bleiben wir einmal bei der Praxis. Welchen Rat würden Sie einem Einzelunternehmer geben, bei dem gelegentlich Privatpersonen aus dem Drittlandsgebiet einkaufen, damit er ohne Risiko Ausfuhrlieferungen durchführen kann?

Antwort: In einem solchen Fall muss auf zwei Voraussetzungen besonders geachtet werden:

1. Wenn Privatpersonen Gegenstände in Deutschland einkaufen und in das Drittlandsgebiet ausführen, müssen auch noch die Voraussetzungen der Lieferungen im persönlichen Reisegepäck nach § 6 Abs. 3a UStG beachtet werden. Dazu muss der Abnehmer nicht nur seinen Wohnort im Ausland (dies ist Drittlandsgebiet oder das übrige Gemeinschaftsgebiet) haben, sondern er muss seinen Wohnort im Drittlandsgebiet haben. Zusätzlich muss die Ware bis zum Ablauf des dritten Monats, der auf den Monat der Lieferung folgt, ausgeführt werden. Darüber hinaus muss der Gesamtbetrag 50 € überschreiten.

2. Außerdem muss der liefernde Unternehmer darauf achten, dass eine Ausfuhrlieferung nur dann vorliegt, wenn die notwendige Ausfuhrbestätigung vorhanden ist. Deshalb sollte dem Mandanten geraten werden, erst einmal den Kaufpreis zuzüglich der deutschen Umsatzsteuer zu berechnen, damit er keinen wirtschaftlichen Nachteil erleidet, wenn der Käufer die Ausfuhrbescheinigung nicht nachreicht. Wenn der Käufer dann später die Ausfuhrbescheinigung vorlegt, ist dem Kunden die Umsatzsteuer zu erstatten.

> **Frage:** Gehen Sie jetzt bitte einmal davon aus, dass der liefernde Unternehmer die notwendigen Nachweise von seinem Kunden erhalten und die Lieferung als steuerfreie Lieferung erfasst hat. Bei einer später durchgeführten Umsatzsteuer-Sonderprüfung stellt sich jetzt aber heraus, dass die von seinem Abnehmer vorgelegten Nachweise gefälscht sind. Womit muss Ihr Mandant in diesem Fall rechnen?

Antwort: Das Problem ist, dass ohne den Ausfuhrnachweis nicht nachgewiesen werden kann, dass der Gegenstand tatsächlich in das Drittlandsgebiet gelangt ist. Damit liegt eigentlich keine steuerfreie Ausfuhrlieferung nach § 4 Nr. 1 Buchst. a UStG vor. Nach der Rechtsprechung des EuGH (Urteil vom 21.02.2008, C-271/06 – Netto Supermarkt GmbH & Co. KG, DStR 2008, 450) hat der Unternehmer in diesen Fällen einen Vertrauensschutz, wenn er alles das getan hat, was einem ordentlichen und gewissenhaften Unternehmer zuzumuten ist und er nicht erkennen konnte, dass hier ein Betrug vorlag. Der Vertrauensschutz wird in Deutschland umgesetzt, indem die Steuer im Billigkeitswege erlassen wird.

> **Tipp!** Bei den elektronischen Ausfuhrnachweisen ist allerdings mit durch einen Abnehmer gefälschten Ausfuhrnachweisen kaum zu rechnen.

> **Frage:** Sehen Sie durch die Entscheidung des EuGH eine deutliche Verbesserung der Stellung des liefernden Unternehmers?

Antwort: Grundsätzlich sehe ich hier schon eine Verbesserung der Rechtsstellung des liefernden Unternehmers, da klargestellt ist, dass es einen Vertrauensschutz auch im Drittlandsverkehr geben kann. Allerdings muss beachtet werden, dass die Hürden für den Vertrauensschutz sehr hoch sind und der Unternehmer keinen Vertrauensschutz erlangen wird, wenn ihm Nachlässigkeiten oder Versäumnisse beim Führen der notwendigen Nachweise vorgehalten werden können.

> **Tipp!** In mündlichen Prüfungen werden manchmal auch „Meinungen" gefragt. Scheuen Sie sich deshalb nicht, auf Fragen, für die es keine eindeutige rechtliche Antwort gibt, Ihre Meinung darzulegen. Beachten Sie auch das Schreiben des BMF vom 25.06.2020 (BStBl I 2020, 582) zur Missbrauchsrechtsprechung des EuGH.

> **Frage:** Stellen Sie zum Abschluss bitte noch dar, ob die von Ihnen genannten Regelungen auch dann gelten, wenn Ware in einen Freihafen geliefert wird.

Antwort: Ja, grundsätzlich kann eine steuerfreie Ausfuhrlieferung auch bei einer Lieferung in einen Freihafen vorliegen. Freihäfen gehören nach § 1 Abs. 2 UStG nicht zum Inland und stellen damit Drittlandsgebiet dar. Allerdings sind die Lieferungen in die Freihäfen ausdrücklich aus der Anwendung des § 6 Abs. 1 Satz 1 Nr. 1 und Nr. 2 UStG ausgenommen. Nach § 6 Abs. 1 Satz 1 Nr. 3 UStG kann eine steuerfreie Ausfuhrlieferung in diesem Fall aber dann vorliegen, wenn der Gegenstand an einen Unternehmer für dessen Unternehmen geliefert wird, der diese Gegenstände auch nicht für vorsteuerabzugsschädliche Ausgangsleistungen nach § 4 Nr. 8 bis Nr. 27 und Nr. 29 UStG verwendet – der Unternehmer muss also in vollem Umfang zum Vorsteuerabzug berechtigt sein. Außerdem kann auch die Lieferung an einen Nichtunternehmer in den Freihafen eine steuerfreie Ausfuhrlieferung sein, wenn der Gegenstand im Anschluss in das (übrige) Drittlandsgebiet gelangt.

> **Tipp!** Früher hatte Deutschland mehrere Freihäfen, die meisten sind aber im Laufe der Zeit aufgehoben worden, zuletzt zum 01.01.2013 der Freihafen Hamburg. Derzeit bestehen in Deutschland noch die Freihäfen Cuxhaven und Bremerhaven.

> **Frage:** Können sich auch umsatzsteuerrechtliche Auswirkungen ergeben, wenn Ware aus dem Drittlandsgebiet nach Deutschland gelangt?

Antwort: Ja, auch in diesem Fall können sich im Inland verschiedene Rechtsfolgen ergeben, gerade in der letzten Zeit haben sich da einige Änderungen ergeben. Zum einen kann sich der Ort der Lieferung aus dem Drittlandsgebiet, also dem Gebiet, in dem die Warenbewegung nach § 3 Abs. 6 UStG beginnt, in das Inland verlagern, wenn der liefernde Unternehmer oder sein Beauftragter Schuldner der Einfuhrumsatzsteuer ist. Dies ist eine alte Regelung, die in § 3 Abs. 8 UStG geregelt ist und dem einführenden Unternehmer die Vorsteuerabzugsberechtigung aus der von ihm entrichteten Einfuhrumsatzsteuer ermöglicht.

Darüber hinaus liegt ein steuerbarer Vorgang „Einfuhr" nach § 1 Abs. 1 Nr. 4 UStG vor, wenn ein Gegenstand aus dem Drittlandsgebiet eingeführt worden ist. Hier ist zum 01.07.2021 eine Bagatellregelung der Einfuhrumsatzsteuer-Befreiungsverordnung aufgehoben worden, nach der Einfuhren nicht zur Umsatzsteuer führten, wenn der Wert nicht mehr als 22 € betrug. Diese Aufhebung war notwendig, da in der Vergangenheit durch Fehldeklarationen Missbrauch mit dieser Bagatellregelung betrieben wurde. Allerdings gibt es seit dem 01.07.2021 eine andere Vereinfachungsregelung, nach der Lieferungen mit einem Sachwert von nicht mehr als 150 € in einem vereinfachten Verfahren (§ 21a UStG) eingeführt werden können. In diesen Fällen erhebt der Post- oder Paketdienstleister die Einfuhrumsatzsteuer und führt sie in einem besonderen elektronischen Verfahren an die Finanzverwaltung ab.

Weiterhin kann sich der Ort der Lieferung auch noch in das Inland verlagern, wenn der Gegenstand aus dem Drittlandsgebiet in das Gemeinschaftsgebiet gelangt (sog. Fernverkäufe). Bei diesen Fernverkäufen kann unter weiteren Voraussetzungen der Ort der Lieferung abweichend vom Beförderungsbeginn nach § 3c Abs. 2 oder Abs. 3 UStG in das Inland verlagert werden.

> **Tipp!** Die Finanzverwaltung hat umfangreich in einem Schreiben vom 01.04.2021 (BStBl I 2021, 629) zu den Änderungen aufgrund des Digitalpakets der EU Stellung genommen und insbesondere einen neuen Abschn. 3.18 UStAE und eine völlig neu bearbeitete Fassung des Abschn. 3c.1 UStAE aufgenommen. Dies sollte im Vorfeld Ihrer mündlichen Prüfung in jedem Fall intensiv angesehen werden.

Problembereich 5: Umsatzsteuer im Gemeinschaftsgebiet

> **Frage:** Nach welchem Grundprinzip erfolgt im Binnenmarkt die Besteuerung grenzüberschreitender Lieferungen?

Antwort: Soweit es sich im Binnenmarkt umsetzen lässt, soll die Besteuerung einer Ware dort erfolgen, wo diese Ware ge- oder verbraucht wird – das sog. Bestimmungslandprinzip. Dieses Prinzip ist zumindest bei der Lieferung zwischen regelbesteuerten Unternehmern im Binnenmarkt dadurch umgesetzt worden, dass der Lieferer im Ausgangsmitgliedstaat eine steuerbare, aber nach § 4 Nr. 1 Buchst. b UStG steuerfreie innergemeinschaftliche Lieferung ausführt. Der Erwerber muss im Bestimmungsland einen innergemeinschaftlichen Erwerb besteuern, der Ort dieses Umsatzes befindet sich nach § 3d Satz 1 UStG dort, wo sich die Ware am Ende der Beförderung oder Versendung befindet.

> **Tipp!** Dieses Prinzip gilt nicht nur im Binnenmarkt. Nach demselben Prinzip werden auch Leistungen im Drittlandsverkehr besteuert. Dort wird die Besteuerung im Bestimmungsland durch die zu erhebende Einfuhrumsatzsteuer – in Deutschland nach § 1 Abs. 1 Nr. 4 UStG – sichergestellt. Das grundsätzlich andere denkbare Prinzip ist das Ursprungslandprinzip.
> Derzeit plant die EU-Kommission erhebliche Veränderungen im Europäischen Binnenmarkt im B2B-Bereich. Dabei wird aber an den Grundsätzen des Bestimmungslandprinzips festgehalten. Wann es aber zur Umsetzung kommt, ist derzeit nicht genau festlegbar. Allerdings sind über die sog. „quick fixes" zum 01.01.2020 Änderungen bei bestimmten insbesondere die Warenlieferungen innerhalb der Europäischen Union betreffende Regelungen vorgenommen worden. Diese Änderungen betreffen die Konsignationslager, die Reihengeschäfte sowie die Voraussetzungen für die innergemeinschaftlichen Lieferungen. Darüber hinaus sind zum 01.07.2021 die Regelungen des sog. Digitalpakets umgesetzt worden, die erhebliche Veränderungen bei den Lieferungen im B2C-Bereich in der EU nach sich gezogen haben. Derzeit wird unionsrechtlich über „Vida" (Vat in the digital age) diskutiert.

> **Frage:** Gibt es aber im Binnenmarkt bei grenzüberschreitenden Lieferungen auch Fälle, in denen das Bestimmungslandprinzip durchbrochen wird.

Antwort: Ja, in bestimmten Fällen kann es im Binnenmarkt zur Durchbrechung dieses Grundsatzes kommen. Ist der Erwerber kein Unternehmer oder fällt er als Unternehmer unter die Ausnahme bei der Besteuerung von innergemeinschaftlichen Erwerben nach § 1a Abs. 3 UStG (sog. besondere Unternehmer, die die Erwerbsschwelle von 12.500 € in Deutschland nicht überschreiten), kann sich bei ihm grundsätzlich kein innergemeinschaftlicher Erwerb ergeben. In diesem Fall muss auf anderem Weg versucht werden, eine Besteuerung im Bestimmungsland umzusetzen. Es muss dann geprüft werden, ob der Ort der Lieferung für den Verkäufer im Bestimmungsland liegt. Dies kann sich nach § 3c Abs. 1 UStG ergeben, danach ist der Ort der Lieferung dort, wo sich der Gegenstand am Ende der Beförderung oder Versendung befindet, wenn bestimmte Voraussetzungen erfüllt sind. Bis zum 30.06.2021 war dies die sog. Versandhandelsregelung, die zum 01.07.2021 durch die innergemeinschaftlichen Fernverkäufe abgelöst wurde. Durch die Veränderungen zum 01.07.2021 verlagert sich der Ort der Lieferung sehr viel eher in den Bestimmungsmitgliedstaat, als dies früher der Fall gewesen war. Grundsätzliche Voraussetzung war und ist, dass der liefernde Unternehmer den Gegenstand der Lieferung befördert oder versendet oder zumindest an dem körperlichen Warentransport mitwirkt. Außerdem muss der Gegenstand tatsächlich von einem Mitgliedstaat in einen anderen Mitgliedstaat gelangen. Seit dem 01.07.2021 ist die landestypische Lieferschwelle aufgehoben worden und an diese Stelle ist eine unionseinheitliche, summarische Umsatzschwelle von 10.000 € getreten. Diese Schwelle ist überschritten, wenn der liefernde Unternehmer im vorangegangenen Kalenderjahr oder bisher im laufenden Kalenderjahr Lieferungen nach § 3c Abs. 1 UStG (innergemeinschaftliche Fernverkäufe) und sonstige Leistungen nach § 3a Abs. 5 UStG (insbesondere auf elektronischem Weg erbrachte sonstige Leistung und Telekommunikationsdienstleistungen) gegenüber Nichtunternehmern in anderen Mitgliedstaaten ausgeführt hat. Dabei ist nicht auf die Leistungen in einem Mitgliedstaat abzustellen, sondern es kommt auf die Summe der Leistungen an diese Abnehmer in allen anderen Mitgliedstaaten an.

Tipp! In einer mündlichen Prüfung ist es nicht immer möglich, alle notwendigen Voraussetzungen einer Rechtsvorschrift zu nennen. Wenn der Prüfer einer Teilnehmerin/einem Teilnehmer aber mehr Zeit einräumt, kann hier auch noch als Voraussetzung darauf hingewiesen werden, dass die Regelung des § 3c UStG nur dann greift, wenn der liefernde Unternehmer den Gegenstand der Lieferung in das übrige Gemeinschaftsgebiet befördert oder versendet – also nie, wenn es sich um Abhollieferungen handelt. Darüber hinaus kann der liefernde Unternehmer auch auf die Anwendung der Umsatzschwelle verzichten, sodass der Ort der Lieferung auch dann im Bestimmungsland ist, wenn die Schwelle nicht überschritten wird.
Außerdem bestehen Ausnahmen und Besonderheiten nach § 3c Abs. 5 UStG für bestimmte Waren.

Frage: Kommen wir noch einmal auf die Lieferung zwischen regelbesteuerten Unternehmern zurück. Welche Voraussetzungen müssen vorliegen, damit der leistende Unternehmer eine steuerfreie innergemeinschaftliche Lieferung ausführen kann?

Antwort: Nach § 4 Nr. 1 Buchst. b UStG ist eine innergemeinschaftliche Lieferung steuerfrei. Allerdings ist seit dem 01.01.2020 als Voraussetzung hinzugekommen, dass die Lieferung auch zutreffend in der Zusammenfassenden Meldung aufgenommen worden ist. In § 4 Nr. 1 Buchst. b UStG wird aber nicht definiert, welche Voraussetzungen an eine solche innergemeinschaftliche Lieferung zu stellen sind. Es wird nur auf die Voraussetzungen des § 6a UStG verwiesen. In dieser Rechtsvorschrift wird inhaltlich definiert, unter welchen Voraussetzungen eine innergemeinschaftliche Lieferung gegeben ist. Nach § 6a Abs. 1 UStG liegt diese vor, wenn der Gegenstand tatsächlich von einem Mitgliedstaat in einen anderen Mitgliedstaat gelangt (§ 6a Abs. 1 Satz 1 Nr. 1 UStG), wenn der Leistungsempfänger ein Unternehmer ist, der in einem anderen Mitgliedstaat für Zwecke der Umsatzsteuer erfasst ist und den Gegenstand für sein Unternehmen erwirbt (§ 6a Abs. 1 Satz 1 Nr. 2 Buchst. a UStG), wenn die Besteuerung des Gegenstands in einem anderen Mitgliedstaat sichergestellt ist (§ 6a Abs. 1 Satz 1 Nr. 3 UStG) und der Abnehmer gegenüber dem liefernden Unternehmer eine ihm von einem anderen Mitgliedstaat erteilte gültige USt-IdNr. verwendet hat (§ 6a Abs. 1 Satz 1 Nr. 4 UStG). Es kann aber auch die Lieferung an eine juristische Person, die nicht Unternehmer ist oder den Gegenstand nicht für ihr Unternehmen erwirbt

(§ 6a Abs. 1 Satz 1 Nr. 2 Buchst. b UStG) oder die Lieferung eines neuen Fahrzeugs an jeden anderen Erwerber (§ 6a Abs. 1 Satz 1 Nr. 2 Buchst. c UStG) erfolgen.

> **Frage:** Wie muss der liefernde Unternehmer die Nachweise für diese Voraussetzungen führen?

Antwort: Wichtigste Voraussetzung ist, dass der liefernde Unternehmer die zutreffende USt-IdNr. des Leistungsempfängers vorweisen kann. Nur unter dieser Voraussetzung kann die Lieferung als steuerfreie Lieferung angesehen werden, da nur dann tatsächlich die Besteuerung des innergemeinschaftlichen Erwerbs in dem anderen Mitgliedstaat überwacht werden kann; dies ist im Übrigen als materiell-rechtliche Voraussetzung im Gesetz so normiert. Darüber hinaus muss der liefernde Unternehmer auch entsprechende Nachweise über das tatsächliche Gelangen des Gegenstands in den anderen Mitgliedstaat vorweisen können. Die sog. Gelangensbestätigung ist die bevorzugte Möglichkeit zum Nachweis der Voraussetzung des § 6a Abs. 1 Satz 1 Nr. 1 UStG. In dieser Gelangensbestätigung bestätigt der Erwerber, dass der Gegenstand zu einem bestimmten Zeitpunkt (Monat) bei ihm in einem anderen Mitgliedstaat angekommen ist. Es ergeben sich aber noch alternative Nachweismöglichkeiten (z.B. durch einen vollständig ausgefüllten CMR Frachtbrief oder eine Spediteursbescheinigung, aus der sich der Ankunftsort und der Monat der Ankunft im anderen Mitgliedstaat ergibt). Auch bei Post- oder Kurierdiensten ergeben sich Vereinfachungsmöglichkeiten. Besonderes Problem sind aber die Abhollieferungen, bei denen der Kunde die Ware selbst in Deutschland abholt und die Ware dann in den anderen Mitgliedstaat mitnehmen will. Während früher der Nachweis noch durch eine bei Abholung ausgestellte Bestätigung geführt werden konnte, in der der Kunde bestätigte, den Gegenstand in den anderen Mitgliedstaat transportieren zu wollen, kann jetzt dieser Nachweis nur durch eine Bestätigung des Kunden geführt werden, in der der Monat des Ankommens des Gegenstands in dem anderen Mitgliedstaat enthalten ist. Damit hat der leistende Unternehmer solange das Risiko für die Steuerbefreiung zu tragen, bis er die Bestätigung tatsächlich vorzuliegen hat.

> **Tipp!** Die Nachweise für die innergemeinschaftlichen Lieferungen sind ein typisches Praxisproblem, das in der schriftlichen Steuerberaterprüfung kaum vorkommen kann. Deshalb sind solche Fragen in der mündlichen Prüfung zu erwarten. Zum 01.01.2020 sind in der Europäischen Union verbindliche Vorgaben für die belegmäßigen Nachweise des Gelangens der Gegenstände in einen anderen Mitgliedstaat in Art. 45a MwStVO umgesetzt worden, die in Deutschland in § 17a UStDV aufgenommen worden sind. Allerdings sind die bisherigen Nachweise nach §§ 17b ff. UStDV weiterhin ausreichend.

> **Frage:** Bleiben wir bitte noch einen Moment bei dem Nachweis der innergemeinschaftlichen Lieferung. Was ist Ihrer Meinung nach die Folge, wenn der Abnehmer zwar diese Bestätigung ordnungsgemäß abgibt, ein ordnungsgemäßer Nachweis der Identität des Abnehmers vorliegt, sich aber später herausstellt, dass diese Bestätigung inhaltlich unrichtig war?

Antwort: In diesem Fall liegen zwar formal die Voraussetzungen für eine innergemeinschaftliche Lieferung nicht vor, die Lieferung wird aber dennoch als steuerfrei behandelt. Allerdings schuldet dann der Leistungsempfänger die entstandene Umsatzsteuer (§ 6a Abs. 4 UStG). Es handelt sich hier um eine Vertrauensschutzregelung, da der leistende Unternehmer tatsächlich nicht überwachen kann, ob der Leistungsempfänger im Abholfall die Ware wirklich in einen anderen Mitgliedstaat transportiert hat. Gleiches würde auch gelten, wenn der Leistungsempfänger mit einer USt-IdNr. auftritt und damit zu erkennen gibt, dass er den Gegenstand für sein Unternehmen erwerben möchte, dies aber tatsächlich nicht tut.

Frage: Muss der leistende Unternehmer die Unternehmereigenschaft des Leistungsempfängers zwingend durch eine USt-IdNr. nachweisen?

Antwort: Ja, unionseinheitlich ist zum 01.01.2020 (in Deutschland über § 6a Abs. 1 Satz 1 Nr. 4 UStG) geregelt worden, dass ohne zutreffende USt-IdNr. keine innergemeinschaftliche Lieferung vorliegen kann. Deshalb ist die zutreffende USt-IdNr. und die zutreffende Angabe in der Zusammenfassenden Meldung seit dem 01.01.2020 materiell-rechtliche Voraussetzung für die Steuerfreiheit als innergemeinschaftliche Lieferung. Allerdings kann eine im Zeitpunkt der Lieferung gültige USt-IdNr. des Leistungsempfängers auch nachträglich vorgelegt werden. In der Praxis ergibt sich aber die Schwierigkeit, dass der leistende Unternehmer nicht nachprüfen kann, ab wann eine USt-IdNr. gültig war. Deshalb kann die nachträgliche Steuerfreistellung einer Lieferung bei verspäteter Vorlage einer USt-IdNr. einem Unternehmer nicht unbedingt geraten werden. Der einzige Fall, in dem eine steuerfreie innergemeinschaftliche Lieferung ohne USt-IdNr. vorliegen kann, liegt bei der Lieferung eines neuen Fahrzeugs nach § 1b UStG vor.

Frage: Was muss der leistende Unternehmer in seinem Heimatland alles anmelden, wenn er eine steuerfreie innergemeinschaftliche Lieferung ausgeführt hat?

Antwort: Der liefernde Unternehmer muss in seinem Heimatland – also dem Land, in dem die Beförderung oder Versendung des Gegenstands begann – den Vorgang separat in seiner USt-Voranmeldung (USt-VA) angeben (§ 18b UStG). Darüber hinaus muss er den Vorgang in seiner Zusammenfassenden Meldung (ZM) angeben (§ 18a UStG). In der ZM muss er die USt-IdNr. des Leistungsempfängers sowie die Bemessungsgrundlagen aller in diesem Meldezeitraum an diesen Abnehmer ausgeführten Lieferungen angeben. Unionsrechtlich ist vorgeschrieben, dass die zutreffende USt-IdNr. materiell-rechtliche Voraussetzung für die Steuerfreiheit als innergemeinschaftliche Lieferung ist. Eine Prüfung, ob der Erwerber auch tatsächlich einen innergemeinschaftlichen Erwerb der Besteuerung unterwirft, ist ohne die Angabe in der ZM unmöglich.

Tipp! Aus diesem Grund ist in § 4 Nr. 1 Buchst. b UStG auch aufgenommen worden, dass die innergemeinschaftliche Lieferung dann nicht steuerfrei ist, wenn der Unternehmer seiner Verpflichtung zur Abgabe der Zusammenfassenden Meldung nicht nachgekommen ist oder soweit er diese unrichtig oder unvollständig abgegeben hat. Zu beachten ist, dass eine unterlassene Meldung nachgeholt, eine unzutreffende Meldung berichtigt werden kann.

Frage: Wie würden Sie den folgenden Fall beurteilen: Ein Unternehmer führt im Januar eine Lieferung an einen Unternehmer in einem anderen Mitgliedstaat aus, hat auch dessen gültige USt-IdNr. Aufgrund eines Buchungsfehlers wird aber anstelle der zutreffenden Bemessungsgrundlage von 100.000 € nur ein Betrag von 10.000 € erfasst und in der Umsatzsteuer-Voranmeldung und der Zusammenfassenden Meldung im Januar aufgenommen. Im Februar wird dieser Fehler bei Zahlungseingang festgestellt und die Differenz nachgebucht. Die Differenz von 90.000 € wird in der Voranmeldung Februar und der Zusammenfassenden Meldung für Februar erfasst.

Antwort: In diesem Fall liegt zwar eine innergemeinschaftliche Lieferung nach § 6a Abs. 1 Satz 1 Nr. 1 bis Nr. 4 UStG vor, die Lieferung ist aber nicht zutreffend in der Zusammenfassenden Meldung nach § 18a UStG gemeldet worden, § 4 Nr. 1 Buchst. b UStG. Die Finanzverwaltung vertritt in diesem Zusammenhang (Abschn. 4.1.2 UStAE) die Auffassung, dass die Steuerbefreiung für die innergemeinschaftliche Lieferung nur dann auflebt, wenn der Fehler in der zutreffenden Zusammenfassenden Meldung berichtigt wird. Allerdings ist dies solange möglich, wie die Steuerfestsetzung für das betreffende Kalenderjahr noch änderbar ist.

> **Tipp!** Die Finanzverwaltung hatte hier zuerst eine noch restriktivere Auffassung vertreten und wollte eine (rückwirkende) Heilung nur dann annehmen, wenn die Berichtigung innerhalb von einem Monat nach Feststellung des Fehlers vorgenommen wurde. Diese einschränkende Sichtweise ist mit Schreiben vom 20.05.2022 (BStBl I 2022, 738) aufgehoben worden und Abschn. 4.1.2 UStAE angepasst worden.

> **Frage:** Welchen Zweck soll denn die Zusammenfassende Meldung erfüllen?

Antwort: Im Rahmen eines europaweiten Datenaustauschs (MIAS – Mehrwertsteuer-Informations-Austausch-System) werden bestimmte Informationen an den Mitgliedstaat übermittelt, aus dem die USt-IdNr. des Leistungsempfängers stammt. Dies ist immer die USt-IdNr. des Leistungsempfänger sowie die Bemessungsgrundlage für die Leistung. Darüber hinaus sind bestimmte Kennzeichen für die verschiedenen Meldetatbestände anzugeben. Damit kann in diesem Land geprüft werden, ob der Leistungsempfänger seiner Verpflichtung, einen innergemeinschaftlichen Erwerb der Besteuerung zu unterwerfen, auch nachgekommen ist. Dieses Kontrollsystem ist allerdings von der Vollständigkeit, Richtigkeit und der zeitnahen Erfassung der Daten abhängig. Darüber hinaus werden nicht nur innergemeinschaftliche Warenlieferungen in der Zusammenfassenden Meldung aufgenommen, es sind u.a. auch sonstige Leistungen mit anzugeben, die ein Unternehmer nach § 3a Abs. 2 UStG an einen Unternehmer in einem anderen Mitgliedstaat der Union ausführt.

> **Frage:** Welche Folgen könnten sich für einen leistenden Unternehmer ergeben, wenn er bewusst falsche Angaben über den Leistungsempfänger in der Zusammenfassenden Meldung aufnimmt?

Antwort: Gesetzlich ist dazu seit dem 01.01.2020 geregelt, dass dann eine innergemeinschaftliche Lieferung nicht steuerfrei sein kann; bis 31.12.2019 war dazu nichts Detailliertes geregelt. Deshalb war früher strittig, ob in diesem Fall lediglich eine Ordnungswidrigkeit vorliegt, für die nach § 26a UStG maximal ein Bußgeld von 5.000 € verhängt werden kann oder ob in diesem Fall die Steuerbefreiung als innergemeinschaftliche Lieferung versagt werden kann. Der EuGH (Urteil vom 07.12.2010, C-285/09 – R, BFH/NV 2011, 396) hat dazu schon damals entschieden, dass in diesem Fall keine Steuerbefreiung als innergemeinschaftliche Lieferung vorliegen kann. Allerdings war das damals darauf gestützt, dass der leistende Unternehmer vorsätzlich falsche Angaben gemacht hat. In der Konsequenz kann sich dann eine Steuerstraftat daraus ergeben.

> **Frage:** Lassen Sie uns jetzt aber einmal die Seiten wechseln. Wie lösen Sie das Problem mit der grenzüberschreitenden Kontrolle, wenn der Leistungsempfänger eine USt-IdNr. aus einem anderen Mitgliedstaat verwendet als dem Staat, in dem sich der Gegenstand am Ende der Beförderung oder Versendung befindet? Oder ist das im Binnenmarkt nicht zulässig?

Antwort: Doch, dies ist zulässig. Zur Umsetzung des Bestimmungslandprinzips ist der Ort des innergemeinschaftlichen Erwerbs immer dort, wo sich der Gegenstand am Ende der Beförderung oder Versendung tatsächlich befindet (§ 3d Satz 1 UStG). Verwendet der Leistungsempfänger aber eine USt-IdNr. aus einem anderen Mitgliedstaat, muss er auch – zusätzlich – in diesem anderen Mitgliedstaat einen innergemeinschaftlichen Erwerb besteuern (§ 3d Satz 2 UStG). Davon wird aber der Erwerb in dem Land, in dem der Gegenstand sich am Ende der Beförderung oder Versendung befindet, nicht berührt – diesem Land steht das Besteuerungsrecht immer zu. Um aber eine Doppelbesteuerung zu vermeiden, ist der innergemeinschaftliche Erwerb in dem Land, aus dem die USt-IdNr. stammt, nur solange zu besteuern, bis der Erwerber in diesem Land nachweisen kann, dass der innergemeinschaftliche Erwerb in dem richtigen Land – also dem Bestimmungsland – besteuert worden ist, sodass dann im Ergebnis ein steuerbarer Vorgang nur im Bestimmungsland vorhanden ist. Kann der Nachweis geführt werden, dass der innergemeinschaftliche Erwerb in dem Mitgliedstaat nach § 3d Satz 1 UStG besteuert worden ist, wird der Erwerb in dem Registrierungsland nach § 17 Abs. 2 Nr. 4 UStG rückgängig gemacht. Zu beachten ist dabei, dass ein Vorsteuerabzug für die Erwerbsteuer in dem Registrierungsland (§ 3d Satz 2 UStG) grundsätzlich nicht möglich ist; der die Ware erwerbende Unternehmer muss dann in dem Mitgliedstaat, aus dem die USt-IdNr. stammt, einen innergemeinschaftlichen Erwerb besteuern, die Steuer anmelden und abführen.

> **Tipp!** Die Besteuerung in dem Land, aus dem die USt-IdNr. stammt, erfolgt nicht alternativ, sondern zusätzlich. Die Versagung des Vorsteuerabzugs im Registrierungsland geht zurück auf ein Urteil des EUGH (Urteil vom 22.04.2010, C-536/08-„x", BFH/NV 2010, 1225). Der BFH hatte sich dieser Rechtsauffassung angeschlossen und auch nach nationalem Recht einen Vorsteuerabzug in dem Staat nach § 3d Satz 2 UStG ausgeschlossen (BFH, Urteil vom 01.09.2010, V R 39/08, BStBl II 2011, 533 und Urteil vom 08.09.2010, XI R 40/08, BStBl II 2011, 661). Mittlerweile ist dieser Rechtsgrundsatz auch in § 15 Abs. 1 Satz 1 Nr. 3 UStG mit aufgenommen worden. Allerdings ist nach der neueren Rechtsprechung des EuGH zumindest fraglich, ob es dadurch zu einer doppelten Entstehung einer Umsatzsteuer in einem Mitgliedstaat kommen kann (EuGH, Urteil vom 07.07.2022, C-696/20 – B, BFH/NV 2022, 1039).

> **Frage:** Abschließend bitte ich Sie noch um die Beratung Ihres Mandanten in folgendem Fall: Der Kinderarzt K, der nur steuerfreie Umsätze nach § 4 Nr. 14 Buchst. a UStG ausführt, hat ein besonders günstiges Ultraschallgerät für 5.000 € eines dänischen Lieferanten im Internet entdeckt, mit dem die Entwicklungsreife der Hüftgelenke von Säuglingen besonders gut kontrolliert werden kann. K möchte nun wissen, welche Möglichkeiten sich für ihn umsatzsteuerrechtlich ergeben, da er bisher noch nie Waren aus anderen Mitgliedstaaten eingekauft hat. Der dänische Lieferant hat bisher noch keine ausländischen Kunden beliefert und möchte auch nichts mit der deutschen Finanzverwaltung zu tun haben.

Antwort: Der Kinderarzt erhält eine Lieferung von einem anderen Unternehmer. Zu prüfen ist der Ort der Lieferung. Da der Arzt ein sog. besonderer Unternehmer ist, der nur steuerfreie Umsätze ausführt, die den Vorsteuerabzug ausschließen, könnte er in die Abnehmergruppe des § 3c UStG fallen. Offensichtlich hat K auch die deutsche Erwerbsschwelle nach § 1a Abs. 3 Nr. 2 UStG nicht überschritten. Allerdings hat der Lieferer auch nicht die unionseinheitliche Umsatzschwelle von 10.000 € überschritten (§ 3c Abs. 4 UStG) und will offensichtlich auch nicht auf die Anwendung der Umsatzschwellenregelung verzichten (§ 3c Abs. 4 UStG), sodass der Ort der Lieferung nicht nach § 3c Abs. 1 UStG in Deutschland ist. Der Ort der Lieferung ist damit nach § 3 Abs. 6 Satz 1 UStG in Dänemark. Wenn K keinen innergemeinschaftlichen Erwerb besteuert, kann sich aus dänischer Sicht auch keine steuerfreie innergemeinschaftliche Lieferung ergeben. Damit wäre K mit 25 % dänischer Umsatzsteuer belastet. Wenn K aber auf die Erwerbsschwellenregelung nach § 1a Abs. 4 UStG verzichtet, kann er einen innergemeinschaftlichen Erwerb nach § 1a UStG besteuern und der Däne kann den Gegenstand in Dänemark steuerfrei liefern. Dazu muss K aber beim Bundeszentralamt für Steuern eine USt-IdNr. beantragen, da der Lieferer ansonsten nicht steuerfrei liefern kann. Wenn dies so abgewickelt wird, kann der Däne steuerfrei liefern und K muss in Deutschland einen innergemeinschaftlichen Erwerb besteuern und auf die 5.000 € die deutsche Umsatzsteuer (Regelsteuersatz derzeit von 19 %) abführen. Einen Vorsteuerabzug hat er wegen der steuerfreien Ausgangsumsätze nicht. Den Verzicht auf die Anwendung der Erwerbsschwellenregelung übt der Leistungsempfänger nicht schon durch die Beantragung einer

USt-IdNr. aus, sondern dadurch, dass er diese gegenüber einem Lieferer verwendet. Dieser Verzicht auf die Anwendung der Erwerbsschwelle ist aber seit dem 01.07.2021 in der Praxis relativ bedeutungslos geworden. Da der Lieferer bis 30.06.2021 die deutsche Lieferschwelle von 100.000 € übersteigen musste (dabei ging es nur um die Lieferung nach Deutschland), damit der Ort der Lieferung nach § 3c UStG in Deutschland war, kam dem Verzicht des Leistungsempfänger auf die Anwendung der Erwerbsschwellenregelung eine praktische Bedeutung zu. Seit dem 01.07.2021 hat der liefernde Unternehmer aber schon einen Ort der Lieferung (und damit in dem genannten Fall eine Umsatzsteuer von 19 %) nach § 3c Abs. 1 UStG im Bestimmungsmitgliedstaat, wenn er die summarische Umsatzschwelle von 10.000 € übersteigt. Da dies tendenziell deutlich mehr Unternehmer tun werden, besteht für den Erwerber kaum eine Notwendigkeit mehr, auf die Erwerbsschwellenregelung zu verzichten.

> **Tipp!** Sie müssen nicht die Steuersätze aller Mitgliedstaaten der Europäischen Union kennen. Es bietet sich aber an, dass Sie sich zumindest einen Mitgliedstaat mit einem besonders hohen Steuersatz (z.B. Dänemark mit 25 %) und einen Mitgliedstaat mit einem besonders niedrigen Steuersatz (z.B. Luxemburg mit 17 %) merken. Anhand von kleinen Beispielen lassen sich manche komplexen Sachverhalte besser illustrieren.

Problembereich 6: Steuerbefreiungen

> **Frage:** Grenzen Sie bitte die sog. „echte Steuerbefreiung" von der sog. „unechten Steuerbefreiung" ab.

Antwort: Ob eine echte oder eine unechte Steuerbefreiung vorliegt, bestimmt sich in Abhängigkeit der Vorsteuerabzugsberechtigung des Unternehmers, der eine steuerbefreite Ausgangsleistung ausführt. Ist der Unternehmer – obwohl er eine steuerbefreite Ausgangsleistung bewirkt – zum Vorsteuerabzug berechtigt, liegt eine echte Steuerbefreiung vor, da er in diesem Fall die ihm berechnete Umsatzsteuer für Vorbezüge abziehen kann und damit die auf den Vorstufen entstandene Umsatzsteuer in vollem Umfang wieder zurückgezahlt wird. Bei einer unechten Steuerbefreiung führt der leistende Unternehmer eine steuerfreie Ausgangsleistung aus, ist aber für Vorbezüge nicht zum Vorsteuerabzug berechtigt. Damit wird die auf den Vorstufen entstandene Umsatzsteuer nicht wieder zurückgezahlt, sodass in der Endleistung gegenüber dem Leistungsempfänger die Umsatzsteuer der Vorstufen indirekt weiterbelastet wird, soweit dies im Preis überwälzbar ist.

> **Tipp!** Grundsätzlich bietet es sich in mündlichen Prüfungen an, abstrakte Sachverhalte durch Zahlenbeispiele zu illustrieren. In diesem Fall würde aber die Gefahr bestehen, sich in vielen Zahlen zu verstricken und dann eher zur Verwirrung beizutragen. Deshalb sollten Zahlenbeispiele nur dann verwendet werden, wenn diese Beispiele auch konsequent zu Ende geführt werden können.

> **Frage:** Bitte prüfen Sie den folgenden Fall auf seine umsatzsteuerrechtliche Auswirkung: Ein Vermittler vermittelt gegenüber einem deutschen Unternehmer die Lieferung einer Maschine aus Deutschland nach Indien. Wie muss die Abrechnung der Vermittlungsprovision erfolgen?

Antwort: Der Vermittler führt als Unternehmer, im Rahmen seines Unternehmens eine sonstige Leistung entgeltlich aus. Der Ort der sonstigen Leistung bestimmt sich nach § 3a Abs. 2 UStG, da der Leistungsempfänger ein Unternehmer ist und die Leistung für sein Unternehmen bezieht. Somit ist der Ort der sonstigen Leistung dort, wo der Leistungsempfänger sein Unternehmen betreibt. Damit ist die Vermittlungsleistung in Deutschland steuerbar nach § 1 Abs. 1 Nr. 1 UStG. Da hier aber eine nach § 4

Nr. 1 Buchst. a i.V.m. § 6 Abs. 1 Satz 1 (wahrscheinlich) Nr. 1 UStG steuerfreie Ausfuhrlieferung vorliegt, ist auch die Vermittlung nach § 4 Nr. 5 Buchst. a UStG steuerfrei.

Tipp! Prüfen Sie Sachverhalte in der mündlichen Prüfung immer systematisch vollständig. Etwas anderes gilt nur, wenn der Prüfer die Frage ausdrücklich auf einen bestimmten Prüfungsaspekt beschränkt.

Frage: Wäre die Lösung für die Vermittlungsleistung genauso, wenn der liefernde deutsche Unternehmer die Maschine nach Frankreich verkauft hätte und die Maschine dann auch nach Frankreich gelangt wäre?

Antwort: Nein, in diesem Fall würde zwar auch eine steuerbare Vermittlung vorliegen, es würde aber keine Steuerbefreiung gegeben sein. § 4 Nr. 5 Buchst. a UStG befreit ausdrücklich nicht die Vermittlung der nach § 4 Nr. 1 Buchst. b UStG steuerfreien Leistungen (innergemeinschaftliche Lieferungen). Damit entsteht eine Umsatzsteuer in dem Land, in dem der die Vermittlungsleistung empfangende Unternehmer sein Unternehmen betreibt bzw. eine die Vermittlungsleistung empfangende Betriebsstätte unterhält, § 3a Abs. 2 UStG.

Tipp! Zum Verständnis: Die Steuerbefreiung der Vermittlung einer Ausfuhrlieferung und die Steuerpflicht der Vermittlung einer innergemeinschaftlichen Lieferung ist keine „Ungleichbehandlung" gleicher Vorgänge! Bei der Vermittlung einer Ausfuhrlieferung ist davon auszugehen, dass der Wert der Vermittlungsleistung werterhöhend bei der Ermittlung der Bemessungsgrundlage für eine Einfuhrumsatzsteuer zu erfassen ist. In Deutschland ist dies in § 11 Abs. 3 Nr. 3 UStG geregelt. Damit erfolgt bei der Vermittlung einer Ausfuhrlieferung eine indirekte Besteuerung durch die Einfuhrumsatzsteuer.

Frage: Bitte stellen Sie dar, unter welchen Voraussetzungen ein Arzt steuerbefreite Umsätze ausführen kann.

Antwort: Die Steuerbefreiung für ärztliche Leistungen ist in § 4 Nr. 14 UStG geregelt. Dabei ist darauf zu achten, dass nicht der Beruf „Arzt" zu einer Steuerbefreiung führt, sondern nur bestimmte ärztliche Leistungen zu einer Steuerbefreiung führen können. Dabei muss es sich um eine Maßnahme handeln, bei der ein therapeutischer Zweck im Vordergrund steht. Ärztliche Leistungen, bei denen keine therapeutischen Zwecke vorliegen, können nicht steuerbefreit sein. Damit sind z.B. Gutachten ohne medizinische Handlungsanweisungen, Einstellungsuntersuchungen oder Schönheitsoperationen ohne medizinische Veranlassung immer steuerpflichtige Leistungen des Arztes. Aber auch weitere ärztliche Leistungen im Zusammenhang mit nicht steuerbegünstigten Leistungen unterliegen ebenfalls der Umsatzsteuer. So hat der BFH entschieden (Beschluss vom 06.09.2011, V B 64/11, UR 2011, 909), dass ein Anästhesist, der eine selbstständige Narkoseleistung im Zusammenhang mit einer nicht begünstigten Schönheitsoperation ausführt, auch eine steuerpflichtige Leistung ausführt.

Tipp! Der EuGH (Urteil vom 21.03.2013, C-91/12 – PCF Clinic AB) hat im Ergebnis die auch in Deutschland maßgebliche Beurteilung der Schönheitsoperationen bestätigt. Nur medizinisch indizierte Schönheitsoperationen können steuerfrei sein. Dabei muss es sich objektiv um eine medizinische Indikation handeln, die subjektive Beurteilung des Patienten ist dabei nicht von Bedeutung.

> **Frage:** Welche Rechtsfolgen ergeben sich für einen Autohändler, der einem Unternehmer ein gebrauchtes Fahrzeug im Inland verkauft, gegen einen Aufschlag von 1.000 € auch noch eine Verlängerung der Garantiezeit anbietet.

Antwort: Grundsätzlich ist zu prüfen, ob es sich hier um eine einheitliche Leistung oder um Haupt- und Nebenleistung handelt, oder ob zwei verschiedene (zu trennende) Leistungen vorliegen. Bei einer einheitlichen Leistung wie auch bei einem Haupt- und Nebenleistungsverhältnis würde es sich insgesamt um eine steuerbare und steuerpflichtige Leistung handeln, die zur Umsatzsteuer führen würde. Wenn es sich um zwei getrennte Leistungen handelt, ist die Lieferung des Fahrzeugs steuerbar und steuerpflichtig und die Garantieverlängerung würde eine nach § 4 Nr. 10 Buchst. a UStG steuerfreie Versicherungsleistung darstellen. Früher war in diesen Fällen von Haupt- und Nebenleistung ausgegangen worden und damit unterlag die Leistung insgesamt der Umsatzsteuer. Nachdem der BFH (BFH, Urteil vom 14.11.2018, XI R 16/17, BStBl II 2021, 461) aber entschieden hatte, dass es sich hier um zwei getrennte Leistungen handelt, hat sich auch die Finanzverwaltung dem angeschlossen, aber noch eine Nichtbeanstandungsregelung für alle bis zum 31.12.2022 ausgeführte Leistungen mit aufgenommen (BMF, Schreiben vom 11.05.2021, BStBl I 2021, 781 sowie vom 18.10.2021, BStBl I 2021, 2142). Damit unterliegt seit dem 01.01.2023 die Garantieleistung nicht mehr der Umsatzsteuer. Es muss aber beachtet werden, dass der Händler dann als „Versicherungsunternehmer" anzusehen ist und für die von ihm erbrachte Versicherungsleistung Versicherungsteuer berechnen und (beim BZSt) anmelden muss.

> **Tipp!** Lesen Sie zu den Auswirkungen für die Umsatzsteuer und für die Versicherungsteuer das BMF-Schreiben vom 11.05.2021.

> **Frage:** Unter welchen Voraussetzungen können Ärzte in sog. „Apparategemeinschaften" steuerfreie Umsätze ausführen und können auch andere Unternehmer von dieser Möglichkeit Gebrauch machen?

Antwort: Ärzte haben die Möglichkeit, über sog. Apparategemeinschaften (auch Kostengemeinschaften) zusammengeschlossen in einer Personengesellschaft steuerfreie Untersuchungsleistungen an die einzelnen Ärzte ausführen; bis 31.12.2019 war dies in § 4 Nr. 14 Buchst. d UStG geregelt, seit dem 01.01.2020 gleichlautend (aber erweitert) in § 4 Nr. 29 UStG. Voraussetzung ist, dass sich nur diese Berufsträger zusammenschließen (auch z.B. Krankenhäuser), Leistungen ausführen, die den heilkundlichen Zwecken der Ärzte dienen und die Personengesellschaft den Ärzten nur die anteiligen Kosten weiter berechnet. Dies ist für die Ärzte eine sinnvolle Möglichkeit, zusammengeschlossen z.B. Großgeräte zu betreiben und die Kosten nicht durch Umsatzsteuerbeträge zu erhöhen. Grundsätzlich war dies in Deutschland früher gesetzlich nur für Unternehmer so geregelt, die im heilkundlichen Bereich tätig waren. Die Bundesrepublik Deutschland ist vom EuGH wegen Vertragsverletzung verurteilt worden (EuGH, Urteil vom 21.09.2017, C-616/15 – Kommission/Deutschland, UR 2017, 792), weil dies eben nur für heilkundliche Leistungen so gesetzlich ermöglicht wurde. Allerdings können nicht alle Unternehmer solche steuerfreien Kostengemeinschaften bilden. Der EuGH (Urteil vom 21.09.2017, C-326/15 – DNB Banka, UR 2017, 806 sowie C-605/15 – Aviva, UR 2017, 801) hat in zwei weiteren Verfahren zu Banken und Versicherungen festgestellt, dass diese nach dem Unionsrecht kein Anrecht haben, solche steuerfreien Kostengemeinschaften zu bilden. Dies ist nach den unionsrechtlichen Vorgaben nur den Unternehmen vorbehalten, die nach Art. 132 MwStSystRL dem Gemeinwohl dienende steuerbefreite Leistungen ausführen. Durch das Gesetz zur weiteren steuerlichen Förderung der Elektromobilität ist zum 01.01.2020 in einem neuen § 4 Nr. 29 UStG geregelt worden, dass auch andere Unternehmer, die bestimmte steuerfreie Umsätze (nach § 4 Nr. 11b, Nr. 14 bis Nr. 18, Nr. 20 bis Nr. 25 oder Nr. 27 UStG) ausführen, solche Kostengemeinschaften bilden können, die dann steuerfreie Ausgangsleistungen gegenüber den Gemeinschaftern ausführen. Dies setzt aber voraus, dass die Steuerbefreiung nicht zu einer Wettbewerbsverzerrung führt.

> **Frage:** Bitte geben Sie für den folgenden Sachverhalt die umsatzsteuerrechtliche Lösung an: Ein Versicherungsvertreter hat ein Fahrzeug erworben, das er seinem Unternehmen zuordnet. Zwei Jahre später verkauft er das Fahrzeug an einen anderen Unternehmer.

Antwort: Beim Kauf des Fahrzeugs kann der Versicherungsvertreter dieses seinem Unternehmen zuordnen; soweit er das Fahrzeug ausschließlich für seine unternehmerischen Zwecke verwenden will, muss er das Fahrzeug seinem Unternehmen zuordnen (Zuordnungsgebot). Damit ist er nach § 15 Abs. 1 Satz 1 Nr. 1 UStG zum Vorsteuerabzug berechtigt. Da der Versicherungsvertreter aber nach § 4 Nr. 11 UStG steuerfreie Ausgangsumsätze ausführt, kann der Versicherungsvertreter den Vorsteuerabzug nach § 15 Abs. 2 Satz 1 Nr. 1 UStG nicht vornehmen. Eine Ausnahme nach § 15 Abs. 3 UStG liegt nicht vor. Der Verkauf zwei Jahre später ist eine steuerbare Lieferung, die der Unternehmer im Rahmen seines Unternehmens ausführt. Es handelt sich um ein sog. Hilfsgeschäft, das üblicherweise im Rahmen des Unternehmens ausgeführt wird, ohne selbst zu einer nachhaltigen Tätigkeit zu führen. Da der Versicherungsvertreter das Fahrzeug aber bisher ausschließlich für steuerfreie, den Vorsteuerabzug ausschließende Umsätze verwendet hat, ist der Verkauf des Fahrzeugs nach § 4 Nr. 28 UStG steuerfrei. Die Lieferung des Versicherungsvertreters ist damit steuerfrei, eine Optionsmöglichkeit ergibt sich nach § 9 Abs. 1 UStG für ihn nicht.

> **Frage:** Wäre Ihre Lösung entsprechend, wenn der Versicherungsvertreter nebenberuflich auch noch als Handelsvertreter tätig sein würde und dafür das Fahrzeug auch in geringfügigem Umfang verwenden würde?

Antwort: Nein, verwendet der Unternehmer das Fahrzeug auch für steuerpflichtige, den Vorsteuerabzug nicht ausschließende Umsätze, ist er in dem geringfügigen Umfang auch zum Vorsteuerabzug berechtigt. In diesem Fall kann der Verkauf des Fahrzeugs nach zwei Jahren nicht steuerfrei nach § 4 Nr. 28 UStG erfolgen. Allerdings ergibt sich nach Abschn. 4.28.1 Abs. 2 UStAE noch eine Vereinfachungsregelung der Finanzverwaltung. Danach kann der Unternehmer den Gegenstand, den er bis zu 5 % für den Vorsteuerabzug nicht ausschließende Umsätze verwendet, trotzdem nach § 4 Nr. 28 UStG steuerfrei verkaufen. Voraussetzung ist dafür aber, dass er dann auch auf den anteiligen Vorsteuerabzug verzichtet.

> **Tipp!** Sicher müssen Sie in der Prüfung nicht aus dem Kopf wissen, wo diese Vereinfachungsregelung genau geregelt ist. Aber der Inhalt dieser Vereinfachungsregelung sollte in einer mündlichen Prüfung schon geläufig sein.

> **Frage:** Wenn Sie davon ausgehen, dass der Versicherungsvertreter das Fahrzeug zu 7 % für den Vorsteuerabzug nicht ausschließende Zwecke verwendet, was ist in diesem Fall die umsatzsteuerrechtliche Lösung beim Verkauf des Fahrzeugs?

Antwort: In diesem Fall kann der Verkauf auch unter Anwendung einer Vereinfachungsregelung nicht mehr steuerfrei nach § 4 Nr. 28 UStG erfolgen. Der Verkauf ist damit insgesamt steuerpflichtig. Soweit der Verkauf aber innerhalb des maßgeblichen (hier maximal fünfjährigen) Vorsteuerberichtigungszeitraums erfolgt, ist eine Vorsteuerberichtigung nach § 15a Abs. 8 und Abs. 9 UStG vorzunehmen, da der Gegenstand durch den Verkauf jetzt, anders als zum Zeitpunkt des Leistungsbezugs beabsichtigt, als für vorsteuerabzugsberechtigende Umsätze verwendet gilt. Insoweit würde der Unternehmer nachträglich einen anteiligen Vorsteuerabzug aus dem Erwerb des Fahrzeugs erhalten, aber Umsatzsteuer aus der Veräußerung des Fahrzeugs abführen müssen.

Frage: Welche Rechtsfolge würde sich ergeben, wenn der Versicherungsvertreter das bisher ausschließlich für steuerfreie Versicherungsvertreterumsätze genutzte Fahrzeug an einen Unternehmer für dessen unternehmerische Zwecke nach Belgien verkaufen würde?

Antwort: Jetzt würden zwei verschiedene Steuerbefreiungsmöglichkeiten gleichzeitig zur Anwendung kommen. Einerseits würde es sich um eine steuerbefreite innergemeinschaftliche Lieferung nach § 4 Nr. 1 Buchst. b i.V.m. § 6a Abs. 1 UStG handeln. Andererseits würde aber auch eine Steuerbefreiung nach § 4 Nr. 28 UStG vorliegen. Interessant ist dies deshalb, da die Steuerbefreiung als innergemeinschaftliche Lieferung den Vorsteuerabzug nicht ausschließt und der Verkäufer deshalb eine Vorsteuerberichtigung (für drei Jahre) vornehmen könnte, da der Gegenstand auch in diesem Fall als bis zum Ende des Berichtigungszeitraums als für vorsteuerabzugsberechtigende Zwecke verwendet gilt. Die Steuerbefreiung nach § 4 Nr. 28 UStG schließt den Vorsteuerabzug aus, sodass in diesem Fall eine Vorsteuerberichtigung ausscheidet. Der EuGH (Urteil vom 07.12.2006, C-240/05 – Eurodental, BFH/NV Beilage 2007, 204) hat dazu entschieden, dass die spezielle Steuerbefreiung – hier § 4 Nr. 28 UStG – vorrangig vor der allgemeinen Steuerbefreiung ist. Damit scheidet eine Vorsteuerberichtigung aus.

Frage: Kennen Sie noch einen anderen Sachverhalt, nach dem ein Gegenstand steuerfrei nach § 4 Nr. 28 UStG verkauft werden kann?

Antwort: Ja, eine steuerfreie Lieferung nach § 4 Nr. 28 UStG kann auch dann gegeben sein, wenn der liefernde Unternehmer einen Gegenstand verkauft, bei dem er zum Zeitpunkt des Kaufs des Gegenstands nach § 15 Abs. 1a UStG nicht zum Vorsteuerabzug berechtigt gewesen war. So kann z.B. eine Motoryacht, die dem Unternehmen zugeordnet war, aber beim Leistungsbezug wegen § 15 Abs. 1a UStG nicht zum Vorsteuerabzug berechtigt hatte, im Rahmen eines Hilfsgeschäfts nach § 4 Nr. 28 UStG steuerfrei verkauft werden.

Tipp! Der Vorsteuerausschluss nach § 15 Abs. 1a UStG ergibt sich hier in Abhängigkeit von § 4 Abs. 5 Nr. 4 EStG.

Frage: Kann sich die Steuerbefreiung nach § 4 Nr. 28 UStG in dem von Ihnen genannten Fall auch ergeben, wenn der Gegenstand nicht verkauft, sondern für unternehmensfremde Zwecke (z.B. Schenkung an ein Familienmitglied) aus dem Unternehmen entnommen wird?

Antwort: Nein, wird der Gegenstand aus dem Unternehmen entnommen, muss zuerst geprüft werden, ob die Entnahme überhaupt steuerbar nach § 1 Abs. 1 Nr. 1 UStG ist. Die Entnahme ist nach § 3 Abs. 1b Satz 1 Nr. 1 UStG dann als Lieferung gegen Entgelt anzusehen, wenn der Gegenstand ganz oder teilweise zum Vorsteuerabzug berechtigt hatte (Ausschluss des § 3 Abs. 1b Satz 2 UStG). Da der Unternehmer beim Kauf der Motoryacht gerade wegen § 15 Abs. 1a UStG nicht zum Vorsteuerabzug berechtigt gewesen war, ist die Entnahme der Motoryacht nicht steuerbar nach § 1 Abs. 1 Nr. 1 UStG. Eine Steuerbefreiung ist demnach gar nicht mehr zu prüfen.

Problembereich 7: Steuer und Steuerentstehung

Frage: Unter welchen Voraussetzungen kann ein Taxifahrer bei seinen Fahrten den ermäßigten Steuersatz anwenden?

Antwort: Eine steuerbare und steuerpflichtige Fahrt mit dem Taxi unterliegt dem ermäßigten Steuersatz, wenn eine der Voraussetzungen nach § 12 Abs. 2 Nr. 10 Buchst. b UStG erfüllt ist. Danach ist die

Leistung begünstigt, wenn die Fahrt entweder im vollen Umfang in einer Gemeinde stattfindet oder wenn die Beförderungsstrecke nicht länger als 50 Kilometer ist. Liegt keine der beiden Möglichkeiten vor, muss die Beförderung mit dem Regelsteuersatz (derzeit 19 %) besteuert werden.

> **Frage:** Wie beurteilen Sie die Fahrt eines Taxifahrers, der einen Fahrgast im Inland aufnimmt, im Inland 30 Kilometer fährt und mit dem Fahrgast dann noch weitere 30 Kilometer in einem anderen Land zurücklegt?

Antwort: Nur der im Inland zurückgelegte Streckenanteil ist nach § 3b Abs. 1 UStG im Inland steuerbar. Da eine Steuerbefreiung nicht gegeben ist, liegt auch insoweit ein steuerpflichtiger Umsatz vor. Auf den im Inland zurückgelegten Streckenteil ist der ermäßigte Steuersatz anzuwenden. Zwar ist die Beförderungsstrecke insgesamt länger als 50 Kilometer, der inländische Streckenanteil beträgt aber nicht mehr als 50 Kilometer – maßgeblich ist hier nur der inländische Streckenanteil.

> **Tipp!** Dies ergibt sich aus Abschn. 12.14 Abs. 2 UStAE. Wahrscheinlich ist einem Prüfungsteilnehmer oder einer Prüfungsteilnehmerin in einer mündlichen Prüfung diese Regelung nicht unbedingt geläufig. Sie müssen sich dann an das Problem herantasten; eine systematische Ableitung des Problems kann hier helfen. Es ist der Prüfungskommission wichtig, dass ersichtlich ist, dass – und wie – Sie sich an ein Problem heranarbeiten und ob Sie die Problemstellung erkennen.

> **Frage:** Unter welchen Voraussetzungen ist der Steuersatz für die Lieferung von Gas oder Wärme abgesenkt? Welche Abgrenzungsprobleme ergeben sich dabei?

Antwort: Aufgrund der durch den Krieg gegen die Ukraine stark gestiegenen Energiekosten ist in der Zeit vom 01.10.2022 bis (voraussichtlich) 31.03.2024 die Lieferung von Gas über das Gasnetz und die Lieferung von Wärme über ein Wärmenetz nach § 28 Abs. 5 und Abs. 6 UStG mit 7 % zu besteuern. Die Lieferung von Gas ist auch dann begünstigt, wenn Heizgas mittels eines Tanklastwagens zum Kunden befördert wird. Bei der Lieferung von Wärme muss es sich nicht um eine Lieferung durch ein Fernwärmenetz handeln, es ist die Lieferung durch jede Art von Leitungsnetz und unabhängig von der Art der Wärmeerzeugung (Gas, Heizöl, Köhle, Biogasanlage, Holzpellets) mit dem ermäßigten Steuersatz begünstigt.

Probleme ergeben sich in diesen Fällen dadurch, dass es sich um sog. Sukzessivlieferungen handelt, die nicht zu einem Zeitpunkt ausgeführt werden, sondern über einen bestimmten Zeitpunkt erbracht werden. Die Steuer entsteht dann aber nach den Bedingungen, die im Moment der Jahresabrechnung vorliegen. Die Finanzverwaltung (BMF, Schreiben vom 25.10.2022, BStBl I 2022, 1455) hat hierzu verschiedene Vereinfachungsregelungen vorgegeben. Insbesondere kann der leistende Unternehmer zu den jeweiligen Änderungsstichtagen fiktive Teilleistungszeiträume einrichten und somit zu diesen Zeitpunkten stichtagsbezogene Abrechnungen erstellen.

> **Tipp!** Da davon auszugehen ist, dass die Steuersatzabsenkung zum 31.03.2024 enden wird, sollten Sie sich in der mündlichen Steuerberaterprüfung 2024 mit den sich zum 31.03.2024 ergebenden Übergangsproblemen beschäftigen. Dazu sollte das BMF-Schreiben vom 25.10.2022 gelesen werden.

> **Frage:** Noch eine ergänzende Frage dazu: Ein Bauunternehmer hat gegenüber einem Eigentümer eines Einfamilienhauses im Februar 2024 einen Hausgasanschluss errichtet. Mit welchem Steuersatz ist die Leistung abzurechnen?

Antwort: Aufgrund der Steuersatzabsenkung für die Lieferung von Gas durch ein Gasleitungsnetz ist auch die Herstellung eines Hausgasanschlusses (wie auch eines Hausfernwärmeanschlusses) mit dem ermäßigten Steuersatz zu besteuern, § 28 Abs. 5 i.V.m. § 12 Abs. 2 UStG. Obwohl es vielleicht nicht auf den ersten Blick einsichtig ist, hatte sich bei der Herstellung eines Haustrinkwasseranschlusses aufgrund langjähriger Rechtsstreitigkeiten die Anwendung des ermäßigten Steuersatzes ergeben (vgl. dazu auch zum Legen eines Hauswasseranschlusses BMF, Schreiben vom 04.02.2021, BStBl I 2021, 312). Die Finanzverwaltung hat deshalb schon von sich aus in dem Anwendungsschreiben zur Absenkung des Steuersatzes für die Gas- und Wärmelieferung auch den ermäßigten Steuersatz für die entsprechenden Hausanschlüsse geregelt.

> **Frage:** Bitte geben Sie in folgendem Fall an, wann bei dem leistenden Unternehmer die Umsatzsteuer entsteht. Es handelt sich um einen regelbesteuerten Unternehmer, der monatliche Voranmeldungen abgibt. Der Unternehmer hat den Auftrag übernommen, einen Rohbau zu errichten. Im Mai ist das erste Obergeschoss fertig und entsprechend stellt er eine Abschlagsrechnung über 100.000 € zuzüglich gesondert ausgewiesener Umsatzsteuer aus. Im Juni gehen bei dem Bauunternehmer 59.500 € ein (bei einem Regelsteuersatz von 19 %).

Antwort: Bei der Regelbesteuerung entsteht die Umsatzsteuer nach vereinbarten Entgelten. Die Umsatzsteuer entsteht mit Ablauf des Voranmeldungszeitraums, in dem die Leistung ausgeführt worden ist (§ 13 Abs. 1 Nr. 1 Buchst. a Satz 1 UStG). Die Leistung (Rohbau) wurde weder im Mai noch im Juni ausgeführt. Auch eine Teilleistung liegt im Mai oder Juni noch nicht vor. Da der Unternehmer aber vor Ausführung der Leistung schon eine Zahlung erhält, entsteht insoweit die Umsatzsteuer mit dem Zahlungszufluss (§ 13 Abs. 1 Nr. 1 Buchst. a Satz 4 UStG). Da der Unternehmer im Juni 59.500 € erhält, muss er aus diesem Betrag bei einem Regelsteuersatz von 19 % Umsatzsteuer herausrechnen. Damit entstehen mit Ablauf des Voranmeldungszeitraums Juni 9.500 € Umsatzsteuer.

> **Tipp!** In einer mündlichen Prüfung sollten Sie sich die Eckdaten von Fällen (Zahlen, Daten) kurz mit notieren. Dazu liegt während der mündlichen Prüfung in der Regel Papier bereit.

> **Frage:** Der leistende Unternehmer hat aber in seiner Anzahlungsrechnung schon 19.000 € ausgewiesen. Warum stellt dieses keinen unrichtigen Steuerausweis dar?

Antwort: Die Anforderung einer Anzahlung kann grundsätzlich keinen zu hohen (unrichtigen) Steuerausweis nach § 14c Abs. 1 UStG begründen, da die ausgewiesene Umsatzsteuer gerade dem Steuerbetrag entspricht, der für die Anzahlung entstehen soll. Darüber hinaus kann der Rechnungsempfänger die Umsatzsteuer erst dann abziehen, wenn er die Rechnung vorliegen hat und soweit er – bei einer Anzahlung – die Zahlung geleistet hat. Damit befinden sich Steuerentstehung und Vorsteuerabzug wieder im Gleichgewicht.

> **Frage:** Stellen Sie bitte an dem dargestellten Sachverhalt dar, unter welchen Voraussetzungen eine Teilleistung vorliegen kann.

Antwort: Eine Teilleistung liegt dann vor, wenn eine Gesamtleistung nach wirtschaftlicher Betrachtungsweise überhaupt teilbar ist und wenn zwischen den Vertragsparteien auch die Ausführung in Teilleistungen vereinbart worden war und dies dann auch so abgenommen und abgerechnet wird. Da der Bauunternehmer in dem Fall den Rohbau schuldet, muss geprüft werden, in welcher Form hier Teilleistungen vorliegen können. Einzelne Etagen bei der Errichtung eines Rohbaus stellen aber keine abgrenzbaren Teilleistungen dar, sodass selbst bei einer entsprechenden Vereinbarung keine Teilleistung vorliegen kann. Wenn der Unternehmer aber nicht nur den Rohbau, sondern die Erstellung des gesamten Gebäudes schulden würde, könnte in der Errichtung des Rohbaus eine Teilleistung gesehen werden. Diese Leistung ist wirtschaftlich abgrenzbar. Entscheidend wäre dann, ob die Vertragsparteien auch Teilleistungen vereinbart hätten. Es müsste dann auch entsprechend verfahren werden, d.h. der Leistungsempfänger müsste den Teil der Leistung entsprechend der Vereinbarung abnehmen.

> **Tipp!** Trennen Sie die beiden Voraussetzungen! Die Frage der wirtschaftlichen Teilbarkeit ist nach objektiven Kriterien zu prüfen. Ob auch Teilleistungen vereinbart worden sind, ist dagegen immer individuell aus dem Vertrag oder den Vereinbarungen und der tatsächlichen Durchführung zu entnehmen. Die Abgrenzung von Teilleistungen ist immer bei Steuersatzänderungen von Bedeutung.

> **Frage:** Kommen wir zu einem anderen Fall. Der Generalunternehmer B hat den Auftrag übernommen, an einem Gebäude in Singen die Fassade zu dämmen und neu zu streichen. Dazu beauftragt er den Gerüstbauer G aus Schaffhausen (CH) mit dem Aufbau eines Gerüsts und den Malermeister M aus Stuttgart (DE) mit den Dämm- und Malerarbeiten. Bitte beurteilen Sie diese an B ausgeführten Umsätze.

> **Tipp!** Wegen der wirtschaftlichen Bedeutung des Reverse-Charge-Verfahrens und der in den letzten Jahren kontinuierlich ausgebauten Anwendungsfälle muss in einer mündlichen Prüfung immer mit solchen Fällen der Übertragung der Steuerschuldnerschaft gerechnet werden.

Antwort: Der Gerüstbauer G ist Unternehmer, der im Inland eine steuerbare und steuerpflichtige sonstige Leistung ausführt – es handelt sich um eine Leistung i.Z.m. einem Grundstück nach § 3a Abs. 3 Nr. 1 UStG. Da es sich bei G um einen ausländischen Unternehmer nach § 13b Abs. 7 UStG handelt, wird der Leistungsempfänger B nach § 13b Abs. 2 Nr. 1 i.V.m. Abs. 5 Satz 1 UStG zum Steuerschuldner für die ihm gegenüber ausgeführte Leistung. B muss die Umsatzsteuer auf den an den G bezahlten Betrag heraufrechnen und bei seinem Finanzamt anmelden. Da er zum Vorsteuerabzug berechtigt sein dürfte, kann er diesen Betrag im selben Voranmeldungszeitraum als Vorsteuer nach § 15 Abs. 1 Satz 1 Nr. 4 UStG abziehen.

Malermeister M ist ebenfalls Unternehmer, der im Inland eine steuerbare und steuerpflichtige Werklieferung nach § 3 Abs. 4 UStG ausführt (es ist davon auszugehen, dass das Dämmmaterial insoweit qualitativ für die Leistung prägend ist). Da hier eine Bauleistung vorliegt, handelt es sich um eine ebenfalls unter § 13b UStG fallende Leistung, hier § 13b Abs. 2 Nr. 4 UStG. Da der Leistungsempfänger ein bauleistender Unternehmer nach § 13b Abs. 5 Satz 2 UStG ist (er führt selbst als Generalunternehmer „Bauleistungen" an Dritte aus und wird auch über eine entsprechende Bescheinigung – USt 1 TG – verfügen), wird B zum Steuerschuldner für die ihm gegenüber ausgeführte Leistung. B muss auf den Zahlbetrag die Umsatzsteuer heraufrechnen, gegenüber seinem Finanzamt anmelden und hat wiederum den Vorsteuerabzug.

> **Tipp!** Beachten Sie den Unterschied zwischen einem Bauträger (liefert Grundstücke, die er regelmäßig auf eigenen Grundstücken errichtet) und einem Generalunternehmer (errichtet regelmäßig Gebäude auf Grundstücken, die dem Leistungsempfänger gehören – er erbringt Werklieferungen). Die Leistungen eines Bauträgers sind keine „Bauleistungen" i.S.d. § 13b Abs. 2 Nr. 4 Satz 1 UStG, sodass der Bauträger als Leistungsempfänger für Bauleistungen die Umsatzsteuer nur schuldet, wenn er neben seinen Bauträgerumsätzen wenigstens noch 10 % seiner weltweit ausgeführten Umsätze im Bereich von Bauleistungen ausführt.

> **Frage:** Würde sich an Ihrer Lösung etwas ändern, wenn es sich bei dem Gerüstbauer um einen Unternehmer aus Deutschland handeln würde?

Antwort: Ja, die Lösung wäre anders. Es würde sich bei der Leistung des G weiterhin um einen steuerbaren und steuerpflichtigen Umsatz handeln. Allerdings würde B nicht mehr zum Steuerschuldner nach § 13b UStG werden, da zwar B weiterhin bauleistender Unternehmer nach § 13b Abs. 5 Satz 2 UStG ist, die Leistung des Gerüstbauers aber keine Bauleistung i.S.d. Vorschrift ist (vgl. Abschn. 13b.2 Abs. 6 Nr. 9 UStAE). Damit würde G Steuerschuldner für die von ihm ausgeführte Leistung sein. Soweit eine ordnungsgemäße Rechnung nach § 14 UStG vorliegt, könnte B den Vorsteuerabzug aus dieser Rechnung geltend machen.

Frage: Kennen Sie noch weitere Regelungen, bei denen die Steuerschuldnerschaft auf den Leistungsempfänger in Abhängigkeit der Ausgangsumsätze des Leistungsempfängers übergeht?

Antwort: Ja, die Übertragung der Steuerschuldnerschaft auf den Leistungsempfänger ist durch § 13b Abs. 2 Nr. 8 UStG bei der Reinigung von Gebäuden und Gebäudeteilen mit in das Reverse-Charge-Verfahren aufgenommen worden. Allerdings erfolgt die Übertragung der Steuerschuldnerschaft auf den Leistungsempfänger nur dann, wenn er selbst Unternehmer ist, der solche Leistungen am Markt ausführt. Die Steuerschuldnerschaft geht dabei dann auf den Leistungsempfänger über, wenn er im vorangegangenen Kalenderjahr mindestens 10 % seiner weltweit ausgeführten Leistungen im Bereich von Gebäudereinigungsleistungen ausgeführt hat. Dazu muss der Leistungsempfänger dem leistenden Unternehmer nachweisen, dass er ein solcher Unternehmer ist. Dies erfolgt durch ein Formular (USt 1 TG), mit dem die Finanzverwaltung dem Leistungsempfänger die Gebäudereinigereigenschaft bestätigt. Entsprechendes gilt seit dem 01.01.2020 für Unternehmer, die Telekommunikationsdienstleistungen an Unternehmer erbringen, die diese Telekommunikationsdienstleistungen als Wiederverkäufer am Markt verkaufen (§ 13b Abs. 1 Nr. 12 i.V.m. § 13b Abs. 5 Satz 6 UStG). Die Eigenschaft des Leistungsempfängers als ein solcher „Wiederverkäufer" wird in der Praxis mit dem Formular USt 1 TQ nachgewiesen.

Frage: Sie hatten die Regelung zur Übertragung der Steuerschuldnerschaft bei Telekommunikationsdienstleistungen angesprochen. Wie würden Sie den Fall lösen, wenn ein Vermieter mit einem Telekommunikationsdienstleister einen Vertrag über die Versorgung des Hauses mit Breitbandanschluss abgeschlossen hat und er seinen Mietern diese Kosten in der Nebenkostenabrechnung weiterbelastet?

Die Bereitstellung des Breitbandanschlusses stellt eine Telekommunikationsdienstleistung dar und könnte damit unter den Anwendungsbereich des § 13b Abs. 2 Nr. 12 UStG fallen. Der Leistungsempfänger – der Vermieter – könnte auch ein Unternehmer sein, der nach § 13b Abs. 5 Satz 6 UStG diese Leistungen selbst wieder für Telekommunikationsdienstleistungen verwendet. Die Finanzverwaltung (BMF, Schreiben vom 02.05.2022, BStBl I 2022, 736; vgl. auch Abschn. 13b.7b Abs. 7 UStAE) hat dazu aber festgestellt, dass in diesem Fall nicht von einem unter das Reverse-Charge-Verfahren fallenden Sachverhalt auszugehen ist. Dies gilt auch dann, wenn der Vermieter gegenüber seinen Mietern zulässigerweise auf die Steuerbefreiung verzichtet hat (dies ist aber nur bei Vermietungen an einen Unternehmer für dessen Unternehmen möglich).

Tipp! Eine vergleichbare Regelung ist auch für Wohnungseigentümergemeinschaften aufgenommen worden, die nach § 4 Nr. 13 UStG steuerfreie (oder durch Option steuerpflichtige) Leistungen gegenüber den Wohnungseigentümern ausführen, Abschn. 13b.7b Abs. 8 UStAE.

Frage: Regelt § 13b UStG nur die Frage der Steuerschuldnerschaft oder noch weitere Rechtsfragen?

Antwort: § 13b UStG ist nicht nur die Rechtsvorschrift zur Ermittlung des Steuerschuldners, sondern regelt in diesen Fällen auch den Zeitpunkt der Steuerentstehung. Dabei muss unterschieden werden, nach welcher Rechtsvorschrift die Steuerschuld auf den Leistungsempfänger übergeht. Wird in Deutschland eine sonstige Leistung von einem in einem anderen Mitgliedstaat ansässigen Unternehmer nach § 3a Abs. 2 UStG an einen Unternehmer für sein Unternehmen ausgeführt, entsteht die Umsatzsteuer beim Leistungsempfänger immer nach § 13b Abs. 1 UStG mit Ablauf des Voranmeldungszeitraums, in dem die Leistung ausgeführt worden ist. Wann die Rechnung ausgestellt wurde, ist in diesem Fall nicht von Bedeutung. In allen anderen Fällen des Reverse-Charge-Verfahrens – die dann alle in § 13b Abs. 2 UStG aufgeführt sind – entsteht die Umsatzsteuer nach § 13b Abs. 2 UStG mit Ausstellung der Rechnung, spätestens aber mit Ablauf des der Leistung folgenden Monats.

> **Frage:** Wenn § 13b Abs. 2 UStG den Zeitpunkt der Steuerentstehung regelt, § 13b Abs. 5 UStG aber den Steuerschuldner bestimmt, kann dann die Steuerentstehung in den in § 13b Abs. 2 UStG genannten Fällen auch mit Ausstellung der Rechnung entstehen, wenn der Leistungsempfänger nicht zum Steuerschuldner für die ihm gegenüber ausgeführte Leistung nach Abs. 5 der Regelung wird?

Antwort: Nein, obwohl es sich nicht eindeutig aus dem Wortlaut des Gesetzes ergibt, besteht hier ein systematischer Zusammenhang zwischen der Steuerschuldnerschaft und dem Zeitpunkt der Steuerentstehung. Nur in den Fällen, in denen der Leistungsempfänger zum Steuerschuldner nach § 13b UStG wird, kann die Steuer auch nach den Vorgaben der Vorschrift entstehen.

> **Tipp!** Hier handelt es sich um einen nicht sehr gelungenen Gesetzesaufbau, in einer mündlichen Prüfung ist es sicher ausreichend, wenn zumindest das systematische Problem beschrieben wird, trauen Sie sich in solchen Grenzfällen auch einmal eine eigene Meinung zu!

> **Frage:** Welche Rechtsfolge ergibt sich bei einer ausgeführten Bauleistung an einen Unternehmer, der selbst bauleistender Unternehmer im Sinne der gesetzlichen Regelung ist, wenn die Leistung von einem Kleinunternehmer ausgeführt wird?

Antwort: In diesem Fall würde der Leistungsempfänger nicht zum Steuerschuldner nach § 13b UStG werden. Ist der leistende Unternehmer ein Kleinunternehmer, ist nach § 13b Abs. 5 Satz 9 UStG der Leistungsempfänger grundsätzlich nicht der Steuerschuldner.

> **Tipp!** Achten Sie aber bitte darauf, dass die Kleinunternehmereigenschaft nach § 19 Abs. 1 UStG einen im Inland ansässigen Unternehmer voraussetzt. Damit kann diese Ausnahmeregelung nie Anwendung finden, wenn es sich um eine steuerpflichtige Werklieferung oder sonstige Leistung eines ausländischen Unternehmers handelt.

> **Frage:** Zum Abschluss wollen Sie bitte noch den folgenden Sachverhalt umsatzsteuerlich würdigen: Steuerberater S fährt mit der Eisenbahn von Berlin zu einem Mandanten in Dresden. In dem Zug, der in Berlin gestartet war, isst er in dem tschechischen Speisewagen zu Abend. In Dresden übernachtet S in dem Bahnhofshotel für pauschal 100 € inklusive Frühstück.

Antwort: Hier ergeben sich zwei unterschiedliche Sachverhalte: S bekommt in dem Zug eine sonstige Leistung von einem anderen Unternehmer. Der Ort der Restaurationsleistung bestimmt sich nach § 3e Abs. 1 UStG und ist dort, wo der Zug gestartet ist. Die Leistung ist damit in Berlin ausgeführt und in Deutschland steuerbar und auch nicht steuerfrei. Da der leistende Unternehmer ein ausländischer Unternehmer nach § 13b Abs. 7 UStG ist, würde eigentlich S zum Steuerschuldner nach § 13b Abs. 2 Nr. 1 i.V.m. Abs. 5 Satz 1 UStG werden. Allerdings ist in § 13b Abs. 6 Nr. 6 UStG eine Ausnahme von der Umkehr der Steuerschuldnerschaft geregelt, sodass S nicht zum Steuerschuldner wird. Die Umsatzsteuer für die Restaurationsleistung schuldet der tschechische Betreiber. In der Zeit vom 01.07.2020 bis 31.12.2023 fiel für die Speisen aber nur der ermäßigte Steuersatz nach § 12 Abs. 2 Nr. 15 UStG an (soweit die Ausnahmeregelung nicht noch über den 31.12.2023 hinaus verlängert wird); dies gilt nicht für die Getränke.

Bei der Übernachtungsleistung entsteht gegenüber dem S aufgrund einer steuerbaren und steuerpflichtigen Leistung Umsatzsteuer, eine Steuerbefreiung als Grundstücksvermietung kommt nicht infrage, da es sich um eine kurzfristige Vermietung zu Beherbergungszwecken handelt. Die Übernachtungsleistung ist aber nach § 12 Abs. 2 Nr. 11 Satz 1 UStG dem ermäßigten Steuersatz zu unterwerfen. Nach der gesetzlichen Regelung gilt dies aber nur für die Übernachtung und nicht für die Frühstücksleistung (§ 12 Abs. 2 Nr. 11 Satz 2 UStG – Aufteilungsgebot). Damit muss – auch bei einem Pauschalpreis – ein angemessener Anteil für das Frühstück heraus gerechnet werden, der dann zum Teil dem Regelsteuersatz unterliegt. In der Zeit der Steuersatzabsenkung für die Restaurant- und Verpflegungsdienstleistungen (§ 12 Abs. 2 Nr. 15 UStG vom 01.07.2020 bis 31.12.2023; soweit die Ausnahmeregelung nicht über den 31.12.2022 hinaus verlängert wird) unterlag der Teil des Frühstücks dem ermäßigten Steuersatz, der auf die Speisen entfällt. Die Getränke sind nicht ermäßigt besteuert. Die Finanzverwaltung beanstandet es aber nicht, wenn in diesen Fällen pauschal 30 % des Gesamtentgelts für die Getränke angesetzt wird (vgl. BMF, Schreiben vom 02.07.2020).

> **Tipp!** Der Unternehmer kann hier auch die sog. Servicepauschale zum Ansatz bringen und alle in einem Hotel zum Regelsteuersatz ausgeführten Leistungen pauschal – in der Zeit vom 01.07.2020 bis 30.12.2022 – mit 15 % des Gesamtentgelts ansetzen (vgl. Abschn. 12.16 Abs. 12 UStAE).
> Ob das sog. Aufteilungsgebot in diesem Fall aber unionsrechtlich haltbar ist, ist zumindest nach einem Urteil des EuGH (Urteil vom 04.05.2023, C-516/21 – Y) fraglich. In dem Verfahren ging es um das andere „gesetzliche" Aufteilungsgebot bei der Vermietung von Immobilien und Betriebsvorrichtungen. Welche Auswirkungen sich daraus für das Aufteilungsgebot im Hotelgewerbe ergeben wird, muss abgewartet werden. Es sind verschiedene Verfahren beim BFH in dieser Frage anhängig. So hatte der BFH (Beschluss vom 07.03.2022, XI B 2/21, BFH/NV 2022, 789) einem Hotelier Aussetzung der Vollziehung gewährt. Sie müssen hier bis zu Ihrer Prüfung aktuell bleiben.

Problembereich 8: Vorsteuer und Vorsteuerberichtigung

> **Frage:** § 15 Abs. 1 UStG enthält mehrere Anspruchsgrundlagen für den Vorsteuerabzug. Braucht der Unternehmer in jedem Fall eine ordnungsgemäße Rechnung, um den Vorsteuerabzug vornehmen zu können?

Antwort: Nein, die ordnungsgemäße Rechnung ist nur dann Voraussetzung, wenn der Unternehmer eine Leistung erhält, für die der leistende Unternehmer die Umsatzsteuer schuldet (§ 15 Abs. 1 Satz 1 Nr. 1 UStG). Insbesondere in den Fällen, in denen sich eine Vorsteuerabzugsberechtigung nach einem innergemeinschaftlichen Erwerb oder bei der Steuerschuld des Leistungsempfängers nach § 13b UStG ergibt, braucht der Leistungsempfänger überhaupt keine Rechnung zu haben, deshalb kann sich bei einer nicht ordnungsgemäßen Rechnung kein Ausschluss des Vorsteuerabzugs ergeben.

> **Frage:** Ist in den Fällen des § 15 Abs. 1 Satz 1 Nr. 1 UStG auch immer eine ordnungsgemäße Rechnung notwendig oder ist ein Vorsteuerabzug auch ohne vollständig zutreffende Rechnung denkbar?

Antwort: Nach der nationalen Regelung in § 15 Abs. 1 Satz 1 Nr. 1 UStG muss eine ordnungsgemäße Rechnung nach § 14 und § 14a UStG vorliegen. Dies könnte unter den Voraussetzungen des § 33 UStDV auch eine Kleinbetragsrechnung (seit dem 01.01.2017 bis zu einem Grenzbetrag von 250 €)

sein. Der EuGH sieht in den Rechnungsvorgaben nur formale Voraussetzungen, die den Vorsteuerabzug dann nicht ausschließen sollen, wenn die materiell-rechtlichen Voraussetzungen eindeutig vorliegen. Allerdings ergeben sich aus der bisherigen Rechtsprechung des EuGH keine belastbaren Aussagen, unter welchen Voraussetzungen bei einer formal nicht ordnungsgemäßen Rechnung der Unternehmer trotzdem den Vorsteuerabzug vornehmen kann. Der BFH hat allerdings festgestellt, dass die Rechnung in den Fällen des § 15 Abs. 1 Satz 1 Nr. 1 UStG eine zwingende Ausübungsvoraussetzung für den Vorsteuerabzug ist (BFH, Urteil vom 12.03.2020, V R 48/17, BStBl II 2020, 604).

Es ist auch zu beachten, dass die Frage der ordnungsgemäßen Rechnung einem steten Wandel in der Rechtsprechung unterworfen ist. So war in einem Verfahren, in dem es um die Rechnungsanschrift ging, strittig, ob in einer ordnungsgemäßen Rechnung als Anschrift jede Adresse ausreichend ist, die eine postalische Erreichbarkeit ermöglicht. Nachdem der EuGH (Urteil vom 15.11.2017, C-374/16 – Rochus Geissel und C-375/16 – Igor Butin, BFH/NV 2018, 374 sowie nachfolgend der BFH, Urteil vom 21.06.2018, V R 25/15, BStBl II 2018, 809 und Urteil vom 13.06.2018, XI R 20/14, BStBl II 2018, 800) die in den Verfahren fraglichen Rechnungsadressen als ordnungsgemäße Rechnungsangaben angesehen hatte, hat die Finanzverwaltung dies mittlerweile auch so umgesetzt.

> **Tipp!** In weiteren Verfahren musste sich der BFH mit der ordnungsgemäßen Leistungsbeschreibung in Rechnungen auseinandersetzen. In verschiedenen Revisionsverfahren – in denen es um Sammelbezeichnungen wie „Hose, Bluse, Pulli" ging – hat der BFH (Urteile vom 10.07.2019, XI R 28/18, BStBl II 2021, 961; XI R 2/18, BFH/NV 2020, 238 und XI R 27/18, BFH/NV 2020, 242) im Wesentlichen festgestellt, dass der Zusatz „handelsüblich" keine Verschärfung der Voraussetzungen für die ordnungsgemäße Leistungsbeschreibung darstellen soll. Es genügt jede Bezeichnung der Art der gelieferten Gegenstände den formellen Anforderungen, die unter die unionsrechtliche Definition von „Menge und Art der gelieferten Gegenstände" fallen. Deshalb muss jeweils im Einzelfall entschieden werden, ob die in den Rechnungen enthaltenen Angaben „marktüblich" sind. Dabei muss auf die jeweilige übliche Bezeichnung dieser Handelsstufe abgestellt werden. So kann z.B. die handelsübliche Bezeichnung aus B2C-Verkäufen nicht herangezogen werden, um Großhandelsrechnungen im B2B-Bereich zu beurteilen. Nach Auffassung des BFH muss die Frage der Handelsüblichkeit gegebenenfalls unter Zuhilfenahme eines Gutachters beurteilt werden.

> **Frage:** Welche Formen von Rechnungen kennen Sie?

Antwort: Zuerst muss unterschieden werden, wer die Rechnung ausstellt. Normalerweise stellt der leistende Unternehmer das Abrechnungspapier aus. Es kann aber auch sein, dass der Leistungsempfänger die Rechnung ausstellt. In diesem Fall wird von einer „Gutschrift" gesprochen (§ 14 Abs. 2 Satz 2 UStG). Diese Unterscheidung ist wichtig, da der Begriff der „Gutschrift" auf einer ordnungsgemäßen Rechnung mit angegeben sein muss, wenn der Leistungsempfänger das Abrechnungspapier ausstellt, § 14 Abs. 4 Satz 1 Nr. 10 UStG. Bei den Rechnungen kann aber auch noch in die Kleinbetragsrechnung und die „normale" Rechnung unterschieden werden. Eine Kleinbetragsrechnung liegt nach § 33 UStDV vor, wenn der Gesamtbetrag der Rechnung nicht mehr als 250 € beträgt. In diesen Fällen brauchen nicht alle normalen Rechnungsangaben in der Rechnung angegeben werden, um zu einer ordnungsgemäßen Rechnung nach § 15 Abs. 1 Satz 1 Nr. 1 UStG zu führen.

> **Tipp!** Beachten Sie, dass in der Praxis häufig der Begriff der Gutschrift – fälschlicherweise – in einem anderen Zusammenhang verwendet wird: Als „Gutschrift" wird danach die Berichtigung einer Rechnung bezeichnet, wenn dem Kunden ein „Betrag gutgeschrieben" wird (sog. kaufmännische Gutschrift). Dies ist aber keine Gutschrift im umsatzsteuerrechtlichen Sinne; Gutschrift ist immer nur die vom Leistungsempfänger ausgestellte Rechnung.

Frage: Wann kann ein Unternehmer den Vorsteuerabzug vornehmen, wenn die Leistung oder eine Teilleistung ausgeführt worden ist?

Antwort: Nach den derzeitigen nationalen Regelungen kann der Vorsteuerabzug nach § 15 Abs. 1 Satz 1 Nr. 1 Satz 1 und Satz 2 UStG vorgenommen werden, wenn die Leistung ausgeführt worden ist oder eine Teilleistung ausgeführt worden ist und die ordnungsgemäße Rechnung dafür vorliegt. Auf die Zahlung kommt es dann nicht an. Dies entspricht aber nicht den unionsrechtlichen Vorgaben. Der EuGH (EuGH, Urteil vom 10.02.2022, C-9/20 – Grundstücksgemeinschaft Kollaustraße, BFH/NV 2022, 399) hatte in einem Fall, in dem der leistende Unternehmer die Istbesteuerung (Besteuerung nach vereinnahmten Entgelten) vorgenommen hatte, die Vorsteuerabzugsberechtigung beim Leistungsempfänger erst mit dessen Zahlung angenommen. Dies entspricht auch Art. 167 MwStSystRL, da danach die Vorsteuerabzugsberechtigung erst vorliegt, wenn die Umsatzsteuer (beim leistenden Unternehmer) entstanden ist. Dazu müsste aber erst in Deutschland eine Anpassung in § 14 und § 15 UStG vorgenommen werden.

Tipp! Behalten Sie solche aktuellen Entwicklungen im Blick. Es kann sein, dass der Gesetzgeber zeitnah reagiert. In diesem Fall müsste aber nicht nur § 15 UStG an die Vorgaben des Art. 167 MwStSystRL angepasst werden, auch in § 14 Abs. 4 Satz 1 UStG müsste eine Ergänzung vorgenommen werden, da der leistende Unternehmer auf die von ihm angewandte Istbesteuerung hinweisen muss, damit der Leistungsempfänger den Vorsteuerabzug korrekt umsetzen kann (vgl. dazu auch Art. 226 Nr. 7a MwStSystRL).

Frage: Eine Privatperson aus Deutschland hat im Januar ein Fahrzeug fabrikneu für 50.000 € zuzüglich Umsatzsteuer erworben. Da ihr das Fahrzeug nicht gefiel, verkaufte sie das Fahrzeug noch im April an eine Privatperson nach Belgien für insgesamt 40.000 €. Welche umsatzsteuerrechtlichen Folgen ergeben sich in Deutschland für den Verkäufer?

Antwort: Bei dem verkauften Fahrzeug handelt es sich um ein neues Fahrzeug nach § 1b UStG, da seit der ersten Inbetriebnahme nicht mehr als sechs Monate vergangen sind. Die Privatperson ist nicht Unternehmer nach § 2 Abs. 1 UStG, wird aber, wenn sie ein neues Fahrzeug i.S.d. § 1b UStG liefert, nach § 2a UStG wie ein Unternehmer behandelt. Damit erbringt sie eine im Inland nach § 3 Abs. 6 Satz 1 UStG ausgeführte Lieferung, die nach § 1 Abs. 1 Nr. 1 UStG steuerbar ist. Die Lieferung ist nach § 4 Nr. 1 Buchst. b i.V.m. § 6a Abs. 1 Satz 1 Nr. 1, Nr. 2 Buchst. c und Nr. 3 UStG als innergemeinschaftliche Lieferung steuerfrei. Bei der Lieferung eines neuen Fahrzeugs kommt es auch nicht darauf an, dass der Abnehmer ein Unternehmer ist, auch muss hier keine USt-IdNr. des Leistungsempfängers vorliegen. Die steuerfreie Lieferung schließt nach § 15 Abs. 2 Satz 1 Nr. 1 i.V.m. § 15 Abs. 3 Nr. 1 UStG den Vorsteuerabzug nicht aus. Für die Lieferung eines solchen neuen Fahrzeugs sind aber in § 15 Abs. 4a UStG bestimmte Beschränkungen aufgenommen worden. So darf nur die Umsatzsteuer aus dem Kauf des Fahrzeugs – nicht aber aus den bisherigen laufenden Betriebskosten oder aus Verkaufskosten – als Vorsteuer abgezogen werden. Außerdem ist der Vorsteuerabzug auf den Betrag begrenzt, der sich als Umsatzsteuer ergeben würde, wenn der Verkauf des Fahrzeugs nicht steuerfrei wäre. Würde das Fahrzeug nicht steuerfrei verkauft werden, wären auf 40.000 € (bei einem Regelsteuersatz von 19 %) Umsatzsteuer i.H.v. 7.600 €, entfallen. Diesen Vorsteuerbetrag kann der Verkäufer, aber erst im Monat des Verkaufs – also im April – geltend machen.

Tipp! Soweit zwischen erster Inbetriebnahme und dem Verkauf nicht mehr als sechs Monate vergangen sind, kommt es auf die Kilometerlaufleistung des Fahrzeugs nicht an. Nur wenn mehr als sechs Monate vergangen wären, müsste geprüft werden, ob das Fahrzeug mehr als 6.000 Kilometer zurückgelegt hatte.

> **Frage:** Wonach bestimmt sich der Umfang der Vorsteuerabzugsberechtigung, wenn ein Unternehmer einen Gegenstand für sein Unternehmen erwirbt?

Antwort: Wenn ein Unternehmer einen Gegenstand für sein Unternehmen erwirbt, muss er feststellen, ob er den Gegenstand für zum Vorsteuerabzug berechtigende oder nicht zum Vorsteuerabzug berechtigende Umsätze verwenden will. Dabei kommt es auf die Verwendungsabsicht zum Zeitpunkt des Leistungsbezugs an. Entsprechend dieser Verwendungsabsicht ergibt sich dann der Vorsteuerabzug. Will der Unternehmer den Gegenstand zum Zeitpunkt des Leistungsbezugs sowohl für zum Vorsteuerabzug berechtigende als auch für zum Vorsteuerabzug nicht berechtigende Leistungen verwenden, muss er entsprechend dieser Verwendungsabsicht den Vorsteuerbetrag nach § 15 Abs. 4 UStG aufteilen.

> **Frage:** Welchen Vorsteuerabzug kann der Unternehmer vornehmen, der eine Leistung für eine unentgeltliche Wertabgabe nach § 3 Abs. 1b oder § 3 Abs. 9a UStG erwirbt?

Antwort: Nach der Rechtsprechung des BFH ist der Vorsteuerabzug nach § 15 Abs. 1 UStG auf die Sachverhalte begrenzt, in denen der Unternehmer Leistungen für seine wirtschaftliche Tätigkeit bezieht (BFH, Urteil vom 13.01.2011, V R 12/08, BStBl II 2012, 61 sowie BFH, Urteil vom 09.12.2010, V R 17/10, BStBl II 2012, 53; vgl. auch Abschn. 15.15 UStAE). Wenn der Unternehmer Leistungen bezieht, um sie für solche unentgeltlichen Ausgangsleistungen zu verwenden, ergibt sich kein Bezug für das Unternehmen. Wenn aber die Leistungen nicht für die wirtschaftliche Tätigkeit des Unternehmens bezogen wurden, kann auch keine Besteuerung einer Ausgangsleistung erfolgen. Die Finanzverwaltung hatte ausführlich (BMF, Schreiben vom 02.01.2012, BStBl I 2012, 60 sowie BMF, Schreiben vom 02.01.2014, BStBl I 2014, 119) dazu Stellung genommen und dies zum 01.01.2013 umgesetzt.

> **Tipp!** Der EuGH hat allerdings in einem Verfahren (EuGH, Urteil vom 16.09.2020, C-528/19 – Mitteldeutsche Hartstein Industrie, UR 2020, 840) entschieden, dass dem Steuerpflichtigen der Vorsteuerabzug zusteht, wenn er Leistungen bezieht, um mittelbar seine unternehmerische Betätigung zu ermöglichen. Es liegt auch keine unentgeltliche Wertabgabe vor, wenn die Eingangsleistung für das Unternehmen erforderlich und die Kosten der Eingangsleistung (kalkulatorisch) im Preis der getätigten Ausgangsumsätze enthalten sind und der Vorteil des Dritten – hier der Allgemeinheit – allenfalls nebensächlich ist. Wenn keine Gefahr eines unversteuerten Letztverbrauchs besteht, kann es auch nicht zu einer Wertabgabe nach § 3 Abs. 1b Satz 1 Nr. 3 UStG kommen (BFH, Urteil vom 16.12.2020, XI R 26/20, BFH/NV 2021, 896).

> **Frage:** Kann der Unternehmer aus einem Gegenstand, den er selbst vor Aufnahme seiner unternehmerischen Betätigung mit Umsatzsteuer erworben hatte und den er dann später in sein Unternehmen eingelegt hat, den Vorsteuerabzug anteilig vornehmen?

Antwort: Nach der derzeitigen Rechtslage kann der Unternehmer einen Vorsteuerabzug weder nach § 15 noch nach § 15a UStG vornehmen. Ein Vorsteuerabzug setzt voraus, dass der Unternehmer zu dem Zeitpunkt, zu dem er den Gegenstand erworben hat, diesen auch seinem bestehenden Unternehmen zuordnen kann. Wenn er im Moment des Erwerbs noch nicht Unternehmer ist, kann er die Leistung aber nicht seinem Unternehmen zuordnen. Allerdings ist hier seit einem Urteil des EuGH (Urteil vom 25.07.2018, C-140/17 – Gmina Ryjewo, UR 2018, 687) eine neue Diskussion entstanden. Unter dem Stichwort der „Einlagenentsteuerung" hatte die Generalanwältin beim EuGH es für mit dem Neutralitätsgrundsatz kaum vereinbar bezeichnet, dass ein Unternehmer zwar bei der Entnahme eines Gegenstands eine Besteuerung vornehmen muss, bei einer Einlage aber nicht anteilig von der früher entrichteten Umsatzsteuer entlastet wird. Momentan kann aber daraus noch keine Konsequenz im Besteuerungsverfahren gezogen werden.

Frage: Der Vorsteuerabzug ist für Unternehmer ausgeschlossen, die steuerfreie Ausgangsleistungen ausführen. Wie ist es aber bei einem Unternehmer, der gegenüber einem Betreiber einer Photovoltaikanlage den Nullsteuersatz nach § 12 Abs. 3 UStG anwendet. Hat er für seine Vorbezüge einen Vorsteuerabzug?

Antwort: Ja, gerade aus diesem Grund ist die Steuerfreistellung für die Betreiber der Photovoltaikanlagen über § 12 Abs. 3 UStG über den Nullsteuersatz vorgenommen worden. Es hätte auch theoretisch eine Steuerbefreiung in diesem Bereich aufgenommen werden können, obwohl die unionsrechtliche Vorgabe ebenfalls einen Nullsteuersatz vorsieht. Bei einer Steuerbefreiung in diesem Bereich hätte sich dann aber ein Problem für die Vorsteuerabzugsberechtigung des leistenden Unternehmers ergeben. Da der leistende Unternehmer aber nach der gewählten Konzeption eine steuerbare und steuerpflichtige Ausgangsleistung ausführt, hat er für alle damit im Zusammenhang stehenden Eingangsleistungen den vollen Vorsteuerabzug, berechnet seinem Kunden aber unter den weiteren Voraussetzungen des § 12 Abs. 3 UStG eine Umsatzsteuer von 0 €.

Tipp! Mit dem Nullsteuersatz bei Lieferung und Installation von Photovoltaikanlagen gegenüber dem Betreiber der Anlage, wenn diese Anlage auf einem begünstigten Gebäude errichtet wird, ist in Deutschland zum 01.01.2023 Neuland betreten worden. Fragen zu diesem Bereich können fast an jeder systematischen Stelle gestellt werden. In der mündlichen Prüfung sollten deshalb die wesentlichen Grundlagen rund um diesen Nullsteuersatz beherrscht werden. In jedem Fall sollte das BMF-Schreiben vom 27.02.2023, BStBl I 2023, 351 in der Vorbereitung gelesen werden.

Frage: Was muss der Unternehmer beachten, wenn er Leistungen bezieht, die er sowohl für den Vorsteuerabzug berechtigende als auch für den Vorsteuerabzug nicht berechtigende Ausgangsleistungen verwenden möchte?

Antwort: In diesem Fall muss der Unternehmer eine sog. Vorsteueraufteilung vornehmen, § 15 Abs. 4 UStG. Der Vorsteuerabzug kann nur insoweit vorgenommen werden, wie der Unternehmer die bezogene Leistung für die vorsteuerabzugsberechtigende Verwendung nutzen will. Regelmäßig muss die Vorsteueraufteilung nach einem wirtschaftlich vertretbaren Aufteilungsmaßstab vorgenommen werden. Allerdings kann der Unternehmer den Anteil der abzugsfähigen Vorsteuer auch sachgerecht schätzen. Ein besonderes Problem hatte sich im Zusammenhang mit der Vorsteueraufteilung bei sowohl steuerfrei als auch steuerpflichtig vermieteten Immobilien ergeben. Da regelmäßig eine Aufteilung nach einem Umsatzschlüssel für den Unternehmer günstiger ist, wurde 2004 die Aufteilung nach einem Umsatzschlüssel auf die Fälle begrenzt, in denen kein anderer Aufteilungsmaßstab ermittelbar ist. Damit wollte der Gesetzgeber offensichtlich die Aufteilung nach einem Flächenschlüssel gesetzlich festschreiben, § 15 Abs. 4 Satz 3 UStG. Der EuGH (Urteil vom 08.11.2012, C-511/10 – BLC Baumarkt GmbH & Co. KG, DB 2012, 2731) hatte dazu festgestellt, dass ein vom Umsatzschlüssel abweichender Aufteilungsmaßstab festgelegt werden kann, wenn dies zu einer exakteren Aufteilung des Vorsteuerabzugs führt. Nach mehreren Anläufen war dann der BFH (insbesondere Urteile vom 07.05.2014, V R 1/10, BFH/NV 2014, 1177 und Urteil vom 03.07.2014, V R 2/10, BFH/NV 2014, 1699) zu dem Ergebnis gekommen, dass zwar die Aufteilung nach einem Flächenschlüssel die vorrangige Aufteilungsmethode ist, in den Fällen, in denen sich die Kosten aber nicht annähernd gleichmäßig auf die Fläche verteilen, in Ausnahmefällen auch eine Aufteilung nach einem Umsatzschlüssel zulässig ist. Der EuGH hatte nochmals (Urteil vom 09.06.2016, C-332/14 – Wolfgang und Dr. Wilfried Rey Grundstücksgemeinschaft GbR, BFH/NV 2016, 1245 und nachfolgend BFH, Urteil vom 10.08.2016, XI R 31/09, BFH/NV 2016, 1654) seine Rechtsauffassung bekräftigt, dass ein vom Umsatzschlüssel abweichender Aufteilungsschlüssel festgelegt werden kann, wenn dies zu einer präziseren Aufteilung führt; dabei muss der abweichende

Aufteilungsschlüssel nicht der „präziseste Aufteilungsschlüssel" sein. Wie dies national umzusetzen ist, obliegt dem BFH.

> **Tipp!** Dieses Thema sollte aus Sicht der Rechtsprechung mittlerweile als abschließend beurteilt angesehen werden können. So hat der BFH (Urteil vom 11.01.2021, XI R 7/20, BFH/NV 2021, 518) nochmals bestätigt, dass sich bei Immobilien vorrangig der Flächenschlüssel als Aufteilungsmaßstab ergibt, wenn sich aber die Kosten nicht annähernd gleich auf die Fläche verteilen, auch eine Aufteilung nach einem Umsatzschlüssel in Betracht kommt. Dabei muss nicht der Steuerpflichtige nachweisen, dass der Umsatzschlüssel präziser ist als der Flächenschlüssel. Das Finanzamt muss für den Flächenschlüssel nachweisen, dass dieser genauer ist als ein objektbezogener Umsatzschlüssel. Die Finanzverwaltung hat mittlerweile auch den UStAE entsprechend angepasst (BMF, Schreiben vom 20.10.2022, BStBl II 2022, 1497) und die Grundsätze insbesondere in Abschn. 15.17 UStAE mit aufgenommen.

> **Frage:** Kommt eine Vorsteueraufteilung bei allen Aufwendungen im Zusammenhang mit gemischt genutzten Immobilien in Betracht oder muss hier auch noch in verschiedene Kostenarten unterschieden werden?

Antwort: Ja, ob eine Vorsteueraufteilung in Frage kommt oder nicht, hängt auch entscheidend von der Art der Kosten ab. Anschaffungs- oder Herstellungskosten unterliegen immer einer einheitlichen Aufteilungsmethode (sog. „Eintopf-Theorie"). Eine Vorwegzurechnung einzelner Herstellungskosten zu bestimmten Grundstücksteilen kann danach nicht in Betracht kommen. Anders ist es bei laufenden Aufwendungen im Zusammenhang mit Immobilien (Betriebskosten, Verwaltungskosten und Instandsetzungskosten). Bei diesen Kosten ist nach dem Grundsatz zu verfahren, dass eine Zuordnung zu bestimmten Gebäudeteilen einer Vorsteueraufteilung vorgeht. Konkret bedeutet dies, dass eine Reparatur in einer steuerfrei vermieteten Mietwohnung den Vorsteuerabzug vollständig ausschließt und eine Reparatur in einer durch Option steuerpflichtig ausgeführten Gewerbeeinheit den Vorsteuerabzug vollständig ermöglicht – eine Vorsteueraufteilung kommt nur dann infrage, wenn die Aufwendungen nicht einer bestimmten Mieteinheit zuzurechnen sind.

> **Frage:** Wenn der Unternehmer eine Aufteilung des Vorsteuerabzugs nach der Verwendungsabsicht vorgenommen hat und die Umsatzsteuer entsprechend anteilig abgezogen hat, ist dann für ihn alles erledigt oder muss er auf weitere Dinge achten?

Antwort: Leider ist für ihn dann noch nicht alles erledigt, denn es ist noch die Vorsteuerberichtigung nach § 15a UStG zu beachten. Er muss über den gesamten Berichtigungszeitraum beobachten, ob er den Gegenstand auch tatsächlich wie geplant für vorsteuerabzugsberechtigende Umsätze verwendet. Führt die tatsächliche Verwendung zu einer höheren oder niedrigeren Verwendung der für den Vorsteuerabzug berechtigenden Zwecke, ergibt sich zugunsten oder zulasten des Unternehmers eine Vorsteuerberichtigung.

> **Tipp!** Fragen zur Vorsteuerberichtigung werden sich im Regelfall in einer mündlichen Prüfung auf abstrakte Fragestellungen beschränken. Komplexe „Rechenaufgaben", wie sie in schriftlichen Prüfungen häufig vorkommen, können in einer mündlichen Prüfung kaum abgefragt werden.

> **Frage:** Wie lange ist denn der Zeitraum, in dem der Unternehmer diese Vorsteuerberichtigung überprüfen muss? Kann sich eine Vorsteuerberichtigung auch schon im Jahr der Anschaffung ergeben oder ist dies auf die Folgejahre beschränkt?

Antwort: Lassen Sie mich mit der ersten Frage beginnen. Der Vorsteuerberichtigungszeitraum ist bei Anlagevermögen auf fünf bzw. zehn Jahre begrenzt. Die zehn Jahre gelten bei Grundstücken und grundstücksgleichen Rechten, ansonsten gelten die fünf Jahre (§ 15a Abs. 1 UStG). Allerdings ist der Berichtigungszeitraum nach oben hin auf die betriebsgewöhnliche Nutzungsdauer des Gegenstands beschränkt, da eine kürzere Verwendungsdauer zu berücksichtigen ist (§ 15a Abs. 5 Satz 2 UStG). Zu Ihrer zweiten Frage: Der Berichtigungszeitraum beginnt mit der ersten unternehmerischen Verwendung. Damit kann sich eine Vorsteuerberichtigung auch schon im Jahr der Anschaffung ergeben. Hat der Unternehmer z.B. im März ein Fahrzeug erworben, das er zu 50 % für vorsteuerabzugsberechtigende Zwecke verwenden will, kann er beim Kauf 50 % der Umsatzsteuer als Vorsteuer abziehen. Stellt er nach Ablauf des Jahres fest, dass er das Fahrzeug tatsächlich aber zu 60 % für vorsteuerabzugsberechtigende Zwecke verwendet hat, ergibt sich nach den derzeitigen nationalen Regelungen zeitanteilig ($^{10}/_{60}$) für ihn eine Vorsteuerberichtigung von 10 %.

> **Frage:** Wir haben bisher immer von dem Anlagevermögen gesprochen. Verwendet der Gesetzgeber diesen Begriff an dieser Stelle?

Antwort: Nein, der Gesetzgeber hat den Begriff des Anlagevermögens im Gesetz damit umschrieben, dass er von Gegenständen spricht, die nicht nur einmalig für Ausgangsumsätze verwendet werden. Der Begriff des Anlagevermögens wurde nicht verwendet, um keine Analogien zum Ertragsteuerrecht zu ermöglichen.

> **Frage:** Findet denn immer eine Vorsteuerberichtigung statt, wenn ein Unternehmer einen solchen Gegenstand anders für vorsteuerabzugsberechtigende Umsätze verwendet, als dies beim Leistungsbezug geplant war?

Antwort: Im Grunde ja, es gibt aber über § 15a Abs. 11 UStG Vereinfachungsregelungen in der UStDV. Von diesen Vereinfachungsregelungen sind insbesondere zwei hier hervorzuheben. Eine Vorsteuerberichtigung setzt voraus:

1. dass aus dem Leistungsbezug eine Umsatzsteuer entstanden ist, die mehr als 1.000 € beträgt (§ 44 Abs. 1 UStDV). Kauft der Unternehmer z.B. einen Gegenstand für 5.000 € zuzüglich 950 € Umsatzsteuer (bei einem Regelsteuersatz von 19 %) ein, bestimmt sich der Vorsteuerabzug nach der zu diesem Zeitpunkt maßgeblichen Verwendungsabsicht. Änderungen in der Verwendung führen dann später nicht zu einer Vorsteuerberichtigung.
2. dass die Verwendungsänderung gewichtig sein muss. Hat sich die Nutzung des Gegenstands um weniger als 10 % geändert, kommt es nicht zu einer Vorsteuerberichtigung – eine Ausnahme besteht lediglich in den Fällen, in denen der Berichtigungsbetrag mehr als 1.000 € betragen würde.

> **Tipp!** Diese Grenzbeträge der UStDV sollten in der mündlichen Prüfung beherrscht werden!

> **Frage:** Gibt es neben der Vorsteuerberichtigung bei Anlagevermögen noch andere Fälle, die unter eine Vorsteuerberichtigung fallen?

Antwort: Ja, eine Vorsteuerberichtigung kann nicht nur bei Anlagevermögen, sondern auch bei Umlaufvermögen (im Gesetz: Gegenstände, die nur einmalig für Ausgangsumsätze verwendet werden), bei Arbeiten an Gegenständen – insbesondere bei Reparaturarbeiten an Gebäuden – sowie bei ausgeführten sonstigen Leistungen vorkommen, wenn die tatsächliche Verwendung anders zu beurteilen ist, als dies zum Zeitpunkt des Leistungsbezugs geschehen war.

> **Tipp!** Je nach Prüfungsverlauf kann diese Frage kurz oder länger beantwortet werden und ggf. noch mit einem kleinen Beispiel „garniert" werden. In einer mündlichen Prüfung sollten Sie kurze, kleine Beispiele zu den Berichtigungsmöglichkeiten des § 15a UStG abrufen können – dies kann auch gegebenenfalls in einem Vortrag zu diesem Thema mit verwendet werden.

Problembereich 9: Umsatzsteuerliche Meldepflichten

> **Frage:** Welche umsatzsteuerlichen Meldepflichten können sich für einen Unternehmer bei der Ausführung von Leistungen ergeben?

Antwort: Soweit ein Unternehmer in Deutschland zur Umsatzsteuer registriert ist, muss er seine Umsätze in einer Umsatzsteuer-Voranmeldung angeben; eine Ausnahme kann ab dem 01.07.2021 nur dann bestehen, wenn der deutsche Unternehmer aus einer ausländischen Lagerstelle Lieferungen an die Abnehmer nach § 3c Abs. 1 UStG ausführt und sich für die One-Stop-Shop-Regelung registriert hat, in diesem Fall muss die Lieferung über dieses besondere Besteuerungsverfahren nach § 18j UStG erfasst werden. Außerdem müssen die Umsätze in einer Jahressteuererklärung angemeldet werden. Bestimmte Umsätze, die im Europäischen Binnenmarkt ausgeführt werden, müssen darüber hinaus auch in einer Zusammenfassenden Meldung nach § 18a UStG angemeldet werden. Darüber hinaus kann ein deutscher Unternehmer auch noch Umsätze, die er in anderen Staaten ausführt, anmelden müssen. Insbesondere ist dies im Rahmen der sog. „One-Stop-Shop-Regelung" für bestimmte Umsätze an Nichtunternehmer und besondere Abnehmer, die die Erwerbsschwelle nicht überschreiten, in anderen Mitgliedstaaten möglich. Diese Besteuerungsmöglichkeit ist seit dem 01.07.2021 erheblich ausgebaut worden.

> **Frage:** Bleiben wir bitte erst einmal bei der Voranmeldung. Bis zu welchem Zeitpunkt müssen Unternehmer Voranmeldungen abgeben?

Antwort: Unternehmer müssen die Voranmeldungen jeweils bis zum zehnten Tag, der auf das Ende des Voranmeldungszeitraums folgt, bei ihrem Finanzamt abgeben; dies erfolgt regelmäßig im Rahmen einer zertifizierten elektronischen Übertragung der Daten. Bis zu diesem Zeitpunkt muss dann auch die Umsatzsteuer aus der Voranmeldung an das Finanzamt abgeführt werden. Allerdings kann der Unternehmer auch einen Antrag auf Dauerfristverlängerung stellen, § 18 Abs. 6 UStG. In diesem Fall verlängert sich die Frist zur Abgabe der Voranmeldung um einen Monat, sodass der Unternehmer die Voranmeldung bis zum zehnten Tag des übernächsten Monats abzugeben hat. Ist der Unternehmer – wie es der gesetzliche Regelfall ist – zur Abgabe vierteljährlicher Voranmeldungen verpflichtet, ist die Dauerfristverlängerung nicht an eine Sondervorauszahlung an das Finanzamt gebunden. Muss der Unternehmer monatliche Voranmeldungen abgeben – dies ergibt sich nach § 18 Abs. 2 UStG, wenn die Steuer für das vergangene Jahr mehr als 7.500 € betragen hat –, muss er an das Finanzamt eine Sondervorauszahlung in Höhe von $^1/_{11}$ der Steuer des Vorjahrs zahlen, § 47 Abs. 1 UStDV.

> **Tipp!** Nicht nur für die Prüfungsrunden, sondern auch für mündliche Vorträge sollten die Grenzbeträge für die Verpflichtung zur Abgabe monatlicher bzw. vierteljährlicher Voranmeldungen beherrscht werden. Auch in den Fällen, in denen in der mündlichen Prüfung die Gesetze verwendet werden dürfen, macht es keinen guten Eindruck, wenn für derartige Grundfragen in das Gesetz geschaut werden muss!

Frage: Bitte beurteilen Sie noch folgenden Fall: Ein Unternehmer mit monatlichen Voranmeldungen hatte für 2023 Dauerfristverlängerung beantragt und als Sondervorauszahlung 10.000 € gezahlt. In der Voranmeldung für November 2023, die bis zum 10.01.2024 abzugeben ist, wird sich eine Zahllast von 12.000 € ergeben, für Dezember 2023 gehen Sie wegen hoher Vorsteuerbeträge von einem geringen Guthaben bei Ihrem Unternehmer aus. Wozu würden Sie Ihren Mandanten raten?

Antwort: Grundsätzlich ist die Sondervorauszahlung in der Dezember-Voranmeldung anzurechnen, verzichtet der Unternehmer schon vorher auf die Dauerfristverlängerung, erfolgt die Anrechnung schon in dem Monat, in dem der Unternehmer auf die Dauerfristverlängerung verzichtet. Um hier die Nachzahlung für den November 2023 zu vermeiden, könnte darüber nachgedacht werden, die Dauerfristverlängerung schon für November 2023 zu widerrufen. Dies setzt dann aber voraus, dass die Voranmeldung für den Dezember 2023 dann auch bis zu 10.01.2024 abgegeben werden kann.

Tipp! Beachten Sie, dass die Auszahlung der festgesetzten Sondervorauszahlung bei der Festsetzung der Vorauszahlung für den letzten Voranmeldungszeitraum des Besteuerungszeitraums zu berücksichtigen ist, für den die Fristverlängerung gilt. Ein danach verbleibender Erstattungsanspruch ist mit Ansprüchen aus dem Steuerschuldverhältnis aufzurechnen (§ 226 AO), im Übrigen zu erstatten.

Frage: Wie muss der Unternehmer Umsatzsteuer-Voranmeldungen oder Jahressteuererklärungen an sein Finanzamt übermitteln?

Antwort: Grundsätzlich gilt, dass die Voranmeldungen wie auch die Jahressteuererklärung elektronisch an das Finanzamt zu übermitteln sind. Während der Unternehmer bis Ende 2012 die Voranmeldungen noch ohne Authentifizierung übermitteln konnte, sind seit 2013 nur noch authentifizierte Übermittlungen möglich. Dies setzt eine Registrierung des Unternehmers voraus. Darüber hinaus kann in Ausnahmefällen die Finanzverwaltung zur Vermeidung unbilliger Härten dem Unternehmer gestatten, die Voranmeldungen und Jahressteuererklärungen auf Papier abzugeben. Dies wird aber die absolute Ausnahme bleiben.

Frage: Welche Besonderheiten ergeben sich für Unternehmer bei der Verpflichtung zur Abgabe einer Umsatzsteuer-Voranmeldung, wenn die unternehmerische Tätigkeit neu aufgenommen wird?

Antwort: Bis einschließlich des Veranlagungszeitraums 2020 hatte sich in diesen Fällen für den Unternehmer die Verpflichtung ergeben, dass er – unabhängig seiner tatsächlichen Steuerzahllasten – im Jahr der Aufnahme der unternehmerischen Betätigung als auch im Folgejahr immer monatliche Voranmeldungen abgeben musste, § 18 Abs. 2 Satz 4 UStG. Diese Regelung ist aber für die Veranlagungszeiträume 2021 bis 2026 ausgesetzt worden, sodass sich der Rhythmus der Voranmeldungen im Jahr der Gründung nach der voraussichtlichen Steuerzahllast und im Folgejahr nach dem auf ein Jahr hochgerechneten Betrag des Gründungsjahrs bestimmt.

Frage: Stellen Sie jetzt bitte einmal die Grundsätze für die Verpflichtung zur Abgabe der Zusammenfassenden Meldung dar.

Antwort: In einer Zusammenfassenden Meldung muss der Unternehmer unterschiedliche Leistungen im Europäischen Binnenmarkt melden. Hauptsächlich wird dies die innergemeinschaftlichen Lieferungen betreffen, die er steuerfrei nach § 6a Abs. 1 UStG ausführt. Aber auch das innergemeinschaftliche Verbringen nach § 6a Abs. 2 UStG, die zweite Lieferung im Rahmen eines innergemeinschaftlichen Dreiecksgeschäfts nach § 25b Abs. 2 UStG oder bestimmte sonstige Leistungen nach § 3a Abs. 2 UStG an einen anderen Unternehmer in einem anderen Mitgliedstaat sind in einer Zusammenfassenden

Meldung anzugeben. Unabhängig davon, ob dem Unternehmer für die Abgabe der Voranmeldung die Dauerfristverlängerung genehmigt wurde, sind Zusammenfassende Meldungen immer bis zum 25. Tag nach Ablauf des Meldezeitraums abzugeben. Außerdem sind Zusammenfassende Meldungen regelmäßig monatlich abzugeben. Darüber hinaus wären seit dem 01.01.2020 auch die Warenbewegungen im Zusammenhang mit den Konsignationslagerfällen in der Zusammenfassenden Meldung anzugeben. Da Deutschland dies aber nicht rechtzeitig technisch umsetzen konnte, muss in einer Übergangszeit der Transport der Ware in ein in einem anderen Mitgliedstaat vorhandenes Konsignationslagers noch in einer separaten Meldung an das Bundeszentralamt für Steuern gemeldet werden. Ob diese Meldungen im Zusammenhang mit dem Konsignationslager noch in die Zusammenfassende Meldung integriert werden, ist zweifelhaft, da derzeit darüber diskutiert wird, die Konsignationslagerregelung wieder abzuschaffen und dafür eine spezielle One-Stop-Shop-Regelung einzuführen.

> **Tipp!** Die Grundsätze des § 18a UStG zur Abgabe der Zusammenfassenden Meldung sollten in der mündlichen Prüfung beherrscht werden. Bleiben Sie auch wegen der weiteren gesetzlichen Entwicklung aktuell. Die Abschaffung der Konsignationslagerregelung ist derzeit nur in der Diskussion, es kann aber sein, dass noch in der zweiten Jahreshälfte Entscheidungen dazu gefällt werden. Eine praktische Umsetzung soll aber nicht vor dem 01.01.2025 erfolgen.

> **Frage:** Müssen Zusammenfassende Meldungen immer monatlich abgegeben werden oder kennen Sie davon auch Ausnahmen?

Antwort: Es gibt mehrere Ausnahmen von dieser Grundregelung. Hat der Unternehmer in den letzten vier Quartalen jeweils nicht für mehr als 50.000 € innergemeinschaftliche Lieferungen und innergemeinschaftliche Dreiecksgeschäfte ausgeführt, kann er quartalsweise Zusammenfassende Meldungen abgeben. Wird dann aber in einem Quartal diese Grenze überschritten, müssen schon für dieses Quartal monatliche Zusammenfassende Meldungen abgegeben werden – dabei kann der Unternehmer aber wählen, ob er für die bisher schon abgelaufenen Monate des Quartals separate Zusammenfassende Meldungen abgeben will oder ob er dies in einer Zusammenfassenden Meldung zusammenfasst. Außerdem sind sonstige Leistungen grundsätzlich nur quartalsweise anzumelden; gibt der Unternehmer wegen Überschreitens der genannten Grenzen bei den Lieferungen monatliche Zusammenfassende Meldungen ab, kann der Unternehmer die sonstigen Leistungen auch schon monatlich in der Zusammenfassenden Meldung angeben, § 18a Abs. 3 UStG. Eine weitere Ausnahme kann sich ergeben, wenn der Unternehmer keine Voranmeldungen abgeben muss. In diesen Fällen – und wenn bestimmte Umsatzgrenzen nicht überschritten sind, § 18a Abs. 9 UStG – kann eine jährliche Zusammenfassende Meldung bis zum 25.01. des Folgejahrs abgegeben werden.

> **Tipp!** Bei der Prüfung der Umsatzgrenze von 50.000 € sind nur die innergemeinschaftlichen Lieferungen und die innergemeinschaftlichen Dreiecksgeschäfte mit zu berücksichtigen. Der Umfang der zu meldenden sonstigen Leistungen nach § 3a Abs. 2 UStG spielt keine Rolle.

> **Frage:** Kennen Sie neben der Voranmeldung, der Steuererklärung und der Zusammenfassenden Meldung noch weitere nationale umsatzsteuerliche Meldeverpflichtungen?

Antwort: Ja, seit dem 01.07.2010 hat der Gesetzgeber die Fahrzeuglieferungs-Meldepflichtverordnung in Kraft gesetzt. Danach hat ein Unternehmer oder auch eine Person, die nach § 2a UStG für die Lieferung eines neuen Fahrzeugs als Unternehmer behandelt wird, bei der Lieferung eines solchen neuen Fahrzeugs an einen Nichtunternehmer in einem anderen Mitgliedstaat bestimmte individuelle Daten für das gelieferte Fahrzeug und den Erwerber zu melden.

Tipp! Zu melden sind die Daten des Lieferers, des Leistungsempfängers, die Daten des Kaufvertrags sowie Angaben zu dem Fahrzeug.

Frage: Kann es auch dazu kommen, dass ein deutscher Unternehmer Umsätze, die er in einem anderen Mitgliedstaat ausführt, in Deutschland anmelden muss?

Antwort: Grundsätzlich muss ein Unternehmer die von ihm in einem anderen Staat ausgeführten Leistungen dort zur Umsatzsteuer anmelden. Zum 01.01.2015 war aber für Telekommunikationsdienstleistungen, Rundfunk- und Fernsehdienstleistungen und auf elektronischem Weg ausgeführte sonstige Leistungen, die an einen Nichtunternehmer in einem anderen Mitgliedstaat ausgeführt werden, eine besondere Möglichkeit zur Anmeldung dieser Umsätze geschaffen worden („Mini-One-Stop-Shop-Regelung – MOSS" oder „Kleine Einzige Anlaufstelle – KEA"). Hintergrund dieser Regelung war, dass ab diesem Zeitpunkt diese Leistungen immer dort ausgeführt sind, wo der Leistungsempfänger ansässig ist, § 3a Abs. 5 UStG – 2015 wurde diese Vorschrift auch ohne eine Bagatellregelung eingeführt. Erst zum 01.01.2019 ist eine unionseinheitliche Bagatellgrenze von 10.000 € bei diesen Umsätzen eingeführt worden. Diese Regelung ist dann zum 01.07.2021 durch den One-Stop-Shop (EU) nach § 18j UStG ersetzt und erweitert worden. Danach kann der (deutsche) Unternehmer diese sonstigen Leistungen aber ab diesem Zeitpunkt auch andere sonstige Leistungen und vor allem Lieferungen, die in anderen Mitgliedstaaten an Nichtunternehmer oder besondere Unternehmer ausgeführt werden, die die Erwerbsschwelle nicht übersteigen (innergemeinschaftliche Fernverkäufe) sowie auch unter bestimmten Voraussetzungen fiktive Reihengeschäfte nach § 3 Abs. 3a Satz 2 UStG in diesem besonderen Verfahren besteuern und so eine individuelle Veranlagung in einem anderen Mitgliedstaat vermeiden. In diesem Fall kann sich der leistende Unternehmer bei seinen lokalen Finanzbehörden (in Deutschland ist dies das Bundeszentralamt für Steuern) elektronisch registrieren lassen und dann jeweils quartalsweise (bis zum Ende des auf das Quartal folgenden Monats) eine elektronische Steuererklärung für diese Umsätze für die einzelnen Länder abgeben. Es müssen aber immer die Steuersätze und sonstigen Besonderheiten des Bestimmungsmitgliedstaats beachtet werden. Werden solche Leistungen an einen Unternehmer für dessen Unternehmen ausgeführt, geht bei sonstigen Leistungen dort die Steuerschuldnerschaft auf den Leistungsempfänger über, sodass die One-Stop-Shop-Regelung auf die Leistungsausführung an Nichtunternehmer beschränkt ist. Bei Lieferungen im B2B-Bereich würde es zu einem steuerfreien Umsatz im Heimatstaat und für den Leistungsempfänger zu einem innergemeinschaftlichen Erwerb führen.

Frage: Zum Abschluss möchte ich noch wissen, ob in diesem von Ihnen geschilderten Verfahren auch andere als die genannten Umsätze angemeldet werden können und ob Vorsteuerbeträge geltend gemacht werden können?

Antwort: Nein, in der „One-Stop-Shop-Regelung" können weder Vorsteuerbeträge geltend gemacht werden noch andere Umsätze angemeldet werden. Führt der Unternehmer noch andere Umsätze steuerbar und steuerpflichtig in dem anderen Mitgliedstaat aus, für die er auch die Umsatzsteuer schuldet, und die nicht im One-Stop-Shop-Verfahren meldefähig sind (z.B. nationale Lieferungen an Kunden aus einem ausländischen Auslieferungslager), muss er sich dort registrieren lassen und ist an das dortige Veranlagungsverfahren gebunden. Für Vorsteuerbeträge, die der Unternehmer in den anderen Mitgliedstaaten geltend machen kann, gibt es aber noch das elektronische Vorsteuervergütungsverfahren, das auch in Deutschland beim Bundeszentralamt für Steuern angesiedelt ist. Ist der deutsche Unternehmer in dem anderen Mitgliedstaat nicht für die Umsatzsteuer registriert, kann er nur über dieses Verfahren eine Vergütung der Vorsteuerbeträge aus diesem Land beantragen.

> **Tipp!** Lesen Sie zu den seit dem 01.07.2021 eingeführten Regelungen zum One-Stop-Shop nach §§ 18i bis 18k UStG auch die Vorgaben der Finanzverwaltung in Abschn. 18i.1, Abschn. 18j.1 und Abschn. 18k.1 UStAE.

Problembereich 10: Umsatzsteuer und Sonderfälle

> **Frage:** Zu Ihnen kommt ein Mandant, der bisher nicht zur Umsatzsteuer erfasst wurde. Der Mandant hat in der Vergangenheit in nicht unerheblichen Umfang Gegenstände aus Haushaltsauflösungen erworben und diese dann einzeln über eBay veräußert. Nach einer Steuerfahndungsprüfung verlangt die Finanzverwaltung von ihm die Besteuerung der Ausgangsumsätze. Wie können Sie dem Mandanten beraten (keine steuerstrafrechtliche Beurteilung)?

Antwort: Zuerst muss geprüft werden, ob der Mandant tatsächlich Unternehmer nach § 2 UStG geworden ist. Bisher war er noch nicht als Unternehmer erfasst. Allerdings ist jemand als Unternehmer tätig, wenn er selbstständig, nachhaltig und mit Einnahmeerzielungsabsicht tätig ist. Diese Voraussetzungen liegen hier offensichtlich vor. So hat der BFH mehrfach festgestellt, dass auch die Veräußerungstätigkeit über ein Internetportal wie eBay zu einer unternehmerischen Betätigung führen kann (veräußert ein Verkäufer auf jährlich mehreren hundert Auktionen Waren über die Internetplattform „eBay", liegt eine nachhaltige und damit umsatzsteuerrechtlich unternehmerische Tätigkeit i.S.d. § 2 UStG vor, BFH, Urteil vom 12.05.2022, V R 19/20, BFH/NV 2023, 101). Damit ist in diesem Fall davon auszugehen, dass der Mandant Unternehmer ist. Als nächstes wäre zu prüfen, ob der Mandant die Voraussetzungen der Kleinunternehmerbesteuerung nach § 19 UStG erfüllt. Liegen die auf einen Jahresumsatz hochgerechneten Umsätze des „Erstjahrs" seiner unternehmerischen Betätigung nicht über 22.000 €, kann der Mandant die Kleinunternehmerbesteuerung in Anspruch nehmen – eine Umsatzsteuer würde dann nicht erhoben werden, ihm würden aber auch keine Vorsteuerbeträge zustehen.

Sollte der Mandant mit seinen Umsätzen aber die Grenze der Kleinunternehmerbesteuerung überschreiten – dies könnte z.B. auch insbesondere dann der Fall sein, wenn der Mandant neben dieser angesprochenen Tätigkeit über eBay noch anderweitig unternehmerisch tätig ist und deshalb die Kleinunternehmerbesteuerung nicht anwenden kann -, müsste noch geprüft werden, wie die Umsätze tatsächlich zu besteuern sind. Da die von ihm verkauften Gegenstände aus Haushaltsauflösungen stammen, besteht zumindest die Vermutung, dass die Gegenstände von Nichtunternehmern erworben wurden. In diesem Fall muss für die Besteuerung der Ausgangsleistungen an die Differenzbesteuerung nach § 25a UStG gedacht werden. Der Mandant ist ein „Wiederverkäufer", es handelt sich nicht um Edelsteine oder Edelmetalle und wenn dann die Gegenstände von Nichtunternehmern angekauft werden, liegen die Voraussetzungen für die Differenzbesteuerung vor. Zu beachten ist in diesem Fall, dass der BFH (Urteil vom 12.05.2022, V R 19/20, BFH/NV 2023, 101) ausdrücklich entschieden hatte, dass die Aufzeichnungspflichten gemäß § 25a Abs. 6 Satz 1 UStG nicht zu den materiellen Voraussetzungen der Differenzbesteuerung gehören. Ein Verstoß gegen die Aufzeichnungspflichten führt deshalb nicht grundsätzlich zur Versagung der Differenzbesteuerung. Bei der Differenzbesteuerung wird nicht der Ausgangsumsatz besteuert, die Umsatzsteuer wird nur aus der Differenz zwischen dem Verkaufspreis und dem Einkaufspreis – allerdings immer mit dem Regelsteuersatz – herausgerechnet.

> **Tipp!** Wenn die Differenzbesteuerung angewendet werden kann, reduziert sich nicht nur die geschuldete Umsatzsteuer für den Mandanten. Da im Fall eines Strafvorwurfs sich die Strafe auch immer nach der Höhe der hinterzogenen Steuer richtet, kann durch die Differenzbesteuerung auch gleichzeitig eine Strafe gemindert werden.

Frage: Eine Nachfrage zu diesem Fall noch: Wenn der Mandant die von ihm verkauften Gegenstände nicht von Nichtunternehmern, sondern von Unternehmern aber ohne Rechnung „schwarz" eingekauft hätte, könnte dann neben der Schätzung von Ausgangsumsätzen durch die Finanzverwaltung nicht vielleicht auch die Schätzung eines Vorsteuerabzugs aus Eingangsumsätzen in Frage kommen?

Antwort: Nein, erklärt der leistende Unternehmer seine Ausgangsumsätze nicht oder nicht vollständig, kann die Finanzverwaltung die Ausgangsumsätze sachgerecht schätzen. Da der Besteuerung die Ausgangsumsätze unterliegen und für die Steuerbarkeit und Steuerpflicht keine Belege notwendig sind, kann hier unabhängig vorliegender Belege oder anderer Unterlagen die Schätzung vorgenommen werden. Bei den Vorsteuerbeträgen sieht es aber anders aus. Zumindest in den Fällen, in denen die Umsatzsteuer von dem leistenden Unternehmer geschuldet wird, setzt der Vorsteuerabzug nach § 15 Abs. 1 Satz 1 Nr. 1 UStG eine ordnungsgemäße Rechnung voraus. Ohne Vorlage einer Rechnung kann ein Vorsteuerabzug nicht in Anspruch genommen werden, deshalb scheidet auch eine Schätzung des Vorsteuerabzugsbetrags grundsätzlich aus. So hat auch das FG Münster (Urteil vom 23.03.2022, 5 K 2093/18 U) entschieden, dass der Vorsteuerabzug eine Rechnung voraussetzt; es muss wenigstens nachgewiesen werden, dass eine Rechnung vorgelegen hatte. Eine solche Rechnung kann auch nicht durch andere Unterlagen (z.B. Buchhaltungskonto des leistenden Unternehmers) ersetzt werden.

Frage: Ein Mandant hatte im Jahr 2019 eine Rechnung eines Zulieferers erhalten, in der für die gelieferten Gegenstände 19 % Umsatzsteuer berechnet wurden. Ihr Mandant hatte diesen Betrag auch an den leistenden Unternehmer gezahlt und 2019 den Vorsteuerabzug vorgenommen. In einer Betriebsprüfung für 2019 wird zu Recht bemängelt, dass die Ware nur dem ermäßigten Steuersatz von 7 % unterliegt, sodass der Vorsteuerabzug entsprechend gekürzt wird. Da der leistende Unternehmer 2020 in die Insolvenz geraten ist, kann eine Korrektur der Umsatzsteuer, die der leistende Unternehmer 2019 an sein Finanzamt abgeführt hatte, nicht erfolgen. Können Sie dem Mandanten noch helfen?

Antwort: Die Kürzung des Vorsteuerabzugs durch die Finanzverwaltung ist zutreffend. Der Vorsteuerabzug nach § 15 Abs. 1 Satz 1 Nr. 1 UStG setzt voraus, dass eine ordnungsgemäße Rechnung vorliegt. Darüber hinaus kann nur die Vorsteuer abgezogen werden, die der leistende Unternehmer für die von ihm ausgeführte Leistung gesetzlich schuldet. Gesetzlich schuldet der leistende Unternehmer für seine Leistung aber nur die 7 % Umsatzsteuer. Der überhöht ausgewiesene Steuerbetrag wird von ihm nach § 14c Abs. 1 UStG geschuldet – dies ist zwar auch eine gesetzlich geschuldete Umsatzsteuer, aber keine für die Lieferung oder sonstige Leistung gesetzlich geschuldete Umsatzsteuer. Es könnte dann eine Rechnungsberichtigung durch den leistenden Unternehmer in Frage kommen, da aber aufgrund des Insolvenzverfahrens eine Rückzahlung des überhöht an ihn gezahlten Betrags nicht realisieren lässt, wird das dem Mandanten auch nicht helfen.

Als letzte Möglichkeit käme noch ein sog. „Direktanspruch" gegenüber der Finanzverwaltung in Frage. Ein Direktanspruch stellt einen Anspruch an die Finanzverwaltung auf Rückzahlung einer rechtsgrundlos an einen Leistenden gezahlten Umsatzsteuer dar, bei der eine Korrektur – und damit eine Rückzahlung einer unrichtig ausgewiesenen Umsatzsteuer – durch den leistenden Unternehmer z.B. wegen zwischenzeitlich eingetretener Insolvenz nicht erfolgen kann. Der EuGH (Urteil vom 15.03.2007, C-35/05 – Reemtsma Cigarettenfabriken, BFH/NV Beilage 2007, 235) hatte entschieden, dass für den Fall, dass die Erstattung von (unrechtmäßig gezahlter) Umsatzsteuer durch den leistenden Unternehmer unmöglich oder übermäßig erschwert wird, die Mitgliedstaaten die erforderlichen Mittel vorsehen müssen, die es dem Leistungsempfänger ermöglichen, die zu Unrecht in Rechnung gestellte Steuer erstattet zu bekommen, damit der Grundsatz der Effektivität gewahrt wird. Die Finanzverwaltung hat die Grundsätze mit Schreiben vom 12.04.2022 (BStBl I 2022, 652) umgesetzt, allerdings recht viele Voraussetzungen formuliert, sodass in der Praxis kaum erfolgreiche ein solcher Anspruch durchgesetzt werden kann. Im hier geschilderten Fall wären die Erfolgsaussichten allerdings nicht schlecht, insbesondere da nach der Schilderung des Sachverhalts der leistende Unternehmer auch tatsächlich 2019 die 19 % Umsatzsteuer abgeführt hat.

> **Tipp!** Zur Frage des Direktanspruchs sind noch Vorabentscheidungsersuchen beim EuGH anhängig, die bis zu Ihrer mündlichen Prüfung ggf. entschieden sein können (z.B. FG Münster, Beschluss vom 27.06.2022, 15 K 2327/20 AO, anhängig unter Rs. C-453/22 – Schütte sowie BFH, Beschluss vom 03.11.2022, XI R 6/21, BFH/NV 2023, 395). Dieses Thema kann deshalb als aktuelles Thema für eine mündliche Prüfung interessant sein.

> **Frage:** Kommen wir abschließend noch zu folgendem Fall: Mehrere Steuerberatungskanzleien, die eng zusammenarbeiten, haben beschlossen, eine gemeinsame Betriebsveranstaltung durchzuführen. Eine Kanzlei organisiert die Veranstaltung, bucht das Hotel, die Verpflegung sowie auch ein Busunternehmen. Die Kosten für die Gesamtveranstaltung werden anhand der teilnehmenden Mitarbeiterinnen und Mitarbeiter der einzelnen Kanzleien diesen weiterberechnet. Welche umsatzsteuerrechtlichen Folgen ergeben sich daraus für die Beteiligten?

Antwort: Die einzelnen Steuerkanzleien sind alles eigenständige Unternehmen und nicht organschaftlich verbunden. Insoweit werden hier Leistungen untereinander ausgeführt. Die Kanzlei, die die Veranstaltung organisiert, ist dabei der leistende Unternehmer und die anderen Kanzleien sind die Leistungsempfänger. Es handelt sich hier nicht lediglich um die „Weiterbelastung von Kosten" – dieses kann es in der Umsatzsteuer nicht geben. Es liegt auch kein durchlaufender Posten (§ 10 Abs. 1 Satz 5 UStG) vor, da die organisierende Kanzlei gegenüber den Dritten offensichtlich in eigenem Namen auftritt; ein durchlaufender Posten wäre nur dann möglich, wenn sie im fremden Namen auftreten würde.

Es handelt sich aber um die Ausführung einer sog. Reiseleistung nach § 25 Abs. 1 UStG. Die Kanzlei, die die Veranstaltung organisiert, bezieht Reisevorleistungen (Leistungen, die den Reisenden unmittelbar zugutekommen) und berechnet dies im „Gesamtpaket" den Leistungsempfängern. Hier werden die Leistungen zwar an Unternehmer für dessen Unternehmen ausgeführt, es ist aber nicht mehr Voraussetzung, dass bei Ausführung von Reiseleistungen der Leistungsempfänger Nichtunternehmer ist. Da die Anwendung der Sondervorschrift des § 25 UStG bei Vorliegen der Voraussetzungen zwingend ist und kein Wahlrecht darstellt, kann von dieser besonderen Besteuerungsform nicht abgewichen werden. Ort einer solchen Reiseleistung ist immer dort, wo der leistende Unternehmer ansässig ist (§ 25 Abs. 1 UStG verweist insoweit auf § 3a Abs. 1 UStG). Die Reiseleistung ist damit im Inland steuerbar nach § 1 Abs. 1 Nr. 1 UStG. Da ich davon ausgehe, dass die Veranstaltung in der Europäischen Union stattfindet, ist sie auch nicht nach § 25 Abs. 2 UStG steuerfrei. Die Besteuerung der Reiseleistungen ist eine Margenbesteuerung, damit unterliegt nur die Differenz zwischen den Reisevorleistungen und dem, was den teilnehmenden Kanzleien berechnet wird, der Umsatzsteuer, § 25 Abs. 3 UStG. Da offensichtlich kein „Aufschlag" berechnet wird und nur die Kosten weiterberechnet werden, ist die Marge 0 €, sodass keine Umsatzsteuer für die Ausgangsleistung entsteht. Allerdings – und dies ist dann das wirtschaftliche Problem – hat die veranstaltende Kanzlei nach § 25 Abs. 4 UStG keinen Vorsteuerabzug aus den Reisevorleistungen, kann also keine Vorsteuer aus den Rechnungen des Hoteliers, des Busunternehmens und ggf. weiterer leistender Unternehmer vornehmen. Deshalb wäre es – zumindest bei dem Grunde nach vorsteuerabzugsberechtigten Unternehmern – anzuraten, dass die Leistungen jeweils selbst bei den leistenden Unternehmern gebucht werden, damit dann individuell der Vorsteuerabzug aus den Eingangsleistungen möglich ist.

Themenbereich Steuerliches Verfahrensrecht und Steuerstrafrecht

Problembereich 1: Allgemeines – Steuerschuldverhältnis

Frage: Wie verwirklicht die Finanzbehörde die Steuerforderungen oder die sonstigen Ansprüche gegen die Steuerpflichtigen?

Antwort: Überall dort, wo ein Überordnungsverhältnis der öffentlichen Hand (hier Finanzamt) gegenüber dem Bürger besteht und wo demnach die Behörde hoheitlich handelt, kann sie dies durch den Erlass von Verwaltungsakten verwirklichen. Ein Verwaltungsakt ist die Maßnahme einer Behörde auf dem Gebiet des öffentlichen Rechts zur Regelung eines Einzelfalles mit Außenwirkung (§ 118 AO). Die klassischen Verwaltungsakte einer Finanzbehörde sind die Steuerbescheide (§ 155 AO). Ein Steuerbescheid muss nach § 157 AO schriftlich ergehen. Die Finanzbehörden erlassen aber vielfach auch Verwaltungsakte, die keine Steuerbescheide sind wie z.B. Feststellungsbescheide (§§ 179 ff. AO), Steuermessbescheide (§ 184 AO), Haftungsbescheide oder Duldungsbescheide (§ 191 AO).

Tipp! Im Prüfungsgebiet Verfahrensrecht kommt man ohne Gesetzestext nicht aus. Wenn bei der Prüfung ein Gesetzestext in Reichweite liegt, greifen Sie danach und lesen Sie den einschlägigen Paragrafen. Das sollten Sie aber nur tun, wenn Sie den betreffenden Paragrafen kennen. Ein wildes Blättern auf der Suche nach etwas Tauglichem wirkt sich nachteilig aus. Wenn Sie nicht sicher sind, ob Sie auf den Gesetzestext zurückgreifen können, fragen Sie einfach die Prüfungskommission, bzw. den Vorsitzenden oder den betreffenden Prüfer.

Frage: Die Finanzbeamten müssen die Steuerangelegenheiten diskret behandeln. Gibt es hierzu gesetzliche Bestimmungen?

Antwort: Die Interessen des Steuerpflichtigen auf eine vertrauliche und diskrete Bearbeitung der Steuerangelegenheiten ist durch § 30 AO geschützt. Danach haben Amtsträger (§ 7 AO) das Steuergeheimnis zu wahren. Ein Amtsträger verletzt das Steuergeheimnis, wenn er:
1. personenbezogene Daten eines anderen, die ihm:
   a) in einem Verwaltungsverfahren, einem Rechnungsprüfungsverfahren oder einem gerichtlichen Verfahren in Steuersachen,
   b) in einem Strafverfahren wegen einer Steuerstraftat oder einem Bußgeldverfahren wegen einer Steuerordnungswidrigkeit,
   c) aus anderem Anlass durch Mitteilung einer Finanzbehörde oder durch die gesetzlich vorgeschriebene Vorlage eines Steuerbescheids oder einer Bescheinigung über die bei der Besteuerung getroffenen Feststellungen
   bekannt geworden sind, oder
2. ein fremdes Betriebs- oder Geschäftsgeheimnis, das ihm in einem der in § 30 Nr. 1 AO genannten Verfahren bekannt geworden ist, (geschützte Daten) unbefugt offenbart oder verwertet oder
3. geschützte Daten im automatisierten Verfahren unbefugt abruft, wenn sie für eines der in § 30 Nr. 1 AO genannten Verfahren in einem automationsgestützten Dateisystem gespeichert sind.

Darunter fallen auch private Verhältnisse des Steuerpflichtigen, die mit der Besteuerung nichts zu tun haben. Die Verletzung des Steuergeheimnisses führt zu disziplinarischen Maßnahmen gegen den betreffenden Amtsträger (i.d.R. Steuerbeamten). Die Verletzung des Steuergeheimnisses erfüllt aber auch einen Straftatbestand. Wer das Steuergeheimnis verletzt, kann nach § 355 StGB mit Freiheitsstrafe bis zu zwei Jahren oder mit Geldstrafe bestraft werden.

Eine Offenbarung von Daten ist zulässig, wenn die Offenbarung der Durchführung eines Strafverfahrens einer Tat dient, die keine Steuerstraftat ist, und die Kenntnisse entweder in einem Verfahren wegen einer Steuerstraftat oder Steuerordnungswidrigkeit erlangt worden sind und das Verfahren dem Steuerpflichtigen anzeigt wurde oder ohne Bestehen einer steuerlichen Verpflichtung oder unter Verzicht auf ein Auskunftsverweigerungsrecht erlangt worden sind oder für sie ein zwingendes öffentliches Interesse besteht.

Ein zwingendes öffentliches Interesse ist gegeben, wenn die Offenbarung erforderlich ist zur Abwehr erheblicher Nachteile für das Gemeinwohl oder einer Gefahr für die öffentliche Sicherheit, die Verteidigung oder die nationale Sicherheit oder zur Verhütung oder Verfolgung von Verbrechen und vorsätzlichen schweren Vergehen gegen Leib und Leben oder gegen den Staat und seine Einrichtungen, schwere Wirtschaftsstraftaten verfolgt werden sollen oder die Offenbarung erforderlich ist zur Richtigstellung in der Öffentlichkeit verbreiteter unwahrer Tatsachen, die geeignet sind, das Vertrauen in die Verwaltung erheblich zu erschüttern.

Nach § 30 Abs. 4 und 5 AO ist die Offenbarung der in § 30 Abs. 2 AO geschützten Verhältnisse, Betriebs- und Geschäftsgeheimnisse erlaubt. Die Finanzbehörde ist, wenn eine der in § 30 Abs. 4 und 5 AO genannten Voraussetzungen vorliegt, zu einer Offenbarung befugt, aber nicht dazu verpflichtet.

> **Frage:** Welche Änderungen sind durch das Finanzmarktintegritätsstärkungsgesetz (FISG) vom 03.06.2021 in § 31b AO mit Wirkung ab 01.07.2021 eingetreten?

Antwort: § 31b Abs. 2a AO sieht für die Übermittlung von Daten im Zusammenhang mit § 31 Abs. 5 Satz 2 GwG die Möglichkeit der Finanzbehörde vor, der Zentralstelle für Finanztransaktionsuntersuchungen Daten zum automatisierten Abruf bereit zu stellen, soweit dies zur Wahrnehmung der Aufgaben der Zentralstelle für Finanztransaktionsuntersuchungen nach § 28 Abs. 1 Satz 2 Nr. 2 des Geldwäschegesetzes erforderlich ist:

1. beim Bundeszentralamt für Steuern die nach § 5 Absatz 1 Nummer 13 des Finanzverwaltungsgesetzes vorgehaltenen Daten,
2. bei den Landesfinanzbehörden die zu einem Steuerpflichtigen gespeicherten Grundinformationen, die die Steuernummer, die Gewerbekennzahl, die Grund- und Zusatzkennbuchstaben, die Bankverbindung, die vergebene Umsatzsteuer-Identifikationsnummer sowie das zuständige Finanzamt umfassen.

§ 31b Abs. 2b AO regelt die nach der Rechtsprechung des Bundesverfassungsgerichts erforderliche Rechtsgrundlage für die korrespondierende Übermittlung der elektronischen Grundstücksveräußerungsanzeige im Sinne des § 18 Abs. 1 Satz 1 Grunderwerbsteuergesetz durch die Landesfinanzbehörden. Wird von der Verordnungsermächtigung des § 22a des Grunderwerbsteuergesetzes zur elektronischen Übermittlung der Anzeige im Sinne des § 18 des Grunderwerbsteuergesetzes Gebrauch gemacht, übermitteln die Landesfinanzbehörden die dort eingegangenen Datensätze nach Maßgabe des § 31 Absatz 5a des Geldwäschegesetzes der Zentralstelle für Finanztransaktionsuntersuchungen zur Wahrnehmung ihrer Aufgaben nach § 28 Absatz 1 Satz 2 Nummer 2 des Geldwäschegesetzes im automatisierten Verfahren.

> **Frage:** Der zweite Teil der AO (§§ 33 bis 77 AO) ist mit „Steuerschuldrecht" überschrieben. Dort sind allgemeine Grundlagen beschrieben, die für das Steuerschuldverhältnis Gültigkeit haben. Können Sie auf einige Grundregeln und Grundsätze eingehen?

Antwort: Zum einen ist § 39 AO zu nennen, wonach im Steuerrecht die wirtschaftliche Betrachtungsweise gilt. Wirtschaftsgüter sind nicht dem rechtlichen, sondern dem wirtschaftlichen Eigentümer bzw. dem Treugeber zuzurechnen. § 40 AO stellt klar, dass ein Handeln gegen ein gesetzliches Verbot oder die Sittenwidrigkeit eines Handelns für die Besteuerung unbeachtlich ist. Dasselbe gilt nach § 41

AO dann, wenn ein Rechtsgeschäft zwar unwirksam ist, wenn die Beteiligten aber das wirtschaftliche Ergebnis dieses Rechtsgeschäfts gleichwohl eintreten und bestehen lassen. Die (zivilrechtliche) Nichtigkeit oder (zivilrechtliche) Unwirksamkeit eines solchen Rechtsgeschäfts ist für die Besteuerung ohne Belang. Andererseits können nach § 42 AO durch Missbrauch von Gestaltungsmöglichkeiten die Steuergesetze nicht umgangen werden. Aber auch der gesamte Themenkomplex der Haftung für eine fremde Steuer ist dort geregelt.

> **Tipp!** Eine so allgemein gehaltene Frage ist für den Examenskandidaten eine große Chance. In einem solchen Fall hat er die Möglichkeit, das Prüfungsgespräch in eine ihm willkommene Richtung zu lenken. Er muss seine Antworten nur auf die Teilfragen konzentrieren und ausdehnen, zu denen er etwas (mehr) sagen kann.

> **Frage:** In den §§ 44 bis 46 AO sind Rechtsfolgen aus bestimmten Sachverhalten beschrieben, die auch in zivilrechtlichen Vorschriften geregelt sind: Gesamtschuldnerschaft (§ 44 AO), Gesamtrechtsnachfolge (§ 45 AO) und Abtretung, Verpfändung und Pfändung einer Forderung (§ 46 AO). Was besagen diese abgabenrechtlichen Bestimmungen und wie konkurrieren sie mit den zivilrechtlichen Vorschriften?

Antwort: Wer (neben anderen) als Gesamtschuldner nach § 44 AO eine Steuer schuldet oder gesamtschuldnerisch für sie haftet, kann von der Finanzbehörde über den gesamten Betrag in Anspruch genommen werden. In welchen Fällen eine Gesamtschuld entsteht, richtet sich nach den Einzelsteuergesetzen oder auch nach dem BGB (z.B. bei Miterben, bei Gesellschaftern einer GbR) oder nach dem HGB (z.B. bei OHG-Gesellschaftern). Der Ausgleich unter den Gesamtschuldnern (bei voller Inanspruchnahme nur eines Gesamtschuldners) wird über §§ 421 ff. BGB, § 44 AO abgewickelt.

Ähnliches gilt für die in § 45 AO geregelte Gesamtrechtsnachfolge. Auch diese Vorschrift sagt nichts darüber aus, in welchen Fällen eine Gesamtrechtsnachfolge eintritt. Das beantworten andere Gesetze (z.B. § 1922 BGB oder das UmwG). Mithin ergänzt § 45 AO das, was aus anderen Bestimmungen schon bekannt ist. § 45 AO ist allerdings zu eng gefasst; es gehen nicht nur die Forderungen und Schulden auf den Rechtsnachfolger über. Dieser tritt vielmehr in die gesamte abgabenrechtliche Rechtsstellung des Vorgängers ein.

> **Tipp!** Die Gesamtrechtsnachfolge nach § 45 AO (z.B. beim Todesfall nach § 1922 BGB) ist zu unterscheiden von der Einzelrechtsnachfolge, bei der ein Vermögen (Sachen, Sachgesamtheiten, Forderungen, Rechte etc.) nicht im Ganzen auf einen anderen Rechtsträger übergeht, sondern jeder einzelne Vermögensgegenstand übertragen werden muss.

§ 46 AO ermöglicht die Abtretung, Verpfändung und Pfändung von Steuererstattungsansprüchen. Die Abtretung ist jedoch gem. § 46 Abs. 2 AO nur wirksam, wenn sie auf einem amtlich vorgeschriebenen Vordruck dem Finanzamt angezeigt wird. Zudem muss der Erstattungsanspruch schon entstanden sein, bevor dem Finanzamt die Abtretung angezeigt wird. § 46 AO besagt jedoch nichts darüber, wie eine Steuererstattungsforderung abgetreten wird. Das richtet sich nach den Bestimmungen der §§ 389 ff. BGB.

> **Anmerkung!** Wenn in diesem Themenbereich „Steuerliches Verfahrensrecht und Steuerstrafrecht" Kalendertage genannt werden, sind diese Angaben fiktiv. Wenn ein Fristende auf einen Samstag, Sonntag oder Feiertag fällt, ergibt sich dies aus dem Sachverhalt.

Problembereich 2: Schulden und Haften für Steuerverbindlichkeiten

Frage: Was versteht man unter den Begriffen „haften" und „schulden"?

Antwort: Kraft des Schuldverhältnisses ist der Gläubiger berechtigt, von dem Schuldner eine Leistung zu fordern (§ 241 BGB). Hat das Finanzamt gegen den Steuerpflichtigen S (aus dem Steuerschuldverhältnis) einen Anspruch auf Zahlung von 10.000 € (z.B. Einkommensteuer 2022), dann schuldet S diesen Betrag. Damit ist aber noch nicht gesagt, dass S für diesen Zahlungsanspruch auch haftet, d.h. persönlich mit seinem Vermögen (im Falle von Vollstreckungsmaßnahmen) auch einzustehen hat. Es ist durchaus möglich, dass ein Schuldner z.B. einen Geldbetrag schuldet, für diese eigene Schuld aber nicht haftet, so z.B. im Erbfall, wenn auf den Erben die Verbindlichkeiten des Erblassers übergegangen sind, wenn aber über dessen Nachlass die Nachlassverwaltung oder die Nachlassinsolvenz angeordnet worden ist (§ 1975 BGB).

Wenn es im Steuerrecht um Haftungstatbestände geht, dann ist unter dem Begriff „haften" nicht das Einstehen für eine eigene Verbindlichkeit zu verstehen, sondern das Einstehen für eine fremde (Steuer-)Verbindlichkeit eines Anderen.

Frage: Wie realisiert die Finanzbehörde die Haftung für eine Steuerschuld?

Antwort: Die Finanzbehörde kann den Haftenden (Haftungsschuldner), der kraft Gesetzes für eine Steuer haftet, nach § 191 Abs. 1 AO im Rahmen einer Ermessensentscheidung (§ 5 AO) per Haftungsbescheid (Verwaltungsakt) in Anspruch nehmen. Nach § 219 AO darf aus einem Haftungsbescheid nur vollstreckt werden, soweit die Vollstreckung in das bewegliche Vermögen des Schuldners ohne Erfolg geblieben ist oder wenn eine Vollstreckung aussichtslos erscheint.

Frage: Was besagt § 191 Abs. 1 S. 1 AO, wonach der Haftende für eine Steuer „kraft Gesetzes" haften muss?

Antwort: Es muss eine gesetzliche Anspruchsgrundlage geben, aus der sich die Haftung ergibt. Gesetz i.S.d. § 191 AO heißt nicht (nur) „AO" oder „Einzelsteuergesetz". Die Haftung kann sich vielmehr aus allen möglichen Gesetzen ergeben (z.B. §§ 42d EStG, 25, 128 HGB, etc.). Eine Haftung kraft Gesetzes ist nicht gegeben, wenn sich ein Dritter aufgrund eines Vertrages verpflichtet hat, für die Steuer eines anderen einzustehen (Vater verbürgt sich z.B. gegenüber dem Finanzamt für die Umsatzsteuerschulden seines Sohnes i.H.v. 25.000 €). In diesem Fall gilt § 192 AO. Das Finanzamt kann danach seine Rechte nur nach den Vorschriften des bürgerlichen Rechts geltend machen (d.h. durch zivilrechtliche Klage vor dem zuständigen Landgericht und nicht per Haftungsbescheid).

Tipp! Wenn Sie eine allgemeine Frage beantworten oder eine Vorschrift erklären sollen, ist es immer ratsam, nach einführenden und allgemein gehaltenen Worten ein treffendes Beispiel zu bilden. Das lockert das Prüfungsgespräch auf und bringt Ihnen Vorteile.

Frage: Welche Haftungsnormen kennt die Abgabenordnung?

Antwort: Die Haftungstatbestände der Abgabenordnung sind in den §§ 69 bis 75 AO geregelt: Haftung der Vertreter (§ 69 AO), Haftung des Vertretenen (§ 70 AO), Haftung des Steuerhinterziehers und des Steuerhehlers (§ 71 AO), Haftung bei Verletzung der Pflicht zur Kontenwahrheit (§ 72 AO), Haftung Dritter bei Datenübermittlungen an Finanzbehörden (§ 72a AO), Haftung bei Organschaft (§ 73 AO), Haftung des Eigentümers von Gegenständen (§ 74 AO) und Haftung des Betriebsübernehmers (§ 75 AO).

Frage: Was bedeutet im Rahmen der Haftung nach § 69 AO die Aussage, dass die Haftung für Steuerschulden akzessorisch sei und was besagt der Grundsatz anteiliger Tilgung?

Antwort: Ein Haftungsbescheid kann nur ergehen, wenn der Steueranspruch gegen den Steuerschuldner noch geltend gemacht werden kann (keine Erfüllung, kein Erlass, keine Festsetzungs- oder Zahlungsverjährung). Der Haftungsbescheid setzt aber nicht voraus, dass zuvor gegen den Steuerschuldner ein Steuerbescheid erlassen worden ist. Rückständige Steuern sind vom Geschäftsführer einer GmbH in dem gleichen Verhältnis zu tilgen wie die übrigen Verbindlichkeiten gegenüber anderen Gläubigern. Andernfalls liegt im Umfang des die durchschnittliche Tilgungsquote unterschreitenden Differenzbetrages eine schuldhafte Pflichtverletzung vor, für die der Geschäftsführer einzustehen hat (BFH vom 01.08.2000, BStBl II 2001, 271). Dieser Grundsatz gilt bei der Lohnsteuer nicht; diese ist vorrangig zu zahlen. Die getilgten Lohnsteuern werden zudem bei der Ermittlung der Tilgungsquote weder bei den Verbindlichkeiten noch bei den Zahlungen berücksichtigt. Das widerspräche der haftungsrechtlichen Sondersituation bei der Lohnsteuer, die den Geschäftsführer zur vorrangigen und ungekürzten Abführung an das Finanzamt vor der Begleichung sonstiger Verbindlichkeiten verpflichtet (BFH vom 27.02.2007, BStBl II 2008, 508). Sind im Zeitpunkt der Lohnsteuerfälligkeit noch liquide Mittel zur Zahlung der Lohnsteuer vorhanden, besteht die Verpflichtung des Geschäftsführers zu deren Abführung so lange, bis ihm durch Bestellung eines (starken) Insolvenzverwalters oder Eröffnung des Insolvenzverfahrens die Verfügungsbefugnis entzogen wird (BFH vom 23.09.2008, VII R 27/07).

Frage: Welche Änderung wurde zur Haftung einer Organgesellschaft, die selbst Organträger ist, nach § 73 Satz 1 AO vorgenommen?

Antwort: Haftet eine Organgesellschaft, die selbst Organträger ist, nach § 73 Satz 1 AO haften ihre Organgesellschaften neben ihr ebenfalls nach § 73 Satz 1 AO. Diese Änderung ist mit dem Gesetz zur weiteren steuerlichen Förderung der Elektromobilität und zur Änderung weiterer steuerlicher Vorschriften als Reaktion auf das BFH-Urteil vom 31.05.2017, I R 54/15 als Erweiterung des Haftungstatbestandes in § 73 AO im Falle einer mehrstufigen Organschaft neu aufgenommen worden. Neben Organgesellschaften haften nun, wenn diese auch selbst Organträger ist, ihre Organgesellschaften für Steuern des Organträgers, für die die Organschaft steuerlich von Bedeutung ist. Die Haftung bei mittelbarer Organschaft gilt gemäß § 11 Abs. 4 EGAO in der am 18.12.2019 geltenden Fassung erstmals für nach dem 17.12.2019 verwirklichte Haftungstatbestände. Den Steuern stehen die Ansprüche auf Erstattung von Steuervergütungen gleich.

Frage: Nach § 74 AO kann ein wesentlich beteiligter Gesellschafter für betriebliche Steuern mit Gegenständen haften, die ihm gehören, die er der Gesellschaft überlassen hat und die dieser dienen. Was sind „Gegenstände" im Sinne dieser Bestimmung?

Antwort: Gegenstände sind zum einen bewegliche und unbewegliche Sachen. Haftungsgegenstand i.S.d. § 74 AO kann aber auch ein Surrogat sein (Veräußerungserlös, Schadenersatz, etc.). Ferner fallen unter den Gegenstandsbegriff auch immaterielle Wirtschaftsgüter. Dies ist aber nur der Fall, wenn ein Gläubiger in solche immateriellen Wirtschaftsgüter vollstrecken kann.

Frage: Wird ein Unternehmen im Ganzen veräußert, so haftet der Erwerber nach § 75 AO für Steuern, bei denen sich die Steuerpflicht auf den Betrieb des Unternehmens gründet, und für Steuerabzugsbeträge. Diese Vorschrift korrespondiert mit § 25 HGB. Worin liegen die Unterschiede beider Vorschriften?

Antwort: Nach § 75 AO muss ein lebensfähiges Unternehmen oder ein gesondert geführter Betriebsteil auf den Haftenden übergehen. Bei § 25 HGB handelt es sich um das Geschäft eines Vollkaufmannes, dessen Firma der Übernehmer fortführt. Während bei § 75 AO ein zwischen dem Übergebenden und Übernehmenden vereinbarter Haftungsausschluss dem Finanzamt gegenüber nicht wirksam ist, kann dies bei § 25 HGB vereinbart werden. Allerdings muss diese Vereinbarung entweder in das Handelsregister eingetragen oder den einzelnen Gläubigern mitgeteilt werden. § 75 AO erfasst nur unternehmensbedingte Steuern und Steuerabzugsbeträge, die im Haftungszeitraum entstanden (seit Beginn des letzten Jahres vor der Übereignung) und im Festsetzungszeitraum festgesetzt oder angemeldet worden sind (bis spätestens ein Jahr nach Anmeldung des Betriebsübergangs). Diese Begrenzung kennt § 25 HGB nicht. Eine Haftung nach § 25 HGB ist zeitlich unbegrenzt. Erfasst werden alle steuerlichen Verbindlichkeiten, die als Betriebsausgaben abzugsfähig sind. Die Haftung bei § 75 AO ist auf das übernommene Vermögen beschränkt; § 25 HGB führt hingegen zu einer vollen persönlichen Haftung.

Frage: Wie haften Gesellschafter einer GmbH, OHG, KG und GbR für Steuerschulden der Gesellschaft?

Antwort: GmbH-Gesellschafter haften für (Steuer-)Verbindlichkeiten der GmbH nicht. Nach § 13 Abs. 2 GmbHG haftet den Gläubigern der Gesellschaft nur das Gesellschaftsvermögen. OHG-Gesellschafter haften als Gesamtschuldner nach § 128 HGB persönlich und mit ihrem ganzen Vermögen für die Steuerverbindlichkeiten der OHG. Gleiches gilt für Gesellschafter einer GbR. Nach der BGH-Rechtsprechung gelten die §§ 128 ff. HGB bei der GbR entsprechend, sog. Akzessorietät (BGH vom 29.01.2001, DStR 2001, 310). Komplementäre einer KG haften wie OHG-Gesellschafter (§§ 161 Abs. 2, 128 ff. HGB). Gleiches gilt für Kommanditisten bis zur Höhe ihrer Einlagen; haben diese jedoch ihre Einlagen (Hafteinlagen) geleistet, ist eine Haftung ausgeschlossen (§§ 161 Abs. 2, 128, 171 Abs. 1 HGB). Die Haftung lebt aber wieder auf, wenn und soweit die Einlagen zurückgewährt werden (§ 172 Abs. 4 HGB).

Problembereich 3: Durchführung der Besteuerung und Erhebungsverfahren

---

Frage: Um die Einnahmen und Ausgaben ordnungsgemäß für steuerliche Zwecke zu erfassen, müssen die Steuerpflichtigen mitwirken. Für bestimmte Steuerpflichtige gelten dafür besondere Vorschriften. Können Sie dazu etwas sagen?

Antwort: Kaufleute müssen nach §§ 238 ff. HGB Bücher führen. Die den Kaufleuten insoweit auferlegten Pflichten haben diese Personen auch für die Besteuerung zu erfüllen (§ 140 AO). Die §§ 141 ff. AO fordern, dass aber auch Nichtkaufleute unter bestimmten Voraussetzungen Bücher führen müssen. Diese steuerliche Buchführungspflicht orientiert sich nach § 141 Abs. 1 AO an bestimmten Kriterien. Gewerbliche Unternehmer sind buchführungspflichtig, wenn sie einen Gesamtumsatz i.S.d. § 19 UStG von mehr als 600.000 € im Kalenderjahr oder mehr als 60.000 € Gewinn aus Gewerbebetrieb im Wirtschaftsjahr erzielen. Zur ordnungsgemäßen Buchführung gehören die Aufzeichnung des Wareneingangs (§ 143 AO) und die gesonderte Aufzeichnung des Warenausgangs (§ 144 AO). Die Buchführung muss im Übrigen nach § 145 Abs. 1 AO so beschaffen sein, dass sie einem sachverständigen Dritten innerhalb angemessener Zeit einen Überblick über die Geschäftsvorfälle und über die Lage des Unternehmens vermitteln kann. Die Geschäftsvorfälle müssen sich in ihrer Entstehung und Abwicklung verfolgen lassen.

Frage: Steuerpflichtige treffen umfängliche Anzeige- und Mitwirkungspflichten für das Besteuerungs- und Erhebungsverfahren. Können Sie hierzu etwas sagen?

Antwort: Mitwirkungspflichten des Steuerpflichtigen sind im Ersten Abschnitt des Dritten Teils der AO beispielsweise in § 90 AO geregelt. Danach ist der Steuerpflichtige insbesondere dazu verpflichtet, alle für die Besteuerung erheblichen Tatsachen vollständig und wahrheitsgemäß offenzulegen und die ihm bekannten Beweismittel anzugeben. Ferner muss er der Finanzbehörde die zur Feststellung eines für die Besteuerung erheblichen Sachverhalts erforderlichen Auskünfte erteilen, § 93 AO. Für die Durchführung der Besteuerung bringen im ersten Abschnitt des Vierten Teils der AO die §§ 137 ff. AO Anzeigepflichten (Anzeige über die Erwerbstätigkeit, § 138 AO; Länderbezogener Bericht multinationaler Unternehmensgruppen, § 138a AO; Mitteilungspflicht Dritter über Beziehungen inländischer Steuerpflichtiger zu Drittstaat-Gesellschaften, § 138b AO; Verordnungsermächtigung, § 138c AO; Pflicht zur Mitteilung grenzüberschreitender Steuergestaltungen, § 138d AO; Kennzeichen grenzüberschreitender Steuergestaltungen, § 138e AO; Verfahren zur Mitteilung grenzüberschreitender Steuergestaltungen durch Intermediäre, § 138f AO; Verfahren zur Mitteilung grenzüberschreitender Steuergestaltungen durch Nutzer, § 138g AO; Mitteilungen bei marktfähigen grenzüberschreitenden Steuergestaltungen, § 138h AO; Information der Landesfinanzbehörden, § 138i AO; Auswertung der Mitteilungen grenzüberschreitender Steuergestaltungen, § 138j AO; Angabe der grenzüberschreitenden Steuergestaltung in der Steuererklärung, § 138k AO; Anmeldung von Betrieben in besonderen Fällen, § 139 AO). Im Zweiten Abschnitt des Vierten Teils der AO werden den Steuerpflichtigen Mitwirkungspflichten auferlegt (Buchführungs- und Aufzeichnungspflichten nach anderen Gesetzen, § 140 AO; Buchführungspflicht bestimmter Steuerpflichtiger, § 141 AO; Aufzeichnung des Wareneingangs, § 143 AO; Aufzeichnung des Warenausgangs, § 144 AO; Allgemeine Anforderungen an Buchhaltung und Aufzeichnungen, § 145 AO; Ordnungsvorschriften für die Buchführung und für Aufzeichnungen; § 146 AO; Ordnungsvorschrift für die Buchführung und für Aufzeichnungen mittels elektronischer Aufzeichnungssysteme, Verordnungsermächtigung, § 146a AO; Kassen-Nachschau, § 146b; Ordnungsvorschriften für die Aufbewahrung von Unterlagen, § 147 AO; Vorschriften für die Aufbewahrung von Aufzeichnungen und Unterlagen bestimmter Steuerpflichtiger, § 147a AO).

> **Frage:** Was regelt das BMF mit Schreiben (koordinierter Ländererlass) vom 30.06.2023, IV D 2 – S-0316a/20/10003 :006 in der Neufassung des Anwendungserlasses zu § 146a AO bezüglich elektronischer oder computergestützter Kassensysteme oder Registrierkassen?

Antwort: Die in § 1 Abs. 1 Satz 1 KassenSichV genannten elektronischen oder computergestützten Kassensysteme oder Registrierkassen sind für den Verkauf von Waren oder die Erbringung von Dienstleistungen und deren Abrechnung spezialisierte elektronische Aufzeichnungssysteme, die Kassenfunktion haben.

Kassenfunktion haben elektronische Aufzeichnungssysteme dann, wenn diese der Erfassung und Abwicklung von zumindest teilweise baren Zahlungsvorgängen dienen können. Dies gilt auch für vergleichbare elektronische, vor Ort genutzte Zahlungsformen (elektronisches Geld wie z. B. Geldkarte oder virtuelle (Kunden-)Konten) sowie an Geldes statt vor Ort angenommener Gutscheine, Guthabenkarten, Bons und dergleichen.

Eine Aufbewahrungsmöglichkeit des verwalteten Bargeldbestandes (z. B. Kassenlade) ist nicht erforderlich.

Sofern ein elektronisches Aufzeichnungssystem mit Kassenfunktion die Erfordernisse der Mindestanforderungen an das Risikomanagement – MaRisk und der Bankaufsichtlichen Anforderungen an die IT (BAIT) der Bundesanstalt für Finanzdienstleistungsaufsicht in der jeweils geltenden Fassung erfüllt und von einem Kreditinstitut i.S.d. § 1 Abs. 1 KWG betrieben wird, unterliegt dieses nicht den Anforderungen des § 146a AO.

> **Frage:** Der Gesetzgeber hat umgesetzt, dass Steuerpflichtige grenzüberschreitende Gestaltungen den Finanzbehörden melden müssen. Können Sie dazu etwas sagen?

Antwort: Durch das Gesetz zur Einführung einer Pflicht zur Mitteilung grenzüberschreitender Steuergestaltungen wurde die Richtlinie (EU) 2018/822 vom 15.05.2018 zur Änderung der EU-Amtshilferichtlinie umgesetzt. Mit dem Gesetz wurden in den §§ 138–138k AO Regelungen getroffen, um Steuervermeidungspraktiken und Gewinnverlagerungen zu identifizieren und ungewollte Gestaltungsspielräume zu schließen. Die §§ 138d-138k AO sind auf alle Steuern anzuwenden, die von einem oder für einen EU-Mitgliedstaat bzw. von oder für gebiets- oder verwaltungsmäßige Gliederungseinheiten eines EU-Mitgliedstaats, einschließlich der lokalen Behörden, erhoben werden.

Die Finanzverwaltung hat ein ausführliches BMF-Schreiben vom 29.03.2021 (IV A 3 – S 0304/19/ 10006 :010) zu den §§ 138d-138k AO erlassen, das mit Schreiben vom 23.01.2023, IV A 3 – S-0304/ 19/10006 :013/IV B 1 – S-1317/19/10058 :011 und vom 26.07.2022, IV A 3 – S0304/19/10006:012, IV B 1 – S1317/19/10058:023 geändert wurde.

Die Pflicht zur Mitteilung grenzüberschreitender Steuergestaltungen besteht mit Wirkung ab dem 01.07.2020 und zwar auch für grenzüberschreitende Steuergestaltungen, bei denen der erste Schritt zur Umsetzung nach dem 24.06.2018 und vor dem 01.07.2020 gemacht worden ist. In diesen Fällen ist die Mitteilung abweichend von § 138f Abs. 2 AO innerhalb von zwei Monaten nach dem 30.06.2020 an das Bundeszentralamt für Steuern zu erstatten.

> **Frage:** Welche Möglichkeiten hat die Finanzbehörde, wenn die Steuerbescheide ergangen und bestandskräftig sind und wenn der Steuerpflichtige gleichwohl den sich daraus ergebenden Zahlungspflichten nicht nachkommt?

Antwort: Die Finanzbehörde kann Verwaltungsakte, mit denen – wie in der Regel im Steuerbescheid – eine (Geld-)Leistung gefordert wird, im Verwaltungsweg vollstrecken, wenn die Vollstreckung nicht ausgesetzt ist (§§ 249 Abs. 1, 251 Abs. 1 AO). Zur Durchführung von Vollstreckungsmaßnahmen können die Vollstreckungsbehörden Auskunfts- und Unterstützungsersuchen nach § 757a ZPO stellen. § 757a Abs. 5 ZPO ist dabei nicht anzuwenden. Die Vollstreckung darf nach § 254 AO aber erst beginnen, wenn die Leistung fällig ist und der Vollstreckungsschuldner zur Leistung oder Duldung oder Unterlassung aufgefordert worden ist (Leistungsgebot) und wenn seit der Aufforderung mindestens eine Woche vergangen ist. Nach § 256 AO kann der Steuerpflichtige nur Einwendungen gegen den zu vollstreckenden Verwaltungsakt selbst erheben. Deshalb sind z.B. bei Vollstreckungen aus einem Steuerbescheid Einwendungen gegen die Steuerschuld selbst außerhalb des Vollstreckungsverfahrens zu erheben (Einspruch gegen den Steuerbescheid nach §§ 347 ff. AO und Antrag auf Aussetzung der Vollziehung nach §§ 361 AO, 69 FGO). Wenn und soweit im Einzelfall die Vollstreckung unbillig ist, kann die Vollstreckungsbehörde sie allerdings einstweilen einstellen oder beschränken oder eine Vollstreckungsmaßnahme aufheben (§ 258 AO). Während des Zeitraumes zwischen einem Antrag auf Aussetzung der Vollziehung und der Entscheidung darüber, soll von einer Vollstreckung im Regelfall abgesehen werden. Wenn Vollstreckung droht, kann ansonsten gem. § 69 FGO auch beim Finanzgericht ein Antrag auf Aussetzung der Vollziehung gestellt werden.

Für von der Corona-Krise unmittelbar und nicht unerheblich negativ wirtschaftlich betroffene Steuerpflichtige konnte für bis zum 31.3.2022 fällige Forderungen (ESt, KSt, Solidaritätszuschlag, Kirchensteuer, LSt und USt) auf Antrag (Antragstellung bis zum 31.3.2022) bis zum 30.6.2022 auf Vollstreckungsmaßnahmen verzichtet werden (Vollstreckungsaufschub im vereinfachten Verfahren).

Ein Vollstreckungsaufschub für nach dem 31.3.2022 fällige Steuern war nur im Antragsverfahren unter Erbringung der erforderlichen Nachweise, insbesondere zu den wirtschaftlichen Verhältnissen, möglich.

> **Frage:** Der Sechste Teil der AO ist mit „Vollstreckung" überschrieben. Die vollstreckungsrechtlichen Bestimmungen sind in den §§ 249 bis 346 AO festgehalten. Welche Vollstreckungsmöglichkeiten hat danach das Finanzamt?

Antwort: Im ersten Abschnitt des sechsten Teils der AO (§§ 249 bis 259 AO, Allgemeine Vorschriften) sind die allgemeinen Fragen geregelt, wie sie die Antwort auf die Vorfrage aufzeigt. Der zweite Abschnitt (§§ 259 bis 327 AO, Vollstreckung wegen Geldforderungen) behandelt die Kernfragen des Vollstreckungsrechts. Hier geht es um die Vollstreckung wegen einer Geldforderung. Darunter fallen alle Zahlungsansprüche der Finanzbehörden, die sich aus den Steuerbescheiden ergeben. Wegen solcher Ansprüche (Geldforderungen) kann das Finanzamt nach §§ 281 bis 321 AO (Vollstreckung in das bewegliche Vermögen) in das bewegliche Vermögen und nach §§ 322, 323 AO (Vollstreckung in das unbewegliche Vermögen) in das unbewegliche Vermögen des Steuerschuldners vollstrecken. Die Vollstreckung in das bewegliche Vermögen unterteilt sich in die Vollstreckung in Sachen (§§ 285 bis 308 AO) und in die Vollstreckung in Forderungen und andere Vermögensrechte (§§ 309 bis 321 AO). Im Sprachgebrauch der AO zählen damit Forderungen und Rechte zum beweglichen Vermögen. Die Vollstreckung in das unbewegliche Vermögen (in Grundstücke, in Eigentumswohnungen etc.) regeln die §§ 322, 323 AO. Der dritte Abschnitt des sechsten Teils der AO behandelt in den §§ 328 bis 336 AO (Vollstreckung wegen anderer Leistungen als Geldforderungen) die Vollstreckung wegen anderer Leistungen als Geldforderungen (z.B. Vollstreckung des Anspruchs der Behörde auf Mitwirkung bei der Ermittlung eines Sachverhalts oder auf Anzeige bestimmter Sachverhalte oder auf Abgabe von Steuererklärungen etc.). Am Ende ist im vierten Abschnitt (§§ 337 bis 346 AO, Kosten) geregelt, welche Kosten beim Vollstreckungsschuldner anfallen.

> **Frage/Fall:** Das Finanzamt erließ am 26.04.22 gegen den Schriftsteller S den Einkommensteuerbescheid 19 (Steuer 12.327 € und Leistungsgebot auf den 21.05.22). Dagegen legte S Einspruch ein; einen Antrag auf Aussetzung der Vollziehung stellte er nicht. Das Finanzamt mahnte S am 21.06.22 mit einer Zahlungsfrist von einer Woche. S reagierte auf nichts. Am 29.06.22 schickte das Finanzamt eine Vollstreckungsankündigung an S. Am 15.07.22 erschien V, der Vollstreckungsbeamte des Finanzamts, bei S und verlangte von ihm die Zahlung der ausstehenden Steuern. In der Wohnung des S pfändete V unter Anbringung von Pfandsiegeln einen PC und eine wertvolle Stereoanlage (Radio, CD etc.). Einen Schwarz-Weiß-Fernseher beachtete V nicht. Zutreffend weist S darauf hin, dass er den PC dringend brauche, um seine Manuskripte schreiben zu können und dass die Stereoanlage seiner Freundin F gehöre. Gleichwohl ließ V die Sachen am 14.08.22 abholen, weil das Finanzamt Ende August 22 die Sachen versteigern wollte.

Antwort: Die Pfändungen sind rechtswidrig, wenn bei S die Vollstreckungsvoraussetzungen nicht erfüllt waren. Der Steuerbescheid vom 26.04.22 ist ein nach § 251 Abs. 1 AO vollstreckbarer Verwaltungsakt mit Leistungsgebot und Fristsetzung von mindestens einer Woche (§ 254 Abs. 1 AO). Die Einspruchseinlegung hindert die Vollstreckung nicht (§ 361 Abs. 1 AO). Aussetzung der Vollziehung hat S nicht beantragt. Ferner hat das Finanzamt die Vollstreckungsvoraussetzung des § 259 AO beachtet; es hat S am 21.06.22 angemahnt. Damit liegen die allgemeinen Vollstreckungsvoraussetzungen vor.

Die Pfändung der beweglichen Sachen richtet sich nach den §§ 281 ff. AO. Nach § 286 Abs. 2 S. 2 AO hat V richtigerweise die Pfändung durch Anbringung von Siegeln ersichtlich gemacht. Für V ist nicht entscheidend, wer Eigentümer einer zu pfändenden Sache ist. V hat nur zu prüfen, ob sich die Sachen im Gewahrsam des Schuldners befinden. Aus diesem Grunde war die Pfändung der Stereoanlage rechtmäßig; die Eigentumslage spielt keine Rolle. § 295 AO verweist auf die §§ 811 bis 813 ZPO. Nach § 811 Abs. 1 Nr. 1 ZPO sind Sachen der Pfändung nicht unterworfen, die der Schuldner zu einer bescheidenen Lebensführung bedarf. Nachdem S der Schwarz-Weiß-Fernseher verblieb, konnte er sich über das

Weltgeschehen weiterhin unterrichten. Deshalb war die Stereoanlage mit Radio etc. nicht nach § 295 AO, 811 Abs. 1 Nr. 1 ZPO unpfändbar. Die Eigentümerin F ist auf ihre Rechte nach § 262 Abs. 1 S. 1 AO zu verweisen. Sie muss eine Drittwiderspruchsklage nach § 771 ZPO erheben; Einspruch gegen die Pfändung kann sie nicht einlegen. Diese Pfändung ist ohnehin rechtmäßig. Hingegen ist die Pfändung des PC rechtswidrig. Nach §§ 295 S. 1 AO, 811 Abs. 1 Nr. 5 ZPO darf V keine Sachen pfänden, die der Schuldner zu der Ausübung seines Berufes benötigt. Ohne PC kann S keine Manuskripte mehr schreiben. Zu seinem schriftstellerischen Beruf benötigt er den gepfändeten PC. Deshalb ist er nach § 811 Abs. 1 Nr. 5 ZPO nicht pfändbar. S kann gegen diese Pfändung Einspruch einlegen. Zudem könnte oder sollte er noch die Aussetzung bzw. Aufhebung der Vollziehung beantragen.

Problembereich 4: Die Korrektur von Verwaltungsakten

> **Frage:** Wenn die Finanzbehörde per Verwaltungsakt gehandelt hat, stellt sich die Frage, wann ein solcher Verwaltungsakt wieder geändert werden kann. An welche Vorschriften der Abgabenordnung denken Sie hierbei?

Antwort: Wenn es um die Änderung von Verwaltungsakten geht, dann greifen zum einen die §§ 129 bis 131 AO und zum anderen die §§ 164, 165, 172 ff. AO.

Nach § 130 Abs. 1 AO kann ein (von Anfang an) rechtswidriger und belastender Verwaltungsakt, auch nachdem er unanfechtbar geworden ist, jederzeit zurückgenommen werden. Ein (von Anfang an) rechtswidriger aber begünstigender Verwaltungsakt kann indes nur zurückgenommen werden, wenn eine der vier in § 130 Abs. 2 AO genannten Voraussetzungen erfüllt ist (z.B. von einer sachlich unzuständigen Behörde erlassen, unlautere Mittel, arglistige Täuschung, Drohung, Bestechung, etc.). Ein ursprünglich rechtmäßig belastender Verwaltungsakt kann nach § 131 Abs. 1 AO nur für die Zukunft widerrufen werden. Ein ursprünglich rechtmäßig begünstigender Verwaltungsakt darf aber, auch nachdem er unanfechtbar geworden ist, nur unter den strengen Voraussetzungen des § 131 Abs. 2 AO zurückgenommen werden (Widerruf im Verwaltungsakt vorbehalten, nachträglich eingetretene Tatsachen, etc.). Nach § 129 AO kann ein Verwaltungsakt, der einen Schreibfehler, Rechenfehler oder eine ähnliche Unrichtigkeit enthält, die beim Erlass des Verwaltungsakts unterlaufen sind, jederzeit berichtigt werden.

Eine Änderung nach den §§ 129, 130 und 131 AO kann auch dann noch erfolgen, wenn der Verwaltungsakt unanfechtbar ist. Zu beachten ist, dass die §§ 130, 131 AO nur für Verwaltungsakte anzuwenden sind, die keine Steuerbescheide sind (z.B. Bescheide über Säumnis- und Verspätungszuschläge, Haftungs- und Duldungsbescheide, Steuererlasse, Steuerstundungen etc.). § 129 AO gilt hingegen bei allen Verwaltungsakten (auch bei Steuerbescheiden).

> **Frage:** Und nach welchen Vorschriften der Abgabenordnung kann die Finanzbehörde Steuerbescheide noch ändern?

Antwort: Ein Steuerbescheid, der nach § 164 Abs. 1 AO unter Vorbehalt der Nachprüfung steht, kann nach § 164 Abs. 2 AO jederzeit geändert werden. Gleiches gilt für eine vorläufige Steuerfestsetzung nach § 165 Abs. 1 AO. Soweit die Steuer vorläufig festgesetzt ist, kann die Finanzbehörde die Festsetzung nach § 165 Abs. 2 AO jederzeit aufheben oder ändern.

Steuerfestsetzungen, die weder unter Vorbehalt der Nachprüfung stehen noch vorläufig sind, kann das Finanzamt grundsätzlich nicht mehr ändern, wenn die Bescheide die Behörde verlassen haben. Wenn jedoch die in den §§ 129 und 172 bis 175 AO genannten Voraussetzungen vorliegen, kann ein Steuerbescheid auch nach Bestandskraft noch geändert werden. Wenn allerdings die Änderung eines

Steuerbescheids nach den §§ 164 Abs. 2 oder 165 Abs. 2 AO möglich ist, kommt insoweit eine Änderung nach den §§ 172 ff. AO nicht mehr in Frage. Die Änderungsmöglichkeiten nach den §§ 172 ff. AO stehen allesamt unter dem Vorbehalt, dass die Festsetzungsfrist nicht abgelaufen ist.

> **Frage/Fall:** Der Sachbearbeiter SB des für den Steuerpflichtigen A zuständigen Finanzamts gibt den Einkommensteuerbescheid 21 am 14.05.22 zur Post. Der Bescheid geht am 16.05.22 dem A zu. SB erkennt am 21.05.22, dass er beim Erlass dieses Bescheides einen Rechtsfehler gemacht hat, der sich i.H.v. 2.860 € zugunsten des A ausgewirkt hat. Vor Ablauf der Einspruchsfrist stellt er dem A am 13.06.22 einen geänderten Einkommensteuerbescheid 21 zu, in dem die richtige, um den o.g. Betrag erhöhte Steuer festgesetzt wird. Konnte SB diesen Änderungsbescheid erlassen?

Antwort: Dass der Einkommensteuerbescheid vom 14.05.22 noch nicht bestandskräftig ist, hilft dem Finanzamt nicht weiter. Wenn ein Steuerbescheid die Finanzbehörde verlassen hat und dem Steuerpflichtigen bekannt gegeben ist, kann dieser nur unter den – hier nicht gegebenen – Voraussetzungen der §§ 129, 164 Abs. 2, 165 Abs. 2, 172 ff. AO geändert werden. Solange ein Steuerbescheid noch nicht unanfechtbar ist, liegt es nur in der Hand des Steuerpflichtigen, den Bescheid offen und änderungsfähig zu halten. Das kann der Steuerpflichtige dadurch bewirken, dass er vor der Bestandskraft des Bescheides entweder einen Änderungsantrag nach § 172 Abs. 1 Nr. 2a Hs. 2 AO stellt oder Einspruch nach § 347 AO einlegt.

> **Frage/Fall:** Wie ist der Fall zu beurteilen, wenn der Sachbearbeiter SB die Steuer im Einkommensteuerbescheid deshalb um 2.860 € zu niedrig angesetzt hat, weil A in seiner Steuererklärung bewusst falsche Angaben gemacht hatte. Kann das Finanzamt den Bescheid noch ändern, wenn das Finanzamt (SB) davon Kenntnis erlangt?

Antwort: Eine dem § 130 Abs. 2 Nr. 2 AO vergleichbare bzw. identische Änderungsmöglichkeit eröffnet sich nach § 172 Abs. 1 Nr. 2c AO. Hier hat A die zu niedrige Steuerfestsetzung durch unlautere Mittel oder durch arglistige Täuschung bewirkt. In diesem Fall ist deshalb die Finanzbehörde berechtigt, den Steuerbescheid – auch nachdem er unanfechtbar geworden ist – zu ändern und die richtige Steuer festzusetzen. Als weitere Berichtigungsnorm kommt § 173 Abs. 1 Nr. 1 AO in Betracht.

> **Tipp!** Lesen Sie § 172 Abs. 1 AO. Das ist die wichtige Einstiegsvorschrift in das Recht der Berichtigung von Steuerbescheiden. Achten Sie auch auf § 172 Abs. 1 Nr. 2d HS 2 AO: Die §§ 130, 131 AO gelten nicht.

> **Tipp!** Oftmals gestaltet sich ein Prüfungsgespräch deshalb schwierig, weil die Kandidaten zu schnell und zu konkret auf den Kern der gestellten Frage zusteuern. Insbesondere dann, wenn vom Prüfer ein Fall in das Prüfungsgespräch eingebracht wird, sollte immer „weit ausgeholt" werden. Dazu dienen die nachfolgenden Fallbeispiele.

> **Frage:** Die Änderungsvorschriften der §§ 129, 164, 165, 172 ff. AO kommen nicht (mehr) zur Anwendung, wenn die Festsetzungsfrist vor einem beabsichtigten Erlass eines Änderungsbescheides abgelaufen ist. Wann tritt für eine Steuer die Festsetzungsverjährung ein?

Antwort: Nach § 169 Abs. 2 S. 1 Nr. 2 AO beträgt die Steuerfestsetzungsfrist vier Jahre. Wenn eine Steuer hinterzogen worden ist, erweitert sich die Festsetzungsfrist auf zehn Jahre. Sie beträgt bei leichtfertiger Steuerverkürzung gem. § 169 Abs. 2 S. 2 AO fünf Jahre. Hier sind jedoch zusätzlich die §§ 170 und 171 AO zu beachten. Bei Vorliegen bestimmter Voraussetzungen wird nach § 170 AO der Beginn der Festsetzungsfrist (Anlaufhemmung) und nach § 171 AO das Ende der Festsetzungsfrist (Ablaufhemmung) hinausgeschoben. Die wichtigste Anlaufhemmung enthält § 170 Abs. 2 S. 1 Nr. 1 AO (Hinausschieben des Fristbeginns bei Abgabe der Steuererklärungen) und § 170 Abs. 5 AO (Beginn der Festsetzungsverjährung bei der Schenkungsteuer erst ab Kenntniserlangung des Finanzamts von der unentgeltlichen Zuwendung). Die wichtigsten Ablaufhemmungen in § 171 AO sind: Ablaufhemmung bei Rechtsbehelfsverfahren (Abs. 3a), Ablaufhemmung bei Außenprüfung (Abs. 4), Ablaufhemmung bei Strafverfahren (Abs. 7), Ablaufhemmung bei vorläufiger Steuerfestsetzung (Abs. 8), Ablaufhemmung bei Selbstanzeige (Abs. 9), und Ablaufhemmung für Folgebescheide bei Erlass eines Grundlagenbescheids (Abs. 10).

Frage/Fall: Die Eheleute M u. F. wurden für 18 zur Einkommensteuer veranlagt. F war in 18 zunächst bis zum 31.08.18 bei der Firma X GmbH angestellt, danach bis zum 31.12.18 bei der Firma Y-GmbH. In der Anlage N wurde der Bruttolohn der F zutreffend deklariert. Das Finanzamt erließ in 19 einen Einkommensteuer-Bescheid, der bestandskräftig wurde – mit einem wesentlich geringeren Bruttolohn. Es hatte nur den elektronisch übermittelten und der Steuererklärung beigestellten Arbeitslohn bei der Y-GmbH berücksichtigt. In 22 stellte das Finanzamt fest, dass auch Lohndaten aus dem Beschäftigungsverhältnis der F bei der X-GmbH vorliegen (und auch bei der Veranlagung bereits vorlagen). Daraufhin erließ es am 23.08.22 einen auf die §§ 173 Abs. 1 Nr. 1, 129 S. 1 AO gestützten Änderungsbescheid.

Antwort: § 173 Abs. 1 Nr. 1 AO kann nicht greifen. Das Finanzamt kann sich nicht darauf berufen, dass erst in 22 neue Tatsachen bekannt geworden sind. Hier mag nur darauf verwiesen werden, dass die Lohneinkünfte von F bereits in der ESt-Erklärung ordnungsgemäß benannt worden sind.

Eine Änderung nach § 129 S. 1 AO erfordert eine offenbare Unrichtigkeit wie Schreibfehler, Rechenfehler und ähnliches. Im Fall hat F den bezogenen Arbeitslohn zutreffend erklärt. Das Finanzamt hat diese Angaben nicht mit den elektronisch übermittelten Daten verglichen. Darin liegt kein bloßes Übersehen erklärter Daten. Es ist vielmehr vom Finanzamt nicht aufgeklärt worden, wieso der Arbeitslohn in der Einkommensteuer-Erklärung von dem elektronisch beigestellten Arbeitslohn abweicht. Das wiederum ist ein Fehler in der Sachverhaltsaufklärung (Ermittlungsfehler), der nicht über § 129 S. 1 AO korrigiert werden kann (Fall nach BFH vom 16.01.2018, DStR 2018, 566). Allerdings kann gem. § 175b AO (Änderung von Steuerbescheiden bei Datenübermittlung durch Dritte) ein Steuerbescheid aufgehoben oder geändert werden, soweit von der mitteilungspflichtigen Stelle an die Finanzbehörden übermittelte Daten im Sinne des § 93c AO bei der Steuerfestsetzung nicht oder nicht zutreffend berücksichtigt wurden. Zusammen mit der umfangreichen Hemmung der Festsetzungsfrist in § 171 Abs. 10a AO kann die Steuerfestsetzung während einer langen Zeitspanne (insgesamt maximal 9 Jahre nach Ablauf des Veranlagungszeitraums) hinsichtlich der nach § 93c AO zu übermittelnden Daten angepasst werden. Eine gesonderte Änderungsvorschrift ist erforderlich, weil die Mitteilung der Daten durch die mitteilungspflichtige Behörde kein Grundlagenbescheid i.S.d. § 175 Abs. 1 S. 1 Nr. 1 AO ist und die unrichtige Übernahme der Daten in die Steuerfestsetzung oder die Berücksichtigung geänderter Daten daher nicht zu einer Durchbrechung der Bestandskraft führt.

Frage: Was wird in § 175 Abs. 4 AO geregelt?

Antwort: Weil ein an die Finanzverwaltung übermittelter Datensatz keinen Grundlagenbescheid für die Steuerfestsetzung i.S.d. § 171 Abs. 10 und § 175 Abs. 1 Satz 1 Nr. 1 AO darstellen soll, bestimmt § 175b Abs. 4 AO, dass die Änderung eines Steuerbescheids nach § 175b Abs. 1 oder 2 AO unter folgenden Voraussetzungen ausgeschlossen ist:

1. im Fall einer erstmaligen Datenübermittlung nach § 93c Abs. 1 AO werden nachträglich Daten übermittelt, die nicht rechtserheblich sind;

2. im Fall einer berichtigten Datenübermittlung nach § 93c Abs. 3 AO ist die Abweichung von den bei der Steuerfestsetzung aufgrund der vorherigen Datenübermittlung berücksichtigten Daten nicht rechtserheblich.

Problembereich 5: Außergerichtliches und Gerichtliches Rechtsbehelfsverfahren

Frage: Was muss ein Steuerpflichtiger beachten, damit er zulässig Einspruch gegen einen Steuerverwaltungsakt einlegt?

Antwort: Nach § 358 AO prüft die Finanzbehörde, ob ein Einspruch zulässig, insbesondere ob er in der vorgeschriebenen Form und Frist eingelegt ist. Die Einhaltung der Einspruchsfrist (ein Monat nach Bekanntgabe des Verwaltungsakts nach § 355 Abs. 1 AO) und die Beachtung der richtigen Form (nach § 357 Abs. 1 AO schriftlich, elektronisch oder zur Niederschrift) sind mithin die wichtigsten Zulässigkeitsvoraussetzungen für einen Einspruch. Das Wort „insbesondere" zeigt aber, dass auch noch andere Zulässigkeitsvoraussetzungen einzuhalten sind (ein anderes Wort für Zulässigkeitsvoraussetzungen ist Sachurteilsvoraussetzungen). So ist z.B. ein Einspruch nach § 350 AO unzulässig, wenn der Einspruchsführer nicht geltend macht, durch den Verwaltungsakt beschwert zu sein. Dieser Vortrag kann aber auch nach einem fristwahrenden Einspruch nach Ablauf nachgeholt werden. Hat der Steuerpflichtige nach Erlass des Verwaltungsaktes auf die Einlegung eines Einspruchs verzichtet, wird dadurch ein Einspruch ebenfalls unzulässig (§ 354 Abs. 1 AO). Fehlt es an einer der o.g. Zulässigkeitsvoraussetzungen, weist die Finanzbehörde den Einspruch ab, ohne in die Prüfung einzusteigen, ob der (unzulässig) angefochtene Bescheid materiell rechtswidrig ist oder nicht.

Frage: Kann auf die Einlegung eines Einspruchs bereits vor Erlass des Verwaltungsakts verzichtet werden?

Antwort: Nach § 354 Abs. 1b AO kann auf die Einlegung eines Einspruchs bereits vor Erlass des Verwaltungsakts verzichtet werden, soweit durch den Verwaltungsakt eine Verständigungsvereinbarung oder ein Schiedsspruch nach einem Vertrag im Sinne des § 2 AO zutreffend umgesetzt wird. § 89a Abs. 3 Satz 1 Nr. 2 AO bleibt unberührt.

Frage/Fall: Die Finanzbehörde hat am 07.04.22 den Gewerbesteuermessbescheid 22 des Unternehmers U zur Post gegeben. Der Bescheid wird vom Postboten am Freitag, dem 08.04.22 in den Briefkasten geworfen. Bis wann muss U Einspruch einlegen?

Antwort: Die Einspruchsfrist beträgt nach § 355 Abs. 1 S. 1 AO einen Monat. Sie beginnt mit der Bekanntgabe des Verwaltungsaktes. Das ist am Freitag, dem 08.04.22. Nach § 122 Abs. 2 Nr. 1 AO wird jedoch zugunsten des Steuerpflichtigen fingiert, dass die Bekanntgabe drei Tage nach Aufgabe zur Post erfolgt ist. Nachdem dies Sonntag, der 10.04.22 ist, beginnt die Einspruchsfrist erst am Montag, dem 11.04.22 zu laufen (BFH vom 14.10.2003, BStBl II 2003, 898). Der BFH sieht das Ende des Zeitraums nach § 122 Abs. 2 Nr. 1 AO als „Fristende". Fällt das Fristende auf einen Samstag, Sonntag oder Feiertag, dann endet die Frist des § 122 Abs. 2 Nr. 1 AO nach § 108 Abs. 3 AO mit Ablauf des nächstfolgenden Werktages. Mithin ist der Einspruch zum 11.05.22 einzulegen.

Frage/Fall: Wie wäre der Fall zu beurteilen, wenn die Finanzbehörde den Bescheid am Dienstag, dem 05.04.22 zur Post gegeben und wenn der Postbote den Bescheid erst am Samstag, dem 09.04.22 in den Briefkasten des U geworfen hätte?

Antwort: Die Bekanntgabe des Bescheides erfolgte am Samstag, dem 09.04.22. In diesem Fall endet an diesem Samstag keine Frist. § 108 Abs. 3 AO kommt deshalb nicht zur Anwendung. Damit muss U den

Einspruch gegen den Gewerbesteuermessbescheid bis zum 11.05.22 einlegen (BFH vom 09.11.2005, BStBl II 2000, 219). Allerdings muss er den verspäteten Zugang darlegen.

> **Frage/Fall:** A hat am 17.02.22 beim Finanzamt unter Vorlage neuer Werbungskostenbelege bei den Einkünften aus V+V einen Antrag auf Erlass eines neuen Steuerbescheides gestellt, in dem die bestandskräftig festgestellte Einkommensteuer 19 geändert und um 12.280 € niedriger angesetzt werden soll. Am 30.08.22 hat das Finanzamt sich dazu noch immer nicht geäußert. Was kann A tun?

Antwort: Im Normalfall wird ein Einspruch gegen einen belastenden Verwaltungsakt eingelegt. Hier gibt es aber keinen Verwaltungsakt. Erst der den Änderungsantrag ablehnende Bescheid des Finanzamts wäre ein solcher belastender Verwaltungsakt, gegen den Einspruch eingelegt werden könnte. Diesen Fall erfasst § 347 Abs. 1 S. 2 AO. Danach ist ein Einspruch außerdem statthaft, wenn geltend gemacht wird, dass über einen vom Einspruchsführer gestellten Antrag auf Erlass eines Verwaltungsaktes ohne Mitteilung eines zureichenden Grundes binnen angemessener Frist nicht entschieden worden ist. In Anlehnung an § 46 Abs. 1 S. 2 FGO ist dies nach Ablauf von sechs Monaten der Fall. A hat mithin die Möglichkeit, Einspruch einzulegen (Untätigkeitseinspruch). Sein Antrag auf Erlass eines geänderten Bescheides ist jetzt von der Rechtsbehelfsstelle des Finanzamts zu bearbeiten.

> **Frage:** U wohnt in Heidelberg und betreibt in Mannheim einen Gewerbebetrieb. Das Finanzamt Heidelberg gab am 10.07.22 den aufgrund einer Betriebsprüfung des Finanzamts Mannheim nach § 175 Abs. 1 Nr. 1 AO geänderten Einkommensteuerbescheid 19 zur Post. Hiergegen verfasste U bereits am 11.07.22 ein Einspruchsschreiben. Das an das Finanzamt Heidelberg ordnungsgemäß adressierte Schreiben steckte er in ein Kuvert, schrieb darauf aber versehentlich die Adresse des Finanzamts Mannheim und gab es zur Post. Das Kuvert ging beim Finanzamt Mannheim am 12.07.22 ein; das Einspruchsschreiben wurde aber erst am 27.08.22 an das Finanzamt Heidelberg weitergeleitet. Ist rechtzeitig Einspruch gegen den geänderten Einkommensteuerbescheid 19 eingelegt worden?

Antwort: Der Einspruch gegen den geänderten Einkommensteuerbescheid hätte nach §§ 122 Abs. 2 Nr. 1, 355 Abs. 1 AO bis zum 13.08.22 beim Finanzamt Heidelberg eingelegt werden müssen. Nach § 357 Abs. 2 S. 2 AO kann zwar gegen einen Feststellungsbescheid auch Einspruch bei dem für den Folgebescheid zuständigen Finanzamt Frist wahrend eingelegt werden. Der obige Fall zeigt aber gerade den umgekehrten Sachverhalt auf. Ein Einspruch gegen den Steuerbescheid kann nur fristwahrend beim Finanzamt Heidelberg eingelegt werden und nicht auch beim Finanzamt Mannheim. § 357 Abs. 2 S. 2 AO gilt nur für Grundlagenbescheide und nicht auch für Folgebescheide (Steuerbescheide). Wird der Rechtsbehelf bei einer unzuständigen Behörde eingelegt, trägt der Rechtsbehelfsführer das Risiko des verzögerten Eingangs bei der zuständigen Behörde. Demnach wäre der Einspruch verspätet (so BFH vom 19.12.2000, BStBl II 2001, 158). Wenn sich allerdings – wie hier geschehen – die unzuständige Behörde für die Weiterleitung zu viel Zeit lässt, kann der Rechtsbehelfsführer mit Erfolg nach § 110 AO mit Monatsfrist Wiedereinsetzung in den vorigen Stand beantragen. Dies gebietet die Gewährleistung des effektiven Rechtsschutzes durch Art. 19 Abs. 4 GG (BVerfG vom 02.09.2002, BStBl II 2002, 835). Diese Grundsätze müssen auch im gerichtlichen Verfahren gelten, wenn z.B. von einem Finanzgericht eine – dem ordnungsgemäßen Geschäftsgang entsprechende – fristgerechte Weiterleitung eines Rechtsmittels an den Bundesfinanzhof ohne Weiteres erwartet werden kann.

> **Frage/Fall:** Das Finanzamt hat S den Einkommensteuerbescheid 20 am 26.11.21 zugestellt. Hiergegen hat S Einspruch eingelegt. Während des Einspruchsverfahrens erlässt das Finanzamt am 29.03.22 einen geänderten Einkommensteuerbescheid, in dem es die Steuer um 1.289 € niedriger ansetzt. S ist damit (noch) nicht einverstanden und legt auch gegen diesen Änderungsbescheid Einspruch ein. Wie ist die Rechtslage?

Antwort: Der Einspruch gegen den geänderten Einkommensteuerbescheid ist unzulässig. Wird ein angefochtener Verwaltungsakt geändert oder ersetzt, so wird der neue Verwaltungsakt vom 29.03.22 gem. § 365 Abs. 3 AO Gegenstand des Einspruchsverfahrens. Damit muss bzw. kann S gegen den neuerlichen Bescheid nichts unternehmen. In dem anhängigen Rechtsbehelfsverfahren wird nunmehr geprüft, ob der die Steuer um 1.289 € niedriger festsetzende Änderungsbescheid immer noch rechtswidrig ist. Dasselbe würde gelten, wenn bei Erlass des Änderungsbescheides wegen des Einkommensteuerbescheides 20 bereits eine finanzgerichtliche Klage anhängig wäre (§ 68 FGO). Der eingelegte Einspruch gegen den Bescheid vom 29.03.22 ist unzulässig. Das ist aber im Ergebnis unschädlich.

Frage/Fall: Das Finanzamt erlässt gegen S am 26.05.22 den Einkommensteuerbescheid 20, in dem bestandskräftig eine Steuer von 17.830 € festgesetzt wird. Aufgrund einer Kontrollmitteilung werden der Finanzbehörde neue Tatsachen bekannt (Zinseinnahmen), weshalb sie am 26.07.22 den Einkommensteuerbescheid 20 ändert und die Steuer richtigerweise auf 19.285 € neu festsetzt. Hiergegen legt S form- und fristgerecht Einspruch ein. Im Einspruchsverfahren legt er Belege vor, insgesamt 4.316 €, die er bei der Ermittlung von Einkünften aus V+V vergessen, und die er erst kürzlich bei einem Großputz in seiner Garage wiedergefunden hatte. Dem Finanzamt gegenüber gestand er ein, dass er in steuerlichen Angelegenheiten zwar sehr unordentlich sei. Er habe aber in § 367 Abs. 2 S. 1 AO gelesen, dass bei Einspruchseinlegung die Sache in vollem Umfange erneut zu prüfen sei. Deshalb müsste das Finanzamt die verspätet eingereichten Belege anerkennen, sie bei der Einkommensteuerveranlagung 20 noch berücksichtigen und die Steuer auf 12.275 € reduzieren. Wie ist die Rechtslage?

Antwort: Es ist richtig, dass nach § 367 Abs. 2 S. 1 AO die Finanzbehörde die Sache in vollem Umfang erneut zu prüfen hat. Damit hat S mit seinem Einwand zunächst recht. Dabei bliebe aber die Vorschrift des § 351 Abs. 1 AO unberücksichtigt. Danach können Verwaltungsakte, die unanfechtbare Verwaltungsakte ändern, nur insoweit angegriffen werden, als die Änderung reicht. Das bedeutet, dass der Änderungsbescheid vom 26.07.22 nur insoweit oder in dem Rahmen angefochten werden kann, wie der neue Bescheid den alten Bescheid geändert hat. S kann somit nur eine Reduzierung der im Änderungsbescheid festgesetzten Steuer auf die alte Steuer, d.h. auf die im ursprünglichen Bescheid festgesetzte Höhe (17.830 €) erreichen. Eine eigenständige Berichtigung nach § 173 Abs. 1 Nr. 2 AO scheitert am groben Verschulden des S.

Hätte S bereits Klage gegen den Einkommensteueränderungsbescheid 20 vom 26.07.22 erhoben, wäre die Rechtslage nach § 42 FGO die gleiche. Was § 351 AO im Einspruchsverfahren bestimmt, regelt § 42 FGO im Klageverfahren.

Frage/Fall: S gibt am 16.11.21 die Umsatzsteuer-Jahreserklärung für das Jahr 20 beim zuständigen Finanzamt ab (Umsatzsteuer 30.000 €). Am 16.02.22 erlässt das Finanzamt einen Berichtigungsbescheid und erhöht die Umsatzsteuer um 1.000 € auf 31.000 €. Das Finanzamt beruft sich auf einen Rechenfehler in der Umsatzsteuer-Jahreserklärung, der nach § 129 AO berichtigt werden könnte. Gegen diesen Änderungsbescheid legte S fristgerecht Einspruch ein und macht nunmehr Vorsteuer aus V+V i.H.v. 5.000 € geltend. Diese konnte er bisher nicht geltend machen, weil er nicht mehr wusste, wo er die Belege etc. hingelegt hatte. Beim Aufräumen seiner Garage hatte er sie Anfang Januar 22 wiedergefunden.

Antwort: Die Umsatzsteuer-Jahreserklärung 20 vom 16.11.21 steht nach § 168 S. 1 AO als Steueranmeldung einer Steuerfestsetzung unter Vorbehalt der Nachprüfung gleich. Deshalb konnte das Finanzamt am 16.02.22 jederzeit einen Berichtigungsbescheid erlassen. Auf die Voraussetzungen des § 129 AO kam es nicht an. Wenn S gegen den Berichtigungsbescheid vom 16.02.22 Einspruch einlegt, ist das Verfahren nach § 367 Abs. 2 S. 1 AO in vollem Umfang offen. S kann jederzeit die Vorsteuer aus

V+V nachreichen; das Finanzamt muss sie berücksichtigen. Er muss keine weitere Berichtigungsnorm bemühen (hier wäre ansonsten § 173 Abs. 1 Nr. 2 AO zu prüfen). Mithin kommt es auf ein (grobes) Verschulden des S nicht an. Dem steht auch § 351 Abs. 1 AO nicht entgegen, weil der Vorbescheid (Umsatzsteuer-Jahreserklärung 20) unter Vorbehalt der Nachprüfung stand und nicht „unanfechtbar" i.S.d. § 351 AO war (Klein, AO 10. Auflage, § 351 Rn. 5 m.w.N.).

Frage/Fall: Das Finanzamt erließ am 13.06.2021 (Aufgabe zur Post) einen auf § 175 AO gestützten ESt-Bescheid für das Veranlagungsjahr 2013 gegen die Eheleute Paul und Elfriede Mayerhofer. In dem Bescheid war erstmals ein Veräußerungsgewinn i.H.v. 4.417.000 € angesetzt. Die Steuer belief sich auf 2.1440.000 €. Die geltend gemachten Nachzahlungszinsen nach § 238 Abs. 1 S. 1 AO betrugen 241.000 € Die Eheleute sind der Auffassung, dass der Gewinn i.H.v. 21.000 € zu hoch angesetzt sei. Zudem wollen sie sich gegen die Festsetzung der Nachzahlungszinsen wenden. Am 23.06.2021 fand deshalb eine Besprechung bei ihrem Steuerberater S statt. Welche Rechtsüberlegungen wird der Berater zur Vorbereitung des Termins anstellen?

Antwort: Der Bescheid vom 13.06.2021 enthält zwei Verwaltungsakte, zum einen die Festsetzung der Einkommensteuerzahlung und zum anderen die Festsetzung der Nachzahlungszinsen. Gegen beide Verwaltungsakte können die Eheleute innerhalb eines Monats nach Bekanntgabe fristwahrend Einspruch einlegen (d.h. bis zum 16.07.2021 – §§ 347 Abs. 1, Abs. 1 S. 1, 355 Abs. 1 S. 1, 122 Abs. 2 Nr. 1 AO). Die Begründung kann später erfolgen. Durch die Erhebung der Einsprüche wird jedoch die Vollziehung der angefochtenen Verwaltungsakte nicht gehemmt – § 361 Abs. 1 S. 1 AO. Auf Antrag des Einspruchsführers kann jedoch die Finanzverwaltung die Aussetzung der Vollziehung anordnen. Der Berater wird mithin sowohl Einspruch einlegen als auch die Vollziehungsanträge stellen.

Die Finanzbehörde soll die Vollziehung aussetzen, wenn ernstliche Zweifel an der Rechtmäßigkeit des angefochtenen Verwaltungsakts bestehen oder wenn die Vollziehung für den Betroffenen eine unbillige, nicht durch überwiegende öffentliche Interessen gebotene Härte zur Folge hätte. Nachdem laut Sachverhalt zur Härte nichts ausgesagt ist, wird dieser Aussetzungsgrund nicht greifen. Es könnten aber hinsichtlich der Nachzahlungszinsen ernstliche Zweifel an der Rechtmäßigkeit des Zinsbescheides bestehen. So der BFH in seiner Entscheidung vom 25.04.2018, IX B 21/18, DStR 2019, 2018. Der BFH konnte jedoch dem Einspruch (im Hauptsacheverfahren) nicht stattgeben. Hält ein Gericht ein Gesetz nicht für verfassungswidrig, kann es diese Auffassung in einem Urteil nicht entscheidungsrelevant umsetzen. Es muss vielmehr das Verfahren aussetzen und dem BVerfG zur Entscheidung über die Verfassungsfrage vorlegen. Andererseits ist es einem Gericht unbenommen, eine Aussetzung der Vollziehung zu gewähren, weil es Bedenken an der Verfassungsgemäßheit eines Gesetzes hat. Die Frage, dass Zinsfestsetzungen nach § 238 Abs. 1 AO nicht verfassungswidrig sind, hat das BVerfG im Verfahren 1 BvR 2237/14 für die Jahre 2010–2013 entschieden. Das bisherige Recht ist für bis einschließlich in das Jahr 2018 fallende Verzinsungszeiträume weiter anwendbar. Für ab in das Jahr 2019 fallende Verzinsungszeiträume sind die Vorschriften dagegen unanwendbar. Dem Gesetzgeber wurde aufgegeben, bis zum 31.07.2022 eine verfassungsgemäße Neuregelung zu treffen. Nachdem das o.g. Urteil des BVerfG am 23.06.2021 noch nicht bekannt war und der BFH ernstliche Zweifel an der Rechtmäßigkeit der Nachzahlungszinsen hat, kann und muss das Finanzamt im o.g. Fall dem Aussetzungsantrag der Eheleute stattgeben.

Hinweis! Der Zinssatz beträgt ab dem Verzinsungszeitraum 2019 0,15 % pro Monat für Steuernachzahlungen/-erstattungen i.S.d. § 233a AO und 0,5 % pro Monat für alle übrigen Zinsarten für jeden vollendeten Monat (§ 238 Abs. 1, 2 AO). Für die Berechnung der Zinsen ist der zu verzinsende Betrag jeder Steuerart auf den nächsten durch 50 € teilbaren Betrag abzurunden. Die Berechnung muss für jede Steuerforderung gesondert erfolgen. Eine Festsetzung unterbleibt, wenn der

Zinsbetrag weniger als 10 € beträgt (§ 239 Abs. 2 AO). Der Zinsbetrag wird auf volle Euro zugunsten des Steuerpflichtigen gerundet.

Tipp! Nach § 108 Abs. 3 AO endet eine Frist (z.B. Einspruchsfrist) mit Ablauf des nächstfolgenden Werktags, wenn das Ende auf einen Sonntag, auf einen (gesetzlichen) Feiertag oder auf einen Sonnabend fällt. Das gilt auch dann, wenn es sich bei dem dritten Tag i.S.d. § 122 Abs. 2 Nr. 1 AO um einen Sonntag, Feiertag oder Samstag handelt. Zu beachten ist, dass Silvester einem gesetzlichen Feiertag (oder auch einem Samstag) nicht gleichzustellen ist. Dieser Tag war bei Einführung des § 108 Abs. 3 AO im Jahr 1977 ein regulärer Arbeitstag, ist heute jedoch generell arbeitsfrei (vgl. § 6 Arbeitszeitverordnung der Beamtinnen und Beamten des Bundes). Dennoch lässt der BFH eine solche Auslegung des § 108 Abs. 3 AO nicht zu. Ein auf den 31.12. fallendes Fristende wird nicht verlängert. Fristenbestimmungen müssen klar berechenbar und keinen Billigkeitserwägungen ausgesetzt sein. Würde § 108 Abs. 3 AO analog auf den 31.12. Anwendung finden, käme sofort die Frage auf, was ist mit Rosenmontag oder mit Heiligabend oder mit sonstigen „außergewöhnlichen" Freitagen. Eine solche Ausdehnung würde die erforderliche Rechtssicherheit beeinträchtigen.

Frage: Welche Klagearten kennt die Finanzgerichtsordnung?

Antwort: Die Finanzgerichtsordnung kennt vier Klagearten. Die bedeutendsten Klagen sind die Anfechtungsklage und die Verpflichtungsklage (§ 40 Abs. 1 FGO). Hingegen haben die allgemeine Leistungsklage (§ 40 Abs. 1 letzte Alt. FGO) und die Feststellungsklage (§ 41 FGO) eine nur untergeordnete Bedeutung. Die Anfechtungsklage zielt darauf ab, einen belastenden Verwaltungsakt mithilfe des Gerichts zu beseitigen (**Beispiel**: Klage auf Aufhebung oder Änderung eines Steuerbescheides). Mit der Verpflichtungsklage will der Kläger gerichtlich erreichen, dass die Finanzbehörde einen begünstigenden Verwaltungsakt erlässt (**Beispiel**: Klage auf Erlass eines Stundungsbescheides). Mit der allgemeinen Leistungsklage soll die Finanzbehörde zu einem Verhalten angehalten werden, das keinen Verwaltungsakt darstellt (**Beispiel**: Klage gegen das Finanzamt auf Übermittlung der Steuerakten des Mandanten in das Büro des Steuerberaters). Mit der Feststellungsklage kann das Bestehen oder Nichtbestehen eines Rechtsverhältnisses festgestellt werden (**Beispiel**: Klage eines Vereins gegen das Finanzamt auf Feststellung, dass er zur Ausstellung von Spendenbescheinigungen berechtigt ist).

Frage: Im Rahmen der Corona-Überbrückungshilfe III wurden am 12.08.2021 von der Bewilligungsstelle bei der L-Bank die Kosten für eine neue digitale Kasse als Kosten der Digitalisierung als Bemessungsgrundlage der Überbrückungshilfe III abgelehnt. Wie kann der Steuerberater Gunter Gerissen, der den Antrag für seinen Mandanten Siggi Sinnlos gestellt hat, Siggi Sinnlos helfen?

Antwort: Die Ablehnungs- und Bewilligungsbescheide der Überbrückungshilfe beinhalten eine Rechtsmittelbelehrung, die – je nach Bundesland – wahlweise ein außergerichtliches Widerspruchsverfahren oder unmittelbar die Klage beim Verwaltungsgericht vorsehen. Zur Führung des außergerichtlichen Widerspruchsverfahrens ist der Steuerberater als „Bote" seines Mandanten grundsätzlich noch befugt, vgl. § 5 Abs. 1 und 2 RDG. Zur Klage vor dem Verwaltungsgericht allerdings nur in Abgabenangelegenheiten, zu denen die Bewilligung einer Beihilfe wie der Überbrückungshilfe aber wohl nicht gehört, § 67 VwGO. Siggi Sinnlos könnte vor dem Verwaltungsgericht den Rechtsstreit allerdings selbst führen, § 67 Abs. 1 VwGO. Durch das Gesetz zur Modernisierung des notariellen Berufsrechts und zur Änderung weiterer Vorschriften wurde allerdings in § 67 Abs. 2 Satz 2 Nr. 3a VwGO eine Änderung eingefügt, nach für Steuerberater, Steuerbevollmächtigte, Wirtschaftsprüfer und vereidigte Buchprüfer, Personen und Vereinigungen im Sinne des § 3a StBerG, zu beschränkter geschäftsmäßiger Hilfeleistung in Steuersachen nach den §§ 3d und 3e StBerG berechtigte Personen im Rahmen dieser Befugnisse sowie Gesellschaften im Sinne des § 3 Nr. 2 und 3 StberG, die durch Personen im Sinne des § 3 Nr. 1 StberG handeln, die verwaltungsgerichtliche Vertretungsbefugnis, die bislang allein für Abgabenangelegenheiten bestand, ausdrücklich auch auf die Vertretung zu den Corona-Hilfen ausgeweitet wird und diese damit nun ebenfalls vertretungsbefugt vor dem VerwG sind. Gunter Gerissen könnte daher Klage gegen den Teilbewilligungsbescheid einlegen.

> **Frage:** Welche Voraussetzungen müssen vorliegen, damit der Steuerpflichtige zulässig eine Anfechtungs- oder Verpflichtungsklage beim Finanzgericht erheben kann?

Antwort: Wenn sich der Steuerpflichtige gerichtlich gegen einen belastenden Verwaltungsakt wenden will, muss er nach § 44 Abs. 1 FGO zunächst und zuvor das Rechtsbehelfsverfahren durchziehen. Erst nach Erlass der negativen Einspruchsentscheidung kann er beim Finanzgericht klagen. Ohne ein solches Vorverfahren ist die Klage als unzulässig abzuweisen. Nur für den Fall, dass das Finanzamt dem Gericht gegenüber einer unmittelbaren Klageerhebung gegen den erlassenen Verwaltungsakt (z.B. Steuerbescheid) innerhalb eines Monats nach Zustellung der Klageschrift zustimmt, kann nach § 45 Abs. 1 FGO ohne Vorverfahren beim Finanzgericht geklagt werden. Das Finanzgericht kann allerdings diese Klage innerhalb von drei Monaten an das Finanzamt zur Durchführung eines Vorverfahrens zurückgeben (§ 45 Abs. 2 S. 1 FGO). Die Durchführung des außergerichtlichen Rechtsbehelfsverfahrens ist nicht nur bei einer Anfechtungsklage erforderlich, sondern auch bei einer Verpflichtungsklage. Will der Steuerpflichtige, dass die Finanzbehörde einen für ihn begünstigenden Verwaltungsakt erlässt (z.B. Erlass der Einkommensteuer 2021), dann muss er dies beim Finanzamt beantragen. Lehnt das Finanzamt den Erlass eines solchen Bescheids ab, ist dagegen – vorbehaltlich § 45 Abs. 1 FGO – eine Klage erst zulässig, wenn zuvor eine negative Einspruchsentscheidung ergangen war.

> **Frage:** Welche weiteren Voraussetzungen müssen noch vorliegen, damit eine Anfechtungs- oder Verpflichtungsklage zulässig ist?

Antwort: Die Anfechtungs- oder Verpflichtungsklage ist innerhalb einer Frist von einem Monat nach Erlass der Einspruchsentscheidung zu erheben – im Fall des § 45 FGO einen Monat nach Erlass des Verwaltungsaktes. Die Frist beginnt allerdings erst zu laufen, wenn der Steuerpflichtige über den Rechtsbehelf belehrt worden ist. Andernfalls ist die Klage noch innerhalb eines Jahres zulässig (§ 55 Abs. 1 und 2 FGO). Bei Versäumung der Klagefrist kann nach § 56 Abs. 1 und 2 FGO Wiedereinsetzung in den vorigen Stand gewährt werden. Grundsätzlich gelten dafür dieselben Voraussetzungen wie bei § 110 AO (kein Verschulden an der Fristversäumung) mit dem Unterschied, dass der Antrag schon innerhalb von zwei Wochen zu stellen ist (§ 110 AO: ein Monat).

Eine Klage ist unzulässig, wenn der Steuerpflichtige hierauf nach Erlass des Verwaltungsaktes verzichtet hat (§ 50 Abs. 1 FGO). Die Klage ist nach § 64 Abs. 1 FGO beim Gericht schriftlich oder zu Protokoll des Urkundsbeamten der Geschäftsstelle zu erheben. Die Klage muss den Kläger, den Beklagten, den Gegenstand des Klagebegehrens und bei Anfechtungsklagen auch den Verwaltungsakt und die Entscheidung über den außergerichtlichen Rechtsbehelf bezeichnen.

> **Frage:** S legt gegen den ihm am 26.07.22 zugestellten Einkommensteuerbescheid 21 fristgerecht Einspruch ein. Er hält den Bescheid für rechtswidrig (wofür es gute Gründe gibt) und er kann zudem geltend machen, dass die Zahlung des im Bescheid geforderten Steuerbetrages für ihn existenzgefährdend ist. Was kann S unternehmen?

Antwort: Durch die Einspruchseinlegung wird die Vollziehung des Steuerbescheides nicht gehemmt (§ 361 Abs. 1 AO). Auch eine Klageerhebung hemmt die Vollziehung nicht (§ 69 Abs. 1 S. 1 FGO). Eine Aussetzung oder Aufhebung der Vollziehung kann S nur erreichen, wenn einem diesbezüglichen Antrag auf Aussetzung oder Aufhebung der Vollziehung nach § 361 Abs. 2 S. 2 AO entsprochen wird. Bereits vor Erhebung der Klage (d.h. schon im – notwendigen – Einspruchsverfahren) kann ein solcher Antrag nach § 69 Abs. 3 S. 2 FGO auch beim Finanzgericht gestellt werden. Dieser Antrag ist nach § 69 Abs. 4 FGO aber erst zulässig, wenn die Finanzbehörde die Aussetzung ablehnt, wenn die Finanzbehörde über den Antrag nicht in angemessener Frist entscheidet oder wenn die Vollstreckung droht.

Lehnt das Finanzamt die Aussetzung der Vollziehung ab, kann S hiergegen nach § 347 AO Einspruch einlegen. Die Ablehnung des Aussetzungsantrages ist ein Verwaltungsakt. Gegen eine negative Einspruchsentscheidung ist nach § 69 Abs. 7 FGO, § 361 Abs. 5 AO eine Klage beim Finanzgericht allerdings unzulässig. Das Finanzgericht soll mit Aussetzungsfragen nur in Antragsverfahren nach § 69 Abs. 2 S. 2 und Abs. 3 FGO befasst werden.

Lehnt das Finanzgericht einen Aussetzungsantrag nach § 69 Abs. 3 FGO ab, ist hiergegen die Beschwerde beim BFH nach § 128 Abs. 3 FGO nur zulässig, wenn sie in der Entscheidung zugelassen ist. Nachdem § 128 Abs. 3 S. 2 FGO nur auf § 115 Abs. 2 FGO verweist, ist eine Nichtzulassungsbeschwerde gegen die Nichtzulassung der Beschwerde analog § 116 FGO nicht möglich.

Frage/Fall: S legte gegen den ihm am 19.07.22 zugestellten Einkommensteuerbescheid 20 am 27.07.22 Einspruch ein. Trotz mehrfacher Aufforderung des Finanzamts, den Einspruch zu begründen – zuletzt mit angemessener Fristsetzung und entsprechendem Hinweis nach § 364b Abs. 3 AO auf den 26.07.22 – unternahm S nichts. Unter Berufung auf § 364b Abs. 2 S. 1 AO weist das Finanzamt in der Einspruchsentscheidung vom 27.08.22 den Einspruch ab. S hatte am 05.08.22 beim Finanzamt Unterlagen vorgelegt, bei deren Berücksichtigung die Steuer 20 um 12.590 € niedriger festgesetzt werden müsste. Diese hat die Finanzbehörde beim Erlass der Einspruchsentscheidung nicht mehr berücksichtigt. Hat die rechtzeitig erhobene Klage Aussicht auf Erfolg?

Antwort: Die Finanzbehörde konnte und durfte die von S am 05.08.22 vorgelegten Unterlagen nach § 364b Abs. 2 S. 1 AO nicht (mehr) berücksichtigen. Es ist S aber gleichwohl anzuraten, Klage zu erheben. Die Zurückweisung nach § 364b Abs. 2 S. 1 AO führt nicht dazu, dass S mit diesen Unterlagen auch im finanzgerichtlichen Verfahren präkludiert ist. Für das finanzgerichtliche Verfahren besagt vielmehr § 76 Abs. 3 FGO, dass solche (nach § 364b AO zu spät eingereichten) Erklärungen und Beweismittel vom Finanzgericht zurückgewiesen werden können (nicht müssen). Eine Zurückweisung ist nur möglich, wenn die Voraussetzungen des § 79b Abs. 3 FGO greifen (Verzögerung des Verfahrens bei Berücksichtigung). Diese Voraussetzung wird aber nicht eingreifen, nachdem im Klageverfahren die fraglichen Unterlagen rechtzeitig vor der Entscheidungsfindung dem Gericht vorlagen und zur Verfügung standen. Nachdem die Berücksichtigung der Unterlagen zu einer um 12.590 € niedrigeren Steuer führt, hat die Klage auch Aussicht auf Erfolg.

Frage: Welche Entscheidungen kann das Finanzgericht treffen? Wie entscheidet es die Rechtsfälle?

Antwort: Das Gericht entscheidet nach § 90 Abs. 1 FGO, soweit nichts anderes bestimmt ist, nur aufgrund mündlicher Verhandlung. Das gilt jedenfalls für Urteile. Entscheidungen des Gerichts, die nicht Urteile sind (Beschlüsse), können nach § 90 Abs. 1 S. 2 FGO ohne mündliche Verhandlung ergehen. Allerdings kann nach § 90 Abs. 2 FGO das Gericht mit Zustimmung der Beteiligten auch Urteile ohne mündliche Verhandlung fällen.

In geeigneten i.d.R. einfach gelagerten Fällen oder reinen „Rechtsfällen" kann das Gericht ohne mündliche Verhandlung durch Gerichtsbescheid entscheiden (§ 90a Abs. 1 FGO). Gegen Gerichtsbescheide kann der Steuerpflichtige (Kläger) innerhalb eines Monats nach Zustellung des Gerichtsbescheids mündliche Verhandlung beantragen. Ist die Revision im Gerichtsbescheid zugelassen, kann Revision beim BFH eingelegt werden. Eine Nichtzulassungsbeschwerde ist bei einem die Revision ablehnenden Gerichtsbescheid nicht möglich. Diese Grundsätze gelten auch, wenn der Rechtsstreit auf einen Einzelrichter nach § 6 FGO übertragen ist, der dann das Gericht bildet. Der das Gerichtsverfahren vorbereitende Vorsitzende oder der vom Vorsitzenden mit der Vorbereitung des Verfahrens betraute Berichterstatter kann ohne mündliche Verhandlung einen Gerichtsbescheid erlassen. Dagegen ist nur der Antrag auf mündliche Verhandlung innerhalb eines Monats nach Zustellung des Gerichtsbescheides gegeben (§§ 79a Abs. 2 und Abs. 4 FGO).

Frage: Welche Rechtsmittel stehen den Beteiligten bei Entscheidungen des Finanzgerichts zu?

Antwort: Gegen Urteile des Finanzgerichts steht den Beteiligten nach § 115 Abs. 1 FGO die Revision an den BFH zu, wenn diese vom Finanzgericht zugelassen ist. Zuzulassen ist die Revision nach § 115 Abs. 2 FGO nur, wenn die Rechtssache grundsätzliche Bedeutung hat, wenn eine BFH-Entscheidung zur Fortbildung des Rechts erforderlich ist, oder die Sicherung einer einheitlichen Rechtsprechung eine Entscheidung des BFH erfordert oder wenn ein Verfahrensmangel geltend gemacht wird und vorliegt, auf dem die Entscheidung beruhen kann. Die Revision ist nach § 120 Abs. 1 FGO beim BFH innerhalb eines Monats nach Zustellung des vollständigen Urteils schriftlich einzulegen. Die Revision ist innerhalb von zwei Monaten nach Zustellung des vollständigen Urteils zu begründen. Im Fall des § 116 Abs. 7 FGO beträgt die Begründungsfrist für den Beschwerdeführer einen Monat nach Zustellung des Beschlusses über die Zulassung der Revision. Die Begründungsfrist kann nach § 120 Abs. 2 S. 3 FGO auf einen vor ihrem Ablauf gestellten Antrag von dem Vorsitzenden verlängert werden. Lässt das Finanzgericht in dem Urteil die Revision nicht zu, kann nach § 116 Abs. 1 und 2 FGO die Nichtzulassung der Revision durch Beschwerde innerhalb eines Monats nach Zustellung des vollständigen Urteils beim BFH angefochten werden (Nichtzulassungsbeschwerde). Wird der Beschwerde stattgegeben, so wird das Beschwerdeverfahren als Revisionsverfahren fortgesetzt, wenn nicht der BFH das angefochtene Urteil nach § 116 Abs. 6 FGO aufhebt; der Einlegung einer Revision durch den Beschwerdeführer bedarf es nicht (§ 116 Abs. 7 S. 1 FGO).

Gegen Entscheidungen des Finanzgerichts, die nicht Urteile sind (z.B. ablehnender Antrag auf Akteneinsicht, Beschluss über die Aussetzung des Verfahrens, Festsetzung eines Ordnungsgeldes gegen einen nicht erschienenen Beteiligten, etc.) steht den Beteiligten die Beschwerde zu. Die Beschwerde ist beim BFH oder beim Finanzgericht schriftlich oder zu Protokoll des Urkundsbeamten der Geschäftsstelle mit einer Frist von zwei Wochen einzulegen (§ 129 Abs. 1 und 2 FGO). Gegen Beschlüsse nach § 69 FGO (AdV-Beschlüsse), ist die Beschwerde nur möglich, wenn sie das Finanzgericht zugelassen hat.

Frage: Wer kann vor den Finanzgerichten und vor dem Bundesfinanzhof auftreten?

Antwort: Nach § 62 FGO kann der Steuerpflichtige vor den Finanzgerichten selbst auftreten. Er kann sich aber auch vertreten lassen. Der Kreis der Bevollmächtigten ist jedoch nach § 62 Abs. 2 FGO begrenzt:

a) Steuerberater, Steuerbevollmächtigte, Wirtschaftsprüfer, Rechtsanwälte, vereidigte Buchprüfer oder Gesellschaften nach § 3 Nr. 2 und 3 StBerG und

b) Familienangehörige, landwirtschaftliche Buchstellen, Gewerkschaften, Lohnsteuerhilfevereine etc.

Nach § 62 Abs. 3 S. 3 FGO kann das Gericht den unter Buchstabe b) genannten Personen die Vertretung untersagen, wenn diese nicht in der Lage sind, das Sach- und Streitverhältnis sachgerecht darzustellen.

Vor dem BFH müssen sich die Beteiligten nach § 62 Abs. 4 FGO durch Prozessbevollmächtigte vertreten lassen. Als Vertreter zugelassen sind die in § 62 Abs. 2 S. 1 FGO genannten Personen (Rechtsanwälte, Steuerberater, Steuerbevollmächtigte, Wirtschaftsprüfer, vereidigte Buchprüfer sowie die in § 3 Satz 1 Nr. 2 und 3 StBerG genannten Gesellschaften, die durch Personen im Sinne des § 3 Satz 2 StBerG handeln).

Darüber hinaus sind nach § 62 Abs. 2 FGO als Bevollmächtigte vor dem Finanzgericht vertretungsbefugt nur:

1. Beschäftigte des Beteiligten oder eines mit ihm verbundenen Unternehmens (§ 15 des Aktiengesetzes); Behörden und juristische Personen des öffentlichen Rechts einschließlich der von ihnen zur Erfüllung ihrer öffentlichen Aufgaben gebildeten Zusammenschlüsse können sich auch durch Beschäftigte anderer Behörden oder juristischer Personen des öffentlichen Rechts einschließlich der von ihnen zur Erfüllung ihrer öffentlichen Aufgaben gebildeten Zusammenschlüsse vertreten lassen,

2. volljährige Familienangehörige (§ 15 der Abgabenordnung, § 11 des Lebenspartnerschaftsgesetzes), Personen mit Befähigung zum Richteramt und Streitgenossen, wenn die Vertretung nicht im Zusammenhang mit einer entgeltlichen Tätigkeit steht,

3. Personen und Vereinigungen im Sinne der §§ 3a und 3c Steuerberatungsgesetzes im Rahmen ihrer Befugnisse nach § 3a des Steuerberatungsgesetzes,

3a. zu beschränkter geschäftsmäßiger Hilfeleistung in Steuersachen nach den §§ 3d und 3e des Steuerberatungsgesetzes berechtigte Personen im Rahmen dieser Befugnisse,

4. landwirtschaftliche Buchstellen im Rahmen ihrer Befugnisse nach § 4 Nr. 8 des Steuerberatungsgesetzes,

5. Lohnsteuerhilfevereine im Rahmen ihrer Befugnisse nach § 4 Nr. 11 des Steuerberatungsgesetzes,

6. Gewerkschaften und Vereinigungen von Arbeitgebern sowie Zusammenschlüsse solcher Verbände für ihre Mitglieder oder für andere Verbände oder Zusammenschlüsse mit vergleichbarer Ausrichtung und deren Mitglieder,

7. juristische Personen, deren Anteile sämtlich im wirtschaftlichen Eigentum einer der in Nummer 6 bezeichneten Organisationen stehen, wenn die juristische Person ausschließlich die Rechtsberatung und Prozessvertretung dieser Organisation und ihrer Mitglieder oder anderer Verbände oder Zusammenschlüsse mit vergleichbarer Ausrichtung und deren Mitglieder entsprechend deren Satzung durchführt, und wenn die Organisation für die Tätigkeit der Bevollmächtigten haftet.

Problembereich 6: Steuerstraf- und Bußgeldsachen

Frage/Fall: S hat seine Einkommensteuererklärung 12 in 13 beim Finanzamt eingereicht, ohne vereinnahmte Zinsen aus Kapitalerträgen mit einer steuerlichen Auswirkung von 12.542 € angegeben zu haben. Der insoweit fehlerhafte Bescheid wurde S am 27.05.14 zugestellt. Am 15.01.18 ging beim Finanzamt eine Kontrollmitteilung ein. S erklärte daraufhin die Zinserträge nach. Nach der vorgelegten Steuerbescheinigung seiner Bank ergab sich für das Jahr 12 eine anzurechnende Kapitalertragsteuer i.H.v. 17.942 €. Hat sich A strafbar gemacht? Wenn ja, kann seine Tat in 12 noch verfolgt werden?

Antwort: S könnte sich nach § 370 Abs. 1 Nr. 1 AO strafbar gemacht haben. Er hat über steuerlich erhebliche Tatsachen wissentlich und willentlich unrichtige oder unvollständige Angaben gemacht. Dadurch hat er im Blick auf § 370 Abs. 4 S. 1 AO Steuern verkürzt, indem die Einkommensteuer 12 am 27.05.14 zu niedrig festgesetzt worden ist. Dabei bliebe unberücksichtigt, dass die Steuer zwar zu niedrig festgesetzt, dass aber die höher festzusetzende Steuer durch den Steuerabzug bereits erhoben worden ist. Nach dem Urteil des FG München vom 10.11.2006 (EFG 2006, 473) spielt dies jedoch keine Rolle, weil die Kapitalertragsteuer unabhängig von der Erklärungspflicht erhoben wird (strittig, vgl. BFH Urteil vom 26.02.2008, DStR 2008, 1281). Gegen die Annahme einer Steuerhinterziehung spricht, dass dem Finanzamt kein Schaden entstanden ist und dass die Steuermehrfestsetzung durch die Steueranrechnung i.S.d. § 370 Abs. 4 S. 3 AO kompensiert sein könnte.

Doch selbst wenn eine Steuerhinterziehung zu bejahen wäre, ist die Verfolgung verjährt. Nach § 369 Abs. 2 AO gelten die allgemeinen Gesetze des Strafrechts auch für die Steuerhinterziehungsdelikte. Nach § 78 Abs. 3 Nr. 4 StGB verjährt die Straftat einer Steuerhinterziehung in fünf Jahren und nach § 376 Abs. 1 AO in besonders schweren Fällen (§ 370 Abs. 3 AO) in zehn Jahren (**Hinweis!** Seit dem 29.12.2020 durch das JStG 2020 geändert: in fünfzehn Jahren). Aus dem Sachverhalt ergibt sich nicht, dass ein besonders schwerer Fall vorliegt. Die Frist richtet sich nach der Strafdrohung des Gesetzes, dessen Tatbestand die Tat verwirklicht, ohne Rücksicht auf Schärfungen oder Milderungen, die nach den Vorschriften des Allgemeinen Teils oder für besonders schwere oder minder schwere Fälle vorgesehen sind. Die Verjährung beginnt nach § 78a StGB, sobald die Tat beendet ist. Das ist dann der Fall, wenn der aufgrund unrichtiger Angaben erlassene fehlerhafte Steuerbescheid dem Steuerpflichtigen und Steuerhinterzieher bekannt gegeben wird (BGHSt vom 25.04.2001, wistra 2001, 309). Die Bekanntgabefiktion des § 122 Abs. 2 AO ist für den Verjährungsbeginn unerheblich. Hier geht es nicht um die Festsetzungsverjährung nach § 169 Abs. 2 S. 2 AO (zehn Jahre), sondern um die strafrechtliche Verjährung nach § 78 Abs. 3 StGB (fünf Jahre – unterjährig). Nachdem der Steuerbescheid 12 mit der fehlerhaften Steuerfestsetzung dem S am 27.05.14 zugestellt worden ist, verjährte die Steuerstraftat am 26.05.19 (§ 78 Abs. 3 Nr. 4 StGB) und kann nicht mehr geahndet werden. Anders wäre zu entscheiden, wenn ein besonders schwerer Fall der Steuerhinterziehung nach § 370 Abs. 3 Nr. 1 AO vorläge. Diese Tat verjährte strafrechtlich nach § 376 Abs. 1 AO dann erst in zehn (bzw. seit dem 29.12.2020 in fünfzehn) Jahren. Ein besonders schwerer Fall nach § 370 Abs. 3 Nr. 1 AO liegt vor, wenn Steuern in großem Ausmaß verkürzt werden. Der BFH bejaht dies, wenn der Steuerhinterzieher Steuern von mehr als 50.000 € verkürzt.

Tipp! Wenn steuerstrafrechtliche Fälle in der mündlichen Prüfung gestellt werden, müssen Sie immer von vorne beginnen, auf die einzelnen Tatbestandsmerkmale des § 370 AO eingehen und prüfen, ob diese objektiv erfüllt sind. Dann müssen Sie feststellen, ob die objektive Erfüllung der Straftatbestände (die Tathandlung) auch wissentlich und willentlich erfolgte. Fehlt es an dieser subjektiven Tatseite, dann kann allenfalls eine Ordnungswidrigkeit nach § 378 Abs. 1 AO vorliegen, wenn der Täter leichtfertig handelte. Die Begriffe „leichtfertig" und „grob fahrlässig" sagen steuerstrafrechtlich dasselbe aus.

Frage: Wie ist obige der Fall steuerrechtlich zu entscheiden, wenn das Finanzamt am 24.01.19 nicht durch eine Kontrollmitteilung sondern durch eine Selbstanzeige des S von den nicht deklarierten Zinserträgen Kenntnis erlangt hätte? Könnte S in diesem Fall noch eine Änderung des Einkommensteuerbescheides 12 dahin gehend erreichen, dass ihm ein Betrag von 5.400 € erstattet wird?

Antwort: Eine Steuererstattung könnte S erreichen, wenn der Einkommensteuerbescheid 12 noch geändert und wenn in diesem Änderungsbescheid die Steuer auf 12.542 € neu festgesetzt werden kann. Mit einer sich anschließenden Anrechnungsverfügung käme es zur Steuererstattung i.H.v. 5.400 €. Als Änderungsnorm käme § 173 Abs. 1 Nr. 1 AO in Betracht, soweit Tatsachen bekannt werden, die zu einer höheren Steuer führten. Dann dürfte aber die Festsetzungsfrist noch nicht abgelaufen sein. Die normale Festsetzungsfrist ist am 31.12.18 abgelaufen (§§ 170 Abs. 2 S. 1 Nr. 1, 169 Abs. 2 S. 1 Nr. 2 AO). Es könnte eine Ablaufhemmung nach § 171 Abs. 9 AO (Selbstanzeige) und nach § 171 Abs. 3 AO infrage kommen. Beide Bestimmungen setzen aber eine noch offene Veranlagung voraus, an der es fehlt. Die Festsetzungsfrist hat sich auch nicht nach § 169 Abs. 2 S. 2 AO auf zehn Jahre verlängert, selbst wenn man im vorliegenden Fall eine Steuerhinterziehung annehmen würde. Denn die Regelung in § 169 Abs. 2 S. 2 AO ist dahin gehend zu interpretieren, dass sie einen hinterzogenen Betrag im Sinne eines Anspruchs des Fiskus auf eine Abschlusszahlung voraussetzt, der wegen einer Steuerhinterziehung bislang nicht realisiert werden konnte (BFH Urteil vom 26.02.2008, DStR 2008, 1281). An einem solchen Betrag fehlt es. Der Normzweck des § 169 Abs. 2 S 2 AO erlaubt keine Verlängerung der Festsetzungsfrist zum wirtschaftlichen oder finanziellen Vorteil des Steuerhinterziehers. Der Einkommensteuerbescheid kann zugunsten des S nicht mehr geändert werden.

> **Frage:** Der Steuerpflichtige S wies am 08.02.22 das für ihn zuständige Finanzamt darauf hin, im Jahr 19 Zinseinkünfte verschwiegen zu haben. Diese belegte er detailliert. Daraufhin erließ das Finanzamt am 01.03.22 einen berichtigten Einkommensteuer-Bescheid, der eine Einkommensteuer-Nachzahlung in Höhe von 11.488 € auswies und in dem S zur Zahlung bis zum 06.04.22 aufgefordert wurde. Hiergegen legte S sofort ohne weitere Begründung form- und fristgerecht Einspruch ein und stellte den Antrag auf Aussetzung der Vollziehung. Wie würden Sie diesen Fall steuerstrafrechtlich beurteilen?

Antwort: Zu prüfen ist, ob S durch den Hinweis vom 08.02.22 eine strafrechtlich relevante Selbstanzeige beim Finanzamt angebracht hat. Besondere Formen sind dabei nicht zu beachten, sodass „Hinweise" ausreichen, mit denen – wie hier – die hinterzogenen Steuern errechnet werden können. Fraglich ist indes, ob S die festgesetzten Steuern i.S.d. § 371 Abs. 3 AO auch tatsächlich **entrichtet** hat. Dies könnte deshalb zweifelhaft sein, weil S gegen den Bescheid vom 01.03.22 „bedingungslos" Einspruch einlegte und Aussetzung der Vollziehung beantragte. Das LG Heidelberg versagt in der Entscheidung vom 16.11.2012 (NStZ-RR 2013, 80) einer „Selbstanzeige" die strafbefreiende Wirkung, wenn sie zwar erstattet wird und damit dem Finanzamt eine Nachprüfung ermöglicht, wenn aber der Steuerpflichtige zugleich den Steueranspruch mit einem nachfolgenden Einspruch gegen den berichtigten Steuerbescheid dem Grunde und der Höhe nach in Zweifel zieht oder bestreitet. Ob der Einspruch als ein Widerruf der Selbstanzeige gesehen werden kann, ist Tatfrage. Wenn jedoch im Einspruchsverfahren die selbst angezeigten Tatsachenangaben zurückgenommen und völlig anders dargestellt werden, dürfte die strafbefreiende Wirkung der Selbstanzeige entfallen. Anders verhält es sich, wenn die angezeigten Tatsachen unangetastet bleiben und wenn es im Einspruchsverfahren nur um rechtliche Würdigungen geht. Allerdings setzt die Entrichtung voraus, dass dem Täter eine angemessene Frist zur Nachzahlung der hinterzogenen Steuern gesetzt wurde. Hierauf hat der Anzeigenerstatter einen Anspruch. Eine Fristsetzung durch die Finanzbehörde, in der Regel aufgrund des strafrechtlichen Charakters der Selbstanzeige durch die Straf- und Bußgeldsachenstelle, erfolgt regelmäßig fast immer erst, wenn nach Ablauf der Fälligkeit im Sinne des § 220 AO die nach Erstattung der Selbstanzeige festgesetzte Steuer nicht entrichtet worden ist. Dies ist in der Regel ein Monat nach Zugang des Änderungsbescheides. Daraus folgt, dass die Nachzahlungsfrist nicht mit der Fälligkeit der Steuer gleichzusetzen ist.

Eine Fristsetzung hat auch dann zu erfolgen, wenn eine Nachentrichtung der hinterzogenen Steuerbeträge bereits zum Zeitpunkt der Fristsetzung durch den Anzeigenerstatter nicht möglich oder unwahrscheinlich ist.

> **Frage:** Was besagt die Bestimmung des § 376 Abs. 1 AO?

Antwort: Nach § 376 Abs. 1 AO beträgt die strafrechtliche Verfolgungsverjährung zehn Jahre (**seit dem 29.12.2020 durch das JStG 2020: 15 Jahre**), wenn es sich um eine Steuerhinterziehung in einem besonders schweren Fall nach § 370 Abs. 3 AO handelt (ansonsten fünf Jahre nach §§ 78 ff. StGB). Der BGH deutet in seiner Entscheidung vom 02.12.2008 an, eine Steuerverkürzung in großem Ausmaß und damit einen besonders schweren Fall der Steuerhinterziehung nach § 370 Abs. 3 AO dann bejahen zu wollen, wenn mehr als 50.000 € Steuern hinterzogen werden (BGHSt 53, 71–88 – 1 StR 416/08). Genauso sieht dies auch der BFH in seiner Entscheidung vom 27.10.2015, 1 StR 373/15, DStR 2016, 914.

Frage: Am 22.12.2014 hat der Gesetzgeber mit Wirkung zum 01.01.2015 das Gesetz zur Änderung der Abgabenordnung und des Einführungsgesetzes erlassen (BGBl I 2014, 2415). Dort sind Änderungen im 8. Teil der AO (§§ 369 ff. AO) verabschiedet worden. Mit dem Steuerumgehungsbekämpfungsgesetz vom 23.06.2017 mit Wirkung zum 25.06.2017 und mit dem JStG 2022 mit Wirkung vom 21.12.2022 die §§ 370 ff. AO erneut geändert. Können Sie dazu etwas sagen?

Antwort: Mit diesen Gesetzen hat der Gesetzgeber die Voraussetzungen für eine wirksame Selbstanzeige erneut verschärft. Die Berichtigungspflicht erstreckt sich dadurch in allen Fällen der Steuerhinterziehung auf zehn Jahre. Weiterhin ist es nach § 371 Abs. 3 AO erforderlich, dass die zugunsten des Täters hinterzogenen Steuern in einem angemessenen Zeitraum entrichtet werden und zudem die Zinsen nach §§ 235 und 233a AO, soweit sie auf die Hinterziehungszinsen nach § 235 Abs. 4 AO angerechnet werden, sowie die Verzugszinsen nach Artikel 114 des Zollkodex der Union innerhalb der bestimmten angemessenen Frist entrichtet werden.

Eine Selbstanzeige scheidet aber aus, wenn der Hinterziehungsbetrag 25.000 € übersteigt oder wenn ein besonders schwerer Fall der Steuerhinterziehung gem. § 370 Abs. 3 S. 2 Nr. 2–6 AO vorliegt. In diesen Fällen kann der Steuerhinterzieher bei einer Selbstanzeige keine Straffreiheit mehr erlangen.

Tritt die Straffreiheit nicht ein, weil der Hinterziehungsbetrag höher ist als 25.000 € oder weil ein schwerer Fall der Steuerhinterziehung vorliegt, kann gleichwohl nach § 398a AO von der Strafverfolgung abgesehen werden. Voraussetzung ist, dass der Täter die hinterzogenen Steuern entrichtet, die Zinsen nach §§ 235 und 233a AO, soweit sie auf die Hinterziehungszinsen nach § 235 Abs. 4 AO angerechnet werden, sowie die Verzugszinsen nach Artikel 114 des Zollkodex der Union zahlt und zusätzlich einen Zuschlag nach § 398a Abs. 1 Nr. 2 AO entrichtet. Dieser Zuschlag beläuft sich je nach Ausmaß der Steuerhinterziehung auf 10 % bis 20 % der hinterzogenen Steuer (10 % bis 100.000 €, 15 % bis 1.000.000 € und 20 % bei mehr als 1.000.000 €).

Frage: Welche weiteren Änderungen sind durch das JStG 2020 und das Zweite Corona-Steuerhilfegesetz erfolgt?

Antwort: Mit dem JStG 2020 wurde die Strafverfolgungsverjährung für in den in § 370 Abs. 3 Satz 2 Nr. 1 bis 6 AO genannten Fällen besonders schwerer Steuerhinterziehung von zehn auf fünfzehn Jahre geändert.

Mit Wirkung zum 01.07.2020 wurde § 376 Abs. 3 AO mit dem Zweiten Corona-Steuerhilfegesetz geändert: Die absolute Verjährung bei Fällen der besonders schweren Steuerhinterziehung wurden abweichend zu § 78c Abs. 3 StGB auf das Zweieinhalbfache der strafrechtlichen Verjährungsfrist geändert.

Die Maximalverfolgungsverjährung tritt ein, wenn Unterbrechungstatbestände nach § 78c Abs. 1 Nr. 1 bis 12 StGB vorliegen. Nach § 78c Abs. 3 S. 1 StGB beginnt die Strafverfolgungsverjährung von nunmehr 15 Jahren neu zu laufen. Die Verlängerung der Strafverfolgungsverjährung ist auf alle am 29.12.2020 strafrechtlich noch nicht verjährten Taten anwendbar.

Frage: Welche Änderungen wurden mit dem Gesetz zur Umsetzung der Richtlinie (EU) 2021/514 des Rates vom 22.03.2021 zur Änderung der Richtlinie 2011/16/EU über die Zusammenarbeit der Verwaltungsbehörden im Bereich der Besteuerung und zur Modernisierung des Steuerverfahrensrechts (PStTGEG) in § 87a AO neu eingeführt?

Antwort: § 87a Abs. 1a AO regelt mit Wirkung ab dem 01.01.2023 die Grundsätze der elektronischen Kommunikation im Besteuerungsverfahren.

§ 87a Abs. 1a Satz 1 AO schafft die Möglichkeit, Verhandlungen und Besprechungen auch elektronisch durchzuführen, beispielsweise durch Videokonferenzen.

§ 87a Abs. 1a Satz 2 AO regelt, dass zur Wahrung des Steuergeheimnisses die Verschlüsselung der Daten in einem nach dem aktuellen Stand der Technik geeigneten Verfahren zu erfolgen hat, es sei denn, alle Betroffenen haben in einen Verschlüsselungsverzicht eingewilligt.

> **Frage:** Welche Änderungen wurden mit dem Gesetz zur Umsetzung der Richtlinie (EU) 2021/514 des Rates vom 22.03.2021 zur Änderung der Richtlinie 2011/16/EU über die Zusammenarbeit der Verwaltungsbehörden im Bereich der Besteuerung und zur Modernisierung des Steuerverfahrensrechts (PStTGEG) in § 180 AO neu eingeführt?

Antwort: § 180 Abs. 1a AO regelt mit Wirkung ab dem 01.01.2023 dass einzelne, im Rahmen einer Außenprüfung für den Prüfungszeitraum ermittelte und abgrenzbare Besteuerungsgrundlagen gesondert festgestellt werden können (Teilabschlussbescheid), solange noch kein Prüfungsbericht nach § 202 Abs. 1 AO ergangen ist.

Bei in sich abgeschlossenen und abschließend geprüften Sachverhalten besteht die Möglichkeit, dass abgrenzbare Besteuerungsgrundlagen bereits vor Abschluss der Außenprüfung gesondert festgestellt werden können. Für die im Teilabschlussbescheid eigenständig benannten Besteuerungsgrundlagen handelt es sich um verfahrensrechtlich selbständige gesonderte Feststellungen, die nach § 182 AO jeweils für den Steuer- oder Feststellungsbescheid unmittelbare Bindungswirkung haben.

Die Teilabschlussbescheide können bis zum Ergehen des Prüfungsberichts nach § 202 Abs. 1 AO erlassen werden.

Im Prüfungsbericht ist nach § 202 Abs. 3 AO auf die Teilabschlussbescheide hinzuweisen.

Die Entscheidung über den Erlass von Teilabschlussbescheiden steht im Ermessen der Finanzbehörde.

Beantragt der Steuerpflichtige den Erlass eines Teilabschlussbescheids, reduziert sich das Ermessen der Finanzbehörde, dass ein Teilabschlussbescheid nur ergehen soll, sofern der Steuerpflichtige daran ein erhebliches Interesse hat und er dieses auch glaubhaft machen kann.

Themenbereich Bilanzsteuerrecht

Problembereich 1: Kaufmannseigenschaft, grundlegende Verpflichtungen des Kaufmanns, Inventur und Jahresabschluss (Teil I)

Frage: Nennen Sie die wesentlichen Personengruppen, die den Kaufmannsbegriff des HGB erfüllen.

Antwort: Kaufmann ist gemäß § 1 Abs. 1 HGB, wer ein Handelsgewerbe betreibt (Kaufmann kraft Betätigung). Liegt diese Voraussetzung vor, ist der Unternehmer zwingend Kaufmann. Die dann erforderliche Eintragung in das Handelsregister ist damit lediglich deklaratorischer Natur. Ein gemeinsam tätiger Zusammenschluss von Personen ist als Personenhandelsgesellschaft Kaufmann, wenn die Personen gemeinschaftlich ein Handelsgewerbe betreiben (§§ 1, 105 Abs. 1 und 161 Abs. 1 HGB).

Ein gewerbliches Unternehmen, dessen Gewerbebetrieb nicht schon als Handelsgewerbe anzusehen ist, gilt als Handelsgewerbe im Sinne des HGB, wenn die Firma des Unternehmens in das Handelsregister eingetragen ist (§ 2 S. 1 HGB). Der Unternehmer ist berechtigt, aber nicht verpflichtet, die Eintragung nach den für die Eintragung kaufmännischer Firmen geltenden Vorschriften herbeizuführen (§ 2 S. 2 HGB). Dieser sogenannte „Kaufmann kraft Eintragung" erlangt die Kaufmannseigenschaft erst mit der Eintragung der Firma in das Handelsregister (§§ 8 ff. HGB). § 2 HGB ist auch für kleingewerbliche oder (nur) eigenes Vermögen verwaltende OHG und KG von Bedeutung (§§ 105 Abs. 2, 161 Abs. 2 HGB).

Kraft Rechtsform zwingend (Form-)Kaufleute sind die juristischen Personen wie GmbH (§ 6 HGB i.V.m. §§ 1, 13 Abs. 3 GmbHG), AG (§ 6 HGB i.V.m. § 3 AktG), KgaA und GmbH & Co. KG, auch wenn sie kein Handelsgewerbe betreiben.

Frage: Wo ist definiert, was ein Handelsgewerbe ist?

Antwort: Die Vorschrift des § 1 Abs. 2 HGB definiert, was ein Handelsgewerbe ist.

Handelsgewerbe ist demnach jeder Gewerbebetrieb, es sei denn, dass das Unternehmen nach Art oder Umfang einen in kaufmännischer Weise eingerichteten Geschäftsbetrieb nicht erfordert.

Frage: Nennen Sie mögliche Kriterien, wann ein Unternehmen einen in kaufmännischer Weise eingerichteten Geschäftsbetrieb erfordert.

Antwort: Die Kriterien dafür, wann ein Unternehmen einen in kaufmännischer Weise eingerichteten Geschäftsbetrieb erfordert, sind nicht rechtlich normiert. Maßgeblich sind, wenn die Kaufmannseigenschaft nicht bereits zwingend aus der Rechtsform des Unternehmens folgt, Kriterien wie Umsatz- und Ertragsstärke, Höhe des Anlagevermögens, Mitarbeiterzahl, Umfang und Komplexität der Geschäftsvorfälle usw. Als Anhaltspunkt können die Werte aus § 141 AO gelten.

Frage: Was hat ein Kaufmann zu Beginn seiner Tätigkeit zu veranlassen und wo ist das geregelt?

Antwort: Grundsätzlich hat jeder Kaufmann zu Beginn seines Handelsgewerbes seine Grundstücke, seine Forderungen und Schulden, den Betrag seines Bargelds sowie seine sonstigen Vermögensgegenstände genau zu verzeichnen und dabei den Wert der einzelnen Vermögensgegenstände und Schulden anzugeben (§ 240 Abs. 1 HGB). Der Kaufmann hat zu Beginn seines Handelsgewerbes einen das Verhältnis seines Vermögens und seiner Schulden darstellenden Abschluss (Eröffnungsbilanz) aufzustellen (§ 242 Abs. 1 S. 1 HGB).

Tipp! § 138 Abs. 1 S. 1 AO regelt, dass Steuerpflichtige die Eröffnung eines Betriebes der Land- und Forstwirtschaft, eines gewerblichen Betriebes oder einer Betriebstätte gegenüber der Gemeinde mitzuteilen haben, in der sich der Betrieb oder die Betriebstätte befindet. Diese unterrichtet bisher das Finanzamt unverzüglich über den Inhalt der Mitteilung.

Nach § 138 Abs. 1b S. 1 AO, der durch das Dritte Bürokratieabbaugesetz eingefügt worden ist, haben Steuerpflichtige, sofern sie nach § 138 Abs. 1 S. 1 bis 3 AO verpflichtet sind, die Betriebseröffnung oder Aufnahme einer freiberuflichen Tätigkeit mitzuteilen, dem örtlich zuständigen Finanzamt weitere Auskünfte über die für ihre Besteuerung maßgeblichen Verhältnisse zu erteilen. Einer gesonderten Aufforderung des Finanzamts bedarf es künftig nicht mehr. Die Auskünfte über die für die Besteuerung maßgeblichen Verhältnisse sind gegenüber dem nach § 138 Abs. 1 S. 1 bis 3 AO für die Betriebssteuern zuständigen Finanzamt zu erteilen. § 138 Abs. 1b S. 2 AO bestimmt, dass die vorgenannten Auskünfte nach amtlich vorgeschriebenem Datensatz über die amtlich bestimmte Schnittstelle an die örtlich zuständigen Finanzämter innerhalb eines Monats nach dem meldepflichtigen Ereignis (also der Betriebseröffnung) zu erstatten bzw. zu übermitteln sind.

Frage: Was hat ein Kaufmann am Ende eines Geschäftsjahres zu veranlassen und wo ist das geregelt?

Antwort: Grundsätzlich hat jeder Kaufmann für den Schluss eines jeden Geschäftsjahrs ein Inventar (§ 240 Abs. 2 S. 1 HGB) und zum Schluss eines jeden Geschäftsjahrs einen das Verhältnis seines Vermögens und seiner Schulden darstellenden Abschluss (Eröffnungsbilanz, Bilanz) aufzustellen (§ 242 Abs. 1 S. 1 HGB). Außerdem ist zum Schluss eines jeden Geschäftsjahrs eine Gegenüberstellung der Aufwendungen und Erträge des Geschäftsjahrs (Gewinn- und Verlustrechnung) aufzustellen (§ 242 Abs. 2 HGB).

Frage: Gibt es von diesen Grundsätzen für bestimmte Gruppen eventuell Ausnahmen?

Antwort: Der Gesetzgeber sieht eine Befreiung von Inventur-, Buchführungs- und Abschlusserstellungspflichten für solche Einzelkaufleute vor, die an zwei aufeinanderfolgenden Abschlussstichtagen höchstens bestimmte Grenzwerte betreffend den Umsatz bzw. den Gewinn ausweisen. Personenhandelsgesellschaften sind von dieser Regelung nicht erfasst, da das Gesetz ausdrücklich nur von Einzelkaufleuten spricht. Im Falle der Neugründung tritt die Befreiung gemäß § 242 Abs. 4 HGB bereits dann ein, wenn die Werte am ersten Abschlussstichtag nach der Neugründung nicht überschritten werden.

Frage: Wie stellt sich die von Ihnen benannte Vorschrift aktuell im Einzelnen dar?

Antwort: Betroffen ist auch die Vorschrift des § 241a HGB in der Fassung des Bürokratieentlastungsgesetzes.

Die wohl wichtigste Änderung des Gesetzes war die Erhöhung der Grenzwerte für die Buchführungs- und Aufzeichnungspflichten. Die mit Wirkung ab dem 01.01.2016 geltenden Schwellenwerte belaufen sich auf 600.000 € Umsatz bzw. 60.000 € Gewinn. Die Erhöhung der Schwellenwerte im HGB war inhaltsgleich auch in die AO übernommen worden. Damit ist gewährleistet, dass für Zwecke der Buchführungspflicht ein Gleichklang besteht. Es soll kein Unterschied zwischen Betrieben bestehen, die bereits nach dem HGB buchführungspflichtig sind und Betrieben, für welche sich die Buchführungspflicht allein aus den Regeln der AO ergibt (§ 141 AO).

Tipp! Die Befreiung von Einzelkaufleuten von der Buchführungspflicht durch § 241a HGB gilt nicht „automatisch" für das Steuerrecht. Liegt z. B. der handelsrechtliche Gewinn bei 58.000 €, der steuerliche Gewinn aber wegen der Zurechnung handelsrechtlich abzugsfähiger, steuerlich aber nicht abzugsfähiger Betriebsausgaben über 60.000 €, besteht steuerrechtlich die Pflicht zur Buchführung.

Tipp! Die Buchführungspflicht ist vom Beginn des Wirtschaftsjahres an zu erfüllen, das auf die Bekanntgabe der Mitteilung folgt, durch die die Finanzbehörde hierauf hingewiesen hat. Im Regelfall wird bei dem Übergang von der Einnahme-Überschussrechnung zur Bilanzierung ein Übergangsgewinn bzw. -verlust entstehen.

Tipp! Es war lange Zeit umstritten, ob eine auf ausländischem Recht beruhende Buchführungspflicht eines Steuerpflichtigen zu einer Buchführungspflicht auch für das deutsche Steuerverfahren führt. Der wohl überwiegende Teil der Literatur hatte dies gegen die Finanzverwaltung lange bestritten. Der BFH hat allerdings in seinem Urteil vom 14.11.2018 (I R 81/16, BStBl II 2019, 390) die Auffassung der Finanzverwaltung bestätigt. Diese Ansicht war bereits bislang im Anwendungserlass zur AO (AEAO zu § 140 AO) zu finden.

Frage: Sie haben doch schon einmal vom „MicroBilG" gehört. Für welche Gesellschaften gilt das MicroBilG?

Antwort: Die Regelung gilt für Kleinstkapitalgesellschaften. Die Basis der Neuerungen bildet zunächst die Festlegung von Schwellenwerten für die Erleichterungen respektive Befreiungen für die Gesellschaften. Als derartige Unternehmen gelten gemäß § 267a Abs. 1 Satz 1 HGB diejenigen, die an den Abschlussstichtagen von 2 aufeinander folgenden Geschäftsjahren nicht mehr aufweisen als:

- 350.000 € Bilanzsumme,
- 700.000 € Nettoumsatzerlöse und
- eine durchschnittliche Anzahl der Mitarbeiter eines Geschäftsjahres von 10.

Wie schon bei den bisherigen Größenklassenbestimmungen nach § 267 HGB ist auch nach § 267a Abs. 1 Satz 1 Nr. 1 HGB der Schwellenwert für die Bilanzsumme als Bilanzsumme abzüglich eines auf der Aktivseite ausgewiesenen Fehlbetrags i.S.d. § 268 Abs. 3 HGB zu ermitteln. Hinsichtlich der Ermittlung der durchschnittlichen Arbeitnehmerzahl gelten die Regelungen des § 267 Abs. 5 HGB analog, wonach der Durchschnitt aus den jeweils zum Quartalsende Beschäftigten zu ermitteln ist. Gleiches gilt für § 267 Abs. 4 und 6 HGB. Entsprechend ist im Falle einer Umwandlung oder Neugründung auch dann eine Befreiung gegeben, wenn mindestens 2 der 3 Schwellenwerte am aktuellen Abschlussstichtag unterschritten werden, am vorhergehenden Abschlussstichtag jedoch kein Befreiungsrecht bestand.

Tipp! Ohne Gesetz dürfte wohl kaum von Ihnen verlangt werden, die Beträge im Einzelnen zu kennen. Gleichwohl hier die Zahlen.
Unternehmen gelten dann als „klein" wenn sie nicht kapitalmarktorientiert sind und wenn sie an zwei aufeinander folgenden Abschlussstichtagen mindestens zwei der folgenden Schwellenwerte unterschreiten:

- Bilanzsumme 6,0 Millionen €.
- Umsatzerlöse 12,0 Millionen €.
- durchschnittliche Arbeitnehmerzahl 50.

Als „mittelgroß" gilt eine Gesellschaft, die diese Werte überschreitet und auch nicht kapitalmarktorientiert ist, aber an zwei aufeinander folgenden Abschlussstichtagen mindestens zwei der nachfolgenden Schwellenwerte unterschreitet:

- Bilanzsumme 20,0 Millionen €.
- Umsatzerlöse 40,0 Millionen €.
- durchschnittliche Arbeitnehmerzahl 250.

Frage: Welche Erleichterungen haben sich im Bereich der Bilanzierung durch das MicroBilG ergeben?

Antwort: Kleinstkapitalgesellschaften können eine verkürzte Bilanz aufstellen (§ 266 Abs. 1 HGB). Sie müssen in der Bilanz nur die in § 266 Abs. 2 und 3 HGB mit Buchstaben bezeichneten Posten ausweisen. Die Mindestbilanzgliederung sieht damit wie folgt aus:

- **Aktivseite:** Anlagevermögen, Umlaufvermögen, aktiver Rechnungsabgrenzungsposten, ggf. aktiver Unterschiedsbetrag aus der Vermögensverrechnung;
- **Passivseite:** Eigenkapital, Rückstellungen, Verbindlichkeiten, passiver Rechnungsabgrenzungsposten;

Abweichend von § 275 Abs. 2 und 3 HGB dürfen Kleinstkapitalgesellschaften ihre Gewinn- und Verlustrechnung wie folgt gliedern:

- Umsatzerlöse;
- Sonstige Erträge;
- Materialaufwand;
- Personalaufwand;
- Abschreibungen;
- Sonstige Aufwendungen;
- Steuern;
- Jahresüberschuss/Jahresfehlbetrag.

Wenn Angaben zu Haftungsverhältnissen (§§ 251 und 268 Abs. 7 HGB), Vorschüssen und Krediten an Mitglieder der Geschäftsführungs- oder Aufsichtsorgane (§ 285 Nr. 9c HGB) und – im Falle einer AG oder KGaA – Angaben zu eigenen Aktien (§ 160 Abs. 1 Satz 1 Nr. 2 AktG) sowie ggf. Angaben nach § 264 Abs. 2 Satz 2 HGB unter der Bilanz ausgewiesen werden, muss kein Anhang erstellt werden.

Bei Inanspruchnahme der genannten Erleichterungen ist eine Bewertung von Deckungsvermögen zum beizulegenden Zeitwert im handelsrechtlichen Jahresabschluss nicht mehr zulässig (§ 253 Abs. 1 HGB). Eine nach § 246 Abs. 2 Satz 2 HGB vorzunehmende Verrechnung hat zu fortgeführten Anschaffungskosten zu erfolgen.

Frage: Was ist bezüglich der Offenlegungspflichten von Kleinstkapitalgesellschaften zu sagen?

Antwort: Kleinstkapitalgesellschaften dürfen auf die Bekanntmachung im elektronischen Bundesanzeiger verzichten und stattdessen die Bilanz beim Betreiber des elektronischen Bundesanzeigers dauerhaft hinterlegen. Eine Einsichtnahme in die hinterlegten Bilanzen ist zwar weiterhin grundsätzlich jedermann gestattet, allerdings ist dies für Dritte nach Inkrafttreten des MicroBilG nur noch auf Antrag möglich und zudem kostenpflichtig. Mit dem Inkrafttreten des DiRUG (Gesetz zur Umsetzung der Digitalisierungsrichtlinie) sind zum 01.08.2022 Jahresabschlüsse für Geschäftsjahre beginnend nach dem 31.12.2021 elektronisch zur Einstellung in das Unternehmensregister an das Unternehmensregister zu übermitteln. Jahresabschlüsse mit einem Geschäftsjahresbeginn vor dem 01.01.2022 sind beim Bundesanzeiger einzureichen.

Frage: Nennen Sie bitte zwei weitere wesentliche Änderungen, die durch das sog. Bilanzrichtlinie-Umsetzungsgesetz (BilRUG) im Bereich der Erträge und Aufwendungen normiert worden sind!

Antwort: Eine der wesentlichen Änderungen des BilRUG betrifft die Definition der Umsatzerlöse in § 277 Abs. 1 HGB, welche durch das BilRUG eine qualitative Ausweitung erfahren hat. Demnach sind künftig all diejenigen Erlöse als Umsatzerlöse auszuweisen, die aus dem Verkauf und der Vermietung oder Verpachtung von Produkten sowie aus der Erbringung von Dienstleistungen resultieren. Das bislang geltende Kriterium der „gewöhnlichen Geschäftstätigkeit" und dem „typischen Leistungsangebot" wird insoweit obsolet und im Gesetz ersatzlos gestrichen. Während also bislang z.B. Erlöse aus der Vermietung und Verpachtung von Grundstücken bei Handels- und Industrieunternehmen in der Regel als „Sonstige betriebliche Erträge" ausgewiesen wurden, fallen diese nun unter die Kategorie „Umsatzerlöse", was u.U. bedeutende Folgeeffekte auslösen kann.

Als weitere wesentliche Änderung bleibt festzuhalten, dass der separate Ausweis von außerordentlichen Aufwendungen und Erträgen in der Gewinn- und Verlustrechnung zukünftig entfällt. Korrespondierend wird die im Anhang erforderliche Angabepflicht insofern erweitert, als künftig Erträge und Aufwendungen bereits dann erläuterungspflichtig werden, wenn sie von „außergewöhnlicher Bedeutung oder außergewöhnlicher Größenordnung" sind. Damit sind auch solche erfolgswirksamen Geschäftsvorfälle in die Angabepflicht einzubeziehen, die ihrem Inhalt nach zwar nicht ungewöhnlich für das Unternehmen und seine Geschäftstätigkeit sind, sich betragsmäßig jedoch außerhalb des gewöhnlichen Rahmens bewegen. Um die Vollständigkeit der Angaben zu gewährleisten, ist es empfehlenswert, die angabepflichtigen „außergewöhnlichen" erfolgswirksamen Geschäftsvorfälle zu definieren und bereits unterjährig laufend zu dokumentieren.

> **Frage:** Wie lang darf ein Geschäftsjahr höchstens dauern und wo findet sich die gesetzliche Grundlage?

Antwort: Das Geschäftsjahr darf einen Zeitraum von zwölf Monaten nicht überschreiten (§ 240 Abs. 2 S. 2 HGB).

> **Tipp!** Ein Geschäftsjahr kann jedoch kürzer als zwölf Monate sein. Diese sogenannten Rumpfgeschäftsjahre können sich insbesondere im ersten Geschäftsjahr, bei Auflösung des Geschäftes, bei einer Umwandlung und bei einer Spaltung ergeben.

> **Frage:** Was ist eine Inventur und welchen Zweck hat sie?

Antwort: Unter dem Begriff Inventur wird in der Praxis regelmäßig der Erfassungsvorgang verstanden, und zwar am häufigsten im Zusammenhang mit der Erfassung des Vorratsvermögens, der Erzeugnisse und der Waren. Sinn und Zweck der Inventur ist die Kontrolle der Bestandsaufzeichnungen (Buchführung). Sollbestände (laut Buchführung) und Istbestände werden einander gegenübergestellt, um sicherzustellen, dass in Inventar und Bilanz nicht etwa Scheinbestände eingehen. Außerdem dient die Inventur dazu, den Ursachen von Fehlmengen nachzugehen. Forderungen oder Schulden kann man nur buchmäßig erfassen. Dann spricht man von der Buchinventur.

> **Frage:** Welche grundlegenden Inventurvereinfachungsverfahren gibt es?

Antwort: Folgende Vereinfachungsverfahren sind möglich:

1. Stichprobeninventur
Anstelle der lückenlosen Bestandsaufnahme kann eine Stichprobeninventur durchgeführt werden. Dabei wird aus dem Gesamtbestand aller Wirtschaftsgüter zufällig eine vorher zu bestimmende Anzahl von Wirtschaftsgütern ausgewählt, inventarisiert und bewertet; anschließend erfolgt eine Hochrechnung auf die Gesamtheit aller Wirtschaftsgüter. Das HGB lässt die Stichprobeninventur nur zu, wenn sie:
- Unter Heranziehung anerkannter mathematisch-statistischer Methoden (Schätz- und Testverfahren) erfolgt (§ 241 Abs. 1 S. 1 HGB);
- den GoB entspricht (§ 241 Abs. 1 S. 2 HGB);
- hinsichtlich des Aussagewertes der Stichtagsinventur gleichkommt (§ 241 Abs. 1 S. 3 HGB).

Stichprobenauswahl und Festlegung der Stichprobengröße dürfen mithin nicht willkürlich erfolgen.

2. Permanente Inventur/Einlagerungsinventur

Bei der permanenten Inventur besteht die Vereinfachung darin, dass die (lückenlose oder durch Stichproben erfolgende) Bestandsaufnahme nicht am Abschlussstichtag geschieht. Das Abschlussstichtagsinventar muss nicht auf einer körperlichen Bestandsaufnahme der Vermögensgegenstände für diesen Zeitpunkt basieren; es kann auf einer Bestandsaufnahme der Vermögensgegenstände für einen anderen Zeitpunkt bzw. für andere Zeitpunkte beruhen (§ 241 Abs. 2 HGB, H 5.3 „Permanente Inventur" EStH).

Bei der permanenten Inventur muss jedoch gesichert sein, dass für den Abschlussstichtag der Bestand der Vermögensgegenstände nach Art, Menge und Wert auch ohne die körperliche Bestandsaufnahme für diesen Zeitpunkt festgestellt werden kann. Es bedarf bei permanenter Inventur einer verlässlichen Lagerbuchführung; ergeben sich Abgänge, die in der Lagerbuchführung nicht erfassbar sind (etwa unkontrollierbarer Schwund, nennenswerte Diebstähle), dann ist das Verfahren der permanenten Inventur unbrauchbar, weil der Bestand für den Abschlussstichtag nicht zuverlässig ermittelt werden kann.

Nach derzeit herrschender Meinung ist sicherzustellen, dass die einzelnen Vermögensgegenstände in jedem Geschäftsjahr mindestens einmal erfasst werden (H 5.3 EStH). Eine permanente Inventur ist dann unzulässig, wenn Bestände aus Sicht des Unternehmers besonders wertvoll sind (R 5.3 Abs. 3 EStR).

3. Zeitverschobene Inventur

Dem Wortlaut nach bezieht sich die Zeitverschobene Inventur nach § 241 Abs. 3 HGB ausdrücklich auf Vermögensgegenstände. Anstelle des Abschlussstichtagsinventars kann ein besonderes Inventar durch zeitverschobene (vor- oder nachverlagerte) körperliche Aufnahme zum Zeitpunkt der Inventarisierung (auch ggf. Stichprobeninventur) oder permanente Inventur erstellt werden. Dessen Merkmal besteht darin, dass es die nach Art, Menge und Wert verzeichneten Bestände nicht für den Abschlussstichtag wiedergibt, sondern für einen anderen Tag (innerhalb der letzten drei Monate vor oder der beiden ersten Monate nach dem Schluss des Geschäftsjahrs).

Frage: Was bezeichnet man als Jahresabschluss?

Antwort: Die Bilanz und die Gewinn- und Verlustrechnung bilden den Jahresabschluss (§ 242 Abs. 3 HGB). Die gesetzlichen Vertreter einer Kapitalgesellschaft haben den Jahresabschluss um einen Anhang zu erweitern, der mit der Bilanz und der Gewinn- und Verlustrechnung eine Einheit bildet, sowie (ggf.) einen Lagebericht aufzustellen (§ 264 Abs. 1 S. 1 HGB). Der Jahresabschluss muss klar und übersichtlich sein (§ 243 Abs. 2 HGB), ist in deutscher Sprache und in Euro aufzustellen (§ 244 HGB) und abschließend vom Kaufmann oder allen persönlich haftenden Gesellschaftern unter Angabe des Datums zu unterzeichnen (§ 245 HGB).

Tipp! Auch wenn nur nach dem Begriff des „Jahresabschlusses" gefragt war, kann es nicht schaden, kurz auf die formalen Notwendigkeiten einzugehen.

Frage: Welche Fristen gelten für die Aufstellung des Jahresabschlusses?

Antwort: Das Inventar und darauf folgend die Jahresabschlussbilanz sind innerhalb der einem ordnungsmäßigen Geschäftsgang entsprechenden Zeit nach Ablauf des Geschäfts- oder Wirtschaftsjahrs aufzustellen (§§ 240 Abs. 2 Satz 3, 243 Abs. 3 HGB). Diese Voraussetzung hält der BFH (Urteil vom 06.12.1983, BStBl II 1984, 227) jedenfalls nicht mehr für gegeben, wenn sich der Betriebsinhaber mehr als ein Jahr mit der Bilanzerstellung Zeit lässt. Für Kapitalgesellschaften und publizitätspflichtige Unternehmen gelten jedoch verkürzte Bilanzerstellungsfristen. Der Jahresabschluss und der Lagebericht sind von den gesetzlichen Vertretern einer Kapitalgesellschaft in den drei Monaten des (folgenden) Geschäftsjahrs für das vergangene Geschäftsjahr aufzustellen (§ 264 Abs. 1 S. 3 HGB). Kleine Kapitalgesellschaften im Sinne des § 267 Abs. 1 HGB, die keinen Lagebericht aufstellen müssen, dürfen den Jahresabschluss auch später aufstellen, wenn dies einem ordnungsgemäßen Geschäftsgang entspricht, die Erstellung muss jedoch innerhalb der ersten sechs Monate des (folgenden) Geschäftsjahres erfolgen.

Frage: Welche Gliederungsgrundsätze gelten für den Jahresabschluss von Kapitalgesellschaften?

Antwort: Folgende Gliederungsgrundsätze sind zu beachten:

1. **Grundsatz der Darstellungsstetigkeit**
   Die Form der Darstellung, insbesondere die Gliederung aufeinander folgender Bilanzen ist beizubehalten, soweit nicht in Ausnahmefällen wegen besonderer Umstände Abweichungen erforderlich sind (§ 265 Abs. 1 S. 1 HGB). Diese Darstellungsstetigkeit hat den Sinn, die **Vergleichbarkeit** aufeinander folgender Jahresabschlüsse zu sichern. Das Gesetz betont den Grundsatz der Darstellungsstetigkeit dadurch, dass Abweichungen im Anhang nicht nur anzugeben, sondern auch zu begründen sind (§ 265 Abs. 1 S. 2 HGB).

2. **Grundsatz der Vorjahresbetragsangabe**
   Zu den aktuellen Posten in Bilanz und GuV ist der entsprechende Betrag des vorhergehenden Geschäftsjahrs anzugeben (§ 265 Abs. 2 S. 1 HGB). Der Vorjahresabschluss wird insoweit also noch einmal vergleichend dargestellt.

3. **Kontoform**
   Die Bilanz ist in Kontoform aufzustellen (§ 266 Abs. 1 S. 1 HGB). Die Kontoform der Bilanz entspricht der Bilanzdefinition (das Verhältnis des Vermögens und des die Schulden darstellenden Abschlusses, § 242 Abs. 1 S. 1 HGB).

Der Umfang der Bilanzgliederung hängt von der Einstufung der Kapitalgesellschaft als kleine, mittelgroße oder große Kapitalgesellschaft ab. **Kleine Kapitalgesellschaften** i.S.d. § 267 Abs. 1 HGB brauchen nur eine verkürzte Bilanz aufzustellen (§ 266 Abs. 1 S. 3 HGB). Mittelgroße und große Kapitalgesellschaften müssen die Gliederungsvorschriften des § 266 HGB ohne Vereinfachungen beachten; sie haben die in § 266 Abs. 2 und 3 HGB bezeichneten Posten gesondert und in der vorgeschriebenen Reihenfolge auszuweisen (§ 266 Abs. 1 S. 2 HGB).

Frage: Einer Ihrer Mandanten teilt Ihnen mit, dass sich seine geschäftliche Tätigkeit auch auf die Ukraine und auf Russland erstreckt. Kennen Sie eine Fundstelle, die Ihnen bei diesbezüglichen Fragen weiterhelfen kann?

Antwort: Das IDW hat am 08.03.2022 einen umfangreichen Fachlichen Hinweis zu den Auswirkungen des Ukraine-Krieges auf die Rechnungslegung und deren Prüfung herausgegeben. Hierin werden Fragestellungen in Bezug auf die Rechnungslegung zum gerade zurückliegenden Stichtag 31.12.2021 sowie zur Prüfung dieser Abschlüsse beantwortet.

Inhaltlich betreffen die Fragen insbesondere die Berichtspflichten im Anhang und Lagebericht für Ereignisse nach dem Abschlussstichtag. Diese wirken gleichsam als eine Art "Korrektiv", da eine Berücksichtigung des Kriegsausbruchs in der Bilanz und der Gewinn- und Verlustrechnung aufgrund des Stichtagsprinzips grundsätzlich zu verneinen ist.

Zu dem Fachlichen Hinweis hat das IDW am 08.04.2022 im Rahmen eines ersten Updates u.a. Fragestellungen zu den möglichen Konsequenzen für die handelsrechtliche Rechnungslegung und die IFRS-Rechnungslegung für das Ende des ersten Quartals des laufenden Kalenderjahres ergänzt und am 14.04.2022 mit dem zweiten Update weitere Fragen beantwortet, die sich insbesondere im Zusammenhang mit der Bilanzierung von Finanzinstrumenten nach IFRS vor dem Hintergrund des Krieges in der Ukraine bei betroffenen Unternehmen stellen können.

Am 11.08.2022 hat das IDW im Rahmen eines dritten Updates Ausführungen zum Verhältnis sanktionsrechtlicher Meldepflichten zur berufsrechtlichen Verschwiegenheitspflicht ergänzt. Außerdem wurden die Hinweise hinsichtlich des Verbots der Erbringung bestimmter Dienstleistungen, einschließlich Abschlussprüfung, für die Regierung Russlands oder in Russland niedergelassene juristische Personen, Organisationen oder Einrichtungen aktualisiert.

Mit dem vierten Update des IDW vom 22.12.2022 wurden vier weitere Fragen und Antworten aufgenommen. Diese Fragen betreffen zum einen

1. die handelsbilanziellen Auswirkungen der gestiegenen Kosten für Wärme bei Unternehmen der Immobilienwirtschaft.

Zum anderen werden folgende Themen adressiert, die für IFRS-Bilanzierer relevant sein können:

2. Umklassifizierung von finanziellen Vermögenswerten,
3. Anwendung der sog. own use exemption bei Energiebeschaffungsverträgen,
4. Szenariobetrachtung im Rahmen der Ermittlung von Wertminderungen nach IFRS 9 versus Sensitivitätsangaben nach IAS 1.

Bereits kurz nach Ausbruch des Krieges in der Ukraine hatte das IDW einen Fachlichen Hinweis zu den Auswirkungen auf die Rechnungslegung und deren Prüfung veröffentlicht. Dieser ist zwischenzeitlich mehrfach aktualisiert und ergänzt worden.

Problembereich 2: Inventur und Jahresabschluss (Teil II)

Frage: In welcher Sprache sind die Handelsbücher und der Jahresabschluss aufzustellen?

Antwort: Für die Führung der Handelsbücher und der sonst erforderlichen Aufzeichnungen verlangt § 239 Abs. 1 S. 1 HGB, das diese in einer lebenden Sprache zu erfolgen hat. Diese Vorschrift dürfte vor allem für ausländische Unternehmen, ausländische Niederlassungen aber auch für ausländische Niederlassungen inländischer Unternehmen von Bedeutung sein. Der Jahresabschluss ist zwingend in deutscher Sprache und in Euro aufzustellen (§ 244 HGB).

Frage: Welche Besonderheiten bestehen bei der Bewertung von Vermögensgegenständen oder Schulden in fremder Währung?

Antwort: In § 256a HGB wird die Währungsumrechnung – isoliert von den allgemeinen Bewertungsregeln – verpflichtend vorgeschrieben. Es sind alle auf fremde Währungen lautenden Vermögensgegenstände und Schulden mit dem Devisenkassamittelkurs auf den Abschlussstichtag umzurechnen. Allerdings sind bei der Umrechnung das Realisations- und Imparitätsprinzip (§ 252 Abs. 1 Nr. 4 HGB) sowie das Anschaffungskostenprinzip (§ 253 Abs. 1 HGB) für alle Beträge mit einer Restlaufzeit von über einem Jahr zu beachten; für diese Vermögensgegenstände und Schulden gibt es somit einen Niederst- und Höchstwerttest.

Frage: Wie lange sind Unterlagen des Kaufmanns aufzubewahren?

Antwort: Jeder Kaufmann ist nach Maßgabe des § 257 Abs. 4 HGB verpflichtet, Handelsbücher, Inventare, Eröffnungsbilanzen, Jahresabschlüsse, Einzelabschlüsse nach § 325 Abs. 2a HGB, Lageberichte, Konzernabschlüsse, Konzernlageberichte inklusive die zu ihrem Verständnis erforderlichen Arbeitsanweisungen und sonstigen Organisationsunterlagen sowie Buchungsbelege zehn Jahre aufzubewahren.

Die empfangenen Handelsbriefe und die Wiedergaben der abgesandten Handelsbriefe sind sechs Jahre aufzubewahren. Die Unterlagen müssen in geordneter Form aufbewahrt werden; dies bedeutet, dass in angemessener Zeit ein Zugriff auf einzelne Unterlagen möglich ist.

Frage: Wann beginnt die Aufbewahrungsfrist i.S.d. § 257 Abs. 4 HGB?

Antwort: Die Aufbewahrungsfrist beginnt mit dem Schluss des Kalenderjahrs, in dem die letzte Eintragung in das Handelsbuch gemacht, das Inventar oder der Konzernabschluss aufgestellt, der Buchungsbeleg entstanden oder die Eröffnungsbilanz oder der Jahresabschluss festgestellt worden ist. Wird also z.B. die letzte Buchung für den Jahresabschluss zum 31.12.01 zu Beginn des Jahres 02 vorgenommen, beginnt die Frist von zehn Jahren Ende des Jahres 02 zu laufen. Damit kann eine Vernichtung der Unterlagen mit dem Ablauf des Jahres 12 erfolgen. Werden durch eine steuerliche Betriebsprüfung die Handelsbilanzen von Vorjahren geändert, beginnen die Fristen durch die erfolgten Eintragungen „erneut" zu laufen.

Frage: Gibt es besondere Aufbewahrungsfristen für steuerliche Zwecke?

Antwort: Für die Aufbewahrungsfrist nach Steuerrecht gelten nach § 147 Abs. 3 AO grundsätzlich die gleichen Aufbewahrungsfristen. Es ist aber die Besonderheit zu beachten, dass die Aufbewahrungsfrist nicht abläuft, soweit und solange die Unterlagen für Steuern von Bedeutung sind, für welche die Festsetzungsfrist noch nicht abgelaufen ist (§ 147 Abs. 3 S. 3 AO). Für Zwecke der Besteuerung weiterhin, d.h. nach Ablauf der regulären Aufbewahrungsfrist, aufzubewahren sind daher insbesondere Unterlagen, die:
- für eine begonnene Betriebsprüfung,
- für eine vorläufige Steuerfestsetzung nach § 165 AO,
- für anhängige steuerstraf- und bußgeldrechtliche Ermittlungen,
- für ein schwebendes oder aufgrund einer Außenprüfung zu erwartendes Rechtsbehelfsverfahren sowie
- zur Begründung von Anträgen des Steuerpflichtigen

von Bedeutung sind.

Frage: An dieser Stelle ein kleiner Exkurs: Gibt es Besonderheiten bei Lieferscheinen?

Antwort: Im Zweiten Bürokratieentlastungsgesetz wurden erstmalig die Aufbewahrungspflichten explizit für Lieferscheine geregelt. Geändert wurde der § 147 der Abgabenordnung, unterschieden wird danach zwischen solchen Liefernachweisen, die Buchungsbelege sind und jene, die es nicht sind. Für alle Lieferbelege, die in die Buchhaltung eingehen und als Buchung erfasst werden, gilt nach wie vor die Aufbewahrungsfrist von 10 Jahren. Nicht als Buchungsbeleg erfasste Eingangslieferscheine müssen nach Erhalt der Rechnung nicht mehr aufbewahrt werden (vorausgesetzt natürlich, dass alle Angaben übereinstimmen). Versendete Liefernachweise, die nicht Buchungsbelege werden, können nach Fakturierung der Rechnung ebenfalls vernichtet werden.

Das Gesetz zur Bürokratieentlastung ist in diesem Punkt rückwirkend zum 01.01.2017 in Kraft getreten und betrifft ausdrücklich alle Lieferscheine, deren Aufbewahrungsfrist bis zum 31.12.2016 noch nicht abgelaufen ist.

Frage: Ist auch eine elektronische Aufbewahrung möglich?

Antwort: Die Aufbewahrung im Original ist nur in Ausnahmefällen vorgeschrieben. Im Original aufbewahrt werden müssen nur Eröffnungsbilanzen, Jahresabschlüsse und Konzernabschlüsse, auch wenn sie auf Mikrofilm oder anderen Datenträgern aufgezeichnet sind (§ 257 Abs. 3 S. 1 HGB, § 147 Abs. 2 S. 1 AO).

Für alle übrigen Unterlagen ist die Aufbewahrung wesentlich erleichtert. Sie können auch als Wiedergabe auf einem Bildträger oder einem anderen Datenträger aufbewahrt werden, wenn dies den Grundsätzen ordnungsgemäßer Buchführung entspricht. Es muss sichergestellt sein, dass die Wiedergabe oder die Daten bildlich und inhaltlich übereinstimmen, wenn sie lesbar gemacht werden. Außerdem müssen die Unterlagen während der Aufbewahrungsfrist jederzeit verfügbar sein, unverzüglich lesbar gemacht und maschinell ausgewertet werden können (§ 257 Abs. 3 HGB, § 147 Abs. 2 AO). Für bestimmte Zolldokumente gelten Sondervorschriften.

Erfolgt eine ordnungsgemäße Aufbewahrung der Unterlagen auf Bild- oder Datenträger, können die Papierbelege grundsätzlich vernichtet werden. Dies gilt jedoch nicht für Originalunterlagen, die nach anderen Rechtsvorschriften im Original aufzubewahren sind, wie z.B. nach § 62 Abs. 2 UStDV „Belegnachweis im Vorsteuervergütungsverfahren". Sie dürfen nicht vernichtet werden.

Die Grundsätze zur ordnungsgemäßen Führung und Aufbewahrung von Büchern, Aufzeichnungen und Unterlagen in elektronischer Form sowie zum Datenzugriff (GoBD) aus dem Jahr 2014 wurden durch die Fassung (BMF, Schreiben vom 28.11.2019, IV A 4 – S 0316/19/10003; BStBl I 2019, 1269) ersetzt. Eine große umfassende Änderung der GoBD ist durch diese Veröffentlichung nicht erfolgt. Vielmehr hat das BMF eine behutsame Änderung vorgenommen und hierbei vor allem solche Aspekte aufgegriffen, die in der Zeit der Schaffung der GoBD vielleicht noch nicht ganz die Bedeutung hatten, wie dies jetzt der Fall ist.

> **Tipp!** Die Möglichkeit der elektronischen Aufbewahrung darf nicht verwechselt werden mit der ggf. bestehenden Notwendigkeit der elektronischen Einreichung beim Betreiber des elektronischen Bundesanzeigers.

> **Frage:** Gibt es insoweit steuerliche Besonderheiten?

Antwort: Der Steuerpflichtige ist gemäß § 147 Abs. 5 AO verpflichtet, auf seine Kosten diejenigen Hilfsmittel zur Verfügung zu stellen, die erforderlich sind, um die auf einem Bildträger oder auf anderen Datenträgern vorgelegten Unterlagen lesbar zu machen oder auf Verlangen der Finanzbehörde die Unterlagen – ganz oder teilweise – auszudrucken oder ohne Hilfsmittel lesbare Reproduktionen beizubringen. Im Rahmen einer Außenprüfung hat die Finanzbehörde das Recht, Einsicht in die gespeicherten Daten zu nehmen und das Datenverarbeitungssystem des Steuerpflichtigen zur Prüfung dieser Unterlagen zu nutzen. Die Finanzverwaltung kann im Rahmen einer Außenprüfung auch verlangen, dass die Daten nach ihren Vorgaben maschinell ausgewertet oder ihr die gespeicherten Unterlagen und Aufzeichnungen auf einem maschinell verwertbaren Datenträger zur Verfügung gestellt werden. Die hierbei entstehenden Kosten trägt ebenfalls der Steuerpflichtige (§ 147 Abs. 6 AO).

Eine kleine Erleichterung im Hinblick auf die Aufbewahrung wurde durch die Ergänzung des § 147 Abs. 6 AO gewährt, die durch das dritte Bürokratieabbaugesetz vom 22.11.2019 in das Gesetz eingefügt wurde. Nach § 147 Abs. 6 Satz 6 AO muss bei einer Auslagerung von aufbewahrungspflichtigen Daten in ein anderes Datenverarbeitungssystem 5 Jahre nach der Umstellung oder Auslagerung nur noch eine Verfügbarkeit auf einem maschinell lesbaren und auswertbaren Datenträger gegeben sein. Anwendung findet die Bestimmung, deren Entlastungswirkung fraglich ist, für solche Daten, deren Aufbewahrungsfrist zum Tag des Inkrafttretens des Gesetzes noch nicht abgelaufen war.

> **Frage:** Ein Kaufmann fragt Sie, ob es ausreichend ist von ihm empfangene Rechnungen ausschließlich auf einer vom Rechnungsaufsteller angefertigten Archivierungs-CD aufzubewahren. Was werden Sie ihm entgegnen?

Antwort: Rechnungen sind als empfangene Handels- oder Geschäftsbriefe nach § 147 Abs. 1 Nr. 2 AO bzw. bei Verwendung als Buchungsbeleg nach § 147 Abs. 1 Nr. 4 AO aufzubewahren. Nach § 147 Abs. 2 Nr. 1 AO können in Papier empfangene Rechnungen auch als Wiedergabe auf einem Bildträger oder anderen Datenträger aufbewahrt werden, wenn dies den Grundsätzen ordnungsmäßiger Buchführung entspricht. Dies setzt auch voraus, dass die Wiedergabe bildlich mit dem Original-Eingangsdokument übereinstimmt. Es müssen deshalb z.B. alle auf dem Original angebrachten Vermerke (wie Eingangsstempel, Korrekturen, Kontierungen usw.) erhalten bleiben. Aufzubewahrende Unterlage i.S.d. § 147 Abs. 2 AO kann also nur die Rechnung oder der Lieferschein sein, der dem Kunden zeitnah mit der jeweiligen Lieferung im Original zugegangen ist. Allein mit der Aufbewahrung einer Archivierungs-CD, die anhand der Daten vom Lieferanten erstellt worden ist, erfüllt der belieferte Kunde seine gesetzlichen Aufbewahrungspflichten nicht. Die Archivierungs-CD gibt nämlich nicht die Originale des aufbewahrungspflichtigen Kunden wieder, sondern Unterlagen eines Dritten (LfSt Bayern, Verfügung vom 13.02.2012, S 0317.1.1– 4/1 St 42).

Frage: Müssen die Unterlagen zwingend im Inland gelagert werden?

Antwort: Bücher und die sonst erforderlichen Aufzeichnungen sind gemäß § 146 Abs. 2 S. 1 AO grundsätzlich im Geltungsbereich dieses Gesetzes zu führen und aufzubewahren. Dies gilt nach § 146 Abs. 2 S. 2 AO nicht, soweit für Betriebstätten außerhalb des Geltungsbereichs dieses Gesetzes nach dortigem Recht eine Verpflichtung besteht, Bücher und Aufzeichnungen zu führen, und diese Verpflichtung erfüllt wird.

Abweichend von § 146 Abs. 2 S. 1 AO kann die zuständige Finanzbehörde gemäß § 146 Abs. 2b AO bewilligen, dass der Steuerpflichtige elektronische Bücher und sonstige erforderliche elektronische Aufzeichnungen oder Teile davon in einem anderen Mitgliedstaat oder in mehreren Mitgliedstaaten der Europäischen Union führen und aufbewahren kann. Macht der Steuerpflichtige von dieser Befugnis Gebrauch, hat er sicherzustellen, dass der Datenzugriff nach § 146b Abs. 2 Satz 2 AO, § 147 Abs. 6 AO und § 27b Abs. 2 Satz 2 und 3 UStG in vollem Umfang möglich ist.

Abweichend von § 146 Abs. 2 S. 1 AO kann die zuständige Finanzbehörde auf schriftlichen oder elektronischen Antrag des Steuerpflichtigen bewilligen, dass elektronische Bücher und sonstige erforderliche elektronische Aufzeichnungen oder Teile davon in einem Drittstaat oder in mehreren Drittstaaten geführt und aufbewahrt werden können.

Hinweis! Papierunterlagen sind weiterhin im Inland aufzubewahren (s. BayLfSt vom 20.01.2017, S 0316.1.1 – 3/5 St 42, Tz. 1). Die Aufbewahrungspflicht von Papierunterlagen soll insbesondere dazu dienen, auch weiterhin eine Umsatzsteuer-Nachschau zu ermöglichen.

Frage: Welche Register gibt es?

Antwort: Neben dem Handelsregister gibt es für eingetragene Genossenschaften, Partnerschaftsgesellschaften und eingetragene Vereine eigene Genossenschafts-, Partnerschafts- und Vereinsregister, die gesondert geführt werden.

Frage: Wer führt das Handelsregister?

Antwort: Das Handelsregister wird nach § 8 HGB vom örtlich zuständigen Amtsgericht geführt, in dessen Bezirk sich die (Haupt-)Niederlassung der einzutragenden Person befindet. Bei Personenhandelsgesellschaften (OHG und KG) bestimmt sich der Sitz etwa nach dem tatsächlichen Sitz der Geschäftsführung. Dies gilt selbst dann, wenn im Gesellschaftsvertrag ein anderer Sitz vorgesehen ist.

Frage: Was versteht man unter „Bilanzpolitik"?

Antwort: Bilanzpolitik lässt sich definieren als die willentliche und hinsichtlich der Unternehmensziele zweckorientierte Beeinflussung von Form und Inhalt des Jahresabschlusses und der damit verbundenen Berichterstattung – also auch des Anhangs und des Lageberichts – unter Beachtung des geltenden Rechts. Man unterscheidet in der Literatur zwischen der zeitlichen Bilanzpolitik (z.B. Wahl des Bilanzstichtags, Abgabetermin für die Steuererklärung usw.) der materiellen Bilanzpolitik (z.B. Beeinflussung der Höhe des im Abschluss ausgewiesenen handelsrechtlichen und steuerrechtlichen Jahresergebnisses) und der formellen Bilanzpolitik (z.B. die Gestaltung des Anhangs und des Lageberichts).

Frage: Was verstehen Sie unter „Bilanzlifting" und unter „window dressing"?

Antwort: Unter Bilanzlifting sind legale bilanzielle Maßnahmen zur „Schönung" der Vermögens-, Finanz- und Ertragslage eines Unternehmens zu verstehen. Im Wesentlichen handelt es sich dabei um materielle Bilanzpolitik, d.h. in diesem Zusammenhang um ergebnisverbessernde Maßnahmen. Hier geht es zum einen darum, bilanziellen Aufwand zu verhindern oder zu reduzieren, andererseits steht das Herbeiführen von Ertragsrealisierungen im Vordergrund. Beides lässt sich sowohl durch Bilanzierungs- und Bewertungsmaßnahmen als auch durch Sachverhaltsgestaltungen erreichen (Bilanzpolitik).

Erfolgsneutrale Gestaltungen, die lediglich der Verbesserung der aus dem Jahresabschluss ersichtlichen Strukturen dienen (formelle Bilanzpolitik), können ebenfalls als Bilanzlifting bezeichnet werden. Für solche Maßnahmen wird auch, soweit es sich um Sachverhaltsgestaltungen handelt, der Begriff „Window dressing" verwendet.

Tipp! Bei diesen Maßnahmen handelt es sich sämtlich um legale Maßnahmen. Diese sind scharf abzugrenzen von Maßnahmen, bei denen sich zwar ebenfalls ein günstigeres Bilanzbild ergibt, die jedoch gegen zwingende Ansatz- oder Bewertungsgrundsätze verstoßen und damit unzulässig sind.

Frage: Kaufmann A ist eine aufschiebend bedingte Bürgschaft eingegangen, aus der er am Bilanzstichtag aber bisher nicht in Anspruch genommen wurde. Hat A diesbezüglich etwas bei der Aufstellung seiner Bilanz zu beachten?

Antwort: A hat diesbezüglich zwar nicht in der Bilanz als Passivposten, aber unterhalb der Bilanz bei den Verbindlichkeiten aus der Begebung und Übertragung von Wechseln, aus Bürgschaften, Wechsel- und Scheckbürgschaften und aus Gewährleistungsverträgen sowie Haftungsverhältnissen aus der Bestellung von Sicherheiten für fremde Verbindlichkeiten etwas auszuweisen (§ 251 HGB). Kapitalgesellschaften haben diese Haftungsverhältnisse jeweils gesondert unterhalb der Bilanz oder im Anhang unter Angabe der gewährten Pfandrechte und sonstigen Sicherheiten anzugeben; bestehen solche Verpflichtungen gegenüber verbundenen Unternehmen, so sind sie gesondert anzugeben (§ 268 Abs. 7 HGB).

Tipp! Die Ausweispflicht soll jedoch nur dann gelten, sofern sie nicht auf der Passivseite der Bilanz auszuweisen sind. Demnach ist bei Bestehen eines solchen Haftungsverhältnisses vorrangig zu untersuchen, ob nicht eine Passivierung als Verbindlichkeit oder als Rückstellung geboten ist. Ist eine solche Passivierung erfolgt, entfällt regelmäßig die Angabepflicht. Es ist zu beachten, dass nach dem BILRUG für Geschäftsjahre, die nach dem 31.12.2015 beginnen, für Kapitalgesellschaften der Anlagespiegel und die Haftungsverhältnisse im Anhang und nicht mehr wahlweise in oder unter der Bilanz anzugeben sind.

Frage: Wo steht etwas über den Lagebericht?

Antwort: § 264 Abs. 1 HGB regelt die Aufstellungspflicht, § 289 HGB den Inhalt des Lageberichts, der neben dem Jahresabschluss jährlich von berichtspflichtigen Unternehmen aufzustellen ist. Dabei macht das Gesetz deutlich, dass der Lagebericht – anders als Bilanz, Gewinn- und Verlustrechnung und Anhang – nicht Teil des Jahresabschlusses ist, sondern als davon unabhängige Komponente der Rechnungslegung neben dem Jahresabschluss steht. Daher ist der Lagebericht auch in der Darstellung deutlich vom Jahresabschluss (und hier insbesondere vom Anhang) zu trennen. Pflichtangaben des Anhangs dürfen nicht in den Lagebericht verlagert werden und umgekehrt.

Frage: Muss der Lagebericht geprüft und offen gelegt werden?

Antwort: Besteht in einem Unternehmen ein Aufsichtsrat nach dem AktG, ist diesem gem. § 171 Abs. 1 AktG der Lagebericht mit dem Jahresabschluss und der Ergebnisverwendungsvorschlag zur Prüfung vorzulegen. Bei prüfungspflichtigen Unternehmen unterliegt der Lagebericht gemäß § 316 HGB Abs. 1 HGB außerdem der Prüfung durch den Abschlussprüfer. Dabei ist jedoch zu berücksichtigen, dass der Lagebericht in wesentlich weniger detaillierter Form gesetzlich geregelt ist als der Jahresabschluss und wesentlich stärker von subjektiven Beurteilungen geprägt ist. Daher kann die Abschlussprüfung auch nicht mit der gleichen Intensität erfolgen. So fordert § 317 Abs. 2 HGB auch lediglich, dass der Lagebericht daraufhin zu prüfen ist, ob er mit dem Jahresabschluss gegebenenfalls auch mit dem Einzelabschluss nach § 325 Abs. 2a HGB, und der Konzernlagebericht mit dem Konzernabschluss sowie mit den bei der Prüfung gewonnenen Erkenntnissen des Abschlussprüfers in Einklang steht und ob der Lagebericht insgesamt eine zutreffende Vorstellung von der Lage der Kapitalgesellschaft und der Konzernlagebericht insgesamt ein zutreffendes Bild von der Lage des Konzerns vermittelt.

Wie der Jahresabschluss ist auch der Lagebericht offen zu legen, d.h. zum Handelsregister einzureichen und ggf. der das Unternehmensregister führenden Stelle elektronisch zur Einstellung in das Unternehmensregister zu übermitteln. Hierbei ist zu beachten, dass die offen gelegte Fassung nicht von der aufgestellten und ggf. geprüften Version abweichen darf.

Frage: Was wurde mit dem Gesetz zur Umsetzung der Richtlinie (EU) 2021/2101 im Hinblick auf die Offenlegung von Ertragsteuerinformationen durch bestimmte Unternehmen und Zweigniederlassungen sowie zur Änderung des Verbraucherstreitbeilegungsgesetzes und des Pflichtversicherungsgesetzes in § 317 Abs. 3b HGB neu eingefügt?

Antwort: Der Abschlussprüfer des Jahresabschlusses hat nach § 317 Abs. 3b HGB mit Wirkung vom 22.06.2023 im Rahmen der Prüfung auch zu beurteilen, ob die Kapitalgesellschaft:

1. für das Geschäftsjahr, das demjenigen Geschäftsjahr vorausging, für dessen Schluss der zu prüfende Jahresabschluss aufgestellt wird, zur Offenlegung eines Ertragsteuerinformationsberichts gemäß § 342m Abs. 1 oder 2 HGB verpflichtet war und

2. im Falle der Nummer 1 ihre dort genannte Verpflichtung zur Offenlegung erfüllt hat.

Frage: Was versteht man unter einem Bilanzeid?

Antwort: Die gesetzlichen Vertreter bestimmter Kapitalgesellschaften, die Inlandsemittent im Sinne des § 2 Abs. 14 des Wertpapierhandelsgesetzes sind, haben zu versichern, dass nach bestem Wissen im Lagebericht der Geschäftsverlauf einschließlich des Geschäftsergebnisses und der Lage der Kapitalgesellschaft so dargestellt sind, dass ein den tatsächlichen Verhältnissen entsprechendes Bild vermittelt wird; diese Versicherung bezeichnet man als Bilanzeid.

Problembereich 3: Ansatz- und Bewertungsvorschriften in der Handels- und Steuerbilanz/Maßgeblichkeit

Frage: Was ist ein Festwert?

Antwort: Im Inventar sind die Vermögensgegenstände grundsätzlich mit der tatsächlichen Menge und dem tatsächlichen Wert festzuhalten. Im Ausnahmefall des Festbewertungsverfahrens (als Weiterentwicklung der Gruppenbewertung) dürfen Vermögensgegenstände in Inventar und Bilanz mit einer gleich bleibenden Menge und einem gleich bleibenden Wert erfasst werden. Die betreffenden Posten erscheinen infolgedessen von Jahr zu Jahr mit dem gleichen (festen) Betrag, in diesem Sinne mit einem Festwert. Das HGB gewährt dem bilanzierenden Unternehmer in § 240 Abs. 3 HGB ein Wahlrecht; die Ausübung dieses Wahlrechts in der Handelsbilanz ist Voraussetzung für ein entsprechendes Vorgehen in der Steuerbilanz. Es gelten für die Festwertbildung die folgenden Voraussetzungen:

- Es muss sich um Sachanlagegegenstände oder um Roh-, Hilfs- und Betriebsstoffe handeln;
- die regelmäßig ersetzt werden;
- deren Gesamtwert für das Unternehmen von nachrangiger Bedeutung ist;
- und deren Bestand in seiner Größe („Menge"), seinem Wert („Preisansätze") und seiner Zusammensetzung nur geringen Veränderungen (gemessen an der Funktion) unterliegt.

Ein Festwert kann erst dann gebildet werden, wenn der Bestand der Sachanlagen in etwa eine gleichbleibende Höhe erreicht hat. Das heißt, dass sich Zukäufe und Abgänge einschließlich ihrer Abschreibung in etwa die Waage halten (sog. Anhaltewert). Nach § 240 Abs. 3 HGB ist bei den durch einen Festwert erfassten Vermögensgegenständen in der Regel alle drei Jahre eine körperliche Bestandsaufnahme durchzuführen. Übersteigt der aufgrund der körperlichen Bestandsaufnahme ermittelte Wert den Festwert um mehr als 10 %, so ist der ermittelte Wert als neuer Festwert anzusetzen.

Frage: Was fällt Ihnen zum Schlagwort „Bewertungsvereinfachungsverfahren" ein?

Antwort: Die auf die Bewertungs- und Verbrauchsfolge zielenden Bewertungsvereinfachungsverfahren des § 256 HGB sind neben dem Standardverfahren des gewogenen Durchschnitts auf das LiFo- („last in first out") und das FiFo- („first in first out") Verfahren beschränkt. Somit sind weitere angewandte Verfahren, wie etwa das preisorientierte HiFo („highest in first out"), verboten.

Frage: Erläutern Sie kurz den wesentlichen Unterschied zwischen dem „permanenten LiFo-Verfahren" und dem „Perioden-LiFo-Verfahren"!

Antwort: Beim permanenten LiFo-Verfahren werden die Zu- und Abgänge fortlaufend erfasst, sodass der Bestand ständig („permanent") fortgeschrieben wird. Entspricht der Endbestand am Schluss des Geschäftsjahres dem des Anschaffungsbestands, so wird beim Perioden-LiFo-Verfahren der Wert des Anfangsbestandes angesetzt, weil sämtliche Zukäufe als verkauft gelten. Ist der Endbestand höher als der Anschaffungsbestand, ist der Mehrbestand mit den tatsächlichen Anschaffungs- bzw. Herstellungskosten anzusetzen, ist er niedriger, wird der Anfangsbestand – sofern er einheitlich bewertet wurde – mit diesem Wert gekürzt. Sofern der Anfangsbestand aus einem – oder mehreren – Layern besteht, so ist die Mindermenge vom ggf. zuletzt gebildeten – Layer abzuziehen.

Frage: Sind Ihnen Ausführungen des BMF zur Anwendung des LiFo-Verfahrens in der Steuerbilanz bekannt?

Antwort: Das BMF hat zur Bewertung des Vorratsvermögens gemäß § 6 Abs. 1 Nr. 2a EStG – Lifo-Methode – in seinem Schreiben vom 12.05.2015, IV C 6 – S 2174/07/10001:002 Stellung genommen.

Es führt aus: Gemäß § 6 Abs. 1 Nr. 2a EStG können Steuerpflichtige, die den Gewinn nach § 5 EStG ermitteln, für den Wertansatz gleichartiger Wirtschaftsgüter des Vorratsvermögens unterstellen, dass die zuletzt angeschafften oder hergestellten Wirtschaftsgüter zuerst verbraucht oder veräußert worden sind, soweit dies den handelsrechtlichen Grundsätzen ordnungsmäßiger Buchführung entspricht („last in – first out"). Wirtschaftsgüter des Vorratsvermögens, für die eine Anwendung der Lifo-Methode in Betracht kommt, sind gemäß § 266 Abs. 2 Buchstabe B I. HGB Roh-, Hilfs- und Betriebsstoffe, unfertige Erzeugnisse, fertige Erzeugnisse und Waren. Die Bewertung des Vorratsvermögens unter Anwendung der Lifo-Methode setzt voraus, dass sie den handelsrechtlichen Grundsätzen ordnungsmäßiger Buchführung entspricht.

Nach Aussage des BMF ist diese Voraussetzung erfüllt, wenn:

- die am Schluss des Wirtschaftsjahres vorhandenen Wirtschaftsgüter mengenmäßig vollständig erfasst sind und
- die Anwendung der Lifo-Methode nach den betriebsindividuellen Verhältnissen zu einer Vereinfachung bei der Bewertung des Vorratsvermögens führt.

Für die Anwendung der Lifo-Methode können gleichartige Wirtschaftsgüter zu einer Gruppe zusammengefasst werden. Wirtschaftsgüter sind gleichartig, wenn es sich bei diesen um eine gleichartige Warengattung handelt oder sie funktionsgleich sind, vgl. auch R 6.9 Abs. 3 EStR. Das Bewertungswahlrecht kann nach Auffassung des BMF für verschiedene Bewertungsgruppen unterschiedlich ausgeübt werden. Sämtliche Wirtschaftsgüter einer Bewertungsgruppe sind nach einheitlichen Grundsätzen zu bewerten. Zum Wechsel der Bewertungsmethoden vgl. R 6.9 Abs. 5 EStR.

Das BMF legt außerdem fest, dass die Lifo-Methode nicht mit der tatsächlichen Verbrauchs- oder Veräußerungsfolge übereinstimmen muss. Sie ist somit unabhängig vom Vorhandensein besonderer ordnungsrechtlicher Vorschriften (z.B. Lebensmittelrecht) zulässig. Auch Zertifizierungs-Verfahren, die eine bestimmte tatsächliche Verbrauchsfolge vorschreiben, schließen die Anwendung der Lifo-Methode nicht aus.

Frage: Erläutern Sie den Begriff „Bilanzenzusammenhang"!

Antwort: Bilanzenzusammenhang bedeutet, dass die Wertansätze in der Eröffnungsbilanz des Geschäftsjahres mit denen der Schlussbilanz des vorhergehenden Geschäftsjahres übereinstimmen müssen, keine neuen Bilanzposten hinzukommen und keine vorhandenen Bilanzposten weggelassen werden (§ 252 Abs. 1 Nr. 1 HGB). Durch diese „Bilanzidentität" wird erreicht, dass der Totalgewinn eines Unternehmens der Summe aller Einzelgewinne entspricht. Gesetzliche Grundlage im Steuerrecht ist § 4 Abs. 1 EStG.

Frage: Beim Jahresabschluss des Gewerbetreibenden A ist nicht vorsätzlich die Passivierung einer Rückstellung unterblieben, für die eine Passivierungspflicht bestand. Der Einkommensteuerbescheid dieses Jahres enthält einen positiven Gewinn aus Gewerbebetrieb und kann nicht mehr geändert werden. Welche Überlegungen ergeben sich hinsichtlich des Steuerbilanzgewinns der Folgejahre?

Antwort: Der sich aus einer Steuerbilanz ergebende Gewinn geht als unselbständiges Besteuerungsmerkmal in die Steuerfestsetzung ein. Ist der Steuerbescheid nicht – mehr – änderbar, kann von dem Gewinn – und daraus folgend von der Steuerbilanz – nicht mehr abgewichen werden. Wegen der Bilanzidentität gilt dies nicht nur für das abgelaufene, sondern auch für das folgende Wirtschaftsjahr. Betriebsvermögen im Sinne des § 4 Abs. 1 S. 1 EStG ist nicht das „zutreffende, sondern das bei der Veranlagung angesetzte Betriebsvermögen (s. Urteil des BFH vom 28.01.1992, BStBl II 1992, 881). Folglich ist auch dieses Betriebsvermögen als Anfangsvermögen anzusetzen, auch wenn es unzutreffend ermittelt worden ist. Erst auf den folgenden Bilanzstichtag sind dann die Voraussetzungen für eine etwaige Rückstellungsbildung zu prüfen.

Frage: Nennen Sie ein Beispiel für eine Durchbrechung des Bilanzenzusammenhangs im Rahmen der steuerlichen Gewinnermittlung!

Antwort: Der BFH hat entschieden (s. Urteil vom 03.07.1956, BStBl III 1956, 250), dass eine Berichtigung einer Bilanz eines Jahres, bei dessen Veranlagung sich die Berichtigung auswirken kann, unter Durchbrechung des Bilanzenzusammenhangs erfolgen kann, wenn ein Steuerpflichtiger bewusst einen Aktivposten zu hoch – z.B. durch willkürlich unterlassene AfA – oder einen Passivposten zu niedrig angesetzt hat, ohne dass die Möglichkeit besteht, die Veranlagung des Jahres zu ändern, in der sich der unrichtige Bilanzansatz ausgewirkt hat.

Frage: Beschreiben Sie bitte das „Vollständigkeitsgebot!

Antwort: Die Vorschrift, dass sämtliche Vermögensgegenstände und Rechnungsabgrenzungsposten zu aktivieren sind (§ 246 Abs. 1 HGB), regelt, dass grundsätzlich alle diejenigen bilanzierungsfähigen Vermögensgegenstände, Schulden und Rechnungsabgrenzungsposten in der Bilanz zu erfassen sind, die in personeller Hinsicht dem Kaufmann und in sachlicher Hinsicht dem Betriebsvermögen (und eben nicht dem Privatvermögen) zuzuordnen sind. § 246 Abs. 1 S. 1 HGB knüpft hinsichtlich der Aktivierung von Vermögensgegenständen und Schulden allgemein an das wirtschaftliche Eigentum an. Das Vollständigkeitsgebot des § 246 Abs. 1 HGB wird lediglich hinsichtlich der Ansatzwahlrechte und Ansatzverbote durchbrochen. § 246 HGB betrifft somit nur die Frage, ob ein Gegenstand überhaupt anzusetzen ist und nicht, wie sich die Werterfassung dieses Gegenstandes darstellt; hierzu sind die einzelnen Bewertungsvorschriften heranzuziehen. Das Vollständigkeitsgebot ist noch erweitert, weil ein entgeltlich erworbener Geschäfts- oder Firmenwert nach § 246 Abs. 1 S. 2 HGB zwingend als zeitlich begrenzt nutzbarer immaterieller Geschäfts- oder Firmenwert angesehen werden muss und mithin bilanzierungspflichtig wird.

Das Vollständigkeitsgebot des § 246 Abs. 1 HGB ist – soweit es die Bilanz betrifft – auch steuerlich von entscheidender Bedeutung, da es nach § 5 Abs. 1 EStG gleichzeitig auch Grundlage für die steuerliche Gewinnermittlung ist.

Frage: Wann sind bestrittene Steuererstattungsansprüche zu aktivieren?

Antwort: Die seitens der Verwaltung vertretene Auffassung ergibt sich aus der Verfügung des Bayerischen Landesamts für Steuern vom 10.03.2015, S 2133.1.1-7/5 St 31).

Ein Steuererstattungsanspruch bzw. ein Anspruch auf Erstattungszinsen ist in der Bilanz gewinnerhöhend zu aktivieren, wenn er nach den steuerrechtlichen Vorschriften entstanden und hinreichend sicher ist (sog. Realisationsprinzip). Konkret bedeutet das:

1. Für zunächst bestrittene Erstattungsansprüche muss eine Aktivierung im Regelfall auf dem Bilanzstichtag erfolgen, der der Bekanntgabe des begünstigenden Verwaltungsakts (Steuerbescheid, Einspruchsentscheidung) folgt.

2. Die Aktivierung muss zu einem früheren Zeitpunkt erfolgen, wenn der Realisierung des Steuererstattungsanspruchs nichts mehr entgegensteht. Das ist der Fall, wenn eine Streitfrage höchstrichterlich zu Gunsten des Steuerpflichtigen entschieden wurde, das Urteil im Bundessteuerblatt veröffentlicht wurde und der bestrittene Steuerbescheid geändert werden kann.

Für Steuernachzahlungen führt das Bayrische Landesamt im Übrigen aus, dass für diese in der Bilanz des Jahres Rückstellungen zu bilden sind, in dem die Steuern entstanden sind.

Frage: Beurteilen Sie bitte kurz den folgenden Sachverhalt. Im Rahmen einer Betriebsprüfung für die Jahre 2020 bis 2022, die im Jahr 2023 stattfindet, ergeben sich Steuernachzahlungen für 2021 in Höhe von 44.000 €. Wann ist hierfür eine Rückstellung zu passivieren?

Antwort: Für Steuernachzahlungen führt das Bayrische Landesamt aus, dass für diese in der Bilanz des Jahres Rückstellungen zu bilden sind, in dem die Steuern entstanden sind. Folglich sind in der Bilanz auf den 31.12.2021 44.000 € in eine Rückstellung aufzunehmen.

Frage: Was ist mit dem Begriff „Bewertungsstetigkeit" gemeint?

Antwort: Nach dem Wortlaut des HGB sind in den Folgejahren die auf den vorhergehenden Jahresabschluss angewandten Bewertungsmethoden beizubehalten (s. § 252 Abs. 1 Nr. 6 HGB). Diese Bewertungsstetigkeit soll die Vergleichbarkeit aufeinander folgender Abschlüsse verbessern und ein zutreffendes Bild bei der Betrachtung mehrerer Perioden ermöglichen. Das Stetigkeitsgebot gilt für sämtliche Vermögensgegenstände und Schulden. Die Bewertungsstetigkeit wirkt willkürlichen Gewinn- oder Verlustverlagerungen durch einen Wechsel von Bewertungsmethoden entgegen. Bilanzansatzwahlrechte werden nicht vom Stetigkeitsgebot erfasst. In der Fachliteratur wird darauf hingewiesen, dass der Stetigkeitsgrundsatz die bilanzpolitische Flexibilität einschränkt.

Tipp! Das Institut der Wirtschaftsprüfer hat in IDW RS HFA 38 eine Reihe von Gründen aufgeführt, unter denen eine Durchbrechung des Grundsatzes der Stetigkeit grundsätzlich zulässig ist.

Frage: Eine Warenverbindlichkeit i.H.v. 1.000 $ wird am Tag der Warenlieferung mit 1.000 € passiviert. Zur Absicherung des Fremdwährungsgeschäfts kauft das Unternehmen am selben Tag 1.000 $. Am Bilanzstichtag sind die 1.000 $ nach Tagesumrechnungskurs nur noch 800 € wert. Welche Überlegungen sind anzustellen?

Antwort: Bei Anwendung des Grundsatzes der Einzelbewertung und dem strengen Niederstwertprinzip müsste auf den Bestand von 1.000 € auf der Aktivseite der Handelsbilanz eine außerplanmäßige Abschreibung i.H.v. 200 € auf den beizulegenden Wert vorgenommen werden (§ 253 Abs. 3 S. 3 HGB). Eine Minderung der Verbindlichkeit könnte nicht vorgenommen werden, da ansonsten nicht realisierte Gewinne ausgewiesen würden; dies widerspräche aber dem Realisationsprinzip des § 252 Abs. 1 Nr. 4 HGB. Tatsächlich stehen die beiden Bilanzposten aber in einem Sicherungszusammenhang. Der Verlust von 200 € würde tatsächlich nie eintreten, da bei Zahlung der Verbindlichkeit der Verlust beim Dollarbestand durch einen Gewinn in gleicher Höhe bei der Verbindlichkeit ausgeglichen würde. Die Vorschrift des § 254 HGB ist derart ausgestaltet worden, dass sie eine Grundlage für die Abbildung von Bewertungseinheiten zur Risikoabsicherung im handelsrechtlichen Jahresabschluss bietet. Abweichend vom oben dargestellten Einzelbewertungsgrundsatz erlaubt die Norm, Vermögensgegenstände, Schulden, schwebende Geschäfte oder mit hoher Wahrscheinlichkeit erwartete Transaktionen, die mit Finanzinstrumenten zum Ausgleich gegenläufiger Wertänderungen oder Zahlungsströme aus dem Eintritt vergleichbarer Risiken zusammengefasst wurden, für Zwecke der Anwendung des Realisations- und Imparitätsprinzips als Einheit zu beurteilen. Zu den Finanzinstrumenten zählen auch Termingeschäfte über den Erwerb oder die Veräußerung von Waren. Für die steuerliche Behandlung gilt, dass die „handelsrechtliche Praxis" zur Bildung von Bewertungseinheiten auch für die steuerliche Gewinnermittlung maßgeblich ist, weil § 5 Abs. 1a EStG ausdrücklich die kompensatorische Bewertung auch für Zwecke der steuerlichen Gewinnermittlung zulässt. Da dem aus einem einzelnen Grundgeschäft resultierenden Risiko ein individuelles Sicherungsinstrument unmittelbar gegenübersteht, spricht man auch von einem „Micro-Hedge".

Die IDW-Geschäftsstelle hat in Beantwortung einer fachlichen Anfrage vom 28.03.2012 angemerkt, dass ein Sicherungsinstrument zum Ausgleich des Risikos des Grundgeschäfts dem Grunde und der Höhe nach geeignet sein muss. Dabei hat die Geschäftsstelle gefordert, dass es sich bei den abzusichernden Risiken um spezifische, den Grundgeschäften und Sicherungsinstrumenten eindeutig zurechenbare Einzelrisiken handeln muss. Damit ein effektiver Sicherungszusammenhang hergestellt werden kann, dürfen die abzusichernden Risiken nicht durch andere Risiken (z.B. sonstige Marktpreisrisiken) überlagert werden. Nach Ansicht der IDW-Geschäftsstelle sind deshalb Vermögensgegenstände des Sachanlagevermögens, die bestimmt sind, dauernd dem Geschäftsbetrieb zu dienen (z.B. Immobilien), nicht für die Einbeziehung als Grundgeschäft in eine Bewertungseinheit nach § 254 HGB geeignet, falls mit dem Sicherungsgeschäft (Fremdwährungsdarlehen) nur das Währungsrisiko abgesichert werden soll.

> **Tipp!** Bei komplexeren Sachverhalten wie hier sollte man „Schritt für Schritt" vorgehen und nicht versuchen, die Gesamtproblematik mit einem Satz zu erläutern. Entwickeln Sie in Ruhe die einzelnen Wertansätze und beginnen Sie mit demjenigen, bei dem Sie sich am sichersten fühlen. Mit etwas Glück wird die Frage nach Ihrer Teillösung sogar an einen anderen Teilnehmer weitergereicht.

> **Frage:** Was bedeutet der Begriff „Wertaufhellung"?

Antwort: Nach dem Abschlussstichtagsprinzip ist der Wert an dem Tage maßgeblich, für den die Aufstellung stattfindet, also nicht etwa der Wert am (späteren) Bilanzerstellungstag oder an anderen Stichtagen. Das schließt nicht etwa aus, bis zum Bilanzerstellungstag zugegangene Informationen über den am Abschlussstichtag gegebenen Wert zu berücksichtigen.

Das Prinzip der Wertaufhellung (und eben nicht Wertbeeinflussung) fordert, später erlangten Informationen über den wirklichen Abschlussstichtagswert Rechnung zu tragen, wenn die Ursachen für die Wertänderung vor dem Bilanzstichtag eingetreten sind. Liegt die Ursache für die Wertänderung erst nach dem Bilanzstichtag, handelt es sich um eine wertbeeinflussende Tatsache, die nicht zu berücksichtigen ist. Das Prinzip der Wertaufhellung ist Teil des Vorsichtsprinzips, dass in § 252 Abs. 1 Nr. 4 HGB verankert ist.

> **Tipp!** Es kann sinnvoll sein, den Gegensatz von „Wertaufhellung" und „Wertbegründung" durch Zuhilfenahme eines kurzen Beispiels zu erläutern. Dies könnte z.B. lauten:
> Eine Forderung entsteht im Dezember, Abschlussstichtag ist der 31. Dezember. Am 11. Februar erfährt man, dass der Schuldner bereits am 20. Dezember Insolvenz angemeldet hat und die Forderung uneinbringlich erscheint. Der Jahresabschluss für das abgelaufene Jahr wird am 28. Februar aufgestellt. Somit erhellt die Information vom 11. Februar über die Insolvenz des Schuldners, dass die Forderung bereits am 31. Dezember des abgelaufenen Jahres uneinbringlich war. Daher ist die Uneinbringlichkeit der Forderung bei der Aufstellung des Jahresabschlusses zu berücksichtigen. Anders sähe es aus, wenn die Forderung erst im Januar des laufenden Jahres entstanden wäre, oder der Schuldner erst im Januar insolvent geworden wäre. Dann läge die wertbegründende Tatsache schon im neuen Geschäftsjahr und wäre daher in diesem zu behandeln. Hier könnte man höchstens eine Abschreibung nach vernünftiger kaufmännischer Beurteilung vornehmen.

> **Frage:** Der bilanzierende A fragt Sie, ob der Ansatz einer Rückstellung zum 31. Dezember 2019 für Schadensersatz, Vertragsstrafen etc. aufgrund der Corona-Pandemie geboten ist. A bezieht seit Jahren wichtige Vorprodukte von chinesischen Lieferanten. Im Januar 2020 kam es, bedingt durch die Ausbreitung des Coronavirus, tatsächlich zu den befürchteten Ausfällen in der Lieferkette. A war

deshalb nicht in der Lage, bestimmte, im Jahr 2019 abgeschlossene Absatzverträge fristgerecht zu erfüllen.

Antwort: Vergleichbar ist die vorliegende Frage, ob das maßgebliche Ereignis für an Neujahr entstandene Orkanschäden in der Bildung des Sturmtiefs über dem Atlantik oder im Eintreffen eines Orkans liegt. Zum 31.12. konnte nicht verlässlich davon ausgegangen werden, dass und mit welcher Stärke der Orkan z.B. ein Produktionsgebäude treffen würde. Es ist nicht einmal sicher, ob sich ex post eine Kausalkette aufbauen lässt, die den Schaden als unvermeidliche Folge des Atlantiktiefs erklärt. Überträgt man diese Feststellung auf die epidemische Ausbreitung des Coronavirus, lässt sich festhalten, dass der Keim für die Epidemie zwar bereits in 2019 angelegt war, das Ausmaß und die Schnelligkeit der Ausbreitung jedoch von verschiedenen Effekten abhingen (Maßnahmen der Behörden, dem Kontaktverhalten der Erstinfizierten usw.). Diese Maßnahmen, Verhaltensweisen usw., traten in signifikantem Maße erst im Jahr 2020 auf. Die Ereignisse aus 2019 sind insofern allein nicht kausal für die Epidemie.

Es liegt also ein schleichender Prozess vor, der zwar in 2019 begann, sich aber erst in 2020 zum eigentlichen, epidemischen Schadensereignis entwickelte. Die Unterbrechung der Lieferkette in 2020 stellt damit ein wert- bzw. ansatzänderndes Ereignis dar.

Als Ergebnis ist also festzuhalten, dass A zum 31.12.2019 keine Rückstellungen bilden muss, da die Ausbreitung des Coronavirus zur Epidemie in signifikantem Maße durch Ereignisse in 2020 geprägt war. Somit liegt kein wertaufhellender, sondern ein wertänderner/wertbegründender Prozess vor. Die Passivierung einer Rückstellung kam damit erst auf den 31.12.2020 in Betracht.

Frage: Was besagt der Maßgeblichkeitsgrundsatz?

Antwort: Ausgangspunkt für die Ermittlung des steuerlichen Gewinns ist der Betriebsvermögensvergleich nach § 4 Abs. 1 Satz 1 EStG. Bei Gewerbetreibenden, die aufgrund gesetzlicher Vorschriften verpflichtet sind, Bücher zu führen und regelmäßig Abschlüsse zu machen, oder die dies freiwillig machen, ist das Betriebsvermögen anzusetzen, das nach den handelsrechtlichen Grundsätzen ordnungsmäßiger Buchführung auszuweisen ist (§ 5 Abs. 1 EStG). Soweit der Steuerpflichtige keine gesonderte Steuerbilanz aufstellt, ist Grundlage für die steuerliche Gewinnermittlung die Handelsbilanz unter Beachtung der vorgeschriebenen steuerlichen Anpassungen (§ 60 Abs. 2 S. 1 EStDV). Die allgemeinen Grundsätze zur Aktivierung, Passivierung und Bewertung der einzelnen Bilanzposten sind auch für die steuerliche Gewinnermittlung maßgeblich. Der Grundsatz der Maßgeblichkeit wird allerdings für die steuerliche Gewinnermittlung durch die durch zwingende Steuerrechtsnormen vorgeschrieben durch die steuerlichen Ansatz- und Bewertungsvorbehalte durchbrochen (§ 5 Abs. 1a bis 4b, Abs. 6; §§ 6, 6a und 7 EStG).

Tipp! Der Maßgeblichkeitsgrundsatz gehört zum absoluten Grundlagenwissen und sollte in allen Varianten von Ihnen beherrscht werden.

Frage: Was kann man also grundsätzlich bezüglich handelsrechtlicher Ausweisgebote und -verbote festhalten?

Antwort: Handelsrechtliche Aktivierungsgebote und Aktivierungswahlrechte führen zu Aktivierungsgeboten in der Steuerbilanz, es sei denn, die Aktivierung in der Steuerbilanz ist aufgrund einer steuerlichen Regelung ausgeschlossen.

Handelsrechtliche Passivierungsgebote sind – vorbehaltlich steuerlicher Vorschriften – auch für die steuerliche Gewinnermittlung maßgeblich. So sind für Pensionsverpflichtungen nach den Grundsätzen ordnungsmäßiger Buchführung Rückstellungen für ungewisse Verbindlichkeiten zu bilden.

Passivierungsverbote und Passivierungswahlrechte in der Handelsbilanz führen zu Passivierungs-verboten in der Steuerbilanz (BFH vom 03.02.1969, BStBl II 1969, 291).

> **Frage:** Was ist bei handelsrechtlichen Aktivierungs- und Passivierungswahlrechten zu beachten?

Antwort: Bewertungswahlrechte, die in der Handelsbilanz ausgeübt werden können, ohne dass eine eigenständige steuerliche Regelung besteht, wirken wegen des maßgeblichen Handelsbilanzansatzes auch auf den Wertansatz in der Steuerbilanz.

> **Frage:** Welche Aussagen ergeben sich, wenn ausschließlich steuerliche Wahlrechte bestehen?

Antwort: Wahlrechte, die nur steuerrechtlich bestehen, können unabhängig vom handelsrechtlichen Wertansatz ausgeübt werden (§ 5 Abs. 1 S. 1 Halbsatz 2 EStG). Die Ausübung des steuerlichen Wahl-rechtes wird insoweit nicht nach § 5 Abs. 1 S. 1 Halbsatz 1 EStG durch die Maßgeblichkeit der han-delsrechtlichen Grundsätze ordnungsmäßiger Buchführung beschränkt. Ich erläutere dies am Beispiel der **Teilwertabschreibungen** (§ 6 Abs. 1 Nr. 1 S. 2 und Nr. 2 S. 2 EStG): Vermögensgegenstände des Anlage- und Umlaufvermögens sind bei voraussichtlich dauernder Wertminderung außerplanmäßig abzuschreiben (§ 253 Abs. 3 S. 3, Abs. 4 HGB). Nach § 6 Abs. 1 Nr. 1 S. 2 und Nr. 2 S. 2 EStG kann bei einer voraussichtlich dauernden Wertminderung der Teilwert angesetzt werden. Die Vornahme einer außerplanmäßigen Abschreibung in der Handelsbilanz ist nicht zwingend in der Steuerbilanz durch eine Teilwertabschreibung nachzuvollziehen; der Steuerpflichtige kann darauf auch verzichten.

> **Frage:** Welche Überlegungen sind anzustellen, wenn sowohl handelsrechtliche wie auch steuer-rechtliche Wahlrechte bestehen? Geben Sie bitte hierfür ein Beispiel!

Antwort: Wahlrechte, die sowohl handelsrechtlich als auch steuerrechtlich bestehen, können aufgrund des § 5 Abs. 1 S. 1 Halbsatz 2 EStG in der Handelsbilanz und in der Steuerbilanz unterschiedlich ausge-übt werden.

Beispielsweise sind diese Grundsätze bei den Verbrauchsfolgeverfahren (§ 256 HGB/§ 6 Abs. 1 Nr. 2a EStG) anzuwenden: Nach § 256 HGB kann für den Wertansatz gleichartiger Vermögensgegenstände des Vorratsvermögens eine bestimmte Verbrauchsfolge unterstellt werden (Fifo und Lifo). Steuerrechtlich besteht nach § 6 Abs. 1 Nr. 2a EStG dieses Wahlrecht nur für das Verbrauchsfolgeverfahren, bei dem die zuletzt angeschafften oder hergestellten Wirtschaftsgüter zuerst verbraucht oder veräußert werden (Lifo).

Die Anwendung des Verbrauchsfolgeverfahrens in der Steuerbilanz setzt nicht voraus, dass der Steuerpflichtige die Wirtschaftsgüter auch in der Handelsbilanz unter Verwendung von Verbrauchs-folgeverfahren bewertet. Eine Einzelbewertung der Wirtschaftsgüter in der Handelsbilanz steht der Anwendung des Verbrauchsfolgeverfahrens nach § 6 Abs. 1 Nr. 2a S. 1 EStG unter Beachtung der dort genannten Voraussetzungen nicht entgegen.

> **Frage:** Stimmt es, dass zwingend eine „Steuerbilanz" aufzustellen ist, wenn steuerliche Werte von den handelsrechtlichen Werten abweichen?

Antwort: Für Zwecke der Erfüllung von Deklarationspflichten (keine bilanzrechtliche Regelung) kann der Kaufmann gemäß § 60 Abs. 2 S. 1 EStDV die Handelsbilanz durch Zusätze und Bemerkungen an die steuerlichen Vorschriften anpassen. Der Steuerpflichtige kann aber auch eine den steuerlichen Vor-schriften entsprechende Bilanz (Steuerbilanz) beifügen (§ 60 Abs. 2 S. 2 EStDV).

Problembereich 4: Grundstücke/Grundstücksteile

> **Frage:** A hat auf einem in seinem Eigentum stehenden unbebauten Grundstück ein Warenhaus errichtet, in dem sich eine Schaufensteranlage befindet. Das Eigentum an wie vielen Sachen im Sinne des Zivilrechts hat A inne?

Antwort: Zivilrechtlich ist A Eigentümer des Grundstücks, auf dem das Warenhaus errichtet wurde. Sowohl das Gebäude als auch die in das Gebäude eingebauten Anlagen können gemäß § 93 BGB nicht Gegenstand besonderer Rechte sein. Sie sind wesentliche Bestandteile des Grundstücks geworden. Gemäß § 94 Abs. 1 BGB ist das Gebäude wesentlicher Bestandteil des Grundstücks. Gemäß § 94 Abs. 2 BGB gehören die in das Gebäude eingebauten Anlagen zu den wesentlichen Bestandteilen des Gebäudes, weil sie der Nutzung des Gebäudes dienen. Wird eine bewegliche Sache mit einem Grundstück derart verbunden, dass sie wesentlicher Bestandteil des Grundstücks wird, so erstreckt sich gemäß § 946 BGB das Eigentum an dem Grundstück auch auf diese Sache.

> **Frage:** Welche Überlegungen sind handelsrechtlich und steuerrechtlich bezüglich des Gebäudes anzustellen?

Antwort: Abweichend von den Regelungen des BGB ist das Gebäude handelsrechtlich ein eigenständiger Vermögensgegenstand des abnutzbaren Anlagevermögens. Es ist gemäß § 253 Abs. 1 HGB höchstens mit den Herstellungskosten, vermindert um die Abschreibungen nach § 253 Abs. 3 HGB, anzusetzen. Der Bilanzausweis erfolgt nach § 266 Abs. 2 A II Nr. 1 HGB unter „Grundstücke, grundstücksgleiche Rechte und Bauten einschließlich der Bauten auf fremden Grundstücken". Auch steuerbilanzrechtlich sind die oben genannten Wirtschaftsgüter gemäß § 6 Abs. 1 und Abs. 2 EStG mit ihren Herstellungskosten zu aktivieren. Die AfA von Betriebsgebäuden (= Gebäuden, soweit sie zu einem Betriebsvermögen gehören und nicht Wohnzwecken dienen) beträgt gemäß § 7 Abs. 4 S. 1 Nr. 1 EStG 3 % pro Jahr.

> **Hinweis!** Der lineare AfA-Satz für neue Wohngebäude, die nicht zu einem Betriebsvermögen gehören, wird von 2 % auf 3 % angehoben. Der Gesetzestext des § 7 EStG lautet:
>
> **§ 7 Abs. 4 EStG**
> 1 Bei Gebäuden sind … für Abnutzung die folgenden Beträge bis zur vollen Absetzung abzuziehen:
> … **2.** bei Gebäuden, soweit sie die Voraussetzungen der Nummer 1 nicht erfüllen (die also nicht zu einem Betriebsvermögen gehören und Wohnzwecken dienen) und die
> **a)** nach dem 31. Dezember 2022 fertiggestellt worden sind, jährlich 3 Prozent,
> **b)** vor dem 1. Januar 2023 und nach dem 31. Dezember 1924 fertiggestellt worden sind, jährlich 2 Prozent,
> **c)** vor dem 1. Januar 1925 fertiggestellt worden sind, jährlich 2,5 Prozent
> der Anschaffungs- oder Herstellungskosten;

> **Tipp!** Zu beachten ist, dass § 266 Abs. 2 A II Nr. 1 HGB keinen gesonderten Ausweis von bebauten und unbebauten Grundstücken vorschreibt. Auch ist keine Trennung zwischen Geschäftsbauten und z.B. Wohnbauten erforderlich. Es wäre also zulässig – wenn auch regelmäßig unzweckmäßig – nur eine Summe auszuweisen.

> **Frage:** Ergeben sich Besonderheiten bezüglich der Schaufensteranlage?

Antwort: Die Unterscheidung zwischen selbständigen und unselbständigen Gebäudeteilen ergibt sich nicht unmittelbar aus dem Gesetz, sondern sind durch den BFH im Wege der Rechtsfortbildung entwickelt worden. Die handelsrechtliche Auslegung orientiert insoweit an der steuerbilanzrechtlichen

Rechtsprechung des BFH zur Bilanzierung von Gebäuden und Gebäudeteilen. Gebäudeteile, die nicht in einem einheitlichen Nutzungs- und Funktionszusammenhang mit dem Gebäude stehen, sind selbständige Wirtschaftsgüter (s. Beschluss des BFH vom 26.11.1973, BStBl II 1974, 132). Ein Gebäudeteil ist dann selbständig, wenn er besonderen Zwecken dient, mithin in einem von der eigentlichen Gebäudenutzung verschiedenen Nutzungs- und Funktionszusammenhang steht.

Ein solch selbständiger Gebäudeteil ist die Schaufensteranlage (s. Urteil des BFH vom 29.03.1965, BStBl II 1965, 291). Das Gericht führt in seinem Urteil aus, dass ein Gebäude grundsätzlich ein einheitliches Wirtschaftsgut ist und einzelne Gebäudeteile in aller Regel nicht als besondere Wirtschaftsgüter ausgewiesen und einer besonderen AfA unterworfen werden können. Doch schließt dieser Grundsatz nicht schlechthin aus, dass für wirtschaftlich klar abgrenzbare Teile eines Gebäudes, die zum Betriebsvermögen gehören und eine wesentlich geringere wirtschaftliche Nutzungsdauer haben als die anderen Gebäudeteile, eine getrennte AfA berechnet wird, sofern diese Teile bei wirtschaftlicher Betrachtung ausnahmsweise wegen ihres eigenen Nutzwerts als selbständige Wirtschaftsgüter anzusehen sind. Das Gericht hatte im Urteilsfall erkannt, dass die Schaufensteranlage von dem übrigen Gebäude in tatsächlicher Hinsicht klar abgrenzt ist, der Ausführung nach der Mode unterliegt und durch eine (spätere) Erneuerung der Zustand des Gebäudes nicht berührt wird.

Frage: Was bedeutet diese Unterscheidung für die AfA?

Antwort: Die Abschreibung der Schaufensteranlage richtet sich ebenfalls nach den Grundsätzen der Gebäudeabschreibung (vgl. auch R 7.1 Abs. 6 EStR). Der Steuergesetzgeber hat eine Nutzungsdauer von Gebäuden festgelegt, ohne dass es auf die tatsächliche Nutzungsdauer ankommt. Abweichend von der gesetzlichen Vermutung der Nutzungsdauer von Gebäuden (33 Jahre) kann ausnahmsweise eine andere AfA in Betracht kommen, wenn die tatsächliche Nutzungsdauer niedriger ist (§ 7 Abs. 4 S. 2 EStG). Da die Schaufensteranlage eine Nutzungsdauer von sieben Jahren hat (siehe auch BMF vom 30.05.1996, BStBl I 1996, 643), kommt eine Jahres-AfA in Höhe von 14 % in Betracht. Diese ist ggf. nur zeitanteilig anzusetzen, wenn die Anschaffung oder die Herstellung erst im Laufe des Wirtschaftsjahres erfolgt (§ 7 Abs. 1 S. 4, Abs. 4 EStG).

Tipp! Ohne Studium des einschlägigen BMF-Schreibens dürfte es eher unwahrscheinlich sein, von Ihnen den geltenden AfA-Satz abzufragen. Dass aber ein – vom Gebäude abweichender AfA-Satz – in Betracht kommt, muss Ihnen bekannt sein.

Frage: Angenommen, in dem im Ausgangsfall bezeichneten Gebäude befindet sich ein Lastenaufzug. Welche Besonderheiten gelten?

Antwort: Auch Betriebsvorrichtungen sind selbständige Gebäudeteile. Der BFH hat entschieden, dass Vorrichtungen, die in einer besonderen Beziehung zu dem auf dem Grundstück ausgeübten Gewerbebetrieb stehen, zu den Betriebsvorrichtungen gerechnet werden können (s. Urteil des BFH vom 14.08.1958, BStBl III 1958, 400). Der BFH hat auch herausgestellt, dass es zur unmittelbaren gewerblichen Tätigkeit eines Warenhauses gehört, die Ware dadurch anzubieten, dass sie in einer die Kauflust anregenden Weise zur Schau gestellt wird. Dazu muss sie an die dafür vorgesehenen Plätze gebracht werden. Die besonderen Beförderungsmittel für die Waren stehen somit, auch soweit sie Grundstücksbestandteile sind, grundsätzlich in einem besonderen Zusammenhang mit dem Warenumsatz und nicht nur mit der Gebäudenutzung, sodass durch sie das Gewerbe unmittelbar betrieben wird, und zwar in der Weise, dass sie der Verwirklichung des Angebots dienen (s. Urteil des BFH vom 05.03.1971, BStBl II 1971, 455).

Frage: Nehmen Sie bitte an, dass A die Schaufensteranlage in ein angemietetes Gebäude – mit Zustimmung des Vermieters – eingebaut hat. Die Anlage wird am Ende der Mietdauer wirtschaftlich verbraucht sein. Muss A etwas aktivieren?

Antwort: Aufwendungen des Mieters für sonstige Mietereinbauten oder Mieterumbauten, durch die weder ein Scheinbestandteil noch eine Betriebsvorrichtung entsteht, sind Aufwendungen für die Herstellung eines materiellen Wirtschaftsguts des Anlagevermögens, wenn der Mieter wirtschaftlicher Eigentümer der von ihm geschaffenen sonstigen Mietereinbauten oder Mieterumbauten ist. Der Mieter ist wirtschaftlicher Eigentümer eines sonstigen Mietereinbaus oder Mieterumbaus, wenn der mit Beendigung des Mietvertrages entstehende Herausgabeanspruch des Eigentümers zwar auch die durch den Einbau oder Umbau geschaffene Substanz umfasst, dieser Anspruch jedoch keine wirtschaftliche Bedeutung hat. Das ist in der Regel der Fall, wenn die eingebauten Sachen während der voraussichtlichen Mietdauer technisch oder wirtschaftlich verbraucht werden. Bezüglich weiterer Einzelheiten s. Schreiben des BMF vom 15.01.1976 (BStBl I 1976, 66).

Frage: Ergäbe sich eine andere Beurteilung, wenn die Schaufensteranlage zum Ende der Mietzeit nicht wirtschaftlich verbraucht wäre und der Vermieter am Ende der Mietzeit den verbleibenden Wert nicht erstatten muss?

Antwort: In diesem Fall ist A zwar nicht wirtschaftlicher Eigentümer der eingebauten Schaufensteranlage. Allerdings besteht ein besonderer Nutzungs- und Funktionszusammenhang der Schaufensteranlage mit dem Betrieb des Nutzungsberechtigten, sodass der Nutzungsvorteil wie ein materielles Wirtschaftsgut zu beurteilen und nach den Vorschriften für unbewegliche Wirtschaftsgüter zu aktivieren und abzuschreiben ist.

Frage: Kann es allein aufgrund unterschiedlicher Nutzung zu unterschiedlichen Wirtschaftsgütern kommen?

Antwort: Grundsätzlich gehören Wirtschaftsgüter entweder in vollem Umfang zum Betriebsvermögen oder zum Privatvermögen. Unterschiedliche Nutzungen und Funktionen eines Gebäudes führen bilanzrechtlich jedoch zu eigenständigen Wirtschaftsgütern. Wenn ein Gebäude:

- Teils eigenbetrieblich,
- teils fremdbetrieblich,
- teils zu fremden Wohnzwecken und
- teils zu eigenen Wohnzwecken genutzt wird,

liegen insgesamt vier verschiedene Wirtschaftsgüter vor. Eine Aufteilung in verschiedene Wirtschaftsgüter ist z.B. zwingend erforderlich, wenn für die unterschiedlichen Gebäudeteile unterschiedliche Abschreibungsbeträge/AfA zu gewähren sind.

Frage: Wie erfolgt in einem solchen Fall die Aufteilung der Anschaffungskosten, wenn mehrere Wirtschaftsgüter vorliegen?

Antwort: Die Anschaffungskosten des gesamten Gebäudes sind nach dem Verhältnis der Nutzflächen aufzuteilen (R 4.2 Abs. 6 EStR), es sei denn, die Aufteilung nach dem Verhältnis der Nutzflächen führt zu einem unangemessenen Ergebnis. Der Ansatz von Gebäuden erfolgt in der Handelsbilanz und der Steuerbilanz nach denselben Grundsätzen.

Frage: Was ist hinsichtlich des Grund und Bodens zu sagen?

Antwort: Der Grund und Boden und ein darauf errichtetes Gebäude sind bilanzsteuerrechtlich zwei verschiedene Wirtschaftsgüter, die gleichwohl aber nur einheitlich dem Betriebsvermögen oder dem Privatvermögen zugeordnet werden können, weil der Grund und Boden und das darauf errichtete Gebäude in der Regel nur einheitlich für betriebliche oder private Zwecke genutzt werden können. Wird das aufstehende Gebäude teilweise dem Privatvermögen und teilweise dem Betriebsvermögen zugeordnet, so ist der bebaute Grund und Boden im gleichen Verhältnis dem Betriebsvermögen und dem Privatvermögen zuzurechnen.

Frage: Der Handwerksmeister H, der seinen Gewinn nach §§ 5 Abs. 1, 4 Abs. 1 EStG ermittelt, ist Eigentümer eines bebauten Grundstücks (Fertigstellung am 13.12.2002) mit einem Wert von 100.000 €, welches zu 20 % seinem Gewerbebetrieb und zu 80 % privaten Wohnzwecken dient. In welchem Umfang ist das Grundstück in der Steuerbilanz zu aktivieren?

Antwort: Gemäß R 4.2 Abs. 1 S. 6 EStR können Wirtschaftsgüter, bei denen eine betriebliche Nutzung von mindestens 10 % bis zu 50 % vorliegt, in vollem Umfang zum gewillkürten Betriebsvermögen zugeordnet werden. Von dieser Regelung sind aber Grundstücke und Grundstücksteile ausdrücklich ausgenommen, weil jeder der unterschiedlich genutzten Gebäudeteile ein eigenständiges Wirtschaftsgut ist (R 4.2 Abs. 4 S. 1 EStR). Der eigenbetrieblich genutzte Grundstücksteil stellt damit notwendiges Betriebsvermögen dar, welcher auch grundsätzlich in der Bilanz zu aktivieren wäre.

Von dieser Aktivierungspflicht macht jedoch § 8 EStDV eine Ausnahme. Ein Grundstücksteil ist gemäß § 8 EStDV dann von untergeordneter Bedeutung, wenn:

- der Grundstücksteil nicht mehr als 20 % des Wertes des gesamten Grundstücks und
- nicht mehr als 20.500 € beträgt.

Gemäß R 4.2 Abs. 8 S. 2 EStR ist auf den Wert des Gebäudeteils zuzüglich des dazugehörigen Grund und Bodens abzustellen. Bei der Prüfung, ob der Wert des Grundstücksteils mehr als ein Fünftel des Werts des gesamten Grundstücks beträgt, ist in der Regel das Verhältnis der Nutzflächen zueinander zugrunde zu legen (R 6.2 Abs. 8 S. 3 EStR).

Da diese Voraussetzungen vorliegen, hat H ein Aktivierungswahlrecht. Die eigenbetriebliche Nutzung zu 20 % ist von untergeordneter Bedeutung, da weder die Bruchteilsgrenze noch die absolute Wertgrenze von 20.500 € überschritten wird. Der eigenbetrieblich genutzte Grundstücksteil braucht damit nicht als Betriebsvermögen behandelt zu werden ("Wahlrecht"). Gleichwohl besteht die Möglichkeit, diesen Grundstücksteil als Betriebsvermögen auszuweisen (R 4.2 Abs. 8 S. 7 EStR).

Frage: Der Gewerbetreibende A besitzt ein zu fremden Wohnzwecken vermietetes Gebäude. Besteht die Möglichkeit, dieses als Betriebsvermögen zu behandeln?

Antwort: Gemäß R 4.2 Abs. 9 S. 1 EStR können Grundstücke oder Grundstücksteile, die nicht eigenbetrieblich genutzt werden und weder eigenen Wohnzwecken dienen, noch Dritten zu Wohnzwecken unentgeltlich überlassen sind, sondern z.B. zu Wohnzwecken oder zur gewerblichen Nutzung an Dritte vermietet sind, als gewillkürtes Betriebsvermögen behandelt werden, wenn die Grundstücke oder die Grundstücksteile in einem gewissen objektiven Zusammenhang mit dem Betrieb stehen und ihn zu fördern bestimmt und geeignet sind. In H 4.2 Abs. 9 „Beispiele für zulässigerweise gebildetes Betriebsvermögen" EStH führt die Finanzverwaltung aus, dass auch Mietwohngrundstücke eines bilanzierenden Gewerbetreibenden in der Regel zum gewillkürten Betriebsvermögen gezählt werden können, es sei denn, dass dadurch das Gesamtbild der gewerblichen Tätigkeit so verändert wird, dass es den Charakter einer Vermögensnutzung im nichtgewerblichen Bereich erhält.

> **Tipp!** Es hätte sich ggf. auch angeboten, zunächst die Voraussetzungen für das Vorliegen von notwendigem Betriebsvermögen zu prüfen und diese zu verneinen.

> **Frage:** Sind Ihnen die letzten Rechtsentwicklungen zum Thema „Anschaffungsnahe Herstellungskosten" bei verschiedenen Nutzungs- und Funktionszusammenhängen bekannt?

Antwort: Zu dem Sachkomplex „Anschaffungsnahe Herstellungskosten" hat das BMF in seinem Schreiben vom 20.10.2017 (IV C 1 – S 2171-c/09/10004 :006, BStBl I 2017, 1447) ausgeführt: Der BFH hat mit seinen Urteilen vom 14.06.2016, IX R 25/14, IX R 15/15 und IX R 22/15 entschieden, dass zu den anschaffungsnahen Herstellungskosten nach § 6 Abs. 1 Nr. 1a i.V.m. § 9 Abs. 5 Satz 2 EStG sämtliche Aufwendungen für bauliche Maßnahmen gehören, die im Rahmen einer Instandsetzung und Modernisierung im Zusammenhang mit der Anschaffung des Gebäudes anfallen. Dazu zählen sowohl originäre Aufwendungen zur Herstellung der Betriebsbereitschaft durch Wiederherstellung funktionsuntüchtiger Gebäudeteile sowie Aufwendungen für eine über den ursprünglichen Zustand hinausgehende wesentliche Verbesserung des Gebäudes i.S.d. § 255 Abs. 2 Satz 1 HGB als auch Schönheitsreparaturen. Soweit der BFH bisher bei Schönheitsreparaturen einen engen räumlichen, zeitlichen und sachlichen Zusammenhang mit den Modernisierungs- und Instandsetzungsmaßnahmen gefordert hatte (vgl. auch BFH vom 25.08.2009, BStBl II 2010, 125), hält er daran nicht mehr fest.

Der BFH hat zudem klargestellt, dass bei der Prüfung, ob die Aufwendungen für Instandsetzungs- und Modernisierungsmaßnahmen zu anschaffungsnahen Herstellungskosten im Sinne von § 6 Abs. 1 Nr. 1a EStG führen, bei einem aus mehreren Einheiten bestehenden Gebäude nicht auf das gesamte Gebäude, sondern auf den jeweiligen selbständigen Gebäudeteil abzustellen ist, wenn das Gesamtgebäude in unterschiedlicher Weise genutzt wird. Maßgeblich ist insoweit, ob die einzelnen Gebäudeteile in verschiedenen Nutzungs- und Funktionszusammenhängen stehen.

Im Einvernehmen mit den obersten Finanzbehörden der Länder sind die Grundsätze der BFH-Urteile IX R 25/14, IX R 15/15 und IX R 22/15 – unter Beachtung des § 176 Abs. 1 Nr. 3 AO – in allen offenen Fällen anzuwenden.

Die Herstellung eines Gebäudes beginnt, wenn das Investitionsvorhaben „ins Werk gesetzt wird", was vor dem Beginn der eigentlichen Bauarbeiten der Fall sein kann. Dies hat der BFH mit Urteil vom 09.07.2019 (X R 7/17, BFH/NV 2019, 1390) entschieden.

Mit Urteil vom 13.03.2018 (IX R 41/17, BStBl II 2018, 533) hat der BFH entschieden, dass unvermutete Aufwendungen für Renovierungsmaßnahmen, die dazu dienen, Schäden zu beseitigen, die aufgrund des langjährigen vertragsgemäßen Gebrauchs der Mietsache durch den Mieter entstanden sind, zu anschaffungsnahen Herstellungskosten führen können.

> **Frage:** Der Gewerbetreibende A schenkt seiner Tochter T mit Wirkung zum 30.11.01 ein bisher ausschließlich betrieblich genutztes bebautes Grundstück, behält sich aber den lebenslangen Nießbrauch zurück. Die Grundstücksübereignung und die Nießbrauchsgestellung wurden wirksam im Grundbuch vollzogen. Was ist zu veranlassen?

Antwort: Durch die Schenkung und Auflassung des Grundstücks hat A die Wirtschaftsgüter „Grund und Boden" bzw. „Gebäude" aus seinem Betriebsvermögen entnommen (§ 4 Abs. 1 S. 2 EStG). Diese Entnahmen sind mit dem Teilwert zu bewerten (§ 6 Abs. 1 Nr. 4 EStG) und führen, einen entsprechenden niedrigeren Buchwert vorausgesetzt, zur Aufdeckung stiller Reserven. Da A das Grundstück aber weiterhin als Nießbraucher nutzt, ist er berechtigt, die von ihm getragenen Grundstücksaufwendungen – weiterhin – als Betriebsausgabe abzuziehen. Dazu zählt auch die AfA, denn A hat die Anschaffungskosten getragen.

Frage: Die Ehegatten A und B sind je zu ½ Miteigentümer eines – zunächst – unbebauten Grundstücks. Der Ehemann A hat mit eigenen Mitteln auf dem Grundstück – mit Zustimmung seiner Ehefrau – eine Lagerhalle errichtet, die er ausschließlich betrieblich nutzt. B hat auf zivilrechtliche Ansprüche nicht verzichtet. Was hat A in seiner Bilanz zu aktivieren?

Antwort: A ist zu ½ Miteigentümer des Grundstücks und muss deshalb 50 % des Grund und Bodens und 50 % des Gebäudes als notwendiges Betriebsvermögen aktivieren (§§ 246 Abs. 1 HGB, 5 Abs. 1 S. 1 EStG). Der auf dem Miteigentumsanteil der Ehefrau errichtete Gebäudeteil steht nicht im zivilrechtlichen Eigentum des A. Soweit zwischen den Ehegatten – wie hier – keine besonderen Vereinbarungen feststellbar sind, nach deren Inhalt die Unternehmer-Ehegatte die tatsächliche Herrschaft über die Gebäude in der Weise ausüben darf, dass er den Eigentümer-Ehegatten im Regelfall für die gewöhnliche Nutzungsdauer der Gebäude von der Einwirkung auf sie wirtschaftlich ausschließen kann (vgl. § 39 Abs. 2 Nr. 1 Satz 1 AO), kommt es nicht zu einem Auseinanderfallen von zivilrechtlichem und wirtschaftlichem Eigentum. Dem Unternehmer-Ehegatten steht in derartigen Fällen daher auch kein wirtschaftliches Eigentum an den zivilrechtlich im Eigentum des Nichtunternehmer-Ehegatten stehenden Gebäudes zu. A hat einen Bilanzposten zu bilden, der allein der typisierten Verteilung seines betrieblich bedingten Aufwands dient, der jedoch nicht einem Wirtschaftsgut gleichzustellen ist (s. Urteil des BFH vom 09.03.2016, X R 46/14); der Unternehmer-Ehegatte kann in dieser Bilanzposition nicht stille Reserven bilden.

Frage: Eine KG betreibt einen Windpark bestehend aus vier Windkraftanlagen (WKA). Sie buchte sämtliche Kosten für die Erstellung des Windparks auf einem Konto „technische Anlage" und schrieb die Anlage auf 16 Jahre ab. Das Finanzamt vertritt die Auffassung, dass der Windpark aus mehreren selbständigen Wirtschaftsgütern mit teilweise unterschiedlicher Nutzungsdauer bestehe. Es sei von folgenden Wirtschaftsgütern auszugehen: Zuwegung, Windparkverkabelung, WKA mit Fundament, Kompakttrafostation und Umspannwerk. Teilen Sie die Auffassung des Finanzamts?

Antwort: Die einzelnen WKA mit Fundament einschließlich des Kompakttransformators sowie interner Verkabelung sind zwar aus verschiedenen Gegenständen zusammengesetzt. Diese sind aber technisch aufeinander abgestimmt und können nach der Montage nur zusammen genutzt werden, sodass es an einer selbständigen Nutzungsfähigkeit der einzelnen Teile fehlt. Die einzelnen Bauteile sind auch hinreichend fest und auf Dauer verbunden. Sie können nur in ihrer technischen Verbundenheit ihren bestimmungsgemäßen betrieblichen Einsatz, die Einspeisung des mithilfe der Windenergie erzeugten Stroms in das öffentliche Stromnetz, erfüllen und stehen daher in einem einheitlichen selbständigen Nutzungs- und Funktionszusammenhang.

Jede Windkraftanlage, die in einem Windpark betrieben wird, stellt mit dem dazugehörigen Transformator nebst der verbindenden Verkabelung also ein zusammengesetztes Wirtschaftsgut dar; es handelt sich insoweit um Betriebsvorrichtungen. Der Beginn der Abschreibung ist für jedes dieser Wirtschaftsgüter eigenständig zu prüfen (BFH vom 01.02.2012, BFH/NV 2012, 1052). Die externe Verkabelung einschließlich der Übergabestation einerseits und die Zuwegung andererseits sind dagegen jeweils als eigenständige selbständige Wirtschaftsgüter zu beurteilen. Eine darüber hinausgehende Aufteilung der WKA in weitere Komponenten, wie dies wohl nach dem Komponentenansatz nach den International Accounting Standards bzw. International Financial Reporting Standards möglich wäre (Verlautbarung des Instituts der Wirtschaftsprüfer vom 29.05.2009, IDW RH HFA 1.016, IDW-Fachnachrichten 2009, 362), hält der BFH in seinem Urteil vom 14.04.2011, BStBl II 2011, 696 für nicht geboten. Diese Standards haben für die steuerliche Gewinnermittlung keine Bedeutung und sind deshalb nicht geeignet, den für den steuerlichen Wirtschaftsgutbegriff maßgeblichen Nutzungs- und Funktionszusammenhang durch einen Komponentenansatz zu ersetzen.

Problembereich 5: Anschaffungskosten/Herstellungskosten

> **Frage:** Worin unterscheidet sich ein Anschaffungs- von einem Herstellungsvorgang?

Antwort: Anschaffungskosten werden geleistet, um einen bereits bestehenden Vermögensgegenstand aus der fremden in die eigene wirtschaftliche Verfügungsmacht zu überführen. Eine Anschaffung liegt auch vor, wenn der Vermögensgegenstand vom Veräußerer zunächst auf dessen Risiko herzustellen ist. Bei einer Anschaffung handelt es sich um einen punktuellen Vorgang.

Als Herstellungsvorgang bezeichnet man das Schaffen eines noch nicht existierenden Wirtschaftsgutes durch den Hersteller bzw. den Bauherrn bzw. dessen Erweiterung oder wesentliche Verbesserung. Der Herstellungsvorgang setzt Einflussnahmen auf das Risiko der Herstellung voraus (vgl. auch § 15 Abs. 1 EStDV). Die Herstellung ist ein zeitraumbezogener Vorgang.

> **Frage:** Was sind Anschaffungskosten und wo sind sie gesetzlich definiert?

Antwort: § 255 Abs. 1 HGB definiert, dass Anschaffungskosten diejenigen Aufwendungen sind, die geleistet werden, um einen Vermögensgegenstand zu erwerben und ihn in einen betriebsbereiten Zustand zu versetzen, soweit sie dem Vermögensgegenstand einzeln zugeordnet werden können. Deshalb rechnen z.B. Transport-, Verpackungs-, Montagekosten sowie unmittelbar zuzuordnende Personalkosten zu den Anschaffungskosten, während Gemeinkosten und Finanzierungskosten – zum Beispiel Fremdkapitalzinsen – nicht zu den Anschaffungskosten gehören.

Gemäß § 255 Abs. 1 S. 2 HGB gehören zu den Anschaffungskosten auch die Nebenkosten der Anschaffung sowie die nachträglichen Anschaffungskosten. Zur Ermittlung der Anschaffungskosten sind Anschaffungspreisminderungen abzusetzen (§ 255 Abs. 1 S. 3 HGB).

Für das Steuerrecht verweist H 6.2 (Anschaffungskosten) EStH auf die Vorschrift des § 255 Abs. 1 HGB; die handelsrechtlichen Regelungen und Begriffsbestimmungen gelten damit auch für Zwecke der steuerlichen Gewinnermittlung.

> **Tipp!** Jeder Vermögensgegenstand wird nach dem Grundsatz der Einzelbewertung mit seinen direkt zuzuordnenden Anschaffungskosten bewertet. Werden mehrere Gegenstände erworben und erhält der Kaufvertrag eine Aufteilung, so ist dieser zu folgen, wenn sie wirtschaftlich vernünftig und nicht willkürlich erscheint.

> **Frage:** Sie haben Anschaffungspreisminderungen erwähnt. Welche Beispiele können Sie hierfür benennen?

Antwort: Zu den Anschaffungspreisminderungen gehören insbesondere Rabatte in Form von Preisnachlässen und Skonti im Zeitpunkt der Inanspruchnahme.

Wenn ein Zuschuss für eine Investition aus öffentlichen oder privaten Mitteln gewährt wird, besteht gemäß R 6.5 EStR ein Wahlrecht, den Zuschuss entweder erfolgswirksam als Betriebseinnahmen zu behandeln oder ihn von den Anschaffungskosten des mit dem Zuschuss angeschafften Anlageguts zu kürzen. Im ersten Fall werden die Anschaffungskosten der betreffenden Wirtschaftsgüter nicht berührt. Im zweiten Fall gelten als Anschaffungskosten nur die Beträge, die der Steuerzahler selbst, also ohne Berücksichtigung des Zuschusses, aufgewandt hat. Werden Investitionszuschüsse erst nach der Anschaffung gewährt, sind diese auch erst nachträglich von den gebuchten Anschaffungskosten abzusetzen.

Frage: Welche grundsätzlichen Überlegungen ergeben sich zum Anschaffungszeitpunkt?

Antwort: Das Ertragsteuerrecht regelt als Jahr der Anschaffung das Jahr der Lieferung (s. § 9a EStDV). Mit dem Begriff Lieferung ist hier der Zeitpunkt der Übertragung des wirtschaftlichen Eigentums vom Veräußerer auf den Erwerber gemeint. Nach der Rechtsprechung des BFH ist dies der Fall, wenn Eigenbesitz, Gefahr, Nutzen und Lasten auf den Erwerber übergehen. Der Vermögensgegenstand ist zu diesem Zeitpunkt beim Erwerber mit seinen Anschaffungskosten steuerlich zu erfassen und unterliegt ab dann ggf. auch der Abnutzung. Dies gilt unbeschadet der Tatsache, dass Anschaffungskosten zeitlich auch vor oder nach dem Anschaffungszeitpunkt anfallen können. Auf den zeitlichen Zusammenhang mit dem Erwerb kommt es nicht an, sondern ausschlaggebend ist der sachliche Zusammenhang mit der Anschaffung.

Frage: Ein Wirtschaftsgut wird von A gegen eine Rentenvereinbarung erworben. Im folgenden Wirtschaftsjahr kommt eine Wertsicherungsklausel zur Anwendung, sodass sich die von A zu zahlenden monatlichen Rentenzahlungen erhöhen. Was ist bezüglich der Anschaffungskosten zu sagen?

Antwort: Die Bewertung der Rentenverbindlichkeit richtet sich handelsrechtlich nach § 253 Abs. 1 S. 2, Abs. 2 S. 2 HGB; anzusetzen ist der sogenannte Rentenbarwert. Dies gilt nach dem Maßgeblichkeitsgrundsatz auch für das Steuerrecht (s. Urteil des BFH vom 31.01.1980, BStBl II 1980, 491). Bei Anschaffungsgeschäften bildet der Rentenbarwert im Erwerbszeitpunkt die Anschaffungskosten des Wirtschaftsgutes. Spätere Erhöhungen (z.B. wegen einer Wertsicherungsklausel) berühren die Höhe der Anschaffungskosten nicht.

Frage: Der Gewerbetreibende A tauscht eine von ihm hergestellte Maschine (Buchwert/Herstellungskosten 40.000 €, Verkehrswert 60.000 €) gegen den gebrauchten Lkw des Unternehmers X (Buchwert 1.000 €, Verkehrswert 45.000 €, Inzahlungnahme aber in Höhe von 50.000 €, Zuzahlung durch X in Höhe von 10.000 €) ein. Wie hoch sind die steuerlichen Anschaffungskosten des Lkw für den A (die Umsatzsteuer soll außer Betracht bleiben)?

Antwort: Gemäß § 6 Abs. 6 S. 1 EStG bemessen sich die Anschaffungskosten des gebrauchten Lkw nach dem gemeinen Wert des hingegebenen Gegenstands, hier also der Maschine. A hat deshalb den erworbenen Lkw grundsätzlich mit dem Verkehrswert seiner weggegebenen Maschine zu aktivieren. Die von X geleistete Zuzahlung von 10.000 € – die sogenannte „Baraufgabe" – mindert allerdings die Anschaffungskosten des Lkw, sodass dieser in der Bilanz des A mit 50.000 € einzubuchen ist.

A versteuert einen Gewinn aus der Veräußerung der Maschine von 20.000 € (= 60.000 € ./. Buchwert 40.000 €).

Tipp! Wichtig ist beim Tausch, immer darauf zu achten, was genau ermittelt werden soll: der Verkaufspreis der weggetauschten Sache oder die Anschaffungskosten des erhaltenen Vermögensgegenstandes. Weiterhin ist darauf zu achten, dass man die umsatzsteuerliche Regelung klar abgrenzt.

Frage: Wie hoch sind im oben genannten Beispiel die Anschaffungskosten des X für den Erwerb der Maschine (die Umsatzsteuer soll außer Betracht bleiben)?

Antwort: Ebenfalls unter Beachtung der Grundsätze des § 6 Abs. 1 S. 1 EStG betragen die Anschaffungskosten des X den gemeinen Wert des hingegebenen Lkw i.H.v. 45.000 € zuzüglich seiner geleisteten Zuzahlung i.H.v. 10.000 €, insgesamt also 55.000 €.

> **Frage:** Ein buchführungspflichtiger Gewerbetreibender erstellt eine „Einheitsbilanz". Er möchte seine selbst produzierten Waren mit einem möglichst niedrigen Wert aktivieren. Wie ist der Wertansatz der Waren zu ermitteln?

Antwort: Nach der Definition des Handelsgesetzbuchs in § 255 Abs. 2 und 3 HGB sind Herstellungskosten die Aufwendungen, die durch den Verbrauch von Gütern und die Inanspruchnahme von Diensten für die Herstellung eines Vermögensgegenstands seine Erweiterung oder für eine über seinen ursprünglichen Zustand hinausgehende wesentliche Verbesserung entstehen. Dazu gehören die Materialkosten, die Fertigungskosten und die Sonderkosten der Fertigung (z.B. Planungskosten sowie angemessene Teile der Materialgemeinkosten, der Fertigungsgemeinkosten und des Werteverzehrs des Anlagevermögens, soweit dieser durch die Fertigung veranlasst ist. Die handelsrechtlichen Begriffsbestimmungen gelten gemäß R 6.3 EStR auch für das Steuerrecht.

Der handelsrechtliche Mindestansatz der Waren entspricht auch dem nach steuerlichen Vorschriften vorzunehmenden Ausweis.

> **Frage:** Müssen Kosten der allgemeinen Verwaltung aktiviert werden?

Antwort: Gemäß § 255 Abs. 2 S. 3 HGB können Kosten der allgemeinen Verwaltung sowie Aufwendungen für die soziale Altersversorgung handelsrechtlich aktiviert werden; es besteht ein Aktivierungswahlrecht.

Durch die Einfügung der Nummer 1b in den § 6 Abs. 1 EStG durch das „Gesetz zur Modernisierung des Besteuerungsverfahrens" wurde das steuerrechtliche Aktivierungsgebot für Kosten der allgemeinen Verwaltung sowie Aufwendungen für soziale Einrichtungen des Betriebs, für freiwillige soziale Leistungen und für die betriebliche Altersversorgung dem handelsrechtlichen Aktivierungswahlrecht angeglichen und in die Steuerbilanz übernommen. Dies entspricht demnach der langjährigen und oben geschilderten Verwaltungspraxis, die auch in R 6.3 Absatz 4 der Einkommensteuer-Richtlinien 2008 festgehalten war und nach der weiterhin verfahren werden durfte (BMF-Schreiben vom 25.03.2013, BStBl I 2013, 296).

Die Änderung hatte in der steuerlichen Gewinnermittlung zu einer erheblichen Vereinfachung der Herstellungskostenermittlung geführt, da die Verwaltungsgemeinkosten sowie die Aufwendungen für soziale betriebliche Einrichtungen und die betriebliche Altersvorsorge nicht mehr gesondert ermittelt und durch entsprechende Schlüssel den am Bilanzstichtag zu bewertenden teilfertigen und fertigen Erzeugnissen zugeordnet werden mussten; dieser Aufwand entstünde dann, wenn handelsrechtlich auf die Ausübung des Aktivierungswahlrechtes nach § 255 Abs. 2 Satz 3 HGB verzichtet wird.

Die Regelung enthält einen Übereinstimmungsvorbehalt für die Gewinnermittlung nach § 5 EStG. Dadurch wird eine einheitliche Bewertung in der Handels- und der Steuerbilanz erreicht und sichergestellt, dass die Ausübung des steuerlichen Bewertungswahlrechtes nicht allein steuerlich motiviert ist, sondern der Vereinfachung und dem Bürokratieabbau dient. Die Einschränkung des Übereinstimmungsvorbehaltes auf die Gewinnermittlung nach § 5 EStG stellt klar, dass das Wahlrecht auch bei den übrigen Gewinnermittlungsarten angewendet werden kann. Eines Übereinstimmungsvorbehaltes bedarf es hier mangels Handelsbilanz nicht.

> **Frage:** Der Kaufmann A hat eine Ausfuhrversicherung abgeschlossen und dafür Prämien entrichtet. Müssen diese Kosten bei Ermittlung der Herstellungskosten der zur Ausfuhr bestimmten Waren aktiviert werden?

Antwort: Bei den Entgelten für die Ausfuhrversicherung handelt es sich um Vertriebskosten. Diese Vertriebskosten gehören gemäß § 255 Abs. 2 S. 4 HGB handelsrechtlich nicht zu den Herstellungskosten.

Gleiches gilt auch für die steuerliche Gewinnermittlung; maßgebend ist der Grundsatz, dass etwas, was handelsrechtlich nicht aktiviert werden darf, auch steuerlich nicht aktiviert werden kann.

> **Frage:** Was lässt sich über die Behandlung selbst geschaffener immaterieller Vermögensgegenstände bzw. Wirtschaftsgüter in der Handels- und Steuerbilanz sagen?

Antwort: Nicht angesetzt werden dürfen nach § 248 Abs. 1 HGB Aufwendungen für die Gründung eines Unternehmens, für die Beschaffung des Eigenkapitals und für den Abschluss von Versicherungsverträgen sowie Aufwendungen für nicht entgeltlich erworbene Marken, Drucktitel, Verlagsrechte, Kundenlisten oder vergleichbare immaterielle Vermögensgegenstände des Anlagevermögens. Andere selbst geschaffene immaterielle Vermögenswerte können auf der Grundlage des § 248 Abs. 2 HGB angesetzt werden; es existiert handelsrechtlich ein Aktivierungswahlrecht.

Da bei selbst geschaffenen immateriellen Wirtschaftsgütern kein entgeltlicher Erwerb vorliegt, ist eine Aktivierung in der Steuerbilanz nicht zulässig (§ 5 Abs. 2 EStG).

> **Frage:** Mit welchem Wert sind selbst geschaffene immaterielle Vermögensgegenstände in der Handelsbilanz anzusetzen?

Antwort: Die selbst geschaffenen immateriellen Vermögensgegenstände sind gemäß § 255 Abs. 1 HGB mit den Herstellungskosten zu bewerten. Lex specialis hierfür ist § 255 Abs. 2a HGB, der als Herstellungskosten eines selbst geschaffenen immateriellen Vermögensgegenstands des Anlagevermögens die bei dessen Entwicklung anfallenden Aufwendungen nach § 255 Abs. 2 HGB bestimmt. Entwicklung ist die Anwendung von Forschungsergebnissen oder von anderem Wissen für die Neuentwicklung von Gütern oder Verfahren oder die Weiterentwicklung von Gütern oder Verfahren mittels wesentlicher Änderungen. Forschung ist die eigenständige und planmäßige Suche nach neuen wissenschaftlichen oder technischen Erkenntnissen oder Erfahrungen allgemeiner Art, über deren technische Verwertbarkeit und wirtschaftliche Erfolgsaussichten grundsätzlich keine Aussagen gemacht werden können. Forschungsaufwendungen sind nicht aktivierbar. Können Forschung und Entwicklung nicht verlässlich voneinander unterschieden werden, ist eine Aktivierung ausgeschlossen."

> **Frage:** Der Gewerbetreibende B hat ein Grundstück mit aufstehendem Gebäude mit Abbruchabsicht erworben, um auf dem Grundstück eine Lagerhalle zu errichten. Das Gebäude war:
> - Alternative 1: technisch und wirtschaftlich nicht verbraucht,
> - Alternative 2: objektiv wertlos.
>
> Wie sind die Abbruchkosten und der (Rest-)Wert des Gebäudes steuerlich zu behandeln?

Antwort: In der ersten Alternative hat B das weder technisch noch wirtschaftlich verbrauchte Gebäude zum Zweck des Abbruchs erworben; der Buchwert des Gebäudes und die Abbruchkosten zählen in diesem Fall zu den Herstellungskosten der neuen Lagerhalle. In der zweiten Alternative entfällt der volle Anschaffungspreis auf den Grund und Boden. Da der Abbruch mit der Herstellung der neuen Lagerhalle in einem engen wirtschaftlichen Zusammenhang steht, gehören die Abbruchkosten zu den Herstellkosten der Halle.

Problembereich 6: Rechnungsabgrenzungsposten/Schwebende Geschäfte/ Verbindlichkeiten

> **Frage:** Wo sind im HGB und im EStG die Rechnungsabgrenzungsposten definiert?

Antwort: Gemäß § 250 Abs. 1 S. 1 HGB sind als Rechnungsabgrenzungsposten (RAP) auf der Aktivseite Ausgaben vor dem Abschlussstichtag auszuweisen, soweit sie Aufwand für eine bestimmte Zeit nach diesem Stichtag darstellen. Auf der Passivseite sind als Rechnungsabgrenzungsposten Einnahmen vor diesem Stichtag auszuweisen, soweit sie Ertrag nach diesem Tag darstellen (§ 250 Abs. 2 HGB). Der Anwendungsbereich der RAP betrifft in erster Linie gegenseitige Verträge, bei denen für eine bestimmte Zeit Leistungen zu erbringen sind, aber Leistung und Gegenleistung auseinanderfallen. Die Posten der Rechnungsabgrenzung dienen – ähnlich wie die Rückstellungen und die Abschreibungen – der periodengerechten Verteilung von Aufwendungen und Erträgen. Da § 250 HGB und § 5 Abs. 5 EStG insoweit im Wesentlichen wortlautgleich sind, gelten die oben genannten Grundsätze auch für die steuerliche Gewinnermittlung. Aus § 250 Abs. 1 S. 1 und Abs. 2 HGB, sowie § 5 Abs. 5 EStG folgt, dass für RAP eine Bilanzierungspflicht besteht.

> **Tipp!** Der BFH hat entschieden, dass Rechnungsabgrenzungsposten auch in Fällen von geringer Bedeutung zu bilden sind (BFH, Urteil vom 16.03.2021, X R 34/19, BStBl II 2021, 844).
> Eine Neuregelung durch das Jahressteuergesetz 2022 (§ 5 Abs. 2 Satz 2 EStG) stellt nun allerdings klar, dass der Ansatz eines RAP unterbleiben kann, wenn die jeweilige Ausgabe oder Einnahme den Betrag des § 6 Abs. 2 Satz 1 EStG (derzeit 800 €) nicht übersteigt. Das Wahlrecht ist einheitlich auszuüben. Das soll erheblichem Bürokratieaufwand bei nahezu allen bilanzierenden Unternehmen und damit auch bei den steuerlichen Beratern und auf Seiten der Finanzverwaltung vermeiden. Die Vorschrift rückwirkend erstmals für Wirtschaftsjahre, die nach dem 31.12.2021 enden.

> **Frage:** Welche Arten von Rechnungsabgrenzungsposten sind zu unterscheiden?

Antwort: Man unterscheidet zwei Arten von Rechnungsabgrenzungsposten, die transitorischen und die antizipativen. Bei den transitorischen Posten (= später erfolgswirksam) handelt es sich um Ausgaben bzw. Einnahmen des Unternehmens, die Aufwand bzw. Ertrag für eine bestimmte Zeit nach dem Bilanzstichtag darstellen. Antizipative (= vorwegnehmende) Posten sind dagegen Aufwendungen bzw. Erträge der Geschäftsjahre, die jedoch erst nach dem Bilanzstichtag zu Ausgaben bzw. Einnahmen führen. Die „bestimmte Zeit" kann einen beliebig langen Zeitraum (auch mehrere Jahre) erfassen. In die Bilanzposition „Rechnungsabgrenzungsposten" müssen bzw. dürfen in der Handelsbilanz lediglich die transitorischen Abgrenzungsposten aufgenommen werden (§ 250 Abs. 1 S. 1 HGB). Diese Regelung gilt für die Steuerbilanz analog (§ 5 Abs. 5 EStG, R 5.6 Abs. 1 EStR). Die antizipativen Posten sind im Falle einer zukünftigen Ausgabe unter den „sonstigen Verbindlichkeiten" und im Falle einer zukünftigen Einnahme unter den „sonstigen Vermögensgegenständen" auszuweisen (R 5.6 Abs. 3 S. 2 EStR).

　　In der Bilanz sind die aktiven von den passiven Rechnungsabgrenzungsposten zu unterscheiden.

> **Frage:** Definieren Sie bitte den Begriff „bestimmte Zeit"!

Antwort: Eine „bestimmte Zeit" liegt nur vor, wenn Anfang und Ende des Zeitraums, dem die abzugrenzenden Ausgaben und Einnahmen zuzurechnen sind, feststehen und nicht nur geschätzt werden. Aufwendungen, die wirtschaftlich zwar in einen späteren Zeitraum gehören, der aber unbegrenzt ist, dürfen nicht als RAP angesetzt werden. Steht bei einer Dauerschuldleistung einer Vorleistung eine noch nicht erbrachte zeitraumbezogene Gegenleistung gegenüber, so handelt es sich bei dieser Vorleistung um Aufwand für eine bestimmte Zeit (s. Urteil des BFH vom 06.04.1993, BStBl II 1993, 709).

> **Tipp!** Der Zeitraum muss also bestimmbar, nicht lediglich schätzbar sein.

Frage: Am 15.12.01 erhielt eine AG eine Anzahlung für eine Lieferung, die erst im Wirtschaftsjahr 02 erfolgen soll, i.H.v. 35.700 €. Die AG hat eine ordnungsmäßige Rechnung erteilt. Was ist zu veranlassen?

Antwort: Auch Anzahlungen sind – genauso wie RAP – Vorleistungen im Rahmen eines schwebenden Vertrags. Die erhaltene Anzahlung führt bei der AG im Geschäftsjahr 01 zu Einnahmen, es handelt sich aber um Erträge des Geschäftsjahres 02. Da kein strenger Zeitraumbezug vorliegt, erfolgt kein Ansatz eines Rechnungsabgrenzungspostens. Die Rechtsgrundlage für die Passivierung von Anzahlungen liegt darin, dass in dem Passivposten die Verbindlichkeit auf Erbringung von Leistungen zum Ausdruck kommt. Der Ausweis erfolgt gemäß § 266 Abs. 3 C. 3. HGB unter „erhaltene Anzahlungen auf Bestellungen" in Höhe von 35.700 €.

Weiterhin ist in der Steuerbilanz die als Aufwand berücksichtigte Umsatzsteuer auf die am Abschlussstichtag erhaltene Anzahlung auszuweisen (§ 5 Abs. 5 S. 2 Nr. 2 EStG). Handelsrechtlich besteht insoweit keine Aktivierungspflicht, aber ein Aktivierungswahlrecht (§ 250 Abs. 1 S. 2 Nr. 2 HGB). Dieser Posten ist ein Aktivposten eigener Art, der hier als „aktivierte Umsatzsteuer auf Anzahlungen" i.H.v. 5.700 € zu aktivieren ist; Gegenkonto ist das Konto „Umsatzsteuerschuld".

Frage: Sind Kreditnebenkosten in Form einmaliger Bearbeitungsentgelte aktiv abzugrenzen, wenn das Darlehen eine über den Bilanzstichtag hinausgehende Laufzeit hat?

Antwort: Bei Darlehensverträgen hat der Kreditnehmer bisweilen Kreditnebenkosten in Form von einmaligen Bearbeitungsentgelten zu entrichten. Der BFH hat die Frage, ob diese als aktiver Rechnungsabgrenzungsposten oder als sofort abzugsfähige Betriebsausgaben zu erfassen sind, entschieden (Urteil des BFH vom 22.06.2011, BStBl II 2011, 870). Sofort abzugsfähige Betriebsausgaben liegen nach Auffassung des BFH dann vor, wenn die Bearbeitungsentgelte im Falle einer vorzeitigen Vertragsbeendigung vom Kreditgeber nicht (anteilig) zurückzuzahlen sind. Sofern jedoch die Beteiligten das Darlehen nur aus wichtigem Grund kündigen können und konkrete Anhaltspunkte fehlen, dass diese Kündigung in den Augen der Vertragsparteien mehr ist als nur eine theoretische Option, sind die Bearbeitungsentgelte über einen aktiven Rechnungsabgrenzungsposten auf die Kreditlaufzeit zu verteilen und die Bearbeitungsentgelte als laufzeitabhängige Vergütung zu behandeln.

Frage: Ein Kaufmann nimmt bei einer Bank sogenannte Step-down-Gelder auf, die mit fallenden Zinssätzen verzinst wurden. Die Rückzahlung des Darlehens soll nach den vertraglichen Vereinbarungen am Ende der Laufzeit in einer Summe erfolgen; eine ordentliche Kündigung des Darlehens vor Fälligkeit ist ausgeschlossen, die Auflösung des Darlehensvertrags sollte nur im gegenseitigen Einvernehmen möglich sein. Kann die Bildung eines aktiven Rechnungsabgrenzungspostens in Betracht kommen?

Antwort: Der BFH (Urteil des BFH vom 27.07.2011, BStBl II 2012, 284) hat über die Behandlung der Bilanzierung von jährlich fallenden Zinssätzen (step-down) entschieden. Die vom Darlehnsnehmer zunächst entrichteten Darlehenszinsen, soweit sie den auf die gesamte Vertragslaufzeit entfallenden rechnerischen Durchschnittszinssatz übersteigen, sind als Vorleistung für die Überlassung der Darlehensvaluta in der restlichen Darlehenslaufzeit anzusehen. Es ist also ein aktiver Rechnungsabgrenzungsposten zu erfassen, wenn der Darlehensnehmer im Falle einer vorzeitigen Vertragsbeendigung die anteilige Erstattung von bereits gezahlten Zinsen verlangen kann. Unabhängig von einem entsprechenden Erstattungsanspruch hat der Darlehensnehmer nach Auffassung des BFH einen aktiven Rechnungsabgrenzungsposten zu bilden, wenn das Darlehen nur aus wichtigem Grund gekündigt werden kann und konkrete Anhaltspunkte fehlen, dass diese Kündigung in den Augen der Vertragsparteien mehr ist als nur eine theoretische Option.

Frage: Die AG hat am 02.01.01 ein verzinsliches Darlehen in Höhe von 100.000 € bei der DiCom-Bank aufgenommen. Der Auszahlungsbetrag beläuft sich auf 95.000 €, da die Bank ein Disagio (= Aufgeld, Damnum) in Höhe von 5.000 € einbehalten hat, wodurch die AG einen gleichmäßigen niedrigen Zinssatz über die Laufzeit des Darlehens erhalten konnte. Das Darlehen ist in einer Summe am 31.12.05 zurückzuzahlen. Wie ist das Disagio zu behandeln?

Antwort: Ist der Erfüllungsbetrag einer Verbindlichkeit höher als der Ausgabebetrag, darf der Unterschiedsbetrag gemäß § 250 Abs. 3 HGB in einen Rechnungsabgrenzungsposten auf der Aktivseite aufgenommen werden. Der Unterschiedsbetrag ist durch planmäßige jährliche Abschreibungen zu tilgen, die auf die gesamte Laufzeit der Verbindlichkeit verteilt werden können (§ 250 Abs. 3 S. 2 HGB). Die AG kann, muss aber nicht, einen Rechnungsabgrenzungsposten in ihrer Handelsbilanz bilden; es besteht somit für sie ein Aktivierungswahlrecht. Obwohl durch das BilMoG nahezu alle Ansatzwahlrechte gestrichen wurden, ist dieses Aktivierungswahlrecht handelsrechtlich weiter existent. Für steuerrechtliche Zwecke tritt gemäß § 5 Abs. 5 EStG an die Stelle des Aktivierungswahlrechts eine Aktivierungspflicht (s. Urteil des BFH vom 21.04.1988, BStBl II 1989, 722).

Der Abgrenzungsposten ist folglich in der Steuerbilanz zu aktivieren (= Aktivierungspflicht) und auf die Laufzeit des Darlehens zu verteilen (H 6.10 „Damnum" EStH). Bei Fälligkeitsdarlehen ist eine gleichmäßige Auflösung des RAP vorzunehmen, während bei Tilgungsdarlehen eine degressive Auflösung erfolgen sollte.

Frage: Können in der Handelsbilanz Rechnungsabgrenzungsposten für Umsatzsteuerbeträge, die in erhaltenen Anzahlungen enthalten sind, gebildet werden?

Antwort: Durch das BilMoG ist die Möglichkeit entfallen, in der Handelsbilanz Rechnungsabgrenzungsposten für bestimmte als Aufwand berücksichtigte Zölle und Verbrauchsteuern sowie für als Aufwand berücksichtigte Umsatzsteuer auf erhaltene Anzahlungen zu bilden (§ 250 Abs. 1 S. 2 HGB). Für die Steuerbilanz besteht nach § 5 Abs. 5 S. 2 Nr. 1 EStG insoweit eine Aktivierungspflicht.

Frage: Eine Steuerbilanz des A wies zum Abschlussstichtag einen passiven Rechnungsabgrenzungsbetrag wegen eines Zinszuschusses nach einem Investitionsförderungsprogrammes für die Errichtung einer Betriebsvorrichtung aus. Die Betriebsvorrichtung wurde im Jahr 01 errichtet und ab Juli 06 an einen anderen Unternehmer verpachtet. Das Darlehen wurde von A weiterhin bedient. Was ist zu veranlassen?

Antwort: Mit Urteil vom 25.04.2018 (VI R 51/16, BStBl II 2018, 778) hat der BFH die Auffassung vertreten, dass ein passiver Rechnungsabgrenzungsposten (pRAP) bei einer Betriebsaufgabe aufzulösen ist. Allerdings ist der Ertrag Aufgabegewinn und kein laufender Gewinn.

Das bezuschusste Darlehen bestand am 31. Dezember 01 noch und damit war auch weiterhin ein künftiger Zinsaufwand des A gegeben. Es bestand also am Bilanzstichtag eine Verpflichtung des A zu einer nach diesem Bilanzstichtag (zumindest zeitanteilig) zu erbringenden Gegenleistung. Damit lagen die Voraussetzungen für den Ansatz des pRAP in der Schlussbilanz vor. In der Aufgabebilanz konnte der pRAP hingegen nicht mehr ausgewiesen werden. Das (fortbestehende) Darlehen wurde durch die Betriebsaufgabe zu Privatvermögen. Die Gegenleistung des A für den Zinszuschuss, also der mit dem bezuschussten Darlehen einhergehende Kapitaldienst, lag mit der Überführung des Darlehens in das Privatvermögen folglich nicht mehr im steuerbaren Bereich. Für eine nicht (mehr) steuerbare Gegenleistung kann aber in der Aufgabebilanz trotz fortbestehender Verpflichtung kein pRAP gebildet werden. Die Entnahme der Darlehensforderung in das Privatvermögen führt zum vollständigen Wegfall des (künftigen) steuerbaren Zinsaufwands. Damit ist auch für den Ansatz des pRAP kein Raum mehr. Zutreffend war die Vorinstanz deshalb davon ausgegangen, dass die Auflösung des streitigen pRAP vorliegend nicht nur in einem engen zeitlichen, sondern auch in einem sachlichen Zusammenhang mit der Betriebsaufgabe steht. Unter den Umständen des Streitfalls ist der pRAP allein wegen der Betriebsaufgabe nicht länger bilanziell auszuweisen.

Frage: Was ist ein „schwebendes Geschäft"?

Antwort: Schwebende Geschäfte sind vor allem gegenseitige, auf einen Leistungsaustausch gerichtete Verträge i.S.d. §§ 320 ff. BGB, die zwar schon Rechtswirkungen erzeugen, aber hinsichtlich der vereinbarten Sach- oder Dienstleistungspflicht – abgesehen von unwesentlichen Nebenpflichten – noch nicht erfüllt sind (s. Beschluss des BFH vom 23.06.1997, BStBl II 1997, 735). Sind selbständig abzurechnende und zu vergütende Teilleistungen geschuldet, kann es auch zu einem teilweise schwebenden Geschäft kommen. Zivilrechtlich steht zumeist noch der Vollzug – z.B. der Besitz- und Eigentumsübertragung – aus. Handels- und steuerrechtlich ist der Gewinn oder Verlust aus dem Geschäft noch nicht realisiert. Ansprüche und Verbindlichkeiten aus einem schwebenden Geschäft dürfen in der Bilanz grundsätzlich nicht berücksichtigt werden, weil während des Schwebezustands die (widerlegbare) Vermutung besteht, dass sich die wechselseitigen Rechte und Pflichten aus dem Vertrag wertmäßig ausgleichen (s. Urteil des BFH vom 26.08.1992, BStBl II 1992, 977).

Frage: Wann beginnt und wann endet ein schwebendes Geschäft?

Antwort: Der Schwebezustand beginnt grundsätzlich mit dem Vertragsabschluss. Er endet mit der Gewinn- oder Verlustrealisierung. Ein bilanzierender Steuerpflichtiger (§ 4 Abs. 1 EStG, § 5 EStG) hat den Gewinn oder den Verlust auszuweisen, sobald dieser durch den Umsatzprozess in Erscheinung getreten ist. Das ist der Zeitpunkt, in dem der Vertrag im Wesentlichen erfüllt ist und damit der Anspruch auf die Gegenleistung – so gut wie – sicher ist.

Frage: Wann ist eine Rückstellung für drohende Verluste aus schwebenden Geschäften zu bilden?

Antwort: Die Pflicht zur Verlustrückstellung ergibt sich aus dem bilanzrechtlichen Imparitätsprinzip (§ 252 Abs. 1 Nr. 4, § 249 Abs. 1 S. 1 HGB). Ein Bilanzausweis einer Rückstellung ist nur dann geboten, wenn und soweit das Gleichgewicht der Vertragsbeziehungen durch Vorleistungen oder Erfüllungsrückstände eines Vertragspartners gestört ist oder aus einem Geschäft ein Verlust droht. Diese Bilanzierungsgrundsätze gelten nicht nur für gegenseitige Verträge, die auf einen einmaligen Leistungsaustausch gerichtet sind (z.B. Einkaufsgeschäfte), sondern auch für Dauerschuldverhältnisse (z.B. Mietverhältnisse). Ein Verlust „droht", wenn konkrete Anzeichen dafür vorliegen, dass der Wert der eigenen Verpflichtungen aus dem Geschäft den Wert des Anspruchs auf die Gegenleistung übersteigt (sog. Verpflichtungs- oder Aufwendungsüberschuss); die bloße Möglichkeit, dass das Geschäft mit einem Verlust abgeschlossen wird, reicht nicht aus.

In der Steuerbilanz ist eine Rückstellung gemäß § 5 Abs. 4a EStG nicht zugelassen; der Grundsatz der Maßgeblichkeit des § 5 Abs. 1 S. 1 EStG wird insoweit durchbrochen.

Frage: Wie verhalten sich die Begriffe „Schulden" und „Verbindlichkeiten" zueinander?

Antwort: Unter den Begriff Schulden sind sowohl Verbindlichkeiten als auch Rückstellungen i.S.d. § 249 Abs. 1 S. 1 HGB zu subsumieren.

Frage: Was sind Verbindlichkeiten?

Antwort: Als Verbindlichkeiten kann man diejenigen Verpflichtungen eines Kaufmanns bezeichnen, die bei normalem Ablauf mit Sicherheit zu einem späteren Liquiditätsabfluss ohne Gegenleistung führen und die bereits im abgelaufenen – oder in einem noch früheren Geschäftsjahr – verursacht worden sind. Es handelt sich dabei um Verpflichtungen eines Schuldners gegenüber seinem Gläubiger. Verbindlichkeiten können durch das private Schuldrecht (§§ 241 ff. BGB) oder durch das öffentliche Recht (z.B. Steuerschulden) verursacht werden. Obwohl Verbindlichkeiten meist in Geld zu erfüllen sind, können auch Sachleistungen geschuldet werden (§ 241 Abs. 1 BGB).

> **Frage:** Wie ist eine unverzinsliche Verbindlichkeit zu passivieren?

Antwort: Handelsrechtlich folgt aus der in § 253 Abs. 1 S. 2 HGB normierten Verpflichtung zum Ansatz des Erfüllungsbetrags (oft auch bezeichnet als Erfüllungsbetrag), dass Verbindlichkeiten grundsätzlich nicht abzuzinsen sind. Für die Steuerbilanz bestimmt § 6 Abs. 1 Nr. 3 EStG, dass Verbindlichkeiten unter Berücksichtigung einer Abzinsung von 5,5 % anzusetzen sind. Von der Abzinsung sind jedoch solche Verbindlichkeiten ausgenommen, deren Laufzeit am Bilanzstichtag weniger als zwölf Monate beträgt, bzw. Verbindlichkeiten, die verzinslich sind oder auf einer Anzahlung oder Vorausleistung beruhen (§ 6 Abs. 1 Nr. 3 EStG).

Nach dem durch das Vierte Corona-Steuerhilfegesetz neugefassten § 6 Abs. 1 Nr. 3 EStG werden ab dem 01.01.2023 Verbindlichkeiten mit dem Nennwert (= Rückzahlungsbetrag) bewertet. Das bisherige Abzinsungsgebot wurde aufgehoben. Auf die Abzinsungsverpflichtung kann auch vor dem 01.01.2023 für alle noch nicht bestandskräftigen Veranlagungszeiträume verzichtet werden. Dafür ist lediglich ein formloser Antrag notwendig, der jedoch nur einheitlich für alle betroffenen Wirtschaftsjahre gestellt werden kann.

Auch nach der Gesetzesänderung bleiben allerdings das Abzinsungsgebot sowie der Zinssatz von 5,5 % für Rückstellungen unverändert bestehen.

> **Tipp!** Eine verzinsliche Verbindlichkeit liegt vor, wenn ein Zinssatz von mehr als 0 % vereinbart wurde. So ist bei einer Stundung von Zinszahlungen weiterhin eine verzinsliche Verbindlichkeit anzunehmen. Stehen einer Verbindlichkeit keine Kapitalverzinsung, sondern andere wirtschaftliche Nachteile gegenüber (z.B. Verpflichtung zur unentgeltlichen Überlassung eines Wirtschaftsgutes des Betriebsvermögens), liegt eine verzinsliche Verbindlichkeit vor. Wird eine zunächst bedingt verzinsliche Darlehensverbindlichkeit ohne Eintritt der Bedingung nachträglich in eine fest verzinsliche Darlehensverbindlichkeit umgewandelt, liegt ein verzinsliches Darlehen vor. Eine Abzinsung hat nicht zu erfolgen. Dies bringt der BFH in seinem Urteil vom 18.09.2018 (XI R 30/16, BStBl II 2019, 67) zum Ausdruck.
>
> Bei Abschluss eines Darlehensvertrags mit einer Laufzeit von mehr als einem Jahr muss eine Verzinsung vereinbart werden, damit die Verbindlichkeit nicht abgezinst werden muss. Die Verpflichtung, unverzinsliche Betriebsschulden mit 5,5 % abzuzinsen, ist zumindest bis zum Jahr 2010 als verfassungsgemäß anzusehen. Dies hat der BFH in seinem Urteil vom 22.05.2019 (X R 19/17, BStBl II 2019, 795 Nr. 21) klargestellt. Die nachträgliche Vereinbarung einer Verzinsung ist steuerlich unwirksam.

> **Tipp!** Der BFH hat in seinem Urteil vom 10.06.2021, IV R 18/18; BStBl II 2022, 211 zu Fremdwährungsdarlehen entschieden:
> Eine Teilwertzuschreibung wegen voraussichtlich dauernder Werterhöhung von Verbindlichkeiten aus Fremdwährungsdarlehen ist zulässig, wenn der Euro-Wert gegenüber der Fremdwährung aufgrund einer fundamentalen Änderung der wirtschaftlichen oder währungspolitischen Daten der beteiligten Währungsräume gesunken ist. Eine solche Änderung ist anzunehmen, wenn sich die Verhältnisse zwischen den betroffenen Währungsräumen aus Sicht des Bilanzstichtages so außerordentlich und nachhaltig geändert haben, dass nicht angenommen werden kann, der Wechselkurs

zu dem Zeitpunkt der Eingehung der Verbindlichkeit werde sich ohne Weiteres wieder einstellen. Dies gilt für alle Fremdwährungsdarlehen, d.h. unabhängig davon, ob es sich um ein Darlehen mit unbestimmter oder mit bestimmter Restlaufzeit handelt und ob die Restlaufzeit mindestens zehn Jahre oder weniger beträgt.

Tipp! Das Bundesministerium der Finanzen hat am 10.05.2022 ein BMF-Schreiben zur ertragsteuerlichen Behandlung von Token im Allgemeinen und virtuellen Währungen wie z.B. Bitcoin im Speziellen herausgegeben (IV C 1 – S 2256/19/10003 :001, BStBl I 2022, 668). Die verschiedenen virtuellen Währungen und Token werden in dem Schreiben ertragsteuerrechtlich eingeordnet. Es wird beispielsweise geklärt, wie die Einkünfte aus der Veräußerung von Einheiten steuerlich zu behandeln sind, wenn es sich um Betriebsvermögen bzw. Privatvermögen handelt.
Die in diesem Schreiben niedergelegten Grundsätze sind in allen offenen Fällen anzuwenden.

Frage: Der Kaufmann A erwirbt ein unbebautes Grundstück gegen eine Rentenverpflichtung von B, die eine Wertsicherungsklausel beinhaltet. Welche Überlegungen sind anzustellen?

Antwort: Bei Anschaffungsgeschäften bildet der Rentenbarwert im Erwerbszeitpunkt die Anschaffungskosten des Wirtschaftsguts. Spätere Erhöhungen (z.B. wegen einer Wertsicherungsklausel) berühren die Höhe der Anschaffungskosten nicht.

Die Bewertung der Rentenverbindlichkeit richtet sich handelsrechtlich nach § 253 Abs. 2 S. 2 HGB; anzusetzen ist der sogenannte Rentenbarwert. Dies gilt nach dem Maßgeblichkeitsgrundsatz auch für das Steuerrecht (s. Urteil des BFH vom 31.01.1980, BStBl II 1980, 491). Eine Erhöhung des Rentenbarwerts aufgrund einer Wertsicherungsklausel ist erst zu berücksichtigen, wenn die Wertsicherungsbedingung eingetreten ist. Während der Laufzeit der Rente ist der Barwert zu jedem Bilanzstichtag neu zu berechnen. Der Barwertabbau ist auf das Rentenaufwandskonto zu übertragen, sodass insoweit dort als Saldo der zu berücksichtigte Zinsanteil der Rentenaufwendungen verbleibt.

Frage: Was passiert, wenn der Rentenberechtigte verstirbt?

Antwort: Mit dem Tod des Rentenberechtigten erlischt die Rentenverbindlichkeit. Sie ist deshalb am Todestag des Rentenberechtigten in Höhe der bestehenden Valuta (Erfüllungsbetrag zum Zeitpunkt des Todes) ertragswirksam auszubuchen. Es handelt sich dabei um einen laufenden Gewinn.

Frage: Z hat einen Gewerbebetrieb geerbt. Er hat einen Kredit aufgenommen, um die Ansprüche des Pflichtteilsberechtigten A zu erfüllen. Was ist insoweit in der steuerlichen Gewinnermittlung zu veranlassen?

Antwort: Z hat den Betrieb als Gesamtrechtsnachfolger unentgeltlich erworben (§ 6 Abs. 3 EStG). Der Kredit stellt keine Betriebsschulden dar, denn er dient der Finanzierung von nicht betrieblich veranlassten Erbfallschulden.

Frage: Gibt es besondere Pflichten für Bilanzvermerke bezüglich der Verbindlichkeiten für Kapitalgesellschaften?

Antwort: Der Betrag der Verbindlichkeiten mit einer Restlaufzeit bis zu einem Jahr ist bei jedem gesondert ausgewiesenen Posten zu vermerken (§ 268 Abs. 5 S. 1 HGB). Zusätzlich ist im Anhang gemäß § 285 Nr. 1 HGB der Gesamtbetrag der Verbindlichkeiten mit einer Restlaufzeit von mehr als fünf Jahren und der Gesamtbetrag der Verbindlichkeiten, die durch Pfandrechte oder ähnliche Rechte gesichert

sind, unter Angabe von Art und Form der Sicherheiten anzugeben. Mittelgroße und große Kapitalge-
sellschaften haben diese Angaben für jeden in der Bilanz ausgewiesenen Posten gesondert zu machen.
Sind unter dem Posten „Verbindlichkeiten" Beträge für Verbindlichkeiten ausgewiesen, die erst nach
dem Abschlussstichtag rechtlich entstehen, so müssen Beträge, die einen größeren Umfang haben, im
Anhang erläutert werden. Gehört eine GmbH zu den kleinen Kapitalgesellschaften im Sinne des § 267
Abs. 1 HGB, ist diese nach Maßgabe des § 274a Nr. 3 HGB von der Angabepflicht befreit.

Problembereich 7: Rückstellungen und Rücklagen

Frage: Welche Rückstellungen sieht das Handelsrecht vor?

Antwort: Das Handelsrecht normiert eine Passivierungspflicht:
- Gemäß § 249 Abs. 1 S. 1 HGB für ungewisse Verbindlichkeiten und für drohende Verluste aus schwebenden Geschäften,
- gemäß § 249 Abs. 1 S. 2 Nr. 1 HGB für unterlassene Aufwendungen für Instandhaltungen, die im folgenden Geschäftsjahr innerhalb von drei Monaten nachgeholt werden bzw. für Abraumbeseitigung,
  die im folgenden Geschäftsjahr nachgeholt wird,
- gemäß § 249 Abs. 1 S. 2 Nr. 2 HGB für Gewährleistungen, die ohne rechtliche Verpflichtung erbracht
  werden.

Die Vorschrift des § 249 Abs. 2 S. 1 HGB besagt, dass weitere Rückstellungen handelsrechtlich nicht
statthaft sind. Für Kapitalgesellschaften und bestimmte Personengesellschaften existiert allerdings die
Besonderheit, dass nach Maßgabe des § 274 Abs. 1 HGB eine Rückstellung zu bilden ist, wenn das handelsrechtliche Ergebnis höher als das steuerrechtliche Ergebnis ist.

Tipp! Bei Rückstellungen kann unterschieden werden zwischen Rückstellungen mit und ohne
Fremdverbindlichkeitscharakter.

Frage: Welche Rückstellungen dürfen in der Steuerbilanz aufgenommen werden?

Antwort: Die in § 5 Abs. 1 S. 1 EStG normierte Maßgeblichkeit der Handelsbilanz für die Steuerbilanz
führt dazu, dass die handelsrechtlich zwingend zu bildenden Rückstellungen grundsätzlich als Passivposten in die Steuerbilanz zu übernehmen sind. Allerdings sind die im EStG aufgeführten Sondervorschriften zu beachten. Danach dürfen:
- Gemäß § 5 Abs. 2a EStG **Rückstellungen für ungewisse Verbindlichkeiten**, die nur zu tilgen sind,
  soweit künftig Gewinne oder Einnahmen anfallen,
- gemäß § 5 Abs. 4a EStG **Rückstellungen für drohende Verluste** aus schwebenden Geschäften und
- gemäß § 5 Abs. 4b EStG **Rückstellungen für Aufwendungen**, die in künftigen Wirtschaftsjahren
  als Anschaffungs- oder Herstellungskosten eines Wirtschaftsguts zu aktivieren sind,
- gemäß § 4 Abs. 5 EStG **Rückstellungen für Aufwendungen**, die zu den nach § 4 Abs. 5 bis 8 EStG
  nicht abziehbaren Ausgaben gehören,

nicht gebildet werden. Für Rückstellungen wegen der Verletzung fremder Schutzrechte und für Jubi-
läumsrückstellungen (siehe hierzu Schreiben des BMF vom 08.12.2008, IV C 6 – S 2137/07/10002,
BStBl I 2008, 1013) gelten im Vergleich zum Handelsrecht zusätzliche Voraussetzungen (§ 5 Abs. 3 und
4 EStG). Besteht handelsrechtlich lediglich ein Passivierungswahlrecht, darf eine Passivierung in der
Steuerbilanz nicht erfolgen.

Frage: Wie sind Rückstellungen zu bewerten?

Antwort: In der Handelsbilanz sind gemäß § 253 Abs. 2 S. 1 HGB Rückstellungen mit einer Restlaufzeit von mehr als einem Jahr mit dem ihrer Restlaufzeit entsprechenden durchschnittlichen Marktzinssatz der sich im Falle von Rückstellungen für Altersversorgungsverpflichtungen aus den vergangenen zehn Geschäftsjahren und im Falle sonstiger Rückstellungen aus den vergangenen sieben Geschäftsjahren ergibt, abzuzinsen. Abweichend von Satz 1 dürfen Rückstellungen für Altersversorgungsverpflichtungen oder vergleichbare langfristig fällige Verpflichtungen pauschal mit dem durchschnittlichen Marktzinssatz abgezinst werden, der sich bei einer angenommenen Restlaufzeit von 15 Jahren ergibt. Für die Steuerbilanz regelt § 6 Abs. 1 Nr. 3a EStG Besonderheiten, die bei der Bewertung der Rückstellungen gemäß § 5 Abs. 6 EStG zu beachten sind, hinsichtlich:

- der Berücksichtigung der Wahrscheinlichkeit verminderter Inanspruchnahme bei gleichartigen Verbindlichkeiten,
- dem Ansatz von Sachleistungsverpflichtungen nur mit den Einzelkosten und Teilen der notwendigen Gemeinkosten,
- der Verrechnung mit voraussichtlich anfallenden künftigen Vorteilen,
- der zeitanteiligen Bildung von Ansammlungsrückstellungen und
- der Abzinsung der Rückstellungen mit einem Zinssatz von 5,5 %.

Tipp! Ausdrücklich darauf hinzuweisen ist, dass die steuerliche Bewertung der Rückstellung aufgrund der Wert- und Preisverhältnisse am Bilanzstichtag zu erfolgen hat; d.h. Preissteigerungen, die am Bilanzstichtag erwartet werden, aber noch nicht konkretisiert sind, unterbleiben folglich.

Frage: Welche Voraussetzungen müssen erfüllt sein, damit eine Rückstellung für ungewisse Verbindlichkeiten in der Steuerbilanz ausgewiesen werden kann?

Antwort: Rückstellungen für dem Grunde und/oder der Höhe nach ungewisse Verbindlichkeiten sind unter den folgenden Voraussetzungen zu bilden:

- Die Verbindlichkeit muss gegenüber einem Dritten bestehen und es muss wahrscheinlich sein, dass der Schuldner in Anspruch genommen wird (s. Urteil des BFH vom 06.12.1995, BStBl II 1996, 406); der Gläubiger muss Kenntnis von seiner Anspruchsberechtigung haben).
- Die Verbindlichkeit muss der Höhe und/oder dem Grunde nach ungewiss sein, sie muss betrieblich veranlasst sein und bei Erfüllung zu sofort abziehbarem Aufwand und nicht zur Aktivierung von Anschaffungskosten führen.
- Die Verbindlichkeit muss zudem wirtschaftlich durch das abgelaufene Wirtschaftsjahr verursacht sein, sodass sie Aufwendungen berücksichtigt, die dieses abgelaufene Wirtschaftsjahr betreffen.
- Außerdem darf keines der in den §§ 5 Abs. 2a–4a EStG normierten Passivierungsverbote bestehen.

Wahrscheinlich ist die Inanspruchnahme, wenn mehr Gründe für eine Inanspruchnahme als dagegen sprechen (s. Urteil des BFH vom 28.06.1989, BStBl II 1990, 550; vom 01.08.1984, BStBl II 1985, 44; vom 30.06.1983, BStBl II 1984, 263 und vom 02.10.1992, BStBl II 1993, 153).

In seinem Beschluss vom 28.08.2018 (X B 48/18, BFH/NV 2019, 113 Nr. 2) hat der BFH ausgeführt: Für die Bildung einer Rückstellung für ungewisse Verbindlichkeiten ist es erforderlich, dass der Bilanzaufsteller am Bilanzstichtag ernsthaft mit der Inanspruchnahme rechnen musste. Nicht zwingend ist hierbei, dass zum Bilanzstichtag bereits eine Mängelrüge erfolgt ist, aber objektive Anknüpfungspunkte müssen bereits gegeben sein.

Frage: Mit Bescheid der Gemeinde vom 30.11.01 wird eine Aktiengesellschaft aufgefordert, eine Asbestverunreinigung ihres Gebäudes bis zum 30.06. des Folgejahres zu beseitigen. Die Arbeiten sollten nach sachgerechter Schätzung Kosten in Höhe von 32.000 € zzgl. Umsatzsteuer verursachen.

Antwort: Die AG muss gemäß § 249 Abs. 1 S. 1 HGB zum 31.12.01 eine Rückstellung in Höhe der für die Asbestbeseitigung voraussichtlich entstehenden Kosten passivieren. Die Verpflichtung zur Beseitigung von Altlasten ist betrieblich veranlasst und führt zu sofort abzugsfähigem Aufwand. Bei einer öffentlich-rechtlichen Verpflichtung gegenüber den Ordnungsbehörden muss diese nach Ansicht des BFH (s. Urteil des BFH vom 19.10.1993, BStBl II 1993, 891) und der Finanzverwaltung aber hinreichend konkretisiert sein. Eine Rückstellung ist immer dann zu bilden, wenn entweder durch Gesetz oder durch besonderen Verwaltungsakt ein inhaltlich genau bestimmtes Handeln innerhalb eines bestimmten Zeitraumes vorgeschrieben ist und an die Verletzung dieser Verpflichtung Sanktionen geknüpft sind und sie damit durchsetzbar ist.

Da der AG bereits ein Verwaltungsakt der zuständigen Gemeinde vorliegt, durch den die im Wege des Verwaltungszwangs vollstreckbare Verpflichtung begründet wurde, die Asbestverunreinigung zu beseitigen, liegt eine hinreichende Konkretisierung der Verbindlichkeit vor. Die Verunreinigung ist auch wirtschaftlich durch das abgelaufene Wirtschaftsjahr verursacht. Die Bewertung der Rückstellung erfolgt in der Handelsbilanz und gemäß § 6 Abs. 1 Nr. 3a EStG auch in der Steuerbilanz mit 32.000 €.

> **Frage:** Durch einen Schaden im Getriebe, der durch unsachgemäße Behandlung eines Arbeitnehmers verursacht wurde, kann eine Baumaschine seit Juni des laufenden Geschäftsjahres nur noch in einer Fahrstufe gefahren werden. Da die Maschine für anstehende Bauarbeiten gebraucht wird, soll der Schaden im folgenden Jahr behoben werden. Die Kosten für die Reparatur werden zutreffend auf etwa 20.000 € geschätzt. Die Reparatur wird von einer Fremdfirma:
> - Alternative 1: im Januar des folgenden Wirtschaftsjahrs vorgenommen,
> - Alternative 2: im Mai des folgenden Wirtschaftsjahrs vorgenommen.

Antwort: Die erforderliche Reparatur der Maschine wurde im laufenden Geschäftsjahr unterlassen, obwohl der Verschleiß (und damit die Verursachung der zukünftigen Aufwendungen) diesem Geschäftsjahr zuzurechnen ist. Da die Aufwendungen im folgenden Geschäftsjahr nachgeholt werden, ist gemäß § 249 Abs. 1 S. 2 Nr. 1 HGB in der ersten Alternative handelsrechtlich zwingend eine Rückstellung für unterlassene Rückstellungen zu bilden. In der zweiten Alternative ist die Bildung einer Rückstellung in der Handelsbilanz unzulässig.

Steuerlich ist eine Rückstellung für unterlassene Instandhaltung ebenfalls nur zulässig, wenn die Instandhaltungsarbeiten innerhalb von drei Monaten nach dem Bilanzstichtag nachgeholt werden (vgl. R 5.7 Abs. 11 S. 1 EStR). Die handelsrechtliche Passivierungspflicht führt in der ersten Alternative wegen der Maßgeblichkeit der Handelsbilanz für die Steuerbilanz zu einer steuerlichen Passivierungspflicht einer Rückstellung in Höhe von 20.000 €. Da die Reparatur nicht zu Herstellungskosten, sondern zu sofort abzugsfähigem Aufwand führt, ist die Rückstellungsbildung auch nicht nach § 5 Abs. 4b EStG ausgeschlossen. Für die unterlassene Instandhaltung, die nicht innerhalb von drei Monaten nach dem Bilanzstichtag nachgeholt wird (Alternative 2), darf auch in der Steuerbilanz keine Rückstellung gebildet werden.

> **Frage:** Kaufmann A ist auf die Zahlung von Schadenersatz verklagt worden. Er hat deshalb in seiner Handels- und Steuerbilanz eine zutreffend berechnete Rückstellung für die zu erwartenden Prozesskosten der angerufenen ersten Instanz und eine weitere für den zu erwartenden Schadenersatz gebildet. Nach dem Bilanzstichtag, aber noch vor dem Tag der Bilanzaufstellung obsiegt A in vollem Umfang:
> - **1. Alternative:** Die Frist zur Einlegung der Revision ist am Tag der Bilanzaufstellung noch nicht abgelaufen.
> - **2. Alternative:** Vor dem Tag der Bilanzaufstellung hat der Prozessgegner auf Rechtsmittel verzichtet.

> Welche Folgen für die gebildeten Rückstellungen ergeben sich?

Antwort: Wird ein Anspruch gerichtlich geltend gemacht, liegen die Voraussetzungen für die Auflösung einer deswegen gebildeten Rückstellung solange nicht vor, als dieser Anspruch nicht rechtskräftig abgewiesen worden ist. Rückstellungsfähig sind die Kosten der rechtsanhängigen Instanz. Dies gilt auch dann, wenn bereits eine gerichtliche Entscheidung zugunsten des Kaufmanns ergangen, diese Entscheidung aber noch nicht rechtskräftig ist. Denn solange der Prozessgegner gegen die letzte Entscheidung ein (statthaftes) Rechtsmittel einlegen kann, besteht für den Kaufmann ein von ihm regelmäßig nicht einzuschätzendes Risiko, dass in der nächsten Instanz ein für ihn ungünstiges Urteil ergeht, aufgrund dessen er in Anspruch genommen wird. Die Beibehaltung der Rückstellung folgt daher dem Grundsatz der Vorsicht (§ 252 Abs. 1 Nr. 4 HGB).

Bei der Bilanzierung sind auch solche Umstände zu berücksichtigen, die bis zum Abschlussstichtag entstanden, aber erst zwischen dem Abschlussstichtag und dem Tag der Aufstellung des Jahresabschlusses bekannt geworden sind und die die Verhältnisse zum Abschlussstichtag gleichsam „aufhellen". An der Pflicht zur Beibehaltung der Rückstellung ändert auch die Tatsache nichts, dass der Prozessgegner nach dem Bilanzstichtag auf die Einlegung einer Nichtzulassungsbeschwerde verzichtet. Diese Tatsache vermittelt keine rückwirkenden Erkenntnisse über das Prozessrisiko zum Bilanzstichtag.

In beiden Alternativen sind die Rückstellungen zum Bilanzstichtag also auszuweisen.

> **Tipp!** In Ihre Überlegungen, ob in Fällen mit rechtsanhängigen Sachverhalten eine Rückstellungsbildung geboten ist, muss immer das Prinzip der Wertaufhellung beachtet und angesprochen werden.

> **Frage:** Welche Komponenten bestimmen die Höhe einer Rückstellung für nicht genommenen Urlaub eines Arbeitnehmers?

Antwort: Für die rückständige Urlaubsverpflichtung ist sowohl in der Handels- als auch in Steuerbilanz eine Rückstellung für ungewisse Verbindlichkeiten auszuweisen, da die Höhe der künftigen Ausgaben am Bilanzstichtag nicht genau bekannt ist. Sie hängt letztlich davon ab, ob der Arbeitnehmer den gesamten aus dem Vorjahr verbliebenen Urlaub in Anspruch nimmt, er sich diesen auszahlen lässt oder wegen Beendigung des Dienstverhältnisses eine – teilweise – Urlaubsabgeltung zu zahlen ist. Zur Berechnung der Urlaubsrückstellung wird das Urlaubsentgelt, die Zahl der Arbeitstage und die Zahl der noch offenen Urlaubstage benötigt. Das Urlaubsentgelt ist aus dem durchschnittlichen Arbeitsverdienst (laufende Grundvergütung, Zulagen und Lohnzuschläge, Sachbezüge, Arbeitgeberanteile zur Sozialversicherung, Beiträge zur Berufsgenossenschaft und nicht ausgezahltes Urlaubsgeld) der letzten 13 Wochen vor dem Bilanzstichtag zu berechnen, wobei aus Vereinfachungsgründen zulässigerweise auch häufig auf den Jahresverdienst zurückgegriffen wird. Das Urlaubsentgelt ist – ausgehend von der Zahl der regulären Arbeitstage vor Abzug des Urlaubsanspruchs – auf einen Tageswert herunterzurechnen. Der sich so ergebende Wert ist mit der Zahl der nicht genommenen Urlaubstage zu multiplizieren und ergibt den Rückstellungsbetrag. Eine Abzinsung der Urlaubsrückstellung nach § 6 Abs. 1 Nr. 3a Buchstabe e EStG kommt nicht in Betracht, da die Laufzeit der Verpflichtung am Bilanzstichtag nicht länger als zwölf Monate beträgt.

> **Frage:** Welche Kosten sind bei der Berechnung der Höhe einer Rückstellung für die Aufbewahrung von Geschäftsunterlagen einzubeziehen?

Antwort: Für die zu erwartenden Aufwendungen für die Aufbewahrung von Geschäftsunterlagen ist eine Rückstellung für ungewisse Verbindlichkeiten zu bilden, weil dafür eine öffentlich-rechtliche Aufbewahrungspflicht besteht. Die Passivierungspflicht besteht sowohl in der Handelsbilanz als auch (über den **Maßgeblichkeitsgrundsatz**) in der Steuerbilanz. Bei der Bildung dieser Rückstellung ist zu berücksichtigen, welche Unterlagen tatsächlich aufbewahrungspflichtig sind und wie lange die Aufbewahrungspflicht für einzelne Unterlagen noch besteht. Bei der Berechnung sind folgende Kosten einzubeziehen:

- einmaliger Aufwand für die Einlagerung der am Bilanzstichtag noch nicht archivierten Unterlagen für das abgelaufene Wirtschaftsjahr sowie Sach- und Personalkosten für die Digitalisierung der Unterlagen, für das Brennen von CD und für die Datensicherung,
- die nach dem Verhältnis der Nutzfläche des Archivs zur Gesamtfläche ermittelten Raumkosten,
- die Kosten von Einrichtungsgegenständen des Archivs,
- anteilige Personalkosten z.B. für Hausmeister, Reinigung und für die Lesbarmachung der Datenbestände.

Nicht rückstellungsfähig sind die anteiligen Finanzierungskosten für die Archivräume, die Kosten für die zukünftige Anschaffung von zusätzlichen Regalen und Ordnern, die Kosten für die Entsorgung der Unterlagen nach Ablauf der Aufbewahrungsfrist sowie die Kosten für die Einlagerung künftig entstehender Unterlagen.

> **Tipp!** Die OFD Niedersachsen hat mit Verfügung vom 05.10.2015, S 2137 – 106 – St 221/St 222, Regeln zu berücksichtigungsfähigen Kosten aufgestellt.

> **Frage:** Ist eine Rückstellung für die Aufbewahrung von Geschäftsunterlagen in der Steuerbilanz abzuzinsen?

Antwort: Eine Rückstellung für die Aufbewahrung von Geschäftsunterlagen ist nicht abzuzinsen. Für die Abzinsung ist gemäß § 6 Abs. 1 Nr. 3a Buchst. e Satz 2 EStG der Zeitraum bis zum Beginn der Erfüllung maßgebend. Da die Aufbewahrungspflicht aber mit dem Entstehen der Unterlagen beginnt, ergibt sich hier kein Abzinsungszeitraum.

> **Frage:** Wie ist eine Rückstellung für Zinsen zu berechnen, wenn während der Darlehenslaufzeit steigende Zinssätze vereinbart sind?

Antwort: Diesen Fall hat der BFH mit Urteil (I R 17/15) vom 25.05.2016, BStBl II 2016, 930 entschieden. Bezüglich der Zinsen war im Entscheidungsfall vereinbart, dass der Zinssatz über einen Zeitraum von 10 Jahren jährlich ansteigen sollte. Zum ersten Bilanzstichtag bildete die Klägerin eine Rückstellung für die Zinsen des Jahres unter Berechnung eines Durchschnittszinssatzes über die gesamte Laufzeit. Der BFH entschied hierbei gegen das FG, für die Berechnung des Erfüllungsrückstands zum Bilanzstichtag komme es nicht auf eine zivilrechtliche Würdigung an, sondern auf eine wirtschaftliche Betrachtung. Hiernach müsse der gesamte Zinsaufwand der Periode berechnet werden. Allerdings müsse sodann nach den gesetzlichen Vorgaben auch eine Abzinsung der Rückstellung erfolgen, um zu einer gesetzlich angemessenen Höhe der Rückstellung zu gelangen.

> **Frage:** Wie sieht die Rechtslage bezüglich der Kosten von anstehenden Außenprüfungen aus?

Antwort: Der BFH hat entschieden (Urteil des BFH vom 06.06.2012, BStBl II 2013, 196), dass in einer Bilanz einer als Großbetrieb im Sinne des § 3 BpO eingestuften Kapitalgesellschaft Rückstellungen für die im Zusammenhang mit einer Außenprüfung bestehenden Mitwirkungspflichten gemäß § 200 AO grundsätzlich zu bilden sind, soweit diese die am jeweiligen Bilanzstichtag bereits abgelaufene Wirtschaftsjahre (Prüfungsjahre) betreffen. Eine solche Passivierung ist auch dann soweit möglich, wenn noch keine Prüfungsanordnung erlassen worden ist.

Der BMF hat mit seinem Schreiben vom 07.03.2013 (BStBl I 2013, 274) den entschiedenen Grundsatz über den Einzelfall hinaus für anwendbar erklärt und weiter ausgeführt: Für Steuerpflichtige, bei denen eine Anschlussprüfung im Sinne des § 4 Abs. 2 BpO nicht infrage kommt – die also (vereinfacht gesagt) keine Großbetriebe und keine Konzerne sind –, sind die Grundsätze des Urteils nicht anzuwenden und es ist folglich keine Rückstellung zu bilden. Im Falle der Passivierung sind in den Rückstellungsbetrag nach Maßgabe des BMF nur die Kosten einzubeziehen, die in direktem Zusammenhang mit der Durchführung der Außenprüfung stehen – etwa die der rechtlichen oder steuerlichen Beratung. Nicht miteinbezogen werden dürfen Kosten der allgemeinen Verwaltung oder z.B. die Kosten zur Aufbewahrung von Geschäftsunterlagen oder die Kosten zur Erstellung des Jahresabschlusses.

Frage: Wie sieht es hinsichtlich einer Abschlussprüfung aus? Gibt es dort Besonderheiten?

Antwort: Rückstellungen für die Kosten einer gesetzlichen Abschlussprüfung sind unzweifelhaft auch steuerlich zulässig. Hingegen vertritt der BFH die Auffassung, dass eine solche Rückstellung steuerlich nicht zulässig ist, wenn die Abschlussprüfung nicht aufgrund einer gesetzlichen Verpflichtung, sondern allein einer Verpflichtung im Gesellschaftsvertrag oder aufgrund von Vorgaben eines Dritten, z.B. einer Bank beruht (Urteil des BFH vom 05.06.2014, IV R 26/11, BStBl II 2014, 886).

Frage: Ist es denkbar, dass ein steuerlicher Ausweis einer Rückstellung höher ist als der Ansatz in der Handelsbilanz?

Antwort: Durch die unterschiedlichen Bewertungsgrundsätze für Rückstellungen in Handels- und Steuerbilanz – z.B. wegen unterschiedlicher Abzinsungszeiträume und -zinssätze, kann – insbesondere bei Sachleistungsverpflichtungen – der handelsrechtliche Erfüllungsbetrag einer Rückstellung nach § 253 HGB niedriger als der steuerliche Erfüllungsbetrag nach § 6 EStG sein. Die OFD Münster hatte hierzu in einer bundesweit abgestimmten Verfügung vom 13.07.2012 (S 2170a – 234 – St 12 – 33) ausgeführt, dass der handelsrechtliche Rückstellungsbetrag die Bewertungsobergrenze für die Steuerbilanz darstellt. Sie stützt sich insbesondere auf den Wortlaut des Einleitungssatzes zu § 6 Abs. 1 Nr. 3a EStG, der bestimmt, dass Rückstellungen „höchstens" unter Berücksichtigung der dort genannten steuerlichen Bewertungsgrundsätze für Rückstellungen anzusetzen sind. Soweit es wegen der Teilauflösung der steuerlichen Rückstellung zu einer Gewinnrealisierung kommt, kann grundsätzlich eine Gewinn mindernde Rücklage i.H.v. $^{14}/_{15}$ des Gewinns gebildet werden, die in den Folgejahren entsprechend aufzulösen ist (vgl. R 6.11 Abs. 3 Satz 2 EStR).

Eine Ausnahme gilt lediglich für Pensionsrückstellungen. Nach dem BMF-Schreiben vom 12.03.2010 wird für nach § 6a EStG zu bilanzierende Pensionsverpflichtungen explizit geregelt, dass der steuerliche Rückstellungsbetrag einer Pensionsverpflichtung den handelsrechtlichen Rückstellungsbetrag übersteigen kann. Mit BMF-Schreiben vom 19.10.2018 (IV C 6 – S 2176/07/10004, BStBl I 2018, 1107) hat die Finanzverwaltung zur Bewertung von Pensionsrückstellungen nach § 6a EStG und insbesondere zum Übergang auf die Heubeck-Richttafeln 2018 G Stellung genommen.

Frage: Welche grundlegende Unterscheidung gibt es bei Rücklagen?

Antwort: Rücklagen sind Unterpositionen (Bestandteile) des Eigenkapitals, die entweder als Kapitalrücklagen oder als Gewinnrücklagen gesondert auszuweisen sind. Dies folgt aus der Gliederungsvorschrift des § 266 HGB, nach der nach dem gezeichneten Kapital die Kapitalrücklagen (§ 266 Abs. 3 A II HGB) und anschließend die Gewinnrücklagen (§ 266 Abs. 3 A III HGB) zu zeigen sind. Stille Rücklagen – die auch als stille Reserven bezeichnet werden – entstehen z.B. durch die Anwendung und Einhaltung gesetzlicher Bilanzierungs- und Bewertungsvorschriften oder durch die Inanspruchnahme von Bewertungswahlrechten. Stille Rücklagen dürfen – im Gegensatz zu den Gewinn- und Kapitalrücklagen in der Bilanz – nicht „offen" ausgewiesen werden.

Frage: Welche Beträge sind als Kapitalrücklage auszuweisen?

Antwort: Die Vorschrift des § 272 Abs. 2 HGB legt fest, welche Beträge – bereits bei der Aufstellung der Bilanz (§ 270 Abs. 1 S. 1 HGB) – als Kapitalrücklage auszuweisen sind. Erfasst werden muss zunächst das Ausgabeaufgeld (auch Agio genannt), welches ungekürzt, d.h. ohne Berücksichtigung der Ausgabekosten bei der Ausgabe von Anteilen – in erster Linie also Aktien – über den Nennbetrag hinaus erzielt wird (§ 272 Abs. 2 Nr. 1 HGB). Weiterhin ist der Betrag, der bei der Ausgabe von Wandelschuldverschreibungen und Optionsrechten zum Erwerb von neuen Anteilen erzielt wird, in die Kapitalrücklage aufzunehmen (§ 272 Abs. 2 Nr. 2 HGB). Letztlich sind auch die Beträge in die Kapitalrücklage einzustellen, die Gesellschafter entweder gegen Gewährung eines Vorzugs für ihre Anteile oder aus anderen Gründen – z.B. zum Ausgleich von Verlusten – leisten (§ 272 Abs. 2 Nr. 3 und 4 HGB).

Frage: Was bezeichnet man als „gesetzliche Rücklagen"? Nennen Sie einen wichtigen Anwendungsfall!

Antwort: Gesetzliche Rücklagen sind solche Rücklagen, zu deren Bildung ein Unternehmen gesetzlich verpflichtet ist. Gemäß § 150 Abs. 2 AktG sind in die gesetzliche Rücklage jährlich 5 % des – ggf. um einen vorhandenen Verlustvortrag aus dem Vorjahr geminderten – Jahresüberschusses einzustellen Diese Einstellung ist so lange vorzunehmen, bis die gesetzliche Rücklage – zusammen mit den Kapitalrücklagen i.S.d. § 272 Abs. 2 Nr. 1 bis 3 HGB mindestens den zehnten Teil Grundkapitals erreicht.

Frage: Was ist Ihnen bei der sogenannten „§ 6b-Rücklage" mit Blick auf die Niederlassungsfreiheit bekannt?

Antwort: Der EuGH hatte mit Urteil vom 16.04.2015 (C-591/13) entschieden, dass die bestehenden Regelungen zur Rücklagenübertragung nach § 6b EStG gegen die Niederlassungsfreiheit verstoßen. Deshalb wurde durch das Steueränderungsgesetz 2016 § 6b Abs. 2a EStG geschaffen. Auf Antrag hin ermöglicht es dieser, die auf eine Reinvestition des Veräußerungsgewinns im EU-/EWR-Raum zu zahlenden Steuern über einen Zeitraum von 5 Jahren zu verteilen. § 6b Abs. 2a EStG wurde durch das Jahressteuergesetz 2018 nochmals ergänzt: Sofern die Tatbestandsvoraussetzung im Nachhinein wegen ganz oder teilweise ausbleibender Reinvestition nicht erfüllt wird, besteht insoweit kein Grund mehr, dass die Ratenzahlung zinslos gewährt wird. Daher wurde § 6b Abs. 2a EStG um eine Verzinsungsregelung bei ganz oder teilweise ausbleibender Reinvestition ergänzt. Anwendbar ist dies bereits für Gewinne, die nach dem 31.12.2017 entstanden sind.

Durch das Brexit-Steuerbegleitgesetz vom 25.03.2019, BGBl I 2019, 357 wurde in § 6b Abs. 2a EStG Satz 7 eingefügt: Zu den nach Satz 1 angeschafften oder hergestellten Wirtschaftsgütern gehören auch die einem Betriebsvermögen des Steuerpflichtigen im Vereinigten Königreich Großbritannien und Nordirland zuzuordnenden Wirtschaftsgüter, soweit der Antrag nach Satz 1 vor dem Zeitpunkt gestellt worden ist, ab dem das Vereinigte Königreich Großbritannien und Nordirland nicht mehr Mitgliedstaat der EU ist und auch nicht wie ein solcher zu behandeln ist.

Tipp! Für in 2020 wegen Fristablaufes eigentlich aufzulösende Rücklagen wurde mit dem Zweiten Corona-Steuerhilfegesetz (zunächst) eine einmalige Fristverlängerung um ein Jahr geregelt. Dadurch durften eigentlich in 2020 aufzulösende Rücklagen bis 2021 beibehalten und übertragen werden.

Mit § 52 Abs. 14 S. 4 und 5 EStG durch das Gesetz zur Modernisierung des Körperschaftsteuerrechts (KöMoG, BStBl I 2021, S. 2050) wurden die Reinvestitionsfristen des § 6b EStG um ein weiteres Jahr verlängert. Die steuerlichen Investitionsfristen für Reinvestitionen nach § 6b EStG sind durch das

Vierte Corona-Steuerhilfegesetz um ein weiteres Jahr verlängert worden (§ 52 Abs. 14 Satz 4, 5 und Satz 6 EStG).

Sofern eine Reinvestitionsrücklage also am Schluss des nach dem 28.03.2020 und vor dem 01.01.2023 endenden Wirtschaftsjahres noch vorhanden ist und in diesem Zeitraum nach § 6b Abs. 3 Satz 5, Abs. 8 Satz 1 Nr. 1 in Verbindung mit Abs. 3 Satz 5 oder Abs. 10 Satz 8 EStG aufzulösen wäre, endet die Reinvestitionsfrist erst am Schluss des nach dem 31.12.2022 und vor dem 01.01.2024 endenden Wirtschaftsjahres.

Frage: Kann ein Antrag nach § 6b Abs. 2a EStG auch im Rahmen einer Betriebsveräußerung gestellt werden? Wo würden Sie zur Beantwortung dieser Frage nachlesen?

Antwort: Der Antrag nach § 6b Abs. 2a EStG kann auch im Rahmen einer Betriebsveräußerung gestellt werden. In diesem Fall findet im Hinblick auf die gebotene unionsrechtskonforme Handhabung zugunsten des Steuerpflichtigen die Regelung in R 6b.2 Abs. 10 EStR bei einer Betriebsveräußerung entsprechende Anwendung. Dies hat zur Folge, dass eine bereits gewährte Ratenzahlung nach § 6b Abs. 2a EStG auch noch für die Zeit weitergeführt werden kann, für die sie ohne Veräußerung des Betriebs zulässig gewesen wäre. In diesem Fall kann für den Veräußerungsgewinn der Freibetrag nach § 16 Abs. 4 EStG und eine Tarifermäßigung nach § 34 EStG nur in Anspruch genommen werden, wenn die Ratenzahlung nach § 6b Abs. 2a EStG nicht auf stille Reserven zurückgeht, die bei der Veräußerung einer wesentlichen Grundlage des Betriebs aufgedeckt worden sind. Wird demgegenüber für den Gewinn aus der Betriebsveräußerung ein Antrag nach § 6b Abs. 2a EStG erstmals gestellt, so scheidet gemäß § 34 Abs. 1 Satz 4 und Abs. 3 Satz 6 EStG eine ermäßigte Besteuerung für außerordentliche Einkünfte i.S.d. § 34 Abs. 2 Nr. 1 EStG aus.

Diese Rechtsauffassung ergibt sich aus dem Schreiben des BMF vom 07.03.2018, IV C 6 – S 2139/17/10001 :001, BStBl II 2018, 171.

Problembereich 8: Personengesellschaften (Sonderbilanzen/Ergänzungsbilanzen)/Kapitalgesellschaften

Frage: Wie werden die Einkünfte für die Mitunternehmer einer gewerblich tätigen Personengesellschaft ermittelt?

Antwort: Für Mitunternehmer einer gewerblich tätigen Personengesellschaft gelten besondere Besteuerungsregeln. Da Personengesellschaften, wie z.B. eine OHG oder KG, als solche nicht der Einkommensteuer unterliegen, müssen die im Rahmen einer Personengesellschaft erzielten gewerblichen Einkünfte – soweit sie den jeweiligen Gesellschaftern zuzurechnen sind – von deren Gesellschaftern der Einkommen- oder Körperschaftsteuer unterworfen werden. Die von einer gewerblich tätigen Personengesellschaft erzielten Einkünfte werden gemäß §§ 179, 180 AO durch einen Gewinnfeststellungsbescheid mit bindender Wirkung für das Veranlagungsverfahren der Gesellschafter gesondert und einheitlich festgestellt. Beim Gesellschafter unterliegt dessen Anteil am Gesamtgewinn der Mitunternehmerschaft. Zu dem Betriebsvermögen, das der Ermittlung der Einkünfte der Gesellschafter von Personengesellschaften zugrunde zu legen ist, gehört neben dem in der Steuerbilanz der Personengesellschaft ausgewiesenen Betriebsvermögen der Gesellschaft auch das Sonderbetriebsvermögen der Mitunternehmer. Diese Art der Gewinnermittlung wird auch als „zweistufig additive Gewinnermittlung" bezeichnet.

Frage: Werden sich konkret in Zukunft Modifizierungen für bestimmte Personengesellschaften ergeben?

Antwort: Hinzuweisen ist hier auf das Gesetz zur Modernisierung des Personengesellschaftsrechts vom 10.8.2021 (BGBl I 2021, 3433). Dieses gilt zwar erst ab dem 01.01.2024, wird aber zumindest für die Gesellschaft bürgerlichen Rechts („GbR") Neuerungen im Bereich der Rechnungslegung mit sich bringen, da der neue § 718 BGB erstmalig eine Verpflichtung für eine periodische und kalenderjährliche Rechnungslegung und Gewinnverteilung regelt. Eine abweichende Regelung im Gesellschaftsvertrag ist allerdings möglich.

Ebenfalls neu durch das MoPeG ist, dass Freie Berufe ab dem 01.01.2024 eine Personenhandelsgesellschaft – zum Beispiel eine Offene Handelsgesellschaft (OHG), eine Kommanditgesellschaft (KG) oder eine GmbH & Co. KG gründen können. Allerdings muss das jeweilige Berufsrecht die Gründung einer (Personen)handelsgesellschaft ausdrücklich zulassen.

Hinzuweisen ist zudem auf die durch das Gesetz zur Modernisierung des Körperschaftsteuerrechts vom 25.06.2021 (BGBl. I 2021, 2050) geschaffene Möglichkeit, dass Mitunternehmerschaften, dies sind im Wesentlichen Personengesellschaften, zur Körperschaftsteuer optieren können.

Frage: Nennen Sie die Tatbestandsmerkmale einer gewerblichen Mitunternehmerschaft!

Antwort: Die Tatbestandsmerkmale ergeben sich aus § 15 Abs. 1 Nr. 1 und Abs. 2 EStG. Danach muss/müssen:
- Ein Gesellschaftsverhältnis oder ein vergleichbares Gemeinschaftsverhältnis bestehen,
- eine Gesellschafter- oder Gemeinschafterstellung der betroffenen Person vorliegen,
- die Mitunternehmereigenschaft des Gesellschafters oder Gemeinschafters vorliegen,
- Einkünfte aus Gewerbebetrieb, als eine nachhaltige, auf Gewinn abzielende Tätigkeit vorliegen.

Frage: Wie kann der Begriff des „Mitunternehmers" definiert werden?

Antwort: Der in § 15 Abs. 1 Nr. 2 EStG verwendete Begriff des Mitunternehmers lässt sich nach Auffassung des BFH (s. Beschluss des BFH vom 25.06.1984, BStBl II 1984, 751) nicht abschließend definieren; er kann vielmehr nur durch eine unbestimmte Zahl von Merkmalen beschrieben werden. Bei der Anwendung des Begriffs ist zunächst davon auszugehen, dass die Begriffe „Unternehmer" und Mitunternehmer gleichrangig sind. Eine Unterscheidung liegt darin, dass der Mitunternehmer seine unternehmerische Tätigkeit nicht allein, sondern mit anderen Mitunternehmern in gesellschaftlicher oder gemeinschaftlicher Verbundenheit ausübt. Mitunternehmer i.S.d. § 15 Abs. 1 Nr. 2 EStG ist derjenige, der zusammen mit anderen Personen eine Mitunternehmerinitiative entfalten kann und ein Mitunternehmerrisiko trägt. Es ist eine Gesamtwürdigung aller Umstände vorzunehmen, da die beiden Komponenten in unterschiedlich ausgeprägter Form vorliegen können.

Frage: Was versteht man unter Mitunternehmerinitiative und Mitunternehmerrisiko?

Antwort: Mitunternehmerinitiative bedeutet die Teilhabe an unternehmerischen Entscheidungen, wie sie z.B. Gesellschaftern oder diesen vergleichbaren Personen als Geschäftsführern, Prokuristen oder anderen leitenden Angestellten obliegen. Die Möglichkeit, Gesellschaftsrechte auszuüben, die wenigstens den Stimm-, Kontroll- und Widerspruchsrechten angenähert sind, die einem Kommanditisten nach dem Handelsgesetzbuch (HGB) zustehen oder die den gesellschaftsrechtlichen Kontrollrechten nach § 716 Abs. 1 BGB entsprechen, reicht bereits aus. Mitunternehmerrisiko bedeutet gesellschaftsrechtlich eine Teilhabe am Erfolg oder eine – ggf. teilweise begrenzte – Teilhabe am Misserfolg eines gewerblichen Unternehmens. Regelmäßig wird dieses Risiko durch Beteiligung am Gewinn und Verlust sowie an den stillen Reserven des Anlagevermögens einschließlich des Geschäftswertes vermittelt (s. Urteil des BFH vom 03.07.1993, BStBl II 1994, 282).

Frage: Was ist zum steuerlichen Sonderbetriebsvermögen zu zählen?

Antwort: Zum Betriebsvermögen einer gewerblichen Personengesellschaft gehören nach § 15 Abs. 1 Nr. 2 i.V.m. § 4 Abs. 1 EStG nicht nur die im Gesamthandseigentum der Mitunternehmer stehenden Wirtschaftsgüter, sondern auch diejenigen Wirtschaftsgüter:

- die einem Mitunternehmer gehören, die jedoch geeignet und bestimmt sind, dem Betrieb der Personengesellschaft zu dienen (sogenanntes Sonderbetriebsvermögen I) oder
- die der Beteiligung des einzelnen Gesellschafters an der Personengesellschaft (sogenanntes Sonderbetriebsvermögen II) förderlich sind.

Tipp! Mit Urteil vom 21.12.2021, IV R 15/19; NZG 2022, 572 hat der IV. Senat des BFH zur Zuordnung der Kapitalbeteiligung des Kommanditisten zum notwendigen Sonderbetriebsvermögen II eine klare Position bezogen.

Demnach gelten die nachfolgenden Grundsätze:

Für die Zuordnung von Wirtschaftsgütern (hier einer Kapitalbeteiligung) zum notwendigen Sonderbetriebsvermögen II ist der Veranlassungszusammenhang maßgebend.

Danach ist die (Mehrheits-)Beteiligung eines Kommanditisten an einer Kapitalgesellschaft, die neben ihren geschäftlichen Beziehungen zur KG oder neben ihrer Geschäftsführertätigkeit als Komplementär-GmbH für die KG einen eigenen Geschäftsbetrieb von nicht ganz untergeordneter Bedeutung unterhält, in der Regel nicht dem notwendigen Sonderbetriebsvermögen II zuzuordnen.

Dies gilt auch dann, wenn die einen eigenen Geschäftsbetrieb von nicht ganz untergeordneter Bedeutung unterhaltende Komplementär-GmbH wirtschaftlich mit der GmbH & Co. KG verflochten ist und die Geschäftsbeziehungen aus Sicht der GmbH & Co. KG nicht von geringer Bedeutung sind (z.B. entgegen Verfügung der OFD Nordrhein-Westfalen vom 17.06.2014, S 2242-2014/0003-St 114, S 2242-2014/00003-St 115, unter III.2.).

Ebenso gilt dies, wenn die einen eigenen Geschäftsbetrieb von nicht ganz untergeordneter Bedeutung unterhaltende Kapitalgesellschaft als Komplementär-GmbH gemeinsam mit dem an ihr beteiligten Kommanditisten eine aus ihnen bestehende zweigliedrige GmbH & Co. KG gründet.

Frage: Besteht für das Sonderbetriebsvermögen eine Bilanzierungspflicht?

Antwort: Eine Personengesellschaft ist handelsrechtlich nur für ihr Gesamthandsvermögen buchführungspflichtig, nicht jedoch für das im Eigentum der Gesellschafter stehende Sonderbetriebsvermögen. Dennoch obliegt die Buchführungspflicht für Sonderbetriebsvermögen nicht dem einzelnen Gesellschafter, sondern der Personengesellschaft. Die Buchführungspflicht ergibt sich deshalb zwar nicht aus § 140 AO, aber sie folgt aus § 141 AO. Nach dieser Vorschrift sind Unternehmer verpflichtet, Bücher zu führen und regelmäßige Abschlüsse zu machen, wenn sie bestimmte Grenzen an Umsatz, Betriebsvermögen oder Gewinn überschreiten. Für die Frage, ob diese Grenzen überschritten sind, muss das gesamte Betriebsvermögen der Mitunternehmerschaft, also das Gesamthands- und Sonderbetriebsvermögen berücksichtigt werden (s. Urteil des BFH vom 23.10.1990, BStBl II 1991, 401).

Frage: Wenn die Gesellschaft auch für die Sonderbilanzen eines Gesellschafters buchführungspflichtig ist, kann dann dieser Gesellschafter überhaupt Bilanzierungswahlrechte ausüben?

Antwort: Nach Auffassung der Rechtsprechung ist die formelle Buchführungspflicht für den Sonderbereich eines Mitunternehmers durch den Geschäftsführer der Gesellschaft zu erfüllen (s. Beschluss des BFH vom 25.01.2006, BStBl II 2006, 418). Bilanzierungswahlrechte – wie z.B. die Bildung einer Rücklage nach § 6b Abs. 3 EStG in Bezug auf den Gewinn aus der Veräußerung von Sonderbetriebsvermögen – können dagegen nur von dem Mitunternehmer persönlich ausgeübt werden.

> **Tipp!** Wegen der Komplexität und der oft erforderlichen Notwendigkeit umfangreicher Zahlenwerke beschränkt sich die Prüfung des Problembereichs „Personengesellschaften" nicht selten auf Begrifflichkeiten. Diese sollten Ihnen also bekannt sein.

> **Frage:** A und B sind Gesellschafter der Z-KG und erhalten für ihre Geschäftsführung bzw. die leitende Mitarbeit eine monatliche Vergütung von jeweils 5.000 € unabhängig vom erzielten Ergebnis zulasten des Gewinns der KG. Der Buchhalter hat die Zahlungen als Gehälter verbucht. Welche Konsequenzen ergeben sich (die Umsatzsteuer soll außer Betracht bleiben)?

Antwort: Die Vergütungen für die Tätigkeit der Gesellschafter sind gemäß § 15 Abs. 1 Nr. 2 HS 2 EStG Teil ihres Gesamtgewinns aus Gewerbebetrieb. Die Berücksichtigung erfolgt Gewinn mindernd im Gesamthandsbereich. Im Sonderbereich sind die Vergütungen als Erträge und bei Zahlung als Entnahmen gemäß § 4 Abs. 1 S. 2 EStG zu erfassen. Eine Darstellung der Sondervergütung in einer Sonderbilanz ist möglich, aber nicht zwingend, wenn vor dem Bilanzstichtag die Zahlungen erfolgt sind und deshalb kein Wirtschaftsgut zu erfassen ist.

> **Frage:** Handelt es sich bei dieser Zahlung um einen „Vorweggewinn" bzw. um einen „Vorabgewinn"?

Antwort: Vergütungen, die die Voraussetzungen des § 15 Abs. 1 Nr. 2 HS 2 EStG erfüllen, werden oft in der Praxis als „Vorabvergütungen" bezeichnet. Es wird jedoch in diesen Fällen nichts vorweg vergütet, sondern der Gewinn der KG mindert sich durch Zahlung nach Leistungsbezug, der auf einer schuldrechtlichen Vereinbarung basierenden Verpflichtung in der Gewinnermittlung der Gesamthand. Erst in der zweiten Stufe der Gewinnermittlung sind die Ergebnisse des Sonderbereichs – also die Tätigkeitsvergütung als Sonderbetriebseinnahmen – zur Ermittlung des Gesamtgewinns der Gesellschaft wieder hinzuzuaddieren. Die Begriffe „Vorweggewinn" bzw. „Vorabgewinn" beziehen sich auf eine Abrede der Gesellschafter zur Verteilung des Gewinns aus der Gesamthandsbilanz, ohne dass dieser der Höhe nach tangiert wird.

> **Frage:** Hat die Unterscheidung zwischen Sonderbetriebseinnahmen und „Vorabgewinn" überhaupt eine praktische Bedeutung?

Antwort: Bei der Ermittlung der Höhe des Kapitalkontos im Sinne des § 15a Abs. 1 S. 1 EStG ist das – positive oder negative – Sonderbetriebsvermögen eines Kommanditisten außer Betracht zu lassen. Maßgeblich für die Anwendung des § 15a EStG ist nur das Kapitalkonto – einschließlich etwaiger Ergänzungsbilanzen – aus der steuerlichen Gesellschaftsbilanz. Aus der Trennung der beiden Vermögenssphären folgt, dass nur der nach § 15a Abs. 1 EStG ausgleichsfähige Verlust aus dem Gesellschaftsbereich einschließlich Ergänzungsbilanzen mit Gewinnen aus dem Sonderbereich saldiert werden kann.

> **Frage:** Was können Sie sich unter dem Begriff „additive Gesamtbilanz" vorstellen?

Antwort: Die Gesellschaftsbilanz oder Gesamthandsbilanz bildet zusammen mit etwaigen Ergänzungsbilanzen sowie den Sonderbilanzen der Gesellschafter die Gesamtbilanz der Mitunternehmerschaft (s. Urteil des BFH vom 30.03.2006, BFH/NV 2006, 1912).

Frage: Welche generelle Aufgabe hat eine Ergänzungsbilanz?

Antwort: Die einzelnen Wertansätze in den Ergänzungsbilanzen stellen Korrekturen für den jeweiligen Gesellschafter zu den Wertansätzen der Wirtschaftsgüter des Gesellschaftsvermögens in der Steuerbilanz der Personengesellschaft dar, die mit dem Abgang oder Verbrauch dieser Wirtschaftsgüter gewinnwirksam aufzulösen sind. Eine Ergänzungsbilanz kann positiv oder negativ sein. Ergebnisse aus einer Ergänzungsbilanz führen zu einer Korrektur des Gewinnanteils des Gesellschafters i.S.d. § 15 Abs. 1 Nr. 2 HS 1 EStG (s. Urteil des BFH vom 28.09.1995, BStBl II 1996, 68). Ist eine Ergänzungsbilanz positiv, bildet sie Mehrwerte – also Mehrkapital – zur Gesellschaftsbilanz ab. Die Fortführung positiver Ergänzungsbilanzen führt zu Mehraufwand desjenigen Gesellschafters, für den die Ergänzungsbilanz erstellt wird, und mindert folglich seinen steuerlichen (Gesamt-) Gewinnanteil. Für negative Ergänzungsbilanzen ergeben sich die Auswirkungen mit umgekehrten Vorzeichen.

Frage: In welchen Fallkonstellationen kann es zur Notwendigkeit von Ergänzungsbilanzen kommen?

Antwort: Als wesentliche Fälle kommen in Betracht:
- Die Einbringung von Betrieben, Teilbetrieben oder Mitunternehmeranteilen in eine Personengesellschaft,
- der entgeltliche Erwerb eines Mitunternehmeranteils, wenn der Kaufpreis den Buchwert des übergehenden Kapitalkontos entweder übersteigt oder unterschreitet,
- die Inanspruchnahme einer Steuerbegünstigung – z.B. die Inanspruchnahme einer Rücklage nach § 6b Abs. 3 EStG – durch eine Personengesellschaft, wenn nicht alle Gesellschafter die Voraussetzungen – etwa die sechsjährige Besitzzeit des § 6b Abs. 4 Nr. 2 EStG – erfüllen.

Tipp! Wenn Sie zu diesen Thematiken kurze Beispiele benennen können, kann dies nicht schaden. Eventuell können Sie sogar auf die Fortentwicklung erstellter Ergänzungsbilanzen eingehen.

Frage: Was hat sich durch das BilMoG beim handelsrechtlichen Ausweis des Eigenkapitals (GmbH, GmbH & Co. KG, EU) geändert?

Antwort:
1. Ausstehende Einlagen sind nur noch nach der Nettomethode (Saldierung auf der Passivseite) darzustellen.
2. Beim Erwerb eigener Anteile erfolgt ebenfalls eine Saldierung auf der Passivseite; bei Weiterveräußerung wird die Saldierung rückgängig gemacht;
3. Sämtliche Erwerbe bzw. Veräußerungen eigener Anteile stellen erfolgsneutrale Vorgänge dar.

Frage: Bei einer KG verkaufen alle Gesellschafter ihre Anteile zu einem angemessenen Preis an neu eintretende Gesellschafter. Ist die Erstellung von Ergänzungsbilanzen erforderlich?

Antwort: Bei einem entgeltlichen Wechsel sämtlicher Gesellschafter einer Personengesellschaft kann auf die Aufstellung von Ergänzungsbilanzen verzichtet werden, weil die Anschaffungskosten der neuen Gesellschafter in der Steuerbilanz der Gesellschaft zu aktivieren sind (s. BFH vom 28.09.1993, BStBl II 1994, 449).

Frage: Die A-KG veräußert an ihren Komplementär Z Wertpapiere für 20.000 €, die im Zeitpunkt der Veräußerung einen Buchwert von 10.000 € und einen Verkehrswert von 40.000 € haben. Wie ist dieser Sachverhalt steuerlich zu würdigen?

Antwort: Die Übertragung der Wertpapiere an A führt zu einer verdeckten Entnahme, da ein unangemessenes Entgelt vorliegt und auch keine betrieblichen Gründe für die Veräußerung erkennbar sind. Die Entnahme ist mit dem Teilwert gemäß § 6 Abs. 1 Nr. 4 EStG zu bewerten und beträgt 20.000 €. Der Gewinn der KG erhöht sich um (weitere) 20.000 €, der – eine entsprechende Regelung im Gesellschaftsvertrag vorausgesetzt – dem Z vorab zuzurechnen ist (s. Urteil des BFH vom 28.09.1995, BStBl II 1996, 276).

Frage: Der Einzelunternehmer Z kauft für sein Einzelunternehmen von der A-GmbH, deren einziger Gesellschafter er ist, ein unbebautes Grundstück. Der Verkehrswert des Grundstücks beträgt 400.000 €, der Kaufpreis 600.000 €. Z hält die Beteiligung in seinem Betriebsvermögen. Beide Werte sind zwischen den Beteiligten unstreitig. Was ist steuerlich zu veranlassen?

Antwort: Es liegt eine verdeckte Einlage des Z in die A-GmbH vor. Der Jahresüberschuss der GmbH ist um 200.000 € zu hoch, da die Vermögensmehrung auf dem Gesellschaftsverhältnis beruht. Er ist um die verdeckte Einlage zu kürzen. Die 200.000 € führen bei der GmbH zu einer Vermögensmehrung, die als Zugang im steuerlichen Einlagekonto zu behandeln ist. Im Betriebsvermögen des Einzelunternehmens ist das Grundstück nur mit 400.000 € zu aktivieren. Der Differenzbetrag von 200.000 € erhöht den Wertansatz seiner Beteiligung, da nachträgliche Anschaffungskosten vorliegen.

Frage: Die A-GmbH erwirbt im Januar 01 von ihrem alleinigen Gesellschafter, der natürlichen Person Z, eine Maschine mit einer betriebsgewöhnlichen Nutzungsdauer von fünf Jahren im Wert von 200.000 € zum Preis von 240.000 €. Der Mehrpreis von 40.000 € ist durch das Gesellschaftsverhältnis veranlasst und wird von beiden Beteiligten nicht bestritten. Weder der Körperschaftsteuerbescheid 01 der GmbH noch der Einkommensteuerbescheid 01 des Z sind noch änderbar. Welche Auswirkungen ergeben sich ab dem Veranlagungszeitraum 02?

Antwort: Kann die Veranlagung für das Wirtschaftsjahr der Anschaffung nach den Vorschriften der AO nicht mehr berichtigt oder geändert werden, ist das Wirtschaftsgut im Wirtschaftsjahr des ersten offenen Veranlagungszeitraums – hier also im Wirtschaftsjahr 02 – mit dem Wert zu bewerten, der sich unter Berücksichtigung der Abschreibungen bezogen auf die unter Fremden üblichen Anschaffungskosten ergibt. Die sich hierbei ergebende Vermögensminderung stellt eine verdeckte Gewinnausschüttung dar. Bei linearer AfA ergibt sich ein Wertansatz von 160.000 € im Verhältnis zum bisher ausgewiesenen Wert von 192.000 €, sodass die verdeckte Gewinnausschüttung 32.000 € beträgt.

Frage: Welchen grundlegenden Regelungsgedanken hat § 4i EStG?

Antwort: Mit dem Ziel der Verhinderung eines doppelten Betriebsausgabenabzugs im Zusammenhang mit einer Beteiligung an einer Personengesellschaft in Deutschland und einem anderen Staat ist § 4i EStG durch Artikel 8 des Gesetzes zur Umsetzung der Änderungen der EU-Amtshilferichtlinie und von weiteren Maßnahmen gegen Gewinnkürzungen und -verlagerungen vom 20.12.2016 (BGBl I 2016, 3000) in das Gesetz eingefügt und am 25.06.2017 durch das Steuerumgehungsbekämpfungsgesetz noch einmal geändert worden. Der doppelte Betriebsausgabenabzug kommt zustande, wenn die Gesellschafter Aufwendungen im Inland als Sonderbetriebsausgaben der Gesellschaft geltend machen und im Ausland das Rechtsinstitut des Sondervertriebsvermögens nicht bekannt ist und deshalb dieselben Aufwendungen als eigene Betriebsausgaben abgezogen werden können. § 4i EStG regelt, dass Aufwendungen eines Mitunternehmers dann nicht als Sonderbetriebsausgaben abgezogen werden dürfen, wenn und soweit sie auch die Steuerbemessungsgrundlage in einem anderen Staat mindern. Dies gilt nicht, soweit die Aufwendungen Erträge desselben Steuerpflichtigen mindern, die bei ihm sowohl der inländischen Besteuerung unterliegen als auch nachweislich der tatsächlichen Besteuerung in dem anderen Staat. Die Maßnahme steht im Zusammenhang mit dem Projekt „BEPS" der OECD/G20 zur Neutralisierung der Effekte hybrider Gestaltungen.

Problembereich 9: Grundlagen und Neuerungen im Bereich der Bilanzierung

Frage: In welcher Vorschrift ist die degressive Abschreibung im Handelsrecht normiert?

Antwort: Die Grundlage für Abschreibungen ergeben sich aus § 253 Abs. 1 S. 1, Abs. 3 S. 1 HGB: Hiernach sind bei Vermögensgegenständen des Anlagevermögens, deren Nutzung zeitlich begrenzt ist, die Anschaffungs- oder Herstellungskosten um planmäßige Abschreibungen zu vermindern. Planmäßig bedeutet dabei „im Voraus festgelegt"; der jährliche Abschreibungsbetrag ist also spätestens bei Vornahme der ersten Abschreibung für die gesamte Nutzungsdauer festgelegt. Auch die degressive Abschreibung erfüllt diese Voraussetzung, sodass auch insoweit eine „planmäßige Abschreibung vorliegt".

Frage: Gibt es eine degressive Abschreibung auch im Steuerrecht?

Antwort: Als Reaktion auf die verschlechterte weltwirtschaftliche Lage sowie zur Bekämpfung der direkten Folgen der Pandemie für die Wirtschaft im Inland wurden im „Zweiten Gesetz zur Umsetzung steuerlicher Hilfsmaßnahmen zur Bewältigung der Corona-Krise" (Beschluss des Deutschen Bundestags vom 29.06.2020 (BT-Drs. 19/20332); Zustimmung des Bundesrats am 29.06.2020 (BR-Drs. 370/20) als steuerlicher Investitionsanreiz eine degressive Absetzung für Abnutzung wiedereingeführt.

Diese degressive AfA in Höhe von 25 %, höchstens jedoch dem 2,5-fachen der linearen Abschreibung wird für bewegliche Wirtschaftsgüter des Anlagevermögens (also nur bei Gewinneinkünften!) eingeführt, die in den Jahren 2020 und 2021 angeschafft oder hergestellt werden. Die degressive AfA kann (= Wahlrecht) nach einem unveränderlichen Prozentsatz vom jeweiligen Buchwert bzw. dem Restwert vorgenommen werden. Die Regelung des § 7 Abs. 2 EStG ist nach der allgemeinen Anwendungsregelung in § 52 Abs. 1 EStG erstmals für den Veranlagungszeitraum 2020 anzuwenden. Die degressive AfA kann bis zum Ende des Abschreibungszeitraums in Anspruch genommen werden.

Erhöhte Absetzungen (oder auch Sonderabschreibungen) sind bei Wirtschaftsgütern, die zum Betriebsvermögen gehören, nur dann zulässig, wenn sie in ein besonderes, laufend zu führendes Verzeichnis aufgenommen werden. Dabei ist es ausreichend, wenn das gesonderte Verzeichnis im Rahmen der jährlichen Abschlussarbeiten bzw. im Zuge der Erstellung der Steuererklärungen erstellt bzw. fortgeschrieben wird. Allerdings: Hinsichtlich des zu führenden Verzeichnisses hat der Steuerpflichtige besondere Sorgfalt walten zu lassen, da ein nicht oder nicht vollständig geführtes Verzeichnis zur Untersagung der Ausübung des Wahlrechts führt und der Gewinn in der Form ermittelt wird, als wäre das Wahlrecht nicht ausgeübt worden. Hierbei besteht für den Steuerpflichtigen auch keine Nachholungsmöglichkeit. Das zu führende Verzeichnis ist somit integrale Tatbestandsvoraussetzung für die Ausübung des steuerlichen Wahlrechts. In diesem Verzeichnis sind folgende Informationen zu erfassen:

* der Tag der Anschaffung bzw. Herstellung des Wirtschaftsguts,
* die Anschaffungs- und Herstellungskosten,
* die betriebsgewöhnliche Nutzungsdauer sowie
* die Höhe der jährlichen Absetzungen für Abnutzung.

Hinweis! Durch das Vierte Gesetz zur Umsetzung steuerlicher Hilfsmaßnahmen zur Bewältigung der Corona-Krise vom 19.06.2022, BGBl I 2022, 911 ist die Möglichkeit der Inanspruchnahme der degressiven AfA für bewegliche Wirtschaftsgüter, die vor dem 01.01.2023 angeschafft werden, erweitert worden. Für ab dem 01.01.2023 angeschaffte Wirtschaftsgüter ist eine degressive Abschreibung nicht mehr zulässig. Für Wirtschaftsgüter, die zwischen dem 01.01.2020 und dem 31.12.2022 angeschafft oder hergestellt wurden, kann die degressive Abschreibung auch nach dem 31.12.2022 fortgeführt werden.

Hinweis! Der lineare AfA-Satz wurde durch das JStG 2022 für neue Wohngebäude, die nicht zu einem Betriebsvermögen gehören, von 2 % auf 3 % angehoben.

Tipp! Die Regelung in § 7 Abs. 2 EStG gilt für neue oder gebrauchte bewegliche Wirtschaftsgüter des Anlagevermögens (z.B. Maschinen, Fahrzeuge, Betriebsvorrichtungen, Scheinbestandteile).
Nicht hierunter fallen immaterielle Wirtschaftsgüter und unbewegliche Wirtschaftsgüter des Anlagevermögens (z.B. Grund und Boden, Gebäude).
Die degressive AfA konnte steuerlich vorher nur (noch) für Wirtschaftsgüter in Anspruch genommen werden, die nach dem 31.12.2008 und vor dem 01.01.2011 angeschafft oder hergestellt worden sind. Ab dem Veranlagungszeitraum 2011 bestand daher eigentlich keine Möglichkeit mehr, die degressive AfA in Anspruch zu nehmen. Es handelt sich somit um eine zeitlich befristete Wiedereinführung der degressiven AfA für neue oder gebrauchte bewegliche Wirtschaftsgüter des Anlagevermögens. Wird für eine Investition die degressive Abschreibung anstelle der linearen Abschreibung in Anspruch genommen, kann dies bereits unterjährig bei der Festsetzung der Steuervorauszahlungen berücksichtigt werden (Liquiditätsvorteil).

Frage: Können Sie uns kurz an einem Rechenbeispiel die Wirkungsweise der degressiven AfA aufzeigen?

Antwort: Eine Maschine, deren betriebsgewöhnliche Nutzungsdauer 10 Jahre beträgt (linearer AfA-Satz = 10 %), ist im Januar 2022 für 100.000 € angeschafft worden. Die Maschine soll auf Antrag des Betriebsinhabers degressiv abgeschrieben werden. Die AfA beträgt im Erstjahr 2022 das 2,5-Fache der linearen AfA, also 25 % der Anschaffungskosten von 100.000 € = 25.000 €, sodass der Restbuchwert der Maschine zum 31.12.2022 75.000 € ausmacht. Im Zweitjahr 2023 beträgt die degressive AfA dann nur noch 25 % des Restbuchwerts von 75.000 € = 18.750 €. In den Folgejahren wird immer vom jeweiligen Restbuchwert des Vorjahrs ausgegangen.

Frage: Ist ein Wechsel von der degressiven zur linearen AfA möglich?

Antwort: Der Übergang von der degressiven AfA zur linearen AfA ist nach § 7 Abs. 3 Satz 1 EStG zulässig. In diesem Fall bemisst sich die AfA vom Zeitpunkt des Übergangs an nach dem dann noch vorhandenen Restwert und der Restnutzungsdauer des einzelnen Wirtschaftsguts (§ 7 Abs. 3 Satz 2 EStG). Da es bei Fortführung der degressiven AfA nie zu einer Abschreibung auf 0 € kommen kann, wird in der Praxis regelmäßig in dem Jahr zur linearen AfA übergegangen, von dem ab die lineare Restwertabschreibung größer ist als die degressive Abschreibung.

Frage: Ist Ihnen etwas zum Thema „Sonderabschreibungen im Mietwohnungsbau" bekannt?

Antwort: Mit dem vom Bundesrat am 28.06.2019 beschlossenen Gesetz zur steuerlichen Förderung des Mietwohnungsneubaus wurden die im Rahmen der von der Bundesregierung gestarteten Wohnraumoffensive vorgesehenen steuerlichen Anreize für den Mietwohnungsneubau im bezahlbaren Mietsegment in die Tat umgesetzt. Dies erfolgte durch die Einführung einer Sonderabschreibung für den Mietwohnungsneubau in § 7b EStG Die Maßnahme zielt zwar „vorwiegend" auf private Investoren ab; sie gilt aber auch für neue Mietwohngrundstücke im Betriebsvermögen, die die gesetzlichen Voraussetzungen erfüllen.

Frage: Skizzieren Sie bitte kurz die Regelungen!

Antwort: Die Sonderabschreibungen betragen im Jahr der Anschaffung oder Herstellung und in den folgenden drei Jahren bis zu jährlich 5 %. Zugleich ist die reguläre lineare AfA nach § 7 Abs. 4 EStG vorzunehmen. Somit können innerhalb des Abschreibungszeitraums insgesamt bis zu 28 % der förderfähigen Anschaffungs- oder Herstellungskosten steuerlich berücksichtigt werden. Die AfA nach Ablauf des Begünstigungszeitraums richtet sich nach § 7a Abs. 9 EStG (Restwert-AfA).

Die Sonderabschreibungen können nur in Anspruch genommen werden, wenn:

1. durch Baumaßnahmen auf Grund eines nach dem 31.08.2018 und vor dem 01.01.2022 gestellten Bauantrags oder einer in diesem Zeitraum getätigten Bauanzeige neuer, bisher nicht vorhandener Wohnraum in einem Gebäude geschaffen wird, der für die entgeltliche Überlassung zu Wohnzwecken geeignet ist und die Voraussetzungen des § 181 Abs. 9 BewG erfüllt; hierzu gehören auch die zu einer Wohnung gehörenden Nebenräume,

2. Die Anschaffungs- oder Herstellungskosten dürfen für Wohnungen,

   a) die aufgrund eines nach dem 31.08.2018 und vor dem 01.01.2022 gestellten Bauantrags oder einer in diesem Zeitraum getätigten Bauanzeige hergestellt werden, 3.000 € je Quadratmeter Wohnfläche nicht übersteigen,

   b) die aufgrund eines nach dem 31.12.2022 und vor dem 01.01.2027 gestellten Bauantrags oder einer in diesem Zeitraum getätigten Bauanzeige hergestellt werden, 4.800 € je Quadratmeter Wohnfläche nicht übersteigen und

3. die Wohnung im Jahr der Anschaffung oder Herstellung und in den folgenden neun Jahren der entgeltlichen Überlassung zu Wohnzwecken dient. Wohnungen, die zur vorübergehenden Beherbergung von Personen genutzt werden, sind von der Förderung ausgeschlossen, § 7b Abs. 2 EStG.

Die Bemessungsgrundlage für die Sonderabschreibungen wird auf maximal 2.000 € (bzw. 2.500 € – für Bauanträge/ bauanzeigen nach dem 31.12.2022 und vor dem 01.01.2027) je m² Wohnfläche begrenzt, § 7b Abs. 3 EStG. Liegen die Anschaffungs- oder Herstellungskosten darunter, sind diese in der tatsächlich angefallenen Höhe den Sonderabschreibungen zugrunde zu legen.

Durch die Neufassung des § 7b EStG durch das Jahressteuergesetz 2022 sind für die Inanspruchnahme der Sonderabschreibung die Voraussetzungen an die Wohnung an bestimmte Effizienzvorgaben gekoppelt worden. Zudem sind die einzuhaltende Baukostenobergrenze (s.o.) und die maximal förderfähige Bemessungsgrundlage (s.o.) verändert worden. Von enormer Bedeutung ist, dass die Inanspruchnahme der Sonderabschreibung daran gekoppelt ist, dass das Gebäude, in dem die neue Wohnung hergestellt wird, die Kriterien für ein „Effizienzhaus 40" mit Nachhaltigkeitsklasse/Effizienzgebäude-Stufe 40 erfüllt.

Mit dem Anwendungsschreiben vom 07.07.2020 (IV C 3 – S 2197/19/10009 :008) hat das BMF in Abstimmung mit den obersten Finanzbehörden der Länder zu den Voraussetzungen zur Inanspruchnahme der Sonderabschreibung für die Anschaffung oder Herstellung neuer Mietwohnungen nach § 7b EStG ausführlich Stellung genommen.

Frage: Welche Gesetzesregelung des § 7 EStG gilt für die Wirtschaftsgüter, die nach Verwendung im Rahmen einer Überschusseinkunftsart in ein Betriebsvermögen eingelegt werden?

Antwort: Werden Wirtschaftsgüter nach einer Verwendung bei Überschusseinkünften in ein Betriebsvermögen eingelegt, muss eine vom Einlagewert nach § 6 Abs. 1 Nr. 5 EStG abweichende AfA-Bemessungsgrundlage ermittelt werden. Die AfA-Bemessungsgrundlage bemisst sich nach geltender Rechtslage abweichend vom Einlagewert nach § 6 Abs. 1 Nr. 5 EStG, wenn die Wirtschaftsgüter vor der Einlage zur Einkunftserzielung im Privatvermögen genutzt worden sind. Um in diesen Fällen eine doppelte Inanspruchnahme von Abschreibungsvolumen zu vermeiden, ist die weitere Absetzung für Abnutzung nach dem Gesetzeswortlaut des § 7 Abs. 1 Satz 5 EStG von den um die bisher geltend gemachten Absetzungen für Abnutzung geminderten Anschaffungs- oder Herstellungskosten vorzunehmen. Der BFH hat entschieden, dass allerdings auch kein Abschreibungsvolumen vernichtet werden soll. Die bisherigen AfA-Beträge sind deshalb vom Einlagewert und nicht von den Anschaffungs- oder Herstellungskosten abzusetzen. Dies ist in § 7 Abs. 1 S. 5 EStG auch so ausdrücklich geregelt.

Die Finanzverwaltung hat zur Bestimmung vier Fallgruppen mit Praxisbeispielen festgelegt (s. Schreiben des BMF vom 27.10.2010, BStBl I 2010, 1204, IV C 3 – S 2190/09/10007):

- **Fallgruppe 1:** Ist der Einlagewert des Wirtschaftsguts höher oder gleich den historischen Anschaffungs- oder Herstellungskosten, ist die AfA ab dem Zeitpunkt der Einlage nach dem um die bereits in Anspruch genommenen AfA oder Substanzverringerungen (planmäßigen AfA), Sonderabschreibungen oder erhöhten Absetzungen geminderten Einlagewert zu bemessen.
- **Fallgruppe 2:** Ist der Einlagewert des Wirtschaftsguts geringer als die historischen Anschaffungs- oder Herstellungskosten, aber nicht geringer als die fortgeführten Anschaffungs- oder Herstellungskosten, ist die AfA ab dem Zeitpunkt der Einlage nach den fortgeführten Anschaffungs- oder Herstellungskosten zu bemessen.
- **Fallgruppe 3:** Ist der Einlagewert des Wirtschaftsguts geringer als die fortgeführten Anschaffungs- oder Herstellungskosten, bemisst sich die weitere AfA nach diesem ungeminderten Einlagewert.
- **Fallgruppe 4:** Der Einlagewert eines Wirtschaftsguts nach § 6 Abs. 1 Nr. 5 Satz 1 Halbsatz 2 Buchstabe a i.V.m. Satz 2 EStG gilt gleichzeitig auch als AfA-Bemessungsgrundlage gemäß § 7 Abs. 1 Satz 5 EStG.

> **Frage:** Welche Rechtsfolgen ergeben sich bei der Anschaffung eines geringwertigen Wirtschaftsgutes („GWG") in der steuerlichen Gewinnermittlung?

Antwort: Nach § 6 Abs. 2 EStG hat der Steuerpflichtige die Möglichkeit, für selbstständig nutzungsfähige Wirtschaftsgüter einen sofortigen Betriebsausgabenabzug geltend machen zu können, wenn die Nettoanschaffungs- oder Nettoherstellungskosten einen bestimmten Grenzwert nicht übersteigen. Dieses Wahlrecht steht ihm für jedes Wirtschaftsgut gesondert zu. Dabei sind Wirtschaftsgüter, deren Wert die Grenze von 250 € (bis einschließlich 2017 150 €) übersteigt, unter Angabe des Tags der Anschaffung, Herstellung oder Einlage des Wirtschaftsguts sowie der Anschaffungs- oder Herstellungskosten in einem besonderen, laufend zu führenden Verzeichnis aufzunehmen. Das Verzeichnis braucht nicht geführt zu werden, wenn diese Angaben aus der Buchführung ersichtlich sind.

Neben dem sofortigen Betriebsausgabenabzug kann der Steuerpflichtige alternativ die Regelung anwenden, nach der Wirtschaftsgüter bis zu einem Betrag von 250 € sofort als Betriebsausgaben berücksichtigt werden können und Wirtschaftsgüter, die über 250 € nicht aber über 1.000 € hinausgehen, in einen jahrgangsbezogenen Sammelposten eingestellt werden können (§ 6 Abs. 2a EStG).

§ 6 Abs. 2a EStG legt fest, dass für jedes Wirtschaftsjahr ein gesonderter Sammelposten zu bilden ist. Nachträgliche Anschaffungs- oder Herstellungskosten, die nicht im Wirtschaftsjahr der Anschaffung oder Herstellung angefallen sind, erhöhen den Sammelposten des Wirtschaftsjahres, in dem die nachträglichen Anschaffungs- oder Herstellungskosten anfallen. Macht der Steuerpflichtige in diesem Wirtschaftsjahr vom Wahlrecht nach § 6 Abs. 2a EStG keinen Gebrauch, beschränkt sich der Sammelposten auf die nachträglichen Anschaffungs- oder Herstellungskosten der betroffenen Wirtschaftsgüter.

Dies gilt unabhängig davon, ob die nachträglichen Anschaffungs- oder Herstellungskosten zusammen mit den ursprünglichen Anschaffungs- oder Herstellungskosten den Betrag von 1.000 € übersteigen (R 6.13 Abs. 5 EStR).

Frage: Sind Ihnen die Regelungen bezüglich der Sofortabschreibung von Wirtschaftsgütern bekannt?

Antwort: In Frage kommen sog. geringwertige Wirtschaftsgüter; dies sind selbstständig nutzbare bewegliche Wirtschaftsgüter des Anlagevermögens, wie beispielsweise Schreibgeräte, Tablets oder Büro- und Geschäftsausstattung. Deren Anschaffungs- oder Herstellungskosten (oder der an deren Stelle tretende Wert) können bis zu einem Wert von 800 € sofort abgeschrieben werden.

Darüber hinaus gilt bei der Poolabschreibung die Wertuntergrenze von 250 € (§ 6 Abs. 2a Sätze 1 und 4 EStG). Somit können Wirtschaftsgüter mit Anschaffungs- oder Herstellungskosten von 250,01 € bis 1.000,00 € (≤ 1.000 €) pro Wirtschaftsjahr in einem Sammelposten zusammengefasst und über eine Dauer von fünf Jahren gewinnmindernd aufgelöst werden (jährliche Poolabschreibung von 20 %).

Frage: Ein Gewerbetreibender hat sich am 10.03.2023 einen ausschließlich betrieblich genutzten Laptop mit Nettoanschaffungskosten in Höhe von 1.199 € angeschafft und möchte diesen möglichst schnell steuermindernd geltend machen. Wie ist die Rechtslage?

Antwort: Bei dem Laptop handelt es sich nicht um ein geringwertiges Wirtschaftsgut, sodass eigentlich eine Verteilung der Anschaffungskosten auf die Nutzungsdauer angezeigt wäre. Die Kosten für Computer und Software können in voller Höhe im Jahr der Anschaffung abgesetzt werden; die bisherige Nutzungsdauer von 3 Jahren (= amtliche Abschreibungstabelle bis einschließlich 2020) ist insoweit aufgehoben worden. Die Regelung gilt rückwirkend für Anschaffungen ab dem 01.01.2021.

Tipp! Die Einzelheiten der Regelung ergeben sich nicht aus einer steuerlichen Vorschrift, sondern aus dem BMF-Schreiben vom 22.02.2022, IV C 3 – S-2190/21/10002 :025 .

Frage: Welche Aufzeichnungspflichten bei der Sofortabschreibung von Wirtschaftsgütern nach § 6 Abs. 2 EStG sind Ihnen bekannt?

Antwort: Für Wirtschaftsgüter, für die die Sofortabschreibung nach § 6 Abs. 2 EStG in Anspruch genommen wird, sind steuerliche Aufzeichnungspflichten zu beachten, sofern deren Anschaffungs- oder Herstellungskosten eine bestimmte Grenze überschreiten.

Frage: Ist Ihnen im Zusammenhang mit Lizenzaufwendungen eine Gesetzesänderung in den letzten Jahren bekannt?

Antwort: Mit dem „Gesetz gegen schädliche Steuerpraktiken im Zusammenhang mit Rechteüberlassungen" hat der Gesetzgeber dem Steuerwettbewerb rund um IP-Boxen, Lizenzboxen und Patentboxen einen Riegel vorgeschoben. Durch § 4j EStG schränkt der Gesetzgeber die steuerliche Abzugsmöglichkeit für Lizenzaufwendungen und andere Aufwendungen für Rechteüberlassungen ein, die beim Empfänger aufgrund eines schädlichen Präferenzregimes kaum oder gar nicht besteuert werden. Die Höhe des Betriebsausgabenabzugsverbots ergibt sich aus der Ertragsteuerbelastung beim Gläubiger der Zahlung. Je höher die steuerliche Belastung beim Gläubiger, desto höher auch der abziehbare Anteil beim Schuldner. Ziel ist es – dem Gedanken der korrespondierenden Besteuerung folgend – eine angemessene Steuerwirkung der Lizenzausgaben sicherzustellen. Aufwendungen sollen daher in den Fällen einer niedrigen Besteuerung nur zum Teil abziehbar sein. Der nicht abziehbare Teil ist dabei wie folgt zu ermitteln:

$$\frac{25\ \% - \text{Ertragssteuerbelastung in }\%}{25}$$

Die Hinzurechnung der nicht abzugsfähigen Teilbeträge erfolgt außerbilanziell.

> **Frage:** Es ist ja gesetzlich geregelt, dass die Gewerbesteuer sowie die darauf entfallenden Nebenleistungen steuerrechtlich keine abzugsfähigen Betriebsausgaben darstellen dürfen. Wie ist die herrschende Meinung bezüglich der „technischen Umsetzung" dieses Abzugsverbots? Erfolgt die Korrektur innerhalb oder außerhalb der Buchführung?

Antwort: Ungeachtet des Abzugsverbotes § 4 Abs. 5b EStG ist in der Steuerbilanz eine Gewerbesteuerrückstellung zu bilden; die Gewinnauswirkungen sind außerbilanziell zu neutralisieren. In R 5.7 Abs. 1 Satz 2 EStR ist festgelegt, dass die steuerlichen Gewinnkorrekturen des § 4 Abs. 5 EStG außerbilanziell zu erfolgen haben. Diese Sachbehandlung hat erhebliche Bedeutung im Hinblick auf § 7g EStG: der Gewerbesteueraufwand für die Gewerbesteuerrückstellung und der laufende Steueraufwand für die Gewerbesteuervorauszahlungen mindert das für die Inanspruchnahme der Vergünstigungen maßgebliche Betriebsvermögen nach § 7g Abs. 1 S. 2 EStG.

> **Frage:** Eine Frage zum Problemkreis Bilanzänderung: Ist eine Bilanzänderung in einer Sonderbilanz eines Gesellschafters zulässig, wenn die Gesamthandsbilanz der Gesellschaft – wegen eines Verstoßes gegen zwingende steuerliche Bewertungsvorschriften – berichtigt werden muss?

Antwort: Eine Bilanzänderung ist möglich, wenn sie in einem engen zeitlichen und sachlichen Zusammenhang mit einer Bilanzberichtigung steht und soweit die Auswirkung der Bilanzberichtigung auf den Gewinn reicht (§ 4 Abs. 2 Satz 2 EStG). Bei einer Mitunternehmerschaft beziehen sich beide Maßnahmen auf die Bilanz der Mitunternehmerschaft (also Gesamthandsbilanz, Ergänzungsbilanz(en) und Sonderbilanz(en)). Folglich kann bei einer Berichtigung der Gesamthandsbilanz eine Bilanzänderung in einer Ergänzungs- oder Sonderbilanz erfolgen. Diese Ansicht ist auch in den EStR in R 4.4 Abs. 2 Satz 6 festgelegt.

> **Frage:** Beschreiben Sie bitte kurz die Grundzüge der „Rücklage für Ersatzbeschaffung" und nennen Sie die Ihnen bekannten neuen Verwaltungsanweisungen hierzu.

Antwort: Hinsichtlich der Rücklage für Ersatzbeschaffung sind folgende grundsätzliche Anmerkungen voran zu stellen: Die Aufdeckung von stillen Reserven kann in bestimmten Fällen der Ersatzbeschaffung vermieden werden. Die wesentlichen Voraussetzungen sind nach R 6.6 Abs. 1 EStR:

1. ein Wirtschaftsgut des Anlage- oder Umlaufvermögens infolge höherer Gewalt oder infolge oder zur Vermeidung eines behördlichen Eingriffs gegen Entschädigung aus dem Betriebsvermögen ausscheidet,
2. innerhalb einer bestimmten Frist ein funktionsgleiches Wirtschaftsgut (Ersatzwirtschaftsgut) angeschafft oder hergestellt wird, auf dessen Anschaffungs- oder Herstellungskosten die aufgedeckten stillen Reserven übertragen werden, und
3. das Wirtschaftsgut wegen der Abweichung von der Handelsbilanz in ein besonderes laufend zu führendes Verzeichnis aufgenommen wird (§ 5 Abs. 1 Satz 2 EStG).

Erfolgt die Ersatzbeschaffung nicht im Wirtschaftsjahr des Ausscheidens, kann (Wahlrecht) auf den Bilanzstichtag in der Steuerbilanz eine steuerfreie Rücklage eingestellt werden. Unter Beachtung der Rechtsprechung des BFH (Urteil vom 12.01.2012, BFH/NV 2012, 1035) und R 6.6 Abs. 4 Sätze 4–7 EStR aufgenommen worden ist, verlängern sich die Reinvestitionsfristen wie folgt: Die Frist von einem Jahr verlängert sich bei einer Rücklage, die auf Grund des Ausscheidens eines Wirtschaftsgutes i.S.d. § 6b Abs. 1 Satz 1 EStG gebildet wurde, auf vier Jahre; bei neu hergestellten Gebäuden verlängert sich die

Frist auf sechs Jahre. Die Frist von einem Jahr kann im Einzelfall angemessen auf bis zu vier Jahre verlängert werden, wenn der Steuerpflichtige glaubhaft macht, dass die Ersatzbeschaffung noch ernstlich geplant und zu erwarten ist, aber aus besonderen Gründen noch nicht durchgeführt werden konnte. Eine Verlängerung auf bis zu sechs Jahre ist möglich, wenn die Ersatzbeschaffung im Zusammenhang mit der Neuherstellung eines Gebäudes i.S.d. Satzes 4 zweiter Halbsatz erfolgt.

Bei der Übertragung für Ersatzbeschaffung handelt es sich um ein allein steuerliches Wahlrecht, wegen der zwingenden Abweichung zum handelsrechtlichen Ansatz ist das Wirtschaftsgut in ein besonderes, laufend zu führendes Verzeichnis aufzunehmen (vgl. R 6.6 Abs. 1 Satz 2 Nr. 3 EStR). Eine vergleichbare Regelung ergibt sich aus R 6b.2 Abs. 1 Satz 1 EStR für Reinvestitionsgüter im Sinne des § 6b EStG. Für die Rücklagenbildung ist zur Erfüllung der Aufzeichnungsverpflichtungen der Ansatz in der Steuerbilanz ausreichend (R 6.6 Abs. 4 Satz 7 bzw. R 6b.2 Abs. 2 EStR).

> **Frage:** Beschreiben Sie kurz die Wirkung der Inanspruchnahme eines Investitionsabzugsbetrages und nennen Sie einige Äußerungen des BMF zu bestehenden Zweifelsfragen.

Antwort: Steuerpflichtige mit Gewinneinkünften können nach § 7g Abs. 1 EStG für eine innerhalb der nächsten drei Wirtschaftsjahre beabsichtigte Anschaffung oder Herstellung eines vorab hinreichend bezeichneten, abnutzbaren beweglichen Wirtschaftsguts des Anlagevermögens einen Investitionsabzugsbetrag (IAB) gewinnmindernd abziehen. Dieser IAB darf maximal 40 %/50 % der voraussichtlichen Anschaffungs- oder Herstellungskosten, höchstens 200.000 € betragen.

Im Wirtschaftsjahr der tatsächlichen Anschaffung oder Herstellung dieses begünstigten Wirtschaftsguts ist gemäß § 7g Abs. 2 Satz 1 EStG der für dieses Wirtschaftsgut in Anspruch genommene IAB zwingend in Höhe von 40 %/50 % der tatsächlichen Anschaffungs- oder Herstellungskosten, maximal in Höhe des abgezogenen IAB, dem Gewinn wieder hinzuzurechnen. Gleichzeitig können die tatsächlichen Anschaffungs- oder Herstellungskosten gemäß § 7g Abs. 2 Satz 2 EStG um bis zu 40 %, höchstens um den in Anspruch genommenen IAB, gewinnmindernd herabgesetzt werden. Die Bemessungsgrundlage für die Abschreibung dieser Wirtschaftsgüter verringert sich dann entsprechend. Die Bildung sowie die Auflösung des IAB erfolgen außerhalb der Gewinnermittlung.

> **Tipp!** Die nach § 7g EStG begünstigten Investitionskosten wurden durch das Jahressteuergesetz 2020 (BGBl I 2020, 3096) von 40 % auf 50 % angehoben. Durch die erweiterte Investitionsförderung soll der Liquiditätsgewinn der anspruchsberechtigten Unternehmen weiter gesteigert werden. Die auf 50 % erhöhten Investitionsabzugsbeträge gelten erstmals für Investitionsabzugsbeträge und Sonderabschreibungen, die in nach dem 31. Dezember 2019 endenden Wirtschaftsjahren in Anspruch genommen werden (§ 52 Abs. 16 EStG).

Der IAB kann gemäß § 7g Abs. 1 Satz 2 EStG nur in Anspruch genommen werden, wenn der Betrieb am Schluss des Wirtschaftsjahres, in dem der Abzug vorgenommen wird, bestimmte Größenmerkmale nicht überschreitet. Ferner muss der Steuerpflichtige beabsichtigen, dass innerhalb des dreijährigen Investitionszeitraums angeschaffte Wirtschaftsgut bis zum Ende des dem Wirtschaftsjahr der Anschaffung oder Herstellung folgenden Wirtschaftsjahres in einer inländischen Betriebsstätte des Betriebes ausschließlich oder fast ausschließlich betrieblich zu nutzen.

> **Tipp!** Nach den o.g. Rgelungen gilt für alle Einkunftsarten eine einheitliche Gewinngrenze i.H.v. 150.000 € als Voraussetzung für die Inanspruchnahme von Investitionsabzugsbeträgen. Vorher galten für die einzelnen Einkunftsarten unterschiedliche Betriebsgrößenmerkmale, die nicht überschritten werden durften:
> * bei bilanzierenden Steuerpflichtigen ein Betriebsvermögen von höchstens 235.000 €,

- bei land-und forstwirtschaftlichen Betrieben ein Wirtschaftswert oder Ersatzwirtschaftswert von höchstens 125.000 € und
- bei Betrieben mit einer Gewinnermittlung nach § 4 Absatz 3 EStG (Einnahmeüberschussrechnung) ein Gewinn von höchstens 100.000 €.

Über die Regelung des § 7g Abs. 6 Nr. 1 EStG wirkt sich diese Änderung gleichermaßen auch für die Inanspruchnahme von Sonderabschreibungen nach § 7g Abs. 5 EStG aus.

Nach vier Jahren stetiger Rechtsprechung und der gesetzlichen Änderung durch das StÄndG 2015 hat das BMF mit Schreiben vom 20.03.2017, IV C 6 – S-2139b/07/10002-02, zuletzt wurden die Randnummern 4 und 5 neu gefasst durch BMF vom 26.08.2019, IV C 6 – S-2139b/07/10002-02 seine bisherige Auffassung zu Zweifelsfragen im Zusammenhang mit Investitionsabzugsbeträgen nach § 7g EStG angepasst. Als die wichtigsten Punkte zum IAB möchte ich benennen:

- Bei Nichteinhaltung der Verbleibens- und Nutzungsfristen ist keine sofortige Rückgängigmachung des IAB im Abzugsjahr notwendig. Entsprechende IAB können so ggf. für andere begünstigte Wirtschaftsgüter verwendet werden.
- Die 10 %-Grenze nach § 7g Abs. 4 Satz 1 EStG ist zeitraum- und nicht wirtschaftsjahrbezogen zu ermitteln. Eine außerbetriebliche Nutzung von mehr als 10 % im Wirtschaftsjahr der Anschaffung oder Herstellung kann durch eine geringere außerbetriebliche Nutzung im folgenden Wirtschaftsjahr ausgeglichen werden.
- Die Nutzung eines begünstigten Wirtschaftsguts in einem anderen Betrieb des Steuerpflichtigen stellt keine schädliche außerbetriebliche Nutzung dar, sofern die Größenkriterien des § 7g Abs. 1 Satz 2 Nr. 1 EStG insgesamt weiterhin erfüllt werden.
- Nur die Minderungen der AHK nach § 7g Abs. 2 Satz 2 EStG haben Auswirkungen auf das Kapitalkonto laut Steuerbilanz.

Tipp! Verfahrensrechtlich ist gemäß § 7g Abs. 3 S. 2 EStG bei fehlender Hinzurechnung bis zum Ablauf der Investitionspflicht die Veranlagung des Kalenderjahres zu korrigieren, in dem sich der Investitionsabzugsbetrag gemäß § 7g Abs. 1 EStG Gewinn mindernd ausgewirkt hat. Die Regelung des § 7g Abs. 3 Satz 2 EStG ermöglicht aber nur eine punktuelle Rückgängigmachung eines Investitionsabzugsbetrags. Dies hat der BFH mit Urteil vom 25.03.2021 (VIII R 45/18; BStBl 2021 II, 530) unter Bestätigung der Vorinstanz geurteilt. Die Festsetzungsfrist für den Steuerbescheid des Jahres, in dem der Abzugsbetrag in Anspruch genommen wurde, endet insoweit (punktuelle Ablaufhemmung) nicht, bevor die Festsetzungsfrist für den Veranlagungszeitraum abgelaufen ist, in dem das dritte auf das Wirtschaftsjahr des Abzugs folgende Wirtschaftsjahr endet.

Tipp! Bei in nach dem 31.12.2016 und vor dem 01.01.2018 endenden Wirtschaftsjahren beanspruchten Investitionsabzugsbeträgen endet die Investitionsfrist – abweichend von § 7g Abs. 3 S. 1 EStG – erst zum Ende des vierten auf das Wirtschaftsjahr des Abzugs folgenden Wirtschaftsjahres (Änderung durch das Zweite Corona-Steuerhilfegesetz (Beschluss des Deutschen Bundestags vom 29.06.2020 (BStBl I 2020, 563)).
Investitionsabzugsbeträge sind grundsätzlich bis zum Ende des dritten auf das Wirtschaftsjahr des jeweiligen Abzuges folgenden Wirtschaftsjahres für begünstigte Investitionen zu verwenden. Andernfalls sind sie rückgängig zu machen (§ 7g Abs. 3 S. 1 EStG). Für in 2017 und 2018 abgezogene Beträge stellt sich gegebenenfalls das Problem, dass infolge der Corona-Krise nicht wie geplant in 2020 investiert werden kann. In der Folge sind die betreffenden Investitionsabzugsbeträge rückgängig zu machen und die daraus resultierenden Steuernachforderungen gemäß § AO § 233a AO zu verzinsen.

Zur Vermeidung steuerlicher Nachteile infolge coronabedingter Investitionsausfälle wurden die in 2020 endenden Fristen für die Verwendung von Investitionsabzugsbeträgen nach § 7g EStG um ein Jahr bzw. zwei auf vier bzw. fünf Jahre verlängert. Infolgedessen können begünstigte Investitionen auch noch in 2022 getätigt werden. Die Frist für Investitionasabzugsbeträge, deren dreijährige oder bereits verlängerten Investitionsfristen in 2022 auslaufen, werden um ein weiteres Jahr auf vier, fünf oder sechs Jahre verlängert.

Frage: Welche weitere Änderungen bei der Vorschrift des § 7g EStG sind Ihnen durch das Jahressteuergesetz 2020 bekannt?

Antwort: Bislang waren für Zwecke des § 7g EStG nur Wirtschaftsgüter des Anlagevermögens begünstigt, die im Jahr der Investition und im Folgejahr ausschließlich oder fast ausschließlich, d.h. zu mindestens 90 %, im Betrieb genutzt werden. Durch das Jahressteuergesetz 2020 (JStG 2020) vom 21.12.2020, BGBl I 2020, 3096 fallen auch in diesem Zeitraum vermietete Wirtschaftsgüter in den Anwendungsbereich des § 7g EStG. Das gilt unabhängig von der Dauer der jeweiligen Vermietung. Somit sind – im Gegensatz zur alten Regelung – auch längerfristige Vermietungen für mehr als drei Monate unschädlich. Dadurch wird die Verwendbarkeit der angeschafften oder hergestellten betrieblichen Wirtschaftsgüter flexibilisiert.

Eigennutzung und Vermietung sind zeitraumbezogen und nicht wirtschaftsjahrbezogen zu prüfen. Auf Grund der Betriebsbezogenheit des § 7g EStG liegt eine schädliche betriebsfremde Verwendung nicht nur bei einer Privatnutzung, sondern grundsätzlich auch bei einer unentgeltlichen Nutzung in einem anderen Betrieb des Steuerpflichtigen vor. Dagegen führt die Vermietung eines zum notwendigen Betriebsvermögen gehörenden Wirtschaftsgutes zu Betriebseinnahmen und damit zu einer betrieblichen Vermögensmehrung. Dieses Ergebnis entspricht dem Fördergedanken des § 7g EStG. Das gilt auch dann, wenn der Steuerpflichtige das Wirtschaftsgut an einen anderen eigenen Betrieb vermietet. Soweit Mieten nicht dem Fremdvergleich entsprechen, erfolgt der Ausgleich unabhängig von § 7g EStG über die bestehenden Regelungen (z.B. verdeckte Gewinnausschüttungen).

Frage: Was wissen Sie zum Thema „§ 7g EStG" und „elektronische Übermittlung"?

Antwort: Für nach dem 31.12.2015 endende Wirtschaftsjahre ist es nicht mehr erforderlich, dass eine geplante Investition das Wirtschaftsgut zwar nicht exakt umschrieben, aber doch seiner Funktion nach benannt werden muss. Stattdessen ist es für einen Investitionsabzugsbetrag nun Voraussetzung, dass der Steuerpflichtige die Summen der Abzugsbeträge bzw. der hinzugerechneten oder rückgängig gemachten Beträge i.S.d. § 7g EStG nach amtlichen vorgeschriebenen Datensätzen durch Datenfernübertragung übermittelt (§ 7g Abs. 1 bis 4 EStG). In diesem Zusammenhang ist auch der bisher ausdrücklich geforderte Nachweis für eine Investitionsabsicht aus dem Gesetz genommen worden. Die elektronische Übermittlungspflicht gilt auch für die spätere Auflösung (= gewinnerhöhende Hinzurechnung) und für eine Rückgängigmachung oder Rückabwicklung des Investitionsabzugsbetrags. Die Datenübermittlung erfolgt bei einer Gewinnermittlung:

- nach § 4 Abs. 1 EStG oder § 5 EStG im Rahmen der E-Bilanz,
- nach § 4 Abs. 3 EStG in der Anlage EÜR,
- bei Körperschaftsteuerpflichtigen im Rahmen der Anlage GK.

Korrekturen oder Rückabwicklungen sind mithilfe einer korrigierten E-Bilanz bzw. einer berichtigten Anlage EÜR zu übermitteln. Der Unternehmer besitzt ein flexibles Wahlrecht, ob und für welche begünstigten Investitionen der Investitionsabzugsbetrag hinzugerechnet werden soll. Eine freiwillige vorzeitige Rückgängigmachung von Abzugsbeträgen ist möglich.

Frage: Beurteilen Sie bitte folgenden Sachverhalt.

Die A-KG hatte im Jahr 2022 zu Lasten ihres Gesamthandgewinns zulässig und zutreffend einen Investitionsabzugsbetrag in Anspruch genommen. Die fristgerechte Anschaffung des Wirtschaftsgutes erfolgte im Sonderbetriebsvermögen des Gesellschafters A. Welche Folgen ergeben sich?

Antwort: Durch Beschluss vom 15.11.2017 (VI R 44/16, BFH/NV 2018, 492) hat der BFH klargestellt, dass ein Investitionsabzugsbetrag, der zu Lasten des Gesamthandvermögens gebildet wurde, nicht deshalb rückgängig zu machen ist, weil die spätere Investition im Sonderbetriebsvermögen eines Gesellschafters erfolgt. Nach den gesetzlichen Regelungen müsse die Investition im Betriebsvermögen der Personengesellschaft erfolgen, und hierzu gehöre nicht nur das Gesamthandsvermögen der Gesellschaft, sondern auch das Sonderbetriebsvermögen des Gesellschafters. Somit sei es für die Anwendung des § 7g EStG ohne Bedeutung, ob für eine vorgenommene Investition im Bereich des Gesamthands- oder des Sonderbetriebsvermögens investiert werden. Weder der Wortlaut noch der Sinn und Zweck der Bestimmung stehen dieser Auslegung entgegen.

Mit Schreiben vom 26.08.2019 hat das BMF (IV C 6 – S 2139-b/07/10002-02; BStBl I 2019, 870) die Grundsätze des BFH-Beschlusses vom 15.11.2017 umfassend anerkannt. Bei einer Personengesellschaft kann also ein Investitionsabzugsbetrag im Gesamthandsvermögen abgezogen werden und die Investition im Sonderbetriebsvermögen eines Gesellschafters erfolgen.

Tipp! Infolge der Rechtsprechung des BFH konnten also auch Steuerpflichtige von der Vergünstigung des § 7g EStG profitieren, die gar nicht investieren. In Ergänzung des § 7g Abs. 7 EStG hat der Gesetzgeber durch das Jahressteuergesetz 2020 folgendes klargestellt (Sätze 2 und 3):

"Vom Gewinn der Gesamthand oder Gemeinschaft abgezogene Investitionsabzugsbeträge können ausschließlich bei Investitionen der Personengesellschaft oder Gemeinschaft nach Absatz 2 Satz 1 gewinnerhöhend hinzugerechnet werden. Entsprechendes gilt für vom Sonderbetriebsgewinn eines Mitunternehmers abgezogene Investitionsabzugsbeträge bei Investitionen dieses Mitunternehmers oder seines Rechtsnachfolgers in seinem Sonderbetriebsvermögen."

Abweichend von der BFH-Rechtsprechung ist die Hinzurechnung von Investitionsabzugsbeträgen also zukünftig nur in dem Vermögensbereich zulässig ist, in dem der Abzug erfolgt ist. Dadurch wird sichergestellt, dass die Steuererleichterung nur demjenigen gewährt wird, der auch tatsächlich Investitionen tätigt. Wurde beispielsweise ein Investitionsabzugsbetrag im Sonderbetriebsvermögen eines Mitunternehmers einer Personengesellschaft geltend gemacht, kann der Abzugsbetrag auch nur für Investitionen dieses Mitunternehmers in seinem Sonderbetriebsvermögen verwendet werden.

Die einschränkende Regelung im Bereich der Personengesellschaften/Gemeinschaften sind bei Investitionsabzugsbeträgen anzuwenden, die in 2021, d.h. in nach dem 31.12.2020 endenden Wirtschaftsjahren geltend gemacht werden (§ 52 Abs. 16 EStG).

Frage: Beurteilen Sie bitte folgenden Sachverhalt.

A machte für das Jahr 01 einen Investitionsabzugsbetrag i.H.v. 110.000 € geltend. Geplant war die Anschaffung eines Wirtschaftsgutes, das im Rahmen eines (gesonderten) neuen Gewerbebetriebs genutzt werden soll. Er legt eine verbindliche Bestellung vor. Mit der Steuererklärung für das Jahr 02 macht er einen weiteren Verlust für dasselbe Wirtschaftsgut i.H.v. 90.000 € durch die entsprechende Aufstockung des in 01 angesetzten Investitionsabzugsbetrages geltend. Der Gesamtbetrag des Investitionsabzugsbetrages übersteigt nicht 40 % der Anschaffungskosten des Wirtschaftsgutes.

Antwort: Ein für ein bestimmtes Wirtschaftsgut in einem Vorjahr gebildeter Investitionsabzugsbetrag kann in einem Folgejahr innerhalb des dreijährigen (siehe aber die besonderen Fristen wegen der Corona-Krise) Investitionszeitraums bis zum gesetzlichen Höchstbetrag aufgestockt werden (siehe BFH, Urteil vom 12.11.2014, X R 4/13).

Streitig ist vorliegend die Frage, ob ein Investitionsabzugsbetrag, der bereits in einem Vorjahr abgezogen worden war, ohne dabei aber die absolute Höchstgrenze von 200.000 € je Betrieb oder die relative Höchstgrenze von 40 % der voraussichtlichen Anschaffungs- oder Herstellungskosten zu erreichen, in einem Folgejahr bis zum Erreichen der genannten Höchstgrenzen aufgestockt werden darf. Nach Auffassung der Finanzverwaltung soll dies nicht möglich sein, vgl. BMF, Schreiben vom 08.05.2009, BStBl I 2009, 633, Tz. 6.

Zwar lassen sich weder im Gesetzeswortlaut noch aus der Systematik des Gesetzes eindeutige Anhaltspunkte für die eine oder die andere Auffassung finden. Sowohl die historische Entwicklung des Gesetzes als auch der Gesetzeszweck sprechen aber für die Zulässigkeit späterer Aufstockungen eines für dasselbe Wirtschaftsgut bereits gebildeten Investitionsabzugsbetrags.

Der BFH führt aus, dass der Zweck des § 7g EStG für die Zulässigkeit der nachträglichen Aufstockung eines Investitionsabzugsbetrags spricht. Die Vorschrift soll der Verbesserung der Wettbewerbssituation kleiner und mittlerer Betriebe, der Unterstützung von deren Liquidität und Eigenkapitalbildung sowie der Stärkung der Investitions- und Innovationskraft dienen. Dieser Gesetzeszweck wird durch die Zulassung späterer Aufstockungen eines bereits in einem Vorjahr in Anspruch genommenen Investitionsabzugsbetrags nicht unterlaufen, sondern im Gegenteil verwirklicht. Dies zeigt sich gerade in Fällen, in denen sich im Laufe der Investitionsplanungsphase ein Anstieg der voraussichtlichen Investitionskosten ergibt. Wäre hier keine Anpassung des Investitionsabzugsbetrags an den gestiegenen Mittelbedarf möglich, wäre ein Teil der Investitionskosten von der Förderung durch § 7g EStG ausgeschlossen, obwohl der Zweck der Norm – Stärkung der Liquidität und Investitionskraft – gerade in einem solchen Fall die Förderung geböte.

> **Frage:** Durch das Jahressteuergesetz 2020 wurde der § 7g Abs. 2 EStG um folgenden Satz 2 ergänzt: „Bei nach Eintritt der Unanfechtbarkeit der erstmaligen Steuerfestsetzung oder der erstmaligen gesonderten Feststellung nach Absatz 1 in Anspruch genommenen Investitionsabzugsbeträgen setzt die Hinzurechnung nach Satz 1 voraus, dass das begünstigte Wirtschaftsgut zum Zeitpunkt der Inanspruchnahme der Investitionsabzugsbeträge noch nicht angeschafft oder hergestellt worden ist." Erläutern Sie bitte den Sinn dieser Regelung!

Antwort: Die Regelung dient der Vermeidung von ungewollten Gestaltungen.

Investitionsabzugsbeträge können nicht nur im Rahmen der erstmaligen Steuererklärung geltend gemacht werden. Auch eine nachträgliche Beantragung ist möglich, sofern die entsprechende Steuerfestsetzung verfahrensrechtlich noch änderbar ist (z.B. Steuerfestsetzungen unter dem Vorbehalt der Nachprüfung nach § 164 AO). Diese Möglichkeit wird aber insbesondere im Rahmen von Betriebsprüfungen dafür genutzt, bei der Prüfung festgestellte Mehrergebnisse auch noch nach Anschaffung eines Wirtschaftsguts durch Inanspruchnahme des § 7g EStG zu kompensieren. Es ist jedoch nicht zielführend, die Steuervergünstigung des § 7g EStG auch dann noch zu gewähren, wenn die Inanspruchnahme – also die Wirkung der Steuerminderung – zeitlich deutlich nach dem Investitionszeitpunkt liegt. In diesen Fällen dient der Abzugsbetrag nicht mehr der Finanzierung von Investitionen und widerspricht dem ausschließlichen Sinn und Zweck des § 7g EStG, die Finanzierung von künftigen Investitionen zu erleichtern.

Die Neuregelung verhindert die Verwendung von Investitionsabzugsbeträgen für Investitionen, die zum Zeitpunkt der Geltendmachung bereits angeschafft oder hergestellt wurden. Sie betrifft ausschließlich nachträglich beantragte Investitionsabzugsbeträge, die nach Eintritt der Unanfechtbarkeit der erstmaligen Steuerfestsetzung oder der erstmaligen gesonderten Feststellung, also nach Ablauf der Einspruchsfrist von einem Monat (§ 355 Abs. 1 Satz 1 AO), in Anspruch genommen wurden, z.B.

im Rahmen eines Änderungsantrages nach § 164 Abs. 2 Satz 2 AO. Dadurch bleibt sichergestellt, dass bis zum Ende der Einspruchsfrist der erstmaligen Steuerfestsetzung geltend gemachte Abzugsbeträge weiterhin für begünstigte Wirtschaftsgüter unabhängig von deren Investitionszeitpunkt verwendet werden können.

Die einschränkenden Regelungen zur Verwendung von nachträglich beanspruchten Abzugsbeträgen ist erst bei Investitionsabzugsbeträgen anzuwenden, die in 2021, d.h. in nach dem 31. Dezember 2020 endenden Wirtschaftsjahren geltend gemacht werden (§ 52 Abs. 16 EStG).

> **Frage:** Wie sind die Corona-Soforthilfen, die Stundung von betrieblichen Steuerzahlungen und der Erhalt der Erstattung von Kurzarbeitergeld buchhalterisch zu erfassen?

Antwort: Bei der Soforthilfe handelt es sich um einen echten Zuschuss. Dies bedeutet, dass Unternehmen keine Rückzahlungsverpflichtung haben und keine gegenseitige Leistung zwischen Unternehmen und der Behörde vorliegt. Daher ist die Soforthilfe unmittelbar ertragswirksam erfassen; eine ermäßigte Besteuerung nach § 24 Nr.1 i.V.m. § 34 Abs. 1 oder 2 EStG scheidet aus (vgl. z.B. LfSt Bayern vom 05.10.2021, S 2143.2.1 – 10/9 St 32). In der Gewinn- und Verlustrechnung sollte sie als „sonstiger betrieblicher Ertrag" erscheinen. Die Soforthilfen sind in jedem Fall steuerpflichtig.

Es sich nun die Frage, wann die Zuschüsse zu berücksichtigen sind, d.h. welches Ereignis zur Berücksichtigung im Jahresabschluss 2020 führt.

Die Novemberhilfe 2020 konnte erst ab Ende November beantragt werden, die Dezemberhilfe oft erst im Jahr 2021 und mit Auszahlung und Bescheid war erst im Jahr 2021 zu rechnen. Für die Erfassung ist jedoch der Zeitpunkt der Beantragung und der Zahlung irrelevant. Dem Grundsatz der zeitlichen Abgrenzung entsprechend erfolgt die Ertragswirksamkeit der Zuwendungen in den Perioden, welche die Aufwendungen tragen soweit ein Rechtsanspruch entstanden ist.

Sofern beim Empfänger ein Anspruch auf die Hilfe besteht, ist dieser als Forderung unter dem Sammelposten „Sonstige Vermögensgegenstände" gem. § 266 Abs. 2 B. II. 4. HGB sowie in der GuV als „sonstiger betrieblicher Ertrag" auszuweisen. Zu welchem Zeitpunkt der Anspruch auf eine Zuwendung entsteht und dieser als Forderung zu erfassen ist, hängt davon ab, ob der Empfänger einen Rechtsanspruch auf Gewährung der Zuwendung besitzt. Besteht ein solcher nicht bereits am 31.12.2020, erfolgt die Erfassung der Forderung grundsätzlich nur dann, wenn am Bilanzstichtag die sachlichen Voraussetzungen für die Zuwendungsgewährung erfüllt sind, wofür aus Gründen der Wertaufhellung es auch ausreicht, wenn bis zur Aufstellung des Jahresabschlusses die Bewilligung der Zuwendung vorliegt. Allerdings wurden die Corona-Hilfen als Billigkeitsleistungen ohne Rechtsanspruch ausgestaltet, sodass der Anspruch tatsächlich erst mit dem Bewilligungsbescheid („Schlussbescheid") entsteht.

Die Stundung der Steuerzahlung stellt eine Verbindlichkeit gegenüber der Finanzverwaltung dar. Diese Verbindlichkeit muss als „sonstige Verbindlichkeit" auf der Passivseite der Bilanz erscheinen.

Das Institut der Wirtschaftsprüfer (IDW) schlägt für den handelsrechtlichen und den nach den internationalen Vorschriften (IFRS) aufgestellten Jahresabschluss eine erfolgsneutrale Verbuchung der Erstattung des Kurzarbeitergeldes durch die Bundesagentur vor. Es vertritt die Auffassung, dass es sich um einen durchlaufenden Posten handelt, da der Arbeitgeber als Treuhänder lediglich die Zahlungsabwicklung vornimmt. Entsprechend den verauslagten monatlichen Zahlungen an die Arbeitnehmer ist eine Forderung gegen die Agentur für Arbeit zu aktivieren. Die Zahlungen von der Arbeitsagentur gleichen diese Forderung dann aus. Die Erstattung der allein vom Arbeitgeber zu tragenden Beiträge zur Sozialversicherung können nach Auffassung des IDW als sonstiger betrieblicher Ertrag oder als Kürzung der Personalaufwendungen erfasst werden.

> **Frage:** Der Gewerbetreibende A beabsichtigt, einigen durch die Corona-Krise betroffenen Geschäftspartnern Wirtschaftsgüter zukommen zu lassen und bittet um kurze Darstellung der Rechtslage!

Antwort: Die von A erbetene Auskunft lässt sich durch Hinzuziehung des BMF-Schreibens vom 09.04.2020, IV C 4 – S 2223/19/10003 :003 geben:

Steuerliche Maßnahmen zur Förderung der Hilfe für von der Corona-Krise Betroffene

Die aufgrund der Corona-Krise verordneten Einschränkungen sind eine gesamtgesellschaftliche Herausforderung. Sowohl Bürgerinnen und Bürger als auch Unternehmen engagieren sich für den gesellschaftlichen Zusammenhalt, für die Eindämmung der Ausbreitung der Pandemie und für diejenigen, für die die Erledigungen des Alltags plötzlich mit zuvor nie dagewesenen Gefährdungen verbunden sind. Zur Förderung und Unterstützung dieses gesamtgesellschaftlichen Engagements bei der Hilfe der von der Corona-Krise Betroffenen werden im Einvernehmen mit den obersten Finanzbehörden der Länder die nachfolgenden Verwaltungsregelungen getroffen.

Sie gelten für die nachfolgenden Unterstützungsmaßnahmen, die vom 01.03.2020 bis längstens zum 31.12.2020 durchgeführt werden:

1. Zuwendung als Sponsoring-Maßnahme

Die Aufwendungen des Steuerpflichtigen für die in der Präambel dargestellten Zwecke sind nach den Maßgaben des BMF-Schreibens vom 18.02.1998 (BStB I 1998, 212) zum Betriebsausgabenabzug zuzulassen. Aufwendungen des sponsernden Steuerpflichtigen sind danach Betriebsausgaben, wenn der Sponsor wirtschaftliche Vorteile, die in der Sicherung oder Erhöhung seines unternehmerischen Ansehens liegen können, für sein Unternehmen erstrebt. Diese wirtschaftlichen Vorteile sind ua dadurch erreichbar, dass der Sponsor öffentlichkeitswirksam (z.B. durch Berichterstattung in Zeitungen, Rundfunk, Fernsehen usw.) auf seine Leistungen aufmerksam macht.

2. Zuwendungen an Geschäftspartner

Wendet der Steuerpflichtige seinen von der Corona-Krise unmittelbar und nicht unerheblich negativ betroffenen Geschäftspartnern zum Zwecke der Aufrechterhaltung der Geschäftsbeziehungen in angemessenem Umfang unentgeltlich Leistungen aus seinem Betriebsvermögen zu, sind die Aufwendungen in voller Höhe als Betriebsausgaben abziehbar. § 4 Abs. 5 S. 1 Nr. 1 EStG ist insoweit aus Billigkeitsgründen nicht anzuwenden.

3. Sonstige Zuwendungen

Erfüllt die Zuwendung des Steuerpflichtigen unter diesen Gesichtspunkten nicht die Voraussetzungen für den Betriebsausgabenabzug, so ist aus allgemeinen Billigkeitserwägungen die Zuwendung von Wirtschaftsgütern oder sonstigen betrieblichen Nutzungen und Leistungen (nicht hingegen Geld) des Steuerpflichtigen aus einem inländischen Betriebsvermögen an durch die Corona-Krise unmittelbar und nicht unerheblich geschädigte oder mit der Bewältigung der Corona-Krise befasste Unternehmen und Einrichtungen (z.B. Krankenhäuser) als Betriebsausgabe zu behandeln, die ohne Rücksicht auf § 4 Abs. 5 S. 1 Nr. 1 EStG abgezogen werden darf.

4. Behandlung der Zuwendungen beim Empfänger

In den Fällen der Nummern 1 bis 3 sind die Zuwendungen beim Empfänger gemäß § 6 Abs. 4 EStG als Betriebseinnahme mit dem gemeinen Wert anzusetzen.

> **Hinweis!** Die Wirkungen des o.g. BMF-Schreibens sind durch das Schreiben des BMF vom 15.12.2021, BStBl I 2021, 2476 auch auf das Jahr 2022 und durch das Schreiben des BMF vom 12.12.2022, IV C 4 – S-2223/19/10003:006 auch auf das Jahr 2023 ausgeweitet worden.

Problembereich 10: Latente Steuern

Frage: Wie entstehen „latente Steuern"?

Antwort: Unterschiede in der Erfolgsermittlung zwischen Handels- und Steuerbilanz können grundsätzlich nicht entstehen. Dies folgt aus der Maßgeblichkeit der Handelsbilanz für die steuerliche Gewinnermittlung, weil gemäß § 5 Abs. 1 S. 1 EStG handelsrechtliche Ansatz- oder Bewertungswahlrechte korrespondierend auch in der Steuerbilanz vorzunehmen sind. Kommt es jedoch ausnahmsweise dazu, dass Ansatz- und/oder Bewertungsgrundsätze der beiden Sphären voneinander abweichen (z.B. soweit ein steuerliches Bewertungswahlrecht ausgeübt wird), weicht der einem Geschäftsjahr/Wirtschaftsjahr zuzuordnende tatsächliche Steueraufwand in der Steuerbilanz vom dem der Handelsbilanz ab. Die Steuerlast in der Handelsbilanz fällt dann also zu niedrig oder zu hoch aus.

Tipp! Typische Unterschiede zwischen der Steuer- und Handelsbilanz ergeben sich aus:
- Abschreibung bei voraussichtlich dauerhaften Wertminderungen des Anlagevermögens,
- Unterschiedliche Abschreibungsdauer für Geschäfts- und Firmenwerte in der Handels- und Steuerbilanz,
- Bewertungsvereinfachungsverfahren der Vorräte,
- Abzinsungsgebot und Berücksichtigung von zukünftigen Preis- und Kostensteigerungen bei der Rückstellungsberechnung nach Handelsrecht,
- Berücksichtigung von zukünftigen Gehalts- und Rententrends bei Pensionsrückstellungen,
- Ansatz von Drohverlustrückstellungen in der Handelsbilanz,
- Ansatzwahlrecht für selbst erstellte immaterielle Vermögensgegenstände im Anlagevermögen in der Handelsbilanz.

Frage: Was ist unter Beachtung der HGB-Vorschriften die Folge solcher Ergebnisabweichungen in der Handelsbilanz?

Antwort: Gemäß § 274 Abs. 1 S. 1 HGB ist in Fällen, in denen das handelsrechtliche Ergebnis höher ist als das steuerliche, eine – unverzinsliche – Rückstellung i.H.d. voraussichtlichen Steuerbelastung nachfolgender Geschäftsjahre zu bilden. Tritt die höhere Steuerbelastung ein oder ist mit der Steuerbelastung nicht mehr zu rechnen, ist die Rückstellung gemäß § 274 Abs. 2 S. 2 HGB aufzulösen. Den umgekehrten Fall regelt die Vorschrift des § 274 Abs. 1 S. 2 HGB: Ist das handelsrechtliche Ergebnis niedriger als das steuerliche Ergebnis, darf i.H.d. voraussichtlichen Steuerentlastung zukünftiger Jahre ein – unverzinslicher – Abgrenzungsposten als Bilanzierungshilfe auf der Aktivseite der Bilanz gebildet werden. Dieses Wahlrecht besteht auch nach Inkrafttreten des BilMoG weiter.

Tipp! Eine Rückstellung für latente Steuern in der Steuerbilanz ist nicht denkbar, da dort immer die tatsächliche Steuerbelastung abzubilden ist.

Frage: Wen betrifft die Vorschrift des § 274 HGB?

Antwort: § 274 HGB gilt unmittelbar nur für Kapitalgesellschaften sowie für die in § 264a HGB bestimmten Personengesellschaften. Eine sinngemäße Anwendung ergibt sich darüber hinaus für Genossenschaften gemäß § 336 Abs. 2 HGB und für Unternehmen, die unter das Publizitätsgesetz fallen. Das Ansatzgebot für passive latente Steuern ergibt sich allerdings bereits aus § 249 Abs. 1 Satz 1 HGB, sodass § 274 HGB nur klarstellende Wirkung hat. Die Pflicht zur Passivierung passiver latenter Steuern gilt daher auch für Bilanzierende, die von § 274 HGB nicht erfasst werden. Lediglich das Aktivierungswahlrecht des § 274 Abs. 2 HGB kommt für Unternehmen, die von § 274 HGB „eigentlich" nicht erfasst sind, nicht in Betracht. Allerdings besteht in der Literatur auch die Auffassung, dass § 274 Abs. 1 Satz 2 HGB von allen Unternehmen in Anspruch genommen werden kann.

> **Frage:** Gibt es auch Differenzen, die sich nicht ausgleichen? Wenn ja, nennen Sie bitte hierfür einige Beispiele!

Antwort: Bilanzierungsunterschiede, die sich in folgenden Geschäftsjahren nicht wieder ausgleichen, verursachen keine latenten Steuern. Betroffen sind also alle Geschäftsvorfälle, die entweder nur in der Handels- oder in der Steuerbilanz erfolgswirksam behandelt werden. Solche Differenzen werden als „permanent differences" oder steuerfreie Differenzen bezeichnet; diese Differenzen fallen nicht unter die Regelung des § 247 HGB.

Beispiele für permanent differences sind:
- nicht steuerbare oder steuerfreie Erträge,
- nicht abzugsfähige Betriebsausgaben,
- nicht abziehbare Aufwendungen gemäß § 10 KStG,
- verdeckte Gewinnausschüttungen.

Den hier genannten Beispielen ist gemeinsam, dass die jeweiligen Konsequenzen außerbilanziell vorgenommen werden.

> **Frage:** Was sind „quasi-permanente Differenzen"? Nennen Sie ein Beispiel!

Antwort: Als quasi-permanente bzw. quasi-zeitliche Differenzen werden solche Unterschiede bezeichnet, die weder eindeutig als zeitlich begrenzt noch als zeitlich unbegrenzt betrachtet werden. Quasi zeitlich unbegrenzten Differenzen heben sich zwar formal im Zeitablauf auf. Diese Umkehrung erfolgt aber nicht automatisch, sondern es bedarf einer unternehmerischen Disposition bzw. der Auflösung des Unternehmens.

Ein Beispiel für quasi zeitlich unbegrenzte Differenzen ist die Abschreibung auf einen Gegenstand des nicht abnutzbaren Anlagevermögens – z.B. Grund und Boden –, die steuerlich nicht anerkannt wird.

Quasi zeitlich unbegrenzte Differenzen werden wie permanente Differenzen behandelt, d.h., § 274 HGB ist nicht einschlägig.

> **Frage:** Wann kommt es zu aktiven Steuerabgrenzungen?

Antwort: Als wesentliche Ursachen für aktive Steuerabgrenzungen sind Sachverhalte zu nennen, bei denen Erträge in der Handelsbilanz später anfallen als in der Steuerbilanz oder Sachverhalte, bei denen Aufwendungen handelsrechtlich früher zu erfassen sind als in der Steuerbilanz. In beiden Fällen ist das steuerrechtliche Ergebnis höher als das handelsrechtliche Ergebnis.

> **Frage:** Nennen Sie zwei Beispiele, in denen diese Voraussetzungen erfüllt sind!

Antwort: Beiträge für ein Disagio (oder Damnum) können gemäß § 250 Abs. 3 HGB handelsrechtlich sofort als Aufwand behandelt werden, während in der steuerlichen Gewinnermittlung zwingend eine Aktivierung mit planmäßiger Auflösung erfolgen muss.

Bei Anteilen an Personengesellschaften bilden in der Handelsbilanz die Anschaffungskosten die Obergrenze für den Wertansatz, während es in der Steuerbilanz i.R.d. „spiegelbildlichen Bilanzierung" auch zum Ausweis eines höheren Wertes kommen kann.

> **Frage:** Denken Sie bitte an einen entgeltlich erworbenen „Geschäfts- oder Firmenwert". Kann es hierbei ebenfalls zum Vorliegen von Steuerlatenzen kommen?

Antwort: Steuerlatenzen entstehen dann, wenn der Geschäfts- oder Firmenwert in der Handelsbilanz aktiviert wird, aber über eine kürzere Nutzungsdauer als in der Steuerbilanz abgeschrieben wird.

> **Tipp!** Es war nach der herrschenden Literaturmeinung aber auch zulässig, auch in der Handelsbilanz von einer Nutzungsdauer von fünfzehn Jahren auszugehen, sodass es insoweit nicht zum Auseinanderfallen von Handels- und Steuerbilanz kommt. Dieser „Gleichklang" dürfte sich in Zukunft allerdings fast nicht mehr ergeben, da nach dem durch das BilRUG eingefügten § 253 Abs. 3 S. 3 HGB in den Ausnahmefällen, in denen die voraussichtliche Nutzungsdauer eines selbst geschaffenen immateriellen Vermögensgegenstands des Anlagevermögens nicht verlässlich geschätzt werden kann, planmäßige Abschreibungen auf die Herstellungskosten über einen Zeitraum von zehn Jahren vorzunehmen sind. Gemäß Satz 4 findet diese Vorschrift auch auf einen entgeltlich erworbenen Geschäfts- oder Firmenwert entsprechende Anwendung.

> **Frage:** Wann kommt es zu passiven Steuerabgrenzungen?

Antwort: Als wesentliche Ursachen für passive Steuerabgrenzungen sind Sachverhalte zu nennen:
* bei denen Erträge in der Handelsbilanz früher anfallen als in der Steuerbilanz,
* bei denen Aufwendungen handelsrechtlich später zu erfassen sind als in der Steuerbilanz.

In beiden Fällen ist das steuerrechtliche Ergebnis niedriger als das handelsrechtliche Ergebnis.

> **Frage:** Angenommen es liegen sowohl die Voraussetzungen für eine passive wie auch für eine aktive Abgrenzung vor. Finden Sie auf beiden Seiten der Bilanz einen Ausweis?

Antwort: § 274 HGB geht von einer Gesamtbetrachtung aus und definiert deshalb den Inhalt nur eines Bilanzpostens. Abzugrenzen ist deshalb der Saldo, der sich aus der Einzelbetrachtung von passiven und aktiven Steuerabgrenzungen ergibt, sodass es entweder zum Ausweis einer Rückstellung oder zum Ausweis einer Bilanzierungshilfe kommen kann. Gemäß § 274 Abs. 1 S. 3 HGB kann die sich ergebende Steuerbelastung und die sich ergebende Steuerentlastung aber auch unverrechnet angesetzt werden.

> **Frage:** Ergibt sich beim Ausweis eines Aktivpostens nach § 274 Abs. 2 HGB eine weitere Rechtsfolge?

Antwort: Der Ausweis eines Aktivpostens führt nach § 268 Abs. 8 S. 2 HGB zu einer handelsrechtlichen Ausschüttungssperre. Gewinne dürfen höchstens insoweit ausgeschüttet werden, als die verbleibenden Gewinnrücklagen zuzüglich eines Gewinnvortrages abzüglich eines Verlustvortrages dem gebildeten Posten entsprechen.

Problembereich 11: Konzernbilanzierung

> **Frage:** Was ist ein Tochterunternehmen?

Antwort: Seit der Geltung des BilMoG, gilt das international übliche Control-Konzept („mögliche Beherrschung"). Demnach ist ein Tochterunternehmen in den Konzernabschluss einzubeziehen, wenn ein Mutterunternehmen auf ein Tochterunternehmen einen beherrschenden Einfluss ausüben kann. Dieser beherrschende Einfluss wird zukünftig auch unterstellt, wenn das Mutterunternehmen bei wirtschaftlicher Betrachtung die Mehrheit der Risiken und Chancen eines Unternehmens trägt, das zur Erreichung eines eng begrenzten und genau definierten Ziels des Mutterunternehmens dient. Beherrschender Einfluss nach der Regelung des § 290 Abs. 2 HGB liegt vor, wenn:
* Dem Mutterunternehmen die Mehrheit der Stimmrechte zusteht (§ 290 Abs. 2 Nr. 1 HGB),

- die Muttergesellschaft als Gesellschafterin der Tochtergesellschaft das Recht hat, die Mehrheit der Mitglieder des Verwaltungs-, Leitungs- oder Aufsichtsorgans zu bestellen oder abzuberufen (§ 290 Abs. 2 Nr. 2 HGB) oder

- der Muttergesellschaft das Recht zusteht, auf Grundlage eines Beherrschungsvertrages oder auf der Grundlage einer Satzungsbestimmung einen beherrschenden Einfluss auszuüben (§ 290 Abs. 2 Nr. 3 HGB) oder

- das Mutterunternehmen bei wirtschaftlicher Betrachtung die Mehrheit der Risiken und Chancen eines Unternehmens trägt, das zur Erreichung eines eng begrenzten und genau definierten Ziels des Mutterunternehmens dient (Zweckgesellschaft). Neben Unternehmen können Zweckgesellschaften auch sonstige juristische Personen des Privatrechts oder unselbständige Sondervermögen des Privatrechts sein, ausgenommen als Sondervermögen aufgelegte offene inländische Spezial-AIF mit festen Anlagebedingungen im Sinne des § 284 des Kapitalanlagegesetzbuchs oder vergleichbare EU-Investmentvermögen oder ausländische Investmentvermögen, die den als Sondervermögen aufgelegten offenen inländischen Spezial-AIF mit festen Anlagebedingungen im Sinn des § 284 des Kapitalanlagegesetzbuchs vergleichbar sind, oder als Sondervermögen aufgelegte geschlossene inländische Spezial-AIF oder vergleichbare EU-Investmentvermögen oder ausländische Investmentvermögen, die den als Sondervermögen aufgelegten geschlossenen inländischen Spezial-AIF vergleichbar sind (§ 290 Abs. 2 Nr. 4 HGB).

Tipp! Fragen zum Konzernsteuerrecht sind in der mündlichen Steuerberaterprüfung eher selten. Trotzdem sollten Sie die hier dargestellten Grundlagen kennen!

Frage: Welche Änderungen haben sich bezüglich des Konzernabschlusses durch das MicroBilG ergeben?

Antwort: Über die Neuregelungen bezüglich der Kleinstkapitalgesellschaften hinaus ist durch das MicroBilG § 264 Abs. 3 HGB geändert worden. Kapitalgesellschaften, die als Tochtergesellschaften in einen Konzernabschluss einbezogen werden, wird unter bestimmten Voraussetzungen die Möglichkeit eröffnet, Erleichterungen hinsichtlich der Aufstellung, Prüfung und/oder Offenlegung ihres Jahresabschlusses und Lageberichts in Anspruch zu nehmen. Nunmehr können auch Tochtergesellschaften, deren Mutterunternehmen ihren Sitz im EU- oder EWR-Ausland haben, die Erleichterungen des § 264 Abs. 3 HGB in Anspruch nehmen.

Frage: Aus welchen Bestandteilen besteht der Konzernabschluss?

Antwort: Gemäß § 297 Abs. 1 S. 1 HGB besteht der Konzernabschluss aus der Konzernbilanz, der Konzerngewinn- und Verlustrechnung, dem Konzernanhang, der Kapitalflussrechnung und dem Eigenkapitalspiegel. Er kann um eine – operative (produktorientierte oder geographische) – Segmentberichterstattung erweitert werden. Im Konzernabschluss ist die Vermögens-, Finanz- und Ertragslage der einbezogenen Unternehmen so darzustellen, als ob diese Unternehmen insgesamt ein einziges Unternehmen wären (§ 297 Abs. 3 S. 1 HGB).

Hinweis! Der International Sustainability Standards Board (ISSB) entwickelt in Anlehnung an die Prinzipien der IFRS einen eigenen Rahmen für die – global einheitliche und formalisierte – Offenlegung von Nachhaltigkeitsinformationen. Die beiden ersten Standardentwürfe (IFRS S1 und IFRS S2) sollen Ende Juni 2023 final veröffentlicht und ab dem 01.01.2024 anzuwenden sein. Neben den europäischen Bemühungen zur verbindlichen Standardisierung zumindest für Unternehmen in der EU bzw. für Unternehmen, welche die EU als großen Absatzmarkt nutzen, entwickelt der

International Sustainability Standards Board (ISSB) unter dem Dach der IFRS-Stiftung Standards, die weltweit akzeptiert werden sollen.

Frage: Innerhalb welches Zeitraums ist ein Konzernabschluss aufzustellen?

Antwort: Der Konzernabschluss und der Konzernlagebericht sind innerhalb der ersten fünf Monate des folgenden Konzerngeschäftsjahres aufzustellen (§ 290 Abs. 1 S. 1 HGB).

Tipp! Nicht notwendigerweise muss das Konzerngeschäftsjahr dem Kalenderjahr entsprechen.

Frage: In welcher Sprache und in welcher Währung ist ein Konzernabschluss aufzustellen?

Antwort: Ein Konzernabschluss muss in deutscher Sprache und in Euro aufgestellt werden, weil gemäß § 298 Abs. 1 HGB die Norm des § 244 HGB zu beachten ist. Ggf. ist es also notwendig, in den Einzelabschlüssen neben einer sprachlichen Übersetzung auch eine Währungsumrechnung vorzunehmen.

Das Gesetz zur Umsetzung der zweiten Aktionärsrechterichtlinie (ARUG II) hat am 29.11.2019 den Bundesrat passiert. Das Gesetz beinhaltet umfangreiche Regelungen hinsichtlich der Aktionärsrechte börsennotierter Aktiengesellschaften in Deutschland. In Kraft getreten ist das Gesetz zum 01.01.2020, wobei die Änderungen im HGB erstmals für das kalenderjahrgleiche Geschäftsjahr 2021 anzuwenden sind. Neben den Änderungen im AktG sieht das ARUG II zudem auch einige Änderungen im HGB vor. So ist nach dem ARUG II die Veröffentlichung eines befreienden Konzernabschlusses im Kontext von § 291 HGB sowie § 292 HGB auch in englischer Sprache zulässig. Bislang trat eine solche Befreiung nur dann ein, wenn der befreiende Konzernabschluss in deutscher Sprache offengelegt wurde. Ein befreiender Konzernabschluss kann erstmals für das kalenderjahrgleiche Geschäftsjahr 2021 auch in englischer Sprache veröffentlicht werden.

Frage: Darf der Anhang der Muttergesellschaft und der Konzernanhang zusammengefasst werden?

Antwort: Eine Zusammenfassung des Anhangs der Muttergesellschaft und des Konzernanhangs ist ausdrücklich zugelassen; dies ergibt sich aus § 298 Abs. 3 S. 1 HGB. Aus dem Anhang muss sich allerdings dann ergeben, welche Angaben auf den Konzern und welche Angaben auf die Muttergesellschaft entfallen (§ 298 Abs. 3 S. 3 HGB).

Frage: Was ist eine „Konsolidierung"?

Antwort: Als Konsolidierung bezeichnet man den Vorgang, im Anschluss der Aufbereitung der Einzelabschlüsse die Beziehungen innerhalb eines Konzerns zu eliminieren, um die Gesamtabbildung eines Unternehmensverbundes so zu erreichen, als handele es sich um ein einziges Unternehmen. Im Einzelnen sind folgende Konsolidierungsmaßnahmen notwendig:
- Kapitalkonsolidierung,
- Schuldenkonsolidierung,
- Aufwands- und Ertragskonsolidierung, sowie die
- Zwischenergebniseliminierung.

Frage: Welche Unternehmen werden vom Konsolidierungskreis erfasst?

Antwort: Nach der grundsätzlichen Regelung des § 294 Abs. 1 HGB sind das Mutterunternehmen und alle Tochterunternehmen – unabhängig vom Sitz des Tochterunternehmens – in den Konzernabschluss einzubeziehen. Dieses grundsätzliche Vollständigkeitsgebot kann nur durch die in § 296 HGB geregelten Wahlrechte, die letztlich überwiegend Widerspruchstatbestände gegen die in § 290 Abs. 2 HGB dargestellten Vermutungen bezüglich der Beherrschungsmöglichkeit von Tochterunternehmen darstellen, eingeschränkt werden.

Frage: Auf welchen Stichtag muss der Konzernabschluss erstellt werden und müssen alle einbezogenen Unternehmen denselben Abschlussstichtag haben?

Antwort: Der Konzernabschluss ist zwingend auf den Stichtag des Jahresabschlusses der Muttergesellschaft aufzustellen (§ 299 Abs. 1 HGB). Liegt der Stichtag eines Unternehmens, welches in den Konzernabschluss einzubeziehen ist, um mehr als drei Monate vor dem Stichtag des Konzernabschlusses, ist von diesem Unternehmen zwingend ein Zwischenabschluss aufzustellen (§ 299 Abs. 2 S. 2 HGB). Weicht der Abschlussstichtag drei Monate oder weniger vom Stichtag des Konzernabschlusses ab, ist die Aufstellung eines Zwischenabschlusses dagegen nicht gesetzlich vorgeschrieben. Allerdings sind in diesen Fällen entweder in der Konzernbilanz oder im Konzernanhang Vorgänge von besonderer Bedeutung – aus Sicht des Konzernabschlusses – des einzelnen konsolidierten Unternehmens darzustellen. Werden diese Vorgänge im Anhang des Konzerns dargestellt, sind entsprechende Betragsangaben erforderlich.

Frage: Was wird als „Handelsbilanz II" bezeichnet?

Antwort: Als Handelsbilanz II werden die einheitlich aufbereiteten Einzelabschlüsse der in die Konsolidierung einzubeziehenden Unternehmen genannt.

Frage: Ein zu konsolidierendes Unternehmen hat ein handelsrechtliches Aktivierungswahlrecht nicht ausgeübt. Besteht die Möglichkeit, eine Aktivierung im Konzernabschluss vorzunehmen?

Antwort: Für den Bilanzansatz im Konzernabschluss sind („nur") die Bilanzierungsvorschriften des Mutterunternehmens zu beachten. Gemäß § 300 Abs. 2 S. 1 HGB sind die Vermögensgegenstände, Schulden und Rechnungsabgrenzungsposten sowie die Erträge und Aufwendungen der in den Konzernabschluss einzubeziehenden Unternehmen – unabhängig von ihrer Berücksichtigung in den Jahresabschlüssen dieser Unternehmen – vollständig in den Konzernabschluss aufzunehmen, soweit nicht ein Bilanzierungsverbot oder -wahlrecht für das Mutterunternehmen besteht. Daraus folgt, dass die Konzernleitung im Konzernabschluss über den Ansatz von Vermögensgegenständen und Schulden – losgelöst von deren Ansatz in den zugrunde liegenden Einzelabschlüssen – neu entscheiden kann (s. § 300 Abs. 2 S. 2 HGB). Die Entscheidung in den Einzelabschlüssen ist damit nicht maßgeblich für den Konzernabschluss.

Frage: Was gilt bezüglich der Wertansätze der im Konzernabschluss enthaltenen Vermögensgegenstände und Schulden?

Antwort: Im Gegensatz zur Regelung der Ansatzwahlrechte schreibt § 308 Abs. 1 S. 1 HGB vor, dass auch für die in den Konzernabschluss übernommenen Vermögensgegenstände und Schulden von konsolidierten Unternehmen nach den auf den Jahresabschluss des Mutterunternehmens anwendbaren Bewertungsmethoden einheitlich zu bewerten sind. Grundsätzlich geht das HGB also davon aus, dass die im Einzelabschluss des Mutterunternehmens zulässige bzw. angewendete Bewertung auch im Konzernabschluss als Maßstab gilt.

Frage: Unterliegt ein Konzernabschluss zwingend der Prüfungspflicht?

Antwort: Der Konzernabschluss und der Konzernlagebericht von Kapitalgesellschaften sind durch einen Abschlussprüfer zu prüfen (§ 316 Abs. 2 S. 1 HGB). Wenn diese vorgeschriebene Prüfung nicht stattgefunden hat, kann der Konzernabschluss nicht gebilligt werden. Das Gesetz benutzt den Begriff „gebilligt", weil Konzernabschlüsse nicht festgestellt werden.

Tipp! Die gesetzlichen Grundlagen zur Abschlussprüfung ergeben sich aus §§ 316 ff. HGB.

Frage: Innerhalb welcher Frist ist der Konzernabschluss zu übermitteln?

Antwort: Gemäß § 325 Abs. 3 HGB gelten die Absätze 1 bis 1b Satz 1 und Abs. 4 Satz 1 dieser Vorschrift entsprechend für die Mitglieder des vertretungsberechtigten Organs, die einen Konzernabschluss und einen Konzernlagebericht aufzustellen haben. Nach § 325 Abs. 1 HGB sind die Mitglieder des vertretungsberechtigten Organs einer Kapitalgesellschaft verpflichtet, für diese folgende Unterlagen, sofern sie aufzustellen oder zu erstellen sind, in deutscher Sprache offenzulegen:

1. den festgestellten Jahresabschluss, den Lagebericht, den Bestätigungsvermerk oder den Vermerk über dessen Versagung und die Erklärungen nach § 264 Abs. 2 Satz 3 HGB und § 289 Abs. 1 Satz 5 HGB sowie

2. den Bericht des Aufsichtsrats und die nach § 161 des Aktiengesetzes vorgeschriebene Erklärung. unverzüglich nach seiner Vorlage an die Gesellschafter, jedoch spätestens vor Ablauf des zwölften Monats des dem Abschlussstichtag nachfolgenden Geschäftsjahrs, bei der das Unternehmensregister führenden Stelle elektronisch zur Einstellung in das Unternehmensregister zu übermitteln.

Frage: Wie ist der aktuelle Verfahrensablauf bei Verstößen gegen die Offenlegungspflichten?

Antwort: Bei nicht fristgerechter Offenlegung drohen Ordnungsgelder durch das Bundesamt für Justiz. Eine erste Aufforderung zur Nachholung versäumter gesetzlicher Offenlegungen ist zunächst nur mit einer Gebühr von 103,50 € verbunden. Wird innerhalb der Sechswochenfrist die Offenlegung nachgeholt, bleibt es bei der Gebühr von 103,50 €, die in jedem Fall zu bezahlen ist. Erfolgt innerhalb der Sechswochenfristen keine Offenlegung, setzt das Bundesamt für Justiz ein Ordnungsgeld von anfänglich regelmäßig 2.500 € fest. Dieses Ordnungsgeld wird als Zwangsgeld so lange – teilweise mit ansteigenden Beträgen – fest, bis das Unternehmen seine Offenlegungspflichten erfüllt hat.

Bei der (wiederholten) Festsetzung von Ordnungsgeldern ist zu beachten, dass als erstes Ordnungsgeld vom Bundesamt für Justiz auch höhere Beträge als 2.500 €, höchstens aber 25.000 € festgesetzt werden können. In den letzten Jahren konnten eine Zunahme von Ordnungsgeldverfahren und schnellere Reaktionszeiten seitens des Bundesanzeigers sowie des Bundesamts für Justiz beobachtet werden. Für den Fall, dass die Offenlegung nach Ablauf der Sechswochenfrist, aber noch vor Festsetzung des Ordnungsgelds erfolgt, reduziert sich das Ordnungsgeld nach § 335 Abs. 4 HGB auf einen Betrag von 1.000 € bei kleinen Kapitalgesellschaften nach § 267 Abs. 1 HGB. Bei Kleinstkapitalgesellschaften nach § 326 Abs. 2 HGB verringert sich das Ordnungsgeld auf 500 €, sofern sie von dem Wahlrecht zur Hinterlegung nach § 326 Abs. 2 HGB Gebrauch machen.

Problembereich 12: Teilwertabschreibung/Wertaufholung

Frage: Was besagt das strenge Niederstwertprinzip?

Antwort: Das Niederstwertprinzip ist eine Bewertungsvorschrift für Vermögensgegenstände und wird im Handelsgesetzbuch (HGB) unter dem Abschnitt Bewertungsvorschriften in § 253 geregelt. Aus diesem Bewertungsgrundsatz lassen sich die anzusetzenden Werte von Vermögensgegenständen für die Buchführung und Bilanzierung ableiten. Das Niederstwertprinzip findet Anwendung auf der Aktivseite der Bilanz und ist dementsprechend hauptsächlich auf Anschaffungs- oder Herstellungskosten anzuwenden.

Das HGB unterscheidet Vermögensgegenstände des Umlaufvermögens und des Anlagevermögens. Dabei kommen unterschiedliche Ansätze des Niederstwertprinzips zur Anwendung. Ziel beider Ansätze ist es jedoch, den jeweils niedrigeren Wert für die Bewertung heranzuziehen. Dadurch sollen Unternehmen davor geschützt werden, durch zu hohe Wertansätze in Liquiditätsengpässe (ab) zu rutschen.

Im Gegensatz zum Anlagevermögen gilt für Vermögensgegenstände des Umlaufvermögens das strenge Niederstwertprinzip. Auch bei nicht dauerhafter Wertminderung muss hier der niedrigste Wertansatz zur Bewertung herangezogen werden. Dementsprechend sind Abschreibungen zwingend vorzunehmen, um einen niedrigeren Wertansatz für die Vermögensgegenstände des Umlaufvermögens zu erhalten und somit § 253 Abs. 3 HGB zu entsprechen.

Frage: Was verstehen Sie unter dem gemilderten Niederstwertprinzip?

Antwort: Bei Gegenständen des Anlagevermögens besteht im Gegensatz zum Umlaufvermögen ein gewisser Ermessensspielraum. Eine vorübergehende Wertminderung kann außer Acht gelassen werden. Stellt sich jedoch heraus, dass die Wertminderung von Dauer ist, gilt auch hier das strenge Niederstwertprinzip und sie muss in Form von Abschreibungen dokumentiert werden.

Frage: Gilt das gemilderte Niederstwertprinzip auch für die steuerliche Gewinnermittlung?

Antwort: Es gibt in der Steuerbilanz kein Wahlrecht mehr, bei nur vorübergehender Wertminderung eine Teilwertabschreibung vorzunehmen. Teilwertabschreibungen kommen nur bei einer voraussichtlich dauernden Wertminderung in Betracht.

Frage: Muss denn – sofern eine dauernde Wertminderung vorliegt – in der Steuerbilanz zwingend eine Teilwertabschreibung vorgenommen werden?

Antwort: Das handelsrechtliche Gebot zur außerplanmäßigen Abschreibung auf den beizulegenden Wert bei voraussichtlich dauernder Wertminderung gem. § 253 Abs. 3 S. 3, Abs. 4 HGB ist nicht maßgebend für die Steuerbilanz, weil § 6 Abs. 1 Nr. 1 S. 2 und Nr. 2 S. 2 EStG den Ansatz des Teilwerts nicht vorschreibt, sondern nur wahlweise zulässt. Eine Teilwertabschreibung ist deshalb nicht vorgeschrieben. Diese Auffassung ist auch durch das BMF-Schreiben vom 12.03.2010, BStBl I 2010, 239, IV C 6 – S 2133/09/10001 in der Tz. 15 bestätigt worden.

Frage: Erläutern Sie den Begriff „Imparitätsprinzip" im Zusammenhang mit dem Teilwertbegriff für die Steuerbilanz!

Antwort: Die Vorschrift des § 6 EStG geht von dem Gedanken aus, dass nicht verwirklichte Gewinne in der Bilanz nicht ausgewiesen werden dürfen, während nicht realisierte Verluste ausgewiesen werden können, bzw. – wegen der Maßgeblichkeit der Handelsbilanz für die Steuerbilanz – ausgewiesen werden müssen. Damit gilt für Gewinne das Realisationsprinzip, während für Verluste das Verursachungsprinzip gilt. Diese ungleiche Behandlung von Gewinnen und Verlusten bezeichnet man als Imparitätsprinzip. Aus diesem Prinzip folgt, dass ein Teilwertansatz nur dann infrage kommt, wenn dieser niedriger als die Anschaffungs- oder Herstellungskosten ist.

Frage: Wie kann man den Begriff des Teilwerts erläutern?

Antwort: Teilwert ist nach der gesetzlichen Definition des § 6 Abs. 1 Nr. 1 S. 3 EStG der Betrag, den ein (gedachter) Erwerber des ganzen Betriebs im Rahmen des Gesamtkaufpreises bei unterstellter Betriebsfortführung für das einzelne Wirtschaftsgut ansetzen würde. Während der gemeine Wert aus der Sicht des Veräußerers eines einzelnen Wirtschaftsgutes ermittelt wird, ist der Teilwert aus der Sicht des Erwerbers eines Betriebes zu ermitteln. Der Teilwert kann nur im Schätzungsweg ermittelt werden, wobei die Rechtsprechung des Bundesfinanzhofs für die Wertermittlung bestimmte Grenzwerte aufgestellt hat. Der Teilwert ist ein objektiver Wert, der nicht auf der persönlichen Auffassung des einzelnen Kaufmanns, sondern auf einer allgemeinen Wertschätzung beruht, wie sie in der Marktlage am Stichtag ihren Ausdruck findet (s. Urteil des BFH vom 08.09.1994, BStBl II 1995, 309).

Frage: Welche Grundsätze für die Wertermittlung des Teilwerts sind Ihnen bekannt?

Antwort: Als Höchstwert des Teilwerts sind die Wiederbeschaffungskosten für ein Wirtschaftsgut gleicher Art und Güte im Zeitpunkt der Bewertung zu nennen. So hat der BFH mit Urteil vom 27.07.1988 (BStBl II 1989, 274) entschieden, dass der Teilwert eines neu hergestellten oder angeschafften abnutzbaren Anlageguts im Zeitpunkt seiner Anschaffung oder Herstellung den Anschaffungs- bzw. den (Wieder-)Herstellungskosten entspricht. Wertuntergrenze ist i.d.R. der Einzelveräußerungspreis abzüglich der Veräußerungskosten.

Frage: Die A-GmbH hat für die Herstellung eines Medikaments im Januar 01 eine Maschine (betriebsgewöhnliche Nutzungsdauer fünf Jahre) für 250.000 € netto angeschafft, mit der 2 Millionen Einheiten des Präparates B im Jahr hergestellt werden sollen. Durch das gesetzliche Verbot eines ähnlichen Medikaments kann nunmehr nachhaltig mit dem kalkulierten Absatz des Medikaments B nicht mehr gerechnet werden. Im besten Fall können noch 500.000 Einheiten des Präparates B im Jahr verkauft werden. Hierfür würde allerdings eine kleinere Anlage, die bei gleicher Lebensdauer nur 100.000 € gekostet hätte, ausreichen. Die Ertragslage des Unternehmens ist gut. Mit welchem Wert ist die Maschine – bei Inanspruchnahme von linearer AfA – zu aktivieren?

Antwort: Die allgemeine Lebenserfahrung spricht dafür, dass der Teilwert eines neu hergestellten oder angeschafften Wirtschaftsguts den Herstellungs- oder Anschaffungskosten entspricht und sich zu einem späteren Zeitpunkt mit den Wiederbeschaffungskosten deckt (H 6.7 „Teilwertvermutungen" EStH). Diese tatsächliche Vermutung kann aber im Einzelfall widerlegt werden, wenn der Steuerpflichtige nachweist, dass die Anschaffung oder Herstellung eines Wirtschaftsguts von Anfang an eine Fehlmaßnahme war oder dass zwischen dem Zeitpunkt der Anschaffung oder Herstellung und dem maßgeblichen Bilanzstichtag Umstände eingetreten sind, die die Anschaffung oder Herstellung des Wirtschaftsguts im Nachhinein zur Fehlmaßnahme werden lassen. Als Fehlmaßnahme ist die Anschaffung oder Herstellung eines Wirtschaftsguts des Anlagevermögens zu werten, wenn ihr wirtschaftlicher Nutzen bei objektiver Betrachtung deutlich hinter dem für den Erwerb oder die Herstellung getätigten Aufwand zurückbleibt und deshalb dieser Aufwand so unwirtschaftlich war, dass er von einem gedachten Erwerber des gesamten Betriebs im Kaufpreis nicht honoriert würde (H 6.7 „Fehlmaßnahme" EStH).

Der Erwerb einer Produktionsanlage zur Herstellung eines Medikaments stellt eine Fehlmaßnahme dar, wenn zwischen dem Zeitpunkt der Anschaffung der Anlage und dem maßgeblichen Bilanzstichtag der Vertrieb der Ware gesetzlich verboten wird und die Produktionsanlage mangels anderweitiger Nutzungsmöglichkeit überflüssig ist. Darüber hinaus ist die Anschaffung einer Maschine auch dann eine Fehlmaßnahme, wenn diese nach den gegebenen betrieblichen Verhältnissen erheblich und dauerhaft „überdimensioniert" ist. Das Anlagegut muss nach den Erkenntnismöglichkeiten am Bilanzstichtag mit hoher Wahrscheinlichkeit mindestens für den weitaus überwiegenden Teil seiner technischen Restnutzungsdauer nicht mehr wirtschaftlich sinnvoll eingesetzt werden können. Der Teilwertabschreibung der Produktionsmaschine steht auch nicht entgegen, dass die Ertragslage des Betriebs gut ist, denn der gedachte Erwerber eines Betriebs würde unter zwei vergleichbaren rentablen Betrieben den vorziehen, der nicht mit den überdimensionierten und entsprechend billigeren Anlagen ausgestattet ist. Die Maschine ist mit 80.000 € (= 100.000 € abzüglich AfA 20.000 €) in der Bilanz auszuweisen.

> **Tipp!** Eine Fehlmaßnahme kann auch dazu führen, dass der Bilanzansatz eines Wirtschaftsgutes vollständig bzw. bis auf den Schrottwert abzuschreiben ist.

> **Frage:** Kaufmann A hat eine Maschine zu Anschaffungskosten von 200.000 € erworben. Die Nutzungsdauer beträgt zehn Jahre, die jährliche AfA beträgt 20.000 €. Im Jahre 02 beträgt der Teilwert nur noch:
> - 1. Alternative: 60.000 € bei einer Restnutzungsdauer von acht Jahren,
> - 2. Alternative:100.000 € bei einer Restnutzungsdauer von acht Jahren.
> Ist die Vornahme einer Teilwertabschreibung auf den 31.12.02 möglich?

Antwort: Die Vorschrift des § 6 Abs. 1 Nr. 1 EStG erfordert für den Ansatz des niedrigeren Teilwerts eine voraussichtlich dauernde Wertminderung. Für die Wirtschaftsgüter des abnutzbaren Anlagevermögens kann von einer voraussichtlich dauernden Wertminderung ausgegangen werden, wenn der Wert des jeweiligen Wirtschaftsguts zum Bilanzstichtag mindestens für die halbe Restnutzungsdauer unter dem planmäßigen Restbuchwert liegt (s. BMF vom 16.07.2014, Rz. 8). Die verbleibende Nutzungsdauer ist grundsätzlich nach den amtlichen AfA-Tabellen zu bestimmen. In der ersten Alternative ist deshalb eine Teilwertabschreibung auf 60.000 € zulässig (Wahlrecht), weil der Wert des Wirtschaftsguts zum 31.12.02 bei planmäßiger Abschreibung nach fünf Jahren und damit erst nach mehr als der Hälfte der Restnutzungsdauer erreicht wird und deshalb eine dauernde Wertminderung vorliegt. In der zweiten Alternative ist die Wertminderung voraussichtlich nicht von Dauer, da der Wert des Wirtschaftsguts zum 31.12.02 bei planmäßiger Abschreibung schon nach drei Jahren und damit früher als nach mehr als der Hälfte der Restnutzungsdauer erreicht wird. Eine Teilwertabschreibung auf 100.000 € ist nicht zulässig.

> **Frage:** Welche grundsätzlichen Aussagen ergeben sich zur Frage der Teilwertabschreibung bei börsennotierten Wertpapieren des Anlagevermögens?

Antwort: Zunächst sollte hier erwähnt werden, dass sich eine Teilwertabschreibung zu 60 % dann gewinnmindernd auswirkt, wenn sich die Anteile im Betriebsvermögen eines Einzelunternehmers oder einer Personengesellschaft befinden, soweit an dieser natürliche Personen beteiligt sind. Bei Kapitalgesellschaften sollte (mit Blick auf die sogenannte „Zuschreibungsfalle" des § 8b KStG) ein Verzicht auf eine Teilwertabschreibung durch Ausübung des steuerlichen Wahlrechts geprüft werden.

Bei börsennotierten Aktien des Anlagevermögens ist von einer voraussichtlich dauernden Wertminderung auszugehen, wenn der Börsenwert zum Bilanzstichtag unter denjenigen im Zeitpunkt des Aktienerwerbs gesunken ist und der Kursverlust die Bagatellgrenze von 5 % der Notierung bei Erwerb überschreitet. Bei einer vorangegangenen Teilwertabschreibung ist für die Bestimmung der Bagatellgrenze der Bilanzansatz am vorangegangenen Bilanzstichtag maßgeblich. Der Teilwert einer Aktie kann nur dann nicht nach dem Kurswert (zuzüglich der im Falle eines Erwerbs anfallenden Erwerbsnebenkosten) bestimmt werden, wenn aufgrund konkreter und objektiv überprüfbarer Anhaltspunkte davon auszugehen ist, dass der Börsenpreis den tatsächlichen Anteilswert nicht widerspiegelt (BFH vom 21.09.2011, BStBl II 2014, 612, I R 89/10). Dies wäre z.B. dann der Fall, wenn der Kurs durch Insidergeschäfte beeinflusst (manipuliert) wurde oder über einen längeren Zeitraum kein Handel mit den zu bewertenden Aktien stattfand. Die vom BFH aufgestellten Grundsätze zur Teilwertabschreibung von börsennotierten Aktien gelten auch bei aktien-indexbezogenen Wertpapieren, die an einer Börse gehandelt und nicht zum Nennwert zurückgezahlt werden. Bei den bis zum Tag der Bilanzaufstellung eintretenden Kursänderungen handelt es sich um wertbeeinflussende (wertbegründende) Umstände, die die Bewertung der Aktien zum Bilanzstichtag grundsätzlich nicht berühren.

Diese Grundsätze ergeben sich aus dem Schreiben des BMF vom 16.07.2014, IV C 6 – S 2171-b/09/10002, Rz. 15.

In seinem Urteil vom 18.04.2018 (I R 37/16, BStBl II 2019, 73) hat der BFH im Übrigen seine Rechtsprechung bestätigt, dass es allein aufgrund eines gesunkenen Kurses nicht zu einer Abschreibung auf den Wert eines festverzinslichen Wertpapiers kommen darf.

Die zentrale Aussage des Urteils des BFH vom 13.02.2019, (XI R 41/17, BStBl II 2021, 717) ist, dass die Rechtsprechung zur dauernden Wertminderung von Aktien grundsätzlich auch auf die Anteile an einem geschlossenen Immobilienfonds anzuwenden ist.

> **Frage:** Zu dem letztgenannten Komplex ein Beispiel: Ein Steuerpflichtiger hat Aktien der börsennotierten X-AG zum Preis von 200 €/Stück erworben. Die Aktien sind als langfristige Kapitalanlage dazu bestimmt, dauernd dem Geschäftsbetrieb zu dienen. Der Kurs der Aktien schwankt nach der Anschaffung zwischen 140 und 200 €. Am Bilanzstichtag beträgt der Börsenpreis 180 €. Am Tag der Bilanzaufstellung beträgt der Wert ebenfalls 184 €.
> Ist eine Teilwertabschreibung auf den Bilanzstichtag zulässig und wenn, dann auf welchen Wert?

Antwort: Eine Teilwertabschreibung auf 180 € ist zulässig, da der Kursverlust im Vergleich zum Erwerb mehr als 5 % am Bilanzstichtag beträgt. Die Kursentwicklung nach dem Bilanzstichtag ist als wertbegründender Umstand unerheblich.

> **Frage:** Welche Grundsätze sind beim Umlaufvermögen im Zusammenhang mit einem niedrigeren Teilwert zu beachten?

Antwort: Die Wirtschaftsgüter des Umlaufvermögens sind nicht dazu bestimmt, dem Betrieb auf Dauer zu dienen. Sie werden stattdessen regelmäßig für den Verkauf oder den Verbrauch gehalten. Demgemäß kommt dem Zeitpunkt der Veräußerung oder Verwendung für die Bestimmung einer voraussichtlich dauernden Wertminderung eine besondere Bedeutung zu. Hält die Minderung bis zum Zeitpunkt der Aufstellung der Bilanz oder dem vorangegangenen Verkaufs- oder Verbrauchszeitpunkt an, so ist die Wertminderung voraussichtlich von Dauer. Zusätzliche werterhellende Erkenntnisse bis zu diesen Zeitpunkten sind in die Beurteilung einer voraussichtlich dauernden Wertminderung der Wirtschaftsgüter zum Bilanzstichtag einzubeziehen. Kursänderungen bei börsennotierten Aktien nach dem Bilanzstichtag und bis zum Tag der Bilanzaufstellung sind als wertbegründender Umstand nicht zu berücksichtigen (BFH vom 21.09.2011, BStBl II 2014, 612, I R 89/10).

> **Frage:** Wie berechnet sich die AfA bei Gebäuden nach Vornahme einer Teilwertabschreibung?

Antwort: Hat der Steuerpflichtige bei einem Gebäude einen niedrigeren Teilwert angesetzt, so bemessen sich die folgenden AfA-Beträge von dem folgenden Wirtschaftsjahr oder Kalenderjahr an gemäß § 11c Abs. 2 S. 2 EStDV nach den Anschaffungs- oder Herstellungskosten des Gebäudes abzüglich des Betrags der Teilwertabschreibung.

> **Frage:** Wie berechnet sich die AfA bei beweglichen abnutzbaren Wirtschaftsgütern nach Vornahme einer Teilwertabschreibung?

Antwort: Ist ein bewegliches Anlagegut auf den niedrigeren Teilwert abgewertet worden, müssen die weiteren AfA von dem dann noch vorhandenen Buchwert vorgenommen werden. Wurde das Anlagegut bis zur Teilwertabschreibung linear abgeschrieben, ist der Restbuchwert auf die Restnutzungsdauer zu verteilen. Wurde bis zur Teilwertabschreibung degressiv abgeschrieben, kann diese Abschreibungsmethode beibehalten werden, der Steuerpflichtige kann aber auch gemäß § 7 Abs. 3 S. 1 und 2 EStG zur linearen Abschreibung übergehen. Bei Fortführung der degressiven AfA (denkbar nur bei älteren

Wirtschaftsgütern, da aktuell keine degressive AfA im Steuerrecht zulässig ist) bei unveränderter Nutzungsdauer ist der bisherige Prozentsatz auf den Restbuchwert anzuwenden.

Frage: Kaufmann A hat in seiner Handelsbilanz auf den 31.12.01 zulässigerweise eine außerplanmäßige Abschreibung für ein von ihm angeschafftes unbebautes Grundstück vorgenommen. Der Grund für die niedrigere Bewertung ist im Geschäftsjahr 02 weggefallen. Welche Folgen ergeben sich für den Abschlussstichtag 31.12.02?

Antwort: Einzelkaufleute und Personengesellschaften, die in ihrer Handelsbilanz eine außerplanmäßige Abschreibung auf den niedrigeren Zeitwert vorgenommen haben, müssen auf den höheren Stichtagswert, maximal bis zur Höhe der – um die Abschreibungen verminderten – Anschaffungs- oder Herstellungskosten bzw. dem an deren Stelle tretenden Wert zuschreiben, wobei auch Zwischenwerte möglich sind. Von diesem generellen Wertaufholungsgebot sind lediglich Geschäfts- oder Firmenwerte ausgenommen. Das Wertaufholungsgebot gilt für alle Kaufleute.

Frage: Warum sind Geschäfts- oder Firmenwerte von der Zuschreibungsverpflichtung des HGB ausgenommen?

Antwort: Bei Geschäfts- oder Firmenwerten sind Zuschreibungen verboten, um die Aktivierung originärer Geschäftswerte zu verhindern.

Frage: Welche Auswirkungen ergeben sich für die Steuerbilanz?

Antwort: In § 6 Abs. 1 Nr. 1 S. 4 EStG hat der Gesetzgeber ein strenges Wertaufholungsgebot für die Steuerbilanz für die Fälle eingeführt, in denen die Voraussetzungen für eine Teilwertabschreibung bei abnutzbaren Wirtschaftsgütern des Anlagevermögens wegen voraussichtlich dauernder Wertminderung am betreffenden Bilanzstichtag nicht mehr vorliegen. Diese Regelung gilt für alle anderen Wirtschaftsgüter des Betriebes gemäß § 6 Abs. 1 Nr. 2 S. 3 EStG sinngemäß. Für jeden Bilanzstichtag ist also ein Vergleich der um die zulässigen Abzüge (z.B. lineare AfA, Übertragung von stillen Reserven gemäß § 6b EStG) geminderten Anschaffungs- oder Herstellungskosten oder des an deren Stelle tretenden Werts als der Bewertungsobergrenze und dem niedrigeren Teilwert als der Bewertungsuntergrenze durchzuführen. Ist der Teilwert danach nicht (mehr) niedriger, ist zwingend auf die (fortgeführten) Anschaffungs- oder Herstellungskosten bzw. dem an deren Stelle tretenden Wert zuzuschreiben. Nicht notwendig für die Zuschreibung ist, dass die Werterholung den Betrag der vorangegangenen Teilwertabschreibung erreicht. Auch teilweise Werterholungen sind Gewinn erhöhend zu berücksichtigen.

Problembereich 13: E-Bilanz

Frage: Was versteht man unter dem Begriff „E-Bilanz"?

Antwort: Unter dem Begriff „E-Bilanz" versteht man die Regelung zur elektronischen Übermittlung von Bilanzen sowie Gewinn- und Verlustrechnungen. Hierdurch wird die bisherige Übermittlung durch Abgabe in Papierform durch eine Übermittlung mittels Datenfernübertragung ersetzt. Die Regelung gilt unabhängig von der Rechtsform und der Größenklasse des bilanzierenden Unternehmens. Auch die anlässlich einer Betriebsveräußerung, Betriebsaufgabe, Änderung der Gewinnermittlungsart oder in Umwandlungsfällen aufzustellende Bilanz ist durch Datenfernübertragung zu übermitteln.

Frage: Wo finden sich die gesetzlichen Grundlagen für die E-Bilanz?

Antwort: Die gesetzlichen Grundlagen ergeben sich aus § 5b EStG.

Wird der Gewinn nach §§ 4 Abs. 1, 5 oder § 5a EStG ermittelt, so ist der Inhalt der Bilanz sowie der Gewinn- und Verlustrechnung nach amtlich vorgeschriebenem Datensatz durch Datenfernübertragung zu übermitteln (§ 5b Abs. 1 S. 1 EStG). Enthält die Bilanz Ansätze oder Beträge, die den steuerlichen Vorschriften nicht entsprechen, so sind diese Ansätze oder Beträge durch Zusätze oder Anmerkungen den steuerlichen Vorschriften anzupassen und nach amtlich vorgeschriebenem Datensatz durch Datenfernübertragung zu übermitteln (§ 5b Abs. 1 S. 2 EStG). Der Steuerpflichtige kann auch eine den steuerlichen Vorschriften, entsprechende Bilanz, also eine sog. Steuerbilanz, nach amtlich vorgeschriebenem Datensatz durch Datenfernübertragung übermitteln (§ 5b Abs. 1 S. 3 EStG). Weitere Unterlagen wie z.B. Anhang und Lagebericht, Eigenkapitalspiegel und Kapitalflussrechnung sowie der Bericht des Abschlussprüfers können – müssen aber nicht – in elektronischer Form übermittelt werden.

Frage: Gibt es Ausnahmen von der Verpflichtung der elektronischen Übermittlung?

Antwort: Es gibt zwei Ausnahmen: einerseits die Härtefallregelung und andererseits eine Regelung für Steuerpflichtige, die ihre Gewinne durch eine Gewinnermittlung gemäß § 4 Abs. 3 EStG ermitteln.

Soweit also die Einhaltung der elektronischen Übermittlungsverpflichtung für den Steuerpflichtigen aus persönlichen oder wirtschaftlichen Gründen unzumutbar ist, kann nach § 5b Abs. 2 EStG i.V.m. § 150 Abs. 8 AO beim jeweils zuständigen Finanzamt ein sog. „Härtefallantrag" gestellt werden. Bei Genehmigung kann die Einreichung dann weiterhin in Papierform erfolgen. Das FG Münster hat entschieden, dass die Erstellung und die Übermittlung einer Bilanz in elektronischer Form für Kleinstbetriebe wirtschaftlich unzumutbar sind, wenn hierdurch ein erheblicher finanzieller Aufwand verursacht wird (FG Münster, rechtskräftiges Urteil vom 28.01.2021, 5 K 436/20 AO, BB 2021, 815).

Für Gewinnermittler nach § 4 Abs. 3 EStG besteht bereits eine Verpflichtung, die Gewinnermittlungsdaten mittels der Anlage EÜR in standardisierter Form zu erklären. Eine elektronische Übermittlung erfolgt lediglich im Rahmen der elektronischen Steuererklärung, z.B. über das Programm Elster.

Tipp! Auch für Kleinstbetriebe besteht grundsätzlich die Verpflichtung zur Einreichung einer E-Bilanz. Der BFH bestätigte seine diesbezügliche Rechtsprechung mit Urteil vom 21.04.2021 (XI R 29/20, BStBl II 2022, 52).

Frage: Gelten Besonderheiten bei steuerbefreiten Körperschaften bzw. bei Betrieben gewerblicher Art bei juristischen Personen des öffentlichen Rechts?

Antwort: Persönlich von der Körperschaftsteuer befreite Körperschaften haben für ihre steuerpflichtigen Einkunftsteile, für die eine Bilanz und eine GuV aufzustellen ist, ebenfalls die Anforderungen nach § 5b EStG zu beachten (Beispiel: wirtschaftlicher Geschäftsbetrieb einer gemeinnützigen Körperschaft i.S.d. § 5 Abs. 1 Nr. 9 KStG i.V.m. §§ 51 f. AO). Gleiches gilt für Betriebe gewerblicher Art von juristischen Personen des öffentlichen Rechts, sofern diese zur Aufstellung einer Bilanz und GuV verpflichtet sind.

Frage: Was ist bei inländischen Unternehmen mit ausländischen Betriebsstätten bzw. bei ausländischen Unternehmen mit inländischen Betriebsstätten zu beachten?

Antwort: Hat ein inländisches Unternehmen eine ausländische Betriebsstätte, ist – soweit der Gewinn nach § 4 Abs. 1, § 5 oder § 5a EStG ermittelt wird – für das Unternehmen als Ganzes eine Bilanz und Gewinn- und Verlustrechnung abzugeben. Entsprechend ist ein Datensatz durch Datenfernübertragung zu übermitteln. Hat ein ausländisches Unternehmen eine inländische Betriebsstätte und wird der

Gewinn nach § 4 Abs. 1, § 5 oder § 5a EStG ermittelt, beschränkt sich die Aufstellung der Bilanz und Gewinn- und Verlustrechnung auf die inländische Betriebsstätte als unselbständiger Teil des Unternehmens. Entsprechend ist in diesen Fällen ein Datensatz durch Datenfernübertragung zu übermitteln.

> **Frage:** Was ist zu überlegen, wenn gegen die gesetzliche Verpflichtung zur elektronischen Übermittlung verstoßen wird?

Antwort: Da die Daten – spätestens nach Ablauf des Nicht-Beanstandungszeitraums – zwingend elektronisch zu übermitteln sind, liegt bei Nichteinreichung in elektronischer Form ein Verstoß gegen die Mitwirkungspflicht des Steuerpflichtigen vor. Die Finanzverwaltung beabsichtigt, dies mit der Androhung und Festsetzung von Zwangsgeldern nach §§ 328 ff. AO zu sanktionieren.

Das Finanzministerium Hamburg führt in seinem Erlass vom 18.12.2018, S 2133 b - 2018/006 – 52 u.a. dazu aus: Die E-Bilanz ist wie die Papierbilanz eine Unterlage zur Steuererklärung (§ 60 EStDV). Die Übermittlung des Datensatzes E-Bilanz kann durch Androhung und ggf. Festsetzung eines Zwangsgeldes (§§ 328 ff. AO) durchgesetzt werden. Die Festsetzung eines Verspätungszuschlages (§ 152 AO) ist hingegen nicht zulässig. Soll der Steuerpflichtige für die Folgejahre aufgefordert werden, die Bilanz in elektronischer Form an die Finanzverwaltung zu übermitteln, kann dieser Erläuterungstext genutzt werden.

> **Frage:** Was versteht man unter „Taxonomie"?

Antwort: Unter Taxonomie versteht man ein vorgegebenes gegliedertes Datenschema, mittels dessen verschiedenartige Elemente, wie etwa die einzelnen Posten der Bilanz und Gewinn- und Verlustrechnung als auch ihre Beziehung zueinander definiert werden. Im Ergebnis resultiert hieraus ein erweiterter Kontenrahmen, mit dem die Finanzverwaltung den Mindestumfang der zu übermittelnden Daten festlegt. Die Taxonomie bestimmt dabei die Gliederungstiefe der Bilanz und Gewinn- und Verlustrechnung. Mit Schreiben vom 21.06.2022, IV C 6 – S 2133-b/21/10002 :003 hat das BMF die aktualisierten Taxonomien (Taxonomie Version 6.6) zur E-Bilanz veröffentlicht.

Die Taxonomien sind grundsätzlich für die Bilanzen der Wirtschaftsjahre zu verwenden, die nach dem 31.12.2022 beginnen (Wirtschaftsjahr 2023 oder 2023/2024). Sie gelten entsprechend für die in Rn. 1 des BMF-Schreibens vom 28.09.2011 genannten Bilanzen sowie für Eröffnungsbilanzen, sofern diese nach dem 31.12.2022 aufzustellen sind. Es wird nicht beanstandet, wenn diese auch für das Wirtschaftsjahr 2022 oder 2022/2023 verwendet werden.

> **Frage:** Haben Sie schon einmal etwas von XBRL-Standard gehört?

Antwort: Die XBRL (eXtensible Business Reporting Language) ist ein international gebräuchlicher Standard für die technische Übermittlung von Unternehmensinformationen. Hierbei handelt es sich um ein weltweit anerkanntes und häufig genutztes Verfahren zur standardisierten, elektronischen Übermittlung von stark strukturierten Informationen. XBRL kann als flexibles und erweiterbares Datenmodell sowohl nationale und internationale Rechnungslegungen und Bilanzen sowie auch branchenspezifische Erweiterungen unterstützen und ist durch seine flexible Infrastruktur Grundlage für herstellerunabhängige Datenverarbeitungen.

Die standardisierten Datensätze sind mehrfach nutzbar, z.B. neben der Veröffentlichung im elektronischen Bundesanzeiger bzw. im Unternehmensregister auch zur Information von Geschäftspartnern, Kreditunternehmen oder Aufsichtsbehörden. Die Struktur, aus der ein XBRL-Datensatz besteht, wird mittels der „Taxonomie" genau definiert.

> **Frage:** Inwieweit sind Ihnen Änderungen von Artikel 1 des Gesetzes zur Umsetzung der Richtlinie (EU) 2021/2101 im Hinblick auf die Offenlegung von Ertragsteuerinformationen durch bestimmte Unternehmen und Zweigniederlassungen bekannt?

Antwort: Der Bundestag hat am 11.05.2023 ein Gesetz zur Umsetzung der Richtlinie (EU) 2021/2101 im Hinblick auf die Offenlegung von Ertragsteuerinformationen verabschiedet, welches der Bundesrat am 16.06.2023 billigte.

Die Richtlinie zielt darauf ab, bestimmten im Inland ansässigen konzernunverbundenen Unternehmen und obersten Mutterunternehmen – ausgenommen bestimmte CRR-Kreditinstitute – die Pflicht zur Erstellung und Offenlegung eines Ertragsteuerinformationsberichts aufzuerlegen, wenn die Umsatzerlöse respektive Konzernumsatzerlöse in zwei aufeinander folgenden Geschäftsjahren jeweils einen Betrag von 750 Mio. € übersteigen. Die Berichterstattung ist nach Mitgliedstaaten der EU und bestimmten weiteren Steuerhoheitsgebieten aufzuschlüsseln, in denen eine Geschäftstätigkeit ausgeübt wird. (sog. public Country by Country Reporting).

Bei außerhalb der EU ansässigen konzernunverbundenen Unternehmen und obersten Mutterunternehmen, die vergleichbar umsatzstark und im Inland über ein mittelgroßes oder großes Tochterunternehmen oder eine Zweigniederlassung vergleichbarer Größe tätig sind, muss der Ertragsteuerinformationsbericht vom Tochterunternehmen bzw. der Zweigniederlassung beschafft und offengelegt werden. Sofern ein gesetzeskonformer Bericht nicht erlangt werden kann, hat das Tochterunternehmen bzw. die Zweigniederlassung eine entsprechende Erklärung und mit den verfügbaren Angaben selbst einen Ertragsteuerinformationsbericht zu erstellen und offenzulegen. Die Pflichten bestehen nicht, wenn das Nicht-EU-Unternehmen einen gesetzeskonformen Ertragsteuerinformationsbericht auf seiner Internetseite veröffentlicht und der Bericht von zumindest einem Tochterunterunternehmen/einer Zweigniederlassung in der EU offengelegt wird.

Gegenüber dem Regierungsentwurf hat der Rechtsausschuss insbesondere den Bußgeldrahmen bei Verstößen gegen die Offenlegungspflichten auf 250.000 € (statt 200.000 €; § 342o HGB) erhöht. Angepasst wurde zudem der Zeitpunkt, nach dem Unternehmen zunächst weggelassene Angaben veröffentlichen müssen. Dies soll nun bereits nach 4 Jahren statt nach 5 Jahren erfolgen.

Die Pflicht zur Ertragsteuerinformationsberichterstattung gilt erstmals für nach dem 21.06.2024 beginnende Geschäftsjahre.

Themenbereich Erbschaftsteuer

Problembereich 1: Erwerbsvorgänge in der Erbschaftsteuer

Frage: Geben Sie bitte die beiden wesentlichen Erwerbsvorgänge des Erbschaftsteuergesetzes an.

Antwort: Die beiden Haupttatbestände des Erbschaftsteuergesetzes sind nach § 1 Abs. 1 Nr. 1 ErbStG der Erwerb von Todes wegen und nach § 1 Abs. 1 Nr. 2 ErbStG die Schenkung unter Lebenden. Diese beiden Tatbestände werden konkretisiert in § 3 Abs. 1 ErbStG zu den Erwerben von Todes wegen und in § 7 Abs. 1 ErbStG zu den Schenkungen unter Lebenden.

Frage: Kennen Sie noch andere Erwerbsvorgänge im Erbschaftsteuergesetz?

Antwort: Ja, neben den beiden genannten in der Praxis hauptsächlich vorkommenden Erwerbsvorgängen gibt es noch nach § 1 Abs. 1 Nr. 3 ErbStG die Zweckzuwendungen sowie nach § 1 Abs. 1 Nr. 4 ErbStG die fiktive Besteuerung einer sog. Familienstiftung oder eines Familienvereins. In einem solchen Fall wird das Vermögen der Stiftung oder des Vereins alle 30 Jahre einer Besteuerung unterzogen. Hintergrund dieser Regelung ist, dass bei einer Stiftung oder einem Verein keine einer Besteuerung im Todesfall unterliegenden Eigentümer, Gesellschafter oder ähnliche Personen vorhanden sind und das Vermögen der Stiftung oder des Vereins ansonsten vollständig einer Erbschaftsbesteuerung entzogen wäre. Deshalb ist – ausgehend von einer Generationenfolge alle 30 Jahre – eine solche fiktive Besteuerung angeordnet worden. Voraussetzung ist aber, dass die Stiftung oder der Verein im Interesse einer Familie errichtet worden ist.

Tipp! Geben Sie in den Prüfungsrunden auch über die reine Beantwortung der Frage hinausgehende Erläuterungen, die zu dem jeweiligen Thema passen.

Frage: Gehen Sie bitte davon aus, dass ein Erwerb von Todes wegen vorliegt. Müssen dann noch weitere Voraussetzungen vorliegen, damit Sie zu einem steuerpflichtigen Erwerb kommen?

Antwort: Das Vorliegen eines Erwerbs von Todes wegen – also ein Erwerbsvorgang nach § 1 Abs. 1 Nr. 1 ErbStG – ist nur einer der notwendigen Voraussetzungen; dies wird auch als die sachliche Steuerpflicht bezeichnet. Es muss dann auch noch geprüft werden, ob persönliche Steuerpflicht vorliegt. Erst wenn dies geprüft wurde, kann festgestellt werden, ob der Erwerbsvorgang in Deutschland auch einer Besteuerung unterliegt. Damit die unbeschränkte persönliche Steuerpflicht vorliegt, muss wenigstens einer der Beteiligten (Erblasser oder Erbe) im Inland Wohnsitz oder gewöhnlichen Aufenthalt haben bzw. gehabt haben. Darüber hinaus können noch Sonderfälle der unbeschränkten persönlichen Steuerpflicht vorliegen, wenn es sich um deutsche Staatsangehörige handelt, die sich nicht länger als fünf Jahre dauernd im Ausland aufgehalten haben, ohne im Inland einen Wohnsitz zu haben, oder wenn ein Dienstverhältnis zu einer inländischen juristischen Person des öffentlichen Rechts besteht und dafür Arbeitslohn aus einer inländischen öffentlichen Kasse bezogen wird.

Tipp! Hier müssen Sie auch immer den Prüfungsverlauf im Auge behalten. Tendenziell wird die Erbschaftsteuer am Ende des Prüfungstages abgeprüft und wird – wenn die Ergebnisse schon feststehen – oftmals nur recht kurz angesprochen. In diesen Fällen sollten auch Antworten möglichst knapp gehalten werden. Andererseits kann es hier aber auch noch zu einer intensiveren Befragung einer Kandidatin oder eines Kandidaten kommen – dann heißt es kämpfen um die Note.

> **Frage:** Was sind die Konsequenzen, wenn eine solche unbeschränkte persönliche Steuerpflicht vorliegt? Und kennen Sie noch andere Arten der persönlichen Steuerpflicht?

Antwort: Wenn die unbeschränkte persönliche Steuerpflicht vorliegt, muss – soweit nicht sachliche Steuerbefreiungen vorliegen – das gesamte Vermögen der Besteuerung unterzogen werden. Dabei kommt es dann nicht darauf an, ob es sich um Vermögensteile handelt, die im Inland belegen sind oder ob es sich um ausländische Vermögensteile handelt. Neben der unbeschränkten persönlichen Steuerpflicht gibt es im Erbschaftsteuergesetz auch noch die beschränkte persönliche Steuerpflicht. Diese liegt vor, wenn weder der Erblasser oder Schenker noch der Erwerber Inländer im Sinne des Gesetzes sind. Liegt beschränkte persönliche Steuerpflicht vor, unterliegt nur das sog. Inlandsvermögen nach § 121 BewG der Erbschaft- oder Schenkungsteuer.

> **Tipp!** An dieser Stelle könnte dann auch noch auf den Umfang des Inlandsvermögens nach § 121 BewG hingewiesen werden. Insbesondere könnte in diesem Zusammenhang erwähnt werden, dass Inlandsvermögen nicht unbedingt bedeutet, dass es sich um im Inland vorhandenes Vermögen handeln muss, sondern dass nur die abschließend in § 121 BewG aufgeführten Vermögensteile zum Inlandsvermögen gehören können. So sind z.B. inländische laufende Guthaben bei Kreditinstituten kein Inlandsvermögen nach dieser Regelung. Ein interessantes Urteil hat der BFH (Urteil vom 23.11.2022, II R 37/15, BFH/NV 2023, 641) zur Besteuerung eines Sachleistungsanspruchs (hier Vermächtnis an einem inländischen Grundstück) gefällt. Dieser Sachleistungsanspruch unterliegt nach Auffassung des BFH nicht der beschränkten Steuerpflicht, obwohl er auf ein inländisches Grundstück gerichtet war.

> **Frage:** Sie hatten zu Beginn schon die Schenkung unter Lebenden als einen von zwei Haupttatbeständen des Erbschaftsteuergesetzes genannt. Was sind die Tatbestandsvoraussetzungen dafür?

Antwort: Die Schenkung unter Lebenden ist in § 7 Abs. 1 ErbStG genannt. Der Grundtatbestand für diese Möglichkeit ergibt sich aus der Nummer 1 und ist jede freigebige Zuwendung unter Lebenden, soweit der Bedachte durch die Schenkung auf Kosten des Zuwendenden bereichert wird. Damit müssen im Wesentlichen zwei notwendige Voraussetzungen vorliegen: Es muss eine freigebige Zuwendung vorliegen – also unentgeltlich erfolgen - und es muss aufgrund dessen eine Bereicherung des Erwerbers eintreten. Darüber hinaus muss diese Bereicherung auch von dem Zuwendenden gewollt sein. Eine ungewollte Bereicherung (z.B., wenn ein Gegenstand auf einer Versteigerung deutlich unter dem Verkehrswert erworben wird) kann schon grundsätzlich nicht zu einer Schenkung unter Lebenden führen. Darüber hinaus sind in § 7 Abs. 1 ErbStG noch weitere Möglichkeiten aufgeführt, die zu einer Schenkung unter Lebenden führen können. Dies sind Ergänzungstatbestände, die zum Teil auch der Verhinderung der Umgehung eines Besteuerungstatbestands dienen sollen. Zu nennen wäre hier z.B., was als Abfindung für einen Erbverzicht erlangt wird oder wenn aufgrund der Vereinbarung der Gütergemeinschaft zwischen Eheleuten eine Bereicherung eintritt.

> **Frage:** Lassen Sie uns noch einmal zu den Erwerben von Todes wegen kommen. Kennen Sie neben dem Erbanfall noch weitere Möglichkeiten, die zu einem Erwerb von Todes wegen führt?

Antwort: Ja, im § 3 Abs. 1 ErbStG sind noch diverse weitere Tatbestände aufgeführt, die zu einem Erwerb von Todes wegen führen. So kann außerhalb der Erbschaft auch jemand durch ein Vermächtnis begünstigt sein. Im Rahmen einer testamentarischen Verfügung wird dabei jemanden ein Vermögensvorteil zugewendet. Dies könnte ein Geldvermächtnis sein, es könnte sich aber auch auf einen bestimmten Gegenstand beziehen (sog. Stückvermächtnis). Darüber hinaus stellt auch ein Pflichtteilsanspruch einen Erwerb von Todes wegen dar. Ein Pflichtteilsanspruch ist ein auf Geld gerichteter Anspruch, den jemand geltend machen kann, der als Ehepartner oder Kind von der gesetzlichen Erbfolge testamentarisch ausgeschlossen ist. Da der Pflichtteilsanspruch aus der Erbmasse der Erben zu begleichen ist, stellt der Pflichtteilsanspruch für die Erben eine Nachlassverbindlichkeit dar, § 10 Abs. 5 Nr. 2 ErbStG.

Frage: In § 3 Abs. 1 Nr. 4 ErbStG steht, dass auch jeder Vermögensvorteil zu einem Erwerb von Todes wegen führt, der auf Grund eines vom Erblasser geschlossenen Vertrags bei dessen Tode von einem Dritten unmittelbar erworben wird. Können Sie uns dafür ein Beispiel nennen?

Antwort: Gerne, unter diese Position fällt typischerweise der nach dem Tode eines Versicherungsnehmers ausgezahlte Anspruch, den ein Begünstigter gegenüber einer Lebensversicherung geltend machen kann. Da die Lebensversicherung erst mit dem Tode des Versicherungsnehmers fällig wird, kann sie nicht in die Vermögensmasse der verstorbenen Person fallen. Deshalb wird die Versicherung an den oder die Begünstigten ausgezahlt. Soweit diese auch Erben sind, erwerben sie aus verschiedenen Positionen des § 3 Abs. 1 ErbStG.

Frage: Was wird allgemein unter einer mittelbaren Grundstücksschenkung verstanden und worin kann der Vorteil einer solchen mittelbaren Grundstücksschenkung bestehen?

Antwort: Eine mittelbare Grundstücksschenkung ist eine besondere Möglichkeit der lebzeitigen Zuwendung an einen Begünstigten. Bei einer solchen mittelbaren Grundstücksschenkung wird dem Begünstigten nicht ein Grundstück, sondern ein Geldbetrag zum Erwerb eines bestimmten Grundstücks zugewendet. Historisch gesehen hatte diese mittelbare Grundstücksschenkung den erheblichen bewertungsrechtlichen Vorteil, dass dann nicht der zugewendete Geldbetrag der Schenkungsteuer unterlag, sondern nur der meist günstigere Grundstückswert zur Besteuerung herangezogen wurde. In den Zeiten, in denen die bewertungsrechtlichen Grundstückswerte meist deutlich unter den Verkehrswerten der Grundstücke lagen, war dies eine häufig angewandte erbschaftsteuerrechtliche Gestaltung. Da nach den letzten Erbschaftsteuerreformen aber die Grundstücke tendenziell mit verkehrswertnahen Werten zu berücksichtigen sind, ist dieser Vorteil für den Beschenkten regelmäßig nicht mehr vorhanden bzw. nur noch geringfügig. Allerdings muss bei einer mittelbaren Grundstücksschenkung nicht der gesamte Geldbetrag zum Erwerb eines bestimmten Grundstücks zugewendet werden, es können auch Teilbeträge zugewendet werden, die dann für die Erbschaftsteuer mit einem entsprechenden Anteil des Grundbesitzwerts des Grundstücks berücksichtigt werden. Darüber hinaus können im Rahmen einer mittelbaren Grundstücksschenkung auch Geldbeträge zur Erweiterung (z.B. Ausbau oder Aufstockung) eines schon vorhandenen Grundstücks zugewendet werden. In diesem Fall würde anstelle des zugewendeten Geldbetrags der Zuwachs des Grundbesitzwerts zur Erbschaftsteuer herangezogen werden, dies kann auch heute noch in der Praxis zu einer geringeren Steuerlast für die Beteiligten führen.

Problembereich 2: Bewertung des übrigen Vermögens

Frage: Können Sie uns bitte den grundsätzlichen Bewertungsmaßstab nennen, der bei der Bewertung des übrigen Vermögens anzuwenden ist?

Antwort: Soweit bei der Bewertung des übrigen Vermögens für Zwecke der Erbschaftsteuer nichts anderes vorgeschrieben ist, kommt der gemeine Wert nach § 9 BewG zum Ansatz. Er ist der grundsätzliche Bewertungsmaßstab für die Erbschaft- und Schenkungsteuer. Nach § 9 Abs. 2 BewG wird der gemeine Wert durch den Preis bestimmt, der im gewöhnlichen Geschäftsverkehr nach der Beschaffenheit des Wirtschaftsguts bei einer Veräußerung zu erzielen wäre, dabei sind ungewöhnliche oder persönliche Verhältnisse nicht zu berücksichtigen.

Bei der Ermittlung des gemeinen Werts ist auf den Einzelveräußerungspreis abzustellen, den der Besitzer des Gegenstands auf dem ihm zugänglichen Veräußerungsmarkt erzielen könnte. Als Einzelveräußerungspreis umfasst der gemeine Wert soweit möglich die gesetzliche Umsatzsteuer. Der Einzelveräußerungspreis muss nicht mit einem tatsächlich einmal am Markt erzielten Preis übereinstimmen, allerdings werden tatsächlich erzielte Preise häufig einen Rückschluss auf den gemeinen Wert zulassen.

> **Tipp!** Eventuell kann dies noch mit praktischen Beispielen illustriert werden. So werden typischerweise Hausrat, Kunstgegenstände, Sammlungsstücke, Schmuck, Münzen und ähnliche Gegenstände mit dem gemeinen Wert nach § 9 BewG bewertet.

> **Frage:** Ist die Bestimmung des gemeinen Werts in der Praxis einfach oder bestehen hier auch Probleme?

Antwort: Es ist eine Frage des Einzelfalls. Es gibt Wirtschaftsgüter, bei denen die Ermittlung des gemeinen Werts regelmäßig ohne Probleme vorgenommen werden kann. Dies ist immer dann der Fall, wenn es sich um standardmäßige Gegenstände handelt, die regelmäßig gehandelt werden. So dürfte z.B. die Ermittlung des gemeinen Werts bei gängigen Goldmünzen (Krügerrand, Maple Leaf) keine Schwierigkeiten bereiten. Bei individuellen Gegenständen – Kunstgegenständen, individuell gefertigte Schmuckstücke – ist die Ermittlung des gemeinen Werts schon schwieriger, da es keine Vergleichspreise gibt. Gerade bei hochwertigen Kunstgegenständen (z.B. Gemälden) wird kaum ein verlässlicher Wert festzustellen sein. Soweit in solchen Fällen auf z.B. Auktionsergebnisse vergleichbarer Werte abgestellt wird, muss immer beachtet werden, dass der Erwerber bei einer Auktion durch die Aufschläge regelmäßig deutlich mehr zahlt, als der Einlieferer aus der Auktion erhält. Eine Schätzung des gemeinen Werts muss in diesen Fällen vorsichtig vorgenommen werden.

> **Frage:** Im Bewertungsgesetz ist auch noch der Teilwert mit als Bewertungsmaßstab angeben. Was ist unter dem Teilwert zu verstehen und welche Bedeutung hat er heute bei der Bewertung für Zwecke der Erbschaftsteuer?

Antwort: Der Teilwert ist nach der ausdrücklichen Anordnung des § 10 Satz 1 BewG für Wirtschaftsgüter anzuwenden, die einem Unternehmen dienen, soweit nicht – insbesondere im besonderen Teil des Bewertungsgesetzes – etwas anderes vorgeschrieben ist.

Die Definition des Teilwerts erfolgt im § 10 BewG. Es ist hier die allgemeine – auch ertragsteuerrechtlich normierte – Definition wiedergegeben: Teilwert ist der Betrag, den ein gedachter Erwerber des ganzen Unternehmens im Rahmen des Gesamtkaufpreises für das einzelne Wirtschaftsgut aufwenden würde. Dabei ist von der Unternehmensfortführung auszugehen.

Mit Änderung des Bewertungsgesetzes zum 01.01.1993 hat der Teilwert im Bewertungsrecht an Bedeutung verloren, da zumindest bei der Bewertung des Betriebsvermögens bilanzierender Unternehmer ab diesem Zeitpunkt im Wesentlichen nach § 109 Abs. 1 BewG a.F. an die Steuerbilanzwerte des Unternehmens anzuknüpfen war. Da bei Bewertungen seit dem 01.01.2009 grundsätzlich ein an Verkehrswerten ausgerichteter Wert zu ermitteln ist, ist auch für nichtbilanzierende Unternehmer die Bewertungsvorschrift des § 10 BewG nicht mehr von Bedeutung.

> **Frage:** Können Sie uns auch noch andere Bewertungsmaßstäbe nach dem Bewertungsgesetz nennen?

Antwort: Sicher, so werden Kapitalforderungen und Schulden im Allgemeinen nach § 12 Abs. 1 BewG mit dem Nennwert bewertet. Eine vom Nennwert abweichende Bewertung kann aber in besonderen

Fällen notwendig werden, wenn eine Forderung uneinbringlich ist oder es sich um eine unverzinsliche, niedrig verzinsliche oder auch hoch verzinsliche Forderung oder Schuld handelt.

Besonderheiten bestehen auch bei der Ermittlung des Kapitalwerts von wiederkehrenden Nutzungen und Leistungen nach § 13 BewG und bei der Ermittlung des Werts von lebenslänglichen Nutzungen und Leistungen nach § 14 BewG. Unabhängig davon, ob es sich um eine auf bestimmte Zeit beschränkte oder eine lebenslängliche Nutzung oder Leistung handelt, ist der Jahreswert der Nutzung oder Leistung mit einem Vervielfältiger (Kapitalisierungsfaktor) zu multiplizieren. Der Jahreswert der Nutzung oder Leistung bestimmt sich dabei nach § 15 BewG und wäre soweit die Nutzung oder Leistung nicht in Geld besteht, mit dem üblichen Mittelpreis des Verbrauchsorts anzusetzen. Bei ungewissen oder schwankenden Nutzungen ist der Wert anzusetzen, der im Durchschnitt der Jahre voraussichtlich erzielbar sein wird. Hierbei ist der Wert erfahrungsgemäß durch eine vorsichtige Schätzung zu ermitteln.

Frage: Nennen Sie uns doch bitte noch ein praktisches Beispiel für eine lebenslängliche Nutzung.

Antwort: Eine lebenslängliche Nutzung liegt zum Beispiel vor, wenn eine selbstgenutzte oder auch vermietete Immobilie von Eltern auf ein Kind übertragen wird und sich die Eltern noch das Wohn- oder Nutzungsrecht an dieser Immobilie zurückbehalten, sog. Nießbrauchsrecht. In diesem Fall geht das zivilrechtliche Eigentum an der Immobilie auf das Kind über – dies ist für die Schenkungsteuer ausreichend. Das wirtschaftliche Nutzungsrecht verbleibt aber bei den Eltern, sodass sie bei einem selbstgenutzten Haus dieses noch weiter bewohnen können oder bei einem vermieteten Objekt noch weiterhin die Einnahmen aus der Vermietung realisieren können.

Bei der Bewertung des geschenkten Objekts ist dann der kapitalisierte Wert der lebenslänglichen Nutzung zu berücksichtigen. Es liegt eine sog. gemischte Schenkung vor. Auf eine wesentliche Einschränkung bei der Ermittlung des Jahreswerts möchte ich noch hinweisen: Bei der Nutzung eines Gegenstands ist der Kapitalwert der Nutzung nach § 16 BewG zu begrenzen. Dabei darf der Kapitalwert einer Nutzung eines Wirtschaftsguts nicht mehr als den 18,6-ten Teil des Werts des genutzten Wirtschaftsguts betragen. Die Begrenzung des Jahreswerts auf den 18,6-ten Teil des Werts des Wirtschaftsguts entspricht insoweit dem Vervielfältiger der ewigen Rente nach § 13 Abs. 2 BewG.

Tipp! Es macht in einer mündlichen Prüfung auch immer einen guten Eindruck, wenn ohne besondere Nachfrage auf weitere Aspekte des jeweiligen Prüfungsgebiets hingewiesen wird. Es muss sich allerdings um Rechtsfragen handeln, die eng mit dem gerade besprochenen Thema zusammenhängen.

Frage: Können Sie bitte auch noch etwas zur Bewertung einer auf bestimmte Zeit befristeten Nutzung oder Leistung sagen, gibt es dort auch gesetzlich festgelegte Vervielfältiger?

Antwort: Bei einer auf bestimmte Zeit beschränkten wiederkehrenden Nutzung oder Leistung ist der Kapitalwert mit dem aus der Anlage 9a zum BewG zu entnehmenden Vielfachen des Jahreswerts der Nutzung anzusetzen. Solche Nutzungen oder Leistungen liegen regelmäßig vor, wenn Gegenstände – zum Beispiel auch wieder Immobilien – nur eine bestimmte Zeit und nicht lebenslänglich genutzt werden können.

Es gibt dann noch die immerwährende Nutzungen oder Leistungen, diese sind nach § 13 Abs. 2 BewG mit dem 18,6-fachen des Jahreswerts anzusetzen; nach Rechtsprechung des BFH (Urteil vom 24.04.1970, III R 36/67, BStBl II 1970, 591) liegt eine immerwährende Nutzung oder Leistung vor, wenn ein Ende überhaupt nicht abzusehen ist oder deren Ende von Ereignissen abhängt, bei denen ungewiss ist, ob und wann sie jemals eintreten. Dies ist z.B. bei einer im Grundbuch eingetragenen unbegrenzten Dienstbarkeit der Fall. Dagegen sind Nutzungen oder Leistungen von unbestimmter

Dauer mit dem 9,3-fachen des Jahreswerts anzusetzen. Eine Nutzung oder Leistung von unbestimmter Dauer liegt vor, wenn ein Ende in absehbarer Zeit sicher, der Zeitpunkt des Wegfalls ungewiss ist. Dabei ist es gleichgültig, ob der Zeitpunkt des Wegfalls schon ungefähr abzusehen ist oder ob dafür noch keinerlei Anhaltspunkte gegeben sind.

> **Frage:** Haben Sie noch ein Beispiel für eine Nutzung oder Leistung von unbestimmter Dauer?

Antwort: Eine gesetzlich vorgeschriebene Anwendung des Vervielfältigers für eine unbestimmte Dauer liegt bei der als Nachlassverbindlichkeit nach § 10 Abs. 5 Nr. 3 ErbStG anzusetzenden Grabpflegeleistung vor.

Problembereich 3: Bewertung von Immobilien für Zwecke der Erbschaftsteuer

> **Frage:** Geben Sie bitte zuerst einmal an, wie verfahrensrechtlich vorzugehen ist, wenn eine Immobilie für Zwecke der Erbschaft- oder Schenkungsteuer zu bewerten ist.

Antwort: Ist der Grundbesitzwert von Grundvermögen für erbschaft- oder schenkungsteuerrechtliche Zwecke zu ermitteln, wird dieser Wert gem. § 179 AO gesondert festgestellt, § 151 Abs. 1 Satz 1 Nr. 1 BewG. In dem Feststellungsbescheid sind neben dem Wert für die wirtschaftliche Einheit nach § 151 Abs. 2 BewG auch Feststellungen zu treffen über die Art der wirtschaftlichen Einheit (hier also darüber, ob es sich z.B. um ein bebautes oder ein unbebautes Grundstück handelt, ob ein Mietwohngrundstück oder ein Geschäftsgrundstück vorliegt). Darüber hinaus muss auch eine Feststellung über die Zurechnung der wirtschaftlichen Einheit getroffen werden (hier also, wem das Grundstück nach der Übertragung gehört). Bei mehreren Beteiligten muss auch eine Feststellung über die Höhe des Anteils, der für die Besteuerung oder eine andere Feststellung von Bedeutung ist, getroffen werden. Beim Erwerb durch eine Erbengemeinschaft erfolgt die Zurechnung in Vertretung der Miterben auf die Erbengemeinschaft.

> **Frage:** Muss in jedem Fall ein neuer Grundbesitzwert ermittelt werden, wenn ein Grundstück vererbt oder verschenkt wird oder kennen Sie auch Möglichkeiten, dass auf eine solche Ermittlung verzichtet werden kann?

Antwort: Ein einmal gesondert festgestellter Grundbesitzwert ist für folgende weitere Feststellungen für dieselbe wirtschaftliche Einheit innerhalb einer Jahresfrist nach § 151 Abs. 3 BewG unverändert zugrunde zu legen, wenn sich die für die erste Bewertung maßgeblichen Stichtagsverhältnisse nicht wesentlich verändert haben. Mit dieser Regelung wird vermieden, umfangreiche neue Ermittlungen der gesondert festzustellenden Werte vorzunehmen, wenn innerhalb einer kurzen Frist die wirtschaftliche Einheit erneut für steuerliche Zwecke heranzuziehen ist.

Der Erklärungspflichtige kann aber eine von dem alten Wert abweichende Feststellung des Grundbesitzwerts nach den Verhältnissen am neuen Bewertungsstichtag durch Abgabe einer Feststellungserklärung beantragen.

> **Tipp!** Hier könnte auch noch darauf hingewiesen werden, dass auf die gesonderte Feststellung von Grundbesitzwerten verzichtet werden kann, wenn bei einem Grundstückserwerb von Todes wegen die Steuerfreiheit nach § 13 Abs. 1 Nr. 4b oder Nr. 4c ErbStG einschlägig ist oder wenn bei einer Grundstücksschenkung absehbar ist, dass der Steuerwert der freigebigen Zuwendung unter dem persönlichen Freibetrag liegt.

> **Frage:** Es sind ja gerade mit hohem Aufwand für die Erhebung der Grundsteuer ab 2025 von der Finanzverwaltung Werte erhoben worden und im Rahmen eines Feststellungsverfahrens festgesetzt worden. Können diese Werte nicht im Fall einer Schenkung oder Erbschaft herangezogen werden?

Antwort: Nein, die Feststellung von Grundsteuerwerten auf den Hauptfeststellungszeitpunkt 01.01.2022 kann nicht für die Erbschaft- oder Schenkungsteuer herangezogen werden. Dies gilt auch dann, wenn der Erb- oder Schenkungsfall zeitnah zum Bewertungsstichtag liegt. Für die Bewertung für Zwecke der Grundsteuer sind im siebenten Abschnitt (§§ 218 ff. BewG) gesonderte – vereinfachte – Regelungen für die Bewertung aufgenommen worden, die auch gar nicht zwingend die Ermittlung eines Verkehrswerts zum Gegenstand haben. Deshalb kann auf diese Werte nicht zurückgegriffen werden.

> **Frage:** Zu welchem Zeitpunkt muss für die Erbschaftsteuer eine Bewertung vorgenommen werden und was ist der eigentliche Bewertungsgegenstand?

Antwort: Die Grundbesitzwerte sind grundsätzlich unter Berücksichtigung der tatsächlichen Verhältnisse und der Wertverhältnisse zum Bewertungsstichtag festzustellen, § 157 Abs. 1 BewG. Ausdrücklich ist derzeit noch durch einen Verweis auf § 29 Abs. 2 und Abs. 3 BewG klargestellt, dass die Finanzbehörden zur Durchführung der Feststellung örtliche Erhebungen vornehmen können. Insoweit ist dadurch auch die Unverletzlichkeit der Wohnung nach Art. 13 GG eingeschränkt. Außerdem haben die nach Bundes- oder Landesrecht zuständigen Behörden den Finanzbehörden alle notwendigen Auskünfte für das Feststellungsverfahren zu erteilen.

Die Bewertungsvorschriften der §§ 176 bis 198 BewG sind für die Ermittlung des Grundbesitzwerts anzuwenden. Jede wirtschaftliche Einheit i.S.d. § 2 BewG stellt ein Grundstück im bewertungsrechtlichen Sinn dar. Damit deckt sich der Begriff des Grundstücks im Bewertungsrecht nicht in vollem Umfang mit dem Begriff des Grundstücks im bürgerlich-rechtlichen Sinn. Darüber hinaus ist der Anteil des Eigentümers eines Grundstücks an anderem Grundvermögen (z.B. an einer gemeinschaftlich genutzten Garage) in das Grundstück und damit in die Bewertung der wirtschaftlichen Einheit mit einzubeziehen, wenn diese zusammen mit dem Grundstück genutzt wird.

> **Tipp!** Derzeit werden im BewG noch Verweise auf die Feststellung von Einheitswerten (§§ 19 ff. BewG) vorgenommen. Die Regelungen zu den Einheitswerten – die heute nur noch als Bewertungsbasis für die Grundsteuer gelten – sind aber nur noch bis Ende 2024 anzuwenden, ab dem 01.01.2025 sind sie aufgehoben. An diese Stelle treten dann die Regelungen zur Bewertung des Grundbesitzes für die Grundsteuer (§§ 218 ff. BewG), die formal ab dem 01.01.2022 gelten. Durch diese anstehende Grundsteuerreform ergeben sich auch Veränderungen bei den Verweisvorschriften für die erbschaftsteuerrechtliche Bewertung. Ab 2025 wird der Verweis auf § 29 BewG durch den Verweis auf die dann gültige Norm des § 229 BewG (Auskünfte, Erhebungen und Mitteilungen) ersetzt.

> **Frage:** Bevor wir zur Bewertung der Grundstücke kommen, definieren Sie bitte zuerst, was unter einem unbebauten Grundstück zu verstehen ist.

Antwort: Unbebaute Grundstücke sind nach § 178 Abs. 1 BewG Grundstücke, auf denen sich keine benutzbaren Gebäude befinden. Die Benutzbarkeit des Gebäudes beginnt regelmäßig im Zeitpunkt der Bezugsfertigkeit. Gebäude sind als bezugsfertig anzusehen, wenn es den zukünftigen Bewohnern oder sonstigen Benutzern zugemutet werden kann, sie zu benutzen. Dabei ist die Abnahme durch die Bauaufsichtsbehörde nicht entscheidend. Es müssen aber zum Bewertungsstichtag alle wesentlichen Bauarbeiten abgeschlossen sein.

Für die Beurteilung der Bezugsfertigkeit ist auf das ganze Gebäude abzustellen und nicht auf einzelne Wohnungen oder Räume. Werden Gebäude abschnittsweise errichtet, ist für die Frage der Bezugsfertigkeit auf die Verkehrsanschauung abzustellen. Eine Errichtung in Bauabschnitten ist gegeben, wenn ein Gebäude nicht in einem Zuge in planmäßig vorgesehenem Umfang bzw. im Rahmen der behördlichen Genehmigung bezugsfertig erstellt wird.

Nach § 178 Abs. 2 BewG gilt ein Grundstück aber auch dann als unbebaut, wenn sich auf dem Grundstück Gebäude befinden, die auf Dauer keiner Nutzung zugeführt werden können. Dies gilt ebenso für ein Grundstück, auf dem infolge von Zerstörung oder Verfall der Gebäude auf Dauer kein benutzbarer Raum mehr vorhanden ist. In aller Regel reicht eine baupolizeiliche Sperrung des Gebäudes aus, zu prüfen ist jedoch, ob dieser Zustand von Dauer ist. Behebbare Mängel führen aber im Regelfall nicht zu einem unbebauten Grundstück.

Frage: Wie bewerten Sie nun ein Grundstück, das als unbebautes Grundstück einzuordnen ist?

Antwort: Die Bewertung unbebauter Grundstücke ist in § 179 BewG geregelt. Hierbei ist grundsätzlich eine Ableitung des Grundbesitzwerts von den Bodenrichtwerten vorgesehen. Für die Ermittlung der Bodenrichtwerte wird auf § 196 BauGB verwiesen. Danach haben die Gutachterausschüsse die Bodenrichtwerte nach dem Baugesetzbuch zu ermitteln und den Finanzämtern mitzuteilen.

Nach §§ 196 ff. BauGB sind die Bodenrichtwerte zum Ende jedes zweiten Kalenderjahrs zu ermitteln, wenn nicht eine häufigere Ermittlung (regional) bestimmt ist. Darüber hinaus kann in den Fällen, in denen vom Gutachterausschuss kein Bodenrichtwert ermittelt wird, der Bodenwert aus vergleichbaren Flächen abgeleitet werden.

Besonderheiten des Grundstücks, die im Bodenrichtwert nicht zum Ausdruck kommen, können bei der Bewertung mit berücksichtigt werden. Typische Fälle, in denen eine Angleichung vorzunehmen ist, liegen dann vor, wenn z.B. die Geschossflächenzahl (GFZ) oder die Grundstücksgröße bei dem zu bewertenden Grundstück von den für die Bodenrichtwerte zu Grunde liegenden Grundstücken abweicht und der Gutachterausschuss Umrechnungskoeffizienten für die Grundstücksgrößen vorgegeben hat (vgl. auch BFH, Urteil vom 11.05.2005, II R 21/02, BStBl II 2005, 686). Liegen keine örtlichen Umrechnungskoeffizienten vor, werden von der Finanzverwaltung allgemeine Umrechnungskoeffizienten zur Angleichung des Bodenrichtwerts vorgegeben.

Tipp! Es gibt noch weitere Besonderheiten, die aber regelmäßig kaum in einer mündlichen Prüfung abprüfbar sind. Soweit es Ihnen aber bekannt ist, kann natürlich auch mit Spezialwissen in einer mündlichen Prüfung „gepunktet" werden: Handelt es sich bei dem zu bewertenden Grundstück um Bauerwartungsland oder Rohbauland, für das kein Bodenrichtwert ermittelt worden ist, kann der Wert aus den Bodenrichtwerten vergleichbarer Flächen abgeleitet werden. Soweit keine besonderen Werte dazu von den Gutachterausschüssen vorgegeben worden sind, kann hier mit pauschalen Abschlägen auf den Bodenrichtwert von erschließungsbeitragsfreiem vergleichbarem Bauland gearbeitet werden. Danach ist Bauerwartungsland regelmäßig mit 25 %, Bruttorohbauland mit 50 % und Nettorohbauland mit 75 % des Bodenrichtwerts für vergleichbares erschließungsbeitragsfreies Bauland anzusetzen.

Frage: Können auch individuelle Beeinträchtigungen bei einem unbebauten Grundstück in dieser allgemeinen Bewertung berücksichtigt werden?

Antwort: Nein, individuelle wertbeeinflussende Merkmale (z.B. Ecklage, Zuschnitt, Belästigungen, Altlasten) bleiben bei der Ermittlung des Bodenrichtwerts außer Ansatz und können nicht durch pauschale Abschläge berücksichtigt werden. Der Erwerber kann aber solche Beeinträchtigungen durch ein Gutachten berücksichtigen lassen. Nach § 198 BewG kann ein niedrigerer gemeiner Wert nachgewiesen werden.

Frage: Kommen wir jetzt zur Bewertung bebauter Grundstücke. Welche Frage muss zuerst geklärt werden, bevor Sie zur eigentlichen Bewertung des bebauten Grundstücks kommen?

Antwort: Die maßgebliche Bewertungsvorschrift bestimmt sich in Abhängigkeit von der jeweils vorliegenden Art des bebauten Grundstücks. Deshalb muss zuerst geprüft werden, um welche Art des bebauten Grundstücks es sich handelt. Grundsätzlich sind dabei nach § 181 BewG die folgenden verschiedenen Grundstücksarten zu unterscheiden:

- **Ein- und Zweifamilienhäuser:** Ein- und Zweifamilienhäuser sind Wohngrundstücke, die bis zu zwei Wohnungen enthalten und kein Wohnungseigentum sind. Ein Grundstück gilt auch dann als Ein- oder Zweifamilienhaus, wenn es zu weniger als 50 % (berechnet nach der Wohn- und Nutzfläche) zu anderen als Wohnzwecken mitbenutzt und dadurch die Eigenart als Ein- oder Zweifamilienhaus nicht wesentlich beeinträchtigt wird.
- **Mietwohngrundstücke:** Mietwohngrundstücke sind Grundstücke, die zu mehr als 80 % (berechnet nach der Wohn- und Nutzfläche) Wohnzwecken dienen, und nicht Ein- und Zweifamilienhäuser oder Wohnungseigentum sind.
- **Wohnungs- und Teileigentum:** Wohnungseigentum ist das Sondereigentum an einer Wohnung i.V.m. dem Miteigentumsanteil an dem gemeinschaftlichen Eigentum, zu dem es gehört (berechnet nach der Wohn- und Nutzfläche). Teileigentum ist das Sondereigentum an nicht zu Wohnzwecken dienenden Räumen eines Gebäudes i.V.m. dem Miteigentum an dem gemeinschaftlichen Eigentum, zu dem es gehört (dies entspricht insoweit der Definition nach § 1 Abs. 3 WEG).
- **Geschäftsgrundstücke:** Geschäftsgrundstücke sind Grundstücke, die zu mehr als 80 % (berechnet nach der Wohn- und Nutzfläche) eigenen oder fremden betrieblichen oder öffentlichen Zwecken dienen und nicht Teileigentum sind.
- **Gemischt genutzte Grundstücke:** Gemischt genutzte Grundstücke sind Grundstücke, die teils Wohnzwecken, teils eigenen oder fremden betrieblichen oder öffentlichen Zwecken dienen und nicht Ein- und Zweifamilienhäuser, Mietwohngrundstücke, Wohnungseigentum, Teileigentum oder Geschäftsgrundstücke sind.
- **Sonstige bebaute Grundstücke:** Sonstige bebaute Grundstücke sind Grundstücke, die nicht unter eine der anderen Arten bebauter Grundstücke fallen.

Tipp! Auch hier gilt wieder: Diese Definitionen müssen natürlich in einer mündlichen Prüfung nicht exakt wiedergegeben werden können. Es macht auch in den Bundesländern, in denen zur mündlichen Prüfung Gesetze zur Verfügung stehen, keinen Sinn, wenn das Gesetz vorgelesen wird. Es sollten aber doch die wesentlichen Grundstücksarten genannt werden und auch abgegrenzt werden können.

Frage: Warum ist nun die Einordnung der bebauten Grundstücke in die Grundstücksarten für die Bewertung von Bedeutung?

Antwort: Die bebauten Grundstücke sind jeweils in Abhängigkeit der jeweiligen Grundstücksart zu bewerten. Nach den Regelungen des Bewertungsgesetzes gibt es drei Bewertungsverfahren:

- **Vergleichswertverfahren** (§ 182 Abs. 2 BewG): Das Vergleichswertverfahren findet Anwendung für Wohnungseigentum, Teileigentum, Ein- und Zweifamilienhäuser.
- **Ertragswertverfahren** (§ 182 Abs. 3 BewG): Das Ertragswertverfahren findet Anwendung für Mietwohngrundstücke sowie Geschäfts- und gemischt genutzte Grundstücke, für die sich auf dem örtlichen Grundstücksmarkt eine übliche Miete ermitteln lässt (sog. Renditeobjekte).
- **Sachwertverfahren** (§ 182 Abs. 4 BewG): Das Sachwertverfahren findet Anwendung für Grundstücke, die eigentlich nach dem Vergleichswertverfahren zu bewerten wären, für die aber kein geeigne-

ter Vergleichswert vorliegt. Außerdem ist es anzuwenden für Geschäftsgrundstücke und gemischt genutzte Grundstücke, für die sich am örtlichen Grundstücksmarkt keine übliche Miete ermitteln lässt, und in jedem Fall für sonstige bebaute Grundstücke.

> **Frage:** Warum unterscheidet das Bewertungsgesetz in solche verschiedenen Bewertungsverfahren. Wäre es nicht einfacher, wenn es nur ein einheitliches Bewertungsverfahren geben würde?

Antwort: Sicher wäre ein einheitliches Bewertungsverfahren für die Beteiligten einfacher. Es muss aber hier auch der verfassungsrechtliche Auftrag gesehen werden, dass Grundstücke mit einem realistischen Wert anzusetzen sind, der dem Verkehrswert – also dem Marktwert – der Immobilie entspricht. Wegen der Verschiedenartigkeit der zu bewertenden Grundstücke kann eine zutreffende Bewertung deshalb nicht nur durch ein einheitliches Bewertungsverfahren realisiert werden. Zur praktischen Umsetzung im Besteuerungsverfahren müssen aber standardisierte Verfahren angewendet werden, damit die Feststellung eines Verkehrswerts nicht an die Erstellung eines individuellen Gutachtens gebunden ist. Dies wäre insbesondere vor dem Hintergrund, dass in vielen Fällen zwar der Wert einer wirtschaftlichen Einheit ermittelt werden muss, es dann aber wegen der Höhe der persönlichen Freibeträge nicht zu einer Festsetzung einer Erbschaft- oder Schenkungsteuer kommt, unverhältnismäßig.

> **Frage:** Was muss man sich unter dem Vergleichswertverfahren vorstellen?

Antwort: Das Vergleichswertverfahren ist grundsätzlich in § 183 BewG geregelt. Dabei sind die Kaufpreise von Grundstücken heranzuziehen, die hinsichtlich der ihren Wert beeinflussenden Merkmale mit dem zu bewertenden Grundstück hinreichend übereinstimmen (sog. Vergleichsgrundstücke). Grundlage dieser Vergleichswerte sind die von den Gutachterausschüssen mitgeteilten Vergleichspreise. Weicht das zu bewertende Grundstück von den wertbeeinflussenden Merkmalen der Vergleichsgrundstücke ab, können diese Abweichungen durch Zu- oder Abschläge nach Vorgabe des zuständigen Gutachterausschusses berücksichtigt werden. Eine hinreichende Übereinstimmung soll dabei nach Auffassung der Finanzverwaltung noch vorliegen, wenn die wertbeeinflussenden Merkmale des zu bewertenden Grundstücks um höchstens 20 % vom Vergleichsgrundstück abweichen.

Wenn Gutachterausschüsse aber nur Durchschnittskaufpreise aus einer Vielzahl von Kauffällen einer Grundstücksart ohne Berücksichtigung unterschiedlicher wertbeeinflussender Merkmale ableiten, sind diese als Vergleichswerte nicht geeignet.

Anstelle von Preisen für Vergleichsgrundstücke können von den Gutachterausschüssen für geeignete Bezugseinheiten, insbesondere Flächeneinheiten des Gebäudes, ermittelte und mitgeteilte Vergleichsfaktoren herangezogen werden. Da sich diese Vergleichsfaktoren nur auf das Gebäude beziehen, ist der Bodenwert gesondert mit seinem Verkehrswert (dem nach dem Bodenrichtwert nach § 179 BewG ermittelten Wert) zu berücksichtigen. Dies wird in der Praxis insbesondere bei der Bewertung von Eigentumswohnungen angewendet, bei der Bewertung von Ein- und Zweifamilienhäusern wird es in aller Regel wegen der doch sehr unterschiedlichen Größe, Gestaltung und Ausstattung nicht zur Anwendung des Vergleichswertverfahrens kommen. Es muss aber festgestellt werden, dass gerade bei den Eigentumswohnungen in den vergangenen Jahren die Gutachterausschüsse zumindest in den großen Gemeinden Vergleichswerte festgestellt haben (diese sind dann typischerweise in Abhängigkeit von Lage, Alter und Größe festgestellt), sodass es in diesem Bereich in der Praxis doch recht häufig zum Ansatz eines solchen Vergleichswerts kommt.

> **Tipp!** In der mündlichen Prüfung sollte zu jedem der drei Bewertungsverfahren wenigstens ein Überblick gegeben werden können. Details – insbesondere die Berechnung betreffen – werden aber in mündlichen Prüfungen kaum abgefragt werden können.

> **Frage:** Welche grundsätzlichen Bewertungsschritte müssen Sie vornehmen, wenn Sie ein Grundstück im Ertragswertverfahren bewerten? Haben sich hier in der Vergangenheit relevante Veränderungen ergeben?

Antwort: Wird ein Grundstück im Rahmen des Ertragswertverfahrens bewertet, sind das Gebäude und der Grund und Boden getrennt zu bewerten, § 184 Abs. 1 BewG. Der Grund und Boden ist dabei wie ein unbebautes Grundstück (mit dem Bodenrichtwert nach § 179 BewG) zu bewerten. Das Gebäude ist mit dem Gebäudeertragswert zu bewerten, ein gesonderter Ansatz von sonstigen baulichen Anlagen – insbesondere Außenanlagen – erfolgt nicht, diese sind mit dem Gebäudewert und dem Bodenwert abgegolten, § 184 Abs. 4 BewG. Ausgangsgröße bei der Bewertung des Gebäudes ist der Rohertrag. Dieser ist das Entgelt, das für die Benutzung des bebauten Grundstücks nach den am Bewertungsstichtag geltenden vertraglichen Vereinbarungen für den Zeitraum von zwölf Monaten zu zahlen ist. Umlagen, die zur Deckung der Betriebskosten gezahlt werden, sind nicht anzusetzen. Von dem Rohertrag sind die Bewirtschaftungskosten abzusetzen. Hier haben sich zum 01.01.2023 erhebliche Veränderungen ergeben. Während früher die Bewirtschaftungskosten nach Erfahrungssätzen anzusetzen waren, soweit von den Gutachterausschüssen keine Werte vorgegeben waren (diese Erfahrungssätze ergeben sich aus Anlage 23 zum BewG) sind seit dem 01.01.2023 für verschiedene Bewirtschaftungskosten unterschiedliche Kostensätze zu berücksichtigen (so ist z.B. für jede Wohnung nach Anlage 23 ein Betrag i.H.v. 230 € anzusetzen oder jährlich je m² Wohnfläche ein Betrag von 9 € für Instandhaltungskosten) – diese Beträge sind dann noch jährlich an den Verbraucherpreisindex anzupassen. Von dem sich daraus ergebenden Reinertrag ist die Verzinsung des Bodenwerts abzuziehen. Auszugehen ist dabei von dem Liegenschaftszinssatz. Liegenschaftszinssatz ist der Zinssatz, mit dem der Verkehrswert von Grundstücken im Durchschnitt marktüblich verzinst wird. Soweit keine von den Gutachterausschüssen festgesetzten Liegenschaftszinssätze vorliegen, sind in § 188 Abs. 2 BewG Liegenschaftszinssätze vorgegeben – diese sind zum 01.01.2023 abgesenkt worden. Der sich daraus ergebende Gebäudereinertrag ist mit einem individuellen Vervielfältiger aus Anlage 21 zum BewG zu multiplizieren, dieser Vervielfältiger bestimmt sich in Abhängigkeit von dem Liegenschaftszinssatz und dem Alter des Gebäudes (das Alter des Gebäudes ist durch Abzug des Jahres der Bezugsfertigkeit des Gebäudes vom Jahr des Bewertungsstichtags zu bestimmen) – auch in diesem Bereich hatten sich zum 01.01.2023 Änderungen ergeben. Während bis zum 31.12.2022 von einer typisierenden Nutzungsdauer eines Mietwohnhauses von 70 Jahren ausgegangen wurde, sind dies seit dem 01.01.2023 80 Jahre. Der sich dann ergebende Gebäudeertragswert stellt zusammen mit dem Bodenwert den Grundbesitzwert des Grundstücks dar.

> **Frage:** Können Sie uns nun abschließend auch noch einen Überblick über das dritte Verfahren zur Bewertung bebauter Grundstücke geben? Haben sich hier auch Veränderungen ergeben?

Antwort: Gerne. Wird ein Grundstück im Rahmen des Sachwertverfahrens bewertet, sind ebenfalls das Gebäude und der Grund und Boden getrennt zu bewerten, § 189 Abs. 1 BewG. Der Grund und Boden ist dabei wieder wie ein unbebautes Grundstück (Bodenrichtwert nach § 179 BewG) zu bewerten.

Das Gebäude ist mit dem Gebäudesachwert zu bewerten. Grundsätzlich soll der Wert der Außenanlagen in diesem Wert mit berücksichtigt sein, § 189 Abs. 4 BewG. Bei besonders werthaltigen Außenanlagen sind diese aber separat mit ihrem gemeinen Wert bei dem Gebäudesachwert zu berücksichtigen. Die Regelherstellungskosten sind die gewöhnlichen Herstellungskosten je Flächeneinheit. Sie ergeben sich aus der Anlage 24 zum BewG, diese sind aber noch an den Baupreisindex anzupassen (die Werte werden jährlich vom BMF veröffentlicht). Neu ist seit dem 01.01.2023, dass jetzt auch noch Regionalfaktoren angewendet werden können, wenn diese von den Gutachterausschüssen festgestellt werden. Mit diesem Faktor wird der Überlegung Rechnung getragen, dass Bauleistungen in Ballungsgebieten häufig teurer sind, als in eher abgelegenen Gebieten. Die gewöhnlichen Herstellungskosten sind festgestellt in Abhängigkeit von Gebäudeart und Ausstattung. Abgrenzungskriterien für die Standardstufen für die Ausstattung sind ebenfalls in Anlage 24 zum BewG enthalten. Die Flächeneinheit ist die Brutto-Grundfläche des Gebäudes. Brutto-Grundfläche ist die Summe aus den Grundflächen aller Grundrissebenen eines Bauwerks (jeweils die äußeren Maße). Der sich daraus ergebende Gebäuderegelherstellungswert ist noch um einen Alterswertabschlag zu vermindern. Die Alterswertminderung bestimmt sich regelmäßig nach dem Alter des Gebäudes zum Bewertungsstichtag und der wirtschaftlichen Gesamtnutzungsdauer nach Anlage 22 zum BewG; hier ist ebenfalls zum 01.01.2023 die typisierende Gesamtnutzungszeit eines Gebäudes angehoben worden. Dabei sind nutzungszeitbeeinflussende Veränderungen zu berücksichtigen. Der Gebäudesachwert muss mindestens 30 % des Gebäuderegelherstellungswerts (Mindestwert) betragen. Der Gebäudesachwert zuzüglich des Werts des Grund und Bodens stellen den vorläufigen Sachwert dar, der noch mit einer Wertzahl zu multiplizieren ist. Die Wertzahl dient der Anpassung an den gemeinen Wert. Als Wertzahlen sind die von den Gutachterausschüssen für das Sachwertverfahren bei der Verkehrswertermittlung abgeleiteten Sachwertfaktoren anzuwenden. Soweit von den Gutachterausschüssen keine geeigneten Sachwertfaktoren zur Verfügung gestellt werden, sind die Wertzahlen nach Anlage 25 zum BewG zu verwenden. Auch hier haben sich inhaltliche und systematische Veränderungen zum 01.01.2023 ergeben – so sind Wertzahlen jetzt nicht mehr nach Stufen zu ermitteln, sondern im Rahmen linearer Interpolation in Abhängigkeit von vorläufigem Sachwert und Bodenrichtwert exakt zu ermitteln.

> **Tipp!** Wenn Sie hier noch Zeit haben und der Prüfer nicht ungeduldig wirkt, können Sie an dieser Stelle auch noch auf Besonderheiten der jeweiligen Bewertungsverfahren eingehen, soweit diese Ihnen bekannt sind. Regelmäßig wird dies aber nicht mehr erwartet. Die Finanzverwaltung hat mit gleich lautenden Erlassen der obersten Finanzbehörden der Ländern vom 20.03.2023 zu den Änderungen bei der Bewertung der Grundstücke für erb- und schenkungsteuerliche Zwecke Stellung genommen und angepasste Regelungen zu den ErbStR veröffentlicht.

> **Frage:** Sie haben jetzt die Bewertungsverfahren für einen erb- oder schenkungsteuerrechtlich relevanten Vorgang angegeben. Im letzten Jahr stand aufgrund der Grundsteuerreform die Ermittlung von Werten aller Grundstücke für die neue Grundsteuer im Mittelpunkt des Interesses. Gelten die von Ihnen beschriebenen Bewertungsverfahren auch für die Feststellung von Grundstückswerten für die Grundsteuer?

Antwort: Nein, für die Grundsteuer sind bisher noch die sog. Einheitswerte maßgeblich. Im Jahr 2022 mussten Feststellungserklärungen für eine vollständige Neubewertung der Grundstücke abgegeben werden. Diese Neubewertung führt dann zu neuen Grundsteuerwerten, die für die neue, ab 2025 zu erhebende Grundsteuer zugrunde gelegt werden. Die Bewertungsvorschriften sind in einem neuen „Siebenten Abschnitt" des BewG aufgenommen worden. Die erste Hauptfeststellung findet nach den Wertverhältnissen vom 01.01.2022 statt. In diesem neuen Abschnitt werden ausgehend von denselben Begrifflichkeiten – unbebautes Grundstück, bebautes Grundstück oder auch Ertragswertverfahren oder Sachwertverfahren – neue (andere) vereinfachte Bewertungsverfahren normiert. Allerdings sind diese in dem sog. „Bundesmodell" vorgegebenen Regelungen nicht für alle Grundstücke in allen Bundesländern zwingend. Durch eine Ergänzung in Art. 72 Abs. 3 Nr. 7 GG können Bundesländer abweichend von diesem Grundmodell eigene Grundsteuergesetze erlassen. Dies haben einige Bundesländer gemacht.

> **Tipp!** Dies gehört eigentlich nicht zur Erbschaft- und Schenkungsteuer, ist aber Teil des Bewertungsrechts. Wenn Sie in einem Bundesland in die Prüfung gehen, das vom Bundesmodell ein abweichendes Grundsteuergesetz verabschiedet hat, sollten Sie sich mit diesen landesspezifischen Besonderheiten vor Ihrer mündlichen Prüfung vertraut machen.

Problembereich 4: Begünstigungen von Immobilien bei der Erbschaftsteuer

Frage: Das derzeitige Erbschaftsteuerrecht ist ja durch vielfältige Steuerbegünstigungen gekennzeichnet. Kennen Sie Begünstigungen bei der Erbschaftsteuer für unbebaute Grundstücke?

Antwort: Nein, bei unbebauten Grundstücken gibt es keine individuellen Verschonungsregelungen. Unbebaute Grundstücke sind immer mit dem Bodenrichtwert anzusetzen. Einzige Möglichkeit bleibt der Nachweis eines niedrigeren gemeinen Werts nach § 198 BewG, wenn nach Ansicht des Steuerpflichtigen der aus dem Bodenrichtwert abgeleitete Grundbesitzwert zu hoch sein sollte. Es gibt dafür auch keine Begründung aus der Rechtsprechung des BVerfG, da eine Verschonungsregelung auch immer eines Rechtfertigungsgrunds bedarf.

Frage: Dann kann es also nur Begünstigungsregelungen für bebaute Grundstücke geben. Können Sie uns erst einmal einen Überblick über diese Begünstigungsregelungen geben und auch die von Ihnen eben angesprochenen Rechtfertigungsgründe dafür nennen?

Antwort: Bei der Begünstigung bebauter Grundstücke sind verschiedene Fälle zu unterscheiden. Neben einem Verschonungsabschlag nach § 13d ErbStG bei zu Wohnzwecken vermieteten Grundstücken gibt es Steuerbefreiungen nach § 13 ErbStG für sog. Familienheime, die in Abhängigkeit einer lebzeitigen Übertragung oder eines Erwerbs von Todes wegen gewährt werden. Die Gründe für die Verschonung sind hier unterschiedlich. Bei den zu Wohnzwecken vermieteten Grundstücken kann es zur Versorgung mit ausreichendem Wohnraum nach dem Urteil des BVerfG aus Gemeinwohlgründen zu einer erbschaftsteuerlichen Begünstigung kommen. Bei den unterschiedlichen Begünstigungsregelungen für das Familienheim steht im Wesentlichen der Schutz des gemeinsamen Familienlebensraums im Vordergrund. Allerdings muss beachtet werden, dass die Regelung zur lebzeitigen Übertragung eines Familienheims zwischen Eheleuten historisch zur Abmilderung der Rechtsprechung des BFH zu den sog. ehebedingten unbenannten Zuwendungen geschaffen wurde (BFH, Urteil vom 02.03.1994, II R 59/92, BStBl II 1994, 366).

Grundsätzlich können die unterschiedlichen Steuerbegünstigungen auch zusammen bei einer wirtschaftlichen Einheit anzuwenden sein. So kann in einem Mietwohnhaus, das unter die Begünstigung des § 13d ErbStG fällt (Ansatz nur mit 90 % des Grundbesitzwerts) auch vom Eigentümer eine eigene Wohnung genutzt werden, die vom Erben (Partner oder Kind) zu eigenen Wohnzwecken genutzt wird und damit unter die Steuerbefreiung nach § 13 Abs. 1 Nr. 4b oder Nr. 4c ErbStG fällt.

Tipp! Solche – teilweise auch historischen – Begründungen gehören regelmäßig nicht zu dem Standardwissen, das in einer mündlichen Prüfung verlangt wird. Wenn aber solche Details bekannt sind, sollte auch keine Scheu bestehen, mit diesen Begründungen auch Pluspunkte zu sammeln.

Frage: Stellen Sie bitte die Voraussetzungen für die Begünstigung einer vermieteten Immobilie dar.

Antwort: Bei zu Wohnzwecken vermieteten Grundstücken wird auf den ermittelten Grundbesitzwert ein Abschlag i.H.v. 10 % der Bemessungsgrundlage vorgenommen, nach § 13d Abs. 1 ErbStG erfolgt in diesen Fällen ein Ansatz mit 90 % des ermittelten Werts. Der Ansatz von 90 % des Grundbesitzwerts ist aber an bestimmte Voraussetzungen gebunden. Die Begünstigung gilt nur für bebaute Grundstücke oder Grundstücksteile, die:

- zu Wohnzwecken vermietet werden,
- im Inland, einem Mitgliedstaat der Europäischen Union oder in einem Staat des Europäischen Wirtschaftsraums belegen sind,

- nicht zum begünstigten Betriebsvermögen oder begünstigten Vermögen eines Betriebs der Land- und Forstwirtschaft i.S.d. §§ 13a ff. ErbStG gehören.

Maßgeblich sind immer die Verhältnisse zum Besteuerungszeitpunkt (Tag des Erwerbs). Der Abschlag ist nicht bei selbstgenutztem Wohneigentum vorzunehmen. Das Objekt muss zu Wohnzwecken vermietet sein – nicht entscheidend ist dabei die Höhe des Mietentgelts. Nicht begünstigt ist in jedem Fall ein Objekt, das unentgeltlich überlassen wird. Soweit Gebäudeteile zur Vermietung zu Wohnzwecken vorgesehen sind, aber zum Bewertungsstichtag leer stehen, kann die Begünstigung nach § 13d ErbStG in Anspruch genommen werden. Nutzt der Mieter Teile seiner Wohnung nicht zu Wohnzwecken, sondern z.B. im Rahmen eines häuslichen Arbeitszimmers oder im Rahmen einer gewerblichen oder freiberuflichen Mitbenutzung, ist dies für den Verschonungsabschlag unschädlich, wenn die Wohnnutzung überwiegt.

Tipp! Früher waren nur Objekte begünstigt, die im Inland belegen waren. Die Ausweitung der Begünstigung auch auf europäische Grundstücke war wegen der Rechtsprechung des EuGH notwendig (EuGH, Urteil vom 17.01.2008, C-256/06 – Theodor Jäger, BFH/NV Beilage 2008, 120).

Frage: Stellen Sie sich vor, ein Erblasser hatte begonnen, ein Mietwohnhaus zu errichten, das nach Fertigstellung eindeutig die Voraussetzungen nach § 13d ErbStG erfüllen würde. Während der Bauphase verstirbt der Bauherr. Können die Erben für das im Bau befindliche Gebäude die Begünstigung nach § 13d ErbStG in Anspruch nehmen?

Antwort: Nein, eine Steuerbegünstigung nach § 13d ErbStG scheidet aus, wenn von Todes wegen ein Grundstück mit einem nicht bezugsfertigen Gebäude erworben wird. Für die Beurteilung, ob die Voraussetzungen der Steuerbegünstigung nach § 13d ErbStG erfüllt sind, ist entscheidend auf die Verhältnisse zum Zeitpunkt der Entstehung der Steuer abzustellen (BFH, Urteil vom 11.12.2014, II R 30/14, BFH/NV 2015, 429. Anders hatte noch das FG Düsseldorf, Urteil vom 16.04.2014, 4 K 4299/13 Erb, EFG 2014, 1128 entschieden).

Frage: Eine Frage noch zu der Begünstigung nach § 13d ErbStG. Ist die Begünstigung an Behaltefristen gebunden oder kann das begünstigte Objekt von den Erben oder den Beschenkten steuerunschädlich verkauft werden?

Antwort: Liegen die Voraussetzungen für die Begünstigung nach § 13d ErbStG im Besteuerungszeitpunkt vor, müssen vom Erwerber keine weiteren Voraussetzungen erfüllt werden. Eine Behaltefrist war zwar mal im Gesetzgebungsverfahren erwogen worden, ist aber dann nicht realisiert worden. Der kurzfristig nach Erwerb erfolgende Verkauf des begünstigten Objekts ist damit für die Begünstigung unerheblich. Allerdings ist die Begünstigung mit 10 % auch nicht so gravierend, als dass hier von einem Gestaltungsmodell für die Praxis ausgegangen werden könnte.

Frage: Lassen Sie uns dann zu der anderen Möglichkeit der Begünstigung von Immobilien kommen. Welche Möglichkeiten bestehen, die sog. Familienheime von der Erbschaftsteuer zu befreien?

Antwort: In § 13 Abs. 1 Nr. 4a, 4b und 4c ErbStG sind verschiedene Möglichkeiten für die Begünstigung von sog. Familienheimen aufgeführt. Allen Regelungen ist es gemeinsam, dass es sich um ein Familienheim in der Europäischen Union oder dem Europäischen Wirtschaftsraum handeln muss. Dies bedeutet, dass das begünstigte Objekt zu eigenen Wohnzwecken tatsächlich genutzt werden muss. Eine Ferienwohnung, die nur unregelmäßig zu kurzen Urlaubzwecken genutzt wird, erfüllt nicht den Begriff des Familienheims. Der Wohnungsbegriff des Familienheims bestimmt sich nach der tatsächlichen Nutzung. In der Wohnung muss sich der Mittelpunkt des familiären Lebens befinden.

Dann sind aber die Voraussetzungen für die einzelnen Begünstigungsregelungen unterschiedlich. § 13 Abs. 1 Nr. 4a ErbStG begünstigt die lebzeitige Übertragung eines solchen Familienheims an den Ehe- oder Lebenspartner. Der Übertragung eines Familienheims gleichgestellt sind aber auch die Freistellung eines Ehepartners oder Lebenspartners von eingegangenen Verpflichtungen im Zusammenhang mit der Anschaffung oder Herstellung eines Familienheims sowie die Übernahme von nachträglichem Herstellungs- oder Erhaltungsaufwand für ein im gemeinsamen Eigentum oder dem Eigentum des anderen Ehepartners oder Lebenspartners stehenden Familienheims.

In § 13 Abs. 1 Nr. 4b und 4c ErbStG sind dann unter einschränkenden Bedingungen die Übertragungen von Todes wegen auf Ehepartner (bzw. auch Lebenspartner) sowie auf Kinder geregelt. Ein wesentlicher Unterschied zu der lebzeitigen Übertragung an einen Ehe- oder Lebenspartner ist hier, dass das Objekt von dem Erwerber oder den Erwerbern zehn Jahre lang für eigene Wohnzwecke verwendet werden muss.

Tipp! Die Erbschaftsteuerbefreiung für den Erwerb eines Familienheims durch den überlebenden Ehegatten oder Lebenspartner entfällt rückwirkend, wenn der Erwerber das Eigentum an dem Familienheim innerhalb von zehn Jahren nach dem Erwerb auf einen Dritten überträgt. Das gilt auch dann, wenn er die Selbstnutzung zu Wohnzwecken aufgrund eines lebenslangen Nießbrauchs fortsetzt (BFH, Urteil vom 11.07.2019, II R 38/16, BStBl II 2020, 314).

Frage: Bestehen Unterschiede in dem Erwerb eines solchen Familienheims von Todes wegen durch einen überlebenden Ehe- oder Lebenspartner oder einem Kind?

Antwort: Ja, es besteht ein wesentlicher Unterschied. Während die Befreiung bei dem Erwerb von Todes wegen bei Ehepartnern oder Lebenspartnern nicht an eine bestimmte Größe der selbstgenutzten Wohnung bzw. des Hauses gebunden ist, ist bei dem Erwerb von Todes wegen bei Kindern die Begünstigung nur insoweit zu gewähren, soweit die Wohnfläche 200 m² nicht übersteigt. Keine Regelung ist darüber getroffen worden, wenn mehrere Kinder grundsätzlich begünstigungsfähiges Vermögen erwerben und dann gemeinsam oder nach einer Trennung in das Familienheim einziehen. Die Finanzverwaltung sieht die 200 m²-Grenze nicht personenbezogen, sondern objektbezogen. Damit unterliegt – unabhängig der Anzahl der erwerbenden Kinder – die über 200 m² hinausgehende Fläche der Erbschaftsteuer.

Frage: Ist der Erwerb von Todes wegen durch ein Kind davon abhängig, dass das Kind im Moment des Erwerbs schon mit in dem Haus gewohnt hat? Häufig dürfte es so sein, dass beim Tode des letztversterbenden Elternteils das meist dann schon erwachsene Kind einen eigenen Hausstand unterhält. Entfällt dann die Begünstigung nach § 13 Abs. 1 Nr. 4c ErbStG?

Antwort: Nein, die Begünstigung ist nicht daran gebunden, dass das Kind schon im Moment des Erwerbs in dem dem Grunde nach begünstigten Objekt gewohnt hat. Hat die erwerbende Person das Objekt bisher nicht selbst für Wohnzwecke mitbenutzt, muss sie unverzüglich, also ohne schuldhaftes Zögern, die Nutzung zu eigenen Wohnzwecken aufnehmen – eine präzise zeitliche Vorgabe enthält das Gesetz aber nicht. Regelmäßig wird eine Frist von sechs Monaten als ausreichend angesehen, um die Selbstnutzung aufzunehmen. Wird die Selbstnutzung der Wohnung erst nach Ablauf von sechs Monaten aufgenommen, kann ebenfalls eine unverzügliche Bestimmung zur Selbstnutzung vorliegen. Allerdings muss der Erwerber in diesem Fall darlegen und glaubhaft machen, zu welchem Zeitpunkt er sich zur Selbstnutzung der Wohnung für eigene Wohnzwecke entschlossen hat, aus welchen Gründen ein tatsächlicher Einzug in die Wohnung nicht früher möglich war und warum er diese Gründe nicht zu vertreten hat (vgl. BFH, Urteil vom 23.06.2015, II R 39/13, BStBl II 2016, 225). Der wegen der Beseitigung eines gravierenden Mangels eintretende Zeitverzug steht der unverzüglichen Selbstnutzung nicht entgegen, wenn der Erwerber den Baufortschritt angemessen fördert.

Darüber hinaus hat der BFH entschieden (BFH, Urteil vom 06.05.2021, II R 46/19, BFH/NV 2022, 76), dass ein begünstigter Erwerb als Familienheim auch dann vorliegen kann, wenn ein Steuerpflichtiger von Todes wegen eine Wohnung hinzuerwirbt, die an seine eigene selbst genutzte Wohnung angrenzt, wenn die hinzuerworbene Wohnung unverzüglich zur Selbstnutzung bestimmt ist.

Eine Steuerbefreiung nach § 13 Abs. 1 Nr. 4b oder 4c ErbStG für ein Familienheim scheidet aber aus, wenn der Erwerber von vornherein gehindert ist, die Wohnung in dem von Todes wegen erworbenen Einfamilienhaus für eigene Wohnzwecke zu nutzen und deshalb auch tatsächlich nicht einzieht (BFH, Urteil vom 23.06.2015, II R 13/13, BStBl II 2016, 223).

> **Tipp!** Der BFH hat in einem Sachverhalt mit einem Erbfall durch Kinder die Frist bestätigt. Kinder können eine von ihren Eltern bewohnte Immobilie steuerfrei erben, wenn sie die Selbstnutzung als Wohnung innerhalb von sechs Monaten nach dem Erbfall aufnehmen, BFH, Urteil vom 28.05.2019, II R 37/16, BStBl II 2019, 678. Ein erst späterer Einzug führt nur in besonders gelagerten Ausnahmefällen zum steuerfreien Erwerb als Familienheim. In dem zu entscheidenden Fall hatte der Kläger mehr als zwei Jahre nach dem Todesfall und mehr als sechs Monate nach der Eintragung im Grundbuch Angebote von Handwerkern eingeholt und damit überhaupt erst mit der Renovierung begonnen. Der Kläger habe nicht dargelegt und glaubhaft gemacht, dass er diese Verzögerung nicht zu vertreten habe. Schließlich wies der BFH darauf hin, dass der Kläger noch nicht einmal bis zum Tag der mündlichen Verhandlung vor dem Finanzgericht mithin zwei Jahre und acht Monate nach dem Erbfall in das geerbte Haus eingezogen war.

> **Frage:** Was passiert in den Fällen, in denen der überlebenden Ehepartner (Lebenspartner) oder ein Kind zwar unverzüglich die Selbstnutzung des Objekts aufnimmt, dann aber nicht, wie Sie es dargestellt haben, zehn Jahre in dem Objekt wohnt?

Antwort: Wird die Selbstnutzung aus selbst verschuldeten Gründen innerhalb von zehn Jahren ab dem Zeitpunkt der Übertragung aufgegeben, entfällt die gesamte Steuerbefreiung für dieses Vermögen. Eine zeitanteilige Gewährung der Steuerbefreiung ist nicht vorgesehen. Aus diesem Grund sollte in bestimmten Fällen (schwere Krankheit des Partners, großer Altersunterschied) über eine lebzeitige Übertragung nach § 13 Abs. 1 Nr. 4a ErbStG nachgedacht werden. Die lebzeitige Übertragung kann insoweit – da an keine Behaltefristen gebunden – die steuerrechtlich bessere Alternative sein. Schädlich ist auch ein Verkauf oder eine Vermietung des Familienheims oder von Teilen davon oder ein längerer Leerstand. Eine Nutzung zu eigenen Wohnzwecken ist aber auch dann noch gegeben, wenn der überlebende Ehegatte oder Lebenspartner – z.B. als Berufspendler – mehrere Wohnsitze hat, das Familienheim aber seinen Lebensmittelpunkt bildet.

Kann der Erwerber nach dem Tod des Verstorbenen das übertragene Objekt innerhalb der Zehnjahresfrist nicht selbst nutzen, da er aus nicht selbstverschuldeten Gründen daran gehindert ist (z.B. aus Krankheitsgründen oder wegen Pflegebedürftigkeit), ist das für die Steuerbefreiung nicht schädlich. Entfallen aber diese Hinderungsgründe innerhalb des Zehnjahreszeitraums, ist die Selbstnutzung wieder unverzüglich aufzunehmen. Eine Aufgabe der Selbstnutzung wegen einer beruflichen Versetzung ist allerdings nach Auffassung der Finanzverwaltung kein solcher unverschuldeter Grund.

> **Tipp!** Der BFH (Urteil vom 01.12.2021, II R 1/21, BStBl II 2022, 557) hat dazu festgestellt, dass der Erwerber eines erbschaftsteuerrechtlich begünstigten Familienheims aus zwingenden Gründen an dessen Nutzung zu eigenen Wohnzwecken gehindert ist, wenn die Selbstnutzung objektiv unmöglich oder aus objektiven Gründen unzumutbar ist. Zweckmäßigkeitserwägungen reichen nicht aus. Gesundheitliche Beeinträchtigungen können zwingende Gründe darstellen, wenn sie dem Erwerber eine selbständige Haushaltsführung in dem erworbenen Familienheim unzumutbar machen.

> **Frage:** Kommen wir noch zu einer letzten Frage im Zusammenhang mit der Begünstigung von Immobilien. Welche Konsequenzen ergeben sich für den oder die Erwerber, wenn mit einem begünstigten Objekt noch Schulden zusammenhängen, die auf den Erwerber von Todes wegen übergehen?

Antwort: Schulden im Zusammenhang mit einem Grundstück gehen grundsätzlich nicht in die Bewertung der wirtschaftlichen Einheit mit ein. Sie sind dann aber als Nachlassverbindlichkeiten oder im Rahmen einer gemischten Schenkung nach den Vorschriften des § 10 ErbStG abzuziehen. Allerdings bestehen im Zusammenhang mit Vermögensteilen, die nach dem ErbStG nicht der Besteuerung unterliegen, bestimmte Abzugsbeschränkungen für damit in wirtschaftlichem Zusammenhang stehende Schulden, § 10 Abs. 6 ErbStG.

Nach § 10 Abs. 6 Satz 1 ErbStG sind Schulden und Lasten nicht abzugsfähig, soweit sie in wirtschaftlichem Zusammenhang mit Vermögensgegenständen stehen, die nicht der Besteuerung nach dem ErbStG unterliegen. In der Konsequenz bedeutet dies, dass Schulden im Zusammenhang mit einem nach § 13d ErbStG begünstigten Objekt nur zu 90 % abgezogen werden können und Schulden, die mit einem nach § 13 Abs. 1 Nr. 4a bis 4c ErbStG begünstigten Objekt zusammenhängen, gar nicht abgezogen werden können.

> **Tipp!** Zu beachten ist, dass sowohl die Begünstigung nach § 13 Abs. 1 Nr. 4a bis Nr. 4c ErbStG wie auch die Folge des § 10 Abs. 6 Satz 1 ErbStG kein Wahlrecht darstellt, sondern zwingende Folge bei Erfüllung der Tatbestandsvoraussetzungen ist. Damit kann – in extremen Fällen – eine Gestaltung sinnvoll sein, die den Begünstigten nicht die Voraussetzungen erfüllen lässt, wenn die mit dem Objekt zusammenhängenden Schulden höher sind, als der Wert des Objekts als solches (sog. Schuldenüberhang). Beachten Sie, dass durch das Jahressteuergesetz 2020 die Regelung des § 10 Abs. 6 ErbStG überarbeitet und präzisiert worden ist. Für Schulden i.Z.m. Immobilien haben sich daraus aber keine Veränderungen ergeben.

Problembereich 5: Bewertung des Betriebsvermögens

> **Frage:** Stellen Sie bitte zuerst einmal dar, an welchen Grundsätzen sich die Bewertung von Betriebsvermögen für Zwecke der Erbschaftsteuer orientiert.

Antwort: Wird Betriebsvermögen (Einzelunternehmen oder Anteile an einer Personengesellschaft) vererbt oder verschenkt, unterliegt der Vorgang der Erbschaftsteuer. Um den Vorgang der Erbschaftsteuer unterwerfen zu können, muss ein Wert für das Betriebsvermögen festgestellt werden. Dabei ist nach den Vorgaben des Bundesverfassungsgerichts jeder Vermögensgegenstand grundsätzlich mit dem Verkehrswert anzusetzen. Dabei darf weder die Rechtsform noch die ertragsteuerrechtliche Gewinnermittlungsvorschrift einen wesentlichen Einfluss auf den festzustellenden Wert haben. Die Bewertung des Betriebsvermögens erfolgt seit 2009 entsprechend den Regelungen für die Bewertung von Anteilen an Kapitalgesellschaften. Kann der Verkehrswert nicht aus Verkäufen abgeleitet werden, ist der Wert anhand eines auch für nichtsteuerliche Zwecke anerkannten Bewertungsverfahrens festzustellen. Der Wert kann auch durch ein vom Gesetzgeber normiertes vereinfachtes Ertragswertverfahren ermittelt werden.

Die erbschaftsteuerrechtliche Bewertung des Betriebsvermögens richtet sich grundsätzlich nach § 12 Abs. 5 ErbStG. Danach ist der gesondert festgestellte Wert nach § 151 Abs. 1 Satz 1 Nr. 2 BewG maßgeblich. Der Wert des Betriebsvermögens richtet sich gem. § 109 Abs. 1 BewG (bei gewerblichen und freiberuflichen Einzelunternehmen) oder § 109 Abs. 2 BewG (bei Anteilen an Personengesellschaften) nach der Grundregelung des § 11 Abs. 2 BewG. Soweit keine Ableitung des gemeinen Werts aus Verkäufen oder anderen zugelassenen Bewertungsverfahren erfolgt, bestimmt sich der Wert nach dem vereinfachten Ertragswertverfahren nach § 199 bis § 203 BewG.

> **Tipp!** Die Bewertung wie auch die Begünstigung des Betriebsvermögens (aber auch der land- oder forstwirtschaftlichen Betriebe und bestimmter Anteile an Kapitalgesellschaften) stand in den vergangenen Jahren im Mittelpunkt der erbschaftsteuerrechtlichen und verfassungsrechtlichen Diskussion. Deshalb sollten in einer mündlichen Prüfung die Grundüberlegungen zur Bewertung und Begünstigung des Betriebsvermögens beherrscht werden.

> **Frage:** Gibt es für die Bewertung der von Ihnen angesprochenen Vermögenspositionen eine gesetzlich vorgeschriebene Reihenfolge, nach der der Erwerber die Bewertung vorzunehmen hat?

Antwort: Ja, es gibt eine gesetzliche Reihenfolge der Möglichkeiten der Bewertung. Ein Sonderfall der Bewertung liegt vor, wenn Anteile an einer Kapitalgesellschaft zu bewerten sind, die an einer deutschen Börse zum Handel im regulierten Markt zugelassen sind. In diesen Fällen ist der am Stichtag für dieses Wertpapier im regulierten Markt niedrigste notierte Kurs anzusetzen, § 11 Abs. 1 BewG. Wenn kein Kurs zum Bewertungsstichtag festgestellt wird, ist der letzte innerhalb der letzten 30 Tage vor dem Bewertungsstichtag notierte Wert anzusetzen. Eventuell kann hier noch ein Paketzuschlag nach § 11 Abs. 3 BewG zu berücksichtigen sein. Mit einem solchen Paketzuschlag kann dem Gesichtspunkt Rechnung getragen werden, dass ein bestimmter Umfang an Anteilen insgesamt mehr wert sein kann, als die Summe der Einzelanteile. Dies muss aber immer im Einzelfall beurteilt werden.

Bei der Bewertung des Betriebsvermögens (Einzelunternehmen, Freiberuflerpraxen, Beteiligungen an Personengesellschaften) wie auch bei Anteilen an einer Kapitalgesellschaft ist als steuerlicher Wert der gemeine Wert i.S.d. § 9 BewG anzusetzen. Dieser Wert soll nach § 11 Abs. 2 BewG – soweit kein Börsenkurs vorliegt – wie folgt ermittelt werden:

1. Vorrangig soll der Wert aus Verkäufen abgeleitet werden, die weniger als ein Jahr vor dem Besteuerungszeitpunkt (Tage des Erwerbs) stattgefunden haben.
2. Hat kein Verkauf innerhalb des letzten Jahrs vor dem Besteuerungszeitpunkt stattgefunden, soll im Rahmen eines Verfahrens unter Berücksichtigung der Ertragsaussichten oder einer anderen anerkannten, auch im gewöhnlichen Geschäftsverkehr für nichtsteuerliche Zwecke üblichen Methode der Verkehrswert des Betriebsvermögens ermittelt werden.
3. Soweit kein besonderes Verfahren zur Ermittlung des gemeinen Werts angewendet wird, kann der Wert nach dem vereinfachten Ertragswertverfahren nach §§ 199 ff. BewG ermittelt werden.

Auf diese – in § 11 Abs. 2 BewG für die Bewertung von Kapitalgesellschaften enthaltenen – Regelungen wird in § 109 Abs. 1 und Abs. 2 BewG für die Bewertung von Gewerbebetrieben, freiberuflich Tätigen und Anteilen an Gesellschaften i.S.d. § 97 Abs. 1 BewG verwiesen. Damit sind auch bei einem Einzelgewerbetreibenden (oder einem freiberuflich Tätigen) oder bei einer Personengesellschaft diese Grundsätze zu berücksichtigen.

> **Tipp!** An dieser Stelle könnte noch darauf hingewiesen werden, dass in der Praxis sich bei Einzelunternehmen kaum ein Einzelverkaufspreis ergeben wird, sodass dies eher eine theoretische Möglichkeit zur Ermittlung des gemeinen Werts darstellt.

> **Frage:** Worauf müssen die Beteiligten achten, wenn – zum Beispiel bei der Übertragung von Anteilen an einer Personengesellschaft – der Wert aus Verkäufen abgeleitet werden soll?

Antwort: Die Ableitung des gemeinen Werts aus Verkäufen wird in der Praxis ohne größere Probleme ablaufen. Allerdings wird es der Ausnahmefall sein, da solche Vermögenswerte im Regelfall selten Gegenstand entgeltlicher Erwerbsvorgänge sein werden. Der Verkauf muss nach der ausdrücklichen Regelung des § 11 Abs. 2 BewG weniger als ein Jahr zurückliegen. Verkäufe, die erst nach dem Besteuerungszeitpunkt stattgefunden haben, können nicht berücksichtigt werden.

Es müssen nicht mehrere Verkäufe von Anteilen vorliegen, um daraus einen gemeinen Wert abzuleiten. Auch schon aus einem Verkaufsvorgang kann der gemeine Wert abgeleitet werden (BFH, Urteil vom 05.03.1986, II R 232/82, BStBl II 1986, 591). Allerdings darf es sich in diesem Fall nicht um einen „Zwerganteil" handeln, bei dem nur ein geringfügiger Anteil an der Kapitalgesellschaft übertragen wird. Aus dem Verkauf eines solchen geringen Anteils an einer Gesellschaft kann nicht auf den gemeinen Wert des gesamten Unternehmens geschlossen werden. Ob ein für die Ableitung des gemeinen Werts nicht geeigneter Verkauf eines Zwerganteils vorliegt, lässt sich jedoch nicht allein anhand der prozentualen Höhe des verkauften Anteils, sondern nur anhand der gesamten Umstände des Einzelfalls (z.B. Ertragsaussichten und Vermögen des Unternehmens, Anzahl der Kaufinteressenten, Beteiligungsverhältnisse bei der Kapitalgesellschaft, Interessen der Vertragsbeteiligten) beurteilen (BFH, Urteil vom 16.05.2013, II R 4/11, BFH/NV 2013, 1223). Allerdings kann der gemeine Wert auch aus einer Mehrzahl von Verkäufen geringfügiger Beteiligungen abgeleitet werden (BFH, Urteil vom 06.05.1977, III R 17/75, BStBl II 1997, 626). Es können darüber hinaus nur Verkäufe zwischen fremden Dritten für die Bewertung herangezogen werden. Entgeltliche Erwerbsvorgänge innerhalb der Familie oder zwischen nahestehenden Personen können nicht berücksichtigt werden, da sich in diesem Fall der vereinbarte Kaufpreis nicht an Marktgegebenheiten orientieren wird. Damit wird auch möglichen Manipulationsmöglichkeiten ein Riegel vorgeschoben.

> **Frage:** Wie ist der Wert von Betriebsvermögen zu ermitteln, wenn er sich nicht aus Verkäufen ableiten lässt?

Antwort: Liegt kein Verkaufspreis vor, aus dem der gemeine Wert abzuleiten ist, ist der Wert unter Berücksichtigung der Ertragsaussichten der Kapitalgesellschaft oder einer anderen anerkannten, auch im gewöhnlichen Geschäftsverkehr für nichtsteuerliche Zwecke üblichen Methode zu ermitteln. Dabei ist die Methode anzuwenden, die ein Erwerber der Bemessung des Kaufpreises zugrunde legen würde, § 11 Abs. 2 Satz 2 BewG. Dies gilt über die Generalnorm entsprechend auch für Anteile an Personengesellschaften oder auch für Einzelunternehmen. Ein verbindliches Bewertungsverfahren ist dabei vom Gesetzgeber für die Bewertung nicht vorgeschrieben worden. Bei der Einführung der Bewertungsvorschriften 2009 wurde in der Gesetzesbegründung festgestellt, dass üblicherweise zumindest bei Beteiligungen an großen Gesellschaften die Ertragswertmethode angewandt wird, weil sie von der Frage ausgeht, welches Kapital ein gedachter Investor einsetzen würde, um aus seinem Investment eine angemessene Rendite zu erzielen. Der Steuerpflichtige kann den gemeinen Wert aber auch durch Vorlage eines methodisch nicht zu beanstandenden Gutachtens ermitteln, das auf den für die Verwendung in einem solchen Verfahren üblichen Daten aufbaut. Anhaltspunkte dafür, dass ein Erwerber neben den ertragswert- oder zahlungsstromorientierten Verfahren bei der Bemessung des Kaufpreises eine andere übliche Methode zugrunde legen würde, können sich insbesondere auch aus branchenspezifischen Verlautbarungen ergeben.

> **Tipp!** Durch den Verweis in § 109 Abs. 1 und Abs. 2 BewG für die Bewertung des Einzelunternehmens oder des Anteils an einer Personengesellschaft gelten die in § 11 Abs. 2 BewG für die Bewertung von Anteilen an Kapitalgesellschaften normierten Vorschriften entsprechend für das Betriebsvermögen.

> **Frage:** Im Regelfall ist die Erstellung eines individuellen Bewertungsgutachtens mit Kosten verbunden. Hat der Erwerber auch noch eine andere Möglichkeit, um einen erbschaftsteuerrechtlichen Wert zu ermitteln?

Antwort: Ja, der Gesetzgeber hatte 2009 erstmalig ein vereinfachtes Ertragswertverfahren in § 199 bis § 203 BewG vorgesehen, auf das ausdrücklich in § 11 Abs. 2 BewG hingewiesen wird. Darüber hinaus wird auch noch einmal ausdrücklich in § 199 Abs. 1 und Abs. 2 BewG der Anwendungsbereich dieses sog. vereinfachten Ertragswertverfahrens bestätigt. Danach kann dieses Verfahren in den folgenden Fällen und unter den folgenden Voraussetzungen angewandt werden:

- Schätzung des gemeinen Werts von Anteilen an Kapitalgesellschaften, soweit kein vorrangiger Wert nach § 11 Abs. 1 (Börsenkurs) oder Abs. 2 (Verkaufspreis innerhalb des letzten Jahres) BewG vorliegt.
- Schätzung des gemeinen Werts des Betriebsvermögens von Gewerbebetrieben nach § 95 BewG oder des Betriebsvermögens von freiberuflich Tätigen nach § 96 BewG, soweit kein vorrangiger Wert nach § 11 Abs. 2 BewG (Verkaufspreis innerhalb des letzten Jahrs) vorliegt.
- Schätzung des gemeinen Werts eines Anteils am Betriebsvermögen einer in § 97 BewG genannten Körperschaft, Personenvereinigung oder Vermögensmasse, soweit kein vorrangiger Wert nach § 11 Abs. 2 BewG (Verkaufspreis innerhalb des letzten Jahrs) vorliegt.
- Das vereinfachte Schätzverfahren darf nicht zu einem offensichtlich unzutreffenden Ergebnis führen.

> **Tipp!** Im Gesetz ist keine nähere Definition für ein solch „offensichtlich unzutreffendes Ergebnis" angegeben. Nach der Begründung des Finanzausschusses im Gesetzgebungsverfahren können solche unzutreffenden Ergebnisse z.B. dann vorliegen, wenn sich im Rahmen der Erbauseinandersetzung oder aus zeitnahen Verkäufen – auch nach dem Bewertungsstichtag – Erkenntnisse über den Wert des Unternehmens oder der Beteiligung herleiten lassen. Nach Auffassung der Finanzverwaltung kann ein unzutreffender Wert insbesondere aus folgenden Informationen abgeleitet werden: Zeitnahe Verkäufe nach dem Bewertungsstichtag, Verkäufe, die mehr als ein Jahr vor dem Bewertungsstichtag ausgeführt wurden, Erbauseinandersetzungen, die Rückschlüsse auf den gemeinen Wert des Betriebsvermögens zulassen.

> **Frage:** Stellen Sie bitte die beiden Ausgangsgrößen dar, auf denen das vereinfachte Ertragswertverfahren beruht.

Antwort: Das vereinfachte Ertragswertverfahren basiert auf zwei Werten: Der zukünftig nachhaltig erzielbare Jahresertrag (ermittelt aus dem Durchschnitt der letzten drei Jahre) ist mit einem fest vorgegebenen Kapitalisierungsfaktor zu multiplizieren.

Dabei muss für jedes Jahr des Betrachtungszeitraums – ausgehend von dem ertragsteuerlichen Gewinn nach § 4 Abs. 1 oder Abs. 3 EStG – ein Ertrag ermittelt werden. Dabei sind allerdings bestimmte Hinzurechnungen oder Kürzungen vorzunehmen, um einen „betriebswirtschaftlichen" Überschuss zu ermitteln. Von diesem Ergebnis ist dann noch ein pauschalierter Abzug für die Ertragsteuern vorzunehmen. Der durchschnittliche Ertrag der letzten drei Jahre ist dann mit einem festen Kapitalisierungsfaktor zu multiplizieren, der seit 2016 mit 13,75 festgelegt ist. Darüber hinaus können auch noch separat zu bewertende Vermögensgegenstände diesem Wert hinzugerechnet werden.

Immer mit dem gemeinen Wert werden im Rahmen des vereinfachten Ertragswertverfahrens die folgenden Positionen angesetzt:

- Nettowert des nicht betriebsnotwendigen Vermögens,
- Wert von betriebsnotwendigen Beteiligung an anderen Gesellschaften,
- Nettowert des „jungen" Betriebsvermögens.

> **Frage:** Jetzt haben Sie die Begriffe des „nicht betriebsnotwendigen Vermögens" und des „jungen" Betriebsvermögens verwendet. Geben Sie bitte einmal an, was unter diesen Begriffen zu verstehen ist.

Antwort: Gerne, nach Auffassung der Finanzverwaltung gehören zu dem nicht betriebsnotwendigen Vermögen diejenigen Wirtschaftsgüter, die sich ohne Beeinträchtigung der eigentlichen Unternehmenstätigkeit aus dem Unternehmen herauslösen lassen, ohne dass die operative Geschäftstätigkeit eingeschränkt wird. Eine zwingende Identität dieses nicht betriebsnotwendigen Betriebsvermögens mit dem ertragsteuerrechtlich gewillkürten Betriebsvermögens liegt nicht vor, die ertragsteuerrechtliche Einordnung kann aber ein Indiz darstellen. Je nach Unternehmenszweck können dies Grundstücke, Gebäude, Kunstgegenstände, Beteiligungen, Wertpapiere oder auch Geldbestände sein.

Nicht im Ertragswertverfahren, sondern gesondert berücksichtigt werden auch solche Wirtschaftsgüter und Schulden, die innerhalb von zwei Jahren vor dem Bewertungsstichtag eingelegt wurden („junges Vermögen" nach § 200 Abs. 4 BewG). Da erst kurz vor dem Bewertungsstichtag eingelegte Wirtschaftsgüter sich noch nicht in den Erträgen der letzten drei Jahre ausgewirkt haben können, würden diese Vermögenspositionen ohne Auswirkungen auf den Ertragswert übertragen werden können. Die Regelung dient damit der Missbrauchsvermeidung. Im Zusammenhang mit diesen Positionen stehende Erträge und Aufwendungen sind bei der Ermittlung des Jahresertrags auszuscheiden. Bei der Position des jungen Vermögens handelt es sich ausschließlich um eingelegtes Vermögen, das als „betriebsnotwendig" anzusehen ist, da das nicht betriebsnotwendige Vermögen schon nach § 200 Abs. 2 BewG – unabhängig des Zeitpunkts der Einlage – immer separat zu bewerten ist.

> **Tipp!** Bitte denken Sie immer daran: Wenn in einer mündlichen Prüfung bestimmte Fachbegriffe verwendet werden, müssen diese dann auch erläutert werden können.

> **Frage:** Können Sie uns bitte darstellen, wie der jährliche Jahresertrag ermittelt wird?

Antwort: Für die Ermittlung des Durchschnittsertrags der letzten drei Jahre ist das Betriebsergebnis der jeweiligen in den Durchschnittszeitraum fallenden Wirtschaftsjahre zu ermitteln. In § 202 BewG sind Vorgaben für die Ermittlung dieses Betriebsergebnisses gemacht – Ziel ist ein normiertes, um außergewöhnliche und steuerliche Besonderheiten bereinigtes Ergebnis. Für das Ertragswertverfahren ist es unerheblich, ob der Gewinn nach § 4 Abs. 1 oder § 5 EStG ermittelt wurde (Betriebsvermögensvergleich/bilanzierender Unternehmer) oder ob der Gewinn nach § 4 Abs. 3 EStG festgestellt wurde (Überschussrechnung). Das vereinfachte Ertragswertverfahren basiert immer auf dem zutreffend ermittelten ertragsteuerrechtlichen Wert. Ein „falsch" ermittelter ertragsteuerlicher Gewinn kann aber nicht nachhaltig Bestand für die Ermittlung des Werts nach §§ 199 ff. BewG haben.

Um zu einem Normertrag für jedes einzelne Wirtschaftsjahr zu kommen, muss ausgehend von dem ertragsteuerlichen Gewinn eine Korrektur um außergewöhnliche Ereignisse innerhalb des Wirtschaftsjahrs vorgenommen werden, außerdem müssen auch durch das ertragsteuerliche Gewinnermittlungsverfahren bedingte Besonderheiten ausgeglichen werden, um zu einem „betriebswirtschaftlichen Normertrag" in den einzelnen Jahren zu kommen. Zu beachten ist, dass bei der Ausgangsgröße des Gewinns nach § 4 Abs. 1 Satz 1 oder § 5 EStG nicht abzugsfähige Betriebsausgaben nicht zu Korrekturen führen, da diese bereits in dem Ausgangswert enthalten sind.

> **Frage:** Können Sie uns noch ein oder zwei Positionen nennen, die nach § 202 BewG korrigierend berücksichtigt werden müssen?

Antwort: Sicher, besonders zu beachten sind die Korrekturposten bezüglich der Ertragsteuern. Zu dem nach § 4 Abs. 1 Satz 1 oder § 4 Abs. 3 EStG ermittelten Gewinn oder Überschuss müssen alle eventuell bei der Ermittlung abgezogenen Ertragsteuern hinzugerechnet werden. Alle eventuell bei der Gewinnermittlung gewinnerhöhend erfassten Erstattungen von Ertragsteuern sind korrigierend abzuziehen. Allerdings sind von dem jeweiligen positiven Betriebsergebnis zur Abgeltung der Ertragsteuerbelastung jeweils 30 % abzuziehen. Dieser Ertragsteuerabzug ist unabhängig davon vorzunehmen, ob der Unternehmer der Gewerbesteuer unterliegt oder nicht. Die Finanzverwaltung hat ausdrücklich festgestellt, dass aufgrund der typisierenden Betrachtungsweise auch bei den nicht der Gewerbesteuer unterliegenden Unternehmen der Ertragsteueraufwand mit 30 % pauschal zu berücksichtigen ist.

Interessant ist im Einzelfall auch der – zur Rechtsformneutralität notwendige – Abzug eines angemessenen Unternehmerlohns. Hier wird auf Erfahrungswerte zurückzugreifen sein, die die jeweilige Branche, die Größe des Unternehmens sowie die Ertragskraft des Unternehmens mitberücksichtigen sollten. Grundsätzlich sind auch Ergebnisse aus Gehaltsstrukturuntersuchungen für die Ermittlung eines angemessenen Unternehmerlohns heranzuziehen. Soweit in dem Unternehmen bisher auch Familienangehörige unentgeltlich mitgearbeitet haben, ist für diese ebenfalls ein angemessener fiktiver Lohn abzuziehen. Nach Auffassung der Finanzverwaltung sind hier vor allem die Grundsätze zu beachten, die bei der ertragsteuerlichen Behandlung der verdeckten Gewinnausschüttung angewandt werden. Der angemessene Unternehmerlohn kann aber auch anhand von Zahlungen an angestellte leitende Mitarbeiter oder aus branchenspezifischen Datensammlungen abgeleitet werden.

> **Tipp!** In einer mündlichen Prüfung wird hier sicher nicht erwartet werden können, dass eine umfassende Aufzählung der Hinzurechnungs- oder Abzugspositionen vorgenommen wird. Einige der interessantesten Positionen sollten aber doch zur Illustration dargestellt werden können.

> **Frage:** Lassen Sie uns abschließend noch einmal auf den Kapitalisierungsfaktor zu sprechen kommen. War dies schon immer ein fester Faktor?

Antwort: Nein, ursprünglich war der Kapitalisierungsfaktor nach § 203 BewG ein variabler Faktor. Zur Ermittlung war von der langfristigen Rendite für längerfristige öffentliche Anleihen ausgegangen worden, dieser Zinssatz war von der Deutschen Bundesbank anhand der Zinsstrukturdaten jeweils auf den ersten Börsentag des Jahrs zu ermitteln. Dieser maßgebende Zinssatz wurde vom Bundesfinanzministerium im Bundessteuerblatt veröffentlicht. Der Basiszinssatz galt dann für alle Bewertungen dieses Jahrs. Der Basiszins war allerdings noch um einen Risikozuschlag von 4,5 % zu erhöhen. Der Kapitalisierungsfaktor ergab sich dann aus dem Kehrwert. Aufgrund der dramatisch sinkenden Rendite der langfristigen Anleihen ergab sich aber in der Folgezeit ein so hoher Kapitalisierungsfaktor, sodass das vereinfachte Ertragswertverfahren zu absurd hohen Werten des Betriebsvermögens führte. Seit 2016 hat man sich deshalb politisch auf einen festen Kapitalisierungsfaktor von 13,75 geeinigt.

> **Tipp!** Für 2015 hatte sich aufgrund der damaligen Berechnung ein Kapitalisierungsfaktor von 18,214 ergeben. Dies führte dann zu Ergebnissen, die für die Erwerber nicht akzeptabel waren.

Problembereich 6: Begünstigung des Betriebsvermögens

> **Frage:** In der Praxis wird immer über die Begünstigung des Betriebsvermögens gesprochen. Ist dies eigentlich zutreffend?

Antwort: Dies ist in der Tat nur zum Teil zutreffend. Zwar unterliegt das Betriebsvermögen sog. Verschonungsregelungen, aber ebenfalls sind auch die land- und forstwirtschaftlichen Betriebe sowie Anteile an Kapitalgesellschaften begünstigt, soweit mehr als 25 % Beteiligungsbesitz vorliegt.

> **Frage:** Können Sie uns bitte sagen, was unter den Begriffen des begünstigungsfähigen Vermögens und des begünstigten Vermögens zu verstehen ist bzw. wo hier Unterschiede bestehen?

Antwort: Begünstigungsfähiges Vermögen sind die von mir eben schon erwähnten Vermögenspositionen, die in § 13b Abs. 1 ErbStG aufgeführt sind. Dies bedeutet aber noch nicht, dass diese Vermögenspositionen dann auch tatsächlich einer erbschaftsteuerrechtlichen Begünstigung unterliegen. Um vom begünstigungsfähigen Vermögen zum begünstigten Vermögen zu kommen, müssen diverse Berechnungen vorgenommen werden – insbesondere ist zu prüfen, ob und in welchem Umfang sich in dem begünstigungsfähigen Vermögen schädliches Verwaltungsvermögen befindet.

> **Tipp!** Die Berechnung des begünstigten Vermögens setzt eine sowohl von der Praxis als auch von der Theorie her komplizierte und umfassende Berechnung voraus. In einer mündlichen Prüfung wird dies kaum in Einzelheiten abgefragt werden können. Erst recht werden hier keine Berechnungen verlangt werden können. Grundzüge der Begünstigung sowie die hinter einzelnen Fachbegriffen sich verbergenden grundsätzlichen Definitionen sollten aber auch in einer mündlichen Prüfung dargestellt werden können.

> **Frage:** Sie haben gerade als einen wesentlichen Punkt das sog. Verwaltungsvermögen angesprochen. Stellen Sie bitte einmal kurz dar, was allgemein unter Verwaltungsvermögen zu verstehen ist und warum dieses Verwaltungsvermögen bei der erbschaftsteuerlichen Begünstigung eine so große Relevanz hat.

Antwort: Die Begünstigung nach §§ 13a ff. ErbStG setzt nach den verfassungsrechtlichen Vorgaben voraus, dass ausreichende Verschonungsgründe vorhanden sind. Allgemein ist davon auszugehen, dass Betriebsvermögen deshalb von der Erbschaftsteuer verschont werden kann und soll, um langfristig Arbeitsplätze zu sichern. Es geht bei den Verschonungsregelungen regelmäßig darum, dass der übertragene Betrieb nicht übermäßig mit einer Substanzsteuer belastet wird und somit die Weiterführung dieses Betriebs und die Erhaltung der Arbeitsplätze möglich ist. Deshalb sollen Vermögensteile nicht begünstigt werden, die als sog. „unproduktives Vermögen" nicht zu den Kernbereichen eines Betriebs gehören. Im Wesentlichen dient dies auch der Vermeidung von missbräuchlichen Gestaltungen. So war es früher möglich, durch geschickte Gestaltungen sowohl liquides Vermögen (z.B. laufendes Kontoguthaben) als auch zur Vermietung verwendete Immobilien, ohne eine erbschaftsteuerrechtliche Belastung zu übertragen (sog. „Cash-GmbH"). Deshalb hat der Gesetzgeber bestimmte Vermögenspositionen festgelegt, die erfahrungsgemäß nicht zu dem Kernbereich produktiver Unternehmen gehören und diese als sog. „Verwaltungsvermögen" aus der Begünstigung ausgenommen. Als Beispiele wären hier vermietete Immobilien (allerdings mit entsprechenden Rückausnahmen), liquide Mittel (auch hier mit Ausnahmen bzw. einer allgemeinen Bagatellgrenze) oder auch Kunstgegenstände, Edelmetalle oder Münzen zu nennen.

> **Tipp!** Auch hier gilt: Einige Beispiele zu solchen Kernbegriffen des Erbschaftsteuerrechts sollten in einer mündlichen Prüfung genannt werden können.

> **Frage:** Bleiben wir einmal bei den liquiden Mitteln. Sie sagten hier, dass diese zu dem Verwaltungsvermögen gehören. Liquide Mittel sind doch aber eigentlich für jede Art einer gewerblichen oder beruflichen Tätigkeit notwendig.

Antwort: Ja sicher, ohne eine ausreichende Versorgung mit liquiden Mitteln, zu denen ja nicht nur Bargeld und laufende Kontoguthaben gehören, sondern auch noch Forderungen des Betriebs dazuzurechnen sind, wird kaum eine erfolgreiche betriebliche Führung möglich sein. Deshalb hat der Gesetzgeber auch verschiedene Sonderregelungen und eine Bagatellgrenze mit aufgenommen. So können erst einmal mit den liquiden Mitteln die Schulden des Betriebs verrechnet werden. Darüber hinaus gehören diese liquiden Mittel nur dann zum „schädlichen" Verwaltungsvermögen, wenn eine Bagatellgrenze von 15 % bezogen auf den gemeinen Wert des Betriebsvermögens überschritten wird. Außerdem gilt dann noch eine – allerdings für das gesamte Verwaltungsvermögen – weitere Sonderregelung: Da fast jedes dem Grund nach begünstigungsfähige Vermögen im Ergebnis auch über Verwaltungsvermögen verfügen wird, kommt es nach § 13b Abs. 7 ErbStG noch zu einer Umgliederung von Verwaltungsvermögen in „unschädliches Verwaltungsvermögen".

> **Frage:** Wenn nach all den von Ihnen beschriebenen Berechnungsschritten noch „schädliches Verwaltungsvermögen" vorhanden sein sollte, was ist dann die erbschaftsteuerrechtliche Konsequenz daraus?

Antwort: Schädliches Verwaltungsvermögen ist endgültig aus der Begünstigung nach § 13a ff. ErbStG ausgeschieden und unterliegt nach den allgemeinen Regelungen des ErbStG der Besteuerung. Soweit allerdings das gesamte der Erbschaftsteuer unterliegende Vermögen unterhalb des persönlichen Freibetrags des Begünstigten liegt, kann natürlich immer eine vollständige Steuerfreistellung vorliegen.

> **Frage:** Welche Begünstigung ergibt sich für das dann von Ihnen berechnete begünstigte Vermögen?

Antwort: Für begünstigtes Vermögen ergeben sich im Normalfall zwei Möglichkeiten: Zum einen gibt es die sog. Grundverschonung (auch Regelverschonung), zum anderen die sog. Vollverschonung. Bei der Regelverschonung bleiben 85 % des begünstigten Vermögens nach § 13b Abs. 2 ErbStG steuerfrei. Damit unterliegen 15 % der Besteuerung. Es gibt dann allerdings noch den sog. „gleitenden Abzugsbetrag", der nach § 13a Abs. 2 ErbStG bis zu 150.000 € betragen kann. Der Abzugsbetrag von 150.000 € verringert sich, soweit der Wert dieses Vermögens insgesamt die Wertgrenze von 150.000 € übersteigt, um 50 % des diese Wertgrenze übersteigenden Betrags. Der Abzugsbetrag kann innerhalb von zehn Jahren für von derselben Person anfallende Erwerbe nur einmal berücksichtigt werden.

Bei der Vollverschonung (auch Optionsverschonung) werden 100 % des begünstigten Vermögens von der Erbschaftsteuer freigestellt, § 13a Abs. 10 ErbStG. Damit die Vollverschonung angewendet werden kann, muss der Erwerber einen schriftlichen Antrag stellen, der nach Zugang beim Erbschaftsteuerfinanzamt nicht mehr widerruflich ist. Der Antrag ist bis spätestens zum Eintritt der materiellen Bestandskraft des Erbschaftsteuer- oder Schenkungsteuerbescheids zu stellen. Voraussetzung für die Anwendung der Vollverschonung ist, dass das begünstigungsfähige Vermögen nach § 13b Abs. 1 ErbStG nicht zu mehr als 20 % aus Verwaltungsvermögen nach § 13b Abs. 3 und Abs. 4 ErbStG besteht.

> **Frage:** Kann grundsätzlich jeder diese Begünstigung in Anspruch nehmen oder ergibt sich noch eine weitere Voraussetzung?

Antwort: Ja, es gibt noch eine Einschränkung, die aber in der Praxis nur in wenigen Fällen tatsächlich zu Auswirkungen führt. Das BVerfG hatte bemängelt, dass die alten Verschonungsregelungen unabhängig der Höhe des übergegangenen Vermögens zur Anwendung kamen. Dem hat man in der derzeitigen Fassung der Verschonungsregelungen Rechnung getragen, indem die Regelungen zur Grundverschonung bzw. zur Optionsverschonung nur bis zu einem begünstigten Vermögen von 26 Mio. € angewendet werden dürfen. Übersteigt das begünstigte Vermögen diesen Betrag, kann der Erwerber noch zwischen dem sog. Abschmelzmodell nach § 13c ErbStG oder der Verschonungsbedarfsprüfung nach § 28a ErbStG wählen. Überschreitet der Erwerb von begünstigtem Vermögen i.S.d. § 13b Abs. 2 ErbStG die Grenze von 26 Mio. €, verringert sich auf Antrag im Abschmelzungsmodell der Verschonungsabschlag um jeweils einen vollen %-Punkt für jede volle 750.000 €, die der Wert des begünstigten Vermögens den Betrag von 26 Mio. € übersteigt.

Die Verschonungsbedarfsprüfung findet auf Antrag statt, wenn kein Antrag nach dem Abschmelzmodell gestellt wurde. Hier kann die Erbschaftsteuer oder ein Teil davon erlassen werden, wenn der Begünstigte nachweist, dass er die Steuer für den Erwerb aus eigenem Vermögen oder aus dem ererbten Vermögen nicht bestreiten kann.

> **Tipp!** Auch bei diesem in der Praxis wohl eher selten vorkommenden Sachverhalt sollte eine grobe Übersicht über die gesetzlichen Regelungen bestehen. Details zur Rechtsnorm des § 28a ErbStG werden in einer mündlichen Prüfung voraussichtlich nicht abgefragt werden.

> **Frage:** Wenn dann das begünstigte Vermögen der Grund- oder der Optionsverschonung unterlegen hatte, ist dann für den oder die Erwerber alles erledigt oder müssen sie noch auf etwas achten?

Antwort: Wenn die Voraussetzungen für die Grund- oder Vollverschonung vorlagen und insoweit die Verschonungsregelungen angewendet worden sind, müssen noch die sog. Behaltevoraussetzungen erfüllt werden. Hintergrund für diese Regelungen ist, dass nicht der Erwerber oder die Erwerber begünstigt werden sollen, sondern dass die Fortführung des Betriebs und damit die Beibehaltung der Arbeitsplätze als Begünstigungsgrund im Vordergrund standen. Deshalb muss der Erwerber bei der Grundverschonung den begünstigten Betrieb über fünf Jahre, bei der Optionsverschonung über sieben Jahre mindestens fortführen. Innerhalb dieser Zeit darf er auch keine schädlichen Überentnahmen tätigen. Außerdem muss die sog. Lohnsummenregelung beachtet werden. Danach müssen innerhalb der Behaltefrist bestimmte Lohnsummen erreicht werden. Insbesondere bei der Lohnsummenregelung kommt der Verschonungsgrund des Beibehaltens der Arbeitsplätze zum Ausdruck.

Ich möchte auch noch kurz darauf eingehen, was passiert, wenn der Erwerber gegen diese Behalteregelungen verstößt. In einem solchen Fall kommt es nicht zu einer vollständigen Nachversteuerung – es sollte hier der sog. „Fallbeileffekt" verhindert werden. Es kommt deshalb nur zu einer anteiligen Nachversteuerung, sodass ein Erwerber, der nach drei Jahren einen Betrieb aufgibt, veräußert oder aber auch in die Insolvenz geht, bei der Grundverschonung $^2/_5$ des Verschonungsbetrags nachversteuern muss.

> **Frage:** Wenn Sie sich die Behalteregelungen anschauen, sehen Sie aufgrund der Corona-Pandemie in den vergangenen Jahren besondere erbschaftsteuerrechtliche Probleme in der Praxis?

Antwort: Ja, aufgrund der Corona-Pandemie können sich insbesondere drei Probleme ergeben: Da die Insolvenz innerhalb der Behaltefrist als „selbstverschuldetes" Ereignis anzusehen ist, kann bei geerbtem oder geschenkten Betriebsvermögen und einer Insolvenz innerhalb der fünf- oder siebenjährigen Behaltefrist eine Nachversteuerung notwendig werden. Darüber hinaus kann aufgrund der wirtschaftlichen Schwierigkeiten für Gesellschaften notwendig sein, weitere (neue) Geldgeber an der Gesellschaft zu beteiligen, was dann auch wieder zu einer Nachversteuerung führen könnte. Das größte Problem sehe ich aber bei der Einhaltung der Lohnsummenregelung, wenn aufgrund der Corona-Pandemie Personal abgebaut wurde oder längere Zeit in Kurzarbeit geschickt wurde. Als Beispiel kann man sich vielleicht ein geerbtes Familienhotel vorstellen, das innerhalb der fünfjährigen Haltefrist wegen Corona fast ein Jahr lang geschlossen werden musste. Da wird es dann schwierig werden, die Lohnsummenregelung einhalten zu können. In diesen Fällen könnte es dann zu einer Nachversteuerung kommen, die dann auch wieder die wirtschaftliche Substanz angreift und sicher nicht zu einer Gesundung des Betriebs beitragen wird. Obwohl mehrfach auf dieses Problem hingewiesen wurde, ist dazu keine politische Regelung getroffen worden. Ggf. kann hier individuell über ein Erlass aus Billigkeit nachgedacht werden – diese wäre sicher in den Fällen, in denen tatsächlich überwiegend solches begünstigtes Vermögen übertragen wurde, sachgerecht.

> **Frage:** Abschließend noch eine kurze Frage zu der Begünstigung von Anteilen an Kapitalgesellschaften. Unter welchen Voraussetzungen unterliegen diese den genannten Verschonungsregelungen?

Antwort: Anteile an einer Kapitalgesellschaft innerhalb der Europäischen Union oder im Europäischen Wirtschaftsraum sind begünstigt, wenn eine sog. Mindestbeteiligung vorliegt. Dazu muss der Erblasser oder Schenker am Nennkapital der Gesellschaft unmittelbar zu mehr als 25 % beteiligt gewesen sein. Allerdings besteht hier noch eine Besonderheit: Es können sich mehrere Gesellschafter zusammenschließen (sog. Poollösung) und sich untereinander verpflichten, über die Anteile nur einheitlich zu verfügen oder ausschließlich auf andere derselben Verpflichtung unterliegende Anteilseigner zu übertragen und das Stimmrecht gegenüber nichtgebundenen Gesellschaftern einheitlich auszuüben. Allerdings muss dann die Poolvereinbarung die gesamte Behaltezeit bestehen bleiben und durchgeführt werden. Eine Auflösung würde einem Verstoß gegen die Behaltevoraussetzungen gleichkommen und zu einer anteiligen Nachversteuerung führen.

Problembereich 7: Besteuerung

> **Frage:** Kennen Sie neben der Begünstigung von Immobilien und des Betriebsvermögens noch weitere sachliche Steuerbefreiungen bei der Erbschaftsteuer?

Antwort: Ja, die sachlichen Steuerbefreiungen sind regelmäßig in § 13 ErbStG aufgenommen. Hier sind zuerst einmal die in Abhängigkeit der Steuerklasse gewährten Freibeträge für Hausrat und andere bewegliche körperliche Gegenstände zu nennen. Aufgrund dieser sachlichen Steuerbefreiungen wird es in aller Regel möglich sein, die persönlichen Gegenstände des Haushalts einer verstorbenen Person nicht individuell aufnehmen und bewerten zu müssen. Darüber hinaus sind u.a. auch für bestimmte Kulturgüter, Sammlungen etc. sachliche Steuerbefreiungsnormen in § 13 ErbStG enthalten, wenn dies im öffentlichen Interesse liegt und bestimmte weitere Bedingungen erfüllt sind. Außerdem sind nach § 13 ErbStG auch noch angemessene Zuwendungen unter Lebenden zum Zwecke des angemessenen Unterhalts oder zur Ausbildung von der Besteuerung ausgenommen. Dies ist insbesondere für Unterhaltszahlungen von Eltern an ihre Kinder von Bedeutung.

> **Tipp!** § 13 ErbStG enthält eine Vielzahl an Steuerbefreiungsmöglichkeiten; diese alle in einer mündlichen Prüfung aufzuzählen wird kaum möglich sein. Einige typische bzw. für die Praxis relevante Steuerbefreiungstatbestände sollten aber in einer solchen Prüfung exemplarisch wiedergegeben werden können. Denken Sie aber immer daran, dass von Ihnen aufgebrachte Stichworte dann auch von der Prüfungskommission aufgenommen werden können.

Frage: Sie sprachen hier gerade von einem angemessenen Unterhalt - zum Beispiel auch gerade von Eltern gegenüber ihren Kindern. Was ist ein solch „angemessener" Unterhalt und wer legt jetzt fest, was angemessen ist?

Antwort: Dies ist in der Tat schwierig und muss für jeden Einzelfall individuell ermittelt werden. Das Gesetz legt in § 13 Abs. 2 ErbStG lediglich fest, dass eine Zuwendung dann angemessen ist, wenn sie den Vermögensverhältnissen und der Lebensstellung des Bedachten entspricht. Dies ist für die praktische Anwendung kaum hilfreich und ist auch problematisch, da es für die schenkungsteuerrechtliche Beurteilung wohl nicht darauf ankommen kann, in welchen Lebensumständen sich jemand befindet. In aller Regel wird dies aber kaum eine Relevanz haben, da bei einem solchen Naheverhältnis in aller Regel die persönlichen Freibeträge eine Besteuerung verhindern werden. Allerdings ist es hier schon systematisch schwierig, ob es tatsächlich – auch gesellschaftlich – geboten ist, unterschiedliche Höhen von nicht zu berücksichtigendem Unterhalt in Abhängigkeit von der Vermögenssituation anzunehmen.

Tipp! Geben Sie in einer mündlichen Prüfung bei solch offenen Fragen ruhig auch eine persönliche Meinung und Einschätzung an.

Frage: Wäre eine solche Zuwendung – wenn zum Beispiel Eltern ihre Kinder unterstützen – jährlich mit den persönlichen Freibeträgen zu vergleichen oder welche Vorgehensweise wäre hier notwendig?

Antwort: Nein, jährlich wäre hier keine sachgerechte Betrachtungsweise. Bei mehrfacher Schenkung muss in jedem Fall die Regelung des § 14 ErbStG beachtet werden. Danach sind Zuwendungen von derselben Person innerhalb eines Zeitraums von zehn Jahren zusammen zu rechnen. Ansonsten wäre es zwischen nahestehenden Personen möglich, jährlich bis an die Grenze der persönlichen Freibeträge zu schenken, ohne dass es zur Entstehung einer Steuer kommen würde. Deshalb sind alle Schenkungen innerhalb eines Zeitraums von zehn Jahren sowie ein eventuell in diesen Zeitraum fallender Erwerb von Todes wegen zusammen zu rechnen. Allerdings sind dabei auch wieder einige Besonderheiten zu beachten, da es innerhalb eines solchen langen Zeitraums zu persönlichen Veränderungen kommen kann, die auch zu veränderten persönlichen Freibeträgen führen können (z.B. Heirat oder Scheidung). In diesen Fällen müssen Hilfsberechnungen vorgenommen werden, insbesondere kann es nicht zu einer Erstattung einer schon aufgrund einer vorherigen Schenkung entstandenen Schenkungsteuer kommen (z.B., wenn eine Schenkung zwischen Verlobten stattfindet und nach der Heirat eine weitere Schenkung mit einem höheren Freibetrag ausgeführt wird). Außerdem ist vor einigen Jahren auch eine sog. Mindeststeuer eingeführt worden, die immer wenigstens eine Steuer in der Höhe entstehen lässt, die sich isoliert aus dem aktuellen Erwerb ergeben würde.

Frage: Kennen Sie noch eine andere Regelung des Erbschaftsteuerrechts, bei der Sie eine Betrachtung über einen längeren Zeitraum vornehmen müssen?

Antwort: Ja, bei Erwerben von Todes wegen durch Personen der Steuerklasse I wird nach § 27 ErbStG eine Steuerermäßigung gewährt, wenn dieses Vermögen innerhalb eines kurzen Zeitraums (bis maximal zehn Jahre) bereits von Personen dieser Steuerklasse versteuert wurde. Damit soll insbesondere verhindert werden, dass bei dem zeitversetzten Tod von Eltern das Vermögen innerhalb einer kurzen Zeit doppelt einer Erbschaftsteuer unterliegt.

Allerdings ist dann darauf zu achten, dass bei dem Tod des letztversterbenden Elternteils eine Trennung der Vermögenswerte vorgenommen werden muss. Soweit in dem zweiten Erbfall auch eigenes Vermögen des Zweitversterbenden in seinem Gesamtvermögen enthalten ist, hat eine Aufteilung des Vermögens in nach § 27 ErbStG begünstigtes Vermögen und nicht begünstigtes Vermögen zu erfolgen.

Frage: Die Regelung, die Sie eben angesprochen haben, kommt insbesondere bei dem sog. „Berliner Testament" zur Anwendung. Stellen Sie bitte einmal kurz dar, was die Konsequenzen eines solchen Testaments sind und welche Probleme und Handlungsoptionen sich für die Beteiligten daraus ergeben.

Antwort: Bei einem sog. Berliner Testament setzen sich regelmäßig Ehepartner gegenseitig als Alleinerben ein. Die Kinder sollen dann erst nach dem Tode des Letztversterbenden als Erbe berufen sein. Eine solche testamentarische Anordnung kann Sinn machen, wenn die Eltern noch jung sind, um eine vorzeitige Aufspaltung des ehelichen Vermögens bei einem plötzlichen Tod eines Ehepartners zu verhindern. Soweit aber aus Altersgründen mit einem Ableben gerechnet werden kann, ist diese Form des Testaments in aller Regel nicht zu empfehlen, da bei dem Tod des erstversterbenden Ehepartners die persönlichen Freibeträge gegenüber den Kindern nicht ausgenutzt werden können. Dies wird auch nicht wieder durch die Regelung des § 27 ErbStG ausgeglichen. Gegebenenfalls kann hier mit der Geltendmachung des Pflichtteilsanspruchs durch das Kind oder die Kinder noch der persönliche Freibetrag nach dem Tod des Erstversterbenden ausgenutzt werden. Allerdings muss hier auch besonders darauf geachtet werden, da manche Testamente noch bestimmte Klauseln für solche Fälle enthalten, nach denen in den Fällen, in denen ein Kind seinen Pflichtteil nach dem Tod des Erstversterbenden geltend macht, auch nach dem Tod des Letztversterbenden nur der Pflichtteilsanspruch gelten soll.

Tipp! Anders als in schriftlichen Prüfungen können in einer mündlichen Prüfung auch gestaltende Fragen gestellt werden. Trauen Sie sich in solchen Fällen auch eine eigene Meinung zu.

Frage: Welche persönlichen Freibeträge kennen Sie in der Erbschaftsteuer?

Tipp! Sie müssen in einer mündlichen Prüfung sicher nicht alle Freibeträge kennen; soweit in der Prüfung auch Gesetze herangezogen werden können, stellt dies sicher auch keine individuelle Leistung dar, Freibeträge aus dem Gesetz abzulesen. Die Grundstruktur sollte aber beherrscht werden und einige Freibeträge zur Illustration der Ausführungen gekannt werden. Soweit Sie nicht explizit nach einzelnen Beträgen gefragt werden, sollten Sie diese nur nennen, wenn Sie sich sicher sind. Aussagen wie „ich glaube, der Freibetrag beträgt ..." sind in einer mündlichen Prüfung keine guten Aussagen.

Antwort: Grundsätzlich gibt es bei der Erbschaftsteuer zwei verschiedene Arten von Freibeträgen. In § 16 ErbStG sind die persönlichen Freibeträge aufgeführt, die in Abhängigkeit der Steuerklasse und des persönlichen Naheverhältnisses einmal während des vorhin schon erwähnten Zehnjahreszeitraums gewährt werden. Hier wären die Freibeträge für Ehepartner in Höhe von 500.000 € oder von Kindern in Höhe von 400.000 € zu nennen. Soweit – in der Steuerklasse III – kein Naheverhältnis vorhanden ist, wird immer noch ein persönlicher Freibetrag von 20.000 € gewährt.

Darüber hinaus kann in bestimmten Fällen noch der sog. besondere Versorgungsfreibetrag nach § 17 ErbStG zur Anwendung kommen. Der Versorgungsfreibetrag soll der besonderen Versorgungssituation Rechnung tragen, die typischerweise zwischen einem Verstorbenen und einem Erwerber vorgelegen hat. Dabei kommt es nicht darauf an, dass im Einzelfall auch eine tatsächliche Versorgungssituation vorgelegen hat. So erhält der überlebende Ehepartner einen solchen besonderen Versorgungsfreibetrag in Höhe von 256.000 €. Kinder bis zum 27. Lebensjahr erhalten einen mit zunehmenden Alter verringerten besonderen Versorgungsfreibetrag. Allerdings wird der besondere Versorgungsfreibetrag noch gekürzt um den Kapitalwert einer nicht der Erbschaftsteuer unterliegenden Versorgungsrente. So mindert der Kapitalwert einer Witwen- oder Witwerrente oder einer Halbwaisen- oder Waisenrente den besonderen Versorgungsfreibetrag.

Frage: Welche Steuerklasse würden Sie bei einem Erwerb anwenden, wenn ein leiblicher Vater (biologischer Vater), der aber nicht der rechtliche Vater ist, seinem (biologischen) Kind eine Zuwendung tätigt?

Antwort: Mit dieser Frage musste sich vor einiger Zeit der BFH auseinandersetzen (BFH, Urteil vom 05.12.2019, II R 5/17, BStBl II 2020, 322). In dem zu entscheidenden Fall schenkte der leibliche (biologische) Vater seiner Tochter Geld über dem persönlichen Freibetrag der Steuerklasse III und erklärte auch, eine eventuell entstehende Erbschaftsteuer zu übernehmen. Das Finanzamt erfasste die Zuwendung nach der Steuerklasse III und setzte eine Schenkungsteuer fest. Der biologische Vater – der nicht der rechtliche Vater der Beschenkten war, da die Mutter sich in einer Ehe zu dem rechtlichen Vater befand und die Vaterschaft durch den (rechtlichen) Vater auch nicht bestritten war – begehrte gegenüber dem Finanzamt die Berücksichtigung der Steuerklasse I. Der BFH gab dem aber nicht statt. Dass der Gesetzgeber in § 15 Abs. 1a ErbStG eine besondere erbschaftsteuerrechtliche Regelung für die Minderjährigenadoption getroffen hat, spricht aus Sicht des BFH dafür, dass der Kindsbegriff i.S.d. § 15 Abs. 1 Nr. 2 ErbStG grundsätzlich nach bürgerlich-rechtlichen Vorschriften auszulegen ist. Damit kommt es – soweit nicht ausdrücklich eine gesetzliche Ausnahmeregelung vorhanden ist – zur Anwendung der Steuerklasse III.

Frage: Sie hatten eben in dem Sachverhalt darauf hingewiesen, dass der Vater sich bereit erklärt hatte, eine eventuell anfallende Erbschaftsteuer zu übernehmen. Was sind daraus die erbschaftsteuerrechtlichen Konsequenzen und ist dies eigentlich sinnvoll?

Antwort: Ja, die Übernahme der entstehenden Steuer kann durchaus erbschaftsteuerrechtlich Sinn machen. Der Gesetzgeber hat in § 10 Abs. 2 ErbStG geregelt, dass in dem Fall, in denen der Erblasser die Entrichtung der von dem Erwerber geschuldeten Steuer einem anderen auferlegt hat oder hat der Schenker die Entrichtung der vom Beschenkten geschuldeten Steuer selbst übernommen oder einem anderen auferlegt, als Erwerb der Betrag gilt, der sich bei einer Zusammenrechnung des Erwerbs nach § 10 Abs. 1 ErbStG mit der aus ihm errechneten Steuer ergibt. Damit muss zuerst berechnet werden, was sich als Erbschaftsteuer unter normalen Bedingungen ergeben würde. In einem zweiten Schritt muss dann diese entstehende Erbschaft- oder Schenkungsteuer dem berechneten Erwerb hinzugerechnet werden. Die sich daraus ergebende Steuer wird dann von der Finanzverwaltung festgesetzt.

Aus erbschaftsteuerrechtlicher Sicht ist die Übernahme einer Schenkungsteuer dann sinnvoll, wenn ein bestimmtes Bereicherungsergebnis nach Steuern bei einem Beschenkten erreicht werden soll. Wenn also erreicht werden soll, dass eine bestimmte Person nach der Erbschaftsteuer eine bestimmte Bereicherung erfahren soll, ist es – soweit die persönlichen Freibeträge überschritten sind – sinnvoll, dass zur Minimierung der Gesamtsteuerbelastung der Schenker die Steuer übernimmt.

Frage: Wie werden bei der Steuerfestsetzung Schulden eines Erblassers berücksichtigt?

Antwort: Zuerst einmal muss überprüft werden, ob die Schulden schon bei der Bewertung mitberücksichtigt wurden. So erfolgt die Ermittlung des Werts eines Betriebsvermögens schon unter Einbeziehung von Schulden. Sind die Schulden aber nicht schon bei der Bewertung der Vermögenspositionen berücksichtigt worden, stellen diese grundsätzlich Nachlassverbindlichkeiten dar, § 10 Abs. 5 Nr. 1 ErbStG.

Allerdings ist dann noch zu berücksichtigen, ob die Schulden mit bestimmten Vermögenspositionen im Zusammenhang stehen und ob steuerbefreites (begünstigtes) Vermögen vorliegt. Grundsätzlich nicht abzugsfähig sind Schulden und Lasten, soweit sie in einem wirtschaftlichen Zusammenhang mit Vermögensgegenständen stehen, die nicht der Besteuerung unterliegen; z.B. Schulden i.Z.m. einem steuerfrei vererbten Familienheim. Soweit Schulden mit teilweise begünstigtem Vermögen (z.B.

begünstigten Anteilen an Kapitalgesellschaften oder mit Mietwohngrundstücken) im Zusammenhang stehen, sind diese Schulden nur anteilig abzugsfähig. Neu eingeführt wurde zum 29.12.2020 über eine Neufassung des § 10 Abs. 6 ErbStG, dass Schulden und Lasten, die nicht mit einzelnen Vermögensgegenständen in wirtschaftlichem Zusammenhang stehen, anteilig allen Vermögensgegenständen des Erblassers zuzurechnen sind. Damit wird bei auch begünstigten Vermögensteilen eine nur anteilige Abzugsfähigkeit dieser nicht unmittelbar einzelnen Vermögenspositionen zuzurechnenden Schulden erreicht.

> **Frage:** Können auch Steuerschulden des Erblassers als Nachlassverbindlichkeiten berücksichtigt werden und ergeben sich hier Unterschiede zu Steuererstattungsansprüchen?

Antwort: Einkommensteuerschulden des Erblassers sind in jedem Fall zu berücksichtigen, wenn sie im Zeitpunkt der Steuerentstehung (in der Regel der Todestag) schon entstanden waren. Aufgrund der Rechtsprechung des BFH (Urteil vom 04.07.2012, II R 15/11, BStBl II 2012, 790) sind aber auch die Einkommensteuerschulden des Erblassers als Nachlassverbindlichkeiten zu berücksichtigen, wenn sie vom Erblassers herrühren, auch wenn sie noch nicht rechtlich entstanden waren.

Ein Unterschied bestand bis 28.12.2020 zu den Steuererstattungsansprüchen. Zu denen war gesetzlich geregelt, dass sie dann zu berücksichtigen sind, wenn sie rechtlich entstanden sind. Steuererstattungsansprüche zur Einkommensteuer sind mit Abschluss des Besteuerungszeitraums (mit Ablauf des 31.12.) entstanden. Dies führte dazu, dass die Steuererstattungen des Todesjahrs nicht mit in dem steuerpflichtigen Erwerb zu erfassen waren, die vom Erblasser herrührenden Schulden aber schon. Durch das Jahressteuergesetz 2020 ist mit Wirkung zum 29.12.2020 geregelt worden, dass vom Erblasser herrührende Steuererstattungsansprüche bei der Ermittlung der Bereicherung zu berücksichtigen sind, auch wenn sie rechtlich erst nach dem Tod des Erblassers entstanden sind, § 10 Abs. 6 Satz 3 ErbStG. Damit sind ab dem 29.12.2020 Steuererstattungsansprüche und Steuerschulden systematisch gleich zu behandeln.

> **Frage:** Können Erben auch Kosten geltend machen, die im Zusammenhang mit der Beerdigung einer verstorbenen Person stehen?

Antwort: Ja, Beerdigungskosten, Kosten für ein angemessenes Grabdenkmal und auch die Kosten für die übliche Grabpflege sind berücksichtigungsfähige Nachlassverbindlichkeiten, § 10 Abs. 5 Nr. 3 ErbStG. Bei den Grabpflegekosten – die erst in den nächsten Jahren entstehen – ist der Kapitalwert für eine unbestimmte Dauer zu erfassen. Dies sind die jährlichen (geschätzten) Pflegekosten mit dem Vervielfältiger von 9,3 nach § 13 Abs. 2 BewG. Umstritten war, in welchem Umfang Kosten für ein angemessenes Grabdenkmal zu berücksichtigen sind. In einem vom BFH zu entscheidenden Fall wurde der Abzug für ein noch zu errichtendes Mausoleum von 420.000 € (als Zweitgrabstätte) begehrt. Nachdem das Finanzamt die Kosten für das Mausoleum nicht berücksichtigt hatte, stellte der BFH (BFH, Urteil vom 01.09.2021, II R 8/20, BFH/NV 2022, 662) fest, dass zu den Kosten für ein angemessenes Grabdenkmal auch Aufwendungen für eine Zweitgrabstätte gehören können, wenn die erste Grabstätte nur als vorübergehende Ruhestätte des Verstorbenen bestimmt war. Die Angemessenheit eines Grabdenkmals richtet sich neben dem Umfang des Nachlasses nach der Lebensstellung des Erblassers. Entscheidend ist, was nach den in den Kreisen des Erblassers herrschenden Auffassungen und Gebräuchen zu einer würdigen Bestattung gehört. Gegebenenfalls sind die Aufwendungen auf ein angemessenes Maß zu reduzieren.

> **Tipp!** Bleiben Sie bei der Vorbereitung auf die mündliche Prüfung immer aktuell und verfolgen Sie die aktuelle Rechtsprechung. Gerne werden Sachverhalte in mündlichen Prüfungen anhand aktueller Entwicklungen abgeleitet.

Frage: Zum Abschluss noch ein kurzer Fall: Zu Ihnen kommen Mandanten, die einen Elternteil beerbt haben. Im Zusammenhang mit dem Erbe sind bisher nicht besteuerte Zinserträge aufgedeckt worden, die jetzt durch Sie ertragsteuerrechtlich nacherklärt werden. Können die dadurch ausgelösten Steuerberatungskosten als Nachlassverbindlichkeiten berücksichtigt werden?

Antwort: Die Finanzverwaltung vertrat die Auffassung (gleichlautende Erlasse der obersten Finanzbehörden der Länder vom 11.12.2015, BStBl I 2015, 1028), dass die Erben zwar zur Abgabe einer (berichtigten) Steuererklärung verpflichtet sind, dies aber nicht zwangsläufig durch eine Steuerberaterin oder einen Steuerberater erfolgen müsse. Die Berücksichtigung dieser auf eigenen Entschluss zurückgehenden Kosten würde dem Stichtagsprinzip widersprechen. Der BFH (Urteil vom 14.10.2020, II R 30/19, BStBl II 2022, 216) hat sich in einem Verfahren dieser Rechtsauffassung nicht angeschlossen und sieht diese Kosten als Kosten der Nachlassregelung an (§ 10 Abs. 5 Nr. 3 Satz 1 ErbStG). Unschädlich ist hier auch, dass diese Kosten durch eine Entscheidung des Erben ausgelöst werden – der BFH sieht es vielmehr für die Nachlassabwicklungs-, Nachlassregelungs- und Nachlassverteilungskosten als typisch an, dass der Erbe selbst die Kosten ausgelöst hat.

Tipp! Davon abzugrenzen sind Nachlassverwaltungskosten, § 10 Abs. 5 Nr. 3 Satz 3 ErbStG. Kosten für die Verwaltung des Nachlasses stellen Verwendungsaufwand dar, der erbschaftsteuerrechtlich unbeachtlich ist. Das sind Kosten, die nur dazu dienen, den Nachlass zu erhalten, zu nutzen und zu mehren oder das Vermögen zu verwerten.

Themenbereich Betriebswirtschaftslehre

Problembereich 1: Finanzierung und Investition

Frage: Welche Aufgabe hat die Finanzwirtschaft in einem Unternehmen?

Antwort: Der traditionellen Finanzwirtschaft des Unternehmens obliegen die Aufgaben, die jederzeitige Zahlungsfähigkeit des Unternehmens („finanzielles Gleichgewicht") und die Deckung des Kapitalbedarfs für Investitionen sicherzustellen (alte Sichtweise).

Grundsätzlich besteht auch in der Finanzwirtschaft die übergeordnete Zielvorgabe in der Maximierung des Shareholder Values. Dieses Konzept besagt, dass sich die Unternehmensführung an den Interessen der Eigenkapitalgeber orientieren und somit den Marktwert des Eigenkapitals maximieren soll.

$$V_{EK0} = \sum_{t=0}^{T} \frac{CF_{EKt}}{(1 + i_{EK})^t} \rightarrow \text{Max!}$$

V = Shareholder Value
CF = Cash Flow
T = Perioden
I = Zinssatz

Die Finanzwirtschaft hat lediglich einen indirekten Einfluss auf die operativen Cashflows des Unternehmens. Wird hiervon abgesehen, so besteht der primäre Ansatzpunkt der Finanzwirtschaft in der Minimierung der Kapitalkosten des Unternehmens.

Frage: Welche Finanzierungsformen gibt es? Erläutern Sie diese kurz.

Antwort: Zur Finanzierung von Unternehmen steht eine große Anzahl verschiedener Finanzierungsformen zur Verfügung, welche grundsätzlich in Innen- und Außenfinanzierung, sowie in Eigen- und Fremdfinanzierung unterteilt werden. Dabei ist die Innenfinanzierung dadurch gekennzeichnet, dass liquide Mittel durch das operative Geschäft des Unternehmens generiert werden. Dagegen wird dem Unternehmen bei der Außenfinanzierung von externen Investoren Kapital zugeführt.

Außenfinanzierung (externe Finanzierung)
Bei der Außenfinanzierung stellen externe Kapitalgeber dem Unternehmen liquide Mittel zur Verfügung und erhalten im Gegenzug Finanzierungstitel, welche ihre Ansprüche auf Zahlungen in der Zukunft sowie Informations- und Mitwirkungsrechte verbriefen. Finanzierungstitel werden grundlegend differenziert in Eigen- und Fremdkapital.

	Eigenkapital	Fremdkapital
Entlohnung	erfolgsabhängig	erfolgs**un**abhängig
Befristung	unbefristet	befristet
Leitungsbefugnis	vorhanden	nicht vorhanden
Haftung	beschränkt oder unbeschränkt	keine

Innenfinanzierung (interne Finanzierung)
Innenfinanzierung lässt sich allgemein definieren als der Geldmittelzufluss, welcher aus dem betrieblichen Leistungsprozess resultiert. Dabei kann man unterscheiden zwischen der Selbstfinanzierung und der sonstigen Innenfinanzierung.

Selbstfinanzierung

Sind die Einzahlungen einer Periode größer als die Auszahlungen, so spricht man von einem Finanzierungseffekt durch Selbstfinanzierung. Dieser kann weiter unterschieden werden in Finanzierung durch Gewinn-, Abschreibungs- und Rückstellungsgegenwerte.

Finanzierung durch Gewinngegenwerte: Erzielt das Unternehmen einen positiven operativen Cashflow und Gewinn, so kann das Unternehmen seinen Geschäftsbetrieb selbst finanzieren, indem es nur einen Teil der Gewinne als Dividenden an die Aktionäre ausschüttet. Weitere Finanzierungseffekte können sich ergeben, wenn thesaurierte Gewinne steuerlich gegenüber Dividendenzahlungen begünstigt werden.

Gegenüber einer Erhöhung des Eigenkapitals durch die Emission neuer Aktien weist diese Form der Selbstfinanzierung den Vorteil auf, dass keine Transaktionskosten entstehen und die Stimmrechtsverhältnisse am Unternehmen nicht verschoben werden.

Finanzierung durch Abschreibungsgegenwerte: Abschreibungen tragen indirekt zur Finanzierung bei, indem sie als nicht zahlungswirksame Aufwendungen den ausschüttungsfähigen Gewinn reduzieren und damit dazu führen, dass ein Teil der Liquiditätszuflüsse der Periode im Unternehmen verbleibt. Darüber hinaus reduzieren Abschreibungen als Aufwendungen den zu versteuernden Gewinn und damit den Liquiditätsabfluss durch Steuerzahlungen.

In Bezug auf die Finanzierung durch Abschreibungsgegenwerte werden zwei Effekte unterschieden:

1. **Kapitalfreisetzungseffekt:** Wenn das Unternehmen die anteiligen Abschreibungen über den Absatzpreis verdient, trägt der Umsatzprozess zur Freisetzung des im Anlagevermögen gebundenen Kapitals bei.

2. **Kapazitätserweiterungseffekt (Lohmann-Ruchti-Effekt):** Das Unternehmen kann seine gesamte Kapazität erhöhen, wenn es die Abschreibungsgegenwerte auf „alte" Anlagen, die weiterhin im Betrieb bleiben, zur Anschaffung weiterer Anlagen nutzt.

Finanzierung durch Rückstellungsgegenwerte: Zuführungen zu den Rückstellungen stellen ebenfalls Aufwendungen dar und reduzieren damit den ausschüttungsfähigen Gewinn sowie den Liquiditätsabfluss durch Steuerzahlungen. Der Zeithorizont der Finanzierungseffekte aus Rückstellungsgegenwerten variiert mit dem Geschäftsvorfall, welcher der Rückstellungsbildung zugrunde liegt. Während beispielsweise Rückstellungen für Garantien Kapital zumeist nur für einen kurzen Zeitraum an das Unternehmen zuführen, stellen Pensionsrückstellungen eine langfristige Finanzierungsquelle dar.

Frage: Nennen Sie die wesentlichen Charakteristika einer Stammaktie und grenzen Sie die Vorzugsaktie ab!

Antwort: Die Stammaktie verkörpert die folgenden Rechte:
- Recht auf Gewinnanteile;
- Recht auf Beteiligung am Liquidationserlös;
- Recht auf Rechenschaft und Information;
- Stimmrecht;
- Bezugsrecht.

Vorzugsaktien sind dadurch gekennzeichnet, dass mindestens eines der fünf bezeichneten Rechte ihrem Besitzer **nicht** zusteht. Dafür erfolgt ein Ausgleich durch einen Vorteil in einem anderen Recht, indem die Vorzugsaktionäre z.B. eine höhere Dividende erhalten als die Stammaktionäre.

Frage: Stellen Sie Gemeinsamkeiten und Unterschiede von Fremd- und Eigenkapital dar!

Antwort:

Eigenkapital:

- ist haftendes Kapital,
- wird variabel, erfolgsabhängig verzinst,
- steht dem Unternehmen unbefristet zur Verfügung und
- ist mit Mitsprache- und Mitwirkungsrechten verbunden.

Fremdkapitalgeber haben die Stellung von Gläubigern.
 Fremdkapital:

- ist nicht haftendes Kapital,
- wird fest und erfolgsunabhängig verzinst,
- steht dem Unternehmen nur befristet zur Verfügung und
- ist rechtlich nicht mit Mitsprache- und Mitwirkungsrechten verbunden.

Fremd- und Eigenkapital gehören zur Außenfinanzierung!

Frage: Erläutern Sie den Finanzierungscharakter von Leasing und seine Sonderstellung innerhalb der Finanzierungsarten!

Antwort: Leasing ist ein Rechtsverhältnis, bei dem eine entgeltliche Gebrauchs- oder Nutzungsüberlassung von Wirtschaftsgütern stattfindet. Beim Leasing ermöglicht ein externer Leasinggeber (Kreditgeber) dem Leasingnehmer (Kreditnehmer) Investitionsobjekte kurz-, mittel- oder langfristig in den Produktionsprozess einzugliedern, ohne dass der Leasingnehmer die Anschaffung sofort aus eigenen Mitteln bezahlen muss. Er wird vielmehr wie ein Kreditnehmer für die Nutzung des Investitionsobjektes mit laufenden Auszahlungen belastet.

 Leasing ist deshalb eine Sonderform der Finanzierung, weil im Gegensatz zu den bisher dargestellten Finanzierungsformen beim Leasing der Kapitalbedarf in der Regel:

- durch die Zurverfügungstellung von Sachmitteln,
- in Form einer zeitlich begrenzten Nutzungsüberlassung

gedeckt wird.

Frage: Handelt es sich bei Genussscheinen eher um Eigenkapital oder um Fremdkapital?

Antwort:

Charakteristika:

- Der Inhaber ist **rechtlich** gesehen Gläubiger der Gesellschaft. Die dem Unternehmen zur Verfügung gestellten Geldbeträge stellen damit Fremdkapital dar.
- Auf der anderen Seite sind die eingezahlten Beträge **wirtschaftlich und bilanziell** gesehen jedoch Eigenkapital, denn der Genussscheininhaber haftet auch für die Verluste der Gesellschaft.
- Genussscheine sind Vermögensrechte, die jedoch **keine** Stimmrechte verbriefen.
- Die Verzinsung erfolgt zum Teil durch eine feste Verzinsung mittels einer Mindestdividende zuzüglich einer möglichen variablen Verzinsung als Anteil am auszuschüttenden Gewinn.

Frage: Welche Vorteile hat Ihrer Meinung nach die Selbstfinanzierung gegenüber der Neuaufnahme von Eigenkapital?

Antwort: Die Vorteile der Finanzierung durch einbehaltene Gewinne gegenüber der Finanzierung durch neues Beteiligungskapital sind:

- die Vermeidung von Emissionskosten,
- die Aufrechterhaltung der Stimmrechtsverhältnisse und
- die freie Disposition über die Finanzmittel.

Frage: Was versteht man unter hybriden Finanzierungsarten?

Antwort: Unter dem Begriff der hybriden Finanzierungsarten („Mezzanine-Kapital") wird eine Vielzahl verschiedener Finanzierungsinstrumente zusammengefasst. Darunter fallen insbesondere Instrumente wie Genussscheine, Options- und Wandelanleihen, stille Beteiligungen und Nachrangdarlehen.

Diesen Instrumenten ist gemeinsam, dass sie einen hybriden Charakter aufweisen, der sowohl Merkmale von Eigen- als auch von Fremdkapitaltiteln vereinigt.

Frage: Nennen Sie die Eigenschaften dieser Finanzierungsarten

---

Antwort: Die Eigenschaften dieser Finanzierungsarten sind:
- Nachrangigkeit hinter Fremdkapitalgeber,
- Vorrangigkeit vor haftendem Eigenkapital,
- Langfristigkeit der Anlage,
- In aller Regel mit erfolgsabhängiger Komponente in der Vergütung.

Frage: Was versteht man unter Basel II/III?

Antwort: Eine hohe Bedeutung ist Mezzanine-Kapital zuletzt insbesondere aufgrund der Einführung von Basel II und der geringen Eigenkapitalquote des deutschen Mittelstandes zugewiesen worden. Basel II besteht aus insgesamt drei Säulen: In der ersten Säule sind die neuen Regeln zur Eigenkapitalunterlegung von Kreditrisikopositionen von Banken geregelt. Basel II zwingt hier die Banken insbesondere dazu, die Eigenkapitalunterlegung ihrer Kredite vom Kreditrisiko der Schuldner abhängig zu machen (Basel I sah eine risikounabhängige Eigenkapitalunterlegung von 8 % des Kreditbetrages vor). Die zweite Säule beinhaltet den bankenaufsichtsrechtlichen Überprüfungsprozess und zielt insbesondere auf die Stärkung und Überwachung der Risikomanagement-Systeme der Banken. Die dritte Säule schreibt eine verstärkte Offenlegung vor. Dadurch soll die Marktdisziplin, d.h. die Überwachung der Banken durch den Kapitalmarkt, durch verbesserte Informationen für Marktteilnehmer gestärkt werden.

Das Kreditrisiko von Unternehmen wird im Rahmen von Basel II über das Rating gemessen. Sofern ein Unternehmen aufgrund einer geringen Eigenkapitalquote ein geringes Rating hat, erhöhen sich im Rahmen von Basel II die Fremdkapitalkosten, weil die geforderte Eigenkapitalunterlegung steigt. Da auch für Banken Eigenkapital „teurer" als Fremdkapital ist, führt die Erhöhung der Eigenkapitalunterlegung für Kredite an risikoreiche Schuldner zu einer Erhöhung der geforderten Kreditzinsen für diese Unternehmen. Sofern das hohe Ausfallrisiko bzw. das schlechte Rating eines Unternehmens auf eine zu geringe Eigenkapitalausstattung zurückzuführen ist, stellt Mezzanine-Kapital einen Ansatzpunkt zur Erhöhung des Ratings dar. Mezzanine-Kapital wird nämlich beim Rating von Unternehmen teilweise als Eigenkapital gewertet, sodass der Verschuldungsgrad des Unternehmens reduziert wird.

Als Reaktion auf die weltweite Finanz- und Wirtschaftskrise ab 2008 wurden die bestehenden Regelungen Basel II vom Baseler Ausschuss für Bankenaufsicht 2010 erneut reformiert und strengere Regeln für das Eigenkapital der Banken beschlossen (auch „Basel III" genannt), da sich in der Krise gezeigt hatte, dass die Banken doch nicht über genügend Eigenkapital verfügten und massiv mit Steuergeldern gestützt werden mussten. Diese neuen Kapital- und Liquiditätsvorschriften sollen dazu führen, dass künftig Banken ihre Risiken besser abpuffern, beziehungsweise sich im Krisenfall aus eigener Kraft stabilisieren und retten können. Die Reform setzt sowohl bei der Eigenkapitalbasis wie auch bei den Liquiditätsvorschriften an.

Durch Basel III werden die aufsichtsrechtlichen Voraussetzungen für die Zurechnung von Kapitalinstrumenten zum Kernkapital strenger gefasst. Außerdem wird die aufsichtsrechtlich erforderliche Höhe des Kernkapitals (insbesondere des harten Kernkapitals) erhöht. Teilt man das Kernkapital einer Bank durch ihre Risikoposten (z.B. Kredite), erhält man die sog. Kernkapitalquote, anhand derer man erkennen kann, wie groß der Risikopuffer der Bank ist. Die Vorhaltung einer Kapitalquote von x % der Risiken, wurde bis 2019 sukzessive erhöht auf mindestens 4,5 % hartes Kernkapital. Ein zusätzlicher Kapitalerhaltungspuffer ergänzt das harte Kernkapital seit 2016. Er liegt seit dem 01.01.2019 bei 2,5 %. Das Ergänzungskapital beträgt nach Basel III 2 %, sodass eine Bank Eigenmittel in Höhe von mindestens 8 % der Risikopositionen vorhalten muss (d.h., Risiken in Höhe von 100 € müssen mit 8 € Eigenkapital unterlegt werden (Minimum Gesamtkapital, Tier 1 und 2)). Zudem besteht für die Mitgliedstaaten die Möglichkeit, einen antizyklischen Puffer von bis zu 2,5 % einzufordern, um übermäßige Kreditvergaben einzudämmen.

Frage: Welche Änderungen entstehen durch die geplante Finalisierung von Basel III?

Antwort: Am 27.06.2023 ist eine vorläufige Einigung zwischen der EU-Kommission, dem EU-Parlament und dem Europäischen Rat erreicht worden, die eine Umsetzung der Basel-III-Finalisierung in der EU möglich machen wird.

Frage: Wie sieht der Zeitplan hierfür aus?

Antwort: Für Kreditinstitute in der EU gelten damit voraussichtlich ab Januar 2025 umfassende neue Vorschriften zur Ermittlung der risikogewichteten Aktiva.

Die Basel-III-Finalisierung wird in der EU durch das Bankenpaket (CRR III/CRD VI) umgesetzt. Wegen der Corona-Krise erfolgte eine Verschiebung der für das Jahr 2022 geplanten Anwendung. Diese in der CRR III geregelten Änderungen sollen ab dem 01.01.2025 gelten.

Frage: Welche Änderungen sind beim Output-Floor geplant?

Antwort: Bei der Eigenmitteluntergrenze (Output-Floor) wird die bei internen Modellen entstehende unberechtigte Variabilität bei den regulatorischen Eigenkapitalanforderungen und die übermäßige Eigenkapitalverringerung begrenzt, die ein Institut bei Verwendung interner Modelle gegenüber einem Institut, das die überarbeiteten Standardansätze verwendet, erzielen kann. Möglich wird dies, indem die Grenze für die mit den internen Modellen des Instituts ermittelten Eigenkapitalanforderungen niedriger angesetzt wird, als bei 72,5 % der Eigenkapitalanforderungen, die bei Anwendung der Standardansätze für diese Institute gelten würden.

Frage: Welche Übergangsregelung gilt hierfür?

Antwort: Abweichend von Artikel 92 Abs. 3 CRR dürfen Mutterinstitute, Mutterfinanzholdinggesellschaften, gemischte Mutterfinanzholdinggesellschaften, unabhängige Institute in der EU und unabhängige Tochterinstitute in den Mitgliedstaaten bei der Berechnung des Gesamtrisikobetrags (total risk exposure amount – TREA) den folgenden Faktor anwenden:
a) 50 % im Zeitraum vom 1. Januar 2025 bis zum 31. Dezember 2025,
b) 55 % im Zeitraum vom 1. Januar 2026 bis zum 31. Dezember 2026,
c) 60 % im Zeitraum vom 1. Januar 2027 bis zum 31. Dezember 2027,
d) 65 % im Zeitraum vom 1. Januar 2028 bis zum 31. Dezember 2028,
e) 70 % im Zeitraum vom 1. Januar 2029 bis zum 31. Dezember 2029.

Frage: Was ist in dem Auftrag zur Vorlage eines Berichtes bis 31.12.2028 zur Bewertung der Gesamtsituation des EU-Bankenmarktes an die EU-Kommission geregelt?

Antwort: Die EU-Kommission erhält den Auftrag zur Vorlage eines Berichtes bis 31.12.2028 zur Bewertung der Gesamtsituation des EU-Bankenmarktes. Dieser soll in enger Zusammenarbeit mit der EZB-Bankenaufsicht sowie der European Banking Authority (EBA) erstellt werden. Der soll eine Bestandsaufnahme zur Angemessenheit des Reformpakets enthalten, insbesondere im Hinblick auf den Einlegerschutz und die Finanzstabilität in den Mitgliedstaaten, der Bankenunion und der Europäischen Union sowie im Hinblick auf die Auswirkungen des Output-Floors auf die Eigenmittelanforderung der Institute.

Frage: Wie ist der vorgesehene Zeitplan für die Umsetzung?

Antwort: Die Änderungen werden in die Rechtstexte eingearbeitet und es erfolgt ein Review der finalen CRR-III-Entwurfsfassung. Die Annahme der finalen Fassung des EU-Bankenpakets durch EU-Kommission, das EU-Parlament und den Europäischen-Rat erfolgt dann im EU-Amtsblatt. Das Inkrafttreten soll circa 20 Tage nach der Veröffentlichung Anfang 2024 erfolgen.

Frage: Welche Regelungen sind in Artikel 92a der CRR zur Anwendungsebene der Eigenmittelunter- grenze (Output-Floor) vorgesehen?

Antwort: Die Institute berechnen den in Artikel 92 Abs. 3 CRR genannten Gesamtbetrag der risikoge- wichteten Position auf konsolidierter Basis gemäß Teil 1 Titel II Kapitel 2 der Verordnung.

Ist die für die Beaufsichtigung eines Tochterkreditinstituts eines EU-Mutterinstituts, einer EU-Mut- terfinanzholdinggesellschaft oder einer gemischten EU-Mutterfinanzholdinggesellschaft in einem Mit- gliedstaat zuständige Behörde der Auffassung, dass die Anwendung von Artikel 92 Abs. 3 CRR dieser Verordnung zu einer unangemessenen Eigenmittelverteilung zwischen den Unternehmen der Gruppe führen würde, so kann diese zuständige Behörde unbeschadet des Artikel 92 Abs. 1 CRR der konsolidie- renden Aufsichtsbehörde einen Vorschlag zur Umverteilung der Eigenmittel vorlegen.

Nach Eingang der Meldung bemühen sich die meldende zuständige Behörde und die konsolidierende Aufsichtsbehörde darum, eine gemeinsame Entscheidung über die Anwendung der Eigenmittelunter- grenze (Output-Floors) auf der Ebene des Tochterkreditinstituts oder eine gemeinsame Entscheidung über andere Verteilungsverfahren zu treffen, die eine angemessene Verteilung der Eigenmittelanfor- derungen sicherstellen würden. Gelangen die Behörden nicht binnen drei Monaten zu einer gemein- samen Entscheidung, so übernimmt die EBA eine rechtsverbindliche Vermittlerrolle, um Streitigkeiten zwischen den zuständigen Behörden gemäß dem in Artikel 19 der Verordnung (EU) Nr. 1093/2010 festgelegten Verfahren beizulegen.

Frage: Welche Unterschiede bestehen zwischen der Finanzierung aus Abschreibungen und der Finanzierung durch Rückstellungsgegenwerte?

Antwort: Bei Rückstellungen und Abschreibungen resultiert der Finanzierungseffekt daraus, dass sie nicht auszahlungswirksame Aufwendungen darstellen. Im Gegensatz zu Abschreibungen liegt bei Rückstellungen allerdings der Zahlungszeitpunkt später als der Verrechnungszeitpunkt für den Auf- wand. Außerdem ist im Zusammenhang mit den Rückstellungen nur der Kapitalfreisetzungseffekt zu beobachten, aber kein Kapazitätserweiterungseffekt.

Frage: Was versteht man unter Factoring und Forfaitierung?

Antwort: Unternehmen können Forderungen aus Lieferungen und Leistungen durch Factoring oder Forfaitierung in liquide Mittel transformieren.

Beim **Factoring** kauft ein spezielles Finanzierungsinstitut dem Unternehmen kurzfristige Forderun- gen mit einem Abschlag ab und übernimmt zumindest teilweise die Verwaltung des Forderungsbestan- des (Mahnwesen, Debitorenbuchhaltung, etc.). Das Risiko des Forderungsausfalls (auch Regress) kann, muss aber nicht beim forderungsverkaufenden Unternehmen bleiben.

Unter **Forfaitierung** versteht man den Verkauf von Forderungen an im Ausland sitzende Kunden. Dabei übernimmt das ankaufende Unternehmen, der Forfaiteur, in jedem Fall das Ausfallrisiko (Forfaitierung = Verkauf ohne Regress). Zudem unterscheidet sich die Forfaitierung vom Factoring dadurch, dass auch mittel- bis langfristige Forderungen genutzt werden und nicht zwingend ein Pool aus einer Vielzahl von Forderungen erforderlich ist.

Frage: Welche Forderungen können forfaitiert werden?

Antwort: Zur Nutzung der Forfaitierung sind nachfolgende Anforderungen zu erfüllen:

- Der Exporteur muss den rechtlichen Bestand der Forderung garantieren.
- Die Forderungen müssen losgelöst vom Grundgeschäft, übertragbar und frei von Rechten Dritter sein.
- Es muss eine hinreichende Kreditwürdigkeit des Schuldners, des Lands des Schuldners und vor allem (bei entsprechenden Garantien) vom Kreditinstitut des Schuldners gegeben sein.
- Die Anforderungen an die Laufzeiten der Forderungen unterscheiden sich zwischen den Forfaitierungsgesellschaften und sind auch von der Kreditwürdigkeit der Schuldnerländer abhängig. Üblicherweise liegen die Forderungslaufzeiten zwischen drei Monaten und zwei bis fünf Jahren. Kürzere oder längere Laufzeiten sind aber prinzipiell möglich.
- Als Mindesthöhe der Forderungen werden häufig 50 T€ genannt.
- Die Forderungen müssen auf eine Haupthandelswährung lauten.

Frage: Was versteht man unter Asset Backed Securities?

Antwort: Im Fall der oben genannten Finanzierungsmöglichkeiten (Factoring und Forfaitierung) wird auf die Fähigkeiten und Ressourcen von spezialisierten Finanzinstitutionen zurückgegriffen. Für Unternehmen einer gewissen Größe ist es jedoch möglich, diese Bindung zu umgehen und sich mittels spezieller Finanzierungsvehikel direkt am Kapitalmarkt zu finanzieren.

Dieser Weg wird bei der Verbriefung von Aktiva mittels Asset-Backed-Securities (ABS) eingeschlagen. In Deutschland kam es bislang hauptsächlich zur Verbriefung von Handels-, Leasing-, Hypothekar- und Kreditforderungen. Im Hinblick auf die bessere Vergleichbarkeit zu Factoring und Forfaitierung wird zunächst primär auf die Verbriefung von Handelsforderungen eingegangen.

Bei einer Verbriefung verkauft ein Unternehmen (Originator) Aktiva an eine eigens für die Transaktion gegründete Zweckgesellschaft (Special Purpose Vehicle, kurz SPV). Diese wiederum finanziert den Ankauf über die Emission von Wertpapieren am Kapitalmarkt. Besichert werden diese Wertpapiere mit den zugrunde liegenden Aktiva. Hierzu eignen sich generell alle Vermögenspositionen, deren Cashflows gut prognostizierbar sind, die rechtlich übertragbar, weitgehend homogen und aus dem Gesamtportfolio des Originators auslösbar sind.

Zudem müssen die zu verkaufenden Forderungen über eine Vielzahl von Einzelschuldnern hinreichend diversifiziert sein, man spricht hierbei von hinreichend „granularen" Portfolios.

Um genügend viele Investoren anzusprechen, teilt man das Forderungsportfolio oft in Tranchen ein. Jede Tranche unterscheidet sich dabei unter anderem in Laufzeit, Ausfallrisiko, sowie Preisvolatilität und zieht somit andere Investoren an.

Frage: Was versteht man unter Derivaten? Zu welchen Zwecken lassen sie sich einsetzen?

Antwort: Ein derivatives Finanzinstrument ist ein Finanztitel, der von einem anderen Finanztitel (Basistitel oder „underlying") abgeleitet ist.

Derivate lassen sich zu drei Zwecken einsetzen:

1. zur **Risikobegrenzung** (Hedging),

2. zur **Spekulation** (d.h. dem gezielten Aufbau von Risikopositionen) und
3. zur **Arbitrage** (d.h. dem Ausnutzen von Preisdifferenzen für gleiche Positionen durch simultane Kauf- und Verkaufstransaktionen).

Frage: Was verstehen Sie unter einem Cash-flow?

Antwort: Der Cash-flow ist jener Teil der einzahlungswirksamen Umsatzerlöse, dem keine auszahlungswirksamen Aufwendungen gegenüberstehen. Dies sind also jene Erlösbestandteile, die dem Unternehmen als Innenfinanzierungsmittel:

- für Investitionen,
- zur Schuldentilgung,
- für Dividendenzahlungen oder
- zur Aufrechterhaltung der für den Geschäftsbetrieb erforderlichen Liquidität

zur Verfügung stehen.

Allgemein lässt sich der Cash-flow bzw. Brutto Cash-flow entweder direkt oder indirekt (auch retrograd) ermitteln:

Direkte Methode:

	Erfolgswirksame Einzahlungen eines Geschäftsjahres
./.	Erfolgswirksame Auszahlungen eines Geschäftsjahres
=	**Cash-flow (Brutto Cash-flow)**

Indirekte/retrograde Methode:

	Jahresüberschuss (Jahresfehlbetrag)
+	Auszahlungsunwirksame Aufwendungen eines Geschäftsjahres
./.	Einzahlungsunwirksame Erträge eines Geschäftsjahres
=	**Cash-flow (Brutto Cash-flow)**

Frage: Was ist eine Investition bzw. was sind Kriterien für eine Investitionsentscheidung?

Antwort: Unter einer Investition wird die Mittelbindung eines Unternehmens im weitesten Sinne verstanden.

Geht man der Frage nach, was Investition bedeutet, so stößt man auf verschiedene Ausgestaltungen des Investitionsbegriffs.

Eine Investition stellt eine Entscheidung über die Beschaffung von Wirtschaftsgütern dar, z.B. den Kauf einer Maschine. Investitionsentscheidungen schlagen sich in der Bilanz auf der Aktivseite nieder, die somit die Mittelverwendung von Unternehmen widerspiegelt.

Konsequenzen von Investitionsentscheidungen reichen im Allgemeinen über einen längeren Zeitraum bis weit in die Zukunft. Ihre Abbildung durch die Bilanz ist aufgrund der Periodenzurechnungen mit erheblichen Verzerrungen verbunden. Dies führt dazu, dass die moderne Investitionstheorie den klassischen, bilanzorientierten Investitionsbegriff ablehnt.

Stattdessen werden Zahlungen verwendet, indem man die in jeder Periode während der Nutzungsdauer bzw. Laufzeit angefallenen Ein- und Auszahlungen den Investitionsobjekten zuordnet. Denn um z.B. entscheiden zu können, ob im nächsten Geschäftsjahr eine Investition durchgeführt werden kann, ist nicht der Jahresüberschuss entscheidend, sondern der Betrag an liquiden Mitteln, der dazu im Unternehmen zur Verfügung steht.

Demnach lassen sich Investitionen ausschließlich durch Zahlungsreihen abbilden. Ausgangspunkt sind die mit dem Investitionsobjekt verbundenen Ein- und Auszahlungen.

Die Erfassung dieser Zahlungen erfolgt so, dass eine Einteilung der geplanten Laufzeit der Investition in Perioden (t) vorgenommen wird. Eine Periode entspricht in der Regel einem Jahr, sie kann aber auch einen Zeitraum von einem halben Jahr oder einem Monat umfassen. Der Einfachheit halber bezieht man alle während einer Periode t anfallenden Zahlungen auf das Ende der Periode.

Frage: Welche Investitionsarten kennen Sie? Bei der Antwort soll eine Differenzierung nach der Art des Vermögensgegenstandes und dem Investitionsanlass erfolgen.

Antwort:

Übersicht über die Investitionsarten	
Vermögensgegenstand	**Investitionsanlass**
Sachanlageinvestitionen	Errichtungsinvestitionen
Grundstücke und Gebäude	Betriebsgründung
Technische Anlagen	Errichtung einer Niederlassung
Betriebsausstattung	Laufende Investitionen
Vorräte	Ersatzinvestitionen
Finanzanlageinvestitionen	Großreparaturen
Beteiligungen	Ergänzungsinvestitionen
Wertpapiere	Erweiterungsinvestitionen
Forderungen	Sicherungsinvestitionen
Immaterielle Investitionen	Rationalisierungsinvestitionen
Patente und Lizenzen	Umstellungsinvestitionen
Forschung und Entwicklung	Diversifikationen
Aus- und Weiterbildung	
Werbung	

Frage: Was versteht man unter statischen Investitionsentscheidungen?

Antwort: Wenn in einem Unternehmen Investitionsentscheidungen getroffen werden sollen, ist eine Beurteilung der zur Auswahl stehenden Investitionsobjekte vorzunehmen.

Soll beispielsweise ein neuer Kopierer angeschafft werden, so erfolgt aus Kostengründen lediglich die Anwendung der Verfahren der statischen Investitionsrechnung. Dazu wird zur Vereinfachung die Rentabilitätsmaximierung als Zielsetzung herangezogen. Ausgehend vom klassischen, bilanzorientierten Investitionsbegriff lassen sich demnach Investitionsmöglichkeiten durch die periodisierten Stromgrößen der Gewinn- und Verlustrechnung abbilden. Um allerdings auch kalkulatorische Bestandteile erfassen zu können, werden nicht Aufwendungen und Erträge, sondern Kosten und Leistungen zur Bewertung von Investitionen herangezogen.

Auf dieser Grundidee aufbauend haben sich in der Praxis **vier Verfahren der statischen Investitionsrechnung** herausgebildet:

1. Kostenvergleichsrechnung,
2. Gewinnvergleichsrechnung,

3. Rentabilitätsvergleichsrechnung,
4. Amortisationsvergleichsrechnung.

Die statischen Verfahren sind durch einige gemeinsame Eigenschaften gekennzeichnet:
- Bei der Beurteilung von Investitionen bleibt die zeitliche Struktur der in die Betrachtung eingehenden Wertgrößen unberücksichtigt, stattdessen verwendet man durchschnittliche Erfolgsgrößen.
- Die Orientierung an Durchschnittsgrößen erfolgt durch die Betrachtung nur einer Periode (z.B. stellt eine Periode ein Jahr dar), indem man eine repräsentative Periode als fiktive Durchschnittsperiode wählt.
- Die statischen Verfahren arbeiten mit Kosten und Leistungen statt mit Einzahlungen und Auszahlungen, da diese periodisierte Größen sind, die man auf eine Periode (Durchschnittsperiode) beziehen kann.

Mittels der statischen Verfahren lassen sich nur Investitionsobjekte, aber nicht vollständige Handlungsalternativen miteinander vergleichen, da bei einem differierenden Kapitaleinsatz und/oder einer abweichenden Nutzungsdauer keine Aussage darüber getroffen wird, wie mit dem Differenzbetrag zu verfahren ist.

Frage: Was versteht man unter dynamischen Investitionsentscheidungen?

Antwort: Im Zusammenhang mit der dynamischen Betrachtungsweise geht man davon aus, dass die finanziellen Konsequenzen einer durchgeführten Investition nicht nur für eine Periode Gültigkeit besitzen, sondern für einen längeren in der Zukunft liegenden Zeitraum. Aus diesem Grund ist eine Durchschnittsbildung, also die Verwendung von durchschnittlichen Erfolgsgrößen, nicht sinnvoll.

Weil weiterhin den Investor interessiert, welche finanziellen Mittel ihm in welcher Periode für weitere Investitionen zur Verfügung stehen, werden keine periodisierten Erfolgsgrößen, sondern Zahlungsgrößen verwendet.

Denn nicht die Gewinne, sondern die Cash-flows oder der Überschuss der Einzahlungen über die Auszahlungen einer bestehenden Investition ($BEZÜ_t$) lassen sich vom Unternehmen als Zahlungsmittelbestand für neue Investitionen heranziehen. Außerdem ist der Zinseffekt zu berücksichtigen, da dieser Effekt dazu führt, dass der Geldzufluss in der Gegenwart mehr wert ist als der Geldzufluss in der Zukunft.

Die dynamische Investitionsrechnung beurteilt deshalb Investitionen auf der Grundlage von Zahlungsreihen nach dem Barwert-Konzept. Die darauf aufbauenden wichtigsten Verfahren sind:
1. Die Kapitalwertmethode,
2. die Annuitätenmethode,
3. die Interne Zinsfußmethode und
4. die dynamische Amortisationsrechnung.

Ausgangspunkt für die dynamische Investitionsrechnung ist die Abbildung von ökonomischen Vorgängen mittels Ein- und Auszahlungen.

Die Erfassung dieser Zahlungen erfolgt im Rahmen des Barwert-Konzeptes. Der Barwert einer Zahlungsreihe in t_0 (B_0) kommt dadurch zustande, dass alle Zahlungen auf t_0 abgezinst und diese umgerechneten Zahlungen zu einer Summe addiert werden. Stellen die Zahlungen Einzahlungen dar, spricht man vom Barwert der Einzahlungen, anderenfalls vom Barwert der Auszahlungen.

Ist e der Kalkulationszinsfuß (KZF), den der Investor für eine alternative Verwendung seiner Eigenmittel am Kapitalmarkt erhalten würde, erfolgt mit e die Abzinsung der betrachteten Zahlungen. Die Abzinsung wird für alle Zahlungen über den betrachteten Zeitraum (T) vorgenommen. So gilt für den Barwert der Einzahlungen (E_t) im Bezugszeitpunkt t_0:

$$B_0 = \sum_{t=0}^{T} \frac{E_t}{(1 + e)^t}$$

Beispiel: Max Moneymakers Onkel, der Millionär Dagobert Duckato, will als Vorauszahlung auf das Erbe seines Neffen diesem in den nächsten 3 Jahren zu Silvester zunächst 1.000 €, dann 2.000 € und zuletzt 3.000 € ausbezahlen, die Max genauso wie sein Onkel auf dem Kapitalmarkt zu 8 % anlegen könnte.

Die Zahlungsreihe der Einzahlungen ergibt sich wie folgt (in €):

	t_0	t_1	t_2	t_3
E_t	–	+ 1.000	+ 2.000	+ 3.000

Der zu errechnende Barwert im Zeitpunkt t_0 ist nichts anderes als der sofort fällige Betrag, den Onkel Dagobert seinem Neffen in t_0 anbieten könnte, ohne sich schlechter zu stellen als bei seinem Angebot der Zahlung an Max in den nächsten 3 Jahren:

$$B_0 = \frac{1.000}{1,08^1} + \frac{2.000}{1,08^2} + \frac{3.000}{1,08^3} = 5.022,10 €$$

Damit stellt der Barwert der Zahlungsreihe in Höhe von 5.022,10 € das Äquivalent der Zahlungsreihe im Zeitpunkt t_0 dar. Der **Barwert** kann also auch **als der Marktpreis der Zahlungsreihe** am Kapitalmarkt mit einer Verzinsung von 8 % im Zeitpunkt t_0 bezeichnet werden: Kein Marktteilnehmer würde einen höheren Betrag für den Kauf dieser Zahlungsreihe bezahlen und kein Verkäufer wäre bereit, einen geringeren Betrag für den Verkauf zu akzeptieren.

Problembereich 2: Kosten- und Leistungsrechnung

Frage: Was wird als zentrale Aufgabe des Rechnungswesens angesehen?

Antwort: Zentrale Aufgabe des **betrieblichen Rechnungswesens** ist die systematische, regelmäßig oder fallweise durchgeführte:

- Erfassung,
- Aufbereitung,
- Auswertung und
- Übermittlung

der das Betriebsgeschehen betreffenden quantitativen Daten (Mengen- und Wertgrößen).

Diese sollen für:

- Planungs-,
- Steuerungs- und
- Kontrollzwecke

innerhalb des Betriebes sowie zur Information und Beeinflussung von Außenstehenden (z.B. Eigenkapitalgebern, Gläubigern, Gewerkschaften, Kommunen) verwendet werden.

Üblicherweise unterscheidet man dabei zwischen intern und extern ausgerichteten Teilbereichen des betrieblichen Rechnungswesens.

Frage: Differenzieren Sie das externe und das interne Rechnungswesen.

Antwort: Das **externe Rechnungswesen** bildet die Vorgänge finanzieller Art ab, die zwischen dem Unternehmen und seiner Umwelt entstehen. Dabei handelt es sich hauptsächlich um Einkaufs- und

Absatzvorgänge des Unternehmens einschließlich der damit verbundenen Geldzu- und -abflüsse (leistungswirtschaftliche Seite) sowie um die lediglich finanzwirtschaftlich bedingten Zahlungsströme (finanzwirtschaftliche Seite).

Dagegen besteht die Hauptaufgabe des **internen Rechnungswesens** darin, den Verzehr von Produktionsfaktoren und die damit verbundene Entstehung von Leistungen mengen- und wertmäßig zu erfassen und die Wirtschaftlichkeit der Leistungserstellung zu überwachen.

Im Folgenden sollen die wichtigsten **Unterschiede zwischen internem und externem Rechnungswesen** kurz in der Tabelle gegenübergestellt werden.

Kriterium	Externes Rechnungswesen	Internes Rechnungswesen
Adressaten	Kapitalgeber (EK und FK), Fiskus, Arbeitnehmer(-vertreter), regionale Institutionen, Kommunen, Unternehmensleitung	Unternehmensleitung, Unternehmensbereiche, Unternehmensangehörige auf verschiedenen Ebenen
Informationsgegen-stand	Erfassen von Vorgängen finanzieller Art zwischen dem Unternehmen und seiner Umwelt	Abbilden des Verzehrs von Produktionsfaktoren und der Entstehung von Leistungen
Rechnungsziel	vergangenheitsorientierte Dokumentation und Rechenschaftslegung	Abbildung (Dokumentation), Planung, Steuerung und Kontrolle des Betriebsgeschehens
Reglementierung	umfangreiche handels- und steuerrechtliche Regeln, handels- und steuerrechtliche Aspekte	kaum gesetzliche Vorschriften, Zweckorientierung, BWL-Aspekte
Erfassungsbereich	gesamtes wirtschaftliches Unternehmensgeschehen	Beschränkung auf den Betrieb
Zeithorizont	i.d.R. jährlich	kürzere Perioden
Rechnungstyp	pagatorische Kosten	kalkulatorische Kosten
Bezugsgrößen	Perioden und Zeitpunkte (GuV) (Bilanz)	Perioden und Produkte
Wertansatz	realisierte bzw. künftige Erträge und Aufwendungen	rechnungs- und entscheidungszielabhängige Größen
Zeitbezug	ex-post Rechnung	ex-ante und ex-post Rechnung

Frage: Definieren Sie die Begriffspaare: Auszahlung/Einzahlungen, Ausgaben/Einnahmen, Aufwand/Ertrag, Kosten/Leistung.

Antwort:

Begriffspaar der Stromgrößen	Zugehörige Bestandsrechnung	Gebiet des Rechnungswesens
Einzahlungen/ Auszahlungen	Geldbestandsrechnung (Zahlungsmittel)	Liquiditätsrechnung
Einnahmen/Ausgaben	Geld-, Forderungs- und Kreditbestandsrechnung (Geldvermögen)	Finanzierungsrechnung
Ertrag/Aufwand	Vermögens- und Kapitalrechnung (Gesamtvermögen)	Jahresabschlussrechnung (Bilanz und GuV)
Leistungen/Kosten	kalkulatorische Vermögens- und Kapitalrechnung (betriebsnotwendiges Vermögen)	Kosten- und Leistungsrechnung/ Betriebsergebnisrechnung

Definitionen der Grundbegriffe:

Auszahlung	Effektiver Abfluss von Geldmitteln als Verminderung des Bar- oder Buchgeldbestandes.
Einzahlung	Effektiver Zufluss von Geldmitteln als Erhöhung des Bar- oder Buchgeldbestandes.
Ausgabe	Wert aller Wirtschaftsgüter, die einem Unternehmen in einer Periode zugegangen sind, unabhängig davon, ob die Auszahlungen hierfür bereits in einer Vorperiode angefallen sind oder erst in einer Folgeperiode anfallen werden (periodisierte Auszahlungen).
Einnahme	Wert aller Wirtschaftsgüter, die von einem Unternehmen in einer Periode abgegeben wurden, unabhängig davon, ob die Einzahlungen hierfür bereits in einer Vorperiode eingegangen sind oder erst in einer Folgeperiode eingehen (periodisierte Einzahlungen).
Aufwand	Werteverzehr einer bestimmten Abrechnungsperiode, der in der Finanz- und Geschäftsbuchhaltung erfasst und am Jahresende in der GuV ausgewiesen wird (periodisierte, erfolgswirksame Ausgaben).
Ertrag	Wertezuwachs einer bestimmten Abrechnungsperiode, der in der Finanz- und Geschäftsbuchhaltung erfasst und am Jahresende in der GuV ausgewiesen wird (periodisierte, erfolgswirksame Einnahmen).
Kosten	Bewerteter, durch die Leistungserstellung bedingter Güter- oder Dienstleistungsverzehr einer Periode (betrieblicher, periodenbezogener, ordentlicher Aufwand).
Leistung	Wert der in einer Periode erstellten betrieblichen Güter und Dienstleistungen (betrieblicher, periodenbezogener, ordentlicher Ertrag).

Frage: Wie grenzt man Aufwand und Kosten voneinander ab?

Antwort: Insbesondere die Abgrenzung von Aufwand und Kosten bereitet immer wieder Schwierigkeiten:

	Gesamter Aufwand		
Neutraler Aufwand	Zweckaufwand		
	als Kosten verrechneter Zweckaufwand	nicht als Kosten verrechneter Zweckaufwand	
	Grundkosten	Anderskosten	Zusatzkosten
		Kalkulatorische Kosten	
	Gesamte Kosten		

Als **Zweckaufwand** wird der Teil des Aufwands bezeichnet, der betriebsbedingt in der Periode anfällt (betriebs- und periodenbezogen) und im Rahmen der üblichen Tätigkeit zu erwarten ist (ordentlich) (z.B. Materialverbrauch, Fertigungslohn). Der Teil des Zweckaufwandes, der betragsgleich als Kosten verrechnet wird, repräsentiert die **Grundkosten**. Vom Zweckaufwand zu unterscheiden ist der **neutrale Aufwand,** der aus folgenden Arten von Aufwand bestehen kann:

- **Betriebsfremder Aufwand**: dient nicht dem Erreichen des betrieblichen Hauptzwecks (z.B. Spenden, Aufwand für betriebliche Sportanlagen etc.);
- **Periodenfremder Aufwand**: wird in einer anderen Periode als der Güterverzehr erfolgswirksam erfasst und bewirkt somit keine Kosten (z.B. Steuernachbelastungen);
- **Außerordentlicher Aufwand**: steht zwar im Zusammenhang mit dem Betriebszweck, würde aber wegen des unvorhersehbaren Eintritts (z.B. Gebäudereparaturen) oder der außerordentlichen Höhe (z.B. Feuerschäden) bei einer Erfassung die Aussagefähigkeit der Kosten- und Leistungsrechnung beeinträchtigen.

Unter **kalkulatorischen Kosten** versteht man Kosten, denen entweder überhaupt kein Aufwand **(Zusatzkosten)** oder Aufwand in einer anderen Höhe **(Anderskosten)** gegenübersteht.

Über das Rechnen mit **Zusatzkosten** wird versucht, die eigene Kostensituation mit derjenigen verwandter Betriebe vergleichbar zu machen. Dabei werden Opportunitätskosten berücksichtigt, die den Nutzen widerspiegeln sollen, der dem Unternehmen dadurch entgeht, dass die eingesetzten Produktionsfaktoren durch ihren Einsatz im Unternehmen von einer anderweitigen Verwendung ausgeschlossen sind.

Beispiele für Zusatzkosten sind:

- **Kalkulatorischer Unternehmerlohn** (Entgelte für die Mitarbeit des Inhabers bei Personengesellschaften und Einzelunternehmen, die dafür keinen Aufwand geltend machen können);
- **Kalkulatorische Eigenkapitalzinsen** (Zinsen für das in der Unternehmung eingesetzte Eigenkapital, für das keine verpflichtenden Zinszahlungen zu leisten sind);
- **Kalkulatorische Miete** (Mietwert der betrieblich genutzten Räume, die dem Unternehmen gehören und für die daher keine Miete zu zahlen ist).

Anderskosten ergeben sich aufgrund einer abweichenden Bewertung des Güterverbrauchs in der pagatorischen und der kalkulatorischen Rechnung.

Beispiele für Anderskosten sind:

- **Kalkulatorische Abschreibungen** (in der Kostenrechnung auf Basis von Wiederbeschaffungswerten, in der Gewinn- und Verlustrechnung auf Basis von Anschaffungskosten);

- **Kalkulatorische Zinsen** (tatsächlich gezahlte Fremdkapitalzinsen in der Gewinn- und Verlustrechnung/Fremdkapitalzinsen, Zinsen auf Basis eines kalkulatorischen Zinssatzes auf das durchschnittlich gebundene Kapital in der Kostenrechnung);
- **Kalkulatorische Wagnisse** (Wert der eingetretenen Wagnisse in der Gewinn- und Verlustrechnung/geglättete Durchschnittswerte in der Kostenrechnung).

Frage: Welche Aufgaben hat die Kostenartenrechnung?

Antwort: Die Kostenartenrechnung hat die Aufgabe, sämtliche für die Erstellung und Verwertung betrieblicher Leistungen innerhalb einer Periode anfallenden Kosten vollständig, eindeutig und überschneidungsfrei nach einzelnen Kostenarten gegliedert zu erfassen und auszuweisen. Die Kostenartenrechnung ist aber nicht nur Datenlieferant der Kostenstellen- und Kostenträgerrechnung, sondern verfolgt auch eigenständige Rechnungszwecke. Sie kann den Ausgangspunkt für unmittelbar kostenartenbezogene Planungen, Kontrollen und Analysen bilden. So lassen sich z.B. aus einem Kostenarten-Zeitvergleich und der Beobachtung der Kostenartenstruktur im Zeitablauf aufschlussreiche Erkenntnisse gewinnen.

Frage: Welche Aufgabe hat die Kostenstellenrechnung?

Antwort: Kostenstellen sind nach bestimmten Kriterien voneinander abgegrenzte Teilbereiche eines Unternehmens, für die die von ihnen jeweils verursachten Kosten erfasst und ausgewiesen, gegebenenfalls auch geplant und kontrolliert werden.

Der Kostenstellenrechnung fallen folgende **Aufgaben** zu:

1. Kostenstellenbezogene Kontrolle der Wirtschaftlichkeit,
2. Ermittlung der für die Kalkulation benötigten Zuschlags- und/oder Verrechnungssätze (Vorbereitung der Kostenträgerrechnung),
3. Überwachung der Einhaltung von Kostenbudgets durch die einzelnen Kostenstellen und Abstimmung mit den kostenstellenbezogenen Kostenplänen.

Besteht der alleinige Rechnungszweck der aufgebauten Kosten- und Leistungsrechnung in einer Kostenträgerkalkulation, so werden nur die (Kostenträger-)Gemeinkosten in der Kostenstellenrechnung verrechnet. Wird jedoch auch eine Kontrolle der Kostenstellen angestrebt, so müssen sämtliche Kosten, die durch die Kostenstelle beeinflusst werden, also auch die (Kostenträger-)Gemeinkosten (z.B. Fertigungslohn) in der Kostenstellenrechnung berücksichtigt werden.

Frage: Welche Aufgaben hat die Kostenträgerrechnung?

Antwort: Neben der stück- oder periodenbezogenen Erfolgsermittlung stellt die Kostenträgerrechnung vor allem Informationen zur Verfügung:

- für die **Preispolitik:** Ermittlung der Selbstkosten, Bestimmung von Preisuntergrenzen etc.,
- für die **Programmpolitik:** Ermittlung von Stückdeckungsbeiträgen, engpassbezogenen Deckungsbeiträgen,
- für die **Beschaffungspolitik:** Ermittlung von Preisobergrenzen für den Einkauf, Eigenfertigung oder Fremdbezug etc.,
- zur **Bewertung** der Bestände an Halb- und Fertigfabrikaten sowie selbsterstellter Anlagen und
- zur Ermittlung interner **Verrechnungspreise**.

Frage: Was versteht man unter der Äquivalenzziffernkalkulation?

Antwort: Die Äquivalenzziffernkalkulation ist anwendbar, wenn die Kostenbelastungen, die durch verschiedene Kostenträger verursacht werden, in einer **proportionalen Beziehung** zueinanderstehen.

Das Verhältnis der Kostenbelastungen der verschiedenen Kostenträger wird durch Äquivalenzziffern ausgedrückt. Die Anwendbarkeit beschränkt sich daher auf Betriebe, die **eng verwandte Produkte** mit weithin übereinstimmenden Fertigungsprozessen herstellen (z.B. Sortenfertigung in Brauereien, Blechwalzwerken).

Auch bei der Äquivalenzziffernkalkulation wird – wie bei der Divisionskalkulation – **nicht zwischen Einzel- und Gemeinkosten getrennt**, sodass sich eine separate Kostenstellenrechnung für die Kalkulation ebenfalls erübrigt. Die Selbstkosten je Kalkulationsobjekt (SK) lassen sich dadurch ermitteln, indem die während einer Periode angefallenen Gesamtkosten durch entsprechende Verhältniszahlen bzw. Äquivalenzziffern verteilt werden.

Dabei geht man davon aus, dass bei der Sortenfertigung die Kosten der einzelnen Produktsorten in einem bestimmten Verhältnis zueinander stehen. Dieses Verhältnis wird durch die entsprechende Äquivalenzziffer ausgedrückt. In der Praxis wird bei der Äquivalenzziffernkalkulation eine Produktsorte als Basis bestimmt, die die Äquivalenzziffer 1 erhält und die Äquivalenzziffern der anderen Produktsorten daran ausgerichtet.

Frage: Was versteht man unter dem Gesamtkostenverfahren?

Antwort: Beim Gesamtkostenverfahren werden die **Gesamtkosten** der Periode den **Gesamtleistungen**, die in dieser Periode entstanden sind, gegenübergestellt. Die Gesamtkosten sind nach Kostenarten gegliedert, wohingegen die Umsatzerlöse nach Produktarten aufgeschlüsselt werden.

Außerdem sind Lagerbestandsveränderungen zu Herstellkosten zu berücksichtigen, da in den seltensten Fällen die Absatzmengen den Produktionsmengen entsprechen. **Bestandsmehrungen** erhöhen den Periodenerfolg um die Herstellkosten, welche auf die nicht abgesetzten Produkte entfallen. **Bestandsminderungen** vermindern den Periodenerfolg um die Herstellkosten, welche auf die in der Vorperiode erstellten und in der Abrechnungsperiode abgesetzten Produkte entfallen. Es gehen also beim Gesamtkostenverfahren nicht nur die Kosten in die Erfolgsrechnung ein, die in der betreffenden Periode entstanden sind.

Bei einer Darstellung in Kontenform hat das Betriebsergebniskonto folgendes Aussehen:

Soll	Haben
Gesamtkosten (Selbstkosten) der Periode nach Kostenarten gegliedert	Umsatzerlöse der Periode nach Produktarten gegliedert
Lagerbestandsverringerungen $(x_a > x_p)$ zu Herstellkosten	Lagerbestandserhöhungen $(x_a < x_p)$ zu Herstellkosten
Betriebsgewinn	**Betriebsverlust**

Frage: Was versteht man unter dem Umsatzkostenverfahren?

Antwort: Das Betriebsergebnis wird beim Umsatzkostenverfahren durch die Gegenüberstellung der Selbstkosten der in einer Periode abgesetzten Produkte mit den entsprechenden Umsatzerlösen der Periode ermittelt.

Dadurch wird eine Berücksichtigung von Lagerbestandsveränderungen überflüssig. Im Gegensatz zum Gesamtkostenverfahren sind sowohl die Selbstkosten als auch die Umsatzerlöse nach Produktarten gegliedert. Dadurch ist für die Anwendung des Umsatzkostenverfahrens eine gut ausgebaute Kostenstellen- und Kostenträgerrechnung notwendig.

Das Betriebsergebniskonto ist damit wie folgt aufgebaut:

Soll	Haben
Selbstkosten der in der Periode abgesetzten Produkte nach Produktarten gegliedert	Umsatzerlöse der Periode nach Produktarten gegliedert
Betriebsgewinn	**Betriebsverlust**

Frage: Worin unterscheiden sich Ist-, Normal- und Plankostenrechnung?

Antwort: Nach dem Kriterium des „**Zeitlichen Bezugs der Kosten**" unterscheidet man Ist-, Normal- und Plankostenrechnungen.

Die **Istkostenrechnung** hat die Ermittlung der effektiv angefallenen Kosten im Rahmen einer Nachrechnung zum Gegenstand. Auf Grund der ausschließlichen Orientierung an Istgrößen der Vergangenheit erweist sich die Istkostenrechnung insbesondere für die Planung und Steuerung als ungeeignet.

Auch die **Normalkostenrechnung** orientiert sich an realisierten Werten. Im Vergleich zur Istkostenrechnung werden aber durchschnittliche oder bereinigte Normalkostensätze verwendet, die sich aus vergangenen Istwerten ableiten. Die Mängel der Istkostenrechnung bleiben damit erhalten.

Dagegen arbeitet die **Plankostenrechnung** als Vorrechnung mit geplanten Kosten, die unabhängig von vergangenen Istgrößen bestimmt werden. Die festgelegten Plankosten ermöglichen zudem durch Gegenüberstellung der Istkosten eine aussagefähige Kostenkontrolle und Analyse von auftretenden Kostenabweichungen.

Frage: Worin unterscheiden sich Voll- und Teilkostenrechnung?

Antwort: Nach dem Kriterium „Umfang der Kostenzurechnung auf die Kostenträger" unterscheidet man Systeme der Voll- und der Teilkostenrechnung. Bei der **Vollkostenrechnung** werden die gesamten Kosten auf die Kostenträger verteilt. Dabei rechnet man die Einzelkosten den Kostenträgern direkt zu, wohingegen die Gemeinkosten über die Kostenstellenrechnung zugeordnet werden.

Bei der **Teilkostenrechnung** findet dagegen nur eine teilweise Verrechnung der Gesamtkosten auf die Kostenträger statt.

Frage: Welche Mängel enthalten reine Vollkostenrechnungssysteme?

Antwort: Die Hauptkritikpunkte an den Systemen der Vollkostenrechnung betreffen die:
- Gemeinkostenschlüsselung und
- Fixkostenproportionalisierung,

die (in der Regel) nicht verursachungsgerecht vorgenommen werden können.

Die **Gemeinkostenschlüsselung** kann nur dann verursachungsgerecht erfolgen, wenn zwischen den Gemeinkosten und den Bezugsgrößen eindeutige Beziehungen bestehen. Wenn jedoch mehrere Kosteneinflussgrößen gemeinsam die Höhe der Gemeinkosten bestimmen, erscheint eine verursachungsgerechte Zurechnung unmöglich.

Bei der **Fixkostenproportionalisierung** stellt sich das Problem etwas anders dar. Bestimmend für die Fixkostenbelastung sind grundsätzlich langfristige Entscheidungen (z.B. Investitions-, Organisations-, und Personalentscheidungen). Die Höhe der Fixkosten wird daher grundsätzlich von mehreren Kosteneinflussgrößen gemeinsam bestimmt. Damit ist aber eine verursachungsgerechte Fixkostenverteilung **unmöglich.**

Aus dieser grundsätzlichen Problematik ergeben sich die folgenden **Mängel der Vollkostenrechnung:**
1. Mangelhafte Aussagefähigkeit der Nettoerfolgsgrößen im Hinblick auf die Vorbereitung und Kontrolle unternehmerischer Entscheidungen,
2. Fehler bei der Erfolgsplanung und -analyse durch Orientierung an Nettostückgewinnen,

3. Fehlende Kostenspaltung in fixe und proportionale Bestandteile,

4. Gefahren für die Programmplanung und -analyse (z.B. Eliminierung von Produkten, die noch einen positiven Deckungsbeitrag liefern),

5. Vernachlässigung betrieblicher Engpässe (z.B. keine Ermittlung von engpassbezogenen Deckungsbeiträgen),

6. Gefahr von Fehlentscheidungen bei der Wahl zwischen Eigen- und Fremdfertigung,

7. Gefahren für die Preiskalkulation:

   a) Gefahr der Orientierung an der Ist-Beschäftigung (z.B. Gefahr des „Sich-aus-dem-Markt-heraus-Kalkulierens", indem Produkte, die unterbeschäftigte Stellen durchlaufen, mit hohen Gemeinkosten-Zuschlagssätzen belastet werden);

   b) Abhängigkeit der Selbstkosten eines Produktes von der bei der Kalkulation zugrunde gelegten Struktur des Fertigungsprogramms;

   c) Gefahr, dass die Preise und das Produktionsprogramm allein aufgrund von Veränderungen der Gemeinkostenzuschlagssätze verändert werden;

   d) Verkaufsabteilungen sind nicht in der Lage, den Anteil der für kurzfristige Verkaufsentscheidungen nicht relevanten Fixkosten an den Selbstkosten zu bestimmen;

   e) Bei preispolitischen Entscheidungen wird nicht nach der Frist, für die die Entscheidung Gültigkeit haben soll, unterschieden.

Die Mängel der Vollkostenrechnung führen zu Einschränkungen hinsichtlich der Aussagefähigkeit und der Verwendbarkeit der Systeme der Vollkostenrechnung, sowohl für die Planung und Steuerung als auch für die Kontrolle.

Frage: Welche Systeme der Teilkostenrechnung kennen Sie? Können Sie diese erläutern?

Antwort: Als die zwei wesentlichen Ausprägungsformen der Teilkostenrechnung unterscheidet man zwischen Teilkostenrechnungen auf Basis variabler Kosten und Teilkostenrechnungen auf Basis relativer Einzelkosten. Einen Überblick über die Systeme der Teilkostenrechnung liefert die Abbildung:

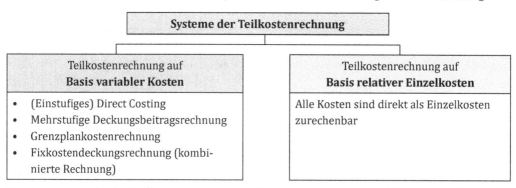

Den Ausgangspunkt der **Teilkostenrechnung auf Basis variabler Kosten** bildet die Auflösung der Gesamtkosten in variable und fixe Kosten. Dies geschieht in der Regel in Abhängigkeit von der Veränderlichkeit der Kosten bei Variation der Beschäftigung als der wichtigsten Kosteneinflussgröße. Alle variablen Kosten, einschließlich der variablen Gemeinkosten werden den Kostenträgern zugerechnet. Nach der Behandlung des verbleibenden Fixkostenblocks unterscheidet man verschiedene Formen der Teilkostenrechnung auf Basis variabler Kosten.

Während das **Direct Costing** die gesamten Fixkosten en bloc in die Betriebsergebnisrechnung übernimmt, wird bei der **mehrstufigen Deckungsbeitragsrechnung** von einem gegliederten Fixkostenblock ausgegangen und eine stufenweise Verrechnung der gebildeten Fixkostenanteile vom jeweils verbleibenden (Rest-)Deckungsbeitrag vorgenommen. Sofern lineare Kostenfunktionen vorliegen, was im Allgemeinen unterstellt werden kann, sind die variablen Kosten pro Stück gleich den Grenzkosten. In diesem Fall entspricht die Teilkostenrechnung auf Basis zukünftig geplanter variabler Kosten der **Grenzplankostenrechnung.** Für den Fall nichtlinearer Kostenfunktionen existiert bisher noch kein vollständig entwickeltes Rechnungssystem auf der Basis von Grenzkosten.

Die von Riebel konzipierte **Teilkostenrechnung auf Basis relativer Einzelkosten** geht davon aus, dass durch die Wahl einer geeigneten Bezugsgrößenhierarchie alle Kosten direkt als Einzelkosten auf entsprechende Bezugsgrößen zurechenbar sind. Dabei werden die Kosten jeweils an derjenigen Stelle der Bezugsgrößenhierarchie ausgewiesen, an der sie gerade noch als Einzelkosten erfassbar sind.

Problembereich 3: Unternehmensbewertung

Frage: Welche Anlässe für eine Unternehmensbewertung gibt es?

Antwort: Nachfolgend werden beispielhaft einige wichtige Anlässe genannt:
- „normaler" Kauf bzw. Verkauf eines Unternehmens oder eines Unternehmensteils,
- Börseneinführung (IPO),
- Ausscheiden eines Gesellschafters aus einer Personengesellschaft,
- Ermittlung von Umtauschverhältnissen im Rahmen von Verschmelzungen (Fusionen),
- Squeeze-out/Übertragung von Aktien gegen Barabfindung (§§ 327a ff. AktG),
- Enteignung (nach Art. 14 Abs. 3 GG),
- Ausschluss von Gesellschaftern aus einer GmbH mit Barabfindung,
- verhältniswahrende oder nicht verhältniswahrende Spaltung, allenfalls mit Barabfindung,
- Anteilsbewertung bei vertraglicher Kündigung der GmbH oder bei Ausübung eines vertraglichen Aufgriffsrechts,
- Kreditwürdigkeitsprüfung,
- Bewertung im Rahmen einer Erbauseinandersetzung,
- Bewertungen zum Zwecke der Rechnungslegung (IAS 36 bzw. § 253 HGB),
- Bewertungen zur Ermittlung von Besteuerungsbemessungsgrundlagen,
- Berechnung von Gewährleistungsansprüchen nach Unternehmensakquisitionen.

Frage: Welche Unternehmensbewertungsverfahren kennen Sie?

Antwort:
Folgende Unternehmensbewertungsverfahren sind zu nennen:
- **Substanzwertverfahren** – sie ermitteln den Wert aus der vorhandenen Substanz (Anlagen, Gebäude u.ä.m.).
- **Liquidationswertverfahren** – sie ermitteln den Wert aus der vorhandenen Substanz (Anlagen, Gebäude u.ä.m.), aber unter der Prämisse, dass das Unternehmen sofort liquidiert wird.
- **Ertragswertverfahren** – sie ermitteln den Wert aus den zukünftigen Erfolgen des Unternehmens, hierunter zählen:
  - Abzinsung (oder Diskontierung) zukünftiger Gewinne. Bei der Ermittlung des Gewinns kann die Art der Rechnungslegung einen entscheidenden Einfluss auf die Wertfindung haben (vgl. IFRS oder HGB).
  - Diskontierung zukünftiger Zahlungsüberschüsse (entweder aus dem externen Rechnungswesen indirekt ermittelte Cash Flows oder aus der Finanzplanung direkt ermittelt und dann abgezinst, Discounted Cash Flows oder Discounted Cash base). Bei der indirekten Ermittlung des Cash flows kann die Art der Rechnungslegung einen entscheidenden Einfluss auf die Wertfindung haben (vgl. IFRS oder HGB).

- **Kombinationswertverfahren** – Gemischtes Ertrags- und Substanzbewertungsverfahren, z.B. das Übergewinn- oder Mittelwertverfahren.
- **Realoptionsansätze** – sie ermitteln mithilfe der Optionstheorie (Black-Scholes-Modell, Cox-Ross-Rubinstein-Modell) den Wert unter Unsicherheit.
- **Multiplikatormethode** (bei Fusionen und Übernahmen – auch bei Freiberuflern).
- **Mittelwertmethode** (für spezielle Mittelwertbildungen als Berliner Verfahren, Stuttgarter Verfahren oder Schweizer Verfahren bekannt).

Frage: Wie errechnet sich ein Substanz- bzw. ein Liquidationswert?

Antwort:

Substanzwert =	Summe aller selbständig veräußerbaren Vermögensgegenstände des Unternehmens bewertet zu Wiederbeschaffungspreisen, abzüglich der Schulden (bei Unternehmensfortführung):

        Reproduktionswert des betriebsnotwendigen Vermögens

+ Liquidationswert des nicht betriebsnotwendigen Vermögens

./. Schulden bei der Fortführung des Unternehmens

= **Substanzwert**

Liquidationswert =	Bewertung der Vermögensgegenstände und Schulden zu Zerschlagungswerten bzw. Ablösungsbeträgen:

        Liquidationswert des gesamten betrieblichen Vermögens

./. bei Unternehmensauflösung abzulösende Schulden

= **Liquidationswert**

Frage: Welches sind die Vor- und Nachteile der Substanz- und Liquidationsmethode?

Antwort:

Vorteile:

- Einfache Ermittlung,
- Geringe Manipulationsmöglichkeiten.

Nachteile:

- Keine Berücksichtigung der zukünftigen finanziellen Überschüsse,
- Keine Berücksichtigung nicht bilanzierungsfähiger, immaterieller Werte oder Synergiepotentiale,
- Mangelnde Berücksichtigung der Bewertungseinheit,
- Ungenügende Investororientierung.

Frage: Was versteht man unter dem Ertragswertverfahren?

Antwort: Der Ertragswert einer Unternehmung ist die Summe aller zum Bewertungsstichtag abgezinsten künftigen Reinerträge zuzüglich eines etwaigen Liquidationswerts am Ende der Lebensdauer des Unternehmens.

Sowohl die Höhe der künftigen Reinerträge als auch die Höhe des Kapitalisierungszinses basieren auf Schätzungen. Schätzungsgrundlage für die künftigen Reinerträge sind die Reinerträge der Vergangenheit unter Berücksichtigung künftiger Entwicklungen.

Der Kalkulationszinsfuß muss einer internen Rendite eines Vergleichsobjekts entsprechen und soll das Marktrisiko mit beinhalten.

Formel für den Ertragswert:

$$EW = \sum_{t=0}^{T} \frac{e_t}{(1+i)^t}$$

mit

e_t = Nettoeinnahmen in der Periode t

i = Kalkulationszinssatz

t = Periode

T = Ende des Planungszeitraums

Unter der Annahme unendlich fortdauernder, gleichbleibender jährlicher Reinerträge ergibt sich aus obiger Formel die sogenannte kaufmännische Kapitalisierungsformel:

EW = e/i

Hier sieht man deutlich den Einfluss des Zinssatzes auf die Bewertung des Unternehmens. Je höher der gewählte Kalkulationszinssatz, desto geringer ist der Ertragswert.

Problembereich 4: Jahresabschlussanalyse

Frage: Welches sind die Kritikpunkte an einer reinen kennzahlengestützten Bilanzanalyse?

Antwort: Insbesondere sind folgende Punkte bei einer Bilanzanalyse zu beachten:

- Die Rechnungslegungsvorschriften (insbesondere das Vorsichtsprinzip) beeinflussen die Darstellung der wirtschaftlichen Lage (z.B. Bildung von stillen Reserven aufgrund des Anschaffungskostenprinzips, des Bilanzierungsverbotes von selbst geschaffenen immateriellen Wirtschaftsgütern des Anlagevermögens usw.).
- Ansatz- und Bewertungswahlrechte verfälschen das Ergebnis.
- Die Angaben im Jahresabschluss sind unvollständig. Es fehlen z.B. Angaben über Auftragsbestände, Kreditsicherheiten, schwebende Geschäfte, usw.
- Es werden nur quantitative Angaben dargestellt (qualitative Angaben fehlen).
- Die Daten der Bilanz sind zeitpunktbezogen.
- Die vorliegenden Daten besitzen Vergangenheitscharakter, es mangelt an Zukunftsbezogenheit.

Frage: Nach welchen Kriterien werden in der Jahresabschlussanalyse Kennzahlen gebildet?

Antwort: Neben der Verwendung von absoluten Werten, die sich unmittelbar bzw. durch Summen- oder Differenzenbildung aus den Angaben des Jahresabschlusses ergeben, wird für eine Bilanzanalyse eine Vielzahl von relativen Kennzahlen gebildet. Dabei sind folgende Typen zu unterscheiden:

1. **Gliederungszahlen**

   Einzelne Teilgrößen werden ins Verhältnis zur Gesamtgröße gesetzt. Damit spiegeln diese Kennzahlen das relative Gewicht einzelner Teile im Vergleich zum Ganzen wider. Strukturen werden deutlich.

   Beispiele solcher Kennzahlen sind die Eigenkapitalquote, die Anlagenintensität, der Anteil des Personalaufwandes am Gesamtaufwand usw.

2. **Beziehungszahlen**

   Teilgrößen unterschiedlicher Gesamtheiten werden ins Verhältnis zueinander gesetzt. Zwischen diesen Teilgrößen besteht ein sachlogischer Zusammenhang, eine innere Beziehung (z.B. eine Mittel-Zweck-Relation) oder eine Gleichheit in bestimmten Kriterien (z.B. gleiche Bindungsfristen bei Vermögen und Kapital).

Beispiele für Beziehungszahlen sind die Liquiditätskennzahlen, Deckungsgrade und Rentabilitätskennzahlen.

3. **Indexzahlen**

   Eine Kennzahl wird der gleichen Kennzahl einer früheren Abrechnungsperiode gegenübergestellt. Es wird die relative Entwicklung im Zeitablauf sichtbar.

Zu beachten ist, dass die einzelnen Kennzahlen nicht isoliert betrachtet werden können. Vielmehr ist das Gesamtbild entscheidend.

Weiterhin sind die Ursachen für die Entwicklung einzelner Kennzahlen zu berücksichtigen, ehe ein Urteil über die wirtschaftliche Lage des Unternehmens getroffen werden kann.

Frage: Welche Kennzahlen dienen der Analyse der Analyse der Vermögenslage?

Antwort: Die Analyse der Vermögenslage verdeutlicht die Art und Zusammensetzung des Vermögens (Kennzahlen der Vermögensintensität) und die Dauer der Vermögensbindung (Umschlagskoeffizienten). Außerdem werden Erkenntnisse über die Investitions- und Abschreibungspolitik gewonnen. Beispiele sind:

$$\text{Anlagenintensität} = \frac{\text{Anlagevermögen}}{\text{Gesamtvermögen}}$$

$$\text{Umlaufintensität} = \frac{\text{Umlaufvermögen}}{\text{Gesamtvermögen}}$$

$$\text{Vorratsquote} = \frac{\text{Vorräte}}{\text{Gesamtvermögen}}$$

$$\text{Forderungsquote} = \frac{\text{Forderungen}}{\text{Gesamtvermögen}}$$

Frage: Welches sind die wichtigsten Kennzahlen zur Auswertung der Kapitalstruktur?

Antwort: Die Zusammensetzung des Kapitals hinsichtlich seiner Sicherheit und Fristigkeit wird analysiert.

$$\text{Eigenkapitalquote} = \frac{\text{Eigenkapital}}{\text{Gesamtkapital}}$$

Eine hohe Eigenkapitalquote bedeutet für das Unternehmen einen hohen Grad an finanzieller Unabhängigkeit. Das Unternehmen verfügt über ausreichend Sicherheiten, was im Rahmen von Kreditwürdigkeitsprüfungen eine bedeutende Rolle spielt. Im Jahr 2021 betrug die durchschnittliche Eigenkapitalquote aller mittelständischen deutschen Unternehmen 31,4 % (www.statista.de).

$$\text{Fremdkapitalquote} = \frac{\text{Fremdkapital}}{\text{Gesamtkapital}}$$

$$\text{Anteil des kurzfristigen FK} = \frac{\text{kurzfristiges Fremdkapital}}{\text{Gesamtkapital}}$$

Frage: Welche Kennziffern werden als Deckungsgrade bezeichnet?

Antwort: Sie untersuchen speziell die Deckung des Anlagevermögens.

$$\text{Deckungsgrad A} = \frac{\text{Eigenkapital}}{\text{Anlagevermögen}}$$

Der Deckungsgrad A erreicht nur sehr selten 100 % und ist insbesondere von der jeweiligen Branche (Anlagenintensität und Ertragsrisiko) abhängig. Branchenbezogene Durchschnittswerte können als Normwerte herangezogen werden.

Deckungsgrad B = $\dfrac{\text{Eigenkapital + langfristiges Fremdkapital}}{\text{Anlagevermögen}}$

Deckungsgrad C = $\dfrac{\text{Eigenkapital + mittel- und langfristiges Fremdkapital}}{\text{Anlagevermögen + langfristig gebundenes Umlaufvermögen}}$

Wenn die Deckungsgrade B und C größer als 1 sind, kann die Liquidität langfristig als gesichert betrachtet werden (goldene Bilanzregel).

Frage: Was versteht man unter dem Return on investment (ROI)?

Antwort: Mit ROI wird der Return an Investment bezeichnet. Er spiegelt im Endeffekt die Relation

$$\frac{\text{Ordentliches Betriebsergebnis}}{\text{Betriebsnotwendiges Vermögen}}$$

wider.

Durch ein umfangreiches Kennzahlensystem werden die Ursachen für die Entwicklung dieser Kennzahl aufgezeigt. So setzt sich der ROI wie folgt zusammen:

Dabei können die Kennzahlen „ordentliches Betriebsergebnis", „Umsatzerlöse" und „betriebsnotwendiges Vermögen" weiter untergliedert werden, sodass die Ursachen für die Entwicklung des ROI noch detaillierter untersucht werden können.

Frage: Was ist ein sogenannter Betriebsvergleich?

Antwort: Unter einem Betriebsvergleich versteht man eine Methode um Betriebe mithilfe verschiedener Kennzahlen sowohl innerbetrieblich als auch überbetrieblich zu vergleichen und aufgrund der dadurch gewonnenen Erkenntnisse betriebliche Entscheidungen zu treffen. Ein Betriebsvergleich dient daher zugleich als Planungs-, Kontroll- und Sicherungsinstrument. Man unterscheidet zwischen dem sog. inneren Betriebsvergleich und dem äußeren Betriebsvergleich. Vergleichswerte können beim inneren Betriebsvergleich die Kennzahlen verschiedener Betriebseinheiten (Geschäftszweig, Standort), Wirtschaftsjahre oder die Ist- und Sollwerte sein. Der äußere Betriebsvergleich betrachtet hingegen verschiedene Betriebe derselben Branche. Untersucht werden können hierbei z.B. Rohgewinne oder Aufschlagsätze.

Themenbereich Volkswirtschaftslehre

Problembereich 1: Allgemeine Volkswirtschaftslehre

Frage: In welche drei Bereiche lässt sich die Volkswirtschaftslehre einordnen?

Antwort:

1. Mikroökonomische Theorie

Die mikroökonomische Theorie untersucht die Preisbildung auf den Güter- und Faktormärkten. Dies geschieht durch theoretische Modelle, deren Sinn und Nutzen, seit Existenz dieses Wissenschafts-zweigs strittig sind. Die Kritik richtet sich vor allem gegen die realitätsfernen Annahmen, die zur Erstel-lung der Modelle gemacht werden müssen. So wird z.B. vollkommene Information der Marktteilnehmer unterstellt, d.h. die Annahme gemacht, dass innerhalb des Marktes jeder Anbieter und jeder Nachfrager zu jeder Zeit über Angebot und Nachfrage vollständig informiert ist.

2. Makroökonomische Theorie

Die makroökonomische Theorie hat die Untersuchung einer Volkswirtschaft als Ganzes zum Gegen-stand. Entsprechend der Vielzahl einzelner Untersuchungsgegenstände unterteilt sie sich wiederum in einzelne Fachgebiete (siehe unten).

3. Wirtschaftspolitik

Die Wirtschaftspolitik hat letztlich dieselben Untersuchungsgegenstände wie die mikro- und die makro-ökonomische Theorie. Zweck dieses Ansatzes ist aber nicht die Untersuchung der Wechselwirkungen, sondern die Untersuchung der Einflussmöglichkeiten für die praktische Politik.

Frage: Was verstehen Sie unter der Nachfragekurve?

Antwort: Jeder Nachfrager hat eine persönliche Nachfragekurve. Je größer der Preis ist, desto geringer wird die Kaufbereitschaft sein und umgekehrt. Diese Aussage gilt jedenfalls im Regelfall (Ausnahme: Güter, die überwiegend wegen ihres Prestigewerts gekauft werden).

Die Höhe der Nachfrage eines Interessenten bei einem bestimmten Preis richtet sich nach dem Nutzen des Guts für die betreffende Person. Dieser Nutzen resultiert aus der persönlichen Beurteilung durch die betreffende Person. Der Nutzen entzieht sich einer objektiven Überprüfung. So können (und werden) die Vorstellungen durchaus unterschiedlich sein.

Frage: Was verstehen Sie unter einer Angebotskurve?

Antwort: Analog zur Nachfragekurve lässt sich eine Angebotskurve ermitteln. Bei dieser ist der Verlauf im Allgemeinen umgekehrt: Je höher der Preis (und damit der Gewinn), desto größer wird die Ange-botsbereitschaft der Unternehmen sein. Analog zu der Nachfrageseite hat jedoch jeder Anbieter seine individuelle Angebotskurve. Dabei ist davon auszugehen, dass die Kosten bei zunehmender Produktion ab einem bestimmten Punkt überproportional steigen. Dieser Anstieg ist durch die Kapazitätsüber-schreitung bedingt. Hierdurch entstehen überdurchschnittliche Kosten. Das sind z.B. Akkordzuschläge, Überstundenzuschläge, verstärkter Materialverschleiß bei Maschinen und dergleichen mehr.

Das jeweilige Unternehmen wird zu einem bestimmten Preis so viel produzieren, bis das letzte Pro-dukt keinen Gewinn mehr abwirft.

> **Hinweis!** Auch diese Aussage ist nur theoretischer Natur und kann in der Praxis ggf. durchaus konterkariert werden, z.B. weil aufgrund ungenügenden Rechnungswesens die Kosten gar nicht genau ermittelt werden können, der Auftrag eines Großkunden trotz Kapazitätsausschöpfung angenommen werden muss, um die Kundenbeziehung aufrecht zu erhalten u.a.m.).

Die Kostenkurve ist aber bei jedem Unternehmen unterschiedlich. Dies resultiert schon aus der unterschiedlichen Größenordnung und der daraus resultierenden Konsequenzen.

> **Frage:** Was versteht man unter Sättigungsmenge?

Antwort: Die Sättigungsmenge ist die maximale Nachfragemenge, die theoretisch abgesetzt werden kann, wenn es das Produkt kostenlos gäbe ist. Jeder, der nach das Produkt haben möchte, bekommt es dann auch. Die Sättigungsmenge ist einer der Extrempunkte der Nachfragekurve des mikroökonomischen Marktmodells. Der entgegengesetzte Extrempunkt, bei der die Nachfrage gleich Null ist, wird Prohibitivpreis genannt.

Problembereich 2: Makroökonomie und Wirtschaftspolitik

> **Frage:** Was verstehen Sie unter dem Produktionskonto im Rahmen der volkswirtschaftlichen Gesamtrechnung? Erläutern Sie die Begriffe Inlandsprodukt und Sozialprodukt!

Antwort: Das Produktionskonto erfasst die Transformation von Gütern und Diensten (Vorleistungen) unter Einsatz von Produktionsfaktoren. Ausgangspunkt dieser Entstehensrechnung ist der sogenannte **Bruttoproduktionswert** (wirtschaftlicher Umsatz, Bestandsänderungen und selbst erstellte Anlagen). Werden von diesem die Vorleistungen abgezogen, so erhält man das Bruttoinlandsprodukt zu Marktpreisen **(BIP zu MP).**

Nach Abzug des durch Abschreibungen erfassten Anlageverschleißes erhält man das Nettoinlandsprodukt zu Marktpreisen **(NIP zu MP).**

Da der Ermittlung Umsatzzahlen zugrunde liegen, sind in diesen auch indirekte Steuern und Subventionen enthalten. Veränderungen dieser Steuern und Subventionen beeinflussen das NIP zu MP, ohne dass sich der Beitrag der Produktionsfaktoren geändert hat. Um diesen Beitrag genau zu erfassen, werden vom NIP zu MP die indirekten Steuern abgezogen und die Subventionen hinzugerechnet. Das Ergebnis bezeichnet man als das Nettoinlandsprodukt zu Faktorkosten **(NIP zu FK)** oder **Wertschöpfung.** Es stellt das von den Unternehmer- und Nichtunternehmerhaushalten aus der Inlandsproduktion erzielte Einkommen (in Form von Löhnen, Gehältern, Gewinnen u.a.) dar.

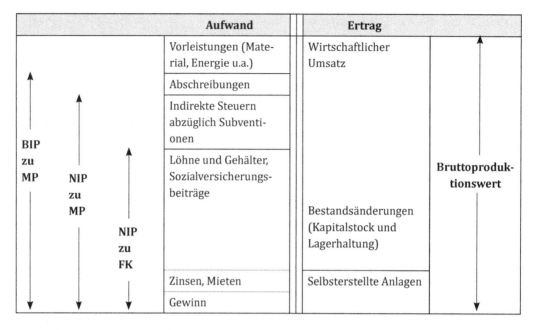

			Aufwand	Ertrag	
			Vorleistungen (Material, Energie u.a.)	Wirtschaftlicher Umsatz	
			Abschreibungen		
BIP zu MP			Indirekte Steuern abzüglich Subventionen		Bruttoproduktionswert
	NIP zu MP		Löhne und Gehälter, Sozialversicherungsbeiträge		
		NIP zu FK		Bestandsänderungen (Kapitalstock und Lagerhaltung)	
			Zinsen, Mieten	Selbsterstellte Anlagen	
			Gewinn		

Die **Inlandsprodukte** sind räumlich abgegrenzt: Sie schließen alle innerhalb der Landesgrenzen von Inländern und Ausländern erstellten wirtschaftlichen Leistungen ein.

Die **Sozialprodukte** (brutto wie netto) stellen auf eine Abgrenzung zwischen Inländern (erster Wohnsitz im Inland) und Ausländern ab: Das Sozialprodukt umfasst die Gesamtheit der an Inländer fließenden wirtschaftlichen Leistungen, egal ob im Inland oder Ausland erwirtschaftet. Inlands- und Sozialprodukt weichen um die Einkommen (aus Erwerbstätigkeit und Vermögensbesitz) ab, die inländische Wirtschaftseinheiten (Personen und Institutionen) im Ausland und ausländische Wirtschaftseinheiten im Inland bezogen haben.

Der gängige Begriff **Volkseinkommen** wird in der Systematik der VGR repräsentiert durch das Nettosozialprodukt zu Faktorkosten.

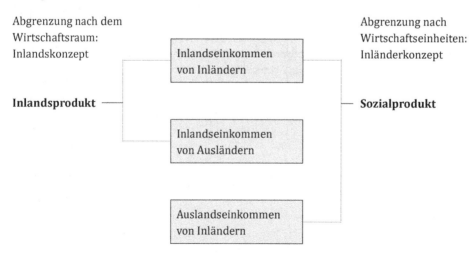

Abgrenzung nach dem Wirtschaftsraum: Inlandskonzept

Abgrenzung nach Wirtschaftseinheiten: Inländerkonzept

Inlandseinkommen von Inländern

Inlandsprodukt   **Sozialprodukt**

Inlandseinkommen von Ausländern

Auslandseinkommen von Inländern

Frage: Was versteht man unter dem „magischen Viereck"? Erläutern Sie dies kurz!

Antwort: Das Gesetz zur Förderung der Stabilität und des Wachstums der Wirtschaft vom 08.06.1967 (kurz Stabilitätsgesetz) gibt dem Gesetzgeber verschiedene Instrumente zur Steuerung der Wirtschaft in die Hand. Es geht dabei von dem sog. „magischen Viereck" aus. Magisch deshalb, weil die 4 Ziele kaum gleichzeitig in gleichem Maße erreicht werden können.

Das magische Viereck des Stabilitätsgesetzes

	Wachstum der Wirtschaft	
Vollbeschäftigung		**Geldwertstabilität**
	Außenwirtschaftliches Gleichgewicht	

Wachstum
Es wird ein stetiges und angemessenes Wirtschaftswachstum angestrebt.

Vollbeschäftigung
Mit dem Wachstum verbunden ist meist auch eine Zunahme der Beschäftigung. Beschäftigung ist der Einsatz von Arbeit als Produktionsfaktor. Für den Umfang der Beschäftigung ist das Wachstum aber nicht alleine maßgebend. Andere Faktoren kommen hinzu und müssen berücksichtigt werden.

Geldwertstabilität
Drittes Ziel ist die Geldwertstabilität. Dieser ideale Zustand ist dadurch gekennzeichnet, dass keine Inflation besteht. Die Ökonomen sind mehrheitlich der Auffassung, dass in einer auf Wettbewerb aufgebauten Marktwirtschaft ein Wachstum ohne gleichzeitige Inflation kaum erreichbar ist. Zumindest die Höhe der Inflation soll aber auf ein möglichst niedriges Maß reduziert werden. An dieser Stelle kann nicht auf umfangreiche theoretische Modelle eingegangen werden. In der öffentlichen Diskussion wird häufig die sog. Lohn-Preis-Spirale genannt. Es ist dies ein Streit zwischen Interessenvertretern (analog dem um das Huhn und das Ei).

Außenwirtschaftliches Gleichgewicht
Der vierte Bereich ist die Zielsetzung eines außenwirtschaftlichen Gleichgewichts. Da die Zahlungsbilanz immer ausgeglichen ist, kann dies nur bedeuten, dass Handels-, Dienstleistungs- und Übertragungsbilanz zusammen ausgeglichen sein sollen.

Inwieweit dies sinnvoll ist und welche Auswirkungen außenwirtschaftliche Gleichgewichte oder Ungleichgewichte haben, untersucht die Außenwirtschaftstheorie. An dieser Stelle können wiederum nur einige Aspekte beispielhaft veranschaulicht werden, da eine Vielzahl von Wechselbeziehungen zu berücksichtigen ist.

Frage: Was verstehen Sie unter der internationalen Zahlungsbilanz?

Antwort: Die Zahlungsbilanz eines Landes setzt sich aus folgenden Teilen zusammen:

Handelsbilanz	Warenexporte	Warenimporte		
	Saldo		Saldo	Leistungs-bilanz
Dienstleistungsbilanz	Dienstleistungs-verkäufe	Dienstleistungskäufe		
	Saldo		Saldo	
Übertragungsbilanz	Empfangene Übertragungen	Geleistete Übertragungen		
	Saldo		Saldo	

Bilanz des **Kapitalver-kehrs**	Änderung der Forde-rungen von Auslän-dern	Änderung der Forderungen von Inländern	
		Saldo	Saldo

Endsaldo   = 0

Der Endsaldo aus den einzelnen Bestandteilen der Zahlungsbilanz muss sich zwangsläufig auf 0 addieren. Denn die Zahlungsbilanz ist nichts anderes als ein Konto (wie die G+V oder die Handelsbilanz). Deutschland hat im Allgemeinen einen Exportüberschuss, d.h. es werden Waren mit einem höheren Wert exportiert als Waren importiert werden. Somit kommt es zu einem Handelsbilanzüberschuss. Andererseits ist der Saldo der Dienstleistungsbilanz meist negativ, da hier die Auslandsreisen der Deutschen zu Buche schlagen und den Dienstleistungsverkauf an das Ausland überwiegen. Auch der Saldo der Übertragungsbilanz ist wegen der Überweisungen der Gastarbeiter in ihre Heimat meist negativ.

> **Hinweis!** Merken Sie sich, dass es eine positive oder negative Zahlungsbilanz nicht geben kann. Positiv oder negativ können nur die einzelnen Bestandteile sein. Man kann außerdem von einer positiven Leistungsbilanz sprechen (Leistungsbilanz = Handelsbilanz und Dienstleistungsbilanz).

> **Frage:** Wie wird das Bruttoinlandsprodukt (BIP) definiert? Wie war die Entwicklung in den letzten Jahrzehnten?

Antwort: Das Bruttoinlandsprodukt umfasst – grob gesprochen – alle Waren und Dienstleistungen, die im Inland produziert wurden, und ist zur Messung der volkswirtschaftlichen Aktivitäten in einem Abrechnungszeitraum wichtig (vgl. Teil A). Neben der Bedeutung als Wohlstandsindikator liegt dies vor allem daran, dass eine geringe Wachstumsrate des Bruttoinlandsprodukts die Gefahr einer Verringerung der Beschäftigung birgt. Nehmen Sie hierzu an, dass die Arbeitsproduktivität um 5 %, das Bruttoinlandsprodukt aber nur um 3 % steigt. Der Produktivitätsfortschritt von 5 % bedeutet, dass nun 5 % weniger Arbeitszeit benötigt wird, um das gleiche Inlandsprodukt herzustellen. Bei gleicher Arbeitszeit pro Mensch können also nur gleich viele Menschen beschäftigt werden, wenn das Inlandsprodukt auch um 5 % steigt. Steigt das Bruttoinlandsprodukt dagegen nur um 3 %, so sinkt die Beschäftigung ceteris paribus um 2 %, d.h. die Arbeitslosenquote steigt.

Insgesamt hat sich das reale Bruttoinlandsprodukt in den letzten 30 Jahren mehr als verdoppelt. Das Bruttoinlandsprodukt ist im Jahr 2022 preis-, saison- und kalenderbereinigt um 1,8 % gegenüber dem Vorjahr gestiegen. Zu beachten gilt jedoch, dass wir in den 60er und 70er Jahren ein deutlich höheres

Wachstum zu verzeichnen hatten als heute. Deutschland bestätigt damit ein internationales Phänomen, das unter allen hoch entwickelten Industrienationen feststellbar ist: Je höher das Bruttoinlandsprodukt und damit der Wohlstand, desto geringer das Wachstum. Im Jahr 2022 betrug das Bruttoinlandsprodukt ca. 3.876,8 Mrd. €, das Bruttoinlandsprodukt je Einwohner lag im Jahr 2022 bei 46.182 €.

Frage: Was versteht man unter Arbeitslosenquote?

Antwort: Unter der Arbeitslosenquote versteht man das Verhältnis aus registrierten Arbeitslosen und Erwerbspersonen. Nicht erfasst bei den Arbeitslosen sind also Personen, die grundsätzlich erwerbsfähig und -willig sind, sich aber nicht arbeitslos melden.

Dies kann beispielsweise daran liegen, dass sie sich für unvermittelbar halten oder keinen Anspruch auf Arbeitslosenunterstützung haben, weil sie gerade erst ihre Ausbildung abgeschlossen haben (sog. stille Reserve). Daraus folgt, dass es mit der stillen Reserve neben der statistischen Arbeitslosigkeit auch eine sog. **verdeckte Arbeitslosigkeit** gibt, die beispielsweise vom Sachverständigenrat ausgewiesen wird. Stand Juli 2023 betrug die Arbeitslosenquote 5,7 %.

Frage: Was ist eine Inflationsrate?

Antwort: Die Inflationsrate gehört zu den makroökonomischen Kerndaten, die in der Bundesrepublik Deutschland zurzeit als unproblematisch angesehen werden können.
Die amtliche Statistik weist für Deutschland eine Vielzahl von Preisindizes für sehr unterschiedliche „Bündel" von Waren und Dienstleistungen aus: Grundstoffpreise, Erzeuger-, Großhandels- und Einzelhandelspreise, Außenhandelspreise, Preise von Verkehrsleistungen u.v.m. Monatlich wird die Veränderung des „Verbraucherpreisindex" (früher: Preisindex für die Lebenshaltung) mitgeteilt.

Dieser Preisindex wird in den Medien häufig als die repräsentative Messzahl für die Entwicklung des allgemeinen Preisniveaus ausgegeben. Der Verbraucherpreisindex misst allein die Veränderung der (gewichteten) Durchschnittspreise ausgewählter Waren und Dienstleistungen. Im Juli 2023 stiegen die Verbraucherpreise in Deutschland gegenüber dem Vorjahresmonat um 6,2 %.

Frage: Was versteht man unter nachfrageorientierter Finanzpolitik?

Antwort: Die auch heute noch in der Wirtschaftspolitik nachzuvollziehende Kontroverse zwischen Angebots- und Nachfragepolitik dreht sich letztlich um die Frage, wodurch langfristig anhaltende Arbeitslosigkeit verursacht wird. Während Angebotstheoretiker dies primär auf zu hohe Löhne und zu hohe Steuern (d.h. letztlich: auf zu schlechte Angebotsbedingungen für Unternehmen) zurückführen, sehen Nachfragetheoretiker das Problem in erster Linie darin, dass die Güternachfrage zu gering ist.

Denken Sie hierbei etwa an die wirtschaftspolitische These, dass Lohnsenkungen die Arbeitslosigkeit verschärfen, weil den Haushalten Kaufkraft entzogen wird und die Unternehmen aufgrund der Angst vor Nachfrageeinbrüchen ihre Investitionen nicht erhöhen, sondern sogar reduzieren. Pointiert kann man die beiden Ansätze also folgendermaßen unterscheiden:

- Angebotstheoretiker sind der Auffassung, dass Arbeitslosigkeit letztendlich dadurch hervorgerufen wird, dass der „Preis für den Faktor Arbeit" zu hoch ist. Arbeitslosigkeit wird also direkt am **Arbeitsmarkt** verursacht.
- Nachfragetheoretiker dagegen vermuten, dass der Lohn gar nicht die entscheidende Ursache für die Arbeitslosigkeit ist, sondern diese durch Störungen am Gütermarkt verursacht wird – nach dieser vor allem von Keynes entwickelten Sichtweise verzichten die Unternehmen nicht wegen zu hoher Löhne, sondern aus Angst vor Absatzproblemen auf Investitionen.

Frage: Was versteht man unter angebotsorientierter Finanzpolitik?

Antwort: Die Grundgedanken der angebotsorientierten Wirtschaftspolitik bestehen erstens in der Ablehnung der konjunkturpolitisch motivierten Beeinflussung der Nachfrage und zweitens in der Überzeugung, dass das Investitionsverhalten der Unternehmen vor allem von deren Kostensituation bestimmt wird. Die Hauptaufgabe der Wirtschaftspolitik wird daher darin gesehen, günstige Rahmenbedingungen für die Unternehmen zu schaffen. Zu nennen sind dabei vor allem:

- Lohnkostensteigerungen maximal im Ausmaß des Produktivitätsfortschritts;
- eine Verringerung der Abgabenlasten vor allem für Unternehmen;
- eine Geldpolitik, die ihre primäre Aufgabe in der Stabilität des Preisniveaus (nicht in konjunkturpolitisch begründeten Zinsänderungen) sieht, um die Planungssicherheit zu erhöhen;
- ein Abbau von Subventionen, da diese letztlich von produktiven Unternehmen finanziert werden müssen und deren internationale Konkurrenzfähigkeit beeinträchtigen;
- eine Rückführung der Staatsverschuldung, da diese die Kapitalmärkte belastet und zu hohen Steuerbelastungen führt;
- und Deregulierungs- und Privatisierungsmaßnahmen, da staatliche Monopole und Regulierungen zu einer Fehlallokation von Ressourcen führen, was letztlich die Wachstumsraten des Inlandsprodukts verringert und die Arbeitslosigkeit erhöht.

Frage: Wie kann man die Entstehung von Arbeitslosigkeit erklären?

Antwort: Mit 11,7 % hatte die Arbeitslosigkeit in der Bundesrepublik Deutschland im September 2005 einen ihrer Höchststände seit dem Zweiten Weltkrieg erreicht, nachdem sie sich bereits seit den neunziger Jahren zu **dem** herausragenden ökonomischen Problem entwickelte. Auch wenn sich zuletzt eine klare Entspannung der Lage abgezeichnet hat, bleibt die Erklärung und Bekämpfung von Massenarbeitslosigkeit nach wie vor ein zentrales Thema. Die Schwierigkeit hierbei besteht darin, dass offensichtlich zahlreiche Faktoren in kaum durchschaubarer Weise zusammenwirken:

- Die internationale Dimension mit einem zunehmenden Konkurrenzdruck durch die wachsende Globalisierung mit der Möglichkeit immer einfacher werdender Kapitalimporte sowie die Niedriglohnländer in Südostasien, Osteuropa, etc.;
- Makroökonomische Faktoren wie eine im internationalen Vergleich hohe Abgabenbelastung und relativ hohe Reallöhne;
- Kulturelle Aspekte wie die von Unternehmensverbänden beklagte "fehlende Leistungsbereitschaft";
- soziodemografische Faktoren, deren herausragende Bedeutung darin zum Ausdruck kommt, dass die Arbeitslosigkeit in verschiedenen sozialen Schichten extrem unterschiedlich ist und – vereinfacht gesagt – mit zunehmender Qualifikation stark zurückgeht;
- Mehr oder minder zufällige Gründe wie die deutsche Wiedervereinigung, die nicht nur wegen der höheren Arbeitslosigkeit in den neuen Bundesländern, sondern auch wegen der damit verbundenen höheren Abgabenbelastung im Westen wichtig ist;
- branchenspezifische Faktoren, die sich darin zeigen, dass die Beschäftigungsentwicklung in verschiedenen Branchen sehr unterschiedlich ist.
- im Jahr 2023 betrug die Arbeitslosigkeit von Januar bis Juli 2023 durchschnittlich 5,6 %.

Problembereich 3: Geld und Währung

Frage: Welche Funktionen hat Geld in der Volkswirtschaft?

Antwort:

Tauschmittelfunktion

Tauschgeschäfte ohne Geld sind nur möglich, wenn zwischen den Tauschpartnern „Koinzidenz der Bedürfnisse" herrscht, d.h. wenn Angebot und Nachfrage zu gegebenem Zeitpunkt übereinstimmen. Dies verursacht jedoch enorme Transaktionskosten. Solche Kosten müssen in einem arbeitsteiligen Wirtschaftsprozess stark reduziert werden, um einen möglichst reibungslosen Ablauf zu garantieren. Es bedarf also eines allgemein akzeptierten Gutes, das als Medium den Tausch von Gütern stark vereinfacht. Die allgemeine Akzeptanz stellt sich in der Regel dann ein, wenn das (Geld-)Gut wertbeständig ist, oder insbesondere dann, wenn die Knappheit des (Geld-)Gutes langfristig sichergestellt scheint.

Wenn ein (Geld-)Gut per Gesetz zum allgemein gültigen Zahlungsmittel erhoben wird und damit der Staat die Versorgung der Wirtschaftssubjekte mit diesem Geld übernimmt, ist aus der Tauschmittelfunktion des Geldes die so genannte „**Zahlungsmittelfunktion**" ableitbar.

Wertaufbewahrungsfunktion

Eine weitere zentrale Anforderung an ein (Geld-)Gut besteht darin, den Wert aus einem Tauschgeschäft über einen langen Zeitraum zu erhalten. Wenn dieser Anspruch erfüllt wird, ist es also ohne Weiteres möglich, das (Geld-)Gut als Vermögensbestandteil aufzubewahren (zu halten). Eine solche Geldhaltung birgt dennoch Risiken (Inflation) und verursacht (Opportunitäts-)Kosten, auf die hier jedoch nicht vertiefend eingegangen wird.

Recheneinheit

In einer arbeitsteiligen Ökonomie werden die zum Tausch angebotenen und nachgefragten Güter und Dienstleistungen in Einheiten des (Geld-)Gutes bewertet. Geld fungiert damit als allgemeiner Wertmaßstab und als Recheneinheit. Diese Eigenschaft erlaubt es den Wirtschaftssubjekten, auch beliebige Bruchteile von Gütern zu handeln.

Frage: Welche Geldformen kennen Sie?

Antwort: Es existieren vielfältige Formen von Geld, die sich aus den unterschiedlichen Geldfunktionen ableiten lassen. Die Tauschmittelfunktion wird insbesondere von Münzen, Banknoten oder dem sogenannten Buchgeld wahrgenommen. Dabei entspringen diese drei Formen von Geld durchaus unterschiedlichen Quellen:

Die **Banknoten** werden von der Bundesbank als Bestandteil des europäischen Systems der Zentralbanken (ESZB) und der Europäischen Zentralbank (EZB) herausgegeben. Die Verteilung der Banknoten erfolgt über die Geschäftsbanken, sodass die Zentralbank auch als Bank der Banken bezeichnet wird.

Buchgeld (Sichteinlagen) dient dem bargeldlosen Zahlungsverkehr und wird von den Geschäftsbanken bereitgestellt.

Die **Münzen** werden von den Regierungen in Europa geprägt und an die Zentralbanken verkauft, die dann analog zu den Banknoten den Eintritt der Münzen in den Wirtschaftskreislauf koordinieren. Bezüglich der Münzprägung ist allerdings festzuhalten, dass die Regierungen nur eine begrenzte Menge an Münzen prägen dürfen (Münzregal). Die Kontrolle obliegt wie auch bei Banknoten der Zentralbank.

Berücksichtigt man bei der Darstellung der Erscheinungsformen von Geld den Wertaufbewahrungsaspekt stärker, können auch Geldsubstitute wie z.B. Termingelder, Spareinlagen und Realvermögen miteinbezogen werden. Diese Geldsubstitute unterscheiden sich hinsichtlich ihrer „Geldnähe" oder Liquidität.

Termingelder werden zu vorab festgelegten Zeitpunkten zu Buchgeld und haben eine höhere Liquidität als **Spareinlagen**, die sich vor allem hinsichtlich ihrer Kündigungsfristen und Verzinsung unterscheiden. Als **Realvermögen** gelten insbesondere Güter, die vergleichsweise schwer in Geld als Tauschmittel transformierbar sind, aber dennoch der Wertaufbewahrung dienen. Diese können Gold, Diamanten, Autos, etc. sein.

Frage: Welche Geldmengendefinitionen der EZB kennen Sie?

Antwort: Da die Europäische Zentralbank als Hüterin der Geldwertstabilität für ausreichende Knappheit des umlaufenden Geldes sorgen muss, ist es für sie besonders wichtig, die Geld**menge** zu kontrollieren. Die Kontrollierbarkeit kann abhängig von der Definition einer Geldmenge durchaus unterschiedlich ausgeprägt sein. Da man Geld über Funktionen definiert, die erfüllt werden sollen, ist es nicht schwer, sehr große Geldmengen zu bestimmen, die aber wenig praktikabel für die Aufgaben der Zentralbank sind. Die folgenden Geldmengen unterscheiden sich insbesondere hinsichtlich der Liquidität der enthaltenen Bestandteile.

Die Zentralbankgeldmenge (Geldbasis)

Der Ursprung des Geldes im Wirtschaftskreislauf ist das von der Zentralbank bereitgestellte Zentralbankgeld. Die Zentralbank ist der Monopolist für Zentralbankgeld, d.h. sie hat die Pflicht, die Banken und damit die Volkswirtschaft mit ausreichender Liquidität zu versorgen. Das Zentralbankgeld existiert in Form von **Bargeld** bei den Wirtschaftssubjekten und in Form von **Reserven** der Geschäftsbanken, die als Einlage bei der Zentralbank gehalten werden müssen (Mindestreserveverpflichtung).

Geldbasis = Bargeld + Reserven

Geldmenge M1

Die Geldmenge M1 beinhaltet das im Wirtschaftskreislauf vorhandene Bargeld ohne Kassenbestände der monetären Finanzinstitute (Bargeldumlauf) und die Einlagen auf Sichtguthaben („täglich fällige Einlagen"). Damit orientiert sich diese Geldmengendefinition an der Tauschmittelfunktion des Geldes. Nicht inbegriffen sind die Bargeldbestände der Geschäftsbanken und der Zentralbank. Diese Gelder sind unbedeutend für die Entwicklung von Preisniveau, Realeinkommen oder Beschäftigung, da sie nicht nachfragewirksam werden. Aus dem gleichen Grund werden auch die Einlagen des Staates bei der Zentralbank nicht hinzugerechnet.

Geldmenge M1 = Bargeld + Sichtguthaben (Depositen)

Geldmenge M2

Die Definition der Geldmenge M2 berücksichtigt einen breiteren Geldbegriff, der nun auch die Wertaufbewahrungsfunktion des Geldes miteinbezieht. M2 enthält neben den Geldformen aus M1 Termineinlagen, die eine vereinbarte Laufzeit von bis zu zwei Jahren sowie Spareinlagen mit einer Kündigungsfrist von bis zu drei Monaten.

Geldmenge M2 = M1 + Einlagen (Laufzeit < 2 Jahre) + Einlagen (Kündigungsfrist < 3 Monate)

Geldmenge M3

Die Geldmenge M3 verwendet den weitesten Geldbegriff der beschriebenen Geldmengenaggregate. Zusätzlich zu den Bestandteilen der Geldmenge M2 werden Repogeschäfte, Geldmarktfondsanteile, Geldmarktpapiere und Bankschuldverschreibungen bis zu einer Laufzeit von zwei Jahren berücksichtigt. Obwohl das Volumen der Geldmenge M3 gegenüber der Geldmenge M2 nur wenig größer ist, hat sie dennoch eine herausragende Bedeutung für die Geldpolitik der EZB. Diese Geldmengendefinition weist den stabilsten empirischen Zusammenhang mit realen Variablen auf, an denen die EZB ihre Geldpolitik ausrichtet. Sie wird daher auch als Indikator für die Beurteilung der monetären Entwicklung der EZB gesehen.

Geldmenge M3 = M2 + Repogeschäfte + Geldmarktfondsanteile + Geldmarktpapiere + Bankschuldverschreibungen
(Laufzeit < 2 Jahre)

Frage: Welches sind die Aufgaben des Eurosystems?

Antwort: Die Hauptaufgaben des Eurosystems, dessen ausführendes Organ die EZB ist, werden aus Art. 105, Abs. 2, 4 und 5 EGV sowie der Satzung des ESZB und der EZB abgeleitet. Sie beinhalten:

- die Geldpolitik der Gemeinschaft festzulegen und auszuführen,
- die Durchführung von Devisengeschäften im Einklang mit Artikel 111 EGV,
- die offiziellen Währungsreserven der Mitgliedstaaten zu halten und zu verwalten, das reibungslose Funktionieren der Zahlungssysteme zu fördern sowie
- die Aufsicht über die Kreditinstitute und die Stabilität des Finanzsystems.

Frage: Welches sind die Instrumente der Geldpolitik der EZB?

Antwort: Ein wichtiges Strukturierungsmerkmal ist die Abgrenzung zwischen liquiditätszuführenden und liquiditätsabschöpfenden Transaktionen. Ebenso interessant ist die Trennung zwischen Grob- und Feinsteuerungsinstrumenten. Grobsteuerungsinstrumente dienen dazu, die Geldmenge längerfristig (beispielsweise über die Variation der Leitzinsen) zu lenken. Feinsteuerungsinstrumente werden dagegen eingesetzt, um kurzfristige Änderungen in der Bankenliquidität schnell entgegenzusteuern.

Die Abgrenzung zwischen Grob- und Feinsteuerungsinstrumenten ist zwar oft fließend, liefert jedoch eine brauchbare, intuitive Vorstellung von den Zielsetzungen, die mit den einzelnen Instrumenten verbunden werden.

Geldpolitische Geschäfte der EZB					
Geldpolitische Geschäfte	**Transaktionsart**		**Laufzeit**	**Rhythmus**	**Verfahren**
	Liquiditäts-zuführend	Liquiditäts-abschöpfend			
Offenmarktgeschäfte					
Hauptrefinan-zierungsinstru-ment	Befristete Transaktio-nen	–	Eine Woche	Wöchent-lich	Standard-tender
Längerfristige Refinanzie-rungsgeschäfte	Befristete Transaktio-nen	–	Einen Monat und länger	Regelmäßig und unre-gelmäßig	Standard-tender
Feinsteuerungs-operationen	• Befristete Transak-tionen • Devisen-swaps	• Devisen-swaps • Herein-nahme von Termin-einlagen • Befristete Trans-aktionen	Nicht standar-disiert	Unregel-mäßig	Schnell-tender Bilaterale Geschäfte
Strukturelle Operationen	Befristete Transak-tionen	Emission von Schuldver-schreibungen	Standardi-siert/nicht standardisiert	Regelmäßig und unre-gelmäßig	Standard-tender
	Endgültige Käufe	Endgültige Verkäufe	–	Unregel-mäßig	Bilaterale Geschäfte
Ständige Fazilitäten					
Spitzenrefinan-zierungsfazilität	Befristete Transaktio-nen	–	Über Nacht	Inanspruchnahme auf Initi-ative der Geschäftspartner	
Einlagefazilität	–	Einlagenan-nahme	Über Nacht	Inanspruchnahme auf Initi-ative der Geschäftspartner	

(Quelle: https://www.geld-und-geldpolitik.de/die-geldpolitik-des-eurosystems-kapitel-6.html)

Frage: Was sind Offenmarktgeschäfte?

Antwort: Bei den Offenmarktgeschäften geht die Initiative immer von der Zentralbank aus. In der Vergangenheit verstand man unter diesen Geschäften Käufe und Verkäufe von Wertpapieren am offenen Markt. Der Begriff Offenmarktgeschäft kann nicht mehr wörtlich interpretiert werden. Im Folgenden wollen wir die einzelnen Arten von Offenmarktgeschäften kurz erläutern:

- **Hauptrefinanzierungsgeschäfte** werden wöchentlich angeboten und sind Geschäfte, bei denen die Geschäftsbanken Wertpapiere bei der Zentralbank hinterlegen (in Form eines Pfandkredits) und dafür einen kurzfristigen Kredit (Laufzeit zwei Wochen) erhalten. Wird das Eigentum an die

Zentralbank übertragen, ist eine Rückübertragung am Ende der Laufzeit Bestandteil des Vertrages (Repogeschäfte). Diese sogenannten Wertpapierpensionsgeschäfte dienen der befristeten Liquiditätsversorgung des Bankensystems. Da die Zentralbank Menge und Zins der vergebenen Kredite beliebig steuern kann und die Geschäftsbanken keinen gesetzlichen Anspruch auf ein solches Angebot haben, kann über dieses Instrument der Tagesgeldzinssatz mitbestimmt werden. Das Volumen der Hauptrefinanzierungsgeschäfte macht den Hauptteil der geldpolitischen Steuerungsmaßnahmen der Europäischen Zentralbank aus.

- **Längerfristige Refinanzierungsgeschäfte** sind ebenfalls liquiditätszuführende Maßnahmen, die monatlich ausgeschrieben werden und normalerweise eine Laufzeit von drei Monaten aufweisen (während der Finanzkrise wurde die Laufzeit zunächst auf bis zu einem Jahr, zuletzt gar bis zu drei Jahren ausgeweitet. Sie haben einen vergleichsweise geringen Anteil an der Geschäftstätigkeit der Europäischen Zentralbank. Anders als bei den Hauptrefinanzierungsgeschäften sollen mit diesem Instrument keine Zinssignale ausgesendet werden.
- **Feinsteuerungsoperationen** können sowohl zur Liquiditätszuführung als auch zur Liquiditätsabschöpfung verwendet werden. Sie werden von Fall zu Fall zur Steuerung der Marktliquidität und der Zinssätze durchgeführt, und zwar insbesondere, um unerwartete Liquiditätsschwankungen am Markt und deren Auswirkungen auf die Zinssätze auszugleichen.
- **Strukturelle Operationen** werden benutzt, um die Liquiditätsposition des Bankensektors grundsätzlich und dauerhaft zu verändern.

Frage: Was versteht man unter Mindestreservepolitik?

Antwort: Die den Geschäftsbanken auferlegte Mindestreservepflicht dient der Stabilisierung der Zentralbankgeldnachfrage und der Geldmarktzinsen. Jede Geschäftsbank muss einen bestimmten Prozentsatz (Mindestreservesatz) ihrer Kundeneinlagen auf einem Konto der Zentralbank halten. Dabei sind einige Bilanzpositionen der Geschäftsbanken, wie z.B. die täglich fälligen Einlagen oder ausgegebene Schuldverschreibungen über viele Jahre hinweg mit einem Reservesatz von 2 % belegt worden. Seit dem 18. Januar 2012 hat die EZB den Mindestreservesatz auf 1 % abgesenkt.

Die Mindestreserve sorgt dafür, dass die Geschäftsbanken die Geldmenge nicht unendlich aufblähen können. Sie bildet gemeinsam mit dem Banknotenmonopol die Basis für den wirksamen Einsatz der geldpolitischen Instrumente der Zentralbank (Anbindungsfunktion der Mindestreserve).

Frage: Was versteht man unter ESM?

Antwort: ESM steht als Abkürzung für „Europäischer Stabilitätsmechanismus". Der ESM ist eine internationale Finanzinstitution mit Sitz in Luxemburg. Die Mitgliedsstaaten der Eurozone gründeten den ESM durch einen Vertrag, der am 27.09.2012 in Kraft getreten ist. Der ESM löste den alten Euro-Rettungsschirm EFSF (European Financial Stability Facility) ab. Der neue Stabilitätsmechanismus dient dem Ziel, Staaten der Eurozone zu unterstützen, die mit großen Finanzproblemen kämpfen. Das soll auch die Eurozone als Ganzes stabilisieren.

Frage: Wie unterstützt das ESM die Staaten der europäischen Union?

Antwort: Der ESM-Vertrag sieht derzeit sechs mögliche Varianten von Stabilisierungshilfen vor. Wie bereits der Vorgänger EFSF kann auch der ESM direkte Kredithilfen gewähren. Zusätzlich ist die Möglichkeit vorgesehen, Länder vorsorglich zu stützen. Ihnen kann eine Kreditlinie gewährt werden. Sie können bei Bedarf Geld innerhalb des vereinbarten Rahmens abrufen. Die Staaten müssen davon aber keinen Gebrauch machen. Denn faktisch soll dieses Mittel vor allem das Vertrauen der Investoren in Länder stärken, die relativ solide haushalten und über eine starke Wirtschaft verfügen.

Als dritte Option kann der ESM Kredite gewähren, die nicht die Staatsfinanzen stabilisieren, sondern den Banken des jeweiligen Landes zugute kommen sollen. In diesen Fällen bekommt der jeweilige Staat ein ESM-Darlehen, um seinerseits den Geldhäusern Kapitalhilfen gewähren zu können. Im Dezember 2014 wurden als weitere Möglichkeit direkte Kapitalhilfen für Banken eingeführt. Dieses Instrument ist aber nur als letzter Ausweg zulässig, wenn ein Beitrag der Eigentümer und Gläubiger der Bank nicht reicht und der entsprechende Euro-Staat nicht in der Lage ist, die Kapitalhilfen selbst zu stemmen (selbst unter Zuhilfenahme von ESM-Hilfen). Das kann der Fall sein, wenn ein Staat selbst massive Finanzprobleme bekommt, weil er Banken mit Kapitalspritzen versorgen muss.

Die letzten beiden möglichen Hilfsmaßnahmen betreffen den Aufkauf von Staatsanleihen. Einerseits darf der ESM Papiere von Euro-Ländern erwerben, wenn diese neu ausgegeben werden (Primärmarkt). Neben anderen Investoren tritt der ESM damit als normaler Käufer auf und erhöht die Nachfrage. Das wiederum soll die Zinsen drücken, zu denen sich hoch verschuldete Länder auf dem Kapitalmarkt Geld leihen können. Der ESM darf zusätzlich auch bereits ausgegebene Staatsanleihen kaufen, die an den Märkten gehandelt werden (Sekundärmarkt). Bis heute haben die Länder Griechenland, Zypern und Spanien ESM-Hilfen beansprucht.

Frage: Wie viel Geld steht dem ESM zu Verfügung?

Antwort: Der ESM verfügt über ein Stammkapital von nahezu 705 Mrd. €. Mehr als 80 Mrd. € davon flossen zur Bildung eines Kapitalstocks in den ersten Jahren von den Mitgliedsstaaten an den ESM. Die verbleibenden 624 Mrd. € gelten als „abrufbares Kapital". Es handelt sich um eine Art stille Reserve, auf die im Bedarfsfall zurückgegriffen werden kann. Die Euro-Staaten können sich darauf einigen, dieses Geld auch tatsächlich in Teilen oder komplett für Hilfsmaßnahmen abzurufen. Das Stammkapital versetzt den ESM in die Lage, Kredithilfen von rund 704,8 Mrd. € zu gewähren. Die rund 705 Mrd. € bestehen aus ca. 80,5 Mrd. € eingezahltem und ca. 624,3 Mrd. € abrufbarem Kapital. Deutschland hat am eingezahlten Kapital einen Anteil von ca. 21,7 Mrd. € und einen Anteil am abrufbaren Kapital von ca. 167,9 Mrd. €. Ob das Stammkapital ausreicht, soll regelmäßig durch die Regierungen gemeinsam im ESM-Gouverneursrat überprüft werden.

Frage: Was regelt das Übereinkommen zur Änderung des Vertrags zur Einrichtung des Europäischen Stabilitätsmechanismus (ESM-Änderungsübereinkommen) vom 27.01.2021 und wann tritt es in Kraft?

Antwort: Durch das Gesetz zu dem Übereinkommen vom 27.01.2021 zur Änderung des Vertrags vom 02.02.2012 zur Einrichtung des Europäischen Stabilitätsmechanismus wird die Zustimmung der gesetzgebenden Körperschaften gemäß Art. 59 Abs. 2 Satz 1 in Verbindung mit Art. 23 Abs. 1 Satz 2 GG erteilt. Das ESM-Änderungsübereinkommen wird damit in innerstaatliches Recht transformiert. Der Europäische Stabilitätsmechanismus (ESM) wird so als Krisenbewältigungsinstrument auf verschiedenen Ebenen fortentwickelt, um Gefahren für die Stabilität des Euro-Währungsgebiets insgesamt effektiver abwenden zu können. Die wesentlichen Elemente der Reform sind:
- die Stärkung der Wirksamkeit der vorsorglichen Finanzhilfeinstrumente für ESM-Mitglieder mit gesunden wirtschaftlichen Eckdaten, die von einem negativen Schock beeinträchtigt werden können, der sich ihrer Kontrolle entzieht,
- die Einführung einer Letztsicherungsfazilität für den einheitlichen Abwicklungsfonds (Single Resolution Fund, „SRF"), um die Anwendung der Abwicklungsinstrumente und die Ausübung der Abwicklungsbefugnisse des einheitlichen Abwicklungsausschusses (Single Resolution Board, „SRB"), wie sie im Recht der Europäischen Union verankert sind, zu unterstützen,

- die Stärkung der Kompetenzen des ESM durch eine Neuordnung der Zusammenarbeit mit der Europäischen Kommission bei der Gewährung von Finanzhilfen, bei der Programmgestaltung und bei der Programmüberwachung,
- die Befähigung des ESM, die makroökonomische und finanzielle Lage seiner Mitglieder, einschließlich der Tragfähigkeit ihrer öffentlichen Schulden, unabhängig von einem Antrag eines Mitglieds zu verfolgen, zu bewerten und relevante Informationen und Daten zu analysieren,
- die Stärkung der Schuldentragfähigkeit in der Währungsunion,
- die Einführung von standardisierten und identischen Umschuldungsklauseln mit einstufiger Aggregation („single-limb Collective Action Clauses") für Staatsschuldentitel mit einer Laufzeit von über einem Jahr ab dem 1. Januar 2022 und
- die Einführung einer Rechtsgrundlage, auf deren Basis der Gouverneursrat des ESM beschließen kann, eine zusätzliche Tranche genehmigten Stammkapitals einzurichten, um die Übernahme von Rechten und Verpflichtungen der Europäischen Finanzstabilisierungsfazilität (EFSF) zu erleichtern.
- Der geänderte ESM-Vertrag kann erst nach dem Abschluss des Ratifizierungsprozesses in allen ESM-Mitgliedstaaten in Kraft treten. Stand Anfang Juli 2023 hatte Italien den Vertrag als einziges Land noch nicht ratifiziert.

Themenbereich Berufsrecht

Problembereich 1: Rechtsgrundlagen für die Berufsausübung

Frage: Welche Gesetze und Verordnungen bestimmen das Berufsleben des Steuerberaters?

Antwort: Der Steuerberater muss das Steuerberatungsgesetz (StBerG), die Durchführungsverordnung zum Steuerberatungsgesetz (DVStB), die Steuerberatergebührenverordnung (StBVV) und die von der Bundessteuerberaterkammer erlassene Satzung über die Rechte und Pflichten bei der Ausübung der Berufe der Steuerberater und der Steuerbevollmächtigten (Berufsordnung der Bundessteuerberaterkammer, BOStB) beachten.

Frage: Was regelt das StBerG? Wie ist es untergliedert?

Antwort: Das StBerG beantwortet im ersten Teil in den §§ 1 bis 31 StBerG die Frage, was unter Hilfeleistung in Steuersachen zu verstehen ist, und wer unbeschränkt oder auch nur beschränkt dazu befugt ist. Der zweite Teil enthält die Steuerberaterordnung (§§ 32–158 StBerG). Dort sind allgemeine Vorschriften über die Bestellung (§ 32 StBerG) und die Anerkennung der Steuerberater, Steuerbevollmächtigten und der Berufsausübungsgesellschaften geregelt. Danach werden die Rechte und Pflichten der Steuerberater aufgezeigt. Dem folgen Vorschriften über die Organisation des Berufes (Aufgaben der Steuerberaterkammern und der Bundessteuerberaterkammer). Und zuletzt finden sich Bestimmungen über berufsgerichtliche Sanktionen auf die Verletzung von Berufspflichten.

Hinweis/Tipp! Wenn im Folgenden mitunter aktuelle Gerichtsentscheidungen angegeben sind, dann müssen Sie diese in der mündlichen Prüfung natürlich nicht zitieren können. Wer – gleich aus welchen Gründen – sich in das eine oder andere Problemfeld vertiefen will, vermag darauf zurückgreifen.

Problembereich 2: Die Hilfeleistung in Steuersachen

Frage: Das Steuerberatungsgesetz spricht von Hilfeleistungen in Steuersachen. Was fällt alles unter die Hilfeleistung in Steuersachen?

Antwort: Unter die Hilfeleistung in Steuersachen fällt die Unterstützung (Beratung und Betreuung) des Steuerpflichtigen in den Angelegenheiten, die in § 1 Abs. 1 und 2 StBerG genannt sind. Das sind z.B. Hilfeleistungen bei Gemeinschaftssteuern (ESt, USt, KSt etc.), Realsteuern, Grunderwerbsteuern und in Monopolsachen. Die Hilfeleistung in Steuersachen umfasst auch die Hilfeleistung in Steuerstrafsachen und in Bußgeldsachen wegen leichtfertiger Steuerverkürzung. Zum Anwendungsbereich des StBerG gehört ferner die Hilfeleistung bei Buchhaltungsarbeiten (Fibu, Lohn) sowie beim Erstellen von Jahresabschlüssen. Das alles besagt auch § 33 StBerG, wo die (Vorbehalts-)Tätigkeiten des Steuerberaters in diesem Sinne beschrieben sind.

Frage: Wer darf geschäftsmäßig Hilfe in Steuersachen leisten?

Antwort: Hilfe in Steuersachen darf nach § 2 StBerG nur leisten, wer dazu befugt ist. Dies soll den Ratsuchenden vor unqualifizierter Beratung schützen. In § 2 Abs. 2 StBerG findet sich eine Definition des Begriffs der geschäftsmäßigen Hilfeleistung in Steuersachen, deren Formulierung sich an

§ 2 Abs. 1 RDG orientiert. Als geschäftsmäßige Hilfeleistung in Steuersachen gilt jede Tätigkeit in fremden Angelegenheiten im Anwendungsbereich des StBerG, die eine rechtliche Prüfung des Einzelfalls erfordert.

Das Gesetz unterscheidet zwischen der Befugnis zur unbeschränkten und zur beschränkten Hilfeleistung in Steuersachen. Unbeschränkt zur Hilfeleistung befugt sind nach § 3 StBerG Steuerberater, Steuerbevollmächtigte, Rechtsanwälte, Wirtschaftsprüfer und vereidigte Buchprüfer sowie die entsprechenden Berufsausübungsgesellschaften.

> **Hinweis!** Wenn nachfolgend allein von Steuerberatern die Rede ist, dient dies der besseren Lesbarkeit. Steuerbevollmächtigte sind in diesen Fällen stets mit umfasst.

§ 3a StBerG setzt die Richtlinie 2005/36/EG über die Anerkennung von Berufsqualifikationen um. Danach sind Personen, die in einem EU-Mitgliedstaat befugt sind, Hilfe in Steuersachen zu leisten, dazu auch in Deutschland berechtigt – jedenfalls vorübergehend und gelegentlich. Einer Eignungsprüfung bedarf es nicht. Diese Personen müssen sich bei der für sie nach § 3a Abs. 2 StBerG zuständigen Steuerberaterkammer melden. Sie werden dort lediglich registriert. Die Meldung ist jährlich zu wiederholen, wenn die Person nach Ablauf eines Kalenderjahres erneut nach § 3a Abs. 1 StBerG geschäftsmäßig Hilfeleistung in Steuersachen im Inland erbringen will. Insgesamt gibt es in Deutschland zurzeit 20 Steuerberaterkammern, denen die beratenden Personen aus den verschiedenen Ländern zugeordnet sind. So ist z.B. die Steuerberaterkammer Nordbaden für Rumänien und Liechtenstein zuständig und die Steuerberaterkammer Hessen für Portugal und Spanien.

Die vorübergehende und gelegentliche geschäftsmäßige Hilfeleistung in Steuersachen kann auch vom Staat der Niederlassung aus erfolgen, d.h. ein Grenzübertritt ist nicht erforderlich (§ 3a Abs. 1 S. 2 StBerG).

§ 3d Abs. 1 StBerG ist eine besondere Regelung zum sog. partiellen Berufszugang, die zum 01.08.2022 neu eingeführt wurde. Sie regelt zur Umsetzung der EU-Berufsqualifikationsrichtlinie, dass ein solcher Zugang, d.h. eine Erlaubnis zu beschränkter geschäftsmäßiger Hilfeleistung in Steuersachen im Einzelfall auf Antrag zu erteilen ist, wenn bestimmte Voraussetzungen vorliegen. Unter anderem muss der Antragsteller in seinem Herkunftsmitgliedstaat zur Ausübung der beantragten Hilfeleistung in Steuersachen uneingeschränkt qualifiziert sein. Außerdem muss sich die Tätigkeit von den anderen Tätigkeiten, die von einem Steuerberater zu erbringen sind, objektiv trennen lassen. Dabei soll es insbesondere darauf ankommen, ob die Tätigkeit im Herkunftsmitgliedstaat eigenständig ausgeübt werden kann. Zu beantragen ist der partielle Zugang ebenso wie dem genannten § 3a StBerG bei der für den jeweiligen Mitgliedstaat zuständigen Steuerberaterkammer (§ 3d Abs. 2 Satz 1 StBerG). Die Folgevorschriften der §§ 3e bis 3g StBerG regeln Einzelheiten zur Erlaubnis und Untersagung des partiellen Zugangs sowie zum Aufbau des elektronischen Verzeichnisses der zugelassenen Personen.

> **Frage:** Wer ist zur beschränkten Hilfeleistung in Steuersachen befugt? Können Sie Beispiele nennen?

Antwort: Nach § 4 StBerG sind bestimmte Personen und Institutionen nur zur beschränkten Hilfeleistung in solchen steuerlichen Angelegenheiten befugt, die in ihren beruflichen oder geschäftlichen Tätigkeitskreis fallen. Das sind u.a. die Notare im Rahmen Ihrer Notariatstätigkeit sowie die Patentanwälte im Rahmen ihrer Befugnisse nach der Patentanwaltsordnung. Ferner die Prüfungsverbände der Genossenschaften und der Sparkassen, soweit sie ihren Mitgliedern Hilfe in Steuersachen leisten. Des Weiteren fallen darunter z.B. Speditionsunternehmen bei Hilfeleistungen in Eingangsabgaben und Arbeitgeber, sofern sie ihren Arbeitnehmern in lohnsteuerlichen Fragen Hilfe leisten und vor allem die Lohnsteuerhilfevereine unter den in § 4 S. 1 Nr. 11 StBerG genannten Bedingungen.

Tipp! Die Ausnahmen, nach denen in beschränktem Maße Hilfeleistung in Steuersachen erlaubt ist, werden in § 4 S. 1 Nr. 1–16 StBerG abschließend genannt. Lesen Sie diesen Paragrafen und merken Sie sich die drei bis vier Aufzählungen, die Ihnen „am griffigsten" und „am leichtesten merkbar" erscheinen.

Frage: Darf der Steuerberater im Rahmen eines Dauermandats für seine Mandanten Anton Meyer (M) und Klaus Wolters (W) einen GmbH-Vertrag entwerfen, den M und W von dem Notar K. Waldenburger (wortgetreu) beurkunden lassen wollen.

Antwort: Nach § 5 Abs. 1 RDG (Rechtsdienstleistungsgesetz) sind Rechtsdienstleistungen im Zusammenhang mit einer anderen Tätigkeit erlaubt, wenn sie als Nebenleistung zum Berufs- oder Tätigkeitsbild des Betreffenden gehören und zur sachgemäßen Erledigung seiner Aufgaben (hier Steuerberatung) erforderlich sind. Das wird z.B. der Fall sein beim Entwurf eines Vertrages zur Vermeidung steuerschädlicher verdeckter Gewinnausschüttungen – nicht jedoch bei dem Entwurf eines Gesellschaftsvertrages (vgl. OLG Düsseldorf Urteil vom 22.03.2011, DStR 2012, 323).

Frage: Was sind Lohnsteuerhilfevereine? Können Sie dazu etwas sagen?

Antwort: Lohnsteuerhilfevereine sind Vereine, die ihren Mitgliedern in begrenztem Maße und Umfang Hilfe in Steuersachen leisten. Die Befugnis dazu ergibt sich aus § 4 Ziffer 11 StBerG. Der Lohnsteuerhilfeverein darf nur für seine Mitglieder Hilfe in Steuersachen leisten; diese müssen Arbeitnehmer sein. Ein gesondertes Entgelt darf für die Hilfe in Steuersachen nicht in Rechnung gestellt werden. Die Leistungen des Vereins sind vom Mitgliedsbeitrag abgedeckt.

Frage: Schlagen Sie doch bitte einmal das Steuerberatungsgesetz auf und lesen Sie § 4 Nr. 11 StBerG. Sagen Sie mir dann konkret, welche Einkünfte die Mitglieder eines Lohnsteuerhilfevereins haben dürfen und welche nicht.

Antwort: Die Mitglieder dürfen Lohneinkünfte und Einkünfte aus sonstigen Leistungen nach § 22 Nr. 1, 1a und 5 EStG erzielen aber keine Einkünfte aus L+F, keine aus Gewerbebetrieb oder aus selbständiger Arbeit erzielen oder umsatzsteuerpflichtige Umsätze ausführen, es sei denn, die den Einkünften zugrunde liegenden Einnahmen sind nach § 3 Nr. 12, 26, 26a oder 26b EStG in voller Höhe steuerfrei. Sonstige Einnahmen aus anderen Einkunftsarten (Vermietung und Verpachtung, Kapitalvermögen) sind unschädlich, wenn sie insgesamt 18.000 € und bei Ehegattenzusammenveranlagung 36.000 € nicht übersteigen und im Veranlagungsverfahren zu erklären sind oder auf Grund eines Antrags des Steuerpflichtigen erklärt werden. In den Fällen des § 20 Abs. 2 EStG (Aktien-Veräußerungsgeschäfte) und in den Fällen des § 23 Abs. 1 EStG (Spekulationsgeschäfte) tritt der Gewinn an die Stelle der Einnahmen. Verluste bleiben unberücksichtigt. Wenn diese Voraussetzungen gegeben sind, darf der Verein aber nur reine Hilfeleistungen in Steuersachen erbringen. So fallen beispielsweise Sachverhalte nach dem Bundeskindergeldgesetz nicht darunter. Tritt ein Lohnsteuerhilfeverein z.B. in einer Kindergeldsache vor dem Sozialgericht auf, ist er nach § 13 Abs. 5 SGB zurückzuweisen. Es handelt sich in einem solchen Fall um eine Leistung nach § 2 Abs. 1 RDG, die dem Lohnsteuerhilfeverein untersagt ist.

Frage: Welche Pflichten hat ein Lohnsteuerhilfeverein? Wie ist er strukturiert und welche Besonderheiten sind zu beachten?

Antwort: Der Lohnsteuerhilfeverein hat nach § 26 StBerG die Hilfe in Steuersachen für seine Mitglieder sachgemäß, gewissenhaft, verschwiegen und ohne berufswidrige Werbung zu leisten. Er ist ein rechtsfähiger Verein und bedarf der Anerkennung durch die Aufsichtsbehörde, in deren Bezirk er seinen

Sitz hat. Der Lohnsteuerhilfeverein unterhält Beratungsstellen, deren Leiter Steuerberater (Personen nach § 3 Satz 1 Nr. 1 StBerG) oder fachlich vorgebildete sonstige Personen mit praktischer Erfahrung sein müssen (§ 23 Abs. 3 StBerG). Aufsichtsbehörde ist die OFD oder die durch die Landesregierung bestimmte Landesbehörde.

Frage: In welchen Fällen hat der Lohnsteuerhilfeverein, der für den Sitz der Beratungsstelle zuständigen Aufsichtsbehörde etwas mitzuteilen?

Antwort: Der Lohnsteuerhilfeverein hat der für den Sitz der Beratungsstelle zuständigen Aufsichtsbehörde nach § 23 Abs. 4 StBerG mitzuteilen:

1. die Eröffnung, die Schließung sowie die Änderung der Anschrift einer Beratungsstelle;
2. die Bestellung oder Abberufung des Leiters einer Beratungsstelle;
3. die Personen, deren sich der Verein bei der Hilfeleistung in Steuersachen im Rahmen der Befugnis nach § 4 Nr. 11 StBerG bedient.

Frage: Kommen wir nochmals zurück auf die sonstigen Vorschriften des StBerG in Sachen Hilfeleistung in Steuersachen. Sie haben soeben zutreffend aufgezeigt, dass nur bestimmte Personen zur unbeschränkten oder zur beschränkten Hilfeleistung in Steuersachen befugt sind. Gibt es hiervon Ausnahmen?

Antwort: Grundsätzlich dürfen nach § 5 StBerG nur die in §§ 3, 3a, 3d (zum neuen 3d StBerG siehe auch die Ausführungen oben) und § 4 StBerG genannten Personen unbeschränkt oder beschränkt Hilfe in Steuersachen leisten. Allerdings gibt es in § 6 StBerG dazu Ausnahmen. So fallen nach § 6 Nr. 1 und 2 StBerG die Erstattung wissenschaftlicher Gutachten und die unentgeltliche Hilfeleistung in Steuersachen für Angehörige nicht unter das Verbot des § 5 StBerG. Gleiches gilt für die Durchführung mechanischer Arbeitsvorgänge bei der Buchführung, das Buchen laufender Geschäftsvorfälle, die laufende Lohnabrechnung und das Fertigen der Lohnsteuer-Anmeldungen (§ 6 Nr. 3 und 4 StBerG). Voraussetzung ist aber, dass die Arbeiten von einer buchhalterisch vorgebildeten Person mit praktischer Erfahrung ausgeführt werden.

Tipp! Die Lohnsteuerhilfevereine sind immer wieder in den kritischen Blick der Berufskammern und Berufsverbände der Steuerberater geraten. Dies betrifft z.B. die gesetzgeberischen Maßnahmen, die den Lohnsteuerhilfevereinen immer mehr Rechte in Bezug auf die Hilfeleistung in Steuersachen zugestehen (z.B. zuletzt sogar die Möglichkeit, mit Steuerberatern eine Bürogemeinschaft einzugehen). Sie sollten kurz vor der mündlichen Prüfung § 4 S. 1 Nr. 11 StBerG durchlesen.

Frage: Nehmen Sie einmal an, der Mitarbeiter M (Bilanzbuchhalter) kündigt sein Anstellungsverhältnis bei Steuerberater S und macht sich selbständig. Er bietet in einer Zeitungsannonce seine Dienste wie folgt an: Buchhaltungsarbeiten, Lohnsteueranmeldungen und Umsatzsteuervoranmeldungen. Was sagen Sie dazu?

Antwort: Die Hilfeleistung in Steuersachen ist den in §§ 3, 3a, 3d und § 4 StBerG genannten Personen vorbehalten. Nach § 6 Nr. 4 StBerG sind aber reine Buchhaltungsarbeiten und Lohnsteueranmeldungen keine Vorbehaltsaufgaben. Die Abgabe von Umsatzsteuervoranmeldungen fällt jedoch nicht unter die Verbotsausnahme des § 6 Nr. 4 StBerG. Diese Arbeiten dürfen die Buchführungshelfer nicht anbieten.

Frage: Was kann oder muss das Finanzamt tun, wenn es erkennt, dass Hilfe in Steuersachen von Personen geleistet wird, die dazu nicht befugt sind und/oder die unberechtigt Berufsbezeichnungen führen? Welche Sanktionen treffen Personen, die unbefugt Hilfe in Steuersachen leisten und unbefugt Berufsbezeichnungen führen?

Antwort: Werden den Finanzbehörden oder den Steuerberaterkammern Tatsachen bekannt, die den Verdacht einer unbefugten Hilfeleistung in Steuersachen begründen, so haben sie diese Tatsachen nach § 5 Abs. 2 StBerG der für das Bußgeldverfahren zuständigen Stelle zu melden (Finanzamt; gemeinsame Strafsachenstelle). Werden den Finanzbehörden Tatsachen bekannt, die darauf hinweisen, dass eine Person oder Vereinigung entgegen § 5 Abs. 1 StBerG geschäftsmäßig Hilfe in Steuersachen leistet, so können sie diese Tatsachen der zuständigen Steuerberaterkammer zum Zwecke der Prüfung der Geltendmachung von Ansprüchen nach den Vorschriften des Gesetzes gegen den unlauteren Wettbewerb (§ 76 Abs. 11 StBerG) mitteilen. Die unbefugte Hilfeleistung in Steuersachen ist eine Ordnungswidrigkeit, die nach § 160 StBerG mit einer Geldbuße geahndet werden kann. Überdies kann das Finanzamt die Hilfe in Steuersachen untersagen, wenn sie von dazu nicht befugten Personen ausgeübt wird (§ 7 Abs. 1 Nr. 1 StBerG).

Wird der Finanzbehörde der Missbrauch von Berufsbezeichnungen bekannt, so meldet sie auch dies der für das Strafverfahren zuständigen Stelle. Der Missbrauch von Titeln und Berufsbezeichnungen kann nach § 132a StGB mit einer Freiheitsstrafe bis zu einem Jahr oder mit Geldstrafe bestraft werden.

Problembereich 3: Steuerberater, Berufsausübungsgesellschaften und sonstige Formen der Zusammenarbeit

Frage: Welche Tätigkeiten üben Steuerberater und Steuerbevollmächtigte aus?

Antwort: Steuerberater und Steuerbevollmächtigte sind nach § 32 StBerG Organe der Steuerrechtspflege. Sie üben einen freien Beruf aus. Ihre Tätigkeit ist kein Gewerbe. Sie erzielen freiberufliche Einkünfte nach § 18 EStG. Steuerberater und Steuerbevollmächtigte beraten ihre Auftraggeber in Steuerangelegenheiten und bei der Erfüllung ihrer steuerlichen Pflichten. Steuerberater müssen nach § 34 StBerG eine berufliche Niederlassung begründen. Sie können weitere Beratungsstellen errichten, wenn der Leiter ein anderer Steuerberater oder Steuerbevollmächtigter ist.

Frage: Warum wurde das Recht der Berufsausübungsgesellschaften reformiert?

Antwort: Durch das Gesetz zur Neuregelung des Berufsrechts der anwaltlichen und steuerberatenden Berufsausübungsgesellschaften sowie zur Änderung weiterer Vorschriften im Bereich der rechtsberatenden Berufe sind mit Wirkung zum 01.08.2022 einige Neuerungen im Steuerberatungsgesetz (StBerG) in Kraft getreten, die vor allem das Recht der Berufsausübungsgesellschaften betreffen (vgl. Gesetz vom 07.07.2021, BGBl I 2021 S. 2363). Auslöser der Reform waren unter anderem die durch das Bundesverfassungsgericht formulierten Vorgaben. Ziel der Novelle ist allerdings nicht nur die Umsetzung der verfassungsgerichtlichen Rechtsprechung, sondern vielmehr die Schaffung eines kohärenten Gesellschaftsrechts für die anwaltlichen und steuerberatenden Berufe. Das Gesetz sieht vor, der Anwaltschaft, Patentanwaltschaft und den Steuerberaterinnen und Steuerberatern gesellschaftsrechtliche Organisationsfreiheit zu gewähren, weitgehend einheitliche und rechtsformneutrale Regelungen für alle anwaltlichen und steuerberatenden Berufsausübungsgesellschaften zu schaffen und die interprofessionelle Zusammenarbeit zu erleichtern. Außerdem wird die Berufsausübungsgesellschaft als zentrale Organisationsform anwaltlichen, patentanwaltlichen und steuerberatenden Handelns anerkannt. Sie wird damit zukünftig postulationsfähig sein und Bezugssubjekt berufsrechtlicher Regulierung werden.

> **Frage:** Die Steuerberater S1 und S2 wollen eine Gesellschaft gründen und die Steuerberatung in einer solchen Gesellschaft gemeinsam ausüben. In welcher Rechtsform kann diese Gesellschaft Hilfe in Steuersachen leisten?

Antwort: Als zulässige Rechtsformen einer Berufsausübungsgesellschaft kommen alle Gesellschaften in Betracht, die nach deutschem Recht und nach dem Recht der EU-Mitgliedstaaten oder der EWR-Vertragsstaaten zugelassen sind (§ 49 Abs. 2 StBerG). Dazu gehören z.B. auch die deutschen Handelsgesellschaften OHG und KG (inklusive GmbH & Co. KG), die GmbH oder die AG, Sozietäten in Form der Gesellschaft bürgerlichen Rechts (GbR) und Partnerschaftsgesellschaften sowie die europäische Aktiengesellschaft SE. Nicht umfasst sind aber ausländische Gesellschaften von Drittstaaten außerhalb der EU bzw. des EWR. Von Bedeutung ist dies wegen des Brexits für die britische Limited Liability Partnership (LLP) und weitere Gesellschaftsformen u. a. auch aus den Vereinigten Staaten von Amerika.

> **Hinweis!** Zum 01.01.2024 wird auch das Personengesellschaftsrechtsmodernisierungsgesetz (MoPeG) in Kraft treten (Gesetz vom 10.08.2021 BGBl. I 2021 S. 3436). Neben einer umfassenden Neugestaltung der GbR (§§ 708 ff. BGB n.F.) werden künftig alle Personenhandelsgesellschaften auch für Freiberufler möglich. Diese Öffnung des Zugangs zu den ursprünglich dem Betrieb eines Handelsgewerbes vorbehaltenen kaufmännischen Rechtsformen der Personengesellschaft für Freie Berufe wird unter einen berufsrechtlichen Vorbehalt gestellt.

> **Frage:** Welche Voraussetzungen müssen gegeben sein, damit diese Gesellschaft als Steuerberatungsgesellschaft firmieren kann?

Antwort: Die Bezeichnung „Steuerberatungsgesellschaft" ist eine besondere Variante der Berufsausübungsgesellschaft (§ 55g StBerG). Eine Berufsausübungsgesellschaft darf sich nur dann als Steuerberatungsgesellschaft bezeichnen, wenn in der Gesellschaft die Berufsgruppe der Steuerberater über die Mehrheit der Stimmrechte verfügt und auch auf der Organebene mehrheitlich Steuerberater in der Geschäftsleitung tätig sind.

> **Frage:** Welche Unterscheidung macht das Gesetz zwischen anerkannten und nicht anerkannten Berufsausübungsgesellschaften?

Antwort: Eine Anerkennung durch die zuständige Steuerberaterkammer ist grundsätzlich für alle Berufsausübungsgesellschaften, die der Ausübung des Berufs des Steuerberaters dienen, vorgeschrieben (§ 53 Abs. 1 StBerG). Keiner ausdrücklichen Anerkennungspflicht unterliegen hingegen die Gesellschaft bürgerlichen Rechts (GbR) und die sog. einfache Partnerschaftsgesellschaft nach § 8 Abs. 1 PartGG als Personengesellschaften, bei denen die Haftung der Gesellschafter nicht beschränkt ist und denen auch auf der Organebene ausschließlich Berufsangehörige, d.h. Steuerberater, Rechtsanwälte oder Wirtschaftsprüfer angehören. Sie können sich allerdings auf Antrag freiwillig anerkennen lassen. Unabhängig von einer Anerkennung müssen sich aber alle Berufsausübungsgesellschaften in das Berufsregister der zuständigen Kammer eintragen lassen (§ 76a Abs. 2 StBerG). Für die Prüfung der in das Berufsregister einzutragenden Tatsachen kann die Kammer sogar die Vorlage geeigneter Nachweise einschließlich des Gesellschaftsvertrags oder der Satzung verlangen (§ 76a Abs. 2 S. 3 StBerG). Für anerkannte Berufsausübungsgesellschaften ist aber zu beachten, dass sie auf Grund ihrer Kammermitgliedschaft ihrerseits einer eigenen Aufsicht durch die zuständige Berufskammer unterliegen und Verstöße auch berufsgerichtlich sanktioniert werden können (§ 81 Abs. 1 und 3, § 89 Abs. 3 StBerG).

§ 157d Abs. 1 StBerG gewährt anerkannten Steuerberatungsgesellschaften einen Bestandsschutz, dass sie nicht erneut ein Anerkennungsverfahren durchlaufen müssen. Anerkennungspflichtige Berufsausübungsgesellschaften, die bislang nicht als Berufsausübungsgesellschaft bzw. Steuerberatungsgesellschaft anerkannt sind, mussten bis zum 01.11.2022 ihre Anerkennung beantragen (§ 157d Abs. 2 S. 1 StBerG). Die Übergangsvorschrift betraf vor allem (einfache) Partnerschaftsgesellschaften mit beschränkter Berufshaftung, die vor dem 01.08.2022 nicht ausdrücklich als Steuerberatungsgesellschaft anerkannt wurden.

Frage: Wer kann Gesellschafter einer Berufsausübungsgesellschaft sein?

Antwort: Gesellschafter können allein Steuerberater sein, auch ein einziger Berufsangehöriger in Form einer Ein-Mann-Gesellschaft (§ 49 Abs. 1 S. 2 StBerG). Auch die Angehörigen der bereits bisher klassischen sog. sozietätsfähigen Berufe, d.h. Rechtsanwälte, Wirtschaftsprüfer und vereidigte Buchprüfer können Gesellschafter einer Berufsausübungsgesellschaft sein (50 Abs. 1 Satz 1 Nr. 1 StBerG). Darüber hinaus können sich nun auch Personen, die in der Berufsausübungsgesellschaft einen Freien Beruf nach § 1 Abs. 2 des Partnerschaftsgesellschaftsgesetzes (PartGG) ausüben, an der Berufsausübungsgesellschaft als Gesellschafter beteiligen (§ 50 Abs. 1 Satz 1 Nr. 4 StBerG). Zu denken ist hier beispielsweise an Ärzte, Zahnärzte, Tierärzte, Apotheker, Psychologen, beratende Volks- und Betriebswirte, Ingenieure, Architekten oder Dolmetscher. Zudem können gemäß § 55a Abs. 1 S. 1 Nr. 1 StBerG auch anerkannte Berufsausübungsgesellschaften Gesellschafter einer Berufsausübungsgesellschaft sein. Anders als bisher können sog. besonders befähigte Personen mit einer anderen Ausbildung als einer der in § 36 StBerG genannten Fachrichtungen künftig nicht mehr Gesellschafter einer Berufsausübungsgesellschaft sein. Diese Regelung ist ersatzlos weggefallen. Bestandsschutz besteht aber für vor dem 01.08.2022 anerkannte Steuerberatungsgesellschaften (§ 157d Abs. 1 StBerG), sodass solche Personen weiterhin Gesellschafter bleiben können. Scheiden sie jedoch künftig aus der Gesellschaft aus, gelten für alle neuen Gesellschafter die oben genannten Vorgaben nach §§ 49 Abs. 1, 50 Abs. 1 Satz 1 StBerG.

Frage: Wer kann der Geschäftsleitung einer Berufsausübungsgesellschaft angehören?

Antwort: Mitglieder des Geschäftsführungs- oder Aufsichtsorgans einer Berufsausübungsgesellschaft können nach § 55b Abs. 1 StBerG nur Steuerberater oder Angehörige eines Berufs gem. § 50 Abs. 1 Satz 1 StBerG sein, d.h. Mitglieder einer Rechtsanwaltskammer, Wirtschaftsprüfer, vereidigte Buchprüfer oder Angehörige ausländischer Berufe, wenn dieser in Bezug auf die Ausbildung zum Beruf und die Befugnisse des Berufsträgers dem Beruf des Steuerberaters vergleichbar ist und dieser den Voraussetzungen für die Berufsausübung nach den Anforderungen des StBerG im Wesentlichen entspricht. Ebenso Rechtsanwälte, Patentanwälte, Wirtschaftsprüfer und vereidigte Buchprüfer anderer Staaten, welche nach BRAO, PAO oder WPO ihren Beruf gemeinschaftlich mit den entsprechenden inländischen Berufsträgern ausüben dürfen sowie Personen, die in der Berufsausübungsgesellschaft einen Freien Beruf i. S. d. § 1 Abs. 2 PartGG ausüben, es sei denn, dass dadurch die Stellung des Steuerberaters als unabhängiges Organ der Steuerrechtspflege gefährdet würde.

Nach § 55b Abs. 3 StBerG ist vorgesehen, dass dem Geschäftsführungsorgan der Berufsausübungsgesellschaft Steuerberater stets in vertretungsberechtigter Zahl angehören. Sieht der Gesellschaftsvertrag also beispielsweise vor, dass Geschäftsführer Allein- oder Einzelvertretungsbefugnis erhalten, ist dieser Anforderung gesetzlichen mit mindestens einem Steuerberater in der Geschäftsführung entsprochen, da die Gesellschaft in diesem Fall wirksam durch einen Steuerberater vertreten werden könnte. Sieht der Gesellschaftsvertrag hingegen eine gemeinschaftliche Vertretung vor, ist Maßstab für die erforderliche Anzahl der Steuerberater in der Geschäftsführung die konkrete Vertretungsregel. Kann die Gesellschaft z.B. nur durch zwei Geschäftsführer gemeinschaftlich vertreten werden, müssen mindestens zwei Steuerberater Mitglied der Geschäftsführung sein.

Nach § 3 S. 2 StBerG ist entsprechend klargestellt, dass Berufsausübungsgesellschaften durch ihre Gesellschafter und Vertreter handeln, in deren Person die für die Erbringung der geschäftsmäßigen Hilfeleistung in Steuersachen gesetzlich vorgeschriebenen Voraussetzungen im Einzelfall vorliegen müssen.

Frage: Was gilt für die Berufshaftpflichtversicherung?

Antwort: Ohne den Abschluss einer Haftpflichtversicherung darf ein Steuerberater seinen Beruf nicht ausüben (§ 67 StBerG). Die Höhe der Versicherungssumme ist im § 52 DVStB geregelt. Die Mindestversicherungssumme für den einzelnen Versicherungsfall beträgt 250.000 €, die Jahreshöchstleistung für alle in einem Versicherungsjahr verursachten Schäden mindestens 1 Mio. €.

Auch alle Berufsausübungsgesellschaften sind zum Abschluss einer Berufshaftpflichtversicherung verpflichtet (§ 55f Abs. 1 StBerG). Dabei ist es egal, ob es sich um eine anerkannte Berufsausübungsgesellschaft handelt oder nicht. Auch nicht anerkannte Berufsausübungsgesellschaften müssen der Steuerberaterkammer stets eine Bescheinigung über den Abschluss einer Berufshaftpflichtversicherung vorlegen (§ 55 Abs. 3 DVStB).

Die Mindestversicherungssummen orientieren sich an der Art der Haftungsbeschränkung der jeweiligen Gesellschaftsform (§ 52 DVStB). Dabei wird unterschieden nach haftungsbeschränkten Gesellschaften, d. h. Gesellschaften, bei denen für Schäden auf Grund von Berufsfehlern keine natürlichen Personen haften (z. B. GmbH, AG, KG, PartGmbB), und nicht haftungsbeschränkten Gesellschaften, d. h. Gesellschaften, bei denen kein Haftungsausschluss für natürliche Personen gilt (z. B. GbR, einfache Partnerschaftsgesellschaft). Bei den haftungsbeschränkten Gesellschaften (§ 55f Abs. 3 StBerG) beträgt die Mindestversicherungssumme je Versicherungsfall künftig 1 Mio. €, bei Gesellschaften ohne Haftungsbeschränkung (§ 55f Abs. 4 StBerG) dagegen 500.000 €. Die Leistungen des Versicherers für alle innerhalb eines Versicherungsjahres verursachten Schäden können betragsmäßig auf die jeweilige Mindestversicherungssumme vervielfacht mit der Zahl der Gesellschafter, die Steuerberater, Steuerbevollmächtigte, Wirtschaftsprüfer oder vereidigte Buchprüfer sind, und mit der Zahl der Geschäftsführer, die nicht Gesellschafter und Steuerberater, Steuerbevollmächtigte, Wirtschaftsprüfer oder vereidigte Buchprüfer sind, begrenzt werden (sog. Jahreshöchstleistung). Ist eine Berufsausübungsgesellschaft Gesellschafter, so ist bei der Berechnung der Jahreshöchstleistung nicht die beteiligte Berufsausübungsgesellschaft, sondern die Zahl ihrer Gesellschafter, die Steuerberater, Steuerbevollmächtigte, Wirtschaftsprüfer oder vereidigte Buchprüfer sind, und der Geschäftsführer, die nicht Gesellschafter und Steuerberater, Steuerbevollmächtigte, Wirtschaftsprüfer oder vereidigte Buchprüfer sind, maßgeblich. Die Jahreshöchstleistung muss dabei in jedem Fall aber mindestens noch das Vierfache der Mindestversicherungssumme betragen (§ 55f Abs. 5 StBerG). Nach § 67a Abs. 1 Nr. 2 StBerG sind Haftungsbeschränkungen durch Allgemeine Auftragsbedingungen (AAB) bzw. Allgemeine Geschäftsbedingungen (AGB) wirksam möglich. Dazu muss ein Versicherungsschutz mindestens in Höhe der vierfachen Mindestversicherungssumme bestehen.

Frage: Mit wem dürfen Steuerberater eine Bürogemeinschaft bilden?

Antwort: Der Begriff der Bürogemeinschaft ist im Gesetz definiert. Man versteht darunter jede Verbindung, die der gemeinschaftlichen Organisation der Berufstätigkeit der Gesellschafter unter gemeinschaftlicher Nutzung von Betriebsmitteln dient, jedoch nicht selbst als Vertragspartner von steuerberatenden Mandatsverträgen auftritt (§ 55h Abs. 1 StBerG). Nach § 55h Abs. 1 StBerG dürfen Steuerberater eine Bürogemeinschaft mit anderen Steuerberatern eingehen. Nach § 55h Abs. 2 StBerG dürfen sie mit Personen, die nicht Steuerberater sind, ebenfalls eine Bürogemeinschaft bilden, es sei denn, die Verbindung wäre mit dem Beruf des Steuerberaters, insbesondere seiner Stellung als unabhängigem Organ der Steuerrechtspflege nicht vereinbar und könnte das Vertrauen in seine Unabhängigkeit gefährden. Im Zweifel wird dies die Rechtsprechung in Zukunft auszulegen haben.

> **Frage:** Welche Möglichkeiten der Kooperationen gibt es für Steuerberater noch?

Antwort: Die früher in § 56 Abs. 5 Satz 1 StBerG a.F. enthaltene Definition der Kooperation besteht seit dem 1.8.2022 nicht mehr. Der Gesetzgeber hat zum Stichwort Kooperationen in der Gesetzesbegründung (vgl. BT-Dr. 19/27670, S. 174) allerdings ausgeführt, dass die Beteiligten die Einhaltung der Berufspflichten sicherstellen müssen. Deshalb bedürfe jedoch keiner gesonderten Regelung mehr. Somit sind weiterhin Kooperationen möglich. Wie bei der Bürogemeinschaft kommt aber eine Kooperation mit solchen Berufen oder Gewerbetreibenden eher nicht in Betracht, die mit dem Beruf als Steuerberater oder Steuerbevollmächtigter oder dem Ansehen des Berufs nicht vereinbar sind (§ 57 Abs. 2 Satz 1 StBerG).

Problembereich 4: Die Rechte und Pflichten der Steuerberater

> **Frage:** Welche allgemeinen Berufspflichten hat der Steuerberater zu beachten?

Antwort: Der Steuerberater muss nach § 57 Abs. 1 StBerG seinen Beruf unabhängig, eigenverantwortlich, gewissenhaft, verschwiegen und unter Verzicht auf berufswidrige Werbung ausüben. Zu beachten ist, dass dabei nicht nur die Berufsangehörigen selbst, sondern auch die Berufsausübungsgesellschaften eigenständiger Träger der gesetzlichen Berufspflichten sind (§ 52 Abs. 1 StBerG).

Zur Verschwiegenheit führt § 57 Abs. 1 S. 2 und 3 StBerG ergänzend aus, dass sie sich auf alles bezieht, was in Ausübung des Berufs bekannt geworden ist. Sie gilt allerdings nicht für Tatsachen, die offenkundig sind oder ihrer Bedeutung nach keiner Geheimhaltung bedürfen. Zur Eigenverantwortlichkeit stellt § 60 Abs. 1 StBerG klar, dass nur selbständige Steuerberater, zeichnungsberechtigte Vertreter eines Steuerberaters oder einer Berufsausübungsgesellschaft sowie Angestellte, die nach § 58 StBerG mit dem Recht der Zeichnung Hilfe in Steuersachen leisten, eigenverantwortlich tätig sein können. § 60 Abs. 2 StBerG schränkt ein, dass zeichnungsberechtigte Vertreter oder Angestellte dann keine eigenverantwortliche Tätigkeit ausüben, wenn sie sich an Weisungen zu halten haben, durch die ihnen die Freiheit zu pflichtmäßigem Handeln (§ 57) genommen wird. Darüber hinaus erläutert die Satzung über die Rechte und Pflichten bei der Ausübung der Berufe der Steuerberater und Steuerbevollmächtigten – Berufsordnung (BOStB) die fünf Grundpflichten weitergehend (vgl. §§ 2–5 und 9 BOStB).

> **Frage:** Können Sie weitere Pflichten nennen, die das StBerG Steuerberatern aufgibt?

Antwort: Nach § 57 Abs. 2a StBerG müssen Steuerberater sich regelmäßig fortbilden. Die berufliche Fortbildung gehört zu den allgemeinen Berufspflichten des Steuerberaters. § 57 Abs. 2a StBerG bringt allerdings keine Regelungen über die Art und den Umfang der Fortbildung. Die Bundessteuerberaterkammer kann insoweit Empfehlungen und Hinweise geben, nachdem es ihr gem. § 86 Abs. 2 Nr. 7 StBerG obliegt, die berufliche Fortbildung der Steuerberater zu fördern.

Fachberater der Kammern im Bereich der Vorbehaltsaufgaben (Z.B. Fachberater für Internationales Steuerrecht) unterliegen auf ihrem Fachgebiet nach der Fachberaterordnung einer besonderen Fortbildungspflicht im Umfang von 10 Stunden pro Jahr. Eine Fortbildungspflicht von 10 Stunden pro Jahr besteht auch für Fachberater des Deutschen Steuerberaterverbandes im Bereich der vereinbaren Tätigkeiten (z.B. Fachberater für Unternehmensnachfolge (DStV e.V.) nach den DStV-Fachberaterrichtlinien.

Nach § 62 StBerG haben Steuerberater die von ihnen beschäftigten Personen in Textform zur Verschwiegenheit zu verpflichten und die dabei über die strafrechtlichen Folgen einer Pflichtverletzung (§ 102 AO, § 203 Abs. 1 Nr. 3 StGB, § 5 BDSG) zu belehren.

Nach § 62a StBerG sind Steuerberater verpflichtet, ihre Dienstleister sorgfältig auszuwählen und unter anderem vertraglich in Textform deren Verschwiegenheit zu regeln.

Nach § 63 StBerG muss ein Steuerberater unverzüglich erklären, wenn er einen Auftrag nicht annehmen, will.

Nach § 66 StBerG muss ein Steuerberater durch das Führen von Handakten ein geordnetes und zutreffendes Bild über die Bearbeitung seiner Aufträge geben können. Er hat die Handakten für die Dauer von zehn Jahren aufzubewahren. Zu beachten ist: Das Gesetz unterscheidet hier im Zusammenhang mit dem, was Mandanten von ihrem Steuerberater herausverlangen können, zwischen dem umfassenden Begriff der „Handakte" und dem engeren Begriff der „Dokumente". Letztere muss der Steuerberater auf Verlangen an den Mandanten herausgeben. Zum Begriff der „Dokumente" gehören alle Unterlagen, die der Steuerberater aus Anlass seiner beruflichen Tätigkeit von dem Auftraggeber oder für ihn erhalten hat (§ 66 Abs. 2 S. 1 StBerG), also z.B. Kontoauszüge, Rechnungen, sonstige Buchführungsunterlagen, Grundaufzeichnungen, Schriftwechsel des Auftraggebers mit Geschäftspartnern, Steuerbescheide, Bilanzen früherer Veranlagungszeiträume und Urteile. Nicht dazu gehören die Korrespondenz zwischen dem Steuerberater und seinem Auftraggeber, die Dokumente, die der Auftraggeber bereits in Urschrift oder Abschrift erhalten hat sowie die zu internen Zwecken gefertigten Arbeitspapiere (§ 66 Abs. 2 S. 4 StBerG). Nach § 66 Abs. 3 StBerG steht dem Steuerberater aber ein Zurückbehaltungsrecht an den herauszugebenden Dokumenten zu, solange der Mandant die Rechnung noch nicht beglichen hat.

Nach § 67 Abs. 1 StBerG müssen selbständige Steuerberater sich gegen die sich aus ihrer Berufstätigkeit ergebenden Haftpflichtgefahren für Vermögensschäden versichern und diese Berufshaftpflichtversicherung während der Dauer ihrer Bestellung aufrechterhalten. Die Höhe der Versicherungssumme ist in § 52 DVStB geregelt. Die Mindestversicherungssumme für den einzelnen Versicherungsfall beträgt 250.000 €, die Jahreshöchstleistung für alle in einem Versicherungsjahr verursachten Schäden beträgt mindestens 1 Mio. €. Achtung: Auch alle Berufsausübungsgesellschaften sind zum Abschluss einer Berufshaftpflichtversicherung verpflichtet (§ 55f Abs. 1 StBerG). Dabei ist es egal, ob es sich um eine anerkannte Berufsausübungsgesellschaft handelt oder nicht. Die Mindestversicherungssummen orientieren sich an der Art der Haftungsbeschränkung der jeweiligen Gesellschaftsform (§ 52 DVStB). Dabei wird unterschieden nach haftungsbeschränkten Gesellschaften, d. h. Gesellschaften, bei denen für Schäden auf Grund von Berufsfehlern keine natürlichen Personen haften (z. B. GmbH, AG, KG, PartGmbB), und nicht haftungsbeschränkten Gesellschaften, d. h. Gesellschaften, bei denen kein Haftungsausschluss für natürliche Personen gilt (z. B. GbR, einfache Partnerschaftsgesellschaft). Bei den haftungsbeschränkten Gesellschaften (§ 55f Abs. 3 StBerG) beträgt die Mindestversicherungssumme künftig 1 Mio. €, bei Gesellschaften ohne Haftungsbeschränkung (§ 55f Abs. 4 StBerG) dagegen 500.000 €. Die Leistungen des Versicherers für alle innerhalb eines Versicherungsjahres verursachten Schäden können betragsmäßig auf die jeweilige Mindestversicherungssumme vervielfacht mit der Zahl der Gesellschafter, die Steuerberater, Steuerbevollmächtigte, Wirtschaftsprüfer oder vereidigte Buchprüfer sind, und mit der Zahl der Geschäftsführer, die nicht Gesellschafter und Steuerberater, Steuerbevollmächtigte, Wirtschaftsprüfer oder vereidigte Buchprüfer sind, begrenzt werden (sog. Jahreshöchstleistung). Die Jahreshöchstleistung muss dabei in jedem Fall aber mindestens noch das Vierfache der Mindestversicherungssumme betragen (§ 55f Abs. 5 StBerG). Nach § 67a Abs. 1 Nr. 2 StBerG sind Haftungsbeschränkungen durch Allgemeine Auftragsbedingungen (AAB) bzw. Allgemeine Geschäftsbedingungen (AGB) wirksam möglich. Dazu muss ein Versicherungsschutz mindestens in Höhe der vierfachen Mindestversicherungssumme bestehen.

Nach § 69 StBerG muss ein Steuerberater einen allgemeinen Vertreter bestellen, wenn er seinen Beruf länger als einen Monat nicht ausüben kann.

> **Frage:** Was sagt die Berufsordnung (BOStB) zu den Berufspflichten der Steuerberater?

Antwort: Die Bundessteuerberaterkammer hat es übernommen, in der Satzung über die Rechte und Pflichten bei der Ausübung der Berufe der Steuerberater und der Steuerbevollmächtigten (Berufsordnung der Bundessteuerberaterkammer - BOStB) weitere Ausführungen zu den allgemeinen Pflichten abzugeben, die den Steuerberatern im StBerG aufgegeben worden sind. Im ersten Teil (§§ 1 bis 9 BOStB) werden die Grundpflichten kommentiert, wie sie § 57 StBG vorgibt (Unabhängigkeit, Gewissenhaftigkeit, Verschwiegenheit, Interessenkollision, Werbung etc.). Im zweiten Teil (§§ 10 bis 21 BOStB) finden sich weitere Kommentierungen zu weiteren Fragenkreisen wie etwa der berufliche Niederlassung, weiterer Beratungsstellen, Auftragserfüllung, vereinbare Tätigkeiten, gewerbliche Tätigkeit, Beschäftigung von Mitarbeitern, Übernahme eines Mandats. Der dritte Teil der BOStB beschäftigt sich mit den besonderen Berufspflichten gegenüber der Steuerberaterkammer, Behörden und Gerichten (§§ 22, 23 BOStB), der vierte Teil mit den besonderen Pflichten bei beruflicher Zusammenarbeit (§§ 24 bis 27 BOStB), der fünfte Teil mit den besonderen Berufspflichten bei Praxisübertragung, Praxiseinbringung und Praxisverpachtung (§ 28 BOStB) und der sechste Teil enthält die Schlussvorschriften z.B. verweist er in § 29 BOStB auf die nach § 86 Abs. 4 Nr. 11 StBerG erlassene Fachberaterordnung, die Teil der Berufsordnung ist.

> **Tipp!** Die BOStB sollte jede(r) Examenskandidat(in) vor der mündlichen Prüfung in die Hand nehmen und einmal durchlesen. Die BOStB gibt einen Einblick in die Regelungsbereiche, auf die die Berufsvertretung einen besonderen Schwerpunkt legt.

> **Frage:** F war bei Steuerberater S angestellt. Nachdem sie die Steuerberaterprüfung bestanden hatte, setze sie Ihre Tätigkeit bei S in „freier Mitarbeit" fort. Gibt es berufsrechtliche oder sozialversicherungsrechtliche Fragen?

Antwort: Berufsrechtlich wird dies zu keinen Problemen führen. Es fragt sich jedoch, ob in diesem Fall Sozialversicherungspflicht besteht. Dies hat das LSG Baden-Württemberg bezogen auf den Einzelfall verneint (Entscheidung vom 13.12.2016, BeckRS 2016, 110225). F habe keine inhaltlichen Vorgaben des einstigen Arbeitgebers befolgen müssen. Sie hat ihre Mandate selbst ausgesucht und bearbeitet. Die Vergütung richtete sich ausschließlich nach dem Prozentsatz des Kanzleiumsatzes aus diesen Mandaten. Nach der vorzunehmenden Gesamtabwägung ergab sich danach eine sozialversicherungsfreie selbständige Tätigkeit. Zum selben Ergebnis kam in einem Vergleichsfall das LSG Rheinland-Pfalz im Urteil am 12.12.2017 (DStR 2018, 1735). Das Gericht verneinte die Sozialversicherungspflicht aber nur, weil die ehemalige Mitarbeiterin neben der Tätigkeit für den ehemaligen Chef zielstrebig, effektiv und erfolgreich ihre eigene Praxis aufbauen konnte, weil sie einen wesentlich höheren Stundensatz als Selbständige abrechnete als sie zuvor als Mitarbeiterin verdiente und weil sie die direkte Ansprechpartnerin der Mandanten war ohne Weisungen vom ehemaligen Chef zu erhalten. Die beiden Entscheidungen geben keinen Freibrief für „selbständig Tätige". Sie zeigen vielmehr, dass immer die Verhältnisse des Einzelfalles entscheidend und zu beachten sind.

> **Frage:** Steuerberater S ist bei Rechtsanwalt RA angestellt. Er erhält von einer großen AG das Angebot, für ein wesentlich höheres Entgelt in der Steuerabteilung arbeiten zu können. Daraufhin kündigt er bei RA. Dieser weist ihn darauf hin, dass er seine Zulassung zurückgeben müsse, wenn er bei der AG angestellt wird. Wie ist die Rechtslage?

Antwort: Der Steuerberater hat sich jeder Tätigkeit zu enthalten, die mit seinem Beruf oder dem Ansehen seines Berufes unvereinbar ist. Nach § 57 Abs. 4 StBerG ist ihm jede Tätigkeit als Arbeitnehmer untersagt. In § 58 StBerG sind jedoch Arbeitnehmertätigkeiten aufgezeigt, die erlaubt sind (Anstellung bei einem StB, RA, WP, Leiter von Beratungsstellen bei Lohnsteuerhilfevereinen, Angestellter bei einer Steuerberaterkammer, Angestellter bei Prüfungsverbänden etc.). § 58 S. 2 Nr. 5a StBerG regelt die Anforderungen an einen sog. Syndikussteuerberater. Danach ist einem Steuerberater ein Anstellungsverhältnis in einem gewerblichen oder sonstigen Unternehmen erlaubt, wenn er dort Aufgaben nach § 33 StBerG wahrnimmt (Vorbehaltsaufgaben der Steuerberater). Der Hinweis des RA, S müsse seine Zulassung zurückgeben, ist mithin unzutreffend. Der Syndikussteuerberater muss aber im Rahmen seines Anstellungsverhältnisses ausschließlich Tätigkeiten nach § 33 StBerG wahrnehmen. Er braucht aber nicht in der tatsächlichen und rechtlichen Lage zu sein, den Steuerberaterberuf in nennenswertem Umfang und mehr als nur gelegentlich auszuüben (BFH Urteil vom 09.08.2011, DStRE 2011, 1425 und DStR 2011, 2266). Ein Steuerberater kann seine Dienste nicht nur bei Personen des privaten Rechts erbringen, sondern er kann auch als Syndikussteuerberater im öffentlichen Dienst angestellt sein (Stadt, Rundfunkanstalt etc.). Eine Anstellung bei der Finanzverwaltung ist jedoch generell unzulässig – § 58 S. 2 Nr. 5a S. 5 i.V.m. § 57 Abs. 4 S. 2 StBerG.

Frage: Mit der Bestellung werden Steuerberater zugleich Pflichtmitglieder in den bestehenden berufsständischen Versorgungswerken. Andererseits üben Syndikussteuerberater eine Tätigkeit in einem Anstellungsverhältnis aus und unterliegen damit der Sozialversicherungspflicht. Gibt es hier Probleme?

Antwort: Steuerberater müssten dem Grunde nach mit ihren Einkünften als Syndikussteuerberater grundsätzlich sozialversicherungspflichtig sein. Allerdings greift für sie die Bestimmung des § 6 Abs. 1 Nr. 1 SGB VI. Danach werden Beschäftigte (Arbeitnehmer) und selbständig tätige Personen, die Pflichtmitglied einer berufsständischen Versorgungseinrichtung und zugleich Mitglied der berufsständischen Kammer sind, von der Versicherungspflicht befreit. Das gilt selbst dann, wenn am Ort der abhängigen Tätigkeit ein Versorgungswerk nicht besteht.

Bei den Tätigkeiten im Anstellungsverhältnis muss es sich jedoch um berufsspezifische Einkünfte handeln. Das ist bei Syndikussteuerberatern der Fall. Nur ausnahmsweise erstreckt sich die Befreiung auch auf eine andere versicherungspflichtige Tätigkeit, wenn diese infolge ihrer Eigenart oder vertraglich im Voraus zeitlich begrenzt ist und der Versorgungsträger für die Zeit der Tätigkeit den Erwerb einkommensbezogener Versorgungsanwartschaften gewährleistet. Die in § 6 Abs. 1 Nr. 1 und Abs. 5 SGB VI geannten Merkmale greifen bei dem Steuerberater (und Rechtsanwalt) nicht, wenn er nebenberuflich als angestellter Hochschullehrer für Steuerrecht tätig wird – LSG Baden-Württemberg Urteil vom 27.02.2018, L 13 R 4156/16, DStR 2019, 471. Diese Tätigkeit unterliegt der Sozialversicherungspflicht.

Frage: Welche sonstigen Tätigkeiten sind dem (selbständig tätigen) Steuerberater versagt?

Antwort: Nach § 57 Abs. 4 StBerG ist dem Steuerberater jede gewerbliche Tätigkeit untersagt. Auch die Beteiligung an einem gewerblichen Unternehmen ist schädlich, wenn der Steuerberater geschäftsführend oder in ähnlicher Weise tätig wird. Die Tätigkeit als Vorstandsmitglied einer Genossenschaftsbank (Volksbank) ist gewerblich und mit dem Beruf des Steuerberaters nicht vereinbar (BFH Urteil vom 17.05.2011, DStR 2011, 1729 und DStRE 2011, 1042). Demgegenüber kommt das OVG Münster in der Entscheidung vom 15.05.2017 zur Rechtsauffassung, dass die Tätigkeit als Vorstand einer Bank mit dem Beruf des Steuerberaters vereinbar sei (BeckRS 2017, 110994). Unvereinbar ist auch die Tätigkeit als Landwirt, wenn sie nicht nur aus Liebhaberei mit geringer Beteiligung am allgemeinen wirtschaftlichen Verkehr betrieben wird, sondern als Erwerbsquelle dient (VG Hannover vom 27.06.2012, DStR 2012, 2623). Nach § 57 Abs. 4 Nr. 1 StBerG kann die Steuerberaterkammer Ausnahmen vom Verbot einer gewerblichen Tätigkeit zulassen. Dies „Ausnahmevorschrift" wird nach den letzten Entwicklungen im Berufsstand eher weiter als enger auszulegen sein.

Der BGH hat am 11.01.2016 entschieden (AnwZ (Brfg) 35/15, DStR 2016, 2245), dass ein Rechtsanwalt nicht Geschäftsführer einer GmbH sein kann, die die Vermittlung von Immobilien zum Geschäftsgegenstand hat. Damit soll der Gefahr einer Interessenkollision begegnet werden. Es bestehen keine Zweifel, dass diese Entscheidung auch auf Steuerberater Anwendung finden wird. Die Steuerberaterkammer kann diesbezüglich keine Ausnahmegenehmigung gem. § 57 Abs. 4 StBerG erteilen.

Frage: Steuerberater S schaltet bei dem regionalen Sender „Radio Regenbogen" einen „Werbespot", in dem er auf seine Leistungen hinweist. Ist das zulässig?

Antwort: Werbung ist nach § 8 StBerG erlaubt, sofern sie über die Tätigkeit des Steuerberaters in Form und Inhalt sachlich unterrichtet und nicht auf die Erteilung eines Auftrages zur geschäftsmäßigen Hilfeleistung in Steuersachen im Einzelfall gerichtet ist. Genau dasselbe steht nochmals in § 57a StBerG. Auch die Werbung des S im Radio Regenbogen ist zulässig. Sie darf nur nicht reklamehaft wirken. Wenn der Werbespot des S die notwendige Zurückhaltung wahrt, ist dagegen nichts einzuwenden.

Frage: Ist es dem Steuerberater erlaubt, bei konkretem Beratungsbedarf eines potenziellen Mandanten für die Inanspruchnahme seiner Leistungen zu werben? Wie würden Sie folgenden Fall beurteilen: Ein Rechtsanwalt hatte unter seinem Briefkopf den Geschäftsführer einer GmbH mit den Worten angeschrieben „Sie brauchen Hilfe, weil Sie als Geschäftsführer der insolventen XY-GmbH fürchten, mit Ihrem Privatvermögen zu haften? Nun ist es Zeit, dass Sie in dem Insolvenzverfahren Ihre privaten Interessen wahren und sich für die Zukunft neu aufstellen". Der Anwalt zeigte dem Geschäftsführer mögliche Haftungsrisiken auf und empfahl sich als Spezialist für solche Fragen: „Haben Sie Fragen? Ich helfe Ihnen gerne".

Antwort: § 57a StBerG stimmt mit § 43b BRAO überein. Danach ist es dem Steuerberater und dem Anwalt untersagt, eine Werbeaktion auf die Erteilung eines Auftrags im Einzelfall zu richten. § 57a StBerG und § 43b BRAO lassen eine Werbung nur zu, wenn sie sachlich unterrichtet und nicht auf die Erzielung eines Einzelfalles gerichtet ist. Eine Einzelfall-Akquisition ist hier sicherlich zu bejahen. Gleichwohl kommt für die höchstrichterliche Rechtsprechung ein Werbeverbot nur in Betracht, wenn (zudem) eine Beeinträchtigung der Entscheidungsfreiheit des Adressaten durch Belästigung, Nötigung, Überrumpelung oder ähnliches zu befürchten ist. Allein der Umstand, dass ein potenzieller Mandant in Kenntnis eines Beratungsbedarfs angesprochen wird, genügt diesen Anforderungen nicht. Nach alledem ist das o.g. Schreiben nicht nach § 43b BRAO oder § 57a StBerG zu beanstanden – so BGH Urteil vom 02.07.2018, AnwZ (Brfg) 24/17, DStR 2018, 1991.

Frage: Kommen wir nun zu einem anderen Thema. An was denken Sie, wenn der Steuerberater einen Fehler macht und dadurch seinem Auftraggeber einen Schaden zufügt? Welche Vorsorge wird der Steuerberater für diesen Fall treffen?

Antwort: Wenn der Steuerberater für einen Mandanten eine Leistung erbringt, erledigt er das im Rahmen eines Steuerberatungsvertrages. Entsteht dem Mandanten wegen einer fehlerhaften Bearbeitung der betreffenden Steuerangelegenheit ein Schaden, greift § 280 BGB: „Verletzt der Schuldner (Steuerberater) eine Pflicht aus dem (vertraglichen) Schuldverhältnis, kann der Gläubiger (Mandant) Ersatz des hierdurch entstehenden Schadens verlangen". Diese Anspruchsgrundlage kommt in allen Fällen zum Tragen, in denen ein Mandant einen Schaden erleidet, der auf einem Fehler seines Beraters beruht.

Der Steuerberater ist nach § 67 StBerG verpflichtet, sich gegen solche Schadensersatzansprüche zu versichern. Die Höhe der Versicherungssumme ist in § 52 DVStB geregelt. Die Mindestversicherungssumme für den einzelnen Versicherungsfall beträgt 250.000 €, die Jahreshöchstleistung für alle in einem Versicherungsjahr verursachten Schäden beträgt mindestens 1 Mio. €. Wegen der weiteren Einzelheiten sei nochmals auf die obigen Ausführungen zu den Anforderungen an die Berufshaftpflichtversicherung von Steuerberatern sowie Berufsausübungsgesellschaften verwiesen.

> **Frage:** Gibt es besondere Beratungspflichten und Gefahren in der Krise (Überschuldung und Zahlungsunfähigkeit) einer „haftungsbegrenzenden Gesellschaft" wie bei der GmbH oder der GmbH & Co. KG?

Antwort: Der Steuerberater könnte sich schadenersatzpflichtig machen, wenn er es unterlässt, die Geschäftsführung auf die Insolvenzreife des Unternehmens hinzuweisen. Ist er mit der Erstellung eines Jahresabschlusses befasst, muss er prüfen, ob sich aufgrund der ihm zur Verfügung stehenden Unterlagen und der ihm sonst bekannten Umstände tatsächliche oder rechtliche Gründe ergeben, die einer Fortführung der Unternehmenstätigkeit entgegenstehen können. Von sich aus ist er jedoch nicht verpflichtet, eine eigene Fortführungsprognose zu erstellen oder in eigene Ermittlungen und Prüfungen der vorliegenden Prognose einzusteigen. Eine Hinweispflicht auf einen möglichen Insolvenzgrund und auf die daraus sich ergebenden Rechtspflichten besteht insbesondere dann, wenn entsprechende Anhaltspunkte offenkundig sind und er annehmen muss, dass die Insolvenzreife der Mandantschaft (z.B. dem Geschäftsführer der GmbH) nicht bewusst ist. Voraussetzung einer Haftung des Steuerberaters ist allerdings, dass der Jahresabschluss nach objektiven Kriterien fehlerhaft von einer positiven Fortsetzungsprognose ausgeht (BGH IX ZR 285/14 vom 26.01.2017, DStR 2017, 249). Bei nicht durch Eigenkapital gedeckten Fehlbeträgen muss der Berater den o.g. Grundsätzen besondere Beachtung beigeben. Selbstredend bleibt es bei der erhöhten Möglichkeit einer Haftungsinanspruchnahme, wenn der Steuerberater z. B. fehlerhafte insolvenzrechtliche Hinweise zur Überschuldung etc. (von sich aus) gibt, obwohl dies gar nicht zu seinem Pflichtenkreis gehört und auch nicht seine Aufgabe war (BGH vom 06.02.2014, IX ZR 53/13, DStR 2014, 975 ff.).

> **Frage:** Welche Änderungen bei der Haftung des Beraters sind durch das SanInsFoG entstanden?

Antwort: Der Gesetzgeber hat mit dem Gesetz zur Fortentwicklung des Sanierungs- und Insolvenzrechts (Sanierungs- und Insolvenzrechtsfortentwicklungsgesetz – SanInsFoG) vom 22.12.2020 (BGBl I 2020, 3256) ein neues Gesetz geschaffen. Das Gesetz über den Stabilisierungs- und Restrukturierungsrahmen für Unternehmen (Unternehmensstabilisierungs- und restrukturierungsgesetz – StaRUG) ist in weiten Teilen bereits zum 01.01.2021 in Kraft getreten und regelt mit § 102 StaRUG erstmalig eine gesetzliche Hinweis- und Warnpflicht für solche Berufsträger, die mit der Erstellung von Jahresabschlüssen beauftragt sind. Nach § 102 StaRUG haben Steuerberater, Steuerbevollmächtigte, Wirtschaftsprüfer, vereidigte Buchprüfer und Rechtsanwälte bei Erstellung eines Jahresabschlusses den Mandanten auf das Vorliegen eines möglichen Insolvenzgrundes nach den §§ 17 bis 19 InsO und die sich daran anknüpfenden Pflichten der Geschäftsleiter und Mitglieder der Überwachungsorgane hinzuweisen. Dies gilt, wenn die entsprechenden Anhaltspunkte offenkundig sind und der Berufsträger annehmen muss, dass dem Mandanten die mögliche Insolvenzreife nicht bewusst ist. Der Gesetzgeber bezieht sich hierbei auf die oben genannte Rechtsprechung des BGH (s. BGH Urteil vom 26.01.2017, IX ZR 285/14); eine Ausweitung der Haftung ist nicht bezweckt (vgl. BT-Drs. 19/24181, S. 187 und 188). Das Ziel der Regelung ist es, die Hinweis- und Warnpflichten als Instrumente zur Früherkennung von Unternehmenskrisen auch gesetzlich klarzustellen, weshalb der Anwendungsbereich dieser Vorschrift nicht auf den Geltungsbereich des StaRUG beschränkt ist (s. BT-Drs. 19/24181, S. 187).

Frage: Steuerberater S übernimmt ein neues Mandat. Er stellt fest, dass der Vorberater Fehler gemacht hat, die bei dem neuen Mandanten einen Schaden verursacht haben. Wie wird sich S verhalten?

Antwort: Die Frage stellt sich, ob S verpflichtet ist, den neuen Mandanten auf die Fehler des Vorberaters hinzuweisen. Wenn dem so wäre, würde sich S unter Umständen seinerseits schadenersatzpflichtig machen, wenn er den Mandanten hierüber nicht aufklärte. Nach einer Entscheidung des BGH vom 07.05.2015 (DB 2015, 1595) ist ein Steuerberater ohne ein gesondertes Mandat nicht verpflichtet, die Möglichkeit von Regressansprüchen gegen Vorberater zu prüfen. Selbst die Erkenntnis von ersichtlichen Fehlbeurteilungen des Vorberaters verpflichtet den nachfolgenden Steuerberater nicht – anders als einen Rechtsanwalt –, die Verjährung möglicher Regressansprüche zu prüfen. Bei den Rechtsanwälten wird eine Hinweispflicht auf Fehler des Vorberaters bejaht. Ist der Steuerberater gleichzeitig auch Rechtsanwalt (Doppelqualifikation), so gilt das schärfere Recht. In diesem Fall müsste der StB/RA seinen Mandanten aufklären. Stellt ein Nach- oder Folgeberater nach Beendigung des Mandats mit dem Vorberater einen Fehler des Vorberaters fest, steht diesem kein gesetzliches Nachbesserungsrecht zu. Fehlerbeseitigungskosten können von dem (ehemaligen) Mandanten nach § 280 BGB sofort als Schadenersatz geltend gemacht werden.

Frage: Die Rechte und Pflichten, die wir bisher erörtert haben, beziehen sich auf Steuerberater und Steuerbevollmächtigte. Bestehen diese Rechte und Pflichten auch für Berufsausübungsgesellschaften?

Antwort: Nach § 52 StBerG treffen die Berufsausübungsgesellschaften dieselben Rechte und Pflichten. Insoweit gelten die Regelungen der Steuerberater sinngemäß. Es kann nicht sein, dass Gesellschaften insoweit Vor- oder Nachteile haben. Die Pflichtenadressaten sind die Geschäftsführer.

Frage: Wann verjähren Schadenersatzansprüche gegen den Steuerberater?

Antwort: Bis zum 15.12.2004 regelte dies § 68 StBerG. Danach verjährten Schadenersatzansprüche gegen den Steuerberater in drei Jahren von dem Zeitpunkt an, in dem der Anspruch entstanden war. Nach dem Schuldrechtsmodernisierungsgesetz ist das Verjährungsrecht des BGB ab dem 01.01.2002 (BGBl I 2002, 42) grundlegend geändert worden. Die regelmäßige Verjährungsfrist von 30 Jahren wurde auf drei Jahre ab Entstehen und Kenntnis des Schadens verkürzt. Mit Gesetz vom 09.12.2004 (BGBl I 2004, 3214) hat der Gesetzgeber die Verjährung von Schadenersatzansprüchen gegen den Steuerberater den allgemeinen Vorschriften des BGB nach §§ 194 ff. BGB angepasst und § 68 StBerG ersatzlos gestrichen. Der Verjährung unterliegt auch der Anspruch des Mandanten auf Herausgabe der Mandantenakten und zwar innerhalb von drei Jahren nach Mandatsbeendigung – so LG Frankfurt Urteil vom 01.03.2018, DStR 2018, 1791.

Tipp! Vor dem Schuldrechtsmodernisierungsgesetz vom 26.11.2001 (Inkrafttreten am 02.01.2002) stützten sich die Schadenersatzansprüche gegen Steuerberater wegen Schlechterfüllung des Steuerberatungsvertrages auf die Rechtsbegriffe wie „pVV" (positive Vertragsverletzung) und cic (culpa in contrahendo = Verschulden bei oder vor Vertragsschluss). Diese Rechtsinstitute sind überholt und durch die gesetzlichen Anspruchsgrundlagen der §§ 280 Abs. 1 bis 3, 311 Abs. 1 und 2 BGB ersetzt. Die Prüfer verwenden diese Begriffe nach wie vor, um die unterschiedlichen Anspruchsvoraussetzungen klarer aufzeigen zu können: zum Schadenersatz führendes Verschulden bei der Vertragsanbahnung, beim Vertragsabschluss, während des Vertrages und nach Beendigung des Vertrages.

> **Frage:** Ein Steuerberater weigert sich, mit seinem Auftraggeber einen Schaden abzuwickeln. Er steckt den „Kopf in den Sand" und ist auch nicht bereit, seine Vermögensschadenversicherung zu benennen. Kann sich der Auftraggeber (Mandant) deswegen an die Steuerberaterkammer wenden?

Antwort: Ja, das kann er. Nach § 67 Abs. 3 StBerG kann die Steuerberaterkammer Dritten zur Geltendmachung von Schadenersatzansprüchen auf Antrag Auskunft über den Namen, die Adresse und die Versicherungsnummer der Berufshaftpflichtversicherung des Steuerberaters erteilen. Der geschädigte Auftraggeber hat sodann die Möglichkeit, direkt mit der Versicherung zu kommunizieren.

Problembereich 5: Die Organisation des Berufes

> **Frage:** Wie sind die Steuerberater berufsrechtlich organisiert?

Antwort: Die Steuerberater, die Steuerbevollmächtigten und die Berufsausübungsgesellschaften, die in einem OFD-Bezirk ihre berufliche Niederlassung haben, bilden nach § 73 StBerG eine Berufskammer, die Steuerberaterkammer. Jeder Steuerberater ist Zwangsmitglied. Geschäftsführungsorgan der Steuerberaterkammer ist der Vorstand, der von den Mitgliedern gewählt wird und aus mehreren Personen besteht. Die Steuerberaterkammer ist eine Körperschaft des öffentlichen Rechts und steht unter der Aufsicht des Finanzministeriums des betreffenden Bundeslandes. Sie gibt sich eine eigene Satzung und verpflichtet die Mitglieder zur Zahlung von Beiträgen. Werden OFD aufgelöst, so bleiben die bisher gebildeten Kammern bestehen, wenn die Landesregierung nichts anderes bestimmt. So gibt es zurzeit 21 Steuerberaterkammern – aber nur noch drei Oberfinanzdirektionen.

> **Tipp!** Die Selbstverwaltung und die Selbstkontrolle der Steuerberater durch ihre Kammern wird am deutlichsten in § 46 StBerG. Danach obliegt es der Steuerberaterkammer, eine Steuerberaterzulassung zurückzunehmen oder zu widerrufen. Insoweit korrespondieren die Befugnisse der Steuerberaterkammern mit den Befugnissen anderer Berufskammern (vgl. §§ 15, 16 BRAO für die Rechtsanwaltschaft).

> **Frage:** Welche Aufgaben haben die Steuerberaterkammern?

Antwort: Die Aufgaben der Steuerberaterkammern sind in § 76 StBerG beschrieben. Allgemein haben die Steuerberaterkammern die Aufgabe, die beruflichen Belange ihrer Mitglieder zu wahren und die Erfüllung der beruflichen Pflichten zu überwachen (§ 76 Abs. 1 StBerG). In § 76 Abs. 2 StBerG sind beispielhaft weitere Aufgaben der Kammer aufgeführt:

1. die Mitglieder der Kammer in Fragen der Berufspflichten (§ 57 StBerG) zu beraten und zu belehren;
2. auf Antrag bei Streitigkeiten unter den Mitgliedern der Kammer zu vermitteln;
3. auf Antrag bei Streitigkeiten zwischen Mitgliedern der Kammer und ihren Auftraggebern zu vermitteln;
4. die Erfüllung der den Mitgliedern obliegenden Pflichten (§ 57 StBerG) zu überwachen und das Recht der Rüge (§ 81 StBerG) zu handhaben;
5. die Vorschlagslisten der ehrenamtlichen Beisitzer bei den Berufsgerichten den Landesjustizverwaltungen einzureichen (§ 99 Abs. 3 StBerG);
6. Fürsorgeeinrichtungen für Steuerberater und Steuerbevollmächtigte sowie deren Hinterbliebene zu schaffen;

7. Gutachten zu erstatten, die ein Gericht, eine Landesfinanzbehörde oder eine andere Verwaltungsbehörde des Landes anfordert;

8. die durch Gesetz zugewiesenen Aufgaben im Bereich der Berufsbildung wahrzunehmen;

9. die berufsständischen Mitglieder der Prüfungsausschüsse für die steuerberatenden Berufe vorzuschlagen;

10. die Wahrnehmung der den Steuerberaterkammern zugewiesenen Aufgaben des Zweiten und Sechsten Abschnitts des Zweiten Teils dieses Gesetzes;

11. die Erfüllung der den Steuerberaterkammern nach § 80a Abs. 2 AO zugewiesenen Pflichten.

Zudem obliegt den Steuerberaterkammern nach § 76 Abs. 5 StBerG die Aufgabe, das Berufsregister ihres Bezirks zu führen. Sie kann sich dabei auch einer zu diesem Zweck gebildeten Arbeitsgemeinschaft bedienen. Zu den wesentlichen Aufgaben gehört, dass den Steuerberaterkammern die Zuständigkeit obliegt für die Bestellung der Steuerberater (§ 40 StBerG) und deren Widerruf (§ 46 StBerG) sowie die Zuständigkeit für die Anerkennung der Berufsausübungsgesellschaften (§ 53 StBerG) und deren Widerruf (§ 55 StBerG). Nach § 35 Abs. 5 StBerG haben die Steuerberaterkammern außerdem die Kompetenz, über die Zulassung zur Steuerberaterprüfung und über die Befreiung von der Prüfung zu entscheiden und die Durchführung der Prüfung zu organisieren. Nach § 57 Abs. 4 Nr. 1, 2. HS StBerG entscheiden die Steuerberaterkammer auch darüber, ob ein Steuerberater von dem Verbot einer gewerblichen Tätigkeit befreit werden kann.

Frage: Was ist die Bundessteuerberaterkammer? Wo ist ihr Sitz?

Antwort: Sämtliche Steuerberaterkammern bilden nach § 85 StBerG die Bundessteuerberaterkammer. Sie ist eine Körperschaft des öffentlichen Rechts. Die Aufsicht über die Bundessteuerberaterkammer führt das Bundesfinanzministerium.

Die Bundessteuerberaterkammer hat ihren Sitz in Berlin.

Frage: Welche Aufgaben hat die Bundessteuerberaterkammer?

Antwort: Die konkreten Aufgaben der Bundessteuerberaterkammer bestimmen sich nach § 86 StBerG. Eine wichtige Aufgabe der Bundessteuerberaterkammer besteht nach § 86 Abs. 2 Nr. 2 StBerG darin, eine Berufsordnung als Satzung zu erlassen (Satzung über die Rechte und Pflichten bei der Ausübung der Berufe der Steuerberater und der Steuerbevollmächtigten – Berufsordnung (BOStB). Die Satzung bedarf der Genehmigung der Aufsichtsbehörde. Dies ist das Bundesministerium der Finanzen (BMF). Die Satzung und deren Änderungen werden von der Satzungsversammlung beschlossen.

Nach § 86 Abs. 2 Nr. 1–12 StBerG hat die Bundessteuerberaterkammer ferner und insbesondere die folgenden Aufgaben:

1. in Fragen, welche die Gesamtheit der Steuerberaterkammern angehen, die Auffassung der einzelnen Kammern zu ermitteln und im Wege gemeinschaftlicher Aussprache die Auffassung der Mehrheit festzustellen;

2. die Berufsordnung als Satzung zu erlassen und zu ändern;

3. Richtlinien für die Fürsorgeeinrichtungen der Steuerberaterkammern (§ 76 Abs. 2 Nr. 6) aufzustellen;

4. in allen die Gesamtheit der Steuerberaterkammern berührenden Angelegenheiten die Auffassung der Bundessteuerberaterkammer den zuständigen Gerichten und Behörden gegenüber zur Geltung zu bringen;

5. die Gesamtheit der Steuerberaterkammern gegenüber Behörden und Organisationen zu vertreten;

6. Gutachten zu erstatten, die eine an der Gesetzgebung beteiligte Behörde oder Körperschaft des Bundes oder ein Bundesgericht anfordert;

7. die berufliche Fortbildung in den steuerberatenden Berufen zu fördern; sie kann den Berufsangehörigen unverbindliche Fortbildungsempfehlungen erteilen;

8. das Verzeichnis nach §§ 3b und 3g StBerG zu führen;

9. das Verzeichnis nach § 86b StBerG zu führen;

10. eine Steuerberaterplattform nach § 86c StBerG einzurichten, die der elektronischen Kommunikation und der elektronischen Zusammenarbeit dient und die einen sicheren Austausch von Daten und Dokumenten ermöglicht zwischen den

    a) Mitgliedern der Steuerberaterkammern sowie den im Berufsregister eingetragenen Berufsausübungsgesellschaften,

    b) Mitgliedern der Steuerberaterkammern, den im Berufsregister eingetragenen Berufsausübungsgesellschaften und ihren jeweiligen Auftraggebern,

    c) Mitgliedern der Steuerberaterkammern, den im Berufsregister eingetragenen Berufsausübungsgesellschaften und den Gerichten, Behörden, Kammern und sonstigen Dritten,

    d) Steuerberaterkammern und der Bundessteuerberaterkammer sowie den Steuerberaterkammern untereinander,

    e) Steuerberaterkammern, der Bundessteuerberaterkammer und den Gerichten, Behörden, Kammern und sonstigen Dritten;

11. die besonderen elektronischen Steuerberaterpostfächer nach den §§ 86d und 86e StBerG einzurichten;

12. die Einrichtung und der Betrieb einer Datenbank zur Verwaltung von Vollmachtsdaten im Sinne des § 80a AO und zu deren Übermittlung an die Landesfinanzbehörden.

Frage: Welche Funktion kommt den Steuerberaterverbänden zu?

Antwort: Im Unterschied zu den Steuerberaterkammern bieten die regionalen Steuerberaterverbände die Möglichkeit einer freiwilligen Mitgliedschaft für die Berufsangehörigen. Neben der Interessenvertretung bieten die Verbände insbesondere ein breites Spektrum an Qualifikations- und Fortbildungsmöglichkeiten und den fachlichen Austausch in regionalen Netzwerken. Der Deutsche Steuerberaterverband e.V. (DStV) vertritt als Dachverband die Angehörigen der steuerberatenden und wirtschaftsprüfenden Berufe auf nationaler und internationaler Ebene gegenüber Politik, Verwaltung und weiteren Akteuren. In seinen 15 Mitgliedsverbänden sind überwiegend selbstständig in eigener Kanzlei oder Sozietät tätige Steuerberater, Steuerbevollmächtigte, Wirtschaftsprüfer, vereidigte Buchprüfer, Rechtsanwälte sowie Berufsausübungsgesellschaften zusammengeschlossen.

Frage: Was versteht man untern dem besonderen elektronischen Steuerberaterpostfach?

Antwort: Das besondere elektronische Steuerberaterpostfach (beSt) stellt einen wesentlichen Teil der gesetzlich einzurichtenden Steuerberaterplattform dar (vgl. § 86 Abs. 2 Nr. 10 und 11 StBerG). Es soll Steuerberatern eine sichere, einheitliche und einfache elektronische Kommunikation sowohl untereinander als auch mit Gerichten, Behörden, Steuerberaterkammern, der Finanzverwaltung und mit anderen Berufsgruppen (z. B. Notare, Rechtsanwälte) ermöglichen.

Seit dem 01.01.2023 unterliegen Steuerberater der Verpflichtung, das beSt einzurichten. Sie waren bereits seit 2018 dazu verpflichtet, ein elektronisches Postfach (z. B. De-Mail) für Zustellungen seitens der Gerichte zu nutzen (sog. passive Nutzungspflicht). Verfahrensrechtlich besteht seit dem 01.01.2023 zusätzlich auch eine aktive Nutzungspflicht für Zustellungen von elektronischen Dokumenten an die Gerichte. Da Steuerberater damit einer aktiven und passiven Nutzungspflicht hinsichtlich des beSt unterliegen und die Nutzung des beSt nur über die Steuerberaterplattform möglich ist, ist es zwingend erforderlich, dass sich die Steuerberater und die Berufsausübungsgesellschaften auf der Steuerberaterplattform registrieren. Auch für eine im Berufsregister eingetragene weitere Beratungsstelle eines

Steuerberaters oder einer Berufsausübungsgesellschaft ist auf Antrag ein weiteres besonderes elektronisches Steuerberaterpostfach empfangsbereit einzurichten.

Die gesetzlichen Grundlagen dazu sind wie oben beschrieben § 86 Abs. 2 Nr. 10 StBerG (Steuerberaterplattform als neue Aufgabe der BStBK), § 86c StBerG (Registrierungspflicht), §§ 86 Abs. 2 Nr. 11, 86d und 86e StBerG (Einrichtung beSt), § 86b Abs. 3 StBerG (Eintragung in das Steuerberaterverzeichnis), § 86f StBerG (Verordnungsermächtigung) und § 157e StBerG (Anwendungsvorschrift zur Steuerberaterplattform und zum beSt).

Problembereich 6: Sanktionen auf Pflichtverletzungen

> **Frage:** Welche Sanktionen gibt das StBerG auf Pflichtverletzungen des Beraters?

Antwort: Die Steuerberaterkammer hat das Recht, den Steuerberatern Zwangsgelder aufzuerlegen, um diese zur Erfüllung ihrer Pflichten gegenüber der Kammer anzuhalten (Auskunftspflichten usw. nach §§ 80, 80a StBerG). Gegen die Androhung und gegen die Festsetzung des Zwangsgeldes können Steuerberater innerhalb eines Monats nach der Zustellung eine Entscheidung des Oberlandesgerichts beantragen. Ansonsten und darüber hinaus kann der Vorstand der Steuerberaterkammer den pflichtwidrig handelnden Steuerberater nach § 81 StBerG rügen.

Schwerwiegendere Pflichtverletzungen werden nach §§ 89 ff. StBerG mit einer berufsgerichtlichen Maßnahme geahndet. Diese Maßnahmen setzen voraus, dass die betreffende Person (noch) Steuerberater ist.

> **Frage:** Was versteht man unter dem Rügerecht des Vorstandes?

Antwort: Wenn ein Mitglied der Steuerberaterkammer eine ihm obliegende Pflicht verletzt, kann dieses Verhalten vom Vorstand der zuständigen Steuerberaterkammer nach § 81 StBerG gerügt werden. Voraussetzung ist, dass das Verschulden gering ist. Andernfalls muss das pflichtwidrige Verhalten des Steuerberaters mit einer berufsgerichtlichen Maßnahme geahndet werden. Vor Erlass des Rügebescheids muss das Mitglied angehört werden; der Bescheid ist zu begründen. Eine Rüge ist verwirkt, wenn seit der Pflichtverletzung mehr als drei Jahre vergangen sind. Nach § 81 Abs. 2 StBerG darf eine Rüge nicht erteilt werden, wenn gegen das Mitglied der Steuerberaterkammer bereits ein berufsgerichtliches Verfahren eingeleitet wurde oder während ein Verfahren nach § 116 StBerG anhängig ist. Bei Letzterem handelt es sich um einen Antrag des Mitglieds selbst auf Einleitung eines berufsgerichtlichen Verfahrens bei der Staatsanwaltschaft, um sich so vom Verdacht einer Pflichtverletzung zu befreien.

> **Frage:** Wie kann sich der Steuerberater gegen eine solche Rüge wehren? Welche Rechtsbehelfe und Rechtsmittel kann er einlegen?

Antwort: Gegen den Bescheid kann der Steuerberater nach § 81 Abs. 6 StBerG innerhalb eines Monats Einspruch einlegen. Über den Einspruch entscheidet wiederum der Vorstand. Wird der nach der Zustellung zurückgewiesen, so kann der betroffene Steuerberater nach § 82 StBerG innerhalb eines Monats die Entscheidung des Landgerichts beantragen, in dessen Bezirk die Steuerberaterkammer ihren Sitz hat.

Nach § 81 Abs. 3 StBerG und § 82 Abs. 6 StBerG gelten die Regelungen entsprechend auch für Berufsausübungsgesellschaften.

> **Frage:** Können Sie ein Beispiel für das Verhalten eines Steuerberaters geben, bei dem eine Rüge durch den Vorstand infrage kommen kann?

Antwort: Eine Rüge könnte z.B. dann angebracht sein, wenn der Steuerberater seinen Anzeigepflichten gegenüber der Steuerberaterkammer nach § 22 BOStB nicht nachkommt, wenn er wiederholt die Beiträge und Gebühren an die Steuerberaterkammer nicht oder nur nach mehrmaliger Mahnung entrichtet, wenn er bei den Finanzbehörden wegen wiederholter Unpünktlichkeit etc. auffällig geworden ist oder wenn er in seinen Aktivitäten die Grenzen zulässiger Werbung überschritten hat (z.B. reißerische Anzeige in der Tageszeitung).

Frage: Welche berufsgerichtlichen Maßnahmen gibt es?

Antwort: Als berufsgerichtliche Maßnahmen kommen je nach Schwere der Pflichtverletzung die Warnung, der Verweis, die Geldbuße bis zu 50.000 €, das Berufsverbot für die Dauer von einem Jahr bis zu fünf Jahren oder die Ausschließung aus dem Beruf in Betracht (§ 90 Abs. 1 StBerG). Verweis und Geldbuße können nebeneinander verhängt werden. Die Geldbuße kann bis zu einem Betrag von 50.000 € gehen. Zum Hintergrund der Regelung: Bis zu einer Novelle des StBerG im Jahr 2008 (BGBl I 2008, 666) konnte in einem berufsgerichtlichen Verfahren nach § 90 Abs. 1 Nr. 3 StBerG bei Verfehlungen des Steuerberaters lediglich eine Geldbuße bis zu 20.000 € verhängt werden.

Die nächst höhere und auch schärfste Sanktion war sodann nach § 90 Abs. 1 Nr. 4 StBerG die Ausschließung aus dem Beruf auf acht Jahre (vgl. §§ 90 Abs. 1 Nr. 4, 48 Abs. 1 Nr. 2 StBerG). Dieser Sprung war zu groß. Deshalb wurde die berufsgerichtliche Maßnahme der Geldbuße nach § 90 Abs. 1 Nr. 3 StBerG von 20.000 € auf 50.000 € erhöht und in § 90 Abs. 1 Nr. 4 StBerG der neue Sanktionstatbestand des Berufsverbots von einem bis zu fünf Jahren eingefügt. § 90 Abs. 1 Nr. 4 StBerG wurde sodann zu § 90 Abs. 1 Nr. 5 StBerG.

Über einen solchen Fall des Berufsverbots hatte z.B. das LG Nürnberg zu entscheiden (Urteil vom 02.12.2016, 1 StL 14/16, DStR 2017, 1456). Nach einer Beihilfe zur Steuerhinterziehung in Höhe von ca. 800.000 € war der betreffende Steuerberater zu einer Freiheitsstrafe von einem Jahr und sechs Monaten auf Bewährung verurteilt worden. Dem folgte ein berufsgerichtliches Verfahren, das mit einem Berufsverbot von einem Jahr nach § 90 Abs. 1 Nr. 4 StBerG endete. Die Verfehlung war so schwerwiegend, dass dem LG Nürnberg ein Verweis und eine Geldbuße nicht ausreichten; andererseits war aber die Ausschließung aus dem Beruf für acht Jahre nicht angezeigt. Nach altem Recht hätte ein Richterspruch nur auf Ausschließung aus dem Beruf lauten können.

Steht nach einer Pflichtverletzung die Ausschließung aus dem Beruf an, so kann nach § 134 StBerG ein sofortiges Berufsverbot verhängt werden. Eine Beschwerde ist zwar hiergegen zulässig; sie hat aber keine aufschiebende Wirkung.

Tipp! Wird gegen einen Steuerberater in einem berufsgerichtlichen Verfahren die Ausschließung aus dem Beruf verhängt, so kann eine Wiederbestellung erst nach acht Jahren erfolgen (§ 48 Abs. 1 Nr. 2 StBerG). Hat die Kammer die Zulassung widerrufen (z.B. wegen Vermögenslosigkeit oder wegen Krankheit, § 46 Abs. 2 Nr. 4 und 7 StBerG), so kann eine erneute Bestellung dann erfolgen, wenn die Gründe für den Widerruf nicht mehr bestehen (§ 48 Abs. 1 Nr. 3 StBerG).

Frage: Wie läuft ein berufsgerichtliches Verfahren ab? Welche Gerichte sind zuständig?

Antwort: Nach §§ 114, 117 StBerG wird ein berufsgerichtliches Verfahren dadurch eingeleitet, dass die Staatsanwaltschaft eine Anschuldigungsschrift bei dem Landgericht einreicht, an dem die Steuerberaterkammer ihren Sitz hat, dem der Steuerberater angehört. Das Landgericht entscheidet darüber in einer (nicht öffentlichen) Hauptverhandlung. Diese schließt mit einem Urteil, das auf Freisprechung, Verurteilung oder Einstellung des Verfahrens lauten kann.

Frage: Kann eine berufsgerichtliche Maßnahme noch verhängt werden, wenn bereits eine Rüge nach § 81 StBerG erteilt worden ist?

Antwort: Die Erteilung einer Rüge steht einer Einleitung des berufsgerichtlichen Verfahrens nicht entgegen, (§ 91 Abs. 1 StBerG). Die Rüge wird mit der Rechtskraft eines berufsgerichtlichen Urteils unwirksam, wenn dasselbe mit der Rüge bereits geahndete Verhalten mit einem Freispruch oder einer berufsgerichtlichen Maßnahme abgeschlossen wird, § 91 Abs. 2 StBerG. Wenn allerdings das Landgericht nach einem Antrag auf berufsgerichtliche Entscheidung gem. § 82 StBerG den Rügebescheid aufgehoben hat, kann ein berufsgerichtliches Verfahren nach §§ 89 ff. StBerG nur aufgrund neuer Tatsachen und Beweismittel eingeleitet werden (§ 91 Abs. 1 S. 2 StBerG).

Frage: Wann verjährt das Rügerecht des Vorstandes und die Verfolgung einer Pflichtverletzung nach §§ 89 ff. StBerG?

Antwort: Das Rügerecht verjährt nach § 81 Abs. 2 Satz 1 StBerG in drei Jahren. Die Verfolgung einer Pflichtverletzung nach §§ 89 ff. StBerG (berufsgerichtliche Maßnahme) verjährt in fünf Jahren. Eine die Ausschließung aus dem Beruf rechtfertigende Pflichtverletzung verjährt nicht.

Problembereich 7: Die Vergütung für Hilfeleistungen in Steuersachen

Frage: Steuerberater S berät seinen Bruder B und dessen Ehegattin E in steuerlichen Angelegenheiten. Er legt gegen einen ESt-Bescheid Einspruch ein. Die steuerlichen Auswirkungen belaufen sich auf 20.000 €. Die Rechtssache ist kompliziert. S soll vereinbarungsgemäß für den Fall des Unterliegens nur seine reinen Auslagen erstattet bekommen. Im Falle des Obsiegens kann er – wie gewöhnlich – abrechnen, wobei er mindestens 30 % der im Rechtsbehelfsverfahren erreichten Steuerminderung als Honorar erhalten soll. Was sagen Sie dazu?

Antwort: Nach § 64 Abs. 1 StBerG sind die Steuerberater an die Gebührenordnung gebunden, die das BMF durch Rechtsverordnung erlassen kann und erlassen hat (StBVV). Die Höhe der Gebühr muss angemessen sein. Sie hat sich nach dem Zeitaufwand, dem Wert des Objektes und nach der Art der Aufgabe zu richten. Außerdem sind Erfolgshonorare unter bestimmten in § 9a Abs. 2 StBerG genannten Voraussetzungen zulässig und zwar dann, wenn im Einzelfall der Auftraggeber ansonsten von der Rechtsverfolgung abgehalten würde. Die Vereinbarung bedarf nach § 9a Abs. 3 StBerG der Textform (§ 126b BGB).

Die §§ 6 Nr. 2 StBerG, 15 Abs. 1 AO gestatten es einem Nicht-Steuerberater, Angehörige unentgeltlich zu beraten. Daraus muss sich aber nicht zwangsläufig ergeben, dass auch ein Steuerberater seine Angehörigen unentgeltlich oder teilentgeltlich beraten darf. Der BGH hat in der Entscheidung vom 09.06.2008 darauf hingewiesen (DStR 2008, 2510), dass das (grundsätzliche) Verbot der Gebührenunterschreitung Gemeinwohlzwecke verfolge. Angesichts der starken Konkurrenz der Anwälte (und Steuerberater) untereinander soll kein Anreiz bestehen, die gesetzliche Mindestgebühr zu unterschreiten. Die sich daraus ergebenden Billigangebote würden das Risiko eines Verfalls der Qualität der erbrachten Dienstleistungen mit sich bringen. Deshalb kann nur im Einzelfall eine Ermäßigung oder ein Erlass der Gebühren in Frage kommen. Ob das generell bei allen Angehörigen der Fall ist, erscheint nicht selbstverständlich. Gegebenenfalls muss auch hier eine Einzelfallbetrachtung entscheiden. Wichtig ist, dass der Steuerberater darauf hinweisen muss, dass er von der StBVV durch eine schriftliche Vereinbarung abweichen darf. Nach unten geht das allerdings nur in außergerichtlichen Angelegenheiten und auch nur, wenn die Vergütung dann noch in einem angemessenen Verhältnis zur Leistung, zur Verantwortung und zum Haftungsrisiko des Steuerberaters steht (§ 4 Abs. 3 StBVV). Der Steuerberater muss den Mandanten in Textform ausdrücklich darauf hinweisen, dass eine höhere oder niedrigere als die gesetzliche Vergütung in Textform vereinbart werden kann (§ 4 Abs. 4 StBVV).

Frage: Welche Gebühren sieht die StBVV für die Hilfeleistungen in Steuersachen vor?

Antwort: Die StBVV ermöglicht dem Steuerberater, seine Leistungen nach bestimmten Gebühren abzurechnen. Im Vordergrund steht die Wertgebühr nach § 10 StBVV. In §§ 21 bis 46 StBVV sind bestimmte Tätigkeiten genannt, für die unter Anwendung unterschiedlicher Tabellen nach einem vorgegebenen Gebührenrahmen abgerechnet werden kann.

Neben der Wertgebühr kommt sehr häufig die Zeitgebühr nach § 13 S. 1 StBVV zur Anwendung, so z.B. wenn der Steuerberater Steuerbescheide prüft (§ 28 StBVV), an Prüfungen und Nachschauen einschließlich der Schlussbesprechung und der Prüfung des Prüfungsberichts teilnimmt (§ 29 Nr. 1 StBVV), oder eine Buchführung einrichtet (§ 32 StBVV). Sie beträgt nach § 13 S. 2 StBerG zwischen 30,00 € bis 75,00 € je angefangene halbe Stunde. Gem. § 14 Abs. 1 StBVV kann für laufend auszuführende Tätigkeiten (z.B. Buchführung) eine Pauschalvergütung vereinbart werden. Für eine Erstberatung kann nach § 21 Abs. 1 StBVV bei Verbrauchern eine maximale Gebühr von 190 € veranschlagt werden.

Frage: Was gilt bei der Prüfung von Erfolgsaussichten von Rechtsmitteln?

Antwort: Wird ein Steuerberater mit der Prüfung der Erfolgsaussicht eines Rechtsmittels beauftragt, so ist für die Vergütung das Rechtsanwaltsvergütungsgesetz (RVG) sinngemäß anzuwenden. Die Gebühren bestimmen sich dann nach Teil 2 Abschnitt 1 des Vergütungsverzeichnisses zum RVG (§ 21 Abs. 2 StBVV).

Frage: Können Sie Beispiele nennen, wann und wie eine Hilfeleistung in Steuersachen nach einer Wertgebühr abgerechnet werden kann?

Antwort: Ich gehe davon aus, dass ich zur Beantwortung dieser Frage die vor mir liegende StBVV aufschlagen darf.

Für das Anfertigen einer Umsatzsteuerjahreserklärung sieht § 24 Abs. 1 Nr. 8 StBVV eine Wertgebühr nach Tabelle A von $1/_{10}$ bis $8/_{10}$ vor. Der Wert ist mit 10 % der Entgelte anzusetzen. Bei Entgelten i.H.v. 1 Mio. € sind dies 100.000 €. Unterstellt man nach den Gesamtumständen des Auftraggebers eine angemessene Gebühr von $3/_{10}$, so ergibt sich ein Honorar i.H.v. 426,60 €. Dieser Gebühr ist nach § 15 StBVV die Umsatzsteuer hinzuzurechnen.

Hinweis! Zur Ermittlung der sog. Grundsteuerererklärung ist seit dem 18.06.2022 eine neue spezielle Abrechnungsnorm in Kraft getreten: § 24 Abs. 1 Nr. 11a StBVV ist eine einheitliche Berechnungsgrundlage, welche unabhängig vom konkreten Ländermodell bundesweit anwendbar ist. Steuerberater erhalten danach für die Anfertigung der Erklärung zur Feststellung oder Festsetzung für Zwecke der Grundsteuer im Rahmen des ab dem Jahr 2025 anzuwendenden Grundsteuerrechts 1/20 bis 9/20 einer vollen Gebühr nach Tabelle A zur StBVV.

Gegenstandswert ist der Grundsteuerwert, mindestens jedoch ein Betrag von 25.000 €. Dies gilt für die Länder Baden-Württemberg (sog. modifiziertes Bodenwertmodell), Berlin, Brandenburg, Bremen, Mecklenburg-Vorpommern, Nordrhein-Westfalen, Rheinland-Pfalz, Sachsen-Anhalt, Schleswig-Holstein und Thüringen sowie das Saarland und Sachsen (mit jeweils abweichender Steuermesszahl).

Für alle Länder, in denen abweichend vom Bundesmodell auf Grundlage der dortigen Grundsteuergesetze kein entsprechender Grundsteuerwert vorliegt, wird ein fiktiver Grundsteuerwert zugrunde gelegt. Zu seiner Ermittlung ist der Grundsteuermessbetrag durch die jeweils geltende Grundsteuermesszahl nach § 15 Abs. 1 Nr. 2 Buchst. a) GrStG zu dividieren. Dies betrifft derzeit die Länder Bayern (sog. Flächenmodell), Hamburg (sog. Wohnlagenmodell), Hessen (sog. Flächen-Faktor-Modell) und Niedersachsen (sog. Flächen-Lage-Modell).

Frage: Kann der Steuerberater die ihm entstandenen Auslagen gesondert abrechnen?

Antwort: Die dem Steuerberater entstandenen Auslagen kann dieser nach den §§ 16 bis 19 StBVV gesondert abrechnen. Es handelt sich dabei um die ihm entstandenen Post- und Telekommunikationskosten (§ 16 StBVV). Diese kann er nach Wahl in der tatsächlich entstandenen Höhe abrechnen oder pauschal mit 20 % der in Rechnung gestellten Gebühren – jedoch maximal mit 20 €. Nach § 17 StBVV kann der Steuerberater eine Dokumentenpauschale abrechnen für Ablichtungen und die Überlassung elektronischer Dokumente. Die Höhe richtet sich nach den im Rechtsanwaltsvergütungsgesetz (RVG) genannten Beträgen. Zudem bekommt der Steuerberater Geschäftsreisen vergütet (0,42 € für den gefahrenen Kilometer nach § 18 Abs. 2 Nr. 1 StBVV, 30 € Tage- und Abwesenheitsgeld bei einer Geschäftsreise von nicht mehr als 4 Stunden, 40 € bei mehr als 4 bis 8 Stunden und 70 € bei mehr als 8 Stunden nach § 18 Abs. 3 S. 1 StBVV). Bei Auslandsreisen kann zu diesen Beträgen ein Zuschlag von 50 % berechnet werden. Übernachtungskosten sind in Höhe der tatsächlichen Aufwendungen zu erstatten, soweit sie angemessen sind (§ 18 Abs. 3 S. 2 StBVV.)

Frage: Steuerberater S will ein neues Bürogebäude errichten. Die Bank finanziert dieses Bauvorhaben. Sie will aber Sicherheiten. Kann S der Bank zur Sicherheit die ausstehenden Honorare abtreten?

Antwort: Die Abtretung einer Gebührenforderung ist nach § 64 Abs. 2 StBerG an alle Personen und Vereinigungen, die nach § 3 Satz 1 Nr. 1 bis 3 StBerG zur unbeschränkten Hilfeleistung in Steuersachen befugt sind, generell und auch ohne Zustimmung des Mandanten zulässig. Ansonsten kann eine Gebührenforderung nach § 64 Abs. 2 S. 2 StBerG nur abgetreten werden, wenn sie rechtskräftig festgestellt ist oder der Auftraggeber der Abtretung ausdrücklich und schriftlich einwilligt. Vor der Einwilligung ist der Mandant nach § 64 Abs. 2 S. 2 StBerG über die Informationspflicht des Steuerberaters gegenüber dem neuen Gläubiger aufzuklären. Eine erforderliche Aufklärung in diesem Sinn kann nicht angenommen werden, wenn diese Hinweise in der Vollmacht stehen oder in den Allgemeinen Geschäftsbedingungen des Beraters – AG Dortmund Urteil vom 30.10.2018, 425 C 9862/17, DStR 2019, 183.

Hinweis! Eine erforderliche Aufklärung in diesem Sinn kann nicht angenommen werden, wenn diese Hinweise in der Vollmacht stehen oder in den Allgemeinen Geschäftsbedingungen des Beraters, AG Dortmund Urteil vom 30.10.2018, 425 C 9862/17, DStR 2019, 183.

Themenbereich Bürgerliches Recht

Problembereich 1: Allgemeines zum BGB
Vertragsschluss – Angebot und Annahme, Invitatio ad offerendum, Internet und E-Mail, Absenden und Zugang von Willenserklärungen, Allgemeine Geschäftsbedingungen

Frage: Seit wann gibt es das Bürgerliche Gesetzbuch und aus welchen Büchern besteht es?

Antwort: Das Bürgerliche Gesetzbuch (BGB) ist am 01.01.1900 in Kraft getreten und gliedert sich in die folgenden fünf Bücher auf:

- **1. Buch:** Allgemeiner Teil,
- **2. Buch:** Recht der Schuldverhältnisse,
- **3. Buch:** Sachenrecht,
- **4. Buch:** Familienrecht,
- **5. Buch:** Erbrecht.

Im **„Allgemeinen Teil"** des BGB finden sich Regelungen, die für alle anderen Teile des BGB gelten sollen. Er enthält Bestimmungen über natürliche und juristische Personen, über die Rechts- und Geschäftsfähigkeit von Personen, über Rechtsgeschäfte, über Sachen, Fristen und Verjährung.

Das **„Recht der Schuldverhältnisse"** regelt allgemeine Fragen über Schuldverhältnisse, über deren Entstehung und Beendigung, über die Forderungsübertragung und über spezielle Schuldverhältnisse, zu denen auch die Gesamthandsgemeinschaft (GbR) zählt, sowie über ungerechtfertigte Bereicherung und unerlaubte Handlungen.

Im **„Sachenrecht"** sind die Vorschriften über Eigentum und Besitz, über Rechte an Grundstücken, über Dienstbarkeiten, Vorkaufsrecht, Reallasten, Hypotheken, Grund- und Rentenschuld sowie über das Pfandrecht an beweglichen Sachen und an Rechten enthalten.

Das **„Familienrecht"** behandelt die Wirkungen der Ehe, die elterliche Sorge, die Stellung der Kinder.

Das **„Erbrecht"** regelt die Stellung der Erben, das Testament, Erbvertrag, Pflichtteil, Vermächtnis und der Erbengemeinschaft.

Frage: Was versteht man unter Privatautonomie?

Antwort: Unter Privatautonomie wird das Recht verstanden, seine Lebensverhältnisse, seine wirtschaftlichen Beziehungen und seine vertraglichen Beziehungen zu anderen Privatpersonen selbst regeln zu können. Wichtigste Ausprägung der Privatautonomie ist die Vertragsfreiheit und die Testierfähigkeit.

Frage: Was bedeutet der Begriff der Rechtsfähigkeit?

Antwort: Rechtsfähigkeit bedeutet Träger von Rechten und Pflichten zu sein, § 1 BGB.

Frage: Wer besitzt Rechtsfähigkeit?

Antwort: Die Rechtsfähigkeit besitzen natürliche Personen, rechtsfähige Personengesellschaften und juristische Personen.

Frage: Wann beginnt und wann endet die Rechtsfähigkeit eines Menschen?

Antwort: Die Rechtsfähigkeit beginnt mit Vollendung der Geburt, § 1 BGB, und endet mit seinem Tod.

Frage: Was versteht man unter einem Rechtsgeschäft? Was versteht man unter einer Willenserklärung?

Antwort: Das BGB setzt vielfach Rechtsgeschäfte und Willenserklärung gleich. Ein Rechtsgeschäft kann sich dabei aus einer oder mehreren Willenserklärungen, die alleine oder in Verbindung mit anderen Tatbestandsmerkmalen eine Rechtsfolge herbeiführen, zusammensetzen. Ein Rechtsgeschäft umfasst daher als Oberbegriff die Willenserklärung. Die Willenserklärung ist so auszulegen, wie ein objektiver Dritter sie in der Situation des Empfängers verstehen würde. Ausgelegt wird sie also nach dem objektiven Empfängerhorizont, §§ 133, 157 BGB.

Frage: Was ist ein Vertrag und wie kommt er zustande?

Antwort: Ein Vertrag ist ein Rechtsgeschäft. Er besteht aus inhaltlich übereinstimmenden, mit Bezug aufeinander abgegebenen Willenserklärungen, vgl. § 151 S. 1 BGB und § 150 Abs. 2 BGB; diese Willenserklärungen werden als Angebot und Annahme bezeichnet.

Frage: Welche Arten von Rechtsgeschäften gibt es?

Antwort: Es gibt einseitige und zwei- bzw. mehrseitige Rechtsgeschäfte. Ein **einseitiges Rechtsgeschäft** enthält lediglich die Willenserklärung von nur einer Person, wodurch diese einseitig Rechtsbeziehungen begründet bzw. ändert und beseitigt. Beispiele für einseitige Rechtsgeschäfte sind Anfechtung, Rücktritt, Aufrechnung, Widerruf, Kündigung und Testament.

Ein **zweiseitiges Rechtsgeschäft** wird durch die Abgabe zweier Willenserklärungen begründet. Hierunter fallen z.B. Verträge oder Beschlüsse. Bei einem **mehrseitigen Rechtsgeschäft** bestehen mehrere übereinstimmende, aufeinander bezogene Willenserklärungen, die durch mindestens zwei oder mehr Personen erklärt wurden.

Frage: Wann liegt ein einseitig verpflichtender Vertrag, ein zweiseitig verpflichtender Vertrag und wann liegt ein gegenseitiger Vertrag vor? Beginnen Sie jeweils mit einem Beispiel!

Antwort: Ein Beispiel für einen **einseitig verpflichtenden Vertrag** ist der Schenkungsvertrag. Hierbei entsteht die Verpflichtung aus dem Vertrag nur für eine Vertragspartei.

Ein **zweiseitig verpflichtender Vertrag** ist z.B. der Darlehnsvertrag. Bei einem zweiseitig verpflichtenden Vertrag verpflichten sich beide Vertragspartner. Der Darlehnsgeber verpflichtet sich dem Darlehnsnehmer z.B. Geld auf Zeit zu überlassen, während sich der Darlehnsnehmer im Gegenzug dazu verpflichtet nach Ablauf der vereinbarten Zeit die Geldschuld zurückzugeben.

Um einen **gegenseitigen Vertrag** handelt es sich hingegen, wenn die eine Leistung um der anderen Leistung (Gegenleistung) Willen erfolgt (sog.: „do ut des"). Einfachstes Beispiel hierfür ist der Kaufvertrag. Im Rahmen des Kaufvertrages verpflichtet sich der Verkäufer zur Übereignung des Kaufgegenstandes um im Gegenzug das Geld zu erhalten, wozu sich der Käufer seinerseits verpflichtet.

Unabhängig davon, ob es sich um einen einseitig oder mehrseitig verpflichtenden Vertrag handelt, sind Verträge stets mehrseitige Rechtsgeschäfte. Zum Abschluss bedarf es stets übereinstimmender Willenserklärungen beider Parteien, die wirksam abgegeben wurden.

Frage: Wann werden Willenserklärungen wirksam?

Antwort: Willenserklärungen, die unter Anwesenden abgegeben werden, werden sofort wirksam. Darüber hinaus werden Willenserklärungen, die unter Abwesenden abgegeben werden, wirksam, wenn sie dem Erklärungsgegner zugehen, vgl. § 130 BGB. Eine Willenserklärung ist zugegangen, wenn sie so in den Bereich des Empfängers gelangt ist, dass unter normalen Umständen mit der Kenntnisnahme vom

Inhalt der Erklärung zu rechnen ist. Es reicht aus, dass die Erklärung in den Briefkasten gelangt ist. Unerheblich ist, ob der Empfänger sich dabei gerade im Urlaub befindet, also nicht zu Hause ist.

Frage: Der Haushaltsgeräteverkäufer Jupiter hat in seinem Schaufenster eine Kaffeemaschine ausgestellt, an der ein Preisschild mit 10 € klemmt. Der geizige Gustav entdeckt im Vorbeigehen die Maschine, läuft sofort in das Geschäft und erklärt Jupiter, die Kaffeemaschine im Schaufenster für 10 € kaufen zu wollen. Jupiter erkennt jetzt seinen Irrtum und erklärt Gustav, dass das Preisschild falsch sei und die Maschine tatsächlich 100 € kostet. Haben Jupiter und Gustav einen Kaufvertrag über die Kaffeemaschine geschlossen?

Antwort: Ein Kaufvertrag kommt nur dann wirksam zustande, wenn zwei übereinstimmende Willenserklärungen, die mit Bezug aufeinander abgegeben wurden, vorliegen. Dies wäre dann der Fall gewesen, wenn die Auslage im Schaufenster bereits als Angebot zu verstehen gewesen wäre, das der Gustav angenommen hat. Eine Auslage in einem Schaufenster ist jedoch nicht als Angebot, sondern nur als Aufforderung zur Abgabe eines Angebots (**Invitatio ad offerendum**) zu verstehen. Daher gibt erst Gustav ein Angebot zum Abschluss des Kaufvertrages mit dem Preis 10 € ab. Jupiter erklärt hingegen seinerseits nicht die Annahme, sondern unterbreitet Gustav ein neues, abweichendes Angebot zum Kauf der Kaffeemaschine zum Preis von 100 €, was Gustav jedoch nicht angenommen hat. Infolgedessen ist zwischen den Parteien kein Kaufvertrag über die Kaffeemaschine zustande gekommen.

Frage: Hagen entdeckt im Internet eine Kette, die er schon lange sucht. Er ruft umgehend den Verkäufer an, um über den Kaufpreis zu handeln. Die Parteien einigen sich auf 65 €, wobei Hagen sich das Recht vorbehält, noch „eine Nacht darüber nachzudenken". Der Verkäufer möchte bis zum nächsten Tag 12 Uhr von Hagen eine Entscheidung von Hagen per Mail. Nach einer unruhigen Nacht sendet Hagen am nächsten Morgen um 7.47 Uhr eine E-Mail an den Verkäufer, in der er erklärt, das Angebot anzunehmen. Die E-Mail erreicht den E-Mail-Server des Verkäufers erst um 14.24 Uhr. und wird vom Verkäufer um 14.24 Uhr abgerufen und gelesen. Auf dem Absendevermerk der Nachricht ist die Absendezeit 07.47 Uhr zu entnehmen. Der Verkäufer unternimmt nichts. Hagen verlangt die Kette. Der Verkäufer ist der Ansicht, die Annahme sei verspätet. Kann Hagen die Übereignung der Kette verlangen?

Antwort: Hagen könnte einen Anspruch gegen den Verkäufer auf Übereignung der Kette gemäß § 433 Abs. 1 BGB haben. Dann müsste zwischen den Parteien ein wirksamer Kaufvertrag geschlossen worden sein. Ein Kaufvertrag kommt durch zwei übereinstimmende und mit Bezug aufeinander abgegebene Willenserklärungen, Angebot und Annahme, zustande.

Die Offerte der Kette im Internet stellt lediglich eine **Invitatio ad offerendum** dar. Der Verkäufer hat Hagen jedoch mündlich ein Angebot auf Übereignung zum Preis von 65 € abgegeben, als er mit Hagen telefoniert hat. Dieses Angebot könnte Hagen per E-Mail angenommen haben. Eine wirksame Annahme liegt jedoch nur vor, wenn sie dem Verkäufer rechtzeitig zugegangen ist. Nach § 147 Abs. 1 S. 1 BGB kann ein gegenüber einem Anwesenden unterbreitetes Angebot nur sofort angenommen werden. Ein telefonischer Antrag nach § 147 Abs. 1 S. 2 BGB ist dem Antrag unter Anwesenden gleichzustellen. Aus § 148 BGB ergibt sich, dass ein befristeter Antrag nur innerhalb der Frist angenommen werden kann. Der Verkäufer hatte sein Angebot bis zum folgenden Tag, 12.00 Uhr, befristet. Nur bis zu diesem Zeitpunkt konnte Hagen das Angebot annehmen. Die Annahmeerklärung wurde um 07.47 Uhr, und somit rechtzeitig abgegeben. Die Willenserklärung müsste allerdings auch fristgerecht nach § 130 Abs. 1 S. 1 BGB zugegangen sein. Eine Willenserklärung ist dann zugegangen, wenn sie so in den Machtbereich des Empfängers gelangt, dass unter normalen Umständen mit einer Kenntnisnahme zu rechnen ist. In den Machtbereich des Verkäufers ist die Annahmeerklärung allerdings erst zu dem Zeitpunkt gelangt, zu dem sie auf dessen E-Mail-Server eingetroffen ist. Dies war um 14.24 Uhr der Fall. Dementsprechend wurde das Angebot nicht fristgerecht angenommen.

Etwas anderes gilt jedoch nach § 149 S. 2 BGB, wenn der Empfänger die eine verspätete Annahme unverzüglich anzuzeigen hat. Dies ist vorliegend nach § 147 Abs. 1 S. 1 BGB der Fall, da die Annahmeerklärung dergestalt abgesendet worden ist, dass diese bei gewöhnlicher Beförderung rechtzeitig zugegangen wäre und der Verkäufer dies hätte erkennen müssen. Da er nicht widersprochen hat, wird die Rechtzeitigkeit der Annahmeerklärung nach § 149 S. 2 BGB fingiert. Dementsprechend ist ein Kaufvertrag über die Kette zustande gekommen. Hagen kann die Herausgabe und Übereignung der Kette verlangen.

> **Tipp!** Fälle werden immer nach den fünf Ws „Wer will was von wem woraus" geprüft. Hierbei stellt sich die Frage nach der Anspruchsgrundlage (z.B. Kaufpreis gem. § 433 Abs. 2 BGB). Bei dieser Prüfung sind offensichtlich erfüllte Tatbestandsvoraussetzungen zwar gedanklich zu prüfen, im Prüfungsgespräch jedoch allenfalls kurz anzureißen. Im vorliegenden Fall war das Zustandekommen eines Vertrages problematisch, sodass hier auf den Vertragsschluss detailliert eingegangen werden musste. In den meisten Fällen wird dies hingegen unproblematisch sein, sodass in diesen Fällen nur kurz darauf hinzuweisen ist, dass beispielsweise ein Kaufvertrag abgeschlossen worden ist, indem sich die Parteien über den Kaufgegenstand und den Preis geeinigt haben.

> **Frage:** Der Franz entdeckt beim Internetsurfen ein günstiges Angebot des Sportartikelherstellers A für einen handsignierten Fußball für 22,00 €. In den AGB, die Franz bei der Bestellung akzeptiert hat, wird ausdrücklich darauf hingewiesen, dass Angebote im Internet unverbindlich seien und eine Annahme der Bestellung mit gesonderter Mail vorbehalten wird. Nachdem Franz die Bestellung abgeschickt hat, erreicht ihn umgehend eine Bestätigungsmail des A, in der darauf hingewiesen wird, dass diese Mail automatisch erstellt wird. Ein paar Tage später wird Franz eine weitere Mail übermittelt, in der ihm erklärt wird, dass keine Lieferung des Fußballes erfolgen wird, da bei dem Artikel fälschlicherweise der Preis falsch eingegeben wurde. Tatsächlich läge der Preis bei 2.200 €. Welche Ansprüche kann Franz gegen A geltend machen?

Antwort: Wenn Franz und A einen wirksamen Kaufvertrag abgeschlossen haben, könnte Franz zunächst einen Anspruch auf Übereignung des Fußballs Zug um Zug gegen Zahlung eines Kaufpreises von 22 € geltend machen. Ein Vertrag kommt durch zwei übereinstimmende Willenserklärungen zustande, die mit Bezug aufeinander abgegeben werden. Da es sich bei Warenangeboten auf einer Homepage ähnlich wie in der Auslage eines Schaufensters nicht um ein verbindliches Angebot des Händlers, sondern lediglich um eine Invitatio ad offerendum handelt, hat A zunächst kein Angebot abgegeben. Allerdings hat Franz mit seiner Bestellung ein solches Angebot abgegeben, dass, wenn auch automatisiert, von A angenommen wurde. Demnach ist zunächst ein Kaufvertrag zustande gekommen.

Mit der zweiten E-Mail könnte A jedoch seine Annahme angefochten haben (§ 142 BGB). Für eine wirksame Anfechtung müsste ein Anfechtungsgrund vorliegen. Im vorliegenden Fall handelt es sich um einen Erklärungsirrtum gem. § 119 Abs. 1 S. 2 BGB, indem sich A befunden hat. A hat sich bei der Annahme versprochen oder verschrieben und wollte diese Erklärung mit dem Inhalt 22 € nicht abgeben. Außerdem liegen die Voraussetzungen für einen Inhaltsirrtum vor. Mit seiner (automatischen) Mail wollte A jedenfalls nicht die Bestellung rechtlich bestätigen. Er irrte somit über die Tragweite seiner Erklärung. Da die Anfechtung unverzüglich (§ 121 BGB) erfolgte, hat er den Kaufvertrag wirksam angefochten, sodass der Vertrag rückwirkend als nichtig anzusehen ist (§ 142 BGB).

Franz kann jedoch gem. § 122 BGB Schadensersatz verlangen und seine vergeblichen Aufwendungen ersetzt verlangen (negatives Interesse). Kannte er hingegen die Gründe, die den A zur Anfechtung berechtigten (zu niedriger Preis) oder hätte er diese kennen müssen, wäre der Schadensersatz ausgeschlossen (§ 122 Abs. 2 BGB).

> **Tipp!** Interpretieren Sie nichts in den Sachverhalt hinein. Ist wie im vorliegenden Fall die Kenntnis fraglich und ergibt sich hieraus aber eine Schadensersatzpflicht, so zeigen Sie, dass Sie dies zwar wissen aber für die Beantwortung dieser Frage noch weitere Informationen benötigen.

> **Frage:** Was versteht man unter der Lehre vom faktischen Vertragsverhältnis?

Antwort: Nach der Lehre vom Faktischen Vertragsverhältnis kann in manchen Bereichen des Rechtsverkehrs ein Vertrag dadurch zustande kommen, dass tatsächlich zur Verfügung gestellte Leistungen durch einen anderen tatsächlich in Anspruch genommen werden, z.B. das Betreten und Fahren mit der U-Bahn. Der Vertrag kommt zwischen den Parteien somit unabhängig vom Willen – also ohne eine Willenserklärung – und nur durch das tatsächliche Verhalten der Beteiligten zustande.

> **Frage:** Haushaltsgeräteverkäufer Jupiter bestellt bei seinem Lieferanten Ludwig 10 neue Kühlschränke. Seine Bestellung versieht er mit dem Hinweis: „Für unser Wareneinkäufe gelten unsere allgemeinen Geschäftsbedingungen". Ludwig übersendet Jupiter eine Bestätigung und verweist seinerseits ebenfalls darauf, dass für die Lieferung der bestellten Ware ausschließlich seine allgemeinen Geschäftsbedingungen gelten. Von wem wurden allgemeinen Geschäftsbedingungen wirksam in den Vertragsschluss einbezogen?

Antwort: Allgemeine Geschäftsbedingungen zwischen Unternehmern werden grundsätzlich nur dann in den Vertrag mit einbezogen, wenn der Verwender bei Vertragsschluss auf die allgemeinen Geschäftsbedingungen (AGB) verweist und der Vertragspartner zumindest in der Lage ist, sich über die Bedingungen ohne weiteres Kenntnis zu verschaffen. Bei gegenläufig verwendeten AGB sollte früher „die Theorie des letzten Wortes" gelten. Da dies in der Praxis zu eher zufälligen Ergebnissen führte, wendet die neuere Rechtsprechung die AGB beider Vertragspartner an, soweit sich die AGB nicht widersprechen. An den Stellen, an denen die AGB gegenseitig kollidieren, wird auf die gesetzlichen Regelungen zurückgegriffen. Im vorliegenden Fall gelten also die AGB, die von beiden übereinstimmend formuliert sind, im Übrigen gilt das Gesetz.

> **Frage:** Dürfen die folgenden Klauseln in Allgemeinen Geschäftsbedingungen gegenüber Privatkunden verwendet werden?
> 1. „Für Lieferung und Leistung wird jegliche Gewährleistung ausgeschlossen."
> 2. „Die Gewährleistungsansprüche des Kunden beschränken sich auf Nachbesserung oder Ersatzlieferung."

Antwort:
1. Diese AGB-Klausel verstößt gegen § 309 Nr. 8 b) aa) BGB und ist daher unwirksam.
2. Die AGB-Klausel ist ebenfalls unwirksam, da dem Privatkunden entgegen § 309 Nr. 8 b) bb) BGB bei Fehlschlagen der Nacherfüllung nicht ausdrücklich das Recht vorbehalten wird, zu mindern oder vom Vertrag zurückzutreten.

> **Frage:** Der BGH hat im Jahr 2021 eine Klausel in AGB von Banken und Sparkassen für unwirksam erklärt. Können Sie dazu etwas sagen?

Antwort: Der BGH hat mit Urteil vom 27.04.2021 (XI ZR 26/20) eine Klausel in AGB von Banken und Sparkassen für unwirksam erklärt, mit der die Zustimmung von Bankkunden zu Klausel- und Preisänderungen fingiert wird, wenn die Kunden nicht binnen einer bestimmten Frist der Änderung widersprechen. Als Folge des Urteils benötigen Banken oder Sparkassen für eine Änderung ihrer AGB grundsätzlich die Zustimmung ihrer Kunden.

Frage: Was hat sich im Jahr 2022 in § 309 BGB bei den Regelungen über stillschweigende Vertragsverlängerungen geändert?

Antwort: Verträge über die die regelmäßige Lieferung von Waren oder die regelmäßige Erbringung von Dienst- oder Werkleistungen (z.B. Verträge mit Fitnessstudios, Online-Partnerbörsen, Gas- und Stromlieferanten) sind gemäß § 309 Nr. 9 BGB seit dem 01.03.2022 nach Ablauf der Mindestlaufzeit monatlich kündbar. Solche Verträge können mit einer Mindestlaufzeit von bis zu zwei Jahren abgeschlossen werden. Stillschweigende Vertragsverlängerungen sind nur dann wirksam, wenn die Vertragsverlängerung auf unbestimmte Zeit erfolgt. Es kann in diesen Fällen eine Kündigung jederzeit binnen Monatsfrist vorgenommen werden. Die Kündigungsfrist zur Vermeidung der automatischen Verlängerung des zunächst befristeten Vertrags beträgt seit dem 01.03.2022 nur noch einen Monat (vorher 4 Monate).

Problembereich 2: Vertragsschluss unter Beteiligung von Minderjährigen, Abstraktions- und Trennungsprinzip

---

Frage: Was bedeutet die Geschäftsfähigkeit?

Antwort: Unter der Geschäftsfähigkeit versteht man die Möglichkeit einer natürlichen Person rechtswirksam am Geschäftsverkehr teilzunehmen, insbesondere eigenverantwortliche Rechtsgeschäfte abzuschließen. Geschäftsfähigkeit hängt von dem Alter und dem geistigen Zustand der Person ab.

Frage: Wer ist geschäftsfähig?

Antwort: Die Geschäftsfähigkeit richtet sich nach Altersstufen und nach den persönlichen Eigenschaften, vgl. § 104 BGB.

Geschäftsunfähig ist, wer nicht das siebente Lebensjahr vollendet hat oder wer sich in einem die freie Willensbestimmung ausschließenden Zustand krankhafter Störung der Geistestätigkeit befindet, sofern nicht der Zustand seiner Natur nach ein vorübergehender ist.

Beschränkt geschäftsfähig ist, wer das 7., jedoch noch nicht das 18. Lebensjahr vollendet hat.

Frage: Welche Rechtsfolgen hat die Abgabe einer Willenserklärung eines Geschäftsunfähigen?

Antwort: Willenserklärungen eines Geschäftsunfähigen sind nichtig.

Frage: Minderjährige, die das siebte Lebensjahr vollendet haben, sind bis zur Vollendung des 18. Lebensjahres beschränkt geschäftsfähig, was bedeutet das?

Antwort: Der Minderjährige bedarf zu einer Willenserklärung, durch die er nicht lediglich einen rechtlichen Vorteil erlangt, der Einwilligung seines gesetzlichen Vertreters, § 107 BGB. Schließt der Minderjährige einen Vertrag ohne die erforderliche Einwilligung des gesetzlichen Vertreters, so hängt die Wirksamkeit des Vertrages von der Genehmigung des Vertreters ab, § 108 BGB.

Frage: Bringen folgende Vorgänge für einen Minderjährigen einen rechtlichen Vorteil im Sinne des § 107 BGB:
1. Die Übereignung einer Sache an einem Minderjährigen?
2. Der Abschluss eines Kaufvertrages durch einen Minderjährigen als Käufer/Verkäufer?

Antwort: Zu 1.: Die Übereignung einer beweglichen oder (unbelasteten) unbeweglichen Sache an einen Minderjährigen bringt diesem lediglich einen rechtlichen Vorteil. Sie ist auch wirksam, da die Übereignung abstrakt, also unabhängig von jeglichen Verpflichtungsgeschäften ist.

  Zu 2.: Der Abschluss eines Kaufvertrages bringt dem Minderjährigen nicht lediglich einen rechtlichen Vorteil, da sowohl für einen Käufer/Verkäufer als auch für den Minderjährigen im Rahmen eines Kaufvertrages Verpflichtungen begründet werden und diese Verpflichtungen keinen rechtlichen Vorteil darstellen.

Frage: Großgrundbesitzer G beschließt, seinem 12-jährigen Enkel E ein verpachtetes Grundstück zu übertragen. Der notarielle Übergabevertrag vom 11.06.22 enthält gleichzeitig die Erklärung zur Auflassung und zum lebenslangen Nießbrauch an dem übertragenen Grundstück zugunsten des G. G hat als Nießbraucher die Kosten der außergewöhnlichen Ausbesserungen und Erneuerungen zu tragen. Die zuständige Sachbearbeiterin im Grundbuchamt möchte keinen Minderjährigen in das Grundbuch eintragen. Alle übrigen grundbuchrechtlichen Vorschriften wurden eingehalten. Kann das Grundbuchamt die Eintragung verweigern?

Antwort: Das Grundbuchamt hat E als Eigentümer einzutragen, wenn E infolge des notariellen Vertrages Eigentümer des Grundstücks werden kann. Ein Minderjähriger wird indes nur dann Eigentümer, wenn der Übergabevertrag für den minderjährigen E lediglich rechtlich vorteilhaft ist (§§ 107, 108 Abs. 1 BGB). Ein auf den Erwerb einer Sache gerichtetes Rechtsgeschäft ist für einen Minderjährigen nicht lediglich vorteilhaft i.S.v. § 107 BGB, wenn der Erwerb mit Verpflichtungen verbunden ist, für die er nicht nur dinglich mit der erworbenen Sache, sondern auch persönlich mit seinem sonstigen Vermögen haftet. Eine Schenkung ist zunächst für den Minderjährigen rechtlich vorteilhaft. Allerdings ist der Minderjährige mit der Übertragung des Grundstücks verpflichtet in den bestehenden Pachtvertrag einzutreten (§§ 566 Abs. 1, 581 Abs. 2, 593b BGB). Die sich aus einem Pachtvertrag als Dauerschuldverhältnis ergebenden Pflichten wie z.B. Überlassungsverpflichtung und eventuelle Schadensersatzansprüche u.ä. stellen einen rechtlichen Nachteil dar. Die Pflichten eines Grundstückseigentümers sind zudem nicht auf das Grundstück beschränkt. So treffen den Eigentümer auch laufende öffentlich-rechtliche Verpflichtungen. Im Ergebnis ist die Schenkung somit mit rechtlichen Nachteilen für den E verbunden, sodass der Vertrag von der Zustimmung des gesetzlichen Vertreters abhängig ist. In Ermangelung einer Zustimmung ist der Vertrag unwirksam, weshalb das Grundbuchamt die Eintragung zu Recht verweigern konnte.

Frage: Die 90-jährige Oma Erna hat keine Kinder und bietet daher ihrem 14-jährigen Nachbarn Hans ihr Grundstück zum Kauf an. Da es ihr nicht auf das Geld ankommt schlägt sie Hans einen Kaufpreis von 15.000 € vor. Tatsächlich ist das Grundstück ein Vielfaches des Preises wert. Hans schlägt ein. Liegt ein wirksamer Kaufvertrag vor?

Antwort: Obwohl der Kaufvertrag wirtschaftlich betrachtet für den minderjährigen Hans von Vorteil ist, ist er es rechtlich nicht. Bei einem Kaufvertrag verpflichtet sich der Käufer zur Zahlung des Kaufpreises. Rechtlich betrachtet stellt diese Verpflichtung für den Minderjährigen einen Nachteil dar, wovor der Minderjährige zu schützen ist. Ohne Zustimmung der gesetzlichen Vertreter (vgl. zuvor) ist der Vertrag daher unwirksam.

Frage: Der minderjährige Hans geht zu dem Elektrofachgeschäft Jupiter und möchte sich eine Playstation kaufen, die Jupiter zum Preis von 150 € im Angebot hat. Hans erklärt Jupiter, dass er den Preis mit seinem Taschengeld von 15 € monatlich abbezahlen will. Können Hans und Jupiter einen wirksamen Kaufvertrag schließen?

Antwort: Da der Abschluss eines Kaufvertrages, durch den sich der minderjährige Hans zur Zahlung eines Kaufpreises verpflichtet, rechtlich nachteilhaft ist, ist der Kaufvertrag ohne die Zustimmung der gesetzlichen Vertreter unwirksam. Nach § 110 BGB (Taschengeldparagraf) ist ein von dem Minderjährigen ohne Zustimmung des gesetzlichen Vertreters geschlossener Vertrag jedoch von Anfang an wirksam, wenn der Minderjährige den Kaufpreis mit Mitteln bewirkt, die ihm zu diesem Zweck oder zur freien Verfügung von den Eltern überlassen worden sind (Taschengeld). Allerdings muss die Gegenleistung von diesen zur Verfügung gestellten Mitteln „bewirkt" worden sein, d.h. die Gegenleistung muss mit den Mitteln des Minderjährigen vollständig erbracht werden. Geschäfte, bei denen der Minderjährige den Kaufpreis in Raten abbezahlt, fallen nicht unter das Tatbestandsmerkmal des § 110 BGB „vollständig erbracht". Im vorliegenden Fall ist der Kaufvertrag des Hans daher solange schwebend unwirksam, bis die Eltern den Vertrag genehmigen, § 107 BGB.

Frage: Gibt es nach dem Gesetz neben dem Taschengeldparagrafen noch weitere Fälle in denen die Willenserklärung eines Minderjährigen von Anfang an wirksam ist?

Antwort: Das Gesetz kennt neben dem Taschengeldparagrafen noch zwei weitere Fälle in denen Rechtsgeschäfte von Minderjährigen von Anfang an wirksam sind, vgl. §§ 112 und 113 BGB. Ermächtigt der gesetzliche Vertreter mit Genehmigung des Familiengerichts den Minderjährigen zum selbständigen Betrieb eines Erwerbsgeschäftes, so ist der Minderjährige für solche Rechtsgeschäfte unbeschränkt geschäftsfähig, welche der Geschäftsbetrieb mit sich bringt (§ 112 BGB). Außerdem ist der Minderjährige für solche Rechtsgeschäfte unbeschränkt geschäftsfähig, welche die Eingehung oder Aufhebung eines Dienst- oder Arbeitsverhältnisses oder die Erfüllung der sich aus einem solchen Verhältnis ergebenden Verpflichtungen ergeben, wenn der gesetzliche Vertreter den Minderjährigen hierzu ermächtigt hat (§ 113 BGB).

Frage: Gibt es einen Unterschied zwischen Einwilligung, Genehmigung und Zustimmung?

Antwort: Die Zustimmung wird als Oberbegriff für die Einwilligung und Genehmigung verstanden. Wird die Zustimmung vor Vertragsschluss erteilt, liegt eine Einwilligung vor. Wird die Zustimmung erst nach Vertragsschluss erteilt, handelt es sich um die Genehmigung des Vertrages.

Frage: Auf welchem Zeitpunkt wirkt eine Genehmigung?

Antwort: Die Genehmigung wirkt ex tunc, d.h. die Willenserklärung ist als von Anfang an wirksam anzusehen (Gegenteil: ex nunc, wenn die rechtliche Wirkung nicht zurückwirkt, sondern von nun an, also erst ab jetzt eintritt).

Frage: Wie viele Rechtsgeschäfte werden im Rahmen eines Kaufes getätigt?

Antwort: Im Rahmen eines Kaufes werden insgesamt drei Verträge geschlossen. Zuerst schließen die Parteien einen Kaufvertrag über einen bestimmten Gegenstand. Im Anschluss daran vereinbaren sie die Übereignung des Gegenstandes und die Übereignung des Geldes.

Frage: Wie werden die zuvor beschriebenen Verträge genannt?

Antwort: Der Kaufvertrag ist das sogenannte Verpflichtungsgeschäft. Die Vereinbarungen über die Übereignung des Gegenstandes und des Geldes werden Verfügungs- oder Erfüllungsgeschäfte genannt.

Frage: Welche Rechtsgeschäfte kann der Minderjährige ohne Zustimmung seines gesetzlichen Vertreters abschließen und erläutern Sie dies anhand des Kaufs einer Sache?

Antwort: Der Minderjährige kann – neben den zuvor dargestellten Geschäften im Sinne der §§ 110, 112 und 113 BGB – nur solche Rechtsgeschäfte wirksam und ohne Mitwirkung seiner gesetzlichen Vertreter abschließen, mit denen er lediglich einen rechtlichen Vorteil erlangt, § 107 BGB. Verpflichtet sich der Minderjährige bei einem gegenseitigen Vertrag zur Erbringung einer Leistung (z.B. zur Übereignung eines Geldbetrages bei einem Kaufvertrag), stellt diese Verpflichtung für ihn rechtlich einen Nachteil dar, denn mit der Übereignung des Geldes verliert er daran sein Eigentum. Rechtlich vorteilhaft ist hingegen ein Rechtsgeschäft, durch das der Minderjährige an dem Kaufgegenstand das Eigentum erlangt. Daher bedarf es zur Wirksamkeit der Übereignung an einen Minderjährigen grundsätzlich keiner Zustimmung durch den gesetzlichen Vertreter, sodass dieser Verfügungsvertrag von Anfang an wirksam ist.

> **Frage:** Welche Prinzipien lassen sich aus dem Zusammenspiel schuldrechtlicher Vertrag und ggf. bereicherungsrechtlicher Ausgleich ableiten?

Antwort: Die Prinzipien lauten Trennungs- und Abstraktionsprinzip. Nach dem Trennungsprinzip werden schuldrechtliche und dingliche Verträge getrennt voneinander behandelt, d.h. bei einem Kaufvertrag und anschließenden Verfügungsverträgen handelt es sich um drei voneinander zu trennende Rechtsgeschäfte. Daraus folgt – im Sinne des Abstraktionsprinzips – dass die Verfügungsgeschäfte unabhängig von der Wirksamkeit des schuldrechtlichen Verpflichtungsgeschäfts wirksam sein können, was auch umgekehrt gilt. Im oben genannten Fall war daher auch die Übereignung der Playstation an den Minderjährigen wirksam, da die Erlangung des Eigentums für Hans lediglich rechtlich vorteilhaft war. Das Verpflichtungsgeschäft war hingegen unwirksam.

Problembereich 3: Vertragsschluss – Anfechtung, Widerruf und Nichtigkeit von Verträgen, Formvorschriften, Verjährung

> **Frage:** Unter welchen Voraussetzungen sind Rechtsgeschäfte nichtig? Kennen Sie die gesetzlichen Fundstellen?

Antwort: Rechtsgeschäfte, die gegen ein gesetzliches Verbot verstoßen sind nichtig, vgl. § 134 BGB. Ebenso sind Rechtsgeschäfte nichtig, die gegen die guten Sitten verstoßen oder gemäß § 138 BGB den Tatbestand des Wuchers erfüllen.

> **Frage:** Können Sie Beispiele nennen, bei dem das Rechtsgeschäft wegen Verstoßes gegen ein gesetzliches Verbot nach § 134 BGB und wegen Sittenwidrigkeit bzw. wegen Wuchers nach § 138 BGB nichtig ist?

Antwort: Ein Verstoß gegen ein gesetzliches Verbot liegt z.B. vor, wenn Parteien vereinbaren, dass neben einem schriftlich vereinbarten Werklohn eine weitere Barzahlung ohne Rechnungsstellung geleistet werden soll, damit weder Umsatzsteuer noch Einkommensteuer anfällt. Der gesamte Werkvertrag ist damit wegen Verstoßes gegen § 1 Abs. 2 Nr. 2 SchwarzArbG als gesetzliches Verbot nichtig.

Steuerberater sollten beispielsweise in der Praxis darauf achten, dass ihre entgeltliche Tätigkeit nicht gegen § 3 des Rechtsdienstleistungsgesetzes verstößt.

Sittenwidrig ist zum Beispiel ein Vertrag, in dem sich jemand gegen Geld dazu verpflichtet einem anderen körperliche Gewalt anzutun.

Bei Rechtsgeschäften, deren Leistung und Gegenleistung in einem auffälligen Missverhältnis stehen, kann der Tatbestand des Wuchers erfüllt sein, wie z.B. Darlehensgewährung mit einem Zinssatz von 50 %.

Frage: Wird ein Vertrag, der gekündigt wird, nichtig?

Antwort: Nein, Kündigung bedeutet, dass die vertraglichen Leistungspflichten zu einem bestimmten Zeitpunkt ex nunc (= von nun an) erlöschen. Für die gesamte Dauer des Vertrages seit Vertragsbeginn bis zu seinem mit der Kündigung bestimmten Ende gelten die vertraglich vereinbarten Pflichten. Ein nichtiges Rechtsgeschäft begründet hingegen erst gar keine vertraglichen Verpflichtungen.

Frage: Kann die Ausübung eines Gestaltungsrechtes zur Nichtigkeit eines Vertrages führen?

Antwort: Mit dem Gestaltungsrecht der Anfechtung kann die Nichtigkeit eines Rechtsgeschäfts herbeigeführt werden. Gemäß § 142 BGB ist das angefochtene Rechtsgeschäft als von Anfang an (= ex tunc) nichtig anzusehen.

Frage: Welche Voraussetzungen bedarf es für die wirksame Anfechtung eines Rechtsgeschäfts?

Antwort: Die Anfechtung setzt neben einem Anfechtungsgrund (§§ 119, 120, 123 BGB) eine Anfechtungserklärung innerhalb einer Frist (§§ 121, 124 BGB) voraus. Anfechtungsgrund ist dabei ein Irrtum des Erklärenden, wobei jedoch nicht jeder Irrtum zur Anfechtung berechtigt.

Frage: Haushaltsgeräteverkäufer Jupiter bestellt bei seinem Lieferanten 10 Kühlschränke. In seiner Bestellung trägt er bei der zu bestellenden Menge versehentlich 100 ein und faxt die Bestellung an seinen Lieferanten, der ihm diese wiederum bestätigt. Ist zwischen den Parteien ein Vertrag zustande gekommen, den Jupiter anfechten kann?

Antwort: Ein Vertrag kommt durch übereinstimmende Willenserklärungen zustande, die mit Bezug aufeinander abgegeben wurden. Indem Jupiter ein Angebot zum Abschluss eines Kaufvertrages über 100 Kühlschränke an seinen Lieferanten geschickt hat, das dieser mit seiner Bestätigung annahm, ist zwischen den Parteien ein wirksamer Kaufvertrag über 100 Kühlschränke zustande gekommen. Dieser Vertrag ist von Jupiter anfechtbar, wenn ein Anfechtungsgrund vorliegt. In Betracht kommt hier der sogenannte Erklärungsirrtum, § 119 Abs. 1, 2. Alt. BGB. Dieser liegt vor, wenn bei dem Erklärenden der Wille und der äußere Erklärungstatbestand auseinanderfallen, wie bei einem Versprechen oder Verschreiben. Dies ist vorliegend der Fall. Jupiter kann daher den Vertrag mit seinem Lieferanten anfechten (**Beachte:** Ggf. trifft Jupiter eine Schadensersatzpflicht gemäß § 122 BGB).

Frage: Von welchen weiteren Irrtümern ist der Erklärungsirrtum abzugrenzen?

Antwort: Der Erklärungsirrtum ist zunächst von dem Inhaltsirrtum nach § 119 Abs. 1, 1. Alt. BGB abzugrenzen. Ein Inhaltsirrtum liegt vor, wenn der Erklärende zwar das gewollte Erklärungszeichen benutzt, diesem aber eine falsche Bedeutung beimisst. Daneben ist der Erklärungsirrtum noch von dem sogenannten Motivirrtum, Kalkulationsirrtum und dem Eigenschaftsirrtum nach § 119 Abs. 2 BGB abzugrenzen

Frage: Der aus Bayern stammende Hubert bestellt in einem Kölner Restaurant einen „halven Hahn". Kurz darauf bringt ihm der Kellner ein Käsebrötchen. Hubert hatte mit einem gegrillten Hähnchen gerechnet. Kann Hubert den Vertrag über das Käsebrötchen anfechten?

Antwort: Zunächst ist festzustellen, dass Hubert in dem Kölner Restaurant einen Vertrag über das Käsebrötchen geschlossen hat, da aus Sicht des Kellners eine darauf gerichtete Willenserklärung seitens des Hubert abgegeben wurde. Hubert kann diesen Vertrag jedoch anfechten, wenn er sich insoweit in einem Irrtum befunden hat. Ein Inhaltsirrtum liegt vor, wenn der äußere Erklärungstatbestand dem Willen des Erklärenden entspricht, er jedoch nicht die Bedeutung und Tragweite seiner Erklärung erfasst. Hubert weiß, was er gesagt hat, er weiß allerdings nicht was er damit sagt, nämlich Käsebrötchen.

Frage: Fliesenlegermeister Fritz soll seinem Kunden das Anbringen von Sockelleisten anbieten. Er übersendet dem Kunden das Angebot, wonach der laufende Meter Sockelleiste ohne Montage 5 € kosten soll. Für die ausgemessenen und angegebenen 20 Meter berechnet er jedoch nur 50 €. Der Kunde nimmt das Angebot an. Kann Fritz den Vertrag anfechten?

Antwort: Fritz kann den Vertrag anfechten, wenn ihm hierfür ein Anfechtungsgrund zur Verfügung steht. Im vorliegenden Fall liegt ein sogenannter offener Kalkulationsirrtum als Unterfall des Inhaltsirrtums vor. Der offene Kalkulationsirrtum berechtigt zur Anfechtung, da der Vertragspartner den Irrtum hätte nachvollziehen können. Demzufolge könnte Fritz den Vertrag nicht anfechten, wenn er die Berechnungsgrundlagen nicht offengelegt hätte. In diesem Falle läge ein unbeachtlicher verdeckter Kalkulationsirrtum vor.

Frage: Was ist unter einem Motivirrtum zu verstehen?

Antwort: Ein Motivirrtum liegt vor, wenn sich der Erklärende in seinen Beweggründen, die ihn zur Abgabe der Willenserklärung bewogen haben, getäuscht hat. Beispiel: Heini kauft am Freitag in der Stadt ein Hochzeitsgeschenk, obwohl die für den Sonntag angekündigte Hochzeit zuvor abgesagt worden ist. Ein fehlerhaftes Motiv, weswegen eine Sache gekauft wurde, berechtigt nicht zur Anfechtung.

Frage: Antiquitätenhändler Anton verkauft seinem Kunden eine Mingvase für 500 € weil er glaubt, dass diese aus der jüngeren Zeit stammt. Tatsächlich ist die Vase 200 Jahre älter und deswegen ein Vielfaches Wert. Kann Anton den Vertrag noch anfechten?

Antwort: Anton kann den Kaufvertrag anfechten, wenn er sich in einem Eigenschaftsirrtum gemäß § 119 Abs. 2 BGB befunden hat. Bei dem Eigenschaftsirrtum irrt sich der Erklärende über verkehrswesentliche, wertbildende Eigenschaften, wie z.B. Echtheit eines Gemäldes, Alter eines Kunstwerks, Lage und Bebaubarkeit eines Grundstücks. Da das Alter der Vase im Fall als wertbildender Faktor eine verkehrswesentliche Eigenschaft ist, kann Anton den Kaufvertrag anfechten.

Frage: Nennen Sie die Rechtsfolge, die das Gesetz an eine wirksame Anfechtung knüpft?

Antwort: Gemäß § 142 BGB ist das angefochtene Rechtsgeschäft als von Anfang an (ex tunc) unwirksam anzusehen. Nach § 122 BGB hat der die Anfechtung Erklärende ggf. den Schaden zu ersetzen, den der andere dadurch erleidet, dass er auf die Wirksamkeit der Erklärung vertraut hat.

Frage: Nennen Sie die Frist, innerhalb derer die Anfechtung zu erklären ist!

Antwort: Die Anfechtung muss ohne schuldhaftes Zögern (unverzüglich) erfolgen, nachdem der Anfechtungsberechtigte von dem Anfechtungsgrund Kenntnis erlangt hat, § 121 Abs. 1 BGB.

Frage: Kennen Sie weitere Anfechtungsgründe?

Antwort: Der Erklärende ist außerdem zur Anfechtung berechtigt, wenn er arglistig getäuscht oder bedroht wurde. Gerade in solchen Fällen ist der Erklärungsempfänger nicht schützenswert. Eine arglistige Täuschung liegt in der Regel vor, wenn durch Vorspiegelung falscher Tatsachen bewusst ein Irrtum erregt wurde. Unter einer Drohung ist das Inaussichtstellen eines empfindlichen Übels, also eines Nachteils für den Bedrohten oder einer ihm nahestehenden Person, zu verstehen. Sowohl die Täuschung als auch die Drohung berechtigen zur Anfechtung nach § 123 BGB.

Beachte! Bei Anfechtung wegen arglistiger Täuschung oder rechtswidriger Drohung beträgt die Anfechtungsfrist (Frage zuvor) hingegen ein Jahr ab Kenntnis der Täuschung oder Wegfall der Drohung.

Nach zehn Jahren seit Abgabe der Willenserklärung kann sie hingegen nicht mehr erklärt werden, § 121 Abs. 2 BGB.

Frage: Im Zivilrecht führt die Anfechtung zur Nichtigkeit des Rechtsgeschäfts. Wie wird das angefochtene Rechtsgeschäft im Steuerrecht behandelt?

Antwort: Gemäß § 41 Abs. 1 AO ist ein unwirksames oder anfechtbares Rechtsgeschäft für Zwecke der Besteuerung als gültig zu behandeln, soweit die Beteiligten das wirtschaftliche Ergebnis bestehen lassen, es sei denn aus den Steuergesetzen ergibt sich etwas anderes.

Frage: A möchte sein Grundstück möglichst kosten- und steuergünstig an B verkaufen. A vereinbart mit B daher einvernehmlich, anstatt des wahren Kaufpreises von 600.000 € bei dem beurkundenden Notar nur 320.000 € als Kaufpreis anzugeben. Der Notar protokolliert den Vertrag, die Grunderwerbsteuer wird auf der Grundlage des Vertrages festgesetzt. Kann B die Übereignung des Grundstücks von A verlangen?

Antwort: B hat nur dann einen Anspruch auf Übereignung des Grundstücks, wenn hierüber ein wirksamer Kaufvertrag zustande gekommen ist. Das bei dem Notar beurkundete Rechtsgeschäft (Grundstückskaufvertrag mit dem Preis 320.000 €) ist nach § 117 Abs. 1 BGB nichtig, da es zwischen den Parteien einverständlich nicht gewollt war (sog. Scheingeschäft). Ein Anspruch auf Übereignung kann sich jedoch aus § 117 Abs. 2 BGB, also aus dem tatsächlich gewollten Geschäft (Grundstückskauf zu einem Preis von 600.000 €) ergeben. Da bei diesem Vertrag jedoch die notwendige Form des § 311b Abs. 1 Satz 1 BGB nicht eingehalten wurde, ist auch dieser Vertrag wegen Formmangel nichtig (§ 125 BGB). Da kein wirksamer Vertrag vorliegt, kann B auch nicht die Übereignung des Grundstücks verlangen. Der mündlich geschlossene Vertrag wird mit seinem ganzen Inhalt nach § 311b Abs. 1 Satz 2 BGB erst dann gültig und damit geheilt, wenn B als Eigentümer im Grundbuch eingetragen wird.

Frage: Welchen Einfluss hat das Scheingeschäft auf die steuerliche Beurteilung?

Antwort: Nach § 41 Abs. 2 AO sind Scheingeschäfte und Scheinhandlungen für die Besteuerung unerheblich. Wird durch ein Scheingeschäft ein anderes Rechtsgeschäft verdeckt, so ist das verdeckte Rechtsgeschäft für die Besteuerung maßgebend.

Frage: Was wird im Unterschied zu einem Scheingeschäft unter einem geheimen Vorbehalt und einer Scherzerklärung verstanden und wo werden diese geregelt?

Antwort: Bei einem geheimen Vorbehalt behält sich der Erklärende insgeheim bei Abgabe der Erklärung vor, das Erklärte nicht zu wollen. Der geheime Vorbehalt ist nach § 116 Satz 1 BGB zum Schutz des Erklärungsempfängers unbeachtlich und die Erklärung daher wirksam. Kennt der Erklärungsempfänger hingegen die mangelnde Ernstlichkeit, ist die Willenserklärung hingegen nichtig, § 116 Satz 2 BGB. Erwartet der Erklärende, der Empfänger würde den Mangel der Ernstlichkeit erkennen, was jedoch nicht geschieht, ist die Willenserklärung als sogenannte Scherzerklärung nach § 118 BGB (Mangel der Ernstlichkeit) ebenfalls nichtig.

Frage: Welche verschiedenen Formen unterscheidet das BGB?

Antwort: Das BGB kennt folgende Formvorschriften:

- Schriftform, § 126 BGB,
- Elektronische Form, § 126a BGB,
- Textform, § 126b BGB,
- Notarielle Beurkundung, § 128 BGB,
- Öffentliche Beglaubigung, § 129 BGB.

Zu beachten ist, dass diese Formvorschriften die Ausnahme darstellen. Grundsätzlich herrscht im BGB das Prinzip der Formfreiheit.

Frage: Was ist bei der elektronischen Form nach § 126a BGB zu beachten?

Antwort: Soll die gesetzlich vorgeschriebene schriftliche Form durch die elektronische Form ersetzt werden, so muss der Aussteller der Erklärung dieser seinen Namen hinzufügen und das elektronische Dokument mit seiner qualifizierten elektronischen Signatur versehen (§ 126a Abs. 1 BGB).

Handelt es sich um einen Vertrag, müssen die Parteien jeweils ein gleichlautendes Dokument in der in § 126a Abs. 1 BGB bezeichneten Weise elektronisch signieren (§ 126a Abs. 2 BGB).

Frage: Kennen Sie die Gründe für die besonderen Formerfordernisse?

Antwort: Formerfordernisse haben vor allem eine Warnfunktion. Sie sollen den Handelnden auf die Bedeutung des Rechtsgeschäfts aufmerksam machen und Schutz vor Übereilung gewähren. Sie haben darüber hinaus Klarstellungs- und Beweisfunktion. Bei der notariellen Beurkundung kommt außerdem die Aufklärungsfunktion hinzu.

Frage: Was erfordert die Schriftform?

Antwort: Die Schriftform setzt die schriftliche Abfassung der Erklärung und die Unterschrift voraus, § 126 BGB.

Frage: Was ist für eine öffentliche Beglaubigung erforderlich und was setzt dagegen eine notarielle Beurkundung voraus?

Antwort: Bei der öffentlichen Beglaubigung muss die Erklärung schriftlich abgefasst und die Unterschrift von einem Notar beglaubigt werden. Bei der notariellen Beurkundung muss dagegen die gesamte Erklärung zu Protokoll in einer Urkunde des Notars aufgenommen und unterschrieben werden. Die gesetzlichen Regelungen ergeben sich aus dem Beurkundungsgesetz.

Frage: Welche Konsequenzen hat ein Formmangel?

Antwort: Grundsätzlich führt der Formmangel zur Nichtigkeit des Rechtsgeschäfts, wenn die für dieses Rechtsgeschäft gesetzlich vorgeschriebene Form nicht eingehalten wird, § 125 BGB. Teilweise kann der Formmangel durch die Erfüllung der Verpflichtung geheilt werden, vgl. §§ 311b Abs. 1 S. 2, 766 Satz 3 BGB.

Frage: Was wird unter der einfachen und doppelten Schriftformklausel verstanden und worin besteht der Unterschied?

Antwort: Eine einfache Schriftformklausel regelt, dass Änderungen und Ergänzungen des Vertrags der Schriftform bedürfen („Jegliche Änderungen oder Ergänzungen dieses Vertrages sind nur wirksam, wenn sie schriftlich vereinbart werden."). Da aber die Schriftformklausel zunächst nicht sich selbst erfasst, ist es grundsätzlich möglich, dass bei einfacher Schriftformklausel diese mit der mündlichen

Änderungsvereinbarung konkludent mit geändert und damit wirkungslos wird. Im Ergebnis können Verträge mit einer einfachen Schriftformklausel trotzdem mündlich geändert werden.

Daher verlangt die doppelte Schriftformklausel, dass auch die Abbedingung der Schriftform schriftlich erfolgen muss. Dies muss ausdrücklich mit in die Klausel aufgenommen werden („Dies gilt auch für eine Änderung dieser Schriftformklausel.").

Frage: Was ist der Unterschied zwischen Einwendungen und Einreden? Kennen Sie Beispiele?

Antwort: Einwendungen und Einreden führen im Ergebnis dazu, dass ein Anspruch nicht geltend gemacht werden kann. Ihre Wirkung auf den Anspruch ist jedoch unterschiedlich. Die Einwendungen unterteilen sich in rechtshindernde und rechtsvernichtende Einwendungen. **Rechtshindernde Einwendungen** werden solche Rechte genannt, die verhindern, dass ein vertraglicher Anspruch überhaupt erst entsteht. Beispiele sind: Mangelnde Geschäftsfähigkeit, Formverletzungen oder Anfechtung.

Rechtsvernichtende Einwendungen sind hingegen solche Rechte, die einen bereits entstandenen Anspruch wieder zum Erlöschen bringen. Beispiele sind: Erfüllung, Aufrechnung oder Rücktritt.

Einreden bewirken, dass ein entstandener und nicht erloschener Anspruch nicht durchgesetzt werden kann, wenn sich der Schuldner darauf ausdrücklich beruft. Beispiele sind: Verjährung, Zurückbehaltungsrechte, Einrede des nicht erfüllten Vertrages. Unterlässt der Schuldner in einem Prozess, sich auf die Verjährung zu berufen, wird er entsprechend der Klage verurteilt, weil der Anspruch im Gegensatz zu den Einwendungen nicht erlischt.

Frage: Was versteht man unter Verjährung?

Antwort: Gemäß § 214 BGB ist der Schuldner nach Eintritt der Verjährung berechtigt, die Leistung zu verweigern.

Frage: Unterscheidet sich die zivilrechtliche Verjährung von der steuerlichen Verjährung?

Antwort: Im Gegensatz zum Zivilrecht erlöschen im Steuerrecht gemäß § 47 AO die Ansprüche aus dem Steuerschuldverhältnis auch durch Verjährung. Im Zivilrecht bleibt der Anspruch bestehen, kann jedoch – wenn sich die zur Leistung verpflichtete Partei auf Verjährung beruft – nicht mehr durchgesetzt werden.

Frage: Wie lang ist die regelmäßige Verjährungsfrist und wann beginnt diese?

Antwort: Die regelmäßige Verjährungsfrist beträgt drei Jahre (§ 195 BGB) und beginnt mit dem Schluss des Jahres in dem der Anspruch (z.B. Abschluss eines wirksamen Kaufvertrages) entstanden ist und der Gläubiger von den Anspruch begründenden Umständen und der Person des Schuldners Kenntnis erlangt oder ohne grobe Fahrlässigkeit hätte erlangen müssen.

Frage: Können Sie im Zusammenhang mit der Verjährung von Ansprüchen die Begriffe Neubeginn und Hemmung der Verjährung voneinander abgrenzen und jeweils ein Beispiel nennen, wann diese Anwendung finden?

Antwort: Bei der Hemmung der Verjährung wird der Zeitraum, in dem der Hemmungsgrund besteht, nicht mit angerechnet. Nach dem Wegfall des Grundes läuft die Frist weiter und verlängert sich um die Dauer, für die der Hemmungsgrund bestanden hat, vgl. § 209 BGB. Als Hemmungsgrund kommt in der Praxis insbesondere das Schweben von Verhandlungen zwischen den Parteien über das Bestehen eines Anspruchs, vgl. § 203 BGB, das Erheben einer Klage oder die Zustellung eines Mahnbescheids im Mahnverfahren oder des Europäischen Zahlungsbefehls im Europäischen Mahnverfahren nach der Verordnung (EG) Nr. 1896/2006 des Europäischen Parlaments und des Rates vom 12.12.2006 zur Einführung eines Europäischen Mahnverfahrens in Betracht, vgl. § 204 Abs. 1 Nr. 3 BGB.

Bei dem Neubeginn der Verjährungsfrist beginnt die Verjährungsfrist aufgrund eines Ereignisses von neuem zu laufen und die Zeit bis zu dem Ereignis, das zur Unterbrechung geführt hat, wird bei der neuen Fristberechnung nicht mit angerechnet. Der Neubeginn hat in der Praxis keine große Bedeutung mehr. Nach § 212 BGB hat die Frist in zwei Sachverhaltskonstellationen neu zu beginnen. Zum einen dann, wenn der Schuldner dem Gläubiger gegenüber durch Abschlagszahlung, Zinszahlung oder Sicherheitsleistung oder in anderer Weise den Anspruch anerkennt und zum anderen dann, wenn eine gerichtliche oder behördliche Vollstreckungshandlung vorgenommen oder beantragt wird.

> **Frage:** Reicht für die Hemmung der Verjährung, dass der Gläubiger den Schuldner schriftlich ermahnt und z.B. zur Zahlung eines Geldbetrages auffordert?

Antwort: Eine privatrechtliche Mahnung ist in § 204 BGB nicht aufgeführt, sodass für die Hemmung der Verjährung zwingend die Zustellung des Mahnbescheides im Mahnverfahren erforderlich ist.

> **Frage:** Bei dieser Gelegenheit: Können sie kurz darstellen, wie ein gerichtliches Mahnverfahren abläuft?

Antwort: Für das Mahnverfahren bedarf es eines formellen Mahnantrags (Formularzwang nach § 703c ZPO) unter Nennung des Anspruchs sowie des Betrags der Geldforderung (Haupt- und Nebenforderung), die nicht von einer Gegenleistung abhängen darf. Der Mahnantrag hat eine handschriftliche Unterschrift (§ 690 Abs. 2 ZPO) zu enthalten, es sei denn, die Identität des Einreichenden ist auf andere Weise sichergestellt (§ 702 Abs. 2 S. 4 ZPO). Der Mahnantrag ist bei dem Amtsgericht zu stellen, in dem der Antragsteller seinen Sitz hat. Das Amtsgericht erlässt den Mahnbescheid und leitet diesen an den Antragsgegner weiter, dem er zugestellt wird. Hiergegen kann der Antragsgegner innerhalb einer Frist von 2 Wochen nach erfolgter Zustellung Widerspruch einlegen (§ 694 ZPO). Legt der Antragsgegner innerhalb von 2 Wochen keinen Widerspruch gegen den Mahnbescheid ein, erlässt das Amtsgericht auf Antrag des Antragstellers einen Vollstreckungsbescheid (§ 699 Abs. 1 ZPO).

> **Frage:** Kann der Gläubiger nun mit dem Mahnbescheid die Vollstreckung beginnen?

Antwort: Nein, der Antragsgegner kann gegen den Vollstreckungsbescheid innerhalb von 2 Wochen (§ 339 ZPO) Einspruch einlegen (§ 700 Abs. 3 i.V.m. § 338 ZPO). Der Vollstreckungsbescheid wird mit Ablauf der Einspruchsfrist formell und materiell rechtskräftig. Es liegt nun ein Vollstreckungstitel vor, aus dem die Vollstreckung betrieben werden kann.

> **Hinweis!** Muss die Zustellung im Ausland erfolgen, so beträgt die Einspruchsfrist einen Monat. Das Gericht kann im Versäumnisurteil auch eine längere Frist bestimmen (§ 339 Abs. 2 ZPO).

> **Frage:** Wie heißen die Rechtsmittel, mit denen sich der Schuldner gegen einen Mahnbescheid bzw. einen Vollstreckungsbescheid wehren kann?

Antwort: Der Schuldner kann innerhalb von vierzehn Tagen nach Zustellung gegen den Mahnbescheid Widerspruch und gegen den Vollstreckungsbescheid Einspruch einlegen. Hiernach wird der Rechtsstreit von dem Mahngericht an das zuständige Gericht abgegeben.

> **Frage:** Ist danach das Amts- oder das Landgericht zuständig?

Antwort: Dies ist vom Streitwert abhängig. Bei Verfahren in bürgerlichen Rechtsstreitigkeiten, die einen Streitwert von bis zu 5.000 € zum Gegenstand haben, ist grundsätzlich das Amtsgericht zuständig. Ist der

Streitwert höher als 5.000 €, liegt die Zuständigkeit bei dem Landgericht. Örtlich ist grundsätzlich das Gericht zuständig, indem der Beklagte seinen (Wohn-)Sitz hat.

> **Frage:** Aus dem Vollstreckungsbescheid als Titel hätte der Gläubiger ähnlich wie die Finanzverwaltung aus einem bestandskräftigen Steuerbescheid die Möglichkeit der Zwangsvollstreckung in das Vermögen des Schuldners. Kennen Sie weitere Titel, aus denen ein Gläubiger die Vollstreckung betreiben könnte?

Antwort: Der Vollstreckung liegen zunächst rechtskräftige Endurteile zugrunde, vgl. § 704 ZPO. Daneben kommen vor allem gerichtliche Vergleiche und gerichtliche sowie notarielle Urkunden als Grundlage für eine Vollstreckung in Betracht, vgl. § 794 Abs. 1 Nr. 1 und 5 ZPO.

> **Frage:** Kennen Sie ein praktisches Beispiel, bei dem die Vollstreckung aus einer notariellen Urkunde möglich ist und worin der Vorteil liegt?

Antwort: Häufig wird in einem notariellen Kaufvertrag über ein Grundstück die Klausel mit aufgenommen, dass sich der Käufer mit seinem gesamten Vermögen der sofortigen Zwangsvollstreckung unterwirft, wenn er den Kaufpreis bis zur vereinbarten Fälligkeit nicht bezahlt.

Notarielle Urkunden mit Unterwerfungsklausel kommen daneben auch bei Immobilienfinanzierungen vor: Meist nimmt der Erwerber eines Grundstücks zur Finanzierung des Kaufpreises ein Darlehen auf. Die Bank verlangt hierfür Sicherheiten in Form von Hypotheken oder Grundschulden. Um im Falle des Zahlungsausfalls die Zwangsversteigerung oder die Zwangsverwaltung in das Grundstück betreiben zu können, wird ein vollstreckbarer Titel benötigt, der dann in Form der notariellen Urkunde mit Unterwerfungsklausel vorliegt.

Für den Gläubiger besteht der Vorteil einer solchen notariellen Urkunde darin, dass er einen langwierigen Prozess vermeiden kann, weil mit der notariellen Urkunde die Vollstreckung beantragt werden kann und kein (vollstreckbares) Gerichtsurteil erstritten werden muss.

> **Frage:** Zum Abschluss noch ein kurzer Fall zur Verjährung. Nachdem die Forderung des Gläubigers mit Ablauf des 31.12.16 zu verjähren droht, stellt dieser am 31.12.16 noch einen Antrag auf Erlass eines Mahnbescheides beim zuständigen Mahngericht. Das Mahngericht stellt den Mahnbescheid am 14.01.17 dem Schuldner zu, der dagegen Widerspruch erhebt. Daraufhin wird das Verfahren am 14.02.17 an das zuständige Landgericht abgegeben. Nachdem das Gericht am 21.02.17 den Gläubiger aufgefordert hat, den Anspruch zu begründen, versendet dieser seine Begründung am 20.09.17. Ist zu diesem Zeitpunkt der Anspruch verjährt?

Antwort: Der Mahnbescheid wurde vor Ablauf der Verjährungsfrist gestellt, sodass die Verjährung durch Zustellung des Mahnbescheides gehemmt (§ 204 Abs. 1 Nr. 3 BGB) wurde. Die Zustellung des Mahnbescheides erst nach Ablauf der Verjährungsfrist schadet nicht, wenn der Antrag rechtzeitig gestellt wurde und der Mahnbescheid zeitnah zugestellt wird.

Die Hemmung der Verjährung dauert sechs Monate und endet, wenn innerhalb dieser Zeit das Verfahren in Stillstand gerät (§ 204 Abs. 2 S. 2 BGB). Mit jeder Verfahrenshandlung wird die Verjährung erneut für sechs Monate gehemmt. Seit der letzten Verfahrenshandlung am 21.02.17 ist in der Angelegenheit nichts weiter unternommen worden, sodass mit Ablauf des 21.08.17 die Frist und damit der Anspruch verjährt ist.

> **Frage:** Welche Neuerungen sind bei Verjährung von Schadensersatzansprüchen im Zusammenhang mit der sog. Dieselaffäre eingetreten?

Antwort: Der BGH hat mit Urteil vom 29.07.2021, VI ZR 1118/20 entschieden, dass die Verjährung von Schadensersatzansprüchen im Zusammenhang mit der Dieselaffäre gegen VW durch eine Teilnahme an dem beim OLG Braunschweig durchgeführten Musterfeststellungsverfahren auch dann wirksam gehemmt wird, wenn der Käufer sich von dem Musterfeststellungsverfahren wieder abgemeldet hat und erst nach dieser Abmeldung eine Schadensersatzklage gegen VW einreicht. Die Verjährung wird rückwirkend durch die Anmeldung zum Musterfeststellungsverfahren gehemmt.

Die Hemmungswirkung eines nach § 204 Abs. 1 Nr. 1a BGB wirksam in einem Musterfeststellungs-verfahren angemeldeten Anspruchs tritt nach der o.g. Entscheidung des BGH nicht erst mit dem Zeitpunkt der wirksamen Anmeldung des Anspruchs zur Eintragung in das Klageregister ein, sondern wirkt auf den Zeitpunkt der Erhebung der Musterfeststellungsklage zurück. Der Hemmungstatbestand des § 204 Abs. 1 Nr. 1a BGB findet auch Anwendung, wenn der Gläubiger seine Anmeldung zum Klageregister im weiteren Verlauf des Musterfeststellungsverfahrens wieder zurücknimmt. Der BGH hat mit dem Urteil vom 27.01.2022, VII ZR 303/20 nach § 204 Abs. 2 Satz 2 BGB eine nachlaufende sechsmonatige Verjährungshemmung bestimmt.

> **Frage:** Der BGH hat mit Urteil vom 24.04.2023, VIa ZR 1517/22 zum Verbund eines Kaufvertrags mit einem Allgemein-Verbraucherdarlehensvertrag – Inhaltskontrolle von Bestimmungen in Allgemeinen Geschäftsbedingungen (AGB) – Inanspruchnahme einer Fahrzeugherstellerin wegen der Verwendung unzulässiger Abschalteinrichtungen in einem Kraftfahrzeug auf Schadensersatz geurteilt. Was können Sie hierzu sagen?

Antwort: Die im Falle des Verbunds eines Kaufvertrags mit einem Allgemein-Verbraucherdarlehensvertrag in den Allgemeinen Geschäftsbedingungen des Darlehensgebers enthaltene Bestimmung

„3. Abtretung von sonstigen Ansprüchen

Der Darlehensnehmer tritt ferner hiermit folgende – gegenwärtige und zukünftige – Ansprüche an den Darlehensgeber ab, [der] diese Abtretung annimmt:

[...]

– gegen die [...] [Verkäuferin] gleich aus welchem Rechtsgrund. Ausgenommen von der Abtretung sind Gewährleistungsansprüche aus Kaufvertrag des Darlehensnehmers gegen die [...] [Verkäuferin]. Der Darlehensnehmer hat dem Darlehensgeber auf Anforderung jederzeit die Namen und Anschriften der Drittschuldner mitzuteilen."

unterliegt nach § 307 Abs. 3 Satz 1 BGB der richterlichen Inhaltskontrolle und ist im Verkehr mit Verbrauchern gemäß § 307 Abs. 1 Satz 1, Abs. 2, §§ 134, 361 Abs. 2 Satz 1, § 358 Abs. 4 Satz 5 BGB unwirksam."

Der BGH verbietet die o.g. AGB-Klausel in den Darlehensverträgen der Mercedes-Benz Bank. Als Ergebnis können die Käufer weiterhin gegen Mercedes klagen und Schadensersatz z.B. im Zusammenhang mit dem Diesel-Abgasskandal fordern. Dies gilt sowohl für Verbraucher als auch für Unternehmer.

Problembereich 4: Vertragsschluss – Stellvertretung

> **Frage:** Was sind die Voraussetzungen der Stellvertretung, § 164 Abs. 1 BGB?

Antwort: Die Stellvertretung setzt gem. § 164 Abs. 1 BGB voraus:
- Abgabe einer eigenen Willenserklärung durch den Vertreter
- Handeln des Vertreters im fremden Namen, sogenannte Offenkundigkeit, und
- Vertretungsmacht

Frage: Bei welchen Geschäften ist Stellvertretung unzulässig?

Antwort: Stellvertretung ist bei sog. höchstpersönlichen Rechtsgeschäften unzulässig, wie z.B. Ehe oder Testament.

Frage: Ist ein Bote auch ein Stellvertreter? Bitte begründen Sie Ihre Antwort!

Antwort: Nein, der Bote ist kein Stellvertreter, da der Bote nur die Willenserklärung seines Auftraggebers, also eine vorgefertigte Willenserklärung übermittelt. Der Stellvertreter gibt hingegen eine eigene Willenserklärung im fremden Namen ab. Demnach muss der Stellvertreter geschäftsfähig sein.

Frage: Können Kinder auch Boten oder Stellvertreter sein?

Antwort: Kinder können Boten sein. Das Alter spielt – im Gegensatz zum Stellvertreter – bei der Wahl des Boten keine Rolle, da er nur eine fremde Willenserklärung überbringt. Hier gilt der Merksatz: „Ist das Fritzchen noch so klein, kann es trotzdem Bote sein." Dies gilt nicht für den Stellvertreter. Allerdings ist es für eine wirksame Stellvertretung ohne Bedeutung, wenn der Stellvertreter nur beschränkt geschäftsfähig ist, vgl. § 165 BGB. Der Stellvertreter muss also zumindest das siebente Lebensjahr vollendet haben.

Frage: Wer wird Vertragspartner, wenn der Vertreter nicht offenkundig im fremden Namen handelt?

Antwort: Wenn der Vertreter nicht im fremden Namen handelt, wird grundsätzlich er selbst und nicht der Vertretene Vertragspartner, vgl. § 164 Abs. 2 BGB.

Frage: Gibt es Ausnahmen vom Offenkundigkeitsgrundsatz?

Antwort: Es sind verschiedene Ausnahmen vom Offenkundigkeitsgrundsatz zu unterscheiden. Wichtig ist vor allem das sogenannte „Geschäft für den, den es angeht". Dabei handelt es sich um Geschäfte des alltäglichen Lebens, bei denen die Abwicklung i.d.R. sofort, d.h. durch sofortige Übereignung und Zahlung erfolgt. Hier hat der Geschäftspartner wegen der sofortigen Abwicklung kein Interesse an der Kenntnis der Vertretung. Ihm ist vollkommen gleichgültig, wer sein Vertragspartner wird (z.B. Einkauf im Supermarkt).

Frage: Was bedeutet Vollmacht?

Antwort: Vollmacht ist nach der in § 166 Abs. 2 BGB enthaltenen Legaldefinition die rechtsgeschäftlich erteilte Vertretungsmacht. Daneben kann der Vertreter auch gesetzliche Vertretungsmacht haben, z.B. der Komplementär einer OHG.

Frage: Welche Formen oder Arten der Vollmacht werden unterschieden und was ergibt sich daraus für die Geltungsdauer der Vollmacht?

Antwort: Nach der Form ihrer Erteilung unterscheidet man die Innenvollmacht, bei der die Vollmacht nach § 167 Abs. 1, 1. Alt. BGB durch Erklärung gegenüber dem Vertreter erteilt wird. Demgegenüber wird die Außenvollmacht gemäß § 167 Abs. 1, 2. Alt. BGB durch Erklärung gegenüber dem Erklärungsempfänger erteilt. Die Innenvollmacht erlischt entweder mit dem ihrer Erteilung zugrundeliegenden Rechtsverhältnis, § 168 S. 1 BGB oder mit einem vorherigen Widerruf, § 168 S. 2 BGB. Die Außenvollmacht erlischt dagegen im Außenverhältnis zum Erklärungsempfänger erst mit der Anzeige des Erlöschens ihm gegenüber, § 170 BGB.

Frage: Welche Rechtsfolge sieht das Gesetz vor, wenn der Vertreter ohne Vertretungsmacht handelt?

Antwort: Schließt ein Vertreter ohne Vertretungsmacht einen Vertrag, ist er dem Vertragspartner gegenüber entweder zur Erfüllung oder zum Schadenersatz verpflichtet. Der vermeintlich Vertretene hat allerdings das Recht, den Vertrag seines Vertreters ohne Vertretungsmacht zu genehmigen, vgl. § 179 BGB. Dies ist für solche Fälle relevant, in denen das Geschäft für den Vertretenen vorteilhaft wäre. Den Vertreter trifft jedoch dann keine Haftung, wenn der Vertragspartner den Mangel der Vertretungsmacht kannte, vgl. § 179 Abs. 3 BGB.

Frage: Ist die Vollmacht in einer bestimmten Form zu erteilen?

Antwort: Die Vollmacht kann formfrei, d.h. auch mündlich erteilt werden, vgl. § 167 Abs. 1 BGB. Zu Nachweiszwecken empfiehlt es sich, in der Praxis Vollmachten schriftlich zu erteilen.

Frage: Stellen Sie sich vor, Sie möchten Ihr Haus verkaufen und möchten sich im Termin zur notariellen Beurkundung vertreten lassen. Reicht für ein solches Rechtsgeschäft eine mündliche Vollmacht?

Antwort: Auch wenn das Rechtsgeschäft, für das die Vollmacht erteilt wird, formbedürftig ist, kann die Vollmacht grundsätzlich formlos erteilt werden, vgl. § 167 Abs. 2 BGB. In dem konkreten Fall des Grundstückskaufvertrages gilt dies nach Ansicht der Rechtsprechung ausnahmsweise nicht, wenn die Vollmacht unwiderruflich erteilt wird, um so den Schutzzweck durch die Formvorschrift für den Vertreter aufrecht zu erhalten.

Ansonsten können spezielle gesetzliche Regelungen eine bestimmte Form für die Vollmacht vorschreiben.

Frage: Kennen Sie gesetzliche Ausnahmen, bei denen die Erteilung der Vollmacht formbedürftig ist?

Antwort: Nach § 2 Abs. 2 GmbHG ist die Unterzeichnung des Gesellschaftsvertrages durch Bevollmächtigte nur aufgrund einer notariell errichteten oder beglaubigten Vollmacht zulässig. Die notarielle Errichtung der Vollmacht kann auch mittels Videokommunikation gemäß den §§ 16a bis 16e des Beurkundungsgesetzes erfolgen.

Frage: Darf ein Vertreter ein sogenanntes Insichgeschäft vornehmen?

Antwort: Nein, der Vertreter kann dem Grundsatz nach kein Rechtsgeschäft abschließen, indem er gleichzeitig für sich und einen Vertretenen (Selbstkontrahieren) oder gleichzeitig für mehrere Vertretene als Vertreter (Mehrfachvertretung) auftritt, vgl. § 181 BGB.

Frage: Gibt es Ausnahmen hiervon und kann die Regelung des § 181 BGB auch ausgeschlossen werden?

Antwort: Ja, eine Ausnahme besteht beispielsweise dann, wenn der Vertretene durch das Insichgeschäft lediglich einen rechtlichen Vorteil erlangt. Daneben kann die Regelung des § 181 BGB ausgeschlossen werden, da die Regelung des § 181 BGB dispositiv ist.

Frage: In welchen Fällen ist dies in der Praxis relevant?

Antwort: Die Beschränkungen des § 181 BGB greifen bei kleineren Schenkungen von Eltern an Ihre minderjährigen Kinder z.B. anlässlich eines Geburtstages nicht ein. In diesem Fall nehmen sie als gesetzlicher Vertreter für das Kind die Schenkung an und stimmen der Übereignung des Gegenstandes zu, was für den Minderjährigen lediglich rechtlich vorteilhaft ist.

Eine ausdrückliche Befreiung von der Beschränkung des § 181 BGB ist hingegen bei einem alleinigen Gesellschafter-Geschäftsführer einer GmbH erforderlich.

Frage: (Prüfer: Letzter Fall, den ich sofort an alle freigebe): Sie erhalten als Rechtsanwalt von Ihrem Mandanten den Auftrag die Kündigung seines Mobilfunkvertrages vorzunehmen. Sie lassen sich eine Vollmacht von Ihrem Mandanten unterzeichnen und faxen sodann die Kündigung zusammen mit der Vollmacht am letzten Tag der Kündigungsfrist an den Mobilfunkanbieter, der am nächsten Tag die Kündigung unverzüglich zurückweist. Konnten Sie den Vertrag rechtzeitig kündigen?

Antwort: Nein, die Kündigung ist nicht rechtzeitig erfolgt, da sie nicht wirksam war. Grundsätzlich handelt es sich bei der Kündigung eines Vertrages nicht um ein höchstpersönliches Rechtsgeschäft, sodass eine Vertretung zulässig ist. Die Kündigung stellt ein einseitiges Rechtsgeschäft dar, da für ihre Wirksamkeit keine weitere Willenserklärung eines Vertragspartners notwendig ist. Zwar kann man sich auch für einseitige Rechtsgeschäfte vertreten lassen, für ihre Wirksamkeit ist es allerdings erforderlich, dass der Bevollmächtigte eine Vollmachtsurkunde im Original vorlegt, vgl. § 174 BGB. Fehlt es an dieser Vollmachtsurkunde und weist der Vertragspartner deshalb die Kündigung unverzüglich zurück, ist die Kündigung unwirksam. Es verbleibt nur die Möglichkeit die Kündigung mit der Originalvollmacht zu wiederholen, wobei diese dann erst für den nächsten Kündigungstermin Wirkung entfaltet.

Tipp! Sollte der Prüfer die Frage freigeben, ist der Prüfer bereit, noch einmal zusätzliche Punkte zu vergeben. Die Freigabe kann vor oder nach der Frage bzw. der Sachverhaltsdarstellung erteilt werden. Hier können Sie entweder Boden gut machen oder Ihre bislang gute Leistung weiter bestätigen. Nehmen Sie hier keine falsche Bescheidenheit an. In der Regel ist der Prüfer nach Beendigung seines Sachverhalts unmittelbar bereit eine Antwort zu hören, weil er sich den Prüfling nicht mehr aussuchen, sondern Ihre Initiative sehen möchte. Suchen Sie den Augenkontakt, heben Sie kurz die Hand und beginnen gleichzeitig mit Ihrer Antwort.

Problembereich 5: Schuldverhältnisse – Leistungsstörungen

Frage: Das zweite Buch des BGB regelt das Schuldrecht. Dies lässt sich in einen allgemeinen Teil (AT) und einen besonderen Teil (BT) untergliedern. Was wird im Schuldrecht AT und was im Schuldrecht BT geregelt?

Antwort: Das Schuldrecht AT gilt für alle Schuldverhältnisse und lässt sich unterteilen in einen allgemeinen Teil (§§ 241–310 BGB und weiter §§ 362–432 BGB) und einem spezielleren Teil, der nur für Verträge gilt (§§ 311–361 BGB). Das Schuldrecht AT regelt allgemein die Rechtspositionen vor allem für Leistungsstörungen, wie nicht rechtzeitige, nicht ordnungsgemäße oder ganz ausbleibende Leistung, die Folgen der (nicht gestörten) Gegenleistung, §§ 320 ff. BGB und enthält allgemeine Grundsätze zum Schadensersatzrecht (§§ 280 ff. BGB).

Das Schuldrecht BT regelt hingegen einzelne Schuldverhältnisse aus einem Vertrag, wie z.B. Kauf, Miete, Dienstvertrag, Werkvertrag, Auftrag, Darlehen und aus Gesetz, wie z.B. Geschäftsführung ohne Auftrag (GoA), Bereicherungsrecht und unerlaubte Handlung.

Frage: Im Schuldrecht sind zum 01.01.2022 Reformen aus der Umsetzung von drei EU-Richtlinien erfolgt. Bitte nennen Sie diese Richtlinien.

Antwort: Diese drei EU-Richtlinien sind:
1. Die Warenkaufrichtlinie,
2. die Digitale-Inhalte-Richtlinie und

3. die Richtlinie des Rates zur besseren Durchsetzung und Modernisierung der Verbraucherschutz-vorschriften.

Frage: Wo entfaltet die Digitale-Inhalte-Richtlinie ihre Wirkung?

Antwort: Die Digitale-Inhalte-Richtlinie entfaltet ihre Wirkung mit dem DigVRLUG mit Wirkung zum 01.01.2022 vor allem im Schuldrecht AT durch die Neueinfügung der §§ 327 ff. BGB. Die Normen enthalten ein Mängelhaftungssystem ausschließlich im Verhältnis Verbraucher und Unternehmer, das für alle Vertragstypen mit einem Bezug zu digitalen Produkten unter leichter Modifizierung der vorrangigen Normen der §§ 280 ff. BGB gilt.

Frage: Wo entfaltet die Warenkaufrichtlinie ihre Wirkung?

Antwort: Für das Schuldrecht BT ist insbesondere die Warenkaufrichtlinie entscheidend. Es erfolgt mit dem DigKRG mit Wirkung zum 01.01.2022 eine Neudefinition des Sachmangelbegriffs des § 434 BGB. Außerdem wurden Waren mit digitalem Inhalt und einer Aktualisierungspflicht in den neuen §§ 475b ff. BGB geregelt. Zudem erfolgte eine Verlängerung der Beweislastumkehr des § 477 BGB sowie weitere Anpassungen beim Verbrauchsgüterkauf.

Frage: Wo entfaltet die Richtlinie des Rates zur besseren Durchsetzung und Modernisierung der Verbraucherschutzvorschriften ihre Wirkung?

Antwort: Die Richtlinie des Rates zur besseren Durchsetzung und Modernisierung der Verbraucher-schutzvorschriften ist durch das BGBEGuaÄndG am 28.05.2022 in Kraft getreten und hat zu verschiedenen Änderungen im Schuldrecht AT geführt.

Frage: Welches sind die Änderungen der Digitale-Inhalte-Richtlinie betreffend §§ 327 Abs. 1 BGB und § 327a BGB ab dem 01.01.2022?

Antwort: Das neue Recht gilt:
- nach § 327 Abs. 1 BGB für Verbraucherverträge, welche die Bereitstellung digitaler Inhalte oder digitaler Dienstleistungen (**digitale Produkte**) wie Apps, Cloud-Anwendungen oder -Speicher-dienste, DVDs, E-Books, Musik-CDs oder soziale Netzwerke durch den Unternehmer gegen Zahlung eines Preises oder die Verpflichtung zur bzw. die Bereitstellung personenbezogener Daten durch den Verbraucher zum Vertragsgegenstand haben (vgl. § 312 Abs. 1a BGB).
- für **Paketverträge** (§ 327a BGB), also für Verbraucherverträge zwischen denselben Vertragspart-nern, die neben der Bereitstellung digitaler Produkte auch die Bereitstellung anderer Sachen oder anderer Dienstleistungen zum Vertragsgegenstand haben.

Frage: Was sind nach § 327 Abs. 2 BGB Digitale Inhalte und was sind Digitale Dienstleistungen?

Antwort: Digitale Inhalte sind nach § 327 Abs. 2 BGB Daten, die in digitaler Form erstellt und bereit-gestellt werden.

  Digitale Dienstleistungen sind Dienstleistungen, die dem Verbraucher:
1. die Erstellung, die Verarbeitung oder die Speicherung von Daten in digitaler Form oder den Zugang zu solchen Daten ermöglichen, oder
2. die gemeinsame Nutzung der vom Verbraucher oder von anderen Nutzern der entsprechenden Dienstleistung in digitaler Form hochgeladenen oder erstellten Daten oder sonstige Interaktionen mit diesen Daten ermöglichen.

Frage: Wann ist ein digitales Produkt nach § 327d BGB vertragsmäßig, was setzt Produktmangel-freiheit voraus und wie sind die Regelungen der Gewährleistung?

Antwort: Nach § 327d BGB ist ein digitales Produkt vertragsmäßig, wenn es frei von Produktmängeln (§ 327e BGB) und Rechtsmängeln (§ 327g BGB) ist. **Produktmangelfreiheit** setzt voraus, dass das digitale Produkt den subjektiven Anforderungen, den objektiven Anforderungen und den Anforderungen an die Integration genügt. Ist ein digitales Produkt mangelhaft, kann ein Verbraucher gemäß § 327i BGB, sofern die Voraussetzungen der folgenden Vorschriften erfüllt sind:

- Nacherfüllung nach § 327l BGB verlangen,
- den Vertrag nach § 327m Abs. 1-2 und 4-5 BGB beenden oder nach § 327n BGB den Preis mindern sowie
- Schadensersatz nach § 280 Abs. 1 BGB oder § 327m Abs. 3 BGB verlangen oder gemäß § 284 BGB den Ersatz vergeblicher Aufwendungen verlangen.

Frage: Was gilt nach § 327k Abs. 1 und 2 BGB bei der Beweislastumkehr?

Antwort: Nach § 327k Abs. 1 BGB gilt bei der Beweislastumkehr, dass, wenn sich bei einem digitalen Produkt innerhalb eines Jahres seit seiner Bereitstellung ein von den Anforderungen nach § 327e BGB oder § 327g abweichender Zustand zeigt, vermutet wird, dass das digitale Produkt bereits bei Bereit-stellung mangelhaft war.

Nach § 327k Abs. 2 BGB gilt bei der Beweislastumkehr, dass, wenn sich bei einem dauerhaft bereit-gestellten digitalen Produkt während der Dauer der Bereitstellung ein von den Anforderungen nach § 327e BGB oder § 327g BGB abweichender Zustand zeigt, vermutet wird, dass das digitale Produkt während der bisherigen Dauer der Bereitstellung mangelhaft war.

Frage: Wann gelten die Normen des Schuldrecht AT und wann die Normen des Schuldrecht BT?

Antwort: Die Regelungen des allgemeinen Teils gelten zunächst immer dann, wenn die Regelungen des besonderen Teils keine spezielleren Vorschriften enthalten. So richtet sich z.B. die Mängelhaftung für Dienstleistungen in Ermangelung besonderer Regelungen über einen Schadenersatz nach den Regelungen des allgemeinen Schuldrechts. Dagegen lassen sich die Rechte des Käufers wegen eines Mangels der Kaufsache aus den Regeln des Kaufrechts ableiten, vgl. §§ 434, 437 BGB. Außerdem ist das Gewährleistungsrecht im Rahmen des Kaufrechts erst ab dem sogenannten Gefahrenübergang des vereinbarten Kaufgegenstandes anwendbar (beim Werkvertrag ist für die Anwendung der besonderen werkvertraglichen Regelungen die Abnahme nach § 640 BGB notwendig, im Bereich des Mietvertrages ist die Überlassung der Mietsache erforderlich). Allgemeines Schuldrecht gilt daher auch dann, solange besonderes Schuldrecht noch nicht angewendet werden kann. Erbringt der Verkäufer überhaupt keine Leistung, so werden die Rechte des Käufers nach den Regeln des Schuldrecht AT bestimmt.

Frage: Was sind die zentralen Probleme des Schuldrecht AT?

Antwort: Die zentralen Probleme des Schuldrecht AT sind Pflichtverletzungen wie Schuldnerverzug, Gläubigerverzug, Unmöglichkeit, Nebenpflichtverletzungen, daneben das Schadensersatzrecht.

Frage: Worin unterscheiden sich die Pflichtverletzungen?

Antwort: **Unmöglichkeit** bedeutet, dass der Schuldner die Leistung nicht erbringen kann, weil diese entweder noch nie erbracht werden konnte (anfängliche Unmöglichkeit) oder nach Vertragsschluss aber vor dem Leistungstermin nicht mehr erbracht werden kann (nachträgliche Unmöglichkeit). Unter **Verzug** ist die verspätete Erbringung einer geschuldeten Leistung zu verstehen. Unmöglichkeit ist sozusagen eine Nichtleistung, Verzug eine verspätete Leistung. Sowohl die Unmöglichkeit, als auch der Verzug stellen eine Pflichtverletzung des Schuldners dar. Unter die Pflichtverletzung fallen daneben aber auch solche, die in einer **Schlechtleistung** oder in einer **Verletzung einer Nebenpflicht** bestehen können. Bei einer Schlechtleistung weicht die Istbeschaffenheit von der vertraglich vereinbarten Sollbeschaffenheit ab. Zu den Nebenpflichten eines Schuldverhältnisses gehört vor allem, die Rechtsgüter der jeweils anderen Partei nicht zu verletzen.

Frage: Was ist im Schuldrecht AT die zentrale Norm für einen Schadensersatzanspruch und welche Voraussetzungen sind daran geknüpft?

Antwort: Die zentrale Norm für einen Schadensersatzanspruch ist § 280 Abs. 1 BGB. Voraussetzung für einen Schadensersatz ist neben der Tatsache, dass überhaupt ein Schaden vorliegt, zunächst eine Pflichtverletzung. Ein Schadensersatzanspruch setzt grundsätzlich auch ein Verschulden des Schadensverursachers voraus. Das Verschulden wird in § 280 Abs. 1 Satz 2 BGB vermutet.

Frage: Was ist unter dem Begriff Verschulden zu verstehen?

Antwort: Das Verschulden beschreibt die Verantwortlichkeit des Schuldners, die wiederum in §§ 276 ff. BGB geregelt ist. Verantwortlich ist der Schuldner dabei für Vorsatz und Fahrlässigkeit. Fahrlässigkeit bedeutet die Außerachtlassung der im Verkehr erforderlichen Sorgfalt.

Frage: Kennen Sie neben § 280 BGB noch weitere Anspruchsgrundlagen für einen Schadenersatz im Schuldrecht AT?

Antwort: Bei Vorliegen von zusätzlichen Voraussetzungen können sich weitere Schadensersatzansprüche ergeben, die in den §§ 281 ff. BGB geregelt sind. Zu erwähnen sind insbesondere der Schadensersatzanspruch bei Nichtleistung nach §§ 280, 283 BGB und der Schadensersatzanspruch wegen Spätleistung, also Verzug des Schuldners nach §§ 280, 286 BGB.

Frage: Für die Praxis ist vor allem der Schadensersatzanspruch wegen Verzug des Schuldners relevant. Stellen Sie sich vor, dass Sie immer nach zwei Wochen, nachdem Sie Ihre Rechnungen an Ihre Mandanten versandt haben und keinen Zahlungseingang verzeichnen können, einen Anwalt beauftragen, das Geld für Sie einzutreiben, indem er Ihre Mandanten sofort schriftlich zur Zahlung auffordert. Können Sie die Kosten, die Ihnen für die Beauftragung eines Anwalts entstehen, von Ihren Mandanten ersetzt verlangen?

Antwort: Das kommt darauf an. Bestimmt die Rechnung nicht, bis zu welchem Datum die Zahlung zu erfolgen hat, kommt der Mandant erst mit einem gesonderten Schreiben, in dem er zur Zahlung ermahnt und aufgefordert wird, in Verzug (Mahnung), vgl. § 286 Abs. 1 BGB. Die Kosten, die für die anwaltliche Hilfe in Form der ersten Mahnung entstehen, gründen dabei nicht auf dem Verzug des Mandanten, da sich der Mandant noch nicht im Verzug befunden hat. Ein Schadenersatzanspruch wegen Verzuges in Höhe der Anwaltskosten ist damit nicht entstanden und daher gegenüber den Mandanten auch nicht ersatzfähig.

Gibt die Rechnung jedoch eine bestimmte Zeit nach dem Kalender vor, kommt der Mandant gemäß § 286 Abs. 2 Nr. 1 BGB mit Ablauf des festgelegten Tages in Verzug. Wird danach der Rechtsanwalt beauftragt, so stellen Kosten für dessen Inanspruchnahme einen Verzugsschaden dar, der ersatzfähig ist.

Tipp! Wenn Sie erkennen, dass bei dem vorgegebenen Sachverhalt für eine bestimmte Lösung konkrete Angaben fehlen, zeigen Sie am besten gleich durch eine offene Antwort, dass mehrere Lösungswege denkbar sind.

Frage: Fassen Sie bitte noch einmal kurz zusammen, welche Voraussetzungen für einen Verzugs-schaden vorliegen müssen!

Antwort: Im Rahmen der Pflichtverletzung ist zu prüfen, dass der Gläubiger einen fälligen, einrede-freien Anspruch auf die Leistung des Schuldners besitzt und der Schuldner bislang nicht geleistet hat. Außerdem ist zu prüfen, ob eine Mahnung des Gläubigers notwendig oder ausnahmsweise entbehr-lich gewesen ist, § 286 Abs. 1–3 BGB. Im Weiteren ist ein Schaden auf Seiten des Gläubigers und das Verschulden des Schuldners notwendige Voraussetzung für einen Schadensersatzanspruch, wobei das Verschulden nach § 280 Abs. 1 Satz 2 BGB vermutet wird.

Frage: Kann eine Mahnung auch entbehrlich sein? Und wenn ja, in welchen Fällen ist dies möglich?

Antwort: Eine Mahnung ist nach § 286 Abs. 2 BGB z.B. dann entbehrlich, wenn für die Leistung eine Zeit nach dem Kalender bestimmt ist. Erforderlich hierfür ist, dass für die Leistung nach einem bestimmten Ereignis ein angemessener Zeitraum bestimmt wird. Grundsätzlich muss es dem Schuldner möglich sein, in dieser Zeit seine Leistungshandlung vorzunehmen.

Entbehrlich ist eine Mahnung nach § 286 Abs. 2 Nr. 3 BGB auch dann, wenn der Schuldner sich ernst-haft und endgültig weigert, seine Leistung zu erbringen, obwohl diese schon fällig ist. Es wäre unsinnig, wenn ihn der Gläubiger noch einmal zur Leistung auffordern müsste.

Praxisrelevant ist außerdem der Fall, dass der Schuldner einer Entgeltforderung spätestens in Verzug gerät, wenn er nicht innerhalb von 30 Tagen nach Fälligkeit und Zugang einer Rechnung leistet, vgl. § 286 Abs. 3 BGB. Zu beachten ist dabei, dass ein Verbraucher dabei besonderen Schutz genießt und auf die Folgen gesondert hinzuweisen ist.

Frage: U1 verkauft an U2 eine Maschine und liefert diese pünktlich. Für die Bezahlung haben beide vereinbart, dass es dem U2 nachgelassen wird, die Rechnung 90 Tagen nach Erhalt der Maschine bezahlen. Wann kommt U2 in Verzug?

Antwort: Das kommt darauf an. Grundsätzlich gilt: Vereinbarungen über Zahlungsfristen von mehr als 60 Tagen sind dann wirksam, wenn sie ausdrücklich getroffen und im Hinblick auf die Belange des Gläubigers nicht grob unbillig sind, vgl. § 286 Abs. 5 und § 271a BGB. Zu beachten ist, dass dies nicht gilt, wenn eine Partei allgemeine Geschäftsbedingungen verwendet, die eine unangemessen lange Zah-lungsfrist vorsehen. Diese Bedingungen sind unwirksam, da sie den Gläubiger in der Regel unangemes-sen benachteiligen, vgl. § 308 Nr. 1a BGB.

Haben U1 und U2 daher die Vereinbarung über 90 Tage Zahlungsziel ausdrücklich und außerhalb von allgemeinen Geschäftsbedingungen bestimmt, tritt der Verzug des U2 erst nach 90 Tagen ein. Ist das Zahlungsziel auf allgemeine Geschäftsbedingungen zurückzuführen, beginnt der Verzug des U2 früher entsprechend § 308 Nr. 1a BGB bereits nach 30 Tagen seit Empfang der Maschine.

Beachte! Ist der Schuldner ein öffentlicher Auftraggeber gelten sogar strengere Anforderungen: Eine Vereinbarung, nach der der Gläubiger die Erfüllung einer Entgeltforderung erst nach mehr als 60 Tagen nach Empfang der Gegenleistung verlangen kann, ist unwirksam.

Frage: Was hat der Schuldner neben den Kosten für eine Mahnung im Verzug vor allem sonst noch zu ersetzen?

Antwort: Der Schuldner hat während des Verzuges vor allem auch den Zinsschaden zu ersetzen, den der Gläubiger infolge der Nichtzahlung erleidet. Nach § 288 BGB ist eine Geldschuld während des Verzugs zu verzinsen, wobei der Verzugszinssatz für das Jahr 5 Prozentpunkte und bei Rechtsgeschäften, an denen ein Unternehmer beteiligt ist, 9 Prozentpunkte über dem jeweiligen Basiszinssatz beträgt.

Frage: Zurück zum Verzug. Stellen Sie sich folgenden Fall vor: Haushaltsgerätehändler Jupiter hat in seinem Warenbestand noch eine Mikrowelle, die in limitierter Auflage vom Hersteller in den Vereinsfarben von Fortuna Düsseldorf produziert wurde. Jupiter konnte außerdem erreichen, dass die komplette Mannschaft auf dem Gehäuse unterschreibt. Zwischenhändler Z möchte dieses Gerät unbedingt erwerben, weil er seinerseits die Mikrowelle an einen chinesischen Fan mit 1.500 € Gewinn weiterverkaufen kann. Jupiter und Z vereinbaren, dass Jupiter die Mikrowelle an Z am Abend des 17.07.15 liefern soll, was Jupiter allerdings vergisst. In der Nacht vor dem neu vereinbarten Termin am 19.07.15 wird die Mikrowelle aus dem abgeschlossenen Lager des Jupiter gestohlen. Z verlangt daraufhin von Jupiter 1.500 € Schadensersatz. Zu Recht?

Antwort: Z könnte gegen Jupiter einen Anspruch auf Schadensersatz gemäß § 280 Abs. 1, Abs. 3 und § 283 BGB wegen Unmöglichkeit haben. Da dem Jupiter die Mikrowelle gestohlen wurde, kann er seine Leistungspflicht nicht mehr erbringen, sodass Unmöglichkeit gemäß § 275 BGB vorliegt. Der Schadensersatzanspruch setzt weiterhin ein Verschulden des Jupiter voraus. Dieses wird zwar nach § 280 Abs. 1 Satz 2 BGB grundsätzlich vermutet, aber Jupiter kann sich im vorliegenden Fall exkulpieren, da er sein Lager verschlossen hatte und er somit seine Unmöglichkeit wegen des Diebstahls nicht zu verschulden hat.

Zu beachten ist allerdings, dass sich Jupiter zur Zeit des Diebstahls mit seiner Leistung seit dem 17.07.15 in Verzug befand. Nach § 287 Satz 2 BGB haftet der Schuldner auch für zufällige Ereignisse, es sei denn, dass der Schaden auch bei rechtzeitiger Leistung eingetreten wäre. Dies ist bei einem Diebstahl auszuschließen, sodass Z im Ergebnis einen Anspruch auf Schadensersatz gegen Jupiter hat.

Frage: Was passiert eigentlich mit der Gegenleistung, also dem Anspruch auf Zahlung der Mikrowelle?

Antwort: Der Anspruch auf Zahlung der Gegenleistung nach § 433 Abs. 2 BGB entfällt wegen der eingetretenen Unmöglichkeit nach § 323 Abs. 1 BGB.

Frage: Wie wäre der Fall zu beurteilen, wenn zwischen den Parteien vereinbart gewesen wäre, dass Z die Mikrowelle abholt, er es aber vergessen hätte und vor dem vereinbarten neuen Termin die Mikrowelle aus dem diesmal auf Grund nachgewiesener leichter Fahrlässigkeit des Jupiter nicht ordnungsgemäß abgeschlossenen Lager gestohlen worden wäre?

Antwort: In diesem Fall wäre wiederum Unmöglichkeit der Leistung nach § 275 BGB eingetreten, da Jupiter die Mikrowelle nicht mehr liefern kann. Der Anspruch auf Zahlung der Gegenleistung nach § 433 Abs. 2 BGB entfällt wegen der eingetretenen Unmöglichkeit nach § 323 Abs. 1 BGB.

Für einen Anspruch auf Schadenersatz müssten wiederum die Voraussetzungen der §§ 280, 283 BGB vorliegen. Die Unmöglichkeit als Pflichtverletzung und der Schaden sind eingetreten und liegen somit vor. Jupiter müsste die Unmöglichkeit auch zu vertreten haben, § 276 BGB. Das Verschulden wird nach § 280 Abs. 1 Satz 2 BGB vermutet. Jupiter kann sich auch nicht exkulpieren, da ihm dem Sachverhalt nach zumindest leichte Fahrlässigkeit vorzuwerfen ist. Allerdings ist zu berücksichtigen, dass sich der

Z als Gläubiger der Leistung im Zeitpunkt des Diebstahls der Mikrowelle im Annahmeverzug befunden hat. Während des Gläubigerverzuges hat der Schuldner nach § 300 Abs. 1 BGB lediglich Vorsatz und grobe Fahrlässigkeit zu vertreten, sodass er die Unmöglichkeit im vorliegenden Fall im Ergebnis nicht zu vertreten hat und ein Verschulden nicht vorliegt.

Aus diesem Grund hat Z keinen Anspruch auf Schadensersatz in Höhe des entgangenen Gewinns gegen Jupiter.

Frage: Kann ein Schadensersatzanspruch erst geltend gemacht werden, wenn zwischen den Parteien ein Vertrag wirksam geschlossen worden ist?

Antwort: Nein, auch Pflichtverletzungen, die bei der Aufnahme von Vertragsverhandlungen oder der Anbahnung eines Vertrages begangen werden, können einen Schadensersatzanspruch auslösen, da das Gesetz nach § 311 Abs. 2 BGB mit der Aufnahme der Vertragsverhandlungen oder der Anbahnung eines Vertrages das Zustandekommen eines Schuldverhältnisses fingiert.

Frage: Z ist ein normaler Kunde des Jupiter, der eines Morgens fröhlich das Geschäft des Jupiter betritt und auf der Suche nach einer Mikrowelle zwischen den Regalen urplötzlich an einer hochstehende Kante des Bodenbelags stolpert, weil sich dort der Belag vom Boden gelöst hatte. Im Fallen bleibt Z mit seinem Ärmel an einem Regal hängen, wodurch der Stoff der Jacke aufreißt. Außer sich vor Zorn überlegt Z schon im Geschäft, wie er diesen Schaden ersetzt verlangen kann. Die Jacke hatte er am Vortag für günstige 555 € bei einem Herrenausstatter erworben.

Antwort: Z könnte einen Anspruch auf Schadensersatz gegen Jupiter gemäß §§ 280, 311 Abs. 1 und 2, 241 Abs. 2 BGB haben.

§ 280 BGB setzt für einen Schadensanspruch zunächst voraus, dass zwischen den Parteien ein Schuldverhältnis vorliegt. Hätten die Parteien bereits einen Kaufvertrag über eine Mikrowelle geschlossen, läge ein vertragliches Schuldverhältnis vor. Allerdings bestimmt das Gesetz in § 311 BGB, dass bereits dann ein Schuldverhältnis anzunehmen ist, wenn Parteien in einen geschäftlichen Kontakt treten, der auf Abschluss eines Vertrages oder zumindest auf Anbahnung einer Geschäftsbeziehung gerichtet ist, vgl. § 311 Abs. 2 Nr. 1 und Nr. 2 BGB. Mit Betreten des Geschäfts des Jupiter ist daher zwischen beiden ein vorvertragliches Schuldverhältnis entstanden. Bereits im Vorfeld eines Vertrages trifft die Parteien die Pflicht, die Rechtsgüter des anderen wie z.B. Leben, Eigentum und körperliche Unversehrtheit, zu schützen. Gegen diese Sorgfaltspflichten verstieß Jupiter, weil in seinen Geschäftsräumen der Bodenbelag nicht mehr richtig verlegt war, sodass Z stolperte. Diese Pflichtverletzung hat Jupiter zu vertreten, wobei das Vertreten müssen nach § 280 Abs. 1 Satz 2 BGB vermutet wird. Der Schaden beträgt, da es sich um eine neue Jacke handelte, 555 €, den Z im Ergebnis von Jupiter ersetzt verlangen kann.

Frage: Welche Voraussetzungen müssen erfüllt sein, damit die Leistung ordnungsgemäß erfüllt wird?

Antwort: Die ordnungsgemäße Erfüllung setzt voraus, dass die vereinbarte Leistung in der richtigen Art und Weise, am richtigen Ort, zur richtigen Zeit und an die richtige Person erbracht wird.

Tipp! Die ordnungsgemäße Erfüllung einer Schuld bietet für den Prüfer wenig Möglichkeiten, Wissen abzuprüfen. Erst wenn es zu Leistungsstörungen kommt, weil eine Partei in dem vorgegebenen Fall unzufrieden ist, lässt sich die Systematik des Gesetzes von den Prüflingen darstellen. Die Frage, ob überhaupt ordnungsgemäß erfüllt wurde und welche Voraussetzungen dafür vorliegen müssen, bietet jedoch die Gelegenheit, den Fall von der Kehrseite entwickeln zu lassen.

> **Frage:** Neben der Leistung in der richtigen Art und Weise ist für die ordnungsgemäße Erfüllung vor allem der richtige Ort und die richtige Zeit maßgebend. An welchem Ort hat der Schuldner die Leistung zu erbringen?

Antwort: An welchem Ort der Schuldner die Leistungshandlung vorzunehmen hat, hängt von der Vereinbarung der Parteien ab.

Bei einer **Holschuld** muss der Gläubiger die Leistung bei dem Schuldner abholen. Leistungsort ist folglich der Wohnort oder die Niederlassung des Schuldners.

Bei einer **Bringschuld** muss der Schuldner die Leistungshandlung am Ort des Gläubigers vornehmen. Der Leistungsort ist damit der Wohnsitz des Gläubigers. Bei einer **Schickschuld** hat der Schuldner die Verpflichtung übernommen, die Sache dem Gläubiger zuzusenden. Damit liegt der Leistungsort bei dem Schuldner.

Wird zwischen den Parteien keine besondere Vereinbarung getroffen, so ordnet § 269 BGB an, dass die Leistung entsprechend einer Holschuld zu erbringen ist.

> **Abschließende Frage:** Zu welcher Zeit hat der Schuldner seine Leistung zu erbringen?

Antwort: Wird zwischen den Parteien keine Zeit bestimmt, kann der Gläubiger die Leistung sofort verlangen. Der Schuldner kann sie seinerseits auch sofort erbringen, vgl. § 271 BGB.

Bestimmen die Parteien hingegen eine bestimmte Zeit zur Leistungserbringung, darf der Gläubiger sie vorher nicht einfordern, der Schuldner jedoch bewirken, § 271 Abs. 2 BGB.

Problembereich 6: Erlöschen von Schuldverhältnissen – Übergang von Forderungen

> **Frage:** Wodurch erlöschen die sich aus einem Schuldverhältnis ergebenden Pflichten?

Antwort: Schuldverhältnisse erlöschen durch Erfüllung (§ 362 BGB), Hinterlegung (§ 378 BGB), Aufrechnung (§ 389 BGB) und Erlass (§ 397 BGB), Rücktritt (§§ 346 ff. BGB), Widerruf bei Verbraucherverträgen (§ 355 BGB) und Kündigung (§ 314 BGB).

> **Frage:** Erlischt das Schuldverhältnis auch, wenn eine Leistung an Erfüllungs Statt erbracht wird?

Antwort: Ja. Bietet der Schuldner dem Gläubiger eine andere als die versprochene Leistung an und nimmt der Gläubiger diese andere „Ersatzleistung" anstelle der versprochenen Leistung an, erlischt das Schuldverhältnis, vgl. § 364 Abs. 1 BGB.

> **Frage:** Gilt diese Rechtsfolge auch bei einer Leistung erfüllungshalber?

Antwort: Nein, bei der Leistung erfüllungshalber erlischt die ursprüngliche Schuld nicht sofort. Der Gläubiger erhält an dem hingegebenen Gegenstand ein Befriedigungsrecht. Nur soweit der hingegebene Gegenstand zur Befriedigung ausgereicht hat, erlischt die ursprüngliche Forderung des Gläubigers, vgl. § 364 Abs. 2 BGB.

> **Frage:** Bitte geben Sie die Voraussetzungen der Aufrechnung an!

Antwort: Die Aufrechnung kann nur unter den Voraussetzungen des § 387 BGB erfolgen. Dazu müssen:
- die zur Aufrechnung gestellten Forderungen gegenseitig sein (Gläubiger = Schuldner),
- die Hauptforderung muss erfüllbar sein,

- die Forderungen müssen auf dieselbe Leistung gerichtet sein (gleichartig),
- die Gegenforderung muss fällig sein und darf nicht mit einer Einrede behaftet sein.

Außerdem dürfen keine Aufrechnungsverbote bestehen, z.B. kann gegen Forderungen, die unter einem Pfändungsschutz stehen, nicht aufgerechnet werden.

Frage: Können Forderungen übertragen werden?

Antwort: Ja, Forderungen können durch Vertrag abgetreten werden, vgl. § 398 BGB. Der Vertrag wird dabei zwischen dem alten und dem neuen Gläubiger abgeschlossen. Der Schuldner wird in diesen Vertrag nicht einbezogen, da es aus seiner Sicht grundsätzlich irrelevant ist, an wen er die Leistung zu erbringen hat.

Frage: Lassen sich auch Schulden aus einem Vertragsverhältnis übertragen und gibt es dazu eine gesetzliche Grundlage?

Antwort: Auch Schulden können übertragen bzw. von einem Dritten übernommen werden. Die Übernahme der Schuld erfolgt zwischen dem alten und dem neuen Schuldner ebenfalls per Vertrag, vgl. § 414 BGB. Im Gegensatz zur Forderungsabtretung ist in die Schuldübernahme jedoch der Gläubiger als Partei mit einzubeziehen, da dessen Forderung nun von einem anderen Schuldner erbracht werden soll. Um hieraus keinen Nachteil zu erleiden, bedarf es für eine wirksame Schuldübernahme der Genehmigung des Gläubigers, vgl. § 415 Abs. 1 BGB.

Frage: Gilt das Zustimmungserfordernis bei der Schuldübernahme ausschließlich?

Antwort: Grundsätzlich ja, es sei denn, das Gesetz sieht eine Gesamtrechtsnachfolge vor. Dies kann zum Beispiel bei einer Umwandlung nach dem UmwG der Fall sein, oder aber auch bei Gründung einer GmbH. Hierbei gehen mit Eintragung der Vorgesellschaft in das Handelsregister die Ansprüche des Gläubigers gegen den für die GmbH Handelnden auf die GmbH über, da die Vorgesellschaft mit Eintragung in das Handelsregister zur GmbH erstarkt. Zur Sicherheit der Gläubiger sieht das Gesetz daneben eine Handelndenhaftung vor, vgl. § 11 Abs. 2 GmbHG.

Frage: Was bedeutet Rücktritt und kennen Sie gesetzlich geregelte Fälle des Rücktritts?

Antwort: Rücktritt ist die einseitige Klärung eines Vertragspartners an den anderen, dass der voll wirksam geschlossene Vertrag rückgängig gemacht werden soll, § 346 BGB. Gesetzlich geregelte Fälle gibt es in §§ 323, 324, 326, 437, 634 BGB.

Frage: Was haben Rücktritt und Kündigung gemeinsam und worin bestehen ihre Unterschiede?

Antwort: In beiden Fällen wird das Schuldverhältnis als Ganzes durch die einseitige Willenserklärung eines Vertragspartners aufgehoben. Beide Gestaltungsrechte können entweder auf vorheriger vertraglicher Vereinbarung oder auf einer gesetzlichen Regelung beruhen.

Der Rücktritt führt zur Aufhebung des Schuldverhältnisses von Anfang an. Mit der Erklärung des Rücktritts werden die durch das Schuldverhältnis bisher begründeten Rechte und Pflichten aufgehoben. Mit dem Rücktritt entsteht kraft Gesetzes ein neues (Rückgewähr-)Schuldverhältnis, wodurch die Verpflichtungen begründet werden, die jeweils empfangenen Leistungen zurückzugewähren, § 346 BGB. Eine Kündigung hebt das Schuldverhältnis nur für die Zukunft (ex nunc) auf.

Frage: Was ist ein Widerruf?

Antwort: Ein Widerruf ist eine weitere Möglichkeit, ein Rechtsgeschäft wieder aufzulösen. Der Widerruf ist bei bestimmten Verträgen ein unbedingtes Recht eines Verbrauchers, den Vertrag rückabzuwickeln. Bei einem Rücktritt oder einer Kündigung ist die Verbraucherstellung hingegen irrelevant.

Frage: Kennen Sie gesetzlich geregelte Fälle des Widerrufs?

Antwort: Neben dem Widerruf nach § 130 Abs. 1 BGB, der bis zum Zugang der zugegangenen Willenserklärung erklärt werden muss, hat der Gesetzgeber Widerrufsmöglichkeiten bei verbraucherschützenden Spezialvorschriften vorgesehen. Wichtigste Regelungen sind hier §§ 312 ff. und 495 i.V.m. § 355 BGB, wonach der Verbraucher an eine Willenserklärung nicht mehr gebunden ist, wenn er sie fristgerecht innerhalb von zwei Wochen widerrufen hat. Wichtigster Anwendungsbereich sind Fernabsatzgeschäfte (Kauf von Waren über das Internet oder Bestellung per Telefon).

Problembereich 7: Kauf und Verbrauchsgüterkauf

Frage: Welche Hauptleistungspflichten haben die Parteien des Kaufvertrages?

Antwort: Nach § 433 Abs. 1 BGB ist der Verkäufer verpflichtet, das Eigentum an der Sache und die Sache frei von Sach- und Rechtsmängeln zu verschaffen. Der Käufer ist gem. § 433 Abs. 2 BGB verpflichtet, dem Verkäufer den Kaufpreis zu zahlen.

Frage: Wann ist die Sache mangelhaft?

Antwort: Nach § 434 BGB liegt ein Sachmangel vor, wenn die Sache:
- bei Gefahrübergang nicht die vereinbarte Beschaffenheit hat,
- sich nicht für die nach dem Vertrag vorausgesetzte Verwendung eignet,
- sich nicht für die gewöhnliche Verwendung eignet,
- nicht die Eigenschaften aufweist, die der Käufer nach den öffentlichen Äußerungen des Verkäufers oder des Herstellers, insbesondere in der Werbung oder bei der Kennzeichnung, erwarten kann,
- zwar mangelfrei war, diese aber durch den Verkäufer unsachgemäß montiert wurde, bzw. die Montageanleitung fehlerhaft ist.

Frage: Welche Änderungen gibt es beim Sachmangelbegriff des § 434 BGB seit dem 01.01.2022?

Antwort: Durch Artikel 1 des Gesetzes zur Regelung des Verkaufs von Sachen mit digitalen Elementen und anderer Aspekte des Kaufvertrags vom 25.06.2021 wird der Begriff des Sachmangels umfangreicher definiert. Nach § 434 BGB ist die Sache ab dem 01.01.2022 nur dann frei von Sachmängeln, wenn sie bei Gefahrübergang:
1. den subjektiven Anforderungen (Was wurde im Kaufvertrag vereinbart?),
2. den objektiven Anforderungen (Was kann vom Käufer erwartet werden?) und
3. den Montageanforderungen

entspricht.

Die Sache entspricht den subjektiven Anforderungen, wenn sie:
1. die vereinbarte Beschaffenheit hat,
2. sich für die nach dem Vertrag vorausgesetzte Verwendung eignet und
3. mit dem vereinbarten Zubehör und den vereinbarten Anleitungen, einschließlich Montage- und Installationsanleitungen, übergeben wird.

Zu der Beschaffenheit nach § 434 Satz 1 Nr. 1 BGB gehören Art, Menge, Qualität, Funktionalität, Kompatibilität, Interoperabilität und sonstige Merkmale der Sache, für die die Parteien Anforderungen vereinbart haben.

Frage: Wann entspricht die Sache den objektiven Anforderungen?

Antwort: Soweit nicht wirksam etwas anderes vereinbart wurde, entspricht die Sache den objektiven Anforderungen, wenn sie:
1. sich für die gewöhnliche Verwendung eignet,
2. eine Beschaffenheit aufweist, die bei Sachen derselben Art üblich ist und die der Käufer erwarten kann unter Berücksichtigung:
   a) der Art der Sache und
   b) der öffentlichen Äußerungen, die von dem Verkäufer oder einem anderen Glied der Vertragskette oder in deren Auftrag, insbesondere in der Werbung oder auf dem Etikett, abgegeben wurden,
3. der Beschaffenheit einer Probe oder eines Musters entspricht, die oder das der Verkäufer dem Käufer vor Vertragsschluss zur Verfügung gestellt hat, und
4. mit dem Zubehör einschließlich der Verpackung, der Montage- oder Installationsanleitung sowie anderen Anleitungen übergeben wird, deren Erhalt der Käufer erwarten kann.

Frage: Wen trifft hinsichtlich des Sachmangels die Beweislast?

Antwort: Grundsätzlich trifft den Anspruchsteller die Beweislast, alle seinen Anspruch begründenden Tatsachen nachweisen. Demzufolge muss der Käufer, der einen Mangelanspruch geltend macht, das Vorliegen eines Mangels nachweisen. Da der Käufer sich im Zweifel auf die Mangelhaftigkeit einer Sache im Zeitpunkt der Übergabe beruft, ist es an ihm, dies nachzuweisen. Dies ist nachträglich meist schwierig.

Beim Verbrauchsgüterkauf wird daher zum Schutz der Verbraucher (§ 13 BGB) über neu hergestellte Sachen per Gesetz bestimmt, dass die Beweislast hinsichtlich der Mangelfreiheit innerhalb von seit 01.01.2022: 12 (vorher 6) Monaten nach Gefahrübergang den Verkäufer (§ 477 BGB) trifft. Hierdurch werden die Rechte der Käufer gestärkt. Seit dem 01.01.2022 gilt, dass wenn ein Kauf über die dauerhafte Bereitstellung digitaler Elemente vorliegt, die Beweislastumkehr den gesamten Bereitstellungszeitraum, mindestens aber die Dauer von 2 Jahren umfasst.

Frage: Welche Ansprüche hat der Käufer im Fall eines Mangels der Kaufsache?

Antwort: Gemäß § 437 BGB hat der Käufer bei Vorliegen eines Sach- oder Rechtsmangels zunächst einen Anspruch auf Nacherfüllung nach § 439 BGB. Der Käufer kann wahlweise die Beseitigung des Mangels oder die Lieferung einer mangelfreien Sache verlangen. Der Verkäufer hat die hierfür erforderlichen Aufwendungen gem. § 439 Abs. 2 BGB zu tragen.

Setzt der Käufer dem Verkäufer bei Nicht- oder Schlechtleistung eine angemessene Frist zur Leistung oder Nacherfüllung und läuft diese erfolglos ab, kann der Käufer vom Vertrag zurücktreten (§ 437 Abs. 2 BGB i.V.m. §§ 440, 323, 326 Abs. 5 BGB) oder den Kaufpreis mindern (§ 437 Abs. 2 BGB i.V.m. § 441 BGB).

Verletzt der Verkäufer seine Hauptleistungspflicht aus einem Schuldverhältnis i.S.d. § 280 BGB indem er anstatt einer mangelfreien eine mangelhafte Lieferung erbringt, macht er sich ggf. schadensersatzpflichtig (§ 437 Abs. 3 BGB i.V.m. §§ 440, 280, 281, 283 BGB). Die für den Schadensersatz nach §§ 281, 283 BGB erforderliche Verantwortlichkeit (Vorsatz oder Fahrlässigkeit) des Verkäufers wird durch das

Gesetz zugunsten des Käufers als Anspruchsteller vermutet. Der Verkäufer trägt die Beweislast dafür, dass ihn kein Verschulden trifft.

Der sogenannte Mangelschaden, also der Schaden, der in der Mangelhaftigkeit der Sache liegt, wird dem Käufer nach § 281 BGB erstattet. Im Ergebnis behält er die Sache und bekommt einen Ausgleich in Geld. Gibt der Käufer die Sache zurück und erhält er eine Neue, macht er den sog. „großen Schadensersatz" geltend.

Sog. Mangelfolgeschäden und sonstige Schäden (Schäden an anderen Rechtsgütern des Käufers) bekommt der Käufer über § 280 BGB ersetzt.

Zur Geltendmachung sämtlicher Schadenersatzansprüche wird vorausgesetzt, dass der Käufer dem Verkäufer eine angemessene Frist zur Leistung oder Nacherfüllung setzt und diese erfolglos abgelaufen ist (Vorrang der Erfüllung).

Der Käufer einer mangelhaften Sache kann anstelle des Schadenersatzes Ersatz der Aufwendungen verlangen, die er im Vertrauen auf den Erhalt der (mangelfreien) Leistung gemacht hat und billigerweise machen durfte (z.B. Vertragskosten; § 437 Abs. 3 BGB i.V.m. §§ 440, 280, 281, 283 BGB – Schadenersatz).

Frage: Wie ist der Handelskauf von einem Kaufvertrag nach § 433 BGB abzugrenzen?

Antwort: Der Handelskauf ist in §§ 373–382 HGB geregelt und stellt ein Handelsgeschäft gemäß §§ 343, 344 HGB dar, das entweder einen Kaufvertrag nach § 433 BGB, einen Tauschvertrag i.S.d. § 480 BGB oder einen Werklieferungsvertrag nach §§ 650 BGB, 381 Abs. 2 HBG zum Inhalt hat. Dabei muss der Vertrag für zumindest eine der beteiligten Personen ein Handelsgeschäft sein, § 345 HGB, teilweise ist jedoch ein beiderseitiges Handelsgeschäft erforderlich, vgl. § 377 HGB.

Frage: Hat der Käufer nach einem Kauf grundsätzlich ein Rückgaberecht?

Antwort: Nein, ein gesetzliches Rückgaberecht im Kaufrecht außerhalb der Mängelhaftung gibt es nicht. Die Vertragsparteien haben die Möglichkeit ein Rückgaberecht für den Käufer vertraglich zu vereinbaren. Viele Händler nehmen die Waren aus Kulanz und zur Kundenpflege zurück, ohne hierzu rechtlich verpflichtet zu sein.

Frage: Privatperson Waldemar kauft im Elektrofachgeschäft Jupiter für seine Tochter Carla eine neue Waschmaschine. Weil Carla nicht schwer heben darf, vereinbaren Waldemar und Jupiter, dass Jupiter die Waschmaschine zur Tochter liefert. Jupiter beauftragt dafür den Spediteur Schlinger, der auf dem Weg zu Carla wegen leichter Fahrlässigkeit in einen Unfall verwickelt wird. Leider wird die Waschmaschine dabei völlig unbrauchbar. Jupiter verlangt dennoch Zahlung des Kaufpreises von Waldemar.

Antwort: Jupiter könnte gegen Waldemar einen Anspruch auf Zahlung des Kaufpreises gem. § 433 Abs. 2 BGB haben. Unzweifelhaft haben die Parteien einen Kaufvertrag über eine Waschmaschine geschlossen, sodass gem. § 433 Abs. 2 BGB grundsätzlich der Kaufpreisanspruch besteht. Mit der Zerstörung der Waschmaschine bei dem Unfall ist die Leistung (Verschaffung des Eigentums) für Jupiter aus Umständen, die Waldemar nicht zu vertreten hat, unmöglich geworden. Damit entfällt für den Gläubiger Waldemar grundsätzlich auch die Pflicht zur Erbringung der Gegenleistung gem. § 326 BGB. Etwas anderes würde jedoch dann gelten, wenn die sogenannte Preisgefahr gem. § 447 Abs. 1 BGB (Gefahr des zufälligen Untergangs) mit der Übergabe der Waschmaschine an den Spediteur auf Waldemar übergegangen ist. Da Waldemar darum gebeten hatte, die Maschine an seine Tochter und damit an einen anderen Ort als den Erfüllungsort zu versenden, liegen die Voraussetzungen hier grundsätzlich vor. Waldemar müsste demnach den Kaufpreis zahlen. Allerdings handelt es sich hier um einen Verbrauchsgüterkauf, da Waldemar als Verbraucher (§ 13 BGB) von einem Unternehmer (§ 14 BGB) eine bewegliche Sache kauft. Für den Verbrauchsgüterkauf gelten jedoch die Vorschriften über den Versendungskauf nicht (§ 475 Abs. 2 BGB), sodass Waldemar im Ergebnis nicht den Kaufpreis gem. § 326 BGB zu bezahlen braucht.

> **Frage:** Ausgangsfall wie zuvor. Waldemar finanziert die Waschmaschine über zwei Jahre. Aus diesem Grunde behält sich Jupiter bis zur vollständigen Zahlung des Kaufpreises an der Waschmaschine das Eigentums vor. Die Maschine wird geliefert und von Waldemar in Betrieb genommen, allerdings auch nach ein eineinhalb Jahren wegen falscher Bedienung kaputt gemacht. Aus diesem Grund zahlt Waldemar keine Raten mehr, da er seiner Auffassung nach auch kein Eigentum mehr erlangen kann. Zu Recht?

Antwort: Jupiter hat einen Anspruch auf Zahlung des Kaufpreises gem. § 433 Abs. 2 BGB. Grundsätzlich entfällt für Waldemar die Zahlungspflicht nach § 326 BGB, da die Leistung (Verschaffung des Eigentums) für Jupiter aus von ihm nicht zu vertretenden Umständen unmöglich geworden ist. Nach § 446 BGB geht allerdings die Preisgefahr (Gefahr des zufälligen Untergangs) mit Übergabe der Kaufsache auf Waldemar über und zwar unabhängig davon, ob es sich um einen Verbrauchsgüterkauf handelt oder nicht. § 475 Abs. 3 BGB schließt § 446 BGB gerade nicht aus, sodass dieser auch für den Verbrauchsgüterkauf anzuwenden ist. Waldemar muss daher den Kaufpreis bezahlen.

> **Frage:** Jupiter liefert eine weitere Waschmaschine an den Unternehmer Roland zum Preis von 333 €. Roland verkauft diese Waschmaschine an die Privatkundin Dora. Nachdem Dora einen Mangel an der Maschine feststellt, der schon im Rahmen der Produktion verursacht wurde, repariert Roland die Maschine, wodurch ihm Kosten in Höhe von 100 € entstehen. Diese verlangt er nun von Jupiter. Wie ist dies zu beurteilen?

Antwort: Für die entstandenen Kosten steht Roland gegen Jupiter ein Anspruch auf Ersatz nach § 445a BGB zu. Gemäß § 445a Abs. 1 BGB kann grundsätzlich jeder Verkäufer, der wegen eines Mangels einer von ihm verkauften Sache Aufwendungen zum Zweck der Nacherfüllung zu tragen hatte, Ersatz der ihm im Rahmen der Nacherfüllung gegenüber dem Letztkäufer entstandenen Kosten (im Sinne der §§ 439 Abs. 2 und 3 sowie 475 Abs. 4 bis 6 BGB) verlangen.

> **Frage:** Was wurde in § 439 Abs. 3 BGB mit Wirkung zum 01.01.2022 geändert?

Antwort: Den Verkäufer trifft gemäß § 439 Abs. 3 BGB eine Kostenübernahmeverpflichtung in Bezug auf die Aus- und Einbaukosten (Ersatz der Aus- und Einbaukosten), wenn der Ein- und Ausbau erfolgt ist, **bevor der Mangel offenbar wurde.** Eine grob fahrlässige Mangelunkenntnis schadet dem Käufer nach der Neuregelung also nicht.

> **Frage:** Was wurde in § 439 Abs. 5 BGB mit Wirkung zum 01.01.2022 geändert?

Antwort: Nach § 439 Abs. 5 BGB trifft den Käufer die Verpflichtung, dem Verkäufer die Sache zum Zweck der Nacherfüllung zur Verfügung zu stellen.

> **Frage:** Was wurde in § 439 Abs. 6 Satz 2 BGB mit Wirkung zum 01.01.2022 geändert?

Antwort: Liefert der Verkäufer zum Zwecke der Nacherfüllung eine mangelfreie Sache, so kann er vom Käufer Rückgewähr der mangelhaften Sache nach Maßgabe der §§ 346 bis 348 BGB verlangen. Nach § 439 Abs. 6 Satz 2 BGB trifft den Verkäufer seit dem 01.01.2022 eine Pflicht zur Rücknahme der ersetzten Sache auf seine Kosten.

Frage: Kennen Sie die Vorschriften und den wesentlichen Inhalt des Widerrufsrechts von Fernabsatzverträgen?

Antwort: Zentrale Vorschriften des Widerrufs von Fernabsatzverträgen sind die §§ 355 und 346 ff. BGB. Eine Regelung mit Ausnahmen zum Widerrufsrecht ist § 312g Abs. 2 BGB.

Zusammengefasst stellt sich das Widerrufsrecht folgendermaßen dar:

- Der Verbraucher muss europaweit einheitlich über das Recht zum Widerruf belehrt werden (Musterwiderrufsbelehrung).
- Die Widerrufsfrist beträgt in ganz Europa 14 Tage.
- Der Käufer muss seinen Widerruf eindeutig erklären, die Ware kommentarlos einfach nur zurück zusenden reicht nicht mehr aus.
- Für die Erklärung des Widerrufs ist dem Verbraucher spätestens bei Lieferung der Ware ein Widerrufsformular zur Verfügung zu stellen. Dies kann auch elektronisch erfolgen.
- Nach einem Widerruf haben beide Parteien innerhalb einer Frist von 14 Tagen die empfangenen Leistungen zurückzugewähren. Solange der Verkäufer die Ware noch nicht zurückerhalten hat, steht ihm an dem Kaufpreis ein Zurückbehaltungsrecht zu.
- Die Kosten für die Hinsendung der Ware sind vom Verkäufer, die der Rücksendung grundsätzlich von dem Käufer zu tragen. Bislang galt in Deutschland die 40 €-Grenze. Dem Händler bleibt unbenommen, freiwillig die Rücksendekosten zu tragen.
- Unabhängig davon, ob die Widerrufsbelehrung ordnungsgemäß war, erlischt das Widerrufsrecht des Käufers in jedem Fall nach 12 Monaten und beträgt damit insgesamt 12 Monate und 14 Tage.

Frage: Für digitale Inhalte bestehen seit dem 28.05.2022 Besonderheiten im Widerrufsrecht. Welche sind das?

Antwort: Verbrauchern wird bei Fernabsatzverträgen über die Lieferung digitaler Inhalte ebenfalls ein Widerrufsrecht eingeräumt (§ 312g Abs. 1 BGB). Da digitale Inhalte nicht körperlich genutzt, nicht zurückgegeben und nach Erhalt beliebig reproduzierbar sind, erhalten Händler die Möglichkeit eines frühzeitigen Widerrufsausschlusses und Verbraucher Erleichterungen beim Wertersatz.

Um ein Verbraucherwiderrufsrecht mit der Lieferung digitaler Inhalte auszuschließen, muss der Händler nach § 356 Abs. 5 Nr. 2 BGB n.F.:

- bei Vertragsschluss die Bestätigung des Verbrauchers einholen, dass er der Ausführung des Vertrags vor Ablauf der Widerrufsfrist zustimmt sowie auch die Bestätigung des Verbrauchers über die Kenntnis, durch diese Zustimmung sein Widerrufsrecht zu verlieren.
- das Erlöschen des Widerrufsrechts nachvertraglich auf einem dauerhaften Datenträger (z.B. E-Mail, Papier) bestätigen.

Frage: Was hat sich im erneut geänderten § 356 Abs. 5 Nr. 2 BGB durch Artikel 4 Gesetz zur Ergänzung der Regelungen zur Umsetzung der Digitalisierungsrichtlinie und zur Änderung weiterer Vorschriften vom 15.07.2022 (BGBl I 2022, 1146) geändert?

Antwort: Das Widerrufsrecht erlischt bei Verträgen über die Bereitstellung von nicht auf einem körperlichen Datenträger befindlichen digitalen Inhalten auch unter folgenden Voraussetzungen:

1. bei einem Vertrag, der den Verbraucher nicht zur Zahlung eines Preises verpflichtet, wenn der Unternehmer mit der Vertragserfüllung begonnen hat,
2. bei einem Vertrag, der den Verbraucher zur Zahlung eines Preises verpflichtet, wenn
   a) der Unternehmer mit der Vertragserfüllung begonnen hat,
   b) der Verbraucher ausdrücklich zugestimmt hat, dass der Unternehmer mit der Vertragserfüllung vor Ablauf der Widerrufsfrist beginnt,

c) der Verbraucher seine Kenntnis davon bestätigt hat, dass durch seine Zustimmung nach Buchstabe b mit Beginn der Vertragserfüllung sein Widerrufsrecht erlischt, und

d) der Unternehmer dem Verbraucher eine Bestätigung gemäß § 312f BGB zur Verfügung gestellt hat.

Frage: Welche Neuerung ist in § 312k BGB n.F. in der am 01.07.2022 geltenden Fassung durch Artikel 1 Gesetz vom 10.08.2021, BGBl I 2021, 3433 zur Kündigung von Verbraucherverträgen im elektronischen Geschäftsverkehr neu eingefügt worden?

Antwort: Nach § 312k Abs. 1 BGB n.F. treffen den Unternehmer die Pflichten nach § 312k BGB, wenn es Verbrauchern über eine Webseite ermöglicht wird, einen Vertrag im elektronischen Geschäftsverkehr zu schließen, der auf die Begründung eines Dauerschuldverhältnisses gerichtet ist, das einen Unternehmer zu einer entgeltlichen Leistung verpflichtet.

Frage: Und wann gilt diese Neuerung des § 312 k BGB n.F. nicht?

Antwort: Diese Neuerung gilt gem. § 312k Abs. 1 BGB n.F. nicht:

1. für Verträge, für deren Kündigung gesetzlich ausschließlich eine strengere Form als die Textform vorgesehen ist, und

2. in Bezug auf Webseiten, die Finanzdienstleistungen betreffen, oder für Verträge über Finanzdienstleistungen.

Frage: Was wurde in diesem Zusammenhang für eine Erklärung zur ordentlichen oder außerordentlichen Kündigung eines auf der Webseite abschließbaren Vertrags in § 312 k BGB n.F. geregelt?

Antwort: Der Unternehmer hat sicherzustellen, dass der Verbraucher auf der Webseite eine Erklärung zur ordentlichen oder außerordentlichen Kündigung eines auf der Webseite abschließbaren Vertrags nach § 312 Abs. 1 Satz 1 BGB über eine Kündigungsschaltfläche abgeben kann. Die Kündigungsschaltfläche muss gut lesbar mit nichts anderem als den Wörtern **„Verträge hier kündigen"** oder mit einer entsprechenden eindeutigen Formulierung beschriftet sein.

Sie muss den Verbraucher unmittelbar zu einer Bestätigungsseite führen, die:

1. den Verbraucher auffordert und ihm ermöglicht Angaben zu machen

   a) zur Art der Kündigung sowie im Falle der außerordentlichen Kündigung zum Kündigungsgrund,

   b) zu seiner eindeutigen Identifizierbarkeit,

   c) zur eindeutigen Bezeichnung des Vertrags,

   d) zum Zeitpunkt, zu dem die Kündigung das Vertragsverhältnis beenden soll,

   e) zur schnellen elektronischen Übermittlung der Kündigungsbestätigung an ihn und

2. eine Bestätigungsschaltfläche enthält, über deren Betätigung der Verbraucher die Kündigungserklärung abgeben kann und die gut lesbar mit nichts anderem als den Wörtern **„jetzt kündigen"** oder mit einer entsprechenden eindeutigen Formulierung beschriftet ist.

Die Schaltflächen und die Bestätigungsseite müssen ständig verfügbar sowie unmittelbar und leicht zugänglich sein (§ 312 Abs. 2 BGB).

Frage: Welche Änderungen gibt es hierzu bei der Kündigungserklärung durch das Betätigen der Bestätigungsschaltfläche?

Antwort: Der Verbraucher muss seine durch das Betätigen der Bestätigungsschaltfläche abgegebene Kündigungserklärung mit dem Datum und der Uhrzeit der Abgabe auf einem dauerhaften Datenträger so speichern können, dass erkennbar ist, dass die Kündigungserklärung durch das Betätigen der Bestätigungsschaltfläche abgegeben wurde (§ 312 Abs. 3 BGB).

> **Frage:** Welche Form ist für die Bestätigung erforderlich?

Antwort: Der Unternehmer hat dem Verbraucher den Inhalt sowie Datum und Uhrzeit des Zugangs der Kündigungserklärung sowie den Zeitpunkt, zu dem das Vertragsverhältnis durch die Kündigung beendet werden soll, sofort auf elektronischem Wege in Textform zu bestätigen. Es wird vermutet, dass eine durch das Betätigen der Bestätigungsschaltfläche abgegebene Kündigungserklärung dem Unternehmer unmittelbar nach ihrer Abgabe zugegangen ist (§ 312 Abs. 4 BGB).

> **Frage:** Und was passiert, wenn der Verbraucher bei der Abgabe der Kündigungserklärung keinen Kündigungszeitpunkt angibt?

Antwort: Wenn der Verbraucher bei der Abgabe der Kündigungserklärung keinen Zeitpunkt angibt, zu dem die Kündigung das Vertragsverhältnis beenden soll, wirkt die Kündigung im Zweifel zum frühestmöglichen Zeitpunkt (§ 312 Abs. 5 BGB).

> **Frage:** Und was passiert, wenn die Schaltflächen und die Bestätigungsseite nicht entsprechend § 312 Abs. 1 und 2 BGB zur Verfügung gestellt werden?

Antwort: Werden die Schaltflächen und die Bestätigungsseite nicht entsprechend § 312 Abs. 1 und 2 BGB zur Verfügung gestellt, kann ein Verbraucher einen Vertrag, für dessen Kündigung die Schaltflächen und die Bestätigungsseite zur Verfügung zu stellen sind, jederzeit und ohne Einhaltung einer Kündigungsfrist kündigen. Die Möglichkeit des Verbrauchers zur außerordentlichen Kündigung bleibt hiervon unberührt (§ 312 Abs. 6 BGB).

Problembereich 8: Dienstvertrag versus Werkvertrag und Steuerberatungsvertrag

> **Frage:** Worin besteht der wesentliche Unterschied zwischen einem Werk- und einem Dienstvertrag?

Antwort: Der wesentliche Unterschied ergibt sich aus der jeweils geschuldeten Hauptpflicht. Bei einem Dienstvertrag schuldet der Dienstverpflichtete eine Tätigkeit, während der Werkunternehmer einen bestimmten Erfolg in Form eines konkreten Werkes zu erbringen hat. In beiden Fällen schuldet der Vertragspartner eine Vergütung.

> **Frage:** Welche Vergütung schuldet der Besteller im Rahmen eines Werkvertrages, wenn die Parteien hierüber keine Vereinbarung getroffen haben?

Antwort: Grundsätzlich müssen sich die Parteien über die wesentlichen Vertragsbestandteile (essentialia negotii) einigen, damit ein Vertrag überhaupt zustande kommt. Dies sind Vertragsparteien, Vertragsgegenstand und Preis bzw. Vergütung. Bei dem Werkvertrag führt die fehlende Vereinbarung über die Vergütung nicht zur Unwirksamkeit des Vertrages, da die fehlende Einigung der Parteien durch die gesetzliche Regelung gemäß § 632 BGB ersetzt wird. Danach schuldet der Besteller die übliche Vergütung.

> **Frage:** Wann wird die Vergütung des Werkunternehmers fällig?

Antwort: Die Vergütung wird bei der Abnahme des Werkes fällig (§ 641 BGB). Zur Abnahme des vertragsmäßig hergestellten Werkes ist der Besteller nach § 640 BGB verpflichtet.

> **Frage:** Kann die Abnahme eines Werkes auch fingiert werden?

Antwort: In § 640 Abs. 2 BGB wird eine echte fiktive Abnahme geregelt. Die Abnahme wird fingiert, wenn der Unternehmer dem Besteller nach Fertigstellung des Werkes eine angemessene Frist zur Abnahme gesetzt hat und der Besteller die Abnahme nicht innerhalb dieser Frist unter Angabe von Mängeln verweigert hat.

Bei einem Besteller, der Verbraucher ist, gilt dies jedoch nur, wenn der Unternehmer den Verbraucher bei der Fristsetzung hierüber belehrt hat. Die Abnahme erfolgt selbst dann, wenn objektiv Mängel vorliegen und wenn es der Besteller versäumt, innerhalb der vom Unternehmer gesetzten Frist die Abnahmeverweigerung nicht mit entsprechenden Mängeln zu begründen.

> **Frage:** Stellen Sie kurz dar, welche Rechte der Besteller eines Werkes hat, wenn das Werk mangelhaft ist.

Antwort: Ähnlich wie bei dem Kaufrecht sind die Mängelansprüche für den Werkvertrag im besonderen Teil des Schuldrechts in §§ 631 ff. BGB geregelt. Hiernach hat der Besteller ebenfalls das Recht der Nacherfüllung, des Rücktritts, der Minderung und des Schadenersatzes. Im Gegensatz zum Kaufrecht hat der Werkunternehmer im Falle der Nacherfüllung jedoch das Recht, zwischen Nachbesserung und Neuerstellung des Werkes zu wählen, § 635 BGB. Für den Besteller des Werkes ergibt sich die Besonderheit, einen etwaigen Mangel des Werkes im Wege der Selbstvornahme selbst zu beseitigen und Ersatz der entsprechenden Aufwendungen zu verlangen, § 637 BGB.

> **Frage:** Wie ist der Steuerberatungsvertrag zu qualifizieren?

Antwort: Bei der Beauftragung des Steuerberaters ist hinsichtlich der vereinbarten Leistungen zu differenzieren. Grundsätzlich ist die Beauftragung des Steuerberaters als Geschäftsbesorgungsvertrag mit Dienstleistungscharakter zu qualifizieren. Dies ist zumindest bei der Wahrnehmung der laufenden steuerrechtlichen Belange im Rahmen eines Dauermandats so. Werden von dem Steuerberater demgegenüber konkrete Einzelleistungen verlangt, handelt es sich insoweit um einen Werkvertrag, z.B. bei Auskunft über eine bestimmte Frage, nur einmalige Beauftragungen, Erstellung eines Gutachtens, Anfertigung eines Jahresabschlusses.

> **Frage:** Emil möchte nach langen Jahren seinen Betrieb an seinen besten Mitarbeiter Max verkaufen. Beide kommen überein, dass Emil seinen Steuerberater beauftragen soll, das Unternehmen zu bewerten, um auf dieser Grundlage den Kaufpreis zu ermitteln. Steuerberater Kal Kulator nimmt eine Unternehmenswertberechnung vor und teilt den Parteien einen Wert in Höhe von 450.000 € mit, den Emil und Max als Kaufpreis festlegen. Im Nachhinein stellt sich heraus, dass Kal Kulator grob fahrlässig Bilanzpositionen doppelt berücksichtigt hat, was den Preis um 125.000 € in die Höhe getrieben hat. Max verlangt von Kal Kulator Schadenersatz. Zu Recht?

Antwort: Max hat zwar keinen eigenen Auftrag mit Kal Kulator geschlossen, könnte aber nach den Grundsätzen über den Vertrag mit Schutzwirkung zugunsten Dritter gem. § 280 Abs. 1 BGB i.V.m. § 328 BGB analog einen Anspruch auf Schadensersatz in Höhe von 125.000 € haben. Kal Kulator hat seine Pflichten aus dem ihm von Emil erteilten Auftrag bzw. Werkvertrag verletzt (§ 280 Abs. 1 BGB i.V.m. § 662 bzw. § 631 BGB). Demnach wäre Kal Kulator dem Emil gegenüber verpflichtet, einen Schaden zu ersetzen.

Max ist mit der Arbeit des Steuerberaters ebenso wie der Auftraggeber Emil in Berührung gekommen und von der mangelhaften Arbeit des Kal Kulators betroffen. Gleichzeitig hat er auf die Mangelfreiheit der Leistung vertraut. Diese Umstände waren für Kal Kulator schließlich auch erkennbar. Der zwischen

Emil und Kal Kulator geschlossene Vertrag hatte gerade auch den Schutz des Max bezweckt, denn Kal Kulator sollte bei einer objektiven Kaufpreisermittlung mitwirken. Max hat daher ein schutzwürdiges Interesse, sodass er von Kal Kulator Ersatz des eingetretenen Schadens verlangen kann.

Frage: Wie können die Parteien einen Werkvertrag beenden?

Antwort: Die einfachste Form zur Beendigung erfolgt durch Erfüllung (§ 362 BGB). Daneben kann der Werkvertrag auch gekündigt werden (§ 648 BGB). Beide Parteien können den Vertrag nach § 648a BGB auch aus wichtigem Grund, d.h. ohne Einhaltung einer Kündigungsfrist, kündigen. Ein wichtiger Grund liegt vor, wenn dem kündigenden Teil unter Berücksichtigung aller Umstände des Einzelfalls und unter Abwägung der beiderseitigen Interessen die Fortsetzung des Vertragsverhältnisses bis zur Fertigstellung des Werks nicht zugemutet werden kann.

Frage: Zu welchem Zeitpunkt ist eine Kündigung auszusprechen und welche rechtlichen Folgen entstehen durch die Kündigung?

Antwort: Der Besteller kann die Kündigung des Werkvertrages bis zur Vollendung des Werkes jederzeit aussprechen. Nach § 648 S. 2 BGB hat er jedoch die vereinbarte Vergütung zu entrichten. Von der vereinbarten Vergütung ist aber dasjenige abzurechnen, was der Unternehmer infolge der Kündigung an (Rest-)Leistungen nicht mehr zu erbringen braucht (§ 648 S. 2, 2. Halbsatz BGB).

Frage: Wie ist es zu beurteilen, wenn der Werkunternehmer zuvor einen Kostenvoranschlag erstellt hat?

Antwort: Hierbei kommt es auf die Art des Kostenvoranschlages an. Bei einem unverbindlichen Kostenvoranschlag, bei dem der Unternehmer keine Gewähr für die Richtigkeit des Kostenvoranschlags übernommen hat, richtet sich die Vergütung des Unternehmers nach den §§ 650, 645 BGB, sodass der Besteller die Vergütung zu leisten hat, die dem entspricht, was der Unternehmer bereits an Arbeit in das bestellte Werk investiert hat.

Bei einem verbindlichen Kostenvoranschlag wird die Höhe der Vergütung weiter durch § 649 BGB bestimmt.

Problembereich 9: Begründung und Beendigung von Arbeitsverhältnissen

Frage: Alfred ist 35, verheiratet und hat 4 Kinder. Er arbeitet als ungelernte Fachkraft in der Rasenmäherfabrik des Röhrig, in der insgesamt 462 Mitarbeiter beschäftigt sind. Dort bedient Alfred die Presse mit der die Blechgehäuse gepresst werden. Vorher war Alfred für die Verkabelung der Geräte zuständig. Da Röhrig von Blechgehäuse auf Kunststoffgehäuse umstellt, die ihm aus dem fernen China zugeliefert werden, wird der Bereich Presse eingestellt. Alfred kündigt Röhrig und allen weiteren dort tätigen – insgesamt 15 – Arbeitnehmern. Ein anderer Arbeitsplatz steht im Betrieb nicht zur Verfügung. Alfred ist der Auffassung, die formell ordnungsgemäße Kündigung sei nicht gerechtfertigt, da in seinem alten Arbeitsbereich „Verkabelung" der ungelernte Mitarbeiter Max mit halb so langer Betriebszugehörigkeit beschäftigt bleibt. Hinzu kommt, dass Max Junggeselle ist. Röhrig hätte ihn entlassen und Alfred dessen Arbeitsplatz zuweisen können. Ist die Kündigung von Alfred wirksam?

Antwort: Eine wirksame Kündigung setzt zunächst eine formell ordnungsgemäße Kündigung voraus, die nach den Angaben des Sachverhalts vorliegt. Unter Einhaltung der gesetzlichen Frist nach § 622 Abs. 2 BGB kann das Arbeitsverhältnis grundsätzlich ohne Angabe von Gründen gekündigt werden. Da Alfred bei Röhrig jedoch länger als sechs Monate arbeitet und dieser mehrere Hundert Mitarbeiter in seinem Betrieb beschäftigt, findet hier das Kündigungsschutzgesetz gem. §§ 1 Abs. 1, 23 Abs. 1 S. 2 KSchG (mehr als 5 Arbeitnehmer) sowohl in persönlicher als auch in sachlicher Hinsicht Anwendung.

Die Kündigung könnte vorliegend durchdringende betriebliche Erfordernisse, die einer Weiterbeschäftigung des Alfred entgegenstehen könnten, bedingt sein. In diesem Fall wäre die Kündigung des Alfred als betriebsbedingte Kündigung zulässig. Dringende betriebliche Erfordernisse sind gegeben, da aufgrund der Stilllegung der Abteilung „Presse" diese Arbeitsplätze ersatzlos weggefallen sind und eine anderweitige Beschäftigungsmöglichkeit für diese Arbeitnehmer nicht besteht. Die Stilllegung des Produktionsbereichs „Presse" ist eine Unternehmensentscheidung, die gerichtlich nicht auf deren Zweckmäßigkeit hin überprüft werden darf.

Es bestehen auch keine Anhaltspunkte, dass die Stilllegung willkürlich erfolgte (Auftragsrückgang). Demnach erfolgte die Kündigung des Alfred betriebsbedingt.

Die Kündigung könnte jedoch gegen das Kündigungsschutzgesetz verstoßen, wenn die Kündigung sozial nicht gerechtfertigt war. Bei der Sozialauswahl sind Kriterien, wie die Dauer der Betriebszugehörigkeit, das Lebensalter, die Unterhaltspflichten und mögliche Schwerbehinderungen des Arbeitnehmers der verschiedenen Arbeitnehmer miteinander abzugleichen (§ 1 Abs. 3 S. 1 KSchG).

Alfred und Max können miteinander verglichen werden, denn ihre Tätigkeiten sind ähnlich und demzufolge austauschbar. Im Gegensatz zu Alfred ist Max noch nicht so lange im Betrieb des Röhrig beschäftigt und ist weder einer Ehefrau noch einem Kind gegenüber unterhaltsverpflichtet. Aus diesem Grunde hätte Röhrig unter sozialen Gesichtspunkten nicht dem Alfred, sondern Max zunächst die Kündigung überreichen müssen. Die Kündigung des Alfred verstößt daher gegen die Sozialauswahl des KSchG nach § 1 Abs. 3 KSchG und ist demzufolge unwirksam. Dadurch besteht das Arbeitsverhältnis des Alfred weiter mit der Folge, dass Alfred einen Anspruch auf Weiterbeschäftigung hat.

> **Tipp!** Denken Sie bitte daran, dass Arbeitsverhältnisse, sofern das KSchG nicht greift (bis zehn Arbeitnehmer) ohne Grund innerhalb der gesetzlichen (§ 622 BGB) oder vereinbarten vertraglichen Fristen gekündigt werden können.

> **Frage:** Auf welche Arten kann das Arbeitsverhältnis neben einer Kündigung auch noch beendet werden?

Antwort: Das Arbeitsverhältnis kann neben der Kündigung auch durch Aufhebungsvereinbarung, Befristung und Tod des Arbeitnehmers (nicht des Arbeitgebers) beendet werden.

> **Frage:** Eva arbeitet im Elektrofachgeschäft des Jupiter im Lager. Als eines Morgens eine riesige Menge neuer DVD-Player angeliefert wird, nutzt sie bei dem Einräumen die Gelegenheit und stellt sich einen DVD-Player so beiseite, dass sie diesen am Abend beim Verlassen des Geschäftes leicht mitnehmen kann. Hierbei wird sie von Jupiter gesehen und zur Rede gestellt. Vor lauter Mitleid kündigt er erst einmal nicht. Als Eva einen Monat später vergisst das Lager abzuschließen, ist Jupiter so sauer, dass er Eva wegen des versuchten Diebstahls mündlich fristlos kündigt. Ist die fristlose Kündigung wirksam?

Antwort: Die fristlose Kündigung ist im vorliegenden Fall unwirksam. Zum einen deswegen, weil die fristlose Kündigung gemäß § 623 BGB schriftlich auszusprechen gewesen wäre. Zum anderen auch deshalb, weil eine fristlose Kündigung innerhalb von zwei Wochen nach dem die Kündigung begründeten Ereignis auszusprechen ist (§ 626 Abs. 2 BGB). Somit ist die Kündigung vorliegend auch noch verfristet.

> **Frage:** Ist es möglich, die Kündigung in eine ordentliche Kündigung umzudeuten?

Antwort: Eine Umdeutung in eine ordentliche Kündigung kann nur erfolgen, wenn unzweifelhaft erkennbar ist, dass der Arbeitgeber den Arbeitnehmer nicht mehr beschäftigen will. Daher ist in der Praxis darauf zu achten, dass die fristlose Kündigung immer auch eine ordentliche Kündigung beinhaltet. Im vorliegenden Fall konnte davon ausgegangen werden, dass der Arbeitgeber auf jeden Fall kündigen wollte, sodass die Kündigung umzudeuten gewesen wäre. Nicht heilbar ist dadurch allerdings die fehlende Schriftform.

> **Frage:** Hugo ist gelernter Lackierer und träumt davon Akademiker zu sein. Dies kostet ihn jeden Morgen auf dem Weg zur Arbeit 15 Minuten, die er regelmäßig zu spät kommt. Sein Arbeitgeber ist die Träumerei leid und kündigt Hugo aus diesem Grund fristgerecht zum nächstmöglichen Termin. Ist die Kündigung wirksam?

Antwort: Ohne eine Abmahnung zuvor wegen dieses Grundes ist die Kündigung unwirksam.

> **Frage:** Gelten für die Beendigung von Berufsausbildungsverhältnissen durch Kündigung besondere Regelungen?

Antwort: Ja, diese finden sich in § 22 Berufsbildungsgesetz (BBiG). Für die Zeit nach der Probezeit (zu deren Mindest-/Höchstlänge s. § 20 BBiG) ist eine Kündigung nur:
- aus einem wichtigen Grund ohne Einhalten einer Kündigungsfrist,
- von Auszubildenden mit einer Kündigungsfrist von vier Wochen, wenn sie die Berufsausbildung aufgeben oder sich für eine andere Berufstätigkeit ausbilden lassen wollen

nach § 22 Abs. 2 BBiG möglich.

> **Beachte!** Die Angabe des Kündigungsgrundes im Kündigungsschreiben ist – anders als bei der außerordentlichen fristlosen Kündigung eines Arbeitsverhältnisses (vgl. § 626 Abs. 2 S. 2 BGB) – Rechtswirksamkeitsvoraussetzung für die Kündigung; ohne diese Angabe ist die Kündigung nichtig.

> **Frage:** Das Steuerbüro des S wird von dem jungen R unter Beibehaltung der wesentlichen Beratungstätigkeit, des überwiegenden Personalbestandes, des Klientenstamms und unter Beibehaltung der Büroeinrichtung gemäß vertraglicher Vereinbarung fortgeführt. Kann die Mitarbeiterin M des S, die R als einzige nicht übernehmen will, eine Fortsetzung des Arbeitsverhältnisses mit R verlangen?

Antwort: Dies kann sie dann, wenn i.S.v. § 613a Abs. 1 S. 1 BGB die wirtschaftliche Einheit des Geschäftsbetriebs „Steuerberaterbüro" bei R identisch fortbesteht (sog. Betriebsübergang), wofür die im Sachverhalt genannten Umstände sprechen. Das Gesetz sieht für solche Fälle einen Arbeitsvertragsübergang kraft Gesetzes vor, der gerade nicht von der Zustimmung aller Beteiligten abhängig ist. Der Gesetzeszweck liegt insoweit darin, den beim Betriebserwerber fortbestehenden Arbeitsplatz für den Arbeitnehmer zu sichern, der nicht zum arbeitsrechtlichen „Spielball" im Falle eines bloßen Betriebsinhaberwechsels werden soll.

> **Wichtig!** Der Arbeitnehmer kann über einen (fristgebundenen) schriftlichen Widerspruch gegen den Übergang seines Arbeitsverhältnisses (§ 613a Abs. 6 BGB) an dem Arbeitsverhältnis mit dem alten Arbeitgeber festhalten (z.B. aus Gründen der besseren Solvenz).

> **Beachte!** Erhält ein Arbeitnehmer im Zusammenhang mit einem Betriebsübergang eine Kündigung, so steht der Rechtsunwirksamkeitsgrund des § 613a Abs. 4 S. 1 BGB in Rede (Kündigung aus dem tragenden Beweggrund „Betriebsübergang" (= Kündigung zwecks Verhinderung des

Arbeitsverhältnisübergangs)). Dieser Kündigungsschutz findet auch Anwendung, wenn es sich bei dem übergehenden Geschäftsbetrieb um einen „Kleinbetrieb" i.S.v. § 23 Abs. 1 KSchG handelt, d.h. kein allgemeiner Kündigungsschutz nach dem KSchG besteht.

Frage: Kann ein Arbeitsverhältnis befristet werden und wenn ja, wie lang darf die Befristung dauern?

Antwort: Ein Arbeitsverhältnis darf bis zu zwei Jahre ohne sachlichen Grund befristet werden. Das Arbeitsverhältnis kann bis zu dreimal verlängert werden, die Gesamtdauer von zwei Jahren darf jedoch nicht überschritten werden. Voraussetzung für eine mögliche Befristung ist, dass der Arbeitnehmer zuvor nicht bei dem Arbeitgeber beschäftigt war.

Für eine Befristung über einen längeren Zeitraum als zwei Jahre muss ein sachlicher Grund vorliegen. Dieser kann z.B. darin liegen, dass der betriebliche Bedarf an der Arbeitsleistung nur vorübergehend besteht. Hat der Arbeitnehmer bei Beginn des Arbeitsverhältnisses bereits das 58. Lebensjahr vollendet, ist kein sachlicher Grund mehr erforderlich (§ 14 Abs. 1 TzBfG).

Eine Befristung ist in den ersten vier Jahren nach Gründung eines Unternehmens, auch ohne sachlichen Grund möglich (§ 14 Abs. 2 TzBfG).

Frage: Was passiert rechtlich mit einem rechtswirksam befristeten Arbeitsverhältnis, wenn der Arbeitgeber das Arbeitsverhältnis über die vorgesehene Zeit (Zeitbefristung) oder über den vorgesehenen Zweck (Zweckbefristung) hinaus wissentlich und ohne Einwand fortsetzt?

Antwort: Gemäß § 15 Abs. 6 TzBfG gilt das Arbeitsverhältnis als auf unbestimmte Zeit, also unbefristet, verlängert.

Frage: Was passiert ab dem 01.08.2022, wenn für ein befristetes Arbeitsverhältnis eine Probezeit vereinbart wird?

Antwort: Nach § 15 Abs. 3 TzBfG n.F. gilt ab dem 01.08.2022, dass, wenn für ein befristetes Arbeitsverhältnis eine Probezeit vereinbart wird, diese im Verhältnis zu der erwarteten Dauer der Befristung und der Art der Tätigkeit stehen muss.

Problembereich 10: Darlehen und Verbraucherkreditvertrag

Frage: Nachdem Sie mit Ihrem besten Freund die Steuerberaterprüfung bestanden haben, beschließen Sie in Konkurrenz zu Google und Facebook ein „start up"-Unternehmen zu gründen. Noch bei Ihrer Feier zur bestandenen Steuerberaterprüfung sprechen Sie mit Ihrem Schwager, der Kreditsachbearbeiter bei der Bank ist, über Ihr Vorhaben. Voller Begeisterung sagt Ihr Schwager Ihnen einen Kredit über 65.000 € zu. Haben Sie einen wirksamen Darlehensvertrag abgeschlossen?

Antwort: Nein! An den wirksamen Abschluss eines Darlehnsvertrages eines Verbrauchers oder eines Existenzgründers, der einen Betrag von 75.000 € nicht übersteigt, sind besondere Voraussetzungen geknüpft, §§ 512, 513 BGB. Der Vertrag muss zunächst nach § 492 BGB schriftlich abgeschlossen werden. Außerdem fordert das Gesetz für den Vertrag weitere Mindestangaben wie Nettodarlehensbetrag, Gesamtbetrag der zu erbringenden Leistungen, Zinssatz und effektiver Jahreszins. Ein Darlehensvertrag, der diese Mindestangaben nicht enthält oder nicht schriftlich abgeschlossen wurde, ist nichtig (§ 494 Abs. 1 BGB). Darüber hinaus steht dem Darlehensnehmer ein Widerrufrecht gem. § 495 BGB zu.

Frage: Gehen Sie davon aus, dass Sie formwirksam Ihren Kredit abgeschlossen haben und Sie zur Besicherung des Kredits Ihren Sportwagen zur Sicherheit an die Bank übereignet haben, den Sie vereinbarungsgemäß weiterfahren durften. An einem Shoppingtag im niederländischen Outlet wird Ihnen der Pkw gestohlen. Nun droht der Bankvorstand mit Kreditkündigung. Zu Recht?

Antwort: Gemäß § 490 BGB kann der Darlehnsgeber nach Auszahlung des Darlehens den Vertrag fristlos, d.h. außerordentlich, kündigen, wenn in den Vermögensverhältnissen des Darlehensnehmers oder in der Werthaltigkeit einer für das Darlehen gestellten Sicherheit eine wesentliche Verschlechterung eintritt. Mit dem Diebstahl der Sicherheit ist dies der Fall, sodass die Drohung der Bank zu Recht erfolgt.

Frage: Manfred ist Handwerker und benötigt ein neues Betriebsauto. Da er Entscheidungen nicht gerne allein fällt, nimmt er zur Unterstützung seine Frau mit, die keiner beruflichen Tätigkeit nachgeht. Der Verkäufer kann beide davon überzeugen, dass sie jeweils ein neues Auto brauchen. Da es an Liquidität fehlt vermittelt der Verkäufer zwei sehr günstige Finanzierungen durch die Verkäufer-Bank. In der Folge tritt bei beiden Fahrzeugen immer wieder derselbe Defekt auf, der verhindert, dass die Fahrzeuge verkehrssicher benutzt werden können. Da die Gewährleistungsfristen noch nicht abgelaufen sind, erklären Manfred und seine Frau jeweils den Rücktritt vom Vertrag. Können Manfred und seine Frau die Zahlungen für das Darlehen einstellen?

Antwort: Sowohl Manfred als auch seine Frau haben einen Kreditvertrag zum Erwerb einer Sache abgeschlossen. Zu beachten ist jedoch, dass sich der Kauf des Fahrzeuges für Manfreds Frau als ein Verbrauchergeschäft darstellt (§ 13 BGB), da sie das Kfz zu privaten Zwecken erworben hat. Im Gegensatz dazu steht der Kauf des Fahrzeugs von Manfred für seine betrieblichen Zwecke (§ 14 BGB). Bei einem von der Ehefrau durchgeführten Verbrauchergeschäft stellen der Vertrag über die Lieferung (Kaufvertrag) und über die Finanzierung (Darlehensvertrag) ein verbundenes Geschäft dar. Nachdem die Frau innerhalb der Frist den Rücktritt erklärt und den Kaufpreis zurückverlangen kann, ist sie nach § 359 BGB auch berechtigt, die Rückzahlung des Darlehens zu verweigern.

Manfred hat hingegen kein Verbrauchergeschäft abgeschlossen als er einen betrieblichen Pkw erwarb, sodass die Regeln über die Verbundgeschäfte für ihn keine Anwendung finden. Aus diesem Grund hat Manfred seinen Kredit vereinbarungsgemäß zurückzahlen und muss sich wegen des Rücktritts vom Kaufvertrag mit dem Kfz-Händler auseinandersetzen.

Frage: Was ist der Unterschied zwischen einem Darlehen und einer Leihe?

Antwort: Der Unterschied liegt in dem, was der Vertragspartner am Ende der Vertragslaufzeit verpflichtet ist zurückzugeben. Während bei der Leihe dieselbe Sache zurückzugeben ist, schuldet der Darlehnsnehmer nur die Rückgabe einer vertretbaren Sache mittlerer Art und Güte oder Geld.

Frage: Wodurch lassen sich Leihe und Schenkung unterscheiden?

Antwort: Die Leihe hat eine unentgeltliche Nutzungsüberlassung zum Gegenstand, während die Schenkung auf eine unentgeltliche Substanzüberlassung gerichtet ist.

Frage: Bei welcher Darlehensform wird als Gegenleistung nicht ein Zins entrichtet?

Antwort: Anstatt eines Zinses wird bei einem partiarischen Darlehen eine Gewinnbeteiligung als Entgelt entrichtet.

Frage: Was passiert bei dem sogenannten Cash-Pooling?

Antwort: Bei dem Cash-Pooling wird die Liquidität eines Unternehmens gebündelt. Dies erfolgt mit der Gewährung von Darlehn verschiedener Gesellschaften (Schwestergesellschaften) zugunsten einer Gesellschaft (Mutter- oder Schwestergesellschaft).

Problembereich 11: Schuldrecht und COVID-19/Miet- und Pachtrecht

> **Frage:** Auf das Schuldrecht hatte in den Jahren 2020–2022 die Corona-Krise erheblichen Einfluss gehabt. Im Schnellverfahren hatte der Gesetzgeber mit dem Covid-19-Justizpaket in der letzten März-Woche 2020 weitreichende Änderungen im BGB und die Insolvenzordnung beschlossen. Können Sie einige Regelungen für das Zivilrecht und die Insolvenzordnung aufführen?

Antwort: Bei den Dauerschuldverhältnissen für vor dem 08.03.2020 geschlossene wesentliche Verträge wurde ein Leistungsverweigerungsrecht gesetzlich vorgesehen. Das Verweigerungsrecht stand ausschließlich Verbrauchern und Kleinstunternehmen zu, wenn diese aufgrund der Pandemie die Leistung nicht erbringen konnten ohne gleichzeitig den eigenen Unterhalt, bzw. den Fortgang des Erwerbsbetriebes zu gefährden. Wesentliche Verträge sind dabei etwa Pflichtversicherungen, Lieferung von Strom und Gas, Telekommunikationsdienste.

Hiervon ausdrücklich ausgenommen waren Miet- und Pachtverträge, Darlehensverträge und arbeitsrechtliche Ansprüche. Bei Miet- und Pachtverträgen gab es keine Einschränkung für Verbraucher oder Kleinstunternehmen und kein Leistungsverweigerungsrecht. Die Mieter oder Pächter blieben auch in der Corona-Krise zur Zahlung verpflichtet. Der Vermieter/Verpächter konnte jedoch aufgrund von Nichtzahlung der Miete/Pacht für den Zeitraum 01.04.2020 bis (zunächst) 30.06.2020 nicht kündigen, wenn die Nichtzahlung auf den Auswirkungen der Pandemie beruhte. Damit entfiel nur das Kündigungsrecht aufgrund der Nichtleistung innerhalb dieses Zeitraumes. Die Kündigungsbeschränkung endete mit Ablauf des 30.09.2022. Wegen Zahlungsrückständen, die zwischen dem 01.04.2020 und dem 30.06.2020 eingetreten waren und die bis zum 30.06.2022 nicht ausgeglichen waren, konnte anschließend wieder gekündigt werden.

In Art. 240 EGBGB wurde außerdem § 3 eingeführt, wonach zwischen dem 01.04.2020 und dem 30.06.2020 fällige Darlehensforderungen kraft Gesetzes für drei Monate gestundet wurden, vorausgesetzt der Darlehensvertrag wurde vor dem 15.3.2020 abgeschlossen und der Verbraucher hatte pandemiebedingt außergewöhnliche Einnahmeausfälle, wodurch die ihm geschuldete Leistung unzumutbar gemacht wurde. Nach den Vorstellungen der Regierung sollte die Stundungsfrist dem Verbraucher die Möglichkeit geben, gesetzliche Hilfsangebote wahrzunehmen und Unterstützungsmaßnahmen zu beantragen. Während dieser Zeit sollten die Verbraucher auch vor einer Kündigung des Darlehens wegen coronabedingten Zahlungsverzugs geschützt sein. Gemäß einem neuen Art. 240 § 4 EGBGB wurde der Bundesregierung die Option eingeräumt, die Fristen betreffend die Fälligkeit der Zins- und Tilgungsleistungen durch einfache Verordnung bis zum 30.09.2020 zu verlängern. Eine Verlängerung über den 30.06.2020 hinaus wurde von der Bundesregierung nicht beschlossen.

Zum 31.12.2020 hatte der Gesetzgeber mit Artikel 240 § 7 EGBGB eine weitere Sonderregelung zum vertraglichen Umgang von Gewerbemietverhältnissen bei staatlich angeordneten, coronabedingten Geschäftsschließungen eingeführt. Für diese Mietverhältnisse wurde gesetzlich vermutet, dass die Einschränkungen einen Umstand im Sinne von § 313 BGB darstellen, der zu einer Anpassung des Mietvertrages unter dem Gesichtspunkt einer Störung der Geschäftsgrundlage führen kann. Eine zwingende Folge im Sinne einer Reduzierung der Miete oder sonstigen Vertragsanpassung ist dies zwar nicht, aber die Regelung sollte die Verhandlungsposition von Gewerbemietern stärken. Mit der Neuregelung wird vermutet, dass sich ein Umstand, der zur Grundlage des Mietvertrages geworden ist, nach Vertragsschluss schwerwiegend geändert hat. Der Mieter muss auch trotz der Vermutung nachweisen, dass die Parteien den Vertrag nicht oder mit anderem Inhalt geschlossen hätten, wenn sie diese Veränderung vorausgesehen hätten und dass ein Festhalten an dem bestehenden Vertrag für eine Partei nicht mehr zumutbar ist. Hierzu bedarf es für jeden Sachverhalt einer individuellen Interessenabwägung, so dass sich keine schematische Lösung entwickeln lässt.

> **Hinweis!** Artikel 240 EGBGB ist am 30.09.2022 außer Kraft getreten.

Um Prozesse, die eine Anpassung der Miete zum Gegenstand haben, möglichst zügig zu entscheiden, hat der Gesetzgeber in § 44 EGZPO ein Vorrang- und Beschleunigungsgebot eingefügt, wonach ein früher erster Termin bei Gericht spätestens einen Monat nach Zustellung der Klage stattfinden soll.

> **Hinweis!** Der BGH hat mit Urteil vom 12.01.2022, XII ZR 8/21 zur Anpassung der Gewerberaummiete wegen Störung der Geschäftsgrundlage durch Schließung eines Einzelhandelsgeschäfts wegen der Corona-Pandemie; Mangel der Mietsache im Falle der pandemiebedingten Schließung von gewerblich genutzten Mieträumen; Geschäftsschließung aufgrund einer hoheitlichen Maßnahme zur Bekämpfung der COVID-19-Pandemie wie folgt geurteilt:
>
> Die durch die COVID-19-Pandemie bedingte Schließung eines Einzelhandelsgeschäfts führt nicht zu einem Mangel der Mietsache im Sinne von § 536 Abs. 1 Satz 1 BGB. Dem Vermieter wird dadurch die vertraglich geschuldete Leistung zur Überlassung und Erhaltung der Mietsache in einem zum vertragsgemäßen Gebrauch geeigneten Zustand auch nicht ganz oder teilweise unmöglich.
>
> Im Fall einer Geschäftsschließung, die auf einer hoheitlichen Maßnahme zur Bekämpfung der COVID-19-Pandemie beruht, kommt grundsätzlich ein Anspruch des Mieters von gewerblich genutzten Räumen auf Anpassung der Miete wegen Störung der Geschäftsgrundlage gemäß § 313 Abs. 1 BGB in Betracht.
>
> Bei der Prüfung, ob dem Mieter ein Festhalten an dem unveränderten Vertrag unzumutbar ist, verbietet sich eine pauschale Betrachtungsweise. Maßgeblich sind vielmehr sämtliche Umstände des Einzelfalls. Daher sind auch die finanziellen Vorteile zu berücksichtigen, die der Mieter aus staatlichen Leistungen zum Ausgleich der pandemiebedingten Nachteile erlangt hat.

Ist eine Firma überschuldet und kann ihren Zahlungsverpflichtungen in absehbarer Zeit nicht nachkommen, ist der Geschäftsführer verpflichtet, innerhalb von drei Wochen seit Eintritt der Voraussetzungen den Antrag auf Insolvenz beim zuständigen Amtsgericht einzureichen. Aufgrund der Corona-Krise wurden die Regeln zur Anmeldung der Insolvenz teilweise ausgesetzt. Konkret wurde in diesem Zusammenhang die Pflicht zur Anmeldung der Insolvenz teilweise ausgesetzt und die Regelungen für Auszahlungen trotz Insolvenzreife die Geschäftsführerhaftung und die Anfechtungsrechte des Insolvenzverwalters erheblich verändert. Sofern die Zahlungsunfähigkeit bzw. Überschuldung des Unternehmens Folge der Corona-Pandemie waren, wurde vermutet, dass die Zahlungsunfähigkeit auf der Pandemie beruht und dass Aussicht auf eine Beseitigung der Zahlungsunfähigkeit bestand, wenn der Schuldner zuvor am 31.12.2019 noch nicht zahlungsunfähig gewesen war. Es durften außerdem keine Umstände vorliegen, aus denen sich ergibt, dass Aussichten für eine erfolgreiche Sanierung des Unternehmens künftig gegeben sein konnten.

Durch das Insolvenz-Aussetzungsgesetz (COVInsAG) wurde die Pflicht zur Stellung eines Insolvenzantrags in dem Zeitraum vom 01.03.2020 bis 30.09.2020 (bei Zahlungsunfähigkeit und/oder Überschuldung) bzw. bis 31.12.2020 (bei Überschuldung) unter bestimmten Voraussetzungen vorübergehend ausgesetzt, § 1 COVInsAG. Auch im Zeitraum vom 01.01.2021 bis zum 30.04.2021 wurde die Insolvenzantragspflicht unter bestimmten Voraussetzungen und nach näherer Maßgabe der Regelungen des COVInsAG ausgesetzt.

Im Zeitraum vom 09.11.2022 bis einschließlich 31.12.2023 beträgt die Höchstfrist des § 15a InsO für die Insolvenzantragstellung wegen Überschuldung acht Wochen, § 4a SanInsKG.

> **Frage:** Alfred ist Inhaber einer Bierkneipe ohne Terrasse und Tische aber mit der längsten Theke der Welt. Infolge des Lockdowns konnte er seit dem 01.04.2020 keine Umsätze verzeichnen und die Corona-Soforthilfe reichte gerade für die Bezahlung der Anfang April 2020 gelieferten Bier- und Spirituosen-Bestellung, die Alfred nicht mehr stornieren konnte. Da Alfred keine Miete für April bis Juni bezahlte, kündigte der Vermieter Alfred mit Schreiben vom 05.07.2020 fristlos. Zu Recht?

Antwort: Grundsätzlich ist bei der Gewerberaummiete eine außerordentliche fristlose Kündigung nach § 543 Abs. 1 BGB und § 543 Abs. 2 BGB bei wichtigen Gründen, wie zum Beispiel Zahlungsverzug, möglich. Auf Grund des Maßnahmenpakets der Bundesregierung (Gesetz zur Abmilderung der Folgen der Covid-19-Pandemie) durfte ein Vermieter wegen Mietschulden, die aus der Zeit 01.04.2020 bis zum 30.06.2020 resultierten und auf den Auswirkungen der Corona-Krise beruhten, das Gewerbemietverhältnis nicht kündigen. Wichtig ist in diesem Zusammenhang, dass die Nichtleistung der Miete direkte Auswirkung der Covid-19-Pandemie ist, d.h. allein darauf beruhte.

Außerdem ist notwendig, dass der Mieter den Zusammenhang zwischen der Covid-19-Pandemie und der Nichtleistung glaubhaft macht. In welcher Form und in welcher Intensität die geforderte Glaubhaftmachung zu erfolgen hat, ist nicht näher geregelt. Ausgehend von der Regelung des § 294 ZPO dürften insoweit alle Beweismittel einschließlich der Versicherung an Eides statt zulässig sein. Glaubhaft gemacht ist danach eine Behauptung, wenn eine überwiegende Wahrscheinlichkeit dafür besteht, dass sie zutrifft.

Sofern Alfred glaubhaft machen kann, dass sein Zahlungsverzug auf der Covid-19-Pandemie beruht, wäre die außerordentliche Kündigung durch den Vermieter wegen Zahlungsverzuges der Miete für die Monate April bis Juni 2020 unzulässig.

> **Frage:** Kann der Vermieter dem Alfred wegen der Nichtzahlung der Miete gar nicht/nie kündigen und braucht Alfred die Miete auch nicht mehr bezahlten?

Antwort: Die obige Regelung bezüglich der Aussetzung des Kündigungsrechts wegen Zahlungsverzuges war nur bis zum 30.06.2022 anwendbar. Dies bedeutet, dass wegen Zahlungsrückständen, die vom 01.04.2020 bis zum 30.06.2020 eingetreten und bis zum 30.06.2022 nicht ausgeglichen sind, nach diesem Tag wieder gekündigt werden kann. Damit hatten Mieter und Pächter vom 30.06.2020 an über zwei Jahre Zeit, einen zur Kündigung berechtigenden Miet- oder Pachtrückstand auszugleichen. Mit anderen Worten: diese Regelungen bedeuten nicht, dass Mieter von der Verpflichtung zur Mietzahlung befreit werden. Es darf Ihnen lediglich nicht wegen Zahlungsverzug (zeitweise) gekündigt werden.

> **Frage:** Wie wäre der Fall zu behandeln, wenn Alfred am 01.07.2020 sein Geschäft wiedereröffnet und einen unfassbar guten Juli-Umsatz erzielt aber weiterhin keine Miete bezahlt hätte?

Antwort: In diesem Fall beruht der Zahlungsverzug nicht „allein" auf dem Grund einer Covid-19-bedingten Nichtleistung. Eine Kündigung wegen Nichtleistung der Miete wäre weiterhin zulässig, wenn diese auf die Nichtleistung von Mietforderungen außerhalb des genannten Zeitraums oder auf Gründe der Nichtleistung gestützt wird, die nicht im Zusammenhang mit den Auswirkungen der COVID-19-Pandemie stehen. Unterlässt der Mieter wegen COVID-19-bedingter Zahlungsschwierigkeiten die Zahlung des Mietzinses in den Monaten April bis Juni 2020 und zahlt den Mietzins auch für den Monat Juli 2020 nicht, wird die Erheblichkeitsschwelle gem. § 569 Abs. 3 S. 1 Nr. 1 BGB, § 543 Abs. 2 Nr. 3 lit. a) BGB überschritten. Das Kündigungsrecht wird in derartigen Fällen nicht „allein" durch den in Art. 240 § 2 Abs. 1 S. 1 EGBGB genannten Grund (Covid-19-Pandemie) begründet, sondern auch durch Umstände, die nicht mehr in dem von Art. 240 § 2 EGBGB erfassten Zeitraum liegen, sodass eine Kündigung möglich wäre.

> **Frage:** Was wäre zu berücksichtigen, wenn Alfred nach dem 31.12.2020 sein Geschäft wegen eines Lockdowns wieder schließen müsste?

Antwort: Nunmehr könnte Alfred – im Zweifel gerichtlich – versuchen, mit der gesetzlichen Vermutung in Art. 240 § 7 EGBGB seinen Mietvertrag gemäß § 313 BGB (Wegfall der Geschäftsgrundlage) anzupassen.

Zunächst ist darauf hinzuweisen, dass die Vermutungsregel des Art. 240 EGBGB weder die Frage beantwortet, ob eine Störung der Geschäftsgrundlage tatsächlich gegeben ist, noch die allgemeinen Grundsätze der Anwendbarkeit der Störung der Geschäftsgrundlage gemäß § 313 BGB aushebelt. Diese lauten:

- **Tatsächliches Element**: Umstände, die zur Grundlage des Vertrags geworden sind, haben sich nach Vertragsschluss schwerwiegend geändert.
- **Hypothetisches Element**: Die Parteien hätten den Vertrag nicht oder mit anderem Inhalt geschlossen, wenn sie diese Veränderung vorausgesehen hätten.
- **Normatives Element**: Einer Vertragspartei kann unter Berücksichtigung aller Umstände des Einzelfalls, insbesondere der vertraglichen oder gesetzlichen Risikoverteilung, das Festhalten am unveränderten Vertrag nicht zugemutet werden.

Lediglich hinsichtlich des tatsächlichen Elements greift zu Gunsten des Mieters die neue gesetzliche Vermutungsregel ein. Ein pauschaler Verweis auf wirtschaftliche Schwierigkeiten oder Einnahmenausfälle genügt insofern nicht, um der Darlegungs- und Beweispflicht ausreichend nachzukommen. Bezüglich des tatsächlichen Elements dürfte der Nachweis einer Änderung der Geschäftsgrundlage gelingen, wenn die behördlichen Anordnungen den Mieter zur Geschäftsschließung zwingen, womit die Corona-bedingte Änderung der Geschäftsgrundlage für Alfred als schwerwiegend zu beurteilen wäre. Hinsichtlich des hypothetischen Elements kann davon ausgegangen werden, dass die Vertragsparteien bei Kenntnis einer bevorstehenden Corona-Pandemie mit monatelangen Betriebsschließungen eine vertragliche Regelung zur Risikoverteilung getroffen hätten. Im Rahmen der Beurteilung des normativen Elements wäre zu berücksichtigen, dass das wirtschaftliche Risiko und die Folgen der Pandemie keinen in der Person des Mieters liegenden Grund darstellt, der es rechtfertigt, das Risiko für die Verwendung der Mietsache vollständig zu tragen, so dass ein Festhalten an den bisherigen vertraglichen Bedingungen unzumutbar werden kann.

Bei Annahme der Voraussetzungen für den Wegfall der Geschäftsgrundlage nach § 313 BGB ergibt sich jedoch keine zwingende, schematische Vertragsanpassung für den Mieter. Eine Vertragsanpassung kann z.B. in einer vorübergehenden Befreiung oder Reduzierung des Mietzinses oder in einer Stundung der Miete erfolgen. Von Bedeutung in der Praxis werden dabei auch die Interessen des Vermieters sein, wenn dieser z.B. die Mietsache vielleicht bereits unter einem ortsüblichen Mietzins vermietet hat, eigenen Verbindlichkeiten nachkommen muss oder die Mieten Versorgungscharakter besitzen.

Problembereich 12: Bereicherungsrecht und Deliktsrecht

> **Frage:** Was ist der Zweck des Bereicherungsrechts und wo ist es im BGB geregelt?

Antwort: Das Bereicherungsrecht ist in den §§ 812 ff. BGB geregelt und stellt ein sogenanntes gesetzliches Schuldverhältnis dar. Es enthält verschiedene Anspruchsgrundlagen mit denen Fälle geregelt werden, bei denen Vermögensverschiebungen stattgefunden haben, auf die die Personen keinen Anspruch und deswegen nun „zu viel" haben. Dies kann zum Beispiel daraus resultieren, dass der Grund, warum sie etwas erhalten haben, nie bestanden hat oder später wieder entfallen ist. Das Bereicherungsrecht versucht nun das „zu viel" abzuschöpfen.

Frage: Zwischen welchen Kondiktionen ist im Bereicherungsrecht zu unterscheiden?

Antwort: Das Bereicherungsrecht unterscheidet die Leistungskondiktion von der Nichtleistungskondiktion.

Frage: Robert ist 10 Jahre und hat keine Lust mehr mit dem Fahrrad zur Schule zu fahren. Darum schiebt er sein Fahrrad zum nahegelegenen Fahrradhändler, der ihm das Rad für 250 € abkauft. Da Roberts Mutter ihre Beautytermine am Morgen nicht verlegen und ihren Sohn daher nicht ständig zur Schule fahren kann, stimmt sie dem Verkauf nicht zu. Wie ist die Rechtslage?

Antwort: Robert hat mit dem Fahrradhändler einen Kaufvertrag geschlossen, aus dem Robert verpflichtet war, das Eigentum an dem Rad und der Fahrradhändler Robert das Eigentum an dem Geld zu übertragen, § 433 Abs. 1 und 2 BGB. In Vollzug dieser Verpflichtungen haben beide Parteien mit zwei Verfügungsgeschäften nach § 929 BGB das Eigentum an dem Fahrrad einerseits und das Eigentum an dem Geld andererseits tatsächlich übertragen. Soweit ein Minderjähriger Rechtsgeschäfte abschließt, die nicht lediglich rechtlich vorteilhaft sind, bedarf es zu deren Wirksamkeit die Zustimmung der gesetzlichen Vertreter. Rechtlich vorteilhaft war im vorliegenden Fall für Robert die Übereignung des Geldes an ihn. Sie ist daher unabhängig von der fehlenden Zustimmung der Mutter rechtlich wirksam. Das Verpflichtungsgeschäft in Form des Kaufvertrages sowie das Verfügungsgeschäft, mit dem Robert sein Eigentum an dem Fahrrad auf den Händler übertragen hat, sind dagegen rechtlich nachteilhaft und sind, da die Mutter ihre Zustimmung verweigert, unwirksam. Da Robert infolge einer unwirksamen Verfügung das Eigentum an seinem Fahrrad nicht verloren hat, kann er das Rad nach § 985 BGB als Eigentümer herausverlangen.

Der Fahrradhändler hat hingegen das Eigentum an seinem Geld wirksam auf Robert übertragen. Die Wirksamkeit wird nicht dadurch beeinträchtigt, dass das Verpflichtungsgeschäft unwirksam ist, da das Verpflichtungs- und Verfügungsgeschäft zwei voneinander getrennte Rechtsgeschäfte (Trennungsprinzip) darstellen. Deren Wirksamkeit ist unabhängig voneinander zu beurteilen (Abstraktionsprinzip). Um das zu viel Erlangte von Robert zurückzuerhalten, muss der Händler einen Anspruch aus Bereicherungsrecht gemäß § 812 Abs. 1 Satz 1 BGB geltend machen. Hiernach erhält er sein Geld zurück, da Robert dieses durch Leistung (die willentliche Übertragung des Geldes seitens des Händlers im Rahmen der Verfügung) ohne Rechtsgrund (fehlender Wirksamkeit des Kaufvertrags mit dem Minderjährigen) erlangt hat.

Frage: Herr Müller bekommt von Frau Schulz ohne Rechtsgrund 1.000 € überwiesen, was Herr Müller jedoch nicht erkennt. Er gibt das Geld für ein Wellnesswochenende und ein wunderschönes Abendessen bei einem Sternekoch aus. Hat Frau Schulz einen bereicherungsrechtlichen Anspruch?

Antwort: Herr Müller hat zunächst 1.000 € auf Kosten von Frau Schulz ohne rechtlichen Grund erlangt und ist zur Herausgabe des Geldes verpflichtet. Herr Müller ist jedoch entreichert i.S.d. § 818 Abs. 3 BGB, sodass Frau Schulz keinen Herausgabeanspruch hat. Hätte Herr Müller den fehlenden Rechtsgrund gekannt, wäre er zur Herausgabe der 1.000 € verpflichtet, selbst wenn er nicht mehr bereichert wäre (§§ 818 Abs. 4, 819 BGB).

Frage: Neben dem vertraglichen Schadensrecht kann ein Schadensersatzanspruch auch durch unerlaubte Handlung nach § 823 BGB entstehen. Nennen Sie dessen Voraussetzungen!

Antwort: Die Voraussetzungen sind:

- Verletzung eines absoluten Rechts Leben, Körper, Freiheit, Eigentum, sonstige Rechte,
- Verletzungshandlung,
- Haftungsbegründende Kausalität,
- Rechtswidrigkeit,
- Verschulden, d.h. Vorsatz oder Fahrlässigkeit,
- Schaden,
- Haftungsausfüllende Kausalität.

Unter der haftungsbegründenden Kausalität versteht man den Ursachenzusammenhang zwischen dem verletzenden Verhalten und der Verletzung des Rechtsguts. Die Haftungsausfüllende Kausalität stellt den Zusammenhang zwischen Verletzung und Schaden her („wie viel").

Frage: Hat jeder für eine unerlaubte Handlungen Schadensersatz zu leisten?

Antwort: Nein nur derjenige, der verschuldensfähig im Sinne des § 827 BGB ist.

Danach ist die Verantwortlichkeit für eine unerlaubte Handlung ausgeschlossen, wenn die Handlung im Zustand der Bewusstlosigkeit oder in einem die freie Willensbildung ausschließenden Zustand kranker Zerstörung der Geistestätigkeit vollzogen worden ist.

Frage: Haften Minderjährige ebenfalls für eine unerlaubte Handlung?

Antwort: Minderjährige unter 7 Jahren sind nicht verantwortlich, § 828 Abs. 1 BGB. Minderjährige zwischen 7 und 10 Jahren sind für den Schaden, den sie bei einem Unfall mit einem Kraftfahrzeug, einer Schienenbahn oder einer Schwebebahn einem anderen zufügen, nicht verantwortlich, es sei denn sie haben die Verletzung vorsätzlich herbeigeführt. Ansonsten sind Kinder zwischen 7 und 18 Jahren nur verantwortlich, soweit sie über eine entsprechende Einsichtsfähigkeit verfügen, vgl. § 828 Abs. 3 BGB.

Frage: Was bedeutet Vorsatz und was bedeutet Fahrlässigkeit?

Antwort: Vorsatz ist Wissen und Wollen seiner Handlungen. Fahrlässig handelt, werde die im Verkehr erforderliche Sorgfalt außer Acht lässt. Objektiver Maßstab ist dabei die Sorgfalt, die von einem durchschnittlichen Mitglied der Berufs- und Altersgruppe des Schädigers erwartet werden kann.

Frage: Welche drei verschiedenen Kategorien von Haftungstatbeständen kennen Sie?

Antwort: Haftung für nachgewiesenes Verschulden, Haftung für vermutetes Verschulden und Haftung ohne Verschulden (Gefährdungshaftung). Beispiele für Haftung für nachgewiesenes Verschulden sind: § 823 Abs. 1, § 823 Abs. 2 BGB (Schutzgesetzverletzung) und § 826 BGB (vorsätzliche sittenwidrige Schädigung). Beispiele für Haftung für vermutetes Verschulden sind: § 831 BGB (Haftung für Verrichtungsgehilfen), § 833 BGB (Haftung des Tierhalters von Nutztieren), § 18 StVG (Haftung des Fahrers eines Kfz). Die Gefährdungshaftung gilt z.B. für den Halter eines Kfz gem. § 7 StVG, für den Produzenten eines fehlerhaften Produktes gem. § 1 Abs. 1 ProdHaftG oder für Betreiber von Anlagen und Eisenbahnen sowie Straßenbahnen.

Problembereich 13: Eigentum und Besitz – Erwerb und Verlust

Frage: Worin unterscheiden sich schuldrechtliche Verpflichtung- und sachenrechtliche Verfügungsgeschäfte und welche Prinzipien sind daraus abzuleiten?

Antwort: Das schuldrechtliche Verpflichtungsgeschäft regelt nur, wer gegenüber wem einen Anspruch
auf Übereignung zum Beispiel eines Gegenstandes hat. Die Zuordnung des Gegenstandes oder das Vorhandensein desselben ist für die Eingehung dieser Verpflichtung vollkommen irrelevant. Es enthält
lediglich die Verpflichtung, das Eigentum zu verschaffen ohne dies bereits zu tun. Das sachenrechtliche
Verfügungsgeschäft ist hingegen direkt darauf gerichtet das Eigentum an einem Gegenstand zu übertragen. Für das sachenrechtliche Verfügungsgeschäft ist es unerheblich, aus welchem Grund sich die
Parteien darüber einig wurden, das Eigentum zu übertragen.

Aus diesem Verständnis ist daher zunächst das Trennungsprinzip abzuleiten, das besagt, dass das
Verpflichtungs- und Verfügungsgeschäft voneinander zu trennende Rechtsgeschäfte sind.

Daneben gilt, dass der schuldrechtliche Vertrag und der sachenrechtliche Vertrag jeweils für sich
betrachtet auf ihre Gültigkeit hin überprüft werden müssen. Auch wenn der schuldrechtliche Vertrag
unwirksam ist, können die jeweiligen Übereignungen wirksam sein. Sie sind damit abstrakt (unabhängig) von dem Verpflichtungs- oder Kausalgeschäft, Abstraktionsprinzip.

Frage: Definieren Sie den Begriff Sache und zählen Tiere auch dazu?

Antwort: Eine Sache ist ein körperlicher Gegenstand (§ 90 BGB). Tiere sind hingegen keine Sachen.
Nach § 90a BGB sind auf sie die für Sachen geltenden Vorschriften entsprechend anzuwenden.

Frage: Was ist unter dem sachenrechtlichen Typenzwang zu verstehen?

Antwort: Mit dem Begriff „Typenzwang" wird im Sachenrecht beschrieben, dass nur bestimmte im
Gesetz verankerte Rechte zugelassen sind, auch als sogenannter „numerus clausus" der Sachenrechte
bekannt. Die Parteien können, anders als bei der Vertragsfreiheit keine neuen Sachenrechte vereinbaren.

Das Sachenrecht kennt neben dem Eigentum als umfängliches Recht noch die beschränkt dinglichen Rechte. Diese lassen sich in Nutzungsrechte (Erbbaurecht, Dienstbarkeiten wie z.B. Nießbrauch),
Erwerbsrechte (Vorkaufsrecht) und Verwertungsrechte (Reallast, Grundpfandrechte und Mobiliar-
pfandrechte) einteilen.

Frage: Was ist der Unterschied zwischen Eigentum und Besitz?

Antwort: Unter dem Eigentum wird die rechtliche Herrschaft einer Person über eine Sache verstanden.
Nach § 903 BGB ist der Eigentümer dazu befugt, nach Belieben mit der Sache zu verfahren.

Der Besitz ist die tatsächliche Sachherrschaft einer Person über eine Sache, vgl. § 854 BGB.

Frage: Wissen Sie, was unter einem Besitzmittlungsverhältnis oder auch Besitzkonstitut zu verstehen ist und wo das eine Rolle spielt?

Antwort: Ein Besitzmittlungsverhältnis bzw. Besitzkonstitut besteht zwischen einem unmittelbaren
und einem mittelbaren Besitzer. Der mittelbare Besitzer ist gemäß § 868 BGB derjenige, der die unmittelbare Sachherrschaft durch eine andere Person ausüben lässt. Durch diesen unmittelbaren Besitzer
(Besitzmittler) wird der Besitz vermittelt. Dabei muss der unmittelbare Besitzer anerkennen, dass er
den unmittelbaren Besitz als sogenannter Fremdbesitzer besitzt. Dies ergibt sich aus einem Besitzmittlungsverhältnis oder Besitzkonstitut zum Beispiel in Form eines Mietvertrages. Der Mieter einer

Sache ist, nachdem ihm der Vermieter den unmittelbaren Besitz eingeräumt hat, der unmittelbare Besitzer. Dieser vermittelt dem Vermieter aufgrund des Mietvertrages und der sich daraus ergebenden Verpflichtung des Mieters, die Sache nach Ablauf der Mietzeit an den Vermieter zurückzugeben, den mittelbaren Besitz. Der Vermieter ist während der Mietzeit mittelbarer Besitzer.

Frage: Welche Voraussetzungen müssen vorliegen, damit eine wirksame Eigentumsübertragung nach 929 BGB vorliegt?

Antwort: Die folgenden Voraussetzungen müssen vorliegen:
- Einigung,
- Übergabe,
- Einig sein im Zeitpunkt der Übergabe,
- Berechtigung.

Frage: Was stellt die Einigung rechtlich dar?

Antwort: Die Einigung ist ein Verfügungsvertrag, mit dem das Eigentum von dem Veräußerer auf den Erwerber übergehen soll. Der Einigungsvertrag ist nicht mit dem schuldrechtlichen Verpflichtungsgeschäft identisch. Daher gehört die Sache dem Käufer noch nicht, wenn er sie lediglich gekauft und bezahlt hat. Dies ergibt sich aus dem Trennungsprinzip. Verpflichtungsgeschäft (z.B. Kaufvertrag) und Verfügungsgeschäft sind zwei verschiedene Rechtsgeschäfte.

Frage: Wie viele Verträge sind erforderlich um einen Pullover zu verkaufen und zu übereignen und die Zahlung abzuwickeln, §§ 433, 929 BGB?

Antwort: Es sind drei Verträge mit jeweils zwei Willenserklärungen also insgesamt sechs Willenserklärungen erforderlich: Kaufvertrag, Übereignungsvertrag für den Pullover und Übereignungsvertrag für das Bargeld.

Frage: Die Voraussetzung der tatsächlichen Übergabe i.R.d. Eigentumsübertragung kann ersetzt werden. Welche sogenannten Übergabesurrogate lassen sich aus dem Gesetz ableiten?

Antwort: Anstelle der tatsächlichen Besitzübergabe kann die Verfügung über einen Gegenstand auch dann wirksam vollzogen werden, wenn:
- der Erwerber bereits Besitzer ist, § 929 Satz 2 BGB,
- der bisherige Eigentümer nach der Veräußerung im Besitz der Sache bleiben soll, § 930 BGB, oder wenn
- ein Dritter zur Zeit der Verfügung im Besitz der Sache ist, Abtretung des Herausgabeanspruches, § 931 BGB.

Frage: Der verträumte Emil E überließ seiner vermeintlichen Freundin F zur zeitweisen Benutzung seinen nagelneuen Tablet-PC, den er sich vor wenigen Tagen für günstige 555 € gekauft hatte. F hatte nichts Besseres zu tun, als den PC im Internet zu annoncieren und zufällig an den ihr unbekannten besten Kollegen K des E, der erkennt das es sich bei dem PC um denjenigen handelt, den sich E zuvor gekauft hat, für überzogene 666 € zu verkaufen. E möchte sein Tablet-PC wiederhaben. Hat er diesen Anspruch?

Antwort: Wenn E den PC von K zurückhaben möchte, müsste er einen Anspruch auf Herausgabe seines PC nach § 985 BGB haben. Hierzu ist erforderlich, dass E Eigentümer der Sache ist. Ursprünglich war E Eigentümer. Dieses Eigentum wurde ihm vom Verkäufer des PC verschafft. E hat jedoch das Eigentum durch die Verfügung der F an K verloren, wenn K von F das Eigentum gutgläubig nach § 932 BGB erworben hat. Nach § 932 BGB kann ein Dritter von einem Nichtberechtigten Eigentümer das Eigentum erwerben, wenn er den Veräußerer gutgläubig für den Eigentümer hält. Zwar war F im Zeitpunkt der Veräußerung Nichtberechtigte im Sinne der Vorschrift, da ihr das Eigentum nicht zustand, K war aber nicht gutgläubig. Er erkannte den PC und wusste, dass dieser dem E und nicht der F gehörte. K hat damit das Eigentum nicht von F erworben, sodass E den PC von K herausverlangen kann.

> **Frage:** Wäre der Fall anders zu beurteilen, wenn F nicht an K, sondern einen Unbekannten U veräußert hätte und die F den Tablet-PC nicht überlassen bekommen, sondern diesen bei einem gemütlichen DVD-Abend – vom F unbemerkt – in die Handtasche gesteckt hätte?

Antwort: In diesem Fall wäre der Unbekannte zunächst gutgläubig im Sinne des § 932 BGB gewesen. Ein gutgläubiger Erwerb wäre jedoch trotzdem ausgeschlossen, da der E den PC nicht freiwillig der F überlassen hat. Wird eine Sache dem Eigentümer gestohlen, geht sie verloren oder kommt sie abhanden, scheidet nach § 935 BGB ein gutgläubiger Erwerb aus.

> **Frage:** Gehen Sie davon aus, F hat den PC zur zeitweisen Nutzung überlassen bekommen und sie veräußert den PC an einen gutgläubigen Unbekannten U für 666 €. Hat E Ansprüche gegen F?

Antwort: Zunächst ist festzuhalten, dass in dieser Abwandlung ein gutgläubiger Erwerb des U möglich gewesen ist, da der PC dem E nicht gestohlen wurde.

Wer vorsätzlich oder fahrlässig das Eigentum eines anderen widerrechtlich verletzt, ist dem anderen zum Schadensersatz verpflichtet, § 823 Abs. 1 BGB. Im vorliegenden Fall hätte F dem E 555 € zu erstatten, wenn davon auszugehen ist, dass der PC diesen Wert zwei Tage später noch hatte.

E kann von F aber auch den von U erhaltenen Kaufpreis von 666 € verlangen. Dies ergibt sich aus dem Bereicherungsrecht, § 816 BGB. Trifft hiernach ein Nichtberechtigter über einen Gegenstand eine Verfügung, die dem Berechtigten gegenüber wirksam ist, muss er dem Berechtigten das herausgeben, was er durch die Veräußerung des Gegenstandes erlangt hat.

> **Frage:** Wie erfolgt die Eigentumsübertragung von einem Grundstück?

Antwort: Die Eigentumsübertragung erfolgt durch Auflassung (§ 925 BGB) und Eintragung im Grundbuch (§ 873 BGB). Auflassung ist die Einigung, die erforderlich zur Übertragung des Eigentums an einem Grundstück ist. Die Eintragung im Grundbuch ersetzt die Übergabe.

> **Frage:** Geht mit der Auflassung gleichzeitig der Besitz an dem Haus über?

Antwort: Nein, die Besitzübergabe muss zusätzlich erfolgen. Praktisch vollzieht sie sich mit der Schlüsselübergabe.

> **Frage:** Kann eine Immobilie auch wie eine Mobilie gutgläubig erworben werden?

Antwort: Ja, auch Immobilien können gemäß § 892 BGB gutgläubig erworben werden.

> **Frage:** Besteht zwischen dem gutgläubigen Erwerb von beweglichen und dem gutgläubigen Erwerb von unbeweglichen Sachen ein Unterschied und wenn ja, worin liegt dieser?

Antwort: Bei beweglichen Sachen knüpft der gutgläubige Erwerb an den Rechtsscheinträger des Besitzes und die Besitzverschaffungsmacht an. Für denjenigen, der im Besitz einer Sache ist, spricht nach § 1006 BGB die Vermutung des Eigentums. Wird dem gutgläubigen Erwerber der Besitz in den nach §§ 929 ff. BGB dargestellten Wegen tatsächlich verschafft, erlangt der Erwerber das Eigentum.

Bei unbeweglichen Sachen ist der Inhalt des Grundbuchs der Rechtsscheinträger. Nur wenn dieses den Unberechtigten als Berechtigten (fälschlicherweise) ausweist, kann unter den weiteren Voraussetzungen des § 892 BGB ein gutgläubiger Erwerb durch einen Erwerber vollzogen werden.

Zu beachten ist, dass bei beweglichen Sachen bereits die grob fahrlässige Unkenntnis von der Nichtberechtigung den guten Glauben zerstört (§ 932 Abs. 2 BGB), während dies beim Erwerb unbeweglicher Sachen erst im Falle positiver Kenntnis (§ 892 Abs. 1 Satz 1 BGB) erfolgt.

Frage: Welche aktuelle Entwicklung gibt es hinsichtlich der Grundbuchfähigkeit der GbR zum 01.01.2024?

Antwort: Während derzeit immer alle Gesellschafter einer GbR in das Grundbuch einzutragen sind, ist es durch die geplanten Änderungen des MoPeG ab dem 01.01.2024 mit der gleichzeitigen Einführung eines Gesellschaftsregisters für die GbR ausreichend, wenn lediglich die GbR bzw. deren Bezeichnung in das Grundbuch eingetragen wird.

Frage: Heizungsinstallateur Mario liefert dem Bauherren Bert Heizungsrohre für die Fußbodenheizung unter Eigentumsvorbehalt. Nachdem Bert die Rohre in seinem Neubau verbaut und mit Estrich bedeckt hat, erleidet er einen finanziellen Engpass und kann und will die Rechnung des Mario nicht mehr bezahlen. Aus diesem Grund verlangt Mario seine Heizungsrohre von Bert wieder zurück.

Antwort: Mario hat einen Anspruch auf Herausgabe der Heizungsrohre nach § 985 BGB, wenn er noch Eigentümer ist. Mario hat jedoch sein Eigentum an den Rohren verloren, als Bert die Rohre eingebaut hat. Denn nach § 946 BGB erstreckt sich das Eigentum an einem Grundstück auch auf die eingefügten beweglichen Sachen, wenn diese wesentlicher Bestandteil des Grundstücks werden. Wesentliche Bestandteile einer Sache sind solche, die von der Hauptsache nicht getrennt werden können, ohne dass der eine oder andere Teil zerstört oder in seinem Wesen geändert oder in seinem Wert gemindert wird. Damit gehören die Rohre als wesentlicher Bestandteil zum Gebäude (§ 93 BGB) und das Gebäude als wesentlicher Bestandteil zum Grundstück (§ 94 BGB), sodass sich das Eigentum des Bert nunmehr auch auf die Heizungsrohre erstreckt. Der Erwerb des Eigentums vollzieht sich kraft Gesetzes. Mario hat daher keinen Herausgabeanspruch gegenüber Bert. Ihm verbleibt lediglich seinen Kaufpreisanspruch im Zweifel gerichtlich durchsetzen.

Frage: Kennen Sie weitere Tatbestände nach denen Eigentum gesetzlich erworben werden kann?

Antwort: Weitere Tatbestände sind die Vermischung (§ 948 BGB) und die Verarbeitung (§ 950 BGB). Gesetzlicher Eigentumserwerb kann auch durch Aneignung herrenloser Sachen erfolgen (§ 958 BGB).

Frage: Wie entsteht Wohnungseigentum?

Antwort: Wohnungseigentum wird durch vertragliche Aufteilung des Grundstücks begründet. Die Ersteinräumung von Sondereigentum erfolgt durch Vertrag (vertragliche Teilung als dingliches Verfügungsgeschäft, sogenannte Teilungserklärung) und Grundbucheintragung (§ 4 Abs. 1 und 2 WEG). Im Falle von Miteigentum an einem Grundstück des § 3 Abs. 1 WEG wird für jeden Miteigentumsanteil von Amts wegen ein besonderes Grundbuchblatt (Wohnungsgrundbuch, Teileigentumsgrundbuch) angelegt (§ 7 Abs. 1 WEG).

Frage: Worin unterscheiden sich die Begriffe Mehrfamilienhaus und Eigentumswohnung?

Antwort: Das Mehrfamilienhaus enthält zwar mehrere Wohnungen, wird grundbuchrechtlich jedoch als ein Grundstück geführt. Steht dieses im Eigentum mehrerer, so sind diese Bruchteilseigentümer am gesamten Grundstück. Über Eigentumswohnungen bestehen im Grundbuch gesonderte Blätter. Der

Eigentümer einer Eigentumswohnung ist (Allein-)Eigentümer des zugewiesenen Sondereigentums und Miteigentümer des Grundstücks. Steht dieses im Eigentum mehrerer, so sind diese Bruchteilseigentümer an der Eigentumswohnung.

Frage: Ist für die Übertragung eines Grundstücks (Verfügung) die notarielle Form erforderlich?

Antwort: Für die Übertragung eines Grundstücks bedarf es nicht der notariellen Form wie für den Grundstückskaufvertrag nach § 311b Abs. 1 BGB. Nach § 925 BGB ist lediglich erforderlich, die Auflassung vor einer zuständigen Stelle zu erklären. Hierzu zählt z.B. jeder Notar.

Frage: Worin liegt der Unterschied zwischen einer notariellen Beurkundung und einer öffentlichen Beglaubigung?

Antwort: Bei der öffentlichen Beglaubigung (§ 129 BGB) wird von dem Notar nur bestätigt, dass die Unterschrift auf der Erklärung (Urkunde) von demjenigen stammt, der die Erklärung auch tatsächlich abgegeben hat. Beglaubigt wird danach nur die Identität des Erklärenden, nicht aber die Richtigkeit des Inhalts der betreffenden Urkunde. Ist für eine Erklärung durch Gesetz eine öffentliche Beglaubigung vorgeschrieben, so muss die Erklärung nach § 129 Abs. 1 BGB:

1. in schriftlicher Form abgefasst und die Unterschrift des Erklärenden von einem Notar beglaubigt werden oder
2. in elektronischer Form abgefasst und die qualifizierte elektronische Signatur des Erklärenden von einem Notar beglaubigt werden.

Bei der notariellen Beurkundung (§ 128 BGB) wird neben der Identität der Parteien zusätzlich auch bestätigt, dass die Urkunde den Inhalt der Erklärung wortgetreu wiedergibt. Aus diesem Grund wird die gesamte Erklärung durch den Notar niedergeschrieben, in Anwesenheit der Erklärenden vorgelesen und im Anschluss daran von ihnen genehmigt und unterschrieben. Zum Schluss unterzeichnet auch noch der Notar die Urkunde. Die notarielle Beurkundung ist die strengste Form, die das Gesetz für Rechtsgeschäfte vorsieht und ist u.a. bei Grundstückskaufverträgen (§ 311b Abs. 1 BGB), Schenkungsversprechen (§ 518 Abs. 1 BGB) und Verträgen zum Kauf von GmbH-Anteilen (§ 15 GmbHG) erforderlich.

Frage: In welche drei Abteilungen ist das Grundbuchblatt eines Grundstücks unterteilt?

Antwort: Das Grundbuchblatt ist in folgende Abteilungen unterteilt:
1. **Abteilung I:** Eigentumsverhältnisse,
2. **Abteilung II:** Hier werden die Lasten und Beschränkungen des Grundstücks vermerkt. Unter Lasten fallen Reallasten, Vorkaufsrechte, Nießbrauch oder das Erbbaurecht.
3. **Abteilung III:** führt die Grundpfandrechte (Hypotheken, Grundschulden, Rentenschulden) auf.

Frage: Können Sie sich etwas unter dem Begriff der Dienstbarkeit vorstellen?

Antwort: Dienstbarkeiten lassen sich in Grunddienstbarkeiten und beschränkt persönliche Dienstbarkeiten unterteilen. Zu den Grunddienstbarkeiten gem. §§ 1018 ff. BGB zählen vor allem der Nießbrauch gem. §§ 1030 ff. BGB. Eine beschränkt persönliche Dienstbarkeit gem. §§ 1090 ff. BGB ist zum Beispiel das Wohnrecht.

Frage: Auf welche Dienstbarkeit wird im Rahmen der steuerlichen Gestaltung der vorweggenommenen Erbfolge zurückgegriffen?

Antwort: Wird bei der vorweggenommenen Erbfolge eine Immobilie übertragen, kann zugunsten des Veräußerers insbesondere der Vorbehaltsnießbrauch von Interesse sein.

Schenkungssteuerlich wird dabei der Kapitalwert des Nießbrauchs als Belastung zum Abzug gebracht, was zu einer Minderung der schenkungssteuerlichen Bereicherung führt.

Frage: Was ist ein Wertpapier und zählt hierzu auch der Gepäckschein?

Antwort: Ein Wertpapier ist eine Urkunde, in der ein privates Recht derart verbrieft ist, dass zur Geltendmachung des Rechts der Besitz der Urkunde notwendig ist.

Der Gepäckschein ist hingegen kein Wertpapier. Er dient nur als Beweiszeichen für die Gläubigerschaft. Der Schuldner wird durch Leistung an den Inhaber von der Schuld befreit. Er ist jedoch nicht verpflichtet an den Inhaber zu leisten, wenn dieser nicht mit dem Gläubiger identisch ist, § 807 BGB.

Wertpapiere können Inhaberpapiere, Orderpapiere und Rektapapiere sein.

Bei Inhaberpapieren folgt das Recht aus dem Papier dem Recht an dem Papier, das verbriefte Recht wird durch die Übertragung der Urkunde selbst gemäß den §§ 929 ff. BGB übertragen. Ein gutgläubiger Erwerb von abhandengekommenen Inhaberpapieren ist möglich (§ 935 Abs. 2 BGB). Inhaberpapiere sind Inhaberschuldverschreibungen (§§ 793 ff. BGB), Inhaberzeichen (§ 807 BGB), Inhaberaktien (Regelfall, § 10 Abs. 1 Satz 2 AktG), Inhaberschecks (Art. 5 Abs. 2, Abs. 3 ScheckG).

Auch bei den Orderpapieren folgt das Recht aus dem Papier dem Recht am Papier. Zusätzlich muss jedoch der Name des Inhabers auf dem Papier bezeichnet sein, der Name des ersten Berechtigten durch den Aussteller selbst eingetragen, die Namen der folgenden Berechtigten bei Übertragung des Orderpapiers (ebenfalls gem. §§ 929 ff. BGB) durch eine ununterbrochene Kette von Indossamenten ihrer Vorgänger.

Bei den Rektapapieren folgt im Gegensatz zu den zuvor genannten Wertpapieren das Recht an dem Papier dem Recht aus dem Papier. Zur Übertragung des Rechts muss nicht das Papier übereignet, sondern das Recht selbst abgetreten werden (§ 398 BGB). Aus der Abtretung folgt dann die Berechtigung hinsichtlich der Urkunde (§ 952 BGB). Ein gutgläubiger Erwerb ist grundsätzlich nicht möglich. Rektapapiere sind die Hypothekenbriefe (§ 1154 BGB), Sparbücher (§ 808 BGB), handelsrechtliche Wertpapiere ohne Orderklausel und Wechsel und Scheck mit negativer Orderklausel.

Problembereich 14: Kreditsicherung

Frage: Welches sind die gebräuchlichen Kreditsicherungsmittel und wie lassen sie sich einteilen?

Antwort: Kreditsicherheiten lassen sich in Personalsicherheiten und Realsicherheiten unterscheiden. Zu den Personalsicherheiten gehören:

- die Bürgschaft,
- der Schuldbeitritt und
- das abstrakte Schuldversprechen.

Die Realsicherheiten lassen sich in die Mobiliar- und die Immobiliarsicherheiten unterteilen.

Bei den Immobiliarsicherheiten sind vor allem:

- Hypothek und
- Grundschuld

zu nennen.

Mobiliarsicherheiten stellen:

- das Pfandrecht,
- die Sicherungsübereignung,

- die Sicherungsabtretung und
- der Eigentumsvorbehalt dar.

Frage: Wie lassen sich Bürgschaft, Schuldbeitritt und abstraktes Schuldversprechen unterscheiden?

Antwort: Die **Bürgschaft** ist ein einseitig verpflichtender Vertrag, durch den sich der Bürge gegenüber dem Gläubiger eines Dritten, dem sogenannten Hauptschuldner verpflichtet, für die Erfüllung der Verbindlichkeit des Dritten einzustehen, § 765 BGB. Der Gläubiger will sich durch die Bürgschaft für den Fall einer Zahlungsunfähigkeit eines Schuldners absichern. Bei der Bürgschaft haftet der Bürge nur subsidiär und akzessorisch für eine fremde Schuld, d.h. er muss nur dann leisten, falls der Hauptschuldner seinerseits nach Inanspruchnahme durch den Gläubiger zu keiner Leistung fähig war. Bei dem **Schuldbeitritt** hingegen haftet der hinzugetretene Schuldner neben dem bisherigen Schuldner als Gesamtschuldner für die eingegangene Verpflichtung. In diesem Falle kann er, unabhängig vom ursprünglichen Schuldner direkt vom Gläubiger in Anspruch genommen werden. Bei dem **abstrakten Schuldanerkenntnis** haftet der anerkennende neben dem Schuldner aufgrund seiner eigenen Verpflichtung dem Gläubiger gegenüber.

Frage: Was sind die Gemeinsamkeiten und was ist der Unterschied zwischen Hypothek und Grundschuld?

Antwort: Sowohl Hypothek als auch Grundschuld sind sogenannte Grundpfandrechte. Die jeweils belasteten Grundstücke dienen als Sicherungsmittel für Kredite. Gläubigern verschaffen diese beiden Sicherungsmittel die Möglichkeit, sich mit den Erlösen aus der Zwangsversteigerung oder Zwangsverwaltung des durch die Hypothek oder Grundschuld belasteten Objektes zu befriedigen, sofern der Schuldner seinen Zahlungsverpflichtungen aus den besicherten Schuldverhältnissen nicht nachkommt.

  Der Unterschied zwischen Grundschuld und Hypothek besteht darin, dass die Hypothek vom Bestand der Forderung abhängt (Hypothek ist akzessorisch), die Grundschuld hingegen nicht. Grundschulden sind damit nicht akzessorisch. Sie können ohne Schuldgrund bestehen.

Frage: Wie entsteht ein Pfandrecht?

Antwort: Das rechtsgeschäftliche Pfandrecht an beweglichen Sachen entsteht gemäß § 1205 BGB durch Einigung und Übergabe einer Sache. Im Rechtsverkehr besteht die Schwäche des Pfandrechts darin, dass der Verpfänder den Gegenstand nicht weiter nutzen kann.

Frage: Was versteht man unter einem Eigentumsvorbehalt und was ist der Unterschied zu einem verlängerten Eigentumsvorbehalt?

Antwort: Bei einem Eigentumsvorbehalt wird gemäß § 449 Abs. 1 BGB das Eigentum einer beweglichen Sache unter der aufschiebenden Bedingung der vollständigen Kaufpreiszahlung verschafft, d.h. solange der Erwerber den Kaufpreis nicht bezahlt hat, tritt die Bedingung für den dinglichen Eigentumserwerb nicht ein. Der Eigentumsvorbehalt dient damit der Sicherung des schuldrechtlichen Anspruchs auf Zahlung des Kaufpreises. Zahlt der Erwerber den Kaufpreis abredewidrig nicht, kann der Kaufgegenstand von dem Verkäufer noch aufgrund seines Eigentums herausverlangt werden.

  Bei dem verlängerten Eigentumsvorbehalt wird zwischen dem (Vorbehalts-)Verkäufer und dem (Vorbehalts-)Käufer vereinbart, dass der Vorbehaltskäufer über den Gegenstand weiter verfügen darf, obwohl er nicht Eigentümer ist. Mit der Einwilligung des Vorbehaltsverkäufers kann damit ein Dritter das Eigentum von einem Berechtigten (dem Vorbehaltskäufer) erwerben.

  Ohne eine solche Absprache käme für den Dritten ein Eigentumserwerb von einem Nichtberechtigten in Betracht. Der Wegfall des Gegenstandes als Sicherungsobjekt durch die Weiterveräußerung wird dabei dadurch ersetzt, dass der Vorbehaltskäufer seinen Anspruch auf Kaufpreiszahlung (aus der Weiterveräußerung) an den Vorbehaltsverkäufer abtritt. In der Praxis wird der verlängerte Eigentumsvorbehalt in der Regel mit einer Vereinbarung zwischen dem (Vorbehalts-)Verkäufer und dem (Vorbehalts-)Käufer verknüpft, wonach der (Vorbehalts-)Käufer seine Forderung gegenüber dem Dritten aus der der Weiterveräußerung an den (Vorbehalts-)Verkäufer abtritt.

> **Frage:** Wer ist bei der Sicherungsübereignung Eigentümer?

Antwort: Bei der Sicherungsübereignung wird ein Gegenstand von dem bisherigen Eigentümer (Sicherungsgeber) zur Sicherheit an einen anderen (Sicherungsnehmer) übereignet. Die Übereignung vollzieht sich dabei gemäß §§ 929, 930 BGB, wobei der Sicherungsgeber weiterhin im Besitz der Sache bleibt. Eigentümer wird damit der Sicherungsnehmer.

Die Sicherungsübereignung wird häufig von Kreditinstituten als Instrument der Kreditsicherung (z.B. bei der Finanzierung eines Kfz) genutzt.

> **Frage:** Was ist der Unterschied zu einer Sicherungsabtretung?

Antwort: Bei der Sicherungsabtretung werden keine Gegenstände zur Sicherheit übereignet, sondern Rechte oder Forderungen. Für den Fall, dass der Schuldner seinen Kredit nicht bezahlen kann, kann sich der Gläubiger anstatt aus dem Erlös für den Verkauf eines Gegenstandes aus der an ihn abgetretenen Forderung befriedigen.

Problembereich 15: Familienrecht und Güterstände

> **Frage:** Rainer Sorglos ist seit vielen Jahren verheiratet und lässt in der Gastronomie seines Tennisvereins seine Getränke regelmäßig „auf den Deckel" schreiben. Als am Wochenende Rainers Ehefrau Elfie, mit der er im gesetzlichen Güterstand lebt, den Verein besucht, verlangt der Wirt von ihr Zahlung des ausstehenden Betrages. Zu Recht?

Antwort: Jeder Ehegatte ist berechtigt, Geschäfte zur angemessenen Deckung des Lebensbedarfs der Familie mit Wirkung für und auch gegen den anderen Ehegatten zu besorgen. Durch solche Geschäfte werden beide Ehegatten berechtigt und verpflichtet (§ 1357 Abs. 1 BGB). Daher kann der Wirt zu Recht den ausstehenden Betrag von Elfie verlangen.

> **Tipp!** Bei der Frage nach der Verpflichtung des anderen Ehegatten ist zu beachten, dass immer auch der Anspruch des Vertragspartners gegen den handelnden Ehegatten zu überprüfen ist. Im Anschluss stellt sich die Frage, ob der andere Ehegatte von Gesetzes wegen mit verpflichtet worden ist.

> **Frage:** Rainer hat sich außerdem – nachdem der Akku seines alten Elektroautos leer war – ein Neues gegönnt und sich dafür bei einem Freund mit einem kleinen Kredit beholfen. Da Rainer für den Freund nicht mehr zu erreichen ist, wendet sich dieser an Elfie und verlangt von ihr die Rückzahlung der Darlehnssumme von 75.000 €. Muss Elfie zahlen?

Antwort: Eine Mitverpflichtung des Ehegatten nach § 1357 BGB findet bei der Darlehensaufnahme, nicht statt, auch wenn damit ein Geschäft zur Deckung des angemessenen Lebensbedarfs finanziert werden sollte. Da Elfie aus dem Darlehnsvertrag nicht mitverpflichtet wurde, muss sie den Betrag nicht an den Freund zahlen.

Zu unterscheiden ist hiervon der Kauf des Familien-Pkw, da dessen Anschaffung grundsätzlich zum Lebensbedarf der Familie zählt. Allerdings ist der Anschaffungspreis einer Angemessenheitsprüfung zu unterwerfen. Hierbei ist als Maßstab auf die durchschnittliche Verbrauchsgewohnheit von Familien in vergleichbarer sozialer Lage abzustellen. Der Betrag von 75.000 € dürfte im Rahmen dieser Prüfung im Vergleich zu einer Durchschnittsfamilie nicht als angemessen gelten.

> **Frage:** Verbittert über die Geschehnisse beschließt Elfie Rainers größten Vermögensgegenstand – einen alten Jaguar – an den Nachbarn zu verkaufen, dem sich Elfie immer anvertrauen konnte und der bereit ist, ihr auch diesmal zu helfen. Um sich außerdem von der Last der Gartenpflege zu befreien, verkauft sie per Zeitungsanzeige ihren Rasenmäher. Als Rainer am Abend von seiner Fahrradtour zurückkehrt widerspricht er beiden Verkäufen. Hat Elfie beide Gegenstände wirksam veräußert?

Antwort: Nach § 1364 BGB verwaltet jeder Ehegatte sein Vermögen selbstständig. Verfügt ein Ehegatte über sein Vermögen im Ganzen bedarf die Verfügung der Einwilligung des anderen Ehegatten, § 1365 BGB. Dies gilt auch dann, wenn der Gegenstand oder einzelne Gegenstände das Hauptvermögen des Ehegatten darstellen. Nach herrschender Meinung ist bei Anwendung des § 1365 BGB als weiteres, ungeschriebenes Tatbestandsmerkmal zu beachten, dass der Erwerber hiervon positiv Kenntnis hatte. Da der Nachbar wusste, dass Elfie verheiratet war, ist § 1365 BGB einschlägig. Folglich ist, solange Rainer seine Zustimmung nicht erteilt, der Kaufvertrag als Verpflichtungsgeschäft (§ 1365 Abs. 1 S. 1 BGB) und die Verfügung über das Fahrzeug (§ 1365 Abs. 1 S. 2 BGB) schwebend unwirksam.

Für den Rasenmäher als Haushaltsgegenstand eines Ehegatten gilt dies entsprechend (§ 1369 BGB). In Abweichung zur Verfügung über das Vermögen im Ganzen gibt es für die Veräußerung von Haushaltsgegenständen jedoch keinen Gutglaubensschutz. Das Rechtsgeschäft ist auch ohne Kenntnis des Dritten (schwebend) unwirksam.

> **Frage:** Da Rainers Freund mittlerweile einen Titel gegen Rainer erwirkt hat, möchte er nun gegen ihn vollstrecken und beauftragt einen Gerichtsvollzieher mit der Pfändung. Dieser spürt im Hobbykeller von Rainer einen Ring auf, den er für Elfie polieren sollte. Kann sich Elfie ohne einen Kaufnachweis gegen die Pfändung ihres Ringes wehren?

Antwort: Elfie kann versuchen, im Rahmen der sogenannten Drittwiderspruchsklage gemäß § 771 ZPO nachzuweisen, dass das Eigentum an dem Ring ihr und nicht ihrem Ehegatten als Schuldner zusteht. Sofern sie diesen Nachweis nicht erbringen kann, spricht nach § 1362 BGB die widerlegbare Vermutung dafür, dass die im Besitz des Rainer befindlichen Gegenstände auch Rainer gehören, sodass die Drittwiderspruchsklage ohne Erfolgsaussicht sein wird.

> **Frage:** Wo liegt der Unterschied im Anwendungsbereich der §§ 1365 und 1369 BGB einerseits und des § 1362 BGB andererseits?

Antwort: §§ 1365, 1369 BGB beziehen sich auf Ehegatten, die im gesetzlichen Güterstand leben. § 1362 BGB beschränkt sich nicht auf den gesetzlichen Güterstand, sondern gilt für alle Güterstände.

> **Frage:** Bitte nennen Sie die verschiedenen Güterstände und grenzen diese voneinander ab!

Antwort: Haben die Eheleute keine Vereinbarung getroffen, gilt für die Ehegatten der gesetzliche Güterstand der Zugewinngemeinschaft (§ 1363 BGB), der eigentlich eine Gütertrennung mit Verfügungsbeschränkung und nachfolgendem Zugewinnausgleich darstellt. Der Zugewinn wird ermittelt, indem bei jedem Ehegatten vom Endvermögen das Anfangsvermögen in Abzug gebracht wird. Ist der Zugewinn eines Ehegatten höher, muss er die Hälfte des überschießenden Anteils als Zugewinn abgeben, damit nach diesem Ausgleich beiden Ehegatten ein gleichhohes Vermögen zusteht. Berechnungszeitpunkt für den Zugewinnausgleich ist der Zeitpunkt der Rechtshängigkeit des Scheidungsantrags. Jeder Ehegatte verwaltet sein Vermögen selbständig (§ 1364 BGB), ist jedoch in seiner Verfügungsmacht eingeschränkt (§§ 1365 ff. BGB).

Abweichend hiervon können die Ehegatten per Ehevertrag entweder eine Gütergemeinschaft oder eine Gütertrennung vereinbaren. Gemäß § 1408 BGB können die Eheleute durch Ehevertrag, der bei gleichzeitiger Anwesenheit beider Ehegatten zur Niederschrift eines Notars nach § 1410 BGB zu schließen ist, den gesetzlichen Güterstand ausschließen, sodass Gütertrennung eintritt (§ 1414 BGB). Durch besondere Vereinbarung kann auch der Versorgungsausgleich ausgeschlossen werden (§ 1408 Abs. 2 BGB).

Alternativ zur Gütertrennung können die Ehegatten ehevertraglich die Gütergemeinschaft vereinbaren. Hierdurch werden das Vermögen des Mannes und das der Frau gemeinschaftliches Vermögen beider Ehegatten, sogenanntes Gesamtgut, §§ 1416, 1419 BGB.

Frage: Was versteht man unter Vorbehaltsgut und Sondergut?

Antwort: Vorbehaltsgüter sind Gegenstände, die bei der Gütergemeinschaft aus den Gesamtgütern ausgeschlossen werden. Vorbehaltsgüter verwaltet jeder Ehegatte selbständig und auf eigene Rechnung. Vorbehaltsgüter sind nach § 1418 Abs. 2 BGB zum Beispiel die Gegenstände, die durch Ehevertrag zum Vorbehaltsgut eines Ehegatten erklärt sind, oder die ein Ehegatte von Todes wegen erwirbt, oder die einem Ehegatten freigebig zugewendet wurden.

Das Sondergut ist ebenfalls vom Gesamtgut ausgeschlossen und besteht aus Gegenständen, die nicht durch Rechtsgeschäft übertragen werden können (§ 1417 BGB), z.B. unpfändbare Gehalts- und Rentenansprüche, Urheberrecht, Nießbrauch (§ 1059 BGB) etc.

Aufgrund der Regelung des § 1417 Abs. 2 BGB stehen Einkünfte aus Sondergut nicht dem Ehegatten allein zu, sondern fallen in das Gesamtgut. Einkünfte aus einem Vorbehaltsgut verbleiben dagegen dem Ehegatten, vgl. § 1418 Abs. 3 BGB. Gläubiger des anderen Ehegatten haben grundsätzlich keine Zugriffsmöglichkeiten auf das Sonder- und Vorbehaltsgut des Ehegatten seines Schuldners.

Frage: Siegmund und Marta wollen heiraten. Siegmund ist junger Staranwalt und Gesellschafter einer Kanzlei mit zwei weiteren Gesellschaftern, die alle zu gleichen Teilen beteiligt sind. Da die beiden Kollegen schon geschieden sind, machen sie sich Sorgen, dass dieses Schicksal auch Siegmund ereilt und wollen ausschließen, dass Marta im Falle einer Scheidung Ansprüche geltend macht, die den Ausgleich von Wertsteigerungen der Kanzleianteile zum Gegenstand haben. Diese ließen sich in den Gesellschaftsanteil vollstrecken. Können Sie bei einer Gestaltung helfen?

Antwort: Siegmund und Marta müssten eine Vereinbarung über eine sog. „modifizierte Zugewinngemeinschaft" treffen. Unbeschadet aller übrigen Regelungen des gesetzlichen Güterstandes wird bei einer modifizierten Zugewinngemeinschaft im Rahmen der Vereinbarung lediglich bestimmt, dass der Wert der Beteiligung bei einer etwaigen Ermittlung des Zugewinns im Scheidungsfall nicht berücksichtigt werden soll. Dies geschieht in der Weise, dass die Anteile bei der Berechnung nicht zum Endvermögen hinzugerechnet werden, was den möglichen Zugewinn der Ehefrau reduziert. Da es sich bei der Regelung um eine Änderung des gesetzlichen Güterstandes handelt, ist diese nach § 1408 BGB in notarieller Form zu vereinbaren.

Frage: Welche Änderung hat sich im Betreuungsrecht bei der Anordnung der Betreuung gem. § 184 BGB n.F. zum 01.01.2023 ergeben?

Antwort: § 1814 Abs. 1 BGB n.F. enthält zwei Tatbestandsvoraussetzungen für die Anordnung einer Betreuung:

1. Anders als im bisher geltenden Recht ist der objektive Betreuungs- und Unterstützungsbedarf, also die Feststellung, dass ein Volljähriger nicht in der Lage ist, seine Angelegenheiten ganz oder teilweise rechtlich zu besorgen, die erste Tatbestandvoraussetzung.
2. Der o.g. Punkt 1 muss auf einer Krankheit oder einer Behinderung beruhen.

Treffen die o.g. beiden Punkte zu, bestellt das Betreuungsgericht für den Volljährigen einen rechtlichen Betreuer.

Nach § 1814 Abs. 2 BGB n.F. darf gegen den freien Willen des Volljährigen ein Betreuer nicht bestellt werden.

Nach § 1814 Abs. 3 BGB n.F. darf ein Betreuer nur bestellt werden, wenn dies erforderlich ist. Die Bestellung eines Betreuers ist insbesondere nicht erforderlich, soweit die Angelegenheiten des Volljährigen

1. durch einen Bevollmächtigten, der nicht zu den in § 1816 Abs. 6 BGB bezeichneten Personen gehört, gleichermaßen besorgt werden können oder
2. durch andere Hilfen, bei denen kein gesetzlicher Vertreter bestellt wird, erledigt werden können, insbesondere durch solche Unterstützung, die auf sozialen Rechten oder anderen Vorschriften beruht.

Nach § 1814 Abs. 4 BGB n.F. erfolgt die Bestellung eines Betreuers auf Antrag des Volljährigen oder von Amts wegen. Soweit der Volljährige seine Angelegenheiten lediglich aufgrund einer körperlichen Krankheit oder Behinderung nicht besorgen kann, darf ein Betreuer nur auf Antrag des Volljährigen bestellt werden, es sei denn, dass dieser seinen Willen nicht kundtun kann.

Nach § 1814 Abs. 5 BGB n.F. kann ein Betreuer auch für einen Minderjährigen, der das 17. Lebensjahr vollendet hat, bestellt werden, wenn anzunehmen ist, dass die Bestellung eines Betreuers bei Eintritt der Volljährigkeit erforderlich sein wird. Die Bestellung des Betreuers wird erst mit dem Eintritt der Volljährigkeit wirksam.

> **Frage:** Unter welchen Voraussetzungen kann eine Ehe geschieden werden?

Antwort: Eine Ehe wird geschieden, wenn sie gescheitert ist, vgl. § 1565 BGB (Zerrüttungsprinzip). Dabei vermutet der Gesetzgeber unwiderlegbar, dass die Ehe gescheitert ist, wenn die Ehegatten seit drei Jahren getrennt leben. In diesem Fall ist es ausreichend, wenn ein Ehegatte die Scheidung beantragt. Leben die Ehegatten mindestens ein Jahr getrennt, ist die Scheidung möglich, wenn beide Ehegatten den Scheidungsantrag stellen bzw. diesem zustimmen. Ohne ein Trennungsjahr ist eine Scheidung nur möglich, wenn die Fortsetzung der Ehe für den Antragsteller aus Gründen, die in der Person des anderen Ehegatten liegen, eine unzumutbare Härte darstellt (§ 1565 Abs. 2 BGB).

Problembereich 16: Erbfolge und Verfügungen von Todes wegen

> **Frage:** Was versteht man unter der gesetzlichen Erbfolge und wann tritt sie ein?

Antwort: Gesetzliche Erbfolge ist die vom Gesetz festgelegte Erbfolge, die die Ehe und den Grad der Verwandtschaft berücksichtigt. Dabei sollen diejenigen etwas erben, die dem Erblasser am nächsten stehen: das sind der überlebende Ehegatte, die Kinder und dann die anderen Verwandten.

Die gesetzliche Erbfolge tritt dann ein, wenn der Erblasser weder durch ein Testament noch durch einen Erbvertrag seine Erben bestimmt hat.

Frage: Nach welchen Grundsätzen richtet sich das gesetzliche Erbrecht der Verwandten?

Antwort: Das gesetzliche Erbrecht der Verwandten richtet sich in erster Linie nach den verschiedenen Erbordnungen, vgl. §§ 1924 ff. BGB. Innerhalb der jeweiligen Erbordnung erben zunächst die am nächsten mit dem Verstorbenen verwandten Überlebenden (z.B. Kinder vor Enkeln, Eltern vor Geschwistern in der zweiten Ordnung). Erben einer früheren Ordnung schließen alle Erben späterer Ordnungen aus (§ 1930 BGB).

Frage: Als der verwitwete W verstirbt, leben von seinen vier Kindern noch drei. Aus den jeweils glücklichen Ehen seiner Kinder sind wiederum jeweils 2 Kinder hervorgegangen. Wie gestaltet sich die Erbfolge?

Antwort: Grundsätzlich sind die Kinder als Erben der ersten Ordnung zur Erbfolge berufen, § 1924 Abs. 1 BGB und erben zu gleichen Teilen, vgl. § 1924 Abs. 4 BGB. Ein zur Zeit des Erbfalls lebender Abkömmling schließt seine Abkömmlinge damit von der Erbschaft aus, vgl. § 1924 Abs. 2 BGB (Repräsentationsprinzip). Lebt zur Zeit des Erbfalls ein Abkömmling nicht mehr, dann treten an dessen Stelle dessen Abkömmlinge (Erbfolge nach Stämmen, Eintrittsprinzip), § 1924 Abs. 3 BGB. Im vorliegenden Fall erben daher die noch lebenden Kinder jeweils ein Viertel. Anstelle des verstorbenen Kindes teilen sich die Enkel des Erblassers das auf sie beide entfallende Viertel, sodass sie jeweils ein Achtel erben.

Frage: Wie wäre der Fall zu beurteilen, wenn W im Zeitpunkt seines Todes verheiratet und im gesetzlichen Güterstand der Zugewinngemeinschaft leben würde?

Antwort: Neben den Kindern wäre auch die Ehefrau zur Erbfolge berufen. Ihr Erbrecht ergibt sich aus § 1931 Abs. 1 BGB und beträgt ein Viertel. Da sie mit Ihrem verstorbenen Ehemann im Güterstand der Zugewinngemeinschaft gelebt hat, erhöht sich der gesetzliche Erbteil des überlebenden Ehegatten um ein Viertel, vgl. § 1931 Abs. 3, § 1371 Abs. 1 BGB. Auf Grund dessen erbt die Ehefrau im vorliegenden Fall die Hälfte. Die verbleibende Hälfte wird zu gleichen Teilen auf die Kinder mit je einem Achtel und Enkelkinder mit je einem Sechzehntel verteilt.

Frage: Neuer Fall: Wie gestaltet sich die gesetzliche Erbfolge und wie hoch ist der Erbanteil, wenn im Zeitpunkt des Erbfalls des V nur noch seine Ehefrau F, das Kind der F aus einer früheren Beziehung und die Eltern des V leben?

Antwort: Kinder sind als Erben der ersten Ordnung nur dann zur Erbfolge berufen, wenn sie mit dem Erblasser verwandt sind. Da das Kind nicht vom Erblasser abstammt, ist es nicht erbberechtigt, sodass ein Erbe der ersten Ordnung nicht vorliegt. Die Eltern des Erblassers sind Erben der zweiten Ordnung nach § 1925 Abs. 1 BGB. Daneben ist die Ehefrau nach § 1930 Abs. 1 BGB Erbin geworden.

Da neben der Ehefrau vorliegend nur Verwandte der zweiten Ordnung existieren, erbt die Ehefrau die Hälfte gemäß § 1930 Abs. 1 BGB. Zu beachten ist außerdem das sogenannte Voraus des Ehegatten nach § 1932 BGB, wonach der Ehegatte neben Verwandten der zweiten Ordnung Anspruch auf die zum ehelichen Haushalt gehörenden Gegenstände als Voraus hat. Lebten die Ehegatten im gesetzlichen Güterstand der Zugewinngemeinschaft, würde sich der Erbanteil mit der Beendigung des Güterstandes durch den Tod des Ehegatten um ein weiteres Viertel erhöhen. Die Eltern des V würden in diesem Falle jeweils ein Achtel erben.

Frage: Wie vollzieht sich der Erwerb des Vermögens im Zeitpunkt des Todes des Erblassers zugunsten seiner Erben?

Antwort: Der Erwerb des Vermögens vollzieht sich kraft Gesetzes (ipso iure) im Wege der Gesamtrechtsnachfolge gemäß § 1922 Abs. 1 BGB.

Gem. § 1922 Abs. 1 BGB treten die Erben im Wege der Gesamtrechtsnachfolge in die Rechtstellung des Erblassers ein (Universalsukzession). Die Erben als Erbengemeinschaft werden Eigentümer und Besitzer der Erbmasse gem. § 857 BGB.

Frage: Friedhelm, Erna und Rosalinde haben von ihrem verstorbenen Vater unter anderem ein Mehrfamilienhaus geerbt. Da Rosalinde keine Lust hat, die Vermietungsangelegenheiten zu verwalten und an dem restlichen Vermögen auch nicht hängt, sucht und findet sie einen Käufer, der bereit ist, ihren gesamten Anteil zu kaufen. Für denselben Preis wäre Erna auch bereit, Rosalindes Anteil zu übernehmen. Wie ist die Rechtslage?

Antwort: Erben mehrere Erben einen Nachlass gemeinsam, wird der Nachlass gemeinschaftliches Vermögen der Erben, § 2032 BGB. Bei der so gebildeten Erbengemeinschaft kann jeder Miterbe über seinen gesamten Anteil verfügen, § 2033 BGB, was der notariellen Beurkundung bedarf. Möchte ein Miterbe seinen gesamten Anteil an der Erbengemeinschaft verkaufen, steht den übrigen Miterben ein gesetzliches Vorkaufsrecht zu, § 2034 BGB, das sie innerhalb von zwei Monaten ausüben müssen, § 2034 Abs. 2 BGB. Wenn Erna von ihrem Vorkaufsrecht gebraucht macht, kann Rosalinde ihren Anteil daher nur an sie verkaufen.

Frage: Wie wäre der Fall zuvor zu beurteilen, wenn der Käufer nur an Rosalindes Anteil an dem Mehrfamilienhaus interessiert wäre?

Antwort: In diesem Fall kann Rosalinde ihren Anteil an dem einzelnen Nachlassgegenstand ebenfalls nicht an einen Dritten veräußern, da der Erbe über seinen Anteil an einem einzelnen Gegenstand nach § 2033 Abs. 2 BGB nicht verfügen darf. Über einen Nachlassgegenstand können die Erben nur gemeinschaftlich verfügen, § 2040 BGB.

Frage: Wie kann es Rosalinde schaffen, sich von der Last der Immobilien zu befreien?

Antwort: Rosalinde kann von den übrigen Miterben die Auseinandersetzung der Erbengemeinschaft verlangen, § 2042 BGB. Hierdurch haben die Erben sich bei Interesse entweder gegenseitig die geerbten Anteile an den Gegenständen abzukaufen, also den Nachlass gegen Zahlung von Ausgleichsgeldern zu verteilen oder sie verkaufen die Gegenstände gemeinsam an Dritte, §§ 2042 Abs. 2, 753 BGB.

Frage: Was geschieht bei Überschuldung des Nachlasses? Was ist den Erben zu raten und auf was ist zu achten?

Antwort: Da die Erben in die Rechtsstellung des Erblassers eintreten, erwerben sie im Wege der Gesamtrechtsnachfolge auch die Verbindlichkeiten des Erblassers und sind gleichsam verpflichtet diese zu begleichen, § 1967 BGB.

In diesem Fall kann es zumindest wirtschaftlich ratsam sein, die Erbschaft auszuschlagen. Dieses Recht ergibt sich aus § 1942 BGB. Zu beachten ist dabei, dass die Ausschlagung nur binnen sechs Wochen erfolgen kann, § 1944 BGB. Sollte der Erbe diese Frist versäumt haben, verbleibt dem Erben noch die Möglichkeit, seine Haftung auf den Nachlass zu beschränken, wenn eine Nachlasspflegschaft angeordnet oder das Nachlassinsolvenzverfahren eröffnet wird, § 1975 BGB. Andernfalls sind die Erben den Gläubigern nach § 1980 BGB zum Schadensersatz verpflichtet.

Frage: Ist für die Errichtung eines Testaments ein bestimmtes Alter erforderlich?

Antwort: Ein handschriftliches Testament kann nur errichten, wer volljährig ist, d.h., wer das 18. Lebensjahr vollendet hat. Andernfalls ist das Testament unwirksam.

> **Frage:** Wird ein handschriftliches Testament, das von einer Person errichtet worden ist, die noch nicht volljährig war, automatisch mit der Volljährigkeit wirksam?

Antwort: Ein solches Testament bleibt unwirksam; es wird weder mit der Volljährigkeit wirksam, noch ist es genehmigungsfähig. Das Testament muss vielmehr nach Erreichen der Volljährigkeit neu errichtet werden.

> **Frage:** Kann eine Person, die noch nicht volljährig ist, ein Testament wirksam errichten?

Antwort: Hat die Person noch nicht das 16. Lebensjahr vollendet hat, kann sie kein eigenhändiges Testament errichten. Sie ist nicht testierfähig. Eine Person, die bereits das 16. Lebensjahr vollendet hat, kann zwar kein eigenhändiges, wohl aber ein notarielles Testament errichten. Dabei wird in der Regel dem Notar der letzte Wille dargelegt, der hierüber eine Niederschrift fertigt, die von dem Verfügenden unterschrieben wird. Zu beachten ist, dass für die Errichtung eines notariellen Testaments der Minderjährige, der das 16. Lebensjahr vollendet hat, nicht der Zustimmung der Eltern oder anderer gesetzlicher Vertreter bedarf.

> **Frage:** Was ist bei der Errichtung eines eigenhändigen Testaments zu beachten?

Antwort: Ein Testament kann handschriftlich und ohne Einschaltung eines Notars errichtet werden. Nach § 2247 Abs. 1 BGB bedarf es nur, dass das Testament „eigenhändig geschrieben und unterschrieben" ist. Somit muss es mit Hand geschrieben und mit Vor- und Familiennamen unterschrieben werden. Daneben soll weiter angegeben werden, wann und an welchem Ort das Testament errichtet worden ist.

> **Frage:** Kann der Text des Testaments auch mit Schreibmaschine oder per PC verfasst werden?

Antwort: Der gesamte Text des Testaments muss handschriftlich verfasst werden. Die Verwendung einer Schreibmaschine führt ebenso zur Unwirksamkeit wie der Einsatz eines PC oder eines Tonbandes. Ist der Verfügende nicht mehr fähig, einen Text selber zu verfassen, so verbleibt ihm nach dem Gesetz noch die Möglichkeit, ein notarielles Testament zu erstellen.

> **Frage:** In welcher Form müssen Verbesserungen oder Zusätze im Testament angebracht sein, damit sie wirksam werden?

Antwort: Verbesserungen und Zusätze bedürfen derselben Form wie das Testament. Dementsprechend sind sie vom Verfasser persönlich zu schreiben. Außerdem sollten sie unterschrieben und mit Ort und Datum versehen werden, § 2247 BGB.

> **Frage:** Kann man ein Testament widerrufen?

Antwort: Der Erblasser hat jederzeit das Recht, seinen letzten Willen in Form seines Testaments zu widerrufen, § 2253 BGB. Das Widerrufsrecht ist Ausdruck der Testierfreiheit, nach der der Erblasser über sein Vermögen nach seinem Belieben (auch willkürlich) von Todes wegen verfügen kann.

> **Frage:** Welche Möglichkeiten gibt es, ein Testament zu widerrufen?

Antwort: Das Gesetz sieht vier Widerrufsmöglichkeiten vor:
- Errichtung eines Widerrufstestaments (§ 2254 BGB);
- Vernichtung oder Veränderungen des Testaments (§ 2255 BGB);

- Rücknahme des Testaments aus der notariellen Verwahrung (§ 2256 (BGB);
- Errichtung eines neuen (späteren) Testaments mit widersprechendem Inhalt (§ 2258 BGB).

Bei einem Widerrufstestament wird ein bestehendes Testament durch ein weiteres Testament durch abweichende Verfügungen von Todes wegen widerrufen, § 2254 BGB. Auch das Widerrufstestament muss dabei aber den Formerfordernissen eines privatschriftlichen Testaments entsprechen, d.h. vom Erblasser eigenhändig geschrieben und unterschrieben sein. Das Widerrufstestament kann seinerseits ebenfalls widerrufen werden, § 2257 BGB. Im Zweifel tritt dann das ursprüngliche Testament wieder in Kraft.

Frage: In welcher Form kann ein gemeinschaftliches Testament errichtet werden?

Antwort: Ein gemeinschaftliches Testament kann sowohl als eigenhändiges privatschriftliches Testament als auch als notarielles Testament errichtet werden. Bei einem eigenhändigen Testament verfasst ein Ehegatte den Text des Testaments eigenhändig und beide unterschreiben.

Frage: Was ist ein gemeinschaftliches Testament und was ist der Unterschied zu einem „Berliner Testament"?

Antwort: Bei beiden Testamenten haben sich die Ehegatten gegenseitig als Erben eingesetzt. Bei einem Berliner Testament bestimmen die Ehegatten darüber hinaus, dass Erben des zuletzt Verstorbenen dann die gemeinsamen Kinder oder nahestehende dritte Personen sein sollen. Der überlebende Ehegatte wird als Vorerbe bezeichnet; wer nach dem überlebenden Ehegatten erbt, wird als „Schlusserbe" bezeichnet.

Frage: Welche Auswirkungen hat eine Scheidung auf ein gemeinschaftliches Testament?

Antwort: Die Scheidung führt zur Unwirksamkeit des gemeinschaftlichen Testaments, § 2268 BGB. Ebenfalls unwirksam wird das Testament, wenn das Scheidungsverfahren noch nicht rechtskräftig abgeschlossen ist, der Erblasser aber die Scheidung beantragt oder ihr zugestimmt hat.

Frage: Was ist unter einem Erbvertrag zu verstehen?

Antwort: Ein Erbvertrag ist eine vertragsmäßige Verfügung von Todes wegen, die den Erblasser hinsichtlich einer angeordneten Erbeinsetzung, eines angeordneten Vermächtnisses oder einer angeordneten Auflage bindet, vgl. §§ 2274 ff. BGB.

Frage: Was unterscheidet den Erbvertrag vom Testament?

Antwort: Das Testament ist als letztwillige Verfügung jederzeit widerruflich. Dagegen ist eine vertragsmäßige Anordnung im Erbvertrag, wie beispielsweise eine Erbeinsetzung, für den Erblasser bindend. Durch den Erbvertrag wird der Erblasser in seiner Testierfreiheit stark eingeschränkt.

Frage: Was unterscheidet den Erbvertrag von einem gemeinschaftlichen Testament von Ehegatten?

Antwort: Das gemeinschaftliche Testament von Ehegatten entfaltet zwar hinsichtlich der wechselbezüglichen Verfügungen eine gewisse Bindungswirkung; gleichwohl sind auch Verfügungen in diesem gemeinschaftlichen Testament grundsätzlich widerruflich. Dagegen ist der Erbvertrag hinsichtlich seiner vertragsmäßigen Verfügungen grundsätzlich nicht widerruflich.

Frage: Können auch nicht eheliche Lebenspartner einen Erbvertrag abschließen?

Antwort: Ein Erbvertrag kann mit jeder beliebigen Person abgeschlossen werden. Voraussetzung für den Abschluss ist weder die bestehende Ehe noch ein Verwandtschaftsverhältnis.

Frage: In welcher Form muss ein Erbvertrag abgeschlossen werden?

Antwort: Der Erbvertrag ist zur Niederschrift bei einem Notar unter gleichzeitiger Anwesenheit beider Vertragspartner zu schließen, § 2276 Abs. 1 BGB. Ansonsten ist der Vertrag nichtig wegen Formmangels nach § 125 BGB.

Frage: Was ist ein „Vermächtnis"?

Antwort: Mit einem Vermächtnis wendet der Erblasser einer Person einen Vermögensvorteil zu; damit wird für den Vermächtnisnehmer ein Anspruch gegen den Erben auf Übertragung des zugewendeten Gegenstands begründet, vgl. § 1939 BGB.

Frage: Ist der Vermächtnisnehmer Erbe?

Antwort: Die Zuwendung eines Vermächtnisses macht den Bedachten gemäß § 2087 Ab. 2 BGB nicht zum Erben. Der Vermächtnisnehmer tritt also nicht wie der Erbe rechtlich in die Fußstapfen des Erblassers; er erwirbt nur einen Anspruch auf einen einzelnen Gegenstand aus dem Nachlass.

Frage: Was unterscheidet das Vermächtnis von der Erbeinsetzung?

Antwort: Mit der Erbeinsetzung geht der gesamte Nachlass des Erblassers im Wege der Gesamtrechtsnachfolge auf die Erben über. Dagegen wendet der Erblasser mit dem Vermächtnis dem Bedachten nur einen Anspruch auf einen bestimmten Vermögensvorteil zu.

Probleme bestehen dann, wenn sich das Vermächtnis auf einen sehr wertvollen Gegenstand bezieht, der den größten Teil des Nachlasses ausmacht. Insoweit kann zweifelhaft sein, ob der Erblasser eine Erbeinsetzung oder ein Vermächtnis gewollt hat. Wenn unklar ist, ob jemand als Erbe oder Vermächtnisnehmer eingesetzt ist, muss der Wille des Erblassers durch Auslegung ermittelt werden. Maßgebend ist deshalb nicht allein der Umstand, ob der Erblasser in seiner letztwilligen Verfügung das Wort „Erbe" oder das Wort „Vermächtnis" gebraucht hat, § 2087 Abs. 1 BGB, sondern allein sein Wille. Und dabei gilt: Wer einem anderen sein Vermögen oder einen Bruchteil zuwendet, will ihn im Zweifel als Erben einsetzen, wer ihm nur einzelne Gegenstände hinterlassen will, hat im Zweifel ein Vermächtnis im Sinn, vgl. § 2087 BGB.

Frage: Auf welche Weise kann der Erblasser den gesetzlichen Erben enterben?

Antwort: Der Ausschluss von der gesetzlichen Erbfolge erfolgt durch eine entsprechende Verfügung im Testament oder durch einseitige Verfügung in einem Erbvertrag.

Frage: Was ist unter dem Pflichtteil zu verstehen und worauf erstreckt sich der Anspruch?

Antwort: Unter dem Pflichtteil versteht man eine Mindestbeteiligung am Nachlass, die den nahen Angehörigen des Verstorbenen selbst gegen dessen Willen gesetzlich garantiert ist. Der Pflichtteilsanspruch ist ein reiner Geldanspruch des Pflichtteilsberechtigten gegen den oder die Erben, vgl. § 2303 Abs. 1 BGB. Mit dem Pflichtteilsrecht erwirbt der Pflichtteilsberechtigte keinen Erbteil, da er nicht Erbe wird.

Frage: Wer ist pflichtteilsberechtigt und wer nicht?

Antwort: Pflichtteilsberechtigt sind nach § 2303 Abs. 1 und 2 BGB nur:
- die Abkömmlinge des Erblassers (Kinder, Enkel, Urenkel),

- die Eltern des Erblassers und
- der Ehegatte des Erblassers.

Nicht pflichtteilsberechtigt sind die entfernteren Verwandten des Verstorbenen wie Geschwister, Onkel, Tanten, Neffen und Nichten.

> **Frage:** Ist der geschiedene Ehegatte pflichtteilsberechtigt?

Antwort: Das Pflichtteilsrecht setzt immer ein gesetzliches Erbrecht voraus. Wenn zur Zeit des Todes des Erblassers die Voraussetzungen für die Scheidung der Ehe gegeben waren und der Erblasser die Scheidung beantragt oder ihr zugestimmt hatte oder wenn der Erblasser berechtigt war, die Aufhebung der Ehe zu beantragen, und den Antrag gestellt hatte, ist der Ehegatte von der gesetzlichen Erbfolge ausgeschlossen, vgl. § 1933 BGB.

> **Frage:** Als Hans verstirbt sind alle in Betracht kommenden erbberechtigten Verwandten bereits vorverstorben. Testamentarisch verfügt er, dass seine Friseurin – bis auf seine Münzsammlung – sein ganzes Hab und Gut erben soll. Die Münzsammlung soll deren Sohn Ernie erhalten. Ist Ernie Eigentümer der Münzsammlung?

Antwort: Mit dem Tod einer Person geht im Wege der Universalsukzession das Vermögen auf die Erben über, die somit in die Rechtsstellung des Erblassers eintreten. Nicht jeder, der von dem Erblasser bedacht wird, ist jedoch als Erbe anzusehen. Wer von dem Erblasser nur einzelne Gegenstände zugesprochen bekommt, ist lediglich als ein Vermächtnisnehmer und nicht als Erbe (§ 2147 BGB) anzusehen. Da das Vermögen mit dem Erbanfall nicht auf den Vermächtnisnehmer übergeht, wird er mit dem Erbfall kein (dinglicher) Eigentümer. Ihm steht gegen den Erben nur ein schuldrechtlicher Anspruch auf Herausgabe und Übereignung des Vermächtnisses zu. Im vorliegenden Fall ist somit nicht Ernie, sondern zunächst seine Mutter Eigentümer geworden.

> **Frage:** Abwandlung: Ernie ist der Sohn von Hans und wird bei dem Tod von Hans enterbt. Die Friseurin soll alles erben. Hat Ernie einen Anspruch?

Antwort: Mit seinem Testament kann der Erblasser verfügen, wer Erbe wird und wer von der Erbschaft ausgeschlossen werden soll (§ 1937 BGB). Ernie ist daher kein Erbe, sondern enterbt. Als von der Erbschaft ausgeschlossener Abkömmling kann er allerdings den Pflichtteil nach § 2303 BGB verlangen. Pflichtteilsberechtigt sind hiernach neben den Abkömmlingen auch Eltern und der enterbte Ehegatte (§ 2303 BGB). Nach § 2303 Abs. 1 Satz 2 BGB besteht der Pflichtteil in der Hälfte des gesetzlichen Erbteils. Da Ernie als alleinigem Verwandten die gesamte Erbschaft zugestanden hätte, beträgt der Pflichtteil 50% der Erbschaft. Im Ergebnis ist festzuhalten, dass die Friseurin mit dem Erbfall Eigentümerin des gesamten Nachlasses wird und Ernie gegen die Friseurin einen schuldrechtlichen Anspruch auf Zahlung des Pflichtteils hat.

> **Frage:** Abwandlung: Um einen Pflichtteilsanspruch von Ernie zu vermeiden, hatte Hans der Friseurin Ende 21 einen Oldtimer mit einem Verkehrswert von 100.000 € geschenkt. Anfang 22 war Hans plötzlich verstorben. Wie ist nun die Rechtslage?

Antwort: Aufgrund der Schenkung des Oldtimers hat der Erblasser sein Vermögen vermindert, womit auch eine Minderung des späteren Pflichtteils des Ernie entsteht. Um derartige Nachteile zu vermeiden, besteht für Ernie ein Pflichtteilsergänzungsanspruch nach § 2325 Abs. 1 BGB. Hiernach ist der Pflichtteil um den Betrag zu ergänzen, um den sich der Pflichtteil erhöht, wenn der geschenkte Gegenstand dem Nachlass hinzuzurechnen wäre. Gemäß § 2325 Abs. 3 GBG wird die Schenkung innerhalb des ersten Jahres vor dem Erbfall in vollem Umfang sowie innerhalb jeden weiteren vollen Jahres vor dem Erbfall um ein Zehntel weniger berücksichtigt. Sind zehn Jahre seit der Leistung des verschenkten Gegenstandes verstrichen, bleibt die Schenkung unberücksichtigt. Da Hans den Oldtimer innerhalb eines Jahres vor dem Erbfall übertragen hat, ist der Schenkungsbetrag in voller Höhe von 100.000 € dem Nachlass zum Zwecke der Pflichtteilsberechnung hinzuzurechnen.

> **Frage:** Ausgangsfall wie zuvor. Wie ist die Rechtslage, wenn Hans sein Testament vor seinem Tod im Kamin verbrennt? Bekommt Ernie nun mehr als nur den Pflichtteil?

Antwort: Das Testament kann als Verfügung von Todes wegen grundsätzlich widerrufen werden. Hierfür bedarf es nicht eines neuen Testaments. Es reicht aus, wenn das Testament vernichtet wird (§ 2255 BGB). Demnach ist das Testament des Hans widerrufen worden. Ernie wird Alleinerbe gem. § 1924 Abs. 1 BGB.

> **Frage:** Würde sich an der Rechtslage etwas ändern, wenn Hans mit seiner Friseurin einen Erbvertrag geschlossen hätten?

Antwort: Grundsätzlich kann der Erbvertrag nur von den Personen aufgehoben werden, die den Erbvertrag auch geschlossen haben, § 2290 BGB. Ein einseitiger Widerruf ist demzufolge nicht möglich. Unter bestimmten Voraussetzungen kommen eine Anfechtung oder ein Rücktritt vom Vertrag nach §§ 2293 ff. BGB zur Anwendung, wenn beispielsweise eine Gegenverpflichtung aufgehoben wird oder sich der Bedachte einer Verfehlung schuldig machen würde, die auch zum Entzug des Pflichtteiles berechtigen würden. Da diese Voraussetzungen nicht vorliegen, kann der Vertrag nicht mehr widerrufen werden, sodass Ernie enterbt ist und nur seinen Pflichtteil von 50 % erhält.

> **Frage:** Abwandlung: kurz vor seinem Tod heiratet Hans seine Friseurin und errichtet mit Ihr ein gemeinschaftliches Testament.

Antwort: Im Gegensatz zum Erbvertrag können gemeinschaftliche Testamente grundsätzlich widerrufen werden (§ 2271 Abs. 1 BGB). Die Ehegatten treffen in ihrem Testament einseitige Verfügungen, die zwar wechselseitig sein können, aber dennoch grundsätzlich für sich stehen. Zu beachten ist, dass das Widerrufsrecht bei wechselseitigen Verfügungen mit dem Tode des letztversterbenden Ehegatten gem. § 2271 Abs. 2 S. 1 BGB erlischt, es sei denn, der überlebende Ehegatte würde das ihm Zugewendete ausschlagen.

> **Frage:** Franz ist zu einem zweiunddreißigstel Miterbe des Ludowigs geworden und soll nach der testamentarischen Verfügung des L in Anrechnung auf seinen Erbteil den Traktor der Marke Porsche erhalten. Da Franz dringend Bares benötigt, möchte er diesen sofort an seinen Steuerberater verkaufen. Wie ist die Rechtslage?

Antwort: Zunächst ist festzustellen, dass der Traktor im Eigentum des Erblassers stand und mit seinem Tod im Wege der Gesamtrechtsnachfolge, §§ 1922, 2032 BGB, auf die Erbengemeinschaft überging. Die letztwillige Verfügung des Erblassers, Franz solle den Porsche erhalten stellt eine Teilungsanordnung im Sinne des § 2048 Abs. 1 BGB dar. Bei der Auseinandersetzung sind die Miterben damit verpflichtet, den Porsche an Franz zu übereignen. Bis dahin steht der Porsche im Eigentum der Erbengemeinschaft, sodass Franz weder über den Porsche noch über seinen Anteil daran verfügen kann, § 2033 Abs. 2 BGB. Eine Verfügung über den Traktor können nur die Miterben nach § 2040 BGB vornehmen. Nach zivilrechtlichen Grundlagen ist Franz jedoch nicht gehindert über diesen Gegenstand einen Kaufvertrag abzuschließen. Allerdings macht sich Franz ggf. schadensersatzpflichtig, da er die Verpflichtung nicht erfüllen kann. Er sollte daher mit dem Steuerberater gleichzeitig vereinbaren, dass die Erfüllung des Traktors nach der Auseinandersetzung der Erbengemeinschaft erfolgt.

Frage: Vorletzte Frage zum Thema Erbrecht, die ich an alle freigebe: Können Sie erklären, was unter dem Dreißigsten im Erbrecht zu verstehen ist?

Antwort: Nach § 1969 BGB ist der Erbe verpflichtet, Familienangehörigen des Erblassers, also dem Ehegatten, Kindern und Verwandten, die zu seinem Hausstand gehörten und von ihm Unterhalt bezogen, vom Erbfall an 30 Tage lang in gleicher Weise wie bisher Unterhalt zu gewähren sowie für diesen Zeitraum die weitere Benutzung der Wohnung und der vorhandenen Haushaltsgegenstände zu gestatten. Der sogenannte Dreißigste stellt ein gesetzliches Vermächtnis dar, § 1969 Abs. 2 BGB.

Frage: Bitte beantworten Sie abschließend, was erbrechtlich in EU-grenzüberschreitenden Sachverhalten zu beachten ist?

Antwort: Bisher unterlagt nach deutschem Recht (Art. 25 EGBGB) die „Rechtsnachfolge von Todes wegen" dem Recht des Staates, dem der Erblasser zum Zeitpunkt seines Todes angehörte. War der Erblasser Deutscher, galt also deutsches Erbrecht. Dies hat sich durch die EU-Erbrechtsverordnung geändert. Seit dem 17.08.2015 unterliegt die gesamte Rechtsnachfolge von Todes wegen dem Recht des Staates, in dem der Erblasser zum Zeitpunkt seines Todes seinen letzten gewöhnlichen Aufenthalt hatte (Art. 21 EU-ErbVO). Dies ist zum Beispiel bei einem Deutschen, der seinen gewöhnlichen Aufenthalt in Rumänien hat, rumänisches Erbrecht.

Wer seinen gewöhnlichen Aufenthalt im Ausland hat, aber dennoch will, dass sich im Fall seines Todes das Erbrecht des Landes anwendbar ist, dessen Staatsangehörigkeit er besitzt – wer also beispielweise als Deutscher, der in Rumänien lebt, will, dass auf seinen Erbfall deutsches Erbrecht anwendbar sein soll und nicht rumänisches – der muss künftig eine entsprechende Rechtswahl treffen. Diese Rechtswahl muss entweder ausdrücklich in einer Erklärung in Form einer Verfügung von Todes wegen – meist ist das ein Testament – erfolgen oder sich zumindest aus den Bestimmungen einer solchen Verfügung von Todes wegen ergeben (Art. 22 EU-ErbVO). Aus Gründen der Rechtssicherheit ist eine ausdrückliche Wahl zu empfehlen.

Frage: Was hat der BFH mit Beschluss vom 24.02.2021, IV ZB 33/20 zur konkludenten Rechtswahl des Erblassers im Sinne von Art. 22 Abs. 2 EuErbVO entschieden?

Antwort: Der BFH hat mit Beschluss vom 24.02.2021, IV ZB 33/20 zu der Frage, ob der Erblasser eine konkludente Rechtswahl im Sinne von Art. 22 Abs. 2 EuErbVO getroffen hat, entschieden, dass diese Frage unionsautonom und nicht unter Rückgriff auf das hypothetisch gewählte Recht zu beurteilen ist (hier: Wahl des deutschen Rechts für die Bindungswirkung in einem zwischen einer deutschen Erblasserin und ihrem österreichischen Ehemann geschlossenen Erbvertrag im Sinne von Art. 3 Abs. 1 b) EuErbVO).

Themenbereich Handelsrecht

Problembereich 1: Das Handelsgesetzbuch und die Kaufmannseigenschaft

Frage: Welches Gesetz ist das wichtigste Gesetz für das Handelsrecht, wann ist dieses in Kraft getreten und wie ist das Gesetz aufgebaut?

Antwort: Das wichtigste Gesetz im Handelsrecht ist das Handelsgesetzbuch (kurz HGB), das am 01.01.1900 zusammen mit dem Bürgerlichen Gesetzbuch (kurz BGB) in Kraft getreten ist. Es besteht aus fünf Büchern, die wiederum in Abschnitte und Unterabschnitte untergliedert sind. Das Erste Buch enthält in §§ 1 bis 104a Regelungen zum Handelsstand, das Zweite Buch in §§ 105 bis 236 Regelungen zu den Handelsgesellschaften und zur stillen Gesellschaft, das Dritte Buch in §§ 238 bis 342a Regelungen zu den Handelsbüchern, das Vierte Buch in §§ 343 bis 475h Regelungen zu den Handelsgeschäften und das Fünfte Buch in §§ 476 bis 619 Regelungen zum Seehandel.

Frage: Warum kommt der Kaufmannseigenschaft im Handelsrecht eine so große Bedeutung zu?

Antwort: Die Bedeutung der Kaufmannseigenschaft resultiert daraus, dass handelsrechtliche Vorschriften grundsätzlich nur dann zur Anwendung kommen, wenn mindestens ein Beteiligter an dem Geschäft Kaufmann i.S.d. §§ 1 ff. HGB ist. Erst die Kaufmannseigenschaft eröffnet den Zugang zum Handelsrecht und damit die Anwendbarkeit des HGB.

Frage: Der Kaufmannsbegriff orientiert sich nach § 1 Abs. 1 HGB am Betrieb eines Handelsgewerbes. § 1 Abs. 2 HGB definiert das Handelsgewerbe als jeden Gewerbebetrieb, es sei denn, dass das Unternehmen nach Art oder Umfang einen in kaufmännischer Weise eingerichteten Geschäftsbetrieb nicht erfordert. Was versteht man unter einem Gewerbe bzw. Gewerbebetrieb?

Antwort: Unter einem Gewerbe versteht man jede nach außen gerichtete, planmäßig auf Dauer angelegte, selbständige und mit Gewinnerzielungsabsicht ausgeübte Tätigkeit mit Ausnahme der freien Berufe.

Frage: Können Sie diese Definition noch etwas genauer erläutern und ggf. mit einem Beispiel verdeutlichen?

Antwort: Nach außen gerichtet ist eine Tätigkeit, wenn sie offen (nach außen) in Erscheinung tritt. Es wird eine „anbietende Tätigkeit am Markt" verlangt. Es liegt damit kein Gewerbe vor bei einem privaten Spekulieren an der Börse oder bei der privaten Vermögensverwaltung. Die Tätigkeit muss weiter planmäßig und auf Dauer angelegt sein. Gelegentliche Tätigkeiten scheiden aus. Der Wille des Handelnden muss sich auf eine Vielzahl von Geschäften als Ganzes richten. Deshalb ist zum Beispiel das gelegentliche Kaufen und Verkaufen von Oldtimern kein Gewerbe. Auch kein Gewerbe betreiben die Arbeitsgemeinschaften (ARGE), die sich zum Bau eines Großprojektes und damit zeitlich begrenzt zusammengeschlossen haben. Zum Zweck der Gewinnerzielung bedeutet, dass die Absicht bestehen muss, Einnahmen zu erzielen, die über die Kostendeckung hinausgehen. Dies ist jedenfalls nicht bei karitativen oder nur konsumdeckenden Tätigkeiten der Fall. Neuerdings wird nur noch eine entgeltliche Leistungserbringung am Markt verlangt (strittig). Das Erfordernis der selbständigen Tätigkeit soll den Kaufmann vom Arbeitnehmer und vom Beamten unterscheiden.

Frage: Wie nennt man den Kaufmann nach § 1 HGB und welche Bedeutung hat seine Eintragung ins Handelsregister?

Antwort: Den Kaufmann nach § 1 HGB bezeichnet man auch als Istkaufmann. Die Eintragung in das Handelsregister hat rein deklaratorische (rechtsbekundende) Bedeutung. Es besteht zwar eine Verpflichtung des Kaufmanns nach § 29 HGB, die Firma zur Eintragung in das Handelsregister anzumelden, zur Entstehung der Kaufmannseigenschaft ist diese Eintragung hingegen nicht erforderlich.

Frage: Sie sprechen davon, dass nach § 29 HGB die „Firma" des Kaufmanns in das Handelsregister einzutragen ist. Was versteht man denn unter einer „Firma" und wo finden sich Regelungen dazu?

Antwort: Im allgemeinen Sprachgebrauch versteht man unter einer „Firma" eine Gesellschaft oder ein Unternehmen selbst. Dies ist allerdings falsch, da die Firma nach § 17 Abs. 1 HGB der Name ist, unter dem ein Kaufmann seine Geschäfte betreibt und unter dem er nach § 17 Abs. 2 HGB klagen und verklagt werden kann. Regelungen zur Firmierung finden sich im Wesentlichen in den §§ 17 bis 24 sowie in §§ 29 bis 31 HGB.

Frage: Sehr gut! Kennen Sie auch die wichtigsten Prinzipien, die hinsichtlich der Firmenbildung gelten?

Antwort: Eines der wichtigsten Prinzipien der Firmenbildung findet sich in § 18 HGB, wonach die Firma zur Kennzeichnung des Kaufmanns geeignet sein und Unterscheidungskraft zu anderen Firmen haben muss. Zudem ist der Grundsatz der „Firmenwahrheit" gemäß § 18 Abs. 2 HGB zu beachten. Danach darf die Firma keine irreführenden Angaben im Hinblick auf die geschäftlichen Verhältnisse enthalten wie beispielsweise die Bezeichnung als „Fabrik" für eine lediglich kleine Manufaktur. Für die unterschiedlichen Rechtsformen sind darüber hinaus nach § 19 HGB die rechtsformspezifischen Zusätze wie beispielsweise „eingetragener Kaufmann" für Einzelkaufleute sowie „offene Handelsgesellschaft" bzw. eine allgemein verständliche Abkürzung für offene Handelsgesellschaften zu beachten. Ein weiteres wichtiges Prinzip ist das Prinzip der „Firmenausschließlichkeit" gemäß § 30 HGB, das etwaige Verwechslungen am gleichen Ort vorbeugen soll. Nach diesem Prinzip muss sich eine Firma von allem an demselben Ort oder in derselben Gemeinde bereits bestehenden und in das Handels- oder Genossenschaftsregister eingetragenen Firmen deutlich unterscheiden. Zwei weitere wichtige Prinzipien sind das Prinzip der „Firmenbeständigkeit" sowie das Prinzip der „Firmenöffentlichkeit". Nach dem Prinzip der „Firmenbeständigkeit" darf allgemein eine in der Vergangenheit gebildete Firma auch dann beibehalten werden, wenn sich beispielsweise der Name des Geschäftsinhabers oder eines Gesellschafters, der in der Firma enthalten ist, ändert oder auch das Handelsgeschäft verkauft wird. Insoweit wird deshalb der Grundsatz der „Firmenwahrheit" durchbrochen. Nach dem Prinzip der „Firmenöffentlichkeit", das vor allem in der Vorschrift des bereits erwähnten § 29 HGB niedergelegt ist, ist die Firma zur Eintragung im Handelsregister anzumelden und damit der Öffentlichkeit kundzugeben. Gleichermaßen sind etwaige Änderungen und auch das Erlöschen der Firma zur Eintragung in das Handelsregister anzumelden sowie bestimmte Angaben auf Geschäftsbriefen zu beachten.

Frage: Der Bundesgerichtshof hat sich in zwei Entscheidungen mit der Frage der Nutzung von Sonderzeichen sowie dem Zusatz „partners" in der Firma einer Gesellschaft mit beschränkter Haftung befasst? Kennen Sie diese Urteile und können Sie dazu etwas sagen?

Antwort: Dem Beschluss des Bundesgerichtshofes zur Verwendung des Begriffs „partners" in der Firmenbezeichnung einer Gesellschaft mit beschränkter Haftung (Az. II ZB 13/20) liegt die Rechtsbeschwerde einer Rechtsanwaltskammer zugrunde, die die Löschung der entsprechenden Firma beantragt hatte, da sie in der Verwendung des Zusatzes „partners" einen Verstoß gegen das Partnerschaftsgesellschaftsgesetzes (PartGG), konkret gegen § 11 Abs. 1 PartGG, sah. Nach § 11 Abs. 1 PartGG dürfen nämlich die Namenszusätze „Partnerschaft" oder „Partner" nur von Partnerschaften im Sinne des PartGG geführt werden. Der Bundesgerichtshof hat jedoch, wie auch das Beschwerdegericht, einen solchen Verstoß verneint, da lediglich die in § 11 Abs. 1 PartGG genannten Begriffe sowie in engen Grenzen sinngemäße Abwandlungen ausschließlich Partnerschaften vorbehalten seien. Fremdsprachige Begriffe seien als Zusatz für andere Gesellschaftsformen erlaubt und das gewählte „partners" lasse sich sowohl durch den Plural mit dem zusätzlichen „s" und der Kleinschreibung als eindeutig englischsprachig identifizieren. Durch den zusätzlichen Rechtsformzusatz „GmbH" sei darüber hinaus auch eine Irreführung ausgeschlossen.

Hinsichtlich der Nutzung von Sonderzeichen hat der Bundesgerichtshof durch Beschluss vom 25.01.2022 (Az. II ZB 15/21) entschieden, dass solche Sonderzeichen, die als reine Bildzeichen dienen, wie beispielsweise die Sonderzeichen „//", nicht die Kennzeichnungsfunktion eines Firmennamens erfüllen. Entscheidend komme es auf die Aussprechbarkeit des Namens an. Eine Reihe von Sonderzeichen wird im allgemeinen Sprachgebrauch als Wortersatz verwendet, so dass diese zweifelsohne zulässig sind. Als Beispiele hierfür sind die Sonderzeichen „&" oder „+" zu nennen sowie das als „at" ausgesprochene „@". Die Zulässigkeit dieser Sonderzeichen wurde durch den Bundesgerichtshof eigens nochmals bestätigt.

> **Frage:** Welche weitere Voraussetzung muss beim Istkaufmann neben dem Betreiben eines Gewerbes noch hinzukommen?

Antwort: Hinzukommen muss noch, dass das Unternehmen nach Art und Umfang einen in kaufmännischer Weise eingerichteten Geschäftsbetrieb erfordert.

> **Frage:** Was ist unter einem nach Art und Umfang in kaufmännischer Weise eingerichteten Geschäftsbetrieb zu verstehen bzw. wann liegt ein solcher vor?

Antwort: Zu einer kaufmännischen Einrichtung gehören insbesondere die kaufmännische Buchführung und Bilanzierung, die kaufmännische Bezeichnung im Geschäftsverkehr (§ 17 HGB) und die kaufmännische Regelung von Vertretungsfragen (§ 48 ff. HGB). Für die Bestimmung, ab wann eine kaufmännische Einrichtung notwendig ist, sind verschiedene Kriterien wie z.B. die Zahl und Funktion der Beschäftigten, der Umfang der Produktpalette, der Umsatz, der Kapitaleinsatz, die Inanspruchnahme von Krediten, der Umfang der Werbung und der Lagerhaltung usw. heranzuziehen und in einer Gesamtschau zu beurteilen.

> **Frage:** Schwer verständlich ist die Formulierung in § 1 Abs. 2 HGB „es sei denn, dass das Unternehmen nach Art oder Umfang einen in kaufmännischer Weise eingerichteten Geschäftsbetrieb nicht erfordert". Hätte man hier nicht einfacher sagen können, dass der Gewerbebetrieb ab Erreichen einer gewissen Größe, d.h. „soweit er einen nach Art und Umfang in kaufmännischer Weise eingerichteten Geschäftsbetrieb erfordert", Handelsgewerbe und damit Kaufmann ist? Warum hat man die Gesetz gewordene Formulierung – in Form einer doppelten Verneinung – gewählt?

Antwort: Diese zunächst als missglückt wirkende Formulierung wurde bewusst vom Gesetzgeber so gewählt. Es soll insoweit angezeigt werden, dass das Gesetz von dem Regelfall ausgeht, dass das Unternehmen einen in kaufmännischer Weise eingerichteten Geschäftsbetrieb erfordert und der Gewerbetreibende damit Kaufmann ist. Wer behauptet, dass ein Gewerbetreibender nicht Kaufmann ist, dem obliegt dafür die Darlegungs- und Beweislast. Die vom Gesetzgeber gewählte Formulierung führt demnach zu einer (Art) Beweislastumkehr.

> **Frage:** Wie nennt man den in § 2 HGB geregelten Kaufmann? Welche Unternehmen bzw. Personen fallen hierunter?

Antwort: Es handelt sich um den sogenannten Kannkaufmann. Darunter fallen insbesondere Personen, die nicht schon durch Ihre Tätigkeit, sondern erst durch ihre Eintragung ins Handelsregister Kaufmann werden. Zu diesen Kaufleuten gehört der Kleingewerbetreibende. Sein Unternehmen erfordert keinen in kaufmännischer Weise eingerichteten Geschäftsbetrieb, er kann aber Kaufmann werden, wenn er die Firma ins Handelsregister eintragen lässt.

> **Frage:** Welche Wirkung hat die Eintragung des Kannkaufmanns?

Antwort: Die Eintragung des Kannkaufmanns hat konstitutive (rechtsbegründende) Wirkung. Erst durch die Eintragung in das Handelsregister wird die Person Kaufmann. Eine Verpflichtung zur Eintragung besteht nicht.

> **Frage:** Was versteht man unter einem Scheinkaufmann?

Antwort: Der Scheinkaufmann ist nicht im Handelsregister eingetragen. Er wird allerdings wie ein Kaufmann behandelt, weil er im Rechtsverkehr auftritt, als wäre er Kaufmann. Er muss in zurechenbarer Weise einen Rechtsschein gesetzt haben, dass er Kaufmann sei. Zudem muss das Handeln eines Dritten ursächlich auf diesem gesetzten Rechtsschein beruhen. Wenn der Dritte hinsichtlich des Rechtsscheins gutgläubig war, muss sich der Scheinkaufmann diesem gutgläubigen Dritten gegenüber wie ein Kaufmann behandeln lassen. Wer in zurechenbarer Weise einen Rechtsschein veranlasst hat, ist weniger schutzwürdig als der auf den Schein redlich vertrauende Dritte.

> **Frage:** Nach § 6 HGB sind Handelsgesellschaften immer auch Kaufleute. Welche Gesellschaftsarten sind hierunter zu subsumieren?

Antwort: Es sind die OHG, die KG, die GmbH, die AG, die SE, die KGaA und die EWIV.

> **Frage:** Welche der Handelsgesellschaften sind Formkaufleute? Was versteht man darunter?

Antwort: Formkaufleute sind Handelsgesellschaften, die ohne Rücksicht auf den Gegenstand des Unternehmens Kaufleute sind, selbst wenn die Voraussetzungen des § 1 Abs. 2 HGB nicht (mehr) vorliegen. Unabhängig davon, ob ein Handelsgewerbe betrieben wird oder nicht, sind sie kraft einschlägiger Gesetze allein aufgrund ihrer Rechtsform Kaufleute. Ohne Rücksicht auf den Gegenstand des Unternehmens wird nach § 6 Abs. 2 HGB der GmbH (§ 13 Abs. 3 GmbHG), der AG (§ 3 Abs. 1 AktG), der KGaA (§ 278 Abs. 3 AktG), der eingetragenen Genossenschaft (§ 17 Abs. 2 GenG) und der EWIV (§ 1 EWIVAG) die Eigenschaft eines Kaufmanns beigelegt. Unter „Verein" i.S.d. § 6 Abs. 2 HGB ist eine korporative Vereinigung zu verstehen. Keine Vereine im Sinne von § 6 Abs. 2 HGB sind die OHG und die KG.

> **Frage:** Was können Sie zur Kaufmannseigenschaft von Vorstandsmitgliedern bzw. Aktionären einer AG sowie von Geschäftsführern bzw. Gesellschaftern einer GmbH sagen? Und wie steht es um die Kaufmannseigenschaft der Gesellschafter einer OHG und KG?

Antwort: Keine Kaufleute sind die Organe der Kapitalgesellschaften. Weder die Vorstandsmitglieder bzw. Geschäftsführer noch die Aktionäre bzw. Gesellschafter bei AG und GmbH sind Kaufleute. Ob allerdings auch die Gesellschafter einer Personenhandelsgesellschaft Kaufmänner sind, ist umstritten. Nach der höchstrichterlichen Rechtsprechung ist der persönlich haftende Gesellschafter (Komplementär) einer OHG oder KG Kaufmann, weil er das Unternehmen als Gesellschafter und auf eigenes Risiko betreibt. Der Kommanditist hingegen ist nach § 164 HGB von der Geschäftsführung kraft Gesetzes ausgeschlossen. Er führt die Gesellschaft nicht als Gesellschafter und haftet zudem für die Verbindlichkeiten der KG nur mit seiner Einlage. Ihm kommt keine Kaufmannseigenschaft zu.

Problembereich 2: Das Handelsregister

Frage: Erklären Sie kurz Begriff und Bedeutung des Handelsregisters!

Antwort: Bei dem Handelsregister handelt es sich um ein öffentliches Verzeichnis, das Auskunft über die Rechtsverhältnisse von Kaufleuten gibt. Es soll die Sicherheit im Handelsverkehr durch Offenlegung der Rechtsverhältnisse der Kaufleute gewährleisten. Entsprechende Vorschriften finden sich in den §§ 8 bis 16 HGB.

Frage: Wer darf denn in das Handelsregister überhaupt Einsicht nehmen?

Antwort: Die Einsichtnahme in das Handelsregister ist jedem gestattet (§ 9 Abs. 1 HGB).

Frage: Was bedeutet deklaratorische bzw. konstitutive Eintragung? Nennen Sie Beispiele.

Antwort: Eine deklaratorische Eintragung im Handelsregister hat lediglich rechtsbezeugende Wirkung. Eine Rechtsänderung und damit Rechtswirkung ist bereits vor der Eintragung eingetreten und wird durch die Eintragung im Handelsregister lediglich bekannt gemacht. Wichtigste Beispiele hierfür sind etwa die Bestellung eines Prokuristen oder die Bestellung/Widerruf des Geschäftsführers einer Gesellschaft mit beschränkter Haftung. Eine konstitutive Eintragung führt dagegen die Rechtsänderung erst herbei. So entsteht eine Gesellschaft mit beschränkter Haftung § 11 Abs. 1 GmbHG erst mit ihrer Eintragung im Handelsregister oder wird ein Kleingewerbetreibender nach § 2 Abs. 1 HGB erst durch Eintragung der Firma im Handelsregister Kaufmann im Sinne des Gesetzes. Weitere Beispiele für konstitutive Eintragungen sind nach § 20 Abs. 2 UmwG das Wirksamwerden der Verschmelzung durch die Eintragung im Handelsregister des übernehmenden Rechtsträgers oder nach § 54 Abs. 3 GmbHG das Wirksamwerden einer Satzungsänderung einer Gesellschaft mit beschränkter Haftung durch die Eintragung.

Frage: Bisher war immer die Rede davon, dass Tatsachen von bestimmten Personen und Gesellschaften in das Handelsregister eingetragen werden. Um welche Tatsachen handelt es sich hierbei? Und welche Tatsachen sind konkret einzutragen? Geben Sie hierzu einige Beispiele.

Antwort: In das Handelsregister sind einige für den Rechtsverkehr besonders erhebliche Tatsachen einzutragen. Eintragungspflichtige Tatsachen sind z.B. die Firma nach § 29 HGB oder die Erteilung bzw. das Erlöschen der Prokura nach § 53 HGB. Eine eintragungsfähige Tatsache ist auch der Ausschluss der Haftung des Erwerbers bei Firmenfortführung nach § 25 Abs. 2 HGB. Alle anderen Tatsachen, für die das Gesetz keine Eintragungsmöglichkeit vorsieht, sind nicht eintragungsfähige Tatsachen. Hier sind beispielhaft die Handlungsvollmacht oder das Geschäftskapital einer Personengesellschaft zu nennen.

Frage: Kann denn auch eine Gesellschaft bürgerlichen Rechts (GbR) in das Handelsregister eingetragen werden?

Antwort: Grundsätzlich kann eine GbR nicht in das Handelsregister eingetragen werden. Ist sie jedoch gewerblich tätig, kann sie als offene Handelsgesellschaft in das Handelsregister eingetragen werden. Mit dem Gesetz zur Modernisierung des Personengesellschaftsrechts (MoPeG) wird ab dem 01.01.2024 die Möglichkeit geschaffen, die GbR in das neu geschaffene Gesellschaftsregister einzutragen. Die Eintragung ist grundsätzlich freiwillig, jedoch erfordern grundbuchrelevante Vorgänge wie zum Beispiel der Kauf oder Verkauf von Grundbesitz durch eine GbR ab dem 01.01.2024 eine Eintragung der GbR in das Gesellschaftsregister.

Frage: Welche Vorschrift im HGB regelt die Publizität des Handelsregisters und welche Publizitätswirkungen kennt das Handelsregister?

Antwort: Die Publizitätswirkungen des Handelsregisters finden sich in § 15 HGB. In § 15 Abs. 1 HGB ist die negative Publizität geregelt. Solange eine einzutragende Tatsache nicht eingetragen ist, kann sie gutgläubigen Dritten nicht entgegengehalten werden. Ein gutgläubiger Dritter muss also auch eine wahre Tatsache nicht gegen sich gelten lassen, solange Sie nicht eingetragen und bekannt gemacht wurde.

Tipp! Dem Schweigen des Handelsregisters kann man trauen.

§ 15 Abs. 2 HGB regelt hingegen den Normalfall. Ist danach eine Tatsache eingetragen und bekannt gemacht worden, muss ein Dritter sie grundsätzlich gegen sich gelten lassen. Eine Ausnahme gilt nur innerhalb einer Übergangsfrist von 15 Tagen, vgl. § 15 Abs. 2 S. 2 HGB.

Tipp! Den Inhalt des Handelsregisters muss man kennen. Denn auf einen gegenteiligen Rechtsschein kann man sich grundsätzlich nicht berufen.

In § 15 Abs. 3 HGB ist eine positive Publizität geregelt. Ist eine einzutragende Tatsache unrichtig bekannt gemacht, kann ein gutgläubiger Dritter sich darauf berufen.

Tipp! Der Dritte kann also auf das, was bekannt gemacht worden ist, vertrauen.

(Der Betroffene, der die Berichtigung der Bekanntmachung unterlassen hat, hat damit einen zurechenbaren Rechtsschein gesetzt.)

Frage: Kann auch eine Gesellschafterliste nach § 395 FamFG gelöscht werden?

Antwort: Nein. Das Gesetz sieht die Löschung einer im Handelsregister aufgenommenen Gesellschafterliste nicht vor. Die Aufnahme der Gesellschafterliste stellt keine Eintragung gemäß § 395 FamFG dar. Die Gesellschafterliste ist im Registerordner aufgenommen und ist von der Gesellschaft zu führen. Nach der Einreichung wird diese im Registerordner nur „verwahrt".

Frage: Welche Informationen sind dem Unternehmensregister zu entnehmen?

Antwort: Das Unternehmensregister beinhaltet nach § 8b Abs. 2 HGB z.B. Eintragungen oder eingereichte Dokumente im Handelsregister oder im Genossenschaftsregister, Unterlagen der Rechnungslegung und Unternehmensberichte, die nach dem HGB, dem Publizitätsgesetz, dem Eisenbahnregulierungsgesetz, dem Energiewirtschaftsgesetz, dem Entgelttransparenzgesetz, dem Kapitalanlagegesetzbuch, dem Telekommunikationsgesetz, dem Vermögensanlagengesetz oder dem Wertpapierhandelsgesetz offengelegt wurden, mit Ausnahme der zur dauerhaften Hinterlegung eingestellten Unterlagen, Insolvenzbekanntmachungen.

Frage: Welche Änderungen ergaben sich für das Handels- und Unternehmensregister nach dem am 10.06.2021 vom Bundestag verabschiedeten Gesetz zur Umsetzung der europäischen Digitalisierungsrichtlinie („DiRUG"), das am 01.08.2022 in Kraft getreten ist?

Antwort: Aufgrund der Vorgaben der Digitalisierungsrichtlinie hat ab dem 01.08.2022 eine Umstellung des bisherigen Bekanntmachungswesens und der Offenlegung von Informationen stattgefunden. Eine Bekanntmachung von Registereintragungen über ein separates Bekanntmachungsportal entfällt und die Bekanntmachung von Registereintragungen erfolgt dadurch, dass diese in dem einschlägigen Register erstmalig (online) zum Abruf bereitgestellt werden. Darüber hinaus hatte die europäische

Digitalisierungsrichtlinie eine weitestgehend kostenfreie Zugänglichmachung von Registerinformationen über ein Europäisches System der Registervernetzung gefordert, so dass der Abruf von Daten und Dokumenten aus dem Handelsregister seit dem 01.08.2022 nicht mehr gebührenpflichtig ist. Wichtigste Neuerung im Hinblick auf das Unternehmensregister ist der Wegfall der Offenlegungspflicht von Rechnungslegungsunterlagen im Bundesanzeiger. Es genügt die Einreichung dieser Unterlagen bei der das Unternehmensregister führenden Stelle sowie die Einstellung in das Unternehmensregister. Auch der Abruf von Rechnungslegungsunterlagen erfolgt nunmehr ausschließlich über das Unternehmensregister.

Frage: Was ist das Transparenzregister und wo finden sich Regelungen hierzu?

Antwort: Das Transparenzregister ist ein weiteres (nicht öffentliches) Register, in welchem Angaben zum sogenannten „wirtschaftlichen Berechtigten" von juristischen Personen des Privatrechts (u.a. Aktiengesellschaft, GmbH, Unternehmergesellschaft (haftungsbeschränkt), rechtsfähige Vereine (eingetragene und konzessionierte Vereine), Genossenschaften, eingetragene Stiftungen, Kommanditgesellschaften auf Aktien, Europäische Aktiengesellschaft (SE), eingetragenen Personengesellschaften wie OHG, Kommanditgesellschaft, Partnerschaften sowie gewissen Trusts und Treuhändern von nichtrechtsfähigen Stiftungen mit eigennützigem Stiftungszweck und Rechtsgestaltungen, die solchen Stiftungen in ihrer Struktur und Funktion entsprechen, enthalten sind. Regelungen zum Transparenzregister finden sich aufgrund der im Juni 2017 in Kraft getretenen Änderungen des Geldwäschegesetzes (GwG) in §§ 3, 18 bis 26 GwG. Mit der Führung des Transparenzregisters wurde die Bundesanzeiger Verlag GmbH aufgrund Verordnung über die Übertragung der Führung des Transparenzregisters (Transparenzregisterbeleihungsverordnung – TBelV – vom 27.06.2017) bis zum 31.12.2024 betraut.

Frage: Was ist ein „wirtschaftlich Berechtigter" und welche Informationen sind dem Transparenzregister mitzuteilen?

Antwort: Wirtschaftlich Berechtigter ist nach der Legaldefinition des § 3 GwG eine natürliche Person, in deren Eigentum oder unter deren Kontrolle der Vertragspartner letztlich steht oder auf deren Veranlassung eine Transaktion letztlich durchgeführt oder eine Geschäftsbeziehung begründet wird (§ 3 Abs. 1 GwG) sowie eine natürliche Person, die an juristischen Personen außer rechtsfähigen Stiftungen oder sonstigen Gesellschaften unmittelbar oder mittelbar mehr als 25 % der Kapitalanteile hält, mehr als 25 % der Stimmrechte kontrolliert oder auf vergleichbare Weise Kontrolle ausübt. Es sind Vor- und Nachname, Geburtsdatum, Wohnort und Art und Umfang des wirtschaftlichen Interesses des wirtschaftlich Berechtigten dem Transparenzregister mitzuteilen.

Frage: Gibt es Fälle, in welchen eine Eintragung in das Transparenzregister entfällt und kennen Sie die neuesten Entwicklungen hierzu?

Antwort: Nachdem zum 01.08.2021 das neue Transparenz-Finanzinformationsgesetz Geldwäsche in Kraft getreten ist, wurde das vorher als Auffangregister ausgestaltete Transparenzregister zu einem sogenannten Vollregister umgestaltet. Dis bisher geregelten Mitteilungsfiktionen insbesondere für börsennotierte Unternehmen sowie für den Fall, dass sich Informationen aus anderen öffentlich zugänglichen Registern ergeben, sind vollständig entfallen. Damit haben alle mitteilungspflichtigen Gesellschaften ihre tatsächlichen oder fiktiven wirtschaftlich Berechtigte an das Transparenzregister zu melden. Je nach Rechtsform wurde den Unternehmen dabei nach dem vollständigen Wegfall der Mitteilungsfiktion eine Übergangsfrist bis spätestens zum 31.12.2022 eingeräumt, um die Meldung an das Transparenzregister nachzuholen.

> **Tipp!** Kein guter Glaube des Transparenzregisters!
> Eine der Vorschrift des § 15 HGB entsprechende Vorschrift gibt es nicht. Nach § 18 Abs. 4 S. 3 GwG
> bietet vielmehr auch die öffentliche Beglaubigung der Angaben aus dem Transparenzregister keine
> Gewähr für die Vollständigkeit und Richtigkeit der Angaben.

Problembereich 3: Die Prokura und die Handlungsvollmacht

> **Frage:** Das HGB unterscheidet zwischen selbständigen und unselbständigen Hilfspersonen des
> Kaufmanns. Was versteht man darunter? Unter welche Gruppe ist der Prokurist zu subsumieren?

Antwort: Unselbständige Hilfspersonen sind alle Handlungsgehilfen (§ 59 HGB), wenn diese (dem
Kaufmann) kaufmännische Dienste leisten. Es werden drei Arten von unselbständigen Hilfspersonen
(= Handlungsgehilfen) unterschieden. Es sind dies der Prokurist, der Handlungsbevollmächtigte und
der Ladenangestellte. Die jeweilige Einteilung ist abhängig vom Umfang der erteilten Vertretungsmacht. Die §§ 59 ff. HGB regeln das Innenverhältnis zwischen dem (unselbständigen) Handlungsgehilfen und dem Kaufmann als Dienstherrn. Die Kompetenzen der (unselbständigen) Handlungsgehilfen
im Außenverhältnis regeln die §§ 48 ff. HGB.

Selbständige Hilfspersonen des Kaufmanns sind solche Personen, die zwar für den Kaufmann Dienste
leisten, die aber für ihn nicht im Rahmen eines Angestellten- bzw. Arbeitsverhältnisses tätig sind. Zu
nennen sind hier der Handelsvertreter (§§ 84 ff. HGB) oder der Handelsmakler (§§ 93 ff. HGB).

> **Frage:** Wer darf einen Prokuristen bestellen und wie ist die Prokuraerteilung vorzunehmen? Wäre
> eine Prokuraerteilung durch einen Prokuristen wirksam?

Antwort: Die Erteilung der Prokura darf nur von dem Inhaber des Handelsgeschäfts oder seinem
gesetzlichen Vertreter und nur mittels ausdrücklicher und persönlicher Erklärung erteilt werden (§ 48
Abs. 1 HGB). Demnach muss der Erklärende immer Kaufmann sein. Eine Vertretung durch einen rechtsgeschäftlich bestellten Vertreter scheidet aus. Die Prokuraerteilung durch einen Prokuristen ist mithin
nicht möglich. Der Kaufmann muss die Willenserklärung persönlich abgeben.

> **Frage:** Zu welchen Geschäften ermächtigt die erteilte Prokura? Kann man eine nach außen wirk-
> same Beschränkung der Prokura vornehmen?

Antwort: Die Prokura ermächtigt zu allen Geschäften, die der Betrieb „irgendeines" Handelsgewerbes
mit sich bringt (§ 49 Abs. 1 HGB). Etwaige Beschränkungen sind nach außen, d.h. Dritten gegenüber,
unwirksam (§ 50 Abs. 1 HGB).

> **Tipp!** Die Prokura ist eine in ihrem Umfang gesetzlich geregelte Vertretungsmacht (dennoch han-
> delt es sich nicht um eine gesetzliche Vertretungsmacht, da die Erteilung rechtsgeschäftlich erfolgt).
> Sie ermöglicht dem Prokuristen, im Außenverhältnis wirksam bestimmte Rechtshandlungen für den
> Geschäftsinhaber vorzunehmen. Im Fallaufbau ist auch die Prokura unter dem gewohnten Prüfungs-
> punkt der „Vertretungsmacht" zu erörtern.

> **Frage:** Unter welchen Voraussetzungen kann eine Prokura widerrufen werden? Welche weitere
> Erlöschensgründe bestehen?

Antwort: Die Prokura kann nach § 52 Abs. 1 HGB jederzeit frei, ohne jede Begründung widerrufen werden. Unberührt hiervon bleibt das der Prokura zugrundeliegende Rechtsverhältnis wie zum Beispiel

ein Anstellungsvertrag. Ansprüche hieraus werden durch den Widerruf der Prokura nicht berührt. Die Prokura erlischt nach § 52 Abs. 3 HGB nicht durch den Tod des Inhabers des Handelsgeschäfts, jedoch durch den Tod des Prokuristen, bei dem Eintritt dessen Geschäftsunfähigkeit sowie bei Geschäftsaufgabe oder Verlust der Kaufmannseigenschaft.

Frage: Was versteht man unter einer Handlungsvollmacht?

Antwort: Eine Handlungsvollmacht ist jede im Betrieb eines Handelsgewerbes erteilte Vollmacht, die keine Prokura ist. Auf die Handlungsvollmacht sind die §§ 164 ff. BGB anwendbar, soweit nicht § 54 HGB entgegensteht. Auch die Handlungsvollmacht betrifft – wie die Prokura auch – das Außenverhältnis zwischen dem Geschäftsinhaber und dem Dritten.

Frage: Beschreiben Sie kurz die wesentlichen Unterschiede zwischen Prokura und Handlungsvollmacht!

Antwort: Die Prokura ist eine rechtsgeschäftliche Vertretungsmacht, die zu Rechtsgeschäften ermächtigt, die der Betrieb „irgendeines" Handelsgewerbes mit sich bringt. Die Handlungsvollmacht ermächtigt hingegen zu Rechtsgeschäften, die der Betrieb eines derartigen (konkreten) Handelsgewerbes mit sich bringt. Der Umfang der Handlungsvollmacht kann im Gegensatz zur Prokura sehr verschieden sein. Er wird bei der Handlungsvollmacht vom Vollmachtgeber bestimmt. Insoweit darf der Dritte sich auch nicht darauf verlassen, dass die Vollmacht des Handlungsbevollmächtigten auch das betreffende Geschäft umfasst. Anders bei der Prokura. Hier wird der Umfang in § 49 HGB und damit durch das Gesetz festgelegt. Die Handlungsvollmacht erfordert – anders als die Prokura (§ 48 Abs. 1 HGB) – keine ausdrückliche Erklärung. Es genügt sogar eine stillschweigende oder konkludente Erteilung, sodass auch eine Duldungs- oder Anscheinsvollmacht in Betracht kommt. Weiterer Unterschied ist, dass die Erteilung und das Erlöschen der Prokura eintragungspflichtige Tatsachen darstellen (§ 53 HGB). Die Handlungsvollmacht kann nicht in das Handelsregister eingetragen werden. Des Weiteren braucht die Handlungsvollmacht nicht persönlich von dem Geschäftsinhaber erteilt werden. Sie kann auch zum Beispiel von einem Prokuristen erteilt werden.

Frage: Können eine einmal erteilte Prokura oder eine Handlungsvollmacht auf Dritte übertragen werden?

Antwort: Die Prokura kann weder vom Prokuristen selbst noch vom Inhaber des Handelsgeschäftes auf einen Dritten übertragen werden. Die Prokura ist nicht übertragbar (§ 52 Abs. 2 HGB). Die Handlungsvollmacht ist grundsätzlich übertragbar. Allerdings kann sie nur mit Zustimmung des Inhabers des Handelsgeschäftes auf einen Dritten übertragen werden (§ 58 HGB).

Frage: Wie viele Arten der Handlungsvollmacht kennt das Gesetz und welche sind dies?

Antwort: § 54 Abs. 1 HGB kennt drei Arten der Handlungsvollmacht. Sie richten sich nach dem Umfang der gewährten Vollmacht. Es sind die Generalhandlungsvollmacht mit der Ermächtigung zu allen Geschäften, die der Betrieb des Vollmachtgebers gewöhnlich mit sich bringt. Die Arthandlungsvollmacht ermächtigt den Bevollmächtigten zur Vornahme einer bestimmten Art von Rechtsgeschäften, die der Betrieb eines derartigen Handelsgewerbes mit sich bringt. Und als dritte Art ist die Spezialhandlungsvollmacht zu nennen, die eine Ermächtigung zu einem bestimmten einzelnen Geschäft beinhaltet.

Frage: Welche Geschäfte können Angestellte in einem Laden mit Wirkung für und gegen den Ladeninhaber abschließen? Wo findet sich die einschlägige Regelung im Gesetz?

Antwort: Als einschlägige Regelung kann hier § 56 HGB genannt werden. Danach gilt derjenige, der in einem Laden oder offenen Warenlager angestellt ist, zu Verkäufen und Empfangnahmen als bevollmächtigt, die in einem derartigen Laden oder Warenlager gewöhnlich vorkommen. Das Anstellungsverhältnis begründet eine Vermutung für eine Innenvollmacht. § 56 HGB eröffnet eine Rechtsscheinvollmacht (Scheinhandlungsvollmacht). Selbst wenn ein Laden- oder Lagerangestellter nicht bevollmächtigt sein sollte, kann er den Inhaber rechtsgeschäftlich verpflichten und berechtigen. Weitere Voraussetzung ist jedoch, dass die Vertragspartner gutgläubig sind, d.h., sie dürfen nicht wissen, dass der Angestellte keine Vollmacht hat.

Problembereich 4: Der Kaufmann als Absatzmittler

> **Frage:** Hersteller von Waren lassen sich häufig durch sogenannte Absatzmittler beim Vertrieb der Waren an die Endkunden unterstützen. Welche Hilfspersonen fallen gemeinhin hierunter?

Antwort: Zu nennen sind hier der Handelsvertreter (§ 84 HGB), der Handelsmakler (§ 93 Abs. 1 HGB) und die weiteren Absatzvermittler wie zum Beispiel die Vertragshändler oder die Franchisenehmer.

> **Frage:** Was versteht man unter einem Handelsvertreter? Welche Rechte und Pflichten hat ein Handelsvertreter?

Antwort: Eine Definition, wer Handelsvertreter ist, ist § 84 Abs. 1 HGB zu entnehmen. Danach ist Handelsvertreter, wer als selbständiger Gewerbetreibender ständig damit betraut ist, für einen anderen Unternehmer Geschäfte zu vermitteln oder in dessen Namen abzuschließen. „Ständig" bedeutet, dass der Handelsvertretervertrag auf eine unbestimmte Vielzahl von Vertragsabschlüssen gerichtet ist. Der Handelsvertreter ist gemäß § 86 Abs. 1 HGB verpflichtet, sich um die Vermittlung oder den Abschluss von Geschäften zu bemühen. Er hat die Interessen des Unternehmers zu wahren und er muss sich an dessen Weisungen halten. Er hat die ihm anvertrauten Gegenstände sorgfältig zu behandeln. Daneben treffen ihn nach § 86 Abs. 2 HGB verschiedene Mitteilungs- und Berichterstattungspflichten und er ist nach § 90 HGB bezüglich etwaiger Geschäfts- und Betriebsgeheimnisse zur Verschwiegenheit verpflichtet. Im Gegenzug für seine Tätigkeit steht ihm ein Provisionsanspruch zu. Dieser wird in der Regel nach einem bestimmten Prozentsatz des Wertes des jeweils getätigten Geschäfts bestimmt.

> **Frage:** Wie nennt man den Absatzmittler, der nicht ständig damit betraut ist, für einen anderen Unternehmer Geschäfte zu vermitteln?

Antwort: Es handelt sich dabei um einen Handelsmakler nach § 93 Abs. 1 HGB. Beispielhaft sind die Vermittlung von Verträgen über die Anschaffung oder Veräußerung von Waren (Warenmakler), über Wertpapiere (Effektenmakler, Börsenmakler), Versicherungen (Versicherungsmakler) oder Güterbeförderungen zu nennen. Der Handelsmakler schließt keine Geschäfte im Namen des Auftraggebers ab, sondern vermittelt nur. Vermittlung bedeutet dabei die Vorbereitung von Vertragsschlüssen durch das unmittelbare oder mittelbare Einwirken auf einen Dritten, damit dieser sich zum Abschluss des Geschäfts entschließt.

> **Frage:** Wie unterscheidet sich der Handelsvertreter vom Kommissionär?

Antwort: Der Kommissionär übernimmt es gewerbsmäßig, Waren oder Wertpapiere für Rechnung eines anderen im eigenen Namen zu kaufen oder zu verkaufen (§ 383 Abs. 1 HGB). Er hat mit dem Handelsvertreter gemeinsam, dass beide selbständig sind. Jedoch unterscheidet er sich vom Abschlussvertreter dadurch, dass er die Verträge im eigenen und nicht in fremdem Namen abschließt.

Frage: Erklären Sie nun noch kurz, was man unter einem Vertragshändler und unter einem Franchisenehmer versteht!

Antwort: Ein Vertragshändler ist ein Kaufmann, dessen Unternehmen in die Verkaufsorganisation des Herstellers eingegliedert und der dem Hersteller gegenüber verpflichtet ist, die Waren im eigenen Namen und auf eigene Rechnung zu verkaufen. Der Franchisegeber überlässt sein Erzeugnis oder seinen Service einer großen Zahl von anderen Unternehmen (= Franchisenehmer) unter Verwendung eines gemeinsamen Vertriebssystems, Namens, Auftretens nach außen durch Symbole oder Markenzeichen sowie einer einheitlichen Ausstattung zum Vertrieb. Der Franchisenehmer zahlt Gebühren für die Verwendung des gewerblichen Know-how und des Vertriebskonzepts des Franchisegebers.

Problembereich 5: Die Haftung des Erwerbers bei Firmenfortführung, die Haftung des Erben bei Geschäftsfortführung und die Haftung bei Eintritt in das Geschäft eines Einzelkaufmanns

Frage: Zur Haftung des Erwerbers bei Firmenfortführung möchte ich Ihnen kurz den nachfolgenden Fall schildern: Johnny Herbert (JH) stand in ständiger Geschäftsbeziehung mit dem Einzelunternehmen „Delikatessen Mampfred Mampfer, e. Kfm. (MM)". JH hat im Laufe des Jahres 19 die unterschiedlichsten Spirituosen und kalorienarme Gänseleberpastete im Wert von 12.000 € an das Einzelunternehmen MM geliefert. Einige Zeit später verpachtet MM sein Unternehmen an Albert Schlankheimer (AS) um mehr Zeit zum Reisen zu haben. Als JH feststellt, dass aus dem Geschäftsverhältnis zu MM noch Kaufpreisforderungen offen sind und er MM, der mittlerweile in Südamerika weilt, nicht erreichen kann, überlegt JH, ob er auch Ansprüche gegen AS geltend machen kann. Wie beurteilen Sie seine Aussichten?

Tipp! Wenn Sie in der mündlichen Examenssituation – wie hier – einen längeren Sachverhalt von Ihrem Prüfer vorgetragen bekommen, sollten Sie sich diesen unbedingt mitschreiben und zumindest eine kleine Skizze fertigen. So laufen Sie nicht Gefahr, dass Sie im Verlauf der Prüfung die Namen der Personen und dergleichen verwechseln. Bevor Sie allerdings mit dem Aufnotieren beginnen, fragen Sie zuerst Ihren Prüfer um kurze Erlaubnis. In der Regel wird dieser nichts dagegen einzuwenden haben. Und scheuen Sie sich nicht, falls Sie den Sachverhalt nicht verstanden haben sollten oder Ihnen dieser zu schnell vorgetragen wird, nochmals nachzuhaken und um Klarstellung zu bitten.

Antwort: Da ein Kaufvertrag zwischen JH und AS nicht geschlossen wurde, ergibt sich ein Anspruch nicht allein aus § 433 Abs. 2 BGB. Allerdings bestimmt § 25 Abs. 1 HGB dass derjenige, der ein unter Lebenden erworbenes Handelsgeschäft unter der bisherigen Firma fortführt, auch für die Verbindlichkeiten des früheren Inhabers haftet.

Frage: Lassen Sie uns zunächst einmal die einzelnen Fragen der Haftung detaillierter betrachten: Was setzt eine Firmenfortführung bei Inhaberwechsel im Einzelnen voraus?

Antwort: Der Inhaberwechsel muss zunächst das Unternehmen im Ganzen betreffen, also zumindest den nach außen in Erscheinung tretenden Unternehmenskern. Der Erwerb des einzelkaufmännischen Geschäfts muss wirksam sein. Außerdem ist die Einwilligung des bisherigen Inhabers erforderlich, vgl. § 22 Abs. 1 HGB.

Frage: Ist eine Fortführung der Firma auch dann noch gegeben, wenn für jeden erkennbar die Nachfolge durch einen Namenszusatz deutlich gemacht wird? Wenn also etwa im obigen Fall AS unter dem Namen „Delikatessen Mampfred Mampfer, Inhaber Albert Schlankheimer, e. Kfm." firmiert?

Antwort: Ja. Ausdrücklich ergibt sich das aus § 22 Abs. 1 S. 1 HGB. Danach liegt eine Fortführung auch noch mit Beifügung eines das Nachfolgeverhältnis andeutenden Zusatzes vor.

Frage: Kann auch nur die Firma (= der Name unter dem das Geschäft betrieben wird, vgl. § 17 Abs. 1 HGB) übertragen werden?

Antwort: Nein. Es gilt das Verbot der Leerübertragung nach § 23 HGB. Danach kann die Firma nur gemeinsam mit dem Handelsgewerbe übertragen werden.

Frage: Welchen weiteren Fall eines Inhaberwechsels kennen Sie?

Antwort: Auch der Erbe kann die Firma von Todes wegen erwerben und dann fortführen, vgl. § 22 Abs. 1 Alt. 2 HGB.

Tipp! Die Frage der Haftung des Erwerbers einer Firma stellt sich immer nur dann, wenn Verbindlichkeiten gegenüber der Firma zu dieser Zeit bereits begründet waren. Bei diesen Verbindlichkeiten handelt es sich regelmäßig um vertragliche privatrechtliche Ansprüche, die ihren Ursprung im BGB haben.

Frage: Das ist soweit richtig. Steigen wir nun etwas tiefer in den von Ihnen bereits erwähnten § 25 HGB ein. Sie sagten, dass es sich um ein „erworbenes" Handelsgeschäft handeln muss. Ist das denn auch bei einer Verpachtung der Fall?

Antwort: Bei dem Delikatessenladen handelt es sich um ein Handelsgewerbe und damit um ein Handelsgeschäft i.S.v. § 25 HGB. Des Weiteren genügt es für einen „Erwerb" i.S.v. § 25 HGB, dass die Firma nur zur vorübergehenden Nutzung übernommen wird. Es ergibt sich unmittelbar aus § 22 Abs. 2 HGB, dass die Fortführungshaftung bei Erwerb eines Handelsgeschäftes auch bei Pacht, Nießbrauch und ähnlichen Verhältnissen Anwendung findet. Ein Eigentumsübergang muss nicht stattfinden. Neuer Inhaber der Firma ist damit AS als Pächter, der deshalb nach § 25 Abs. 1 Satz 1 HGB für die Verbindlichkeiten von MM haftet.

Frage: Sind die Voraussetzungen der Haftung bei Firmenfortführung auch bei fortgeführter Nutzung der bloßen Geschäfts- oder Etablissementbezeichnung erfüllt?

Antwort: Nein. Die allgemeine Geschäfts- oder Etablissementbezeichnung, die nur die Art des Betriebes bezeichnet, aber nicht geeignet ist, den tatsächlichen Inhaber zu individualisieren, reicht nicht aus. Eine solche Bezeichnung ist nicht der Name i.S.d. § 17 Abs. 1 HGB, unter dem der Kaufmann seine Geschäfte betreibt und seine Unterschrift abgibt.

Frage: Haftet neben dem neuen auch der alte Inhaber weiter?

Antwort: Ja. Nach der Rechtsprechung handelt es sich bei § 25 Abs. 1 S. 1 HGB um einen gesetzlichen Schuldbeitritt. Alter und neuer Inhaber haften als Gesamtschuldner i.S.d. §§ 421 ff. BGB. Die Nachhaftung des vorherigen Inhabers ist nur zeitlich gem. § 26 Abs. 1 HGB auf Forderungen begrenzt, die innerhalb von fünf Jahren nach Übergang des Unternehmens fällig werden.

Frage: Kann die Haftung des alten Inhabers für Verbindlichkeiten beschränkt werden?

Antwort: Ja. Es kann gem. § 25 Abs. 2 HGB eine Haftungsbeschränkung in das Handelsregister eingetragen oder durch den Erwerber oder Veräußerer Dritten gegenüber bekannt gemacht werden. Dies muss aber nach der Rechtsprechung unverzüglich geschehen.

> **Frage:** Wie ist der Fall zu beurteilen, wenn nicht JH an MM, sondern MM an JH Forderungen hat und JH diese an AS gezahlt hat? Kann MM noch einmal Zahlung an sich verlangen?

Antwort: Nein. Zwar wird der Erwerber des Handelsgeschäfts nur dann Gläubiger der im Betrieb begründeten Forderungen, wenn ihm diese vom bisherigen Inhaber auch übertragen worden sind. Dies ist für den Schuldner aber in der Regel nicht erkennbar, sodass nach § 25 Abs. 1 S. 2 HGB die Forderungen den Schuldnern gegenüber als auf den Erwerber übergegangen gelten. JH muss nicht nochmals bezahlen, sondern wurde von seiner Verbindlichkeit frei.

> **Frage:** Kennen Sie einen Fall, bei dem der Erwerber eines Handelsgeschäftes nicht nach § 25 Abs. 1 HGB für die Verbindlichkeiten des früheren Inhabers des Handelsgeschäftes haftet?

Antwort: § 25 Abs. 1 HGB findet dann keine Anwendung, wenn ein Käufer ein (insolventes) Handelsgeschäft nach Eröffnung des Insolvenzverfahrens vom Insolvenzverwalter erwirbt. Denn die Fortführungshaftung nach § 25 Abs. 1 HGB würde den Insolvenzverwalter an seiner gesetzlichen Verpflichtung nach § 159 InsO, das zur Insolvenzmasse gehörende Vermögen zu verwerten, hindern. Denn wenn § 25 Abs. 1 HGB auch auf Veräußerungen des Insolvenzverwalters Anwendung fände, wäre die Veräußerung eines insolventen Handelsgeschäftes und damit die Verwertung der Insolvenzmasse nahezu unmöglich. Die Privilegierung ist jedoch ausschließlich an das Amt und die Aufgabe eines Insolvenzverwalters im eröffneten Insolvenzverfahren geknüpft.

> **Frage:** Nachdem § 25 HGB die einschlägige Vorschrift zur Haftung des Erwerbers bei rechtsgeschäftlichem Erwerb ist, möchte ich von Ihnen wissen, welche Norm im HGB die Haftung des Erwerbs eines Handelsgeschäfts durch Erbschaft regelt.

Antwort: Einschlägige Norm zur Haftung des Erben eines Handelsgeschäfts ist § 27 HGB (neben den ohnehin bestehenden erbrechtlichen Vorschriften).

> **Frage:** Wie kann die Haftung des Erben ausgeschlossen werden?

Antwort: Zunächst kann die Haftung dadurch ausgeschlossen werden, dass der Erbe die Erbschaft ausschlägt. In diesem Fall ist er niemals Erbe geworden (§ 1953 Abs. 1 BGB). Aus diesem Grund kann dann auch § 27 Abs. 1 HGB nicht eingreifen.

Die unbeschränkte Haftung nach § 27 Abs. 1 HGB kann gemäß § 27 Abs. 2 HGB dadurch ausgeschlossen werden, dass der Erbe innerhalb einer Frist von drei Monaten nach Kenntnis vom Anfall der Erbschaft (und nicht vor Ablauf der Ausschlagungsfrist) den Geschäftsbetrieb einstellt.

Die unbeschränkte Haftung nach § 27 Abs. 1 HGB tritt auch dann nicht ein, wenn der Erbe die Haftungsbeschränkung in das Handelsregister eintragen und bekannt machen lässt oder sie den Dritten mitteilt.

> **Frage:** Welche Rechtsfolgen begründet § 28 Abs. 1 S. 1 HGB? Wer haftet für welche Verbindlichkeiten?

Antwort: Aus § 28 Abs. 1 S. 1 HGB folgt, dass nunmehr die Gesellschaft für die Verbindlichkeiten des vormaligen Einzelunternehmers haftet. Wenn aber die Gesellschaft haftet, haftet auch der Eingetretene persönlich (entweder als Vollhafter oder nur beschränkt als Kommanditist). Der bisherige Alleininhaber haftet ebenfalls als Gesellschafter. Auch hier ist wie bei dem Eintretenden entscheidend, ob er als Vollhafter (Komplementär) oder als Kommanditist die Gesellschafterstellung einnimmt.

Problembereich 6: Der Handelsbrauch und die Handelsgeschäfte

Frage: Was versteht man unter Handelsbräuchen und wo findet sich im HGB eine Regelung?

Antwort: Eine Vorschrift zu den Handelsbräuchen findet sich in § 346 HGB. Danach ist unter Kaufleuten in Ansehung der Bedeutung und Wirkung von Handlungen und Unterlassungen auf die im Handelsverkehr geltenden Gewohnheiten und Gebräuche Rücksicht zu nehmen. Unter Handelsbräuchen versteht man demnach kaufmännische Verkehrssitten, die für die Kaufleute verbindlich sind und sogar von der Rechtsprechung berücksichtigt werden müssen. Zu den wohl bekanntesten Handelsbräuchen gehören die von der Internationalen Handelskammer (ICC) veröffentlichten sogenannten „Incoterms". Die aktuelle Fassung der „Incoterms" beinhaltet 11 Klauseln und wurde als 8. Revision zum 01.01.2020 veröffentlicht.

Frage: Wo im Gesetz finden sich Vorschriften zu den Handelsgeschäften. Was versteht man unter einem Handelsgeschäft und welche Voraussetzungen hat es?

Antwort: Vorschriften zu den Handelsgeschäften finden sich in den §§ 343 ff. HGB. Man versteht darunter alle Geschäfte eines Kaufmanns, die zum Betrieb seines Handelsgewerbes gehören (§ 343 HGB). Zu den Voraussetzungen eines Handelsgeschäfts gehören danach das Vorliegen eines Rechtsgeschäfts, die Beteiligung (mindestens) eines Kaufmanns und die Zugehörigkeit des Rechtsgeschäfts zum Betrieb des Handelsgewerbes.

Frage: Wovon wird das Handelsgeschäft durch das Merkmal „Zugehörigkeit des Rechtsgeschäfts zum Betrieb eines Handelsgewerbes" abgegrenzt?

Antwort: Von den Privatgeschäften des Kaufmanns. Jedoch hilft dem Dritten gegebenenfalls die Vermutungsregelung des § 344 Abs. 1 HGB. Danach gelten die von einem Kaufmann vorgenommenen Rechtsgeschäfte im Zweifel als zum Betrieb seines Handelsgewerbes gehörig.

Frage: Welche Arten von Handelsgeschäften kann man unterscheiden? Geben Sie jeweils ein Beispiel.

Antwort: Man kann die Handelsgeschäfte in einseitige und zweiseitige unterteilen. Bei einem einseitigen Handelsgeschäft muss nur ein Vertragsteil Kaufmann sein, damit die Vorschriften zur Anwendung kommen können. Auf ein Rechtsgeschäft kommen grundsätzlich die Vorschriften über die Handelsgeschäfte schon dann zur Anwendung, wenn nur ein Beteiligter Kaufmann ist (§ 345 HGB). Bei einem zweiseitigen Handelsgeschäft müssen beide Vertragsteile Kaufmann sein. Das muss allerdings ausdrücklich im Gesetz verlangt werden. Als Beispiele für solche zweiseitigen Handelsgeschäfte dürfen im HGB die §§ 369 (kaufmännisches Zurückbehaltungsrecht) und 377 (Untersuchungs- und Rügepflicht) genannt werden.

Frage: Nennen Sie einige, der nach Ihrer Meinung wichtigsten allgemeinen Vorschriften zu den Handelsgeschäften.

Antwort: Zu den wichtigsten Vorschriften gehören die §§ 362, 366 und 369 HGB. § 362 HGB besagt, dass das Schweigen auf einen Antrag eine zustimmende Willenserklärung sein kann und nach § 366

HGB ist beim gutgläubigen Erwerb von beweglichen Sachen auch der gute Glauben an die Verfügungsbefugnis (Vertretungsbefugnis) geschützt. § 369 HGB regelt das kaufmännische Zurückbehaltungsrecht.

Frage: Haben Sie auch schon einmal etwas von einem kaufmännischen Bestätigungsschreiben gehört? Was sind dessen Voraussetzungen und Rechtsfolgen?

Antwort: Ja. Zunächst setzt ein kaufmännisches Bestätigungsschreiben voraus, dass beide Parteien zumindest über eine einem Kaufmann ähnliche Geschäftserfahrung verfügen. Dem kaufmännischen Bestätigungsschreiben müssen Vertragsverhandlungen vorausgegangen sein, die soweit gediehen waren, dass zumindest der Bestätigende (ggf. irrtümlich) bereits von einem Vertragsschluss ausgegangen ist. Das Bestätigungsschreiben muss den behaupteten Inhalt des Vertragsschlusses wiedergeben und dem anderen Teil unmittelbar nach den Verhandlungen zugestellt werden. Der Vertrag kommt dann, wenn der andere Teil nicht unverzüglich widerspricht, mit dem Inhalt des Schreibens zustande. Dies gilt aber nicht, wenn der Bestätigende nicht schutzwürdig ist, etwa, weil er bewusst in nicht unwesentlichen Punkten von den Vertragsverhandlungen abgewichen ist.

Beispiel: R bestellt telefonisch für sein Restaurant bei Weinhändler W eine umfangreiche Lieferung verschiedener Weine. W sagt die Lieferung zu. Daraufhin sendet R ein Bestätigungsschreiben mit einer üblichen Skontoklausel. Will W den Skontoabzug vermeiden, so muss er unverzüglich widersprechen. Hätte W ein Bestätigungsschreiben gesandt und darin bewusst den Kaufpreis erhöht, so käme der Vertrag mit diesem Inhalt aber mangels Schutzwürdigkeit des W nicht zustande.

Frage: Kann ein Kaufmann wirksam ein Abwerbeverbot von Mitarbeitern mit einem anderen Kaufmann vereinbaren und wo finden sich Regelungen hierzu?

Antwort: Eine direkte Regelung zu Abwerbeverboten gibt es nicht. Die Vorschrift des § 75f HGB regelt jedoch die sogenannte Sperrabrede oder auch „Einstellungsverbot" zwischen zwei Prinzipalen. Hierbei verpflichtet sich ein Prinzipal gegenüber einem anderen Prinzipal, ein Handlungsgehilfe in dessen Diensten nicht oder nur unter bestimmten Voraussetzungen anzustellen. Die Zulässigkeit einer solchen Sperrabrede ist gesetzlich nicht ausgeschlossen, jedoch insofern unverbindlich, als beide Parteien jederzeit und ohne einen Grund zurücktreten können und eine Klage auf Einhaltung der Sperrabrede nicht möglich ist. Diese kann allerdings freiwillig von den Parteien eingehalten werden. Der BGH hat mit Urteil vom 30.04.2014 entschieden, dass die Vorschrift des § 75f HGB zum Schutz der Arbeitnehmer auch auf Abwerbeverbote Anwendung findet, das heißt diese nicht verbindlich sind. Unter besonderen Voraussetzungen allerdings, wenn das Abwerbeverbot nur Nebenzweck einer Vereinbarung ist und einen besonderen Vertrauensschutz einer Vertragspartei sicherstellt, kann dieses wirksam vereinbart werden. Die vorgenannten Ausführungen gelten selbstverständlich auch für nichtkaufmännische Arbeitgeber.

Frage: Was versteht man unter AGB?

Antwort: Nach der Legaldefinition des § 305 Abs. 1 BGB sind Allgemeine Geschäftsbedingungen alle für eine Vielzahl von Verträgen vorformulierten Vertragsbedingungen, die eine Vertragspartei (Verwender) der anderen Vertragspartei bei Abschluss eines Vertrages stellt.

Frage: Welche Besonderheiten gelten unter Kaufleuten bezüglich der Verwendung von AGB?

Antwort: Zunächst gelten für die Einbeziehung von AGB in den Vertrag erleichterte Voraussetzungen. Für die Einbeziehung der AGB genügt nach § 310 Abs. 1 S. 1 BGB, der die Anwendung des § 305 Abs. 2

BGB ausschließt, auch eine stillschweigende Willensübereinstimmung der Parteien. Zum anderen ist die Inhaltskontrolle der AGB wesentlich eingeschränkt. Es gilt nur die Generalklausel des § 307 BGB, während die Klauselverbote der §§ 308 und 309 BGB gem. § 310 Abs. 1 BGB keine Anwendung finden.

> **Frage:** In vielen AGB von Unternehmern oder Verträgen, vor allem mit internationalem Bezug finden sich Klauseln zur "Höheren Gewalt" bzw. „Force Majeure". Ist die Corona-Pandemie als „Höhere Gewalt" in diesem Sinne anzusehen?

Antwort: Antwort: Ob und inwieweit die Corona-Pandemie tatsächlich als „Höhere Gewalt" bzw. „Force Majeure" anzusehen ist, ist nicht pauschal zu beantworten. Eine international einheitliche Definition des Begriffes gibt es nicht. Gemeinhin wird „Höhere Gewalt" als ein unvorhersehbares, betriebsfremdes, d.h. von außen einwirkendes Ereignis angesehen, das auch durch äußerste vernünftigerweise zu erwartende Sorgfalt nicht abgewendet werden kann und wegen seiner Seltenheit auch nicht in Kauf zu nehmen ist. Unter Zugrundelegung dieser Definition kann die Corona-Pandemie dem Grunde nach als „Höhere Gewalt" qualifiziert werden und wurde durch ein Urteil des Landgerichts Paderborn vom 25.09.2020 entsprechend auch als solche anerkannt. Die maßgebliche Einschätzung, ob „Höhere Gewalt" vorliegt kann sich jedoch auch aus der Hinzuziehung der vertraglichen Regelungen (wie beispielsweise der AGB) ergeben, soweit der Begriff der „Höheren Gewalt" bzw. der „Force Majeure" von den Vertragsparteien hierbei definiert wird und bedarf darüber hinaus der Berücksichtigung der konkreten Umstände des Einzelfalls.

> **Frage:** Welche weiteren Verschärfungen gelten etwa für die Haftung des Kaufmanns bei Handelsgeschäften?

Antwort: Nach § 347 Abs. 1 HGB gilt für die Erfüllung von Handelsgeschäften der Sorgfaltsmaßstab eines ordentlichen Kaufmanns. Aufgrund der größeren Geschäftserfahrenheit und Sachkunde eines Kaufmanns stellt dies in aller Regel einen strengeren Haftungsmaßstab dar.

> **Frage:** Welche Besonderheiten gelten für die kaufmännische Bürgschaft?

Antwort: Die von einem Kaufmann abgegebene Bürgschaft bedarf gem. § 350 HGB nicht der Schriftform des § 766 BGB.

> **Frage:** Sie hatten gerade ausgeführt, dass die Bürgschaftserklärung eines Kaufmanns nicht nach § 350 HGB der Schriftform bedarf. Trifft das tatsächlich auf alle Bürgschaftserklärungen des Kaufmanns zu?

Antwort: Nein. Ich muss meine Ausführungen natürlich dahingehend einschränken, dass § 350 HGB nur dann Anwendung findet, wenn die Bürgschaftserklärung zum Betrieb des Handelsgewerbes des Kaufmanns zählt. Nach § 344 Abs. 1 HGB wird zwar widerlegbar vermutet, dass alle Handlungen des Kaufmanns und damit auch eine mündliche Bürgschaftserklärung im Zweifel als zum Betriebe seines Handelsgewerbes gehören. Diese Vermutung kann der Kaufmann jedoch widerlegen, wenn er nachweisen kann, dass die Bürgschaftserklärung nicht im Zusammenhang mit seinem Handelsgewerbe steht (z.B. private Bürgschaftserklärungen für Darlehen eines Familienangehörigen). In diesem Falle findet § 350 HGB keine Anwendung.

Frage: Nehmen wir an, der Kaufmann B hat eine Bürgschaft, die eindeutig zu seinem Handelsgewerbe gehört, gegenüber C für ein Darlehen des A übernommen. Nachdem A das Darlehen nicht zurückgezahlt hat, wird B von C in Anspruch genommen. B weigert sich jedoch zu zahlen, weil C keine (erfolglose) Zwangsvollstreckung vor seiner Inanspruchnahme gegenüber A versucht hat. Zu Recht?

Antwort: Nein, dem Kaufmann steht als Bürge nicht die Einrede der Vorausklage nach § 771 BGB zu, wenn die Bürgschaft für ihn ein Handelsgeschäft gem. § 349 HGB ist. Die „kaufmännische Bürgschaft" ist stets eine selbstschuldnerische Bürgschaft i.S.d. § 773 Nr. 1 BGB.

Frage: In den §§ 373 ff. HGB finden sich Regelungen zum Handelskauf. Was besagt hier insbesondere die Vorschrift des § 377 HGB?

Antwort: § 377 HGB regelt die Untersuchungs- und Rügepflicht des Kaufmanns nach dem Erhalt von mangelhaften Waren. Nur bei unverzüglicher Untersuchung nach Anlieferung der Ware kann der Käufer später noch Gewährleistungsansprüche geltend machen. Stellt sich bei der Untersuchung ein Mangel heraus, so hat der Käufer dem Verkäufer dies unverzüglich anzuzeigen. Nur bei unverzüglicher Rüge stehen einem Kaufmann gegenüber dem anderen Kaufmann, dem Verkäufer, die sich aus dem BGB ergebenden Gewährleistungsrechte nach den §§ 437 ff. BGB zu. Rügt der Käufer nicht rechtzeitig, gilt die Lieferung der Ware als genehmigt, es sei denn, es handelt sich um einen Mangel, der bei der Untersuchung nicht erkennbar war (§ 377 Abs. 2 HGB).

Tipp! Grundlage für die Beurteilung eines Kaufvertrages sind zunächst die §§ 433 ff. BGB. Ist eine Vertragspartei Kaufmann, so eröffnet § 345 HGB grundsätzlich eine Anwendung der handelsrechtlichen Vorschriften. Sind die Tatbestandsvoraussetzungen der Regelungen des HGB nicht erfüllt, kauft beispielsweise ein Kaufmann von einem Verbraucher Waren und untersucht der Kaufmann diese nicht, bleibt es bei den Regelungen des BGB. Der Kaufmann kann auch ohne Untersuchung und Rüge Mängelansprüche noch innerhalb der Verjährungsfrist der Mängelansprüche geltend machen.

Frage: Haben Sie bereits etwas zu dem Lieferkettensorgfaltspflichtengesetz gehört und welche Besonderheiten ergeben sich hieraus für den unternehmerischen Rechtsverkehr?

Antwort: Das Lieferkettensorgfaltspflichtengesetz ist zum 01.01.2023 in Kraft getreten und verpflichtet Unternehmen mit einer bestimmten Größe dazu, innerhalb des eigenen Geschäftsbereiches und der Lieferketten menschenrechtliche und umweltbezogene Sorgfaltspflichten zu beachten. So müssen Unternehmen ein geeignetes Risikomanagement einführen, die Einhaltung von Menschenrechten und umweltbezogener Pflichten analysieren und geeignete Präventions- und Abhilfemaßnahmen ergreifen. Diese Schritte sind zu dokumentieren und eine Nichtbeachtung kann zu einer Geldbuße oder auch zu einem Ausschluss aus vergaberechtlichen Verfahren führen. Das Gesetz gilt mit der Einführung zum 01.01.2023 zunächst nur für Unternehmen mit einer Anzahl von mindestens 3.000 Arbeitnehmern und ab dem 01.01.2024 auch für Unternehmen mit mindestens 1.000 Arbeitnehmern. Voraussetzung für die Anwendbarkeit ist in beiden Fällen, dass die Hauptverwaltung, die Hauptniederlassung, der Verwaltungssitz oder der satzungsmäßige Sitz in Deutschland liegen.

Themenbereich Gesellschaftsrecht

Problembereich 1: Gründung, Beiträge, Haftung und Vertretung bei GbR, OHG und KG

Frage: Was unterscheidet die GbR von der OHG und der KG?

Antwort: Die GbR ist eine auf Gesellschaftsvertrag beruhende Vereinigung mehrerer Personen zur Erreichung eines beliebigen gemeinsamen Zwecks. Auch die OHG und die KG setzen eine vertragliche Vereinigung mehrerer Personen voraus. Es kommt allerdings hinzu, dass der Zweck der Gesellschaften zum einen auf den Betrieb eines Handelsgewerbes gerichtet sein und dieses Handelsgewerbe zum anderen unter gemeinschaftlicher Firma betrieben werden muss (§§ 105 Abs. 1, 161 Abs. 1 HGB). Für die OHG-Gesellschafter besteht dabei eine unbeschränkte Haftung, wohingegen bei der KG bei einem oder bei mehreren Gesellschaftern die Haftung gegenüber den Gesellschaftsgläubigern auf den Betrag einer bestimmten Vermögenseinlage beschränkt ist (Kommanditisten), während bei dem anderen Teil der Gesellschafter eine Beschränkung der Haftung nicht stattfindet (Komplementäre).

Frage: Von der Gründung der Gesellschaft – mit dem Abschluss des Gesellschaftsvertrags – unterscheidet sich die Entstehung der Gesellschaft. Worin?

Antwort: Bei der GbR fallen Gründung und Entstehung regelmäßig zusammen. Anders hingegen bei der OHG und der KG. Für die Entstehung der beiden Gesellschaften ist von entscheidender Bedeutung, ob bzw. ab wann diese ein (vollkaufmännisches) Handelsgewerbe i.S.d. § 1 Abs. 2 HGB betreiben. Ab diesem Zeitpunkt entsteht die Gesellschaft. In allen anderen Fällen entsteht die Gesellschaft erst mit Eintragung in das Handelsregister. Eine Eintragung hat in jedem Fall zu erfolgen. Sowohl OHG als auch KG müssen in das Handelsregister eingetragen werden (§§ 106 Abs. 1, 161 Abs. 2, 162 HGB). Betreibt die Gesellschaft bereits ein (vollkaufmännisches) Handelsgewerbe hat die Eintragung nur deklaratorische Wirkung und die OHG entsteht unabhängig von der Eintragung bereits mit Aufnahme der Geschäfte. Betreibt die Gesellschaft ein Gewerbe i.S.d. § 2 HGB oder verwaltet sie eigenes Vermögen, so ist die Eintragung konstitutiv und die Gesellschaft (OHG) entsteht erst mit Eintragung. Bis zur Eintragung ist die Gesellschaft dann eine GbR.

Frage: Ist der Abschluss eines Gesellschaftsvertrages für die Gründung einer Gesellschaft zwingend?

Antwort: Auch wenn der Abschluss eines mindestens schriftlichen Gesellschaftsvertrages für jede Gesellschaft empfehlenswert ist, ist er nur für bestimmte Rechtsformen zwingend erforderlich. So ist ein Gesellschaftsvertrag einer GmbH und einer Aktiengesellschaft notariell zu beurkunden und muss bestimmte Mindestinhalte aufweisen. Der bei diesen beiden Gesellschaften Satzung genannte Gesellschaftsvertrag wird im Handelsregister hinterlegt und kann damit von jedermann eingesehen werden. Im Gegensatz hierzu ist der Abschluss eines Gesellschaftsvertrages bei einer Personengesellschaft nicht erforderlich und ein Gesellschaftsvertrag auch nicht im Handelsregister zu hinterlegen.

Frage: Welche Beiträge haben die Gesellschafter zu leisten und woraus ergibt sich diese Verpflichtung?

Antwort: Welche Beiträge die Gesellschafter – egal ob bei der GbR, der OHG oder der KG – zu leisten haben, ergibt sich aus dem Gesellschaftsvertrag (§§ 705, 706 BGB, 105 Abs. 3, 161 Abs. 2 HGB). Aus dem Gesellschaftsvertrag ergibt sich auch, was genau die Gesellschafter als Beitrag an die Gesellschaft zu leisten haben. Beiträge können z.B. das Einzahlen von Geldeinlagen, die Erbringung von Dienstleistungen oder die Einbringung von Sachen und Rechten sein. So ist es denkbar, dass ein Gesellschafter z.B. ein Patent in die Gesellschaft einbringt oder entsprechendes Know-how offenlegt. Soweit nichts Anderweitiges vereinbart ist, haben die Gesellschafter allerdings gleiche Beiträge zu leisten (§ 706 Abs. 1 BGB).

Frage: Was ist eine GmbH & Co. KG und können Sie deren unterschiedliche Erscheinungsformen kurz beschreiben?

Antwort: Die GmbH & Co. KG ist dem Grunde nach eine „normale" KG, bei welcher der persönlich haftende Gesellschafter, auch Komplementär genannt, eine GmbH („Komplementär-GmbH") ist. Sie erfreut sich aus diesem Grund auch großer Beliebtheit, da durch die beschränkte Haftung in der GmbH kein Gesellschafter unbeschränkt mit seinem persönlichen Vermögen haftet. Die GmbH & Co. KG gibt es als personengleiche Gesellschaft, das heißt die Kommanditisten der KG sind zugleich auch die Gesellschafter der Komplementär-GmbH. Stimmen dabei die Beteiligungsverhältnisse zwischen den Gesellschaftern in der KG und in der Komplementär-GmbH überein, spricht man zugleich von einer beteiligungsidentischen Gesellschaft. Weichen entweder die jeweils beteiligten Personen und/oder die Beteiligungsverhältnisse voneinander ab, spricht man von der nicht personen- bzw. nicht beteiligungsidentischen GmbH & Co. KG. Darüber hinaus ist die sogenannte Einmann-GmbH & Co. KG sehr bekannt. Bei dieser ist eine einzelne Person sowohl alleiniger Kommanditist der KG als auch Alleingesellschafter in der Komplementär-GmbH. Der Gegensatz dazu ist die Publikums-GmbH & Co. KG, die auf die Aufnahme einer Vielzahl von Kommanditisten ausgelegt ist und häufig bei Fondsstrukturen anzutreffen ist. Zuletzt gibt es noch die Einheits-GmbH & Co. KG, die sich dadurch auszeichnet, dass alleinige Gesellschafterin der Komplementär-GmbH die KG selbst ist.

Frage: Sehr gut! Wenn bei der von Ihnen erwähnten Einheits-GmbH & Co. KG die KG selbst die Alleingesellschafterin der Komplementär-GmbH ist, welche Besonderheiten sind aus Ihrer Sicht dann bei ihrer Gründung zu beachten?

Antwort: Grundsätzlich entsteht die Einheits-GmbH & Co. KG wie jede andere KG im Verhältnis der Gesellschafter zueinander durch den Abschluss eines Gesellschaftsvertrages zwischen der bzw. den Kommanditisten und der GmbH als Komplementärin. Dies setzt jedoch voraus, dass sowohl die GmbH als auch die KG selbst bereits existieren. Logischerweise kann eine künftige Komplementär-GmbH vor ihrer eigenen Gründung nicht als Komplementärin und Gründerin ihrer eigenen Gründerin, nämlich der KG, auftreten und die KG wiederum ist ohne ihre Komplementärin noch nicht selbst existent, um diese zu gründen. Das OLG Celle hat mit Beschluss vom 10.10.2022 (Az. 9 W 81/22) aus diesem Grund bestätigt, dass eine Simultangründung einer Einheits-GmbH & Co. KG nicht möglich ist. Die Gründung der Einheits-GmbH & Co. KG ist vielmehr nur auf zwei Wegen möglich. Zum einen kann eine bereits bestehende KG die Komplementär-GmbH gründen oder im Wege des Anteilserwerbs deren Alleingesellschafterin werden und der bisherige Komplementär der KG wird durch die Komplementär-GmbH ersetzt. Alternativ können die späteren Kommanditisten zunächst die Komplementär-GmbH gründen und mit dieser und sich selbst als Kommanditisten die KG gründen. Anschließend werden die Anteile an der Komplementär-GmbH an die KG übertragen.

Frage: Kennen Sie noch weitere Herausforderungen, die mit der Einheits-GmbH & Co. KG verbunden sind?

Antwort: Ja, neben den beschriebenen Besonderheiten im Rahmen der Gründung, stellt sich die Frage der Willensbildung in der Einheits-GmbH & Co. KG. Da die alleinige Gesellschafterin der Komplementär-GmbH die KG selbst ist und diese von der Komplementär-GmbH bzw. deren Geschäftsführern vertreten wird, besteht die Gesellschafterversammlung der Komplementär-GmbH de facto aus der Komplementär-GmbH bzw. deren Geschäftsführern selbst. Es kann an dieser Stelle deshalb zu Interessenskonflikten kommen, wenn in der Gesellschafterversammlung der Komplementär-GmbH Geschäftsführer abberufen, diesen Entlastung oder gar Weisungen erteilt werden sollen. Die Geschäftsführer der Komplementär-GmbH würden in diesem Fall selbst über diese Themen entscheiden. Mit dem Gesetz zur Modernisierung des Personengesellschaftsrechts, das am 01.01.2024 in Kraft tritt, wird in § 170 Abs. 2 HGB neue Fassung dieses Grundproblem nunmehr dahingehend gelöst, dass, vorbehaltlich einer abweichenden Regelung im Gesellschaftsvertrag, die Rechte in der Gesellschafterversammlung der Komplementär-GmbH von den Kommanditisten der KG wahrgenommen werden.

Frage: Wie stellt sich die Haftungssituation bei der GbR dar? Kann diese ggf. beschränkt werden?

Antwort: Für die Verbindlichkeiten der GbR haften neben dieser selbst auch die Gesellschafter, und zwar nach § 128 HGB in analoger Anwendung. Dies geht sogar so weit, dass die Gesellschafter für unerlaubte Handlungen eines Mitgesellschafters haften müssen. Auf diese Fälle ist § 31 BGB entsprechend anzuwenden, sodass die GbR für den Schaden ihres Gesellschafters/Geschäftsführers verantwortlich ist und die Mitgesellschafter für die so begründeten Schulden der GbR analog § 128 HGB haften.

Eine Beschränkung der Haftung kann sich nur aufgrund einer entsprechenden Vereinbarung mit dem Vertragspartner ergeben. Für die Annahme einer (konkludenten) Haftungsbeschränkung reicht es jedenfalls nicht aus, dass die Gesellschafter in den Gesellschaftsvertrag aufnehmen, nicht persönlich haften zu wollen oder dass die GbR einen entsprechenden Namen mit dem Zusatz „mbH" (mit beschränkter Haftung) führt.

Tipp! Im Bereich der Haftung sollte man sich unbedingt den Unterschied des Begriffs der Haftung im Zivil- bzw. Gesellschaftsrecht und dem Steuerrecht (wieder) klar machen. Das Zivil- bzw. Gesellschaftsrecht unterscheidet nicht zwischen Haften und Schulden. Anders im Steuerrecht. Im Steuerrecht kann man nur für fremde Schulden haften.

Frage: Wie haften der Komplementär und der Kommanditist bei der KG?

Antwort: Für die Schulden der KG haftet diese selbst mit ihrem gesamten Gesellschaftsvermögen. Daneben haften die Komplementäre unbeschränkt für die Gesellschaftsschulden wie ein OHG-Gesellschafter (§§ 161 Abs. 1 und 2, 128 HGB). Der Kommanditist haftet den Gesellschaftsgläubigern – wie der Komplementär – zwar auch unmittelbar und persönlich, seine Haftung ist aber beschränkt auf die Höhe seiner in das Handelsregister eingetragenen Hafteinlage (§§ 171 Abs. 1, 172 Abs. 1 HGB). Hat der Kommanditist seine Einlage bereits erbracht, ist seine Haftung ausgeschlossen.

Frage: Kennen Sie Fälle, in welchen auch die Gesellschafter einer GmbH haften können?

Antwort: Grundsätzlich ist eine Haftung der Gesellschafter gemäß § 13 Abs. 2 GmbHG ausgeschlossen, da für Verbindlichkeiten der Gesellschaft nur das Gesellschaftsvermögen als solches haftet. Entsprechend bestehen bei der GmbH strenge gesetzliche Kapitalerhaltungsvorschriften. Nachdem sich jedoch in der Vergangenheit hierbei Missbrauchsmöglichkeiten und damit Lücken im Gläubigerschutz gezeigt hatten, wurde durch die Rechtsprechung des Bundesgerichtshofes das Rechtsinstitut des sogenannten existenzvernichtenden Eingriffs bzw. der Existenzvernichtungshaftung geschaffen. Ein existenzvernichtender Eingriff liegt demnach vor, wenn ein Gesellschafter unter Missachtung der Zweckbindung des Gesellschaftsvermögens auf dieses zugreift und dadurch die Haftungsmasse verringert, ohne dass die Gesellschaft eine ausgleichende Gegenleistung erhält. Ein in der Rechtsprechung bekannt gewordenes Beispiel für einen existenzvernichtenden Eingriff war der Entzug liquider Mittel durch eine Muttergesellschaft über einen konzernweiten Cash-Pool ohne Rücksichtnahme auf die Fähigkeit der Tochtergesellschaft ihre Verbindlichkeiten erfüllen zu können. In der Folge haftet der Gesellschafter gegenüber der Gesellschaft auf Ersatz des durch den Vermögensentzug entstandenen Schadens. Die Haftung erfolgt damit zwar nicht direkt gegenüber Gläubiger der GmbH diese können durch eine Pfändung und Überweisung dieses Anspruchs der Gesellschaft aber indirekt Zugriff erhalten.

> **Frage:** In welchen Fällen lebt die Haftung des Kommanditisten wieder auf?

Antwort: In folgenden Fällen lebt die Haftung des Kommanditisten wieder auf:
- Rückzahlung der Einlage (§ 172 Abs. 4 S. 1 HGB),
- Gewinnentnahme, wenn durch die Entnahmen seine Hafteinlage nicht mehr gedeckt ist (§ 172 Abs. 4 S. 2 HGB),
- Geschäftsbeginn vor Eintragung, soweit der Kommanditist dem zugestimmt hat (§ 176 Abs. 1 HGB).

> **Tipp!** Da die GbR die Grundform aller Gesellschaften ist und die Vorschriften des OHG- und KG-Rechts darüber hinaus gehende Besonderheiten dieser Gesellschaftsformen betreffen, empfiehlt sich eine zwei- bzw. dreistufige Prüfung in der Reihenfolge GbR-, OHG- und KG-Recht.

> **Frage:** Sehr gut! Ich möchte nun zur Vertretung kommen. Was ist denn der Unterschied zwischen Vertretung und Geschäftsführung?

Antwort: Unter Geschäftsführung versteht man das tatsächliche Handeln für die Gesellschaft. Die Geschäftsführung regelt das Innenverhältnis und damit das Verhältnis der Gesellschafter untereinander. Die Vertretung regelt das Tätigwerden nach außen, d.h. Dritten gegenüber. Sie regelt damit das rechtsgeschäftliche Handeln.

> **Frage:** Wer darf bei der GbR, der OHG und bei der KG die Gesellschaft jeweils wirksam verpflichten? Wer ist vertretungsberechtigt?

Antwort: Bei der GbR hat derjenige, der als Geschäftsführer tätig ist, gleichzeitig auch Vertretungsbefugnis (§ 714 BGB). Grundsätzlich steht die Geschäftsführungsbefugnis nach der gesetzlichen Regelung allen Gesellschaftern gemeinschaftlich zu (§ 709 Abs. 1 BGB). Nach § 710 BGB kann die Geschäftsführung im Gesellschaftsvertrag aber auch einem oder mehreren Gesellschaftern übertragen werden.

Bei der OHG findet sich in § 125 HGB eine Vertretungsregelung. Dort ist der Grundsatz der Einzelvertretung geregelt.

Zur Vertretung der KG sind die Komplementäre jeweils einzeln berechtigt (§§ 161 Abs. 2, 125 HGB). Die Kommanditisten sind von der Vertretung gemäß § 170 HGB ausgeschlossen.

> **Frage:** Nehmen Sie an, in einer GbR (bestehend aus 4 Gesellschaftern) verstirbt der allein mit der Geschäftsführung betraute Gesellschafter. Die 3 übrigen Gesellschafter können sich nicht auf einen Gesellschafter einigen, der zukünftig die Geschäftsführung übernehmen soll. Ist in diesem Fall, eine gerichtliche Bestellung eines Notgeschäftsführers gemäß § 29 BGB analog, wie beispielsweise bei einer führungslosen GmbH, möglich?

Antwort: Der BGH lehnt die Bestellung eines Notgeschäftsführers für eine GbR, wenn es sich nicht um eine Publikumsgesellschaft handelt, ab. Eine analoge Anwendung kommt nur dann in Betracht, wenn das Gesetz eine planwidrige Lücke enthalten würde. Eine solche liegt jedoch nicht vor. Ein Notgeschäftsführer überbrückt bei der juristischen Person eine vorübergehende Handlungsunfähigkeit. Wenn jedoch bei einer GbR der geschäftsführende Gesellschafter wegfällt, wird die GbR nicht handlungsunfähig. Denn in diesem Fall sind die verbliebenen Gesellschafter nach § 709 Abs. 1 BGB zur

Gesamtgeschäftsführung befugt. Die Wahrscheinlichkeit, dass sich die Gesellschafter untereinander in der Geschäftsführung uneins sind, ist quasi in der gesetzlich für die GbR vorgesehenen Gesamtgeschäftsführungsbefugnis angelegt. Bei Gefahr für die Gesellschaft, hat jeder Gesellschafter nach Maßgabe des § 744 Abs. 2 BGB die Möglichkeit, Maßnahmen, die zur Erhaltung des Gesellschaftsvermögens oder einzelner Gegenstände der Gesellschaft notwendig sind, ohne Zustimmung der übrigen Gesellschafter zu treffen. Die Bestellung eines Notgeschäftsführers ist deshalb nicht möglich.

Frage: Ist der Kommanditist – wie sich aus dem Wortlaut des § 170 HGB ergibt – von jeglicher Vertretung der Gesellschaft ausgeschlossen?

Antwort: Nein. Der Kommanditist ist zwingend nur von der organschaftlichen Vertretungsmacht (§§ 125, 126 ff. HGB) ausgeschlossen. Jede andere Form der Vertretungsmacht kann dem Kommanditisten erteilt werden. Dies gilt insbesondere für die Prokura.

Frage: Zum 01.01.2024 tritt das Gesetz zur Modernisierung des Personengesellschaftsrecht (kurz „MoPeG") in Kraft. Haben Sie hiervon gehört und können Sie etwas zu den Hintergründen sagen sowie einige wesentliche Neuerungen benennen?

Antwort: Das „MoPeG" soll das zum Teil noch aus dem 19. Jahrhundert stammende Personengesellschaftsrecht modernisieren bzw. reformieren und an das moderne Wirtschaftsleben anpassen. Eine richtige Reform ist damit im Wesentlichen jedoch nicht verbunden, vielmehr werden die in den vergangenen Jahren in Rechtsprechung und Schrifttum herausgebildeten Entscheidungen nun kodifiziert. So wird zum Beispiel die bereits im Jahr 2001 von dem Bundesgerichtshof anerkannte Rechtsfähigkeit der Gesellschaft bürgerlichen Rechts auch gesetzlich verankert. Sondervorschriften gelten weiterhin allerdings für die nicht rechtsfähige Innengesellschaft (Lotto-Tipp-Gemeinschaft, Pool- bzw. Stimmbindungs-GbR). Weitere Neuerungen des MoPeG sind die Einführung eines Gesellschaftsregisters für die Gesellschaft bürgerlichen Rechts. Dieses ist grundsätzlich freiwillig, jedoch kann sich in Verbindung mit anderen Umständen, die eine Eintragung in einem anderen Register erfordern, ein faktischer Eintragungszwang ergeben. Weitere wesentliche Änderung ist, dass die rechtsfähige Gesellschaft bürgerlichen Rechts nunmehr Trägerin ihres eigenen Vermögens ist und damit eine Abkehr von dem Prinzip der gesamthänderischen Bindung stattfindet. Darüber hinaus wurde die Rechtsform der Personenhandelsgesellschaft (Kommanditgesellschaft, Offenen Handelsgesellschaft und GmbH & Co. KG) auch für die freien Berufe geöffnet und den Personengesellschaften das Recht eingeräumt, einen vom Verwaltungssitz abweichenden Satzungssitz zu wählen. Die eingetragene Gesellschaft bürgerlichen Rechts ist zuletzt erstmals auch umwandlungsfähig und kann nach Maßgabe des Umwandlungsgesetzes an einer Spaltung, Verschmelzung oder einem Formwechsel teilnehmen.

Problembereich 2: Die richtige Rechtsformwahl für Steuerberater

Frage: In welchen Rechtsformen oder besser Gesellschaftsformen können sich Steuerberater beispielsweise zusammenschließen?

Antwort: Die wohl häufigste Form des Zusammenschlusses von Freiberuflern und damit auch von Steuerberatern ist die Gesellschaft bürgerlichen Rechts (GbR). Eine weitere in Betracht kommende Form ist die Partnerschaftsgesellschaft (PartG). Ebenso kommt auch die Kommanditgesellschaft (KG) und die offene Handelsgesellschaft (OHG) infrage. Dies wären die wichtigsten Personengesellschaften. Eine weitere Alternative wäre der Zusammenschluss in einer Kapitalgesellschaft und hier insbesondere in einer GmbH oder einer Aktiengesellschaft (AG).

> **Frage:** Was sind für Sie die wichtigsten Kriterien, die bei der Wahl der (richtigen) Rechtsform zu beachten sind?

Antwort: Die in meinen Augen wichtigsten Auswahlkriterien sind die Haftungsbeschränkung, die steuerliche Behandlung, die Kosten – zum Beispiel bei der Gründung –, der Buchführungs- und Bilanzierungsaufwand, die Gewinnverwendung, die Kapitalbeschaffung und die Mitspracherechte. Bei Zusammenschlüssen von Steuerberatern sicherlich nicht von allergrößter Bedeutung ist aufgrund der berufsrechtlichen Beschränkungen die Unternehmensnachfolge.

> **Frage:** Ein befreundeter Steuerberater, der sich mit Kollegen in der Rechtsform einer KG zusammenschließen will, fragt ob Sie aus handelsrechtlichen Gründen Bedenken gegen die Eintragungsfähigkeit der KG mit dem Gesellschaftszweck „geschäftsmäßige Hilfeleistung in Steuersachen einschließlich der Treuhandtätigkeit" hätten. Was antworten Sie? Die Treuhandtätigkeit soll nicht schwerpunktmäßig ausgeführt werden.

Antwort: Unter ausschließlicher Berücksichtigung der Bestimmungen des HGB handelt es sich bei der KG (wie auch bei der OHG) um Personengesellschaften, die per Definition den Betrieb eines Handelsgewerbes voraussetzen. Eine Eintragung wäre deshalb nur dann möglich, wenn die gewerbliche Tätigkeit (Treuhandtätigkeit) auch schwerpunktmäßig betrieben wird. Dies ist jedoch vorliegend nicht der Fall. Auch eine Eintragung nach § 105 Abs. 2 HGB scheidet aus, sodass aus handelsrechtlichen Gründen eine Eintragung nicht möglich wäre. Nach den berufsrechtlichen Bestimmungen des § 49 Abs. 2 StBerG ist jedoch eine Eintragung möglich, wenn die KG neben der sie prägenden geschäftsmäßigen Hilfeleistung in Steuersachen auch eine (nicht schwerpunktmäßige) Treuhandtätigkeit ausübt. Fraglich war in der Vergangenheit, ob diese berufsrechtliche Regelung nur eine untergeordnete Rolle spielt und ausschließlich die handelsrechtlichen Grundsätze Anwendung finden, die dazu führen, dass nur bei einer schwerpunktmäßigen Treuhandtätigkeit (d.h. über 50 %) eine Eintragungsfähigkeit vorliegt.

Der BGH hat nunmehr entschieden, dass es sich bei § 49 Abs. 2 StBerG um eine spezialgesetzliche Norm handelt. Dies begründet er mit der Gesetzgebungsgeschichte. Denn zunächst waren für die Steuerberatungsgesellschaft die möglichen Rechtsformen auf GmbH, AG, KGaA beschränkt, im Gegensatz zu Wirtschaftsprüfungsgesellschaften. Diese hatten bereits ab 1961 die Möglichkeit, selbst bei untergeordneter Treuhandtätigkeit sich in einer Personengesellschaft zusammenzuschließen. Danach wurde auch Steuerberatern die Möglichkeit eingeräumt, sich als Personengesellschaften zusammenzuschließen. Nachdem es 2007 Wirtschaftsprüfern und ein Jahr danach auch Steuerberatern möglich war, die Rechtsform der GmbH & Co. KG zu wählen, kommt der BGH zu dem Schluss, dass es für die Eintragungsfähigkeit der KG nicht auf die schwerpunktmäßige Treuhandtätigkeit ankommen kann, sondern auch eine lediglich untergeordnete Treuhandtätigkeit genügen muss. Sonst hätte der Gesetzgeber mit § 49 Abs. 2 StBerG eine inhaltslose Regelung geschaffen. Denn es gab und gibt nur eine äußerst geringe Anzahl von Steuerberatern, die schwerpunktmäßig Treuhandtätigkeiten ausüben. Deshalb darf die Eintragung nicht allein aus handelsrechtlichen Gründen abgelehnt werden.

> **Frage:** Was sind nach Ihrer Meinung hauptsächlich die Vor- und Nachteile bei der GbR bzw. Sozietät als in Betracht kommende Rechtsform?

Antwort: Zu den Vorteilen der GbR gehört sicherlich der niedrige Gründungsaufwand. Es ist keine Eintragung ins Handelsregister erforderlich; ebenso wenig fallen im Grundsatz Kosten für eine notarielle Beurkundung an. Auch benötigt man bei der GbR kein Mindestkapital. Steuerlich ist von Bedeutung, dass die GbR selbst nicht einkommensteuer- oder körperschaftsteuerpflichtig ist; auch unterliegt sie nicht der Gewerbesteuer. Im GbR-Recht handelt es sich in starkem Maße um dispositives Recht und eröffnet insoweit den Gesellschaftern eine große Flexibilität. Ein weiterer Vorteil ist die unbeschränkte, persönliche und gesamtschuldnerische Haftung der Gesellschafter, wenn es zum Beispiel um die Kreditwürdigkeit der GbR geht. Dieser Vorteil ist zugleich aber auch einer der größten Nachteile der GbR. Die GbR-Gesellschafter haften nach der höchstrichterlichen Rechtsprechung nach § 128 HGB analog wie OHG-Gesellschafter. Auch wird § 130 HGB auf in eine GbR eintretende Gesellschafter angewandt.

> **Frage:** Es bleiben im Wesentlichen noch die Partnerschaftsgesellschaft (PartG) und die GmbH als klassische Rechtsformen für Zusammenschlüsse von Steuerberatern. Was sind die Unterschiede der PartG gegenüber der GbR?

Antwort: Die PartG ist speziell für Angehörige der Freien Berufe eingeführt worden und ist sehr stark an die OHG angenähert. Im PartGG wird auf die Vorschriften im HGB zur OHG verwiesen. Die PartG hat in der Praxis – insbesondere auf Grund der Eintragung im Partnerschaftsregister – ein besseres Image als die GbR. Zwar entstehen durch das Eintragungserfordernis bei der PartG geringe Mehrkosten, da die Eintragung ins Partnerschaftsregister notariell beglaubigt sein muss. Steuerlich ergeben sich zur GbR keine Unterschiede; es fällt auch bei der PartG keine Gewerbe- und Körperschaftsteuer an. Auch bei der PartG haften die Gesellschafter bzw. Partner persönlich; es besteht aber die Möglichkeit nach § 8 Abs. 2 PartGG, die persönliche Haftung aller Partner durch die Handelndenhaftung zu begrenzen, bei der nur die Partner haften, die mit der Bearbeitung des Mandats zu tun haben bzw. hatten. Dies gilt für alle Partner, die bei der Bearbeitung eines Mandats mitgewirkt haben, auch wenn diese keinen Einfluss auf die Handlungen eines anderen Partners hat und den Schaden nicht beeinflusst hat.

> **Frage:** Insbesondere die bestehenden Nachteile der vorhandenen Rechtsformen in Deutschland veranlassten viele Freiberufler, in die englische Rechtsform der Limited Liability Partnership (LLP) zu flüchten. Wie hat der deutsche Gesetzgeber darauf reagiert? Und was sind die wesentlichen Regelungen?

Antwort: Der deutsche Gesetzgeber reagierte darauf mit der Einführung der sogenannten Partnerschaftsgesellschaft mit beschränkter Berufshaftung (PartGmbB). Für berufliche Fehler haftet nur das Gesellschaftsvermögen. Einbezogen sind dabei alle Verbindlichkeiten aus mandatsbezogenen Vertragsverhältnissen sowie vertraglichen Pflichtverletzungen; andere Verbindlichkeiten wie zum Beispiel Mieten oder Löhne sind davon allerdings nicht betroffen.

Die PartGmbB steht neben der PartG. Es ist im PartGG § 8 Abs. 4 PartGG neu eingefügt worden. Eine Begrenzung der Haftung auf das Gesellschaftsvermögen bei fehlerhafter Berufsausübung besteht nur dann, wenn die Partnerschaft eine vorgeschriebene Berufshaftpflichtversicherung unterhält und im Namen der Zusatz „mit beschränkter Berufshaftung" bzw. die Abkürzung „mbB" enthalten ist.

> **Frage:** Wie hoch ist denn grundsätzlich die Mindestversicherungssumme für Steuerberater?

Antwort: Bei Zusammenschlüssen von Steuerberatern haben diese eine angemessene Versicherung abzuschließen. Eine genaue Höhe ist damit nicht definiert. Nach § 52 Abs. 1 DVStB beträgt die Mindestversicherungssumme für den einzelnen Versicherungsfall 250 T€; wird eine Jahreshöchstleistung vereinbart, muss diese nach § 52 Abs. 3 DVStB mindestens 1 Mio. € betragen.

> **Frage:** Wissen Sie welche wesentlichen Änderungen sich durch das Gesetz zur Neuregelung des Berufsrechts der anwaltlichen und steuerberatenden Berufsausübungsgesellschaften sowie zur Änderung weiterer Vorschriften im Bereich der rechtsberatenden Berufe ergaben?

Antwort: Ziel des genannten Gesetzes der Bundesregierung ist es, anwaltlichen und steuerberatenden Berufsausübungsgesellschaften mehr Wahlfreiheit hinsichtlich der Gesellschaftsform zu gewähren. Das Gesetz wurde am 10.06.2021 im Bundestag angenommen. Die Neuregelung sieht unter anderem vor, dass den Berufsausübungsgesellschaften der Anwälte, Patentanwälte und Steuerberater alle Europäischen Gesellschaften, Gesellschaften nach deutschem Recht oder einer anderen nach einem Mitgliedsstaat oder einem EWR-Staat zulässigen Rechtsform zur Verfügung stehen. Adressat der Berufspflichten sind nicht mehr (nur) die Berufsträger als natürliche Person, sondern die Berufsausübungsgesellschaften selbst sind unmittelbar Träger von Berufspflichten. Aus diesem Grund sind auch die bisherigen Mehrheitserfordernisse entfallen, da eine Einhaltung der Berufspflichten durch die Berufsausübungsgesellschaften selbst sichergestellt ist. Grundsätzlich sind alle Berufsausübungsgesellschaften zulassungspflichtig und müssen Mitglieder in der jeweiligen Kammer des betroffenen Berufes sein. Ausgenommen von der Zulassungspflicht sind jedoch reine Personengesellschaften, denen nur Angehörige der rechtswirtschafts- und steuerberatenden Berufe angehören. Erleichtert wurde darüber hinaus durch die Neuregelung die interprofessionelle Zusammenarbeit der Anwälte, Patentanwälte und Steuerberater mit anderen freien Berufen. So können sich etwa Anwälte mit beispielsweise Architekten oder Ärzten für die Beratung im Bau- bzw. Medizinrecht zusammenschließen. Das Gesetz ist am 01.08.2022 in Kraft getreten und führte unter anderem zu einer Änderung der §§ 49 ff. StBerG.

Problembereich 3: Vertretung und Haftung bei GmbH und AG

> **Frage:** Wer ist bei der GmbH bzw. bei der AG geschäftsführungs- und vertretungsbefugt? Bitte nennen Sie bei Ihren Erläuterungen auch die entsprechenden Normen.

Antwort: Zunächst ist festzuhalten, dass es im GmbH-Recht keine Norm gibt, die die Geschäftsführungsbefugnis der Geschäftsführer festlegt. Es ist aber unzweifelhaft, dass dies den Geschäftsführern bei der GmbH zusteht. Die Befugnis des Geschäftsführers, die Gesellschaft gerichtlich und außergerichtlich zu vertreten, ist in § 35 Abs. 1 S. 1 GmbHG geregelt. Die Vertretungsbefugnis ist gem. § 37 Abs. 1 GmbHG beschränkt durch die Bestimmungen des Gesellschaftsvertrages oder durch die Beschlüsse der Gesellschafter in der Gesellschafterversammlung (als maßgebliches Organ bei der GmbH). Anders sieht dies bei der AG aus. Dort leitet der Vorstand die Gesellschaft unter eigener Verantwortung. Das bedeutet, dass er seine Entscheidungen weisungsfrei zu treffen hat. Maßgebliche Norm ist hier § 76 Abs. 1 AktG. Sowohl bei der AG als auch bei der GmbH ist bei mehreren Personen eine Gesamtgeschäftsführungskompetenz anzunehmen. Dies legt das Gesetz für die AG in § 77 Abs. 1 AktG fest. Für die GmbH fehlt eine derartige Regelung; man kann jedoch von der in § 35 Abs. 2 Satz 2 GmbHG vorgesehenen Gesamtvertretungsregel auf eine entsprechende Gesamtgeschäftsführungsbefugnis schließen.

> **Frage:** Was versteht man bei AG und GmbH unter dem Trennungsprinzip?

Antwort: Das Trennungsprinzip ist bei der AG in § 1 Abs. 1 Satz 2 AktG und bei der GmbH in § 13 Abs. 2 GmbHG verankert. Es besagt, dass für die Verbindlichkeiten der Gesellschaft den Gläubigern derselben nur das Gesellschaftsvermögen haftet. Eine Haftungsinanspruchnahme der Gesellschafter und Geschäftsführer bzw. der Aktionäre und Vorstände ist nach dem Gesetz grundsätzlich nicht vorgesehen. Das Gesetz trennt demnach die Ebene der Gesellschaft und die der Gesellschafter. Gesellschaftsgläubiger können nur die Gesellschaft in Anspruch nehmen.

> **Frage:** Skizzieren Sie ganz kurz, was die Sitztheorie und die Gründungstheorie besagen.

Antwort: Beide Theorien beschäftigen sich mit der Frage, welches nationale Recht auf die Rechtsverhältnisse einer Gesellschaft Anwendung findet. Während nach der Gründungstheorie auch bei einer Sitzverlegung ins Ausland, das Recht des Staates in dem die Gesellschaft gegründet worden ist, anwendbar ist, gilt bei der Sitztheorie, dass sich die Rechtsverhältnisse einer Gesellschaft nach dem Recht des Landes richten, in dem sie ihren Verwaltungssitz hat.

Frage: Wo im Gesetz ist die Haftung für eine fehlerhafte Geschäftsführung gegenüber der GmbH bzw. gegenüber der AG geregelt und wie ist sie jeweils ausgestaltet?

Antwort: Bei der GmbH findet sich hierzu eine Regelung in § 43 Abs. 1 GmbHG. Danach haben die Geschäftsführer in Angelegenheiten der GmbH die Sorgfalt eines ordentlichen Geschäftsmanns anzuwenden. Tun sie dies nicht, haften sie der GmbH gemäß § 43 Abs. 2 GmbHG solidarisch für den entstandenen Schaden. Ob ein entstandener Schadensersatzanspruch geltend gemacht werden soll, entscheidet die Gesellschafterversammlung durch Beschluss (§ 46 Nr. 8 GmbHG).

Auch bei der AG haben die Vorstände bei der Geschäftsführung die Sorgfalt eines ordentlichen und gewissenhaften Geschäftsleiters anzuwenden (§ 93 Abs. 1 AktG). Bei Pflichtverletzung sind die Vorstandsmitglieder der AG gegenüber zum Ersatz des daraus entstandenen Schadens verantwortlich (§ 93 Abs. 2 AktG).

Frage: Können auch Gläubiger der Gesellschaften die Ersatzansprüche geltend machen?

Antwort: Bei der GmbH ist dies ausgeschlossen. Dort können die Gläubiger derartige Ersatzansprüche nicht geltend machen. Ihnen bleibt nur, einen etwaigen Anspruch zu pfänden und sich überweisen zu lassen.

Anders bei der AG. Dort haben die Aktionäre sehr wohl das Recht, den Anspruch gegen den Vorstand selbst geltend zu machen. Allerdings nur, wenn sie von der AG keine Befriedigung erlangen können (§ 93 Abs. 5 AktG).

Frage: Unter welchen Voraussetzungen können der Geschäftsführer einer GmbH und der Vorstand einer Aktiengesellschaft abberufen werden? Welche Auswirkungen hat dies auf die mit diesen bestehenden Dienst- bzw. Anstellungsverträgen?

Antwort: Der Geschäftsführer einer GmbH kann nach § 38 Abs. 1 Halbsatz 1 GmbH grundsätzlich jederzeit ohne weitere Voraussetzungen oder Vorliegen eines Grundes als Geschäftsführer abberufen werden. Zuständig hierfür ist nach § 46 Nr. 5 GmbHG die Gesellschafterversammlung. Der Gesellschaftsvertrag kann für die Abberufung besondere Gründe vorsehen. Fehlen solche, gilt die jederzeit mögliche Abberufung. Der Vorstand einer Aktiengesellschaft kann dagegen nach § 84 Abs. 3 S. 1 AktG nur aus einem wichtigen Grund abberufen werden. Zuständig hierfür ist nach genannter Vorschrift der Aufsichtsrat. Zu beachten ist, dass der Widerruf als Vorstand nach § 84 Abs. 3 S. 4 AktG zunächst als wirksam anzusehen ist, solange seine Unwirksamkeit nicht rechtskräftig festgestellt ist. Mit dem Zugang des Widerrufs oder dem für das Wirksamwerden des Widerrufs festgesetzten Zeitpunkt ist der Betroffene nicht mehr Vorstandsmitglied. Sowohl bei der Abberufung des Geschäftsführers als auch bei der Abberufung als Vorstand gilt, dass etwaige Ansprüche aus Dienst- oder Anstellungsverträgen durch die Abberufung zunächst unberührt bleiben (§ 84 Abs. 3 S. 5 AktG bzw. § 38 Abs. 1 Abs. 1 Halbsatz 2 GmbH). Diese der Bestellung zugrundeliegende Verträge müssen unter Umständen gesondert, unter Einhaltung der für diese geltenden Kündigungsfristen gekündigt werden. Es empfiehlt sich daher bei der Gestaltung solcher Verträge eine entsprechende Klausel aufzunehmen, dass mit dem Widerruf der Bestellung als Geschäftsführer oder Vorstand gleichzeitig auch eine Kündigung des Dienst- bzw. Anstellungsvertrages verbunden ist.

Frage: Welche weiteren Haftungsnormen kommen für eine Haftungsinanspruchnahme der Vorstände und Geschäftsführer in Betracht? Zählen Sie einige davon beispielhaft kurz auf.

Antwort: In Betracht kommen u.a. deliktische Ansprüche z.B. aus § 823 Abs. 1 BGB für unerlaubte Handlungen oder aus § 823 Abs. 2 BGB i.V.m. § 15a InsO bei Verletzung der Pflicht zur Insolvenzantragstellung. Außerdem ist eine Haftung nach § 826 BGB bei sittenwidriger Schädigung denkbar. Auch sieht § 31 Abs. 6 GmbHG eine Erstattungspflicht des Geschäftsführers bei Verstoß gegen § 30 GmbHG vor.

> **Frage:** In § 43a GmbHG ist die Kreditgewährung an einen Geschäftsführer geregelt. Nach dieser Vorschrift darf einem Geschäftsführer einen Kredit nicht aus dem zur Erhaltung des Stammkapitals erforderlichen Vermögens der Gesellschaft gewährt werden. Wie ist § 43a GmbHG zu erklären? Wie kann bei einer Kreditvergabe das Stammkapital angegriffen werden, wenn es sich doch lediglich um einen Aktivtausch handelt?

Antwort: § 43a GmbHG zielt darauf ab, das Stammkapital zu erhalten. Es ist grundsätzlich zutreffend, dass im Falle der reinen Kreditgewährung ein Aktivtausch vorliegt und demnach das Stammkapital eigentlich nicht angegriffen werden kann. Oft sind allerdings Kredite an Geschäftsführer nicht werthaltig. Dies kann zu einer unbemerkten Aushöhlung des Stammkapitals führen. In § 43a GmbHG wird unterstellt, dass die Forderung gegen den Geschäftsführer nicht werthaltig ist. Sie wird fiktiv als uneinbringlich behandelt.

Problembereich 4: Die Gründung(-sphasen) einer GmbH

> **Frage:** Stellen Sie sich vor, Sie sind nach Ablegung des mündlichen Steuerberaterexamens ganz frisch zum Steuerberater bestellt worden und es kommen Antonio Alpha (A) und Bertram Bugatti (B) in Ihr Büro und wünschen eine umfassende Beratung von Ihnen. Diese beabsichtigen einen Handel mit Kraftfahrzeugen zu eröffnen. Sie wollen dabei ihr persönliches Haftungsrisiko minimieren und wollen die AB-GmbH gründen. Zunächst fragen diese, welche Schritte zur Gründung der GmbH überhaupt erforderlich seien. Was antworten Sie ihnen?

Antwort: Für die Gründung einer GmbH ist der Abschluss eines Gesellschaftsvertrages in notariell beurkundeter Form erforderlich (§ 2 Abs. 1 GmbHG). Mit Beurkundung des Gesellschaftsvertrages ist die Gesellschaft gegründet. Die Gesellschafter müssen ihre Einlage erbringen, wobei das Stammkapital, also die Summe aller Einlagen, mindestens 25.000 € betragen muss (§ 5 Abs. 1 GmbHG). Die Gesellschaft ist zur Eintragung in das Handelsregister anzumelden und wird, sofern alle Formalien eingehalten worden sind, in das Handelsregister eingetragen. Mit der Eintragung ist die GmbH dann (wirksam) entstanden.

> **Frage:** Sie sagen, für die Gründung einer GmbH ist der Abschluss eines notariell beurkundeten Gesellschaftsvertrages erforderlich. Ist dies zwingend oder gibt es hierzu Alternativen?

Antwort: Das Gesetz sieht in § 2 Abs. 1 GmbHG grundsätzlich den Abschluss eines Gesellschaftsvertrages in notarieller Form vor. Seit dem Inkrafttreten des Gesetzes zur Modernisierung des GmbH-Rechts und zur Bekämpfung von Missbräuchen (MoMiG) kann eine GmbH nach § 2 Abs. 1a GmbHG auch in einem vereinfachten Verfahren mit dem sogenannten Musterprotokoll als Gründungsformular gegründet werden. Das Musterprotokoll ist in der Anlage zum GmbHG enthalten und enthält lediglich den Mindestinhalt eines Gesellschaftsvertrages, nämlich Firma, Sitz, Gegenstand des Unternehmens, Betrag des Stammkapitals sowie Zahl und Nennbeträge der Geschäftsanteile. Darüberhinausgehende, von dem Gesetz abweichende Bestimmungen dürfen in dem Musterprotokoll nach § 2 Abs. 1a S. 3 GmbHG nicht getroffen werden und dieses gilt nach § 2 Abs. 1a S. 4 GmbHG zugleich als Gesellschafterliste.

Frage: Ist mit der Umsetzung der europäischen Digitalisierungsrichtlinie und dem hierzu am 10.06.2021 im Bundestag beschlossenen Gesetz (DiRUG), das am 01.08.2022 in Kraft getreten ist, der Gang zum Notar vollständig entbehrlich?

Antwort: Nein, denn trotz der grundsätzlichen Möglichkeit der digitalen Gründung einer GmbH soll der Notar weiterhin Wächter des Gründungsverfahrens bleiben und wie bisher in beratender und kontrollierender Funktion tätig sein. Digitalisiert wurde lediglich das notarielle Beurkundungsverfahren mit der Möglichkeit, Beschlüsse und Gesellschaftsverträge zukünftig im Wege der Online-Videokonferenz beurkunden und beglaubigen zu können. Der Vollständigkeit halber sei hier jedoch erwähnt, dass zumindest bisher lediglich eine Bargründung in digitaler Form vorgesehen ist und die Vorschriften zur digitalen Gründung einer GmbH nicht für die Sachgründung und auch nicht für andere Gesellschaftsformen gelten. Mit dem Gesetz zur Gesetz zur Ergänzung der Regelung zur Umsetzung der Digitalisierungsrichtlinie und zur Änderung weiterer Vorschriften" (DiREG), das der Bundesrat im Juli 2022 gebilligt hat, wurde unter anderem jedoch ab dem 01.08.2023 die Möglichkeit auch der Online-Sachgründung bei der GmbH geschaffen.

Frage: Auf wie viel Euro muss ein GmbH-Geschäftsanteil seit dem Inkrafttreten des MoMiG mindestens lauten? Wie viel müssen die beiden Existenzgründer im obigen Beispielsfall mindestens einzahlen? Und würde es einen Unterschied machen, wenn die GmbH von nur einem Gesellschafter gegründet werden würde?

Antwort: Während nach früherer Rechtslage der Geschäftsanteil mindestens 100 € betragen und zudem durch 50 teilbar sein musste (§ 5 Abs. 3 GmbHG a.F.), ist dies nach der neuen Rechtslage nicht mehr der Fall. Es reicht nunmehr nach dem neuen § 5 Abs. 2 GmbHG aus, dass jeder Geschäftsanteil nur noch auf mindestens einen Euro lautet. Auf jede Stammeinlage müsste im vorliegenden Fall mindestens ¼ eingezahlt werden, insgesamt jedoch die Hälfte des Mindeststammkapitals (§ 7 Abs. 2 GmbHG). Damit müssten die beiden Gesellschafter Alpha und Bugatti bei einem Mindeststammkapital von 25.000 € mindestens 12.500 € einzahlen, was für jeden der beiden 6.250 € ausmachen würde.

Durch das MoMiG wurde zudem eine neue Form der GmbH geschaffen, bei der auf ein Mindeststammkapital (zunächst) ganz verzichtet wird. Es handelt sich hierbei um die sog. Unternehmergesellschaft (UG), die zwingend den Zusatz „haftungsbeschränkt" führen muss. Das bei der UG zu Beginn fehlende Eigenkapital soll durch künftige Gewinne aufgefüllt werden. Aus diesem Grund schreibt § 5a Abs. 3 GmbHG vor, dass in der Bilanz der UG eine gesetzliche Rücklage zu bilden ist, in die zukünftig jeweils ein Viertel des Jahresüberschusses eingestellt werden muss. Und zwar solange, bis das Mindeststammkapital in Höhe von 25 T€ erreicht ist.

Bei Gründung der Gesellschaft durch nur eine Person war es bisher so, dass mindestens die Hälfte des Stammkapitals einzuzahlen und über die zweite Hälfte eine werthaltige Sicherheit zu leisten war (§ 7 Abs. 2 Satz 3 GmbHG a.F.). Das neue GmbH-Recht sieht eine Sicherheitenstellung bei Ein-Personen-Gründungen nicht mehr vor.

Frage: Die Herren A und B sind sich schnell einig geworden. Sie wollen eine GmbH im herkömmlichen Sinne gründen und keine UG. Sie finden die „normale" GmbH seriöser und erhoffen sich dadurch eine größere Akzeptanz bei ihren Geschäftspartnern. Sie möchten nun von Ihnen wissen, zu welchem Zeitpunkt das Stammkapital zu erbringen ist?

Antwort: Das Stammkapital bzw. die Stammeinlagen sind grundsätzlich nach Gründung der Gesellschaft und vor der Anmeldung zum Handelsregister zu erbringen, da der Geschäftsführer versichern muss, dass sich die Einlage zum Zeitpunkt der Anmeldung in seiner freien Verfügung befunden hat (§ 8 Abs. 2 GmbHG).

Frage: A und B haben das Stammkapital auf 25.000 € festgelegt, jeder eine Stammeinlage von 12.500 € übernommen und darüber hinaus bestimmt, dass die Einlagen in bar zu erbringen sind. Beide Gesellschafter erbringen ihre Einlage in bar. Die GmbH wird in das Handelsregister eingetragen. Zwei Wochen nach der Eintragung verkauft B der Gesellschaft einen BMW zu einem realistischen Kaufpreis von 12.500 €. Ist das Kapital bzw. die Einlage des B ordnungsgemäß erbracht worden? Gehen Sie bei der Beantwortung auf die Rechtslage vor und nach dem Inkrafttreten des MoMiG ein.

Antwort: Bis zum Inkrafttreten des MoMiG handelte es sich bei derart gelagerten Sachverhalten um eine sogenannte verschleierte oder auch verdeckte Sachgründung. Dies hatte zur Folge, dass die Stammeinlage als nicht erbracht zu behandeln war, da es an der endgültigen freien Verfügbarkeit der Geschäftsführer i.S.v. § 8 Abs. 2 GmbHG a.F. fehlte. Die verdeckte Sacheinlage führte in entsprechender Anwendung des § 19 Abs. 5 GmbHG a.F. sowohl zur Unwirksamkeit des schuldrechtlichen als auch des dinglichen Erfüllungsgeschäfts.

Die Voraussetzung eines unmittelbaren zeitlichen und sachlichen Zusammenhangs zwischen Gründung, Erbringung der Stammeinlage und dem Veräußerungsgeschäft des BMW an die Gesellschaft musste vorliegen. Von einem zeitlichen Zusammenhang konnte in der Regel dann ausgegangen werden, wenn es nach der Gründung der Gesellschaft innerhalb von ca. sechs Monaten bis zu einem Jahr (hier gingen die Ansichten etwas auseinander) zu einem „Hin- und Herzahlen" wie im vorliegenden Fall gekommen war. Ein sachlicher Zusammenhang bestand immer dann, wenn die Leistung des Gesellschafters bereits zum Zeitpunkt der Begründung der Einlageforderung (Gründung der Gesellschaft) zum Gegenstand einer Sacheinlage hätte gemacht werden können. Dies ist hier der Fall, denn der B hätte damals (bei Gründung) bereits seinen Pkw als Sacheinlage einbringen können.

Nach dem Inkrafttreten des MoMiG wird nach der sog. Anrechnungslösung die verdeckt eingebrachte Sacheinlage von Gesetzes wegen auf die Geldeinlagepflicht des Gesellschafters angerechnet. Er läuft dann nicht mehr Gefahr, seine Einlage – in der Insolvenz – zweimal leisten zu müssen.

Tipp! Auch nach Verabschiedung des MoMiG ist es wichtig, die bisherigen Regelungen zur verdeckten Sacheinlage zu kennen. Die verdeckte Sachgründung ist in der Vergangenheit gerne in den gesellschaftsrechtlichen Frageruden geprüft worden und dies dürfte wohl auch weiterhin der Fall sein.

Frage: Was sollte ein Geschäftsführer der GmbH nach neuem Recht allerdings beachten, wenn er bereits bei Gründung von der geplanten verdeckten Sacheinlage weiß?

Antwort: Weiß der Geschäftsführer von der geplanten verdeckten Sacheinlage bereits bei Gründung der Gesellschaft darf er bei der Handelsregisteranmeldung nicht versichern, dass die Bareinlage erfüllt sei und sich endgültig in dessen freien Verfügung befindet (§ 8 Abs. 2 GmbHG). Ansonsten hätte er hier vorsätzlich eine falsche Versicherung abgegeben, die nicht unerhebliche strafrechtliche und/oder zivilrechtliche Folgen haben kann.

Frage: Die Gründung der GmbH wird in drei Phasen/Schritte unterteilt. Was ist damit gemeint bzw. wie setzen diese sich zusammen?

Antwort: Die drei Phasen bei der Gründung einer GmbH setzen sich zusammen aus der Vorgründungsgesellschaft, der Vorgesellschaft und der Vollgesellschaft. Vor der Eintragung der Gesellschaft in das Handelsregister besteht die GmbH als solche noch nicht. Die rechtliche Existenz der GmbH ist an die Eintragung in das Handelsregister geknüpft. Mit dem Entschluss der Gesellschafter, eine GmbH gründen zu wollen, entsteht eine Vorgründungsgesellschaft (Phase 1). Bei dieser handelt es sich regelmäßig um eine GbR. Sollte in diesem Stadium von den Gründern bereits ein Unternehmen gemeinsam betrieben werden, das bereits einen in kaufmännischer Weise eingerichteten Geschäftsbetrieb erfordert – mithin Handelsgewerbe ist – und später von der GmbH geführt werden soll, handelt es sich nicht um eine GbR sondern um eine OHG. Damit ist das Haftungsrisiko für die Gründer in diesem Stadium immens. Der Zweck der Vorgründungsgesellschaft ist auf die Gründung der GmbH und damit auf die Herbeiführung des notariellen Abschlusses des GmbH-Gesellschaftsvertrages gerichtet. Zu diesem Zeitpunkt ist die Vorgründungsgesellschaft schließlich wegen Zweckerreichung aufzulösen und es beginnt eine neue – die zweite Phase. Denn mit Abschluss des notariell beurkundeten Vertrages beginnt die Vor-Gesellschaft (Phase 2). Deren Zweck liegt in der Herbeiführung der Eintragung in das Handelsregister. Bei der Vor-Gesellschaft handelt es sich um eine Gesellschaft eigener Art, um eine Gesellschaft sui generis. Mit der Eintragung in das Handelsregister ist die dritte und zugleich letzte Phase der GmbH-Gründung erreicht – die Vollgesellschaft (Phase 3).

> **Frage:** Es wurden soeben sehr schön die verschiedenen Gründungsphasen einer GmbH erläutert. Nehmen Sie nun an, dass die beiden Gesellschafter A und B in unserem Beispiel vor Abschluss des notariell zu beurkundenden Gesellschaftsvertrags mit dem An- und Verkauf von Automobilen begonnen haben. Sie haben bereits ein Darlehen i.H.v. 150 T€ aufgenommen und damit mehrere Pkw erworben, die sie zum Teil auch schon wieder weiterverkauft haben. Eines dieser weiterverkauften Autos wurde von dem Käufer noch nicht bezahlt, sodass eine Forderung i.H.v. 15 T€ besteht. Was geschieht nun mit dem Vermögen (Verbindlichkeiten und Forderungen sowie Anlage- bzw. Umlaufvermögen) der Vorgründungsgesellschaft, wenn zwischenzeitlich der Gesellschaftsvertrag notariell beurkundet und später die Gesellschaft sogar bereits in das Handelsregister eingetragen worden ist?

Antwort: Mit Abschluss des notariellen Gesellschaftsvertrags ist die Vorgründungsgesellschaft aufgelöst – jedoch noch nicht beendet – und die Vor-Gesellschaft entstanden. An der Vermögenszuordnung ändert sich insoweit allerdings nichts. Es findet kein automatischer Vermögensübergang statt. Die Gesellschafter haben eine Vereinbarung zu treffen, nach der das Vermögen von der Vorgründungsgesellschaft auf die Vor-Gesellschaft übergehen soll. Dies wird in der Regel dadurch geschehen, dass das Anlage- bzw. Umlaufvermögen nach sachenrechtlichen Grundsätzen zu übertragen ist, die Verbindlichkeiten im Wege der Schuldübernahme gemäß §§ 414 ff. BGB übernommen und die Forderungen gemäß §§ 398 ff. BGB abgetreten werden.

Anders ist die Rechtslage beim Übergang von der Vor-Gesellschaft auf die Voll-Gesellschaft. Dort geht alles Vermögen der Vor-Gesellschaft im Wege der Gesamtrechtsnachfolge und damit automatisch auf die Voll-Gesellschaft über.

> **Frage:** Um nochmals auf den Beispielsfall zurückzukommen. A und B haben bereits einen Notartermin für die Beurkundung des Gesellschaftsvertrages vereinbart. Einen Tag vor dem Termin bekommen Sie einen Anruf von B, dass er auf eine dringende Geschäftsreise müsse und den Notartermin leider nicht wahrnehmen könne. Er fragt Sie, ob es denn möglich sei, einen Bevollmächtigten zu schicken. Was antworten Sie ihm?

Antwort: Es ist zwar grundsätzlich möglich, dass der Gesellschaftsvertrag auch durch einen Bevollmächtigten abgeschlossen werden kann. Das GmbH-Recht sieht aber in § 2 Abs. 2 GmbHG vor, dass die Unterzeichnung durch Bevollmächtigte nur aufgrund einer notariell errichteten oder beglaubigten Vollmacht zulässig ist. Die Vorschrift des § 2 Abs. 2 GmbHG stellt insoweit eine Ausnahme des § 167 Abs. 2 BGB dar. B wird den Notartermin wohl verschieben müssen.

> **Frage:** Nach der Beurkundung fragen A und B, in welcher Höhe die Gesellschaft die Gründungskosten trägt? Im Gesellschaftsvertrag ist hierzu nichts vereinbart.

Antwort: Die Übernahme der Gründungskosten durch die Gesellschaft muss ausdrücklich im Gesellschaftsvertrag aufgenommen werden. Ist hierzu keine Regelung getroffen, müssen die Gesellschafter als Gründer der Gesellschaft nach dem „Veranlasserprinzip" die Kosten tragen. Trägt die Gesellschaft dennoch die Kosten, handelt es sich hierbei steuerlich um eine verdeckte Gewinnausschüttung.

> **Frage:** Gehen Sie in oben beschriebenen Beispielsfall davon aus, dass A nach Beurkundung des Gesellschaftsvertrages aber noch vor Eintragung der GmbH einen Teil der von ihm übernommenen Geschäftsanteile an B übertragen möchte. Worauf ist zu achten?

Antwort: Da die GmbH und somit ein Geschäftsanteil als solche mangels Eintragung in das Handelsregister noch nicht entstanden sind, kann ein Geschäftsanteil noch gar nicht abgetreten werden. Es stellt sich an dieser Stelle daher zunächst die Frage, was von den Gründungsgesellschaftern A und B konkret gewollt ist. Möglich und zulässig ist eine Abtretung des zukünftigen Geschäftsanteils, die mit der Eintragung der GmbH in das Handelsregister wirksam wird. Das sollte allerdings ausdrücklichen Ausdruck in dem notariell zu beurkundenden Geschäftsanteilsabtretungsvertrag finden. Zu unterscheiden ist diese Abtretung des zukünftigen Geschäftsanteils nämlich von dem Gesellschafterwechsel in der Vorgesellschaft. Diese wird nach der Rechtsprechung als eine Satzungsänderung angesehen, die der Zustimmung sämtlicher Gesellschafter bedarf und notariell zu beurkunden ist.

> **Frage:** Zum Ende der Fragerunde nochmals kurz zurück zur Unternehmergesellschaft (haftungsbeschränkt). Nehmen Sie an, Alpha und Bugatti hätten eine UG (haftungsbeschränkt) mit einem Stammkapital von 500 € gegründet. Auch die Eintragung war erfolgt. Jetzt wollen diese eine Stammkapitalerhöhung um 24.500 € auf 25.000 € beschließen. Das erhöhte Kapital soll durch eine Sacheinlage erbracht werden. An welcher Vorschrift könnte die Eintragung scheitern? Und meinen Sie, die Kapitalerhöhung wird eingetragen?

Antwort: Man könnte zunächst daran denken, eine Eintragung an dem Sacheinlageverbot des § 5a Abs. 2 Satz 2 GmbHG scheitern zu lassen. Solange die Gesellschaft nicht über ein Stammkapital von mindestens 25.000 € verfügt, könnte sie von dem Sacheinlageverbot erfasst sein. Die höchstrichterliche Rechtsprechung ist dieser Ansicht jedoch nicht gefolgt. Nach dem BGH ist eine Kapitalerhöhung bei der UG (haftungsbeschränkt) nicht nach § 5a Abs. 2 Satz 2 GmbHG von der vorherigen Volleinzahlung der Mindestsumme des Stammkapitals gem. § 5 Abs. 1 GmbHG abhängig. Das Erfordernis entfalle vielmehr gem. § 5a Abs. 5 GmbHG bereits für die Kapitalerhöhung, mit der ein satzungsmäßiges Mindestkapital von 25.000 € erreicht wird. Der BGH stützt seine Auffassung dabei auf den Wortlaut des § 5a Abs. 5 GmbHG. Die Kapitalerhöhung wird demnach eingetragen werden.

Problembereich 5: Die Übertragung und Vererbung von Gesellschafts- bzw. Geschäftsanteilen

> **Frage:** Können Geschäftsanteile einer GmbH veräußert und vererbt werden?

Antwort: Ja. Die freie Vererbbarkeit und Veräußerbarkeit von Geschäftsanteilen einer GmbH ergibt sich aus § 15 Abs. 1 GmbHG.

Frage: Kann die freie Veräußerbarkeit und Vererbbarkeit ausgeschlossen oder auch eingeschränkt werden?

Antwort: Die freie Veräußerbarkeit von Geschäftsanteilen an einer GmbH kann nach § 15 Abs. 5 GmbHG durch eine entsprechende Regelung im Gesellschaftsvertrag bzw. in der Satzung an weitere Voraussetzungen, wie insbesondere der Genehmigung durch die übrigen Gesellschafter geknüpft und sogar gänzlich ausgeschlossen werden. Man spricht in diesem Fall von einer Vinkulierung. Die freie Vererbbarkeit eines Geschäftsanteils kann dagegen auch nicht durch eine Regelung in der Satzung ausgeschlossen oder eingeschränkt werden. Das Erbrecht geht dem Gesellschaftsrecht insoweit vor. Möglich sind jedoch Satzungsregelungen, wonach der Erbe zur Abtretung des geerbten Geschäftsanteils verpflichtet oder zur Duldung der Einziehung des Geschäftsanteils verpflichtet wird. Der Erbe tritt zunächst jedoch in die Rechtsstellung des verstorbenen Gesellschafters ein.

Frage: Was ist bei einem Gesellschafterwechsel in einer Personengesellschaft (GbR, OHG oder KG) zu beachten? Welche Möglichkeiten der Übertragung gibt es?

Antwort: Anders als bei der GmbH sind Gesellschaftsanteile einer Personengesellschaft nicht ohne Weiteres veräußerbar. Ein Gesellschafterwechsel erfordert, da es sich um eine Änderung des Gesellschaftsvertrages handelt, immer die Zustimmung der Vertragspartner, d.h. aller Gesellschafter. Will ein Gesellschafter aus der Gesellschaft ausscheiden und ein anderer dafür eintreten, so kann dies durch den Austritt des einen und den Eintritt eines anderen nach dem An- und Abwachsungsprinzip gemäß § 738 BGB geschehen. Sofern der neue Gesellschafter in die Gesellschaft eintritt, „wächst" diesem – ohne sein Zutun – die vertraglich für ihn vorgesehene Quote an. In entsprechender Weise findet bei den übrigen Gesellschaftern eine „Abwachsung" statt. Umgekehrt verliert der ausscheidende Gesellschafter seinen Anteil am Gesellschaftsvermögen. Dieser wächst den verbleibenden Gesellschaftern an. Andererseits ist auch die Übertragung bzw. Abtretung der Mitgliedschaft gemäß § 398 BGB möglich. In diesen Fällen nimmt der neue Gesellschafter – sofern nichts anderes geregelt ist – dieselbe Rechtsstellung, wie sie der ausscheidende Gesellschafter innehatte, ein.

Frage: Ein Kollege von Ihnen hat ein neues Mandat übernommen. Da er im Gesellschaftsrecht allerdings nicht gerade auf dem aktuellsten Kenntnisstand ist, bittet er Sie um Ihre Mithilfe bei der Bearbeitung des Mandats. In dem von Ihrem Kollegen berichteten Fall geht es darum, dass an einer GmbH zwei Gesellschafter beteiligt waren – der A zu 60 % und der B zu 40 %. In den Gesellschaftsvertrag wurden nur die Mindestbestandteile nach § 3 Abs. 1 GmbHG aufgenommen. Der A verstirbt und hinterlässt seine Ehefrau und zwei kleine Kinder. Zur Abfassung eines Testaments ist A aufgrund eines plötzlichen tödlich verlaufenden Verkehrsunfalls leider nicht mehr gekommen. Wer sind die Gesellschafter der GmbH?

Antwort: Die Anteile des A fallen in die Erbengemeinschaft. Diese wird Gesellschafterin der GmbH. Nach dem Ableben des A sind danach die Erbengemeinschaft zu 60 % und der B zu 40 % Gesellschafter der GmbH.

Frage: Worin liegt der wesentliche Unterschied bei der Vererbung von Anteilen an einer Personengesellschaft und von Anteilen an einer Kapitalgesellschaft?

Antwort: Im Personengesellschaftsrecht führt der Tod eines Gesellschafters grundsätzlich zum Ausscheiden des Gesellschafters. Bei der GbR wird die Gesellschaft durch den Tod des Gesellschafters sogar aufgelöst (§ 727 Abs. 1 BGB). Daher wird in den Gesellschaftsverträgen regelmäßig bestimmt, dass die Gesellschaft fortgeführt oder fortgesetzt werden soll. Im Personengesellschaftsrecht kommt es auch nicht, wie z.B. bei der Vererbung von GmbH-Anteilen, zu einer Gesamtrechtsnachfolge. Es herrscht der Grundsatz der Sondererbfolge bzw. Sonderrechtsnachfolge. Dies bedeutet, dass die Erben gemäß ihrer Erbquote in die Gesellschaft einrücken und Gesellschafter werden und nicht die Erbengemeinschaft wie bei der Kapitalgesellschaft.

> **Frage:** Was müssten Gesellschafter einer OHG regeln, um eine Fortsetzung der Gesellschaft mit den Erben zu ermöglichen?

Antwort: Sie müssten eine entsprechende Bestimmung in den Gesellschaftsvertrag aufnehmen, dass die Gesellschaft mit dem oder den Erben fortgesetzt werden soll.

> **Frage:** Als Möglichkeiten kommen z.B. die Aufnahme einer einfachen oder qualifizierten Nachfolge-klausel, einer Fortsetzungsklausel oder einer Eintrittsklausel in Betracht. Was versteht man jeweils unter diesen Klauseln und wie ist die Rechtslage beim Tod des Gesellschafters?

Antwort: Bei der einfachen Nachfolgeklausel rücken alle Erben in die Gesellschaft ein. Zu einem automatischen Einrücken kommt es aber nur, wenn der Gesellschaftsvertrag mit der erbrechtlichen Rechtslage übereinstimmt, mithin die gedachten Nachfolger auch Erben im technischen Sinne werden. Dies kann zu einer großen Gesellschafterzahl führen, sodass die Aufnahme einer Vertreterklausel oftmals sinnvoll sein wird. Bei der qualifizierten Nachfolgeklausel rückt nur einer der Erben bzw. es rücken jedenfalls nicht alle Erben des Erblassers in die gesellschaftsrechtliche Position nach. Es spielt dabei keine Rolle, wenn der Sondernachfolger erbrechtlich zu einer niedrigeren Quote Erbe geworden ist. Es hat dann allerdings ein erbrechtlicher Wertausgleich stattzufinden. Bei einer Fortsetzungsklausel soll die Gesellschaft von den verbleibenden Gesellschaftern weitergeführt werden. In diesen Fällen scheidet der verstorbene Gesellschafter aus der Gesellschaft aus, die Mitgliedschaft erlischt und bei den verbleibenden Gesellschaftern kommt es zu einer Anwachsung der Gesellschaftsanteile. Die Auseinandersetzungsansprüche fallen dabei in den Nachlass. Bei einer Eintrittsklausel soll nicht der Erbe Nachfolger des Geschäftsanteils werden, sondern ein Dritter. Im Gesellschaftsvertrag muss für diese Fälle vereinbart sein, dass eine ganz bestimmte Person ein Recht auf Eintritt in die Gesellschaft haben soll. Der Abfindungsanspruch fällt in den Nachlass, sodass der Dritte, wenn er die Position einnehmen will, den Abfindungsbetrag an die Erben bezahlen muss.

> **Frage:** Wer wäre in obigem Beispiel in welcher Höhe an der Gesellschaft beteiligt, wenn der A vor seinem Ableben nicht an einer GmbH sondern:
> **a)** als Komplementär oder
> **b)** als Kommanditist an einer KG beteiligt gewesen wäre?
> Es ist jeweils davon auszugehen, dass die Eheleute in gesetzlichem Güterstand lebten und der Gesellschaftsvertrag für den Tod des Komplementärs vorsieht, dass die Erben als Gesellschafter in die Gesellschaft einrücken. Für den Tod des Kommanditisten wurde keine Regelung in den Gesellschaftsvertrag aufgenommen.

Antwort: Da die Eheleute im gesetzlichen Güterstand gelebt hatten, steht der Ehefrau gemäß § 1931 Abs. 1 BGB ein Viertel und zusätzlich ein weiteres Viertel gemäß §§ 1931 Abs. 3, 1371 Abs. 1 BGB als pauschaler Zugewinnausgleich zu, mithin die Hälfte des Vermögens. Die beiden Kinder erben jeweils zu einem Viertel.

a) Der A war Komplementär: Aufgrund der im Gesellschaftsvertrag enthaltenen einfachen Nachfolge-klausel werden die Ehefrau mit einem Anteil von 30 % ($^1/_2$ von 60 %) und die beiden Kinder jeweils mit einem Anteil von 15 % Komplementäre und damit Gesellschafter der OHG.

b) Der A war Kommanditist: Es findet sich zwar keine Regelung im Gesellschaftsvertrag für den Tod eines Kommanditisten. Die Ehefrau wird jedoch auch in diesem Fall Kommanditistin mit einer Quote von 30 % und die Kinder zu jeweils 15 %. Das ergibt sich aus der gesetzlichen Regelung des § 177 HGB, wonach beim Tod eines Kommanditisten die Gesellschaft mangels abweichender vertraglicher Bestimmung mit den Erben fortgesetzt wird. Da im Personengesellschaftsrecht der Grundsatz der Sondererbfolge bzw. Sonderrechtsnachfolge gilt, führt die gesetzliche Regelung beim Tod eines Kommanditisten zu derselben Rechtsfolge wie eine einfache Nachfolgeklausel beim Komplementär.

Problembereich 6: Der gutgläubige Erwerb von Beteiligungen

> **Frage:** Nach der Reform des GmbH-Gesetzes durch das MoMiG ist auch ein gutgläubiger Erwerb von GmbH-Geschäftsanteilen möglich. Wo findet sich die Regelung im Gesetz und an welche Voraussetzungen wird der Gutglaubenserwerb geknüpft?

Antwort: Nach § 16 Abs. 3 GmbHG kann der (gutgläubige) Erwerber einen Geschäftsanteil oder ein Recht daran durch Rechtsgeschäft wirksam vom Nichtberechtigten erwerben, wenn der Veräußerer als Inhaber des Geschäftsanteils in der im Handelsregister aufgenommenen Gesellschafterliste eingetragen ist. Dies gilt nicht, wenn die Liste zum Zeitpunkt des Erwerbs hinsichtlich des Geschäftsanteils weniger als drei Jahre unrichtig und die Unrichtigkeit dem Berechtigten nicht zuzurechnen ist. Die doppelte Verneinung ist sprachlich zwar etwas uneben formuliert. Sie bewirkt aber, dass die Beweislast nicht dem Erwerber auferlegt wird. Der neue § 16 Abs. 3 GmbHG ermöglicht dem Grunde nach den gutgläubigen Erwerb eines GmbH-Anteils vom Nichtberechtigten, wenn fünf Voraussetzungen vorliegen:

- Veräußerer muss als Inhaber des Geschäftsanteiles in der im Handelsregister aufgenommenen Gesellschafterliste eingetragen sein.
- Erwerb eines GmbH-Anteils oder eines Rechts daran durch Rechtsgeschäft.
- Zurechenbare unrichtige Eintragung in der Gesellschafterliste und dreijährige unrichtige Eintragung in der Gesellschafterliste.
- Der Gesellschafterliste darf kein Widerspruch zugeordnet sein.
- Guter Glaube.

> **Frage:** Ein Geschäftsanteil an einer GmbH ist im Wege der Erbfolge auf den Alleinerben eines verstorbenen Gesellschafters übergegangen. Für die Erbschaft wurde Dauertestamentsvollstreckung angeordnet. Der Geschäftsführer reicht aufgrund des Gesellschafterwechsels eine neue Gesellschafterliste ein, die den Hinweis enthält, dass für eben diesen Geschäftsanteil Dauertestamentsvollstreckung angeordnet ist. Wie wird das Registergericht entscheiden?

Antwort: Das Registergericht wird die Gesellschafterliste zurückweisen, denn die Gesellschafterliste entspricht mit dem Hinweis auf die Testamentsvollstreckung nicht den formalen Vorgaben der Gesellschafterliste von § 40 Abs. 1 GmbHG. Die Beteiligten können nicht willkürlich nach ihrer Wahl zusätzliche Angaben zu den gesetzlich geforderten Angaben in der Gesellschafterliste aufnehmen.

> **Frage:** Welche Angaben sind in einer Gesellschafterliste aufzunehmen?

Antwort: Nach Wirksamwerden jeder Veränderung in den Personen der Gesellschafter oder des Umfangs ihrer Beteiligung ist nach der seit dem 26.06.2017 geltenden Fassung des § 40 Abs. 1 GmbHG eine Gesellschafterliste beim Handelsregister einzureichen, aus der sich neben Name, Vorname, Geburtsdatum und Wohnort der Gesellschafter, der Nennbeträge und der laufenden Nummern der von den einzelnen Gesellschaftern übernommenen Geschäftsanteile zusätzlich die durch den jeweiligen Nennbetrag eines Geschäftsanteils vermittelte prozentuale Beteiligung am Stammkapital entnehmen lässt(§ 40 Abs. 1 S. 1 GmbHG). Ist ein Gesellschafter selbst eine Gesellschaft, so ist bei eingetragenen Gesellschaften die Firma, der Satzungssitz, zuständiges Registergericht und Registernummer aufzunehmen; bei nicht eingetragenen Gesellschaften deren jeweilige Gesellschafter unter einer zusammenfassenden Bezeichnung mit Name, Vorname, Geburtsdatum und Wohnort (§ 40 Abs. 1 S. 2 GmbHG). Hält ein Gesellschafter mehr als einen Geschäftsanteil, ist zudem der Gesamtumfang der Beteiligung am Stammkapital als Prozentsatz gesondert anzugeben (§ 40 Abs. 1 S. 3 GmbHG).

> **Frage:** Was gilt für Gesellschaften, die bereits bis zum 26.06.2017 eingetragen sind und deren Liste nicht den geänderten Anforderungen des § 40 GmbHG genügt?

Antwort: Nach der ebenfalls seit dem 26.06.2017 geltenden Fassung des § 8 EGGmbHG findet die geänderte Vorschrift des § 40 Abs. 1 bis 3 GmbHG auf Gesellschaften, die am 26.06.2017 in das Handelsregister eingetragen sind, mit der Maßgabe Anwendung, dass die geänderten Anforderungen an den Inhalt der Liste der Gesellschafter erst dann zu beachten sind, wenn aufgrund einer Veränderung nach § 40 Abs. 1 Satz 1 GmbHG in der vor dem 26.06.2017 geltenden Fassung eine Liste einzureichen ist.

> **Frage:** Ist nach der Neuregelung des § 16 Abs. 3 GmbHG auch ein gutgläubiger Erwerb von nichtexistenten Geschäftsanteilen möglich? In welchen Fällen könnte die Problematik der (gutgläubigen) Übertragung nichtexistenter Geschäftsanteile relevant werden?

Antwort: Wer einen Geschäftsanteil erwirbt, soll nach der Gesetzesbegründung darauf vertrauen können, dass die in der Gesellschafterliste verzeichnete Person auch wirklich Inhaber des Geschäftsanteiles ist. Nichtexistente Geschäftsanteile können auch in Zukunft nicht erworben werden, was aber dem Wortlaut des neuen § 16 Abs. 3 GmbH nicht ohne Weiteres entnommen werden kann. Diese Einschränkung erscheint auch nicht sachgerecht. Nicht existente Geschäftsanteile können z.B. dann Ziel eines Erwerbsgeschäfts sein, wenn ein eingezogener Anteil, zur Übertragung ansteht oder wenn aus einer nichtigen Kapitalerhöhung ein neuer Geschäftsanteil zur Disposition gestellt wird. Denkbar ist auch, dass ein Geschäftsführer eine falsche Gesellschafterliste zum Handelsregister einreicht und einen (weiteren) Geschäftsanteil „erfindet".

Problembereich 7: COVID-19 und das Gesellschaftsrecht

> **Frage:** Die seit Anfang des Jahres 2020 herrschende Corona-Pandemie hatte und hat weitreichende Änderungen des gesellschaftlichen und wirtschaftlichen Lebens zur Folge. Nennen Sie die wichtigsten hierbei getroffenen Maßnahmen in Bezug auf das Gesellschaftsrecht.

Antwort: Sehr gerne. Die Maßnahmen zur Abmilderung der Folgen Corona-Pandemie wurden in dem am 25.03.2020 vom Deutschen Bundestag verabschiedeten umfassenden Gesetzespaket geregelt. Wesentliche Änderung war die Möglichkeit für unter anderem Aktiengesellschaften (AG) und Kommanditgesellschaften auf Aktien (KGaA) eine vollständig virtuelle Hauptversammlung auch ohne entsprechende Ermächtigung in der Satzung abzuhalten. Zur Wahrung der Aktionärsrechte müssen dabei verschiedene Voraussetzungen wie beispielsweise die Bild- und Tonübertragung der gesamten Versammlung oder die Möglichkeit der elektronischen Stimmabgabe erfüllt sein. Darüber hinaus kann die Hauptversammlung mit einer verkürzten Frist von 21 statt 30 Tagen einberufen werden und bei der AG und KGaA auch nach Ablauf der Achtmonatsfrist innerhalb des Geschäftsjahres stattfinden. Die Beschlussfassung einer GmbH kann abweichend von § 48 Abs. 2 GmbHG auch dann in Textform oder schriftlich gefasst werden, wenn nicht sämtliche Gesellschafter damit einverstanden sind. Die Maßnahmen sind inzwischen zum 31.08.2022 ausgelaufen.

> **Frage:** Besteht mit Auslaufen der von Ihnen genannten Maßnahmen keine Möglichkeit mehr, Gesellschafterversammlungen in der GmbH oder Hauptversammlungen in der Aktiengesellschaft in virtueller Form abzuhalten?

Antwort: Doch durchaus, denn aufgrund der überwiegend positiven Erfahrungen aus der Praxis mit virtuellen Gesellschafter- bzw. virtuellen Hauptversammlungen hat der Gesetzgeber dauerhaft die Möglichkeit der virtuellen Versammlungen geschaffen. So wurde durch Artikel 5 Nr. 2 des Gesetzes zur Ergänzung der Regelungen zur Umsetzung der Digitalisierungsrichtlinie und zur Änderung weiterer Vorschriften, das vollständig am 01.08.2022 in Kraft getreten ist, § 48 Abs. 1 GmbHG um einen weiteren Satz ergänzt. Danach können Gesellschafterversammlungen in der GmbH auch fernmündlich oder mittels Videokommunikation abgehalten werden, wenn sämtliche Gesellschafter sich damit in Textform einverstanden erklären. Einer ausdrücklichen Zulassung dieser Versammlungsform in der Satzung der Gesellschaft ist nicht mehr erforderlich. Darüber hinaus wurde durch das Gesetz zur Einführung virtueller Hauptversammlungen von Aktiengesellschaften und Änderung von genossenschafts- sowie insolvenz- und restrukturierungsrechtlicher Vorschriften, das noch vor der Sommerpause 2022, nämlich am 27.07.2022 in Kraft getreten ist, ein neuer § 118a in das Aktiengesetz (AktG) aufgenommen. Gegenüber den zuvor angesprochenen Übergangsregelungen aus der Pandemie wurden die Vorgaben für eine virtuelle Hauptversammlung eher verschärft und den Regelungen für Präsenzversammlungen angepasst. So kann nach § 118a AktG die Satzung der Aktiengesellschaft nur für einen befristeten Zeitraum von bis zu 5 Jahren die Abhaltung einer Hauptversammlung in virtueller Form vorsehen oder den Vorstand dazu ermächtigen. Zudem sind zahlreiche weitere Voraussetzungen wie beispielsweise die Übertragung der gesamten Versammlung in Bild- und Ton oder die Möglichkeit der Stimmrechtsausübung der Aktionäre im Wege der elektronischen Kommunikation, wie elektronische Teilnahme oder elektronische Briefwahl sowie über Vollmachtserteilung, einzuhalten.

Themenbereich Europarecht

Problembereich 1: Europarecht, die EU und ihre Entstehung

Frage: Was verstehen Sie unter Europarecht?

Antwort: Das Europarecht wird unterschieden zwischen Europarecht im Weiteren und im engeren Sinne.

Unter Europarecht im weiteren Sinne wird allgemein das Recht aller europäischen internationalen Organisationen und Pakte wie zum Beispiel: Europäische-Menschenrechts-Konvention (EMRK), Organisation für Economic Cooperation and Development (OECD) und Organisation für Sicherheit durch Zusammenarbeit in Europa (OSZE) verstanden.

Unter Europarecht im engeren Sinne wird das Recht der Europäischen Union (EU) gefasst. Davon umfasst sind insbesondere der EU-Vertrag (EUV), der Vertrag über die Arbeitsweise der Europäischen Union (AEUV), die Europäische Grundrechtecharta (EGRCh), die völkerrechtlichen Verträge der Union und das Recht, das die Organe der EU erlassen (sog. Sekundärrecht).

Frage: Erläutern Sie die Entstehung und die Entwicklung der europäischen Integration bis zur EU in kurzen Stichpunkten!

Antwort:

- Nach dem Ende des zweiten Weltkriegs wurde durch den sog. Schumann-Plan der Grundgedanke aufgegriffen, die deutsche Produktion von Kohle und Stahl international zu kontrollieren. Infolgedessen wurde zur Friedenssicherung Deutschland gemeinsam mit anderen europäischen Staaten in ein supranationales System eingegliedert und am 18.04.1951 die Europäische Gemeinschaft für Kohle und Stahl (EGKS, sog. Montanunion) zwischen Deutschland, Frankreich, Italien und den Benelux-Staaten gegründet.
- In der weiteren Integration wurde am 25.03.1957 die Europäische Wirtschaftsgemeinschaft (EWG) und die Europäische Atomgemeinschaft (EAG) geschlossen.
- In der Folgezeit wurden die wichtigsten Ziele der EWG umgesetzt (gemeinsamer Zolltarif, gemeinsamer Markt).
- 08.04.1965 „Fusionsvertrag" und damit Zusammenführung der noch getrennten Organe der Gemeinschaften (EWG, EAG und EGKS) zu einem gemeinsamen Rat und einer gemeinsamen Kommission.
- 01.01.973: Erweiterung der Gemeinschaft: Aufnahme von Großbritannien, Irland und Dänemark (Europa der Neun).
- 01.01.1981: Süderweiterung durch Aufnahme von Griechenland.
- 01.01.1986: Aufnahme von Spanien und Portugal (Europa der Zwölf).
- 01.01.1987: Inkrafttreten der sog. europäischen Akte (EEA) zur Verwirklichung eines europäischen Binnenmarktes.
- 07.02.1992: Unterzeichnung des Vertrages über die Europäische Union (EU, sog. Maastricht-Vertrag).
- 01.01.1993: Inkrafttreten des europäischen Binnenmarktes.
- 01.01.1993: Inkrafttreten des Vertrags zur Gründung der Europäischen Gemeinschaften (EGV).
- 01.01.1995: Erweiterung der EU; Beitritt von Schweden, Finnland und Österreich (Europa der Fünfzehn).
- 02.10.1997: Unterzeichnung des „Amsterdamer Vertrags" mit den Zielen der „Vergemeinschaftung, Flexibilität und verstärkte Zusammenarbeit.

- 26.02.2001: Vertrag von Nizza mit den Zielen wesentlicher institutioneller Reformen und Erweiterungen der EU.
- 01.05.2004: Erweiterung der EU auf 27 Mitgliedstaaten.
- 13.12.2007: Verabschiedung des Vertrags von Lissabon.

Frage: Welche bedeutenden Entwicklungsschritte haben sich in der EU seit dem Vertrag von Lissabon ereignet?

Antwort:

1. Am 1. Juli 2013 ist Kroatien der EU beigetreten.
2. Nach einem Referendum des Vereinigten Königreichs am 23. Juni 2016 stimmten etwas mehr als die Hälfte der Wähler für den Austritt des Vereinigten Königreichs aus der Europäischen Union („Brexit"). Die britische Premierministerin Theresa May leitete auf Grund dessen am 29.03.2017 durch schriftliche Mitteilung an den Europäischen Rat den Austrittsprozess entsprechend Artikel 50 des EU-Vertrages rechtlich wirksam in die Wege. Das Vereinigte Königreich ist am 31.01.2020 nach einer vollständigen Ratifizierung des Austrittsabkommens aus der Europäischen Union ausgetreten. Danach begann ein befristeter Übergangszeitraum mindestens bis zum 31.12.2020. Seit dem 01.01.2021 wurde vorläufig auf Bereiche, die von gemeinsamen Interesse für die EU und das Vereinigte Königreich sind, das Handels- und Kooperationsabkommen angewendet. Dieses beinhaltete ein Freihandelsabkommen, eine umfassende Zusammenarbeit in den Bereichen Wirtschaft, Soziales, Umwelt und Fischerei sowie eine enge Partnerschaft für die Sicherheit der Bürgerinnen und Bürger. Am 27.04.2021 stimmte das Europaparlament dem Handelsabkommen mit Großbritannien zu. Wichtigster Punkt des Vertrags ist es, Zölle zu vermeiden und unbegrenzten Handel in beide Richtungen zu erlauben.

Tipp! Bitte vor der Prüfung noch einmal nachlesen, ob es aktuellere Entwicklungen hierzu gibt.

3. 60 Jahre nach Unterzeichnung der sogenannten „Römischen Verträge" kommen die Staats- und Regierungschefs der EU-27 (ohne Großbritannien) am 25. März 2017 erneut in Rom zusammen und erklären 4 Prioritäten für die künftige Entwicklung der EU:
   - ein sicheres und geschütztes Europa mit einer wirksamen, verantwortlichen und nachhaltigen Migrationspolitik,
   - ein wohlhabendes und nachhaltiges Europa,
   - ein soziales Europa und
   - ein stärkeres Europa in der Welt.

Frage: Stichwort „Brexit" – können Sie einige Punkte des Verlaufs skizzieren?

Antwort: Nachdem Großbritannien den Austrittsprozess gemäß Artikel 50 des Vertrags über die Europäische Union im März 2017 durch schriftliche Mitteilung an den Europäischen Rat begonnen hat, sollte ein Austritt nach einer vertraglich vorgesehenen zweijährigen Verhandlungsperiode im März 2019 erfolgen.

Die britische Regierung wollte den Austritt am 29.03.2019 um 23 Uhr britischer Zeit rechtskräftig werden lassen. Hieran sollte sich eine weitere zweijährige Übergangsphase bis 2021 anschließen, in der Großbritannien alle EU-Regeln einhalten und weiter Beiträge zahlen, aber in EU-Gremien keine Mitsprache mehr haben sollte.

Die Brexit-Verhandlungen zwischen der EU-Kommission und Großbritannien kamen monatelang kaum vom Fleck. Auf Antrag vom 29.03.2019 der britischen Premierministerin wurde der Brexit zunächst auf den 12.04.2019 und im Anschluss daran durch die Staats- und Regierungschefs der EU bei ihrem Treffen am 10.04. auf den 31.10.2019 verschoben.

Am 17.10.2019 haben die Staats- und Regierungschefs beim europäischen Rat (Art. 50) dem Austrittsabkommen und der politischen Erklärung über den Rahmen für die zukünftigen Beziehungen zugestimmt.

Das britische Parlament hat dem innerstaatlichen Umsetzungsgesetz (sog. Withdrawal Agreement Bill) am 22.01.2020 zugestimmt; das Europäische Parlament dem Austrittsabkommen am 29. Januar 2020 und die im Rat vertretenen Mitgliedstaten am 30.01.2020. Bereits am 24.01.2020 wurde der Austrittsvertrag von der EU-Kommissionspräsidentin von der Leyen, Ratspräsident Michel und dem britischen Premierminister Johnson unterzeichnet.

> **Frage:** Wann ist das Vereinigte Königreich aus der EU ausgetreten und was passierte danach?

Antwort:

1. Das Vereinigte Königreich ist am 31.01.2020 nach einer vollständigen Ratifizierung des Austrittsabkommens aus der Europäischen Union ausgetreten.

2. Danach begann der Übergangszeitraum. Dieser im Rahmen des Austrittsabkommens vereinbarte, befristete Zeitraum galt bis zum 31.12.2020. Bis zu diesem Zeitpunkt ergaben sich für die Bürgerinnen und Bürger, Verbraucher, Unternehmen, Investoren, Studenten und Forscher in der EU und im Vereinigten Königreich keine Änderungen. Das Vereinigte Königreich wurde nicht mehr in den Organen, Agenturen, Einrichtungen und Ämtern der EU vertreten, aber das EU-Recht galt im Vereinigten Königreich bis zum Ende des Übergangszeitraums weiterhin. Die EU und das Vereinigte Königreich haben diese Monate genutzt, um auf der Grundlage der von der EU und dem Vereinigten Königreich im Oktober 2019 vereinbarten Politischen Erklärung eine neue und faire Partnerschaft für die Zukunft zu vereinbaren. Zum 01.01.2021 wurden die rechtlichen Beziehungen zwischen der EU und dem Vereinigtem Königreich zunächst vorläufig und seit der Zustimmung des Europaparlaments am 27.04.2021 zum 01.05.2021 endgültig durch drei Abkommen geregelt:

   - Das Handels- und Kooperationsabkommen erstreckt sich auf Bereiche von gemeinsamen Interesse und enthält neben einem Freihandelsabkommen u.a. Regelungen für eine Zusammenarbeit in den Bereichen Wirtschaft, Soziales, Umwelt und Fischerei sowie zur Sicherheit von Bürgerinnen und Bürgern.
   - Das Abkommen zu Sicherheitsverfahren und Verschlusssachen, das im Zusammenhang mit dem Handels- und Kooperationsabkommen den beiden Vertragspartner den Austausch vertraulicher Informationen mit entsprechenden Garantien für deren Handhabung und Schutz beinhaltet.
   - Das Abkommen über die Zusammenarbeit auf dem Gebiet der sicheren und friedlichen Nutzung der Kernenergie, um vor allem nukleare Sicherheitsstandards einzuhalten.

Als Drittland ist das Vereinigte Königreich seit dem Austritt nicht mehr an den Beschlussfassungsprozessen der EU beteiligt: Insbesondere wird es nicht mehr in den Organen (wie dem Europäischen Parlament und dem Rat), Agenturen, Ämtern und Einrichtungen der EU beteiligt sein. Alle Organe, Einrichtungen, Ämter und Agenturen der Europäischen Union verfügen jedoch während des Übergangszeitraums gegenüber dem Vereinigten Königreich sowie natürlichen und juristischen Personen, die im Vereinigten Königreich wohnhaft oder dort niedergelassen sind, weiterhin über die ihnen durch das Unionsrecht übertragenen Befugnisse. Der Gerichtshof der EU war zumindest im Übergangszeitraum weiterhin für das Vereinigte Königreich zuständig und bleibt es auch für die Verfahren, die vor dem auf den 31.12.2020 festgesetzten Ende der Übergangszeit vom Vereinigten Königreich oder gegen dieses eingeleitet worden sind. Er bleibt außerdem zuständig für die Vorabentscheidung über die ihm vor dem Ende der Übergangszeit von den Gerichten des Vereinigten Königreichs vorgelegten Ersuchen um Vorabentscheidung.

Frage: Was verstehen Sie unter der „EU"?

Antwort: Mit dem Inkrafttreten des Vertrages von Lissabon verlor die EG ihre Bedeutung. Bis dahin bedeutete der Begriff EG Europäische Gemeinschaft und umfasste die Europäische Gemeinschaft für Kohle und Stahl (EGKS, sog. Montanunion, die Europäische Wirtschaftsgemeinschaft (EWG) und die Europäische Atomgemeinschaft (EAG).

Der **Begriff „Europäische Union"** bezeichnete bis zum 01.12.2009 die drei Ursprungsgemeinschaften (EGKS, EAG und EWG = 1. Säule) sowie die neu durch den Maastrichter Vertrag eingeführten intergouvernementalen Bereiche der gemeinsamen Außen- und Sicherheitspolitik (GASP = 2. Säule) und die Zusammenarbeit in den Bereichen Justiz und Inneres (ZBJI = 3. Säule). Durch den Maastrichter Vertrag wurde die EWG in EG umbenannt. Der EGKS lief am 23.07.2002 aus. Die Europäischen Gemeinschaften, besaßen anders als die EU Rechtspersönlichkeit. Durch den Vertrag von Lissabon wurden die „drei Säulen" aufgelöst, indem die Europäische Gemeinschaft (EG) in Europäische Union umbenannt wurde. Der frühere EG-Vertrag heißt aktuell Vertrag über die Arbeitsweise der Europäischen Union. Die EU übernimmt die Rechtspersönlichkeit der EG und handelt nunmehr als eigenständiges Völkerrechtssubjekt.

Frage: Welche Länder befinden sich auf dem Weg zur EU?

Antwort:

- Die ehemalige jugoslawische Republik Mazedonien: Die ehemalige jugoslawische Republik Mazedonien hat 2005 den Status eines Beitrittskandidaten erhalten. 2019 benannte sich Mazedonien in Nordmazedonien um. Am 19.07.2022 begann die Europäische Kommission mit den Beitrittsverhandlungen mit Nordmazedonien.
- Montenegro: Montenegro hat 2010 den Status eines Beitrittskandidaten erhalten. Die Verhandlungen der EU mit Montenegro starteten am 18.12.2012.
- Serbien: Serbien hat am 01.03.2012 den Status eines Beitrittskandidaten erhalten. Das Land hat 2009 die Mitgliedschaft beantragt. Die Beitrittsverhandlungen der EU mit Serbien starteten am 21.01.2014.
- Türkei: Die Türkei hat 1999 den Status eines Beitrittskandidaten erhalten.
- Albanien: Albanien hat 2009 die Mitgliedschaft beantragt und ist seit 2014 Beitrittskandidat. Der Europäische Rat hat Ende März 2020 den Beginn der Beitrittsverhandlungen mit Albanien beschlossen. Am 19.07.2022 begannen die Beitrittsverhandlungen der EU mit Albanien.
- Bosnien und Herzegowina: Bosnien und Herzegowina hat am 15.02.2016 den Antrag auf Mitgliedschaft in der EU eingereicht,
- Kosovo: Das Kosovo ist seit 2008 potenzieller Beitrittskandidat.
- Ukraine: Die Ukraine hat am 28.02.2022 einen Beitrittsantrag eingereicht und erhielt bereits am 23.06.2022 den offiziellen Kandidatenstatus. Aufgrund des im Februar 2022 zwischen Russland und der Ukraine begonnenen Krieges und des massiven Drucks aus Russland im Zeichen des Krieges konnte der von der Ukraine eigentlich verfolgte NATO-Beitritt nicht weiter angestrebt werden. Die Ukraine hatte bereits in den 1990er Jahren eindeutige Absichten geäußert, der Europäischen Union beitreten zu wollen. Die EU verwies jedoch damals auf die Notwendigkeit innenpolitischer Reformen und verknüpfte damit alle konkreten Schritte in Richtung einer EU-Mitgliedschaft. Zahlreiche Verstöße gegen demokratische Prinzipien standen einem EU-Beitritt bislang entgegen.
- Georgien: Georgien hat am 03.03.2022 ein EU-Beitrittsgesuch eingereicht. Der Europäische Rat hat am 23.06.2022 Georgien den Kandidatenstatus lediglich in Aussicht gestellt, sofern Georgien geforderte Reformen durchführt.
- Moldau: Am 03.03.2022 hat Moldau ebenfalls seinen Antrag auf EU-Mitgliedschaft eingereicht und bereits wenige Monate später am 23.06.2022 wurde dem Land der Kandidatenstatus verliehen.

> **Tipp!** Bitte vor der Prüfung noch einmal nachlesen, ob es aktuellere Entwicklungen hierzu gibt.

> **Frage:** Welches Problem hat sich durch den Brexit für die Bundesrepublik bei politischen Abstimmungen zwischen den EU-Mitgliedstaaten ergeben?

Antwort: Für Deutschland und seine traditionellen Partner ist es nach dem Brexit schwieriger geworden, ihre Interessen durchzusetzen. Nach dem Vertrag von Lissabon sind ab 2017 Beschlüsse in der Europäischen Union mit der sogenannten doppelten Mehrheit zu fassen. Nach dem Vertrag von Lissabon ist für eine qualifizierte Mehrheit im Rat der Europäischen Union einerseits notwendig, dass mindestens 55 % der Mitgliedstaaten einem Beschlussvorschlag zustimmen, wobei jedes Land eine Stimme hat. Zusätzlich müssen die zustimmenden Mitgliedstaaten insgesamt mindestens 65 % der EU-Bevölkerung repräsentieren. Mit Großbritannien und den übrigen Partnern konnte Deutschland zumindest 36 % der europäischen Bevölkerung repräsentieren und damit politisch nicht erwünschte Entwicklungen verhindern. Dies wird in Zukunft augenscheinlich schwieriger.

Problembereich 2: Organe der EU und deren Funktionen

> **Frage:** Welche Organe der EU gibt es?

Antwort: Die **Organe der EU** sind in Art. 13 ff. EUV abschließend geregelt.
Die Organe der Union sind:

- das Europäische Parlament (Art. 14 EUV, Art. 223 ff. AEUV),
- der Europäische Rat (Art. 15 EUV, Art. 235 f. AEUV),
- der Rat (Art. 16 EUV, Art. 237 ff. AEUV),
- die Europäische Kommission (im Folgenden „Kommission") (Art. 17 EUV, Art. 244 AEUV),
- der Gerichtshof der Europäischen Union (Art. 19 EUV, Art. 251 ff. AEUV),
- die Europäische Zentralbank (Art. 282 ff. AEUV),
- der Rechnungshof (Art. 285 ff. AEUV).

> **Frage:** Wer sitzt im Europäischen Parlament und welche wesentlichen Funktionen hat das Europäische Parlament?

Antwort: Das Europäische Parlament setzt sich aus Vertretern der Bürger der EU zusammen und hat bis zu 705 Mitglieder und einen Präsidenten.

Die Aufgaben und Befugnisse des Europäischen Parlaments wurden durch den Vertrag von Lissabon wesentlich weiter gefasst, sodass es nunmehr fast nahezu im gleichen Umfang an der Rechtssetzung beteiligt ist wie der Rat.

In Art. 14 Abs. 1 EUV sind die fünf wesentlichen Aufgabengebiete aufgezählt, nämlich:

- Gesetzgebung,
- Haushalt,
- politische Kontrolle (insbesondere gegenüber der Kommission),
- Beratungsfunktion,
- Wahl des Präsidenten der Europäischen Kommission.

Das Parlament erlässt überwiegend zusammen mit dem Rat nach dem ordentlichen Gesetzgebungsverfahren die Rechtsakte der EU, wie: Verordnungen, Richtlinien und Beschlüsse. Es hat aber kein eigenes Gesetzesinitiativrecht. Neben der Kontrolle des Haushalts ist die stärkste Kontrollfunktion des Europäischen Parlaments der Misstrauensantrag gegen die Kommission. Darüber hinaus kann das Europäische

Parlament Untersuchungsausschüsse wegen Verstößen von Mitgliedstaaten gegen Gemeinschaftsrecht einsetzen. Abschließend hat das Europäische Parlament die Möglichkeit gegen Rechtsakte anderer Unionsorgane Nichtigkeits- oder Untätigkeitsklage beim Gerichtshof der Europäischen Union einzulegen.

Frage: Was ist der Europäische Rat und welche Aufgaben hat er?

Antwort: Der **Europäische Rat** besteht gem. Art. 15 EUV grundsätzlich aus den Staats- und Regierungschefs sowie dem Präsidenten des Europäischen Rats und dem Präsidenten der Kommission. Er tagt zweimal pro Halbjahr und gibt der EU „die für ihre Entwicklung erforderlichen Impulse und legt die allgemeinen politischen Zielvorstellungen und Prioritäten hierfür fest". Etwaige Beschlüsse erfolgen grundsätzlich konsensual.

Frage: Wer ist Mitglied des Rats der Europäischen Union? Welche Aufgaben hat der Rat der Europäischen Union?

Antwort: Im **Rat der Europäischen Union** kommen die von den Mitgliedstaaten entsandten Minister der jeweiligen Ressorts (z.B. Finanzminister, Außenminister) zusammen und nicht die Staats- und Regierungschefs (vgl. Art. 16 Abs. 2 EUV) der jeweiligen Mitgliedsstaaten.

Der Rat ist zusammen mit dem Europäischen Parlament Hauptgesetzgeber und hat zusammen mit dem Parlament die Haushaltsbefugnisse inne. Eine Beschlussfassung im Rat erfolgt grundsätzlich mit einer qualifizierten Mehrheit (vgl. Art. 16 Abs. 3 EUV).

Frage: Was ist die Kommission und warum wird die Kommission auch als Hüterin der Verfassung bezeichnet?

Antwort: Die **Kommission** wird nicht durch die Unionsbürger gewählt, sondern vom Europäischen Rat. Die Aufgaben der Kommission sind in Art. 17 EUV geregelt und dort insbesondere das Gesetzesinitiativrecht. Als „Hüterin der Verträge" sorgt die Kommission weiter für die einheitliche und genaue Anwendung des Unionsrechts. In diesem Zusammenhang ist sie klagebefugt und kann eine sog. Aufsichtsklage wegen Vertragsverstößen gegen Mitgliedsstaaten erheben. Sie führt zudem den Haushaltsplan aus und übt Koordinierungs-, Exekutiv- und Verwaltungsfunktionen aus. Damit vertritt sie die EU nach außen. Darüber hinaus kann die Kommission Geldbußen und Zwangsgelder gegen Gemeinschaftsbürger insbesondere im Wettbewerbs- und Kartellrecht festsetzen.

Problembereich 3: Rechtsquellen des Gemeinschaftsrechts – Rechtssetzung, Geltung, Anwendung, Haftung und Verhältnis zum nationalen Recht

Frage: Welche Rechtsquellen des Unionsrechts gibt es?

Antwort: Die Rechtsquellen des Unionsrechts lassen sich in geschriebenes und ungeschriebenes primäres und geschriebenes sekundäres Gemeinschaftsrecht unterteilen.

Das **primäre Gemeinschafsrecht** bildet die Spitze der Normenhierarchie. Es ist in erster Linie die Gründungsverträge der Einzelgemeinschaften einschließlich ihrer Anhänge und Protokolle [Vertrag zur Gründung der Europäischen Gemeinschaft (EGV), einheitliche europäische Akte (EEA), der Maastrichter Vertrag (sog. Unionsvertrag; (EUV)), der Amsterdamer Vertrag, der Vertrag von Nizza und der Vertrag von Lissabon]. Weiterhin gelten die allgemeinen Rechtsgrundsätze (z.B. Grundsätze des

Vertrauensschutzes oder der Rechtssicherheit), die durch den EuGH entwickelt worden sind, als ungeschriebenes Recht.

Unter **sekundärem Gemeinschaftsrecht** wird das von den Organen der EU nach Maßgabe der Vorschriften des AEUV geschaffene Recht verstanden. Es handelt sich somit um abgeleitetes Recht, welches im Rang dem primären Gemeinschaftsrecht nachgeht. Die maßgeblichen Handlungsformen des sekundären Gemeinschaftsrechts sind in Art. 28 EUV genannt (Verordnungen, Entscheidungen, Richtlinien, Empfehlungen und Stellungnahmen sowie weitere ungekennzeichnete Rechtsakte).

Frage: Was versteht man unter einer europarechtlichen Verordnung?

Antwort: Verordnungen sind nach Art. 288 II AEUV die „Gesetze der Union". Die europarechtliche Verordnung hat damit Gesetzescharakter in Form einer allgemeinen Geltung (sog. abstrakte und generelle Wirkung) und bedarf grundsätzlich keiner Transformation oder Inkorporation in das Rechtssystem der Mitgliedstaaten. Damit ist sie in allen ihren Teilen verbindlich und gilt unmittelbar in jedem Mitgliedstaat. Gegebenenfalls sind von den Mitgliedstaaten allerdings noch Durchführungsakte zu erlassen, die allerdings nicht zu einer materiellen Änderung oder Erweiterung der Vorschriften der Verordnung führen dürfen.

Frage: Was verstehen Sie unter einer Richtlinie im europarechtlichen Sinne?

Antwort: Die Richtlinie verpflichtet die Mitgliedstaaten, sämtliche notwendigen Maßnahmen zu treffen, um das in der Richtlinie festgelegte Ziel zu verwirklichen. Die Form und die Mittel der Umsetzung der Richtlinie sind dem Mitgliedstaat selbst überlassen. Im Gegensatz zu einer Verordnung ist die Richtlinie zunächst nur für die Mitgliedstaaten verbindlich. Nach erfolgter Umsetzung ist die Richtlinie für den einzelnen Gemeinschaftsbürger verbindlich. Im Gegensatz zu einer Verordnung besteht damit bei der Umsetzung einer Richtlinie ein sog. zweistufiges Rechtssetzungsverfahren, da die Richtlinie zwar grundsätzlich keine unmittelbare Wirkung zu Lasten Einzelner oder im Verhältnis der Einzelnen zueinander entfaltet. Allerdings können Richtlinien zugunsten oder zuungunsten auf die Rechtsbeziehungen Privater Auswirkungen haben, in dem mitgliedstaatliches Recht, das den von einer Richtlinie geregelten Sachbereich direkt oder indirekt betrifft, richtlinienkonform auszulegen ist.

Frage: Wie ist die europarechtliche Entscheidung einzuordnen?

Antwort: Die europarechtliche Entscheidung gleicht grundsätzlich der Verordnung. Anders als bei der Verordnung ist der Adressatenkreis aber nicht generell, sondern individuell zu bestimmen. Als Adressaten kommen daher natürliche und juristische Personen sowie die Mitgliedstaaten in Betracht. Die europarechtliche Entscheidung trifft für den konkreten Einzelfall eine Regelung und ist damit dem Verwaltungsakt vergleichbar.

Frage: Wer hat in der EU die Zuständigkeit für den Erlass einer europarechtlichen Entscheidung?

Antwort: Die **Zuständigkeit zum Erlass von Verordnungen und Entscheidungen** ist abhängig von der jeweiligen Befugnisnorm und liegt entweder beim Rat oder bei der Kommission. Der Rat als Gesetzgeber ist grundsätzlich für den Erlass von Verordnungen zuständig. Die Kommission als ausführende Gewalt ist überwiegend für den Erlass von Verordnungen als Durchführungsverordnung sowie für den Erlass von Entscheidungen zuständig.

Frage: Was verstehen Sie unter „Kompetenzen" der EU?

Antwort: Es gibt die sog. Rechtssetzungskompetenz und die Organkompetenz.

Die sog. **Rechtssetzungskompetenz** der EU ist nicht umfassend und uneingeschränkt, sondern die EU hat nur dann die Zuständigkeit für die Rechtssetzung, wenn die Verträge dies ausdrücklich so bestimmen. Ansonsten ist eine Rechtssetzung der EU ausgeschlossen. Die hierfür maßgeblichen Ermächtigungsnormen lassen sich in zwingende Ermächtigungsnormen sowie Ermessens-Ermächtigungsnormen teilen.

Die sog. **Organkompetenz** bestimmt, welches Organ befugt ist, rechtssetzend tätig zu werden. Auch dies ist in den einzelnen Ermächtigungsgrundlagen geregelt. In der Regel sind der Rat und das Europäische Parlament das Hauptrechtssetzungsorgan im Mitentscheidungsverfahren (Art. 289, 294), während die Kommission das Gesetzesinitiativrecht hat.

> **Frage:** Welches Recht ist vorrangig? (EU Recht oder nationales Recht?)

Antwort: Nach der Rechtsprechung des EuGH geht dieser von einem absoluten Vorrang des Unionsrechts vor jeder innerstaatlichen Rechtsnorm aus, sodass nationale Rechtsvorschriften, wenn sie dem EU-Recht entgegenstehen, keine Anwendung finden. Aus deutscher Sicht wird dies in Bezug auf sog. „einfaches" Recht (allgemeine Gesetze) grundsätzlich auch so gesehen, allerdings bestehen seitens des Bundesverfassungsgerichts Vorbehalte gegenüber einem absoluten Vorrang des EU-Rechts vor dem Grundgesetz.

> **Hinweis!**
>
> Das BVerfG hat mit Urteil vom 05.05.2020, 2 BvR 859/15 zu Staatsanleihekäufen der Europäischen Zentralbank in Milliardenhöhe und zum Verhältnis von BVerfG und EuGH geurteilt, dass die EZB mit ihren Beschlüssen zum Staatsanleihekaufprogramm aus 2015 entgegen einem Urteil des EuGH vom 11.12.2018, Rs. C-493/17, kompetenzüberschreitend gehandelt habe, die Deutsche Bundesbank an diesem Programm nicht hätte mitwirken lassen dürfen und der Bundestag sowie die Bundesregierung verpflichtet gewesen seien, geeignete Maßnahmen gegen das Programm zu ergreifen.
> Nach Aussagen der EU-Kommission verstößt das o.g. Urteil des BVerfG gegen den Vorrang des EU-Rechts. Die EU-Kommission hat deshalb ein Vertragsverletzungsverfahren gegen Deutschland nach Art. 258 AEUV eingeleitet.

> **Frage:** Können Mitgliedstaaten bei Verstoß gegen EU Recht haften?

Antwort: Innerhalb der einzelnen Arten von Unionsrechtsverstößen ist zu differenzieren zwischen einem Verstoß gegen legislatives, administratives oder judikatives Unrecht.

Für alle Arten der Verstöße kann eine Haftung unter engen Voraussetzungen nach Ansicht des EuGH in Betracht kommen.

Problembereich 4: Rechtsschutz in der EU

> **Frage:** Auf welche Weise ist es möglich im Rechtsweg vom Finanzamt oder Finanzgericht zum BVerfG zu gelangen?

Antwort: Für den Bürger ist es möglich mit einer **Verfassungsbeschwerde zum BVerfG zu gelangen.** Nach der Rechtswegerschöpfung kann der Steuerpflichtige eine Verfassungsbeschwerde erheben und diese damit begründen, dass er in seinen Grundrechten verletzt sei (Art. 93 Abs. 1 Nr. 4 GG). Demgegenüber kann mit Hilfe eines konkreten Normenkontrollverfahrens, ein Gericht, das ein Gesetz für verfassungswidrig hält, auf das es aber bei seiner Entscheidung ankommt, die Entscheidung des BVerfG einholen (vgl. Art. 100 Abs. 1 GG).

Frage: Wer hat die Möglichkeit den EuGH anzurufen?

Antwort: Die nationalen Gerichte haben die Verpflichtung dem EuGH eine Vorschrift vorzulegen, wenn fraglich ist, ob die nationale Norm im Einklang mit dem Gemeinschaftsrecht steht. Anders als beim BVerfG muss das nationale Gericht aber nicht selbst prüfen, ob es die Norm für gemeinschaftsrechtswidrig hält. Aber auch Prozessparteien dürfen das europäische Gericht 1. Instanz nach Rechtswegerschöpfung anrufen.

Frage: Welche Verfahrensarten sind Ihnen im Rechtsschutzsystem des AEUV bekannt?

Antwort: Im Rechtsschutzsystem sind als weitere wichtige Verfahrensarten vor dem EuGH insbesondere das Vertragsverletzungsverfahren, die Nichtigkeitsklage und das Vorabentscheidungsverfahren zu nennen.

Hierbei können Mitgliedstaaten und die Kommission Verstöße eines Mitgliedstaates gegen das EU-Recht geltend machen. Klageberechtigt ist entweder die Europäische Kommission oder ein Mitgliedstaat.

Das **Vertragsverletzungsverfahren** ist in Art. 258, 259 AEUV geregelt und kann entweder durch die Kommission oder von einem anderen Mitgliedsstaat angestrengt werden, damit ein anderer gegen das Unionsrecht verstoßende Mitgliedsstaat die Vertragsverletzung beseitigt. Zuständig für die Entscheidung im Vertragsverletzungsverfahren ist ausschließlich der EuGH (vgl. Art. 256 Abs. 1 AEUV).

Hinweis!
Siehe hierzu auch den Hinweis zum Vertragsverletzungsverfahren gegen Deutschland nach Art. 258 AEUV im Problembereich 3.

Die sog. **Nichtigkeitsklage** (vgl. Art. 263 AEUV) dient der Überprüfung von Rechtsakten der Unionsorgane (sekundäres Gemeinschaftsrecht, s.o.). Hiermit können die Gemeinschaftsorgane überwacht werden. Mitgliedstaaten, Organe der EU und natürliche und juristische Personen können durch Klage feststellen lassen, dass ein Rechtsakt rechtswidrig ist. Anders als Mitgliedstaaten und Organe der EU müssen Individualpersonen unmittelbar, individuell und gegenwärtig betroffen sein, um Klagebefugnis zu erlangen.

Durch ein sog. **Vorabentscheidungsverfahren** (Art. 267 AEUV) kann die Wahrung der einheitlichen Anwendung und die Geltung des Gemeinschaftsrechts sichergestellt werden. Hierbei können nationale Gerichte dabei Vorfragen über die Auslegung des Gemeinschaftsrechts oder die Gültigkeit des sekundären Gemeinschaftsrechts dem Europäischen Gerichtshof vorlegen. Entscheidet das nationale Gericht in letzter Instanz, so ist es zur Vorlage an den EuGH verpflichtet. Im Übrigen kann auch der Einzelne in einem Verfahren vor den mitgliedstaatlichen Gerichten die Vorlage an den EuGH anregen.

Weitere Verfahren im Rechtsschutzsystem der EU sind die sog. **Untätigkeitsklage** (Art. 265 AEUV) und die sog. Schadenersatzklage (Art. 268 AEUV i.V.m. Art. 340 Abs. 2 AEUV).

Problembereich 5: Die Grundfreiheiten des EU-Vertrags

Frage: Welche Grundfreiheiten sind im EU-Recht wesentlich?

Antwort: Es werden die sog. **vier Grundfreiheiten** als wesentliche Bestandteile des Binnenmarktes (vgl. Art. 26 AEUV), nämlich der freie Warenverkehr (vgl. Art. 28 ff., 34 ff. AEUV), der freie Personenverkehr (vgl. Art. 45 ff., 49 ff. AEUV; der sich wiederum in Arbeitnehmerfreizügigkeit (vgl. Art. 45 bis 48 AEUV) und Niederlassungsfreiheit (vgl. Art. 49 bis 55 AEUV) unterscheiden lässt, die Dienstleistungsfreiheit (vgl. Art. 56 AEUV) sowie die Kapital- und Zahlungsverkehrsfreiheit (vgl. Art. 63 Abs. 1 ff. AEUV). Als sog. Hilfsfreiheit wird die Freiheit des Zahlungsverkehrs (Art. 63 Abs. 3, 64 ff. AEUV) bezeichnet.

Frage: Was bedeutet freier Warenverkehr?

Antwort: Zur Erreichung eines freien Warenverkehrs innerhalb der Grenzen der EU sieht der AEUV das Verbot von Ein- und Ausführzöllen (Art. 30 AEUV) sowie die Abschaffung aller mengenmäßigen Ein- und Ausfuhrbeschränkungen (Art. 34 AEUV) im Handelsverkehr innerhalb der EU vor.

Frage: Welche Rechte beinhaltet im Rahmen der Freiheit des Personenverkehrs die Arbeitnehmerfreizügigkeit und die Niederlassungsfreiheit?

Antwort: Die **Arbeitnehmerfreizügigkeit** (Art. 45–48 AEUV) steht nur den Staatsangehörigen der Mitgliedstaaten zu (sog. Wanderarbeitnehmer). Als Arbeitnehmer in diesem Sinne gilt, wer während einer bestimmten Zeit für einen anderen, nach dessen Weisungen Leistungen erbringt, für die er als Gegenleistung eine Vergütung erhält. Als Arbeitnehmer in diesem Sinne gilt auch der derjenige, der tatsächlich eine Arbeit sucht. Die Arbeitnehmerfreizügigkeit umfasst gem. Art. 39 Abs. 3 EGV das Einreise-, Aufenthalts- und Verbleiberecht im Beschäftigungsstaat sowie das Diskriminierungsverbot gegenüber den Staatsangehörigen des Beschäftigungsstaates.

Die **Niederlassungsfreiheit** (Art. 49–55 AEUV) bestimmt im Wesentlichen das Recht, in einem anderen Mitgliedstaat nach dessen Rechtsvorschriften einer selbstständigen Erwerbstätigkeit nachzugehen und Unternehmen einschließlich Zweigniederlassungen zu gründen. Die Regelung enthält ein umfassendes Diskriminierungsverbot und damit das Gebot der sog. Inländergleichbehandlung.

Frage: Was ist in diesem Zusammenhang unter dem Problem der Inländerdiskriminierung zu verstehen?

Antwort: Für Inländer gilt zunächst grundsätzlich das nationale Recht. Infolge dessen können Staatsangehörige anderer Mitgliedstaaten, für die der EUV anwendbar ist, bessergestellt werden als Inländer. Der EuGH geht deshalb von einer Anwendbarkeit gemeinschaftsrechtlicher Regelungen auch für den Inländer aus, um eine sog. Inländerdiskriminierung zu unterbinden.

Frage: Welchen Schutzbereich beinhalten die Freiheit des Dienstleistungsverkehrs und die Freiheit des Kapitalverkehrs?

Antwort: Die Dienstleistungsfreiheit enthält im Wesentlichen das Recht, in einem anderen Mitgliedstaat eine selbstständige Tätigkeit ausüben zu können, während durch die Freiheit des Kapitalverkehrs alle Beschränkungen des Kapitalverkehrs zwischen den Mitgliedstaaten verboten sind.

Themenbereich Insolvenzrecht

Problembereich 1: Die Voraussetzungen für die Eröffnung eines Insolvenzverfahrens

Frage: Welche Ziele hat ein Insolvenzverfahren? Was versprechen sich die Beteiligten davon?

Antwort: Wenn ein Schuldner seine Verbindlichkeiten nicht mehr oder nicht mehr vollständig erfüllen kann, dann dient das Insolvenzverfahren dazu, dessen Gläubiger (Insolvenzgläubiger) gleichmäßig und gemeinsam zu befriedigen. Es soll gewährleistet sein, dass es in einer solchen Situation zu einer geordneten und gerechten Verteilung des Schuldnervermögens auf die Gläubiger kommt und dass keine Gläubiger bevorzugt befriedigt werden (§ 1 Insolvenzordnung – fortan InsO).

Es ist die Aufgabe des Insolvenzverwalters, das Vermögen des in Insolvenz geratenen Schuldners (Gemeinschuldner) bestmöglich zu verwerten und mit dem Erlös die Gläubiger zu befriedigen. Das kann durch die Verwertung (Verkauf) einzelner Vermögensgegenstände oder die Verwertung des Vermögens im Ganzen erfolgen.

Die Insolvenzordnung löste im Jahr 1999 die Konkursordnung ab. Seither gab es immer wieder punktuelle Gesetzesänderungen. Im Jahr 2012 begann der Gesetzgeber mit einer umfassenderen Insolvenzrechtsnovelle. Der erste Teil der Novelle trat am 01.03.2012 in Kraft (Gesetz zur weiteren Erleichterung der Sanierung von Unternehmen). Im zweiten Teil folgte am 16.05.2013 das Gesetz zur Verkürzung des Restschuldverfahrens und zur Stärkung der Gläubigerrechte. Am 05.04.2017 ist das Gesetz zur Verbesserung der Rechtssicherheit bei Anfechtungen verabschiedet worden. (Dazu unter Problembereich 3: Die Insolvenzanfechtung.) Der dritte Teil der Insolvenzrechtsreform wurde in 2018 mit dem Gesetz zur Erleichterung der Bewältigung von Konzerninsolvenzen vom 21.04.2018 umgesetzt.

Weitere Änderungen wurden mit dem Sanierungs- und Insolvenzrechtsfortentwicklungsgesetz (SanInsFoG) vom 22.12.2020 (BGBl I S. 3256), dem Gesetz zur weiteren Verkürzung des Restschuldbefreiungsverfahrens und zur Anpassung pandemiebedingter Vorschriften im Gesellschafts-, Genossenschafts-, Vereins- und Stiftungsrecht sowie im Miet- und Pachtrecht vom 22.12.2020 (BGBl I S. 3328) sowie dem Gesetz zur weiteren Verkürzung des Restschuldbefreiungsverfahrens und zur Anpassung pandemiebedingter Vorschriften im Gesellschafts-, Genossenschafts-, Vereins- und Stiftungsrecht sowie im Miet- und Pachtrecht vom 22.12.2020 (BGBl I S. 3328) umgesetzt. Durch das Gesetz zur vorübergehenden Aussetzung der Insolvenzantragspflicht und zur Begrenzung der Organhaftung bei einer durch die COVID-19-Pandemie bedingten Insolvenz wurde die Insolvenzantragspflicht während der Corona-Pandemie vorrübergehend ausgesetzt bzw. modifiziert. Das Gesetz zur Abmilderung der Folgen der Corona-Pandemie im Insolvenzrecht galt zunächst bis zum 30.09.2020. Danach wurde die Aussetzung der Insolvenzantragspflicht mehrfach bis Ende April 2021 verlängert. Mit dem am 01.01.2021 in Kraft getretenen Unternehmensstabilisierungs- und Restrukturierungsgesetz (StaRUG) wurde sanierungswilligen Unternehmen die Möglichkeit gegeben, sich innerhalb weniger Wochen auf der Grundlage eines selbst gestalteten und von den einbezogenen Gläubigern konsensual (im Rahmen der sog. Sanierungsmoderation) oder mehrheitlich (im Rahmen des Restrukturierungsplanverfahrens) angenommenen Plans zu sanieren und dadurch ein Insolvenzverfahren abzuwenden.

Frage: Welche Wirkung hat die Eröffnung eines Insolvenzverfahrens?

Antwort: Durch die Eröffnung des Insolvenzverfahrens verliert der Schuldner nach § 80 InsO das Recht, sein zur Insolvenzmasse gehörendes Vermögen zu verwalten und darüber zu verfügen. Alle Rechtshandlungen, die dem Schuldner gegenüber vorgenommen werden oder die dieser vornimmt, sind unwirksam. Veräußert (verfügt) der Schuldner z.B. nach Eröffnung des Insolvenzverfahrens über einen Gegenstand der Insolvenzmasse, so ist diese Verfügung unwirksam (vgl. § 81 InsO).

Frage: Über wessen Vermögen kann ein Insolvenzverfahren eröffnet werden?

Antwort: Ein Insolvenzverfahren kann nach § 11 InsO über das Vermögen jeder unternehmerisch tätigen natürlichen Person und jeder juristischen Person eröffnet werden – aber auch über das Vermögen von Personenzusammenschlüssen. Dazu gehören die OHG, die KG, die Partnerschaftsgesellschaft, die GbR und die EWiV (Europäische wirtschaftliche Interessengemeinschaft = grenzüberschreitender Zusammenschluss von Freiberuflern). Ist der Schuldner eine natürliche Person, die keine selbständige wirtschaftliche Tätigkeit ausübt, so gelten die Besonderheiten des Verbraucherinsolvenzverfahrens nach den §§ 304 ff. InsO.

Frage: Welche Voraussetzungen bzw. welche Gründe müssen gegeben sein, damit ein Insolvenzverfahren eröffnet werden kann?

Antwort: Es muss ein Eröffnungsgrund vorliegen. Der klassische Eröffnungsgrund ist nach § 17 InsO die Zahlungsunfähigkeit. Der Schuldner ist zahlungsunfähig, wenn er nicht (mehr) in der Lage ist, die fälligen Zahlungsverpflichtungen zu erfüllen. Das ist jedenfalls dann der Fall, wenn er seine Zahlungen einstellt. Indizien für die Zahlungsunfähigkeit sind gegeben, wenn der Schuldner selbst erteilte Zahlungszusagen nicht einhält oder verspätet nur unter Druck einer angedrohten Liefersperre vornimmt (BGH vom 09.06.2016, IX ZR 174/15, BB 2016, 1618 ff.). Die Erklärung des Schuldners, eine Zahlungsverpflichtung nicht sofort erfüllen zu können, ist noch kein eindeutiges Indiz für dessen Zahlungsunfähigkeit (BGH vom 14.07.2016, IX ZR 188/15, NJW-RR 2016, 1140).

Nach § 18 InsO ist auch die drohende Zahlungsunfähigkeit ein Insolvenzgrund. Diese liegt vor, wenn der Schuldner voraussichtlich nicht in der Lage sein wird, die bestehenden Zahlungspflichten im Zeitpunkt der Fälligkeit zu erfüllen. In aller Regel ist dafür ein Prognosezeitraum von 24 Monaten zugrunde zu legen. Mit dem ESUG wurde das sog. Schutzschirmverfahren gem. § 270d InsO (vormals § 270b InsO a.F.) eingeführt. Dieses setzt voraus, dass der Insolvenzantrag bereits bei drohender Zahlungsunfähigkeit oder Überschuldung gestellt wird. Auf drohende Zahlungsunfähigkeit, die durch einen Liquiditätsplan nachzuweisen ist, kann nur der Schuldner selbst seinen Insolvenzantrag stützen (§ 18 Abs. 1 InsO).

Bei juristischen Personen, bei nicht rechtsfähigen Vereinen und bei Gesellschaften ohne Rechtspersönlichkeit, die keine natürliche Person als persönlich haftenden Gesellschafter haben (z.B. GmbH & Co. KG), ist auch die Überschuldung ein Insolvenzgrund (§ 19 InsO). Im Jahr 2020 und bis zum 31.03.2021 galt dies jedoch nur mit Einschränkungen, wenn die Überschuldung auf Grund der Folgen der Corona-Pandemie eintrat.

Das Insolvenzverfahren wird nur auf Antrag eröffnet. Den Antrag kann der Gemeinschuldner selbst stellen (Eigenantrag) oder auch jeder einzelne Gläubiger (Drittantrag). Der Gläubiger muss seine Forderung gegenüber dem Schuldner belegen können – in der Regel durch unbestrittene oder rechtskräftig festgestellte Forderungen.

Trotz Vorliegen eines Eröffnungsgrundes erfolgt aber eine Abweisung des Antrags auf Eröffnung des Insolvenzverfahrens, wenn das schuldnerische Vermögen voraussichtlich nicht ausreicht, um nach Eröffnung des Insolvenzverfahrens die Kosten zu decken, §§ 26 Abs. 1 S. 1, 54 InsO. Das sind die Gerichtskosten und die Honorare des Insolvenzverwalters. Eine Beschwerde hiergegen kann nach § 34 InsO nur der Schuldner und der antragstellende Gläubiger einlegen.

Frage: Wann ist ein Unternehmen zahlungsunfähig?

Antwort: Zahlungsunfähigkeit ist noch nicht anzunehmen, wenn der Zeitraum nicht überschritten wird, den eine kreditwürdige Person benötigt, um sich die benötigten Mittel zu beschaffen. Das kann ein Zeitfenster von drei Wochen ausmachen (BGH vom 24.05.2005, IX ZR 123/04, BGHZ 163, 144). In diesem zeitlichen Rahmen spricht man allenfalls von Zahlungsstockung. Kann der Schuldner aber innerhalb von drei Wochen weniger als 10 % seiner fälligen Gesamtverbindlichkeiten nicht erfüllen, ist von Zahlungsunfähigkeit auszugehen. Ist allerdings mit an Sicherheit grenzender Wahrscheinlichkeit zu erwarten, dass die Zahlungslücke demnächst vollständig oder fast vollständig beseitigt werden kann, ist den Gläubigern ein Zuwarten auch über die drei Wochen hinaus zuzumuten. In diesem Fall führt die Liquiditätslücke nicht zur Zahlungsunfähigkeit im Sinne der Insolvenzordnung. Das bedeutet, dass stets die Umstände des Einzelfalls zu beachten sind, wenn es um die Frage geht, ob Zahlungsunfähigkeit vorliegt oder nicht.

Der BGH hat in der Entscheidung vom 19.12.2017, 8 II ZR 88/16, DStR 2018, 478) die Frage umfänglich behandelt, ob bei der Prüfung der Zahlungsunfähigkeit auch die Verbindlichkeiten einzubeziehen sind, die erst nach dem o.g. Drei-Wochen-Zeitraum fällig werden. Dies hat er bejaht. Damit kommt insoweit eine gewisse Unsicherheit in die Beratung insolvenzreifer Unternehmen. Bisher deutete vieles darauf hin, dass der 9. Senat des BGH anderer Ansicht war bzw. ist. Jedenfalls wird man sich aktuell darauf einstellen müssen, dass über den Zeitraum von drei Wochen hinaus ein auf Prognosen und Wahrscheinlichkeiten getragener Finanz- oder Liquiditätsplan auf einen Zeitraum von 12 Monaten erforderlich sein wird.

> **Frage:** Wann ist ein Unternehmen überschuldet?

Antwort: Eine Überschuldung ist zu bejahen, wenn das Vermögen (zu Verkehrswerten, die im Falle der Zerschlagung durch Einzelveräußerung realisiert werden könnten) die bestehenden Verbindlichkeiten nicht mehr deckt, **es sei denn, die Fortführung des Unternehmens in den nächsten 12 Monaten ist nach den Umständen überwiegend wahrscheinlich**. Entscheidend ist, wie eine Zukunftsprognose die Entwicklung des Unternehmens/der Gesellschaft beurteilt. Erkennt diese eine erfolgreiche Entwicklung trotz buchhalterischer Überschuldung, ist sie positiv und bewirkt, dass eine insolvenzrechtliche Überschuldung zu verneinen ist.

> **Hinweis!** Nach § 4 S. 1 COVInsAG war abweichend von § 19 Abs. 2 S. 1 InsO n.F. zwischen dem 01.01.2021 und 31.12.2021 anstelle des Zeitraums von zwölf Monaten ein Zeitraum von vier Monaten zugrunde zu legen, wenn die Überschuldung des Schuldners auf die COVID-19-Pandemie zurückzuführen ist. Dass die Überschuldung auf die COVID-19-Pandemie zurückzuführen ist, wird nach § 4 S. 1 COVInsAG vermutet, wenn:
> - der Schuldner am 31.12.2019 nicht zahlungsunfähig war,
> - der Schuldner in dem letzten, vor dem 01.01.2020 abgeschlossenen Geschäftsjahr ein positives Ergebnis aus der gewöhnlichen Geschäftstätigkeit erwirtschaftet hat und
> - der Umsatz aus der gewöhnlichen Geschäftstätigkeit im Kalenderjahr 2020 im Vergleich zum Vorjahr um mehr als 30 % eingebrochen ist.
>
> Als Reaktion auf die Folgen des Ukrainekrieges im Jahr 2022 wurde durch das Sanierungs- und insolvenzrechtliches Krisenfolgenabmilderungsgesetz (SanInsKG) eine vergleichbare Regelung geschaffen.
>
> Die Insolvenzantragspflicht wegen Überschuldung nach § 15a InsO wurde durch das Sanierungs- und insolvenzrechtliches Krisenfolgenabmilderungsgesetz (SanInsKG) modifiziert und für die sogenannte insolvenzrechtliche Fortführungsprognose von zwölf auf vier Monate herabgesetzt.

Die Regelung gilt auch für Unternehmen, bei denen bereits vor dem Inkrafttreten eine Überschuldung vorlag, der für eine rechtzeitige Insolvenzantragstellung maßgebliche Zeitpunkt aber noch nicht verstrichen ist.

Die Regelung gilt bis zum 31.12.2023. Wichtig ist jedoch, dass bereits ab dem 1. September 2023 der ursprüngliche Prognosezeitraum von 12 Monaten wieder relevant werden kann, wenn absehbar ist, dass auf Grundlage der ab dem 01.01.2024 wieder auf einen 12-monatigen Zeitraum zu beziehenden Prognose eine Überschuldung bestehen wird.

Die Insolvenzantragspflicht wegen Zahlungsunfähigkeit bleibt von der vorübergehenden Regelung genau wie während der Corona-Pandemie unberührt.

Nach § 19 Abs. 2 S. 2 InsO sind Gesellschafterdarlehen mit Rangrücktritt beim Überprüfen der Überschuldung nicht bei den Verbindlichkeiten anzusetzen. Andererseits sind alle Gesellschafterdarlehen mit Eröffnung des Insolvenzverfahrens nachrangig (§ 39 Abs. 1 Nr. 5, Abs. 4 InsO). Eine Gewährung in der Krise ist nicht mehr erforderlich. Eine Ausnahme gilt nur für Gesellschafterdarlehen staatlicher Förderbanken wie der Kreditanstalt für Wiederaufbau (KfW), vgl. § 39 Abs. 1 Satz 2 InsO.

Frage: G ist als Geschäftsführer der A-GmbH im Handelsregister eingetragen. Die Geschicke der Gesellschaft bestimmt und leitet jedoch der Gesellschafter A. Die Gesellschaft ist überschuldet. Welche Verpflichtungen ergeben sich daraus für G und A?

Antwort: Nach § 15a Abs. 1 InsO ist bei der GmbH auch die Überschuldung Grund für die Eröffnung des Insolvenzverfahrens. Hierzu sind die Geschäftsführer verpflichtet. Nach § 15a Abs. 4 InsO wird mit Freiheitsstrafe bestraft, wer als Geschäftsführer im Falle der Überschuldung oder der Zahlungsunfähigkeit den Insolvenzantrag nicht richtig oder nicht rechtzeitig stellt (spätestens drei Wochen nach Eintritt der Zahlungsunfähigkeit und sechs Wochen nach Eintritt der Überschuldung – § 15a Abs. 1 InsO). Diese Verpflichtung trifft auf jeden Fall den im Handelsregister eingetragenen Geschäftsführer G. Nach dem Inkrafttreten des MoMiG war in der Literatur umstritten, ob diese (auch strafrechtlich relevante) Verpflichtung einen faktischen Geschäftsführer treffen kann, wie im Ausgangsfall den A. Das hat der BGH mit der Aussage bejaht (BGH vom 18.12.2014, NJW 2015, 712), dass sich der faktische Geschäftsführer bei Verletzung dieser Pflicht sowohl schadensersatzpflichtig als auch strafbar machen kann. Zu beachten ist, dass die Geschäftsführer/Vorstände der Gesellschaften den Interessen der Anteilseigner verpflichtet sind. In einer wirtschaftlichen Krisensituation gewinnen aber die Interessen der Gläubiger an Bedeutung. Dies hat letztendlich Konsequenzen für die Haftung der Geschäftsführungsorgane.

Problembereich 2: Insolvenzmasse und Insolvenzbeteiligte

Frage: Was versteht man unter dem Begriff Insolvenzmasse?

Antwort: Die Insolvenzmasse ist das Vermögen, das dem Schuldner zum Zeitpunkt der Eröffnung des Verfahrens gehört und das er während des Verfahrens hinzuerwirbt. Das Recht, darüber zu verfügen, steht grundsätzlich nur dem Insolvenzverwalter zu.

Frage: Werden im Insolvenzverfahren alle Gläubiger des Schuldners gleichbehandelt oder gibt es Unterschiede?

Antwort: Es gibt Unterschiede. Das Insolvenzverfahren kennt fünf Gläubigerkategorien: die aussonderungsberechtigten Insolvenzgläubiger, die absonderungsberechtigten Insolvenzgläubiger, die Massegläubiger, die „normalen" Insolvenzgläubiger und die nachrangigen Insolvenzgläubiger.

Frage: G hat dem Unternehmer S am 15.05.2023 einen Pkw unter Eigentumsvorbehalt geliefert. Der Kaufpreis sollte bis zum 19.06.2023 gezahlt werden. S zahlt trotz wiederholten Anmahnens nicht. Am 07.08.2023 wird über das Vermögen des S das Insolvenzverfahren eröffnet. Wie kommt G zu seinem Geld?

Antwort: Nachdem G unter Eigentumsvorbehalt geliefert, und nachdem S den Kaufpreis noch nicht gezahlt hat, ist G noch Eigentümer des Pkw. Nach § 985 BGB hat der Eigentümer gegen den Besitzer einen Herausgabeanspruch. Danach muss S (für ihn handelnd der Insolvenzverwalter) den Pkw an G herausgeben. G hat einen dinglichen Herausgabeanspruch; er ist aussonderungsberechtigt. Solche Gläubiger können ihre Rechte außerhalb des Insolvenzverfahrens geltend machen (§ 47 InsO). Sie nehmen am Insolvenzverfahren nicht teil. G bekommt danach zwar nicht sein Geld; er erhält aber den gelieferten Pkw wieder zurück.

Nach § 103 Abs. 1 InsO kann allerdings der Insolvenzverwalter von G Erfüllung (Übereignung) verlangen. In diesem Fall muss er aber auch an G den vollen Kaufpreis bzw. Restkaufpreis zahlen.

Kommt es zu keinem Vollzug des Kaufvertrages bzw. lehnt der Verwalter die Erfüllung ab, so kann G den ihm verbleibenden Schaden (vereinbarter Kaufpreis abzüglich Wert des zurückgenommenen Pkw) nur als normaler Insolvenzgläubiger im Insolvenzverfahren geltend machen. Er nimmt dann insoweit am Insolvenzverfahren teil.

Frage: Was sind absonderungsberechtigte Insolvenzgläubiger? Welche (Sonder-) Rechte haben sie?

Antwort: Absonderungsberechtigte Insolvenzgläubiger sind Gläubiger, denen ein Recht auf Befriedigung aus Gegenständen der Insolvenzmasse zusteht (§§ 49–52 InsO). Darunter fallen Gläubiger, die ein Pfandrecht an einem Massegegenstand haben (z.B. Hypotheken an einem Grundstück). Den Pfandrechtsgläubigern sind nach § 51 Nr. 1 InsO die Gläubiger gleichgestellt, die ihre Forderungen gegen den insolventen Schuldner mit einer Sicherungsübereignung oder Sicherungsabtretung abgesichert haben. Das ist der Regelfall in der Praxis; Pfandrechte an beweglichen Gegenständen des Schuldnervermögens oder aus Forderungen gibt es so gut wie nicht mehr.

Das Pfand- oder Sicherungsgut wird im Insolvenzverfahren nach § 165 InsO vom Insolvenzverwalter verwertet. Dieser erhält 9 % der erzielten Erlöse (4 % Feststellungspauschale und 5 % Verwertungspauschale). Ist die Verwertung umsatzsteuerbar und umsatzsteuerpflichtig, verbleibt der Masse auch die vom Insolvenzverwalter abzuführende Umsatzsteuer. Der danach verbleibende Verwertungserlös wird an den absonderungsberechtigten Gläubiger ausgekehrt.

Frage: Welche Rechtsstellung haben die Massegläubiger? Was sind Massekosten und Masseverbindlichkeiten? Was ist Massearmut?

Antwort: Die Massegläubiger sind aus dem Vermögen des Schuldners, das nach der Befriedigung der aus- und absonderungsberechtigten Gläubiger verbleibt, vorweg zu befriedigen. Darunter fallen an erster Stelle die Kosten des Insolvenzverfahrens, das sind die Gerichtskosten sowie die Vergütung und die Auslagen des Verwalters (Massekosten). Danach und an zweiter Stelle kommen die Verbindlichkeiten, die der Insolvenzverwalter begründet hat (Massenverbindlichkeiten nach §§ 53–55; 209 InsO). Wenn nicht genügend Insolvenzmasse vorhanden ist, um die Kosten des Insolvenzverfahrens abzudecken (Massearmut), dann wird das Verfahren nicht eröffnet (§ 26 InsO). Stellt sich dies erst nach der Eröffnung des Insolvenzverfahrens heraus, dann wird das Verfahren nachträglich eingestellt (§ 207 InsO).

Frage: Was ist der Unterschied zwischen „normalen" Insolvenzgläubigern und nachrangigen Insolvenzgläubigern?

Antwort: Die Ansprüche der Insolvenzgläubiger (normale Insolvenzgläubiger) können aus dem Vermögen des Schuldners bedient werden, das nach Befriedigung der absonderungsberechtigten Gläubiger und nach Befriedigung der Massegläubiger übrig bleibt. Daraus errechnet sich die Insolvenzquote. Insolvenzverbindlichkeiten sind die Verbindlichkeiten aus Lieferungen und Leistungen, ungesicherte Darlehensverbindlichkeiten, die Verbindlichkeiten gegenüber den Arbeitnehmern und alle sonstigen Verbindlichkeiten aus dem Geschäfts- oder Lebensbereich des Gemeinschuldners. Erst wenn diese „normalen" Insolvenzgläubiger befriedigt sind, können die „nachrangigen Insolvenzgläubiger" bedient werden (§§ 38, 39 InsO). Darunter fällt u.a. die Forderung auf Rückgewähr eines Gesellschafterdarlehens nach § 39 Abs. 1 Satz 1 Nr. 5, Abs. 4 InsO. In aller Regel ist für die Befriedigung nachrangiger Insolvenzgläubiger keine Insolvenzmasse mehr vorhanden.

Frage: Welche Aufgaben hat der Insolvenzverwalter? Wer kann Insolvenzverwalter sein?

Antwort: Nach Eröffnung des Verfahrens geht die Befugnis, über das Vermögen des Schuldners zu verfügen, gem. § 80 InsO auf den Insolvenzverwalter über. Er hat das Massevermögen zu erhalten und zu verwalten und er muss daraus die Gläubigergruppen befriedigen. Verletzt der Insolvenzverwalter seine Verwalterpflichten, kann er sich den Beteiligten gegenüber schadenersatzpflichtig machen (§ 60 InsO). Um solche Schadenersatzansprüche gegen den Insolvenzverwalter zu realisieren, kann das Insolvenzgericht einen Sonderinsolvenzverwalter einsetzen – vgl. § 92 S. 2 InsO.

Zum Insolvenzverwalter ist nach § 56 Abs. 1 InsO eine für den jeweiligen Einzelfall geeignete, insbesondere geschäftskundige und von den Gläubigern und dem Schuldner unabhängige natürliche Person zu bestellen. In der Regel werden bei den Insolvenzgichten solche Personen „gelistet". Es sind hauptsächlich Juristen (Rechtsanwälte), die von den Insolvenzgerichten zu Insolvenzverwaltern bestellt werden. Die Insolvenzordnung gibt dies aber nicht vor. Es können vielmehr auch qualifizierte Nichtjuristen ein solches Amt ausüben (Wirtschaftsprüfer, Steuerberater, Rechtsbeistände etc.). Wer als Restrukturierungsbeauftragter oder Sanierungsmoderator in einer Restrukturierungssache des Schuldners tätig war, kann, wenn der Schuldner mindestens zwei der drei in § 22a Abs. 1 InsO genannten Voraussetzungen erfüllt (mindestens 6.000.000 € Bilanzsumme nach Abzug eines auf der Aktivseite ausgewiesenen Fehlbetrags im Sinne des § 268 Abs. 3 HGB; mindestens 12.000.000 € Umsatzerlöse in den zwölf Monaten vor dem Abschlussstichtag; im Jahresdurchschnitt mindestens fünfzig Arbeitnehmer), nur dann zum Insolvenzverwalter bestellt werden, wenn der vorläufige Gläubigerausschuss zustimmt.

Frage: Welche Aufgaben hat der vorläufige Insolvenzverwalter?

Antwort: Vor Eröffnung des Verfahrens kann ein „vorläufiger Insolvenzverwalter" bestellt werden (§§ 21 ff. InsO). Das ist eine Maßnahme des Gerichts, um bis zur Entscheidung über den Insolvenzantrag (Eröffnung des Verfahrens oder Ablehnung mangels Masse) nachteilige Veränderungen in der Vermögenslage des Schuldners zu verhindern. Nach § 21 Abs. 2 Nr. 2 InsO kann das Insolvenzgericht dem Schuldner ein allgemeines Verfügungsverbot auferlegen oder anordnen, dass Verfügungen des Schuldners nur mit Zustimmung des vorläufigen Insolvenzverwalters wirksam sind. Auf den vorläufigen Insolvenzverwalter geht die Verwaltungs- und Verfügungsbefugnis über das Schuldnervermögen über. Der vorläufige Insolvenzverwalter hat die Aufgabe, das Vermögen zu sichern und zu erhalten. Zu diesem Zweck kann das Insolvenzgericht nach § 21 Abs. 2 Nr. 5 InsO anordnen, dass in der Zeit der vorläufigen Insolvenzverwaltung Gegenstände, mit denen ein Insolvenzgläubiger ab- oder aussonderungsberechtigt ist, zur Fortführung des Unternehmens eingesetzt werden können. Voraussetzung ist jedoch, dass diese hierfür von erheblicher Bedeutung sind. Das steht einer (zumindest vorläufigen) Verwertungssperre gleich.

Der vorläufige Insolvenzverwalter muss vor allem prüfen, ob das Vermögen des Schuldners die Kosten des Verfahrens deckt. Wenn er dies dem Insolvenzgericht gegenüber bejaht, wird das Verfahren eröffnet. In der Regel bestellt das Insolvenzgericht den vorläufigen Insolvenzverwalter dann auch zum Insolvenzverwalter.

Frage: Welche Aufgaben haben die Gläubigerversammlung und der Gläubigerausschuss?

Antwort: Der Insolvenzverwalter hat die Interessen der Gesamtheit der Gläubiger zu wahren. Die Versammlung der Gläubiger wird vom Insolvenzgericht einberufen. In den Aufgabenbereich der Gläubigerversammlung fällt vor allem die Bestätigung des vom Gericht bestellten Insolvenzverwalters oder dessen Abwahl – § 57 InsO. Der Insolvenzverwalter ist gegenüber der Gläubigerversammlung zur Rechnungslegung verpflichtet – § 66 InsO.

Das Gericht kann nach § 67 Abs. 1 InsO bereits vor der ersten Gläubigerversammlung einen Gläubigerausschuss bestellen. Der Gläubigerausschuss soll den Insolvenzverwalter bei seiner Geschäftsführung unterstützen und überwachen. Die Mitglieder des Gläubigerausschusses sind vom Insolvenzverwalter über den Gang der Geschäfte zu unterrichten. Sie können u.a. die Bücher und Geschäftspapiere einsehen und den Geldverkehr und Geldbestand prüfen (lassen) – § 69 InsO.

Frage: Welche Aufgaben hat der vorläufige Gläubigerausschuss?

Antwort: Der vorläufige Gläubigerausschuss hat die Aufgabe, die Arbeit des vorläufigen Insolvenzverwalters zu überwachen. Er hat vor allem aber großen Einfluss auf die Bestellung des vorläufigen Insolvenzverwalters. Im Übrigen gelten die Gläubigerausschussvorschriften im eröffneten Verfahren für den vorläufigen Gläubigerausschuss entsprechend (§§ 21 Abs. 2 Nr. 1a HS 1, 69 bis 73 InsO).

Frage: Der Erhaltung der Insolvenzmasse für die Gläubiger dient auch die Bestimmung des § 64 GmbHG. Danach sind die Geschäftsführer der Gesellschaft zum Ersatz von Zahlungen verpflichtet, die nach Einritt der Zahlungsunfähigkeit oder nach Feststellung der Überschuldung geleistet werden.
Hierzu der nachfolgende Fall: Die G-GmbH ist seit September 2023 zahlungsunfähig. Über ihr Vermögen ist Anfang November 2023 das Insolvenzverfahren eröffnet worden. G, deren Geschäftsführer, hatte noch im September und Oktober 2023 den Juni-Gehalt für die Angestellten der GmbH i.H.v. 9.680 € ausgezahlt und an die Stadtwerke für Stromlieferungen einen Betrag i.H.v. 6.200 €. In dieser Zeit zahlte er auch an das Autohaus A einen Betrag i.H.v. 14.800 € für die Reparatur des Firmen-LKW, worauf dieser wieder (wie neuwertig) im Unternehmen voll einsetzbar war. Der Insolvenzverwalter verlangt im Dezember 2023 von G die Zahlung eines Betrages i.H.v. 30.680 € unter Berufung auf § 64 GmbHG. Zu Recht?

Antwort: § 64 S. 1 GmbHG ist die Anspruchsgrundlage, auf die sich der Insolvenzverwalter berufen kann. Nach Eintritt der Insolvenzreife muss der Geschäftsführer nicht nur Insolvenzantrag stellen. Er ist auch im Interesse der Gläubiger verpflichtet, die noch verbliebene Masse zu erhalten. Schmälert er die Masse durch Zahlungen, wird er nach § 64 S. 1 GmbHG ersatzpflichtig. Eine Inanspruchnahme kommt aber nicht in Betracht, wenn in unmittelbarem wirtschaftlichen Zusammenhang mit der Auszahlung ein Massezufluss die Masseschmälerung ausgleicht. Das verneint der BGH in der Entscheidung vom 04.07.2017 (II ZR 319/15, DStR 2017, 2060) für die Lohnzahlungen an die Arbeitnehmer und die Stromzahlungen an die Stadtwerke. Mit diesen Zahlungen für erbrachte Gegenleistungen erhöht bzw. egalisiert sich die Masse nicht. Anders dürfte dies zu beurteilen sein im Blick auf die Reparatur des Firmen-LKW. Mithin kann der Insolvenzverwalter gegen G lediglich einen Betrag i.H.v. 15.880 € durchsetzen.

Problembereich 3: Die Insolvenzanfechtung

Frage: Was versteht man unter Insolvenzanfechtung? Können Sie ein Beispiel nennen?

Antwort: Bestimmte im zeitlichen Zusammenhang mit der Eröffnung des Insolvenzverfahrens stehende Rechtshandlungen können nach §§ 129 ff. InsO angefochten werden. Das Schuldnervermögen, das durch eine anfechtbare Handlung veräußert, weggegeben oder aufgegeben worden ist, muss zur Insolvenzmasse zurückgewährt werden (§ 143 InsO).

Ein klassischer Anfechtungsfall ist gegeben, wenn der Schuldner z.B. innerhalb von vier Jahren vor Verfahrenseröffnung wesentliches (und unbelastetes) Grundvermögen verschenkt hat. Dieses Vermögen ist an die Insolvenzmasse nach erfolgter Anfechtung gem. §§ 134, 143 InsO zurückzuübertragen.

Anfechtbar sind alle geldwerten Rechtshandlungen. Darunter fällt z.B. auch die Änderung der Bezugsberechtigung für eine (Risiko-)Lebensversicherung, wenn die Änderung und die Kapitalauszahlung innerhalb des Vierjahreszeitraums erfolgt. Nach § 143 Abs. 2 S. 2 InsO kann sich der so Bereicherte zwar auf den Wegfall der Bereicherung berufen. Dann entfällt eine Rückzahlung. Das gilt aber nur, wenn der Anfechtungsgegner/Bereicherte vom Zeitpunkt der Leistung bis zum Wegfall der Bereicherung gutgläubig war.

§ 133 InsO gilt auch bei gemischten Schenkungen. Eine solche Anfechtung wegen unentgeltlicher oder teilentgeltlicher Leistung scheidet jedoch aus, wenn die Vertragsteile nach den objektiven Umständen von einem Austausch-Marktgeschäft ausgegangen und in gutem Glauben von der Werthaltigkeit des Kaufgegenstandes überzeugt sind (BGH vom 15.09.2016, IX ZR 250/15, DStR 2016, 2977). Mithin gibt es keine Schenkungsanfechtung bei einem beiderseitigen Irrtum über den Wert des Kaufgegenstandes.

Frage: Gläubiger G hatte gegen Schuldner S einen Zahlungsanspruch auf 60.000 €. Zwangsvollstreckungen waren erfolglos geblieben. Die Wirtschaftsprüfungsgesellschaft des S teilte G mit, dass diesem in Kürze Zahlungsunfähigkeit drohe. Daraufhin kam es zu einem Vergleich, wonach G auf 65 % seiner Forderung verzichtete, weil in diesem Fall ein Dritter Liquidität zur Erfüllung der Restschuld zuführen würde. Die Restschuld wurde von S im März 2018 an G bezahlt. Im Januar 2023 ist das Insolvenzverfahren über das Vermögen des S eröffnet worden. Der Insolvenzverwalter erklärte die Anfechtung und forderte den vergleichsweise gezahlten Betrag zurück. Zu Recht?

Antwort: Der BGH gab in der Entscheidung vom 12.05.2016 (IX ZR 65/14, DStR 2016, 2345) dem Insolvenzverwalter Recht. In der Zahlung des Vergleichsbetrages sieht er eine Gläubigerbenachteiligung. Die Anfechtung kann deshalb auf § 133 Abs. 1 InsO gestützt werden, weil G den Benachteiligungsvorsatz des S kannte. Hier komme dem Insolvenzverwalter die Bestimmung des § 133 Abs. 1 S. 2 InsO zugute. Eine Gläubigerbenachteiligung kann nur ausgeschlossen sein, wenn ein schlüssiges Sanierungskonzept vorliege, in das alle Gläubiger einbezogen seien. Dabei muss dem Gläubiger mindestens die Art und Höhe der Gesamtverbindlichkeiten, die Art und Zahl der Gläubiger und die zur Sanierung erforderliche Erlassquote transparent gemacht werden. Andernfalls ist von einer Gläubigerbenachteiligung auszugehen, die nach § 133 InsO innerhalb von zehn Jahren korrigiert werden kann.

Frage: X ist mit 30 % an der G-GmbH beteiligt. Die G-GmbH bekommt im Februar 2019 wirtschaftliche Probleme und gerät in eine Finanzkrise. Daraufhin gewährt X der G-GmbH am 30.06.2019 ein Darlehen über 100.000 €. Dieses Darlehen wird an X am 22.08.2021 wieder zurückgezahlt. Am 15.06.2022 stellt G, der Geschäftsführer der G-GmbH, Insolvenzantrag. Das Insolvenzverfahren wird am 12.07.2022 eröffnet. Der Insolvenzverwalter fordert am 20.08.2023 den X auf, die an ihn am 22.08.2021 gezahlten 100.000 € an die Masse zu erstatten. Wie ist die Rechtslage?

Antwort: Das der GmbH gewährte Darlehen ist ein Darlehen i.S.d. § 39 Abs. 1 Satz 1 Nr. 5 InsO. Wird ein solches Darlehen im letzten Jahr vor der Insolvenzeröffnung zurückgezahlt, ist das eine Situation, der sich die Insolvenzordnung in § 135 Abs. 1 Nr. 2 InsO annimmt. Diese Rechtshandlung ist danach anfechtbar. Der Insolvenzverwalter kann die Anfechtung erklären und X muss die 100.000 € an die Insolvenzmasse nach § 143 InsO zurückzahlen.

Das Anfechtungsrecht kann nach § 146 InsO verjähren. Die Verjährung richtet sich nach den Regelungen über die regelmäßige Verjährung nach dem BGB. Danach verjährt der Anfechtungsanspruch binnen drei Jahren. Die Frist beginnt mit dem Schluss des Jahres zu laufen, in dem der Insolvenzverwalter vom Anfechtungsgrund erfährt – §§ 195, 199 BGB. Danach ist die Verjährung noch nicht eingetreten.

Frage: Die B-Bank räumte in 2020 der S GmbH & Co. KG für ihr Geschäftskonto eine Kreditlinie i.H.v. 100.000,00 € ein. Der Kredit wird durch eine Globalabtretung der Kundenforderungen der S-GmbH & Co. KG abgesichert. Zudem übernimmt der (einzige) Kommanditist K über den Betrag i.H.v. 100.000,00 € eine selbstschuldnerische Bürgschaft. Am 23.06.2023, einen Monat vor dem am 23.07.2023 gestellten Insolvenzantrag über das Vermögen der GmbH & Co. KG, befand sich das Geschäftskonto mit 98.678,27 € im Soll. Zehn Tage vor dem Insolvenzantrag, am 13.07.2023, hatten die Kunden die abgetretenen Forderungen auf das Geschäftskonto in der Höhe eingezahlt bzw. überwiesen, dass die gewährte Kreditlinie vollständig zurückgeführt war. Welche Schritte wird der Insolvenzverwalter nach Eröffnung des Insolvenzverfahrens unternehmen?

Antwort: Der Insolvenzverwalter wird K nach §§ 135 Abs. 2, 143 Abs. 3 InsO zur Zahlung in Höhe von 98.678,27 € in Anspruch nehmen. Durch die Rückführung des Kontokorrentkredits ist K von seiner Verbindlichkeit aus der in 2019 gegebenen Bürgschaft frei geworden. Das fällt unter § 135 Abs. 2 InsO. Dabei ist es unbeachtlich, dass die GmbH & Co. KG insoweit nicht selbst gehandelt hat. Die Überweisungen und/oder Einzahlungen der Kunden fußen auf dem Kreditgeschäft, das diese mit der B-Bank abgeschlossen hatte. Sie werden der GmbH & Co. KG zugerechnet. Eine Gesellschaftersicherheit muss im Verhältnis zu der Gesellschaft stets vorrangig verwertet werden. Daraus folgt, dass K an den Insolvenzverwalter zahlen muss (Fall nach BGH Urteil vom 13.07.2017, IX ZR 173/16, DStR 2017, 2132).

Frage: Wie werden Gesellschafterdarlehen in der Insolvenz behandelt?

Antwort: Nach Eröffnung des Insolvenzverfahrens behandelt § 39 Abs. 1 Satz 1 Nr. 5 InsO jedes Darlehen des Gesellschafters einer Kapitalgesellschaft oder einer Personengesellschaft, bei der keine natürliche Person persönlich haftet, als eine nachrangige Verbindlichkeit der Gesellschaft. Ausnahmen sind in § 39 Abs. 1 Satz 1 Nr. 5 i.V.m. Abs. 4 InsO (Sanierungsprivileg) und § 39 Abs. 1 Satz 1 Nr. 5 i.V.m. Abs. 5 InsO (Kleinbeteiligungsprivileg) sowie § 39 Abs. 1 Satz 3 InsO (Gesellschafterdarlehen als staatliche Förderinstrumente) festgehalten. § 39 Abs. 1 Satz 1 Nr. 5 Inso ist nicht anzuwenden, wenn eine staatliche Förderbank oder eines ihrer Tochterunternehmen einem Unternehmen, an dem die staatliche Förderbank oder eines ihrer Tochterunternehmen beteiligt ist, ein Darlehen gewährt oder eine andere einer Darlehensgewährung wirtschaftlich entsprechende Rechtshandlung vorgenommen hat (§ 39 Abs. 1 Satz 2 InsO).

Wenn ein solches Darlehen vor Eröffnung des Insolvenzverfahrens zurückgezahlt oder wenn dafür eine Sicherheit geleistet wird, greift § 135 InsO. Danach ist eine Rechtshandlung anfechtbar, die für die Forderung eines Gesellschafters auf Rückgewähr eines Darlehens in den letzten zehn Jahren vor Insolvenzeröffnung Sicherheit oder im letzten Jahr vor Insolvenzeröffnung Befriedigung gewährt hat. Nach § 135 Abs. 2 InsO kann der Insolvenzverwalter auch eine Rechtshandlung anfechten, in der einem Dritten ein Darlehen innerhalb eines Jahres vor Eröffnung des Insolvenzverfahrens zurückgezahlt wurde, wenn dafür ein Gesellschafter eine Sicherheit gestellt oder sich verbürgt hatte.

Frage: Die Altheimer AG ist die Mutter der Neuheimer GmbH. Sie hält 100 % der GmbH-Anteile. Die AG gibt einem Lieferanten der GmbH gegenüber eine Erklärung ab, wonach sie sich verpflichtete, der GmbH die notwendigen finanziellen Mittel so zur Verfügung zu stellen, dass die GmbH ihre vertraglichen Verpflichtungen gegenüber dem Lieferanten nachkommen kann. In der Folge leistete die GmbH Zahlungen an den Lieferanten. Drei Monate später wurde über ihr Vermögen das Insolvenzverfahren eröffnet. Der Insolvenzverwalter erklärte die Anfechtung nach §§ 133 InsO, worauf der Lieferant einen Betrag i.H.v. 2.000.000 € wieder an den Insolvenzverwalter zurückzahlte. Welche Rechte hat der Lieferant?

Antwort: Der Lieferant könnte einen Schadenersatz gegen die AG haben, wenn die von dieser abgegebenen Erklärungen als eine harte „Patronatserklärung" zu werten sind. Das hat der BGH in der Entscheidung vom 12.01.2017 bejaht (IX ZR 95/16, DStR 2017, 611). Danach muss die AG als Patron gegenüber dem begünstigten Gläubiger (Lieferant – Adressat der Patronatserklärung) im Falle der Uneinbringlichkeit Schadenersatz leisten. Die AG hatte sich zwar nur verpflichtet, der GmbH die Mittel zu Verfügung zu stellen. Ihre Erklärung ist aber dahingehend auszulegen, dass sie für die Zahlungsverpflichtungen der GmbH generell einstehen wird. Das führt letztendlich dazu, dass die AG dem Lieferanten den rückgezahlten Betrag i.H.v. 2.000.000 € erstatten muss.

Frage: Wie werden Nutzungsüberlassungen der Gesellschafter an ihre Gesellschaft i.S.d. § 39 Abs. 4 InsO behandelt?

Antwort: Hat ein Gesellschafter seiner Gesellschaft Gegenstände zur Nutzung überlassen, kann ein bestehender Aussonderungs- und Rückgabeanspruch gem. § 135 Abs. 3 InsO während der Dauer des Verfahrens höchstens aber für die Zeit von einem Jahr nicht geltend gemacht werden. Voraussetzung ist aber, dass der überlassene Gegenstand für die Fortführung des Unternehmens von erheblicher Bedeutung ist. Dem Gesellschafter gebührt ein Ausgleich für die fortbestehende Gebrauchsüberlassung in Höhe der zuletzt gezahlten Vergütung (Pacht, Miete etc.).

Frage: Was versteht man bei der Insolvenzanfechtung unter den Begriffen „kongruente Deckung" und „inkongruente Deckung"?

Antwort: Wird ein Insolvenzgläubiger zu einer Zeit befriedigt oder erhält er zu einer Zeit eine Sicherheit, zu der er darauf einen konkreten Anspruch hatte, so spricht man von einer kongruenten Deckung. Wird einem Insolvenzgläubiger eine Sicherheit oder Befriedigung gewährt, die er nicht, nicht in der Art oder nicht zu der Zeit zu beanspruchen hatte, so spricht man von einer inkongruenten Deckung.

Nach § 130 Abs. 1 InsO ist bei kongruenter Deckung die Sicherstellung oder Befriedigung eines Insolvenzgläubigers anfechtbar, wenn eine solche Rechtshandlung in den letzten drei Monaten vor Insolvenzeröffnung erfolgte, wenn der Schuldner zahlungsunfähig war und wenn dies der Insolvenzgläubiger wusste. Kündigt der Schuldner dem Gläubiger einer in den Vormonaten deutlich angewachsenen fälligen Forderung an, nur im Falle des Zuflusses neuer Mittel die Verbindlichkeiten durch eine Einmalzahlung und in zwanzig folgenden Monatsraten begleichen zu wollen, offenbart er dem Gläubiger seine Zahlungsunfähigkeit. Allein mit dem Hinweis, die Zahlungen nur ratenweise erfüllen zu wollen, wird die Zahlungsunfähigkeit noch nicht offenbart (BGH vom 14.07.2016, IX ZR 188/15, NJW-RR 2016, 1140). Bei nahestehenden Personen wird die Kenntnis vermutet (§§ 130 Abs. 3, 138 InsO).

Die Anfechtung ist bei inkongruenter Deckung nach § 131 InsO bereits dann möglich, wenn die Rechtshandlung im letzten Monat vor dem Antrag auf Eröffnung des Insolvenzverfahrens erfolgte. Der Insolvenzverwalter kann bei inkongruenter Deckung die Rechtshandlung auch dann anfechten, wenn sie innerhalb des zweiten oder des dritten Monats vor dem Eröffnungsantrag lag, und wenn der Schuldner zahlungsunfähig war oder dadurch die Insolvenzgläubiger benachteiligt werden. Auf die Kenntnis des Gläubigers von der Zahlungsunfähigkeit des Schuldners kommt es in beiden Fällen nicht an.

> **Frage:** Mit der Anfechtung von Rechtshandlungen gelingt es dem Insolvenzverwalter, Vermögen an die Masse zu ziehen und so die Befriedigungsquote der Insolvenzgläubiger zu erhöhen. Eröffnen sich nach der InsO für den Insolvenzverwalter noch andere Möglichkeiten zugunsten der Masse?

Antwort: Nach § 88 InsO werden durch Zwangsvollstreckung erlangte Pfändungspfandrechte ohne Anfechtung unwirksam, die im letzten Monat vor dem Insolvenzantrag dem Gläubiger eine Sicherheit gewährt haben (sog. Rückschlagsperre). Nach § 112 InsO kann ein Vermieter oder Verpächter das Miet- oder Pachtverhältnis wegen rückständiger Miete oder Pacht nicht kündigen. Ein Dienstverhältnis kann nach § 113 InsO mit einer Frist von höchstens drei Monaten gekündigt werden, selbst wenn die arbeits- vertraglichen oder gesetzlichen Kündigungsfristen länger sind. Zudem erhält der Insolvenzverwalter bei der Befriedigung absonderungsberechtigter Insolvenzgläubiger 9 % des Erlöses aus der Verwer- tung des Sicherungsguts zuzüglich der abzuführenden Umsatzsteuer (§§ 165 ff. InsO).

Das sind Möglichkeiten, die einem geordneten Insolvenzverfahren zugutekommen und die sich in der Regel vorteilhaft auf das Massevermögen auswirken.

Problembereich 4: Insolvenzplan und Eigenverwaltung

> **Frage:** Welche Alternativen hat der Insolvenzverwalter, wenn es um die Verwertung des Schuldner- vermögens geht?

Antwort: Die klassische Verwertung besteht darin, das Schuldnervermögen (einzeln) in freien Verkäu- fen oder in Versteigerungen etc. zu liquidieren. Häufig eröffnet sich dem Insolvenzverwalter aber auch die Möglichkeit, das Schuldnervermögen im Ganzen (Betrieb) oder in einem Teilbereich (Teilbetrieb) auf Dritte zu übertragen, die das bisherige Unternehmen des Schuldners ganz oder zum Teil fortführen. Oftmals sind die Erwerber Mitarbeiter des Insolvenzunternehmens, die zur Fortführung des Unterneh- mens oder von Unternehmensteilen sog. Auffanggesellschaften gegründet haben. Bei dieser Art der Verwertung des Schuldnervermögens spricht man von einer übertragenden Sanierung.

> **Frage:** Die Insolvenzordnung will nicht, dass das Schuldnervermögen zerschlagen und liquidiert wird. Vorrangig soll der Insolvenzverwalter sein Augenmerk darauf richten, das Unternehmen des Schuldners zu sanieren. Ein Mittel dazu ist das Insolvenzplanverfahren. Was ist das?

Antwort: Die Insolvenzordnung gibt in den §§ 217 ff. InsO dem Insolvenzverwalter die Möglichkeit, die Befriedigung der Insolvenzgläubiger in einem Insolvenzplan zu regeln. Der Insolvenzverwalter stellt in diesem Plan die Lage des Unternehmens dar und unterbreitet ggf. einen Vorschlag, wie bei Erlass, Stun- dung und Teilbefriedigung von Forderungen das Unternehmen gerettet werden kann. Der Plan kann aber auch andere Maßnahmen als die Sanierung des Unternehmens im Auge haben. Er muss von den in Gruppen eingeteilten Gläubigern genehmigt werden; diese müssen in einem Insolvenzplanverfahren oftmals Opfer erbringen, die aber weniger gravierend sein können, als wenn das Schuldnervermögen zerschlagen wird.

Das Insolvenzplanverfahren hat das alte Vergleichsverfahren nach der Vergleichsordnung ersetzt, wobei allerdings die Mitwirkungs- und Mitspracherechte der Gläubiger wesentlich erweitert worden sind. Andererseits gibt es keine Mindestquote für die Gläubiger.

Der Insolvenzplan kann ferner die Rechte der Inhaber von Insolvenzforderungen gestalten, die diesen aus einer von einem verbundenen Unternehmen im Sinne des § 15 AktG als Bürge, Mitschuldner oder aufgrund einer anderweitig übernommenen Haftung oder an Gegenständen des Vermögens dieses Unternehmens (gruppeninterne Drittsicherheit) zustehen (s. § 217 Abs. 2 InsO).

Frage: Was versteht man im Insolvenzrecht unter dem Begriff „Eigenverwaltung"?

Antwort: Die Vorschriften der Eigenverwaltung in §§ 270 ff. InsO wurden durch das am 01.01.2021 in Kraft getretene Gesetz zur Fortentwicklung des Sanierungs- und Insolvenzrechts (SanInsFoG), BGBl 2020 Teil I, 3256 ff., umfassend reformiert. Dadurch wurden insbesondere die Anforderungen für den Zugang zum Eigenverwaltungsverfahren deutlich erhöht.

Mit der Eigenverwaltung gem. §§ 270 ff. InsO wird regelmäßig eine Sanierung des Unternehmensträgers oder des Unternehmens im Rahmen eines Insolvenzplanverfahrens angestrebt. Um dem Schuldner dabei die Verwaltungs- und Verfügungsbefugnis zu erhalten, bietet die InsO die Möglichkeit der Durchführung eines Insolvenzverfahrens in Eigenverwaltung nach den §§ 270 bis 285 InsO. Eigenverwaltung in Verbraucherinsolvenzverfahren ist nicht möglich, § 270 Abs. 2 InsO.

Frage: Was ist ein Restrukturierungsverfahren?

Antwort: Durch das Unternehmensstabilisierungs- und -restrukturierungsgesetz (StaRUG) wurde als frühe Alternative zum (absehbaren) Insolvenzverfahren, das sog. Restrukturierungsverfahren geschaffen. Das StaRUG bildet den ersten Teil des Sanierungs- und Insolvenzrechtsfortentwicklungsgesetzes (SanInsFoG). Es handelt sich hierbei um ein eigenes Gesetz, das unabhängig von den Regelungen der Insolvenzordnung ist und ein eigenständiges (vorgeschaltetes) Verfahren zur Vermeidung einer Insolvenz regelt.

Ein Restrukturierungsverfahren ist möglich, wenn die Zahlungsunfähigkeit eines Schuldners innerhalb der nächsten 24 Monate absehbar ist. Der Schuldner kann in diesem Fall dann dem Gericht mitteilen, dass er die Durchführung eines Restrukturierungsverfahren wünscht. Während des Restrukturierungsverfahrens sind insbesondere Insolvenzantragspflichten wegen Überschuldung ausgesetzt. Eine Zahlungsunfähigkeit ist gleichwohl unverzüglich anzuzeigen.

Ist die Zahlungsunfähigkeit absehbar aber noch nicht eingetreten(!) gegeben, kann der Schuldner dem Gericht einen Restrukturierungsplan vorlegen.

Dieser ist einem Insolvenzplan (§§ 5 bis 16 StaRUG) vergleichbar und enthält:
* die Erklärung zur Bestandsfähigkeit,
* eine Vermögensübersicht,
* einen Ergebnis- und Finanzplan sowie
* die Auswirkungen der angestrebten Sanierung,
* und eine Aufstellung der Forderungen nach Gruppen sowie die Planbetroffenen.

Aussonderungsrechte und Verpflichtungen gegenüber Arbeitnehmern sowie Ansprüche aus Betriebsrenten können nicht Gegenstand eines solchen Plans sein.

Die Umsetzung des Restrukturierungsplanes kann entweder durch den Schuldner eigenverantwortlich oder unter Beistellung eines Restrukturierungsbeauftragten durch das Gericht erfolgen.

Das Restrukturierungsgericht bestellt einen Restrukturierungsbeauftragten gem. § 73 StaRUG, wenn:
1. im Rahmen der Restrukturierung die Rechte von Verbrauchern oder mittleren, kleinen oder Kleinstunternehmen berührt werden sollen, weil deren Forderungen oder Absonderungsanwartschaften durch den Restrukturierungsplan gestaltet werden sollen oder die Durchsetzung solcher Forderungen oder Absonderungsanwartschaften durch eine Stabilisierungsanordnung gesperrt werden soll,
2. der Schuldner eine Stabilisierungsanordnung beantragt, welche sich gegen alle oder im Wesentlichen alle Gläubiger richten soll,
3. der Restrukturierungsplan eine Überwachung der Erfüllung der den Gläubigern zustehenden Ansprüche vorsieht,
4. der Schuldner dies beantragt.

Ein Restruktukturierungsplan wird durch die Gläubiger angenommen, wenn er in jeder nach § 9 StaRUG zu bildenden Gruppe von Gläubigern und Gesellschaftern i.H.v. mindestens 75 % (Dreiviertelmehrheit) der Stimmrechte in der jeweiligen Gruppe angenommen wird (§ 25 StaRUG). Einzelne Gläubigergruppen können auch durch gruppenübergreifende Mehrheitsentscheidungen gem. § 26 StaRUG überstimmt werden. In Ausnahmefällen ist aber auch eine Annahme ohne die Zustimmung aller Gruppen möglich.

Das Gericht kann im Einzelfall von einer Bestellung eines Restrukturierungsbeauftragten absehen, wenn dessen Bestellung zur Wahrung der Rechte der Beteiligten nicht erforderlich oder offensichtlich unverhältnismäßig ist.

Eine Bestellung erfolgt auch stets, wenn absehbar ist, dass das Restrukturierungsziel nur gegen den Willen von Inhabern von Restrukturierungsforderungen oder Absonderungsanwartschaften erreichbar ist.

Problembereich 5: Restschuldbefreiung, Verbraucherinsolvenz und Reformen

Frage: M ist als Hilfsarbeiter bei der HLT-Bau-GmbH angestellt. Ihm sind seine finanziellen Angelegenheiten über den Kopf gewachsen. Er kann seine Schulden nicht mehr überblicken und erhält einen Mahn- und Vollstreckungsbescheid nach dem anderen. Was ist ihm zu raten?

Antwort: In dieser Situation sollte M überlegen, ein Insolvenzverfahren nach §§ 304 ff. InsO zu beantragen. Im Gegensatz zur alten Konkursordnung eröffnet die Insolvenzordnung auch Privatpersonen die Möglichkeit, über ihr Vermögen ein Insolvenzverfahren eröffnen zu lassen (Verbraucherinsolvenzverfahren). Mit dem Antrag auf Eröffnung eines solchen Verfahrens ist ein Schuldenbereinigungsplan einzureichen, der unter Berücksichtigung der Gläubigerinteressen sowie der Vermögens-, Einkommens- und Familienverhältnisse des Schuldners eine angemessene Schuldenbereinigung aufzeigt. Wird dieser Schuldenbereinigungsplan von den Gläubigern nicht angenommen, so kommt es nach §§ 311 ff. InsO zu einem vereinfachten Insolvenzverfahren, dem Verbraucherinsolvenzverfahren.

Frage: Welche bemerkenswerten Änderungen im Insolvenzrecht gab es während der Corona-Pandemie?

Antwort: Mit dem Gesetz zur Abmilderung der Folgen der COVID-19-Pandemie im Zivil-, Insolvenz- und Strafverfahrensrecht (zwischenzeitlich umbenannt in Gesetz zur vorübergehenden Anpassung sanierungs- und insolvenz- rechtlicher Vorschriften zur Abmilderung von Krisenfolgen (Sanierungs- und insolvenzrechtliches Krisenfolgenabmilderungsgesetz – SanInsKG) traten Mitte 2020 während der „Corona-Krise" die Vorschriften zur Aussetzung der Insolvenzantragspflichten in Kraft.

Die Aussetzung der Insolvenzantragspflichten sollte in Bedrängnis geratenen Unternehmen die nötige Luft geben, um staatliche Hilfen zu beantragen und Sanierungsbemühungen voranzutreiben. Die Vorschriften galten rückwirkend zum 01.03.2020, damit verhindert wurde, dass die Aussetzung der Insolvenzantragspflicht für einige Unternehmen, die von den Auswirkungen der COVID-19-Pandemie betroffen waren, bereits zu spät kamen. Die vorübergehende Aussetzung der Insolvenzantragspflichten war ein Baustein, um die wirtschaftlichen Folgen der Corona-Pandemie abzufedern.

Das Gesetz sah im Einzelnen im Insolvenzrecht fünf Maßnahmen vor:

1. Die haftungsbewehrte und teilweise auch strafbewehrte dreiwöchige Insolvenzantragspflicht wurde vorübergehend bis zum 30.09.2020 ausgesetzt. Dies gilt nur für Fälle, in denen die Zahlungsunfähigkeit oder Überschuldung auf den Folgen der COVID-19-Pandemie beruht. Zudem war erforderlich, dass Aussichten auf eine Beseitigung der Zahlungsunfähigkeit bestehen. Antragspflichtige Unternehmen sollen die Gelegenheit erhalten, ein Insolvenzverfahren durch Inanspruchnahme

staatlicher Hilfen, gegebenenfalls aber auch im Zuge von Sanierungs- oder Finanzierungsvereinbarungen, abzuwenden.

2. Geschäftsleiter haften während der Aussetzung der Insolvenzantragspflichten nur eingeschränkt für Zahlungen, die sie nach Eintritt der Insolvenzreife des Unternehmens vornehmen.

3. Während der Aussetzung der Insolvenzantragspflicht an von der COVID19-Pandemie betroffene Unternehmen gewährte neue Kredite sind nicht als sittenwidriger Beitrag zur Insolvenzverschleppung anzusehen.

4. Während der Aussetzung erfolgende Leistungen an Vertragspartner sind nur eingeschränkt anfechtbar.

5. Die Möglichkeit von Gläubigern, durch Insolvenzanträge Insolvenzverfahren zu erzwingen, werden für drei Monate eingeschränkt.

Durch die Maßnahmen sollte den von den Auswirkungen der COVID-19-Pandemie betroffenen Unternehmen Zeit für die Sanierungsbemühungen und Verhandlungen mit ihren Gläubigern verschafft werden. Die Vorschriften greifen damit flankierend zu den umfassenden staatlichen Hilfsprogrammen.

Die Insolvenzantragspflicht und zeitweise auch das Gläubigerantragsrecht wurde zunächst befristet bis zum 30.09.2020 sowohl für den Insolvenzgrund der Zahlungsunfähigkeit (§ 17 InsO) als auch den Insolvenzgrund der Überschuldung (§ 19 InsO) ausgesetzt (§§ 1, 3 COVInsAG). Nur wenn die Insolvenzreife (Zahlungsunfähigkeit oder Überschuldung) nicht auf den Folgen der COVID-19-Pandemie beruhte oder wenn keine Aussichten darauf bestanden, eine vorhandene Zahlungsunfähigkeit zu beseitigen, sollte die Aussetzung ausnahmsweise nicht greifen (§ 1 S. 2 COVInsAG in der Fassung vom 27.03.2020). Die Ausnahme von der Aussetzung der Insolvenzantragspflicht hat dabei, z.B. in einem späteren Haftungsprozess, derjenige darzulegen und zu beweisen, der sich darauf beruft, dass die Voraussetzungen der Aussetzung nicht vorgelegen haben.

Zusätzlich wurde eine **Vermutungsregelung** eingeführt, vgl. § 1 S. 3 COVInsAG in der Fassung vom 27.03.2020. Danach gilt: War der Schuldner am 31.12.2019 nicht zahlungsunfähig, wird (widerleglich) vermutet, dass:

1. die Insolvenzreife auf den Auswirkungen der COVID-19-Pandemie beruht und dass

2. Aussichten darauf bestehen, eine bestehende Zahlungsunfähigkeit zu beseitigen.

Verlängerung vom 1. Oktober bis zum 31. Dezember 2020

Nachfolgend wurde die Aussetzung der Insolvenzantragspflicht durch das Gesetz zur Änderung des COVID-19-Insolvenzaussetzungsgesetzes vom 25.09.2020 (BGBl I 2020, 2016) teilweise bis zum 31. Dezember 2020 verlängert, dies aber nur für Unternehmen, die überschuldet, aber nicht zahlungsunfähig sind. Die Verlängerung der Aussetzung der Insolvenzantragspflicht wurde – ebenso wie die Aussetzung der Insolvenzantragspflicht bis zum 30.09.2020 – durch Regelungen zur Reduzierung von Haftungs- und Anfechtungsrisiken flankiert.

Letztmalige Verlängerung der Aussetzung der Insolvenzantragspflicht vom 01.01. bis 30.04.2021

In der Zeit vom 01.01.2021 bis zum 30.04.2021 wurde die Insolvenzantragspflicht letztmalig unter bestimmten Voraussetzungen ausgesetzt. Im Zuge der Bewältigung der Folgen der COVID-19-Pandemie hat der Staat eine Vielzahl von Hilfsprogrammen aufgelegt, wie z.B. Novemberhilfe, Dezemberhilfe und diverse Überbrückungshilfen I-IV, mit denen die von der Pandemie betroffenen Unternehmen stabilisiert werden sollen. Damit Insolvenzverfahren vermieden werden können, die sich durch Inanspruchnahme der Hilfsangebote abwenden lassen, setzte das COVInsAG die Insolvenzantragspflicht unter den nachfolgend beschriebenen Voraussetzungen aus.

Voraussetzungen für die Aussetzung der Insolvenzantragspflicht

1. Beantragung staatlicher Hilfeleistungen bzw. Antragsberechtigung, § 1 Abs. 3 Satz 1, 2 COVInsAG

Die finanziellen Hilfeleistungen im Rahmen der staatlichen Hilfsprogramme zur Abmilderung der Folgen der COVID-19-Pandemie müssen grundsätzlich zwischen dem 01.11.2020 und dem 28.02.2021 beantragt worden sein (§ 1 Abs. 3 Satz 1 COVInsAG). War eine Antragstellung aus rechtlichen oder tatsächlichen Gründen bis zum 28.02.2021 nicht möglich, kommt es darauf an, ob eine Antragsberechtigung nach den Bedingungen des staatlichen Hilfsprogramms besteht (§ 1 Abs. 3 Satz 2 COVInsAG). Voraussetzung ist somit, dass das Schuldnerunternehmen in den Kreis der Berechtigten fällt, für den das Hilfsprogramm aufgelegt ist. Die Beantragung der staatlichen Hilfeleistung bzw. die Antragsberechtigung ist von demjenigen (wie insbesondere dem betroffenen Geschäftsleiter oder der betroffenen Geschäftsleiterin) darzulegen und ggf. zu beweisen, der sich auf die Aussetzung der Insolvenzantragspflicht beruft.

2. Keine offensichtliche Aussichtslosigkeit der Erlangung der Hilfeleistung, § 1 Abs. 3 Satz 3 COVInsAG

Zudem darf die Erlangung der Hilfeleistung nicht offensichtlich aussichtslos sein (§ 1 Abs. 3 Satz 3 COVInsAG). Die offensichtliche Aussichtslosigkeit der Erlangung der Hilfeleistung ist durch denjenigen darzulegen und ggf. zu beweisen, der sich darauf beruft, dass die Insolvenzantragspflicht im konkreten Fall nicht ausgesetzt war.

3. Eignung der Hilfeleistung zur Beseitigung der Insolvenzreife, § 1 Abs. 3 Satz 3 COVInsAG

Weiter muss die erlangbare Hilfeleistung zur Beseitigung der Insolvenzreife ausreichen (§ 1 Abs. 3 Satz 3 COVInsAG). Dies bedeutet, durch sie muss eine bestehende Zahlungsunfähigkeit bzw. eine bestehende Überschuldung beseitigt werden können. Die fehlende Eignung der erlangbaren Hilfeleistung zur Beseitigung der Insolvenzreife ist durch denjenigen darzulegen und ggf. zu beweisen, der sich darauf beruft, dass die Insolvenzantragspflicht im konkreten Fall nicht ausgesetzt war.

4. Insolvenzreife aufgrund der COVID-19-Pandemie, § 1 Abs. 3 Satz 1 i.V.m. § 1 Abs. 1 Satz 2 COVInsAG

Zudem muss die Insolvenzreife auf der COVID-19-Pandemie beruhen. Nach § 1 Abs. 1 Satz 3 COVInsAG wird bei einer bestehenden Zahlungsfähigkeit zum 31.12.2019 grundsätzlich vermutet, dass die spätere Insolvenzreife auf der COVID-19-Pandemie beruht. Diese Vermutung kann allerdings widerlegt werden. Zur Widerlegung der Vermutung muss derjenige, der geltend machen will, dass die Insolvenzantragspflicht im konkreten Fall nicht ausgesetzt war, darlegen und ggf. beweisen, dass die Pandemie für die Insolvenz nicht ursächlich war.

5. Aussichten auf Beseitigung einer bestehenden Zahlungsunfähigkeit, § 1 Abs. 3 Satz 1 i.V.m. § 1 Abs. 1 Satz 2 COVInsAG

Aus der Bezugnahme auf § 1 Abs. 1 COVInsAG folgt außerdem, dass bei einer bestehenden Zahlungsunfähigkeit Aussichten darauf bestehen müssen, diese zu beseitigen. Diese Voraussetzung wird in der Regel erfüllt sein, wenn die erlangbare Hilfeleistung zur Beseitigung der Insolvenzreife geeignet ist, wie dies bereits § 1 Abs. 3 Satz 3 COVInsAG verlangt. Die Aussetzung der Insolvenzantragspflicht vom 01.02.2021 bis zum 30.04.2021 gilt für den Insolvenzantragsgrund der Zahlungsunfähigkeit und den der Überschuldung.

Frage: Was wurde außerdem als Reaktion auf die Flutkatastrophe im Westen der Bundesrepublik Deutschland im Rahmen des Gesetzes zur Errichtung eines Sondervermögens „Aufbauhilfe 2021" und zur vorübergehenden Aussetzung der Insolvenzantragspflicht wegen Starkregenfällen und Hochwassern im Juli 2021 sowie zur Änderung weiterer Gesetze vom 10.09.2021 (BGBl I 2021, 4147) beschlossen?

Antwort:

Mit dem o.g. Gesetz wurde rückwirkend zum 10.07.2021 eine bis zum 30.04.2022 befristete Aussetzung der Insolvenzantragspflicht beschlossen:

- mit der Möglichkeit einer Verlängerung bis längstens zum 30.04.2022, sofern dies aufgrund fortbestehender Nachfrage nach verfügbaren öffentlichen Hilfen, aufgrund andauernder Finanzierungs- oder Sanierungsverhandlungen oder aufgrund sonstiger Umstände geboten erscheint,
- eine erneute, (regional) begrenzte Aussetzung der Insolvenzantragspflicht.

Das Gesetz zur Errichtung eines Sondervermögens „Aufbauhilfe 2021" und zur vorübergehenden Aussetzung der Insolvenzantragspflicht wegen Starkregenfällen und Hochwassern im Juli 2021 sowie zur Änderung weiterer Gesetze vom 10.09.2021 wurde aufgehoben durch Artikel 17 des Gesetzes vom 10.09.2021, BGBl I 2021, 4147. Die Geltung des Gesetzes war vom 10.07.2021 bis zum 01.05.2022.

Frage: Was wurde im Gesetz zur weiteren Verkürzung des Restschuldbefreiungsverfahrens und zur Anpassung pandemiebedingter Vorschriften im Gesellschafts-, Genossenschafts-, Vereins und Stiftungsrecht sowie im Miet- und Pachtrecht vom 22.12.2020 (BGBl I 2020, 3328) geregelt?

Antwort:

Antrag auf Restschuldbefreiung mit Antragstellung ab dem 01.10.2020

Eine Evaluierung der Bundesregierung (BT-Drs. 19/4000 vom 23.08.2018) ergab, dass der Anteil der Insolvenzschuldner, die eine vorzeitige Restschuldbefreiung bereits nach drei Jahren erlangen konnten, bei deutlich unter 2 % liegt. Damit wurde die vom Gesetzgeber vorgegebene Zielmarke eines Anteils von 15 % deutlich verfehlt. Im Juni 2019 verabschiedete das EU-Parlament die EU-Richtlinie 2019/1023 überpräventive Restrukturierungsrahmen, Entschuldung und Tätigkeitsverbote sowie über Maßnahmen zur Steigerung der Effizienz von Restrukturierungs-, Insolvenz-, und Entschuldungsverfahren, welche vorsieht, dass eine Restschuldbefreiung (für Unternehmen) in der Regel nach drei Jahren zu erteilen ist. In Umsetzung dieser Richtlinie sowie unter Berücksichtigung der sich im Rahmen der Covid-19 abzeichnenden gesamtwirtschaftlichen Folgen, hat der Gesetzgeber die europäischen Vorgaben (überwiegend) rückwirkend bereits zum 01.10.2020 im nationalen Recht implementiert (BR-Drs. 761/20; BT-Drs. 19/21981, BT-Drs. 19/25322). Die neu eingefügten Regelungen unterscheiden nicht zwischen Regel- und Verbraucherinsolvenz; die Transformation geht daher über die seitens der Richtlinie – nur im Hinblick auf Unternehmer – gebotenen Vorgaben hinaus.

Nach neuer Rechtslage entscheidet das Gericht regelmäßig bereits nach drei Jahren über die beantragte Restschuldbefreiung, vgl. §§ 287 Abs. 2, 300 InsO n.F. In diesem Zusammenhang hat der Gesetzgeber § 300 InsO neu gefasst und insgesamt gestrafft. Insbesondere wurden in Umsetzung der EU-Richtlinie die bis dato bestehenden Sondertatbestände des § 300 Abs. 1 S. 2 Nr. 2 und 3 InsO a.F. zur vorzeitigen Erlangung der Restschuldbefreiung ersatzlos gestrichen (BT-Drs. 19/21981, S. 18). Möglich ist nun eine vorzeitige Erlangung der Restschuldbefreiung nur noch aus Gründen mangelnder Anmeldung von Insolvenzforderungen oder vollständiger Begleichung der Forderungen der Insolvenzgläubiger samt Verfahrenskosten und sonstiger Masseverbindlichkeiten, vgl. § 300 Abs. 2 S. 1 InsO n.F.

Der Antrag auf Eröffnung des Insolvenzverfahrens ist nach neuer Rechtslage mit der Erklärung des Schuldners zu verbinden, dass dieser seine pfändbaren Forderungen für den Zeitraum von drei Jahren nach der Eröffnung des Insolvenzverfahrens an den vom Gericht zu bestimmenden Treuhänder abtritt, vgl. § 287 Abs. 2 S. 1 InsO n.F. Dieser Grundsatz wird jedoch für den Fall begrenzt, dass dem Schuldner auf Basis der neuen Gesetzeslage bereits eine Restschuldbefreiung erteilt worden ist; in einem erneuten Verfahren beträgt die Abtretungsfrist dann fünf Jahre. Hierdurch soll verhindert werden, dass die zeitliche Verkürzung des Verfahrens Fehlanreize für eine leichtfertige Verschuldung setzt (vgl. BT-Drs. 19/21981, S. 17). Die vorgenannte Einschränkung wird durch eine Verlängerung der Sperrfrist von zehn auf elf Jahre in § 287a Abs. 2 S. 1 Nr. 1 InsO n.F. komplementiert, sodass sich im Falle eines erneuten Restschuldbefreiungsverfahrens auch für nach dem 30.09.2020 gestellte Anträge insgesamt keine Verkürzung der zeitlichen Frequentierung des Restschuldbefreiungsverfahrens ergeben kann (vgl. BT-Drs. 19/21981, S. 13 und 17).

Die zeitliche Halbierung des Restschuldbefreiungsverfahrens hat der Gesetzgeber mit einer Verschärfung der Obliegenheiten des Schuldners nach § 295 InsO n.F. verknüpft. Nach der geänderten Rechtslage hat der Schuldner in der Wohlverhaltensphase zusätzlich:

1. dasjenige Vermögen zum hälftigen Wert herauszugeben, das er durch Schenkung erwirbt;
2. Vermögen, das er als Gewinn in einer Lotterie, Ausspielung oder in einem anderen Spiel mit Gewinnmöglichkeit erwirbt, zum vollen Wert an den Treuhänder herauszugeben.
3. Begrenzt werden die neuen Herausgabeobliegenheiten durch die Einfügung einer Wertuntergrenze in § 295 Abs. 1 S. 1 Nr. 2 2. HS., S. 2 InsO n.F. (vgl. zur Berechnung im Detail: BT-Drs. 19/25322, S. 15 f.).
4. Schließlich obliegt es dem Schuldner nach Einfügung des neuen § 295 Abs. 1 S. 1 Nr. 5 InsO, keine unangemessenen (neuen) Verbindlichkeiten in der Wohlverhaltensperiode zu begründen.

Ebenfalls neu sind die Vorgaben im Falle einer selbstständigen Tätigkeit des Schuldners, die im neu eingefügten § 295a InsO zusammengefasst sind. Die bereits nach alter Rechtslage vorhandenen Obliegenheiten aus § 295 Abs. 2 InsO a.F. werden hier insbesondere im Hinblick auf Zahlungsmodalitäten sowie die Möglichkeit der gerichtlichen Festsetzbarkeit ergänzt bzw. konkretisiert, vgl. § 295a Abs. 1 S. 2, Abs. 2 InsO n.F.

Frage: Welche Änderungen im Insolvenzrecht gab es in Folge des Ukrainekrieges?

Antwort: Als Reaktion auf die Folgen des Ukrainekrieges im Jahr 2022 soll durch das Sanierungs- und insolvenzrechtliches Krisenfolgenabmilderungsgesetz (SanInsKG) vermieden werden, dass Unternehmen, die im Grunde gesund sind, in die Insolvenz gedrängt werden. Mit einer in 2022 beschlossenen Gesetzesänderung wird eine Maßnahme aus dem dritten Entlastungspaket umgesetzt.

Das Sanierungs- und insolvenzrechtliches Krisenfolgenabmilderungsgesetz (SanInsKG) ging durch eine Umbenennung aus dem COVID-19-Insolvenzaussetzungsgesetz (COVInsAG) hervor.

Das Sanierungs- und insolvenzrechtliches Krisenfolgenabmilderungsgesetz (SanInsKG) sieht folgende vorübergehende Regelungen im Insolvenzrecht vor:

Der Prognosezeitraum für die Überschuldungsprüfung wurde verkürzt:

Die Insolvenzantragspflicht wegen Überschuldung nach § 15a InsO wurde modifiziert und für die sogenannte insolvenzrechtliche Fortführungsprognose von zwölf auf vier Monate herabgesetzt.

Hierdurch wird die Insolvenzantragspflicht wegen Überschuldung nach § 15a InsO deutlich abgemildert.

Die Regelung gilt auch für Unternehmen, bei denen bereits vor dem Inkrafttreten eine Überschuldung vorlag, der für eine rechtzeitige Insolvenzantragstellung maßgebliche Zeitpunkt aber noch nicht verstrichen ist.

Die Regelung gilt bis zum 31.12.2023. Wichtig ist jedoch, dass bereits ab dem 01.09.2023 der ursprüngliche Prognosezeitraum von 12 Monaten wieder relevant werden kann, wenn absehbar ist, dass auf Grundlage der ab dem 01.01.2024 wieder auf einen 12-monatigen Zeitraum zu beziehenden Prognose eine Überschuldung bestehen wird.

Die Insolvenzantragspflicht wegen Zahlungsunfähigkeit bleibt von der vorübergehenden Regelung genau wie während der Corona-Pandemie unberührt.

Zudem wurden die Planungszeiträume für Eigenverwaltungs- und Restrukturierungsplanungen verkürzt:

Die maßgeblichen Planungszeiträume für die Erstellung von Eigenverwaltungs- und Restrukturierungsplanungen wurden bis zum 31.12.2023 von sechs auf vier Monate verkürzt. Dies gilt für den Zeitraum vom 09.11.2022–31.12.2023.

Die Höchstfrist des § 15a InsO für die Stellung eines Insolvenzantrags wegen Überschuldung wurde zudem bis zum 31.12.2023 von derzeit sechs auf acht Wochen verlängert. Dies gilt für den Zeitraum vom 09.11.2022–31.12.2023.

Insolvenzanträge sind jedoch weiterhin ohne schuldhaftes Zögern zu stellen (§ 15a Abs. 1 Satz 1 InsO). Die Höchstfrist darf nicht ausgeschöpft werden, wenn zu einem früheren Zeitpunkt feststeht, dass eine nachhaltige Beseitigung der Überschuldung nicht erwartet werden kann.

Die Höchstfrist zur Antragstellung wegen Zahlungsunfähigkeit bleibt hingegen unberührt.

Frage: Kennen Sie die Hinweis- und Warnpflichten des § 102 StaRUG?

Antwort: Steuerberater, Steuerbevollmächtigte, Wirtschaftsprüfer, vereidigte Buchprüfer und Rechtsanwälte, die einen Jahresabschluss für Mandanten erstellen, müssen nach § 102 StaRUG den Jahresabschluss auf das Vorliegen möglicher Insolvenzgründe nach §§ 17–19 InsO und die sich daraus ergebenden Pflichten der Geschäftsleitung/Mitglieder der Überwachungsorgane hinweisen, wenn es hierfür offenkundige Hinweise gibt und eine Vermutung besteht, dass dem Mandant die mögliche Insolvenzreife und die damit verbundenen Pflichten nicht bewusst sind. Dazu gehört auch der Hinweis auf die Insolvenzstraftatbestände der §§ 283 ff. StGB.

Stichwortverzeichnis

Weitere Bücher des HDS-Verlags

Merten/Orlowski, Beratung in Krise und Insolvenz

Umfang: 102 Seiten
Preis: 49,90 €
ISBN: 978-3-95554-766-0
1. Auflage

Lucas, Lohnsteuer, Steuern und Finanzen in Ausbildung und Praxis, Bd. 11

Umfang: 272 Seiten
Preis: 49,90 €
ISBN: 978-3-95554-705-9
4. Auflage

Seefelder, Geschäftsordnung für die Geschäftsführung,
Die Leitung von Unternehmen, Bd. 2

Umfang: 106 Seiten
Preis: 29,90 €
ISBN: 978-3-95554-412-6
1. Auflage

Tonner u.a., Kurzvorträge für das Wirtschaftsprüferexamen

Umfang: 304 Seiten
Preis: 59,90 €
ISBN: 978-3-95554-862-9
5. Auflage

Neu 2023

Perbey, Körperschaftsteuererklärung 2021 Kompakt

Umfang: 988 Seiten
Preis: 109,90 €
ISBN: 978-3-95554-784-4
13. Auflage 2022

13. Aufl. 2022

Albert/Schröder/Schulz, Einkommensteuer, Steuern und Finanzen in Ausbildung und Praxis, Bd. 1

Umfang: 520 Seiten
Preis: 54,90 €
ISBN: 978-3-95554-857-5
8. Auflage

Neu 2023

Seefelder, Haftungs- und strafrechtliche Risiken bei der Unternehmensführung, Die Leitung von Unternehmen, Bd. 3

Umfang: 120 Seiten
Preis: 39,95 €
ISBN: 978-3-95554-495-9
1. Auflage

Seefelder, Beschlüsse der Gesellschafter einer GmbH, Die Leitung von Unternehmen, Bd. 1

Umfang: 118 Seiten
Preis: 49,90 €
ISBN: 978-3-95554-843-8
2. Auflage

2. Aufl. 2022

Seefelder, Außergerichtliche Sanierung von Unternehmen, Finanzierung, Bewertung und Sanierung von Unternehmen, Bd. 4

Umfang: 152 Seiten
Preis: 29,90 €
ISBN: 978-3-95554-342-6
1. Auflage

Paket Falltraining 2023
Fälle und Lösungen zum Steuerrecht

Umfang: 8 Bücher
mit 2.012 Seiten
Preis: 364,30 €
ISBN: 978-3-95554-850-6
7. Auflage

7. Aufl. 2023

Dauber, Sozialversicherung für Vereine

Umfang: 140 Seiten
Preis: 39,90 €
ISBN: 978-3-95554-630-4
1. Auflage

Seefelder, Die Aktiengesellschaft (AG), Rechtsformen und Musterverträge im Gesellschaftsrecht, Bd. 2

Umfang: 130 Seiten
Preis: 39,90 €
ISBN: 978-3-95554-749-3
2. Auflage

2. Aufl. 2022

Neudert, Falltraining Abgabenordnung und Finanzgerichtsordnung, Fälle und Lösungen zum Steuerrecht, Bd. 3

Umfang: 176 Seiten
Preis: 49,90 €
ISBN: 978-3-95554-758-5
3. Auflage

Seefelder, Bewertung von Unternehmen, Finanzierung, Bewertung und Sanierung von Unternehmen, Bd. 1

Umfang: 108 Seiten
Preis: 29,90 €
ISBN:978-3-95554-339-6
1. Auflage

Seefelder, Kreditsicherheiten, Finanzierung, Bewertung und Sanierung von Unternehmen, Bd. 3

Umfang: 134 Seiten
Preis: 29,90 €
ISBN: 978-3-95554-341-9
1. Auflage

Mutschler/Scheel, Umsatzsteuer, Steuern und Finanzen, Band 4

Umfang: 446 Seiten
Preis: 54,90 €
ISBN: 978-3-95554-849-0
7. Auflage

7. Aufl. 2023

Dauber/Pientka/Perbey, Spendenrecht und Sponsoring für Vereine

Umfang: 104 Seiten
Preis: 39,90 €
ISBN: 978-3-95554-627-4
1. Auflage

Herzberg/Dauber, Abgabenordnung und Steuerbegünstigte Zwecke für Vereine

Umfang: 176 Seiten
Preis: 44,90 €
ISBN: 978-3-95554-796-7
2. Auflage

2. Aufl. 2022

Seefelder, Die Finanzierung von Unternehmen, Finanzierung, Bewertung und Sanierung von Unternehmen, Bd. 2

Umfang: 132 Seiten
Preis: 29,90 €
ISBN: 978-3-95554-340-2
1. Auflage

Barzen u.a., Vorbereitung auf die mündliche Steuerberaterprüfung/ Kurzvortrag 2023/2024 mit Fragen und Fällen aus Prüfungsprotokollen

Umfang: 330 Seiten
Preis: 54,90 €
ISBN: 978-3-95554-868-1
11. Auflage

11. Aufl. 2023

Radeisen, Praktiker-Lexikon Umsatzsteuer

Umfang: 894 Seiten
Preis: 99,90 €
ISBN: 978-3-95554-881-0
14. Auflage

14. Aufl. 2023

Nagel/Dauber, Umsatzsteuer für Vereine

Umfang: 180 Seiten
Preis: 39,90 €
ISBN: 978-3-95554-719-6
3. Auflage

3. Aufl. 2022

Seefelder, Die GmbH, Rechtsformen und Musterverträge im Gesellschaftsrecht, Bd. 1

Umfang: 148 Seiten
Preis: 39,90 €
ISBN: 978-3-95554-748-6
2. Auflage

2. Aufl. 2022

Grobshäuser u.a., Die mündliche Steuerberaterprüfung 2023/2024

Umfang: 524 Seiten
Preis: 59,90 €
ISBN: 978-3-95554-870-4
16. Auflage

16. Aufl. 2023

Paket Vorbereitung auf die mündliche Steuerberaterprüfung 2023/2024

Umfang: 4 Bücher mit insg. 1.500 Seiten
Preis: 204,90 €
ISBN: 978-3-95554-871-1
7. Auflage

Seefelder, Betriebserwerb durch Auffanggesellschaft

Umfang: 106 Seiten
Preis: 39,95 €
ISBN: 978-3-95554-289-4
1. Auflage

von Cölln, Veräußerung einer Immobilie im Umsatzsteuerrecht

Umfang: 136 Seiten
Preis: 39,90 €
ISBN: 978-3-95554-672-4
1. Auflage

Ossola-Haring, Vererbung von GmbH-Anteilen

Umfang: 108 Seiten
Preis: 39,90 €
ISBN: 978-3-95554-765-3
2. Auflage

Ratjen/Sager/Schimpf, Abgabenordnung und Finanzgerichtsordnung, Steuern und Finanzen, Band 7

Umfang: 544 Seiten
Preis: 49,90 €
ISBN: 978-3-95554-740-0
5. Auflage

Dauber u.a., Vereinsbesteuerung Kompakt

Umfang: 988 Seiten
Preis: 109,90 €
ISBN: 978-3-95554-762-2
13. Auflage

Seefelder, Sanierungsplan, Finanzierung, Bewertung und Sanierung von Unternehmen, Bd. 5

Umfang: 120 Seiten
Preis: 29,90 €
ISBN: 978-3-95554-343-3
1. Auflage

Radeisen, Erbschaftsteuer und Bewertung, Steuern und Finanzen in Ausbildung und Praxis, Bd. 3

Umfang: 372 Seiten
Preis: 49,90 €
ISBN: 978-3-95554-597-0
4. Auflage

Seefelder, Die Wahl der richtigen Rechtsform, Rechtsformen und Musterverträge im Gesellschaftsrecht, Bd. 9

Umfang: 188 Seiten
Preis: 49,90 €
ISBN: 978-3-95554-884-1
2. Auflage

Voos, Betriebswirtschaft und Recht in der mündlichen Steuerberaterprüfung 2023/2024

Umfang: 200 Seiten
Preis: 44,90 €
ISBN: 978-3-95554-872-8
3. Auflage

Seefelder, Wie Sie Ihre Kanzlei vernichten ohne es zu merken

Umfang: 204 Seiten,
Preis: 49,90 €
ISBN: 978-3-95554-816-2
3. Auflage

Seefelder, Die GmbH & Co. KG auf Aktien, Rechtsformen und Musterverträge im Gesellschaftsrecht, Bd. 5

Umfang: 104 Seiten
Preis: 29,95 €
ISBN: 978-3-95554-252-8
1. Auflage

Seefelder, Die Partnerschafts-gesellschaft, Rechtsformen und Musterverträge im Gesellschaftsrecht, Bd. 7

Umfang: 134 Seiten
Preis: 29,95 €
ISBN: 978-3-95554-254-2
1. Auflage

Hans-Hinrich von Cölln, Brennpunkte der Umsatzsteuer bei Immobilien

Umfang: 328 Seiten
Preis: 79,90 €
ISBN: 978-3-95554-702-8
4. Auflage

Dauber u.a., Recht, Buchführungs-pflichten, Haftung und Datenschutz für Vereine

Umfang: 106 Seiten
Preis: 44,90 €
ISBN: 978-3-95554-624-3
1. Auflage

Ulbrich/Dauber, Lohnsteuer für Vereine

Umfang: 168 Seiten
Preis: 44,90 €
ISBN: 978-3-95554-803-2
2. Auflage

2. Aufl. 2022

Seefelder, Die Offene Handelsgesell-schaft, Rechtsformen und Musterverträge im Gesellschaftsrecht, Bd. 6

Umfang: 138 Seiten
Preis: 29,95 €
ISBN: 978-3-95554-253-5
1. Auflage

Paket Steuerveranlagungsbücher Kompakt 2022

Umfang: 1.628 Seiten
Preis: 147,80 €
ISBN: 978-3-95554-791-2
13. Auflage

13. Aufl. 2022

Arndt, Einkommensteuererklärung 2022 Kompakt

Umfang: 754 Seiten
Preis: 49,90 €
ISBN: 978-3-95554-844-5
14. Auflage

14. Aufl. 2023

Fränznick u.a., Der Kurzvortrag in der mündlichen Steuerberaterprüfung 2023/2024

Umfang: 456 Seiten
Preis: 59,90 €
ISBN: 978-3-95554-869-8
15. Auflage

15. Aufl. 2023

Seefelder, Nachfolge von Unterneh-men, Unternehmenskauf, Unternehmens-verkauf, Unternehmensnachfolge, Bd. 3

Umfang: 124 Seiten
Preis: 29,95 €
ISBN: 978-3-95554-288-7
1. Auflage

Fränznick u.a., Besteuerung der Personengesellschaften, Steuern und Finanzen in Ausbildung und Praxis, Bd 8.

Umfang: 416 Seiten
Preis: 49,90 €
ISBN: 978-3-95554-718-9
3. Auflage

Arndt, Einkommensteuererklärung 2023 Kompakt

Umfang: 780 Seiten
Preis: 54,90 €
ISBN: 978-3-95554-883-4
15. Auflage

15. Aufl. 2023

Fuldner, Fristenkontrolle für Steuerberater und Rechtsanwälte

Umfang: 120 Seiten
Preis: 49,90 €
ISBN: 978-3-95554-750-9
1. Auflage

Neu 2022

Uppenbrink/Frank, Neue Krisenfrüh-erkennungspflichten für Steuerberater, Wirtschaftsprüfer und vereidigte Buch-prüfer gemäß SanInsFoG und StaRUG

Umfang: 96 Seiten
Preis: 49,90 €
ISBN: 978-3-95554-727-1
1. Auflage

Neu 2022

Traub, Abenteuer Steuerberaterprüfung

Umfang: 96 Seiten
Preis: 29,90 €
ISBN: 978-3-95554-709-7
1. Auflage

Jauch, Ausbildungstraining zum Finanzwirt Laufbahnprüfung 2023/2024, Steuern und Finanzen in Ausbildung und Praxis, Bd. 13

Umfang: 172 Seiten
Preis: 41,95 €
ISBN: 978-3-95554-882-7
7. Auflage

Fränznick (Hrsg.), Die schriftliche Steuerberaterprüfung 2023/2024

Umfang: 410 Seiten
Preis: 69,90 €
ISBN: 978-3-95554-859-9
14. Auflage

Seefelder, Die Stille Gesellschaft, Rechtsformen und Musterverträge im Gesellschaftsrecht, Bd. 8

Umfang: 118 Seiten
Preis: 29,95 €
ISBN: 978-3-95554-251-1
1. Auflage

Schneider, Familie und Steuern

Umfang: 152 Seiten
Preis: 39,90 €
ISBN: 978-3-95554-708-0
1. Auflage

Bernhagen u.a., Falltraining Einkommensteuerrecht, Fälle und Lösungen zum Steuerrecht, Bd. 1

Umfang: 236 Seiten
Preis: 49,90 €
ISBN: 978-3-95554-861-2
5. Auflage

Blankenhorn, Gewerbesteuer, Steuern und Finanzen in Ausbildung und Praxis, Bd. 14

Umfang: 188 Seiten
Preis: 44,90 €
ISBN: 978-3-95554-802-5
4. Auflage

Dauber/Ulbrich, Körperschaftsteuer und Gewerbesteuer für Vereine

Umfang: 124 Seiten
Preis: 39,90 €
ISBN: 978-3-95554-711-0
2. Auflage

Hoffmann, Lernstrategien für das Jura-Studium

Umfang: 188 Seiten
Preis: 49,90 €
ISBN: 978-3-95554-730-1
1. Auflage

Durm u.a., Prüfungstraining zum Diplom-Finanzwirt Laufbahnprüfung 2023/2024, Steuern und Finanzen in Ausbildung und Praxis, Bd. 12

Umfang: 208 Seiten
Preis: 39,95 €
ISBN: 978-3-95554-880-3
7. Auflage

Rhode/Krennrich-Böhm, Teilung einer Arztzulassung/Jobsharing

Umfang: 80 Seiten
Preis: 49,90 €
ISBN: 978-3-95554-618-2
1. Auflage

Preißer u.a., Umwandlungsrecht

Umfang: 122 Seiten
Preis: 29,90 €
ISBN: 978-3-95554-721-9
1. Auflage

Fritz, Wie Sie Ihre Familie zerstören ohne es zu merken

Umfang: 168 Seiten
Preis: 39,90 €
ISBN: 978-3-95554-117-0
2. Auflage

Fritz, Wie Sie Ihr Vermögen vernichten ohne es zu merken

Umfang: 238 Seiten
Preis: 39,90 €
ISBN: 978-3-95554-510-9
4. Auflage

Preißer u.a., Umwandlungsrecht/ Umwandlungssteuerrecht, Steuern und Finanzen in Ausbildung und Praxis, Bd. 15

Umfang: 310 Seiten
Preis: 49,90 €
ISBN: 978-3-95554-671-7
1. Auflage

Birgel, Datenzugriffsrecht auf digitale Unterlagen

Umfang: 90 Seiten
Preis: 49,90 €
ISBN: 978-3-95554-845-2
2. Auflage

2. Aufl. 2023

Seefelder, Die GmbH & Co. KG, Rechtsformen und Musterverträge im Gesellschaftsrecht, Bd. 4

Umfang: 112 Seiten
Preis: 29,95 €
ISBN: 978-3-95554-250-4
1. Auflage

Ackermann/Petzoldt, Erbrecht, Grundzüge des Rechts für Finanzwirte/ Diplom-Finanzwirte/Bachelor of Laws, Bd. 1

Umfang: 108 Seiten
Preis: 29,90 €
ISBN: 978-3-95554-494-2
1. Auflage

Hoffmann, Effektive und effiziente Vorbereitung auf die Steuerberaterprüfung, Vorbereitung auf die Steuerberaterprüfung, Bd. 6

Umfang: 188 Seiten
Preis: 49,90 €
ISBN: 978-3-95554-438-6
1. Auflage

Elvers, Abrechnung für Zahnarztpraxen Kompakt

Umfang: 106 Seiten
Preis: 49,90 €
ISBN: 978-3-95554-550-5
2. Auflage

Fleischhauer, Die Erfolgsspaltung vor und nach BilRUG

Umfang: 102 Seiten
Preis: 49,90 €
ISBN: 978-3-95554-242-9
1. Auflage

Kamchen, Besteuerung und Bilanzierung von Bitcoin & Co.

Umfang: 120 Seiten
Preis: 24,90 €
ISBN: 978-3-95554-619-9
1. Auflage

Zielke, Wissenschaftliches Arbeiten durch plagiatfreies Ableiten

Umfang: 156 Seiten
Preis: 15,90 €
ISBN: 978-3-95554-806-3
1. Auflage

Neu 2022

Zielke, Übungsbuch Wissenschaftliches Arbeiten durch plagiatfreies Ableiten

Umfang: 108 Seiten
Preis: 15,90 €
ISBN: 978-3-95554-807-0
1. Auflage

Neu 2022

Paket Wissenschaftliches Arbeiten durch plagiatfreies Ableiten

Umfang: 2 Bücher mit 264 Seiten
Preis: 29,90 €
ISBN: 978-3-95554-808-7
1. Auflage

Neu 2022

Szczesny, Körperschaftsteuer, Steuern und Finanzen in Ausbildung und Praxis, Bd. 5

Umfang: 436 Seiten
Preis: 54,90 €
ISBN: 978-3-95554-843-6
4. Auflage

4. Aufl. 2023

Seefelder, Kauf und Verkauf von Unternehmen, Unternehmenskauf, Unternehmensverkauf, Unternehmensnachfolge, Bd. 2

Umfang: 138 Seiten
Preis: 29,95 €
ISBN: 978-3-95554-287-0
1. Auflage

Güllemann, Kreditsicherungsrecht

Umfang: 182 Seiten
Preis: 24,90 €
ISBN: 978-3-95554-601-4
2. Auflage

Hüffmeier, Internationales Steuerrecht, Steuern und Finanzen in Ausbildung und Praxis, Bd. 10

Umfang: 208 Seiten
Preis: 49,90 €
ISBN: 978-3-95554-401-0
1. Auflage

Hoffmann, Lernstrategien für das erfolgreiche Bachelor-Studium

Umfang: 184 Seiten
Preis: 39,90 €
ISBN: 978-3-95554-475-1
1. Auflage

Hendricks, Bilanzsteuerrecht und Buchführung, Steuern und Finanzen in Ausbildung und Praxis, Bd. 2

Umfang: 412 Seiten
Preis: 54,90 €
ISBN: 978-3-95554-794-3
8. Auflage

8. Aufl. 2022

Feindt, Businesspläne Kompakt

Umfang: 112 Seiten
Preis: 49,90 €
ISBN: 978-3-95554-183-5
1. Auflage

von Eitzen/Elsner, Buchführung und Bilanzierung

Umfang: 264 Seiten
Preis: 49,90 €
ISBN: 978-3-95554-838-4
2. Auflage

2. Aufl. 2023

Patt, Checkliste Besonderheiten bei der Gewerbesteuer in Umwandlungs- und Einbringungsfällen

Umfang: 74 Seiten
Preis: 29,90 €
ISBN: 978-3-95554-636-6
1. Auflage

Perbey, Körperschaftsteuererklärung 2022 Kompakt

Umfang: 988 Seiten
Preis: 119,90 €
ISBN: 978-3-95554-846-9
14. Auflage

14. Aufl. 2023

Rhode/Krennrich-Böhm, Betriebswirtschaftliche Problemstellungen für Apotheker/n

Umfang: 130 Seiten
Preis: 49,90 €
ISBN: 978-3-95554-569-7
2. Auflage

Patt, Checkliste Einbringung eines Betriebs, Teilbetriebs oder Mitunternehmeranteils in eine Kapitalgesellschaft oder Genossenschaft (§ 20 UmwStG)

Umfang: 92 Seiten
Preis: 49,90 €
ISBN: 978-3-95554-864-3
2. Auflage

2. Aufl. 2023

Dauber/Ossola-Haring, Due Diligence

Umfang: 88 Seiten
Preis: 49,90 €
ISBN: 978-3-95554-763-9
1. Auflage
Neu 2023

Fränznick, Falltraining Besteuerung der Personengesellschaften, Fälle und Lösungen zum Steuerrecht, Bd. 4

Umfang: 432 Seiten
Preis: 54,90 €
ISBN: 978-3-95554-866-7
3. Auflage

3. Aufl. 2023

Müller, Forderungsmanagement für KMU nach dem Minimalprinzip

Umfang: 168 Seiten
Preis: 29,90 €
ISBN: 978-3-95554-170-5
1. Auflage

Patt, Checkliste Einbringung eines Betriebs, Teilbetriebs oder Mitunternehmeranteils in eine Personengesellschaft (§ 24 UmwStG)

Umfang: 78 Seiten
Preis: 29,90 €
ISBN: 978-3-95554-633-5
1. Auflage

Patt, Checkliste Spaltung einer Körperschaft

Umfang: 64 Seiten
Preis: 29,90 €
ISBN: 978-3-95554-635-9
1. Auflage

Fränznick, Falltraining Bilanzsteuerrecht, Fälle und Lösungen zum Steuerrecht, Bd. 2

Umfang: 392 Seiten
Preis: 49,90 €
ISBN: 978-3-95554-815-5
6. Auflage

Schinkel, Wirtschaftsmediation und Verhandlung

Umfang: 264 Seiten
Preis: 59,90 €
ISBN: 978-3-95554-176-7
2. Auflage

Dauber, Verträge für Arztpraxen

Umfang: 126 Seiten
Preis: 49,90 €
ISBN: 978-3-95554-575-8
1. Auflage

Benz, Wie Apotheken funktionieren

Umfang: 266 Seiten
Preis: 49,90 €
ISBN: 978-3-95554-498-0
1. Auflage

Grobshäuser/Metzing, Falltraining Internationales Steuerrecht, Fälle und Lösungen zum Steuerrecht, Bd. 8

Umfang: 100 Seiten
Preis: 49,90 €
ISBN: 978-3-95554-429-4
1. Auflage

Patt, Checkliste Umwandlung einer Personengesellschaft in eine Kapitalgesellschaft oder Genossenschaft (§§ 20, 25 UmwStG)

Umfang: 78 Seiten
Preis: 29,90 €
ISBN: 978-3-95554-634-2
1. Auflage

Feindt, Businesspläne für Ärzte und Zahnärzte Kompakt

Umfang: 128 Seiten
Preis: 49,90 €
ISBN: 978-3-95554-184-2
2. Auflage

Neumann, Falltraining Lohnsteuer, Fälle und Lösungen zum Steuerrecht, Bd. 7

Umfang: 124 Seiten
Preis: 49,90 €
ISBN: 978-3-95554-798-1
2. Auflage

Wermke u.a., Praxishandbuch Mediation

Umfang: 232 Seiten
Preis: 34,90 €
ISBN: 978-3-95554-171-2
3. Auflage

Radeisen, Falltraining Umsatzsteuer, Fälle und Lösungen zum Steuerrecht, Bd. 6

Umfang: 272 Seiten
Preis: 49,90 €
ISBN: 978-3-95554-704-2
5. Auflage

Wermke u.a., Exzellente Kommunikation im Wirtschaftsleben

Umfang: 170 Seiten
Preis: 44,90 €
ISBN: 978-3-95554-371-6
1. Auflage

Gieske, Gesetzliche Betreuung – Fluch oder Segen?

Umfang: 170 Seiten
Preis: 24,90 €
ISBN: 978-3-95554-620-5
1. Auflage

Seefelder, Die Gesellschaft bürgerlichen Rechts (GbR), Rechtsformen und Musterverträge im Gesellschaftsrecht, Bd. 3

Umfang: 132 Seiten
Preis: 39,90 €
ISBN: 978-3-95554-793-6
2. Auflage

Hoffmann, Mandanten gewinnen – Akquisitionsstrategien für Steuerberater, Rechtsanwälte und Wirtschaftsprüfer

Umfang: 194 Seiten
Preis: 59,90 €
ISBN: 978-3-95554-519-2
1. Auflage

von Eitzen/Zimmermann, Bilanzierung nach HGB und IFRS

Umfang: 384 Seiten
Preis: 44,90 €
ISBN: 978-3-95554-623-6
4. Auflage

Uppenbrink/Frank, Haftungsrisiken für Steuerberater und Wirtschaftsprüfer bei insolvenzgefährdeten Mandaten

Umfang: 104 Seiten
Preis: 49,90 €
ISBN: 978-3-95554-497-3
1. Auflage

Laoutoumai, Gewinnspiele auf Websites und Social-Media-Plattformen

Umfang: 174 Seiten
Preis: 99,95 €
ISBN: 978-3-95554-283-2
1. Auflage

Ossola-Haring, Vermögensübertragung und Nießbrauch

Umfang: 96 Seiten
Preis: 39,90 €
ISBN: 978-3-95554-431-7
1. Auflage

Hoffmann, Lernstrategien für die erfolgreiche Prüfungsvorbereitung

Umfang: 184 Seiten
Preis: 54,90 €
ISBN: 978-3-95554-848-3
2. Auflage

Uppenbrink, Sanierungsmandate aus Bankensicht: MaRisk – (Problem-) Kreditbearbeitung

Umfang: 122 Seiten
Preis: 49,90 €
ISBN: 978-3-95554-407-2
1. Auflage

Laoutoumai/Sanli, Startups und Recht

Umfang: 230 Seiten
Preis: 49,90 €
ISBN: 978-3-95554-386-0
1. Auflage

Deussen, Jahresabschluss und Lagebericht

Umfang: 248 Seiten
Preis: 49,90 €
ISBN: 978-3-95554-363-1
4. Auflage

Ewerdwalbesloh, Betriebswirtschaftliche Grundlagen und Finanzierung für Arztpraxen, Zahnarztpraxen und Heilberufler Kompakt

Umfang: 132 Seiten
Preis: 49,90 €
ISBN: 978-3-95554-319-8
2. Auflage

Hendricks/Preuss, Die Betriebsaufspaltung

Umfang: 166 Seiten
Preis: 54,90 €
ISBN: 978-3-95554-381-5
1. Auflage

Formularsammlung zur Bearbeitung von Sanierungs-/Insolvenzmandaten

Umfang: 540 Seiten
Preis: 199,90 €
ISBN: 978-3-95554-190-3
2. Auflage

Ackermann, Verluste bei beschränkter Haftung nach § 15a EStG

Umfang: 184 Seiten
Preis: 69,90 €
ISBN: 978-3-95554-355-6
1. Auflage

Dauber, Investitionen und Investitionsplanung für Ärzte, Zahnärzte und Heilberufler

Umfang: 82 Seiten
Preis: 49,90 €
ISBN: 978-3-95554-393-8
1. Auflage

Hellerforth, Immobilienmanagement Kompakt

Umfang: 270 Seiten
Preis: 59,90 €
ISBN: 978-3-95554-284-9
1. Auflage

Posdziech, Aktuelle Schwerpunkte der GmbH-Besteuerung

Umfang: 380 Seiten
Preis: 69,90 €
ISBN: 978-3-95554-425-6
3. Auflage

Held/Stoffel, Die Besteuerung der Zahnärzte Kompakt

Umfang: 168 Seiten
Preis: 49,90 €
ISBN: 978-3-941480-86-5
2. Auflage

Ackermann, Sachenrecht,
Grundzüge des Rechts für Finanzwirte/ Diplom-Finanzwirte/Bachelor of Laws, Bd. 2

Umfang: 138 Seiten
Preis: 29,90 €
ISBN: 978-3-95554-365-5
1. Auflage

Uppenbrink/Frank, Sanierung von Arzt-, Zahnarzt-, Heilberuflerpraxen und Apotheken Kompakt

Umfang: 116 Seiten
Preis: 49,90 €
ISBN: 978-3-95554-306-8
2. Auflage

Hild, Steuerabwehr aufgrund eines Steuerstrafverfahren

Umfang: 254 Seiten
Preis: 69,90 €
ISBN: 978-3-95554-432-4
1. Auflage

Poll u.a., Die Bewertung von Krankenhäusern Kompakt

Umfang: 186 Seiten
Preis: 69,90 €
ISBN: 978-3-95554-129-3
2. Auflage

Hendricks/Schlegel, Die Partnerschaftsgesellschaft für Arztpraxen

Umfang: 66 Seiten
Preis: 29,90 €
ISBN: 978-3-95554-413-3
1. Auflage

Wendland, Die wichtigsten Buchungssätze für Ärzte (SKR 03)

Umfang: 118 Seiten
Preis: 29,90 €
ISBN: 978-3-95554-324-2
1. Auflage

Neudert, Steuerstrafrecht Kompakt

Umfang: 94 Seiten
Preis: 29,90 €
ISBN: 978-3-95554-227-6
1. Auflage

Patt, Umstrukturierungen von betrieblichen Unternehmen

Umfang: 214 Seiten
Preis: 49,90 €
ISBN: 978-3-95554-259-7
1. Auflage